KRÖNERS TASCHENAUSGABE BAND 254

DEUTSCHE GESCHICHTE

VON DEN ANFÄNGEN
BIS ZUM ENDE
DER ÄRA ADENAUER

VON

WILHELM TREUE

Fünfte, durchgesehene und erweiterte Auflage

ALFRED KRÖNER VERLAG STUTTGART

CIP-Kurztitelaufnahme der Deutschen Bibliothek

Treue, Wilhelm
Deutsche Geschichte. – 5. Auflage
Stuttgart: Kröner 1978
(Kröners Taschenausgabe; Bd. 254)
ISBN 3-520-25405-0

Druck: Süddeutsche Verlagsanstalt und Druckerei GmbH, Ludwigsburg

MEINER FRAU

Ohne ihre kritische und tolerante Mitarbeit
wäre schon das Manuskript für die vierte Auflage
nicht fertig geworden – geschweige denn das für die fünfte.

INHALT

VORWORT

Seit Jahren diskutiert man über den „Abschied von der Geschichte“, der angeblich konstatiert werden müsse, und über die „Entfremdung von Geschichtswissenschaft und Öffentlichkeit“. Gleichzeitig wird festgestellt, daß es „noch nie in der Geschichte der Bundesrepublik ein derartig breites, ganz elementares Interesse an der Vergangenheit“ gegeben habe – nur habe leider „die Geschichtswissenschaft ... die Öffentlichkeit aus ihren Vorstellungen verabschiedet“ (Fest) – sie gebe sich „selbstvergessen ihren akademischen Lüsten und Glasperlenspielen hin,“ sie ziehe sich ins „Spezialistentum“ zurück.

In der Geschichtswissenschaft selber gab es in der Tat einige Jahre lang – zeitweise recht heftige – Methodendiskussionen z. B. darüber, ob der Geschichtsschreiber im Anschluß an seine Forschung sich mit der analysierenden, durchdenkenden Wiedergabe des Erforschten zufrieden geben dürfe oder ob er die Ergebnisse seiner Studien an vorgegebenen Modellen und Theorien messen und gegebenenfalls korrigieren müsse.

Daß „Geschichte als Gegenstand des Interesses, des Wissens und Nachdenkens“ heute nicht mehr „in gleicher Weise“ Bedeutung besitzt (Vierhaus) wie im 19. Jahrhundert, ist gewiß. Nicht nur das Interesse hat sich verlagert – etwa von der „großen Politik der Kabinette“ zu einer breiter angelegten „politischen“ Geschichte –, sondern auch die Veränderung der Geschichtswerke lesenden Gesellschaft hat natürlicherweise zu gewissen Verschiebungen geführt: Wo früher Diplomaten, Militärs und höhere Verwaltungsbeamte an der stark personal bestimmten Geschichte der

Diplomatie, der Kriege und Ministerien interessiert waren und gewissermaßen ihre eigene Vergangenheit, ihre Vorfahren suchten, da ist heute eine viel breitere Schicht der Massengesellschaft eben an deren Geschichte, an „Gesellschaftsgeschichte“ interessiert. Gemeint ist die Geschichte der Parteien und Parlamente, der Gruppen, Schichten und Klassen, der großen ideologischen Bewegungen. Und die Historiker, die dieser Massengesellschaft angehören, entsprechen deren Interessen, die schließlich ihre eigenen sind. Einige Historiker weisen auf diesen natürlichen Zusammenhang nachdrücklich hin, indem sie betonen, daß sie „moderne“ Geschichte schreiben, was übrigens Droysen und Ranke, Treitschke und Schnabel zu ihrer Zeit auch getan haben.

Derartige Modernismen, zu denen auch die „kritische Geschichtsschreibung“ gehört, haben zumeist ein verhältnismäßig kurzes, aber zuweilen für die Weiterarbeit sehr anregendes Leben. Sie begleiten für einige Zeit die sich ständig vertiefende und bereichernde „erzählende“ Geschichtsschreibung, die mit einem *Leser* im Unterschied zum wissenschaftlichen *Benutzer* rechnet und deren Existenz umgekehrt von diesem Leser erwartet wird. „Geschichtsschreibung als Literatur“ (Vierhaus) ist wohl nicht überholt – sie wandelt sich nur wie die Literatur und mit dieser. Was bei der Forschertätigkeit des Historikers in Archiv und Bibliothek, am Schreibtisch und im Historischen Seminar – in der Werkstatt also – geschieht, ist eine ganz andere Sache, die jenen Leser zumeist nicht interessiert, in den Einzelheiten von Material und Methode für ihn auch nicht immer verständlich wäre.

Die Darstellung der im oben genannten Sinne „politischen“ Geschichte steht in diesem Bande, einem alten Wunsch des Verlages entsprechend, auch in der fünften Auflage im Vordergrund – aber natürlich ist es nicht möglich, sie verständlich werden zu lassen, ohne auch die Wirtschafts-, Technik- und Kulturgeschichte von Zeit zu Zeit in die Darstellung einzubeziehen.

Soweit der begrenzte Raum es gestattet, hat der Verfasser versucht, durch Zitate aus Quellen, klassischen Darstellungen und neuesten Forschungsergebnissen besonders treffende und eindrucksvolle Formulierungen anzuführen, um die Atmosphäre des Geschichtlichen selbst sowie die der wissenschaftlichen Forschung und schließlich auch das künstlerische Element in der Geschichtsschreibung verspüren zu lassen.

Wenn die hier vorgelegte wissenschaftliche „Deutsche Geschichte von den Anfängen bis zum Jahre 1968/69“, das heißt bis zu den äußersten Ausläufern der Ära Adenauer und bis zur Bundestagswahl 1969, welche die CDU/CSU nach zwanzigjähriger Regierungsführung in die Opposition verwies, nun nach zwei Jahrzehnten unter Ergänzungen und Erweiterungen in einer fünften Auflage erscheinen kann, dann entspricht sie offenbar in Text und Bibliographie immer noch dem in diesen 20 Jahren gewandelten Interesse vieler Leser.

Nach meinem Universitätslehrer Professor Dr. Fritz Hartung, von dem ich einst die „Historische Methode“ in der Überlieferung aus dem 19. Jahrhundert gelernt habe, und meinem Freund Dr.-Ing. E. h. Dipl. Ing. Rudolf Kellermann, einem Ingenieur und Unternehmer, der mir aus dem Interesse jenes von der Gegenwart her kritisch fragenden Lesers zwanzig Jahre lang bis zu seinem Tode fruchtbare Anregungen und Fragestellungen geboten hat, widme ich die fünfte Auflage dieses Bandes nun meiner Frau, der Teilhaberin auch an meinem wissenschaftlichen Leben seit über vierzig Jahren.

Göttingen, 18. 7. 1978 W. T.

DAS MITTELALTER

DIE GERMANEN VOM AUSGANG DER ANTIKE BIS ZU DEN KAROLINGERN

Die Germanen treten in unseren Gesichtskreis mehr durch Spiegelung und Reaktion bei anderen Völkern als durch unmittelbare Quellen. Erst seit Julius Cäsar gibt es den Begriff „Germanen" — vor seiner Zeit hatte man wenig mehr als nur ganz allgemeine Vorstellungen von den Bewohnern des Raumes nördlich der von Rom beherrschten Gebiete.

Die Kenntnis der Römer von den Germanen und ihre Berichte über diese setzten die Beherrschung des keltisch bewohnten Gebietes voraus. Die erste unmittelbare Begegnung fand statt, als die Kimbern und Teutonen, begleitet von den Ambronen, in das Imperium Romanum vorstießen. Sie waren in der 2. Hälfte des 2. vorchristlichen Jahrhunderts von einer Küstensenkung in der Deutschen Bucht zum Verlassen Nordjütlands und Schleswig-Holsteins gezwungen worden und auf den Spuren der Wandalen und anderer Stämme nach Schlesien und auf keltischen Handelswegen zur Donau nach Südwestdeutschland gezogen. In Auseinandersetzungen, die vom Sieg der Kimbern, Teutonen und Ambronen bei Noreia 113 bis zu den Siegen der Römer über die Teutonen 102 bei Aquae Sextiae und über die Kimbern 101 bei Vercellae reichten, lernten die Römer den „kimbrischen Schrecken" kennen und die Germanen von den Kelten unterscheiden. Noch im Jahre 98 n.Chr. erwähnte Tacitus in seiner Schrift „Germania", daß dieser Name erst jüngst von einem Einzelstamm auf das Gesamtvolk übertragen worden sei. Aber als solches, vollends als eine politische Einheit, sind die Germanen den Römern nie entgegengetreten. Sie blieben eine Vielzahl von Völkerschaften, die der Historiker in drei große Gruppen zusammenfassen kann: Westgermanen, Ostgermanen (die gotisch-wandalische Völkergruppe) und Nordgermanen. Nur ein kleiner Teil von ihnen ist mit den Römern in Berührung gekommen.

„Es hat sich in der ganzen weiteren Geschichte des Abendlandes ausgewirkt, daß Gallien länger als ein halbes Jahrtausend und Britannien rund 400 Jahre lang römische Provinzen waren, vom rechtsrheinischen Germanien dagegen nur ein Bruchteil nicht ganz 200 Jahre den Römern unterworfen war. Während so die Kelten völlig romanisiert wurden und ihre eigene Sprache ganz aufgaben und die britische Bevölkerung im Südosten Englands lange unter dem Einfluß der römischen Zivilisation stand, haben in Deutschland nur das Rheingebiet und der Südwesten diesen Einfluß einigermaßen nachhaltig erfahren" (Kirn).

In Mitteleuropa beschränkte sich die römische Eroberung auf die Gebiete an Donau und Rhein, den Cäsar im Neuwieder Becken 55 und 53 v.Chr. überschritt. Er machte ihn zur politischen Grenze des Reiches gegen die Germanen und lieferte in seinem „Bellum Gallicum" die erste lateinische Darstellung germanischer Sitten. Zur Sicherung der Grenze gegen die Germanen holte Agrippa die Ubier über den Rhein. Den Mittelpunkt ihrer Siedlung bildete seit 12 v.Chr. Ara Ubiorum, Köln.

Nur für kurze Zeit drangen die Römer unter Augustus und Tiberius auch nach Mitteldeutschland vor. Längs der linksrheinischen Römerstraße wurde eine Reihe von Kastellen errichtet; Legionslager bei Mainz und bei Xanten bildeten Machtmittelpunkte. Aus solcher Position unternahm nach dreijähriger Vorbereitung durch Augustus 12—9 v.Chr. Drusus seine Feldzüge und seine Reise vom Bataverland zur Wesermündung. Gleichzeitig wurden nun auch bei Höchst und Friedberg Kastelle gegen die Chatten angelegt. Im gleichen Jahre 9 stieß Drusus bis zur Elbe vor. Ein Jahr später kam Tiberius erstmalig, in den Jahren 4—6 und 10—12 n.Chr. erneut zum Rhein, wo nun der Weg zur Elbe durch Freundschaftsverträge mit den Cheruskern gesichert werden sollte. Schon im Jahre 5 erschien eine römische Flotte vor der Elbmündung und am Skagerrak: im Jahre 8 begann man, das Gebiet zwischen Rhein und Elbe als Provinz zu behandeln, eine Römerstraße anzulegen, römische Verwaltungsformen und Rechtsprechung einzuführen und feste Legionslager zu errichten. Das Alpenvorland wurde durch die

Einrichtung von Militärkommandos in den Provinzen Raetia und Noricum mit den Hauptorten Augusta Vindelicorum (= Augsburg) und Carnuntum (= Petronell östlich Wien) gesichert. Der Gedanke lag nahe, die langgedehnte Donau-Rhein-Linie durch Vorverlegung der Reichsgrenze an die Elbe wesentlich zu verkürzen. Im Jahre 6 waren bereits 12 Legionen von Süden und Westen gegen das große, in Reaktion auf das Vorrücken der Römer zur Elbe geschaffene und nun schon bis zur Weichsel ausgedehnte Reich des in Rom politisch und militärisch ausgebildeten Markomannenkönigs Marbod in Richtung auf Böhmen in Marsch gesetzt und nur noch wenige Kilometer vom Feind entfernt, als die Nachricht von einem Aufstand in Dalmatien und Pannonien zur Aufgabe des groß angelegten Unternehmens zwang.

Die Niederwerfung dieses Aufstandes dauerte drei Jahre. Als sie abgeschlossen war, hatte sich eben die große Katastrophe des aus drei Legionen bestehenden Heeres des P. Quintilius Varus ereignet: der als militärischer Führer ebenso tüchtige wie als Politiker begabte und umsichtige Cherusker Arminius, ein im römischen Heeresdienst erfahrener, mit römischem Bürgerrecht und Ritterrang ausgezeichneter Edler, hatte im Jahre 9 n. Chr. im Teutoburger Walde die Römer geschlagen und war damit, wie Tacitus sagt, „ohne Zweifel zum Befreier" der norddeutschen Gebiete von der bestehenden Fremdherrschaft oder deren Drohung geworden, während Varus „versuchte, die Germanen mit einem Male zu anderen Menschen zu machen und ihnen Befehle gab, als wären sie bereits unterworfen, ja, selbst Geldzahlungen wie von Untertanen eintreiben wollte. Da war ihre Geduld zu Ende" (Cassius Dio). Die anschließenden Kämpfe, die ohne Marbods Hilfe gegen Germanicus geführt werden mußten, stärkten das Gefühl der Zusammengehörigkeit unter den Germanen und veranlaßten Augustus, auf das Gebiet bis zur Elbe als Provinz zu verzichten. Das aber gab den dort ansässigen Germanen die Möglichkeit, in Freiheit ihr Leben weiterzuführen. „Es ist weder an der Weser noch längs der Elbe zur Gründung römischer Kolonialstädte gekommen und auch nicht zu der Aufspaltung der mitteleuropäischen Germanen in zwei Teile. Die Germanen östlich der Elbe wären kaum jemals in der

Lage gewesen, die Geschicke einer römischen Provinz Großgermanien zu bestimmen. Hierfür hätten ihre Kräfte nicht ausgereicht, und zudem war die Bewegung der Ostgermanen schon in vollem Gange. Indem fast alle Südgermanen außerhalb des Reiches geblieben sind, hat späterhin diejenige große Stoßkraft entwickelt werden können, welche für die Eroberung der römischen Grenzlande an Rhein und Donau notwendig war" (Wahle).

Fortan beschränkten die Römer sich darauf, ihre Provinzen nördlich der Alpen zu sichern, waren dabei aber vielfach zu kriegerischen Auseinandersetzungen mit wechselnden Ergebnissen gezwungen. Den Rachefeldzügen des Germanicus nach der Schlacht im Teutoburger Wald mit dem Höhepunkt der Schlachten bei Idistaviso und am Steinhuder Meer folgten weder weitere römische Eroberungen noch, infolge der Stammesgegensätze und des von den Römern unterstützten Adels-Individualismus, germanische Reichsbildungen. Die Zeit bis zum Jahre 90 war vielmehr erfüllt von germanischen Einfällen in das römisch besetzte Gebiet und Gegenunternehmungen der Römer. Dabei konnten diese zwar ihre Position links des Rheines um Köln und im rechtsrheinischen Tiefland an der Wupper festigen, nicht aber 69/71 den schweren Rückschlag durch den Aufstand aller Rheingermanen, der sich an eine Erhebung der germanischen Hilfstruppen unter Julius Civilis anschloß, und die Vernichtung aller Lager nördlich von Mainz vermeiden. Der Aufstand wurde schließlich unterdrückt, führte aber zu vermehrten Vorsichtsmaßnahmen im Umgang mit germanischen Hilfstruppen, die fortan nur außerhalb Germaniens und unter fremden Offizieren eingesetzt wurden.

Vespasians Reorganisationsmaßnahmen gingen noch weiter: fortan durfte das rechte Rheinufer vom Taunus bis zum Meere besiedelt werden. Diese Maßnahme ließ dort schnell eine germanische Bevölkerung mit romanisierter, an die Provinzialstädte angelehnter, aber germanisch eingeschmolzener Kultur mit lebhafter Geldwirtschaft und auch römischen religiösen Einflüssen entstehen und damit die Kulturgrenze weiter nach Osten, ins Germanische hinein wandern. Diese nächsten germanischen Nachbarn des römischen Reiches am Rhein bildeten den Kern der zukünftigen Franken, sicherten also das Wesentliche der

Tradition von der Antike zum Mittelalter. Vespasian verkürzte und befestigte auch die Rhein-Donau-Grenze, indem er Schwarzwald und Schwäbische Alb in das Herrschaftsgebiet einbezog und die Arbeiten an einem oberrheinisch-raetischen Limes als Verbindungsstück zwischen Rhein- und Donaugrenze in Angriff nahm.

Seine Nachfolger erweiterten und verstärkten diese Kombination von Holz-, Wasser- und Erdbefestigung, von Sperre mit Wachttürmen, Straßen und im Hinterland gelegenen Kastellen, bis diese schließlich das Neuwieder Becken, Taunus und Wetterau umfaßte, dem Unterlauf des Mains folgte, Neckargebiet und Schwäbische Alb einschloß und bei Regensburg die Donau erreichte. Im Rahmen dieser Arbeiten Vespasians und insbesondere Domitians, die der Konsolidierung der Macht und der immer stärkeren Ersetzung von oft unzuverlässigen Truppen durch Befestigungsanlagen, nicht aber der Vorbereitung neuer Vorstöße nach Osten dienten, kam es seit den siebziger Jahren zu manchen kleineren, landschaftlich begrenzten Kämpfen, insbesondere aber zu dem großen Chattenkrieg des Jahres 83, dem der eigentliche Limes-Bau durch Domitian folgte.

Im ganzen blühte das Leben an der Grenze auf; Handel und kultureller Austausch wuchsen an Donau und Rhein, den großen Handelswegen dieses Raumes, und über diese hinaus. Infolge solcher Intensivierung von Politik, Kultur und Wirtschaft wurde im Jahre 90 die Aufteilung dieses administrativ ungefügen Grenzstreifens hinter Limes und Rhein und des zwischen Neckar und Rhein gelegenen, halb romanisierten kolonisatorischen Vorlandes des römischen Reiches, des wohl wegen seiner Gliederung in 10 Teile sogenannten Dekumatenlandes in die beiden Provinzen Germania Superior und Germania Inferior vorgenommen. Beide Provinzen berührten einander am Vinxtbach bei Andernach, ihre Westgrenze ist uns einstweilen noch unbekannt. Fortan gab es eine Germania Romana und eine Germania Libera oder Magna, und, wie schon seit Cäsar, bis zum Ende der römischen Herrschaft links des Rheins nach einem halben Jahrtausend Dauer eine kulturell im weitesten Sinne überaus wichtige Berührung der freien Germanen mit der provinzialen Antike. Um diese Zeit, im Jahre 98, entstand die „Germania“

des Tacitus, die seit dem ersten Druck (1470) nach der einzigen über das Mittelalter hinweg erhaltenen und heute verlorenen Handschrift nicht allein die wichtigste antike Darstellung der germanischen Frühgeschichte bildet, sondern auch das Nationalgefühl der deutschen Humanisten aufs stärkste förderte und beeinflußte und seitdem in der Geschichte des deutschen Nationalbewußtseins eine bedeutende, nicht selten übergroße Rolle gespielt hat. Tacitus, der das Land nicht gesehen hatte, sondern nach den Berichten römischer Beamter und Soldaten schrieb, fand das Antlitz Germaniens „im ganzen düster durch die Wälder und häßlich durch die Sümpfe"; „Silber und Gold haben ihm die Götter versagt, ich weiß nicht, ob aus Liebe oder Abneigung ... Selbst Eisen gibt es nicht reichlich". Er hob das Fehlen von Städten, ja, der bequemen Nachbarschaft ihrer Wohnsitze und die Minderwertigkeit ihres Baumaterials hervor und rümpfte die Nase über ihre von Mistauflagen gewärmten Höhlen für den Aufenthalt im Winter. Bereits früher hatte Seneca die rhetorischen Fragen gestellt: „Wer ist ungestümer, wer treibt ungeduldiger zum Angriff, wer erhofft sehnsüchtiger den Kampf" als diese Germanen, deren „gewaltige Leiber und unbändige, aber zuchtvolle Herzen" er mit der Üppigkeit und Genußsucht der Römer verglich.

Bis zum Beginn des 3. Jahrhunderts gelang es den Römern, im germanischen Grenzraum im großen und ganzen Ruhe zu bewahren, die Grenzbevölkerung vorsichtig und langsam zu romanisieren und entfernter ansässige Stämme durch kluge Verträge zu binden, so daß z. B. Trajan die Besatzungstruppen um etwa die Hälfte verringern und die frei werdenden Einheiten an die Donau verlegen konnte, wo nun nach der Befestigung und Beruhigung der Rheingrenze der germanische Druck zunehmend fühlbar und gefährlich wurde. Viele z. T. undurchsichtige Ursachen führten hier zu der ersten germanischen Völkerwanderung, nachdem Trajan im Jahre 101 nach Mißerfolgen in Domitians Zeit unter großen Mühen den Staat der unruhigen Daker vernichtet hatte, dem die benachbarten Stämme der Markomannen und Jazygen nahestanden. Für sechs Jahrzehnte stellte Trajan im Donauraum den Frieden her. Inzwischen aber setzte sich die Bewegung fort, die durch die Goten verursacht worden war, als diese im ersten Jahrhundert von Südschweden und Gotland her den Burgunden zur Weichselmündung und nach Schlesien folgten und nun, den Karpaten ausweichend, allmählich bis zum Schwarzen Meer vordrangen. Nach dem Tode des Kaisers Antonius Pius im Jahre 161 erreichte diese durch Bewegungen in Mitteldeutschland verstärkte Unruhe einen neuen, überaus gefährlichen Höhepunkt, als im Jahre 165 Langobarden, Markomannen, Ubier und Quaden zur mittleren Donau vordrangen und dort Land forderten. Die Verweigerung durch die römischen, an einsatzfähigen Truppen armen Kommandanten führte im Winter 166/67 zum Vorstoß über das Donaueis und zur Überschwemmung der Provinzen Raetien, Noricum, Pannonien und Dakien, zum Eindringen der Markomannen und Quaden bis nach Aquileia an der Adria im Jahre 169 und schließlich wieder zum Vorrücken Marc Aurels bis zur Donau im Jahre 172. Sein Ziel war hier, wie früher am Rhein, die Wiederherstellung eines verhältnismäßig leicht zu kontrollierenden Friedens von einer Provinz Markomannia aus. Er schlug 172/75 die Quaden an der March und die Markomannen in Böhmen in schweren Kämpfen und stellte anschließend unter Umsiedlung von Bevölkerungsteilen, Einsetzung ergebener Fürsten und Errichtung des Legionslagers Castra Regina (Regensburg) ein 7,5 km breites Niemandsland nördlich der Donau her.

Doch bereits 177 erhoben sich die nur oberflächlich Besiegten. Nun wurden die Markomannen völlig vernichtet. Die von Marc Aurel geplante Einbeziehung ihrer Siedlungsgebiete Böhmen und Mähren als Provinz Markomannia in das Reich unterblieb jedoch infolge des Todes des Kaisers, dessen Nachfolger sich auf die üblichen Klientelverträge beschränkte und damit zwar an der Grenze den Frieden bewahrte, nicht aber die Bewegung im Innern Germaniens beruhigte, die vielmehr unter dem Druck von heranrückenden Völkerschaften aus dem Osten einerseits und der starren römischen Grenze im Süden andererseits zur Explosion getrieben wurde. Das mußte nun um so katastrophalere Folgen haben, als seit Marc Aurel in Ermanglung römischer Truppen der Schutz des Reiches gegen die Germanen vorwiegend nur germanischen, meist aus Markomannen und Quaden bestehenden Truppen und Kolonen, zum Kriegsdienst verpflichteten unfreien Siedlern, zugewiesen werden konnte.

Die Ausdehnung des römischen Einflusses bis nach Böhmen verursachte Unruhe auch in Sachsen und Thüringen. Wie der germanische Druck sich einst unter dem römischen Gegendruck vom Rhein zur Donau gewandt hatte, so nun umgekehrt wieder gegen die Rheinlinie, die um der Donauverteidigung willen weitgehend von Truppen entblößt worden war und die schwächste Grenze Roms in Europa bildete. Dorthin wandten sich um das Jahr 200 aus Mitteldeutschland Gaue der Semnonen. Sie verbanden sich mit südwestdeutschen Gruppen, nahmen die Bezeichnung Alemannen (alle Männer) an und erhielten sehr schnell große politische Bedeutung. Im Jahre 213 erschienen sie am oberen und mittleren Main; von dort aus durchbrachen sie den von Caracalla vorausschauend bereits verstärkten Limes und drangen seit 233, während die Legionen vom Rhein zum Orientkrieg abgezogen waren, in das Dekumatenland ein. Maximinus Thrax, der nach Alexander Severus' Ermordung von den Truppen zum Kaiser erhoben wurde, warf sie zwar über den Limes zurück, und auch an der Donau wurde die Ordnung durch diesen „Offizier-Kaiser“, der nie in Rom gewesen ist, sondern sein Leben in Legionslagern verbracht hat, wiederhergestellt. Aber um die Mitte des 3. Jahrhunderts setzte zum ersten Male ein über riesige Distanzen ausgedehnter Völkersturm zwischen Euphrat und Rhein gegen die Grenzen des römischen Reiches ein. In ihm spielten die Germanen eine wesentliche Rolle, von den Goten, Burgunden, Sarmaten und Alanen an der unteren Donau (seit 236 schon), bei Nikopolis, Philippopolis und in Makedonien über das erneute Vorstoßen der Markomannen, die die mittlere Donau wieder überschritten, und über die Alemanneneinfälle nach Südgallien und Oberitalien bis zum Vordringen der Franken über den Rhein nach Gallien und Spanien. Eine seit Jahrhunderten allen Wirren zum Trotz aufgeblühte Zivilisation wurde vernichtet, ein weites Gebiet, aus dem die Römer sich bereits seit etwa 235 zurückzogen, entvölkert, während andere Räume unter dem Druck der Wanderungen unter Übervölkerung zu leiden begannen.

Solchem Druck immer stärkerer Gruppen von Völkerschaften

war der Limes schließlich nicht mehr gewachsen. Infolgedessen errichtete man jenseits von Rhein und Donau Sperrkastelle, umgab die Städte, besonders seit Kaiser Galienus (253—268), mit steinernen Mauern und tat vieles andere, um das Gebiet zu behaupten, ohne doch selbst in Notzeiten den Stil römischer Größe aufzugeben — was etwa die Porta Nigra und die vielen anderen Bauten in Trier bezeugen, die so groß waren wie die in Rom und deren „enorme Mauermassen" und „fast byzantinisch" anmutende „verwickelte Architektur" (Schinkel) bis heute den Eindruck von politischer Macht und daraus erwachsenen Kulturformen vermitteln.

Den Römern erschienen ihre Gegner wie eine nahezu undifferenzierte Masse von Barbaren — Germanen oder Kelten —, während sich für uns in dem großen allgemeinen Ansturm gegen das von Prätendentenkämpfen verwirrte und geschwächte Rom deutlich Stammes- und Völkerschaftsindividualitäten unterscheiden lassen, die sich nun schon allmählich über die „fließenden Gebilde" und „niedersten Lebewesen in der Welt der staatlichen Organismen" (Joachimsen) zu erheben begannen — in erster Linie die Goten. Sie saßen im weiteren Gebiet der unteren Donau, am Schwarzen Meer, am Bosporus und nach 268 in Thessalien und Makedonien, seit 275 nach Niederlagen wieder links der Donau, wo nun die Bildung eines Gotenreiches begann, das in friedlicheren Beziehungen zu Rom lebte und sich 332 sogar mit ihm verbündete. Die Goten hielten den Ansturm der Hunnen auf, der seit 370 über Südrußland heranbrauste — jenes Volkes „ohne Ackerbau und Pflugschar, ohne feste Wohnsitze, Heimwesen und Gesetze, ohne Sitte und Satzung ... treulos, unzuverlässig ... veränderlich ... gleich unvernünftigen Tieren, blindester Wut verfallen ... von unmäßiger Goldgier völlig besessen, wankelmütig und zum jähen Zorn geneigt" (Ammianus Marcellinus). Anschließend schlugen die Westgoten 378 bei Adrianopel die Römer unter Kaiser Valens vernichtend und dehnten ihren Machtbereich von Konstantinopel bis zu den Alpen aus. „Die Niederlage von Adrianopel ist ein Markstein in der Geschichte der römisch-germanischen Auseinandersetzungen. Es gelang den Nachfolgern des gefallenen Kaisers nicht mehr, die alte Reichsgrenze zu halten" (Walser). Da die Goten auch nach der Abwehr der Hunnen im Reichsgebiet blieben, hat man ihre Festsetzung dort als Anfang der Völkerwanderung bezeichnet.

Die Burgunden, die sich von Ostdeutschland und der unteren Donau nach Westen wandten, drängten dabei die Alemannen gegen den Limes und in das Dekumatenland. Sie verbanden sich nicht selten mit den Römern gegen diesen gemeinsamen Feind, so daß sie gegen Ende des 4. Jahrhunderts bis zum Rhein vordringen konnten und nun ihrerseits die Römer bedrohten und Worms eroberten.

Die unter burgundischem Druck durch Limes und Dekumatenland und 259/60 auch durch die Burgundische Pforte, schließlich über die Westalpen einerseits und über den Brenner andererseits nach Italien durchbrechenden Alemannen wurden zwar vorübergehend vom Kaiser Postumus aufgehalten, siegten aber 271 schon wieder bei Placentia, verheerten Oberitalien und erschienen den Römern so gefährlich expansiv, daß Kaiser Aurelian die seinen Namen tragende Mauer um die Hauptstadt des Reiches ziehen ließ. Nach seinem Tode im Jahre 275 folgten weitere alemannische Vorstöße über den Rhein nach Gallien, bis Kaiser Probus die Angreifer vorübergehend selbst hinter das Dekumatenland zurückdrängen konnte. Seit 283 war der Limes praktisch aufgegeben, der Rhein die Grenze des Reiches, ohne daß damit das Wogen von Alemannenvorstößen und römischen Abwehrerfolgen bis in den Schwarzwald hinein aufhörte, in dessen Verlauf die Alemannen allmählich bis ins 5. Jahrhundert Teile des Elsaß und der Schweiz besetzten.

Die Franken, ein vielschichtiger Verband von kleinen Stämmen, Ostgermanen und im Gebiet beiderseits des Rheins mit römischer Kultur erfüllten Gruppen, fielen, während sie sich allmählich als Einheit konsolidierten, seit der Mitte des 3. Jahrhunderts über den Niederrhein nach Gallien ein, drangen um 260 bis Spanien vor und befanden sich in ständiger, bald kriegerischer, bald friedlicher Auseinandersetzung mit den römischen Machthabern in Gallien bis zu Konstantin und dessen Nachfolgern, die bemüht blieben, eine dauernde stammesstaatliche Festsetzung zu verhindern.

Die Sachsen schließlich waren ein Volk einstweilen noch umstrittener Herkunft, wahrscheinlich aus dem Raum zwischen Elbe und Rhein. Sie standen um 350 am Niederrhein abwechselnd im Kampf mit den Römern und deren Bundesgenossen, wurden 358 von Julian über den Rhein zurückgeworfen, verheerten wenige Jahre später auf Seezügen die britannischen und gallischen Küsten und unterlagen 373 Valentinian.

Diese Stämme und Zusammenschlüsse von Stämmen hatten dem auch von innen her militärisch erschütterten und finanziell geschwächten, sozial zerrissenen und verwirrten, mit seinem Schwerpunkt während der Kämpfe immer stärker an Rhein und Donau sich verlagernden römischen Reich schweren Schaden zugefügt, als um 375 die große Völkerwanderung einsetzte, deren Ende etwa mit dem Tode Theoderichs 526 zusammenfiel. Sie waren nicht fähig gewesen, die römische Kultur vollständig zu rezipieren, zu pflegen und fortzusetzen, hatten die Städte und ihre kulturellen, wirtschaftlichen und gesellschaftlichen Lebensformen verfallen lassen und das Straßennetz, dessen sie nicht bedurften, so wenig unterhalten wie den großen Handel, für den ihnen der Bedarf fehlte. Leben und Kultur der Antike verkümmerten und erloschen unter den Wanderungen und Kämpfen der Germanen. Eine gewisse, sehr ausgewählte und eingeschränkte Kontinuität bewahrten allein die christlichen Klöster. Im praktisch-täglichen Bereich aber lernten die Germanen vieles von den Römern: auf dem Gebiete der Handwerke z. B. — freilich unter Rückverwandlung der gewerblichen Organisation vom Großen zum Kleinen. „Es wäre eine oberflächliche Betrachtungsweise, welche aus der Fortdauer von technischen Fertigkeiten an Ort und Stelle bereits auf die Konstanz der Kultur schließen wollte. Wir wissen, daß erst das spätere Mittelalter wieder die kapitalistische Entwicklung des römischen Wirtschaftslebens zu erreichen begann“ (H. Aubin).

Zu dieser Zeit hatten die Germanen bereits eine lange gemeinschaftsformende Geschichte durchlaufen. Aus Kultverbänden mit sehr lockeren, aber weitgreifenden Bindungen waren sie im Laufe der Wanderzeit, die schon etwa 500 v. Chr. begonnen hatte, allmählich stammesmäßige Individuen geworden, die sich von den kollektiven Kultstätten lösten und ihr eigenes frühstaatliches, kriegerisches und religiöses Leben begannen.

Dem Wandern der Gruppen entsprach, von der gleichen Unruhe getrieben, der vagabundierende, nach Individualisierung strebende, einzelne „Held" — so daß es in der Wanderzeit auch innerhalb der Stämme zu höheren Differenzierungen des Lebens kam: aus den fast amorphen Verbänden der Sippen und Großfamilien wuchsen speziellere Verbindungen und Abhängigkeitsverhältnisse, die kleinen und größeren, sozial und wirtschaftlich mehr und mehr gegliederten Stämme hervor, die unter großen Wanderungen, also in ständiger Bewegung, vom 4. bis zum 6. Jahrhundert Reiche gründeten und wieder verfallen ließen, kriegerische und siedlerische Bünde mit anderen Stämmen eingingen und wieder lösten. Im Zuge dieser, im wesentlichen vom Kampf der Stämme untereinander und gegen Fremde erfüllten Zeit, die viele Stammesvermischungen, -entmischungen, Unterwerfungen und Befreiungen erlebte, verwandelte die Volksversammlung sich logisch zur Heeresversammlung, hoben sich nicht selten einzelne Kämpfer- und Führergestalten für wenige Jahre aus der Masse heraus, während die Bildung von Herrscherfamilien selten war. Grundkräfte dieses Lebens waren das germanische Bauerntum, der „wikinghaft abenteuernde Adel und seine Gefolgschaft" (Bosl) sowie der Heerführer und König.

Sorgfältige Forschung, die von Tacitus' „Germania" ausging, diese aber durch die Zusammenarbeit von Archäologie, Sprachgeschichte, Folkloristik, Wirtschafts- und Sozialgeschichte vielfach ergänzen und bereichern konnte, hat als die wichtigste unter diesen drei Kräften die „staatsbildende Kraft des germanischen Bauerntums" (Bosl) erkannt. Sie schuf Stämme und Staaten, bot in der Familie mit menschlichem Zusammenhang und fest erhaltenem, von privater Souveränität getragenem Besitz, dem Odal, als Kern Hörigkeits- und Abhängigkeitsverhältnisse. Der Adelbauer stand also als Freier im Zentrum der Entwicklung zur mittelalterlichen Staatsbildung genossenschaftlichen Charakters mit Wahlkönigtum und Widerstandsrecht und damit auch des Widerstandes gegen alle usurpatorisch-diktatorischen Ansätze nach der Art mittelmeerischer Staaten. Hier lagen auch die Ursprünge einer adligen Oberschicht über den Unfreien ohne Odal, ohne Familie = Geschlecht und ohne den Hintergrund adliger Persönlichkeitsbewährung im Einzelfall. Das bedeutete zugleich eine allmähliche Aufgliederung in eine kämpfende und befehlende Oberschicht mit Grundherrschaft aus eigener Geschichte, nicht nach römischem Vorbild, und eine gehorchende, rodende und ackerbautreibende Unterschicht.

„Adel und Adelsherrschaft sind die stärkste kontinuierliche Konstante des gesellschaftlich-staatlichen Lebens in germanischer Vorzeit, im Mittelalter und bis in die Neuzeit. Das Problem des Adels ist vielleicht die Kernfrage mittelalterlicher Staatsentwicklung. Gerade weil Adel und Adelsherrschaft von allem Anfang an so tief im Leben der Stämme und Völker verwurzelt waren, wurde das Ringen der mittelalterlichen Könige mit ihnen um einen zentralen Staat jedesmal zu einer Auseinandersetzung mit Stämmen und Volk" (Bosl). Durch die staatlich-wirtschaftliche Energie des Adels erhielt das germanische Staatswesen seinen aristokratischen Charakter, blieb die monarchische Spitze des Staates auf Grund der Wahl von der tragenden, zahlenmäßig kleinen Schicht aristokratischer Großfamilien abhängig, aus der sie wie die Heerführer erwuchs. Die wichtigen Staats- und nach der Christianisierung auch die bedeutenden Kirchenfunktionen wurden von diesem aus dem Erbbauerntum sich differenzierenden, auf Grundherrschaft beruhenden, durch Raubzüge, Wanderungskämpfe usw. in seinem Zahlenbestand, wie der Untergang der Burgunder zeigt, lange Zeit gefährdeten Adel ausgeübt. Er bildete die tragende Struktur des mittelalterlichen Staates und erhob sich im Laufe der Zeit mit immer größerem, nicht mehr geteiltem Grundbesitz über das Bauerntum zum eigentlichen Herrenstand, zur Elite gegenüber der breiten Schicht der Beherrschten. Diese waren oft nicht imstande, ihre alte Freiheit zu behaupten und sanken im Zuge der zunehmenden gesellschaftlichen Aufgliederung ab in die Gefolgschaft des großgrundbesitzenden und Grundherrschaft ausübenden Adels. Sie bildeten die Hausmacht, die in der Mehrzahl aus Freien im engeren Heimgefolge oder in der zerstreuten Gefolgschaft der üblicherweise auf ihren Gütern sitzenden Gefolgsleute bestand. Aus dieser Zweigliederung in Bauerntum und Adel erhob sich langsam das Königtum bzw. das germanische Herzogtum im Sinne staatlicher und persönlicher Machtkonzentration. Ariovist galt als der erste bekannte germanische Heerkönig — ein Heerkönig mit dem Recht des Heerbannes im Kriege. Erst später entwickelte sich das Dauerkönigtum. Immer aber ging der König aus dem Adel hervor, blieb seine Sippe die adligste unter den Adelssippen, den Trägern nicht allein der Wehrkraft und der Wirtschaft, sondern auch der mittelalterlichen Kultur. Die Auseinandersetzung der weiterstrebenden Könige mit dem Adel, der seine Position zu behaupten trachtete, sollte einen wesentlichen Teil der deutschen mittelalterlichen Geschichte bilden.

Als Ursachen für die starke Beweglichkeit, die zahlreichen, über viele Jahre sich hinziehenden Wanderungen sind uns bekannt: Mißwachs und Übervölkerung, der Brauch der sommerlichen Heerfahrt, die verlockende Kunde von besseren Lebensgebieten, in den Küstenstreifen Sturmfluten, nicht selten kriegerische Einfälle, d. h. Vertreibungen; doch waren selbst die Germanen der Wanderzeit nicht etwa Nomaden: den Wanderungen folgten lange Perioden der vollständigen Ansässigkeit, so daß Tacitus z. B. die Goten als seßhaft bezeichnen konnte. Wanderungen in einem Raum konnten bei absoluter Ruhe im Nebenraum einsetzen, und die Gesamtbewegung der Wanderung zog sich über mehrere Jahrhunderte hin — eine Zeit, in der die Stämme wandernd wie siedelnd ihre Individualitäten entwickelten und dabei wohl auch, z. B. in Süddeutschland, keltische Anregungen aufgriffen.

Wieder, wie schon früher einmal, jetzt aber von höher organisierten Stammesverbänden und -reichen, wurde das römische Imperium bedroht — von den beiden ost- bzw. westgermanischen Gruppen unmittelbar an Donau und Rhein, sowie von einer dritten, die von innen her in beiden Richtungen drückte.

Konstantin suchte der unabsehbaren Sprengkraft des Germanenraumes gegenüber den Krieg zu vermeiden und in Kompromissen Entlastung und Zeit zu gewinnen. Das Heer mit der nun auch den Germanen eröffneten Offizierslaufbahn und das Christentum sollten die gefährlichen Nachbarn assimilieren und bändigen. In der Tat nahmen die Goten, die auch in anderer Hinsicht hellenistisches Kulturgut rezipierten, von Bischof Ulfilas und seiner gotischen Bibelübersetzung gewonnen, ferner die Wandalen sowie die übrigen Ost- und Donaugermanen, zuletzt die Langobarden, innerhalb eines Jahrhunderts etwa zwischen 375 und 475, die arianische Form des Christentums an, die sich leicht dem Stammesleben einordnete.

Diese von dem 336 gestorbenen Priester Arius entwickelte Lehrmeinung erklärte in der Frage des Verhältnisses von Christus = Sohn zu Gott = Vater, Christus sei Gott wesensähnlich, aber nicht wesensgleich, nicht wesensidentisch, wie das Athanasius, ein Zeitgenosse des Arius, behauptete. Der Arianismus wurde 325 auf dem Konzil zu Nicaea als Irrlehre verurteilt, was freilich seine Behauptung während weiterer sechs Jahrzehnte in Ostrom und die Wendung der genannten Germanenstämme zu ihm nicht verhinderte. Diese konnten sich aus ihrer eigenen Lebensauffassung heraus einer Form des Christentums ergeben, welche den Erlösungsgedanken verwarf und die Möglichkeit der Heroisierung Christi bot, organisatorisch nicht römische Institutionen übernahm, sondern die Freiheit der Anpassung an das flutende Wanderleben der Germanen beließ und die Bischofswahl durch das Volk sowie die Bischofsernennung durch den König nach germanischer Staatsverfassung ermöglichte. So wurde also hier der Arianismus als eigentümliche Religion der germanischen Stämme behauptet. Schwierig und geradezu tragisch wurde die Kirchenspaltung für die Germanen erst, als Chlodwig sich 496 dem weströmischen Katholizismus in der Form des Athanasianismus zuwandte und so zu dessen Vorkämpfer gegen die Arianer wurde, also Religionskriege auslöste, die allerdings auch im Rahmen des fränkischen Strebens nach politischer Vorherrschaft eine bedeutende Rolle spielten.

Die Christianisierung der Germanen sollte ihrer territorialen Konsolidierung dienen und die Gefährdung Roms durch sie verringern.

Als aber die Hunnen nach Osteuropa einbrachen und 375 das Ostgotenreich in Südrußland überrannten und nun vom Schwarzen Meer bis zur Ostsee herrschten, lösten sie eine allgemeine Bewegung auf das römische Reich und in dieses hinein aus. Die ersten, die aufbrachen, waren 376 die Westgoten, die nach ihrem Sieg bei Adrianopel von Kaiser Theodosius als autonomes Volk, unter eigenen Fürsten als offensichtlich nicht einschmelzbare Föderaten, ins Reichsgebiet aufgenommen, im bulgarischen Gebiet angesiedelt wurden und von den Römern Sold genannte Tribute erhielten. Die Einsicht des Theodosius in die Machtverhältnisse fehlte seinen Nachfolgern — er, der als letzter Freund der Goten und des Friedens bezeichnet wurde, hinterließ 395 das Ostreich seinem ältesten Sohn Arcadius, das Westreich, das praktisch bis 408 von dem Wandalen Stilicho, einem Schwager des Kaisers, gelenkt wurde, dem jüngeren Sohn Honorius. In Byzanz gelangten nun die germanen- und zugleich romfeindlichen Kreise an die Macht. Diese letzteren Spannungen nutzte Alarich, um bei den Westgoten die Königswürde zu begründen. Von Ostrom 401 als Herr in Illyricum anerkannt, wandte er sich gegen den Westen und erreichte, daß auch Westrom ihn 403/04 in seinem Hauptgebiet respektierte, um ihn gegen den Osten benutzen zu können.

Aber während dieses innerrömischen Streites drängten die Hunnen, germanische Völkerschaften vor sich herschiebend, nach Westen: 401 erschienen die Wandalen in Noricum, 405 die Ostgoten in Italien, wenig später Wandalen, Quaden und Alanen am Rhein; sie überschritten ihn und überfluteten, Franken, Burgunder und Alemannen aus ihren Siedlungsgebieten lösend und mit sich reißend, das schutzlose Gallien. Während heftige innere Machtkämpfe tobten, suchten die Römer diesen Sturm durch Verträge verschiedener Art aufzuhalten. Sie konnten ihre Städte am Nieder- und Oberrhein behaupten, mußten aber das flache Land germanischen Siedlern überlassen und hinnehmen, daß Wandalen, Sueben und Alanen 409 nach Spanien zogen.

Alarich nutzte diese Bedrängnis der Weströmer zur Steigerung der Subventionen, gewann nach der Ermordung Stilichos 408 dessen wegen des straffen Regimentes längst unzufriedene Gefolgsleute für sich und zog 409 vor Rom, das er 410 eroberte: eine zwar das Imperium erschütternde Tat, die Augustin veranlaßte den heidnischen Angriffen die „Civitas Dei" mit den Gedanken über die Zeitlichkeit des Staates, die Ungerechtigkeit einer Weltmacht wie der römischen und die rechte Ausübung der Herrschergewalt entgegenzustellen, aber kein Ereignis von weltpolitischer Bedeutung. Noch bevor Alarich Sizilien und vielleicht Afrika erobern konnte, starb er Ende 410 und wurde im Flußbett des Busento bei Cosenza begraben.

Inzwischen aber war am Rhein erneut die Unruhe aufgeflammt: Trier, seit 286 Residenzstadt, ging an die Franken verloren, die Burgunden suchten die Macht an sich zu reißen, und die Westgoten zogen unter Alarichs Nachfolger Athaulf nach Gallien, wo dieser als Staatsbildner mit dem Ehrgeiz der Herrschaft über Westrom auftrat, aber durch römische Lebensmittelsperren zum Weiterzug nach Spanien gezwungen wurde. Dort hatten die Wandalen und ihre Genossen sich so festgesetzt, daß sie als Föderaten anerkannt werden mußten (Wandalusia). Bis dahin hatte man das Föderatverhältnis nur gegenüber außerhalb der Reichsgrenzen lebenden Völkern gekannt; fortan aber lebten germanische Völker als Föderaten unter eigenen Fürsten und ohne Reichsbürgerrecht, ohne die Möglichkeit germanisch-römischer Mischehen, also unter strenger kultureller Trennung als Fremdkörper innerhalb des Reiches, und bildeten Zellen künftiger eigener Staatsbildung. Zunächst konnte Rom die Goten gegen die Wandalen einsetzen, diese 416/17 vernichten lassen und die Goten 418 im Raum von Toulouse und Bordeaux ansiedeln, wo sie einen neuen, den ersten germanischen Staat auf römischem Boden gründeten (Gotalonia, Katalonien) Die restlichen Wandalen aber setzten 429 unter ihrem König Geiserich nach Afrika über. Unter diesem bedeutenden Fürsten — „unergründlich in seinem Denken, wortkarg, ungestüm im Zorn, besitzgierig, überaus klug und geschickt, den Samen von Streit und Haß auszusäen“ (Jordanes) — schlugen sie die untereinander bereits verfehdeten römischen Statthalter und eroberten 429/35 die römischen Gebiete bis auf Karthago und Cirta.

Im Osten erwiesen sich jedoch die Hunnen als eine ständige schwere Bedrohung. Sie drängten 430 sogar bis in das Rhein-Main-Gebiet vor und bildeten seit 434 unter Attila und Bleda um so mehr eine dauernde Gefahr, als Westrom unter Aëtius sie in den Streit mit dem Osten hineinzog. Aber während er noch nach der Krönung seiner vielfältigen Unternehmungen strebte, standen 435 die Burgunder im Raum von Trier, die Westgoten 436 bei Narbonne und Arles, wo sie 439 als souveräne Macht anerkannt wurden, mußte Geiserich, der 439 auch Karthago nahm und die See beherrschte, 435 in Mauritanien und Numidien als Föderat respektiert, und konnte das Burgunderreich um Worms 436 nur mit größter Mühe wieder zerschlagen werden (Entstehung der Nibelungensage). Der Rest des Burgundervolkes wurde 443 von Aëtius zum Genfer See umgesiedelt, die Franken wurden Föderaten im Gebiet von Cambrai und Tournai.

Während so versucht wurde, das römische Reich durch die Erweiterung und Vergröberung des alten Föderatenbegriffes in neuen zeitgemäßen Formen zu restaurieren, riß Attila 444/46 die Alleinherrschaft in seinem stark ostgermanisch-gotisch durchsetzten Riesenreich an sich und bereitete einen neuen Sturm nach Westen vor, der 451 die alte Römerstraße Augsburg—Mainz benutzte, bei Neuwied den Rhein überquerte und dann längs der Straße Koblenz—Trier—Metz verlief. Schon stand Attila mit der alanischen Besatzung von Orléans in geheimer Verbindung.

Für die nun notwendige Entscheidungsschlacht hatte Aëtius bei weitem nicht genug Truppen, um siegen zu können, und er war daher ganz auf die Hilfe der Westgoten unter ihrem König Theoderich I. angewiesen. Sie entschieden 451 die Schlacht auf den Katalaunischen Feldern (bei Troyes). Ihr König fiel, und da Aëtius am Tage nach der Schlacht klug die von den Westgoten als Rache für den Tod ihres Königs beabsichtigte völlige Vernichtung der Hunnen und damit einen großartigen Triumph seiner germanischen Truppen verhinderte, konnten die Hunnen sich über Reims und Köln wieder zurückziehen, während auch die Goten und Franken in ihre Gebiete zurückkehrten, ohne das gefährliche volle Bewußtsein ihrer entscheidenden Bedeutung mitzunehmen. Jordanes, der erste deutsche, aber romfreundliche Geschichtsschreiber, übernahm später aus der Gotengeschichte Cassiodors, eines Ministers Theoderichs d. Gr., die Auffassung, Attilas Absicht sei es gewesen, „die ersten Völker der Welt, die Römer und die Westgoten, zu unterwerfen ... Er war dazu geschaffen, die Welt zu erschüttern, der Schrecken aller Länder, der auf eine unsagbare Weise durch seinen weithin wirkenden Ruf der Grausamkeit alles in Schrecken versetzte".

Er nannte die Verhinderung des vollkommenen westgotischen Sieges durch Aëtius „heimtückisch“, während andererseits dieser kaum vermutet haben dürfte, daß Attila schon im folgenden Jahre nach Oberitalien ziehen und Aquileja zerstören, die Po-Ebene verwüsten und Rom in Angst versetzen würde, so daß Papst Leo I. eine kaiserliche Gesandtschaft anführte, die Schonung erbat und erreichte. Wie auf den Katalaunischen Feldern die Goten und Franken, so trat ein Jahr später in Italien die Kirche als die andere Macht der Zukunft in Erscheinung.

Attila starb 453 nach der Hochzeitsfeier mit Hildiko, vielleicht von dieser ermordet (Ursprung der Kriemhildsage; Attila = Etzel des Nibelungenliedes). Aëtius wurde ein Jahr später von Kaiser Valentinian III. selbst ermordet. Nun begann die letzte Phase von Westroms Untergang und der volle Aufstieg des Reiches der Westgoten. Die Hunnen schieden nach einer schweren Niederlage durch germanische Stämme an einem Nebenfluß der Save 454 aus der abendländischen Geschichte aus, und der Donauraum, in den slawische Völker einzurücken begannen, verlor wieder seine feste staatliche Struktur.

Im Westen aber wurde Valentinian III. selbst ein Jahr nach seiner Mordtat von einem Anhänger des Aëtius umgebracht. Als sein Rächer erschien plötzlich Geiserich, der mit dem Kaiser eine dynastische Heirat verabredet hatte, am 2. 6. 455 in Rom und ließ die Stadt unter eingehaltenem Verbot von Mord und Brand gründlich plündern — der Begriff des „Wandalismus“ ist ohne historisch verbindende Absicht vom Bischof von Blois 1794 gegen das Verhalten der Revolutionäre in Frankreich geprägt und später von politisch-kriegerischer Propaganda im Angriff auf die deutsche Geschichte gegen die Wandalen und von dort gegen die Teutonen (= Germanen) überhaupt angewendet worden. Der Versuch, Westrom mit Hilfe der Westgoten, Burgunder und selbst der Ostgoten wieder zur Macht zu führen und Afrika den Wandalen zu entreißen, mißlang 456/57 vollständig. In den folgenden Jahren war es zwar möglich, vorübergehend Burgunder und Westgoten in Frieden zu halten; Geiserich aber behauptete das für Rom überaus wichtige Afrika und gewann 461 selbst die Balearen, Sardinien und Korsika. Dann aber dehnten sich auch die Burgunder und Westgoten in

Gallien immer weiter aus. Die Rheinlinie ging Rom verloren, als um 460 die Rheinfranken Köln, Mainz und Trier besetzten und der Oberrhein bis Oppenheim den Alemannen zufiel, während die Sachsen zu Schiff die Loire-Mündung erreichten und sich bei Bayeux festsetzten. Die Wandalen konnten nach einem kurzen Rückschlag 468/69 selbst Sizilien erobern. Gleichzeitig gingen in Gallien die arianischen Westgoten an die Erweiterung ihres Machtbereiches, eroberten 471 Arles, 472/73 die Provinz Tarragona und anschließend das Gebiet von Sevilla und Cartagena; sie konnten endlich 475 nach langen Kämpfen gegen die Burgunder auch alle Gebiete westlich von Rhône und Loire und 477 die Provence an sich bringen.

Als der Skirenfürst Odoaker 476 von seinen Truppen zum König erhoben wurde, den Kaiser Romulus beiseiteschob, die kaiserlichen Insignien nach Byzanz sandte und so die Wiederherstellung der Reichseinheit andeutete, bildete Italien bereits ein germanisches Königtum. Ihm wurden 477 noch vor Geiserichs Tod im gleichen Jahre das gegen Geldzahlungen erworbene Sizilien und 480 nach dem Tode des Kaisers Nepos auch Dalmatien angegliedert. Deutlich hatten die Germanen mit Ausnahme des gewaltsamen Vorgehens der Wandalen das weströmische Reich von innen her aufgelöst, nachdem sie viel früher in verschiedenen Phasen darin aufgenommen worden oder gewaltsam eingedrungen waren.

Es erhebt sich hier die Frage, welche Stellung die Germanen zum römischen Reich im Westen einnahmen. Seitdem Ariovist im Jahre 58 v.Chr. Cäsar unterlegen war, seitdem römische Prinzen und Heerführer von Tiberius an in die germanischen Gebiete eingedrungen waren und dort auf die Dauer sich nicht hatten behaupten können, seitdem die Germanen ihrerseits begonnen hatten, in vielen, untereinander meist nicht verbundenen Schüben und Vorstößen in das römisch beherrschte Gebiet einzudringen, hatte eine dauernd wachsende Auseinandersetzung von germanischem und römischem Gedankengut stattgefunden, die sich mit der Entfernung von den Berührungs- und Kampfzonen, den eigentlichen Kerngebieten sehr verschieden starker Überlagerung und Verschmelzung bis tief in den eigentlichen germanischen Raum erstreckte. Wirtschaftliche Verbindungen,

Militärdienst in römischen Verbänden und bewaffnete Einfälle hatten den Anfang gebildet; die Umformung des Föderatenwesens in Anpassung an neue Machtverhältnisse war eine der letzten Etappen der Verwandlungen. Einen weiteren wichtigen Abschnitt bildete der Versuch einer germanisch-römischen Synthese, der Vereinigung von antikem Erbe, Germanentum und Christentum. Hierbei war von erheblicher Bedeutung der Umstand, daß das römische Reich nicht mehr auf der Höhe der Macht stand, sondern seit der Reichskrisis im 3. Jahrhundert von der Geld- und Handelswirtschaft sich zur neuen Betonung der Landwirtschaft mit senatorischem Großgrundbesitz zurückwandte, das kulturbildende und -tragende Bürgertum mitsamt den Städten weitgehend einbüßte und eine immer stärker feudale Gesellschaftsordnung erhielt. Alles dies kam der germanischen Lebensweise sehr entgegen. Die antike Stadtkultur war zutiefst erschüttert, als auf römischem Boden Germanenreiche, welche organisatorisch sehr stark den römischen Provinzen entsprachen, gegründet wurden. Insgesamt handelte es sich bei diesem langdauernden Prozeß weniger um gewaltsame Vorgänge mit dem Ziel der Vernichtung auf der germanischen und der unbedingten Selbstbehauptung auf der römischen Seite, als viel häufiger um Einsickern und Anpassen, um Verschmelzung über die wehrpflichtigen germanischen Bauern in römischen Grenzgebieten, die germanischen Söldner in römischen Diensten und die Eröffnung des Offizierkorps und der Generalität für die Germanen durch Konstantin zu Beginn des 4. Jahrhunderts. Während in Ostrom im 5. Jahrhundert das germanische Element als selbständige Macht beseitigt werden konnte, vermochten sich im Westen seit Stilicho immer häufiger germanische Staatsmänner — wie z. B. der Suebe Rikimer, der 472 starb — als eigentliche Machthaber unter den Kaisern festzusetzen, und germanische Föderatenkönige unterhöhlten allmählich die Autorität der römischen Provinzialregierungen. Trennend wirkten die Unterschiede in Religion und Recht.

„So präzisierten sich 477 die Grenzen der abendländischen Staatenwelt, in der die Führung auf die Westgoten überging. Die Wandalen lebten nach 477 nur noch vom Prestige Geiserichs. Odoaker war in seiner Außenpolitik durch die staatsrechtlich ungeklärte Lage seiner Herrschaft gehemmt. Den spanischen Sueben kam keine nennenswerte Bedeutung zu" (Ewig). Die Burgunder waren 476/77 vor den Westgoten des streng arianischen Eurich zurückgewichen, auf dessen Veranlassung im Kodex Euricianus erstmals ein germanisches Stammesrecht aufgezeichnet wurde. Sie zogen es vor, mit den Franken gegen die Alemannen vorzugehen, denen sie damals das Gebiet von Besançon und Langres entrissen. „Der Ruf des Westgotenkönigs drang bis in den Orient. Eurich empfing sogar eine persische Gesandtschaft. Er dachte kaum daran, ein neues Imperium an die Stelle des römischen zu setzen. Aber er besaß als Herr der größten und wichtigsten Teile Galliens und Spaniens eine hegemoniale Stellung in der germanisch-romanischen Welt" (Ewig).

Inzwischen hatte sich im Osten eine ganz eigene Entwicklung ergeben. Hatte sich in Byzanz etwa während der ersten Hälfte des 5. Jahrhunderts im großen und ganzen die germanenfeindliche Richtung durchgesetzt, so drangen nach der Auflösung des Hunnenreiches viele germanische, insbesondere ostgotische Söldner in das oströmische Heer ein. Die Goten, das bedeutendste aller donaugermanischen Völker, schlossen nach mancherlei Auseinandersetzungen mit Byzanz im Jahre 459 einen Föderatenvertrag, zu dessen Bedingungen gehörte, daß Theoderich, der Sohn des Theodemer aus dem Hause der Amaler, ein Jahrzehnt als Geisel nach Byzanz gesandt werden mußte. Während der Vater in schweren Kämpfen mit benachbarten Stämmen insbesondere den Vorrang der Ostgoten behauptete, nahm der Sohn, bevor er 470 wieder zurückkehrte, am Hofe viele römische Einflüsse in sich auf. Wieder ein Jahr später begannen die Ostgoten erneut ihre Wanderung; 473 wurde Theoderich nach dem Tode seines Vaters zum König erhoben — vier Jahre vor der Konsolidierung der Verhältnisse im Westen unter westgotischem Vorrang. Bis 481 gelang es ihm, mancherlei Splittergruppen an sein Reich heranzuziehen. Im Jahre 488 floh nach der Vernichtung der Rugier durch Odoaker auch Friedrich, der Bruder des letzten Rugierkönigs, zu Theoderich, der noch im gleichen Jahre als Heermeister und Patricius des oströmischen Kaisers Zeno gegen Odoaker nach Italien zog, so daß Ostrom von der ostgotischen Gefahr befreit war und darauf hoffen konnte, daß Odoaker und Theoderich einander schwächen oder gar vernichten würden.

In Italien siegte Theoderich zunächst am Isonzo und vor „Bern“ (Verona); sobald sich Schwierigkeiten ergaben, führten die Westgoten aus verwandtschaftlicher Solidarität Entlastungsunternehmungen durch, so daß Theoderich 490 an der Adda einen das Schicksal Norditaliens entscheidenden Sieg erringen konnte. Nach fast dreijähriger Belagerung überwältigte er 493 auch Ravenna, wo Odoaker sich hatte einschließen lassen, brach den daraufhin abgeschlossenen Vertrag über eine gemeinsame Regierung schon nach wenigen Tagen und erstach Odoaker im Rahmen einer Sippenrache. Gleichzeitig mußten in ganz Italien Odoakers Verwandte und Anhänger das Leben lassen. „Unangefochten“, wie Prokop von Caesarea nur wenig später schrieb, an die Macht gelangt und in dieser durch die vielen Morde gesichert, trieb Theoderich fortan italische Friedenspolitik und gewann als Beauftragter des Kaisers leicht die Italiener, denen er durch Amnestie und überlegte, maßvolle Ansiedlungspolitik entgegenkam. Theoderichs mehrfach geäußerter Wunsch, von Byzanz aus als König eingesetzt bzw. anerkannt zu werden, wurde aus politischen Gründen, mehr aber noch infolge der Meinungsverschiedenheit zwischen Rom und Byzanz über das Problem des Monophysitismus (der göttlichen oder göttlich-menschlichen Natur Christi) verweigert, so daß Theoderich sich 492 von seinen Anhängern zum König ausrufen ließ. Fortan pflegte er sorgfältig seine Beziehungen zu den germanischen Herrschern im Westen, insbesondere zu den seit je befreundeten Westgoten — durch Eheverbindungen aber auch mit den Franken und Burgundern. Dadurch, daß Theoderich 493 eine Schwester Chlodwigs heiratete, wurde zwischen den beiden bedeutendsten Männern und stärksten Mächten in der germanisch-romanischen Welt eine persönliche Beziehung hergestellt. Schließlich konnte auch Byzanz Theoderichs Macht nicht mehr übersehen und mußte 497 seine Königswürde anerkennen. „Der Senat und das Volk zogen ihm feierlich entgegen, da er im siebenten Jahre seiner Regierung (500) der Stadt nahte, und nannten ihn einen zweiten Trajan. Er redete öffentlich mit Würde zu ihnen und ließ es zu, daß die Verheißungen, welche er ihnen getan hatte, in eine Tafel von Erz gegraben wurden; aber bald entriß er sich der öffentlichen Bewunderung, um die Denkmale des Altertums zu betrachten. Keines von ihnen zog seine Seele so an, als die Säule Trajans. Überhaupt aber bewogen ihn die jetzt erhaltenen Eindrücke zu dem festen Entschluß, alles aufzubieten, um diese kostbaren Überreste den folgenden Zeitaltern aufzubewahren" (Woltmann).

Theoderichs Hauptziel war damit erreicht. Er war Repräsentant der westlichen Res Publica und Hüter der römischen Kontinuität und Tradition: sein Volk trug den Staat, in dem nicht ostgotisches, sondern römisches Recht und altrömischer Geist herrschen sollten, der folgerichtig aber auch den alten römischen Anspruch auf Vorherrschaft erhob. Soweit diese existierte, beruhte sie auf jener rechtlich-historischen Grundlage — obgleich Theoderich weder das zur Erhaltung der völkischen und kulturellen Eigenart der zahlenmäßig kleinen Gotenschar erlassene Verbot von Mischehen noch den Dualismus von germanischer Militär- und romanischer Zivilgewalt, der in der Frühzeit seiner Herrschaft enstanden war, noch denjenigen von germanischem Arianismus und römischem athanasianischem Katholizismus aufgab und also eine völlige Versöhnung der Italiener, die er wie den Papst gegen den Ketzerstaat im Osten schützte, mit den Eroberern nie erreichte. Doch spielte in kultureller Hinsicht auch der Vorrang der Goten gegenüber den anderen Germanen eine wichtige Rolle.

Inzwischen hatten die Franken unter merowingischen Königen in Nord- und Ostgallien eine immer bedeutendere Rolle zu spielen begonnen. Einer dieser Fürsten war der Teilkönig von Tournai, Chlodwig, ein Sohn des 481 gestorbenen und in Tournai begrabenen Childerich. Er erzielte seit 486 in Nordgallien kriegerische Erfolge, eroberte das Reich des römischen Statthalters Syagrius in der Schlacht bei Soissons 486/87, wo in einem selbständigen Teil des Römerreiches Regierungs-, Verwaltungs- und Wirtschaftseinrichtungen in guter Funktion sowie Krondomänen mit reichen Einnahmen erhalten waren, die nun den Eroberern als Machtzuwachs zugute kamen. Das ganze Gebiet bis zur Seine wurde erobert; Chlodwig verlagerte seine Residenz nach Paris. „Nordfrankreich und die Rheinlande wurden Machtzentrum, die Achse des Abendlandes verlagerte sich aus dem Mittelmeerraum in den germanisch-romanischen Norden" (Bosl). Obgleich zwischen Chlodwig und Theoderich Verwandtschaftsbande geknüpft worden waren, wandte er sich schließlich seit 492/93 mehr der Seite der Burgunder zu, deren Hilfe er gegen Westgoten und Alemannen brauchte. Bereits 495 brach der fränkisch-westgotische Krieg, zwei Jahre später der Krieg gegen die Alemannen aus. Während seines Verlaufs trat Chlodwig wohl vorwiegend aus politischen Gründen, aber auch von seiner katholischen Gemahlin Chlothilde gedrängt, mitsamt einem Gefolge von vielleicht 3000 Personen (Bischof Gregor von Tours) zum Katholizismus über. Fortan war der Kaiser in Ostrom nicht mehr der einzige katholische Herrscher, und im Westen zogen die katholischen Galloromer die Herrschaft der Franken derjenigen der arianischen Burgunder und Westgoten vor. Hier war ein entscheidender Schritt über Theoderich hinaus getan, obgleich dieser zunächst als der erfolgreichere Herrscher erscheinen mochte. Chlodwigs vollen Sieg verhinderten die Ostgoten, die nun ihrerseits den Westgoten Entlastung brachten. Immerhin stand nun fest, daß nicht die Alemannen, sondern die Franken das Germanentum zwischen Alpen und Nordsee zu politischer Einheit zusammenfassen sollten.

Franken und Burgunder gemeinsam dehnten in den folgenden Jahren ihre Macht ins Alemannische hinein aus, mußten sich aber um 505/06 der Vermittlung Theoderichs beugen, der durch eine Eheverbindung mit den Wandalen im Jahre 500 das letzte größere Germanenreich im Westen in sein Bündnissystem eingegliedert hatte, nun auf der Höhe der Macht stand und notwendig in einen Konflikt mit den expansionslustigen, mit Ostrom verbündeten Franken geraten mußte. Nachdem Chlodwig 507/08 die Westgoten bei Vouillé nahe Poitiers vernichtend geschlagen und gleichzeitig eine byzantinische Flotte an der apulisch-kalabrischen Küste das Bündnis mit Chlodwig drohend demonstriert, eine Gesandtschaft Kaiser Anastasius' I. Chlodwig die Ernennung zum Konsul ehrenhalber und den Krönungsornat überreicht, d. h. ihn in seiner Stellung anerkannt hatte, griff Theoderich noch im gleichen Jahre an. Er besetzte und erhielt damit das Westgotenreich und verhinderte das Vordringen der Franken und Burgunder zum Mittelmeer. Chlodwig starb 511 45jährig, zwar unter Hinterlassung eines großen geeinten Reiches — das sofort, fränkischem Brauch entsprechend, unter seine vier Söhne aufgeteilt wurde —, aber ohne den letzten krönenden Erfolg eines Sieges über den bedeutenderen und glücklicheren Theoderich. Gleichwohl sollte Chlodwigs Übertritt zum Katholizismus für die Zukunft entscheidende Bedeutung erhalten und sein Reich alle anderen germanisch-romanischen Staaten überdauern.

In den Jahren 508/09 offenbarte sich neben der Entschlußkraft Theoderichs auch die Schwäche seines Bündnissystems, das nicht fest gefügt, sondern stets von der Auflösung durch eigene Zielsetzungen der Partner bedroht war. Als die Langobarden in den gleichen Jahren das Reich der Heruler im Donauraum vernichteten, verlor Theoderich damit einen zumindest zahlenmäßig wichtigen Verbündeten. Als einen gewissen Ersatz dafür gewann er sich die Thüringer unter ihrem König Herminafried, die den Raum von Magdeburg bis Regensburg bewohnten. Auch sonst herrschte viel Unruhe, die Theoderichs volle Aufmerksamkeit erforderte: anfangs der zwanziger Jahre wurde das Burgunderreich durch innere Zwiste und Frankenangriffe gefährdet, und 523/25 verwandelten sich die Wandalen, die zum Katholizismus übertraten, in radikale Gegner Theoderichs. Und selbst im Innern des Ostgotenreiches erhoben sich immer stärker zwei Probleme mit großer Sprengkraft. Das eine war das der Nachfolge, wobei der Kaiser in Byzanz als eigentlicher Herr Italiens eine entscheidende Rolle spielte, das andere bildete die Auseinandersetzung zwischen Theoderichs Arianismus und den Katholiken, die ständig überall an Einfluß gewannen. Sie konnten von Theoderich auch durch die Hinrichtung des Aristoteles-Übersetzers und -Interpreten Boëthius, der in der Haft die im Mittelalter viel gelesene Schrift über den „Trost der Philosophie" schrieb, und dessen Schwiegervaters Symmachus im Jahre 524, durch scharfes Vorgehen gegen Papst Johann I. sowie nach dessen Tod bei der Papstwahl nicht unterdrückt werden. Schon fürchtete man einen überraschenden Kurswechsel, da „Wildheit und Angst der Barbaren" (Caspar) noch einmal in Theoderich erwacht waren. Aber er starb, bevor er zu Gewalttaten schreiten oder sich erneut als weiser Staatsführer erweisen konnte. Seine Regierung ist als goldene Friedenszeit und letzte Atempause der antiken Kultur bezeichnet worden. Er war ein Förderer der Künste, ein großer Bauherr in Pavia, Verona und ganz besonders in Ravenna. Nun aber war „ringsum der Horizont des gotischen Reiches umdüstert, als sein großer Schöpfer und Lenker am 30. August 526 aus dem Leben abgerufen wurde" (Kirn). Auf dem Sterbebett empfahl er den Goten, ihren König zu achten, den Senat und das römische Volk zu lieben und sich nächst der Gnade Gottes die des Kaisers zu erhalten. Seine Tochter Amalaswintha ernannte er zur Regentin für den unmündigen Erben Athalarich. Als Theoderich von Verona und Dietrich von Bern ist er in der Heldensage unvergessen geblieben, die aus den Völkerwanderungskämpfen emporblühte, „wie die griechische aus den Kämpfen von Troja. Wie diese, hat sie getrenntes Sagengut weit entlegener Stämme vereinigt, undeutlich gewordenes Erbe aus mythischer Vorzeit umgestaltet erhalten, in Männer- und Frauengestalten die großen Typen nationalen Wesens erstmalig geformt, in den großen Konflikten, die sie schildert, den Kampf vor allem der Treue und der Untreue, Bindungen alter Sitte, die die Wanderungszeit aufgelöst hat, zu Fragen der Sittlichkeit erhoben. Sie hat deutlicher als die griechische den historischen Hintergrund bewahrt; der Gestalt des großen, bei allem Kraftbewußtsein doch friedewünschenden Theoderich, dem tragischen Untergang der Burgunder ist sie innerlich gerechter geworden als die Geschichtsschreibung der Zeit. So hat sie alle Eigenschaften zur Fortentwicklung eines national-germanischen Bewußtseins. Aber dennoch ist sie damals nicht, wie die griechische, ein Moment solcher Fortentwicklung geworden. Noch gibt es in der verlassenen Heimat, in die die Sage zurückflutet, keine Nation von religiöser, geistiger oder rechtlich-sittlicher Einheit, die sie hätte aufnehmen können" (Joachimsen).

Nicht an Theoderich, dessen Regierung den Höhepunkt der Völkerwanderungszeit gebildet und eine Synthese von Germanentum, Antike und Christentum erstrebt hatte, aber durch die Zugehörigkeit der Goten zum Arianismus an weltgeschichtlicher Fortwirkung verhindert wurde, sondern an Chlodwig schloß also die weitere Entwicklung an; und damit wurde „die katholische Religion, nicht der Reichsgedanke das beherrschende Element in der fränkischen Synthese und die Grundlage des fränkischen Sendungsbewußtseins" (Ewig).

Nach Theoderichs Tod setzte in den Mittelmeerländern unter Justinians Führung eine „römische Restauration" ein. Sie führte einerseits bei entscheidendem Einfluß Belisars 535 zum Zusammenbruch des Wandalenreiches, andererseits nach vielen inneren Wirren und Schwächen und unter aktiver Beteiligung der Franken 551/52 mit dem Tode Totilas (bei Tadinae nördlich Spoleto) und Tejas (am Monte Angelo gegenüber dem Vesuv) auch zu dem des Ostgotenreiches in Italien und 555/63 zur Vernichtung der letzten gotischen Stützpunkte, d. h. zur Rückgliederung Italiens in den kaiserlichen Herrschaftsbereich. Gleichzeitig spielten sich im Frankenreich für die Zukunft bedeutungsvollere Vorgänge ab. Bei der Aufteilung von Chlodwigs Erbe entstanden unter Theuderich I., Chlodomer, Childebert I. und Chlothar I. vier Reiche mit den Hauptstädten Reims, Orléans, Paris und Soissons und mit außerordentlich komplizierter Grenzziehung, da jeder der Könige, die sich alle als Rex Francorum bezeichneten, ein Stück Franciens (zwischen Rhein und Loire) und ein Stück des den Westgoten genommenen Aquitaniens erhalten sollte. Als Zentrum des Reiches empfand man deutlich die Isle de France, von der jeder Bruder einen Teil übernahm.

Nach dem Tode Chlodomers im Kampf gegen die Burgunder — dem die Beseitigung seiner Söhne durch ihre Onkel folgte — kam es bereits 524 zu einer Neuteilung bzw. Verteilung des herrenlosen Teilreiches unter die drei Brüder. Kämpfe, die nach Theoderichs Tod gegen die Westgoten begonnen wurden, brachten trotz militärischer Erfolge nur geringe politische und territoriale Gewinne, während Burgund 532/34 vernichtet wurde. Seine mechanische Verteilung komplizierte die schon 524 fast unübersehbar gewordene Enklaven- und Exklavenschaffung. Nur Theudebert I., dem 534 sein Vater Theuderich I. durch die Zerschlagung und Eingliederung des Thüringerreiches im Jahre 531 einen größeren geschlossenen Herrschaftsraum hinterlassen hatte, verfügte damit über einen wirklichen Machtblock. Dieser gestattete ihm, große Politik zu treiben, in die ostgotisch-byzantinischen Auseinandersetzungen einzugreifen, 539/40 Raetien, Noricum, Teile Venetiens und Bayern zu erobern und vorübergehend selbst an einen Marsch auf Byzanz zu denken. Doch der „rex magnus" — wie ihn ein Chronist bezeichnete — starb 548 auf dem Höhepunkt der fränkischen Machtausdehnung. Wenige Jahre später übernahm nach dem Tode des kinderlosen Sohnes von Theudebert 555 dessen Land Chlothar von Soissons; er beerbte 558 auch Childebert von Paris. Aber nur drei Jahre regierte dieser letzte Sohn Chlodwigs, der alle seine Brüder und Neffen überlebt hatte, den größten Teil Europas.

Chlothar I. hinterließ wie sein Vater vier Söhne, unter die 561 das nun wesentlich vergrößerte Reich erneut verteilt wurde. Doch schon 567 wurde eine neue Erbteilung nötig, die aus schweren, zwei Jahrzehnte dauernden wilden Brüder- und Bürgerkriegen hervorging, wie sie von Bischof Gregor von Tours nur widerstrebend, aber gründlich geschildert werden. Ihr Ergebnis war eine Dreiteilung in Austrasien (Champagne, Maas- und Moselgebiet mit den innerdeutschen Stämmen und der Hauptstadt Metz), Neustrien (der romanische Westen zwischen Loire und Schelde mit der Hauptstadt Paris, der bald als Francia im engeren Sinne bezeichnet wurde) und Burgund (oberes und mittleres Gebiet von Loire und Rhône mit der Hauptstadt Orléans). An Aquitanien hatten alle drei Brüder je einen Anteil.

Um die gleiche Zeit traten die Awaren, ein den Hunnen nahe verwandtes Reiter- und Nomadenvolk, 557 zunächst in die osteuropäische, 561 auch in die mitteleuropäische Geschichte ein. Nach einem ersten Vorstoß zur Donau erschienen sie an der Elbe, verursachten dort neue Unruhen und Wanderungen und waren 567 den Langobarden bei deren Expansion nach Ostungarn und Siebenbürgen behilflich. Doch wichen diese ihren mächtigen Bundesgenossen aus und stießen 568 unter König Alboin nach Norditalien vor, wo sie Ostrom den Norden, Benevent, Spoleto und endlich auch die ligurische Küste entrissen.

Solche Machtverschiebungen mußten für Austrasien erhebliche Bedeutung erlangen. Die Awaren zwangen 565/66 Chlothars Sohn Sigibert I. zu einem ungünstigen Frieden und zu Tributzahlungen. Mit Ostrom mußte man sich zwischen 584 und 590 gemeinsam, aber ohne dauerhafte Erfolge, gegen die Langobarden wenden. Guntram, der König von Burgund, beteiligte sich an diesen Kämpfen nicht, obgleich auch sein Reich unter Langobardendruck zu leiden hatte, sondern strebte nach dem Besitz des gotischen Septimanien; er starb aber 592, ohne sein Ziel erreicht zu haben. Nach seinem Tode übernahm Childebert II. auch die Regierung in Burgund, so daß die austrasische Linie ein bedeutendes Übergewicht gewann und Chlothar II. erheblich gefährdete. Im Jahre 595 starb Childebert II. unter Hinterlassung von zwei unmündigen Söhnen: Theudebert II. und Theuderich II., die Austrasien bzw. Burgund einschließlich Elsaß und einem Teil von Toul erbten. Sigiberts I. Witwe Brunhild fand Zuflucht bei Theuderich II., der gemeinsam mit seinem Bruder im Jahre 600 Neustrien angriff, besiegte und erheblich verkleinerte. Aber schon nach einem weiteren gemeinsamen, diesmal gegen die Basken gerichteten Unternehmen entzweiten sich die Brüder durch den Ehrgeiz Brunhilds, die in Burgund mit Hilfe romanischer Senatoren die entscheidende Position gewann, Theuderich gegen den anderen Enkel aufhetzte und diesen zu einem Bündnis mit Chlothar II. drängte. In der Tat wurde Theudebert 612 bei Toul und bald danach bei Zülpich geschlagen, endlich gefangen und mitsamt seiner Familie getötet. Da bald danach Theuderich unerwartet in Metz starb, erhielt der austrasische Adel die Gelegenheit, sich an Brunhild zu rächen, die ihren ältesten Urenkel Sigibert II. als Scheinkönig benutzen wollte. Die austrasischen Adligen riefen unter Führung von Pippin d. Ä. und Arnulf von Metz — den Stammvätern des karolingischen Hauses — Chlothar II. ins Land. Überall verließ der Adel Brunhild, die schließlich gefangen genommen, auf einem Kamel dem Heer gezeigt und anschließend gevierteilt wurde. Chlothar II. war König über das ganze Frankenreich, eigentlicher Herrscher aber der fränkische Adel. Sein Gegensatz zum Königtum beherrschte die fernere Geschichte des Merowingerreiches.

Die Zusammenfassung der Teilreiche bedeutete also nicht auch Konzentration der Macht durch den König, der vielmehr 614 in einem Edikt die „Feudalisierung der Grafschaftsverfassung" (Ewig) beginnen mußte und sich ständig einer geschlossenen Front des weltlichen und kirchlichen, aus gleicher fränkischer Wurzel stammenden Adels gegenübersah. Wegen der zunehmenden Ausweitung des Reiches nach Osten hatten die Merowinger einen neuen Dienst- und Amtsadel, die spätere „Reichsaristokratie" (Tellenbach) des 8. und 9. Jahrhunderts, mit starken Verwaltungspflichten und -privilegien in den Grafschaften genannten Verwaltungsbezirken schaffen müssen, der nun „gemeinsam mit dem König als populus Francorum das Reich regierte" (Schlesinger). Auch wurde der Partikularismus der drei Teilreiche unter dem fast machtlosen König beibehalten: es gab drei, seit 626 ohne den burgundischen zwei Hausmeier, in Teilen Austrasiens sogar den Königssohn Dagobert I. als Unterkönig mit Arnulf von Metz und Pippin d. Ä. als Beratern. Als Dagobert 625 heiratete, erhielt sein Herrschaftsgebiet auf seinen Wunsch und Arnulfs Empfehlung fast den Umfang des alten Austrasien, und 629 folgte Dagobert sogar Chlothar nach dessen Tod als König über das Gesamtreich. In Austrasien wurde bald danach der zweijährige Königssohn Sigibert III. unter Kuniberts Regentschaft als Unterkönig eingesetzt.

Außenpolitisch mußte Dagobert, der den Westgoten seit 631 ihre Freiheit ließ und weder von den Langobarden noch von den Basken und Bretonen Tribut oder andere Zeichen der Unterordnung erhielt, sein Reich vor allem seit 626 gegen die Wenden und gegen bulgarische Einfälle nach Ostbayern schützen. Dabei erlitt er in Böhmen eine empfindliche Niederlage und übertrug, als er auch 632/33 keine Erfolge erzielen konnte, den Sachsen gegen Erlassung ihres Jahreszinses die Grenzwehr. Nach Dagoberts Tod wurde 639 Austrasien im alten Umfange wiederhergestellt und Sigibert übertragen, während Neustrien und Burgund an den zweiten, spät geborenen Sohn Chlodwigs II. fielen.

Nach Dagoberts Tod gab es lange Zeit keinen Merowinger, der das Mannesalter erreichte und Herrscherqualitäten zeigte. Adelskämpfe schwächten und zerrissen die Reichsteile; Morde und Adoptionen, Verschleppungen und gewaltsame Thronbesteigungen wechselten miteinander ab, nur Aquitanien schloß sich allmählich zu einem wirklichen Staat zusammen. Rechts des Rheines verlor Austrasien Ansehen und Bedeutung, während das Herzogtum Thüringen unter Radulf aufblühte, Bayern und Alemannen nach 640 ihre Selbständigkeit erkämpften. Und gegen Ende des 7. Jahrhunderts waren Austrasien und Neustrien nur noch die wichtigsten Teilfürstentümer der auseinanderbrechenden fränkischen Monarchie, während Burgund in weltliche und geistliche Fürstentümer zerfiel.

Unter solchen Umständen stellte Pippin der Mittlere, seit 680 Haupt der Arnulfinger, durch seine Mutter aber auch mit Pippin d. Ä., Dagoberts I. Hausmeier, also mit den beiden mächtigsten Geschlechtern Austrasiens verwandt, nach dem Siege von Tertry im Jahre 687 über ein Scheinkönigtum ein gesamtfränkisches Prinzipat für sich selbst und seine beiden Söhne her. Damit kam im Frankenreich das germanische Element statt des romanisch-neustrischen Teils, das Gebiet an der unteren und mittleren Maas statt Paris zur Führung. Zugleich gelangte durch Pippins Sieg die germanische Aristokratie mit ihrer Lebensgestaltung in die Vorrangstellung gegenüber den römischen zentralistischen Verwaltungstraditionen. Wo die partikularistisch-dezentralisierenden Tendenzen erstarkten und seine eigene Macht gefährdet wurde, förderte Pippin unter Aufnahme der Beziehung zum Papsttum die christliche Mission als einende Kraft und führte selbst militärische Unternehmungen durch — so kämpfte er gegen die Alemannen und gegen die angreifenden Friesen bis zur Unterwerfung Westfrieslands. Da seine Söhne 708 und 714 vor ihm (714) starben, bot sich für die Gegner der Arnulfinger gute Gelegenheit zur Machtergreifung. Dennoch wurde sein Nachfolger Karl (Martell), Pippins Sohn von einer Nebenfrau, der sich beim Tode des Vaters in der Gefangenschaft der Witwe Pippins befunden hatte.

Das fränkische Reich, dessen Stärke darin bestand, daß es nie die Verbindung mit der germanischen Heimat gelöst, sondern sich dorthin wie ins Römische hinein ausgedehnt hatte, ja, daß der Machtexpansion eine fränkische Siedlungsbewegung parallel lief, war ein sehr kompliziertes Gebilde aus persönlichen und stammesmäßigen, religiösen und kulturellen, germanischen und romanischen Elementen, die häufig miteinander im Widerstreit lagen. Es war seit dem 8. Jahrhundert ein sprachlich nicht einheitlicher Staat; eine Sprachgrenze, die in mancher Hinsicht auch eine Kulturgrenze war, verlief quer durch Francia: das Gebiet von Loire und Rhône hatte deutlich einen kulturell höheren Stand als der Norden; dort wirkten die Bischöfe Gregor von Tours, der gegen Ende des 6. Jahrhunderts in seinen „Zehn Büchern fränkischer Geschichte" die wilde Merowingerzeit schilderte, und Venantius Fortunatus, ein an Chlothars I. Hof lebender bedeutender Dichter. Man hatte die Loire geradezu als Kulturscheide bezeichnet, „in deren Süden man auf den allmählich abbröckelnden spätantiken Grundlagen verharrte, ohne daß neue Impulse wirksam wurden. Nordgallien aber, dessen römische Traditionen stärker erschüttert waren, wurde von den Merowingern zum politischen Zentrum ihres Reiches erhoben und zog dadurch die überlegenen Kräfte an, die der Süden zunächst noch abgeben konnte. Glich sich somit der Unterschied im kulturellen und wirtschaftlichen Niveau zwischen Nord- und Südgallien noch im 7. Jahrhundert allmählich aus, so erhielt der Norden durch die fränkische Siedlung Antriebe ganz neuer Art" (Löwe): fränkische Reichsgründung und Landnahme schufen zwischen Loire und Rhein das weitgehend einheitliche Feld, auf dem einerseits das „Abendland", andererseits die Individualitäten des deutschen und französischen Volkes entstehen konnten. Von hier aus reichten aber auch die kulturellen Anregungen an Schmuck, Waffen und vielen anderen Gegenständen, an Gedanken und Gebräuchen bis nach Schwaben und Thüringen. Und schließlich erschien zu Ende des 7. Jahrhunderts an der entstehenden Sprachgrenze das Wort „deutsch", das die Sprache der von der Romanisierung nicht erfaßten Franken, die Sprache des eigenen Volkes bezeichnete — doch nur als sprachliche, nicht als politische Bezeichnung der Absonderung trat das Wort in Erscheinung, während sich darüber das gemeinsame fränkische Volksbewußtsein wölbte. Es bezeichnete zunächst nur in der Auseinandersetzung zwischen Neustrien und Austrasien das Bewußtwerden der ostfränkischen Sonderart — erst 786 erschien das Wort erstmals (in Amiens) — in der Schriftsprache.

Ein durch Mord eingeschränkter Absolutismus der Könige regierte durch die Kanzlei und im religiösen Bereich durch die Kapelle. Vorsteher des königlichen Hauses war der Majordomus, der um 600 zum mächtigsten Mann der fränkischen Reiche aufstieg. Der König, dessen Rechte im Königsbann zusammengefaßt waren und in erster Linie den Heerbann, daneben den Königsschutz, allmählich eine königliche Gerichtsbarkeit umfaßten, hatte Anspruch auf die Trustis, die Gefolgschaft, die dauernde Leistungsbereitschaft seiner Vasallen, die ihrerseits jedoch als Standesgenossen des Königs nicht allein zur Hilfe, sondern auch zur Treue, zum Rat, d. h. zur Kritik, berechtigt und zum Widerstand verpflichtet waren, sobald der Lehnsherr das Recht verließ. In den Gefolgsleuten und den Beamten der Könige wuchs ein neuer Dienst- und Amtsadel heran, der infolge der absterbenden Geldwirtschaft im wesentlichen auf Landschenkungen, also auf der Grundherrschaft beruhte, woraus sich später unter den Karolingern durch die straffe Verbindung von Herrendienst und Ämter- bzw. Landverleihung das Lehnswesen entwickelte. Machtkern des Landes war Kron- oder Reichsgut, das im Westen aus altem römischen Domanialland stammend, besonders um Paris konzentriert, stärker ausgedehnt, durch Straßen besser erschlossen und sehr viel ertragreicher war als im Osten. Im Westen entwickelte sich im Anschluß an Landschenkungen aus diesem reichen Fonds auch in erster Linie der Reichsadel. Dagegen lagen im Osten die Eigengüter der Karolinger, die später zum Reichsgut wurden, so daß Karl d. Gr. alle Ursache hatte, das Zentrum seines Reiches von Compiègne nach Aachen, aus dem romanischen in den germanischen Teil Europas zu verlegen. Der Reichsadel, die eigentliche, fast gänzlich fränkische Führungsschicht des Reiches, bestand aus einer verhältnismäßig kleinen Gruppe von Familien, deren Mitglieder die entscheidenden weltlichen und geistlichen Positionen einnahmen und vom Amte, nicht von der Geburt her „Elite" waren. Sie nahmen aber Geblütsadel und im romanischen Gallien auch senatorische Familien auf, entwickelten sich selbst allmählich zum Erbadel und besaßen in der Immunität des adligen Besitzes volle Abgabenfreiheit und wachsende eigene Gerichtsbarkeit, d. h. einen gewaltigen, seit 614 im Edictum Chlotharii anerkannten und besonders schwachen Königen gegenüber bedeutungsvollen Machtkomplex innerhalb des Staates. Diese Familien bildeten bei wechselnder Abhängigkeit vom König die eigentlichen Träger des Reiches in den Ämtern, insbesondere in den Hausämtern der Könige. Zwischen König und Hausämtern schufen sich die Hausmeier eine entscheidende Stellung.

Von dem ostgotischen und dem langobardischen Staat unterschied sich der fränkische dadurch, daß er nicht über Germanen und Römer als über zwei Völker herrschte bzw. eine germanische Herrschaft über einer römischen Unterschicht begründete, sondern bei germanischem Grundcharakter und deutlichem Kultur- und Zivilisationsgefälle von den alten römischen zu den germanischen Gebieten eine echte Mischung von germanischen und romanischen Bestandteilen wurde. Aus ihr wuchs ein neuartiger, die Überwindung der Römer und die Verteidigung der katholischen Kirche betonender Nationalstolz hervor, der etwa im Prolog der Lex Salica, des ältesten, nach 507 (Überschreitung der Loire durch die Franken) in schlechtem Latein unter Beifügung deutscher Wörter geschriebenen germanischen Gesetzes, in Erscheinung trat. Diese Lex Salica fand auch rechts des Rheins weite Verbreitung und erhielt teilweise reichsrechtliche Geltung. Diese staatliche Einheit kann freilich nicht darüber hinwegtäuschen, daß die zivilisatorisch-wirtschaftliche Entwicklung in den alten gallischen Gebieten des Reiches, z. B. die Dichte des Straßennetzes und die Intensität der Bewirtschaftung, sehr viel weiter fortgeschritten war als im Osten, so daß in dieser Hinsicht von einer Einheit und Gleichförmigkeit keine Rede sein konnte. Die gleiche Beobachtung wiederholt sich im Verhältnis der Stammesrechte zum Reichsrecht, das sich nur sehr langsam über jene hinweg, einheitsfördernd und konzentrierende Königsmacht benutzend, entwickeln konnte. Auch die auf der Grafschaftsverfassung beruhende Regierung des Königs durch Vertrauensmänner, die scharf begrenzte Amtsgebiete und reichen Eigen- und Lehnsbesitz hatten, war im Westen des Reiches straffer als im Osten.

Die vielen Teilungen, welche der fränkische Staat durchlief, reichten nicht aus, um ihn wirklich zu zerbrechen. Der Gedanke der staatlichen Einheit lebte über die Teilungen hinweg in den Reichsteilen wie in den Teilreichen fort und überstand auch die tiefgreifenden Krisen des 7. Jahrhunderts, die aus dem Zusammenprall zweier Kulturen erwuchsen und von der Kirche nicht verhindert werden konnten. Aber je deutlicher die Schwächen des merowingischen Königtums hervortraten, um so deutlicher hob sich in den Teilreichen die beherrschende Stellung der Hausmeier heraus — in Austrasien die der Pippiniden, die 687 schließlich sogar die Einheit des Reiches wiederherstellen konnten.

Die Kirche, zunächst eine spätrömische Reichskirche, danach mehr und mehr eine Gruppe von Landeskirchen in romanisch-germanischen Staaten mit Papst und Konzilien als obersten Instanzen, war bis etwa 600 fast ganz romanisch bestimmt, seit dem Anfang des 7. Jahrhunderts aber daneben durch königliche Eingriffe und die aus grundherrlichen Ansprüchen hervorgehende Entwicklung von „Eigenkirchen" charakterisiert. Indem nämlich der Grundherr, z. B. der Reichsadel, die Herrschaft auf dem ihm eigentümlich gehörenden Grund und Boden und das volle Eigentumsrecht an der Kirche besaß, auch die geistlichen Stellen besetzte, d. h. dem Geistlichen die Kirche und das dazugehörige Gut als weltliches beneficium auf Lebenszeit verlieh, gewann bzw. besaß er eine große politisch-wirtschaftliche Macht. Neben den kirchlichen nahm die Geistlichkeit auch viele verwaltungsmäßige Aufgaben wahr, wodurch sich automatisch eine enge Verbindung von Staat und Kirche, zahlreiche Landschenkungen an die Kirche und das Einziehen des Adels in hohe kirchliche Ämter ergaben.

Für die im engeren Sinne religiöse Seite war die Entwicklung der Orden und Klöster bedeutungsvoller. Sie erreichten bis etwa 525 den aquitanisch-burgundischen Raum, drangen seit 590 durch Columban, den bedeutendsten der irischen Missionare, vom Kloster Luxeuil in den Vogesen und wenig später von der Abtei Solignac aus nach Neustrien und Austrasien vor und gewannen einen außerordentlich starken Einfluß im Frankenreich. Damit legten die Mönche des 7. Jahrhunderts, die vom fränkischen Adel vielfach bei Klostergründungen unterstützt wurden, zugleich die Grundlagen für die karolingische Renaissance. Im inneren Leben des Ordens herrschten Lehre und Tradition Benedicts von Nursia (= Norcia bei Spoleto; 480—547, die Regel um 530), des Patriarchen der abendländischen Mönche.

Die christliche Kultur und Organisation wie das staatliche und gesellschaftliche Leben überhaupt wurden durch die Völkerwanderung weithin und oft über lange Zeiträume erschüttert; nicht wenige Bistümer gingen unter, andere wichen dem Druck aus, ohne daß damit notwendig auch die christlichen Gemeinden gänzlich verschwanden. Die christliche Mission der Merowinger begann dann von Reims, Châlons, Trier und Metz aus, bemühte sich zugleich um die Auffüllung der gelichteten Reihen des Klerus und gründete die Abtei St. Maximin in Trier als erstes deutsches Kloster. Im 7. Jahrhundert überschritt das Christentum allmählich den Rhein und erreichte u. a. Utrecht, Soest, Fritzlar und Amöneburg. Die Orden übten eine starke, von den Merowingern aus politischen Gründen lebhaft geförderte Missionstätigkeit weit östlich des Rheines aus — der Ire Kilian erschien in Würzburg und am mittleren Main. Zu Beginn des 8. Jahrhunderts konnte die Gründung von Bischofsresidenzen in Passau, Regensburg und Freising geplant werden. Dabei erwiesen sich die aus römischer Zeit erhaltenen Städte als wichtige, die Mission erleichternde Zentren auch für das kirchliche Leben. Mit der angelsächsischen Mission begann eine neue, die wichtigste Phase der Christianisierung, als 690 Willibrord, von Pippin dem Mittleren unterstützt, nach Utrecht zog. 695 wurde er vom Papst zum Missionserzbischof geweiht. Nun erhielt das Christentum in Deutschland seine feste Organisation.

DIE ZEIT DER KAROLINGER

Bereits mit Pippin dem Mittleren hatte der großartige Aufstieg des Frankenreiches begonnen, der durch drei weitere Generationen hervorragender Herrscherpersönlichkeiten fortgesetzt werden sollte: durch Karl Martell, Pippin den Jüngeren und Karl d. Gr. Doch handelte es sich nicht einfach um eine offensichtliche und natürliche Reihe von Thronfolgen; nur einer von ihnen setzte als ältester Sohn und selbstverständlicher Erbe das Werk seines Vaters fort. Wie bedeutende Männer, so bestimmten auch bedeutungsvolle Zufälle die Entwicklung des Frankenreiches über hundert Jahre.

Karl Martell gelang es, bald nach dem Tode seines Vaters (714) Macht zu gewinnen, die ins Land eindringenden Neustrier zu schlagen und sich zum Majordomus des von ihm eingesetzten, bedeutungslosen Merowingerkönigs aufzuschwingen. Er hatte die Einheit des Frankenreiches wiederhergestellt, wenngleich Bayern und Alemannen auch fortan wie die Neustrier dauernd nach Selbständigkeit strebten.

Gefährlicher aber war eine ganz neue Drohung: der vordringende Islam. Die Araber, die 720 Narbonne erobert und Toulouse belagert hatten, waren zwar 721 zurückgeworfen worden, aber seit 725 erneut vorgestoßen. Im Jahre 732 mußte Karl Martell sich ihnen stellen: er besiegte sie im Oktober nördlich von Poitiers und verlegte ihnen damit den Weg zur geistlichen Hauptstadt des Frankenreiches Tours mit allen ihren Schätzen. Er konnte die Mohammedaner aber nicht endgültig vertreiben; sie hielten sich in Narbonne bis 759. Dennoch bedeutete die Schlacht bei Poitiers insofern einen Wendepunkt, als fortan innere und äußere Zwistigkeiten die Araber daran hinderten, jemals wieder so weit vorzudringen.

Bildete die Abwehr des Angriffes einer politisch-religiösen Macht von außen den einen wesentlichen Faktor für den Fortbestand des Frankenreiches, so die einheitliche Religion und Kirche, das feste Band, das Völker zu verbinden vermochte, den zweiten. Das spätere Kaiserreich der Karolinger ist undenkbar ohne die universale abendländische Kirche, wenngleich diese besonders in ihren Spitzen zu Karl Martells Zeit sehr verweltlicht und verwildert war und Karl sie mehr in den Dienst seiner Politik stellte als auf ihrem eigentlichen Feld förderte, wie er in Notzeiten auch großzügig über Kirchengut im politischen Interesse verfügte: er nahm zeitlich begrenzte, die Eigentumsrechte nicht antastende „Zwangsanleihen“, nicht aber wirkliche Säkularisationen vor.

Andererseits war Karl Martell 724 an der Gründung des bald berühmten Klosters auf der Insel Reichenau im Untersee — nach der Regel des Heiligen Benedikt — beteiligt. Im Jahre 716 begann Bonifatius, der „Apostel der Deutschen“, seinen ersten Missionsversuch bei den Friesen, blieb drei Jahre hindurch Willibrords Gehilfe und zog dann selbständig ins eigentliche Deutschland — nach Hessen, wo er das Kloster Amöneburg gründete und dann unter Karls besonderem Schutz bei Geismar die Donarseiche fällte. Bei den Thüringern gründete er das Kloster Ohrdruf, danach schließlich 739 die neuen Bistümer Freising, Passau, Regensburg und Salzburg, bald danach Eichstätt, Buraburg für Hessen, Erfurt und Würzburg, wo sich auch der Sitz des Thüringerherzogs befand, für Thüringen.

Im Jahre 744 gründete schließlich Abt Sturmi auf Veranlassung seines Lehrers Bonifatius die Benediktinerabtei Fulda als Missionszentrum für Sachsen. Bonifatius blieb zeitlebens mit Fulda, das der Papst bereits 751 als erstes Kloster im Frankenreich dem römischen Stuhl unmittelbar unterstellt hatte, besonders eng verbunden; er wurde dort auch bestattet. Nachdem er seit 738 als päpstlicher Legat, dann als Primas Deutschlands von der Mission immer stärker zur Bindung der deutschen Kirche an Rom übergegangen war, suchte und fand dieser „Ausbreiter, Reiniger und Organisator der Kirche in Germanien und im Westfrankenreich“ (Lortz) 754 den Märtyrertod bei den Friesen.

Inzwischen reiften auch im Süden große Veränderungen heran. Als im Jahre 739 der Langobardenkönig Liutprand Rom und

Süditalien bedrohte, bat Papst Gregor III. Karl Martell um Hilfe und Schutz und gab der Gesandtschaft den Schlüssel zum Grabe Petri nebst Eisenteilen von der Kette mit, die den Apostel gefesselt hatte. Gleichwohl lehnte der mit Liutprand verschwägerte, durch Adoption und seit dem Araberangriff auch militärisch verbundene Karl die Hilfe ab. Ein Jahr später erkrankte er schwer und teilte kraft eigenen Entschlusses das Reich unter seine Söhne: Karlmann erhielt Austrasien mit Schwaben und Thüringen, Pippin Neustrien, Burgund und die Provence. Karl starb am 22. 10. 741. Schon 747 entsagte Karlmann der Herrschaft und zog sich in ein italienisches Kloster zurück, nachdem er bereits in seinen wenigen Regierungsjahren mit Bonifatius kirchenreformatorische Arbeiten betrieben und 743 eine Reichssynode, das Concilium Germanicum, durchgeführt hatte. Im politischen Bereich fielen Aquitanier, Alemannen, Bayern und Sachsen vom Reiche ab.

Von Anfang an hielt Pippin sich unabhängig von dem letzten, 743 von ihm und Karlmann eingesetzten Merowinger-Scheinkönig. Bald nannte er sich in seinen Urkunden nicht mehr „ich", sondern „wir" wie ein König, schließlich fragte er Papst Zacharias, ob es gut sei, daß es im Frankenreich Könige gäbe, „die keine wirkliche königliche Gewalt ausübten". Zacharias antwortete, es sei besser, daß der König heiße, der die Gewalt ausübe. Darauf ließ Pippin sich von den Franken zum König wählen und auf den Thron setzen und von den Bischöfen salben — womit der König als „Gesalbter des Herrn" in die besondere Nähe Gottes erhoben wurde. Eine Krönung fand im Frankenreich vor Karl d. Gr. nicht statt. Der letzte Merowinger-König Childerich III. wurde in ein Kloster verbannt.

Die enge Verbindung mit dem Papsttum wirkte sich schnell politisch aus. Als 751 der Langobardenkönig Aistulf Ravenna eroberte und Rom bedrohte, bat Papst Stephan II. 753 Pippin um Hilfe und reiste schließlich selbst zu diesem, der sie ihm vermutlich in der Form des Freundschaftseides für sich selbst und seine Söhne (Schramm) zusagte. Andererseits salbte der Papst in St. Denis erneut Pippin und auch dessen Söhne — wobei er deutlich werden ließ, es handle sich um die Erhebung nicht einzelner, sondern einer Königssippe, um die Übernahme der germanischen „Geblütsheiligkeit" des Königtums ins Christliche, um die „Verchristlichung des Königtums", die Verschmelzung christlicher und germanischer Elemente im Rahmen einer „politischen Religiosität" (Löwe). Der Papst verlieh ihnen den römischen Patriziustitel, deutete damit Beziehungen zur Res Publica Romanorum an und stärkte so Pippins Stellung beim fränkischen Adel, in dem es eine Oppositionsgruppe gegen den Langobardenkrieg gab.

Der Feldzug im Jahre 755 verlief erfolgreich, mußte aber 756 zur Durchführung des Friedensvertrages wiederholt werden. Im zweiten Frieden von Pavia übertrug der Frankenkönig dem Papst den Dukat von Rom und den Exarchat von Ravenna, d. h. den über den engeren Raum der Stadt weit hinausgehenden Herrschaftsbezirk des bereits 751 von den Langobarden vertriebenen oströmischen Statthalters (Exarchen) in Italien — er schuf mit dieser „Pippinschen Schenkung" den „Staat des Heiligen Petrus", den Kirchenstaat, statt die Eroberungen dem Kaiser in Byzanz zurückzuerstatten. Die aus religiösen Ursachen geschaffene, realpolitisch aber außerordentlich nützliche Gründung, für die die Kurie sofort durch eine groß angelegte Urkundenfälschung als „Konstantinische Schenkung" einen älteren, sehr viel weiter reichenden Rechtstitel zu konstruieren suchte, sollte für alle Zeiten eminent wichtig bleiben.

Der Langobardenkrieg von 756 war nicht Pippins letzter Kampf. Drei Jahre später konnte er nach sorgfältiger geheimer Vorbereitung den Arabern überraschend Narbonne, ihren letzten Stützpunkt auf südfranzösischem Boden, entreißen. Dann folgten neun Jahre Krieg gegen Aquitanien, das 768 unterworfen wurde. Inzwischen hatte allerdings 763 der Bayernherzog Tassilo sein Vasallenverhältnis gelöst.

Das nach Karl Martells Tod vom Abfall aller seiner Außengebiete bedrohte Reich bildete in Pippins letzten Lebensjahren eine Achtung gebietende Macht in der internationalen Politik bis nach Konstantinopel und Bagdad. Pippin starb am 24. 9. 768, nachdem er das Reich unter seine Söhne Karl und Karlmann geteilt hatte.

Karl war bei Pippins Tod 26 Jahre alt. Drei Jahre lang regierten er und Karlmann nebeneinander: der eine über Neustrien und Austrasien, der andere nur über Burgund, Provence, Septimanien, Elsaß und Alemannien. Ein vermutlich durch die ungleiche Teilung des Erbes verursachter Bruderkrieg stand vor dem Ausbruch, als Ende 771 Karlmann starb. Karl riß sofort die verwaisten Gebiete an sich. Das Schwergewicht seiner Aufgaben lag jetzt zunächst in Italien. Nach jahrelangen Schwierigkeiten zwischen dem Langobardenkönig Desiderius, der die Salbung der Söhne Karlmanns zu Königen forderte, und dem Papst, in deren Verlauf dieser Karl um Hilfe bat, erschien 773 ein fränkisches Heer in Italien und eroberte 774 Pavia, wo Desiderius sich hatte einschließen lassen. Karl setzte den Langobarden in der Abtei Corbie gefangen, erneuerte in Rom die Pippinsche Schenkung und vereinigte als Rex Langobardorum et Francorum das langobardische mit dem fränkischen Reich, so daß er die Herrschaft über Italien und die Schutzherrschaft über den um das Sabinische Bergland erweiterten Kirchenstaat ausüben konnte. Im Jahre 781 salbte Papst Hadrian Karls vier- bzw. dreijährige Söhne Pippin und Ludwig zu Königen von Italien bzw. von Aquitanien.

Doch der Schwerpunkt von Karls Politik und Kriegführung lag jetzt bereits im Norden. Nach der Einbeziehung des Langobardenreiches in das Frankenreich bildete die Auseinandersetzung mit den Sachsen und die Beseitigung der latenten Sachsengefahr für die Rheinlande Karls zweite große Lebensaufgabe. Sie nahm drei Jahrzehnte in Anspruch, obwohl es sich stets nur um Auseinandersetzungen mit Teilen dieses großen Volkes handelte, das sich nicht zur Entscheidungsschlacht stellte, sondern den zermürbenden Kleinkrieg vorzog, während es andererseits Karl nicht um die Vernichtung der Sachsen ging, sondern, aus seiner christlichen Herrscherstellung und -verpflichtung als König und Priester heraus, um die Christianisierung und allerdings auch um die Eingliederung des aus den drei Stämmen der Westfalen, Engern und Ostfalen bestehenden Volkes in das Reich. Im Jahre 772 zog er von Worms aus zum ersten Male gegen die Sachsen und ließ nach der Eroberung der Erisburg bei Obermarsberg an der Diemel die Irminsul, ein Abbild der Weltesche, zerstören. Während Karl im folgenden Jahr nach Italien zog, stießen die Sachsen nach Hessen vor und zerstörten Fritzlar.

Aber noch im gleichen Jahr erfolgte eine fränkische Strafexpedition, und von 775 an führte Karl einen energischen Krieg mit dem Ziel der Unterwerfung: 777 fand zum ersten Male auf sächsischem Boden, in Paderborn, ein Reichstag statt.

In ständigem Wechsel von Unterwerfung und Aufstand, Annahme des Christentums und Wiederabfall vergingen die nächsten Jahre. Als 782 in Sachsen die fränkische Grafschaftsverfassung und das fränkische Recht eingeführt werden sollten, zettelte Widukind, einer der Sachsenherzöge, während Karl durch Abwehrkämpfe gegen die Slawen in Anspruch genommen war, erneut eine am Süntel sehr erfolgreiche Erhebung an, die Karl wegen des in ihr liegenden Treubruches in Notzeiten zum ersten Male mit äußerster Härte unterdrückte und wie Aufruhr und Mord bestrafte: „Und als alle den Widukind als Urheber dieses Verbrechens angaben, ihn aber nicht ausliefern konnten, weil er zu den Normannen geflohen war, wurden von den übrigen volle 4500 (d. h. sehr viele) ausgeliefert und am Flusse Aller, an dem Orte, der Verden genannt wird, auf Befehl des Königs sämtlich an einem Tage enthauptet", heißt es in den fränkischen Reichsannalen. Eine weitere Folge der Dauer und Form des sächsischen Widerstandes war die Verhängung des Standrechtes über die Sachsen in der Capitulatio de partibus Saxoniae von 782 oder 785, das allen, die nicht zum Christentum übertraten, d. h. sich nicht unterwarfen, den Tod androhte. 785 gab Widukind den Kampf auf und ließ sich taufen: der bedeutendste Abschnitt in der sächsisch-fränkischen Auseinandersetzung war abgeschlossen — wenngleich in den neunziger Jahren noch mindestens sechs größere Sachsenaufstände unterdrückt werden mußten. Während des folgenden Jahrzehnts wurden die sächsischen Bistümer Bremen, Minden, Verden, Paderborn und Münster eingerichtet. Außerdem griff Karl zu dem Mittel der Zwangsumsiedlung großen Stils: fränkische Niederlassungen wurden in Sachsen gegründet, während Sachsen sich in fränkischer und anderer Umgebung bis tief in das Alpengebiet hinein ansiedeln mußten. Besonders große und durch die Härte des Vorgehens sehr verlustreiche Verschickungen fanden nach dem Feldzug von 804 statt. Doch konnten schon seit 797, seit dem auf Alkuin — er war der Leiter von Karls auch „Akademie" genannter Palastschule in Aachen, des Mittelpunkts des intellektuellen Lebens im Frankenreich — zurückgehenden Capitulare Saxonicum die Ausnahmegesetze gegen die Sachsen allmählich abgebaut werden. Am längsten blieb das Versammlungsverbot in Kraft. Das auf dem Aachener Reichstag 802/03 niedergeschriebene Sachsenrecht gab den Unterworfenen die volksrechtliche Autonomie zurück.

Indem so in jahrzehntelangen wechselvollen und verlustreichen Kämpfen das Reich zwischen Elbe und Pyrenäen sich festigte, versuchte Karl auch, über dessen Grenzen hinauszugreifen. Aber ein 777 von einer abbassidischen Sarazenengesandtschaft in Paderborn erbetener Angriff auf den Omajaden Aberrahman in Spanien scheiterte 778, und die christlichen Basken überfielen obendrein Karls Heer auf dem Rückzug bei Roncevaux. Der nur von Einhard namentlich erwähnte Roland, Graf der bretonischen Mark, opferte sich und die fränkische Nachhut am 15. 8., um das Gros des Heeres zu retten. An dieses Geschehen schlossen sich die Rolandsage, die Roland zum Neffen Karls d. Gr. machte, und das altfranzösische „Chanson de Rolande“ an, das ihn zu einem der zwölf Paladine des Kaisers erhob. Nach diesem Fehlschlag sicherte Karl 795 die Reichsgrenze gegenüber den Ungläubigen durch die Errichtung von Grenzbefestigungen in der „spanischen Mark“, durch die zweimalige Eroberung von Barcelona in den Jahren 797 und 801, und durch die Ansiedlung christlicher Hispanogoten anstelle der vertriebenen Mauren und Araber. Die hier in Verbindung mit den weiten islamischen Konflikten ablaufenden Unternehmungen förderten Karls freundschaftliche Beziehungen zu dem Kalifen von Bagdad, Harun al Raschid, die sich letzten Endes gegen Byzanz richteten. Diese fanden im Austausch von Geschenken einen Höhepunkt und beschäftigten die Phantasie der Zeitgenossen ähnlich wie später die Kreuzzüge, Marco Polos Reisen und die europäisch-fernöstlichen Beziehungen im 16. bis 18. Jahrhundert.

Gleichzeitig war Karl bestrebt, das Verhältnis zu Byzanz, das durch die fränkische Herrschaft in Italien gelitten hatte, zu verbessern. Eine Verlobung zwischen Kaiser Konstantin VI., dem Sohn der Kaiserin Irene, und Karls Tochter Rotrud wurde gelöst, als Irenes Haltung zur Frage der Verehrung religiöser Bilder im Anschluß an das Konzil zu Nicaea 787 keine Annäherung zwischen Byzanz und der römischen Kirche ermöglichte; durch neue Schenkungen Karls aus byzantinischem Besitz in Italien an die Kirche und durch seine Verurteilung der Beschlüsse von Nicaea trat sogar eine Zunahme der Spannungen ein, die seit 788 zu einem eigenartigen, an militärischen Kämpfen armen Kriegszustand führte. Erst 812 wurde ein Frieden geschlossen, der den Byzantinern Venedig und dalmatinische Küstenstädte überließ. Damit freilich war das immer deutlicher heraufziehende Zweikaiserproblem, das Neben- und Gegeneinander zweier Herrscher im Osten und Westen, nicht gelöst.

Karls Fortschritte in Italien wirkten sich natürlich auch auf Bayern und das bayrisch-langobardische Bündnis aus. Während das bayrische Gebiet seit dem Ende des 7. Jahrhunderts ständig ausgedehnt und seit 748 durch Kärnten erweitert werden konnte, verlor der bedeutende Bayernherzog Tassilo durch die Einverleibung des Langobardenreiches in Karls Machtraum den wichtigsten Bundesgenossen. Nach Karls Schlappe in Spanien glaubte Tassilo, der auch auf päpstliche Hilfe hoffte und gute Beziehungen zu den Awaren angeknüpft hatte, die Zeit für einen Krieg gegen Karl gekommen. Da erhob sich im eigenen Lande eine kirchlich-adlige Opposition, die ihn zwang, sich 788 in Ingelheim Karl zu unterwerfen: zum Tode verurteilt, aber begnadigt, verschwand er in einem Kloster; sein Herzogtum wurde einem Schwager Karls mit dem Titel eines Präfekten unterstellt. Mit dieser Einverleibung Bayerns wurde das Frankenreich noch mehr als durch den Sieg über die Sachsen ein Grenznachbar der Slawen. Aber auch die nördlicher wohnenden Slawen wurden von Karl unterworfen: seit 785 bauten die Franken Kastelle an Elbe und Saale. Ebenso wurden die Wilzen, die die mit Karl gegen die Sachsen verbündeten Obotriten gefährdeten, und die Limonen unterworfen.

Seit 791 mußte der Frankenkönig, der stets den Waffenhandel nach dem Osten untersagt hatte, den nach den Kämpfen mit den Sachsen schwierigsten aller seiner Kriege führen, um die von den mongolischen Awaren drohende Gefahr zu beseitigen. Durch gleichzeitige Angriffe von Italien, Bayern und Böhmen aus gelang es Karl 795/96, das Zentrum des Awarenstaates mit den dort seit Jahrhunderten aufgehäuften Schätzen zu erobern. Anschließend verwandelte er die Westhälfte ihres Gebietes in die Pannonische Mark, während den Osten die Bulgaren besetzten. Und schließlich kämpfte Karl in den letzten Jahren seines Lebens auch gegen die Dänen, mit denen er 811/12 Frieden schloß. Überall folgten die Franken den römischen Erfahrungen: sie schufen ihrem Reich, sobald dieses an die Grenzen seiner Expansionsmöglichkeit gelangt war, tributpflichtige Vor- und Schutzräume, die allmählich integriert wurden.

Überblickt man diese kriegerischen Ereignisse in Karls Regierungszeit an allen Fronten, so bleibt der beherrschende Eindruck weniger die ungewohnte Zahl der Feldzüge und Siege in allen Himmelsrichtungen, als die bedeutende politische Kunst, mit der nirgends Unerreichbares erstrebt und stets ein erreichbares Ziel gesetzt wurde. Immer paßte Karl seine Handlungen dem jeweiligen Gegner und Raum, ihrer Bedeutung für bzw. gegen das Reich an, und stets ergänzte er das militärische Vorgehen durch Bündnisse, Freundschafts- und Eheverträge, durch Geschenke und Gesandtschaften.

Im wesentlichen auf diese Weise kam bis zur Niederlage der Awaren im Jahre 796 und bis zur Friedensgesetzgebung in Sachsen 797 ein Reich zusammen, welches alle germanischen Völker des Kontinents und die überwiegende Mehrheit der westlichen Christenheit umfaßte oder zu diesen in freundlichen Beziehungen stand. Der Frankenkönig herrschte also nicht allein über das bedeutendste Reich im Westen, er repräsentierte auch die ganze westliche Christenheit; er ließ 794 auf dem Konzil zu Frankfurt im Bilderstreit in den früher (789/91) erarbeiteten vier Libri Carolini gegen die allerdings falsch verstandenen Beschlüsse von Nicaea (787) protestieren und die Auffassung der katholischen Kirche für das Abendland verkünden — „die erste Manifestation des zu eigenem geistigen Leben erwachten Abendlandes“ (Ewig) und zugleich eine deutliche Polemik der Franken gegen „Begriff und Idee des (oströmischen) Kaisertums“ (Lintzel), das als heidnische Institution angegriffen wurde. Karls Weltstellung wurde bewußt und mit Stolz Byzanz gegenüber hervorgehoben, das Zweikaiserproblem jetzt herausfordernd angepackt.

Während sich so Karls Herrschaftsanspruch und Herrscherbewußtsein deutlich manifestierten, wurde zugleich auch die Position des Papstes, der um eine Vermittlung zwischen Ost und West bemüht gewesen war, immer schwieriger. Und als Papst Leo III. 795 dem Papste Hadrian I. folgte, bedurfte er bald Karls Hilfe gegen den römischen Adel, der ihm Meineid und Ehebruch vorwarf. Leo selbst erbat in Paderborn Karls Unterstützung. Er reinigte sich am 23. 12. 800 vor dem König, der im August von Mainz aufgebrochen und vom Papst am 23. 11. vor Rom empfangen worden war, durch einen Eid von den Beschuldigungen und setzte am Weihnachtstage Karl, dessen ältester Sohn die Königssalbung erhalten sollte, eine Krone aufs Haupt, während das Volk von Rom mit der traditionellen Formel „Karl, dem frommen und milden Augustus, dem von Gott gekrönten, großen und friedebringenden Kaiser der Römer, Leben und Sieg!" und der Klerus mit Lobgesängen rechtsförmlich Karls Anerkennung als Kaiser vollzogen. Darauf wurde ihm nach altrömischem Brauch vom Papst gehuldigt. Fortan nannte man Karl Kaiser und Augustus. Einhard schreibt, dieser Titel sei Karl anfangs „so zuwider gewesen, daß er versicherte, er würde an jenem Tage trotz des hohen Festes die Kirche nicht betreten haben, wenn er des Papstes Absicht gekannt hätte. Die oströmischen Kaiser nahmen es äußerst übel auf, daß er den Kaisertitel annahm. Doch trug er ihren Haß mit großer Gelassenheit und wußte ihren Trotz mit dem hohen Sinn, in dem er ihnen zweifellos weit überlegen war, zu besiegen, indem er häufig Gesandtschaften zu ihnen schickte und sie in seinen Briefen als Brüder anredete."

Auf diesem Bericht Einhards beruht die Diskussion über die Hintergründe des weltgeschichtlichen Aktes der Kaiserkrönung. Dem Papst ging es bei der Krönung nicht um Karl, sondern um die Klärung der rechtlichen Verhältnisse des Kirchenstaates, der nun einen kaiserlichen Oberherrn und damit die Emanzipation von Byzanz erhielt. Karls Abneigung kann sich, wenn sie überhaupt bestanden hat, nur gegen den Zeitpunkt der Krönung und deren Vollzug durch den Papst gerichtet haben, da er einerseits anscheinend seit 798 mit Byzanz in Verhandlungen über das Kaisertum stand — wie Alkuin in diesem Jahre auch schon in bezug auf Karl von einem imperium christianum sprach —, und andererseits natürlich nicht die Römer, sondern die Franken das staatstragende Volk bildeten, was dann auch in der Formulierung des Kaisertitels zum Ausdruck gebracht wurde. Die fränkischen Geschichtschreiber betonten nachdrücklich, daß am Weihnachtstage 800 nur der Kaisertitel zur Sache, nämlich der bereits bestehenden Herrschaft Karls über Rom und das Abendland, hinzugetreten sei. Und für Karl selbst bedeutete das Kaisertum eine Erhöhung, keine Absorption des alten germanischen Königtums. Die enge Verbundenheit von Herrschertum und Papsttum, von Rechten und Pflichten auf beiden Seiten hat Lortz eindringlich betont: Der Kaiser war Schutzherr der Kirche. „Dieser Pflicht entsprach im frühen Mittelalter ein großes Recht auf die Kirche, das seinen höchsten, nicht einzigen, Ausdruck fand im Recht des Kaisers, die Wahl des Papstes zu bestätigen. Dem entsprach wieder päpstlicherseits das Recht, den Kaiser zu krönen und ihm dadurch erst wirklich die *Würde* des Kaisertums zu verleihen . . .“

Eine Verfassungsänderung war mit Karls Kaisertum nicht verbunden. „Wohl aber gab dieses dem Gedanken der über den Völkern . . . stehenden christlichen Einheit weiteren Auftrieb. Die Berufung auf das Imperium Romanum stärkte den Zeitgenossen den Blick auf das Wesen der res publica als einer überpersonalen Größe, den sie schon aus der Durchdringung des personalen Heerkönigtums mit dem theokratischen Amtsgedanken zu gewinnen begannen“ (Löwe). Freilich gab Karl selbst diesen christlichen Einheitsgedanken 806 noch einmal zugunsten der fränkischen Auffassung von der Herrschaftsteilung preis, als er alle seine Söhne als Nachfolger einsetzte: Karl für das eigentliche Francia und das gesamte Gebiet zwischen Loire und Elbe, Ludwig den Frommen für Südfrankreich und Pippin für Italien und Oberdeutschland südlich der Donau. Über den Kaisertitel entschied er nichts, und den Schutz der römischen Kirche übertrug er allen drei gemeinsam. Der Tod der älteren Söhne ermöglichte dann die Rückkehr oder die Wiederholung des Fortschritts zum Einheitsgedanken durch die Neuregelung von 813, die Ludwig als Nachfolger im Gesamtreich benannte, wie Karl ihn auch schon in Aachen zum Mitkaiser erhob: auf Karls Veranlassung setzte der Sohn sich selbst die Krone auf, danach folgte die Akklamation durch die Franken als Reichsvolk. Bald danach starb Karl am 28. 1. 814 in seinem 73. Lebensjahre.

Als Karl zum Kaiser gekrönt wurde, waren die bedeutendsten und meisten seiner außenpolitischen Unternehmungen beendet oder standen kurz vor ihrem erfolgreichen Abschluß. Damit, aber wohl auch mit der neuen Würde und mit dem höheren Alter hing es gewiß zusammen, daß der Kaiser sich fortan vorwiegend mit innenpolitischen und gesetzgeberischen Aufgaben beschäftigte: mit der Abfassung von mehr als 50 Kapitularien, in Kapitel (Paragraphen) eingeteilten gesetzlichen Verfügungen auf fast allen Gebieten — Ordnungsmaßnahmen, die auf genauester Beobachtung und Mitarbeit des Herrschers selbst beruhten und wie sie in den folgenden Jahrhunderten weder in Deutschland noch in Frankreich in ähnlicher Fülle und Gründlichkeit geleistet worden sind.

In der Zentralregierung selbst, der „Kapelle", die ständig durch die Lande reiste, da es für sie eine feste Residenz nicht gab, während der Kaiser seit 794 zumeist und seit 808 fast ununterbrochen in Aachen residierte, waren fast ausschließlich germanische Kleriker tätig — im Gegensatz zu den meist romanischen Laien in der Zeit des Merowingerreiches. Die Außenpositionen wurden von „Grafen" als höchsten Lokalbeamten wahrgenommen, während die Stammesherzöge als Zentren gefährlicher separatistischer Neigungen allmählich verschwanden. Das hatte angesichts der Schwierigkeit und Langsamkeit des Reisens die Folge, daß die Grafen ein höheres Maß von Unabhängigkeit und Selbständigkeit genossen, also auch ihrerseits die Neigung zu egoistischer Amtsführung und Willkür entwickeln konnten. So erhielt die Auswahl der geeigneten Persönlichkeiten für diese Stellungen entscheidende Bedeutung. Zwar versuchte man, mit Hilfe der missi dominici, der Königsboten — meist ein Abt oder Bischof in Gemeinschaft mit einem weltlichen Beamten — , die regelmäßig größere Gebiete, in denen sie nicht ansässig waren, kontrollierend bereisten, derartige Gefahren und Schwächen zu verringern; zu beseitigen vermochte man sie nicht. Auch trieb Karl den Zentralismus nicht auf die Spitze: auf dem Aachener Reichstag von 802 ließ er den folgenreichen

Beschluß fassen, alle noch nicht schriftlich niedergelegten Stammesrechte aufzuzeichnen.

Neben allen diesen Arbeiten hat Karl eine außerordentlich überlegte Gesellschafts- und Wohlfahrtspolitik getrieben, die einerseits die Zufriedenheit der Untertanen mit dem Herrscher steigern, andererseits aber auch z. B. das gefährliche Zusammenschmelzen der Gemeinfreien verhindern sollte, desjenigen Standes also, der zum Kriegsdienst verpflichtet war und im Kriege dem Heerbann der Grafen unterstand. Die Wirtschaftspolitik zielte auf die Steigerung der Staatseinnahmen, wozu u. a. die Bewirtschaftung der Domänen reformiert wurde. Die berühmte Verordnung oder Satzung über die königlichen Wirtschaftshöfe (Capitulare de villis) zeigt sehr deutlich den Geist dieser karolingischen Verwaltung, in der die von „Referendaren" geführte Kanzlei die regelmäßige Zentrale darstellte, die aus der Beamtenschaft entstammenden Comissarii Sonderaufgaben erfüllten und die missi dominici Kontrollorgane bildeten. Staatseinnahmen gab es in regelmäßiger Form aus der Landwirtschaft, aus Zöllen und Marktabgaben sowie in außergewöhnlicher Form etwa aus Kriegsbeute.

Die Kirche war mit dem Staat untrennbar verbunden. Und selbst hier machte sich die Stärke von Karls Persönlichkeit bemerkbar, der den Anspruch des königlichen Obereigentums über das Kirchengut nicht aufgab, Laien als Äbte einsetzte, auch die hohe Geistlichkeit streng beaufsichtigte — andererseits aber das Pfarrnetz verdichtete und der Kirche immer stärkeren allgemein-kulturellen Einfluß eröffnete. Der Gottesdienst nahm ganz und gar römische Formen an, wie auch das Kirchenrecht römisch war. Für die Mönche wurde die Benediktinerregel allgemein verbindlich.

Der königliche Hof sowie die Kleriker, die Kirche, waren Träger der mächtigen Bildungsbewegung jener Zeit, der aus der kirchlichen Reform des 8. Jahrhunderts erwachsenden karolingischen Renaissance, der ersten geistigen Manifestation des Abendlandes, „das sich nunmehr deutlich von der griechischen Welt absetzte" (Ewig). An ihr hatten aber auch der Langobarden-Historiker Paulus Diaconus, der Ire Dungal, der Italiener Petrus von Pisa, der Westgote Theodulf, vor allem aber der

Angelsachse Alkuin und der Ostfranke Einhard, Männer in Karls engster Umgebung und Mitglieder seiner „Akademie", führenden und tragenden Anteil, während Karl selbst, weder Deutscher noch Franzose, sondern austrasischer Franke aus dem Gebiet von Maas und Mosel, sich in dieser schöngeistig-politisch-religiösen Tafelrunde als David bezeichnete — ein griechisch und lateinisch gebildeter Mann von hohem Intellekt und mit dem seltenen Blick für das Wesentliche, Originelle und Dauerhafte im Geistigen wie im Politischen. Bischofs- und Klosterschulen — die wichtigsten waren in Fulda, St. Gallen und Tours — verbreiteten die Leistungen des höfischen Kulturzentrums im Bereich der Literatur, der Theologie und der „sieben Künste" (Grammatik, Dialektik, Rhetorik, Arithmetik, Geometrie, Musik und Astronomie) des aus der Antike übernommenen Unterrichtswesens (Artes liberales) für die Freien im Gegensatz zu den vorwiegend mechanischen Beschäftigungen der Unfreien. An Karls Hof wurde das Mittellatein, eine Mischung aus Spätlatein, Kirchenlatein und Vulgärlatein, als einheitliche lebende Bildungs- und Kunstsprache mit großen dichterischen Leistungen und von Alkuin z. B. für einen gereinigten Bibeltext benützt, die karolingische Minuskel als einheitliche Schrift geschaffen. Aber auch die Volkssprachen, die in der karolingischen Renaissance zu Schriftsprachen erhoben wurden, brachten eine bedeutende Literatur hervor. Damit fand zugleich auch das Deutsche eine Förderung, das seit dem Ende des 8. Jahrhunderts immer stärker wurde und 788 sogar in den Reichsannalen erschien. Es bezeichnete zunächst die germanische, dann die deutsche Sprachgemeinschaft. Die wichtigste nächste Phase der Entwicklung vom Sprach- zum Kulturbewußtsein vollzog sich dann in Fulda, dem innerdeutschen Mittelpunkt für Mission und karolingische Renaissance, dem Ursprung der althochdeutschen Literatur.

„In Karl erhob sich die neue Einheit zum ersten Male in einem großen Menschen zum Bewußtsein einer geistigen Aufgabe und einer staatlichen Tat. Der christliche Franke nahm den Kaisergedanken am Rheine auf und gab dem leblos gewordenen römischen Reiche mit dem fest umrissenen staatlichen Raum eine neue Wirklichkeit, die ein Jahrtausend das Schicksal der Deutschen bestimmte ... In die weltliche Herrschaft bezog er die Kirche enger ein, und wenn er mit ihr die sinkenden Künste und Wissenschaften der alten Welt zu beleben, in Hof- und Klosterschulen die Keime erneuerter Bildung zu pflegen suchte, so wahrte der Franke in ihm nicht minder das eigene Völkererbe, ließ die Lieder der Taten und Kriege der Könige sammeln, gab Monden und Winden deutsche Namen und befahl, die heiligen Schriften in deutscher Sprache zu schreiben. Seine Aufgabe: antikes Wissen und Können, christliches Glauben und Lehren, germanisches Bilden und Wirken in eins zu schmelzen, blieb die der kommenden Geschlechter, und ihre Lösung war um so schwerer für die jungen Erben der alten Welt, weil einmal der gewaltige Raum des Imperiums über die Grenzen des engeren Volkstums weit hinausgriff und sie ihn jahrhundertelang mit immer neuen Menschenopfern herrscherlich behaupten mußte und weil zum anderen der zweite Erbe Roms, die katholische Kirche, den gleichen Anspruch geistlicher und bald auch staatlicher Beherrschung dieses imperialen Raumes machte und so, was sie an universaler Bildung gab, zugleich an Sondergut und selbstbestimmendem Willen dem Volke zu nehmen drohte: der Deutsche also mußte mit und trotz Rom wachsen, um sich selbst zu behaupten und zu seinem schönsten Eigenwuchse aufzureifen" (Wolters-Elze).

Nach außen abgerundet, innen jedoch noch nicht wirklich festgefügt war das Reich, das Ludwig als Alleinherrscher 814 übernahm. Um sich im Besitz eines solchen weiten Gebietes zu erhalten, mußte er seine Macht gegenüber zentrifugalen Stammeskräften und Teilungstendenzen im Reich durchsetzen, d. h. den Reichsgedanken und die Reichsgewalt stärken. Dahin gehörten bereits so äußerliche, aber doch bezeichnende Unterlassungen wie das Nichtführen des fränkischen und des langobardischen Königstitels. Wichtiger waren freilich die endgültige Erledigung der Kaiserfrage und die Abschaffung des fränkischen Teilungsprinzips, d. h. die Regelung der Nachfolge für alle Zukunft.

Adel und Klerus waren im Besitz bedeutender Vermögenswerte und einflußreicher Ämter; sie waren Vorkämpfer des Christentums und Anhänger des Reichsgedankens. Die Unterkönige, die Ludwig der Fromme in Italien, Bayern und Aquitanien im Amte ließ oder einsetzte, bedeuteten keine Einengung des Reichsgedankens, konnten vielmehr zur Straffung der Verwaltung beitragen und waren in gewisser Hinsicht Obergrafen eines größeren Gebietes. In der Ordinatio Imperii von 817 regelte Ludwig schließlich das Problem in großen Zusammenhängen durch einen gewissen Ausgleich zwischen dem Teilungs- und dem Einheitsprinzip: er erhob seinen Sohn Lothar, der Unterkönig in Bayern gewesen war, zum Mitkaiser und setzte in Bayern seinen dritten Sohn Ludwig (den Deutschen) als Unterkönig ein. Ludwigs des Frommen Neffe Bernhard, der Unterkönig in Italien wurde, war bald mit dieser Regelung unzufrieden. Bevor er jedoch die geplante Erhebung beginnen konnte, setzte sein Onkel ihn um des Reichsgedankens willen ab. Ja, selbst die Aufhebung der Volksrechte und die Formulierung eines einheitlichen Reichsrechtes wurden von dem aus Spanien stammenden Erzbischof Agobard von Lyon bereits vorgeschlagen — Ludwig ging klüger vor und führte eine allmähliche Angleichung und Annäherung der Volksrechte durch Reichsgesetze durch. Häufig einberufene Reichsversammlungen sollten gleichfalls zur Gewöhnung an den Reichsgedanken beitragen.

Als Ludwig im Jahr 823 ein vierter Sohn Karl geboren wurde, richtete der Vater für ihn ein drittes Unterkönigtum ein, das 829 aus Alemannien mit Raetien, dem Elsaß und einem Teile Burgunds gebildet wurde, während Lothar die Regierung Italiens übernahm und dort das Papsttum fester an das Reich band. Aber eine Erhebung der drei älteren Söhne Ludwigs gegen dessen zweite Gemahlin und den Kämmerer Markgraf Bernhard von Barcelona im Jahre 830, die zwar unterdrückt werden konnte, führte im folgenden Jahre dazu, daß der Kaiser die Idee der Reichseinheit wieder aufgab und in Aachen die Aufteilung des Frankenreiches unter seine drei jüngeren Söhne und die Nachfolge Lothars in Italien testamentarisch festlegte. Doch diese Erbfolgeordnung wurde umgestoßen, als die Söhne Pippin und Ludwig sich bald darauf mit Lothar und dem Papst gemeinsam gegen ihren Vater empörten, der gleichzeitig 833 auf dem Lügenfeld bei Colmar von seinen Großen mit den Truppen im Stich gelassen wurde. Während Lothars kaiserliche Stellung allgemein anerkannt wurde, mußte er doch seinen Brüdern die Erweiterung und größere Selbständigkeit ihrer Teilreiche zugestehen: so erhielt Pippin große Teile Neustriens zwischen der Seine und der Loire, Ludwig dagegen ganz Germanien. Der Vater schließlich wurde von Lothar zu einem Bekenntnis seiner Alleinschuld an dem Zerwürfnis und zum Verzicht auf das Reich gezwungen. Diese Schärfe Lothars führte zum Eintreten Pippins und Ludwigs für den Vater: Lothar wurde nach Italien verbannt. Bei allen diesen Ereignissen hatten der Kaiser- und der Reichsgedanke unendlich viel an Ansehen eingebüßt, war das Vertrauen der Brüder zueinander zerbrochen, während Ludwig der Fromme fast nur noch Interesse an der Ausstattung seines jüngsten Sohnes Karl zeigte. Das alles führte in den Jahren seit 833 zu dauernden Wirren um Neuverteilungen von Land und Macht, die keineswegs abgeschlossen waren, als Ludwig der Fromme, dem im Laufe der Zeit die Loyalität der wichtigsten Männer in Staat und Kirche und auch die koordinierte Macht über Justiz und Verwaltung entglitten war, 840 in Ingelheim starb und das Kaisertum fast ohne Ansehen hinterließ.

Nach seinem Tode wurde der Bruderkampf um die Abgrenzung der Teilreiche fortgesetzt, der nicht über zentrifugalen Völkertendenzen, sondern wegen der Schwäche des Kaisers und des persönlichen Machtstrebens seiner Söhne ausgebrochen war. Schon im Jahre 841 erzielten Karl und Ludwig gemeinsam einen Sieg über Lothar bei Fontenoy (bei Auxerre). Damit begann das Ansehen des Frankenreiches auch im Ausland zu sinken. Im folgenden Jahre verbündeten beide sich noch enger durch die Straßburger Eide, die jeder, um verstanden zu werden, in der — freilich noch nicht voll ausgebildeten — Sprache schwor, welche das Heer des anderen sprach und verstand: also Karl „althochdeutsch“ und Ludwig „altfranzösisch“. Anschließend leisteten beide Heere in ihrer Sprache den gleichen Eid, womit sich die einzelnen als Vasallen und Untertanen der Könige, nicht aber die Völker als politische Einheiten verpflichteten.

Langwierige Verhandlungen führten nach weiteren Kämpfen mit Lothar, der Aachen verlor, schließlich zu dem anfangs nicht als endgültige Lösung gedachten Vertrag über die Reichsteilung von Verdun im August 843: vorausgesetzt wurde der Besitzstand der Brüder vor dem Tode des Vaters. Lothar erhielt Italien und einen langen Gebietsstreifen bis Friesland, im Osten begrenzt durch Alpen und Rhein, im Westen durch Rhône, Saône, Maas und Schelde. Den Westen des Reiches übernahm Karl, das rechtsrheinische Germanien mitsamt den linksrheinischen Diözesen Mainz, Worms und Speyer Ludwig der Deutsche. Dennoch wurde durch diesen Vertrag das Reich nicht etwa aufgelöst. Er schuf vielmehr eine „Samtherrschaft“ der drei Brüder, „bei der die Reichseinheit nicht nur ideell, sondern zunächst sogar noch im Bemühen um eine gemeinsame Politik zum Ausdruck kam“ (Löwe). Aber praktisch ist es seit 843 nicht mehr zur Wiedervereinigung der Reichsteile gekommen, selbst das reichstragende Frankenvolk war und blieb geteilt. Lothars ungefüges Mittelreich besaß nicht genug Lebenskraft, um als Kristallisator zu wirken. Im ost- und westfränkischen Reich aber, die ausschließlich germanisches bzw. romanisches Volkstum umschlossen, bildeten sich nun die politischen Rahmen, in denen das deutsche und das französische Volk entstehen konnten.

Von 843 bis 911 löst sich die Geschichte des Frankenreiches in eine solche von immer schwächer werdenden Teilreichen auf — um so mehr, als nach Lothars Rückzug aus der Herrschaft in das Kloster Prüm und seinem Tod im Jahre 855 sein Teilreich für die Söhne weiter aufgeteilt wurde in Italien unter Ludwig, der auch die Kaiserwürde erhielt, Mittelfranken (Lothringen) einschließlich Friesland, Elsaß und Hochburgund unter Lothar II. und Niederburgund unter Karl. Da das Kaisertum auf Italien beschränkt blieb und die Krönung durch den Papst vorgenommen wurde, erhielt diese fortan mehr und mehr einen für die Zukunft bedeutungsvollen rechtsbegründenden Charakter.

Die Hauptgefahr des Nebeneinanders der Brüder unter der Idee der Einheit bestand darin, daß der Adel durch Unterstützung oder Gegnerschaft in den Teilen Macht gewinnen konnte. Und da im Mittelreich Ludwig und Karl ohne Söhne starben und Lothar II. nur einen unehelichen Sohn hatte, entstanden hier bereits neue Erbfolgeprobleme.

Der bedeutendste aller Enkel Karls d. Gr. war Ludwig der Deutsche, der seit den vierziger Jahren gegen die Mähren zu kämpfen hatte, die erst 870 unterworfen werden konnten. Ein Jahr zuvor war die Erbfolge in Lothringen durch Lothars II. Tod akut geworden. Obwohl sein Onkel Karl der Kahle sich sofort in Metz zum König des herrscherlosen Reiches salben ließ, mußte er sich doch zu einer in Mersen (heute Meerssen bei Maastricht) 870 vorgenommenen Teilung bereitfinden, durch die Ludwig die Osthälfte Lothringens mit Aachen und Metz und zwei Drittel Frieslands erhielt. Auch gewann der Osten auf diese Weise so wichtige Straßenknotenpunkte wie Köln, Trier und Metz sowie das zugleich als Hauptsymbol karolingischer Tradition bedeutende Aachen. Damit näherte sich zufällig, nicht absichtlich, die politische Grenze der Sprachgrenze. Ludwig der Deutsche war damals bereits schwer krank; er konnte daher 875 nach dem Tode Lothar II. auch nicht verhindern, daß Karl die Provence und Italien an sich riß und sich vom Papst zum Kaiser krönen ließ. Ein Jahr später verteilte Ludwig vor seinem Tode sein Reich unter seine drei Söhne: Karlmann erhielt Bayern und Kärnten, Ludwig Franken und Sachsen, Karl III. Schwaben. Und sofort rückte Karl der Kahle, der die Reichseinheit wiederherstellen wollte, in Lothringen ein. Er wurde allerdings bei Andernach von Ludwig III. (dem Jüngeren) geschlagen; vier Jahre später wurde (880) die Grenze im Vertrage von Ribemont zugunsten von Ostfranken modifiziert, indem Karls Enkel auf ganz Lothringen verzichteten.

Durch drei Todesfälle kam es noch einmal zu einer Vereinigung des karolingischen Gesamtreiches in einer Hand. Abgesehen von der Provence, wo seit 879 Boso, der erste Nichtkarolinger, selbständig regierte, gab es im Jahre von Ribemont vier Reichsteile: das Ostreich, das Westreich, Burgund und Italien. Karl III. faßte das Ostreich wieder zusammen; sein kranker Bruder Karlmann trat ihm Italien ab, während er Bayern und Ostfranken, als er im März 880 starb, dem anderen Bruder, Ludwig III., dem Sieger von Andernach, hinterließ. Aber dieser starb schon im Januar 882 und Karl III., der 881 Kaiser geworden war, beerbte ihn. Als dann im Dezember 884 der westfränkische König Karlmann gleichfalls starb und nur einen fünfjährigen Sohn hinterließ, boten die Großen seines Reiches Karl III. (dem Dicken) die Krone an. Doch schon 887 zwangen sie den regierungsunfähigen Kranken zum Rücktritt; er starb im Jahre 888, nachdem er ein schwaches, wenig rühmliches Regiment geführt und sowohl in Italien wie gegenüber den Wikingern erfolglos geblieben war, ja, sich vor Paris ihren Abzug durch Geldzahlungen und Gewährung von Winterquartieren erkauft hatte. Die Wiedervereinigung war also eine Episode von wenigen Jahren geblieben. Nun geschah, was eine Fortsetzung der Jahrbücher von Fulda mit den Worten beschreibt: „Viele kleine Könige (reguli) wuchsen in Europa empor." Niederburgund, Hochburgund, Italien, das westfränkische Reich — sie alle gingen ihre eigenen Wege. Der Grund lag in der Schwäche der das Reich zusammenhaltenden Kräfte gegenüber den zentrifugalen der Stammeseigentümlichkeiten, der stammesherzoglichen Tendenzen zur Staatsbildung aus solchen Kräften, schließlich der Stammesrechte und der Dialekte ohne eine wirkliche Gemeinsprache. Das alles zeigt, daß die innere Entwicklung der fränkischen Teilreiche im 9. Jahrhundert keineswegs mehr nur von persönlichen und dynastischen Gesichtspunkten beherrscht wurde und Geistlichkeit und Aristokratie neben Kaiser und Königen erhebliche Einflüsse ausüben konnten. Je stärker die politisch-völkischen Sonderentwicklungen wurden, je weniger universal das westliche Kaisertum war, um so höher wuchsen die universalen Ansprüche des Papsttums.

Gänzlich durch Auseinandersetzungen im Inneren gebunden, waren die Karolinger häufig nicht in der Lage, äußeren Bedrohungen mit Nachdruck entgegenzutreten. Normannen- und Wikingerfahrten auf schnellen Schiffen bereiteten den Franken, die keine Seefahrer waren, große Schwierigkeiten. Im Jahre 845 erschienen die Normannen bei Hamburg und zerstörten es; um die gleiche Zeit waren sie in Lothringen und Westfranken. Um 880/82 wurde ein gewisser Höhepunkt erreicht, als die Normannen Maastricht, Aachen, Köln und Bonn einäscherten, Trier zerstörten und bei Remich einen Sieg über Adel und Geistlichkeit von Metz und Trier erfochten. Karl III. (der Dicke) versagte gegenüber den Normannen: 885 befuhren die Normannen die Seine und belagerten sogar Paris, bis er ihren Abzug erkaufte; 891 waren sie wieder auf deutschem Boden, 892 bei Bonn, erst danach liefen ihre Unternehmungen immer stärker auf die Eroberung der Normandie hinaus, die sich tatsächlich seit 900 in ihren Händen befand.

Im Jahre 888 nach dem Ende Karls III. schrieb Regino von Prüm: „Damals lösten die Reiche das Band, das sie vereinigt hatte, und ein jedes gab sich einen König ohne Rücksicht auf seinen natürlichen Herrn" — es waren insgesamt „nationale" Könige aus dem Reichsadel, meist aus der fränkischen Aristokratie des alten Austrasien.

Man hat die Auflösung der gesamtfränkischen Einheit und die Entstehung eines deutschen Staates als „Entfrankungsprozeß" der alten „Verfrankung" der westgermanischen Stämme gegenübergestellt. Das bedeutete, daß in Ostfranken das Rhein-Donau-Gebiet wieder das Hauptgewicht erhielt — wie schon einmal bei der römischen Germanenpolitik. Stark war auch jetzt wieder das Gewicht Bayerns und Schwabens — insbesondere durch eine so bedeutende Persönlichkeit wie König Arnulf von Kärnten, einen unehelichen Sohn König Karlmanns, der 891 die Normannen bei Löwen entscheidend schlug und 892 Swatopluks großmährische Drohung an den Reichsgrenzen abwehrte. Mainz und Frankfurt standen im Donauraum insbesondere Regensburg, aber auch Salzburg, kaum weniger bedeutend gegenüber. Trotz aller Energie und Umsicht war Arnulf freilich den Ungarn, mit denen er sich 892 verbündet hatte, nicht gewachsen. Sie erschienen seit 894 in Pannonien und fielen 899, in Arnulfs Todesjahr, zum ersten Male verwüstend in Italien ein: innerhalb weniger Jahre wurden so Verbündete zu gefährlichen Gegnern. Damals hatte Arnulf bereits nach vielen Zwischenlösungen dafür gesorgt, daß sein Sohn Ludwig Nachfolger im Ostfrankenreich wurde; er starb 899 zu Regensburg.

Für den unmündigen Ludwig (das Kind) regierte eine Gruppe von Großen, in der die hier in die Geschichte eintretenden Konradiner, ein rheinfränkisches, im Lahngau und in Hessen begütertes Grafengeschlecht, und der Erzbischof Hatto von Mainz, von Zeitgenossen „Herz des Königtums" und „Primas von Deutschland" genannt, die entscheidenden Rollen spielten. Sie steuerten das Reich durch manche Kämpfe, z.B. gegen die Babenberger, und erreichten, daß 900 Lothringen Ludwig anerkannte, während andererseits Thüringen mit Sachsen eigene

Wege ging und die Ungarn zu einer immer größeren Gefahr anwuchsen.

König Ludwig starb als letzter ostfränkischer Karolinger im Alter von 18 Jahren (911). Zu seinem Nachfolger wählten Franken und Sachsen zu Forchheim Konrad I. aus dem Hause der Konradiner. Ihm huldigten auch Bayern und Schwaben, während Lothringen an den westfränkischen Karolinger Karl den Einfältigen geriet.

Das karolingische Reich hatte also sein Ende erreicht. Der neue König war mit den Karolingern freilich verwandt, und seine Familie hatte in der jüngstvergangenen Zeit eine wachsende Rolle gespielt. Der Wunsch nach Fortsetzung karolingischer Traditionen in bezug auf den Reichsgedanken trat also in Forchheim deutlich zutage — um so klarer, als die vier Stämme im Ostreich den König sofort anerkannten und damit ihren Willen zur Einheit bekundeten.

Hier wie schon bei früheren Gelegenheiten erwiesen sich die Bedeutung des Stammesherzogtums und die staatsbildende Kraft der Stämme. Hatte ein wirklicher Verwaltungszentralismus im Karolingerreich nie bestanden, da die Stämme viel von ihrer Individualität besonders im Heerwesen zu behaupten vermochten und die einheitliche Kirchen- und Kulturpolitik an Einfluß dahinter zurückgeblieben war, so wuchs die Bedeutung der stammesherzoglichen Gewalt naturgemäß in den krisenreichen letzten Jahrzehnten des karolingischen Reiches. Konrad von Franken, der 911 König werden sollte, Arnulf von Bayern und Otto von Sachsen, bedeutende Persönlichkeiten mit großer Macht durch eine zahlreiche Vasallschaft, entwickelten in dieser Zeit die erblich werdenden *jüngeren* Stammesherzogtümer zu „neuen Großformen politischer Ordnung im werdenden deutschen Staat“ (Bosl). Vom Stammesadel erhoben, stand der Herzog in gewisser Weise dem König gegenüber und vertrat nach der Herrschaft der *älteren* Herzöge über die Stämme als Personenverbände die Tendenz zum Landes-Territorialstaat, in dem Grafschaften, Vogteien und Grundbesitz ihm und nicht dem König untergeordnet sein sollten. Hier begann im 9. Jahrhundert eine Auseinandersetzung, die lange Zeit dauern und von der Stärke der Persönlichkeiten auf beiden Seiten, aber auch von internationalen Konstellationen und weitgehend vom Verhältnis der Kirche zu diesen beiden Parteien abhängig sein sollte.

Mit der Königswahl durch die Stämme war im Jahre 911 die Bildung des deutschen Reiches im wesentlichen abgeschlossen, die seit 900 existierende konradinische Reichsregierung legalisiert, nicht aber die Stärke des alten Reiches wiederhergestellt. Denn Konrad, seit 906 schon Herzog von Franken, versuchte zwar mutig und von der durch Hatto gelenkten Geistlichkeit gefördert, unter Verkennung der Kräfteverteilung und seiner eigenen Abhängigkeit davon, eine Politik des zentralisierenden Königtums gegen die Stammesherzogtümer durchzusetzen, die ihn eben gewählt hatten. Er führte dazu 914 selbst einen Reichskrieg gegen das separatistische Schwaben, aber aufs ganze unterlag er als eine „Persönlichkeit, die nicht führte, sondern sich treiben ließ“ (F. Schneider), dort wie gegenüber Sachsen und Bayern. Den Ungarn, deren immer grausamere Züge fast Jahr für Jahr weite Gebiete verheerten, trat nicht das Reich, sondern Bayern bzw. Schwaben entgegen, und Konrads drei Feldzüge zur Rückgewinnung Lothringens blieben erfolglos. Konrads Königtum war noch nicht ein wirklicher Anfang, sondern erst ein Übergang. Wie wenig er selbst sich als erster einer neuen Reihe starker Herrscher empfand, zeigt die Tatsache, daß er, der im Dezember 918 starb, das Herzogtum Franken zwar seinem Bruder Eberhard hinterließ, als Nachfolger aber seinen ärgsten Gegner, den mächtigsten Mann des Reiches, Heinrich von Sachsen, designierte.

Der um 925 geborene, 940 Mönch gewordene Widukind von Corvey schrieb um 957 in seinen „Drei Büchern sächsischer Geschichte“: „Von Krankheit gequält, rief Konrad seinen Bruder und sagte zu ihm: Bruder, wir können den Heerbann sammeln und führen, wir verfügen über Burgen und Waffen, wir haben die königlichen Insignien und alles, was zur königlichen Würde gehört — nur kein Glück und keinen Erfolg. Das Glück, mein Bruder, hält zu der edelsten Kraft Heinrichs, die volle Königsstärke liegt bei den Sachsen. Nimm also diese Insignien, die heilige Lanze, die goldenen Armreifen, den Mantel und das Schwert der alten Könige und die Krone, zieh zu Heinrich und schließe Frieden mit ihm . . . Er wird nämlich wahrhaft König sein und

Imperator über viele Völker." Eberhard fügte sich und tat, wie ihm geheißen. „Nicht zufällig wird das Ostfrankenreich im Jahre 918 zum ersten Male als Regnum Teutonicorum bezeichnet" (Ewig). Konrads letzte Handlung bildete den Übergang von der fränkischen zur deutschen Geschichte, von den Spätkarolingern des ostfränkischen Reiches zu dem „deutschen" mittelalterlichen Staat.

ANFÄNGE UND AUFSTIEG DES DEUTSCHEN REICHES

War in der karolingischen Zeit das ostfränkische Reich ein Teil des Imperiums gewesen, so sollte mit der ottonischen Reichsbildung der östliche Teil sich verselbständigen und zugleich eine die politische Gliederung nach Stämmen und Adelsgruppen überdachende Zentralgewalt erhalten. Das schloß nicht aus, daß sich auch weiterhin in diesem Ostreich einheimische, westliche und südliche Kulturkräfte miteinander zu einer vielfarbigen Einheit verbanden. Gleichzeitig blieb die Slawengrenze, die in vielen Formen des Krieges, der Mission, der Eheverbindungen, der Wanderung und Siedlung sich abspielende Auseinandersetzung mit den Slawen, für alle Zukunft ein wichtiger Faktor in der Geschichte dieses Reiches.

Seit dem Jahre 919 stellte die deutschen Könige die Herzogsfamilie der Sachsen, die wenig mehr als ein Jahrhundert zuvor dem fränkischen Reich eingegliedert worden waren. Von hier aus entwickelten sich jetzt ein deutsches Reich und Staatsbewußtsein. Heinrichs Wahl in Fritzlar wurde 919 zunächst von den weltlichen Großen der Sachsen und Franken vollzogen; die bis dahin übliche erzbischöfliche Weihe lehnte der damals 43jährige Heinrich ab, um damit seine Unabhängigkeit gegenüber der hohen Geistlichkeit zu betonen. Seine „Wahl war der eigentliche Geburtstag eines deutschen Reiches geworden, und Heinrich I., der mit besserem Erfolg als Konrad eine königliche Oberhoheit über den fünf Stämmen aufrichtete, gilt auch uns noch als der Begründer eines deutschen Nationalstaates" (Joachimsen). Nur gegen Widerstände gewann Heinrich die Anerkennung in Schwaben, das gleichwohl seine relative Unabhängigkeit bewahrte; noch schwieriger war es in Bayern, wo Herzog Arnulf zum Gegenkönig gewählt wurde und sich bis 921 behauptete. Mit dem Westen kam es im gleichen Jahr zu einer Einigung, in welcher Heinrich vom westfränkischen König Karl als „Rex Francorum orientalium" östlich des Rheins und umgekehrt jener als „Rex Francorum occidentalium" in Westfranken und Lothringen anerkannt wurde. Erst nach Feldzügen in den Jahren 923 und 925 hat Heinrich Lothringen zu unterwerfen vermocht, auf diese Weise die karolingischen Kernlande mit dem Osten verbunden und sein Reich besser gegen den Westen gesichert. Im Osten zog der Prozeß der Konsolidierung der Verhältnisse sich unter großen Schwierigkeiten sehr viel länger hin: mindestens 919, 924 und 926 verheerten große Ungarnzüge, die auch Italien und Frankreich erreichten, u. a. schwäbische und bayrische Gebiete. Erst seit dem großen Vorstoß von 926, bei dem auch St. Gallen geplündert wurde, entwickelte Heinrich eine aktive Ungarnpolitik, indem er nach dem Abschluß eines teuren neunjährigen Waffenstillstandsvertrages auf dem Reichstag zu Worms 926 die Anlage einer Kette von Pfalzen und Burgen sowie die Schaffung eines im Reiterkampf ausgebildeten Heeres erreichte.

Auf jener Reichsversammlung von 926 verzichtete auch König Rudolf von Burgund endgültig auf Lothringen, worauf Heinrich, der sich in den ersten Jahren seiner Regierung von der karolingischen Tradition entfernt hatte, nun zu ihr zurückzukehren begann, zumal er auch in der Kirche einen wertvollen Verbündeten gegen weltliche Partikulargewalten erkannte: jetzt wurden Hofkapelle und Kanzlei nach karolingischer Art gegründet, Erzbischof Heribert zum Hofkapellan erhoben und bald auch von dem Einfluß über die schwäbische Kirche aus das schwäbische Herzogtum stärker als bisher dem Reich eingegliedert. Auch die Familienpolitik mußte der Zentralregierung dienen: die Königstochter Gerberga heiratete 928 den Herzog von Lothringen, ein Bruder der Königin wurde 931 Erzbischof von Trier. Sieht man von Bayern ab, das über Heinrichs Tod hinaus eine eigene Position zu behaupten vermochte, so ergaben sich in den dreißiger Jahren überall eine Einengung des stammesfürstlichen Charakters des Herzogtums und die Ausbildung der Kirchenhoheit der Krone.

Nachdem das neue Heer schon 928/29 gegen die Heveller bei der Eroberung von Brandenburg, gegen die Dalemintier bei der Einnahme der Burg Jahna (bei Riesa a. d. Elbe; kurz nach 928

Anlegung der Burg Meißen), gegen den Tschechenherzog Wenzel und 929 zur Unterdrückung einer Erhebung der mecklenburgischen Redarier und zur Eroberung der Burg Lenzen erfolgreich eingesetzt worden war, konnte die Reichsversammlung zu Erfurt 932 den Ungarnwaffenstillstand durch Einstellung der Tributzahlung brechen und damit zur Herausforderung schreiten: am 15. 3. 933 erlitten die tatsächlich angreifenden Ungarn an der Unstrut in der Nähe der thüringisch-sächsischen Grenze durch die von Heinrich zusammengefaßten Kräfte der deutschen Stämme eine Niederlage, die für Heinrichs Lebzeiten die Gefahr an dieser Grenze beseitigte. Ein Jahr später unterwarf Heinrich dem Reich den dänischen Unterkönig Knuba, der sich taufen lassen mußte, und das nordische Handelszentrum Haithabu, was sich auch für die Mission von Hamburg aus bei den Dänen und Schweden als sehr vorteilhaft erwies.

Für die Jahre seit 933 ist Heinrich I. als „abendländischer Hegemon" (Beumann) bezeichnet worden, dessen Stellung auf der „Wahrnehmung imperialer Aufgaben" im Norden und Osten beruhte und um so eher auch vom Westen her respektvoll anerkannt wurde, als das französische Königtum sich in einer Krisis befand, in der die Rivalen Heinrich umwarben und zu einer Vermittlung zwischen dem französischen und dem burgundischen Herrscher in Ivois am Chiers 935 veranlaßten. In diesen Zusammenhängen trat endlich auch Italien in den Kreis von Heinrichs Politik, nachdem bereits 932 der Doge von Venedig und der Patriarch von Grado in der Frage der Judenbekehrung sich an Heinrich gewandt und bei diesem eine gewissermaßen oberherrscherliche Verantwortung für die Christenheit des Abendlandes vorausgesetzt hatten. Nun in Ivois übernahm Heinrich wohl von Rudolf II. von Burgund gegen Abtretung von Basel und gegen erhebliche Gold- und Silberzahlungen die die Herrschaft über Hochburgund und vielleicht auch über Italien symbolisierende Heilige Konstantinslanze. Selbst einen Romzug scheint er, der nach einem Schlaganfall im Herbst 935 am 2. 7. 936 starb, Widukind von Corveys vielumstrittenem Bericht nach geplant zu haben. Die Nachfolge war von Heinrich selbst Anfang 936 in Erfurt geregelt worden: sein ältester Sohn aus zweiter Ehe, Otto, sollte König werden und fortsetzen, was der Vater mit dem Übergang vom sächsischen Stammesfürsten zum König des ostfränkisch-deutschen Reiches eindrucksvoll, wenn auch noch ohne Glanz und Reichtum, karolingische Staats- und Kulturtraditionen wieder aufgreifend, begonnen hatte.

DAS KÖNIG- UND KAISERTUM OTTOS DES GROSSEN

Die ersten fünf Jahre von Ottos I. Regierung waren erfüllt von der ersten Verteidigung der Krone gegenüber dem Adel. Otto, der bei der Thronbesteigung 24 Jahre alt und seit 929 mit einer angelsächsischen Prinzessin verheiratet war — sie erhielt von ihm als Morgengabe Magdeburg —, stand von Anfang an in einem gewissen Gegensatz zu seiner Mutter Mathilde, die lieber ihren schon als Königssohn geborenen jüngeren Sohn Heinrich als König gesehen hätte, und vielleicht auch bereits zu diesem seinem Bruder selbst. Jedenfalls war das Teilungsprinzip von Heinrich aufgegeben worden, und Otto folgte seinem Vater als alleiniger Herrscher im ganzen Reich.

Der nach dem symbolreichen Aachen einberufene Wahltag fand am 7. 8. 936 statt: in der Pfalz zu Aachen versammelten sich „die Herzöge und die Obersten der Grafen mit der übrigen Schar der vornehmsten Vasallen in dem Säulengang, der mit der Basilika Karls d.Gr. verbunden ist, setzten den neuen Herrscher auf einen hier errichteten Thron und machten ihn nach ihrer Weise zum König, indem sie ihm die Hände reichten, ihm Treue gelobten und Hilfe gegen alle Feinde versprachen. Während diese Zeremonie von den Herzögen und den anderen Großen vorgenommen wurde, erwartete der oberste Bischof mit der ganzen Priesterschaft und allem Volk unten in der Kirche den Einzug des neuen Königs. Als dieser eintrat, ging ihm der Bischof entgegen, ergriff mit seiner Linken die Rechte des Königs, während er selbst in seiner Rechten den Krummstab trug, und schritt, angetan mit der Alba, mit der Stola und dem Meßgewand geschmückt, vor bis in die Mitte des Heiligtums. Hier blieb er stehen, wandte sich zu dem Volke, welches die in zweifachem Umgang die Kirche umkreisenden Säulengänge ringsherum erfüllte und von hier aus den König sehen konnte, und rief: ‚Seht, hier führe ich euch den von Gott erwählten und vom

Herrn des Reiches, von Heinrich, bezeichneten, jetzt aber von allen Fürsten zum König erhobenen Otto zu. Gefällt euch diese Wahl, so bezeugt das, indem ihr die Hände zum Himmel erhebt.‘ Darauf hob alles Volk die Rechte in die Höhe und wünschte mit lauter Stimme Heil dem neuen Herrscher“ (Widukind von Corvey). Nun erst trat der Bischof Hildebert von Mainz „zum Altar, nahm das Schwert mit dem Schwertgurt und sprach, zum König gewandt: ‚Empfange dies Schwert, vertreibe damit alle Feinde Christi, Barbaren und schlechte Christen, da dir durch göttliche Autorität alle Macht im ganzen Frankenreich gegeben ist, zum dauernden Frieden aller Christen.‘ Dann nahm er den Mantel und die Spangen und bekleidete ihn damit, in dem er sagte: ‚Dieses Gewand, dessen Zipfel bis auf den Boden reichen, möge dich ermahnen, daß du im Eifer des Glaubens glühen und bis an dein Lebensende im Schutz des Friedens tätig bleiben sollst.‘ Darauf nahm er Stab und Zepter und sprach: ‚Durch diese Zeichen gemahnt, halte deine Untertanen in väterlicher Zucht, reiche insbesondere den Dienern Gottes, den Witwen und Waisen die Hand des Erbarmens; niemals möge deinem Haupt das Öl der Barmherzigkeit fehlen, so daß du jetzt und in Zukunft mit ewigem Lohn gekrönt werdest.‘“ Dann wurde Otto gesalbt, mit dem goldenen Reif gekrönt und als „König der Franken und Sachsen“ auf Karls d. Gr. Thron geführt. Bei dem anschließenden Königsmahl übten die vier nichtsächsischen Herzöge aus Lothringen, Franken, Schwaben und selbst Bayern, wo Arnulf ja 919 als Gegenkönig aufgestellt worden war, erstmals symbolisch dem König gegenüber ordnend die Herzogsämter des Kämmerers, des Truchseß, des Mundschenken und des Marschalls aus. Einmütig beugten sich die Vertreter der Stämme dem von Heinrich entwickelten und durch Ottos Designation weitergegebenen Staatsgedanken.

Die Richtung von Ottos politischen Planungen wurde bereits angedeutet, als der König schon 937, ein Jahr nach seiner Krönung, in Magdeburg, dem seit Karl d. Gr. wichtigsten Umschlagplatz für den abendländisch-slawischen Fernhandel, das Mauritiuskloster gründete, es großartig mit z. T. auch ostelbischen Besitzungen ausstattete und ihm die Aufgabe der Slawenmission übertrug. Indem der König das neue Kloster mit Mönchen von

St. Maximin in Trier, der bedeutendsten Filiale des schon 748 gegründeten lothringischen Reformklosters Gorze besetzte, gewann er sich für seine weitausgreifenden Missionspläne die Unterstützung der fortschrittlichsten kirchlichen Kräfte. Und auch die Wahl der Schutzheiligen Mauritius und Innozentius für das Kloster hatte tiefe Bedeutung: Mauritius war bereits Schutzpatron Burgunds und des nach ihm benannten Klosters an der Rhône, wo es den Verkehr über den großen St. Bernhard mit Italien beherrschte. Als Kriegsheiliger, der schon von den fränkischen Herren angerufen worden war, sollte er nun auch über Ottos imperialer Ostpolitik schweben.

Im gleichen Jahre 937 begannen aber auch die inneren Schwierigkeiten für Otto. Dieser stieß durch die Ausstattung Hermann Billungs — des Ahnherrn der sächsischen Adelsfamilie der Billunger — mit den für Grenzgebiete nötig erscheinenden markgräflichen Sonderrechten des militärischen Oberbefehls, der Gerichtsherrschaft und weitgehender administrativer Unabhängigkeit selbst in Sachsen auf Widerstand. Bei der Erhebung des Grafen Gero in eine ähnliche Stellung an der mittleren Elbe um Merseburg leistete ebenso sein Halbbruder Thankmar aus Heinrichs I. erster Ehe, der Erbansprüche seiner Mutter aufgriff, Widerstand. Gleichzeitig entstanden Auseinandersetzungen zwischen dem Frankenherzog Eberhard und einem Sachsen, in denen Otto gegen Eberhard entschied. Und schließlich suchte der König nach Arnulfs Tod 937, dessen Sohn und Nachfolger Eberhard das Recht der Bischofseinsetzung zu nehmen, und eroberte 938 Bayern; an Eberhards Stelle trat sein Bruder Berchtold, der sich Otto unterwarf. Nun kam es 939 zur Verbindung von Gegnern Ottos, der seinem Vater trotz größerer Weite des politischen Gesichtsfeldes als Taktiker und in der Einschätzung des jeweils Erreichbaren nachstand. Sie widersetzten sich den zentralistischen Ansprüchen der Krone: Franken und Lothringer schlossen sich, im Rücken gestützt durch den westfränkischen König, zusammen. Besonders die Auflehnung von Ottos jüngerem Bruder Heinrich brachte eine bedrohliche Spaltung in das Herrscherhaus selbst. Nach der Unterdrückung der Aufständischen mit Beharrlichkeit und Glück in Kämpfen 939 bei Xanten und Andernach, wo Eberhard von

Franken fiel und Giselbert von Lothringen im Rhein ertrank, nahm Otto die zentralistische Neuordnung des Reiches vor und besetzte die in ihrer Macht eingeschränkten Herzogtümer mit Verwandten: Lothringen kam 944 an den mit Ottos Tochter Liutgard vermählten Konrad den Roten, den Ahnherrn der Salier; Bayern wurde 947 dem Bruder Heinrich übertragen, mit dem Otto sich nach einem Mordplan des Bruders zu Weihnachten 941 in einer u. a. von Hroswitha von Gandersheim eindrucksvoll erzählten Szene versöhnt hatte. Schwaben gab er 950 seinem Sohn Liudolf aus erster Ehe, nachdem dieser bereits 946 zum König designiert worden war; Franken und Sachsen behielt der König, dessen Herrschaft sich nun der umfassenden karolingischen Art näherte, für sich selbst. Solche außerordentliche Machtsteigerung des Königs, der sich während der Kämpfe seinem eigenen sächsischen Stamme entfremdet und fränkische Große herangezogen hatte, wirkte sich bald auch jenseits der Reichsgrenzen aus. Bereits im Jahre 940 hatte Otto einen erfolgreichen Feldzug nach Frankreich geführt, wo ihm König Ludwigs Gegner huldigten, Ludwig 942 im Frieden von Visé auf Lothringen verzichtete und 946 bei einem zweiten Frankreichzug Ottos Hilfe insbesondere gegen Hugo von Francien im Gebiet von Paris erhielt. Im Jahre 948 trat Otto auf der Synode von Ingelheim im Zwist um das Erzbistum Reims geradezu als Schiedsrichter über französische Streitigkeiten auf. Gleichzeitig wurden in Ingelheim drei Suffragan-Bistümer Hamburg-Bremens in Dänemark und Oldenburg gegründet, sowie ferner Brandenburg und Havelberg unter der Mainzer Metropole. Zwei Jahre später erkannte auch Boleslaw von Böhmen Ottos Oberherrschaft an.

Inzwischen hatte der König seine Macht auch nach Hochburgund ausgedehnt, wo er nach dem Tode Rudolfs II. im Jahre 937 den jungen Thronfolger Konrad für sich zu gewinnen und an seinen eigenen Hof zu ziehen verstand. Seitdem übte er über dieses Reich praktisch eine Oberhoheit aus und diente ihm als Rückhalt bei der Ausdehnung über die Provence zum gesamtburgundischen Königreich während der vierziger Jahre. Damit erst war ein Keil zwischen Frankreich und die Apenninhalbinsel gelegt, was freilich nicht ohne die Entstehung einer neuen

Spannung mit dem italienischen König Hugo abging. Dessen Verwandter Markgraf Berengar von Ivrea flüchtete 41 vor Hugos Verfolgung an den deutschen Hof, kehrte 945 mit Ottos Wissen nach Italien zurück und zwang Hugo, der von einem allgemeinen Abfall bedroht wurde, zugunsten seines Sohnes Lothar zurückzutreten. Dieser vermählte sich mit Adelheid, der Schwester des burgundischen Konrad. Als tatsächlicher Machthaber konnte Berengar sich nach Lothars frühem Tod im Jahre 950 — er hinterließ nach nur zweijähriger Regierung keine leiblichen Erben — leicht gemeinsam mit seinem Sohn Adalbert in Pavia zum König krönen lassen. Doch erhoben sich nun auch gegen ihn die Großen, die ihn soeben auf den Thron gesetzt hatten. Und als Berengar die als Prätendentin gefährliche junge Witwe Lothars in Haft nahm, trat auch Otto für sie ein. „Man kann von einem bedeutsamen Wendepunkt der ottonischen Politik insofern mit Recht sprechen, als der erste Schritt nach Italien hinüber alles weitere nach sich gezogen, die europäischen Geschicke während des ganzen Mittelalters bestimmt und auf die Entwicklung der deutschen Verhältnisse Wirkungen ausgeübt hat, die noch bis in die Gegenwart hinein zu spüren sind. Wer möchte bezweifeln, daß diese Wirkungen nicht auf der geraden Linie einer Entwicklung zum geschlossenen Nationalstaate lagen, daß sie eine solche Entwicklung für beide Länder viel eher gehemmt hat? Indessen, nationale Gemeinschaften im modernen Sinne gab es um die Mitte des 10. Jahrhunderts noch nicht. Bewußte Volkseinheit in festen Grenzen kannte man in keinem der Teile des alten Karolingerreiches; die Beziehungen des politisch maßgebenden Hochadels gingen wie die der Hierarchie herüber und hinüber. Die Feudalisierung der Staatenwelt zwang allenthalben die Herrscher, ihre Truppenführer und Beamten mit Grundbesitz auszustatten; wollten sie darüber nicht in Armut versinken und die militärischen Gegenleistungen der Vasallen ausnutzen, so wurden sie zu kriegerischen Ausdehnungsversuchen getrieben, die sich fast zwangsläufig gegen die machtleeren Räume der Nachbarschaft richteten. Für eine Überwindung solcher Gegebenheiten durch Ausbildung des modernen Beamtenstaates fehlten damals noch alle wirtschaftlichen Voraussetzungen" (Hampe).

Als Otto nun 951 in Italien eingriff und die Hauptstadt Pavia besetzte, nannte er sich in Anknüpfung an die karolingische Überlieferung sofort „König der Franken und Langobarden" und vermählte sich bald, seit 946 Witwer, mit Lothars Witwe Adelheid. Ein Jahr nach dem Tode ihres ersten Gatten begann für sie der großartige Aufstieg, der sie zum bedeutendsten Thron des Abendlandes und zur Stellung einer politisch einflußreichen Kaiserinwitwe führen sollte. Jahrhundertelang hat man in der italienischen Literatur ihren seltenen Glückswechsel umdichtet; Adelheid wurde die Helena der italienischen Sage.

Im Hintergrunde allen Handelns stand schon damals Ottos Wunsch, seine Hegemoniestellung an der Spitze des christlichen Abendlandes durch die Kaiserkrone Karls zu bestätigen und zu festigen sowie mit dem Papsttum in engere Verbindung zu treten. Aber Papst Agapet II. und der in Rom praktisch herrschende Alberich II. ließen diese Expansion auf ihre Kosten nicht zu, so daß Otto nach der Rückkehr seiner Gesandtschaft aus Rom diesen weiteren Schritt und damit auch die Kaiserkrönung einstweilen aufschieben mußte. Zunächst galt es für Otto, Berengars Widerstand zu beseitigen, die gerade jetzt neu aufflackernde Erhebung in Deutschland endgültig niederzuwerfen und endlich auch den entscheidenden Umschwung in seinem Verhältnis zu Herzogtum und Reichskirche zu vollziehen.

Da der König die Marken Verona und Aquileia (Istrien und Friaul) seinem Bruder Heinrich von Bayern übertragen hatte, erhob sich gegen ihn eine neue, durch die schwäbisch-bayrische Rivalität und durch den über die zweite Ehe des Vaters in seinen Erbfolgehoffnungen beunruhigten Liudolf bestärkte Opposition. Sie führte zu dem liudolfinischen Aufstand der Jahre 953 bis 955, der letzten großen inneren Krisis des ottonischen Reiches — einem Familienkonflikt also um Heinrichs verstärkten und Adelheids neuen Einfluß, und doch zu mehr —, nämlich zu einer Auseinandersetzung um die Prinzipien von Ottos Reichspolitik einerseits und um die traditionelle Stammespolitik andererseits. Auf Liudolfs Seite traten auch Erzbischof Friedrich von Mainz und Konrad der Rote, der sich im Zusammenhang mit den italienischen Ereignissen 952 vom König hintergangen fühlte. Die Schwaben folgten ihrem Herzog, die Franken Konrad und dem Erzbischof, die Bayern ließen allmählich den als ihren Herzog noch jungen Heinrich im Stich, der auch die Marken Verona und Aquileia an Berengar verlor. Selbst der sächsische Adel stand nicht geschlossen hinter Otto. Während der wenig ergiebigen Feldzüge des Königs griff der Aufstand immer weiter um sich, so daß schließlich die drei wichtigen Herzogtümer verlorengingen. Lothringen jedoch hielt zuverlässig bei Otto aus, da dessen Bruder Brun, früher Kanzler, dann auch Erzkapellan und seit 953 Erzbischof von Köln, das lothringische Herzogtum übernommen hatte und in einmaliger geistlich-weltlicher Machtverbindung und -fülle mit fester Hand regierte. Er war ein bedeutender Politiker und zugleich der eigentliche Träger der karolingische Überlieferungen fortsetzenden Ottonischen Renaissance in Verbindung mit dem kirchlichen Reformgeist um Gorze und Trier.

Die harmonische, zielbewußte Zusammenarbeit der beiden die stärksten Kräfte ihrer Zeit repräsentierenden Brüder überwand schließlich die Staatskrisis, zumal Friedrich sowohl wie Konrad und Liudolf — unter Verlust ihrer Herzogsämter — sich dem König unterwarfen, als 954 die Ungarn wieder in das Reich einfielen und dieses auch von außen her gefährdeten. In Schwaben trat Burchard III. an Liudolfs Stelle; Friedrich von Mainz, der jetzt starb, wurde durch Ottos natürlichen Sohn Wilhelm ersetzt. So zeichnete sich bereits die neue feste Basierung der königlichen Zentralgewalt ab: in der Reichskirche hatte Otto nach den Erfahrungen der letzten Krise den natürlichen Bundesgenossen seiner Reichspolitik gefunden.

Die Ungarn, welche die Verwirrung in Bayern — das Herzogtum gelangte erst Anfang 955 wieder in die Hand Heinrichs, der bald darauf starb, und damit Ottos — zu einem gefährlichen Vorstoß ausgenutzt hatten, wurden am 10. 8. 955 von Otto an der Spitze eines aus Franken, Schwaben, Bayern und Böhmen gebildeten Reichsheeres in einer der bedeutendsten Entscheidungsschlachten des Abendlandes auf dem Lechfeld besiegt; Konrad der Rote fand dabei den Tod. „Eines solchen Sieges", schrieb Widukind in Erinnerung an Karl Martells Erfolg 932 bei Poitiers, „hatte sich kein König seit zweihundert

Jahren erfreut." Und noch lange Zeit blieb bei den Chronisten das Aufatmen der befreiten Völker zu verspüren. Fortan siedelten die Ungarn als ein Agrarvolk in der pannonischen Ebene und wurden schnell der abendländisch-christlichen Kultur gewonnen, während die Bewegung des deutschen Volkstums in die verlorene karolingische Grenzmark Österreich hinein einen neuen Aufschwung nahm.

Ein Wendenfeldzug, der Geros und Hermann Billungs Leistungen festigte und fortführte und mit dem Sieg an der Recknitz im östlichen Mecklenburg endete, schloß die Sicherung der Reichsgrenzen ab, während in Oberitalien Liudolf 957 die Autorität der Krone wiederherstellte und dabei den Tod fand.

Otto selbst begann man seit dem Sieg von 955 als den Großen zu bezeichnen, da er außer seinem Reich auch Frankreich und Italien von der Ungarngefahr befreit hatte und in der gesamten Christenheit als großer Heidenbesieger galt. So konnte er nun mit vollem Recht vor aller Welt den Anspruch auf den höchsten Herrschertitel stellen. Gesandtschaften aus England, Frankreich und Rom fanden sich an seinem Hofe ein; der Kaiser von Byzanz sowie die Waräger in Kiew nahmen Beziehungen zu ihm auf. Soweit reichte Ottos Politik, daß er selbst mit dem Kalifen Abderrahman III. von Cordova 953 gegen Berengar sich verbunden hätte, wäre nicht dieser Plan an dem inneren Gegensatz von Christentum und Islam gescheitert.

Nach dem Sieg über die Ungarn nahm Otto innenpolitisch große Veränderungen vor. Während in Schwaben und Bayern der Stammesadel in den Vordergrund trat, wurde im übrigen Reichsgebiet die Position der Herzöge entscheidend geschwächt oder gar beseitigt. Sachsen und Franken galten als Machtzentrum des Reiches, als „Reichsvolk", und hatten keine Herzöge; in Lothringen wurde nach Bruns Tod im Jahre 965 die Macht geteilt in ein Herzogtum Oberlothringen einerseits und Niederlothringen andererseits, wovon das letztere in seiner Regierungsstruktur einer Markgrafschaft ähnlich und damit Otto selbst besonders eng verbunden war. Überall aber wurde an die Stelle der geschwächten weltlichen Mittelgewalt die hohe Geistlichkeit, die Kirche, gestellt.

In der Kirche entwickelte sich seit der Gründung des Klosters

Cluny im Gau Macon im Jahre 910 von dort aus eine gewaltige Reformbewegung: während im täglichen Leben die verschärfte Regel des Heiligen Benedikt zur Richtschnur genommen wurde, erstrebte man in der Politik die vollständige Unabhängigkeit von jeder weltlichen Oberhoheit und im kirchlichen Bereich die Unterstellung allein unter den Schutz des Papstes. Mit dem päpstlichen Privileg vom Jahre 931, welches Cluny das Recht gab, sich andere Klöster mit dem Ziel der Reform unterzuordnen und sie ständig zu überwachen, wurde die cluniazensische Kongregation und damit die geschlossene Einheit der Reformbewegung begründet. Diese griff über Burgund nach Orléans, von dort in das nördliche Frankreich und nach England, ebenso nach Lothringen und unter mancherlei Abwandlungen langsam auch nach Deutschland über, wo Otto I. sie, die allmählich über die Reformarbeiten von Gorze, das 933, und St. Maximin in Trier, das 934 reformiert wurde, hinwegwuchs, unter sorgfältiger Berücksichtigung der staatlichen Interessen zurückhaltend förderte. Zugleich behauptete er jedoch mit Entschlossenheit seine entscheidende Stellung als einzige Machtquelle im Reich auch gegenüber der Kirche. „Die Interessen und Förderungen, die Otto den Reformklöstern in Lothringen zuteil werden ließ, überstiegen in keiner Weise das Maß dessen, was er für die anderen deutschen oder italienischen Klöster getan hat" (Holzmann). Als nun die Verwaltung im Reich entsprechend den Erfahrungen im letzten Bürgerkrieg, welcher die Unzuverlässigkeit selbst engster Verwandter gezeigt hatte, reformiert werden mußte, trat mit Brun ein Staatsmann größten Formats in den Vordergrund. Er sicherte Lothringen für Deutschland, vernachlässigte aber auch nicht seine geistlichen Pflichten, sondern baute die Stellung des Erzbistums Köln mächtig aus. Nach seinem persönlichen Vorbild, unter Anknüpfung an seine richtungweisenden Leistungen für Otto und das Reich, wurde nun die Vereinigung von geistlichem Amt und weltlichen Herrschaftsbefugnissen zum Wesenszug der ottonischen Reichsverwaltung, da der König, anders als gegenüber dem Adel, bei der Besetzung der Bistümer und Reichsabteien allen Wahlprivilegien zum Trotz seinen Willen fast uneingeschränkt durchsetzen konnte. „Die Ausstattung dieser Prälaten mit Grundbesitz schwoll an;

insonderheit aber die Übertragung von königlichen Hoheitsrechten, wie Zollerhebung, Münzprägung und Marktrecht, erreichte immer größeren Umfang, bedeutsam vor allem deshalb, weil die Bischöfe dadurch an dem gesteigerten Wirtschaftsleben ihrer städtischen Sitze wesentlichen Anteil gewannen" (Hampe). Die Immunitätsprivilegien wurden derart erweitert, daß die Befreiung von der öffentlichen Gerichtsbarkeit auch auf schwere Kriminalfälle ausgedehnt wurde. Zugleich rückte aber auch die Verbindung von kirchlicher Immunität und königlichem Schutz für die Kirche diese in eine enge, fast eigenkirchliche Beziehung zum Königtum, stärkte also damit die Herrschaft des Königs über die Kirche und half die Rechtsgrundlage für das Staatskirchentum schaffen. Der letzte Schritt, die Verleihung auch der Grafschaftsrechte und -pflichten an den Bischof, der Reichsfürst wurde, und damit die Entwicklung von dessen Territorium zum Reichsbistum, zum Fürstentum also, ist häufig erst von Ottos Nachfolgern getan worden. So geriet im Laufe eines Jahrhunderts die Mehrzahl der öffentlichen Gerichtsbezirke in die Hände der Prälaten und wurde dadurch — wichtig für das Reich — der Entfremdung durch Erblichkeit entzogen. Damit war für das deutsche Königtum, das durch das Sakrament der Krönung auch in der kirchlichen Hierarchie über den Bischöfen rangierte, eine neue Machtgrundlage geschaffen, auf der sich selbst bei zunehmender Auflockerung der weltlichen Beamtenschaft zentralistisch regieren ließ. „Denn jene hier gegebenen Rechte und Besitzungen waren für die Krone ja nicht verloren, sondern auch abgesehen von jener Ernennungspraxis, die gestattete, ergebene Anhänger an die Spitze dieser kirchlichen Territorien zu setzen, schuldeten diese dem Reiche in bedeutendem Maße militärische und finanzielle Leistungen" (Hampe).

Daß auch aus dieser Organisation schwere Konflikte erwachsen konnten — indem die Vertreter einer letztlich übernationalen und universalen Institution, der christlichen Kirche, auch zu Trägern einer nationalen Institution erhoben wurden, die mit jener in Konflikt geraten konnte, wie die weltlichen und geistlichen Zielsetzungen divergieren mochten —, daran wurde während der Frühzeit einer vollkommenen Interessengemeinschaft nicht gedacht. Noch war auch bei Otto der universale

Gesichtspunkt weit stärker als das erst allmählich sich entwickelnde nationale Empfinden. Immerhin, die künftige, überaus ernste Problematik kündigte sich bereits im Anfang an: wenn Otto durch die immer engere Verbindung mit der hohen Geistlichkeit zu dem Wunsch geführt wurde, auch die oberste Spitze der Kirche ihm unheilvoll erscheinenden italienischen Einflüssen zu entziehen, so rivalisierten hier bereits weltliche Mächte um die Verbindung zur und schließlich um die Beherrschung der höchsten geistlichen Macht. Otto freilich sah nur, daß er nach der Kaiserwürde streben und durch diese Staat und Kirche noch enger miteinander verknüpfen mußte.

Mitten in diesem politisch begründeten und auch auf die Förderung der großen Politik hinzielenden Prozeß des Verwaltungsumbaues baten Ende 960 Alberichs Sohn, Papst Johann XII., und norditalienische Große Otto um Hilfe gegen die Könige Berengar und Adalbert. Nach der Wahl und Krönung des Königssohnes Otto (II.) zum König im Mai 961 und nach Vorbereitungen, die bis zum August 961 dauerten, zogen Otto und Adelheid mit einem großen Heer über den Brenner, über Trient nach Pavia, das erobert wurde, schließlich nach Rom, wo das Paar am 2. 2. 962 von Papst, Klerus und Volk eingeholt und in der Peterskirche vom Papst zum Kaiser und zur Kaiserin gekrönt wurde. Am 12. 2. gab der Papst seine Zustimmung zur Errichtung eines Erzbistums in Magdeburg und verpflichtete die deutschen Erzbischöfe auf diesen Plan. Magdeburg wurde zum Zentrum der Ostmission und mußte naturgemäß nach dem Tode des energisch widerstrebenden Erzbischofs Wilhelm von Mainz, eines Sohnes König Ottos, und des gleichfalls um seine Stellung fürchtenden Bischofs Bernhard von Hildesheim im Jahre 968 eine um so größere Bedeutung erhalten, je energischer sich Otto nach dem Erfolg über die Ungarn dem Abwehrkampf gegen die Slawen in Mecklenburg und dem Vorstoß bis an die Oder zuwandte, hinter der sich der polnische Staat zu bilden begann. Am 13. 2. bestätigte Otto der römischen Kurie im sogenannten Ottonianum Umfang und Rechte des Kirchenstaates; er ließ sich andererseits das Recht bestätigen, von dem durch Klerus und Volk gewählten Papst vor der Weihe ein Treueversprechen zu erhalten. Zwar bedeutete der Krönungsakt, der keine Verleihung war, nur die offizielle Anerkennung eines der Sache nach längst bestehenden Zustandes. Aber die Nachwelt hat immer wieder „bei diesem großen Wendepunkt unserer Geschichte betrachtend halt gemacht. Denn hier beginnt ja jene *deutsche* Kaiserzeit, die den einen als eine erste Blütezeit deutscher Macht und deutscher Kultur, den anderen als der Beginn unseres nationalen Unheils erscheint“ (Joachimsen). Die Oberhoheit über das gesamte Reich Karls d.Gr. war freilich nicht Ottos Ziel. Er hielt Lothringen fest, begründete wohl eine Lehnshoheit über das burgundische Reich und beanspruchte die Herrschaft über Italien. Das Westreich aber ließ er trotz zeitweise starken Einflusses frei. Das Kaisertum Ottos d.Gr. bildete den höchsten Rang unter den christlichen Königen. Der Kaiser war eines der beiden Häupter der Christenheit, womit die kaiserliche Gewalt also ein mit nur staatsrechtlichen Kategorien nicht faßbares Amt wesentlich kirchlichen Charakters war. Infolgedessen haben die deutschen Kaiser nie versucht, auf der Basis dieses Führungsamtes eine politische Universalherrschaft über die abendländischen Königreiche aufzurichten. Zwar lebten die „Ideen vom dominium mundi, von der Nachfolge der römischen Imperatoren, von der heilsgeschichtlichen Bedeutung des letzten der vier Weltreiche, des römischen, in der ottonischen Literatur auf, aber ihre Wirksamkeit in der geschichtlichen Realität darf nicht überschätzt werden“ (Tellenbach).

Während Otto nun im Norden Italiens vergeblich versuchte, Berengars Macht völlig zu vernichten, sammelte der Papst Kräfte gegen Otto, der Ende 963 erneut in Rom erscheinen mußte. Dort ließ er auf einer Synode in der Peterskirche den geflüchteten Papst, dem viele Verbrechen vorgeworfen wurden, absetzen und einen Laien (Leo VIII.) zum Papst erheben. Wenig später ergab sich auch Berengar. Aber erst nach vielen weiteren Wirren, in deren Verlauf Johann XII. zurückkehrte und die Römer noch einmal einen Papst wählten, Otto aber an Leo VIII. festhielt, konnte der Kaiser im Juli 964 endgültig nach Norden ziehen. Anfang Juni 965 hielt er in Köln eine Reichsversammlung ab, einen „der großen, glanzvollen Friedenstage der deutschen Kaiserzeit“ (Ernst).

Aber inzwischen war nach dem Tode Leos VIII. im März 965,

der Wahl Johanns XIII. und dessen Gefangennahme und Flucht zu Otto in Verbindung mit einem römischen Aufstand der dritte und längste Romzug Ottos nötig geworden. Vom Spätsommer 966 ab befand der Kaiser sich sechs Jahre lang außerhalb Deutschlands, wo Wilhelm von Mainz inzwischen die Verwaltung des Reiches und Hermann Billung die von Sachsen führten. Auch bei Italiens Neuordnung stützte sich Otto überwiegend auf die Bischöfe, zog aber ebenso einige weltliche Große enger an die Krone heran. Von Rom aus mehrfach bis tief in den Süden und wieder nach Norden ziehend, wo 967 in Ravenna eine Synode abgehalten und die Schaffung der Metropole Magdeburg abgeschlossen wurde, ordnete Otto in mühevoller Arbeit die italienischen Verhältnisse. „Für Deutschland aber läßt sich hier . . . die Frage aufwerfen, ob diese ganze Wiederaufnahme der karolingischen Universalpolitik, die nun eine fast zehnjährige Abwesenheit des Kaisers vom heimatlichen Boden mit sich gebracht hatte, den Reichswagen nicht auf ein falsches Geleise geschoben habe, das ihn von dem engeren Kreise der nationalen Interessen ablenkte. An einem von modernen Vorstellungen erfüllten Wunschbilde darf indes eine Epoche, die ganz unter dem Einfluß übernationaler Ideale: christlicher Gemeinschaftsziele und römisch-karolingischer Überlieferungen stand, nicht gemessen werden. Für Otto lagen Steigerung der Kronrechte, Erhebung über den Sondergeist der Stämme, Ausweitung zur mitteleuropäischen Vormacht und Aufstieg zur christlich-universalen Weltstellung des Kaisertums auf ein und derselben Linie. Sein ‚römisches Kaisertum deutscher Nation‘, wie es in mißverstandener Anwendung einer erst im 15. Jahrhundert für das deutsche Teilgebiet gebrauchten, aber gleichwohl für das widerspruchsvolle Ganze nicht übel anwendbaren Formel genannt worden ist, erreichte das karolingische Vorbild weder an äußerem Umfang noch in der Weite der inneren Befugnisse. Aber es hat sich durch ein Jahrhundert hindurch für die deutschen Bedürfnisse wie für große abendländische Aufgaben als starke Grundlage über einige Schwankungen hinweg gut bewährt“ (Hampe).

Während Otto sich in Italien aufhielt, hatten die Beziehungen zu Byzanz für ihn stärkeres Gewicht erhalten. Nachdem 967 eine Gesandtschaft des oströmischen Kaisers Nikephoros II. Phokas mit Geschenken und dem Projekt eines Freundschaftsvertrages in bezug auf Süditalien und die Araberpolitik in Ravenna erschienen war, sandte Otto im folgenden Jahre — sein Sohn war zu Weihnachten 967 in Rom vom Papst zum Kaiser Otto II. gekrönt worden — Bischof Liudprand von Cremona nach Konstantinopel, um dort eine Kaisertochter als Braut für diesen Sohn und Süditalien als Mitgift zu gewinnen. Liudprand, der über seine Fahrt einen sehr lebendigen Bericht schrieb, erreichte nach manchen Kränkungen sein Ziel erst auf einer zweiten Reise, nachdem Nikephoros ermordet worden und Ende 969 Johannes Tzimiskes gefolgt war: im April 972 konnte Otto II. Theophanu, eine Nichte des neuen Kaisers, in Rom heiraten und durch den Papst zur Kaiserin krönen lassen.

Im August 972 kehrte Otto der Große, wie er nun vielfach, auch von der italienischen und von der deutschen Kanzlei genannt wurde, in das inzwischen ruhig gebliebene Deutschland zurück. Zu Ostern 973 hielt er in Quedlinburg, umgeben von vielen ausländischen Gesandten, seinen letzten großen Hoftag ab. Dann zog er zu seiner heimatlichen Pfalz und Kirche Memleben an der Unstrut. Am 7. 5. 973, am Tage nach seiner Ankunft, wurde er dort, am Todesort seines Vaters, 60jährig vom Schlaganfall dahingerafft. Seinem Wunsch gemäß wurde er im Dom zu Magdeburg an der Seite seiner ersten Gemahlin beigesetzt.

Neben dem großen politischen Werk Kaiser Ottos I. muß die nicht weniger bedeutungsvolle kulturelle Entwicklung während seiner Regierungszeit hervorgehoben werden. Die Einheit und Geschlossenheit beider Leistungen verschaffte Deutschland die Führung in Europa, mochte das Reich auch, mit Ausnahme seiner rheinischen Gebiete, wirtschaftlich und zivilisatorisch hinter den Ländern antiker Kulturüberlieferung zurückstehen. Die literarische Bildung war praktisch auf den Klerus beschränkt, der neben der lateinischen auch die heimische Sprache und Literatur pflegte: das Walthariuslied, bald nach Ottos Tod entstanden, stammte aus St. Gallen; ebendort lebte gegen Ottos Ende bereits Notker Labeo, den man wegen seiner Übersetzungen biblischer, philosophischer und anderer Schriften in die heimische Prosa „den Deutschen" nannte. Den historiographischen Höhepunkt bildete die Sachsengeschichte des Widukind von Corvey. Hroswitha von Gandersheim, deren Äbtissin eine Nichte Ottos war, schrieb eine poetisch-legendarische Biographie Ottos bis zur Kaiserkrönung und sechs Dramen. Spricht man von einer ottonischen Renaissance wie von der karolingischen, so bedeutet das, daß Otto wie Karl antike Elemente nach Deutschland überführen ließ — ideelle, aber auch materielle: hatte Karl Paulus Diaconus an seinen Hof gezogen und antike Säulen beim Aachener Dombau verwendet, so folgte ihm Otto auf diesem Wege, indem er den Bischof Liudprand von Cremona gewann und antike Säulen in den Magdeburger Dom, jenes christlich-politische Expansionssymbol an der Ostgrenze, einsetzte. Im übrigen aber ist die Bezeichnung insofern irreführend, als es sich weniger um ein echtes eigenes Wiederaufgreifen antiker Traditionen als um die Fortführung der nahe gelegenen, deutlicher sichtbaren karolingischen Kulturüberlieferungen — also linksrheinischer und nicht italienischer Leistungen — handelte. Der Zustrom aus dem Westen erreichte auf seinem Wege bald Kolonialboden, der zu äußersten Leistungen anspornte und zugleich manches Westeuropäische mitteleuropäisch um- und einschmolz: der Magdeburger Dom wie der Geist jener Kirche waren mehr und anderes als nur Nachahmungen. Auch in den entscheidenden Persönlichkeiten zeichneten sich die Kulturströmungen deutlich und vielfarbig ab: im weitgereisten, dem Geistigen aufgeschlossenen Herrscher, in seiner sächsischen Mutter Mathilde, seiner burgundischen Gemahlin Adelheid und seiner byzantinischen Schwiegertochter Theophanu. Über den Hof fand auch das Byzantinische Eingang nach Deutschland. Für die zweite Hälfte des 10. Jahrhunderts hat man „geradezu von einem byzantinischen Zeitalter in bezug auf die kulturelle Vormachtstellung gesprochen und Byzanz das Versailles des Mittelalters" genannt (Schramm).

Wie in der Literatur, läßt sich die Fortwirkung des Karolingischen auch bei den bildenden Künsten verfolgen. „Die erste Frucht aus Karls des Großen Staat ist das Ottonische. Es ist das erste künstlerische Zeugnis einer nunmehr verwirklichten rein deutschen Volkseinheit. Es bedeutet zugleich die unbedingt größte Kunst, die jene ganze Zeit ringsum gesehen hat ... Sie muß nicht nur eine sächsische, sondern eine deutsche Kunst genannt werden. Ihre Baukunst und ihre Plastik ist freilich am größten im sächsischen Gebiete und dort wieder an der Gefahrenzone ... Die größten Leistungen der Malerei des Zeitalters um 1000 aber liegen im klösterlich sicheren Schutz des Südwestens, vor allem bei der Schule der Reichenau. Vielleicht deutet sich hier schon etwas von dem an, was in und seit dem 18. Jahrhundert so stark wieder beobachtet werden kann. Im Süden und im Westen bauten und schmückten weltliche und geistliche Fürsten das Land, im Norden und im Osten wurden die Waffen des kommenden einigen Staates geschmiedet" (Pinder). In der Tat, im Gebiet des Harzgebirges lagen die architektonisch großartig gestalteten Grenzfestungen Quedlinburg, Merseburg und Goslar — nahe dabei Meißen, Magdeburg, Zeitz und Naumburg. „Hier nahm die Kirche selbst etwas vom Ausdruck einer Festung an, und in blassen ersten Umrissen erschienen schon Vorahnungen jener kriegerisch-geistlichen Bauschöpfungen, die einst das Nordostland auszeichnen sollten" (Pinder). Hier aber wurde naturgemäß auch die Umformung der karolingischen Grundlage und Überlieferung durch die sächsische Komponente am stärksten: Sachsen trat als neue Kunstlandschaft von der Literatur bis zur großen Architektur in Erscheinung, und bis nach Worms, Augsburg und Bamberg sind die großen Dome von sächsischen Fürsten gebaut worden.

VOM FRÄNKISCH-SÄCHSISCHEN REICH ZUM IMPERIUM

Siebzehnjährig übernahm Otto II. die Regierung; achtundzwanzigjährig starb er. Als Herrscher mußte er von vornherein im Schatten seines großen Vaters stehen und fand in einem Jahrzehnt Regierungszeit um so weniger Gelegenheit zu großen Taten, als er — wenn man ihn mit einer Fürstenpersönlichkeit in ähnlicher Lage vergleichen will — anders als etwa Kaiser Joseph II. in dessen Jahrzehnt der Alleinherrschaft, nicht auf tiefgreifende Reformen ausgehen konnte. Es kam hinzu, daß Ottos Mutter Adelheid und sein Vetter Heinrich II. von Bayern starken Einfluß behaupteten. Erst allmählich verdrängte Theophanu ihre Schwiegermutter auch bei politischen Entscheidungen.

In Lothringen mußte Otto 974 und 976 Versuche zurückschlagen, die auf die Loslösung des Herzogtums vom Reich abzielten. Auch in Bayern zeigten sich unter Herzog Heinrich Bestrebungen, die Abhängigkeit von der kaiserlichen Zentrale zu lockern. Heinrich ging so weit, sich mit König Boleslaw II. von Böhmen und mit Miseko von Polen zu verbünden. Aber so stark war das Ansehen der Ottonen, daß der Kaiser die Häupter der bayrischen Erhebung vor ein Gericht laden und Heinrich im Sommer 974 verhaften lassen konnte.

Im Norden bedrängten die Dänen unter Harald Blauzahn im Bündnis mit Norwegen unter Hakon die deutschen Grenzgebiete, bis ihnen 974 das Danewerk entrissen werden konnte und Otto in der Nähe von Schleswig eine beherrschende Burg anlegte.

Ein Jahr später konnte der Kaiser sich gegen Boleslaw von Böhmen wenden. Aber wirkliche Ruhe vermochte er nicht herzustellen. Zwar ließ er 976 den Sachsen Thietmar vom Mainzer Erzbischof zum Bischof des jüngst gegründeten Bistums Prag weihen; aber dieser konnte von seiner Diözese nicht Besitz ergreifen. Als schließlich der in Ingelheim inhaftierte Heinrich 976 zu entkommen vermochte, brach in Bayern unter seiner Führung ein neuer Aufstand aus. Otto belagerte den Rebellen im Sommer 976 in Regensburg und nahm die Stadt ein, aber Heinrich entkam nach Böhmen; sein Herzogtum wurde an Otto von Schwaben gegeben. Als Otto II. anschließend ohne Erfolg erneut gegen Böhmen zog, kam es 977 zur Erhebung der drei Heinriche: Heinrichs von Bayern, Heinrichs von Kärnten (eines im Vorjahre bei der Abtrennung dieses Gebietes von Bayern zum Herzog erhobenen bayrischen Liutpoldingers) und Bischof Heinrichs von Augsburg — sie alle Mitglieder der Familie des Herzogs Arnulf. Der bayrische Stamm wurde dabei von Ehrgeiz und Loyalität gespalten: „Zum ersten Male führten Bayern die Waffen gegen Bayern" (Riezler). Der Aufstand gefährdete die Herrschaft des deutschen Kaisers über den Südosten von Schwaben bis Kärnten, während er in Böhmen kämpfte, bis Boleslaw ihn durch sein Unterwerfungsversprechen zum Abzug bewog. Schließlich gelang es Otto nach der Einnahme von Passau, die drei Heinriche vor ein von ihm geleitetes Fürstengericht zu ziehen, das sie gefangen setzte: Kärnten wurde Konrads des Roten Sohn Otto übertragen, so daß nun die beiden Vettern Otto, Enkel Ottos d. Gr., den Süden des Reiches verwalteten. Da inzwischen auch Herzog Boleslaw II. von Böhmen sich wirklich unterworfen und dem Kaiser gehuldigt hatte, war die „bayrische" Partei, mit der Adelheid verbunden gewesen war, abgewiesen, der Süden und Südosten des Reiches wieder in sicherer Hand und der bisherige Kanzler Willigis, seit 975 Erzbischof von Mainz, jetzt der maßgebende Mann der Reichsregierung.

Im Westen wurde Otto II. im Juni 978 von den Franzosen unter König Lothar in Aachen überfallen und konnte nur im letzten Augenblick nach Köln flüchten, während seine Gegner plündernd gegen Metz zogen. Schon einen Monat später wurde von einer Reichsversammlung in Dortmund ein Zug gegen Frankreich beschlossen. Otto zog mit einem großen Heer über Reims, Soissons und Compiègne zwar bis gegen Paris, konnte es aber infolge des geschlossenen Widerstandes und der vorgerückten Jahreszeit ebensowenig zu einem vollen Erfolg bringen wie seinerzeit Lothars Überfall. Im Mai 980 versöhnten sich beide Herrscher unter Wiederherstellung der alten Verhältnisse in Lothringen.

Noch im Oktober des gleichen Jahres brach der Kaiser in Begleitung der Kaiserin und des erst im Sommer geborenen Thronerben Otto zu einem Italienzug auf. In Pavia versöhnte er sich im Dezember mit seiner Mutter Adelheid; Ostern 981 war er in Rom, wo Papst Benedikt VII. im Herbst in Anwesenheit des Kaisers eine Synode durchführte. Da sich die Sarazenen seit 976 von dem durch sie beherrschten Sizilien aus in byzantinischen Gebieten Süditaliens festgesetzt hatten, griff nun Otto aus dem Empfinden italienischer und europäisch-christlicher Verpflichtung in die dort entstandenen Wirren ein; er behauptete Apulien, eroberte Tarent und bereitete sich nach Verstärkung seines Heeres aus Deutschland zum Angriff gegen die Sarazenen vor. Mitte Juli 982 kam es bei Kap Colonne zur Schlacht, die mit Ottos vollständiger Niederlage endete.

Da der Kaiser im Kampf gegen die Sarazenen eben fast den Tod gefunden hätte, wurde auf dem Reichstag zu Verona Pfingsten 983 unter gleichberechtigter Mitwirkung der Italiener, deren Zugehörigkeit zum Reich auf diese Art unterstrichen wurde, der dreijährige Otto zum König gewählt. Das Herzogtum Schwaben übertrug Otto dem Konradiner Konrad, Bayern dem einst in Kärnten abgesetzten Heinrich. Während so auf einem in Italien durchgeführten Reichstag deutsche Probleme geordnet wurden, erlebte Norddeutschland schwere Erschütterungen. Von Norden stürmten — nicht sehr erfolgreich — die Dänen, von Osten die Slawen gegen die Reichsgrenzen vor. Hamburg wurde zerstört, Havelberg und Brandenburg gingen verloren: innerhalb weniger Tage war hier das Werk Ottos I. bis in die Altmark hinein zum großen Teil vernichtet und sogar Magdeburg in Gefahr. Erst mehr als ein Jahrhundert später konnte die Rückeroberung begonnen werden. Kurz nachdem Otto die Nachricht von diesen Einbußen erhalten hatte, erlag er in Rom am 7. 12. 983 einer Radikalkur gegen die Malaria. Als einziger deutscher Kaiser ist er in Rom, in der Vorhalle von St. Peter, beigesetzt worden. Seine Absicht, Deutschland und seine gesamten italienischen Herrschaftsgebiete eng miteinander zu verbinden — seit 982 hatte er selbst sich mehrfach als Romanorum imperator augustus bezeichnet, und Italien stieg unter ihm von der Stellung eines von Deutschland aus beherrschten Nebenlandes zu einer Art Gleichberechtigung empor —, hatte er in den wenigen Jahren seiner Regierung nicht durchführen können. Hier lag eines der größten Probleme für seinen Sohn und Nachfolger.

Daß der in Verona gewählte Otto III. noch auf Veranlassung seines Vaters in der Karlskapelle zu Aachen von den beiden höchsten Geistlichen der Königreiche Deutschland und Italien, den Erzbischöfen von Mainz und Ravenna, gekrönt und geweiht wurde, unterstrich noch einmal den Gedanken der italienisch-deutschen Einheit. Wichtiger aber war im Augenblick die Auseinandersetzung um die Regierung an Stelle des dreieinhalbjährigen Kaisers. Rechtlich nicht geregelt, geriet die Frage der Vormundschaft-Regentschaft unter den Einfluß privater und persönlicher Faktoren. Heinrich der Zänker, der von Otto II. abgesetzte Herzog von Bayern, der aus der Haft in Utrecht entlassen worden war, versuchte, über eine Vormundschaft die Macht an sich zu reißen, ließ sich vom Kölner Erzbischof den jungen König übergeben, versammelte am Palmsonntag 984 die sächsischen Großen in Magdeburg und erreichte, daß ihn am Ostersonntag seine zahlreichen Anhänger zum König wählten und die wichtigsten slawischen Fürsten ihm huldigten.

Dieser Versuch, Otto um sein Herrscherrecht zu bringen, führte zur Einigung von dessen Partei unter Willigis von Mainz und Herzog Bernhard von Sachsen, während Theophanu und Adelheid sich noch in Italien aufhielten. Schließlich verpflichtete sich Heinrich nach vielem Hin und Her und manchen Kämpfen, auf einem einzuberufenden Reichstag den König seiner Mutter, die in Pavia war, und den Fürsten auszuhändigen. Neue Kämpfe des seine Zusage brechenden Heinrich mit Waffenhilfe Boleslaws von Böhmen, der Meißen einnahm, führten zu weiteren Verhandlungen: schließlich übergab der Aufständische am 29. 5. 984 auf dem Reichstage zu Rara (Rohr bei Meiningen?) den König an dessen Mutter und Großmutter. Als eine zweite Versammlung im Oktober in Bürstadt für Heinrich nicht mit der Rückgabe Bayerns an ihn endete, lebten die

Kämpfe wieder auf, wobei auch König Lothar von Frankreich, der auf die Rückgewinnung Lothringens hoffte, eine im einzelnen nicht ganz durchsichtige Rolle spielte und zeitweise sogar als Vormund für Otto III. vorgesehen war. Im Sommer des folgenden Jahres unterwarf Heinrich sich endgültig und erhielt Bayern zurück, während der interimistische Inhaber des Landes, der Liutpoldinger Heinrich, wieder nach Kärnten zurückkehrte; der dort inzwischen eingesetzte Otto wurde am Oberrhein entschädigt.

Erst im Herbst 984, mehr als neun Monate nach Ottos II. Tod, gab es wieder einen königlichen Hof und eine geordnete Regierung mit der vom Erzkanzler Willigis von Mainz und Kanzler Hildibald von Worms beratenen Theophanu als Mittelpunkt, während Adelheid seit Anfang 985 ganz in den Hintergrund trat und verbittert nach Italien zog. Theophanus erste Regierungsjahre standen im Zeichen der Kriegszüge nach Osten: Meißen wurde 985 zurückerobert, Miseko von Polen zur Parteinahme gegen Liutizen und Böhmen veranlaßt, die sächsische Nordmark und die Mark Meißen 985 neu besetzt. Erst nach der Festigung dieser Verhältnisse im Osten konnte Theophanu sich vom Sommer 988 ab wieder Italien zuwenden, in dessen nördlichem Teil inzwischen Adelheid ihr eigenes Regiment aufgebaut hatte. Während Willigis und Hildibald in Deutschland regierten, zog Theophanu im Herbst 989 nach Italien und bemühte sich, die vielfältig verworrenen Verhältnisse dort wenigstens soweit zu beherrschen, daß ihr Sohn später wieder eine kaiserliche Politik aufnehmen und die abendländische Hegemoniestellung mit neuem Glanz erfüllen könnte. Bereits im Frühjahr 990 kehrte sie nach Deutschland zurück; am 15. 6. 991 starb sie, etwa 35 Jahre alt, in Nymwegen. „Die griechische Prinzessin war auf dem westlichen Kaiserthron eine große Herrscherin geworden" (Ernst).

Die Vormundschaft über den noch immer unmündigen Otto III. übernahm nun seine Großmutter Adelheid. Sie mußte das Reich gegen die seit 955 zum ersten Male wieder vorstoßenden Ungarn mit Hilfe Heinrichs von Bayern und gegen die nach Friesland und Sachsen einbrechenden Wikinger verteidigen, während in Rom die Unordnung immer weiter um sich griff.

Stärker als wohl Theophanu religiösen Zielen zugewandt, ließ sich die über 60 Jahre alte Großmutter des Königs von Erzkanzler und Kanzler mehr beraten, als von vornherein anzunehmen gewesen war. Aber auch diese vermochten weitere Rückschläge im Osten und Norden nicht zu verhindern: Polen betonte seine Selbständigkeit gegenüber dem Reich, und Brandenburg konnte nach schweren, verlustreichen Kämpfen 993 nur für kurze Zeit zurückerobert werden; immer wieder fielen die Normannen-Wikinger in die nördlichen Gebiete ein; nur allmählich ließen sie sich auf das sinkende Reich der Angelsachsen ablenken. Gleichzeitig verselbständigte sich die Entwicklung in Frankreich und entfernte sich immer deutlicher vom Reich, das also von vielen Seiten gefährdet und in allen Grenzpositionen geschwächt war, als Otto III. auf dem Reichstag zu Solingen im September 994 für mündig erklärt wurde.

„Der begabte, für alle großen Eindrücke überaus empfängliche, phantasievolle Knabe war fein und reich ausgebildet, namentlich von dem für Kunst und Wissenschaft begeisterten Bernward, der dann Bischof von Hildesheim wurde, stark beeindruckt; durch die ihm geläufige griechische Sprache seiner Mutter hatte er nahezu vor allen abendländischen Gelehrten seiner Zeit etwas voraus. Das frühe scheinbare Handeln inmitten des Königshofes war dagegen wenig geeignet, um das nötige Augenmaß für die Wirklichkeit der Dinge, für das Erreichbare, Nützliche und Nötige zu gewinnen. Begreiflich, daß dieser hochstrebende Jüngling, der von Kaiserinnen in der imperialen Überlieferung seiner Ahnen erzogen war und sich damals gerade um eine ebenbürtige Prinzessin aus Byzanz bewarb, sich möglichst bald mit der Kaiserkrone zu schmücken trachtete“ (Hampe).

Bereits Anfang 996 zog Otto nach Italien. In Rom ließ er unter Übergehung des kurialen Wahlrechtes einen Verwandten, den Kapellan Bruno (von Kärnten), einen Sohn Herzog Ottos von Kärnten und Urenkel Ottos d. Gr., als Gregor V. zum Nachfolger Papst Johanns XV. und ersten deutschen Papst wählen und sich von diesem am Himmelfahrtstag 996 zum Romanorum imperator augustus krönen. Spätestens seit diesem eindrucksvollen Akt war der Herrscher von der Erhabenheit und Weltgeltung seines Kaisertums als eines religiösen Amtes aufs tiefste überzeugt. Dabei verbanden sich in ihm, der am liebsten ganz in Rom residiert hätte, unter dem Einfluß schwärmerischer Religiosität und weitesten weltlichen Machtstrebens, gesteigerte Karlsverehrung und überhöhte Auffassung von der theokratischen Amtsgewalt des Königs zu einem an der Antike geformten Bild von der Herrlichkeit eines „Kaisers des römischen Erdkreises", wie er sich selbst bezeichnete. Zwar kehrte er unmittelbar nach der Krönung wieder nach Deutschland zurück; da aber alsbald neue Wirren in Rom ausbrachen, die zu Gregors Flucht nach Pavia und zur Wahl des Leiters seiner eben von Byzanz zurückgekehrten Gesandtschaft zum Papst führten, mußte der Kaiser bereits Ende 997 zu seinem zweiten Romzug aufbrechen und Deutschland in schwierigsten Verhältnissen zurücklassen. Denn während noch an der Elbgrenze Verteidigungskämpfe gegen die Slawen im Gange waren, Böhmen mit dem Bistum Prag unter dem seit 983 amtierenden, politischen und kirchlichen Konflikten mehrfach durch lange Klosteraufenthalte ausweichenden Adalbert nicht behauptet werden konnte, wurde in Bayern nach Heinrichs des Zänkers Tod 995 dessen Sohn (der spätere König) als Heinrich III. zum Herzog gewählt.

Um die Zeit des Aufbruchs zum zweiten Italienzug begann 997 recht eigentlich Ottos III. persönliches Regiment, in dem nun, während Willigis von Mainz in den Hintergrund trat, Gerbert von Reims und Heribert als Kanzler für Italien die ersten Beraterstellen einnahmen, Ottos Tante Mathilde aber, die Äbtissin von Quedlinburg, als Matricia seine Vertretung übernahm. Im Februar 998 traf Otto in Rom ein und hielt ein Strafgericht ab, bei dem der Gegenpapst verstümmelt und abgesetzt und die Verwaltung der Stadt reformiert wurde. Jetzt begann Otto seine eigenen Ideen von Herrschaft und Kaisertum zu verwirklichen, wobei erstmals auch alte Privilegien des Papstes angetastet, z. B. die des Ottonianum nicht erneuert wurden. In Erfüllung seiner Regierungsaufgaben zog der Kaiser in Italien umher und stellte 998 Ruhe, Ordnung und korrekte Besitzverhältnisse wieder her; dann wandte er sich zugleich als Herrscher und Pilger nach dem Süden, um dort die seit 982 geschwächte kaiserliche Macht wieder aufzurichten. Doch bevor er diese Aufgabe noch recht in Angriff nehmen konnte, zwangen ihn der Tod des Papstes in Rom und Mathildens in Deutschland zur Umkehr. Auf seinen Wunsch wurde in Rom Gerbert von Reims als Silvester II. zum Papst gewählt. Sein Einfluß trug entscheidend dazu bei, daß Otto sich in den letzten Jahren seiner Regierung immer stärker von den Aufgaben des deutschen Königs ab- und der Idee der renovatio imperii, der von der Antike her motivierten und Rom in den Mittelpunkt stellenden „Erneuerung des Reiches" zuwandte. Inzwischen war 998 Hildibald von Worms, der Kanzler für Deutschland, gestorben und seine Stellung von Heribert, dem Kanzler von Italien, vertretungsweise mit wahrgenommen worden. Erst Ende 999 brach der Kaiser, nachdem er vergeblich versucht hatte, in Süditalien dauerhafte Ordnung zu schaffen, von Ravenna nach Deutschland auf. Die ersten Monate des Jahres 1000, das als Zeit der Jahrtausendwende für viele Menschen mit Weltuntergangsstimmung und religiöser Erschütterung erfüllt war, verbrachte er in Regensburg; von da zog er über Zeitz nach Meißen und zur polnischen Grenze in der Nähe von Sprottau, weiter in der Gesellschaft von Herzog Boleslaw nach Gnesen und dort in tiefstem Gebet zum Grabe Adalberts, der seit Jahren starken Einfluß auf Ottos religiös-herrscherliche Entwicklung gehabt hatte und Ende 997 bei der Heidenmission im Samland den Märtyrertod gestorben war. Nun verbanden sich in der Wallfahrt also Persönlichstes, Religiöses und ein politisches Programm, das auf die Erschließung des gesamten nichtbyzantinischen Ostens für die römische Kirche abzielte. Im Rahmen dieses zugleich religiösen und karolingisch-ottonischen Machtanspruchs und christlichen Verantwortungsdenkens wurde nun auch gelegentlich der Wallfahrt ohne Rücksicht auf Magdeburgs ältere Arbeiten und Pläne ein Erzbistum Gnesen mit den drei Suffraganbistümern Kolberg, Breslau und Krakau gegründet. Von Gnesen zog Otto nach Aachen und bezeigte seine Verehrung für Karl d. Gr.: „Da er im Zweifel war, wo die Gebeine Kaiser Karls ruhten, ließ er dort, wo er sie vermutete, heimlich den Fußboden aufbrechen und nachgraben, bis jene auf einem königlichen Thronsitz gefunden wurden. Er nahm das goldene Kreuz, das dem Leichnam am Halse hing, mit einem Teil der noch unversehrten Kleider und legte das übrige mit großer Ehrfurcht zurück", schrieb Thietmar, der 1009 Bischof von Merseburg wurde, wenige Jahre später im vierten seiner acht Bücher umfassenden Chronik.

Im Mai 1000 begann Ottos letzter Zug nach Italien, wo der Süden im vollen Abfall begriffen war und in Rom der kaiserfeindliche Adel den Papst bedrohte — und das, während in Deutschland Willigis und Bernward von Hildesheim im Streit um Gandersheim lagen. Eine Synode, die im Januar 1001 in Rom stattfand, suchte alle diese Probleme zu lösen. Das Vorgehen des Kaisers zielte deutlich darauf ab, alte päpstliche Privilegien zu beschneiden und schlecht begründete Ansprüche, insbesondere die in bezug auf die sogenannte „Konstantinische Schenkung", als unberechtigt zurückzuweisen. Schließlich dehnte sich ein in Tivoli begonnener Aufstand auf Rom aus; Otto, der zeitweise auf dem Aventin belagert wurde, konnte nur mit Mühe befreit werden und mußte die Stadt räumen. Während aus Deutschland, wo im Anschluß an den Gandersheimer Streit eine den Nachschub für Italien behindernde, vermutlich von Willigis gelenkte Erhebung ausgebrochen war, Verstärkungen herangeführt wurden, hielt der Kaiser sich in Ravenna auf. Betend und büßend verband er immer unrealistischer weltferne Frömmigkeit mit Weltherrschaftsideen, die an Karl d. Gr. und die bedeutendsten Herrscher der Antike anknüpften. Nach einem vergeblichen Angriff auf Rom zog er 1001 im Lande umher, erkrankte und starb am 23. 1. 1002 auf der bei Rom gelegenen Burg Paterno — kurze Zeit vor der Ankunft der für ihn ausersehenen byzantinischen Braut. Während des Kaisers Leichnam über die Alpen nach Aachen geführt wurde, brachen auch in Oberitalien Unruhen aus, die in der Erhebung Arduins von Ivrea zum König von Italien gipfelten.

„Die Einflüsse, die die Auffassung des bei der Übernahme der selbständigen Herrschaft kaum 15jährigen und bei seinem Tode im 22. Lebensjahr stehenden Otto III. von seinem König- und Kaisertum geformt haben, sind noch nicht völlig klargelegt. Das Bestreben, Deutschland und Italien stärker zu verschmelzen, läßt sich schon bei Otto II. aus seinen Taten erschließen. Was bei Otto III. eher verwirrt, ist die starke Durchdringung sogar der Urkunden mit ganz persönlichen und dabei unterschiedlichen, von der Tradition abweichenden Formulierungen; dazu kommt die Spiegelung in den Briefen Gerberts und in Geschichtschreibung und Dichtung" (Ernst). Aber deutlich tritt für uns der Zusammenhang von „Kaiser, Rom und Renovatio" (Schramm), also der Kaiser- und der römischen Erneuerungsidee, in Erscheinung. Des Kaisers „Schwanken zwischen weltlichem Herrscher- und Lebenswillen und asketischer Weltflucht" (Schreiber) im Rahmen allgemeiner „Frömmigkeitswellen" um das Jahr 1000 zeigt die Spannweite der Herrscheraufgaben, wie der frühreife Kaiser diese von Aachen aus nach Rom und Süditalien einerseits, nach Gnesen, Polen und Ungarn andererseits strebend, als imperator und zugleich als servus Jesu Christi in einem „ecclesiastischen Imperium" verstand (Ernst). Auf die Nachwelt hat der jünglingshafte, zugleich imperatorisch und mönchisch sich gebende Herrscher sehr bald einen zu vielerlei Spekulationen und Visionen herausfordernden Reiz ausgeübt. Schon 1025 hat man ihn als „Wunder der Welt" bezeichnet.

DIE NEUBEFESTIGUNG DES KAISERREICHS UNTER HEINRICH II. UND DER ABSCHLUSS DES OTTONISCHEN SYSTEMS

Bei Ottos III. Tod befand sich das Reich in der Gefahr der Auflösung und des Rückfalls in Verhältnisse, die jenen vor der Zeit Heinrichs I. ähnlich sein mochten. Der Kaiser hinterließ keinen direkten Erben, und die Anwartschaften seiner nächsten Verwandten, Ottos von Kärnten und Heinrichs von Bayern, zweier Urenkel Heinrichs I., war nicht unbestritten. Nur mühsam konnte Heinrich, der die größere Energie besaß und mehr Aktivität entwickelte, sich durchsetzen. In vieler Hinsicht erinnerte er an jenen bedeutenden Ahnherrn: so mußte auch er die Anerkennung anderer Fürsten mit mancherlei Zugeständnissen erkaufen. In Mainz wurde er schließlich nach vorhergegangener Wahl durch die weltlichen und — erstmals in Deutschland — geistlichen Fürsten von Willigis gesalbt und gekrönt. Bei dem anschließenden Umritt zur Huldigung unterwarf sich als letzter auch Hermann von Schwaben: acht Monate nach dem Tod Ottos III., den er bereits zweimal nach Italien begleitet hatte, war Heinrich II., 30jährig, in erster Linie durch die Zuverlässigkeit der Reichskirche, mit welcher er durch eine stark geistliche Erziehung verbunden war, im ganzen Reich, das auseinanderzufallen gedroht hatte, als König anerkannt.

Immerhin hatten die Wirren in den Monaten der Rivalität um den Thron dazu geführt, daß Heinrichs energischster Gegner und Konkurrent, Ekkehard von Meißen, von seinen Feinden getötet wurde und Boleslaw Chrobry in sein herrenlos gewordenes Land bis Meißen eindringen konnte, ohne daß Heinrich ihn zurückzuwerfen vermochte. Ja, Boleslaw, der ein Reich von der Ostsee bis zu den Karpaten, von der Weichsel bis zum Böhmerwald beherrschte, riß auch Böhmen an sich und verweigerte Heinrich die Huldigung dafür. Bei seinem Vorgehen trat deutlich die Absicht in Erscheinung, möglichst alle Westslawen in einem Gesamtstaat zu einen, was zu Auseinandersetzungen mit den Hoheitsansprüchen des Reiches führen mußte. Im Jahre 1004 vermochte Heinrich dem Polen Böhmen wieder zu entreißen. In weiteren schweren Kämpfen um die Lausitz mußte er sich sogar mit den bis dahin bekämpften Liutizen verbünden und sie unter Duldung ihres Götzendienstes in sein Heer aufnehmen. Aber erst, als Heinrich Ungarn mobilisieren konnte, wo Stefan der Heilige mit Heinrichs Schwester vermählt war, kam es nach einer Zwischenlösung (1013 in Merseburg) endlich 1018 in Bautzen zu einem dauerhaften Frieden: die Lausitz blieb im Besitz Boleslaws, der nun einen Feldzug nach Rußland unternahm und seinen Schwiegersohn Swatopluk als Großfürsten von Kiew einsetzen konnte. Noch kurz vor seinem Tode 1025 nutzte er den neuen Thronwechsel in Deutschland dazu aus, sich eigenmächtig den Königstitel beizulegen. Eine gewisse Flankendeckung gegen die slawische Expansion bot seit 1017 die dänische Ausdehnungsbewegung an der pommerisch-preußischen Ostküste unter Knut dem Großen. Aber Heinrichs Unternehmungen im Osten wurden lange Jahre behindert durch Auseinandersetzungen mit den Luxemburgern, dem Geschlecht der Königin, als aus diesem 1008 Adalbero sich zum Erzbischof von Trier wählen ließ, nachdem kurz zuvor Dietrich sich in Metz hatte erheben lassen — beide gegen den Willen des Königs, der sich erst 1012 durchzusetzen vermochte.

So gab es auch im Innern des Reiches ständig Fehden, die den König beschäftigten. Die „feudalistische Zersetzung" (Hampe), die Entstehung mittlerer Territorialherren ohne stammesherzogliche Tradition, die Entwicklung solcher die Reichspolitik auflösender Tendenzen war im Nordwesten des Reiches am weitesten fortgeschritten. Dort erhoben sich die Territorien über die Bedeutung gewöhnlicher Grafschaften durch ausgedehnteren Besitz, Reichslehen und abhängige geistliche Stifter. Unter ihnen am gefährlichsten in ihrer vorteilhaften Zwischenstellung zwischen Deutschland und Frankreich war die Grafschaft Balduins von Flandern. „Aber auch die unbequemen luxemburgischen Verwandten der Königin wagten hier wiederholt, dem Reiche zu widerstehen. Eine langsame Entfremdung dieser Grenzgebiete bereitete sich vor" (Hampe).

Im Südwesten dagegen wurde die Angliederung des burgundischen Reiches vorbereitet, als König Rudolf III. beim deutschen König als einem nahen Verwandten Rückhalt gegen den Adel suchte und nicht allein Heinrichs Nachfolgeschaft, sondern geradezu eine Art Mitkönigtum vertraglich herbeiführte.

Hauptsächlich die polnische Bedrohung hinderte Heinrich zwei Jahre lang daran, in Italien die seit Ottos III. letzter Zeit aufgelöste Ordnung wiederherzustellen. Insbesondere hatte sich in Pavia bald nach Ottos Tod Arduin von Ivrea, unterstützt von Fürsten, die wie er nach Unabhängigkeit strebten, zum König aufgeschwungen. Die dem deutschen König ergeben gebliebenen Fürsten vermochten dieser Bewegung nicht mit Erfolg entgegenzutreten. Als Heinrich selbst im Frühjahr 1004 nach Italien zog, wich Arduin aus, so daß Heinrich in Pavia gewählt und gekrönt werden konnte. Aber noch am gleichen Abend brach ein neuer Aufstand aus; die Selbständigkeitsbestrebungen dauerten bis 1007 an. In Rom beherrschte die seit langer Zeit Unruhe stiftende Familie der Crescentier immer stärker die nicht mehr vom deutschen Hof eingesetzten Päpste — seit 1012 in Gegnerschaft zu den von Alberich abstammenden Grafen von Tusculum, die ihrerseits einen Laien als Papst Benedikt VIII. erhoben. Dieser erlangte Heinrichs Anerkennung und krönte dafür Heinrich und dessen Gemahlin Kunigunde bei ihrem kurzen Aufenthalt in Rom 1014. Bereits vor der Krönung hatte Heinrich auf einer Synode in Ravenna die Anlegung eines Güterverzeichnisses allen geistlichen Besitzes unter Angabe der derzeitigen Inhaber befohlen: Kirchen und Klöster sollten wieder zu ihrem Recht gelangen, Bistümer mit zuverlässigen Deutschen besetzt werden — was viele weltliche Fürsten empörte und eine neue, bald jedoch niedergeschlagene Erhebung unter Arduin verursachte.

Auch für den Zusammenhalt von Heinrichs Reich besaß die Kirche ausschlaggebende Bedeutung. Je weiter der Einfluß des immer selbstherrlicher werdenden höheren weltlichen Beamtentums durch Erblichkeit und Zugeständnisse der Regentschaft fortgeschritten war, je stärker die zahlenmäßig schwache, aber in ihren Machtpositionen durchweg erbliche adlige Oberschicht mit reichen Eigengütern und eigenstaatlichem Territorialehrgeiz sich einerseits eigenen Aufgaben mehr als den gesamtstaatlichen widmete, andererseits aber politisch, wirtschaftlich und militärisch als Gruppe ein immer größeres Gewicht erhielt und sich jeder Stärkung der Königsgewalt mit dem Wunsch nach Steigerung der Adelsmacht entgegenstellte, um so bedeutender wurde für die Krone der Rückhalt an der Bischofskirche. Die Geistlichkeit erwies sich als die eigentliche Hüterin der Reichs- und Kaisertradition, und das Kaisertum, das von der Nordsee bis über Rom hinaus herrschen wollte, bedurfte zu seiner Stütze Menschen, die weitere Raumvorstellungen hatten als weltliche Herren, deren Interessen eng auf Stamm und Familie begrenzt blieben. Solche Persönlichkeiten aber gab es nur in der universalen Organisation der Kirche, und die ottonische Reichskirche schuf nicht nur einen straff vereinheitlichten deutschen Episkopat, der erst dem Investiturstreit zum Opfer fiel, sondern auch die Verwaltungsorgane für Italien.

Hatte das Eintreten der deutschen Bischofskirche für Heinrich II. dessen Anerkennung gesichert, so tat er nun auch das seine für die Kirche: er distanzierte sich deutlich von den imperialen Romplänen Ottos III., die in der Absicht gipfelten, Rom zur Hauptstadt des Reiches zu erheben, weil sie das Mißtrauen des deutschen Episkopats hervorgerufen hatten. Heinrich dagegen ging eindeutig darauf aus, das alte Herrschaftssystem neu zu befestigen: „Wiederherstellung des Reichs der Franken" war, wie sein Siegel bezeugte, das Ziel seiner Politik. Überaus gewandt verband er die eigene straffe Führung des zu hohen Beamtenleistungen herangezogenen Episkopats mit dessen reicher Ausstattung nach der Art des weltlichen Territorialfürstentums. Dabei leiteten ihn nicht allein die politische Zielsetzung, sondern auch die priesterliche Auffassung seines eigenen Amtes, seine Hingabe an Missionsaufgaben — z. B. an die Sorbenmission von dem durch ihn und Kunigunde gegründeten und reich ausgestatteten, mehr Rom als Mainz unterstellten Bistum Bamberg — und schließlich sein Interesse für die mönchische Reformbewegung, soweit diese nicht den weltlichen Absichten seiner Reichspolitik entgegentrat. Das aber sollte erst später geschehen. Einstweilen begegnete man sich bei der Arbeit an der Klosterreform, die von Gorze und St. Maximin bei

Trier nach Tegernsee und Hersfeld, nach Lorsch, Fulda und Corvey, nach Prüm und zur Reichenau ausstrahlte. Auch dabei wurde nicht allein die festere Wiederanknüpfung an Benedikts Regel betrieben, sondern zugleich das Interesse des Reiches bedacht, indem die Reichsabteien zu Diensten und Finanzleistungen für das Reich herangezogen und durch Unterordnung jeweils mehrerer kleinerer Abteien unter einen Bischof rationeller arbeitende Verwaltungs- und Wirtschaftseinheiten geschaffen wurden — so sehr, daß Heinrich, der „pater monastorum" der Reformer, z. B. vom Quedlinburger Annalisten wegen seiner energischen Wahrnehmung staatlicher Interessen geradezu als Kirchenräuber bezeichnet wurde.

Heinrich wie den Ottonen galten die Bischöfe als die zuverlässigsten Stützen seiner Herrschaft, wie andererseits er selbst ständig mitten in den kirchlichen Entscheidungen stand. Er trat sogar als nach einer Ordensregel (Kanon) lebender Kanoniker in Domkapitel ein — also in die neben dem Bischof stehenden religiösen und administrativen Führungskorporationen bischöflicher und erzbischöflicher Kirchen (z. B. in Paderborn, Magdeburg, Bamberg und Straßburg) —, bewahrte sich aber auch die Freiheit der Entscheidung bei Bischofserhebungen und vermied die Erhebung Alteingesessener, durch Geburt mit den führenden Kreisen des Gebietes Verbundener zugunsten von Mitgliedern der königlichen Kapelle.

Neue Aufgaben stellten sich in Italien. Dort hatten Pisa, Genua und Venedig z. T. mit päpstlicher Hilfe die Sarazenen vom Festland und aus Sardinien vertrieben und große Beute gemacht. Als 1009 in Unteritalien ein Aufstand gegen die Griechen ausbrach, die hohe Steuern eintrieben, aber ihren Untertanen nicht gegen die Sarazenen beistanden, griff Venedig ein, was zu immer weiteren Kämpfen führte, die selbst russische Waräger in byzantinischem und französische Normannen in salernitanischem Dienst einbezogen. Schließlich unterwarfen sich lombardische Fürsten und der Abt von Monte Cassino den Griechen. In dieser Gefahr neuen Fußfassens der byzantinischen Macht in Italien reiste der Papst 1020 nach Bamberg, wo nun der neue Dom geweiht wurde, und bat den Kaiser um Hilfe. Dieser bestätigte u. a. die Schenkungen Ottos I. und erweiterte sie erheblich, besonders in Süditalien und Sizilien durch Gebiete, die er freilich zum großen Teil noch nicht besaß, damit fortan das Papsttum als starker Treuhänder der deutschen Herrschaft in Italien auftreten sollte. Schließlich zog er selbst 1021 in den Süden Italiens, schlug die Griechen, vertrieb den Abt von Monte Cassino, setzte weltliche Große ab, die ihn im Stich gelassen hatten, und stellte die kaiserliche Oberhoheit über das alte Reichsgebiet wieder her. Auf einer Synode in Pavia verordnete er am 1. 3. 1022 gemeinsam mit dem Papst bei schweren Strafen die Ehelosigkeit der Geistlichen bis zum Subdiakon und das Verbleiben der Söhne von Priestern, welche Hörige der Kirche waren, im unfreien Stande des Vaters, so daß ihnen jeder Gütererwerb unmöglich war: das Kirchengut sollte in der Hand zuverlässiger Bischöfe konzentriert bleiben, die Ehelosigkeit die Hingabe an die geistlichen und politischen Pflichten erleichtern.

Bereits am 13. 7. 1024 ist Heinrich 52jährig in der Pfalz Grona bei Göttingen gestorben; er wurde in seiner Stiftung Bamberg beigesetzt, von wo aus auch seine 1146 erfolgte Heiligsprechung (1200 die Kunigundes) betrieben wurde. In vieler Hinsicht war Heinrich mit seiner Stetigkeit und Umsicht der Vorbereiter für die Erfolge seiner Nachfolger, für die Macht des Reiches in den nächsten Jahrzehnten. Seine Hauptsorge galt stets dem Reich, dem er die Geistlichkeit dienstbar machte, so daß z. B. Erzbischof Aribo von Mainz 1023 zentralistischen Tendenzen Roms im Sinne der deutschen Bischofskirche mit Entschiedenheit und um den Preis eines heftigen Konflikts mit dem Papst entgegentrat: hier deuteten sich Spannungen künftiger Zeiten an.

DIE HÖHE DES DEUTSCHEN REICHES UNTER DEN ERSTEN SALIERN

Beim Erlöschen der sächsischen Dynastie — Heinrich II. starb, ohne Kinder zu hinterlassen — bewährte sich die Festigung des Reiches: das Wahlrecht der Stammesvertreter richtete sich ernstlich nur auf die beiden fränkischen Konrade, die als Urenkel Konrads des Roten von Lothringen und einer Tochter Ottos d. Gr. mit dem sächsischen Herrscherhaus verwandt waren. In der Wahlversammlung zu Kambe am Rhein setzte Erzbischof Aribo von Mainz im Gegensatz zu Pilgrim von Köln am 4. 9. 1024 die Wahl des älteren, etwa 35jährigen der beiden Kandidaten durch und salbte und krönte diesen, worauf er das Kanzleramt für Italien erhielt. König Konrad gewann verhältnismäßig schnell auch die ursprünglichen Anhänger seines jüngeren Rivalen. Auch die lombardischen Prälaten, die Lombardien vom Reich hatten trennen wollen, und die lothringischen Fürsten, die sich von der Wahl ohne Stimmabgabe zurückgezogen hatten, unterwarfen sich ihm 1025; eine Verschwörung des jungen Herzogs Ernst von Schwaben mit dem jüngeren Konrad und einigen anderen brach schnell zusammen. Schon im Februar 1026 wurde Konrads zehnjähriger Sohn Heinrich designiert und die Regentschaft in Konrads Abwesenheit dem Erzieher, Bischof Brun von Augsburg, übertragen. Anschließend zog Konrad über die Alpen. In Mailand empfing er die lombardische Königskrone. Während zweier langer Züge durch die Poebene hielt er Hof- und Gerichtstage zur Wiederherstellung der Ordnung mit dem Ergebnis, daß sich schließlich selbst Pavia und die Markgrafen von Tuscien und die Lombardei ergaben. Am 26. 3. 1027 fand in Rom in Anwesenheit Knuts von Dänemark, Rudolfs von Burgund sowie vieler deutscher und italienischer Fürsten und Prälaten Konrads Kaiserkrönung statt. Anschließend begab der Kaiser sich auf einen Huldigungszug durch Süditalien: ganz Italien erkannte praktisch Konrad, einen überaus gewandten Machtpolitiker, als den rechtmäßigen Herrn an.

Als der Kaiser zurückkehrte, mußte er einer neuen Verschwörung Herzog Ernsts sowie anderer Fürsten entgegentreten, die bald zusammenbrach. Im Jahre 1027 erneuerte König Rudolf von Burgund die alten Verträge mit dem Kaiser und dessen Sohn Heinrich, der um die gleiche Zeit mit dem Herzogtum Bayern belehnt und Ostern 1028 in Aachen zum König gekrönt wurde: Konrad hatte die Krone auch für die nächste Generation gesichert.

Nachdem Boleslaw Chrobry schon 1025 — als selbsterhöhter König — gestorben war, zog Konrad 1029 gegen dessen Sohn und Nachfolger Miseko, der 1028 Ostsachsen verheert hatte, zu Felde. Unter großen Verlusten und nach der Aufgabe von Bautzen kehrte das Heer geschlagen zurück. Weitere Feldzüge beider Seiten folgten, bis im Juli 1033 in Merseburg Frieden geschlossen wurde: Miseko verzichtete auf die Königswürde und verlor einen Teil Polens; schon ein Jahr später starb er. Seine Witwe Richenza, eine Enkelin Ottos II., floh vor deutschen- und christenfeindlicher Verfolgung nach Deutschland, während Boleslaws Reich, eine ständige Bedrohung des Westens, durch innere Unruhen schnell zerfiel. Gegen die Liutizen mußte Konrad mehrfach zu Felde ziehen, bis es ihm 1035/36 mit böhmischer Hilfe gelang, sie zu schlagen und zu höherer Tributzahlung zu zwingen. Die Beziehungen zu Ungarn, die unter Heinrich II. gut gewesen waren, gerieten zeitweise in Gefahr, wurden aber 1031 durch das Eingreifen des jungen Königs Heinrich wieder normalisiert. Nachdem König Stefan der Heilige 1038 gestorben war, bereiteten sich unter seinem Nachfolger Peter heidnisch-nationale Reaktionen gegen den Westen und das Christentum vor.

Die bei weitem wichtigste Veränderung in der Außenpolitik brachte die Angliederung Burgunds. Als Rudolf III. 1032 kinderlos starb, konnte Konrad das Erbe antreten. Zwei Jahre später ließ er ein deutsch-italienisches Heer einrücken und damit Erbansprüche des Grafen Odo von Champagne unterdrücken, so daß König Heinrichs Nachfolge auch in Burgund gesichert erscheinen konnte. „Was bedeutete diese Angliederung eines dritten Reiches für das Imperium? Eine wirkliche Herrschaftserweiterung nur in den wenigstens teilweise germanischen Gebieten der heutigen welschen Schweiz. Politisch aber war auch die Oberhoheit über die sonstigen halbselbständigen Lande bis zur Rhônemündung im Westen und Nizza im Osten wertvoll genug. Denn sie brachte eine dauernde Eindämmung französischer Ausdehnungsbestrebungen nach dem Süden und also eine Befestigung der italienischen Reichsherrschaft, für die auch die Gewinnung der Westalpenpässe wichtig war. Die mitteleuropäische Verbindung dreier großer Reiche in einer Hand bildete fortan die erweiterte Grundlage der Führerstellung des Kaisertums im Abendlande" (Hampe).

Wie sich Konrads Streben ständig auf die Stärkung des Reiches richtete, so auch auf die Vermehrung des Reichsgutes. Wo immer er konnte, führte er entfremdetes Reichsgut zurück; Kunigundes, der Witwe Heinrichs II., Wittum behandelte er als solches; konfiszierte Güter verblieben dem Reich, während die Zahl der Schenkungen zurückging. Die Bischofsernennungen entsprachen politischen Rücksichten und nicht den kirchlichen Qualitäten der Bewerber. Die Mark zwischen Schlei und Eider freilich gab er anläßlich der Eheschließung zwischen seinem Sohn Heinrich und Kunigunde, einer Tochter Knuts von Dänemark—Norwegen—England, im Juni 1036 an Dänemark, um so den Frieden im Norden zu sichern. Im Bereich des Rechts und der Wirtschaft zeigten sich bald die Vorzüge der geraden, genauen und energischen Herrscherpersönlichkeit, die Sicherheit, Aufblühen des Handels, gesteigerten Geldumlauf und allgemeine Blüte gewährleistete. In der Klosterpolitik wandte sich der Kaiser nach einer kurzen Neigung für die Reformer gleichfalls bald rein machtpolitischen Gedankengängen zu, indem er z. B. in Burgund reichskirchliche Gesichtspunkte über die cluniazensische Forderung nach klösterlicher Unabhängigkeit stellte, im Interesse des Reiches Simonie, die Verleihung geistlicher Ämter gegen Geldzahlungen, trieb und, da er künftige Konflikte mit den radikalen Vertretern kirchlicher Ideale voraussah, die weltlichen Stützen des Königtums wieder stärkte. Als Hüter des Rechts gewann er die Laienschaft. Die Herzöge wurden zunehmend aus der Politik ausgeschaltet, da sie immer deutlicher nach eigengesetzlicher, d. h. reichsfeindlicher Landeshoheit strebten; die Grafen und Herren dagegen, die Untervasallen, wurden die wichtigsten Stützen des Königtums durch die offizielle Anerkennung der Lehnserblichkeit im Mannesstamme, d. h. indem der König ihnen die Bildung von Herrschafts- und Besitzdynastien zusicherte. Selbst sozial noch tiefer stehende Schichten berücksichtigte er, als er sich für die Kaufleute der aufstrebenden Städte und für die an Bedeutung wachsenden Dienstmannen oder Ministerialen interessierte, deren Verwaltungstätigkeit man für das vermehrte Reichsgut nötig brauchte. Konrad hat als erster diese immer wichtiger werdende, Beamtenfunktionen zuverlässig ausübende neue soziale Schicht stärker herangezogen. Sie nahm mit dem Ausgang des 10. Jahrhunderts einen mächtigen politischen und gesellschaftlichen Aufschwung und gliederte sich dabei bald, entsprechend den Aufgaben und Ämtern, erheblich auf — hatten doch neben Kaiser, König und Reich auch Kirche und Fürsten, selbst kleinere Herren und schließlich sogar bedeutende Ministerialen ihre Ministerialitäten. Die wichtigen Reichsministerialen nahmen die Ämter von Herzögen, Markgrafen und Grafen wahr, entwickelten ein eigenes gehobenes Standesgefühl mit Ebenburtverhältnissen sowie Reichtum an Grund, Boden und Hörigen. Seit Heinrich III. lag es im besonderen Interesse der Kaiser, „ihre führenden Dienstmannen mit hochadeligen Damen vermählt zu sehen, was diesen neuen Beamten- und Berufskriegerstand durch neue Familienverbindungen mächtig hob und schließlich auch wesentlich dazu beitrug, daß der ganze Berufsstand an den Tisch und in den ‚Salon' des Hochadels zugelassen wurde, mit ihm den Ritterstand bildete und so Träger der ersten großen internationalen Laienkultur Europas auf deutschem Boden, der Ritterkultur, wurde, deren Zentren die großen Kaiserpfalzen und Kaiserburgen, die Höfe großer Landesherren und mancher Reichsbischöfe waren" (Beumann).

Die wirtschaftliche Entwicklung war in Oberitalien, vielfach im Anschluß an antike Überbleibsel, weiter fortgeschritten als in Deutschland, die Stadt dort ein gewichtigeres, vom Wirtschaftlichen her weiter in die Politik hineinwirkendes Element als nördlich der Alpen. Damit fiel auch den bischöflichen Stadtherren, die über Münz-, Markt- und Zollrechte verfügten, Straßen und Flüsse, Märkte und Häfen beherrschten, ein erhebliches Gewicht zu, zeigten sich andererseits erste Ansätze bürgerlicher stadtautonomistischer Bestrebungen, die schwierige künftige Probleme andeuteten: schon kam es in Cremona zu Bürgerunruhen gegen den Bischof. Zunächst bestand die Gefahr, daß der ehrgeizige und herrschsüchtige Erzbischof Aribert von Mailand seine Kirchenprovinz in einen eigenen Kirchenstaat verwandelte. Auch hier stützte Konrad sich bei der Wahrung seiner imperialen Ansprüche auf die Laienschaft; die bedeutenden markgräflichen Familien verband er durch Ehen mit den entsprechenden Deutschen, z. B. die Markgrafen von Turin, die von Canossa-Tuscien, die Otbertiner von Este mit den Saliern, den Lothringern und Welfen. Und dahinter wurde auch hier die immer breiter anwachsende Schicht der ritterlichen Lehnsmänner zweiten Grades, die Gruppe der Valvassoren gefördert, die sich in Verteidigung der Erblichkeit ihrer Lehen 1035 gegen Aribert und dessen Bischöfe stellte. Schnell kam es über diese Frage zu Auseinandersetzungen, die die politische Struktur der ganzen Lombardei zerrissen, zum ersten großen Ständekampf der mittleren Geschichte, in den nun auch der Kaiser eingreifen mußte. Dazu unternahm er 1036 seine zweite Romfahrt. In Oberitalien forderte er die Wiederherstellung der Valvassorenrechte, zitierte den Erzbischof 1037 vor seinen Richterstuhl in Pavia und nahm ihn, als dieser sich nicht fügte, wegen Hochverrat in Haft. Aribert vermochte nach Mailand zu entfliehen und verteidigte sich dort mit Unterstützung der Bevölkerung seiner Stadt. Da erließ Konrad am 28. 5. 1037 die constitutio de feudis, das berühmte Lehnsgesetz, das die Erblichkeit auch der Valvassoren-Lehen im Mannesstamme bestimmte und die Vasallen gegen willkürliche Lehnsentziehung schützte. Begeistert jubelten ihm die Valvassoren zu. Konrad ging noch einen Schritt weiter, indem er den aufsässigen Erzbischof ohne Mitwirkung von Papst und Synode für abgesetzt erklärte und einen Nachfolger ernannte. Eine Bischofsverschwörung unter Ariberts Führung, die mit Odo von Champagne in Verbindung trat und diesem die Krone Italiens anbot, schlug er mit großer Härte nieder, schickte Bischöfe in die Verbannung nach Deutschland und ließ Aribert durch den Papst bannen. Odo wurde im Kampf erschlagen und so auch Konrads Herrschaft über Burgund gesichert. Anschließend zog der Kaiser, ohne den Widerstand Mailands wirklich gebrochen zu haben, nach Süditalien.

Dort sicherte er den Grenzgürtel gegen Griechen und Araber, indem er u.a. 1038 dem Normannenfürsten Rainulf, der im Aufstieg begriffen war, die Grafschaft Aversa als ein Lehen des Fürsten von Salerno gab: damit legte er unbewußt den Grundstein zu dem fortan aufblühenden Normannenstaat des Südens. Da Konrads Heer durch eine schwere Seuche dezimiert wurde, mußte er bereits im Sommer 1038 eilig Italien verlassen und die italienischen Laienfürsten mit dem weiteren Vorgehen gegen Mailand beauftragen. Am 4.6.1039 starb Konrad, noch nicht 50 Jahre alt. Er hinterließ seinem Sohn eine Machtfülle, wie kein Kaiser sie seit Otto d.Gr. besessen hatte; an seinem Hofe verglich man ihn sogar mit Karl d.Gr., und für das ganze Reich setzte sich, unter Betonung der Geschlossenheit und Einheit des weiten Raumes, in seiner Zeit die Bezeichnung Imperium Romanum durch. Zugleich mußte sein Sohn aber auch mit der Mailänder Affäre eine Aufgabe übernehmen, die weit über den augenblicklichen Anlaß und die Stadt selbst hinaus Dauerbedeutung erlangte. War Konrads nüchtern machtpolitisches Denken und Wirken anfangs als ein entschiedener Fortschritt gegenüber dem vielschichtigen Wesen Ottos III. erschienen, so zeigte sich am Ende, daß diese Eigenart nicht die eines echten Realpolitikers war, indem er überall die Laienwelt bevorzugte, und damit wieder die Kräfte der kirchlichen Seite zu unterschätzen geneigt war. „Indessen war jenes Problem, sofern man an der Erhaltung einer starken Kaisermacht festhalten wollte, tatsächlich unlösbar, und daß auch der andere beschreitbare Weg, ein priesterliches Kaisertum an die Spitze maßvoller Reformen zu stellen, nicht zu einer reinlichen Lösung führen konnte, sollte sich unter dem anders gerichteten Nachfolger alsbald herausstellen“ (Hampe).

Der junge Heinrich III., der nun den Thron bestieg, war bereits in der Umschrift der Bulle zur ersten Kaiserurkunde seines Vaters als Heinricus spes imperii, als die „Hoffnung des Reiches“ bezeichnet worden. Überall in den drei Reichen wurde er ohne Zögern anerkannt. Den Böhmenherzog Bretislaw, der eine westslawische Großmachtstellung aufbauen und eine böhmische Nationalkirche gründen wollte, zwang er schnell in Lehnsabhängigkeit und Tributzahlung. Zwischen den Herzögen von Polen, Böhmen und Pommern stiftete er einen Frieden, der der Ostgrenze des Reiches zugute kam. In Ungarn, wo die deutsche Grenze bis zur March und Leitha vorgeschoben werden konnte, wurde König Peter sogar tributärer Vasall des deutschen Kaisers, was das Vorrücken der bayrisch-fränkischen Kolonisation nach dem Osten entschieden erleichterte.

Noch besser ließ sich die Entwicklung im Norden an. Dort begann mit der Einsetzung des politisch hochbegabten Erzbischofs Adalbert von Hamburg-Bremen im Jahre 1043 eine Kombination von Missionsausweitung und hoheitsrechtlicher Expansion der bremischen Kirche, welche die Schwächung des dänisch-englischen Blocks gewandt ausnutzte: die Obotriten ergaben sich dem Christentum, so daß unter Adalbert die Bistümer Mecklenburg und Ratzeburg 1060 als kirchliche und politische Zentren gegründet werden konnten. In Dänemark konnte mit Hilfe des dortigen Königs die bremische Kirche ein Netz von neuen Bistümern organisieren und weiter nach Norwegen und Schweden hinübergreifen. Junge nationalkirchliche Bestrebungen in diesen Ländern suchte Adalbert durch den Plan eines nordischen Patriarchats mit untergeordneten Erzbischöfen aufzufangen. Er stieß dabei aber auf den entschiedenen Widerstand der mißtrauisch ihre Zentralgewalt behauptenden Kurie in Rom, so daß er wohl de facto, nicht aber unter dem angestrebten Titel kirchlich-politische und in engerem Rahmen auch wirtschaftliche Macht unabhängig und erfolgreich bis Finnland, Island, Grönland und zu den Orkney-Inseln aufbaute und ausübte. Aus solcher Herrschaftsfülle konnte er selbstbewußt die ihm 1046 von Heinrich III. angebotene Papstwahl ablehnen. Lothringen blieb dem Reich um so fester verbunden, als der Kaiser durch seine Ehe mit der Tochter des Herzogs von Aquitanien nun auch im Rücken des französischen Königs über Machtmittel verfügte.

Während es aber Konrad II. letztlich allein, auch auf Kosten der Kirche, um die Machtsteigerung des Reiches gegangen war, strebte der literarisch-künstlerisch gebildete, religiös erfüllte Sohn, der die cluniazensischen Reformbewegungen lebhaft förderte, ein priesterliches Königtum an, das Ottos III. Herrscherideal weit näher stand als dem Konrads II. In diesen Rahmen gehört das Aufgreifen der vom Westen her an ihn herangetragenen Idee des Gottesfriedens, der Treuga Dei. Sie tauchte erstmals 1027 in Roussillon auf, wurde vom französischen Klerus als Gottes-Waffenstillstand vom Mittwochabend bis Montagfrüh sowie an allen kirchlichen Feiertagen formuliert und griff unter dem Einfluß von Cluny nach Nordfrankreich und der Lombardei, schließlich auch nach Mitteleuropa über. Während der Konstanzer Synode von 1043 ermahnte Heinrich selbst erstmals, tief erschüttert, ein Jahr später in Trier und dann auch an anderen Orten die Menge zum Frieden. Darüber hinaus strebte er nach einer erhöhenden Verbindung von weltlicher Macht und kirchlichem Sinn in der Persönlichkeit des Kaisers. Im Gegensatz zu seinem Vater verzichtete er unter erheblichen Finanzverlusten für das Reich auf die Simonie und setzte Aribert von Mailand wieder ein. Er förderte Reformgeistliche, überreichte Bischöfen und Äbten bei ihrer Einsetzung erstmals neben dem Hirtenstab auch den Ring als Sinnbild der Vermählung mit ihrer Kirche, als deren Oberherrn er freilich stets sich selbst empfand, so daß sich bei ihm die Spannung zwischen weltlichen Herrscheransprüchen und cluniazensischem Unabhängigkeitsstreben, ja, Überlegenheitsanspruch der priesterlichen über die königliche Weihe immer deutlicher abzeichnete. Nur in der Persönlichkeit Heinrichs selbst ruhte einstweilen noch der Ausgleich der gegensätzlichen und unversöhnlichen Ansprüche. Der Kaiser konnte sogar der Reform auch in Rom endgültig Eingang verschaffen und zugleich seine eigene Machtstellung durch erneute Eingliederung des Papsttums in seinen Herrschaftsbereich vollenden.

Im Herbst 1046 brach er nach der Sicherung des Friedens im Lande und an den Grenzen nach Italien auf, wo Papst Benedikt IX. aus der Familie der Tusculaner wegen seiner Härte von den Römern, wegen seiner Zurückhaltung gegenüber den Reformern von den Cluniazensern angegriffen und im Jahre 1045 zur Abdankung getrieben worden war. Die Cluniazenser hatten unkanonisch einen der ihren als Gregor VI. erhoben, der Benedikt hohe Abstandszahlungen leistete. So fand Heinrich bei seiner Ankunft unrechtmäßige, aber friedliche Verhältnisse vor.

In Pavia verbot er im Oktober 1046 auf einer großen Synode jegliche Simonie. Auf der Synode von Sutri ließ er am 20.12. den regelwidrig erhobenen Papst und einen im Vorjahr gewählten Gegenpapst absetzen. Eine Synode in Rom enthob wenige Tage später auch Benedikt IX., dessen Abdankung für ungesetzlich erklärt wurde, seiner Würde, und erhob nach der Weigerung Adalberts von Bremen den Sachsen Bischof Suitger von Bamberg als Clemens II. zum Papst. Dieser krönte am folgenden Tage Heinrich und dessen Gemahlin, während die Römer dem Kaiser als römischem Patrizius die entscheidende Stimme bei der Papstwahl zuerkannten, so daß Heinrich sich der Kirche gegenüber in der Stellung Ottos d Gr. fühlte. Kurz darauf eröffnete der Papst mit einer Reformsynode den Kampf gegen die Übelstände in der Kirche: Das Papsttum „gewann seinen universalen Charakter zurück, übernahm die Führung in der Kirchenreform und trat damit erst in seine große mittelalterliche Geschichte ein. Zugleich bedeutete das Ereignis den Kulminationspunkt der ‚vorgregorianischen' Weltordnung, der geistlich-weltlichen Einheit und des sacralen Kaisertums" (Schieffer). Papst Clemens II., der den Römern gegenüber unabhängig war und im Besitz seines bedeutenden Bistums blieb, fügte sich der Reformbewegung ein und ließ zugleich den deutschen Einfluß an der Kurie wachsen, wie auch der Heilige Stuhl selbst nach Heinrichs Willen künftig ein für allemal mit Deutschen besetzt werden sollte: als 1047 Clemens starb, folgte Poppo von Brixen als Damasus II. und diesem schon 1048 der Elsässer Bruno von Toul als Leo IX., beide Vertreter der Reichskirche, Bruno selbst entfernter Vetter des Kaisers, eine der großen Gestalten auf dem Stuhle Petri. Er, der schon als Bischof zu den Cluniazensern gehört hatte und die Mönchsreform in eine allgemeine Reform des Klerus einmünden lassen wollte, wurde „der eigentliche Erneuerer der religiösen Papstidee" (Lortz). Für die damit gestellten Aufgaben brachte er seine bewährten Helfer aus Lothringen mit und machte sie zu Kardinälen, die jetzt zu einem wichtigen Kollegium zusammenzuwachsen begannen.

Da Heinrich 1047 auch in Süditalien die Grenzsicherung zugleich vorschob, festigte und in ungefährliche Abschnitte unter rivalisierende Herren aufteilte, regierte er schließlich über einen gewaltigen Machtkreis von der Ostsee bis zum byzantinischen Süditalien, von Polen, Böhmen und Ungarn bis weit nach Westen, von Adalberts de-facto-Patriarchat bis zu den deutschen Päpsten in Rom. Die Beherrschung dieses Riesenreiches beruhte zutiefst auf der Festigkeit des von Otto d. Gr. geschaffenen Regierungssystems. Wie deutlich lassen die Klagen des Bamberger Scholastikers Meinhard über Heinrichs Kanzler Bischof Gunther in dieses System hineinblicken! „Welch ein klägliches und beklagenswertes Leben für einen Bischof!" rief er aus. „Niemals beschäftigt er sich mit Augustin oder mit dem Heiligen Gregor, sondern stets nur mit Attila, den Amelungen und anderem Teufelswerk dieser Art. Kein Buch nimmt er in die Hand, aber den Wurfspieß; der Zug der Feder interessiert ihn nicht, wohl aber das Zucken des Schwertes." Freilich war das Funktionieren dieses Systems nur noch möglich, weil in Deutschland die sozialen und wirtschaftlichen Wandlungen noch nicht recht in Gang gekommen waren, welche in Oberitalien bereits deutlich in Erscheinung traten. Die seit Jahrhunderten bestehende Sozial- und Wirtschaftsstruktur — geistliche und weltliche feudale Herrenschicht über bäuerlichen Massen, entschiedenes Überwiegen der Landwirtschaft über kaufmännisches und gewerbliches Leben an Rhein und Donau — befand sich erst in kaum spürbaren Anfängen einer Wandlung unter den Einflüssen des Südens und Westens. Diese relative Konsistenz der ökonomischen und gesellschaftlichen Verhältnisse bildete die Grundlage, welche den Konservatismus der Reichsregierung ermöglichte. Die Wandlungen bei den romanischen Völkern, welche Unruhen vieler, auch vorteilhafter Art verursachten, gab es einstweilen in Deutschland noch nicht, das schon hier, wie später noch so oft, das Neue mit einem Wanderungsverzug von oft mehreren Menschenaltern empfing. Immerhin: die Entwicklung der Landwirtschaft, z. T. unter dem Druck einer stark wachsenden Bevölkerung, die Ausdehnung des Kulturlandes durch Rodung und Kolonisierung, das Aufsteigen der unfreien Schichten — das ihrer obersten Gruppe sogar zum besonderen Geburtsstand der Ministerialen — zeigten, wie auch in Deutschland Ansätze für eine neue Zeit vorhanden waren.

Solchen politischen und sozialen Verhältnissen entsprachen die wissenschaftlichen und künstlerischen Schöpfungen, die wohl Aufstieg, aber nicht Erschütterung erkennen lassen. „Bis zum Ausbruch des Investiturstreites hin zeigen die deutschen Kulturleistungen den einheitlichen Charakter eines bei aller konservativ-autokratischen Gesamthaltung doch wertsteigernden Fortschrittes, an dem freilich nur die geistige Oberschicht Anteil hatte“ (Hampe).

In der Klosterkultur trat die Reichenau in den Vordergrund, wo auf breitem Fundament Geschichtsschreibung, mathematisch-astronomische Studien, literarische, musikalische und andere künstlerische Arbeiten betrieben wurden, während von Westen her allmählich mit dem Reformdenken ein anderer Geist heranzog. Die Domschulen in den aufstrebenden, wirtschaftlich lebendigen, von reichem Verkehr angeregten Bischofsstädten begannen allmählich, mit ihren Kulturleistungen die Klöster zu überflügeln. Vielfach zeigte sich in der Literatur wie in der Geschichtschreibung die Wendung zu einem neuen Realismus, wie er auch die Politik charakterisierte und in der Verwaltungstätigkeit und der politischen und wirtschaftlichen Arbeit der hohen Geistlichkeit zum Ausdruck kam. Die hamburgische Kirchengeschichte, die von dem wohl aus Bamberg stammenden Meister Adam um 1075/76 abgeschlossen und dann bis 1080 erweitert wurde, besaß neben einer großartigen Erfassung der Persönlichkeit Adalberts von Bremen in einer erstmals auf vielen, besonders in Dänemark gesammelten Nachrichten, Fabeln und Märchen beruhenden Landes- und Völkerbeschreibung eine Qualität, die dem Verfasser der frühesten Geschichte und Geographie jener Gebiete den Beinamen „Tacitus des germanischen Nordens“ gewann.

Die Buchmalerei der Reichenauer, Trierer und Regensburger Schulen befand sich auf der Höhe der bildlichen und ornamentalen Gestaltungskraft; die Wandmalerei fand an den Flächen der neuen Architektur großartige Aufgaben. In Bernwards Hildesheim zeigte die Plastik monumentale Ansätze. Aber die bedeutendsten künstlerischen Leistungen der Zeit lagen bei der Kleinkunst, bei den Arbeiten in Edelmetall und Bronze; zum Beispiel dafür wurde Konrads II. Kaiserkrone. Darüber wölbte sich dann freilich noch die gewaltige sakralarchitektonische Leistung der spätottonischen Kirchenbauten wie etwa St. Michael in Hildesheim und Konrads II. Familienkloster Limburg an der Hardt, während um 1030 der Dom zu Speyer begonnen wurde, die Grabeskirche der Salier und ihrer Nachfolger, „der wichtigste Großbau des salischen Zeitalters" (Pinder), das bedeutendste kirchliche Bauwerk Europas seit der ausgehenden Antike.

Noch einmal mußte Heinrich III. nach Italien ziehen, wie auch sein getreuer Papst Leo IX. in einem fünf Jahre dauernden Pontifikat dreimal in Deutschland und sechsmal in Unteritalien gewesen ist. Hauptanliegen war in diesen letzten Jahren die Reinigung der Kirche insbesondere von Simonie und Priesterehe und die von Kaiser und Papst gemeinsam betriebene Schaffung des Imperium Christianum, das weltliche und geistliche Ziele, Interessen und Machtkomplexe zusammenfassen sollte. Schon 1047 hatten die Normannen fast das ganze Fürstentum Benevent erobert. Nach mehrmaligem Eingreifen des Papstes vertrieb Benevent 1051 seine Fürsten und unterwarf sich dem Papst. Neue normannische Ansprüche ließen Leo einen Krieg nötig erscheinen, in dem er freilich 1053 bei Civitá eine schwere Niederlage erlitt, so daß er Byzanz um Hilfe bitten mußte. Schon im April des Jahres 1054 starb er. Der römischen Gesandtschaft unter der Führung des Subdiakons Hildebrand benannte der Kaiser erneut einen Reichsbischof für den Nachfolger Leos IX.: seinen Kanzler Bischof Gebhard von Eichstädt, der im April 1055 als Viktor II. Papst wurde und Leos Reformwerk fortzusetzen begann. Der Kaiser unterstützte ihn, vergrößerte sein Territorium und zog gleichzeitig selbst nach Italien, wo der Papst auf einem Generalkonzil in Florenz vor dem Kaiser und 120 Bischöfen den Verkauf von Kirchengut verbot und einige Bischöfe wegen Simonie und Priesterehe bestrafte. Dann reiste der Kaiser in mittelalterlicher Regierungsweise, Gerichtstage abhaltend, verschiedentlich Städte durch Privilegien gegen ihre Landesherren stärkend und für das Kaisertum gewinnend, durchs Land. Am 5.10.1056 starb er in der sächsischen Pfalz Bodfeld, nachdem sein 1050 geborener Sohn Heinrich bereits 1053, noch ungetauft, von den Fürsten unter der Voraussetzung zum König gewählt worden war, daß er „in Zukunft ein gerechter Herrscher sein werde" (Hermann von Reichenau). Heinrichs „vorzeitiger Tod brach 50 Jahre glücklicher Entwicklung zu Frieden und Einheit im Reich jäh ab. Unter der Herrschaft Heinrichs III. hat die frühmittelalterliche Geschichte ihren Höhepunkt erreicht: das Reich war innen und außen gefestigt und an den Grenzen beschützt. Ehe die Welt in eine geistliche und eine weltliche Sphäre auseinanderfiel, ist es Heinrich III. gelungen, das Imperium Christianum als Einheit unter einem Kaiser und einem Papst gleichen Sinnes zu verwirklichen" (Bulst-Thiele).

Heinrichs früher Tod gab den Anstoß für die freilich seit langem zutiefst verursachten Wirren der folgenden zwei Jahrzehnte.

DIE ZEIT DES INVESTITURSTREITS

Eine Regentschaft für unmündige Könige und Kaiser im staatsrechtlichen Sinne hatte es auch früher nicht gegeben, nur eine privatrechtliche Vormundschaft, die jedoch praktisch auch Regentschaft bedeutete. In diesem Sinne übernahm im Jahre 1056 Heinrichs IV. Mutter Agnes, eine sehr fromme, politisch kaum begabte Frau, offiziell die eine Funktion, de facto beide Aufgaben. Als sie 1057 das frei gewordene Herzogtum Schwaben dem einheimischen Rudolf von Rheinfelden anvertraute, dem mächtigsten Fürsten Süddeutschlands, dem sie obendrein auch die Verwaltung von Burgund übergab, und 1061 Bayern, das seit 1053 bei der Krone geblieben war, dem Sachsen Otto von Northeim und Kärnten Berthold von Zähringen übertrug, um das Geschlecht der rheinischen Pfalzgrafen zu gewinnen, entglitten diese wichtigen Gebiete damit der Reichsgewalt, da Agnes es nicht verstand, die neuen Herzöge für sich und die Sache ihres Sohnes zu gewinnen. Sie war nicht die Herrscherin, die so ehrgeizige und skrupellose Männer zu regieren verstand, und auch der Episkopat wurde von der Regierung weitgehend ausgeschlossen.

Prinzipiell Ähnliches ereignete sich in Rom. Als dort Papst Viktor II. 1057 starb, richtete sich die Papstwahl nicht mehr wie zu Lebzeiten Heinrichs III. nach den Wünschen des Kaisers. Das Papsttum suchte gegen den römischen Adel wie gegen die Normannengefahr Hilfe nicht bei der schwächlichen Agnes, sondern bei Heinrichs III. Feind Gottfried dem Bärtigen, der 1054 von Lothringen über die Alpen gezogen war und die verwitwete Markgräfin Beatrix von Tuscien-Canossa geheiratet hatte. Beatrix beanspruchte für ihre Tochter Mathilde ein großes Erbe, das in ihrer Hand zu einer erheblichen Gefahr für den Kaiser geworden wäre. Heinrich III. hatte energisch durchgegriffen, und Gottfried war nach Deutschland entwichen.

Bald nach dem Thronwechsel erkannte aber Agnes seine Ansprüche an. Nun erhoben 1057 nach dem Tod Viktors II., des besten Beraters der Kaiserin, die Reformer in Rom Gottfrieds Bruder Kardinal Friedrich als Stefan IX. zum Papst: die Wege von Papsttum und Kaisergewalt liefen auseinander. Agnes gegewährte dem Papst ihre Anerkennung. Dann ernannte dieser Petrus Damiani, einen Bußprediger und Reformeiferer, zum Kardinal — einen alten Bewunderer Heinrichs III. und Anhänger der Idee des Bündnisses von Kaisertum und Papsttum. Er erschien von der päpstlichen Seite wie ein Garant für die Fortdauer der von Heinrich III. geschaffenen Einheit. Aber bereits im März 1058 entstand durch Stefans IX. Tod eine neue Situation.

Um diese Zeit schrieb Kardinal Humbert, ein entschlossener Vorkämpfer des Primats von Rom, seine „Drei Bücher gegen die Simonisten“, in denen er mit äußerster Schärfe den Ämterkauf als Häresie geißelte und darüber hinaus den Unterschied zwischen dem alten kanonischen Kirchentum und dem Staatskirchentum der letztvergangenen Jahrhunderte auseinandersetzte. Er bestritt den sakral-charismatischen Charakter der Fürsten und Könige und bezeichnete sie als Laien wie jeden anderen Menschen; die Laieninvestitur, die Verleihung geistlicher Ämter also durch Laien, bezeichnete er erstmals geradezu als die ärgste Form der Simonie. Endlich verlangte er noch die Rückkehr zur kanonischen Bischofswahl durch Klerus und Volk, Beschränkung der Fürsten auf einen Konsens und Herstellung eines Verhältnisses zwischen Kirche und Staat wie zwischen Seele und Leib. Hier lagen ohne Zweifel programmatische Forderungen von äußerster Reformradikalität, das prinzipielle Verlangen nach Gewaltenteilung, ja, nach kirchlichem Vorrang — schließlich die Forderung nach Auflösung der Machtgrundlage des deutschen Königtums, das auf die politische Stütze der Bistümer angewiesen war. Humberts gewissermaßen private Aufzeichnung, die bedeutungsvollste politisch-kirchliche Prinzipien behandelte, fand allerdings keine weite Verbreitung, wenngleich der Verfasser eine wichtige Stellung in Rom innehatte; sie war keine Programmschrift einer Partei für einen beabsichtigten Kirchen- oder Kulturkampf, der zu jener

Zeit auch weder vom Kaiser noch vom Papst beabsichtigt wurde.

Unter Papst Stefans Pontifikat von nur acht Monaten wurden immerhin die ersten Beziehungen zwischen der päpstlichen Reformpartei und der mailändischen Volksbewegung, der „Pataria", die gleichfalls Kirchenreformen im Sinne der Abschaffung der Simonie und Einschränkung des Reichskirchentums forderte, hergestellt. Sein Nachfolger war der wieder vom römischen Adel erhobene Benedikt X. Unter ihm trat Kardinal Hildebrand, der spätere Gregor VII., noch sehr konservativ als politisch maßgebliche große Persönlichkeit in Erscheinung. Die Kardinalsgruppe dagegen, die bei Benedikts Wahl aus Rom vertrieben worden war, wählte nach vorheriger Verständigung mit Agnes Ende 1058 in Siena Bischof Gerhard von Florenz als Papst Nikolaus II., der von Gottfried von Tuscien nach Rom begleitet wurde. Dort beschloß dann im April 1059 eine der bedeutungsvollsten Synoden des Jahrhunderts das Verbot jeglicher Laieninvestitur — eine theoretische Forderung von grundsätzlich größter Bedeutung, der aber einstweilen kein Nachdruck durch Strafandrohungen gegeben und die z.B. schon im folgenden Jahre wieder bei der Investitur Erzbischof Siegfrieds von Mainz durch Agnes im Beisein eines päpstlichen Vertrauten ohne Widerspruch übertreten wurde. Bedeutungsvoller war die Synode durch das vermutlich von Humbert verfaßte Papstwahldekret, welches die bei Nikolaus' II. Erhebung angewandten Praktiken für alle Zeiten legalisieren wollte und somit erstmals das Kardinalkolleg im Gegensatz zum römischen Adel als Wahlkörper bezeichnete, die Mitwirkung des Kaisers aber unklar ließ und auf jeden Fall von einer Einwilligung des apostolischen Stuhles abhängig machen wollte. So kam es nach 1059 auf allen Seiten zu einer Versteifung der Fronten. Um für künftige Auseinandersetzungen eine Rückensicherung zu haben, schloß Nikolaus II. auf Hildebrands Rat Frieden mit den beiden Normannenfürsten Robert Guiskard und Richard von Capua, die seine Lehnsleute wurden und militärische Hilfe versprachen, ihm freilich auch wohl gefährlich werden konnten. Zunächst aber wurde damit das Papsttum in Süditalien selbständige politische Macht und lockerte damit automatisch, wenngleich wohl zunächst unbeabsichtigt, seine Bindungen zum Reich.

Schon 1061 starben Humbert und Nikolaus II.; die Reformkardinäle wählten auf Hildebrands Initiative Bischof Anselm von Lucca als Papst Alexander II., während die Kaiserin unter dem Einfluß einer römischen Adelsgesandtschaft und reformfeindlicher norditalienischer Bischöfe in Basel die Wahl des Bischofs Cadalus von Parma als Papst Honorius II. guthieß: ein Schisma war ausgebrochen, und es erhob sich die Frage, ob die Reichsgewalt Honorius nach Rom führen konnte. Agnes tat nichts in dieser Hinsicht; Cadalus selbst konnte 1062 einen Teil Roms erobern, wurde dann aber von einem durch Gottfried von Lothringen gebotenen Waffenstillstand aufgehalten, der beide Päpste bis zur endgültigen Entscheidung in Deutschland in ihre Bistümer zurückwies.

„Wir müssen klar erfassen, welche politisch und moralisch unmögliche Frontverkehrung hier zur Wirklichkeit geworden war: der Sohn Heinrichs III., der Anwärter auf das universale Kaisertum, stand im Kampf mit dem Reformpapsttum, im Bunde mit dem gleichen römischen Adel, dem Heinrich III. selbst das Papsttum entrissen hatte!" (Schieffer). Diese Verhältnisse bildeten den Hintergrund für die Front, die sich auch in Deutschland gegen Agnes bildete. Erzbischof Anno von Köln entführte im April 1062 den jungen König Heinrich auf einem Rheinschiff (Staatsstreich von Kaiserswerth) und zog auch die Regierungsgeschäfte an sich, wodurch er sich alsbald Adalberts von Bremen energische Gegnerschaft zuzog. Ziel aller Politik mußte die Beseitigung des Schismas unter dem geringstmöglichen Verlust an Prestige für das Reich sein. Dabei konnte Alexanders endgültige Anerkennung nicht fraglich sein, aber auch nicht dessen Verständnis für die Mindestforderungen des Reiches bei der Papstwahl. Auf Annos Anregung bildete sich ein formales Schiedsgericht. Der Vorgang der Anerkennung Alexanders zog sich über die Zeit vom Oktober 1062 bis zum Mai 1064 hin; seine selbständige Normannenpolitik wollte der Papst aber auch dann noch nicht aufgeben, sondern nur in Rom dem Kaiser gegenüber rechtfertigen. Die Kirchenreform wurde mit Nachdruck gegen Simonie und Priesterehe sowie im Sinne einer immer stärkeren Konzentration der gesamten abendländischen Kirche auf Rom hin fortgesetzt; aus diesen Bestrebungen erwuchs dann schließlich die Weltstellung von Papsttum und Kirche im 12. und 13. Jahrhundert, nachdem unter Heinrich III., der sich „rex et sacerdos, vicarius Christi" nannte, das Papsttum fast nicht mehr als ein oberstes Reichsbistum gewesen war.

Seit seinem Staatsstreich war Anno von Köln praktisch der Herr des Reiches — freilich nur für ein Jahr. Seit 1063 wurde er allmählich, 1064 endgültig durch den bedeutenderen Adalbert von Bremen aus der führenden Stellung verdrängt. Dieser erweiterte seinen eigenen Territorialbesitz nach Osten und schuf sich eine herzogsähnliche Stellung. Durch die Rivalität der beiden Männer ergab sich auch eine fühlbare Schwächung der Königsgewalt, da in dieser Zeit andere Fürsten Reichsgut an sich rissen.

Adalberts schnellem Aufstieg folgte ein ebensolcher Sturz. Seine Gegner erreichten, daß der König den Reichsregenten 1066 für etwa drei Jahre vom Hof verbannte und ein Großteil des bremischen Kirchenbesitzes ihm genommen wurde, während gleichzeitig seine Patriarchatspläne endgültig scheiterten: das auch für das Reich außerordentlich wichtige Lebenswerk eines bedeutenden Kirchenfürsten brach infolge innenpolitischer Rivalitäten zusammen, was u. a. im wendischen Gebiet die verhängnisvollsten Folgen hatte, indem heidnische Aufstände zum Verlust mehrerer Bistümer führten. Heinrich aber begann nun selbst zu regieren. Er, der sich nur auf Mahnen des Petrus Damiani auf einer ausdrücklich einberufenen Synode von seiner Gemahlin Berta von Turin nicht scheiden ließ und im Verlauf dieser Affäre moralisch Verluste erlitt, mußte mit ansehen, wie seine Bischöfe zur Beilegung von Streitfällen nach Rom beschieden wurden und Gehorsam leisteten. Während die Spannungen mit Niederlothringen-Tuscien beseitigt werden konnten, erhob sich in Sachsen eine heftige Opposition gegen Heinrich, der schnell seine Hausmacht vergrößern wollte und Burgen anlegte. Der Northeimer Otto von Bayern war bald der eigentliche Träger des Widerstandes. Ihn ließ Heinrich 1070 wegen eines angeblichen Mordplanes in Abwesenheit zum Tode verurteilen und vergab sein Herzogtum an Welf IV. Das war das Signal zur Ausdehnung des Konfliktes, der 1073 zu einem allgemeinen Aufstand der sächsischen Großen anwuchs. Als der König aus der Harzburg flüchten mußte, fand er Hilfe bei den Bürgern zu Worms, die ihren königsfeindlichen Bischof vertrieben. Heinrich verlieh dankbar den „Judei et coeteri Wormatienses" das große Zollprivileg von 1074. Ein Aufstand der Kölner wurde im gleichen Jahr von Anno niedergeschlagen. Beide Ereignisse waren Symptome dafür, daß nun auch in Deutschland das Stadtbürgertum aktiv in die Geschichte eintrat, „ein völlig neues Element, das als örtliche Genossenschaft freier Kaufleute und Handwerker des agrarisch-feudale Wirtschafts-und Sozialgefüge durchbrach" (Schieffer) und sich mit dem Königtum gegen den Hochadel zu verbinden bereit war — eine Konstellation, die sich im Zeitalter des Absolutismus in gewissen Formen wiederholte.

Mit den Sachsen schloß Heinrich 1074 den Verständigungsfrieden zu Gerstungen (bei Eisenach): er sagte die Schleifung der Burgen zu, fand aber die bei der in Harzburg angewandten Formen so empörend, daß er, unterstützt von der öffentlichen Meinung, im Sommer 1075 ein Reichsheer gegen die Sachsen führte und diese bei Homburg an der Unstrut schlug. Damit hatte Heinrich den ersten Höhepunkt seiner Regierungszeit erreicht.

Inzwischen war nach dem Tode Alexanders II. 1073 Kardinal Hildebrand zum Papst erhoben worden. Mit ihm, der sich Gregor VII. nannte, übernahm das Mönchtum die Führung der hochmittelalterlichen Kirche. Er war eine der großartigsten Persönlichkeiten der Weltgeschichte, tief religiös und ganz durchdrungen vom Gedanken der universalen Allgewalt der Kirche, deren „Freiheit" von weltlichen Einflüssen er erkämpfen, für die er im Sinne ihres Vorranges „Gerechtigkeit" herstellen wollte. Schon im März 1075 hatte er in den 27 glänzend formulierten, ganz knapp, fast stichwortartig gehaltenen, aber scharf durchdachten Sätzen des dictatus papae seine Auffassung vom Universalprimat der von Gott gegründeten, irrtumslosen römischen Kirche niedergelegt und den Papst, sein Regimen universale, hoch über alle Fürsten erhoben. Mochte die Aufzeichnung eine Augenblicksskizze, mochte sie auf eine Auseinandersetzung mit Byzanz, d. h. auf die Unierung der beiden Kirchen und nicht auf den Kampf mit Heinrich IV. hin oder im Hinblick auf beides formuliert worden sein — sie gab doch auf jeden Fall die tiefsten Grundsätze Gregors VII. wieder. Zunächst freilich setzte der Papst die reformerischen Arbeiten seines Vorgängers fort und ließ den deutschen Episkopat seine straffe Zügelführung verspüren, was ihm Gegner schuf. Aber erst als in Mailand die Pataria sich, zunächst ganz lokal, gegen die königliche Investitur erhob und dem vom König eingesetzten Erzbischof einen von ihr selbst gewählten entgegenstellte, wurden Heinrichs IV. Beziehungen zu Rom gespannter. Gregor VII. wiederholte 1075 die zwei Jahre vorher von seinem Vorgänger vollzogene Exkommunizierung von Heinrichs Beratern in der Mailänder Frage. Und als fast gleichzeitig mit dem Sieg in Sachsen Heinrich die Niederwerfung der Pataria in Mailand glücklich zufiel, suchte er nicht einen akzeptablen Kompromiß mit Rom, sondern ernannte erneut einen Erzbischof für Mailand, den der Papst nun nicht hinnehmen konnte. Er protestierte vielmehr im Dezember energisch bei Heinrich, wies auf dessen angreifbares Privatleben und seinen Umgang mit gebannten Ratgebern hin, womit der König eigentlich Kirchengemeinschaft und Herrscherwürde verwirkt habe, und bot ihm gleichzeitig die Hand zu einem Kompromiß bei der Frage der Bischofseinsetzung in der Auffassung, daß kirchliche und weltliche Gewalt bei Leitung und Reform der Kirche einig sein und gemeinsam vorgehen müßten.

Heinrich erhielt Gregors Schreiben am Neujahrstag 1076 in Goslar, wenige Wochen nach seinem Triumph über die Sachsen. Unter diesem günstigen Vorzeichen, angesichts der eben hier in Erscheinung getretenen Machtkonsolidation, war er um so weniger bereit, Ermahnungen des Papstes zu befolgen, als dieser mit seiner Politik auch bei anderen Fürsten Widerstand erweckte und in Rom selbst seines Lebens nicht sicher war. So hielt denn Heinrich am 24. 1. 1076 in Worms eine von zwei Erzbischöfen und 24 Bischöfen besuchte Reichsversammlung ab, auf der jene unter Führung des Erzbischofs von Mainz ihrem „Bruder Hildebrand", der unrechtmäßig Papst geworden sei und dem man auch sittliche Verfehlungen vorwarf, den Gehorsam aufsagten. Heinrich selbst steigerte als Patrizius diesen Aufruhr zu dem wahrscheinlich am 27. 3. 1076 ergangenen Absetzungsdekret und zur Aufforderung an die Römer, einen neuen Papst zu wählen. Das Schreiben begann mit den Worten: „Heinrich, nicht durch Anmaßung, sondern durch Gottes weise Verordnung König, an Hildebrand, nicht mehr den Papst, sondern den falschen Mönch", und endete: „Denn ich, Heinrich, von Gottes Gnaden König, mit allen meinen Bischöfen, ich spreche zu dir: steige herab, steige herab, du ewig zu Verdammender." Der lombardische Episkopat schloß sich auf einer Synode zu Piacenza dem Vorgehen des deutschen an.

Damit war der Weg zu einem Kompromiß mit diesem Papst verlegt und die Meinungsverschiedenheit über die Investitur zu einer grundsätzlichen Auseinandersetzung zwischen Kaiser und Papst, weltlicher und geistlicher Macht erweitert und erhöht — ein Kampf, der die christlichen Untertanen des Kaisers zur Entscheidung aufrief und bei dem Ottos des Großen und Heinrichs III. Werk zumindest in die ärgste Gefahr geraten mußte. Gregor VII. führte den Gegenschlag sofort, auf der römischen Fastensynode Mitte Februar 1076, auf der er Heinrich feierlich exkommunizierte, „alle Christen von den Fesseln des Eides" auf ihn löste, die Bischöfe teils exkommunizierte, teils unter Vorbehalt suspendierte und das traditionelle, die europäische Ordnung tragende, christliche weltlich-kirchliche Gefüge zerschlug, indem er das sacerdotium dem regnum überordnete, die Herrschaft des kirchlichen Elements über das weltliche, die „Absorbierung auch der politischen Sphäre durch die Priestergewalt" (Schieffer) als richtig und notwendig bezeichnete.

Den Gegenschlag führte Heinrich IV., indem er Gregor exkommunizieren und die Erhebung eines neuen Papstes vorbereiten ließ. Aber zu dieser selbst kam es nicht: der Bannfluch aus Rom tat seine Wirkung, stellte jeden Bischof vor eine Entscheidung zwischen Kaiser und Papst, führte zum Abfall vieler von Heinrich, wenngleich das „ottonische System" sich als stark genug erwies, die meisten beim weltlichen Herrscher zu halten. Als gefährlicher erwiesen sich die weltlichen Fürsten, indem der Sachsenaufstand erneut ausbrach, Otto von Northeim sich anschloß und die drei süddeutschen Herzöge unzuverlässig wurden: auf einer Fürstenversammlung zu Tribur, an der auch zwei

Legaten Gregors teilnahmen, wurde im Oktober 1076 die Wahl eines neuen Königs erwogen — gegen Gregors Wunsch, dem Heinrichs Unterwerfung unter das päpstliche Gebot wirkungsvoller erscheinen mußte als die Erhebung eines Gegenkönigs mit zweifelhafter Rechtsstellung. So zeigten sich hier zu Heinrichs Vorteil Unstimmigkeiten zwischen dem Papst und den deutschen Fürsten.

Heinrich lagerte während der Verhandlungen in Tribur in dem gegenüber gelegenen Oppenheim und erkannte sowohl die Aufspaltung seiner Gegner in zwei Parteien mit ganz verschiedenen Zielen, als auch die grundsätzliche Verhandlungsbereitschaft des Papstes, die nach Tribur nur wachsen konnte. Hier lagen Heinrichs Chancen: er sagte Gregor Gehorsam und Genugtuung zu, während die Fürsten auf eine sofortige Neuwahl verzichteten, die erst stattfinden sollte, wenn Heinrich länger als ein Jahr gebannt blieb. Im Februar 1077 sollte in Augsburg in Gegenwart des Papstes die Entscheidung fallen.

Heinrichs Versuch, diesem Gericht über ihn und der bedingungslosen Unterwerfung auch unter die Fürsten in Augsburg durch eine Romfahrt zuvorzukommen, wurde vom Papst durchschaut und abgelehnt. Gregor selbst brach vorsichtshalber alsbald nach dem Norden auf. Um die Vereinigung des Papstes und der Fürsten zu verhindern, mußte Heinrich, da der Papst im Augenblick als der einfachere, zur Verständigung eher bereite Gegner gelten konnte, diesem entgegeneilen und von ihm noch in Italien die Lösung des Bannes erreichen, damit er anschließend den Fürsten als von der geistlichen Macht voll Anerkannter mit Nachdruck entgegentreten konnte. Nicht als büßender Pilger, vielmehr mit vollem Hofgefolge zog Heinrich mitten im Winter über den Mont Cenis nach Oberitalien, wo sein Erscheinen weithin größte Erregung auslöste und den Papst zum Rückzug auf die nahe Stammburg Canossa der ihm ergebenen Mathilde von Tuscien veranlaßte. Besonnen schritt Heinrich nicht zu einem von seinen Anhängern erwarteten Krieg gegen den Papst, sondern zu Verhandlungen, erschien, als diese sich in die Länge zogen, am 26. 1. 1077 in Büßertracht vor dem Burgtor von Canossa und bat um Empfang durch den Papst. Unter dem Einfluß Mathildes und des Abtes Hugo von Cluny verzichtete Gregor auf den Augsburger Plan und einigte sich am dritten Tage mit Heinrich: dieser verpflichtete sich, in seinem Streit mit den deutschen Fürsten sich einem Schiedsgericht des Papstes zu fügen; Gregor, der als Priester dem Büßenden die kirchliche Lossprechung nicht verweigern konnte, hob den Bann über den König auf.

Über die Entstehung dieser Einigung sind wir am besten durch einen Brief Gregors an die deutschen Fürsten und durch den gegen Heinrich voreingenommenen Bericht Lamperts von Hersfeld in seinen „Jahrbüchern" unterrichtet. Sie hatte freilich eine Unterwerfung Heinrichs zur Voraussetzung, aber mit ihr war der König wieder in die christliche Gemeinschaft aufgenommen, hatte seine grundsätzliche Stellung über den Fürsten wiedererlangt und die Krone gerettet; die päpstlich-fürstliche Front gegen ihn war endgültig zerbrochen und die Ausgangsstellung für eine Auseinandersetzung mit Gregor selbst geschaffen, die schließlich mit der Niederlage des Papstes enden sollte. Läßt man dieses nicht im voraus abzusehende große Schlußergebnis zunächst beiseite, so war Heinrichs Erfolg in Canossa um so größer, je mehr man die ganze Auseinandersetzung als Politikum und die Szenen in Canossa nur als notwendige Durchgangsphasen zum positiven Ende betrachtet. Er verliert an Ausmaß, wenn man Buße und Unterwerfung unter das päpstliche Schiedsgericht in den Vordergrund stellt. Wie immer bei solchen Überlegungen die Gewichte verteilt werden — fest steht, daß Heinrichs neuer Aufstieg ohne die Bannlösung durch Gregor nicht möglich war und daß andererseits Gregor die Möglichkeit der anschließenden Wendung nicht ausreichend bedacht hat. Über den augenblicklichen politischen Zusammenhang weit hinaus reichten freilich die Tatsachen, daß der weltliche Herrscher sich der Binde- und Lösegewalt des Papstes unterworfen hatte, daß damit das theokratische Königtum im Sinne Heinrichs III. überholt war und daß der Gegensatz beider Gewalten so sehr zum Grundmotiv der weiteren mittelalterlichen Geschichte geworden war, wie ihre Gemeinschaft dasjenige der Vergangenheit gebildet hatte.

Während der Papst auf die Reise nach Augsburg verzichtete, wandte Heinrich sich zum Abschluß des politischen Teiles der großen Auseinandersetzung den Fürsten zu. Diese erklärten im März 1077 zu Forchheim im Beisein päpstlicher Legaten, die jedoch nicht Stellung nahmen, Heinrichs Königtum für verwirkt und erhoben Rudolf von Rheinfelden, den Herzog von Schwaben, zum König, der vom Erzbischof Siegfried in Mainz gekrönt wurde. Das Bedeutungsvollste an der Forchheimer Wahl war nicht diese selbst, sondern die in ihr zum Ausdruck kommende Ausweitung der Erhebung des Papstes über den König: auch Heinrichs Geblütsrecht wurde nicht mehr anerkannt, die altgewohnte Sicherheit der Machtordnung war vernichtet.

Heinrich setzte seine ärgsten Widersacher, die Herzöge von Schwaben (Rudolf von Rheinfelden), Bayern (Welf) und Kärnten (Berthold) ab, während Rudolf als neugewählter König Neubesetzungen im weltlichen und geistlichen Bereich vornahm, so daß durch Doppelbesetzungen bald eine unheilvolle Verwirrung eintrat. Doch zeigte sich bald, daß die Macht Rudolfs, der vom Papst nicht anerkannt wurde, im wesentlichen auf Sachsen beschränkt blieb, während Heinrich in den drei Jahren oft unterbrochener Kämpfe seine Stellung immer mehr festigen konnte. Freilich blieb auch der Papst nicht untätig: im November 1078 erließ eine Synode ein Verbot der Einsetzung von Geistlichen, das Rudolf befolgte, Heinrich aber mehrfach übertrat. Unter diesen Umständen entschied Gregor sich schließlich für Rudolf, der außerdem im Januar 1080 bei Flarchheim in Thüringen Heinrichs Truppen zu widerstehen vermochte.

Das Jahr 1080 brachte den neuen, für lange Zeit maßgeblichen Bruch. Aus der Grundlage des Investiturstreites wuchs die Entwicklung unaufhaltsam hervor: auf der Fastensynode im März 1080 wiederholte und verschärfte Gregor das Investiturverbot, bannte Heinrich erneut, setzte ihn zum zweiten Male ab und erkannte Rudolf an. Wenig später schrieb er, die nach seiner Auffassung allein gültige Ordnung fixierend, an Bischof Hermann von Metz: „Wer den Himmel öffnen und schließen kann, sollte über die Erde nicht richten können?“ und erhob damit in äußerstem Gegensatz zu den Synoden von 1046 den Anspruch, kraft apostolischer Autorität Könige in Deutschland rechtmäßig erheben und stürzen zu können. In Deutschland war die Wirkung dieses neuen päpstlichen Vorgehens gegen

Heinrich gering, und die internen Gegensätze erwiesen sich als gewichtiger. So konnte Heinrich auf einer deutsch-italienischen Synode zu Brixen am 25. 6. 1080 Gregor absetzen lassen; er selbst nominierte als Patrizius Erzbischof Wibert von Ravenna, seinen früheren Kanzler für Italien, zum Papst.

Unerwartet brachte Heinrich das Kriegsglück bald darauf einen ersten großen moralischen wie politischen Erfolg: am 15. 10. 1080 fand Rudolf im Kampf an der Weißen Elster unter Verlust der Schwurhand den Tod, nachdem Gregor Heinrichs Tod in allernächster Zeit vorausgesagt hatte. Der erst fast ein Jahr später unter Gregors Druck gewählte und in Goslar von Erzbischof Siegfried gekrönte Gegenkönig, der Lützelburger Hermann von Salm, blieb ganz auf Sachsen beschränkt. Otto von Northeim, die Seele des Widerstandes, starb 1083. Als bedeutungsvollste Gegner erwiesen sich in dieser Zeit nicht die Truppen seiner politischen Feinde, sondern die von den Papst Gregor anhängenden Reformklöstern Hirsau und St. Blasien verbreiteten Ideen, wie überhaupt der literarischen Auseinandersetzung im weiten Rahmen des „Investiturstreites“ ein großes Gewicht zufiel: päpstlicher Anspruch auf Weltherrschaft und königlicher Behauptungswille standen auch hier in vielfach abgestuften, bald mehr, bald weniger gewandt vertretenen Schattierungen einander gegenüber und erreichten weite Kreise des Volkes.

Heinrich konnte sich nun allerdings mehr und mehr dem Süden zuwenden, wo Gregor bald allein stand: Mathilde von Tuscien, seine ergebenste Anhängerin, die der Kirche ihren ganzen mittelitalienischen Besitz überwies, wurde von den Lombarden besiegt; Robert Guiskard war auf dem Balkan in Kämpfe mit Byzanz verwickelt. Heinrich zog gegen Rom, konnte aber die dem Papst ergeben gebliebene Stadt im Frühjahr 1081 nicht bezwingen, kam 1082 vergeblich wieder und eroberte 1083 die rechts des Tibers gelegene Leostadt. In kurzer Zeit fielen dreizehn Kardinäle von Gregor ab, den sie des politisch unklugen Starrsinns beschuldigten. Im März 1084 zog Heinrich in Rom ein; Wibert wurde als Papst bestätigt und nannte sich in programmatischer Anknüpfung an die Ereignisse von 1046 Clemens III. Am Ostertag krönte er Heinrich und dessen Gemahlin

Berta vor den Augen Gregors, der in der Engelsburg belagert wurde. Noch einmal drohte Heinrich größte Gefahr, als plötzlich Guiskard mit einem weit überlegenen Heer gegen ihn heranzog und Gregor befreite. Aber plötzlich löste sich die Bedrohung in eine Plünderung Roms auf, während die Römer den befreiten Gregor zur Flucht in Guiskards Schutz zwangen. Von Salerno aus, wo er Zuflucht fand, bannte er wirkungslos noch einmal Kaiser und Gegenpapst. Am 25. 5. 1085 schon starb er dort — mehr ein großartiger Vertreter kirchlicher Grundsatzforderungen als ein bedeutender Staatsmann, und damit für alle Zukunft weit einflußreicher als durch seine zumeist bald überholten politischen Erfolge.

„Gregor VII. starb als Besiegter. Alle seine politischen und kriegerischen Pläne waren gescheitert. Selbst sein Triumph in Canossa war zu einem Glied in der Kette seiner Mißerfolge und Niederlagen geworden. Er hatte der Heerführer der abendländischen Christenheit sein und die Welt beherrschen wollen; aber er war weder zum Feldherrn noch zum Politiker und Staatsmann geschaffen, da er nie mit der Wirklichkeit zu rechnen, nie das Erreichbare wahrzunehmen wußte. Fanatiker einer Idee, starr und unbeirrbar überzeugt von ihrem göttlichen Recht, heftig und rücksichtslos im Kampf für ihre Verwirklichung, blind gegen alle Rechte, die ihr entgegenstanden, hat er sich zuletzt selbst als ihr Märtyrer gefühlt. Diese revolutionierende Idee einer von der Laiengewalt befreiten, weltbeherrschenden Papstkirche aber ist nicht mit ihm unterlegen. Sie ist durch ihn zu einer geistigen Macht geworden, gegen die alle Erfolge seiner Gegner nicht aufkamen. Unaufhaltsam weiterwirkend, hat sie die alte germanisch-deutsche Ordnung des Abendlandes untergraben und umgestürzt, in der das politisch-staatliche und das religiös-kirchliche Leben zu einer Einheit unter kaiserlich-königlicher Führung verbunden war. Das ist trotz aller seiner Fehlschläge das Werk Gregors VII." (Grundmann). Freilich gilt daneben auch noch immer Jacob Burckhardts allerdings ganz aus dem politischen Protestantismus des 19. Jahrhunderts kommender Einwand, daß die „Größe der Hierarchen, eines Gregor VII. ..." doch immer „sehr zweifelhaft ist und bleibt ... An ihrem Andenken rächt sich zunächst die falsche Aufgabe:

ihr Reich zu einem Reich von dieser Welt zu machen. Aber auch, wenn dies auf sich beruhen bliebe, bleiben doch die Männer nicht groß. Sie frappieren zwar durch die enorme Keckheit, womit sie der profanen Welt entgegentreten und ihre Herrschaft zumuten, aber Herrschergröße zu entwickeln, fehlt ihnen schon die Gelegenheit, weil sie nicht direkt, sondern unter anderm durch vorher gemißhandelte und erniedrigte weltliche Gewalten herrschen, sich also mit gar keinem Volkstum wirklich identifizieren und in die Kultur nur mit Verboten und polizeilich eingreifen... Einen Vorteil haben sie: im Leiden groß scheinen zu können und in der Niederlage nicht eo ipso Unrecht zu behalten wie die weltlichen Größen."

Kaiser Heinrich IV. stand wieder auf der Höhe des Erfolges. Nach dem Sieg in Rom gestaltete er die Mainzer Synode im April 1085 zu einer glanzvollen Versammlung des kaiserlichen Episkopats. Hier verkündete er für sein ganzes Reich den Gottesfrieden, ließ allen Gregorianern ihre Bistümer nehmen, setzte an ihre Stelle kaiserliche Gegenbischöfe und brachte bis 1088 endlich auch in Deutschland seine Gegner zum Erliegen: Hermann von Salm fiel im Kampf wie sein Vorgänger, die Sachsen ergaben sich dem Kaiser. Nun nach dem Sieg und in der Gewißheit dauernden Erfolges konnten auch Nachgiebigkeit und Milde walten. Desiderius von Monte Cassino wurde 1086/87 als Viktor III. Papst, starb aber schon vier Monate später. Ihm folgte im März 1088 der an der Spitze des Kardinalskollegs stehende Odo von Ostia als Urban II. — ein gewandter Taktiker, der zwar als ehemaliger Prior von Cluny sofort ein Bekenntnis zu Gregor VII. ablegte, im übrigen aber den Frieden mit der Krone anstrebte. Wenn er gleichwohl keine Einigung mit Heinrich erlangte, so lag das am Grundgehalt des wibertinischen Schismas.

Denn noch immer fungierte ja der von Heinrich IV. eingesetzte Papst Clemens III., der 1089 eine römische Synode abhielt. Um ihn aus Rom, vom Sitz des Papsttums zu vertreiben, führte Urban die beiden bedeutendsten kaiserfeindlichen Gruppen in einer Ehe zusammen: Welf V. heiratete 17jährig die 43jährige Mathilde von Tuscien. Unter diesen Umständen zog Heinrich IV., der seinen Papst nicht fallen lassen wollte und in dieser Ansicht von den inzwischen durch Clemens investierten

Bischöfen bestärkt wurde, 1090 nach Italien. Mathilde war 1092 zum Frieden bereit, falls Urban II. anerkannt wurde. Heinrich lehnte ab — damit begann für ihn eine neue krisenreiche Phase. Sein eigener, 1087 gekrönter Sohn König Konrad, den Mathilde für die päpstliche Seite gewann, fiel 1095 vom Kaiser ab und ließ sich in Mailand zum italienischen König krönen. Die Lombarden liefen ihm zu, dem Papst leistete er einen Treueid: der Thronerbe stand zur Verzweiflung und Entmutigung des Vaters im Lager des Gegners. Heinrich selbst aber, der sich im Nordosten Oberitaliens aufhielt, war zu allem Leid als Vater auch noch außerstande, nach Deutschland zu ziehen, da seine Gegner sämtliche Pässe beherrschten. Während er jahrelang in einem Winkel seines Reiches wie ein Gefangener saß, breitete sich die Partei der Gregorianer und seiner politischen Gegner in Deutschland aus und erhob seine eigene zweite Gemahlin, die russische Fürstentochter Praxedis (= Adelheid), heftigste Anklagen in bezug auf sein Privatleben. Urban aber zog 1095 in Rom ein und baute sein Regiment auf, wobei er u. a. klug und nachsichtig kaiserliche Bischöfe für seine Seite gewann, während die Partei Clemens' allmählich zerbröckelte. Glanzvoll dehnte sich das Reformpapsttum über bedeutende literarische Leistungen im Prinzipienstreit und über Synoden und Papstreisen bis zu Urbans II. Aufruf zum ersten Kreuzzug der christlichen Ritterschaft gegen die Türken im Jahre 1095 aus. Nachdem blutige Judenverfolgungen in West- und Süddeutschland einleitend vorausgegangen waren, brach die romanische Ritterschaft West- und Südeuropas zu dem Zug auf, der 1099 in der Eroberung Jerusalems und damit auch in einem großartigen Triumph des Papsttums unter Urban II. gipfelte. Offensichtlich war Führer des Abendlandes zu diesem Zeitpunkt nicht der Kaiser, sondern der mit ihm verfeindete Papst in der erfolgreichen Erledigung einer von Gregor VII. erstmals formulierten Aufgabe des Christentums.

Angesichts so großer Ereignisse trat auch der Konflikt der beiden Gewalten etwas zurück, lockerten sich die Fronten. Clemens' Anhängerschaft wurde immer bedeutungsloser. Heinrich IV. konnte Luft schöpfen; die Ehe Welf—Mathilde ging auseinander, und die Welfen versöhnten sich mit dem Kaiser, der dem 1077 geächteten Welf IV. 1096 die Herzogswürde wiedergab. Im folgenden Jahr konnte Heinrich IV. nach Deutschland zurückkehren und feststellen, daß das ottonische System stark genug gewesen war, um alle Ereignisse der letzten Jahre zu überdauern. Die Herzöge hielten zum Kaiser oder kehrten zu ihm zurück. Der Mainzer Reichstag setzte 1098 König Konrad ab, der 1101 in Italien halb vergessen starb, und wählte und krönte an seiner Stelle Heinrichs jüngeren, 1081 geborenen Sohn Heinrich. Und endlich starb im September 1100, ein Jahr nach Urban II., der die Kirche zu universaler Geltung geführt hatte, auch Papst Clemens, der auf verlorenem Posten seine persönliche Würde gewahrt hatte. Der Kaiser war nun endlich frei und auch bereit zur Versöhnung mit dem Papsttum. Den einzigen Streitpunkt bildete das Problem der Investitur. Hier war ein Kompromiß möglich, wie die Ereignisse von 1104 in Frankreich und das Londoner Konkordat von 1107 zeigten. In Deutschland aber wurde nicht ein Ausgleich, sondern eine grundsätzliche Regelung, ein vollständiger Sieg angestrebt. Es kam hinzu, daß es dem Nachfolger Urbans, Papst Paschalis II., an der politischen Gewandtheit fehlte, die für erfolgreiche Verhandlungen mit Heinrich IV. nötig war. So verweigerte er starrköpfig einen Ausgleich, wich 1100 angebotenen Verhandlungen aus, erneuerte 1102 nachdrücklich das Investiturverbot und bannte noch einmal den Kaiser. Heinrich bat den Abt von Cluny um Vermittlung, dachte an einen Sühnekreuzzug und verkündete für diesen bereits 1103 einen vollständigen Fehdeverzicht auf vier Jahre, den ersten Reichslandfrieden. Aber der Kaiser sollte nicht zur Ausführung seines Kreuzzuges kommen. Auch sein zweiter Sohn, Heinrich V., fiel von ihm ab – vom päpstlichen Bann gegen den Vater tief beeindruckt und in Sorge um die Fortdauer des Königtums. Seine Absicht war, an die Spitze des Widerstandes zu treten, den Vater zu opfern und zu einem Frieden mit der Kurie zu gelangen, in dem die wichtigsten Königsrechte gerettet wurden. So organisierte er 1105 von Bayern aus einen Aufstand; Paschalis unterstützte ihn, Bischöfe und Fürsten verließen den gebannten Kaiser und standen dessen Sohn bei. Heinrich IV. brach nun wirklich zusammen. Ende 1105 mußte er in das treu gebliebene Köln flüchten. Aber gleichzeitig geriet auch schon Heinrich V. bei der Regelung kirchlicher Verhältnisse in Norddeutschland in den alten, unlösbar erscheinenden Konflikt mit dem Papst, der am Investiturverbot uneingeschränkt festhielt. Damit rückte der Kirchenfrieden, um dessentwillen Heinrich vom Vater abgefallen war und so viel Gefolgschaft gefunden hatte, in unerreichbare Ferne. Und nun sank die Auseinandersetzung zwischen Sohn und Vater auf die tiefste Stufe: unter falschen Vorspiegelungen wurde Heinrich IV. Ende 1105 von seinem Sohn gefangen genommen, festgesetzt und zur Hergabe der Reichsinsignien gezwungen. Am 31. 12. 1105 mußte Heinrich IV. auf dem Reichstag zu Mainz/Ingelheim abdanken, ohne die päpstliche Absolution zu erhalten. Anfang Januar 1106 trat Heinrich V. offiziell die Alleinregierung an. Sein Vater aber floh aus Ingelheim nach Köln, gewann sich durch die Schilderung seines Unglücks die öffentliche Meinung, unternahm eine Wallfahrt nach Aachen und begann einen neuen Kampf zu einem Zeitpunkt, da feststand, daß auch Heinrich V. den Frieden mit der Kirche unter Wahrung des königlichen Investiturrechts nicht finden konnte. Ehe es noch zum großen Entscheidungskampf zwischen Vater und Sohn kam, starb Heinrich IV. plötzlich am 7. 8. 1106 in Lüttich.

Paschalis II. erwies sich Heinrich V. gegenüber jetzt nicht weniger unnachgiebig als zuvor. Noch 1106 verstärkte er das Investiturverbot; 1107 zog er nach Frankreich und festigte für lange Zeit die Freundschaft des Papsttums mit den Capetingern. Heinrich aber mußte bald in Böhmen die Reichshoheit verteidigen, bald polnische und ungarische Erfolge im Kampf um die Unabhängigkeit dieses Landes hinnehmen. Inzwischen aber hielt er wie seine Vorgänger am Anspruch auf das volle Investiturrecht fest und paßte sich auch nicht stillschweigend den in England und Frankreich gefundenen Vergleichen mit der Kirche an, während der Papst immer wieder, so 1110, sein Verbot erneuerte. Im gleichen Jahre zog Heinrich nach Oberitalien, wo er leicht die seit 1093 verlorene Reichsherrschaft wiederherstellen konnte; Anfang 1111 nahm er von Tuscien aus Verhandlungen mit dem Papst auf. Während noch seine Unterhändler in alter Weise auf die Bedeutung des Investiturrechtes für die politische Machtstellung des Kaisers in Deutschland hinwiesen, fand Paschalis plötzlich einen annehmbar erscheinenden Kompromiß: die Kirchen sollten sich mit den Zehnten und den privaten Schenkungen begnügen, der König alle königlichen Güter und die Rechte, die von seinen Vorgängern der Kirche übertragen worden waren — die Regalien —, mit voller Unterstützung durch den Papst für sich und seine Nachfolger zurücknehmen und behalten. Auf dieser Grundlage kam es zu dem von Heinrich am 9. 2. 1111 unterzeichneten sogenannten Konkordat von Sutri, das eine vollständige Trennung der beiden Bereiche vorsah. Heinrich mag aber sehr wohl die in der engen Verflechtung kirchlicher und weltlicher Rechte liegende Undurchführbarkeit des Konkordats erkannt, mindestens vermutet haben, daß es eine tiefgreifende Veränderung der Rechtsordnung zur Voraussetzung und nicht nur zur Folge haben mußte. Weder konnten die Gregorianer mit erheblichen Einbußen zufrieden sein, noch die deutschen Bischöfe mit der Verdrängung aus allen weltlich-herrscherlichen Bereichen. Und die weltlichen Herren mußten befürchten, daß anschließend auch die Kirche reinen Tisch machen und ihnen die zahlreichen kirchlichen Lehen entziehen werde, während das Königtum gleichzeitig durch die ihm von der Kirche zurückgegebenen Güter und Rechte einen gewaltigen Gebiets-, Rechts- und Machtzuwachs erhielt, ohne ihn angemessen verwalten zu können, da die geistliche Seite des Verwaltungsapparates ausfiel. Mochte also das Abkommen von Sutri prinzipiell dem Problem auf den Grund gehen, praktisch bot es schließlich doch keine durchführbare Lösung.

Als am 12. 2. 1111 in Rom im Rahmen der Kaiserkrönung der Vertrag von Sutri verkündet wurde, brach ein so gewaltiger Tumult aus, daß der Papst mit dem Akt nicht fortfahren konnte und Heinrich seine Unterschrift zurückzog, die Anerkennung seines Investiturrechts forderte, ja, schließlich nach fruchtlosen Diskussionen am Abend Papst und Kardinäle gefangen setzte. Nach zwei Monaten Unfreiheit ergab Paschalis sich in seine Lage und billigte dem König das Recht zu, daß dieser die Investitur mit Ring und Stab nach der ohne Simonie geschehenen kanonischen Wahl, aber vor der Weihe eines Bischofs oder Abtes ausüben dürfe. Er verpflichtete sich eidlich, Heinrich nie zu bannen, und führte am folgenden Tage, dem 13. 4. 1111, unter scharfen Sicherungsmaßnahmen die Kaiserkrönung durch.

Kaum war der Kaiser nach Deutschland zurückgekehrt, da erhob sich ein Proteststurm der Gregorianer, die den Papst zwar nicht zur Widerrufung der Abmachung, aber doch zu der Erklärung bewegen konnten, daß ihm der Vertrag abgepreßt worden sei, und weiter erreichten, daß jahrelang die Beziehungen Paschalis' zu Heinrich sehr locker blieben, da der Papst sich in feierlicher Form zu den Grundsätzen Gregors und Urbans bekannte.

Auch in Deutschland stieß der Kaiser auf Schwierigkeiten. Die Fürsten verließen ihn, als sie bemerkten, daß er energisch daran ging, das Reichsgut zu mehren und die Ministerialen und Städte zu stärken — beides auf ihre Kosten. Speyer und Worms erhielten 1111 und 1114 große, weit über Handelsvorteile hinausgehende Privilegien, die das Entstehen eines neuen stadtbürgerlichen Rechtsstandes einleiteten. Unter der Führung Lothars von Supplinburg (bei Braunschweig) erhob sich 1112 Sachsen, dem sich auch Heinrichs früherer Kanzler Adalbert von Mainz und manche Bischöfe anschlossen, die wie die weltlichen Fürsten um das in ihren Händen befindliche Reichsgut fürchteten. Heinrich behauptete sich mit Härte, ließ Adalbert festsetzen, schlug die Sachsen, erlitt aber 1115 bei Eisleben eine schwere Niederlage. Sie bedeutete eine entscheidende Wendung und zwang ihn in Verbindung mit einem Bürgeraufstand zur Freilassung des Erzbischofs von Mainz. Der Papst nutzte nun selbstverständlich die Schwäche des Kaisers aus: er bannte ihn. Als Heinrich um die gleiche Zeit erfuhr, daß Mathilde von Tuscien gestorben war, entschloß er sich sofort zu einem Italienzug, um seine Erbansprüche zu erheben. Ohne Heer erschien er im Frühjahr in Oberitalien, zog Mathildes Reichslehen ein, trat auch als Privaterbe auf und begann damit den Streit um die „Mathildischen Güter", die sowohl der Kurie geschenkt wie auch 1111 ihm vertraglich als Erbe zugesichert worden waren. In Mittelitalien baute er eine starke Macht auf; mit dem Papst aber, der freilich schon Anfang 1118 starb, kam es zum Bruch. Sein Nachfolger wurde der konziliantere Gelasius II. Heinrich aber erhob einen Gegenpapst Gregor VIII. und vernichtete damit alle Aussichten auf eine baldige Beilegung des Streites. Gelasius bannte den Kaiser und dessen Papst, einen unbedeutenden portugiesischen Erzbischof, starb aber selbst schon im nächsten Jahr 1119 in Frankreich. Sein Nachfolger Calixt II. aus burgundischem Hochadel ergriff nun die Initiative zum Ausgleich mit Heinrich, der endlich nach jahrelangen, mühevollen und oft vor einem neuen Abbruch stehenden Verhandlungen auf der Synode zu Worms am 23. 9. 1122 im Wormser Konkordat zustande kam. Mit ihm fand der Kampf eines halben Jahrhunderts ein Ende. Heinrich verzichtete auf die Investitur mit Ring und Stab und gestand die kanonische Wahl und die freie Weihe bei den Kirchen des Reiches zu. Doch sollten die Wahlen in Deutschland in Anwesenheit des Königs oder seines Bevollmächtigten geschehen, so daß er durch die „praesentia regis" praktisch, wenn auch nicht rechtlich, Einfluß ausüben konnte. Bei zwiespältigen Wahlen sollte der König, dem Rat oder Urteil der Geistlichkeit folgend, dem im Recht befindlichen Teil seine Zustimmung geben. Der Gewählte sollte vom König durch das Zepter mit den Regalien belehnt werden. Diese Regalieninvestitur sollte in Deutschland der kirchlichen Weihe vorausgehen, in Burgund und Reichsitalien der Weihe innerhalb von 6 Monaten folgen, also dort nicht viel mehr als eine Formalität bilden. Der Kirchenstaat wurde vom Konkordat ausgenommen. Während der Kaiser sich gegenüber „Gott und seinen heiligen Aposteln Petrus und Paulus und der Heiligen Katholischen Kirche" band, blieb unklar, ob der Papst durch die an „Dich, meinen lieben Sohn Heinrich" persönlich gerichtete Gegenurkunde die Geltung des Konkordats auf dessen Lebenszeit beschränken und, wie die kirchliche Seite bald behauptete, nach Heinrichs Tod eine Neuregelung herbeiführen wollte. Sowohl die deutschen Fürsten wie die Lateransynode von 1123 bestätigten die Wormser Abmachung.

Hatte die Reichsgewalt im Vergleich zu Heinrichs III. Zeiten eine schwere Einbuße hinnehmen müssen — vom Einfluß auf die Papstwahl war gar nicht mehr die Rede und für Deutschland der staatskirchliche Grundsatz der Bischofseinsetzung gefallen —, so war auch die Kirche keineswegs als Siegerin nach langem Kampf zu bezeichnen: zwischen Kirche und Kirchengut trat das kaiserliche Recht der Temporalieninvestitur, also der Einsetzung der Geistlichen in ihre weltlichen Eigentumsrechte — im Gegensatz zur Einsetzung in die kirchlichen Befugnisse (Spiritualieninvestitur). Und durch die praesentia regis vermochte der König so viel Einfluß auszuüben, daß der Episkopat weiter als Stütze der Reichsgewalt aufgebaut und — notfalls auch gegen die erstarkten weltlichen Fürsten — benutzt werden konnte. In dieser Teilung der Investitur, die sich in England und Frankreich bereits bewährt hatte, spiegelten sich nicht allein und nicht einmal in erster Linie politische Gegensätze, sondern zutiefst neue antithetische Denkweisen im Zusammenhang mit der Auflösung des einheitlichen frühmittelalterlichen Weltbildes. An die Stelle des alten Monismus trat immer mehr der Dualismus von Spiritualien und Temporalien, zu dessen Begründung die Bibelstelle von den zwei Schwertern, des geistlichen und des weltlichen, diente. Keine der beiden Seiten also hatte „gesiegt"; das Konkordat war ein Kompromiß, ein modus vivendi in den gegebenen Machtverhältnissen, nicht eine prinzipielle und damit auch nicht eine dauerhafte Lösung des Konflikts zwischen zwei die Oberherrschaft anstrebenden Gegnern. Bedenkt man freilich, daß die Herrschaft des deutschen Königtums über das Papsttum mit Worms beseitigt, daß das historisch gewachsene Eigenkirchenrecht des Staates dem kanonischen Recht der Kirche unterlegen war, so war Calixt II. der Sieger geblieben, der alles Recht hatte, den Triumph der Kirche in großen Gemälden und der Wiedergabe des Wormser Textes an den Wänden einer neuen Kapelle im Lateran festhalten zu lassen.

Calixt starb Ende 1124; auch zu seinem Nachfolger Honorius II. unterhielt Heinrich V. gute Beziehungen. Die Fürstenopposition in Deutschland dagegen vermochte er nicht mehr zu unterdrücken. Kinderlos starb er im 45. Lebensjahre am 25. 5. 1125 in Utrecht an Krebs. Mit ihm, einem harten, gelegentlich wohl hinterhältigen Manne, erlosch nach einem Jahrhundert die Herrschaft der Salier. „Die Kontinuität des Salierhauses riß ab, ehe der Reichsgewalt die Früchte des Friedens zugute kommen, ehe sich auf Grund der Wormser Vereinbarungen ein neues kirchenpolitisches Gewohnheitsrecht einspielen konnte ... Das

Ende der Dynastie aber ließ neue Kräfte zum Zuge kommen" (Schieffer).Das Fürstentum hatte inzwischen mit der Entwicklung zum Reichsfürstenstand und der Ausbildung der geistlichen Reichsfürsten bedeutend an Macht gewonnen, was sich beim Zustandekommen des Wormser Konkordats deutlich gezeigt hatte, und ließ sich dem Reich nicht mehr einfach eingliedern. Das Bürgertum und die neue Adelsschicht der Ministerialen, der ritterlichen Dienstmannen großen Teils unfreier Herkunft, hatten ihre Positionen erweitern können und wurden dabei von der königlichen Territorialpolitik, der „Königslandpolitik" gegen den hohen Adel zugleich unterstützt und benutzt. Hier, bei den „neuen Kräften", lagen die Ansatzpunkte für Lothar III. und die Staufer; damit war freilich auch das Zurücktreten der geistlichen Kultur hinter die weltlich-ritterliche, von Frankreich kommende, aber schnell national eingefärbte Kultur verbunden.

Doch schließlich hat der heftige Angriff des Papsttums gegen die weltliche Macht in der Zeit der Salier auch für diese selbst und für alle Zukunft große positive Bedeutung gehabt. „Die Ansprüche der großen Päpste auf die Leitung der christlichen Welt, ihre Versuche, die Könige ihren Ordnungsvorstellungen entsprechend in die geistlich-weltliche Hierarchie einzuordnen, als deren einzige Spitze auf Erden sie sich selbst betrachteten, haben Heinrich IV. und seine tief denkenden Anhänger gezwungen, die Heiligkeit des Reiches und die Gottunmittelbarkeit des Königtums so prinzipiell zu begründen, wie es noch nie vorher geschehen war. So sind sie in jenem entscheidenden Zeitalter die Gegenspieler der Päpste in dem Kampf der beiden Gewalten geworden, der wohl so stark wie nichts anderes die Eigenart des Abendlandes geprägt und seine eigentümliche Freiheit begründet hat. Denn was wäre geworden, wenn eine Partei eindeutig den Sieg gewonnen hätte? Ein Caesaropapismus wäre wohl entstanden, was zu Starrheit und Uniformität anstatt zur europäischen Vielfalt hätte führen können" (Tellenbach).

LOTHAR III. UND DAS ZEITALTER DER STAUFER

Lothar III.

Nach dem Geblütsrecht hätte Heinrichs Neffe Friedrich II. von Schwaben König werden müssen. Aber die bedeutende Machtstellung, die er durch das salische Erbe erhalten hatte, ließ kirchliche Kreise die Wiederaufnahme der salischen Kirchenpolitik befürchten. Führer der Opposition gegen die Salier war Lothar von Sachsen gewesen. Ihm neigte jetzt auch die gregorianische Gruppe der Bischöfe unter der Führung Erzbischof Adalberts von Mainz zu, der sich von der Kaiserinwitwe Mathilde die Reichsinsignien ausliefern ließ und zum 24. 8. 1125 eine Wahlversammlung der deutschen Fürsten nach Mainz einberief. Der bayrische Widerstand wurde durch die Zusage einer Eheverbindung von Lothars Tochter mit dem künftigen bayrischen Herzog Heinrich, einem Welfen, ausgeräumt und am 30. 8. Lothar zum König gewählt; in Aachen wurde er am 13. 9. gekrönt. Gleichwohl war der Gegensatz der beiden Fürstenparteien, die zu Friedrich bzw. Lothar hielten, keineswegs beendet. Er behielt als welfisch-staufischer Konflikt für die folgenden Jahrzehnte erhebliche Bedeutung. Lothars Abhängigkeit von der gregorianischen Reformpartei unter den Bischöfen zeigte sich darin, daß er seine Wahl dem Papst nicht allein anzeigte, sondern auch um dessen confirmatio, Bestätigung, bat. Diese erhielt er alsbald, sie sollte allerdings auch fortan in der kirchlich-weltlichen Auseinandersetzung als ein Präzedenzfall politische Bedeutung haben.

Das wichtigste und folgenreichste Ereignis in Lothars Regierungszeit bildete die unter seinem Schutz in Gang gekommene kirchliche und weltliche Siedlungsbewegung jenseits der Elbe. Der Wettiner Markgraf Konrad erweiterte von Meißen aus seine Herrschaft über die Lausitz. Der Askanier Albrecht der Bär begründete die brandenburgische Mark. Otto von Bamberg begann seine Mission in Pommern, Wizelin von Hameln in Holstein. Und neben ihnen wurden in den folgenden Jahrzehnten am stärksten die beiden neuen, für Deutschlands Osten bedeutendsten Mönchsorden, die Zisterzienser und die Prämonstratenser, tätig. In einer großen Anzahl von Abteien, die als Musterwirtschaften wirkten, erwarben die Zisterzienser sich große Verdienste um Land- und Forstwirtschaft, während die Prämonstratenser sich stärker der Seelsorge zuwandten und den Osten von großen Klöstern her der Christianisierung öffneten.

Lothar selbst mußte freilich zunächst seine Stellung in Süddeutschland einrichten und die in Italien begründen. In Franken und Schwaben kam es mit der starken staufischen Partei zu heftigen Auseinandersetzungen um die Frage, was salisches Erbgut, was Reichsgut sei. Aus ihnen erwuchs schließlich sogar die Erhebung Konrads, des jüngeren Bruders von Herzog Friedrich von Schwaben, 1127 zum Gegenkönig und die Ausweitung des Konflikts über ganz Deutschland, ja, selbst über Norditalien, wo der inzwischen vom Papst und den deutschen Bischöfen gebannte Konrad besonders in Mailand Anhänger fand und in Monza zum König der Langobarden gekrönt wurde. Lothar mußte also nach Italien ziehen, nicht zuletzt zu der ihm von Papst Honorius II. angebotenen Kaiserkrönung, teils aber auch, um im Interesse des eigenen Ansehens dem schnell an Macht gewinnenden Normannenherzog Roger II. entgegenzutreten. Da starb 1030 Papst Honorius II. Die römischen Adelsfaktionen der Pierleoni und Frangipani, die in kirchenpolitischen und privaten Auseinandersetzungen begriffen waren, wählten sofort zwei Päpste: aus der ersten (jüdischen) Familie Anaklet II., unter dem Einfluß der anderen Innozenz II. Anaklet fand in Rom allgemeine Anerkennung, Innozenz mußte bald die Stadt verlassen und sich unter französischen Schutz stellen. In der Frage der Rechtmäßigkeit beider Päpste stellten England und Frankreich sich auf Innozenz' Seite, Nord- und Mittelitalien sowie die Normannen auf die seines Gegners. Lothar entschied sich bei einer Begegnung in Lüttich für Innozenz, für den Bernhard von Clairvaux eintrat, der bedeutendste Kopf und Leiter des straff organisierten jungen Zisterzienserordens. Der 1091 geborene Burgunder, der seit 1115 erster Abt des Klosters Clairvaux war, griff, von Hugo von St. Victor beeinflußt und selbst

Begründer der mittelalterlichen Mystik genannt, über den geistlichen wie den weltlichen Radikalismus des Investiturstreites hinaus. Er kämpfte in Wiederanknüpfung an die Ideen von Cluny für das irdische Gottesreich, war der bedeutendste Prediger seiner Zeit, übte aber auch vorübergehend, von politischem Ehrgeiz erfüllt, starken Einfluß auf das Reich und das Papsttum aus, so daß er ein Menschenalter lang als der eigentliche Beherrscher des Abendlandes galt. Der Aufstieg des Zisterzienserordens war eng mit Bernhard von Clairvaux verknüpft. Eine ähnliche Verbindung bestand zwischen dem ebenso jungen, vorwiegend in Deutschland missionierend tätigen Prämonstratenserorden und seinem führenden Mitglied Norbert von Xanten, der seit 1126 auf Lothars Veranlassung Erzbischof von Magdeburg war. Bernhard und sein Orden führten den der Reformpartei angehörenden Innozenz zum Erfolg, und Lothar wollte durch seinen Romzug im Spätsommer 1132 dazu beitragen. Aber seine Macht reichte nicht dazu aus, den Pierleoni die Peterskirche zu entreißen, so daß er, nachdem ein Teil der oberitalienischen Städte sich ihm zugewandt hatte, am 4. 6. 1133 im Lateran gekrönt werden mußte. Anschließend wandte er sich gegen Roger. „Hier liegt nun der Ausgangspunkt für eine weltgeschichtliche Entwicklung. Denn die Stellung des weströmischen Kaisers an sich, insbesondere aber im Hinblick auf Unteritalien, schloß ein irgendwie zu bestimmendes Verhältnis zum oströmischen Kaiser in sich. Das Normannenreich auf dem Festland umfaßte Gebiete des westlichen Imperiums, in Apulien, Kalabrien und Sizilien aber Gebiete des östlichen Imperiums. Daher wurde die Haltung zum Normannenreich der Ausgangspunkt für die Neugestaltung der Beziehungen der beiden Imperien zueinander" (Rassow).

Bevor der Kaiser Rom verließ, mußte der Papst Lothars Schwiegersohn, Herzog Heinrich den Stolzen von Bayern, mit dem mathildischen Gut belehnen und damit die kaiserliche Partei auch in Deutschland beträchtlich stärken — ja, Lothars Absicht entsprechend, Heinrichs Nachfolge auf den Königsthron wahrscheinlich machen. Anschließend unterwarf Lothar selbst in zweijährigem Kampf die Staufer, während Innozenz wieder Rom verlassen und nach Pisa übersiedeln mußte, und

Anaklet II. mit Hilfe des 1130 zum König erhobenen Roger in Rom regierte. Das zwang Lothar, um seines eigenen Ansehens als römischer Kaiser und um seiner Pflicht zum Schutz der Kirche willen endlich gegen Roger zu Felde zu ziehen, mochten auch im Osten und Norden lockende und große Erfolge versprechende Aufgaben in reicher Fülle liegen. Die innersten Pflichten seiner einzigartigen Stellung als mittelalterlicher Kaiser also veranlaßten Lothar zu einer Handlung, die kein anderer Fürst, etwa der König von Frankreich, auf sich nehmen wollte oder durfte. Von dieser zur Stellung des Kaisers gehörenden Pflicht her allein kann die Frage des „Nutzens und Schadens" der Italienpolitik wissenschaftlich behandelt werden.

Nachdem Lothar auf einem Hoftag zu Merseburg im August 1135 von Gesandten des byzantinischen Kaisers und des um seinen Handel besorgten Venedig noch einmal unter der Zusage reicher Subventionen zum Einschreiten gegen Roger gebeten worden war, und nachdem er selbst dort Frieden mit Böhmen geschlossen und zwischen Böhmen und Polen gestiftet hatte, brach ein stattliches Heer im August 1136 von Würzburg auf. Mit Hilfe genuesischer und pisanischer Schiffe drang es dem klug mit seinen Truppen nach Sizilien ausweichenden und Lothars Rückzug abwartenden Roger bis Bari nach. Aber Süditalien zu besetzen und zu behaupten, erwies sich als unmöglich. Und nun geriet der Kaiser sogar mit dem Papst in Konflikt wegen dessen Lehensanspruch auf die von den Normannen beherrschten Gebiete. Lothar forderte dieses Recht jetzt für sich, Innozenz wollte nicht darauf verzichten; schließlich wurde Rainulf von Alife mit Apulien belehnt, und Kaiser und Papst überreichten gemeinsam dem neuen Lehnsmann die das Lehen symbolisierende Fahne. Ein ähnlicher Streit brach um die Besetzung der Abtstelle von Monte Cassino aus. Kaum hatte der Kaiser hier seinen Kandidaten Wibald durchgesetzt, mußte er krank nach Deutschland eilen — jede Position, die seine Ritter räumten, nahmen Normannen und Anhänger Anaklets ein. Knapp jenseits des Alpenkammes nahe Reutte in Tirol ereilte Lothar, der die Reichsinsignien bereits Heinrich dem Stolzen von Bayern übergeben hatte, am 4. 12. 1137 der Tod, als Roger sich schon wieder im Besitz von Unteritalien befand,

Innozenz Rom und Abt Wibald Monte Cassino hatte räumen müssen. Wenige Wochen später starb auch Anaklet II.: das Schisma war zu Ende, und Innozenz konnte nun als einziger und rechtmäßiger Papst Roger bannen. Aber schon im Sommer 1139 mußte auch er, von Roger gefangen, diesen mit der sizilisch-normannischen Monarchie belehnen.

Konrad III.

Lothar hinterließ keine Söhne; nach altem Recht hätte sein Schwiegersohn Heinrich der Stolze zum König gewählt werden müssen, der einen reichen Hausbesitz in Schwaben, Bayern, Sachsen und Italien hatte, Herzog von Bayern und Sachsen war und in Italien als Markgraf außerdem über die mathildischen Güter verfügte. Aber gerade die starke Hausmacht, der kaum jemand hätte widerstehen können, wurde ihm nun zum Verhängnis. Heinrich hatte sich erst jüngst in Italien dem Papst gegenüber als eifriger Verfechter der Reichsrechte gezeigt. Während in Frankreich und England längst das Erbrecht, in England sogar das der Tochter anerkannt war, wurde nun unter der Leitung Erzbischof Alberos von Trier — die Erzstühle von Köln und Mainz waren im Augenblick unbesetzt — in Verbindung mit dem Kardinallegaten Dietwin sogar vor dem eigentlich angesetzten Wahltermin nicht dieser der Kirche gefährliche Mann gewählt. Vielmehr wählte eine kleine Fürstengruppe im Februar 1138 Konrad von Staufen, ehemals Lothars Gegenkönig; in Aachen wurde dieser anschließend gekrönt. Die Wahl wurde allerseits, auch von Heinrich, anerkannt; doch verweigerte dieser die Huldigung, bevor der König ihm Bayern und Sachsen zugesichert hatte. Das lehnte Konrad ab und verhängte über Heinrich die Reichsacht. Damit war der Konflikt heraufbeschworen, der Konrads ganze Regierungszeit überschatten sollte: der Kampf mit den Welfen, zuerst mit Heinrich dem Stolzen, dann mit dessen Bruder Welf VI., schließlich mit Heinrich dem Löwen. Das war ein zutiefst unlösbarer Konflikt, da Konrad aus Selbsterhaltungstrieb Heinrich nicht die von diesem geforderte Machtfülle zugestehen durfte. Er gab Bayern seinem Halbbruder Markgraf Leopold von Österreich, Sachsen dem Markgrafen Albrecht dem Bären. Damit aber brach der offene Kampf zwischen Konrad und Heinrich aus, der Albrecht den Bären aus Sachsen vertrieb. Er wirkte sich auch auf die Ostkolonisation aus: die Wenden fühlten sich zu einer 1138 ausbrechenden Erhebung ermuntert. Bald darauf starb Heinrich der Stolze im Oktober 1139; sein 10jähriger Sohn Heinrich (der Löwe) fand in Sachsen sofort allgemeine Anerkennung. In Bayern kämpfte Welf VI. für die welfische Sache. Bis zum Jahre 1142 zogen die Streitigkeiten sich hin; dann legte Albrecht der Bär den Herzogtitel ab und verzichtete auf Sachsen, das Heinrich der Löwe unter Aufgabe Bayerns übernahm, während Albrecht die Nordmark zurückerhielt. Bayern wurde Heinrich II. Jasomirgott von Österreich übertragen, dem zweiten Gemahl von Heinrichs des Löwen Mutter, Herzogin Gertrud. Aber Gertrud starb schon im folgenden Jahr, und Welf VI. setzte, unterstützt von Roger II. und Friedrich von Schwaben, den Kampf gegen Konrad fort.

Unter Beratung durch Wibald von Stablo mußte Konrad sich in der Außenpolitik mit dem Problem der normannischen Expansion in Süditalien auseinandersetzen. Da auch der byzantinische Besitz von dieser Gefahr bedroht wurde, kam es unter wachsendem diplomatischem Verkehr zu einer Annäherung und schließlich 1146 zu einer Ehe zwischen dem byzantinischen Thronfolger Manuel und Konrads Schwägerin Berta (in Konstantinopel Irene) von Sulzbach. Der Papst bedurfte Konrads Hilfe nicht allein gegen die Normannen, sondern immer mehr auch gegen eine der norditalienischen ähnliche stadtrömische Bewegung, die unter Innozenz II. schwachen Nachfolgern Cölestin II. und Lucius II. erstarkte und den seit 1145 regierenden Eugen III. geradezu zwang, Rom zu verlassen und nach Viterbo auszuweichen. Von dort aus bat er Konrad dringend um einen Italienzug.

Da wurde Edessa, die östliche Grenzfestung der Kreuzfahrerstaaten, 1144 durch den Sultan erobert und der gesamte Erfolg des ersten Kreuzzuges in Frage gestellt; Hilferufe an den Papst wurden von diesem an König Ludwig VII. von Frankreich weitergegeben und mit dem Aufruf zu einem neuen Kreuzzug verbunden. Ende 1145 sagte Ludwig einen solchen zu; und alsbald entfachte Bernhard von Clairvaux, dem der Papst die Kreuzzugspredigt übertragen hatte, durch seine Beredsamkeit eine gewaltige Bewegung weit über Frankreich hinaus, die u. a. in einigen rheinischen Städten die Form blutiger Judenverfolgungen annahm. Bernhard, der einen großartig stilisierten, zugleich werbenden, drängenden und zu Selbstdisziplin mahnenden Kreuzzugsbrief an die Deutschen schrieb, reiste außerdem selbst nach Deutschland, um die Entartung der Bewegung niederzuschlagen und König Konrad für den Kreuzzug zu gewinnen. Dieser nahm nach langem, durch die innenpolitischen Verhältnisse in Deutschland veranlaßten Zögern Weihnachten 1146 das Kreuz. Viele deutsche Fürsten, darunter auch Welf VI., schlossen sich ihm an.

Nachdem im März 1147 auf einem Reichstag zu Frankfurt ein allgemeiner Reichsfriede verkündet, Konrads 10jähriger Sohn Heinrich zum König gewählt und Erzbischof Heinrich von Mainz mit der Führung der Reichsgeschäfte in Konrads Abwesenheit betraut worden war, konnte der Kreuzzug beginnen. Allerdings hatten die sächsischen Fürsten mit Bernhards Billigung „völlig aus eigener Machtvollkommenheit" (Waas) erreicht, daß auch eine Kreuzfahrt gegen die Slawen als Erfüllung des Kreuzzuggelübdes gelten sollte: die Ostbewegung erwies erstmals ihr starkes Eigengewicht, ihre Sonderrichtung abseits der Italien- und Mittelmeerpolitik. Im Mai 1147 brachen die deutschen Kreuzfahrer von Regensburg auf, durchzogen Ungarn und Bulgarien, erreichten im September Konstantinopel, setzten über die Meerenge und zogen, zumeist unter Konrads Führung, durch das Innere Kleinasiens ihrem großen Ziel zu. Aber Mangel an Lebensmitteln und dauernde Kämpfe mit den Türken zwangen Konrad bald zur Rückkehr unter schweren Verlusten. Für die Franzosen erwies der Kreuzzug sich gleichfalls als ein völliger Mißerfolg. Edessa, das Ziel des Unternehmens, konnte auch im nächsten Frühjahr nicht genommen werden. Ganz erfolglos verließ Konrad im Herbst 1148 das Heilige Land und traf im Frühjahr 1149 wieder in Deutschland ein. „Das Land der Heiden bereicherte und füllte sich mit der Beute und den Waffen, die sie dem abendländischen Heer . . . abgenommen hatten. Weil also alles, was auf diesem

Kreuzzug geschah, voll Trauer und Elend sieglos ist, schweigt man besser davon, schont das Schamgefühl der Abendländer und überliefert es nicht der Kenntnis der Nachfahren", heißt es in der Kölner Königschronik zum Jahre 1147.

So war der zweite Kreuzzug für alle Beteiligten ein völliger Mißerfolg; die alten Spannungen in Europa brachen schnell mit nur noch größerer Heftigkeit wieder auf. Roger, der während der Ablenkung seiner Gegner durch die Kreuzfahrt Korfu besetzt und Beutezüge nach Griechenland unternommen hatte, konnte nun nur noch durch ein gemeinsam bei Konrads Aufenthalt in Byzanz vereinbartes deutsch-byzantinisches Unternehmen zurückgeschlagen werden, wobei freilich Manuel nur die Rolle des Subsidienzahlers übernehmen wollte. Dafür forderte er einen Teil des erwarteten territorialen Gewinns. Venedig und Pisa waren gleichfalls zur Beteiligung bereit. Roger aber schloß sich solcher Absicht gegenüber mit dem aus Palästina zurückgekehrten Welf VI. zusammen, der in Deutschland Diversionsunternehmen gegen Staufer und Babenberger, die Familie des Bayernherzogs Heinrich Jasomirgott, durchführen wollte. Weiter gelang es Roger, Ludwig VII. von Frankreich und Geza II. von Ungarn zu gewinnen, so daß aus dem europäischen Kreuzzug gegen die Heiden ein innereuropäischer Krieg größten Ausmaßes erwachsen wäre, wenn der Papst nicht schließlich nach langem Zögern der Front Rogers gegen Konrad und Manuel ferngeblieben wäre.

„Auch der Kreuzzug gegen die Slawen und Wenden im deutschen Osten, den Bernhard in gleicher Weise propagiert hatte, führte zu keinem Erfolg. Der Grund dafür lag in der inneren Unklarheit des Unternehmens. Teilweise erwiesen sich nämlich die Slawen, die man unterwerfen wollte, als gute Christen, so daß man den Krieg gegen sie nicht als Kreuzzug bezeichnen konnte. Oder wenn die Slawen, die man unterwarf, Heiden waren und bleiben wollten, war es doch sinnlos, sie zu vernichten und ihr Land zu zerstören, aus dem man unter eigener Herrschaft später Nutzen ziehen wollte. Das aber widersprach den ausdrücklichen Kreuzzugs-Weisungen Bernhards", der „Vernichtung oder Bekehrung der Heiden verlangt und Friedens- und Vertragsabschlüsse kompromißlerischer Art untersagt hatte" (Waas).

Nach dem Ausgleich zwischen Heinrich dem Löwen und Albrecht dem Bären 1142 auf dem Frankfurter Fürstentag konnte die Expansion nach dem Osten erneut und mit verstärkter Kraft beginnen, wobei viele Holsaten, Stormarer, Westfalen, Holländer und Friesen ins Land zogen und 1143/44 der schnell aufblühende Handelsplatz Lübeck angelegt wurde. Der Wendenkreuzzug von 1147 vernichtete diese ersten Erfolge fast ganz: Lübeck und viele Siedlungen auf dem Lande wurden von den präventiv kämpfenden Obotriten verheert, erste Christianisierungserfolge erwiesen sich als Scheintaufen, die Liutizen leisteten erbitterten Widerstand, und beim Aufbau der kirchlichen Organisation in der sächsischen Ostmark kam es zu einem heftigen Gegensatz Heinrichs des Löwen zu Erzbischof Hartwig von Bremen. An der Elbe konnte Albrecht der Bär allerdings seinen Herrschaftsbereich ausdehnen, Brandenburg 1151 besetzen und Holländer und Flamen in der Altmark und rechts der Elbe ansiedeln. Alles in allem entzog der Slawenkreuzzug der Fahrt ins Heilige Land wesentliche Kräfte und ließ das auf Eroberung und Herrschaft abzielende Privatinteresse der Fürsten und Ritter so deutlich in Erscheinung treten, daß dadurch die Sache der Kreuzzüge überhaupt nicht wenig diskreditiert wurde — ganz abgesehen davon, daß hier von vornherein das glanzvolle Ziel „Jerusalem" und „Heiliges Land" als Rechtfertigung und Krönung des Ganzen fehlte.

Für Konrad erwiesen sich die beiden Kreuzzüge als eine schwere Beeinträchtigung seiner deutschen Politik. Während er außer Landes war, nahmen in Deutschland die Partikularkämpfe ihren Fortgang, so daß er sich nach seiner Rückkehr nicht, wie vorgesehen, alsbald gegen Roger wenden konnte, sondern 1150 zunächst einmal Welf VI. in seine Grenzen zurückweisen mußte. Als Antwort darauf erneuerte Heinrich der Löwe 1151 seine Ansprüche auf Bayern; Reichstagen, die über sein Recht verhandeln und entscheiden sollten, blieb er fern und hielt so Konrad ständig in Atem.

Ähnlich war die Lage für Papst Eugen III. in Rom, wo die kommunale Bewegung seit 1145 durch den reformerischen Radikalisten Arnold von Brescia erneut angefacht wurde. Man ging im Herbst 1149 so weit, Konrad feierlich einzuladen, er möge Rom zu seinem Regierungssitz machen und die Kaiserkrone aus der Hand des Volkes entgegennehmen. Konrad lehnte dieses Angebot ab — nicht zuletzt, um den Bruch mit dem Papsttum zu vermeiden. Eugen wollte ihn nun im Herbst 1152 zum Kaiser krönen; aber schon im Februar starb Konrad plötzlich in Bamberg, nachdem sein ältester Sohn bereits 1050 den Tod gefunden hatte. Sein zweiter Sohn Friedrich war sechs Jahre alt. So bestimmte Konrad auf seinem Sterbebett seinen Neffen Herzog Friedrich von Schwaben zu seinem Nachfolger. Damit gelangte nach einem König, der die großen Zusammenhänge selten erfaßt und sich meist in kleinlichen Auseinandersetzungen verzehrt hatte, wieder eine große Persönlichkeit auf den Königs- und Kaiserthron.

Friedrich I. Barbarossa

Von einem „Kulturwandel“ um die Mitte des 12. Jahrhunderts, um die Zeit des Zusammenbruchs der Kreuzzugshoffnungen, hat Karl Hampe gesprochen: Die neuen Schichten der Ministerialen und Stadtbürger, die politisch seit Heinrich IV. immer stärker an Bedeutung gewannen, mußten logisch auch im gleichen Tempo die Kulturentwicklung mitbestimmen — Laien also, die Cluny und Clairvaux mit deren Reformeifer und Askese fernstanden. Das Rittertum stieg militärisch-politisch auf und mit ihm seine Kunst und Literatur. Die Städter gewannen an Einfluß und durch sie das Geldwesen. Und da das Rittertum entscheidende Anregungen für seine Entwicklung aus Frankreich und durch den ersten Kreuzzug erhielt, zeigte die Kultur um die Mitte des 12. Jahrhunderts eine oft eigenartig erscheinende Mischung von westeuropäischen und vorderorientalischen Elementen, wie diese auch aus Spanien und Sizilien durch Fernkaufleute vermittelt wurden. Das Islamische drang in das Christlich-Abendländische ein und durch dieses hindurch das in Vorderasien tradierte Hellenistische, auch das Indische, Persische und Jüdische. Dies alles wirkte sich menschlich wie künstlerisch als eine gewaltige Erweiterung des Horizontes aus, am stärksten in Italien und in Frankreich, aber deutlich doch auch an Donau und Rhein bis hin zur Elbe. Beispiele für diese Entwicklung gab es in großer Zahl: in importierten Textilien, Waffen, Speisen, in der Bereicherung der Wohnkultur durch Teppiche und Wandbehänge, im häufigen persönlichen Austausch auch außerhalb der religiösen Auseinandersetzung, beim Geldverkehr in der Aufnahme des Wechsels und des indischen Ziffernsystems, bei der Schiffahrt durch den der Wasserbussole (Kompass) von den Arabern, in der Literatur durch die Aufnahme des Papiers, ja, selbst in der Sprache. Im Laufe der Zeit griff diese Rezeption arabischen und hellenistischen Wissens und Könnens praktisch in alle Bereiche des Lebens über: in die meisten Wissenschaften und in die Technik, so daß reicher antiker Wissensstoff, der im Abendland unter Völkerwanderung und christlicher Ablehnung und Bekämpfung aller Früchte aus heidnischer Wurzel verschüttet worden war, nun im Rahmen eines nahezu islamischen Vorhumanismus sich noch einmal dem christlichen Abendland anbot. Und wie in den Textilien und Bildern, den Gefäßen und Dekorationen der Kunsthandwerke aller Schaffenszweige, so trat der Reichtum der Märchen- und Fabelwelt in Wort und Schrift bei den Dichtern und Musikern in Erscheinung.

Das waren ganz neue Elemente neben der christlichen, vorwiegend von Klöstern aus geschaffenen, getragenen und verbreiteten Kultur — weltoffenere, sinnenfrohe, Schönheit schaffende und genießende Kräfte, deren Anregung und Bereicherung nicht im abendländischen Alltag sich erschöpften, sondern bis in die religiöse Gedankenwelt, in die Problematik der Toleranz hineinreichten.

Es kam hinzu, daß die seit Jahrhunderten zu Individuen gewordenen europäischen Völker und Nationen in den Kreuzzügen zum ersten Male wieder gemeinsam eine große Unternehmung betrieben, auf friedliche Weise miteinander in Berührung und Austausch gelangten, und schließlich sogar nicht allein innerhalb des christlichen Europas, mit Konstantinopel und den Türken, sondern über die Ostkolonisation selbst mit den Westslawen geistigen und materiellen Austausch aufnahmen. Gewaltig wuchs das fremde Kulturen vermittelnde Übersetzungsschrifttum an, bedeutend war das Aufblühen der Nationalliteraturen neben den lateinischen Leistungen besonders bei den

Vagantenliedern. Vom Limousin aus eroberte die Troubadourlyrik im Rahmen der Ritterkultur den Kontinent. Sie entfernte sich gleichfalls weit von der älteren religiösen Lyrik, wandte sich zunehmend dem Genuß zu und entnahm ihre Stoffe der Antike, byzantinischen und orientalischen Anregungen wie der Heimat.

Deutschland blieb in allen diesen Entwicklungen hinter Italien, mehr noch hinter Frankreich um einige Jahrzehnte zurück. Aber die Bewegung machte sich doch auch hier bemerkbar in alledem, was unter dem Begriff der „gotischen Kunst" zusammengefaßt wird, deren Anfänge in Frankreich in der Mitte des 12. Jahrhdts. liegen, besonders in der allem „Modernen" sich öffnenden und dem neuen Geist sich hingebenden Bauweise in den Domen und weiter über die Plastik hinaus bis hin selbst zur Schrift, die den gleichen Wandel erfuhr wie die große Architektur. „Auch wenn man den Begriff des gotischen Stils auf die Nachbarkünste ausdehnt, in Sonderheit auf die Bildnerei, erkennt man die Widerspiegelung des keineswegs einseitig spirituell oder gar asketisch gerichteten Zeitgeistes. Hier hat die Kunst des Altertums, zu der man sich keineswegs im Gegensatz fühlte, einen ungleich stärkeren Einfluß geübt" (Hampe) — bei der noch immer regen Vorliebe für die Übernahme antiker Bauelemente, wie etwa Säulen in modernen Dombauten, beim Auftreten erster Sammler antiker Kunstgüter, insbesondere aber bei vielen Einzelheiten der modernen Bildhauerei.

Was sich in der darstellenden Kunst und in vielen anderen Kulturbereichen zeigte, die Spannung zwischen dem kirchlichen und dem weltlichen Bereich und das Anwachsen des Säkularen im staatlichen Leben, das Zurücktreten der geistlichen hinter die weltlich-ritterliche, im Ursprung wie jene internationale, überall aber zunehmend nationalisierte Kultur — das bildete die Themen des politischen Lebens, in das 1152 Friedrich I. etwa 30jährig als König eintrat. Im März wurde er in Frankfurt gewählt und in Aachen gekrönt — ein König ganz aus fürstlicher, nicht wie seine beiden Vorgänger aus kirchlicher Wahl. Durch seine Mutter war er mit den Welfen verbunden, berufen also, als „Verwandter beider Geschlechter gleich wie ein Eckstein den klaffenden Riß zwischen den beiden Wänden zu beseitigen", wie Otto von Freising, der große Geschichtsschreiber seiner Zeit, sich ausdrückte. Friedrich erklärte in seiner Wahlanzeige dem Papst, daß er die Privilegien der Kirche erhalten und die Erhabenheit des römischen Reiches in seiner alten Kraft wiederherstellen würde. Eine Bestätigung seiner Wahl durch Papst Eugen erbat der König nicht, doch gab dieser sie ihm, was rechtlich bedeutungslos war. Vor dem von den geistlichen Fürsten dringend gewünschten Romzug wollte Friedrich unbedingt seinen Ausgleich mit den Welfen und den Frieden im Lande herstellen. Das Herzogtum Schwaben überließ er seinem Vetter Friedrich von Rothenburg, verwaltete es jedoch selbst als Vormund. Bald nach Regierungsantritt erließ er ein großes Landfriedensgesetz, in Dänemark stellte er durch seine Entscheidung im dänischen Thronstreit den Frieden und die Lehnsabhängigkeit vom Reich wieder her. Die Ausübung der Herrschaftsrechte in Burgund und Provence übertrug er Berthold von Zähringen gegen dessen Hilfsversprechen beim Romzug. Im Herbst 1152 legte er einen Erbstreit zwischen Heinrich dem Löwen und Albrecht dem Bären bei, und um die gleiche Zeit verglich er sich mit Welf VI., dem er große italienische Gebiete zu Lehen gab. Nach langem Hin und Her wurde Bayern 1154 Heinrich Jasomirgott genommen und Heinrich dem Löwen übertragen, den Friedrich auch sonst entschieden, z.B. durch die Respektierung eines großzügig umgrenzten Interessenraumes im Nordosten des Reiches begünstigte, so daß der welfisch-staufische Gegensatz 1154 als beendet angesehen werden konnte. Bereits auf dem Würzburger Reichstag vom Oktober 1152 wurde für das übernächste Jahr eine Romfahrt in Aussicht gestellt.

Sofort aber nahm Friedrich die Verhandlungen mit dem Papst auf, die im März 1153 zum Vertrag von Konstanz führten. Darin wurden die Verpflichtungen beider Partner genau festgelegt: Friedrich wollte nicht ohne päpstliche Beteiligung einen Frieden mit den Römern und Normannen schließen; er wollte die Römer unterwerfen und den Zustand der römischen Kirche wiederherstellen, wie er hundert Jahre zuvor gewesen war; er war bereit, die Ehre des Papstes und die Regalien des Papsttums zu verteidigen; er wollte endlich Byzanz auf italischem Boden keine territorialen Konzessionen machen. Der Papst versprach die Kaiserkrönung und die kirchliche Unterstützung zur Wahrung der Ehre des Reiches sowie die gleiche Haltung gegenüber Byzanz wie Friedrich. Friedrichs Politik gegenüber Byzanz wurde nun in der Tat zurückhaltender, als die Konrads III. gewesen war. Auch sonst zeigte sich das gute Verhältnis zwischen Papst und König: Eugen III. löste Friedrichs Ehe mit der ehebrecherischen Adela von Vohburg, er suspendierte den königsfeindlichen Erzbischof Heinrich von Mainz, an dessen Stelle Friedrichs bisheriger Kanzler Arnold trat, wie auch andere Bistümer umbesetzt wurden.

Im Oktober 1154 trat Friedrich mit einem kleinen Heer und in Begleitung Heinrichs des Löwen seinen Romzug an. In Oberitalien stieß er auf eine Gruppe von erstarkten, selbstbewußten, wirtschaftlich blühenden Städten. Diese hatten sich infolge des langen Fernbleibens der deutschen Könige von der geistlichen Herrschaft befreit und eigene Stadtregierungen gebildet, auch viele Reichsrechte und -güter in Besitz genommen und sich als mehr oder weniger mächtige Stadtstaaten — das kaiserfeindliche Mailand an ihrer Spitze — gegenseitig häufig befehdet. Viele Städte klagten bereits 1153 in Konstanz über Mailands Übergewicht. Aber Friedrich wollte jetzt nicht langwierige Auseinandersetzungen und Kämpfe in Oberitalien, sondern Kaiserkrönung und Sieg über Römer und Normannen. Daher zog er nach der formalen Huldigung der Städte, dem Erlaß eines Lehensgesetzes und der Ächtung Mailands auf einem Reichstag zu Roncaglia nach der Zerstörung des mit Mailand verbundenen Tortona über Bologna schnell zu dem englischen Papst Hadrian IV., den er im Juni in Sutri bei Rom traf. Hadrian forderte von ihm den Marschall- und Strator-Dienst, die Friedrich ihm verweigerte, da sie das vasallische Abhängigkeitsverhältnis des Königtums vom Papsttum bedeutet hätten. Erst als der Papst erklären ließ, daß es sich nur um einen rechtlich bedeutungslosen, althergebrachten Ehrendienst handeln solle, fand Friedrich sich unter Zustimmung der Fürsten bereit, das Pferd des Papstes zu führen und diesem den Steigbügel zu halten, wofür jener die Beseitigung der von Innozenz II. 1122 veranlaßten, die Vorherrschaft des Papsttums symbolisierenden Gemälde im Lateran versprach. Dann zog man nach Rom, wo unter militärischem Schutz am 18. 6. die Kaiserkrönung stattfand, der noch am gleichen Tage ein blutig niedergeschlagener Aufstand der Römer folgte. Arnold von Brescia wurde als ein Haupt der antipäpstlichen Bewegung hingerichtet. Anschließend wandte Friedrich sich nicht gegen die Römer und Normannen, sondern kehrte auf Wunsch der deutschen Fürsten nach Deutschland zurück, nahm sich also der „deutschen" Fragen im engeren Sinne stärker an als der „außenpolitischen". Beide waren allerdings eng miteinander verbunden.

Die Entwicklung in Italien nahm bald eine für den Papst recht günstige Wendung. Bei den Wirren im Normannenreich setzte sich schließlich König Wilhelm durch, der anschließend auch die Griechen vom italischen Festland vertrieb. Der Papst war 1155 nach Benevent übergesiedelt; angesichts von Wilhelms Erfolgen verständigte er sich mit diesem im Juni 1156 im Vertrag zu Benevent: er belehnte den Normannenkönig mit Sizilien, Apulien und Capua, wobei dieser sich nur für den Festlandsbereich zu Zinszahlungen verpflichtete, und schloß auf diese Weise Frieden mit dem normannischen Großreich.

Der Kaiser brachte nach seiner Rückkehr zunächst 1155 die bayrische Frage auch formal zum Abschluß, indem er Heinrich den Löwen mit Bayern belehnte. Heinrich Jasomirgott erhielt im sog. Privilegium minus vom 17. 9. 1156 das zu einem Herzogtum erhobene Österreich und in Anlehnung an byzantinische Rechtsauffassungen das Recht, es in männlicher und weiblicher Linie zu vererben oder bei Kinderlosigkeit den Nachfolger vorzuschlagen. Die Lehnspflichten wurden dahin eingeschränkt, daß der Herzog, der auch die volle Gerichtsbarkeit ausüben durfte, königliche Hoftage nur in Bayern zu besuchen und an Heerfahrten sich nur zu beteiligen brauchte, wenn diese angrenzende Gebiete betrafen. „Dieses Privilegium minus ... bedeutet einen wichtigen Markstein in der verfassungsgeschichtlichen Entwicklung vom alten Stammesherzogtum zum territorialen Fürstenstaat und für die Ausbildung der Landeshoheit in Deutschland" (Jordan), denn hier wurde offiziell die Territorialisierung aller staatlichen Macht und damit auch ihre Dezentralisierung anerkannt — vielleicht in der Hoffnung, über eine energischere Anwendung des Lehnsrechtes schließlich doch einmal wieder zur Vereinigung aller dieser Gebiete im Reich zu gelangen. Zunächst aber — und wie sich herausstellte, schließlich auch für die Dauer — wurde nur die Auflösung gefördert. Damit wurde das Privilegium minus „eine der bedeutendsten schriftlichen Staatsgrundlagen der neueren Reichsverfassung" (Bosl).

Um die gleiche Zeit sicherte Friedrich die Stellung des Königshauses im Westen und Südwesten und heiratete Beatrix von Burgund, die Hochburgund und die Provence mit in die Ehe brachte. Im Sommer 1157 zog er endlich gegen Polen und zwang Herzog Boleslaw zur Huldigung. In den folgenden Jahren begann allmählich der Übergang Schlesiens von Polen an das Reich. Boleslaws Niederlage veranlaßte Geza II. von Ungarn, sich Friedrich zu nähern und diesem beim nächsten Italienzug Gefolgschaft zu versprechen. Wladislaw von Böhmen, der in dieser ganzen Zeit fest zu Friedrich gestanden hatte, wurde 1158 zum König erhoben.

Im Norden waren durch Heinrichs des Löwen rücksichtsloses Vorgehen manche Schwierigkeiten entstanden. Als Lübeck einen unerwartet starken Handelsaufschwung genommen und dadurch den alten herzoglichen Handelsplatz Bardowiek geschädigt hatte, verhängte Heinrich ein Handelsverbot über die Stadt und versuchte nach einem Brand Lübecks, weiter landeinwärts die eigene sogenannte Löwenstadt zu gründen. Dieses Unternehmen erwies sich als ein Fehlschlag. Infolgedessen nahm er im Jahre 1158, in dem er auch München gründete, mit den Fernkaufleuten die Neugründung Lübecks vor, dem er bald durch Handelsverträge mit den Staaten im Norden und Osten eine führende Stellung im Ostseehandel schuf, wie Heinrich überhaupt den deutschen Ostseeverkehr unter seinen Schutz nahm und die Gleichberechtigung der Deutschen auf Gotland herstellte. Heinrichs zwar gewalttätige, aber doch auch großzügige Städtepolitik verband sich bei aller Zweckbedingtheit mit einem weit vorausschauenden Interesse für die Lebensbedürfnisse des aufstrebenden Bürgertums. Wohl angeregt durch die Städtegründungen der Zähringer, hat der Welfe nicht allein in Bayern, sondern vor allem im Norden durch die Gründungen von Braunschweig, Schwerin, Lüneburg und Stade, insbesondere aber eben durch die Neugründung Lübecks Marksteine der städtischen Entwicklung gesetzt.

Inzwischen nahmen die Ereignisse auch in Italien ständig Friedrichs Aufmerksamkeit in Anspruch. Hadrian IV. hatte durch den Vertrag von Benevent entschieden Reichsansprüche übergangen; als er wenig später gegen alte Ansprüche Bremens dem Erzbischof von Lund den Primat über die nordische Kirche verlieh, handelte er erneut gegen die Interessen des Reiches. Zu einem offenen Bruch kam es, als der Papst 1157 in einem auf dem Reichstag zu Besançon verlesenen Brief an Friedrich schrieb, er habe ihm die Machtfülle des Reiches übertragen und hätte ihm gern noch größere „beneficia" überlassen. Als Kaiser Friedrichs Kanzler Rainald von Dassel, ein französisch-geistlich feingebildeter ehemaliger Domprobst in Hildesheim, der seit Anfang 1156 amtierte, dieses wahrscheinlich absichtlich benutzte zweideutige Wort mit „Lehen" übersetzte, erhob sich unter den Anwesenden eine gewaltige Entrüstung. Als aber der anwesende Kanzler des Papstes herausfordernd fragte, von wem denn der Kaiser das Kaisertum erhalten habe, „wenn nicht vom Herrn Papst", steigerte das die Empörung so sehr, daß Friedrich selbst ihn gegen das Schwert Ottos von Wittelsbach in Schutz nehmen mußte. Diese Geschehnisse führten praktisch zum Abbruch der Beziehungen zum Papste, dessen Gesandte das Land verlassen mußten, während deutschen Geistlichen Romreisen und Appellationen an den Papst untersagt wurden. In einem heftigen Manifest „von ungeheurer Wucht und Selbstsicherheit" (Hampe) bestritt Friedrich weiter dem Papst die Rechtmäßigkeit seiner Ansprüche, und auch der deutsche Episkopat trat der päpstlichen Auffassung geschlossen entgegen. In Friedrichs Schreiben hieß es u. a.: „Eher legen wir die Krone des Reiches nieder, als daß wir sie zugleich mit unserer Person so in den Staub ziehen lassen. Was gemalt ist (das Laterangemälde, das Lothar als Lehnsmann der Kirche darstellte), möge ausgelöscht, was geschrieben, getilgt werden, auf daß nicht zwischen Königtum und Priestertum ewige Denkmale der Feindschaft stehen bleiben." Vor dieser geschlossenen Front des Kaisers und der weltlichen und geistlichen Fürsten wich Hadrian endlich zurück und ließ durch eine neue Gesandtschaft das umstrittene „beneficium" dahin interpretieren, daß es nicht als Lehen, sondern einfach als Wohltat zu verstehen sei.

Aber inzwischen hatte der Konflikt die von Rainald von Dassel gelenkte kaiserliche Kanzlei nicht allein zur Stellungnahme in bezug auf die Wortbedeutung getrieben, sondern in mehreren Manifesten war erstmals auch das in dieser Stärke neue Reichsbewußtsein Kaiser Friedrichs und seiner Umgebung eindrucksvoll an den Tag getreten. „Mit der Lehre von dem friedlichen Nebeneinanderwirken beider Gewalten knüpft diese staufische Staatstheorie an die traditionellen, christlich-naturrechtlichen Anschauungen vom Herrscheramt an, wie sie die kaiserliche Publizistik während des Investiturstreits vertreten hatte. Zugleich proklamierte Barbarossa aber die Unabhängigkeit des Kaisertums von der Kirche, wenn er erklärte, daß er die Krone des Reiches allein der Gnade Gottes und der freien Wahl der Fürsten verdanke" (Jordan). Um die gleiche Zeit kam die Benutzung des Begriffes sacrum imperium, die Betonung der Heiligkeit des Reiches aus karolingischer und römisch-christlicher Tradition auf, an die Friedrich nun nicht allein begrifflich, sondern auch praktisch-politisch wieder anknüpfen wollte. Und von dieser römischen Überlieferung führte ein weiterer Schritt zum Begriff des dominium mundi, der Weltherrschaft also, d. h. der kaiserlichen Oberherrschaft über die anderen Staaten und Fürsten — zu einer Vorstellung, die insbesondere bei Rainald und seiner Umgebung sehr lebendig vertreten und im Kaiserhymnus des Archipoeta in eindrucksvolle Verse gefaßt wurde, während Friedrich selbst sich mit der kaiserlichen auctoritas gegenüber den anderen Fürsten, mit gesteigertem Ansehen und Prestige, mit einer besonderen Würde zufrieden geben wollte.

Mochten hier im einzelnen unterschiedliche Forderungen und Zielsetzungen vorliegen, so war man sich doch darin einig, daß die Reichsgewalt in Italien in vollem Umfang wieder hergestellt werden müßte. Zu diesem Zweck trat Friedrich im Sommer 1158 nach diplomatischer Vorbereitung durch seinen Kanzler den zweiten Zug über die Alpen an, der ihn insbesondere nach Oberitalien führen sollte. Die meisten Städte leisteten ihm den Treueid; Mailand, das widerstand, mußte belagert und erobert werden, wofür es eine erhebliche Buße zu zahlen hatte und seine Regalien verlor. Diese selbst wurden in Roncaglia westlich von Piacenza nicht aus dem Lehnsrecht, sondern aus dem wiedererstehenden römischen Staatsrecht und damit ungewohnt scharf definiert. Anschließend nahm der Kaiser am 11. 11. 1158 auf den Roncalischen Feldern die politische Neuordnung vor: die territorialen wirtschaftlichen, steuerlichen und anderen Rechtsansprüche (Regalien) aller Art sollten von einer hier eingesetzten Kommission überprüft werden; Gerichtsbarkeit, Reichssteuer und Finanzhilfe beim kaiserlichen Burgenbau sollten neu geregelt werden; endlich wurde ein neues Lehnsgesetz erlassen, das sich im wesentlichen an dem von 1154 orientierte — insgesamt die Wiederaufnahme der alten Reichsgewalt aus der Mitte des 11. Jahrhunderts, ein ungeheurer Machtzuwachs also und darüber hinaus eine gewaltige finanzielle Stärkung des Reiches. Dem stand auf der Seite der oberitalienischen Städte der Verlust insbesondere des wichtigsten Rechtes der Selbstverwaltung gegenüber. Daß die Städte Oberitaliens unter Mailands Führung sich einer solchen, die gewohnten Verhältnisse umkehrenden Regelung widersetzen mußten und würden, war zu erwarten. Mailand konnte Friedrich einstweilen nicht überwältigen, Crema aber ließ er nach mehrmonatiger Belagerung zur Strafe und zur Warnung für die anderen Städte dem Erdboden gleichmachen.

Von der Regaliengesetzgebung wurden auch die Beziehungen zum Papst betroffen, da durch die straffere Eingliederung der italienischen Bischöfe in das Lehenssystem die päpstlichen Gewinne aus dem Investiturstreit gefährdet erscheinen konnten. Der Papst, der selbst Rom bedroht sah, forderte die Auslieferung der mathildischen Güter, festigte seine Beziehungen zu den Normannen und den aufsässigen lombardischen Städten und beklagte sich bei Friedrich. Aber dieser erwiderte: „Da ich durch göttliche Anordnung römischer Kaiser heiße und bin, so würde ich nur den Schein der Herrschaft heucheln und einen leeren Namen ohne Inhalt führen, wenn die Hoheit über die Stadt Rom meiner Hand entrissen würde." Bereits am 1. 9. 1159 starb der Papst auf der Höhe der Krisis. Sein Tod führte über die Spaltung des Kardinalkollegs zu einem neuen Schisma, indem eine Mehrheit der Kardinäle den bisherigen Kanzler Roland zur Fortführung von Hadrians Politik als Alexander III. erhob, während die Minorität den kaiserfreundlichen Kardinal Oktavian wählte, der sich Victor IV. nannte. Friedrich war an der schnellen Beseitigung der Spaltung und an der allgemeinen Anerkennung Victors gelegen. Eine von ihm im Januar 1160 in Pavia abgehaltene Kirchenversammlung wurde von Alexander abgelehnt und von vielen Erzbischöfen und Bischöfen nicht besucht. Gleichwohl erkannten die Anwesenden Victor als rechtmäßigen Papst an, während Alexander gebannt wurde, woraufhin er seinerseits den Kaiser, dessen bedeutendste Ratgeber und Victor IV. bannte. Damit begann ein Schisma, das achtzehn Jahre währen sollte, und ein Kampf zwischen Kaiser und Papst, in dem die weltliche Macht entschieden die ungünstigere Ausgangsposition hatte, da die Mehrzahl der Kardinäle sowie viele Fürsten und Mächte von Ungarn bis Frankreich und Spanien, von Venedig bis Norwegen und England die Partei des Papstes ergriffen und selbst der deutsche Klerus nicht geschlossen zum Kaiser hielt. Diesem stellten sich nun also in Italien zwei sehr verschiedene Aufgaben: Sicherung der Herrschaft in Reichsitalien und Auseinandersetzung mit Alexander. Die erste begann der Kaiser mit einem furchtbaren Strafgericht über Mailand nach einjähriger Belagerung: die Stadt wurde völlig zerstört. Über ihre Einwohner berichtete der kaiserliche Notar Burchard, ein Augenzeuge der Ereignisse, in einem später in der „Kölner Königschronik“ zitierten Brief: „Die Mailänder erhielten den Befehl, sich sämtlich auf die Dörfer und in ihre Landhäuser zu begeben und sich als Landleute mit Ackerbau zu beschäftigen. In der Stadt selbst zu wohnen, wurde keinem gestattet.“ Der Zweck dieser Grausamkeit wurde allerdings erreicht: der Widerstand in Oberitalien brach sofort zusammen, die Städte unterwarfen sich. Ehe Friedrich den anschließend vorgesehenen Zug gegen die Normannen durchführte, zog er 1162 nach Burgund in der Hoffnung, gemeinsam mit Ludwig VII. von Frankreich das Schisma beseitigen zu können, mußte aber nach einigen Monaten ergebnislos nach Deutschland zurückkehren.

Dort war Heinrich der Löwe im Begriff, sich ein geschlossenes

Machtgebiet aufzubauen, indem er 1158/60 das Obotritenreich unterwarf und im altsächsischen Gebiet seine herzoglichen Rechte immer schroffer wahrnahm. Das alles schuf ihm eine wachsende, von Albrecht dem Bären geführte Gruppe von Neidern und Gegnern, so daß nur Kaiser Friedrichs Eingreifen Kämpfe in Sachsen verhinderte. Nachdem auch das Mainzer Erzbistum, wo die Bürger der Stadt Erzbischof Arnold ermordet hatten und nun vom Kaiser in der Art seines Vorgehens gegen italische Städte hart bestraft wurden, neu besetzt worden war, kehrte Friedrich im Herbst 1163 nach Italien zurück. Wenige Tage vor dem geplanten Marsch aus der Poebene nach dem Süden starb Victor IV. am 20. April 1164. Die Beilegung des Schismas erschien möglich. Aber ehe der Kaiser sich noch entscheiden konnte, ließ Rainald von Dassel den neuen Gegenpapst Paschalis III. wählen, der nur eine geringe Anhängerschaft fand und Alexander die Ausdehnung seiner Partei auch auf den deutschen Klerus erleichterte. Auch oberitalische Städte erhoben sich nun wieder, von Venedig im Veroneser Bund organisiert, gegen Friedrich, der es unter diesen Umständen für richtiger hielt, nach Deutschland zurückzukehren und einen neuen Italienzug sehr sorgfältig vorzubereiten.

Um jene Zeit war England eben durch König Heinrichs II. 16 Konstitutionen von Clarendon, welche die Hoheitsrechte des Königs gegenüber der Kirche wieder herstellen wollten, und durch den erbitterten Widerstand des Erzbischofs von Canterbury, Thomas Beckett, gegen diese Tendenzen in einen schweren Streit mit Rom geraten. Kaiser Friedrich I. nutzte diese Gelegenheit aus, sandte im Frühjahr 1165 Rainald von Dassel zum englischen König nach Rouen und erreichte durch die Verabredung einer doppelten Eheverbindung auch die Bildung einer gemeinsamen Front in Kirchenfragen: König Heinrich II. erkannte den kaiserlichen Papst an. Mit dieser Rückendeckung zwang Friedrich auf dem Würzburger Reichstag 1165 in Anwesenheit einer englischen Gegengesandtschaft alle Anwesenden — ein Teil der Geistlichkeit hielt sich fern — zur eidlichen Verpflichtung, niemals Papst Alexander oder einen von dessen Partei gewählten Papst anzuerkennen. Eidverweigerer sollten ihr Eigentum, ihre Ämter und Lehen verlieren und wurden in der Tat streng verfolgt — so setzte man die Erzbischöfe von Mainz und Salzburg ab.

Erst im folgenden Herbst 1166 konnte Friedrich mit kampferprobten Brabanter Soldtruppen, den sogenannten „Brabanzonen“, in seiner Heeresmacht nach Italien ziehen, wo Alexander III. von den Normannen beschützt und von Byzanz umworben wurde. Aber die Bildung der von dort vorgeschlagenen großen Koalition gegen Friedrich, die von Byzanz bis Frankreich reichen, die Kirchenunion mit sich bringen und die Kaiserkrone auf Manuel von Byzanz übertragen sollte, mußte er schließlich ablehnen, da sie allen abendländischen Traditionen widersprochen hätte. Im Frühjahr 1167 zog Friedrich von Lodi nach Süden und eroberte Ancona, während Rainald von Dassel bei Rom siegte. Anschließend konnte der Kaiser im Juli nach schweren Kämpfen in Rom einziehen und seine Gemahlin Beatrix am 1. 8. 1167 von Paschalis III. zur Kaiserin krönen lassen. Alexander III. war aus Rom geflohen. Der Kaiser schien auf der Höhe der Macht zu stehen. Da wurde wenige Tage später das deutsche Heer durch eine Malariaepidemie im Anschluß an einen Wolkenbruch zum größten Teil vernichtet — mehr als 2000 Ritter, darunter Rainald von Dassel, Herzog Friedrich von Schwaben, Welf VII. und mehrere Bischöfe kamen ums Leben; Friedrich, selbst schwer erkrankt, führte unter Verzicht des Feldzuges gegen die Normannen die Reste des Heeres nach Norden und mußte einen allgemeinen Abfall der Lombardei hinnehmen, wo man die Wendung als Gottesgericht über eine auf Furcht aufgebaute Politik interpretierte. Ein weit ausgedehnter lombardischer Städtebund stellte die deutsche Herrschaft in Frage und ließ sich auch von Friedrichs Achterklärung, die ohne Konsequenzen blieb, nicht einschüchtern. Während Mailand und Tortona schnell wieder aufblühten, wurde 1168 eine dem Papst zu Ehren Alexandria genannte Bundesfestung angelegt. Der Kaiser hatte die Reichsgewalt in Italien nicht wieder herstellen können, ja, das Land verloren; wollte er an eine Rückgewinnung seiner Stellung denken, so mußte er zunächst in Deutschland eine genügend starke Ausgangsposition errichten.

Die sechseinhalb Jahre, die Friedrich nun in Deutschland

blieb, wurden zur systematischen Stärkung der königlichen Stellung ausgenutzt: er übertrug Schwaben seinem erst 4jährigen Sohn Friedrich und ließ 1169 seinen zweiten, 3jährigen Sohn Heinrich zum König wählen und in Aachen krönen, so daß die Erbfolge gesichert war. Er vermehrte außerdem das Reichs- und Hausgut, gründete Städte wie Ulm und Hagenau und war insbesondere bestrebt, mit Hilfe der Ministerialen-Beamtenschaft im mitteldeutschen Osten ein starkes Reichsterritorium, eine „Königslandschaft" zu bilden, die von Leisnig und Colditz bis nach Eger reichte, in Altenburg und Eger Burgen als Mittelpunkte besaß und junge Städte wie Chemnitz, Altenburg und Zwickau umfaßte. In den gleichen Jahren festigte auch Heinrich der Löwe unter z.T. schweren Kämpfen seine Herrschaft im Obotritenlande und gegenüber Dänemark, konsolidierte im Innern Sachsens seine herzogliche Stellung und erweiterte seinen Eigenbesitz. Um 1175 errichtete er seine Residenz Dankwarderode in Braunschweig — ein herzogliches, mit dem Bronzelöwen von 1166 anspruchsvoll, herrisch und drohend geschmücktes Gegenstück zu den Kaiserpfalzen. Und schließlich bereicherte er diesen Machtraum durch Städtegründungen und stärkte ihn gegen eine wachsende sächsische Fürstenopposition. Auf diese Weise bildeten sich hier allmählich Gegensätze heraus, die um so unausweichlicher zu Rivalität und Zusammenstoß führen mußten, als Heinrich der Löwe, der mächtigste Territorialfürst des Reiches, seit 1168 Schwiegersohn des englischen Königs war und immer mehr in eine nahezu königliche Position hineinwuchs.

In der Reichspolitik trat insofern eine Änderung ein, als auf dem vierten Italienzug in Rainald von Dassel der Vertreter der Gewaltpolitik gestorben war und Friedrichs eigene Kompromißbereitschaft das Vorgehen bestimmte. Der Kaiser behandelte den 1168 nach Paschalis' Tod gewählten neuen Gegenpapst Calixt III. sehr kühl und verhandelte mit Alexander III. Er suchte aber auch zunächst England und nach Thomas Becketts Ermordung Frankreich auf seine Seite zu ziehen und damit sein Eingreifen in Italien politisch vorzubereiten; ja, er verhandelte 1170 sogar mit Byzanz. Aber selbst die gewandteste und weitgespannte Politik, die z.B. Venedig vom Lombardenbund zu trennen und die kaisertreuen Städte manchen Gegensätzen zum Trotz zu einen vermochte, machte die gewaltsame Entscheidung in Italien selbst nicht überflüssig. Daher zog Friedrich im Herbst 1174 zum fünften Mal nach Italien; Heinrich der Löwe und andere Reichsfürsten blieben in Deutschland zurück. Schnell eroberte das kaiserliche Heer große Teile der Lombardei; Alexandria dagegen konnte sich behaupten. Die Lombarden unterwarfen sich im April 1175 im Vorfrieden von Montebello, forderten aber die Einbeziehung des Papstes in den Friedensschluß und die Anerkennung Alexandrias als Mitglied des Lombardenbundes. Daran scheiterten die letzten Verhandlungen; die Kämpfe brachen wieder aus, nachdem Friedrich bereits einen wesentlichen Teil seiner Truppen nach Deutschland entlassen hatte. Daher sah er sich Anfang 1176 gezwungen, Heinrich den Löwen bei einer Begegnung in Chiavenna um Hilfe zu bitten. Dieser, der lehnsrechtlich nicht Heerfolge zu leisten brauchte, hatte zwar nicht eine Pflicht vernachlässigt, wohl aber gesamtpolitisch unklug gehandelt und die Existenz moralischer Bindungen mißachtet. Einem kaiserlichen Fußfall setzte der Herzog die Forderung entgegen, ihm die wichtige, durch ihr Silber reiche und bedeutende Reichsstadt Goslar als Entgelt abzutreten, woran die Einigung scheiterte und das Verhältnis zwischen Friedrich und Heinrich zerbrach.

Mit zu geringen Hilfstruppen mußte der Kaiser am 29. 5. 1176 bei Legnano (nahe Mailand) den Kampf gegen die Lombarden aufnehmen, worauf er diesen unterlag. In anschließenden langen Verhandlungen kam es im Juli 1177 endlich zum Frieden von Venedig, zwar noch nicht mit den Lombarden, wohl aber mit Papst Alexander, der den Kaiser empfing und wieder in die Kirche aufnahm. Friedrich huldigte ihm, küßte den Fuß des Papstes und leistete bei einer zweiten Begegnung den Marschalldienst. „Wenn auch in dieser Form des Friedensschlusses der Triumph der Kirche äußerlich zum Ausdruck kam, so war der Friede von Venedig in vieler Hinsicht ein Erfolg des Kaisers. Ein großer Gewinn war die Vertagung des endgültigen Friedens mit den Lombarden. Die Zeit konnte jetzt nur noch für den Kaiser arbeiten. Vor allem waren der innere Friede und die kirchliche Einheit Deutschlands wieder erreicht“ (Jordan).

Friedrich konnte sich nun der Auseinandersetzung mit Heinrich dem Löwen zuwenden, die um so nötiger war, als dieser 1176 vertraglich den Anspruch auf das gesamte welfische Erbe erworben, bald danach freilich durch Ausbleiben seiner Gegenleistungen wieder verloren hatte.

Der Kaiser stand in diesem Machtkampf keineswegs allein. Heinrich hatte sich im Laufe der Zeit viele Feinde in Sachsen wie in Schwaben und anderen Gebieten Deutschlands gemacht. Als Friedrich nun im November 1178 nach seiner Rückkehr aus Italien den ersten Reichstag in Speyer abhielt, erschienen dort Heinrichs Gegner vor allem im Streit um die Halberstädter Kirchenlehen. Friedrich suchte nicht, wie früher in ähnlichen Fällen, zu vermitteln, sondern nahm die Klage an und lud den Herzog zum Januar 1179 nach Worms. Dieser blieb aus und folgte auch weiteren Ladungen nicht, so daß er schließlich nach vorhergegangenem Feststellungsurteil der Fürsten Ende Juli 1179 auf dem Reichstag zu Magdeburg geächtet wurde. Eine Unterredung zwischen Friedrich und Heinrich änderte daran nichts, da Heinrich die ihm auferlegte hohe Geldbuße verweigerte. Als Kämpfe in Westfalen und Ostsachsen ausbrachen, veranlaßte Heinrich die Wenden zum Einfall in die Lausitz. Der Kaiser klagte gleichzeitig gegen ihn wegen Nichtachtung der kaiserlichen Majestät durch Nichtbefolgung der kaiserlichen Ladungen. Wieder entsprach Heinrich dreimal nicht den Vorladungen. Da wurde er endlich im Januar 1180 durch einen Fürstenspruch in Würzburg seiner Lehen verlustig erklärt; im Juni verfiel er der Oberacht, d.h. der vollen Ehr- und Rechtlosigkeit. Schon im April 1180 begann man auf dem Reichstag zu Gelnhausen über Heinrichs Reichslehen zu verfügen: das Herzogtum Sachsen wurde geteilt in Westfalen, das der Kölner Erzbischof Philipp erhielt, und in das östliche Sachsen, das Graf Bernhard von Anhalt, einem Sohn Albrechts des Bären, übergeben wurde. Otto von Wittelsbach erhielt Bayern, Markgraf Ottokar das nun als Herzogtum verselbständigte Kärnten; schließlich gewannen die Grafen von Andechs den Titel Herzog von Kroatien, Dalmatien und Meranien. Der Oberachterklärung folgte im Sommer 1180 der allgemeine Reichskrieg gegen Heinrich, gegen den sich nun auch fast allerorten Erhebungen wandten; Lübeck ergab sich im August 1181 und wurde Reichsstadt. Schließlich unterwarf Heinrich sich auf dem Reichstag zu Erfurt im November 1181, verzichtete auf seine Reichslehen, erhielt aber von seinem Allodialbesitz, also seinem vollen lastenfreien eigenen Gut, Braunschweig und Lüneburg zurück. Im Sommer 1182 ging er vorübergehend zu seinem Schwiegersohn nach England in die Verbannung, 1185 kehrte er wieder heim.

Heinrichs des Löwen Sturz hatte tiefgreifende Folgen für das Reich und führte zu einem Umbau der Reichsverfassung: der Zerfall der überherzoglichen Machtposition in Deutschland schien die Staufer und das Reich zu stärken, gab aber weit mehr den Fürsten Auftrieb, die dem Kaiser bei der Niederwerfung Heinrichs geholfen hatten; er schwächte auch empfindlich die deutsche Siedlung im nordelbingischen Raum. Eine große, mächtige, wirkungsvolle und anziehende Persönlichkeit verschwand aus der deutschen Geschichte jener Gebiete, in denen nun nicht das Reich, sondern Dänemark das Übergewicht erhielt, ohne daß dessen König dem Kaiser gegenüber seine Lehenspflichten erfüllte. Die Aufteilung der letzten beiden Stammesherzogtümer Sachsen und Bayern bildete den entscheidenden Anstoß zur Entstehung eines neuen, nicht an Stammesländer gebundenen „jüngeren Reichsfürstenstandes". Diese Fürsten rangierten auf der Lehnspyramide zwischen dem König und den Untervasallen, den Grafen und freien Herren; als homines ligii des Königs durften sie untereinander keine Lehnsverträge und keine Bündnisse gegen Kaiser und Reich schließen, wohl aber Lehen geistlicher und ausländischer Fürsten nehmen. „Sichtbarer Ausdruck der verwickelten Lehens- und Standesverhältnisse in Deutschland war die Heerschildordnung. Ursprünglich das Recht, die Vasallen militärisch aufzubieten und sie zu befehligen, verstand man jetzt darunter die Rangordnung in der Lehenshierarchie" (Bosl) des Königs, der allein Vasallen hatte und nicht Vasall war, über die beiden ersten, geistliche und weltliche Reichsfürsten umfassenden Heerschilde. Weltliche Reichsfürsten, die Lehnsträger geistlicher Reichsfürsten waren, hielten den dritten Heerschild, ohne dadurch im Range geringer zu sein als jene. Den vierten Heerschild besetzten die Grafen und freien Herren. Im Sachsenspiegel wurden sogar sieben Stufen des Heerschildes unterschieden, auf deren beiden untersten die Ministerialen und Dienstmannen als sogenannte Einschildritter standen, die Lehen erhielten, aber nicht weitergaben. Da es den Fürsten gelang, den Rechtsgrundsatz durchzusetzen, daß der König heimgefallene Lehen binnen Jahr und Tag neu zu verleihen hätte, war die Territorialisierung des Reiches besiegelt. Damit blieben die eigentlichen Sieger im Kampf gegen Heinrich den Löwen nicht der König oder das Reich, sondern die Fürsten. Teilte Friedrich also die Früchte des Sieges mit dem Territorialfürstentum, „so konnte er damals wohl noch mit Recht hoffen, mit dieser bunten, spaltbaren Masse ... eher fertig zu werden als mit der umfassenden, unnachgiebigen Welfenmacht. Aus der Rückschau späterer Zeiten freilich wird man bedauern, daß es zum Konflikt dieser starken deutschen Vormacht des Ostens mit der staufischen Reichsgewalt kommen mußte, wenn man auch irgend etwas, das nach dem kleindeutschen Programm des 19. Jahrhunderts schmeckt, in die Welfenpolitik jener Tage nicht hineinsehen darf" (Hampe).

Barbarossa hatte im Rahmen seiner Weltpolitik weder Zeit noch Macht, die Festigung und Verselbständigung der Dänenherrschaft an der Ostsee zu verhindern. Er stand nun im Jahre 1180 wirklich auf der Höhe der Macht in Deutschland und des Ansehens in Europa — die ritterliche Kultur der Stauferzeit befand sich in voller Blüte, als sich auf dem Mainzer Fest der Schwertleite, also der feierlichen Ritterweihe, an Friedrichs Söhnen Friedrich und Heinrich 1184 um 50000 Menschen versammelten. Wenn überhaupt noch einmal, dann mußte jetzt der Versuch gemacht werden, die Verhältnisse auch in Italien neu und dauerhaft zu ordnen, zumal der im Frieden zu Venedig vereinbarte sechsjährige Waffenstillstand mit den lombardischen Städten sich seinem Ende näherte. Daher nahm Friedrich nun Verhandlungen auf. Nach vielen Schwierigkeiten, nicht zuletzt um den Status von Alexandria — das sich endlich formell unterwarf, unter dem Namen Caesarea neu gegründet wurde und dem Kaiser und dessen Sohn den Treueid leistete —, führten diese am 25. 6. 1183 zum Frieden von Konstanz. Der Kaiser verzichtete auf die Durchführung der roncalischen Beschlüsse; die Regalien wurden den Städten teils überlassen, teils gegen jährliche Geldzahlungen abgelöst; die Städte mußten ferner eine einmalige Geldzahlung leisten und konnten ihre Konsuln frei wählen; diese bedurften aber alle fünf Jahre der Investitur durch den Kaiser, der auch formal oberster Gerichtsherr blieb; der Lombardenbund wurde anerkannt, leistete Friedrich den Treueid und mußte ihn in jeder Weise in der Lombardei unterstützen — alles in allem ein bedeutender, wenngleich kein voller Erfolg des Kaisers.

Mit dem Papsttum konnte der Kaiser dagegen in jenen Jahren über mehrere Streitpunkte keine Einigung erzielen: weder in der Frage der mathildischen Güter, die strategisch wie finanziell für seine Italienpolitik wichtig waren, noch in der Besetzung des Erzbistums Trier, und schließlich in bezug auf die gewünschte Kaiserkrönung seines Sohnes Heinrich. Daher zog Friedrich im Herbst 1184 zum sechstenmal nach Italien und traf in Verona mit Papst Lucius III. zusammen. Zwar erreichte er keine Einigung, aber er vollzog nun einen grundsätzlichen Frontwechsel in seiner Italienpolitik: am 29. 10. verlobte sich sein Sohn König Heinrich in Augsburg mit Konstanze von Sizilien, einer Tochter Rogers II. und Tante des Normannenkönigs Wilhelm II. Wenngleich sich nicht voraussehen ließ, daß aus dem staufisch-sizilischen Ehebündnis bald eine Union der beiden Reiche erwachsen würde, stand doch das Papsttum plötzlich vor einer ganz neuen Situation: in Verona setzte sich die stauferfeindliche Gruppe der Kardinäle durch, so daß die Verhandlungen ergebnislos abgebrochen wurden. Als ein Jahr später Papst Lucius starb und Urban III. ihm folgte, stand fest, daß es in absehbarer Zeit nicht zu einer Beilegung des Zwistes kommen, der Papst vielmehr bemüht sein würde, Friedrich in Deutschland bei geistlichen und weltlichen Fürsten Opposition zu schaffen.

In der Tat stand Friedrich, als er im Sommer 1186 nach Deutschland zurückkehrte, vor einer Gegnerschaft, die von Philipp von Köln bis Frankreich und Dänemark reichte. Aber die Majorität der Geistlichkeit stellte sich auf dem Reichstag zu Gelnhausen hinter den Kaiser, und Philipp II. August von Frankreich brauchte die Verständigung mit Friedrich gegen die Einkreisung durch das anglo-normannische Reich. Als schließlich

1187 mit Clemens III. ein kompromißbereiter Papst Friedrichs Gegenspieler in Rom wurde, kam es schnell zum Straßburger Vertrag von 1189, in dem der Kirchenstaat dem Papsttum zurückerstattet, andererseits die Zusage zur Kaiserkrönung Heinrichs gegeben wurde. Im Hintergrund dieser Einigung zwischen Kaiser und Papst stand die Eroberung Jerusalems 1187 durch die türkischen Seldschuken, d.h. die Notwendigkeit eines neuen Kreuzzuges. Friedrich selbst stellte sich an dessen Spitze, nahm gemeinsam mit vielen Anwesenden auf dem Reichstag im März 1188, dem „Hoftag Jesu Christi", das Kreuz, erreichte im folgenden Jahre eine endgültige Einigung mit Heinrich dem Löwen, der für drei Jahre Deutschland verlassen und sich nach England begeben mußte, setzte Heinrich VI. als Regenten in Deutschland ein und brach nach sorgfältigen Vorbereitungen im Mai 1189 von Regensburg aus mit etwa 3000 Rittern und dem dazugehörigen umfangreichen Troß auf. Schwierigkeiten in Byzanz wurden überwunden; im Februar 1190 setzte man nach Kleinasien über und durchquerte langsam Anatolien; am 10. 6. 1190 ertrank der Kaiser beim Baden im kalten Gebirgsfluß Saleph; in Antiochia wurde er beigesetzt. Dieses „beweinenswerte, unerwartete Unglück" (Brief eines Unbekannten aus Friedrichs Umgebung, vermutlich an Papst Clemens III.) gehört zu den bedeutsamsten Tatsachen in der Geschichte der Kreuzzüge. Denn das deutsche Ritterheer verlor damit seine zusammenhaltende Macht und seine Stoßkraft. „Die Persönlichkeit des Führers war bei allen mittelalterlichen Heeren von der allergrößten Bedeutung, doppelt aber, wenn es galt, so große Schwierigkeiten zu überwinden, und wenn ein Kaiser von der Beliebtheit an der Spitze stand, wie Barbarossa sie besaß. Wenige mittelalterliche Könige haben diese anziehende, persönlich verbindende Herrschergabe gehabt wie er. In altdeutschem Begriff würde man von einem besonders großen Königsheil sprechen . . . in der ganzen abendländischen Welt betrauerte man den Tod Friedrich Barbarossas tief . . . im Morgenland aber atmete man auf" (Waas). Eine ausgeglichene Persönlichkeit, als Ritter kühn, als Staatsmann umsichtig, war er ein Kaiser, der an Ansehen mehr als jeder seiner Vorgänger dem Idealkaiser Karl dem Großen ähnlich schien. Die Auswirkungen der Taten dieses Kaisers, den die Italiener Barbarossa, den Blondbärtigen, nannten, konnten nicht mit seinem Tode abgeschlossen sein. Sein bedeutendes Leben in Europa und die zur Romantisierung anregenden Umstände seines Todes an der Spitze eines ritterlichen Kreuzzuges in der Ferne der orientalischen Märchenwelt schufen alle Voraussetzungen dafür, daß in späteren Zeiten die Hoffnung notleidender Generationen sich ihm als Kaisersage in wechselnden Formen und unter Verschmelzung seines Lebens mit dem seines Enkels Friedrich II. immer wieder zuwandte. „In der ganzen Zeit seiner Herrschaft hielt er nie etwas für besser und für erfreulicher, als daß das Römische Reich durch seine Mühe und Tätigkeit das Ansehen früherer Zeiten wieder erhalte und bewahre", heißt es in Rahewins Fortsetzung der „Taten Friedrichs" von Bischof Otto von Freising. Bis ins 19. Jahrhundert bildete er, den man sich im Kyffhäuser sitzend dachte, ein wichtiges Symbol der deutschen Einheitsbewegung. Und als die Nachricht vom Tode Napoleons I. Deutschland erreichte, da verbreitete sich in Thüringen die Sage, der Korse sei in seiner bekannten Kleidung und Haltung auf dem Kyffhäuser erschienen. Unter gewaltigem Lärm, dem Klirren von Schwertern und dem Erzittern des Gebirges habe er sich im Innern des Berges an die Stelle des Blondbarts gesetzt, der, nun befreit, eine neue Zeit deutscher Größe heraufführen werde.

Heinrich VI.

Vierundzwanzig Jahre alt war Heinrich VI., als er 1190 den Schritt von der Regentschaft zur vollen Herrschaft tun mußte. Er war eine komplizierte, zum Geistigen, zu Kunst und Wissenschaft stärker als zum ritterlichen Kampf geneigte Persönlichkeit, in der Politik rücksichtslos und nicht selten verschlagen. Schon während des Kreuzzuges seines Vaters mußte er den vorzeitig zurückgekehrten und erneut nach Machterweiterung strebenden Heinrich den Löwen, der weite Gebiete und selbst Lübeck und Bardowiek besetzte, unter schweren Kämpfen zurückweisen. Und während ihn dieser Konflikt noch beschäftigte, ergab sich für die Italienpolitik durch den Tod Wilhelms II. von Sizilien im November 1189 eine ganz neue Situation. Konstanze und Heinrich VI. waren plötzlich rechtmäßige Erben des kinderlos verstorbenen Königs. Dagegen erhob sich auf Sizilien eine vom Grafen Tankred geführte Nationalpartei, die durch die Kurie unterstützt wurde. Bevor er den Kampf um sein für Italien äußerst bedeutungsvolles Erbe aufnehmen konnte, mußte Heinrich zu einem Abkommen mit den Welfen gelangen. Im Verständigungsfrieden zu Fulda einigte man sich im Juli 1190 insbesondere über die beiderseitigen Rechte an Lübeck; Braunschweig und Lüneburg mußten ihre Befestigungen niederlegen, Heinrich der Löwe überließ außerdem dem Kaiser seine beiden Söhne Lothar und Heinrich als Geiseln.

Infolge von Kaiser Friedrichs Tod konnte Heinrich erst im Januar 1191 nach Oberitalien aufbrechen. Wenige Monate später griff Tankred, der sich inzwischen mit dem in Sizilien gelandeten neuen englischen König Richard Löwenherz, einem Schwager des verstorbenen Wilhelm II., verbündet hatte, in Apulien die Stauferherrschaft an. Heinrich ließ sich eilig Ostern 1191 in Rom krönen und zog alsbald nach Süden. Dort verteidigte Neapel sich erfolgreich, und Malaria und andere Krankheiten zwangen das kaiserliche Heer zum Rückzug nach Oberitalien und gegen Ende des Jahres nach Deutschland: der Kaiser hatte mit seiner Italienpolitik einen schweren Rückschlag erlitten und seine Gemahlin in Salerno als Gefangene Tankreds verloren. Er konnte nicht verhindern, daß Papst Cölestin III. 1192 Tankred anerkannte und unter Abschluß eines Konkordats mit Sizilien belehnte.

In Deutschland wurde Heinrich bis 1194 durch eine neue Auseinandersetzung mit den Welfen in Sachsen, aber auch mit mehreren Bischöfen am Mittel- und Niederrhein vollständig in Anspruch genommen. In Bayern kam es gleichfalls zu Unruhen. In schwerste Bedrängnis geraten, im wesentlichen auf die Hilfe aus Schwaben und Österreich sowie auf die Zuverlässigkeit der staufischen Reichsministerialität reduziert, wurde Heinrich dadurch gerettet, daß Herzog Leopold von Österreich den vom Kreuzzug heimkehrenden englischen König Richard Löwenherz gefangen nahm, auf der Burg Dürnstein in Haft setzte und dem Kaiser gegen ein hohes Lösegeld auslieferte. Nun konnte Heinrich von seinem Gefangenen, dem er mit der Auslieferung an Frankreich drohte, nicht allein hohe Geldzahlungen, sondern auch das Versprechen der Hilfeleistung gegen Tankred und die Aufgabe aller Verbindungen mit der deutschen Opposition erpressen, ja, ihn zu erfolgreichen Bemühungen um einen Ausgleich des Kaisers mit seinen Gegnern bewegen. Endlich zwang er ihn sogar, das englische Königreich von ihm zu Lehen zu nehmen, ihm also dafür den Lehnseid zu leisten. Da Heinrich VI. Anfang 1194 auch eine Aussöhnung mit den Welfen erreichte und mit Heinrich dem Löwen, der schon im folgenden Jahre starb, persönlich Frieden schloß, konnte er sich nun ein zweites Mal Sizilien zuwenden.

Als Heinrich im Frühjahr von Trifels aus nach Italien aufbrach, waren Tankred und dessen ältester Sohn bereits vor einigen Monaten gestorben. Heinrichs Gegner war also ein unter der Vormundschaft seiner Mutter stehendes unmündiges Kind — ihm entriß der Kaiser schnell alle festländischen Besitzungen, wobei Salerno zerstört wurde, weil es einst Konstanze an Tankred ausgeliefert hatte. Im November wurde auch mit Hilfe einer genuesisch-pisanischen Flotte die Landeshauptstadt Palermo erobert und dort ein riesiger Schatz erbeutet. Am Weihnachtstage wurde Heinrich im Dom gekrönt; einen Tag später gebar Konstanze einen Sohn, den späteren Kaiser, der nach seinen beiden Großvätern auf die Namen Friedrich Roger getauft wurde. Auf dem Reichstag zu Bari im März 1195 wurden die Verhältnisse des Königreiches Sizilien neu geordnet und Konstanze zur Regentin ernannt. In Mittelitalien, dem Machtzentrum der deutschen Herrschaft in Italien, wurde — gleichfalls in Bari — des Kaisers jüngerer Bruder Philipp zum Herzog von Tuscien und Verwalter der mathildischen Güter bestellt. Eine Reihe von zuverlässigen Ministerialen erhielt wichtige Ämter und Lehen in Italien und dem Normannenreich. Ebenso sollte in der zweiten Phase die staufische Hausmacht in Deutschland erweitert und gesichert werden: das welfische Erbe in Süddeutschland war seit 1191 bereits in staufischem Besitz; im mitteldeutschen Osten wurde seit 1195 die Markgrafschaft Meißen für das Reich einbehalten. Über Italien und Deutschland hinaus zielte Heinrich weiter auf die Oberhoheit des Imperiums gegenüber anderen Staaten, nachdem Richard Löwenherz bereits die Lehnsherrschaft des deutschen Kaisers durch Eid und Jahreszins hatte anerkennen müssen. Ähnliches beabsichtigte er in bezug auf Frankreich, Spanien und den Osten, wo Armenien und Zypern sich ihm unterwarfen, besonders gegenüber Byzanz. Durch die Verlobung der Kaisertochter Irene, die einst in Palermo mit Tankred verlobt gewesen war, mit seinem Bruder Philipp erwarb er Erbansprüche in Byzanz. Der von Heinrich 1195 angekündigte Kreuzzug hätte auch der Machtexpansion im östlichen Mittelmeer gegolten und möglicherweise die Eroberung des oströmischen Reiches und die Wiederherstellung des alten römischen Imperiums als letztes Ziel gehabt.

Bevor jedoch dieses riesige Unternehmen begonnen werden konnte, mußte die Erbfolge im Reich gesichert sein. Daher kehrte Heinrich im Sommer 1195 noch einmal nach Deutschland zurück. Hier bereitete er den Beginn des Kreuzzugs für Weihnachten 1196 vor und trat im Februar 1196 mit einem Erbreichsplan vor die Fürsten. Durch ihn sollte die Verbindung Deutschlands mit dem sizilischen Königreich für alle Zeiten sichergestellt, das deutsche Reich durch Reichsgesetz erblich werden. Als Gegengabe bot Heinrich den Fürsten die Erblichkeit ihrer Lehen in männlicher und weiblicher Linie, beim Fehlen direkter Erben den Übergang der Lehen auf Seitenlinien. Die geistlichen Fürsten sollten durch den Verzicht des Königs auf das Spolienrecht, das Recht auf den beweglichen Nachlaß der Reichsprälaten, entschädigt werden. Dieser Plan sah eine gewaltige Verfestigung, ja, eine beabsichtigte Erstarrung der herrschenden Verhältnisse vor. Der zu erwartenden größeren Stetigkeit der Reichspolitik stand freilich die Ausschaltung der Fürsten aus der Nachfolgefrage gegenüber. Auf dem Reichstag zu Würzburg gelang es Heinrich im April 1196, die Majorität der Fürsten für seinen Vorschlag, „daß nämlich im römischen Reich wie in Frankreich und in den übrigen Königreichen die Könige einander nach Erbrecht folgen sollten“ (Marbacher Annalen), zu gewinnen. Eine vom Erzbischof von Köln geführte niederrheinisch-westfälische Gruppe widerstand ihm zwar auch auf einem neuen Reichstag, Heinrich glaubte jedoch, sein Plan sei praktisch angenommen, und zog nach Italien, um auch die Kurie zu gewinnen. Inzwischen waren in der Lombardei neue Kämpfe ausgebrochen; in Mittelitalien protestierte die Kirche gegen Übergriffe der Reichsverwaltung, in Sizilien gegen die Eigenmächtigkeiten in der dortigen Kirchenpolitik. So mußte Heinrich seine Zeit kleinlich verzetteln, bevor er im November die Verhandlungen mit dem Papst beginnen konnte. Papst Cölestin verlangte als Gegengabe zunächst vergeblich die Anerkennung der päpstlichen Lehnshoheit für Sizilien. Heinrichs Gegenangebot bestand wahrscheinlich in einer großartigen finanziellen Sicherstellung des Papstes und der Kardinäle durch die Garantie der besten Pfründen im Reich. Cölestin lehnte nicht allein dieses Angebot, sondern nun überhaupt den ganzen Erbreichsplan ab, der die vollständige und dauernde Einkreisung des Kirchenstaates durch ein staufisches Reich und die Ausschaltung des Papstes aus allen Thronfolgefragen in Deutschland bedeutet hätte. Diesem päpstlichen und dem in seiner Abwesenheit wachsenden fürstlichen Widerstand in Deutschland fiel Heinrichs großer Plan auf dem Fürstentag noch im Jahre 1196 zum Opfer. Des Kaisers Absicht, dem Reich eine neue staatsrechtliche Ordnung zu geben, war am Widerstand der Fürsten und der Kurie gescheitert. Gewissermaßen zur Entschädigung wählten die Fürsten im Dezember dieses Jahres seinen zweijährigen Sohn Friedrich zum König.

Der Aufbruch zum Kreuzzug wurde durch einen Aufstand und Mordplan der von normannischen Baronen getragenen, vielleicht mit Konstanze in Verbindung stehenden sizilischen Nationalpartei im Mai 1197 verzögert. Grausam unterdrückte Heinrich die Erhebung, die ein unabhängiges normannisches Königtum hatte errichten wollen. Dann begannen die Schiffe mit Kreuzfahrern Messina zu verlassen. In diesem Augenblick, am 28. 9. 1197, starb der seit 1191 kranke Kaiser, noch nicht 32 Jahre alt, in Messina; er wurde in Palermo neben Roger II. beigesetzt.

Auf dem Sterbebett erkannte Heinrich, daß der unmündige Friedrich unmöglich die Politik seines Vaters fortführen konnte. Daher gab er selbst noch die Anweisung, Konstanze und Friedrich sollten dem Papst für Sizilien huldigen und dadurch sowie durch Zugeständnisse beim mathildischen Gut und beim Kirchenstaat Friedrichs Nachfolge im Kaisertum sichern. Aber die Ereignisse gingen über diese Anweisung hinweg.

Die Zeitgenossen haben durchaus empfunden, welche Gefahren der plötzliche Tod Heinrichs VI. für das Reich heraufbeschwor. Hier liegt die schwerste Katastrophe, „die entscheidendste Wende in der Geschichte des deutschen Mittelalters" (Tellenbach), verhängnisvoller als der frühe Tod Ottos II. und Heinrichs III. Auf der Bahn seines Vaters voranschreitend, hatte Heinrich VI. die staufische Königsmacht in Deutschland weiter gefestigt und das abendländische Kaisertum auf eine Höhe geführt, die bis dahin nicht erreicht worden war. Doch hatte sein Werk nicht ausreifen können. Noch war es gänzlich in der überragenden Herrscherpersönlichkeit Heinrichs begründet, als diesen die Krankheit dahinraffte. Und die eigentliche Machtgrundlage, auf der das weit ausgedehnte und anspruchsvolle Machtsystem beruhte, war das schmale Mitteleuropa. Heinrichs Tod ließ nun die Kräfte emporsteigen, die in Deutschland und im Abendland eine neue politische Ordnung herbeiführen sollten. So ist das Jahr 1197 das entscheidende Wendejahr in der Geschichte der deutschen Kaiserzeit geworden, nicht zuletzt aber auch dadurch, daß wenige Monate nach Heinrichs Tod mit Innozenz III. „der größte Staatsmann in der langen Reihe der Päpste den Stuhl Petri besteigen und alle dem Imperium feindlichen Kräfte in seiner Hand zusammenfassen" (Hampe) sollte. Seitdem war es mit der Vorherrschaft des Kaisertums im Abendland vorbei, es begann das Jahrhundert der päpstlichen Weltmacht.

Philipp von Schwaben und Otto IV.

Aus der Höhe der Kaisermacht stürzte Deutschland plötzlich in zwei Jahrzehnte staufisch-welfischer Thronstreitigkeiten. Und statt zum Erbreich, wurde es dabei durch das Aufkommen der Kurfürsten endgültig zum Wahlreich, während sich gleichzeitig in England und Frankreich die Erblichkeit der Krone durchsetzte. „Als Nutznießer des Thronstreites werden die Reichsfürsten nahezu selbständige Landesherren. Die ritterliche

Reichsministerialität, unter den Saliern und ersten Staufern tatkräftige Helfer des Königtums, muß großenteils in den Fürstendienst treten oder zum Raubrittertum verkümmern. Die jungen deutschen Städte blühen sozial und wirtschaftlich auf, kommen aber bei ihrem Streben nach Autonomie und beim Zusammenschluß zu Städtebünden mit der Fürstenmacht in Konflikt und finden wenig Rückhalt am Königtum. Die Königsrechte in der deutschen Kirche, seit dem Investiturstreit erschüttert, gehen im Thronstreit vollends verloren. Dem Papsttum, das sich kaum noch des staufischen Druckes auf den Kirchenstaat hatte erwehren können, wird unter Innozenz III. der Weg frei zur Beherrschung Mittelitaliens, zum schiedsrichterlichen Eingreifen in die Reichs- und Weltpolitik und zur hierarchischen Neuordnung der Kirche. Es findet dafür wirksame Helfer in dem neuen Orden der Franziskaner und Dominikaner ..." (Grundmann).

Als Kaiser Heinrich gestorben war, sollte sein bereits zum König gewählter Sohn Friedrich von Foligno bei Assisi zur Krönung nach Aachen gebracht werden. Da ihm der Weg durch Mittelitalien durch reichsfeindliche Erhebungen versperrt war, wurde Friedrich der Mutter in Sizilien in Obhut gegeben, die ihn Pfingsten 1198 in Palermo krönen und unter mancherlei Konzessionen sowie unter Verzicht auf seinen deutschen Königstitel vom Papst mit dem Sizilischen Reich belehnen ließ. Bereits wenige Monate später, im November 1198, starb Konstanze, nachdem sie Innozenz III. zum Regenten im Königreich Sizilien und zum Vormund ihres Sohnes ernannt hatte, um diesem so das normannische Erbe zu sichern.

Inzwischen bemühte sich Herzog Philipp von Schwaben, Kaiser Heinrichs VI. Bruder, mit Unterstützung vieler Fürsten, dem Neffen auch die deutsche Krone zu bewahren und für ihn im Reich die Regentschaft zu übernehmen. Aber Erzbischof Adolf von Köln, der energischste Gegner des Erbreichsplanes, wollte mit englischer Hilfe die Entscheidung über den deutschen Thron an sich ziehen. Mit Hilfe Richard Löwenherz' und bedeutender englischer Subventionen erreichte er, daß der am englischen Hof erzogene junge Welfe Otto, Graf von Poitou und als solcher nicht deutscher Reichsfürst, im Juni 1198 in Köln zum König gewählt und im Juli in Aachen gekrönt wurde.

Die Staufer und ihr süddeutscher Anhang stellten diesem Vorgehen die in Ichtershausen und Mühlhausen in Thüringen vorgenommene Wahl Philipps zum König entgegen. Dieser wußte zwar den größten Teil des Reiches und die meisten Bischöfe auf seiner Seite, wurde von Ottos Anhang aber wegen der ungewöhnlichen Wahlorte und der Abwesenheit der rheinischen Erzbischöfe und des Rheinpfalzgrafen bei der Wahl nicht anerkannt. Obendrein wurde er erst später als Otto, nur in Mainz und von einem burgundischen Erzbischof gekrönt. Aber nicht das Recht, sondern die Macht und das Geld entschieden über die „Gültigkeit" der beiden Wahlen, die allerdings, wie alle Königswahlen vor 1356, nicht eigentlich Wahlen in unserem Sinne waren, bei denen sich die Minderheit der Entscheidung der Mehrheit unterwirft, sondern eine Folge von symbolischen, durch das Herkommen geprägten, aber nicht juristisch definierten Handlungen, sodaß bei Uneinigkeit der Wähler nur die Gewalt eine Entscheidung herbeiführen konnte. Beide Rivalen waren einander in dieser Hinsicht ziemlich ebenbürtig — Otto verfügte über den englischen, Philipp über den französichen Rückhalt. Schließlich schien der westeuropäische Konflikt im deutschen Thronstreit den Ausschlag zu geben. Als Richard Löwenherz am 6. 4. 1199 starb, mußte sein Bruder und Nachfolger bald einen Frieden annehmen, der ihm die Unterstützung des Welfen untersagte. Aber als noch bedeutungsvoller erwies sich die Wahl Papst Innozenz' III. am 8. 1. 1198. Er war an den beiden Königswahlen in Deutschland unbeteiligt gewesen und hatte sich auch in der Folge vorsichtig zurückgehalten, da für ihn die Regelung der Verhältnisse in Italien, insbesondere die „Wiederherstellung" des Kirchenstaates in vorher nie erreichtem Umfange durch sogenannte Rekuperationen im Vordergrund stand, wobei er zugleich die Trennung des sizilischen Reiches vom nördlichen Reichsitalien durchsetzte. Den Verhältnissen in Deutschland gegenüber baute Innozenz sich allmählich sehr umsichtig eine Schiedsrichterposition auf und trat, als die Stellung des Staufers sich festigte und gefährlicher wurde, um die Jahreswende 1200/01 für dessen Gegner Otto IV. ein, der sich im voraus dem von Karls des Großen Kaiserkrönung hergeleiteten päpstlichen schiedsrichterlichen Anspruch unterworfen hatte. Innozenz erhob aber auf Grund der Theorie von der Translatio imperii — der durch den Papst geschehenen Übertragung der Kaiserkrone von den Griechen auf das fränkischdeutsche Reich — einen Anspruch von größter Bedeutung: daß es nämlich neben dem päpstlichen Prüfungs- und Entscheidungsrecht bei zwiespältigen Wahlen unter den zur Wahl befugten deutschen Fürsten eine Gruppe ausschlaggebender unentbehrlicher „Hauptwähler" geben solle. Das waren Auffassungen, die durch die Dekretalen Innozenz' III. in das kanonische Recht eingegangen sind und jahrhundertelang Geltung beansprucht haben. Otto IV. verpflichtete sich 1201 eidlich zur Anerkennung der Rekuperationen, zur Unterstützung des Papstes in Sizilien, endlich zum Verzicht auf jede selbständige Italienpolitik überhaupt und zum Abschluß eines Friedens mit Frankreich, woraufhin der Papst den Staufer und seine Anhänger bannte.

Aber selbst die Reichsbischöfe schlossen sich zumeist einer so vollständigen Unterwerfung unter den Papst nicht an, sondern hielten trotz des päpstlichen Bannes zu den Staufern — ebenso ein großer Teil der weltlichen Fürsten. Und bald nahm Innozenz Verhandlungen mit Philipp auf, da Ottos Position in Deutschland auch in den folgenden Jahren schwach blieb, ja, nach dem Zusammenbruch der englischen Stellung auf dem Kontinent immer bedeutungsloser wurde. Nicht wenige weltliche und geistliche Fürsten wechselten von Otto zu Philipp über — schließlich selbst der Erzbischof von Köln, der Anfang 1205 den Staufer sogar noch einmal in Aachen krönte. Auch militärisch konnte Philipp gute Erfolge erzielen, indem er das lange Zeit welfisch gesonnene Köln unterwarf, den Thüringer Landgrafen sowie den böhmischen König in seine Front zwang und im Juli 1206 Otto selbst in der Nähe von Köln besiegte. Nach einer ergebnislosen Aussprache der beiden Rivalen zog der verwundete Welfe sich in sein braunschweigisches Erbland zurück. Inzwischen wurden die Verhandlungen Philipps und der Kurie langsam fortgesetzt — mit dem Ergebnis, daß 1207 der Papst selbst Otto zum Thronverzicht bewegen wollte, damit der inzwischen vom Bann gelöste, zu bedeutenden Konzessionen gegenüber der Kirche entschlossene Philipp als König anerkannt werden konnte. Die Verhandlungen standen vor dem Abschluß, als Philipp am 21. 6. 1208 in Bamberg von Pfalzgraf Otto von Wittelsbach, dem früheren Verlobten seiner Tochter, die im Rahmen der Vereinbarungen einen Neffen des Papstes heiraten sollte, im Alter von kaum 30 Jahren erschlagen wurde. Der Papst, der sich unerwartet von manchen Schwierigkeiten befreit sah, nannte den Mord ein Gottesurteil — aber auch für ihn wie für Deutschland erwies sich dieser schließlich als ein großes Unglück.

Otto IV. wurde nun um des Reiches und des Friedens willen auch von den Staufern anerkannt und im November 1208 in Frankfurt noch einmal gewählt; auch heiratete er Philipps Tochter und übernahm dessen Ratgeber, fügte sich also den Fürsten gegenüber in die staufische Tradition. Dem Papst aber schrieb er: „Was wir bisher waren, was wir sind oder sein werden im Reich, verdanken wir nächst Gott ganz Euch und der römischen Kirche", wie er sich auch „König von Gottes und des Papstes Gnaden" nannte. Die Zusage der päpstlichen Kaiserkrönung erkaufte er mit weiteren Konzessionen in bezug auf die Rekuperationen, durch wiederholten Verzicht auf Sizilien, durch die Zusage freier Bischofswahlen und des unbehinderten Appellationsrechtes an die Kurie bei Rechtshändeln mit der Kirche. Innozenz bezeichnete ihn als „Mann nach meinem Herzen" und selbst als „meinen lieben Sohn, an dem ich Wohlgefallen habe". Aber bereits vor der Kaiserkrönung am 4. 10. 1209 in Rom kam es bei einer Begegnung beider in Viterbo zu ersten Konflikten und unmittelbar danach zu einem völlig unerwarteten Angriff des Kaisers auf das Königreich Sizilien, wo er nicht allein die päpstliche Lehnsherrschaft zerschlagen, sondern auch seinen letzten Rivalen, den übrigens auch sein staufisches Hausgut fordernden Sohn Heinrichs VI., Friedrich, verdrängen wollte. Im Herbst 1210 eroberte Otto Neapel, ein Jahr später stand er als Sieger an der Südküste bereit, mit pisanischen Schiffen nach Sizilien überzusetzen, während Friedrich in Palermo die Flucht nach Afrika vorbereitete. Innozenz hatte Otto 1210 gebannt, 1211 den Bann verschärft — nun wandte er sich seiner alten Politik in bezug auf Friedrich von Sizilien zu, der auch vom französischen König gegen den gefährlichen Welfen gestützt wurde. Innozenz und König Philipp II. August von Frankreich veranlaßten die Wahl Friedrichs II. zum Kaiser im September 1211 zu Nürnberg. Otto mußte die Invasion nach Sizilien aufgeben und nach Deutschland zurückkehren, wo die Fürsten sich fast geschlossen von dem herrischen und rücksichtslosen Welfen, dem die Absicht nachgesagt wurde, er wolle die englische Herrschaftsform auf Deutschland übertragen und die Steuern erhöhen, ab- und dem jungen Staufer zuwandten. Dieser ließ in Sizilien seine zehn Jahre ältere Gemahlin Konstanze als Regentin und ihren einjährigen Sohn Heinrich als König zurück, huldigte in Rom dem Papst für Sizilien und wiederholte für das Reich die Zugeständnisse Philipps und Ottos. Im September 1212 erschien er in Konstanz; zwei Monate später verbündete er sich mit dem französischen König gegen England, Ende des Jahres wurde er in Frankfurt nochmals gewählt und in Mainz gekrönt. Ottos letzte Hoffnung gegen Friedrichs auch durch französisches Geld geförderten schnellen Aufstieg lag in dem Bündnis mit England. Aber schon 1213 mußte der englische König Johann ohne Land einem vernichtenden französischen Einfall nach England zuvorkommen, indem er sein Land an den Papst abtrat und es von diesem als Lehen wieder entgegennahm. Bei dem nun folgenden Versuch, seine in französische Hand geratenen Besitzungen auf dem Festland mit Hilfe des Welfen und niederrheinischer Fürsten zurückzuerobern, kam es am 27. 8. 1214 zur Schlacht bei Bouvines zwischen dem französischen König und Otto, der geschlagen wurde und fliehen mußte.

Damit war auch die Entscheidung im deutschen Thronstreit gefallen. Während in England der König zur Konzession der Magna Charta von 1215 gegenüber Adel und Bürgern gezwungen wurde und an ausgreifende Eroberungen zur Stützung Ottos, der 1218 halb vergessen starb, nicht denken konnte, konsolidierte sich in Frankreich die capetingische, mit Friedrich verbündete Monarchie.

Friedrich II.

Friedrich, der 1213 in der Egerer Goldbulle dem Papst gegenüber Ottos Zugeständnisse von 1209 — Verzicht auf die Rekuperationen usw. — ausdrücklich wiederholt hatte und in Aachen im Juli 1215 noch einmal vollgültig gekrönt worden war, erhielt nun im November auf dem vierten Laterankonzil die päpstliche Bestätigung seiner Wahl. Aber schon zeichnete sich deutlich Friedrichs Wunsch ab, nicht ein gehorsamer Gefolgsmann des Papstes zu bleiben. Innozenz veranlaßte den Kaiser zwar 1216 noch einmal, ausdrücklich die Trennung von Kaisertum und Königreich Sizilien zu bestätigen. Aber als der Papst Mitte Juli 1216 starb, hatte sein dauerndes energisches Eingreifen in die Politik der Staaten nicht allein allerseits wachsenden Widerstand hervorgerufen, sondern seine engen Grenzen auch an der staatsmännischen Selbstüberschätzung des Papstes und an seiner geringen Menschenkenntnis gefunden. Friedrich fügte sich der Kirche noch weniger als Otto. Sofort nach Innozenz' Tod ließ er seinen 5jährigen Sohn Heinrich nach Deutschland bringen, übertrug ihm Schwaben, bald auch die Verwaltung Burgunds, und ließ ihn 1220 zum deutschen König wählen, wodurch die Fortdauer der Personalunion, wenngleich nicht die staatsrechtliche Vereinigung des Reiches und Siziliens, gesichert schien. Der neue Papst, Honorius III., mußte sich fügen, um den längst geplanten Kreuzzug durchführen zu können.

„Zielbewußt hatte Friedrich II. damit erreicht, daß er auf dem Umweg über Deutschland als Kaiser ohne Rivalen in sein sizilisches Erbreich heimkehren konnte, dem er seitdem seine ganze Staatskunst zuwandte. Nur einmal noch ist er 15 Jahre später nach Deutschland gekommen, als sich dort sein Sohn gegen ihn auflehnte. Sonst blieb Deutschland unter fürstlicher Regentschaft weitgehend sich selbst überlassen, während der letzte Staufenkaiser seinen Kampf um Italien führte" (Grundmann).

Daraus ergibt sich auch, daß dieser Kaiser in der allgemeinen Geschichte anders zu bewerten ist und eine andere Stellung einnimmt als in der engeren deutschen Geschichte. Aber hier wie dort wird man seine Taten nicht allein aus der Mischung deutsch-burgundischer und normannischer Erbfaktoren beurteilen dürfen, sondern ebenso den Zeitgeist als wichtigen Faktor beachten müssen. Da aber stand im Mittelpunkt des Erlebens und Handelns noch immer die als „sakral empfundene Idee des Kaisertums, die, auf bestimmte irdische Machtpositionen gestützt, die Ordnung der gesamten Christenheit" (Rassow) zum Inhalt hatte. Diese Machtpositionen aber befanden sich für Friedrich II. nicht allein in Deutschland und Sizilien, sondern im 13. Jahrhundert mehr noch als ein Jahrhundert zuvor auch in der Kreuznahme, im Kreuzzug selbst. Zwar hatte der sogenannte Vierte Kreuzzug 1204 durch das maßgebliche Eingreifen Venedigs zu der vorwiegend kommerziell begründeten Eroberung Konstantinopels und damit prinzipiell auf einen Abweg, wenngleich auch zur Unterstellung der östlichen Kirche unter Rom geführt; und die Kinderkreuzzüge von 1212 hatten viele Tausende Menschen in entsetzliches Elend und Tod getrieben. Aber unter alledem hatte doch die Idee der Befreiung Jerusalems nicht gelitten. Friedrich ließ seinen Sohn und dessen Vormund, den Erzbischof Engelbert von Köln, in Deutschland zurück und beauftragte sie mit dem Neubau des deutschen Königtums auf der Grundlage der Confoederatio cum Principibus ecclesiasticis von 1220, d.h. des Verzichts auf das Spolienrecht und der Anerkennung voller Territorialhoheit für die geistlichen Fürsten. Als er in Italien eintraf und in Rom gekrönt wurde, hatte sich der Kreuzzug des Papstes Honorius III., der 1217 ungeordnet begonnen worden war, bereits vor Damiette festgelaufen; er bedurfte dringend der Hilfe durch einen starken Fürsten. Doch Friedrich war zum Eingreifen erst nach Wiederherstellung der Ordnung im Normannenreich fähig, die er durch die Assisen (Hoftagsbeschlüsse) von Capua 1220, später weiter ausholend durch die Gründung der Universität Neapel (1224), durch Verwaltungs- und Heeresreformen, durch Umsiedlung der ungetauften Sarazenenbevölkerung und vieles andere als ein Wunderwerk an schneller, umfassender und tiefgreifender Organisation durchführte. In klarer Erkenntnis der ganz verschiedenen Ausgangslage unterdrückte Friedrich in Sizilien mit straff zentralisiertem Beamtentum, hoch entwickelter mittelmeerischer Geldwirtschaft und vielen wichtigen Städten gerade die Feudalkräfte, die er in Deutschland aus politischen, sozialen und wirtschaftlichen Ursachen hatte anerkennen müssen.

Damiette ging 1221 verloren. Friedrich aber mußte seinen Aufbruch zum Kreuzzug wider seinen eigenen Willen aus politischen Gründen immer weiter hinausschieben, so daß der Papst dem Kaiser 1225 für den August 1227 den automatischen Bann androhte, falls er bis dahin nicht nach Osten aufgebrochen sei. Friedrichs Versuch, innerhalb dieser beiden Jahre seine Herrschaft auch noch in Reichsitalien zu festigen, mißlang: unter päpstlicher Mitwirkung bildete sich gegen ihn, der die „reformatio imperii", d.h. die Festigung seiner Macht in Oberitalien 1226 auf einem großen Reichstag in Cremona durchführen wollte, erneut auf 25 Jahre der Lombardenbund und hinderte sofort viele Fürsten an der Reise zum Reichstag, der scheiterte. Als Honorius III. im März 1227 starb und ein dem bedeutenden Papst auch geistesverwandter Neffe Innozenz' III. als Gregor IX. den Stuhl Petri bestieg, wurden neue Kämpfe unvermeidlich. Im September wollte Friedrich sich eben in Otranto zur Abfahrt einschiffen, als dort und in Brindisi unter den Kreuzfahrern eine Seuche ausbrach, von der auch derKaiser ergriffen wurde. Der Papst bannte ihn sofort, so daß im folgenden Jahre ein aus der Kirche ausgestoßener Kaiser in Jerusalem einzog, sich die Krone des Königreiches aufsetzte und dafür sorgte, daß im Vertrag vom 11. 2. 1229 die Christen die heiligen Stätten Jerusalem, mit Ausnahme der Moscheenbezirke, Bethlehem und Nazareth sowie die Pilgerstraße erhielten. Jerusalem sollte eine Pilgerstadt und eine heilige Stadt für beide Religionen werden, ein Ziel, das genau Friedrichs aus der Regierungserfahrung in einem Zwei-Kulturenstaat im Mittelmeerraum erwachsenen religiösen Auffassungen entsprach. Friedrich selbst schrieb in einem Brief: „In diesen wenigen Tagen ist mehr durch ein Wunder als durch Tüchtigkeit diese Sache glücklich erreicht worden, die seit lang zurückliegenden Zeiten viele Mächtige und die verschiedensten Fürsten der Welt inmitten der Massen ihrer Völker weder durch Furcht noch auf andere Weise durchzuführen vermochten."

Das Ende aller Kreuzzüge schien erreicht, als Friedrich die Nachricht erhielt, daß ein päpstliches Heer in das Normannenreich eingefallen war. Sofort kehrte er nach Italien zurück, vertrieb schnell und schonungslos seine Gegner, drang aber nicht in den Kirchenstaat ein. So mußte Gregor — unter hervorragender Vermittlung des Hochmeisters Hermann von Salza, der um der missionarischen wie der politischen Ziele seines Deutschen Ordens willen aufs stärkste an der Einigung interessiert war — im Frieden von Ceprano 1230 Friedrich vom Bann lösen, während dieser auf alle Ansprüche im Kirchenstaat verzichtete und freie Bischofswahlen und Steuer- wie Gerichtsprivilegien des Klerus in Sizilien zusagte. Politisch also nachgiebig, gewann der Kaiser entschieden an Ansehen und konnte in Sizilien 1231 die Konstitutionen von Melfi, das erste staatliche Gesetzbuch des Abendlandes, erlassen. Es stammte im wesentlichen aus seiner eigenen Hand, danach aus der des Protonotars Peter von Vinea, während eben um dieselbe Zeit im Sachsenspiegel eine erste Gesamtniederschrift deutschen Rechts nicht auf Veranlassung des Kaisers oder der Fürsten, sondern als Privatarbeit des Anhaltiners Eike von Repgow abgeschlossen wurde, die gleichwohl mit der Zeit geradezu reichsrechtliche Geltung erhalten sollte. Seit seiner Orientfahrt befand Friedrich sich deutlich auf der Höhe des Lebens und Wirkens und setzte die Welt durch den Reichtum seiner Begabungen in Bewunderung. Nun wurde er Mittelpunkt, Anreger und Förderer jenes weiten Kreises von italienischen, spanischen, griechischen, mohammedanischen und jüdischen Gelehrten, Dichtern und bildenden Künstlern, die von seinem Hofe aus großartige Kulturleistungen vollbrachten und dabei notwendig nicht selten mit den Traditionen der römischen Kirche zusammenstießen.

Inzwischen hatte Deutschland, wo man die zwei Jahrzehnte des Thronzwistes als die Blütezeit ritterlich-höfischer Dichtung bezeichnet hat, seine eigene Entwicklung erlebt. Sie kam u.a. in vielen Sprüchen Walthers von der Vogelweide — eines weite Wirkung ausstrahlenden Parteigängers Philipps, Ottos und schließlich Friedrichs II. gegen den auf des Reiches Schwächung abzielenden Papst — bis zu seinem Tode 1228 zum Ausdruck. Die politisch stärkste Figur war der Kölner Erzbischof, dem der junge, 1222 in Aachen gekrönte König Heinrich voll vertraute. Die Regentschaft in Deutschland verfolgte deutlich andere Linien als der Kaiser in Sizilien: sie verbündete sich nicht wie jener 1224 mit Frankreich und war nicht einverstanden mit Friedrichs gewaltsamer Politik gegenüber Dänemark, die 1225 zum Kriege und 1227 zu König Waldemars II. Niederlage bei

Bornhöved südlich von Kiel führte. Durch diesen Sieg, an dem die Reichsgewalt nicht beteiligt war, wurde das deutsche Neuland an der Ostsee von Holstein bis Pommern für das Reich zurückgewonnen und die dänische Gefahr für den deutschen Ostseehandel und -verkehr beseitigt. Das war besonders wichtig für Preußen, welches der seit 1198 bestehende, seit 1211 im ungarischen Burzenland unter sehr ungünstigen Verhältnissen ansässige Deutsche Orden auf der Jahreswende 1225/26 von Herzog Konrad von Masovien als Missions- und Herrschaftsgebiet erhalten und von Friedrich II. in der Goldbulle von Rimini im März 1226 als unter der Autorität des Reiches stehendes Gebiet bestätigt bekommen hatte — allerdings ohne daß der Hochmeister als Ordensmann deutscher Reichsfürst und das Ordensland Teil des Reiches wurde. So war vom Kaiser die Rechtsgrundlage für einen autonomen „Missionsstaat" gelegt. Dem ersten Gebiet, dem Kulmer Land, fügte der Kaiser, der mit dem politisch begabten, ihm unwandelbar ergebenen Hochmeister des Ordens Hermann von Salza (1210—1239) eng verbunden war, alle künftigen preußischen Eroberungen hinzu. Bereits innerhalb eines Jahrzehnts kam es zu großartiger Expansion, zur Anlegung von Burgen 1231 in Thorn, 1232 in Kulm, 1233 in Marienwerder, 1237 zur Vereinigung mit dem Schwertbrüderorden in Livland und zu ersten Ausgriffen nach Kurland sowie 1252 zur Gründung von Memel.

Sonst aber zeigte sich vielfach, während Friedrich im Süden die großen Linien einer weiträumigen Politik zog, daß in Deutschland weit kleinere weltliche und kirchliche Sonderinteressen der Fürsten im Vordergrund standen, wobei der aktivste und expansivste unter ihnen, Erzbischof Engelbert von Köln, 1225 erschlagen wurde. Damit stand Heinrich, der eben eine Tochter Leopolds VI. von Österreich geheiratet hatte, mit dem neuen Reichsgubernator Herzog Ludwig I. von Bayern plötzlich vor einer veränderten Situation. Er, der immer stärker zur Selbständigkeit drängte, und Ludwig gelangten niemals zur Eintracht; und auch Friedrich war mit Ludwig bald nicht mehr zufrieden. Als dieser ihn im Konflikt mit dem Papst im Stich ließ, wurde er 1231 auf der Donaubrücke bei Kehlheim, vielleicht auf Veranlassung des Kaisers selbst, erstochen. Da aber war die kurze Friedenszeit für Deutschland bereits vorüber, und neue Wirren hatten begonnen, die das Land auf Jahrzehnte hinaus beunruhigen sollten.

König Heinrich hatte Deutschland dem gebannten Vater fest zusammengehalten — der Tod des einzigen Abtrünnigen, des Reichsverwesers Ludwig, gab König Heinrich den Weg zur Selbstregierung frei. Im Alter von 18 Jahren begann der König seine eigene Politik, deren Antriebe und Zielsetzungen aus der schwäbischen und pfälzischen Reichsministerialität und ihrer Reichsgesinnung sowie aus dem jungen Stadtbürgertum kamen, also, wenngleich unter vielen Schwankungen und wechselnden Einflüssen, den eigennützigen Fürsten wie auch den bischöflichen Stadtherren — und schließlich auch den politischen Grundsätzen Friedrichs II. — entgegenstanden. „Ob in Deutschland damals die Reichsgewalt im Bunde mit den steuerkräftigen Städten und einem staatswilligen Ritteradel noch das fürstliche Territorialstaatsstreben hätte zurückdrängen können, ist kaum zu entscheiden. Zwar ließ sich der wirtschaftlich-soziale und kulturelle Aufstieg der Städte auch durch alle Maßnahmen gegen ihre politische Betätigung und Selbständigkeit nicht aufhalten. Die Fürsten aber hatten bereits eigenmächtig so viele staatliche Vorteile gewonnen, die sich die Kirchenfürsten 1220 auch verbriefen ließen, daß sie ihnen kampflos nicht wieder zu nehmen waren“ (Grundmann). Eine Auseinandersetzung mit den deutschen Fürsten aber mußte Friedrich um seiner Politik in Italien willen vermeiden; auf ihre Ergebenheit konnte er weder den lombardischen Städten noch dem Papst gegenüber verzichten. Infolgedessen wurde es den Reichsfürsten nicht schwer, sich durchzusetzen. Auf zwei Wormser Hoftagen zwangen sie Heinrich zur Wendung in ihrem Sinne: im Januar 1231 wurde bestimmt, daß die Bürger keiner Stadt Einungen, Eidgenossenschaften und Bündnisse schließen durften; am 1. 5. 1231 mußte Heinrich das große Statutum in favorem principum erlassen, das den Verzicht des Königtums auf die Ausübung seiner Hoheitsrechte über Gericht, Geleit, Münze, Zoll, Burgen- und Städtebau im Gebiet fürstlicher „Landesherren“ verbriefte und, ganz gegen die Städte gerichtet, diesen untersagte, der fürstlichen Territorialbildung durch den Zwang zum Besuch ihrer Märkte und zur Benutzung ihrer Straßen, durch Aufnahme adliger und kirchlicher Eigenleute oder durch die Einbürgerung von Landbewohnern (Pfahlbürgern) in die bürgerliche Rechtsgemeinschaft Schwierigkeiten zu bereiten. Heinrich mußte die Respektierung der Fürstenrechte durch die Bürger, die Gültigkeit der landesherrlichen Münzrechte und das Recht der Befestigung ihrer Städte garantieren. Die Konsolidierung der Territorien machte durch diese Anerkennung der bisherigen Entwicklung und programmatische Formulierung für das künftige Verhältnis der Fürsten zu den Städten und zum Reich einen gewaltigen Schritt vorwärts. Umsichtig ließen sich die Fürsten Heinrichs Statut obendrein durch den Kaiser bestätigen, der Ende 1231 auf dem Reichstag zu Ravenna in Heinrichs Abwesenheit allen Städten noch einmal die Bildung von Selbstverwaltungsorganen untersagte und den Wormser Bürgern, welche den ersten Städtebund nördlich der Alpen zwischen Speyer und Friedberg geschaffen hatten, selbst die Niederlegung ihres Rathauses befahl. Als Heinrich im Mai 1232 in Cividale in Friaul die Anerkennung dieses „Fürstengesetzes" beschwören mußte, lag darin auch der Sieg der Kaiser- und Fürstenpolitik über die Königs- und Städtepolitik beschlossen. Der Vorrang der Territorien gegenüber dem Reich wurde sichergestellt — ein Jahr nach der genau entgegengesetzten Fixierung der Rechts- und Machtverhältnisse in Melfi — und damit die Niederlage Heinrichs durch die Fürsten besiegelt, zumal Heinrich in Cividale seinem Vater ausdrücklich die Befolgung des Gesetzes unter Androhung gemeinsamen Vorgehens von Kaiser, Papst und Fürsten gegen ihn beschwören mußte.

Heinrich schien gesonnen, seinen Schwur zu halten. Er geriet jedoch mit dem Papst in Konflikt über die Ketzerverfolgungen, die von Südfrankreich und Norditalien ausgingen, in die ganz anders gearteten deutschen Verhältnisse übergriffen und z. B. selbst gegen die Stedinger Bauern an Unterweser und Jade bei deren ganz politischer Auseinandersetzung mit dem Erzbischof von Bremen angewandt wurden. 1234 untersagte ein Hoftag Heinrichs ausdrücklich „unrechte Ketzerverfolgung" und forderte damit den Papst, anschließend auch den eigenen

Vater heraus, der die Kurie gegen den Lombardenbund und die Römer brauchte. Gregor IX. bannte mit Wissen und Wollen Friedrichs dessen Sohn, woraufhin Heinrich im September 1234 zur offenen Empörung schritt, sich mit dem lombardischen Städtebund verband, um Friedrich den Durchzug nach Deutschland zu sperren, mit dem König von Frankreich verhandelte, der sich durch Friedrichs geplante dritte Ehe mit der Schwester Heinrichs III. von England bedroht fühlte, und in Deutschland neben der Masse der Reichsministerialität auch einige Bischöfe für sich gewann. Die Städte warteten vorsichtig ab, und die Fürsten hielten fast ausnahmslos zum Kaiser. Diesem gelang es im Frühjahr 1235 in kurzer Zeit ohne Heer, allein auf Grund seines Ansehens, Heinrich und dessen Anhang zur Unterwerfung zu bewegen. Friedrich entthronte seinen Sohn und ließ ihn in apulischen Gefängnissen festsetzen, bis Heinrich 1242 wahrscheinlich Selbstmord beging. Auf einem Mainzer Hoftag verkündete der Kaiser einen Reichslandfrieden — zum ersten Male in deutscher Sprache —, setzte nach sizilischem Vorbild einen Reichshofrichter ein und versuchte vorsichtig eine Straffung der Reichsgewalt. Aber bevor diese Ansätze noch wirklich gefestigt werden konnten, mußte der Kaiser wieder nach Italien ziehen. Im Jahre 1237 erhob er Wien zur Reichsstadt und ließ dort seinen 9jährigen Sohn Konrad zum König wählen, setzte den Mainzer Erzbischof als Reichsprokurator ein und verließ Deutschland endgültig, um sich den Lombarden und Gregor IX. zuzuwenden.

Mit Hilfe der deutschen Fürsten konnte er noch im gleichen Jahre bei Cortenuova die lombardischen Städte besiegen; im Jahre darauf scheiterte er trotz Unterstützung aus ganz Europa bei der Belagerung Brescias. Das ermutigte den Papst zu äußerstem Widerstand: er unterstützte die Lombarden, verbündete sich mit Genua und Venedig zum Seekrieg gegen Sizilien und brach endlich mit Friedrich, als dieser seinen natürlichen Sohn Enzio mit der Erbin Sardiniens verheiratete und als König dieses Papstlehens einsetzte. Am Palmsonntag 1239 bannte der Papst den Kaiser zum zweiten Male — damit begann der Endkampf des Papsttums gegen die Staufer, der bis zu deren Vernichtung dauerte. Dem Papst standen dabei die jungen Bettelorden der seit den zwanziger Jahren auch nach Deutschland ausgreifenden Franziskaner und Dominikaner als überaus wirkungsvolle Propagandainstrumente zur Verfügung, die den Kaiser als Gottesleugner, Beschützer der Ketzer und endlich als apokalyptisches Untier und Vorläufer des Antichrist bezeichneten. Friedrich konnte sich nur wehren, indem er nicht allein immer wieder seine Rechtgläubigkeit beteuerte, sondern auch den mit den lombardischen Rebellen verbündeten Papst der äußersten Verweltlichung bezichtigte und sich so allerdings mit den ketzerischen und gegen die Kirche aufständischen Katharern, Waldensern und Arnoldisten auf eine Ebene stellte, aber auch anbot, sich vor einem Konzil zu rechtfertigen. Bald ging er freilich darüber hinaus, ließ über hundert Prälaten, die 1241 auf dem Wege zum Konzil nach Rom reisten, auf hoher See gefangen nehmen und einkerkern, reinigte in Sizilien den Klerus von Papstanhängern und ließ die Franziskaner ausweisen. Fast ganz Italien organisierte und koordinierte er mit harter Hand zur kriegerischen Auseinandersetzung mit dem Papst, während im Osten Ungarn und Polen von den Tataren überrannt wurden. Erst auf der Walstatt bei Liegnitz konnte am 9. 4. 1241 der Piastenherzog Heinrich II. von Niederschlesien vornehmlich mit deutschen Siedlern die Tataren wenigstens zum Abschwenken nach Ungarn zwingen, von wo sie sich infolge inneren Zerfalls ihres Staatswesens in den nächsten Jahren ganz nach Osten zurückziehen mußten. Deutschland, das Abendland waren mit dem Schrecken davongekommen, die Wege wieder frei für die Ansiedlung deutscher Aufbaukräfte.

Am 22. 8. 1241 starb Gregor IX. Sein Nachfolger Coelestin starb bereits zwei Wochen nach seiner Wahl. Erst nach fast zwei Jahren wurde im Juni 1243 ein neuer Papst gewählt, Innozenz IV., der mit seinem Namen ein kirchenpolitisches Programm verkündete. Gleichwohl bemühte Friedrich sich eifrig und großzügig um Bannlösung und Verständigung. Aber an seinem festen Entschluß, die lombardischen Rebellen niederzuwerfen, scheiterten 1245 die Friedensverhandlungen, da der Papst den Bund nicht preisgeben wollte. Von kaiserlichen Truppen in Rom fast umzingelt, flüchtete Innozenz Ende 1244 nach Genua und Lyon, lud dort im Juni 1245 den Kaiser zur Verantwortung vor ein Konzil und verkündete dem vertretungsweise anwesenden sizilischen Großrichter Thaddäus von Suessa am 17. 7. 1245 vor der ganzen Kirchenversammlung die Absetzung des Kaisers: „. . . so erklären wir den gedachten Fürsten, der sich des Kaiserreiches, der Königreiche und jeglicher Ehre und Würde so unwürdig gemacht hat, der seiner Frevel halber von Gott verworfen ist, ferner zu regieren, für einen Menschen, der von Gott in seinen Sünden verstrickt und verdammt und aller seiner Ehren und Würden vom Herrn beraubt ist, und setzen ihn ab durch unsern Urteilsspruch. Alle, die ihm durch den Eid der Treue verpflichtet sind, lösen wir für immer von diesem Eide, verbieten kraft apostolischer Vollmacht strengstens, daß in Zukunft irgend jemand ihm als König oder Kaiser gehorche, und erklären, daß alle, die ihm von jetzt an als ihrem König oder Kaiser einen Rat erteilen, Beistand leisten oder eine Gunst erweisen, eben dadurch schon der Exkommunikation unterliegen".

Matthäus von Paris, ein Zeitgenosse der Vorgänge, schrieb in seiner „Großen Chronik" dazu: „Diese Worte . . . verursachten gleich dem einschlagenden Blitz einen außerordentlichen Schrecken." In der Kirche galt fortan das staufische Kaisertum als beendet. Manchem mochte angesichts des päpstlichen Spruches, der bevorstehenden Kämpfe zwischen Kaiser und Papst und dem Tatarensturm die ganze Christenheit bedroht erscheinen. Friedrich aber sah in dem Spruch von Lyon eine Befreiung; nicht Amboß wollte er mehr sein, sondern Hammer werden: „Bisher mußte ich dem Papst einigermaßen gehorchen, wenigstens die Ehre geben, nun aber bin ich jeder Verpflichtung ledig, ihn zu lieben, ihn zu verehren und Frieden mit ihm zu halten" (Matthäus von Paris). Sofort erhielt auch die Auseinandersetzung ein größeres Format. Nicht die Person des Papstes griff der Kaiser an; er forderte vielmehr Reinigung und Reform der Kirche sowie Säuberung des Klerus in der ganzen Christenheit, wozu er alle abendländischen Herrscher aufrief. Und wenigstens soweit wirkte seine Forderung, daß kein Fürst seine kaiserliche Stellung bezweifelte. Mordanschläge gegen Friedrich schlugen fehl, päpstliche Truppen auf sizilischem Gebiet wurden leicht geschlagen, angezettelte Aufstände grausam unterdrückt — nur Friedrichs Lieblingssohn Enzio fiel den Bolognesern in die Hände und wurde von ihnen bis 1272 gefangen gehalten. Aber gleichzeitig kam es besonders in den Städten bei jeder Veränderung im Stadtregiment zu immer heftigeren Auseinandersetzungen zwischen den päpstlich gesonnenen Guelfen (Welfen) und den kaisertreuen Ghibellinen (von der italienisierten Form des Staufergutes Waiblingen in Württemberg), wodurch die Stellung des Kaisers in Oberitalien unsicher wurde, die Fronten sich dauernd verschoben und die kirchliche Organisation sich als die fester gefügte erwies. Vor Parma erlitt Friedrich 1248 durch Überraschung eine schwere Niederlage.

Inzwischen bemühte der Papst sich in Deutschland lange Zeit vergeblich gegen den Widerstand der weltlichen und geistlichen Fürsten wie der Reichsstädte um die Schaffung eines Gegenkönigtums. Ja, unter dem Druck der Tataren und des Papstes erwuchs geradezu ein engeres Verhältnis der Fürsten zu Friedrich. Erst nach des Kaisers Absetzung durch den Papst gelang es dem Erzbischof von Köln, dem sich der von Mainz und der von Trier anschlossen, 1246 mit wenigen Bischöfen, aber ohne jeden Laienfürsten, den ehrgeizigen Landgrafen von Thüringen und Reichsgubernator Heinrich Raspe zum König zu wählen, der aber bereits nach neun Monaten ergebnisloser Kämpfe ungekrönt starb. Ein neuer Gegenkönig konnte trotz stärksten päpstlichen Druckes lange Zeit nicht gefunden werden, so daß die Kirche selbst an die Erhebung eines englischen Königssohnes oder des norwegischen Königs dachte. Schließlich fand sich der 19jährige Graf Wilhelm von Holland zur Wahl bereit, die 1247 in der Nähe des nicht beteiligten Köln stattfand. Nur sehr langsam konnte er, Ende 1248 in Aachen gekrönt, am Rhein seine Macht ausdehnen. Sie war nicht befestigt, die Lage hier wie in Italien unentschieden, als der Kaiser am 13. 12. 1250 56jährig in Apulien der Ruhr erlag. Friedrich, der in dem normannischen Kulturraum Kalabriens und Siziliens und in deren „halborientalischen Herrlichkeit" (Haseloff) aufgewachsen war, ließ sich in Palermo beisetzen, wo auch seine Eltern ruhten. Unbesiegt starb er als ein großer Fürst, eine bedeutende Persönlichkeit voll dichterischer und künstlerischer Begabung, aber ohne rechtes Verständnis für die religiösen Kräfte, insbesondere die politische Bedeutung der auf der Seite des Papsttums stehenden jungen Franziskaner-, Dominikaner- und Augustiner-Bettelorden, befangen noch in den Vorstellungen der vergehenden ritterlichen Kultur seiner Vorfahren, während insbesondere in Deutschland der Zug zu Gottesminne und Brautmystik immer stärker wurde und damit ganz neue, zur „deutschen Mystik" hinweisende Elemente religiöser Potenz außerhalb der Machtpolitik in Erscheinung traten. Daß die Situation für die weltliche Macht im Sinne Friedrichs ausweglos war, konnte man erst später voll ermessen.

Die Zeitgenossen haben den Kaiser bald als „Tier der Lästerung, das aus dem Meer aufsteigt und seinen Rachen zu Lästerungen des göttlichen Namens öffnet" (Gregor IX.), als „verderbenbringenden und verdammten Menschen, Schismatiker, Ketzer und Epikuräer, der den Erdkreis verdarb" (der Franziskaner Salimbene von Parma) verurteilt, bald als „hochgemuten Mann von großer Weisheit" und als „gerechtigkeitsliebend" (Nikolaus von Jamsilla) gepriesen. Ein Urteil der neueren Zeit über den Kaiser, der sich als erster in amtlichen Erlassen Cäsar nannte, nicht nur Augustus und Imperator, findet sich vom Literarisch-Künstlerischen her in Gundolfs Buch über die Geschichte von Cäsars Ruhm, in dem er Friedrich als „das reichste, geschmeidigste und kühnste Herrschergenie, das die Welt seit Cäsar gesehen", bezeichnet: „. . . keine gedrungene Urkraft von der Wucht und Masse Karls des Großen, kein riesenstarker Willensrecke wie Otto der Große, Heinrich III. oder Barbarossa, doch bis in die Nerven hinein Geist, hell und wach bis zum erleuchteten Verständnis der Mächte, worin die anderen trieben oder schwangen, frei und fein bis zum verwegenen Spiel mit jedem Geheimnis, wovor sie scheuten, voll Witterung, Wissen und allseitiger Neugier, und dabei erdnah und blutsfrisch genug, um die Vielfalt der inneren Spannungen ohne Riß zu ertragen und dem furchtbaren Druck von außen ohne Bruch zu widerstehen — zu dem gefährlich reichen Erbe Barbarossas und Heinrichs, das heißt den vollerwachten, ideentrunkenen Mächten des Zeitalters, Papsttum, Städtetum, Fürstentum, Orient, zu dem ganzen Bildungs- und Glaubensschatz dieser Mächte, dem weltlicher blühenden Ritterwesen, der vertieften Frömmigkeit und neuen franziskanischen Seelenglut, dem gelockerten Wissen und Können, der expansiven Wundersucht und Fernenkunde, brachte Friedrich ringsum und in jede Einzelheit hinein erst den persönlichen Geist, das einmalige Ingenium des allseitig regsamen und begabten Ich — was Jacob Burckhardt als das neue Merkmal der Renaissance kennzeichnet, die Individualität . . ., um ihretwillen beginnt er das neue Zeitalter mit Friedrich . . . und um ihretwillen stellt Nietzsche ihn zu den unausdeutbaren Rätselmeistern Cäsar, Alcibiades und Leonardo da Vinci."

DAS ENDE DER STAUFER UND DAS INTERREGNUM

Friedrichs II. Tod bedeutete einen tiefen Einschnitt nicht allein in der deutschen, sondern in der abendländischen Geschichte schlechthin, das Ende des Hochmittelalters wie des universalen Imperiums, den Auseinanderfall der Bestandteile dieses weiten Reiches mit so verschiedenen Tendenzen und Entwicklungsstufen staatlicher, nationaler, sozialer, wirtschaftlicher und künstlerischer Art. Beendet war in Deutschland ein Halbjahrhundert großartigster Kunstentwicklung, in dem die Westchöre der Dome von Mainz und Worms, die Neubauten derjenigen von Bamberg und Naumburg und der Ostteil des heutigen Straßburger Münsters entstanden waren und die deutsche Plastik in und an diesen und anderen Domen, anschließend an ottonische, karolingische und antike Entwicklungen die Höhe ritterlich-christlicher Kunst erreichte. Und hatte Friedrich im Rahmen und unter dem Druck seiner Universalpolitik 1232 und bei anderen Gelegenheiten manche Rechte der Zentralgewalt den Landesherren überlassen, so zeigte sich jetzt erst die Endgültigkeit solcher Entäußerungen und ihre Bedeutung als Stadien förderalistischer Auflösung. „Hinfort spielte sich aller Fortschritt im engen territorialstaatlichen Kreise ab, und hier, wo die von vornherein überlegenen Fürsten noch lange fast nur auf die ideenlose Politik der Abrundung und Ausdehnung ihrer für wahrhaft staatliches Leben unzureichenden Gebiete bedacht waren, und die des zentralen Rückhalts beraubten Reichsstädte mit wenigen Ausnahmen ja noch nicht annähernd die Größe und Weite der italienischen Kommunen erreicht hatten, konnte nur ein Sinken der allgemeinen Kultur in enge Beschränkung und bürgerliche Nüchternheit die Folge sein. Eben dies Hinabgleiten aus glanzvoll heroischer Vergangenheit in trostlos wirre Gegenwart erklärt es, daß nicht Italien, sondern Deutschland die Erinnerung an den letzten großen Staufer in der Sage vom

Zukunftskaiser mit solcher Zähigkeit festgehalten hat" (Hampe.)

Friedrichs Sohn König Konrad IV. war 1242, von den schwäbischen Grafen im Stich gelassen, dem Gegenkönig Heinrich Raspe unterlegen. Nun, nach des Kaisers Tod, beschloß er, sofort den Kampf um sein Erbe in Italien und von dort aus zu führen und Deutschland zunächst seiner eigenen Entwicklung, seinem Zerfall zu überlassen. Herzog Otto von Bayern, den er als Stellvertreter zurückließ, starb bereits 1253; und Ottos Sohn Ludwig II. vermochte dem erst nach Konrads Aufbruch geborenen Konradin nicht einmal sein schwäbisches Herzogtum zu erhalten, das aufstrebenden Territorialherren zur Beute fiel, geschweige denn das Reich. Dagegen gelang es nun König Wilhelm, mit päpstlicher Unterstützung in Nordostdeutschland Fürsten und Städte für sich zu gewinnen und seine Stellung im Reich manchen vorwiegend kirchlichen Widersachern am Rhein zum Trotz zu festigen, zumal auch die staufertreuen Reichsstädte ihn nach Konrads IV. Tod als rechtmäßigen König anerkannten. Überhaupt entwickelten die Städte in mancherlei Bünden, insbesondere im Rheinischen Bund von 1254 um Worms und Mainz, bis Basel und Zürich, Köln und Lübeck und nach Westfalen ausgreifend, schließlich mit mehr als 70 städtischen und vielen weltlichen und geistlichen fürstlichen Mitgliedern politisch und wirtschaftlich immer mehr Aktivität. Dieser Bund bildete eine Grundlage für Wilhelms Herrschaft, der die so vereinigten Städte daher auch 1255 auf einem Reichstag zu Worms ausdrücklich als Machtfaktor und Förderer des Landfriedens anerkannte.

Aber Wilhelm, der schon einen Italienzug plante, konnte sich nicht über seine territorialherrliche Herkunft aus dem herrschafts- und kampfreichen Gebiet am Niederrhein erheben. Hier befand sich sein Lehnsbesitz und die Basis seiner Existenz. Im territorialen Kleinkrieg gegen die Friesen brach er im Januar 1256 bei Alkmaar mit seinem Pferd durchs Eis und wurde, im Sumpf steckend, unerkannt erschlagen. Schon zwei Jahre vor ihm war Konrad IV. mitten im Kampf gegen Barone und Städte um sein süditalisches Erbe 26jährig in Lavello gestorben. Sein Halbbruder Manfred übernahm die Regentschaft für den zweijährigen Konradin.

So begann nun eine Krisenzeit für Deutschland. Bei den Verhandlungen vor der Wahl eines neuen deutschen Königs wurde Konradin, der letzte des Staufergeschlechtes, überhaupt nicht mehr genannt. Er wurde 1268 bei Tagliacozzo besiegt und auf Befehl des Königs von Sizilien, Karls von Anjou, auf dem Marktplatz von Neapel hingerichtet — ein Akt kühlster Staatsräson, der allerdings auf den Verlauf der deutschen Geschichte keinen Einfluß gehabt hat. „Nach dem tragischen Ende Konradins ... verschwand das Bild der Hohenstauferherrschaft in Unteritalien fast ganz aus dem Blickfeld des deutschen Volkes. Was von ihm im Bewußtsein zurückgeblieben war, sowohl in den alten Provinzen des sizilianisch-neapolitanischen Königreichs, als auch in Deutschland, gehörte mehr dem Reich der Sage an, als einer planmäßigen Geschichtspflege" (Wolff-Metternich). In Deutschland wurde nach langem Hin und Her und unter dem Einfluß der Rivalitäten Englands und Frankreichs von einer durch den Kölner Erzbischof repräsentierten Partei Richard von Cornwall, von einer anderen unter der Führung des Erzbischofs von Trier Alfons X. von Kastilien zum König gewählt. In und seit dieser Doppelwahl galten nur noch die sieben Kurfürsten als rechtmäßige Wähler — darin lag die verfassungsrechtliche Bedeutung dieses Ereignisses. Richard, der bald gekrönt wurde, gewann Anhänger bei allen, die an politischen oder wirtschaftlichen Beziehungen zu England interessiert waren, verfügte aber im Reich über keine eigenen Machtgrundlagen und ließ sich nie rechts des Rheines sehen, so daß die meisten Fürsten seine Existenz kaum bemerkten, zumal das Papsttum ihn nicht stärker begünstigte als Alfons, der einen Kreuzzug versprochen hatte und überhaupt fast ausschließlich an der Entwicklung in Italien interessiert war. Schon 1272 starb Richard. Er hatte die letzten drei Jahre nicht in Deutschland, sondern in England gelebt. Alfons von Kastilien bat den Papst um das Verbot einer Neuwahl, d.h. um die eindeutige Anerkennung seiner Königswürde; aber Karl von Anjou, der sich in Sizilien mit päpstlicher Unterstützung eine starke Position geschaffen hatte, betrieb die Wahl seines Neffen Philipp III. von Frankreich, und König Ottokar von Böhmen seine eigene. Der Papst jedoch wollte weder die französisch-angiovinische Partei weiter stärken noch den aussichtslosen Alfons, noch den nicht viel aussichtsreicheren Ottokar fördern, sondern das Abendland zu einem neuen Kreuzzug einigen. So ließ er die Wahl der Kurfürsten unbeeinflußt ablaufen. Aus dieser ging schließlich Graf Rudolf von Habsburg, der mächtigste unter den nichtfürstlichen Herren im Reich mit starkem Territorialbesitz zwischen Vogesen und Bodensee, als Schützling des Erzbischofs von Mainz und des Burggrafen von Nürnberg, Friedrichs von Zollern, am 1. 10. 1273 als König hervor, nachdem er den „Kurfürsten" schriftlich sehr erhebliche Zuwendungen gemacht und versprochen hatte, die Wiedergewinnung des Reichsgutes nicht auf ihre landesherrlichen Kosten zu betreiben. Als wertvolles „Kapital" erwiesen sich seine sechs Töchter, von denen er vor der Wahl drei den Kurfürsten von der Pfalz, Brandenburg und Sachsen versprach. Am 24. 10. wurde er in Aachen gekrönt — seit dem Bannspruch von Lyon waren fast drei Jahrzehnte vergangen, in denen das Reich nicht von einem einhellig anerkannten König regiert worden war.

DAS REICH UNTER DEN HABSBURGERN UND LUXEMBURGERN

Rudolf von Habsburg

Hatte die Kurie sich auch aus Rudolfs Wahl herausgehalten und lag die Beschränkung des Königs allein auf deutsche Angelegenheiten nahe, so zeigte sich sofort, daß der Papst und Italien aus dem Aufgabenkreis eines deutschen Königs nicht fortzudenken waren. „Hier ging es um überkommene Rechte, die aufzugeben dem Denken der Zeit ganz fernlag. Es war nur die Frage, welchen Rang man ihnen unter den drängenden Aufgaben der Zeit zuerkannte. Der römische König war der präsumtive Kaiser; die Kaiserkrönung in Rom war für ihn eine Notwendigkeit, da nur ein gekrönter Kaiser noch zu seinen Lebzeiten einen Nachfolger wählen lassen konnte. Zudem vertrat die Kurie die Ansicht, daß nur ein Kaiser die Reichsrechte in Italien und im Arelat (Burgund) ausüben, daß in der Zwischenzeit der Papst hier Reichsvikare bestellen könne" (Brunner).

Papst Gregor X. war bereit, Rudolf anzuerkennen, und der König sah einen Romzug für 1275 vor. Aber der Böhmenkönig Ottokar mußte zuvor in Deutschland bekämpft werden. In Italien starb der Papst, dessen Nachfolger Nikolaus III. von Rudolf die Aufgabe seiner Ansprüche auf die Romagna und sogar eine gewisse Verständigung mit dem bedeutendsten Gegner des Reiches in Italien, Karl von Anjou, erzwang. Der Romzug kam endlich überhaupt nicht zustande. In der Tat hatte Rudolf mit der Sicherung seiner Stellung im Reich vollauf zu tun. Die Rückgewinnung der Reichsrechte war nicht einfach: die Städte wie die Kirche gaben ungern wieder her, was sie gewonnen hatten. Und in bezug auf die Fürsten stand die Auseinandersetzung mit Ottokar von Böhmen, einem dem Herrschertum Friedrichs II. nacheifernden Fürsten, ganz und gar im Vordergrund. Dieser Herrscher hatte 1251 auf Veranlassung der österreichischen Stände das Herzogtum Österreich besetzt und diese Gewalttat nachträglich durch die Eheschließung mit der Witwe König

Heinrichs (VII.), einer Schwester des letzten Herzogs von Österreich, rechtlich unterbaut. 1253 hatte er Böhmen geerbt, 1260 die Steiermark, 1269 das Herzogtum Kärnten hinzugefügt; gleichzeitig beherrschte er Krain, die Windische Mark und das Erzbistum Salzburg, so daß sein Einfluß fast bis zur Adria und, durch die Ehe seiner Schwester Beatrix mit Otto III. von Brandenburg, bis zur Ostsee reichte. 1266 eignete er sich das freie Reichsgebiet von Eger an und steigerte seine Macht schließlich soweit, daß die Wettiner, Wittelsbacher und Piasten von ihm abhängig waren. Nun verweigerte er von dieser Position aus Rudolf die Anerkennung als König, wurde notgedrungen geächtet und mit Hilfe seiner Gegner unter den Fürsten, vor allem des Adels in Kärnten, Steiermark und Österreich, im Herbst 1276 bei Wien zum Verzicht auf Österreich und dessen Nebenlande gezwungen und nach Aufständen in Wien und neuen Kämpfen endlich im August 1278 mit ungarischer Hilfe bei Dürnkrut auf dem Marchfeld in einer der letzten großen Ritterschlachten besiegt und getötet. Hier lag der Anfang des langen Weges, der die Habsburger zur Weltmacht führte. Ein bedeutender Territorialkomplex stand Rudolf zur Neuverteilung zur Verfügung: er gab 1286 Kärnten an Mainhard von Tirol; Österreich, Krain und Steiermark übertrug er 1282 seinen eigenen Söhnen Albrecht und Rudolf, die damit in den Fürstenstand erhoben wurden, so daß die dringend nötige Stärkung der eigenen Hausmacht erreicht wurde, wie er auch in Schwaben durch Landesausbau, Kauf und Erbschaft die königliche Herrschaft wieder herzustellen suchte. Insgesamt war eine neue geschlossene Südostmark geschaffen, eine habsburgische Schlüsselstellung, deren Steuerertrag größer war als der des ganzen übrigen Reichsgutes, die als Grundlage für die Durchsetzung der Königsrechte und schließlich für die Herstellung der Erblichkeit im Königshaus benutzt werden konnte. Dem Reich konnte diese enorme Hausmachtbildung nur dann gefährlich werden, wenn das Königtum der Habsburger nicht erblich und damit die Fürstenmacht stärker wurde als die Reichsgewalt.

Immerhin hatte die Auseinandersetzung mit Ottokar den König fünf Jahre von der Erledigung anderer Aufgaben im

Reich ferngehalten. Erst seit 1281 konnte er daran gehen, den 1273 angeordneten, aber nur in geringem Umfang eingehaltenen allgemeinen Landfrieden durch landschaftlich begrenzte und damit wirkungsvollere Abmachungen zu ersetzen, so daß das Amt des Landfriedenshauptmannes häufig in Verbindung mit dem des Landvogtes, des Verwalters des Reichsgutes, eine bedeutungsvolle Position erhielt und so die Stellung des Königs im Süden des Reiches entschieden gefestigt wurde. In Mitteldeutschland blieb sein Einfluß gering, im Norden bestand er kaum. Hier war etwa die Stellung Lübecks, das 1252 das große Flandernprivileg für die „gesamten Kaufleute des Römischen Reiches" erwirkt, mit Hamburg schon 1255 ein formales Friedensbündnis geschlossen hatte, und dessen Statuten 1270 Vorbild für Hamburgs frühestes Rechtsbuch wurden, bei der Schaffung des zehnjährigen Landfriedens von 1283 für zehn Jahre weit bedeutender als die des Königs. Am Rhein blieben die ihre Selbständigkeit behauptenden territorialen Kräfte stets erheblich stärker als die Königsmacht. An der Westgrenze schließlich stand das erstarkende Frankreich, dessen König Philipp IV. Lyon besetzte und von Rudolf selbst die Schutzherrschaft über Toul erhielt. Unter solchen Umständen nahm Rudolf 1286 die Verhandlungen zur Vorbereitung eines Romzuges wieder auf; sie blieben ebenso erfolglos wie seine Versuche, die Kurfürsten zur Wahl seines Sohnes Albrecht zu bewegen. Am 15. 7. 1291 starb Rudolf, 73jährig, als „guter Friedensmacher" und Bürgerfreund volkstümlicher als viele frühere Könige, in Speyer, wohin er sich schwerkrank begeben hatte, um im Tode seinen kaiserlichen Vorfahren nahe zu sein. „Dort liegt, abseits von den Gebeinen, das nach dem Lebenden entworfene Denkmal, das erste ‚Porträt' eines deutschen Königs, in schlichter Majestät" (Heimpel). Rudolf hatte dem Königtum in Deutschland neues Ansehen verschafft; außenpolitisch war er freilich in der Hauptsache erfolglos geblieben: die Thronfolge seiner für den Geschmack der Kurfürsten territorial allzu starken Nachkommen hatte er nicht sichern können. „Überblickt man die Regierung des ersten Habsburgers im ganzen, so ergibt sich das Bild einer Wiederaufrichtung der königlichen Gewalt, wie sie nach den schweren Einbußen der vergangenen Jahrzehnte in solchem Maße schwerlich hatte erhofft werden können. Nun war durch die Eigenart der Entwicklung, die zu diesem Ziel geführt hatte, zugleich die Tatsache gegeben, daß der neue Machtzuwachs zum guten Teil sehr viel enger an die Dynastie des Herrschers gebunden war, als das unter den früheren Verhältnissen der Fall gewesen wäre. Wie die Dinge jetzt lagen, kam alles darauf an, daß die Krone auch wieder im Besitz des Habsburgischen Hauses verblieb. So hat denn auch Rudolf die Sicherung seiner Nachfolge frühzeitig ins Auge gefaßt, und die in dieser Richtung zielenden Bemühungen durchziehen den größten Teil seiner Regierung" (Baethgen). Aber gerade dagegen sammelten sich die Gegenkräfte.

Adolf von Nassau

Da sich von Böhmen bis zum Rhein alle Kurfürsten gegen die Wahl Herzog Albrechts von Österreich ausgesprochen hatten, wurde 1292 zehn Monate nach Rudolfs Tod der Schützling des Erzbischofs von Köln gewählt: Graf Adolf von Nassau, ein kleiner westdeutscher Landesherr, dessen territoriale Schwäche seine Abhängigkeit von den Kurfürsten zu sichern schien und der schon im voraus dem Königsmacher Erzbischof Siegfried, mit dem er verschwägert war, in einer Wahlkapitulation so umfangreiche Forderungen an Geld und Reichsrechten — z. B. die Überlassung von Dortmund und Duisburg — bewilligt hatte, daß er „zu einer Art Angestellten der Kölner Kirche" (Heimpel) wurde. Nun hatten die Kurfürsten das Heft in der Hand. Adolf selbst bemühte sich zwar eifrig, sich aus solchen Bindungen zu lösen, vermochte aber weder an Böhmen noch an Albrecht von Habsburg eine Stütze zu finden, da er die Rückgewinnung von Reichsrechten auch im habsburgischen Raum zwischen dem Rhein und den Alpen betrieb. Dort hatten sich in der Auseinandersetzung den Habsburgern jüngst die Waldstätte, die Keimzelle der schweizerischen Eidgenossenschaft, zusammengefunden. Seit 1229 war das Reichsland Uri reichsunmittelbar; Schwyz und Unterwalden, die sich eine bäuerliche Selbstverwaltung geschaffen hatten und unter habsburgischer Vogtei standen, strebten schon längst nach einer solchen Position. Im August 1291 hatten sie unter Berufung auf einen alten, uns nicht überlieferten Bund alle drei einen Ewigen Bund geschlossen und verabredet, keinen Landfremden als Richter anzuerkennen und alle Streitigkeiten untereinander friedlich zu schlichten. Im Bund mit Städten und Territorialherren behaupteten sie sich gegen die Habsburger.

Adolf hoffte, durch Parteinahme im englisch-französischen Konflikt die Möglichkeit zu eigener Außenpolitik zu gewinnen und den französischen Druck auf die deutsche Westgrenze zu verringern. Als 1294 der Krieg ausbrach, erklärte auch Adolf, der im Soldvertrag mit England stand, Frankreich den Krieg, ohne freilich aktiv in die Kämpfe einzugreifen, da er vermutlich gleichzeitig vom französischen König erhebliche Geldzuwendungen annahm. Als er dann versuchte, seine eigene Territorialbasis durch Ausnutzung von Erbstreitigkeiten in Thüringen und Meißen zu vergrößern, stieß er auf den Widerstand sowohl von Mainz wie von Böhmen, die 1298 erreichten, daß die Mehrzahl der Kurfürsten unter minutiöser Nachahmung der Absetzungsbulle Innozenz' IV. gegen Friedrich II. Adolf für abgesetzt erklärte und Herzog Albrecht von Österreich zum König wählte. In der Entscheidungsschlacht am 2. 7. 1298 siegte Albrecht; Adolf fand im Kampf den Tod. Sein Scheitern war „ebenso wie seine Wahl das beschämende Denkmal einer kurfürstlichen Eigensucht, die, selbst noch ohne Staatsidee, die Verfügung über das Reich dazu benutzte, die Schwäche des Königtums zu verewigen und den Vorteil des Einzelnen zu suchen" (Heimpel).

Albrecht I.

Albrecht, einst Adolf gegenüber wegen seiner landesherrscherlichen Strenge und seines den Zeitgenossen auffälligen „unwirrschen Anblicks" (Sächsische Weltchronik) zurückgesetzt, hatte umsichtig und geduldig auf seine Stunde gewartet — nun fiel ihm die Möglichkeit zu, gegenüber den Kurfürsten die Fortsetzung des väterlichen Werkes zu betreiben. Aber schon bei der Wiederholung und Legitimierung seiner Wahl — er war zunächst Gegenkönig gewesen — mußte auch er den Kurfürsten, vor allem dem Böhmen, ähnlich weit entgegenkommen wie Adolf. Und wie jener versuchte er, sich aus den Bindungen durch selbständige Außenpolitik zu befreien: mit Philipp IV. von Frankreich verbündet und unter Preisgabe der Reichsrechte links der Maas, wurde er stark genug, um die rheinischen Kurfürsten 1301/02 zu unterwerfen. Das schuf ihm die Freiheit, sich anschließend mit Papst Bonifaz VIII. zu verständigen, der ihn zunächst als Rebellen, Kirchenverfolger und Königsmörder bezeichnet hatte. Ihm leistete er nun, wenige Monate nach dessen päpstliche Allgewalt auch über alle politischen Mächte postulierenden Bulle „Unam Sanctam", also im ungünstigsten Zeitpunkt, 1303 einen Untertaneneid, zu dem sich keiner seiner Vorgänger bereitgefunden hatte. Dieser Eid war dem Untertanen- und Beamteneid im Kirchenstaat sehr ähnlich und mochte weitgehende Konsequenzen erhalten. Einstweilen schienen damit Romzug, Kaiserkrönung und Nachfolge seines Sohnes gesichert. Schwieriger lagen die Verhältnisse im Osten, wo König Wenzel II. von Böhmen Großmachtpolitik trieb, 1300 die polnische Krone in Gnesen gewann und 1301 seinem Sohn Wenzel III. den ungarischen Thron verschaffte. Eine solche Machtfülle, die an Ottokar II. erinnerte, mußte für jeden deutschen König überaus gefährlich werden. Infolgedessen stellte Albrecht sich auf die Seite des päpstlichen Thronkandidaten für Ungarn, Karl Roberts von Anjou; Brandenburg konnte er nur binden, indem er die einst von Friedrich II. vorgenommene Unterstellung von Holstein, Mecklenburg und Pommern unter dänische Lehnshoheit erneuerte und damit zwar für Brandenburg eine Drohung schuf, aber auch die Reichsansprüche im Norden praktisch aufgab. Wenzels II. Tod 1305, Wenzels III. Rückzug aus Ungarn und Mitteldeutschland sowie seine Ermordung 1306 und damit das Erlöschen des böhmischen Königshauses boten Albrecht eine einmalige Chance: er konnte für seinen ältesten Sohn Rudolf die böhmische Krone gewinnen, Meißen an sich ziehen und in Thüringen als Rechtsnachfolger Adolfs von Nassau auftreten. Indem er das Reichsgut mehrte, auch an die eigene Familie dachte, brachte er einen Machtkomplex zusammen, der vom deutschen Südosten bis Mitteldeutschland reichte und bedeutende südwestliche Gebiete umfaßte. Hier schien die Grundlage für die Wiederaufrichtung des deutschen Königtums zu liegen, als 1307 überraschend

Rudolf von Böhmen mitten in der Rüstung für die Sicherung der Lage in Böhmen starb, wo sofort Heinrich von Kärnten zum König gewählt worden war. Da wurde Albrecht bei Brugg an der Reuß im Mai 1308 etwa 53jährig von seinem 18jährigen Neffen Johannes „Parricida“ umgebracht, dessen durch die habsburgische Hausordnung von 1283 festgelegten Erbansprüche in Mähren Albrecht nicht erfüllt hatte, um die Macht der Habsburger zusammenzuhalten. Der Mord machte die großartigen Ansätze, die Albrecht in wenigen Jahren gewonnen hatte, zunichte. Aus ihnen wäre vielleicht eines Tages in Überwindung der Territorialpolitik des Königshauses echte Reichspolitik hervorgegangen und über den Widerstand von Thüringen, Württemberg und Bayern hinausgewachsen. Nun ließ Albrechts, von Dante in der „Göttlichen Komödie“ beklagter Tod die ungezügelte Selbstsucht der Kurfürsten wieder aufsteigen und die Konsolidierung Deutschlands unter einem durch Hausmacht starken Königtum unmöglich werden. Wieder sollte der Konflikt mit dem Papsttum und damit die Italienpolitik aufleben, die zur Zerrüttung der Verhältnisse im Reich beitragen mußten. Erst Karl IV. konnte erneut in die politische Linie der Habsburger zurücklenken — nach manchen unersetzlichen Einbußen.

Heinrich VII.

Auch jetzt waren insbesondere die rheinischen Kurfürsten entschlossen, einen von ihnen abhängigen, machtlosen Mann zum machtlosen König zu wählen — auf keinen Fall einen Habsburger. Sie einigten sich auf Heinrich von Luxemburg, einen Bruder des 22jährigen Erzbischofs von Trier, der am 27. 11. 1308 in Frankfurt erhoben und am 6. 1. 1309 in Aachen gekrönt wurde. Aber Heinrich, der wie Adolf von Nassau wieder klein beginnen und auch dessen Wahlkapitulationen gegenüber Mainz und Köln wiederholen mußte, gelangte zu einem Kompromiß mit den Habsburgern, erkannte die Wettiner in Thüringen und Meißen an und brachte es fertig, daß 1310 sein Sohn Johann zum König von Böhmen gewählt wurde. Mit Böhmen-Mähren im Hintergrund zählte der Luxemburger so schon nach kurzer Zeit zu den mächtigsten Männern in Deutschland und konnte Kaiserkrone und Wiederherstellung der Reichsrechte in Italien anstreben. Daß er, der auf Grund seiner Erziehung am Pariser Hof die französischen Expansions-Tendenzen sehr wohl kannte, dabei zu diesen in Gegensatz kommen konnte, wie er schon bei der Königswahl Karl von Valois, den Bruder des französischen Königs, zum Rivalen gehabt hatte, störte ihn wenig, da er die frankreichfeindlichen Kräfte in Ober- und Mittelitalien überschätzte. Unter solchen Umständen bestimmte Heinrich seinen Sohn Johann zum Reichsverweser und zog 1310 mit einem deutsch-burgundischen Adelsheer über die Alpen — begrüßt von dem seit 1302 aus Florenz verbannten und auch sonst nicht unvoreingenommenen Dante, der in ihm „einen Meister über alle Ränke des Papstes, einen Herrn der Armen und Reichen" sehen wollte. Tatsächlich aber war Heinrich weniger „der Wiedererwecker als der verspätete Steigerer einer Kaiseridee, die von der Wirklichkeit so grell abstach wie die scholastische, auf die Eintracht der beiden unabhängigen Weltlichter gegründete Weltstaatslehre (Monarchie) seines großen Anhängers Dante von der Verfassung des damaligen Abendlandes" (Heimpel). Anfang 1311 wurde er in Mailand mit der lombardischen Krone gekrönt. Aber als sich an Heinrichs Hof die so lange verfemten Ghibellinen zusammenfanden, formierten sich auch die Guelfen: unter Kämpfen um Mailand, Lodi, Cremona und — besonders verlustreich und zeitraubend — vor Brescia verging das Jahr, so daß Heinrich erst 1312 in Rom eintraf, wo er es nicht fertigbrachte, die Truppen König Roberts von Neapel aus dem Vatikan zu vertreiben; er mußte sich im Lateran von einem päpstlichen Legaten krönen lassen. Mehr denn je umgab ihn guelfische Feindschaft von Neapel bis zum Po. Tief verstrickt in diese Auseinandersetzung, bei der auch der Gegensatz Pisa—Florenz eine starke Rolle spielte und weite Gebiete in ein unübersichtliches Kriegsgewirr verwandelte, dadurch den deutschen Verhältnissen schon sehr ferngerückt, während es doch in den lebhaften publizistischen Kämpfen noch um imperiale und Weltherrschaftsansprüche ging, die stets am Widerstand der Großmächte und des Papstes hätten scheitern müssen, fand er nach langem Malarialeiden am 24. 8. 1313 in Buonconvento den Tod. „Hätte Heinrich VII. länger gelebt, wäre wohl auch der

Widerspruch zwischen dem deutschen Reichsgedanken, der das Imperium als eine der Aufgaben der Deutschen begriff, und dieser auf italienischen Grundlagen beruhenden Idee eines Weltkaisertums zutage getreten" (Brunner). Ihm selbst aber und seinen Zeitgenossen fehlte noch die Einsicht in die unauflösliche Widersprüchlichkeit der Verhältnisse; es war eine tragische Verstrickung, daß er, „die Rechte des Kaisertums wahrnehmend, doch auch zugleich die Unmöglichkeit, sie zur Geltung zu bringen, zur Anschauung brachte" (Ranke).

Ludwig der Bayer

Die Habsburger, die aus dem Westen des Reiches kamen, hatten in Österreich, die Luxemburger in Böhmen eine starke Hausmacht erworben; beide strebten jetzt als mächtigste weltliche Territorialdynastien in Deutschland nach der Königskrone. Herzog Friedrich der Schöne von Österreich war der eine Anwärter, Johann von Böhmen, 18 Jahre alt, zunächst der andere. Als aber die Luxemburger erkannten, daß sie nicht alle Kurfürsten für Johann gewinnen würden, stellten sie im Widerstand gegen Habsburg plötzlich Herzog Ludwig von Bayern-Ingolstadt als ihren Kandidaten auf, der eben in territorialen Streitigkeiten die Österreicher besiegt hatte. Uneinig über die Kandidaten, gelangte das Kurfürstenkolleg, da das Majoritätsprinzip nicht anerkannt war, zu einer Doppelwahl: zwei Könige standen einander gegenüber und führten in Süddeutschland unter großen Verwüstungen Krieg. Zeitweise schien der Habsburger die Oberhand zu gewinnen; als aber 1315 Herzog Leopold von Österreich von den Eidgenossen bei Morgarten besiegt wurde und Ludwig der Bayer diesen im folgenden Jahr ihre Reichsfreiheit bestätigte und alle habsburgischen Rechte in Schwyz, Uri und Unterwalden für verfallen erklärte, hatte die luxemburgische Partei die Oberhand gewonnen. Doch erst am 28. 9. 1322 kam es zur Entscheidungsschlacht bei Mühldorf, wo Friedrich in die Gewalt seines Gegners geriet.

Noch im gleichen Jahre konnte Ludwig nach dem Aussterben der Askanier seine Machtgrundlage durch die Erwerbung Brandenburgs bedeutend vergrößern. Damit aber stieß er auch auf die Gegnerschaft Johanns von Böhmen, dessen Unterstützung er so lange genossen hatte. Und gleichzeitig betrieb Papst Johann XXII., dem das Doppelkönigtum die Möglichkeit päpstlicher Gleichgewichts- und Hegemonialpolitik bot, energisch die Unterordnung des Reiches unter die Kurie, nachdem er schon vorher Robert von Neapel, der sich mit den Guelfen verband, in Italien als Reichsvikar eingesetzt hatte. Trotz seiner Erfolge in Deutschland vermochte Ludwig nicht eine eindeutige Zusage des Papstes für die Kaiserkrönung zu erreichen. Johann wollte vielmehr die Wahl der Kurfürsten nur als Präsentation eines Königskandidaten betrachten, sich selbst aber Approbation des Gewählten und Konfirmation der Wahl vorbehalten. Der Papst verlangte schließlich sogar auf Grund eines „Prozesses" 1323 Ludwigs Rücktritt im Reich und bannte ihn 1324, nachdem Ludwig im Vorjahr an ein Konzil appelliert hatte, in der Auffassung, daß ein von den Kurfürsten legitim gewählter König auch Gewalt über das Imperium habe, dem Papst aber nur die Kaiserkrönung zustünde. Im Gegenzug beschuldigte Ludwig, dessen Bannung in Deutschland fast unbeachtet blieb, den Papst, den er als „Feind der Deutschen" bezeichnete, der Häresie und erkannte seinen Gefangenen Friedrich von Habsburg 1325 formalrechtlich unter Bestätigung seiner Reichslehen als Mitregenten an, ohne daß sich damit praktisch etwas änderte Friedrich starb 1330. Noch einmal bannte der Papst den König, setzte ihn nun förmlich und sogar auch als Herzog ab und verhängte über das Reich das Interdikt.

Unter solchen Umständen trat Ludwig 1327 seinen Romzug an und wurde 1328 von zwei gebannten Bischöfen gekrönt, während Papst Johann XXII. in Avignon residierte; ja, er fühlte sich sogar durch die Unterstützung einer radikalen Minoritengruppe in seiner Umgebung stark genug, den Minoriten Petrus von Corvaro als Nikolaus V. zum kaiserlichen Gegenpapst zu erheben und die Ideen des Weltkaisertums und Staatskirchentums gegenüber einem Papsttum zu vertreten, das nicht allein für ihn unerreichbar war, sondern auch im entscheidenden Augenblick der französischen Hilfe gegen derartige Ansprüche gewiß sein konnte. Obendrein erwies sich, daß die Herrschaft in Italien ganz mit der Person des Kaisers verbunden war: sobald er im Frühjahr 1330 dem Land den Rücken kehrte, brach sie zusammen. Ludwig sah sich wieder auf Deutschland reduziert, wo er sich nun allerdings noch im gleichen Jahre mit den Habsburgern im Frieden von Hagenau einigte und Geistlichkeit und Städte zu ihm standen. Jahrelange Verhandlungen mit der Kurie führten zu keiner Einigung. Zwar wollte Ludwig seinen Gegenpapst aufgeben, zugleich aber seine politischen Ansprüche behaupten; der Papst aber bestand auf der Anerkennung seines Approbationsrechtes, d.h. auf der Unterordnung des Imperiums unter das Sacerdotium. Erst als Ludwig sich 1337 gemeinsam mit vielen westdeutschen Territorialherren mit Eduard III. von England gegen Frankreich verbündete und Papst Benedikt XII. erkennen mußte, daß das Reich in einer gewissen nationalen Geschlossenheit hinter dem Kaiser stand, und als ein Jahr später in Frankfurt auf Ludwigs Veranlassung der nichtfürstliche Adel und die Städte in einer an den Papst gerichteten Erklärung „Fidem Catholicam" alle päpstlichen Maßnahmen für ungültig erklärten, rückte allmählich eine Verständigung näher. Ein Jahr später erließ am 16. 7. der Kurverein im Baumgarten von Rhens unter Führung des Erzbischofs von Trier das berühmte „Weistum" — eine Erklärung mit Rechtskraft — über die Königswahl, welches grundsätzlich diese als Recht der Kurfürsten bezeichnete, dem Gewählten das Recht auf das Imperium zusprach und damit eindeutig die päpstlichen Ansprüche zurückwies: der König sei „Sola electione . . . nominatus". Wieder einen Monat später erließ der Kaiser in Frankfurt das Gesetz „Licet iuris utriusque testimonia", das unter besonders nachdrücklicher Betonung des Kaisertums in schärferen Worten und in der Form eines Gesetzes inhaltlich die kurfürstliche Erklärung wiederholte. Bei beiden Gelegenheiten fungierten die Stände als Vertreter des Reiches: „Ein erster Ansatz zur Wandlung des von alters überkommenen Reichshoftags in einen Reichstag tritt uns hier entgegen" (Brunner).

In dieser Auseinandersetzung mit der Kurie konnte es keinen wirklichen Frieden geben. Wenn auch Ludwig sich 1340 von England, das eben bei Sluis die französische Flotte vernichtet hatte, distanzierte und Frankreich mit dem Wunsch nach Vermittlung gegenüber dem Papsttum zuwandte, so erhoben sich doch in Deutschland selbst neue Schwierigkeiten. Dort empfanden nicht allein die geistlichen Kurfürsten unter Führung des Trierer Erzbischofs, die Ludwigs Sache als verloren betrachteten und sich auch für das Reich verantwortlich fühlten, ihre eigene Bindung an die Kurie wieder stärker als zuvor, sondern es ließen sich auch die kurfürstlichen Ansprüche auf Königswahl nicht mit Ludwigs Kaiserpolitik in Übereinstimmung bringen. Die Luxemburger fielen vom Kaiser ab, seitdem er aus eigener Machtvollkommenheit die Ehe der Erbin von Tirol, Margarete Maultasch, mit dem Luxemburger Johann Heinrich getrennt und jene 1342 seinem eigenen Sohn Ludwig von Brandenburg vermählt hatte. Das bot den Anstoß zur Verständigung der Luxemburger mit der Kurie und zur insbesondere von den drei Erzbischöfen betriebenen Wahl von Johanns Sohn Karl von Mähren zum deutschen König am 11. 7. 1346. Dieses Gegenkönigtum hätte zu neuen Kämpfen um die Krone geführt, wenn nicht überraschend Ludwig am 11. 10. 1347 gestorben wäre — ein betriebsamer, sprunghafter Fürst, ein unbeständiger und unzuverlässiger Verbündeter, ein König, der oft kleinliche Hausmachtinteressen über die des Reiches stellte und doch von diesem die höchste, ja, eine phantastische Vorstellung hatte. Immerhin hat er „durch standhafte Abwehr kurialer Eingriffe ins Reich dem erfolgreicheren Nachfolger den Boden bereitet" (Grundmann).

Karl IV.

Plötzlich war der ehrgeizige Karl IV. legitimer König, der Deutschland „so glücklich machte, wie es in jenen Zeiten ... nur sein konnte" (Heimpel). Mit den Habsburgern verständigte er sich im folgenden Jahr; in Süddeutschland und im Norden neigten sich ihm die Fürsten zu, während er selbst geschickt den „falschen Waldemar", einen hochstaplerischen und betrügerischen „Markgrafen" von Brandenburg unterstützte, solange ihm das Spiel nützlich war. Ein von den Wittelsbachern 1349 erhobener Gegenkönig Günther von Schwarzburg konnte schnell zum Verzicht bewogen werden. Von der Kurie hatte Karl auf dieser Seite um so weniger Schwierigkeiten zu befürchten, als er die von ihm nicht beantragte päpstliche Approbation hinnahm — ausdrücklich nur für Italien, nicht auch für Deutschland. Nachdem Karl so in wenigen Jahren auf allen Seiten Anhänger gewonnen und Gegner besänftigt hatte, regierte er seit 1350 mit sicherer Hand und unangefochten. Ein in sich gefestigter, selbstkritischer, literarisch begabter, künstlerisch stark interessierter Herrscher, der auf der Wende vom Mittelalter zur Neuzeit die italienische Imperiumsidee realistisch zugunsten der deutschen aufgab, zog er 1354 nach Italien. Ohne Einmischung in die endlosen oberitalischen Kämpfe gewann er schnell die lombardische Krone sowie Geld- und Truppenleistungen. Im April 1355 traf er in Rom ein, wurde zum Kaiser gekrönt, ließ keinen Zweifel darüber aufkommen, daß er auch als römischer Kaiser im päpstlichen Rom selbst in Abwesenheit des Papstes keine Hoheitsrechte mehr geltend machen wollte, und war im Sommer wieder in Deutschland — den für sein Ansehen wichtigen Kaisertitel hatte er mit geringstem Aufwand gewonnen, allerdings auch die Ghibellinen tief enttäuscht. Folgerichtig verkündete der im November 1355 in Nürnberg versammelte Reichstag am 10. 1. 1356 auf Grund der kurfürstlichen Beratungen ein Gesetz, das nach einigen Zusätzen am 25. 12. in Metz veröffentlicht wurde: die wegen ihrer kostbaren Besiegelung seit dem 15. Jahrhundert so genannte Goldene Bulle in 31 Kapiteln. Sie begann nach einer formelhaften Einleitung mit dem durch viel Erfahrung erhärteten Satz: „Ein jedes Reich, das in sich selbst zerspalten ist, wird zerstört werden." Ihr politischer Inhalt basierte auf den Gedanken von Rhens, die auf Grund der Ereignisse der jüngsten Zeit überprüft und neu formuliert wurden. Oberstes Ziel des Gesetzes war die Verhinderung von Doppelwahlen, was durch die Anerkennung des Mehrheitsprinzips bei der Königswahl erreicht werden sollte. Da auf diese Weise die einzelne Stimme eines jeden Kurfürsten erhöhte Bedeutung erhielt, wurde auch das Recht auf die Kur genau formuliert. Das Kurfürstenkolleg wurde über den Wahlakt hinaus als oberster Reichsrat neben dem Kaiser instituiert, der jährlich einmal zusammentreten und gemeinsam mit dem König über Reichsangelegenheiten beraten sollte — was zunächst für lange Zeit nicht geschah, da die Kurfürsten sich mehr als Territorialherren fühlten denn als verantwortliche Glieder der Reichsführung. Die umstrittenen päpstlichen Ansprüche auf Approbation und Reichsvikariat in Italien wurden nicht erwähnt. Päpstliche Einsprüche mußten sich künftig mehr gegen das Kurfürstenkolleg als gegen einen König wenden und waren damit praktisch zum Scheitern verurteilt. Und endlich verbriefte das Gesetz die Territorialgewalt der Kurfürsten, sicherte die Primogenitur der vier weltlichen Kurfürsten, überließ allen die königlichen Regalien und hob sie sämtlich über die sonstigen Fürsten und Herren hinaus, indem es sie unter den Schutz der Bestimmungen des römischen Rechts über das Crimen Laesae Majestatis, die Majestätsbeleidigung, stellte. Bünde aller Art neben den Landfriedensbünden wurden wieder einmal untersagt; ein allgemeiner Landfriede wurde geplant, aber schließlich doch nicht verkündet.

Dem Hervortreten der Kurfürsten im Reich entsprach das Zurücktreten Karls, der folgerichtig auch nicht auf die Mehrung des Reichsgutes Wert legte, sondern dieses fast ganz — vor allem an die Pfalz — vergab, damit also auf die Schaffung eines königlichen Territoriums als Machtgrundlage verzichtete und seine Herrschaft völlig auf sein Hausgut konzentrierte. Das führte auch zur wachsenden Verselbständigung der königlichen Städte zu Reichsstädten im späteren Sinne, zu freierer Stadtwirtschaftspolitik und damit, besonders im Süden, zu Konflikten zwischen diesen und den Territorien, welche die Autonomiebestrebungen der finanziell wichtigen Gemeinden nicht hinnehmen wollten.

Ganz allgemein war die Stadt wirtschaftlich im Aufstieg begriffen. Donau- und Rheinraum sowie Mitteldeutschland wurden in den europäischen Fernhandel immer stärker einbezogen; Bergbau, Metall- und Textilgewerbe steigerten ihre Produktion, die der Bevölkerungs- und Wohlstandszunahme entsprach. Gegen Ende des 14. Jahrhunderts entwickelten sich in St. Gallen und um Ravensburg am Bodensee in Handwerk und Handel konzentrierende und rationalisierende Handelsgesellschaften über das Einzelgeschäft hinaus unter Führung eines auch sonst vielfach in Erscheinung tretenden, Expansionslust und Risikobereitschaft zeigenden, modernen Unternehmertyps. Damit erhielt das Stadtleben wirtschaftlich, gesellschaftlich, aber auch konstitutionell neue Antriebe: neben die alten, dem ritterlichen Kleinadel nahestehenden, maßgeblichen Geschlechter traten jener unternehmerische neue Bürgertyp und die in Zünften korporierte Handwerkerschaft, neben die patrizisch-halbadlige also eine betont stadtbürgerliche, auf wirtschaftlich-finanzieller Macht beruhende neue Gruppe mit Anspruch auf Beteiligung am Stadtregiment, zugleich mit schärferer Abgrenzung der städtisch-bürgerlichen von den ländlich-adlig-bäuerlichen Lebensformen und -auffassungen. Militärisch wichtig war und blieb die Stadt durch Finanzkraft und als ummauertes Lebens- und Wertzentrum, das nicht selten an strategisch wichtigen Positionen lag, als Kern eigener, häufig dem Territorialherrn zuwiderlaufender, wirtschaftlich begründeter Politik. Sie war bedeutungsvoll auch mit ihrem Streben nach wirtschaftlich und militärisch wichtiger Erweiterung des Grundbesitzes über die Mauern hinaus und nach Einbeziehung der in diesem Raum Ansässigen als Pfahl- und Ausbürger in die städtische Lebens- und Wirtschaftsgemeinschaft durch Verleihung des Bürgerrechts. Zwar erneuerte die Goldene Bulle das häufig ausgesprochene Verbot des Pfahlbürgertums — aber gerade diese wiederholte Erinnerung beweist, wie wenig man sich fügte. Die nächste Stufe der städtischen Entwicklung bildeten die Städtebünde, die Einungen, denen sich Adels- und Fürstenbünde entgegenstellten — also bei Ausbildung der Territorialherrschaften gleichzeitig auf der anderen Ebene eine zunehmende Zersplitterung und Verfeindung sowie die Tendenz zu gesellschaftlichen Veränderungen, die eine allgemeine Beunruhigung zur Folge haben mußte. Dieser Gefahr trat u.a. die Goldene Bulle — nicht mit vollem Erfolg — entgegen. Auch suchte der Kaiser selbst, als er den Besitz von Brandenburg erstrebte, zugleich Hilfe durch die Bildung eines Schwäbischen Städtebundes zu schaffen, der Bayern und die Pfalz in Schach halten sollte, was zur Entstehung von adligen Gegenbünden, zum Kriege von 1372 und zu einem neuen Einungsverbot führte, während der Kaiser doch das Geld der Städte dringend brauchte, also seine eigenen Anordnungen nicht scharf durchführen konnte. Dieses Dilemma bestimmte die Unruhe in Süddeutschland gegen Ende der siebziger Jahre und den Mißerfolg der kaiserlichen Politik, die im Frieden von Nürnberg 1378 den 1376 erneut geschlossenen Schwäbischen Städtebund tolerieren mußte.

Inzwischen hatte sich bei den Städten in Norddeutschland eine Entwicklung abgespielt, die in mancher Hinsicht Ähnlichkeit mit der im Süden aufwies, im ganzen aber weit darüber hinaus in die große europäische Politik hineinreichte. Fast unbeeinflußt von königlichen Eingriffen hatte sich dort neben einem sehr selbständigen Territorialfürstentum die deutsche Hanse entwickeln können, ein Städtebund, der angesichts der politischen Schwäche des Reiches seit den letzten Jahren Friedrichs II. die Rechtssicherung auf See zur eigenen Aufgabe gemacht, sich demnach von vornherein ein internationales, also höheres Ziel gestellt hatte als die süddeutschen Einungen. Von Visby auf Gotland aus gelangte der deutsche Kaufmann seit dem 12. Jahrhundert in viel stärkerem Maße als früher nach Osten und nach Skandinavien, drang in Pelzhandel, Bergbau und Heringsfischerei, in den Handel mit Getreide, Salz, Wein und Textilien ein und schloß sich dort früh zur Stärkung seiner Macht und Durchsetzung seiner Ansprüche, zur Behauptung und Mehrung seiner Rechte genossenschaftlich zusammen. Von Nowgorod am Ilmensee bis Brügge und London reichte schließlich der weite Raum, in dem die Ostseestädte (bei allmählichem Vordringen des den Nord- und Ostseeverkehr verbindenden Lübeck zur Führung) einen immer ertragreicheren Handel trieben. Durch ihn gewannen sie die Mittel, aus ihrer Bevölkerung die menschlichen Qualitäten zum Hinauswachsen der städtischen Korporation über den einzelnen Kaufmann und kleinen Bund zur Identifizierung von Fernkaufmannschaft und Stadtregiment und schließlich zur Bildung des großen Bundes, der 1345 erstmals als universi mercatores de hansa Theutonicorum mit Norwegen verhandelte, seit 1346 als „Städte von der deutschen Hanse" eine feste Gemeinschaft bildete und ein Jahrzehnt später in Brügge als solche auftrat. In der Blütezeit der Hanse gehörten ihr fast alle norddeutschen Städte an; sie führte diplomatisch und in kurzfristigen Sonderbündnissen militärisch seit 1360 die Auseinandersetzungen mit Dänemark um den Vorrang im Ostseeraum in Schonen, Visby und Norddeutschland, die nach dem Rückschlag von Helsingborg 1362 endlich ohne jede Unterstützung durch das Reich, ja, dessen Gesetzgebung zuwider, 1370 zum großen Erfolg im Frieden von Stralsund führten: die Hanse beherrschte, geführt von der Reichsstadt Lübeck, für 15 Jahre den Sund und damit den Verkehr zwischen Ost- und Nordsee. An die Stelle des Expansionsstrebens trat nach diesem Frieden der Kampf um die Behauptung des Erreichbaren und Erreichten.

Das alles entwickelte sich im Norden wie im Süden ohne das Dazutun des Kaisers: Karl IV. gewährte der Hanse Privilegien, aber keine Hilfe gegen Dänemark; er entwarf großartige Europahandelsprojekte von Venedig bis Hamburg und Brügge, dachte aber damit über die Wirklichkeit hinaus. Im übrigen trieb er — „der am meisten zielbewußte und der erfolgreichste Hausmachtpolitiker unter den deutschen Königen" (Heimpel) — eine neue Art von Hausmachtpolitik, nicht um seine königliche Territorialmacht in Verbindung mit dem Reichsgut zur Hauptmacht im Reich anschwellen zu lassen, sondern um die Königsmacht neben den anderen Mächten — Reichstag, Kurkolleg, Landfriedensbünden, Hanse usw. — im Reich zu stärken. Das tat er naturgemäß von Böhmen aus, wo er selbst regierte, während er Mähren und Luxemburg seinen Brüdern überlassen hatte. Prag, seit 1344 Sitz eines Erzbischofs, erhob er, auch kulturell, zum Mittelpunkt seiner weitgespannten Ansätze, gründete dort die Neustadt, schuf die Burg Karlstein mit Schatzkammer und Archiv des Kaisers, den Hradschin, den 1344 begonnenen Veitsdom und die Moldaubrücke mit dem Altstädter Turm unter Heranziehung zahlreicher deutscher, französischer und italienischer Baumeister, Bildhauer, Maler, Goldschmiede und Buchmaler. Im Westen wuchs damals der Kölner Dom heran, den Petrarca schon 1333 „mit gutem Grund das Allerhöchste" nannte, schuf man gegen Ende des Jahrhunderts die Gemälde der „Kölnischen Schule", die „zu dem Größten und Tiefsten, was der germanische Geist geschaffen", zählen (Burckhardt); im Südosten wurde von Herzog Rudolf IV. im Wettbewerb mit Karls Prag der Wiener Stefansdom 1339 geweiht und seit 1359 nach betont weihevoller zweiter Grundsteinlegung erneuert; er sollte nach Rudolfs Wunsch bischöfliche Kathedralkirche werden. In Ulm, einer der neuen bedeutenden Städte des Südens mit 25000 Einwohnern, wurde 1377 der Bau des Münsters begonnen. Und endlich stiftete Karl 1348 unter enger Verknüpfung von Scholastik, Tradition und Modernismus der

Renaissance die Prager Universität — fast zwei Jahrzehnte vor der Wiener — als erste Universität im Reich: „Er wollte, daß die Prager Universität in jeglicher Hinsicht nach der Sitte und Gewohnheit der Pariser Hochschule geordnet und geleitet werde, auf der einst der König selbst in seinen Jünglingsjahren studiert hatte" (Chronik des Benesch Krabice, Vertrauten Karls). Er wollte 1355 — vergeblich — im Böhmischen Landrecht, der Majestas Carolina, aus dynastischem Staatsdenken gegen den Widerstand des Adels eine politische Rechtsform durchsetzen, welche das Land über den Herrscher und sein Familieninteresse gestellt hätte. Er zog Schlesien fest an Böhmen heran, ebenso die Ober- und Niederlausitz, das Eger- und Vogtland, dazu 1373 im Vertrag zu Fürstenwalde die Mark Brandenburg mitsamt ihrer Kurstimme als bedeutendsten Stein in der Mauer nach Osten, sowie Streubesitz in der Oberpfalz und am Main. Obwohl er Herzog Rudolfs IV. von Habsburg Schwiegervater war, befand er sich mit diesem in ständigem Wettbewerb: Rudolf versuchte in dem durch Fälschung zum Privilegium majus erweiterten Privilegium minus dem Hause Habsburg eine Stellung über die in der Goldenen Bulle umschriebene Position hinaus zu sichern. Und als Karl 1363 den Wittelsbachern Tirol nahm, gelang es Rudolf, die östlichen und westlichen Besitzungen der Habsburger zu einem geschlossenen Territorialkomplex zu verschmelzen. Erst danach verstand er sich 1364 im Erbvertrag zu Brünn zu einer Verständigung mit Karl IV. bereit, der dadurch Aussicht auf Österreich, Steiermark, Tirol, Kärnten und Krain erhielt. So befand der Kaiser sich in einer weit ausgedehnten ostdeutschen Machtposition um Prag als Wirtschafts- und Kulturmittelpunkt, dessen Ausstrahlungen nach Italien, zum Rhein, nach Hamburg, zur Ostsee und weit nach Osten in den Kontinent hinein reichten. Damit verbanden sich politische Ziele: 1372 wurde mit dem ungarischen und polnischen König Ludwig dem Großen verabredet, daß der erst 1368 geborene Sigismund eine von Ludwigs Töchtern heiraten und beide Throne erben sollte. In Italien und im Westen ließ der Kaiser dagegen die Entwicklung im wesentlichen treiben und Frankreich sich auf Kosten des Reiches ausdehnen. Und endlich bewog der geschickte, geduldige und umsichtige Kaiser am 10. 6. 1376 die Kurfürsten — über zwei Stimmen verfügte er selbst —, seinen 15jährigen Sohn Wenzel zum König zu wählen, wofür er seine Landfriedenspolitik im Süden und Westen und seinen Widerstand gegen die Bildung ständischer Bünde aufgab. Zwei Jahre später starb Karl und hinterließ Wenzel den böhmischen Staat und das römische Reich.

Karl hatte die Wirtschaft in weitem Raume gefördert und dem Bürgertum, insbesondere den Frankfurter, Nürnberger und Breslauer Kaufleuten, seine Förderung angedeihen lassen, hatte den deutschen Export, die Ausdehnung der deutschen Kaufmannssiedlung und des deutschen Stadtrechts ermöglicht oder doch unterstützt und dabei die Vorzüge einer nüchtern rechnenden und verhandelnden Diplomatie gegenüber dem Krieg kennengelernt. In seiner Zeit kam es zu einer spürbaren Verlagerung des Schwergewichts von Politik und Wirtschaft nach dem Osten. Der Kaiser hatte das äußerste getan, um unter seinen Söhnen und Neffen für die Zukunft Eintracht im Interesse der politischen Ruhe und Kräftigung im Reich zu bewahren und hatte aus dem gleichen Grundgedanken heraus Partikularismus und zünftlerisch-demokratische Tendenzen in den Städten bekämpft. Und schließlich war er ein großzügiger und verständnisvoller Förderer der Künste und Wissenschaften.

Den imperialen Ideen war er ganz ferngerückt und nur der deutschen Königsidee zugewandt; zugleich suchte er die königlichen Interessen mit den Kräften des Bürgertums zu verbinden. Durch realistische Politik und Unermüdlichkeit stieg er zur stärksten Stellung in Deutschland und Europa auf, nachdem er die frühere imperiale Politik des Kaisertums aufgegeben und das politische Schwergewicht aus Italien nach Deutschland verlagert hatte.

Wenzel

Der 17jährige unerfahrene Wenzel konnte die Regierung nicht mit der Kraftfülle seines Vaters beginnen, dessen weit ausgedehnte Territorialmacht vielmehr aufgeteilt wurde, so daß der König allein Böhmen und die Oberhoheit über Schlesien behielt; die Mark Mähren geriet an seine Vettern, die Mark Brandenburg an seinen 10jährigen Bruder Sigmund, die Lausitz an den jüngeren Johann. Da aber im Jahre 1379 auch die Habsburger ihren großen Machtblock aufteilten, bestand von ihrer Seite für Wenzel keine akute Gefahr. Deutschland hatte zwei große Machtzentren eingebüßt zu einem Zeitpunkt, da ein neues Schisma das Eingreifen des römischen Königs erforderte. Ein Jahr nach dem Tode Gregors XI., der 1377 von Avignon nach Rom zurückgekehrt war, wurde dort rechtmäßig der durch seinen Reformeifer und Eigensinn den Kardinälen bald unbequeme Urban VI. und gegen ihn Clemens VII. gewählt, der nach Avignon zurückkehrte, woraufhin Frankreich und Neapel für jenen, Mittel- und Oberitalien, England, das Reich mit König und Kurfürstenkolleg und die östlichen Staaten für Urban sich erklärten. Von Wenzel erwartete man, daß er, alter Überlieferung als weltlicher Leiter der Christenheit folgend, mit der Macht des Reiches die Einheit der Kirche wiederherstellte, die nicht zuletzt durch Schwäche und Eigennutz der Kardinäle verlorengegangen war. Aber Wenzel griff nicht ein, so daß eine Gesamtentscheidung der Christenheit ausblieb und jeder Staat für sich allein Stellung nahm, wobei weltliche Gegensätze eine erhebliche Rolle spielten. Ganz besonders schwierig lagen die Verhältnisse im Reich, wo im wesentlichen neben Wenzel nur die Kurfürsten auf Urbans Seite standen, viele Reichsstädte, Leopold III. von Österreich und die Bischöfe im Westen aber Clemens VII. anerkannten. Wenzel tat nichts zur Beseitigung der Spaltung in Deutschland. Er zog weder nach Rom noch griff er Frankreich und den Papst in Avignon an; er verzichtete auf die Kaiserkrone und überließ das Schisma sich selbst.

Ebenso untätig und unentschlossen verfuhr er im Reich, wo das Bündewesen seit der Hinnahme des schwäbischen Städtebundes durch Karl immer weiter um sich griff, so daß der Zerfall des Reiches in Fürsten-, Adels- und Städtebünde unabwendbar schien. Der 1383 von Wenzel verkündete 12jährige Landfriede blieb in dieser Beziehung unbedeutend, da der König nicht die Energie zu seiner Durchsetzung aufbrachte. Und gleichzeitig begannen die Habsburger, besonders Leopold III. von Österreich, erneut territoriale Machtkonzentration zu betreiben. Dagegen schlossen sich 1385 unter Führung des besonders energischen Ulm vierzehn schwäbische Städte mit einigen schweizerischen Städten — zu den Eidgenossen gehörten nun auch Luzern, Zürich, Glarus, Zug und seit 1353 die Reichsstadt Bern mit großem Gebiet — in einem süddeutschen Städtebund zusammen, der fast ein Jahrzehnt hindurch mit etwa 40 Mitgliedern einen bedeutenden politischen Einfluß besaß. Er vertrat gegenüber den Fürsten und dem Adel, ihrem Streben nach eigener Territoriumsbildung, nicht ohne Erfolg städtische Behauptungs- und Ausdehnungsversuche und übte damit auf die umgebenden Landschaften eine starke, den Landesherren lästige und abträgliche Anziehungskraft aus. Auch usurpierte oder erwarb er Handels- und Gewerberechte, die erheblich zu seiner wirtschaftlichen Stärkung beitrugen. Doch schon 1388 kam es in Süddeutschland zu neuen Konflikten, in denen Graf Eberhard „der Greiner" von Württemberg und der Pfalzgraf Ruprecht die schwäbischen und rheinischen Städte in offener Schlacht bei Döffingen und Worms besiegten und hinter ihre Mauern zurücktrieben, wo jene zwar unschlagbar blieben, aber auch keinen beträchtlichen Handel treiben konnten. Im Landfrieden von Eger wurden 1389 auf Grund der Überlegenheit der Fürsten — nicht des Königs, der sich ihnen fügte — die Städtebünde aufgelöst und die Aufnahme von Pfahlbürgern verboten.

In Böhmen ging es mit Wenzel, der sich vorwiegend der Jagd und dem Trunk ergab, bergab: seine eigenen Verwandten sowohl wie der böhmische Adel erhoben sich gegen ihn, so daß er sich im Bestreben, seinen letzten Rückhalt Böhmen zu behaupten, seit 1387 im Reich, in Burgund oder gar in Italien gar nicht mehr sehen ließ, sondern seinen Bruder Sigmund als Reichsvikar regieren ließ. In Böhmen aber gab er um seines persönlichen Vorteils willen der tschechischen Richtung nach, weshalb z.B. die Universität Prag immer mehr dem deutschen Einfluß entglitt. Fürsten, Städtebünde und Reichsvikare rissen die Macht an sich — Wenzel selbst versagte und hatte bald kein Ansehen mehr, so daß die rheinischen Kurfürsten und zehn weitere Fürsten im Reich dafür sorgten, daß er am 20. 8. 1400 als ein „unnützer, versäumlicher, unachtbarer und unwürdiger Handhaber" des Reiches abgesetzt wurde, nachdem er „von langer Zeit here dicke und ernstlich ermahnet und ersucht" worden war, sich aber weiter „schädelich und wider die Würde seines Titels getan und verhänget" (Reichstagsakten) hatte. Er fand im Reich niemanden, der für ihn eintrat.

Ruprecht von der Pfalz

An Wenzels Stelle wurde Kurfürst Ruprecht von der Pfalz zum König gewählt, mit einer Stimmenmehrheit unter den Kurfürsten, die nur dadurch zustande kam, daß er seine eigene Stimme dem Erzbischof von Mainz übertrug und so gewissermaßen sich selber wählte. Große Hoffnungen und viele Aufgaben erwarteten ihn: die Wiederherstellung des Friedens im Reich, die Beilegung des Schismas und die Restitution der Reichsrechte in Italien — zuviel für einen persönlich unbedeutenden rheinischen Kurfürsten mit geringfügigem Territorialbesitz. Im Osten erwiesen sich die Luxemburger im Besitz von Böhmen, Mähren, Schlesien, Brandenburg und Ungarn als stärkste Macht, die Ruprecht als Gegenkönig betrachteten, ihrerseits aber auch nicht versuchten, in den Westen und Süden vorzudringen, so daß das Reich in zwei große Einfluß- und Herrschaftssphären von sehr unterschiedlicher Konzentration und Bedeutung zerfiel. Sobald Ruprecht beginnen wollte, in „seinem" Gebiet eigene Politik zu treiben, schlossen sich 1405 Fürsten und Städte in einem Bunde gegen ihn zusammen, dem er die Anerkennung um so weniger versagen konnte, als inzwischen 1401/02 ein mißlungener Romzug Ruprechts Prestige erheblich erschüttert hatte. Schon im Jahre 1410 starb er, ohne auch nur eine der großen Aufgaben energisch angepackt zu haben, zu deren Lösung man ihn ein Jahrzehnt zuvor über den untätigen Wenzel erhoben hatte.

Inzwischen waren allerdings ohne das Zutun beider Könige im Osten des Reiches große Veränderungen geschehen. Die deutsche Ostwanderung war auch nach dem Ende der Staufer von den politischen Ereignissen im Westen und Süden kaum berührt, von den Zeitgenossen im Reich kaum verspürt, jedenfalls nicht ihrer historischen Bedeutung entsprechend beachtet oder gar fortgeführt worden. Sie hatte sehr viele Siedler, Kaufleute, Ritter, Bergleute, Mönche vor allem der Prämonstratenser- und Zisterzienser-Orden nach Mecklenburg, Pommern, Brandenburg, Schlesien, Böhmen und Mähren, ja, nach Polen und Ungarn, bis zur Moldau und Walachei sowie nach Südserbien geführt. Dort wurde ohne Erweiterung der Reichsgrenzen ein bis zum Auftreten des Schwarzen Todes, der Pest, (1348/49) wachsendes Gebiet dem Christentum und der mittel- und westeuropäischen Kultur und Zivilisation, Wirtschaft und Technik, Rechtsauffassung und Städtegründung erschlossen. Dabei kam es in den westlichsten Teilen zur Bildung innerlich gefestigter Territorien. Eines der natürlichen Ergebnisse dieses Vordringens vom Westen nach dem Osten war eine allgemeine Gegenbewegung in Böhmen und Mähren, Polen und Ungarn aus gesteigertem Nationalbewußtsein, die Herausbildung eines deutsch-slawischen Gegensatzes seit etwa 1300, der von einem so gewandten Fürsten wie Karl IV. zeitweilig ausgeglichen werden konnte, nach ihm aber unter Einbeziehung kirchlicher Probleme und dynastischer Beziehungen der ungarischen Anjou-Könige zu Frankreich erneut und um so weiter aufklaffte. Erkannte man die wirtschaftlichen und bildungsmäßigen Qualitäten der Deutschen z.B. in Polen, so wollte man das Deutschtum doch nicht zu politischer Macht und wirtschaftlichem Einfluß gelangen lassen. Über solche Probleme geriet insbesondere Polen in seinen langdauernden Gegensatz zum Ordensstaat. Diesen hatte der Deutsche Ritterorden, der 1309 auf Polens Hilferuf gegen den brandenburgischen Askanier auch Pomerellen und Danzig eroberte, unter straffer Leitung politisch begabter Hochmeister sowie erstklassiger Verwaltungs- und Wirtschaftsspezialisten durchorganisiert, planvoll mit deutschen Siedlern aufgefüllt, und, unter dem Bau vieler Festungen und Kirchen um den prächtigen Hochmeisterpalast der Marienburg, militärisch gesichert.

Im gleichen Jahre 1309 wurde der Sitz des Hochmeisters endgültig von Venedig ins Ordensland auf die Marienburg verlegt. Spannungen zwischen diesem Staat und den sich beengt, wenn nicht bedroht fühlenden preußischen und livländischen Bischöfen traten hinzu, und dahinter erhob sich die Frage des Verhältnisses der zumeist aus dem Reich stammenden Ordensritterschaft zu dem Adel und den Städten des Ordenslandes, das

Problem der Bildung eines echten und dauerhaften, alle Kräfte des Landes umfassenden Staates, der sich nach außen hin als geschlossen erweisen und durchsetzen konnte. Seine Behauptung war gegenüber dem zur Weichselmündung strebenden Polen für den Ordensstaat eine Lebensfrage, wobei er mit der indirekten Hilfe der Luxemburger in Schlesien rechnen durfte. Dagegen gelang es ihm nicht, in Einordnung der Missionsaufgaben in die politische Strategie, Litauen zu christianisieren und zu unterwerfen, d.h. eine zuverlässige Landverbindung nach Livland zu schaffen, da sich Litauen in den Kämpfen vielmehr staatlich konsolidierte, ausdehnte, Polen integrierte und Großmachtsausmaße annahm. Einer solchen territorial schnell und sehr stark gewachsenen, innenpolitisch konzentrierten Einheit gegenüber konnte sich der Ordensstaat, dessen Optimum und Maximum an Menschenzahl und territorialer Ausdehnung erreicht war, nicht behaupten: 1410 unterlag er in der Schlacht bei Tannenberg einem weit überlegenen litauisch-polnischen Heer und russisch-tatarischen Hilfstruppen. Was trotz allgemeinem Abfall der Städte, Bischöfe und Adligen dank der staatsmännischen Gewandtheit des nun auch innerlich den Staat rationalisierenden Hochmeisters Heinrich von Plauen übrig blieb, war bei viel innerem Zwist und ohne Hilfe aus dem Reich ein nicht aus eigener Kraft existierendes, von Polen obendrein verkleinertes und im zweiten Thorner Frieden 1466 stark reduziertes, absterbendes Staatswesen, das die Gegensätze in Ostmitteleuropa zu seinem Vorteil ausschöpfte. Seine kulturellen Leistungen blieben weiterhin erheblich, und der Staat sollte nach der „Säkularisierung" von 1525 noch einmal indirekt große politische Bedeutung erlangen: 1701 bei der Standeserhebung des Kurfürsten von Brandenburg.

Sigmund und Albrecht II.

Wollte man Böhmen und Brandenburg dem Reich erhalten, so mußte ein Luxemburger zum König gewählt werden. Aber noch immer betrachtete sich Wenzel, der über eine eigene und die sächsische Kurstimme verfügte, als rechtmäßigen König. So wählten denn die Kurfürsten Sigmund, den Bruder Wenzels und

König von Ungarn, zum römischen König, der nach dem baldigen Tod seines Gegenkönigs Jost von Mähren — zu dessen Gunsten nun doch Wenzel zurücktrat — allgemein anerkannt wurde. Während der neue König sich im Reich sehr zurückhielt, geriet die Vorbereitung des allgemeinen Konzils immer stärker in den Vordergrund. Dieses trat im November 1414 in Konstanz unter der maßgeblichen Führung des römischen Königtums für die ganze Christenheit zusammen. Ziele der Kirchenversammlung waren die Beseitigung des langen, durch das Konzil zu Pisa 1409 nur um einen dritten Papst, Johann XXIII., bereicherten Schismas und die Reform der Kirche, die sich durch Fiskalismus und Bürokratismus viele weltliche und geistliche Kritiker geschaffen hatte. Dazu trat die Auseinandersetzung mit Hus, so daß man von einer causa unionis, einer causa reformationis und einer causa fidei sprach, zu deren Beratung 29 Kardinäle, etwa 300 Bischöfe und Prälaten und mehrere hundert Doktoren der Universitäten, insgesamt etwa 600—700 geistliche Teilnehmer, versammelt waren, nebst etwa ebensovielen deutschen und ausländischen Fürsten und Gesandten, Städteboten, Grafen und Herren. Nachdem Sigmund in der Weihnacht 1414 in Konstanz eingezogen war, wurde Johann XXIII. abgesetzt; der römische Papst trat freiwillig zurück; der avignonesische starb, 1417 abgesetzt, an seinem Papsttum festhaltend, 1423 halb vergessen. So konnte im November 1417 der neue Papst Martin V. gewählt werden und unter allgemeiner Anerkennung seinen Sitz in Rom nehmen. Die geplante Kirchenreform blieb in Einzelabmachungen der Kirche mit den auf dem Konzil vertretenen Kirchennationen stecken; es konnte also auch von einer einheitlichen Front gegen den drohenden Osmanendruck keine Rede sein. Darüber hinaus geriet Sigmund mit Böhmen in Konflikt. Die schwärmerische, das unmittelbare Bevorstehen des Weltgerichts verkündende Kritik an der Kirche war unter den Tschechen weit verbreitet und in der Form von John Wiclifs Lehren an der Prager Universität vertreten. Positiv forderten sie die Armut einer dem Staat nicht dienstbaren Kirche. An die Spitze dieser Bewegung trat der zugleich nationalistisch empfindende und agierende, die tschechische Beherrschung der Universität anstrebende Prager

Magister Johannes Hus, ein Übersteigerer der Lehren des in Oxford wirkenden Wiclif, der die geschichtlich gewachsene Struktur der Kirche zugunsten einer Gemeinschaft der Auserwählten aufgeben wollte, die apostolische Armut der Prediger und Verkünder forderte und kultische Handlungen, selbst die Sakramente, in den Hintergrund schieben wollte. „Mit Hus erhob sich der kleine Mann am Pflug . . . und auf der Kanzel, erhob sich der Ritter gegen die Gewinner der Kolonisation, stand der Tscheche gegen den Deutschen“ (Heimpel). Im Zusammenhang mit der Abwanderung der Deutschen von der Universität Prag 1409 nach Leipzig geriet Hus, der vom Adel geschützt wurde, in Konflikt mit König, Kirche und Universität, erklärte sich aber unter Zusicherung königlichen Geleits bereit, sich in Konstanz zu verantworten. Doch wurde er, einem königlichen Geleitbrief zum Trotz, vom Konzil nicht allein am 28. 11. 1414 verhaftet, sondern auch als Ketzer zum Tode verurteilt, am 6. 7. 1415 verbrannt und seine Asche in den Rhein gestreut. Der Bruch der allerdings unklar formulierten königlichen Zusage und die letztlich auf Hus’ Leugnung der Autorität des Konzils beruhenden Hinrichtung führten in Böhmen zu einer wilden Adelserhebung um das Symbol des Laienkelches, der vollen Teilnahme also der Laien am Abendmahl. In Böhmen, Mähren und Prag wurden hussitische Priester eingesetzt, während sich erst allmählich ein orthodoxer Adelsbund bildete und auch die deutschen Bürger und Bauern zumeist der katholischen Lehre zugewandt blieben. Nach der Art religiöser Erhebungen wurden die Hussiten immer radikaler und leugneten endlich — über Hus hinausgehend — die Transsubstantiation, lehnten also die Auffassung von der Umwandlung von Brot und Wein in Leib und Blut Christi ab, die 1215 durch Innozenz III. die kirchliche Sanktion erhalten hatte. Als Adel, Universität und Geistlichkeit Prags nun 1418 dem Radikalismus entgegentraten, mußte auch Wenzel, von seinem Bruder Sigmund gedrängt, Partei ergreifen und Unterdrückungsmaßnahmen einleiten. Aus Straßenkämpfen in Prag entwickelte sich ein allgemeiner Bildersturm, dem auch viele Priester und Mönche zum Opfer fielen und der sich, da Wenzel vor Erregung über die Ereignisse gestorben war, natürlich auch gegen Sigmund als den Verantwortlichen und als Hauptfeind der Hussiten wandte. Dieser aber mußte nach Wenzels Tod Wert darauf legen, das reiche Böhmen in seine Hand zu bekommen und damit seine Position im Reich zu stärken. Daher verständigte er sich unter Verlusten mit Venedig, das Dalmatien behaupten und Aquileja an sich ziehen konnte, und schloß einen Waffenstillstand mit den Türken, damit er 1420 an der Spitze eines sehr bunt zusammengesetzten Kreuzzugheeres nach Prag ziehen und sich auf dem Hradschin zum böhmischen König krönen lassen konnte. Aber wie mancher deutsche König in Rom zum Kaiser gekrönt worden war, ohne die Stadt zu beherrschen, so mußte auch Sigmund 1421 nach Ungarn zurückkehren, ohne Prags Alt- und Neustadt erobert, ja, ohne die Ruhe in Böhmen wiederhergestellt zu haben, wo die radikalen kleinbürgerlich-bäuerlichen Taboriten, die sich um den Berg Tabor in Südböhmen konzentriert hatten, mit ihren eschatologischen Vorstellungen und Hoffnungen auf den Anbruch des 1000jährigen Reiches gegenüber den gemäßigteren Utraquisten den Vorrang gewannen, welche hauptsächlich das Abendmahl unter beiderlei Gestalt, freie Predigt und Armut der Kirche forderten. Einig waren beide Parteien in ihrer Abneigung gegen alles Deutsche und König Sigmund. Als dieser nun nach Ungarn zog, unterdrückten die Hussiten blutig und grausam die deutschen Städte, zwangen Mähren zum Anschluß, setzten Sigmund ab und veranlaßten damit jahrzehntelange Kämpfe, in die sowohl Polen-Litauen als auch der Deutsche Orden hineingezogen wurden.

Nach langen Auseinandersetzungen zwischen Städte- und Ritterbünden beschloß 1421 der Reichstag zu Nürnberg einen Feldzug, der vor Saaz zusammenbrach, während Sigmund selbst, der von Mähren heranrückte, 1422 bei Deutsch Brod geschlagen wurde. Damit entstand die Gefahr, daß das hussitische Böhmen, Litauen und Polen sich zu einem großen Machtkomplex mit der Front nach Westen gegen Deutschland zusammenschlossen. Über das Problem der Aufstellung eines Reichsheeres gelangte man zur Frage der Reichsorganisation, wobei die Städte an einem großen süddeutschen Bund, die Fürsten an einem allgemeinen Landfrieden interessiert waren. Zu einem Ergebnis oder gar zu einem großen militärischen Unternehmen kam es nicht, da Sigmund auf die Hilfe Albrechts V. von Österreich und Friedrichs von Meißen gegen die Hussiten angewiesen und wirtschaftlich so schwach war, daß er 1415 die finanziell schwer belastete Mark Brandenburg dem Burggrafen Friedrich von Nürnberg überließ. Auch richtete sich sein ganzes Interesse auf sein böhmisches Erbreich; der Reichsvikar aber und die miteinander uneinigen Kurfürsten verhinderten jede Entscheidung. Das Hauptergebnis dieser Jahre bestand im Aufstieg der Zollern in Brandenburg — Friedrich wurde am 18. 4. 1417 in Konstanz belehnt — und der Wettiner in Sachsen zu führenden norddeutschen Territorialherren. Das Reich aber verfiel, während Sigmund sich mit Polen verständigte und durch Ungarn und den Türkendruck in Anspruch genommen wurde, immer mehr der Vernachlässigung. Die im Binger Kurverein von 1424 zusammengeschlossenen Kurfürsten konnten sich nicht zu einer echten Reichsregierung einigen, also auch nicht die Hussiten bekämpfen. Und als 1427 gegen diese ein neues Heer zusammengebracht wurde, floh es bei der ersten Begegnung mit dem Feind in Westböhmen; immer häufiger stießen die Hussiten ihrerseits unter großen Verheerungen nach Österreich, Bayern, Franken, Sachsen und Schlesien vor. Ein neues, 1431 gegen sie aufgestelltes Reichsheer unterlag ihnen bei Taus; fortan versuchten die einzelnen Fürsten, Sonderabkommen mit den Hussiten zu schließen.

Im Jahre 1431 trat in Basel ein neues Konzil zusammen, das, von gelehrten Theologen und der niederen Geistlichkeit bestimmt, sich in erster Linie nicht mit der hussitischen Gefahr oder mit der kirchlichen Reform, sondern mit der Frage der Gewaltenteilung innerhalb der Kirche, mit dem Problem des Vorranges von Papst oder Konzil beschäftigte, wobei dieses die Oberhand behielt. Gleichzeitig unternahm Sigmund einen Romzug, um bei der Rückkehr als Kaiser mit um so größerem Ansehen in Basel erscheinen zu können. Aber ohne Geld und Heer kam er, ständig mit dem Konzil in schriftlicher Verbindung, nur langsam voran und traf erst im Mai 1433 in Rom ein, wo er vom Papst gekrönt wurde. Inzwischen waren dieser und das Konzil in heftige Gegensätze geraten. Während der Ruf nach Reichsreformen immer lauter wurde und der große Philosoph, Kirchen- und Klosterreformer Nicolaus von Cues z.B. 1433/34 in seinem Buch über die katholische Einheit, dem „bedeutendsten Ausdruck" der konziliaren Idee (Baethgen), auch einen ausführlichen, scharf durchdachten Reichs- und Kirchenreformplan vorlegte, kam man 1433 in den Prager Kompaktaten auch zu einer Einigung mit den Hussiten, die gegen das Zugeständnis des Laienkelches und weitgehender Religionsfreiheit in die allgemeine Kirche zurückkehrten. Die nicht verständigungsbereiten Taboriten wurden im folgenden Jahre in der Schlacht bei Lipan aufgerieben. Sigmund zog 1436 in Prag ein, ohne übersehen zu können, daß nicht er der eigentliche Sieger war, sondern der tschechische Adel, der fortan die politische Entwicklung bestimmte. Wenig später starb der Kaiser am 9. 12. 1437 zu Znaim auf der Reise nach Ungarn als der letzte Luxemburger, so daß sein Schwiegersohn Herzog Albrecht von Österreich sein Erbe antrat und zum König gewählt wurde. Aber schon weniger als zwei Jahre nach Sigmund starb auch König Albrecht II. am 7. 10. 1439, der inzwischen ständig gegen Hussiten, Polen und Türken hatte kämpfen müssen. Das luxemburgische Erbe fiel herrenlos auseinander. Inzwischen scheiterte in Basel der Versuch einer Kirchenreform mit dem Ziel der Beschränkung kirchlicher Rechte nicht zuletzt am Widerstand der politischen Mächte. Das Endergebnis waren Konkordate der Kurie mit den Landesfürsten. Auch hier waren also diese, nicht die deutsche Kirche, die Gewinner nach so langen Reformbemühungen. Das Konzil, die letzte mittelalterliche Verhandlung dieser Art zwischen dem Reich und Rom, löste sich 1449 auf.

Politisch am bemerkenswertesten waren seit Sigmunds letzten Jahren die Anfänge der Reichsreformbestrebungen. Sie erwuchsen aus dem Erlebnis zunehmenden Verfalls innerhalb des Reiches nach einer großen Vergangenheit und bei wachsender Stärke der Staaten östlich und westlich der ständig gefährdeteren Reichsgrenzen. Diese Schwäche beruhte auf dem Aufstieg der partikularen Mächte einerseits, welche jedoch weder willens noch in der Lage waren, die Führung des Reiches zu übernehmen, und auf der geringen Macht der Zentralgewalt andererseits. Die Goldene Bulle schuf keine ausreichende Verbesserung der Verhältnisse und beseitigte insbesondere nicht das Streben jedes Königs nach Stärkung der Hausmacht teils im Interesse der eigenen Familie, teils zur Hebung seiner königlichen Position. Die Schwäche des Reiches war allgemein bekannt und trug nicht wenig dazu bei, daß der Respekt des Auslandes vor dem deutschen König und Kaiser immer geringer wurde; „die Folgen dieses Mangels einer kräftigen Reichsgewalt waren Wehrlosigkeit nach außen und Friedlosigkeit im Innern" (Baethgen). Der Auswirkung der vielen Landfriedensgesetze und -verständigungen waren enge Grenzen gezogen, zumal naturgemäß auch das Gerichtswesen unter der politischen Ohnmacht des Reiches litt. So setzten in Sigmunds Regierungszeit immer stärker literarische Diskussionen über die als notwendig erkannte Reichsreform mit dem Ziel der Stärkung des Reiches u.a. als Begleiterscheinung zur konziliaren Bewegung ein, die in mancher Hinsicht Ähnliches anstrebte. Bereits in der Zeit des Konstanzer Konzils empfahl eine Denkschrift, König und Papst im Verhältnis zum Kardinalskolleg und einem zu schaffenden Reichsrat eine ähnliche Stellung zu geben. Sehr viel weiter ging die Concordantia Catholica des Nicolaus von Cues, der die Bildung von Ständeversammlungen und Reichsversammlungen neben den Reichstagen empfahl, auf denen Herrscher und Volk gemeinsam die Gesetze erlassen sollten, während Kreisgerichte in zwölf Kreisen die Gerichtsbarkeit wahrzunehmen hätten. Der Kaiser aber sollte, damit seine Stellung nicht geschwächt, sondern wieder gestärkt würde, von allen seine Stellung einschränkenden, der Wahl vorausgehenden Abmachungen mit den Fürsten, den sogenannten Wahlkapitulationen, gesetzlich befreit werden und ein stehendes Heer sowie ausreichende, auch hier die Abhängigkeit von den Fürsten verringernde Reichseinkünfte zur Verfügung haben. All das blieb so sehr Theorie wie andere Schriften jener Zeit, die insgesamt freilich durch ihre Existenz die weite Verbreitung des Bedürfnisses nach Reform belegen. So trat Sigmund selbst 1434 mit einem weit weniger in sich geschlossenen Programm hervor, das aber nicht wirklich beraten wurde; eine Anregung der Kurfürsten wurde gar nicht erst richtig aufgegriffen: bald war der Kaiser zu schwach, seine Absichten durchzusetzen, und zu sehr an Hausmachts- und Erbfolgefragen interessiert, bald veruneinigten sich die Stände untereinander. Aus dem Erlebnis aller dieser Ereignisse, auch des religiös-sozial-revolutionären Hussitensturmes und des Aufstiegs der Städte zu Vorformen des Frühkapitalismus erwuchs schließlich bald nach Sigmunds Tod um 1439 die schnell weit verbreitete Flugschrift „Reformation Kaiser Sigmunds" eines unbekannten Verfassers, der offenbar ein unphilosophischer Praktiker war und ständische Auffassungen des Thomas von Aquin mit recht revolutionären Empfehlungen verband. Er wollte Staat und Kirche trennen, das Kirchengut zugunsten des Reiches säkularisieren, den Adel nach Maßgabe des Verdienstes um Reich und Kirche reorganisieren, die Priesterehe einführen, den kleinen Mann gegen wirtschaftliche Schwankungen sichern, die ständische Unfreiheit beseitigen und Bürgertum und Adel zur Durchführung der Reform heranziehen. Aber erst gegen Ende des 15. Jahrhunderts sollten die Reichsreformpläne noch einmal und mit mehr Gewinn wieder aufgegriffen werden.

Friedrich III.

Albrechts II. Nachfolger Friedrich III. — als Herzog von Steiermark Friedrich V. — war im Alter von 24 Jahren bereits Haupt des habsburgischen Hauses; dagegen gelang es ihm nicht, das Luxemburgische Erbe in Ungarn und Böhmen vormundschaftlich an sich zu bringen. Er wurde am 2. 2. 1440 einstimmig gewählt; durch den Verlust Ungarns, Böhmens und Schlesiens, das seine Selbständigkeit behauptete, war des Königs Position im Reich aber schwach. Erst 1442 erschien er dort und wurde in Aachen gekrönt. Zu wenig energisch, um die Entstehung vieler lokaler Fehden zwischen Territorialherren, Adel und Städten in fast allen Teilen Deutschlands zu verhindern, war er überhaupt ein mehr zur Untätigkeit und zum Bewahren als zum Schaffen neigender Fürst. Als er 1442 begann, in Südwestdeutschland mit Hilfe Zürichs eigene Territorialpolitik zu treiben, geriet er alsbald in die Endphase der seit langem bestehenden französisch-englischen Spannungen: 1444 ermöglichte der Waffenstillstand zwischen beiden Mächten Frankreich, sich seiner Ostgrenze, d.h. dem burgundisch-niederländischen Staat Philipps des Guten zuzuwenden. Dieser Herzog regierte in einem weit ausgedehnten, aus dem französischen Herzogtum Burgund (Bourgogne), der Freigrafschaft Burgund, Flandern, der Grafschaft Namur, Brabant, Limburg, Holland und Seeland sowie Lüttich, Utrecht und Cambres bestehenden, aber vielgliedrigen Staat französisch-deutschen Kulturgehaltes, den er durch den Erwerb Lothringens und des Elsaß zusammenzufassen und damit über das starke politisch-finanzielle Gewicht insbesondere der Niederlande hinaus zu stärken, ja, endlich von der Schelde bis zum Mittelmeer auszudehnen trachtete, um so als „Großherzog des Abendlandes" eine machtvolle Rolle zu spielen. Von solchen Bestrebungen wurden sowohl Frankreich wie die Habsburger unmittelbar berührt. In vorsichtigem Lavieren gelang es König Friedrich, ohne Wissen des Reiches französische Truppen für seine und Zürichs Expansionspolitik gegen die Eidgenossen zu gewinnen. Doch als sein Zusammengehen mit Frankreich bekannt und dessen Ausgreifen gegen Lothringen und den deutschen Südwesten überhaupt deutlich wurde, beriet der Reichstag zu Nürnberg über die Entsendung eines Reichsheeres. Frankreich verbündete sich unter Herstellung des Friedens mit der Schweiz, die nun auch ihrerseits zum Angriff gegen Habsburg schreiten konnte, zur Abwendung dieser Gefahr mit den rheinischen Kurfürsten und mit Sachsen gegen den König.

Auch in der Kirchenpolitik hatte Friedrich, nicht zuletzt infolge seiner Langsamkeit, keine glückliche Hand, wenngleich er wie Sachsen und Brandenburg für seine habsburgischen Gebiete durch Verständigung mit der Kurie gegen die Tendenzen des Basler Konzils Vorteile einhandelte — hier lagen an drei Stellen gleichzeitig die ersten Ansätze territorialstaatlicher Landeskirchenpolitik, die logisch der politischen Entwicklung entsprach und ein Ergebnis der Schwäche der Reichsgewalt war, während das für das Reich abgeschlossene Wiener Konkordat vom Februar 1448 nahezu bedeutungslos blieb. Unter solchen die Wirren und Schwächen in allen Gebieten steigernden Umständen verließ Friedrich 1444 das Reich und hielt sich während der folgenden 27 Jahre ausschließlich in seinen Erblanden auf, um wenigstens dort seinen Vorrang gegenüber Ansätzen zur Zersplitterung des habsburgischen Machtblocks zu behaupten. Aber 1446 mußte er seine vormundschaftliche Regierung über Tirol und die Vorlande aufgeben. In Nieder- und Oberösterreich brachen Fehden aus, die 1451 zur Übernahme der Regierung dort sowie in Böhmen und Ungarn durch den vom Adel dirigierten Ladislaus, den Sohn Albrechts II., und 1457 zur direkten, national begründeten Abtrennung des Königreichs Böhmen unter Georg Podiebrad und Ungarns unter Matthias Corvinus führten. Erst 1463 gelang es Friedrich, Nieder- und Oberösterreich wieder ganz an sich zu ziehen. Mailand konnte er 1447/48 nach Aussterben der Visconti nicht gewinnen — Francesco Sforza kam ihm zuvor.

1452/53 war er, von dem in seiner Kanzlei tätigen Enea Silvio Piccolomini zur Aufrechterhaltung des Kaisergedankens trotz aller Schwäche der Reichs- und Hausmachtpolitik getrieben, zur Kaiserkrönung in Rom gewesen. Deutlich zeichnete sich der Unterschied zwischen der universalistischen habsburgischen Zielsetzung — die Piccolomini als Austriae Est Imperare Orbi Universo (AEIOU) formulierte — und der Aufgabe des Reiches ab, das er als „Reich und deutsche Lande, Römisches Reich Deutscher Nation" betrachtete und dessen König auch die Kaiserkrone tragen, unter beiden aber ganz verschiedene Aufgaben haben sollte.

Die Kraftlosigkeit des Reiches führte zur wachsenden Stärkung der sich immer zielbewußter arrondierenden Territorien — eine Tendenz, der freilich noch lange Zeit die Gedanken der Gesamtherrschaft aller Angehörigen der territorialen Dynastien und der Notwendigkeit von auch territorialen Erbteilungen sowie die auf der nächstunteren Ebene sich auswirkenden Selbständigkeitsbestrebungen von Adel und Städten entgegenwirkten. Nur langsam setzten sich im 16. und 17. Jahrhundert solchen Kräften gegenüber die in der Goldenen Bulle für die Kurfürstentümer bereits institutionalisierten Prinzipien der Unteilbarkeit und Primogenitur als Garanten staatlicher Dauer und Stärke durch. Und entsprechend kam es zur Zentralisierung und juristischen Rationalisierung der Territorialverwaltungen, so daß auch in dieser Hinsicht die Territorien gegenüber dem

Reich oft weit voraus waren. Allerdings konnten sich in Verbindung mit wachsenden Geldanforderungen insbesondere durch das aufkommende Söldnerwesen fast überall aus Grafen, freien Herren, Ministerialen und Repräsentanten der Städte, den maiores et meliores terrae, bestehende „Landstände" entwickeln, welche Geld nur gegen Berücksichtigung ihrer Anliegen bewilligten, zugleich aber auch im Notfall die Einheit des Landes gegen Erbteilungs- und Veräußerungsgefahren betonten. In solchen Zusammenhängen wuchs gerade in jenen Jahrzehnten eine Gruppe bedeutender Territorialherren empor, von denen mancher, wie etwa Eberhard von Württemberg, Albrecht der Weise von Bayern und die Hohenzollern Friedrich II. und Albrecht Achilles weit eher zu den bedeutenden deutschen Fürsten zählen als mancher König ihrer Zeit. Diese Stärke ihrer Persönlichkeit und ihres Expansionswillens bildete freilich andererseits eine wesentliche Ursache für die ständigen Machtkämpfe innerhalb Deutschlands, das Friedrich nicht straff zu regieren vermochte und das auch durch viele Reichsreform-Vorschläge um so weniger wirklich erneuert werden konnte, als schon Kaiser und Kurfürsten sich nicht über das Vorgehen einigen konnten. Mit gutem Grund schrieb Enea Silvio Piccolomini kurz vor seiner Erhebung als Pius II. auf den päpstlichen Stuhl 1458 in seinem Werk „Über Religion, Lage, Sitte und Verfassung Deutschlands" nach vielem Lob über Deutschland und insbesondere seine Städte mit Lübeck, Wien, Köln und Ulm an der Spitze und den Rhein als städtereichsten Fluß Europas: „Die Vielheit der Fürsten wird von den Weisen verworfen; Ihr habt Eure Freude daran. Denn obgleich Ihr den Kaiser als Euren König und Herrn anerkennt, scheint seine Herrschaft nur von Eurer Gnade abzuhängen. Seine Macht ist nichtig; Ihr gehorcht nur, soweit wie Ihr wollt. Weder Städte noch Fürsten geben dem Kaiser, was ihm gehört. Keine Einnahmen hat er und keinen Schatz. Jeder will selbst seiner Sache Leiter und Schiedsrichter sein. Dabei wüten unter Euch häufig Zwistigkeiten und beständige Kriege, aus denen Raub, Brand, Mord und 1000 Arten von Unheil entstehen, wie es notwendig da geschehen muß, wo mehrere Häupter herrschen. Denn wie sollen sie anderen gebieten, die sich selbst nicht zu beherrschen verstehen? ... Wenn Ihr die frühere Höhe wieder erreichen wollt, so nehmt die früheren Tugenden, die früheren Sitten wieder an, setzt die Tapferkeit der Lässigkeit entgegen, die Freigiebigkeit dem Geize, die Regsamkeit der Untätigkeit, die Gerechtigkeit der Unbilligkeit. Und was vor allem nötig ist: ziehet die Einheit der Spaltung vor. Und Eurem Oberhaupte, dem geistlichen wie dem weltlichen, erweiset die ihnen zustehenden Ehren, ihren Gehorsam. Wofern Ihr dies tut, werdet Ihr ohne Zweifel den alten Namen wieder erlangen und vielen großen Völkern Gesetze vorschreiben."

Unter solchen Verhältnissen im Innern mußten in der Tat die Reichsgrenzen zunehmend in Gefahr geraten: im Norden wurde König Christian von Dänemark zum Grafen von Holstein und Herzog von Schleswig gewählt, wodurch diese wichtigen Grenzräume dem Reich entfremdet wurden. Die Hanse sank nach 1370 allmählich von ihrer stolzen Position im europäischen Osten und Norden herab; sie wurde von keiner Seite zuverlässig unterstützt, ja, vom Reich im Stich gelassen, von den Territorialherren um manches Mitglied beraubt und durch innere, auf zentrifugalen Kräften der großen Städte beruhende Zwistigkeiten geschwächt. Immer stärker schoben sich die Niederländer in ihre Räume wirtschaftlicher Macht und politischen Einflusses, erhoben sich die Dänen gegen den Fortbestand hansischer Privilegien, machten die Engländer Schwierigkeiten im gleichen Bereich, festigten sich die europäischen Randstaaten mit dem Ergebnis auch der Nationalisierung ihrer Wirtschaft und der allmählichen Verdrängung der Hanse als eines wirtschaftsmächtigen Fremdlings ohne politischen Rückhalt. Einen sehr ähnlichen Abstieg mußte um die gleiche Zeit der Deutsche Orden hinnehmen. Matthias von Ungarn konnte Mähren, Schlesien und für einige Jahre selbst Nieder- und Oberösterreich mit Wien an sich bringen. Der böhmische König Georg Podiebrad fühlte sich stark genug, nach der römischen Krone zu streben.

Auch im Westen stand der Kaiser vor schwierigen Situationen und großen Aufgaben. Hier ging es um die Existenzform des burgundisch-niederländischen Staates, der teils vom Reich, teils vom politisch sich konzentrierenden Frankreich unter

Ludwig XI. abhängig war, aber in Karl dem Kühnen einen sehr ehrgeizigen Fürsten hatte. Ständig war dieser bemüht, sein Machtgebiet zu erweitern: am Oberrhein auf Kosten der Habsburger, um Köln im Kampf gegen dessen Erzbischof; er riß Lüttich und Geldern an sich und schuf schließlich selbst mit seiner Unersättlichkeit die Front gegen sich, die von den Eidgenossen über die Habsburger bis zum König von Frankreich führte. In diesem so erwachsenen großen Burgunderkrieg fand er, zunächst bei Granson unter Verlust der gesamten Artillerie und der großen „Burgunderbeute“ an Edelmetallen, Brillianten und vielen anderen Werten, dann auch bei Murten geschlagen (wobei sich die Überlegenheit des disziplinierten, mit Armbrust und Büchse ausgerüsteten schweizerischen Fußkämpfers über die mittelalterlich ausgerüstete und kämpfende burgundische Ritterformation endgültig erwies), schließlich 1477 vor Nancy den Tod. Er hatte gegen Frankreich im Bunde mit deutschen Kräften, England, Kastilien und Aragon geradezu eine Einkreisungspolitik getrieben, „die sein System als die Vorform des Reichs Karls V. erscheinen läßt“ (Heimpel). Philipp de Commynes, ein französischer Staatsmann und Historiker, der als Unterhändler den Herzog genau kennengelernt hatte, schrieb bald nach des Herzogs Tod in seinen Memoiren, die lange Zeit fast so eifrig gelesen wurden wie die Bibel: „Er war von hoher und edler Art, und es gab eine Zeit, in der kein Herrscher der Christenheit mehr als er von seinen Nachbarn geschätzt und umworben wurde. Gottes Zorn traf ihn wohl nur, weil er das Glück und die Ehre, die ihm in dieser Welt zufielen, seiner eigenen Tatkraft und Klugheit, nicht aber, wie es sich gehört, Gott zuschrieb ... Ihn dürstete nach großem Ruhm, und an diesem Ehrgeiz lag es hauptsächlich, wenn er so häufig in Kriege verwickelt wurde. Er strebte den Helden der Antike nach, die im Munde der Nachwelt leben. Kein Herrscher seiner Zeit übertraf ihn an Kühnheit. Nun ist all dieses Streben dahin und hat zu seinem Schaden und zu seiner Schande ausgeschlagen.“

Deutschland war durch die Auseinandersetzung mit Burgund in der höfischen Ritterkultur und im Staatsdenken verstärkt unter den allerdings burgundisch-niederländisch modifizierten französischen Einfluß geraten. Nun entstand mit Karls des

Kühnen Tod ein attraktives politisches Vakuum, nachdem der Herzog eben wie die polnischen und böhmischen Fürsten seine Hand nach der Krone des Reiches ausgestreckt hatte. Immerhin war es ihm gelungen, daß Friedrichs Sohn Maximilian mit seiner Tochter Maria verlobt wurde. Maria bestand nach dem Tode ihres Vaters auf dem Verlöbnis, so daß Maximilian die Regierung in den Niederlanden übernahm und die Vereinigung der habsburgischen mit den burgundischen Territorien gesichert war, wobei der westliche Teil dieser Gebiete als der entschieden reichere und politisch wichtigere das Hauptgewicht erhalten sollte. Gegen eine solche Absicht aber wandte sich naturgemäß Ludwig XI., der Karls Hinterlassenschaft an Frankreich bringen oder wenigstens durch Aufteilung ungefährlich machen und zum Teil seinem eigenen Reich einverleiben wollte. Von innen heraus strebten die burgundischen Stände nach Auflösung des zentralistisch aufgebauten Staates, die Niederlande nach eigener, wirtschaftlich orientierter, politisch neutraler staatlicher Existenz. So stand der bei Karls Tod erst 18jährige Maximilian — Maria starb schon 1482 — vor einer Fülle schwerer Aufgaben, die er nur zu meistern vermochte, indem er sich mit den Gegnern des französischen Königs — Spanien, England und dem französischen Hochadel — verbündete. Allein so vermochte er, im Frieden von Senlis 1493 alle Länder mit Ausnahme des alten französischen Herzogtums Burgund, der Bourgogne, um Dijon zu behaupten. Ein Jahr später übertrug er die Regierung seinem Sohn Philipp dem Schönen.

„Der Anfall des burgundisch-niederländischen Staates hat die Stellung des Hauses Österreich grundlegend geändert. Er hat dem Vordringen Frankreichs einstweilen einen Riegel vorgeschoben, der Abwehrkampf gegen die französische Expansion war weit nach Westen verlagert. Aber die Zukunft dieser Lande, deren Verbindung mit dem Reich schon gelockert war, hing davon ab, welche Stellung das Haus Österreich im Reich und in Europa einnehmen würde. Denn die Erwerbung Burgunds war der erste Schritt zum Aufstieg des Hauses zu einer europäischen Macht“ (Brunner).

Kaiser Friedrich III. starb, nachdem sein einziger Sohn Maximilian schon 1486 zum König gewählt worden war, am 19. 8. 1493.

DIE NEUZEIT

DEUTSCHLAND IM ZEITALTER DER REFORMATION

Maximilian I.

In den letzten Jahren seines Lebens gelang es Friedrich, die sogenannten Vorderen Lande seines Hauses, Württemberg, die schwäbischen Reichsstädte und die „Rittergesellschaft vom St. Georgenschild", d.h. den Bund der kleineren Territorialherren Schwabens, zum Schwäbischen Bund zusammenzufassen — nicht zuletzt gegen die Wittelsbacher, die ihre Hand u.a. nach Tirol und Vorderösterreich ausstreckten. Die Bedeutung Tirols für Österreichs Aufstieg zur europäischen Großmacht war leicht zu erkennen: von seinen Silbergruben allein konnte in Verbindung mit den süddeutschen Handels- und Bankhäusern um den glänzenden Mittelpunkt Augsburg eine so teure Unternehmung finanziert werden. Hier begegneten einander in den beiden Männern Maximilian und seinem Altersgenossen, dem bedeutendsten frühkapitalistischen Unternehmer Europas, Jacob Fugger dem Reichen, zwei Persönlichkeiten ganz ungewöhnlichen Formats, Kräfte, die nach äußerster Expansion, nach weit umfassender Herrschaft strebten und dabei ebenso begabt wie rücksichtslos neue Methoden entwickelten und anwandten. Sie wären jede für sich, ohne die andere, nicht zum Erfolg gelangt, hätten nicht politisch, wirtschaftlich und kulturell Großes leisten können. Und dennoch erwies sich am Ende, daß trotz finanzieller Abhängigkeit der Kaiser- und Papstwahlen vom Kaufherrn das Fürstenhaus die weit stärkere und dauerhaftere Position innehatte.

Im Jahre 1490 starb König Matthias von Ungarn, ohne Erben zu hinterlassen. Maximilian gelang es, in schnellem, militärischem Zugriff Matthias' östliche Besitzungen an sich zu ziehen. Als im August 1493 Kaiser Friedrich starb, stand Maximilian bereits „als kampfbewährter und narbenbedeckter Held im

Mittelpunkt des politischen Schlachtfeldes" (Stadelmann). Er hatte eben im Frieden von Senlis einen bedeutenden Erfolg errungen, und Europa erblickte in ihm, nach der Schilderung eines venezianischen Gesandtschaftssekretärs jener Zeit, die vollendete Darstellung ritterlicher Majestät und den Schöpfer des neuen Landsknechtsheeres — seit langer Zeit gab es wieder einen großen, repräsentativen deutschen König. Und obendrein war er ein starker Territorialfürst, der in seinem Länderbesitz über eine ausgezeichnete Basis für große Politik im Innern des Reiches und nach außen verfügte.

Im Innern lag die Aufgabe der Reichsreform am dichtesten und dringendsten vor ihm: Gegen den zunehmenden Druck von Ost und West mußte Deutschland in seiner mitteleuropäischen Lage innerlich gefestigt, d.h. reformiert werden, wenn es sich behaupten wollte. Die westeuropäische Entwicklung einer Stärkung der Königsmacht nachzuahmen war unmöglich: Maximilian konnte die Reichsstände — Kurfürsten, Fürsten, also starke Territorialherren mit eigener Staatlichkeit, und dahinter Adel und Städte — nicht abdrängen und unterwerfen, sondern mußte sich mit ihnen auf dem Verhandlungswege verständigen. In den Ständen selbst bildete sich um den Kurfürsten von Mainz, Berthold von Henneberg, eine Reformpartei, die über unzulängliche, oft durchbrochene Landfriedenserklärungen als negative Aushilfen hinaus die positive Stärkung des Reiches durch Schaffung eines nicht aus Kontingenten der Stände bestehenden, sondern vom Reich selbst angeworbenen Söldnerheeres anstrebte, welches durch eine Reichssteuer finanziert werden mußte. Weiter forderten sie ein allgemein respektiertes, also starkes Reichsgericht und eine von dem König und den Reichsständen gemeinsam gelenkte und bestimmte starke Reichspolitik nach außen. Hier lag das Hauptproblem aller Reichsreform: die Aufgabe, alle Glieder des Reiches nach jahrhundertelang zunehmendem egoistischem Auseinanderstreben wieder zueinander zu führen mit dem Ziel gemeinsamen Handelns im Interesse der Gesamtheit — auch auf Kosten des einzelnen. Sie erwies sich als zu schwer, als verspätet angepackt; der Verfall des Reiches, der Aufstieg der Territorien waren nicht mehr aufzuhalten. Mochte die im Westen und Südwesten bis nahe an die vollständige außenpolitische Machtlosigkeit getriebene territoriale Zersplitterung bei ständiger Bedrohung durch den starken französischen Königsstaat das Verständnis für die Werte einer konzentrierenden Reform stärken — im Osten und Nordosten war keiner der mächtigen Territorialherren bereit, sich zugunsten des Reiches zu beschränken. Auch Friedrich III. und Maximilian selbst hätten einer Einschränkung ihrer eigenen monarchischen Rechte im Rahmen einer Reichsreform nicht zugestimmt. So stand also der wachsenden Einsicht in die Notwendigkeit der Reichsreform eine noch schneller wachsende Abneigung gegen die in ihr enthaltenen und sie notwendig tragenden territorialfeindlichen Elemente entgegen. Die juristisch-humanistischen Reformschriften blieben infolgedessen Theorie.

Inzwischen mußte Maximilian sich außenpolitisch sowohl nach dem Westen wie nach dem Osten wenden. Der französische König Karl VIII. richtete sich nach dem Frieden von Senlis gegen Italien und war dort so erfolgreich, daß Frankreich im Begriff stand, zur europäischen Vormacht aufzusteigen. Gegen diese Möglichkeit vereinigten sich 1495 Mailand, Venedig und Kastilien-Aragon mit Maximilian, ein Jahr später auch mit England: Vor diesem Druck mußte Karl Italien räumen. Maximilian aber beabsichtigte schon seit Jahren, die Reichsrechte in Italien wieder aufleben zu lassen und zugleich territoriale Ziele in Oberitalien und über Burgunds Grenzen hinaus zu erstreben. Bereits auf dem Reichstag zu Worms 1495 hatte er finanzielle Reichshilfe für zehn bis zwölf Jahre zum energischen Kampf gegen Frankreich gefordert, aber unter Hinweis auf die Vordringlichkeit innerer Reformen von den Ständen unter Berthold von Hennebergs Führung nicht erhalten. Bertholds Reformvorschlag sah u. a. ein Reichsregiment mit 17 Mitgliedern vor, in dem der König Präsident mit nur einer gewöhnlichen Stimme sein, also praktisch diesem Fürstenregiment ausgeliefert werden sollte. Maximillian widersprach zunächst, fügte sich dann aber prinzipiell mit der Absicht, die Institution zu bürokratisieren, d.h. zu einer Behörde zu machen, die sich ihm verantwortlich fühlte. Die Fürsten durchschauten seine Absicht und gaben ihren Plan auf. Statt dessen kam es am 7. 8. 1495 zu vier Gesetzen: einem Ewigen Landfrieden, einer gemeinsamen Handhabung von Frieden und Recht durch König und Reichsstände, einer Verwandlung des königlichen Gerichts in ein vom Hof getrenntes Reichskammergericht und schließlich dem gemeinsamen Reichspfennig, der dem Kaiser „vier Jar lang und nit lenger" als Reichssteuer bewilligt, in den Territorien aber nur sehr nachlässig eingezogen wurde. In der Hauptsache scheiterte der Reformversuch jedoch an der stillschweigenden Beibehaltung der territorialstaatlichen Sonderrechte. „Es ist in Worms nicht gelungen, die Privilegia de non appellando und de non evocando anzufechten oder für die Zukunft ihre Verleihung zu hindern, und dem heftigen Einspruch von Brandenburg und Sachsen gegen die Ausdehnung der Autorität des Kammergerichts über die Fürsten hat sich die Reformpartei kampflos gebeugt" (Stadelmann).

Bald zeigte sich auch, daß die Zusammenarbeit von König und Reichsständen für eine weiträumige Politik zu schwerfällig war, und daß auch Maximilians Interessen vielfach weit über diejenigen des Reiches hinausgingen und wechselten, bevor das Reich noch Stellung zu nehmen oder gar Unterstützung zu bieten vermochte. Nicht zuletzt aus solchen Gründen konnte er in Italien keinen vollen Erfolg erzielen, den geplanten Romzug und den Kreuzzug gegen die Türken nicht durchführen, 1498 keine Hilfe gegen das Herzogtum Burgund und 1499 keinen Beistand gegen Ludwigs XII. Zug gegen Mailand erhalten, während der König von Frankreich sich die Hilfe der Eidgenossen gesichert hatte. Nach schweren Niederlagen mußten Maximilian und der Schwäbische Bund sich im Herbst 1499 zum Basler Frieden bereitfinden, der die Sonderstellung der Schweiz bestätigte. Gleichzeitig konnte Frankreich Mailand erobern und behaupten, Spanien sich Neapels bemächtigen. Angesichts solcher Gefahren für Maximilians Politik konnte Berthold von Henneberg ihn 1500 auf dem Reichstag zu Augsburg zur Errichtung eines Reichsregiments zwingen, von dessen 20 Stimmen Maximilian nur 2 Stimmen für die Erbländer und Burgund haben sollte. Fernerhin wurden die kleinen Reichsstände, die die Reichsregiments-Ordnung vom 2. 7. 1500 in langer Liste aufzählte, seit 1512 in sechs Kreisen zusammengefaßt. Hier lag ein wichtiger Ansatz für die künftige Verfassung des

Reiches. Dieses Reichsregiment sollte nun die Führung der Außenpolitik übernehmen; ihm sollte der König den Abschluß von Bündnissen und etwaige Kriegserklärungen zur Genehmigung vorlegen, seinem Reichshauptmann sollte das Reichsheer unterstehen, so daß der König weitgehend ausgeschaltet worden und eine ständische Reichsregierung an die Stelle der monarchischen getreten wäre, wenn die Gruppe der größeren Territorialherren ein aktives Interesse gezeigt und das Reichsregiment Macht und Erfolg gehabt hätte. Aber bereits im Frühjahr 1501 stand das Reichsregiment am Ende seiner Tätigkeit, der König war wieder frei für unabhängige Unternehmungen; Anfang 1502 forderte er dem Erzbischof von Mainz das Reichssiegel wieder ab, „und das ständische Reichsregiment löste sich daraufhin von selbst auf. Auch die Beisitzer des Kammergerichts, die kein Gehalt erhielten, hatten sich nach Hause begeben. Das Reich trieb der offenen Anarchie zu" (Stadelmann), denn obschon im Jahre 1504 mit Berthold von Henneberg das Haupt der reichsständischen Opposition starb, war auch eine monarchische Reichsreform unmöglich.

In diesen Jahren befand sich Maximilian auf der Höhe seiner Macht: 1506 konnte er mit Erfolg in Ungarn für den König gegen die Adelspartei intervenieren; und seit dem Jahre 1500, in dem seinem mit einer Tochter des spanischen Königs verheirateten Sohn Philipp ein Sohn — der spätere Kaiser Karl V. — geboren wurde, bestand infolge mehrerer unerwarteter Todesfälle die Wahrscheinlichkeit, daß eines Tages Frankreich auf eine Weise würde eingekreist werden können, die gewissermaßen Karls des Kühnen Wünsche zur Erfüllung brachte. Diese Aussicht führte zunächst zu einer gewissen Befriedung und ließ in Maximilian erneut die Absicht des Romzuges und der Kaiserkrönung wach werden. Im Jahre 1507 bewilligte ihm der Reichstag die Mittel dazu; Anfang 1508 brach Maximilian auf. Da ihm aber schon in Oberitalien Venedig und das von Frankreich beherrschte Mailand den Weg versperrten, verzichtete er auf die Kaiserkrönung und nahm statt dessen am 6. 2. 1508 im Dom zu Trient den Titel eines erwählten römischen Kaisers und eines deutschen Königs an. Als er danach Venedig angriff, löste er einen überaus kräfteraubenden achtjährigen Krieg aus, in dem

Frankreich und eine Reihe italienischer Staaten mehrfach die Fronten wechselten, vom Papst auch die Eidgenossen zur Teilnahme und Eroberung Mailands veranlaßt wurden, Frankreich aber schließlich durch den Sieg bei Marignano im Jahre 1515 seine Stellung in Oberitalien wiederherstellen konnte.

Im Reich, in Italien und im Westen ständig in Anspruch genommen, durfte Maximilian doch auch den Osten nicht aus den Augen lassen. In Polen-Litauen und in Böhmen-Ungarn vermochte die schwache jagellonische Dynastie sich kaum über die Adelsanarchie zu behaupten. Dahinter drohte seit der Eroberung Konstantinopels im Jahre 1453 immer stärker die Türkengefahr und, seitdem 1477 Nowgorod erobert und die Hanse 1494 ihrer Privilegien verlustig erklärt worden war, die moskowische Gefahr. In Ungarn glaubte Maximilian Erbrechte zu besitzen, die jedoch vom Adel nicht anerkannt wurden; auch mußte dort eine innerstaatliche Ordnung aufrechterhalten werden, damit die Türken nicht unversehens an der Reichsgrenze standen. Polen aber versuchte ständig, sich das Territorium des Deutschen Ordens einzuverleiben. Um ihre Politik zu stärken, verbündeten die Jagellonen sich endlich mit Frankreich, woraufhin Maximilian Beziehungen zu Moskau anknüpfte, um jene so im Osten zu binden. Erst im Jahre 1515 erreichte man im Vertrag zu Wien eine gewisse Befriedung: Maximilians Enkel Ferdinand heiratete Anna, die Tochter König Wladislaws II. von Ungarn, und Wladislaws Sohn die Habsburgerin Marie, wodurch also die Habsburger erneut Aussicht auf das luxemburgische Erbe in Böhmen und Ungarn erhielten. Andererseits verstand sich Maximilian Polen gegenüber endlich zur Anerkennung des Thorner Friedens, durch den das Ordensland polnisches Lehen geworden war. Bis dahin war Maximilian selbst immer wieder patriotisch dafür eingetreten, daß das Ordensland dem Reich erhalten bleiben müsse; und der Reichstag von 1500 hatte den Frieden von Thorn als null und nichtig bezeichnet.

Als die Doppelhochzeit in Wien stattfand, prunkte Maximilian mit goldenem und silbernem Tafelgerät Aber dieses gehörte Fugger und anderen Augsburger Reichen, die fortan noch häufig den Habsburgern ihre „edelmetallene“ Hilfe leihen sollten. Im gleichen Jahre kam Maximilians Enkel Karl in

Spanien zur Regierung. „Das Haus Österreich war weit über das Reich hinausgewachsen, zu einer europäischen Macht geworden. Diese Position war aber nur zu behaupten, wenn diese universale Macht auch die Kaiserkrone und damit die Herrschaft über das Reich behielt" (Brunner). Jedoch einstweilen verweigerte man Maximilian 1518 die Wahl seines Enkels. So gab es also für die Habsburger, als der Kaiser am 12. 1. 1519 im 60. Jahre starb, viele große Aussichten, aber auch Mißerfolge und Gefahren: die Reichsreformbestrebungen waren in jeder Weise gescheitert, der Verfall des Reiches, die Verbindung seiner Glieder mit ausländischen Mächten nicht mehr aufzuhalten, wenngleich mit Ewigem Landfrieden, Reichstag, Reichskammergericht und Reichskreisen Grundlagen des Römischen Reiches Deutscher Nation geschaffen worden waren und bis ins 19. Jahrhundert dessen Träger blieben — für ein Reich, das fast ein ständisches Staatswesen unter weitgehender Ausgliederung der kaiserlichen Erblande geworden war. „In der Formel ‚Kaiser und Reich' kam dieser verfassungsrechtliche Tatbestand zum Ausdruck" (Bosl). Die große Auseinandersetzung mit Frankreich, das eingekreist war, galt als unvermeidlich. Naturgemäß vertrat Maximilian als Habsburger die Idee des universalen Kaisertums, doch nicht unter Anknüpfung an antike Traditionen, während literarisch die Renaissance auch in Deutschland um sich griff. Aber Maximilian war überhaupt weit weniger ein moderner, ein Renaissancemensch, als der „letzte Ritter". Ja, in phantastischer Übersteigerung mittelalterlicher Vorstellungen und zugleich in ganz scharfen hauspolitischen Überlegungen, aber in völliger Verkennung der Schwäche des Reiches und der Einstellung anderer Staaten zu diesem glaubte er wohl zeitweise, nach dem Tode Papst Julius' II. sich selbst zum Papst oder zum weltlichen Statthalter des Papsttums erheben lassen zu können.

Maximilian war einer der populärsten deutschen Kaiser: ein Soldat und Fürst, ein Mäzen der Künste und Wissenschaften nach dem Herzen des Volkes, eine zentrale Figur auch im deutschen Humanismus, ohne daß er selbst zu diesem gehört hätte. Er hat einige Führer des nationalen Humanismus in Deutschland selbst als Dichter gekrönt, Reuchlin geadelt, in

Wien und Freiburg, an habsburgischen Universitäten also, die humanistische Lehrweise gefördert, für Celtis in Wien das Collegium poetarum et mathematicorum gegründet und überhaupt das nationalgeschichtliche Element im Humanismus bei Gelehrten, Dichtern und Malern gefördert; er hat „dadurch die nationale Erziehungsarbeit des Humanismus beflügelt“ (Stadelmann). Und in diesem „erwachte ... ein sehr bewußter deutscher Patriotismus. Der Gedanke der Reichsreform fand in seinen Kreisen beredte Unterstützung. Die von ihm unzertrennliche persönliche Ruhmsucht steigerte und klärte sich zu nationalem Ehrgefühl“ (Dehio).

Sehr einleuchtend hat man Maximilian mit Karl dem Kühnen verglichen und betont, daß in beiden „neuer Weltsinn und verjährte Bindung“ (Gundolf) einander überschnitten. Aber zur Spannung zwischen Rittertum und politischem wie humanistischem Renaissancegeist trat bei Maximilian noch das Kaisergefühl — „nicht mehr eschatologischer Traum wie bei Otto III. oder geniale Selbstvergottung wie bei Friedrich II., noch nicht dynastische Staatsvergottung wie bei Karl V., sondern ein Gemisch aus höchstgesteigertem persönlichem Anspruch, universalem Machtstreben und mystischer Würde ... Die Beschäftigung Maximilians mit Cäsars Commentarien, die damals zu einem Brevier für Fürsten und Führer wurden, ist uns ... auch durch ein Wort des Kaisers bezeugt: Cäsar schreibe zierlich und wohl, aber von sich selber. Das ist ein kritisches Epigramm über Cäsars Stil und Glaubwürdigkeit, durchaus im Geschmack der Humanistenbildung. Kein rein mittelalterlicher Geist hätte sich so äußern können; aber bei keinem Humanisten wäre ein Teuerdank auch nur noch denkbar ... Die Zwiespältigkeit des letzten Ritters und ersten Humanisten auf dem deutschen Kaiserthron mag man daran ermessen“ (Gundolf).

Der Humanismus hatte wie alle geistigen Bewegungen schon sehr früh seine nationalen Erscheinungsweisen und Eigenarten, so daß bei aller gemeinsamen Grundhaltung durchaus von einem italienischen, einem englischen, auch einem deutschen Humanismus gesprochen werden kann. Dabei ist die Frage, wo man die ersten Spuren der großen, aus Italien kommenden Bewegung erkennen zu können glaubt: schon bei Karl IV. in Prag, bei den

Studenten, die aus Italien zurückkehrten, im Studium der 1470 erstmals gedruckten „Germania" des Tacitus oder etwa bei den Rhetoren der päpstlichen Kanzlei auf den Konzilien von Konstanz und Basel, die, wie man gesagt hat, geradezu als ein „Umschlagplatz humanistischer Gedanken" (Fuchs) gewirkt haben. Wo und auf welchem Wege, durch wessen Vermittlung auch immer das humanistische Gedankengut Deutschland erreichte, es traf hier auf die Besonderheiten der geistigen, politischen und sozialen Vergangenheit und Gegenwart, auf die Auswirkungen der „deutschen Mystik" z.B., die insgesamt der Ausbildung des Individuums in freier weltlicher Bildung einstweilen weit weniger Raum ließen, als das im städtereichen mittelmeerischen Italien der Fall war. Eine führende Rolle hat freilich auch im deutschen Humanismus die Stadt gespielt; sie blieb neben dem Hof und häufig mit ihm gemeinsam fortan bis in die Gegenwart als Zentrum der Bildung, als Lebensraum der Gebildeten — und vollends nach der Niederlage der Bauern 1525 — die stärkste kulturformende und -tragende Kraft in Deutschland. Neben den Geisteswissenschaften und der Dichtung, die aus der über Byzanz, Arabien und Indien tradierten Antike schöpften, neben dem „deutschen Erzhumanisten" Conrad Celtis, dem Bezold die fruchtbare Verbindung der Wissenschaft zu den Künsten zugeschrieben hat, neben dem Augsburger Konrad Peutinger, dem Nürnberger Willibald Pirckheimer, neben dem als Haupt der Humanisten nördlich der Alpen verehrten Erasmus, dem der Humanismus den höchsten aristokratischen Lebensinhalt bildete und der sich von der Revolution der Reformation abwandte, und dem Pforzheimer Reuchlin, dem für die Verbindung zur kirchlichen Reformbewegung wichtigen, die revolutionäre Idee der nationalen Freiheit von Rom betonenden Hutten trat zum ersten Male in Deutschland, aus den gleichen antiken Quellen Wissen und Anregung schöpfend, in dem mit Reuchlin befreundeten Georg Agricola der humanistische Naturwissenschaftler und Techniker auf als organische Ergänzung der in Deutschland stärker als in Italien das Bild bestimmenden geisteswissenschaftlich-literarisch-ästhetischen Richtung. Und ohne Zweifel gehört in die Atmosphäre des deutschen Humanismus das Aufblühen der

Bildnismalerei und -bildhauerei, der Porträtkunst, der Entdeckung und Erschließung des Individuums in der darstellenden Kunst an der Wende vom 15. zum 16. Jahrhundert — am reichsten und reifsten in den beiden großen Reichsstädten Augsburg und Nürnberg. Aus Augsburg kam der größte aller deutschen Porträtgestalter, Hans Holbein, ebenso wie der gesuchteste und einflußreichste Bewunderer italienischer Formen unter den deutschen Künstlern dieser Zeit, Burgkmair, aus Nürnberg Dürer, der zeitweise das Heil der modernen Kunst in der unmittelbaren Nachahmung der Antike erblickte und auf Plinius, Apelles, Protagones, auf Apoll, Venus und Herkules hingewiesen hat — alle drei faßten in ihrer schwäbischen und fränkischen Eigenart das Allgemeinmenschliche und vertieften es vom Physiognomischen her ins Geistig-Seelische, ins Religiöse, indem sie die inneren Bewegungen, Kämpfe und Nöte des Individuums begriffen und schilderten. Hutten hat von Nürnberg, Dürers Heimatstadt, gerühmt, sie sei die erste unter den deutschen Städten gewesen, welche die schöne Wissenschaft modern gepflegt habe. In Erasmus hat Ranke den Höhepunkt dieses reichen und vielseitigen deutschen Humanismus gesehen, in Reuchlin die großartigste Verbindung von Religion und Wissenschaft.

Bereits die Zeitgenossen betonten, daß das deutsche Volk sich durch besondere Frömmigkeit auszeichne — die hohe Kunst sowohl wie der Bau und die Ausstattung von Kirchen, die Plastik, Malerei und Graphik sowohl als auch die volkstümliche Kunst der Schnitzerei von Bildstöcken und Kruzifixen in und an den Häusern, an den Wegen und auf den Bergen bildeten äußere Zeichen dieser Religiosität. Sie verband sich in den führenden denkenden und handelnden Kreisen mit einer starken Anteilnahme an der Politik, soweit diese das kirchliche Dasein der Nation, die Auseinandersetzungen mit dem Papsttum, die Italien-, Rom- und Kreuzzüge anbetraf — Ereignisse und Entwicklungen, die in Deutschland in Bewegung und in der Diskussion blieben, als sich in Westeuropa bereits feste religiöse und politische Existenz- und Verkehrsformen gebildet hatten. Nationalkirchliche Bestrebungen waren auch in Deutschland nicht unbekannt. Im Zusammenhang mit dem Geschehen auf dem Basler Konzil erwuchs vielfach der Wunsch, die deutsche Kirche in einem Prozeß der Nationalisierung, der dem französischen Vorbild entsprechen mochte, von Rom mehr oder weniger vollständig zu trennen. Aber hinter solchen Ideen der deutschen Erzbischöfe stand nicht wie bei der französischen Nationalsynode von Bourges ein entschlossener König, und das Papsttum ging infolgedessen nicht allein darüber hinweg, sondern bestrafte unbehindert die beiden führenden deutschen Erzbischöfe durch Amtsenthebung. Es kam hinzu, daß bei allen deutschen kirchlichen Reformüberlegungen von jeher die Reform der Gesamtkirche mitbedacht, die Verantwortung des Imperiums für die gesamte Christenheit miterwogen wurde und der Gedanke der nationalen Abtrennung und Verselbständigung niemals so radikal und energisch hervortreten konnte wie in den Königreichen des Westens. Anders freilich stand es um die Territorien und Landesherren, die selbst in der Auseinandersetzung mit der zentralen Idee und Gewalt aufgestiegen, auch von solchen Gedanken allgemeiner Verantwortlichkeit weit weniger oder gar nicht berührt wurden. Vielmehr errichteten sie im Laufe des 15. Jahrhunderts überall ein landesherrliches Kirchenregiment nach englischem und französischem Vorbild, schufen kirchliche Landesbehörden, solange das Verhältnis von päpstlicher und konziliarer Macht ungeklärt war, und verstärkten damit auf dem Wege zum deutschen territorialstaatlichen Absolutismus sehr bedeutsam ihre Macht. Denn indem sie gegen Geldleistungen an den Papst das Steuerrecht gegenüber der Geistlichkeit und einen Anteil am Kirchenzehnten einhandelten, beschränkten sie nicht allein die Rechte und die Finanzkräfte des hohen Klerus, der Domkapitel, Stifte usw. — also die derjenigen kirchlichen Institutionen und Personen, welche sich einer vollständigen Landesherrschaft entgegenstellten —, sondern auch die des Adels, für den der Genuß der höheren Pfründen der Kirche, des „Spitals des Adels", selbstverständlich geworden war. Darüber aber erhob sich allmählich die neue Staatsauffassung, derzufolge der Landesherr auch für das seelisch-religiöse Schicksal seiner Untertanen mitverantwortlich war, eine schließlich nahezu imperiale Auffassung in territorialstaatlichen Ausmaßen, die darauf beruhte, daß der Landesherr sich als Amtmann Gottes empfand.

Damit aber wurde die Reformation eine Aufgabe des Territorialstaates: „Der deutsche Territorialstaat, der weder Machtstaat noch Nationalstaat sein kann, existiert nur, insofern er Träger von Reformen ist“ (Stadelmann), welchen König und Reich nicht gewachsen waren oder derer sie sich nicht annahmen. Beschwerden über den Zustand der Kirche gab es seit langem, aus allen Kreisen des Volkes und in vielen Formen von der Bußpredigt bis zu den Kommissionsberichten der deutschen Reichstage. Die Formulierung „Gravamina nationis germanicae“ trat 1456 auf einem Tag in Frankfurt erstmals in Erscheinung, als Kurfürsten und Bischöfe das Reformbedürfnis, mehr aber noch die Mängel des Papsttums in Rom hervorhoben und dieses als Todfeind der deutschen Nation bezeichneten. Der Kanzler des Erzbischofs von Mainz schrieb 1457 an den päpstlichen Diplomaten Enea Silvio Piccolomini: „Tausend Schliche, wie der Römische Stuhl uns gleich als Barbaren das Geld auf eine raffinierte Art aus dem Beutel ziehen kann, werden ersonnen. Unsere ehemals so berühmte Nation ... ist jetzt in Armut gestürzt, Sklavin und zinsbar geworden, liegt nun im Staube da und betrauert schon viele Jahre ihr unglückliches Schicksal, ihre Armut.“ Praktisch ging es jedoch nicht so sehr um die relativ geringe Höhe der deutschen Leistungen für den luxuriösen Renaissancehof der Päpste, als um die Empfindung, daß man nicht mehr dem Oberhaupt der allgemeinen Kirche legitime Abgaben, sondern daß der Deutsche dem welschen Papst Tribut leistete: „Das nationale Prinzip hat die deutschen Kirchenzustände erst als unwürdig empfinden lassen“ (Stadelmann). Hinzu kamen moralische Motive gegen die Geldgier der Kirche und soziale und wirtschaftliche Motive gegen diese als größten Grundherrn in Deutschland, der einen enormen Einfluß ausübte, dabei aber selbst gerichtlich und steuerlich aus der Gemeinschaft herausgehoben war und von den klösterlichen Handwerken her den Bürgern eine privilegierte Konkurrenz machte. Nicht zuletzt trat im 15. Jahrhundert eine zunehmende religiöse Empfindlichkeit und Erregung der Massen in Erscheinung, die sich in Wallfahrten, Festen und Aufzügen, in der starken Verbreitung von Gebetbüchern und Heiligenbildern und vielen anderen größeren und kleineren Erscheinungen ausdrückte, von der Kirche jedoch nicht selten und am sichtbarsten, empörendsten in der Ablaßfrage finanziell ausgenutzt und herabgewürdigt wurden. Diese Beobachtung führte häufig zur Abwendung der Gläubigen von der offiziellen Kirche, zu Konventikelbildungen im Rahmen religiöser Stiftungen. „Es ist kein Zufall, daß der Aufruhr gerade über dem Ablaßunwesen losbrach. Denn hier trafen alle diese Züge zusammen. Der geschichtliche Anlaß der Reformation gibt, wie so häufig, zugleich ihr Wesen: die Reformation ist ein Aufstand des deutschen Gewissens gegen die römische Institution, allgemeiner gesagt, die Erhebung des Unmittelbaren gegen das Vermittelte. Aber damit die Krisis zum Ausbruch kommen konnte, bedurfte es des ganzen furchtbaren Ernstes des Spätmittelalters. Wenige Zeiten sind so handgreiflich unter dem Eindruck der Vergänglichkeit und Nichtigkeit des Menschen gestanden wie die apokalyptischen Jahrzehnte um 1500 . . . Es war wie eine große Angst, aus der die Menschen erlöst werden wollten. Darum konnte die Besserung nicht aus einer Verfassungsreform, sondern nur aus einer neuen Theologie kommen“ (Stadelmann).

Deutschland zu Beginn des 16. Jahrhunderts

Das Jahr 1517 bildet für uns durch Martin Luthers Thesenanschlag den Anfang eines neuen Zeitalters, das Jahr 1519 durch Maximilians I. Tod und Karls V. Thronbesteigung den Beginn eines neuen Zeitabschnittes von größter Bedeutung. Das eine repräsentiert einen Bruch in der geistigen Entwicklung, dessen Tiefe nur mit den Ergebnissen der französischen und der bolschewistischen Revolution verglichen werden kann und nur vom Fußfassen des Christentums im Abendland übertroffen wurde. „Die Reformation ist die größte Katastrophe, von der die Kirche in ihrer ganzen Geschichte bis heute betroffen wurde. Weder die Häresien des Altertums, noch die Sekten des Mittelalters, auch nicht die Trennung der Ostkirche von Rom kommen in ihrer zerstörenden Wirkung der Reformation gleich. Denn erst die Reformation schuf neben der katholischen Kirche eine zweite, von der katholischen Auffassung wesentlich verschiedene Gestaltung des Christentums, welche die Kraft zu Jahrhunderte dauernder Kirchenbildung besaß; erst die Reformation hat die Einheit der Christenheit wirklich zerrissen“ (Lortz). Das Jahr 1519 steht für den Bruch mit dem Mittelalter, den Beginn einer „Neuzeit“ auch in vielen Bereichen, die mit Reformation und Gegenreformation nur locker oder gar nicht verknüpft waren — die Erweiterung des geographischen Weltbildes durch die großen Entdeckungen in Ost und West, an den Aufschwung der Wirtschaft durch den Frühkapitalismus, an die technisch-naturwissenschaftlichen Fortschritte im Bergbau und auf vielen anderen Gebieten, an die wissenschaftlich-weltanschaulichen Auswirkungen des Humanismus und der Renaissance, schließlich an die politische Umgestaltung der Welt durch die Kämpfe der großen Mächte: Spanien, Portugal, Frankreich, England und das Deutsche Reich.

Nicht auf allen diesen Gebieten haben die Deutschen bedeutende Leistungen vollbracht: so waren sie an der Erschließung der Meere und der überseeischen Gebiete nicht beteiligt. Aber die bezeichnenderweise nach Jahrhunderten „früher Kapitalismus“ genannte Wirtschaftsweise, deren Denkformen noch heute lebendig und umstritten sind, ist zu einem wesentlichen Teil von den Fuggern, den Welsern und von anderen oberdeutschen Handwerks-, Handels- und großen Produzentenfamilien, von den Messeorganisatoren und -besuchern in Frankfurt und Leipzig und von nicht wenigen Bürgern der führenden Hansestädte seit dem ausgehenden 15. Jahrhundert gestaltet und entwickelt worden. Die einen errichteten sich Macht- und Monopolpositionen auf dem Kupfer-, die anderen auf dem Gewürz- und Kolonialwarenhandel; die Welser bewiesen in Venezuela, daß die Deutschen zur Kolonialwirtschaft ebenso begabt waren wie Spanier und Portugiesen. Die Fugger benutzten ihr Geld zur Beeinflussung von Kaiser- und Papstwahlen und wurden bald in so starkem Maße Gläubiger von weltlichen und geistlichen Fürsten, daß ihre eigene wirtschaftliche Stärke darunter litt und sie schließlich dadurch mehr Nachteile hinnehmen mußten als Privilegien erhandeln konnten. Frühkapitalismus und Politik gingen so in ihren obersten Bereichen sehr sichtbar, in den niederen weniger auffällig, aber dennoch wirksam eine Verbindung ein, die nach dem Zusammenbruch dieses ersten bürgerlichen Kapitalismus zwar andere Formen, z. B. in Verbindung mit Hoffaktoren und Absolutismus, annehmen mußte, aber nie wieder gelöst wurde. Allerdings ist es trotz vieler großer Leistungen jener bedeutenden Unternehmer den Deutschen damals und vor der Mitte des 19. Jahrhunderts nicht gelungen, eine der kontinentalen Stellung des Reiches entsprechende Beteiligung an Kolonialbesitz und Überseehandel zu gewinnen. Das beruhte freilich nicht zuletzt auch auf der in dieser Hinsicht abseitigen Lage Deutschlands, dessen Handel im wesentlichen kontinentalen Wegen und den Schiffahrtslinien in Ost- und Nordsee folgte, jenseits dieser Grenzen aber abhängig blieb von den Mächten am Atlantik.

Unterhalb dieser großbürgerlichen, großunternehmerischen Schicht weniger Städte lebte das deutsche Volk um 1500 in den spätmittelalterlichen Traditionen der vorwiegend hauswirtschaftlich betriebenen Landwirtschaft und des zunftmäßig organisierten Handwerks mit „goldenem Boden". Nur allmählich verschärften sich die Spannungen zwischen „oben" und „unten" im Sinne des Reichtums — zunächst im Bergbau, allmählich auch im Handel, vom Beruf her in der Gesellschaft und in der städtischen und territorialen, ja, in der Innenpolitik des Reiches, wie die Kämpfe um Zins und Monopole, der Streit um die „Fuggerei" zeigen. In ihnen blieben zwar schließlich die wirtschaftlich Stärkeren, mit der politischen Macht Verbundenen und diese Stützenden wie Nützenden Sieger, doch ließen die Leidenden sich erstmals zu Spekulationen mit ihrem Spargeld hinreißen. Die Einengung der Zünfte, die Verbreiterung der Spanne zwischen arm und reich, Meister und Gesellen, die Ausbildung der Abhängigkeit von Männern, die Kapital, Rohstoffe und Märkte, die Versorgung mit Produktionsgütern und den Absatz der Fertigwaren beherrschten (Verleger), schufen in diesem Bereich eine Unruhe, die gleichfalls fortan dauernd zu den Hauptelementen der wirtschaftlichen und sozialen Entwicklung gehören sollte. Auch von hier aus gab es Verbindungen zu dem sogenannten Bauernkrieg, der keineswegs auf die bäuerlichen Kreise beschränkt blieb, sondern auch Kleinmeister, Gesellen und Arme in den Städten an sich zog und mitriß, wobei seine eigenen anfänglichen Ziele undeutlicher und unerreichbar wurden, nicht zuletzt, indem auch hier erstmals das Bündnis von Territorialherren und Bürgertum zustande kam, das im Zeitalter des Absolutismus und Merkantilismus so große Bedeutung erhalten sollte.

„Wenden wir uns nun der politischen Verfassung des Reiches zu, so wird das Bild ganz düster. Wohl galt das Heilige Römische Reich — das war der amtliche Titel, dem allmählich der Zusatz ‚Deutscher Nation' hinzugefügt wurde, um die seit dem Interregnum erfolgte und jetzt unwiderruflich gewordene Beschränkung des Reiches auf seine deutschen Gebiete anzudeuten — noch immer als das erste Reich der abendländischen Christenheit; und die Kaiserwürde gab seinem Herrscher den vornehmsten Rang unter den europäischen Fürsten. Aber die Wirklichkeit entsprach weder diesen Rangverhältnissen noch auch dem Idealbild, das gerade um diese Zeit die deutschen Humanisten auszumalen liebten" (Hartung). Das Reich hatte in den letzten Jahrzehnten Einbußen an Umfang und Ansehen erlitten, es war durch das Hinauszögern der längst geforderten Reichsreform organisatorisch überaltert und durch die Verkündigung des Ewigen Landfriedens im Jahre 1495 wie durch die Errichtung des vom Kaiser unabhängigen Reichskammergerichts um so weniger modernisiert worden, als die Durchführung dieser Anordnungen in die Hände der Landesherren gelegt wurde, diese aber natürlich weniger das Reich als ihre eigene Macht stärken wollten und dem Partikularismus mehr zuneigten als dem Zentralismus einer echten Reichsgewalt.

Während also die politische Entwicklung stagnierte und von der wirtschaftlichen doch wenigstens einstweilen keine grundsätzliche allumfassende Erschütterung und Neuformung ausgehen konnte, kam der entscheidende Anstoß für eine solche dorther, wo die fundamentalen Kräfte der Menschen und ihres Wirkens liegen: aus dem Glaubensverlangen und dem Verhältnis zur Religion. Noch älter als die politische Reformbewegung und nicht wie jene auf Deutschland beschränkt, hatte diese religiöse Reformforderung, wie wir bereits sahen, eine lange, ereignisreiche Gechichte, als sich aus dem Protest gegen die Verweltlichung des Papsttums und der hohen Geistlichkeit, gegen das Eindringen von Zins, Wucher und Kapitalismus, gegen das

Überhandnehmen des Bürokratismus Gestalt und Leistung Luthers erhoben. Gewiß war, als er seine Kirche und Glauben reformierende Tätigkeit begann, im Humanismus, im Rückgriff auf die Antike, bereits eine neue Autorität geschaffen worden, die sich bald immer stärker auswirken sollte; aber die Humanisten bildeten doch nur eine schmale, am Studium und an der weltlichen Bildung stärker interessierte als für eine fundamentale Revolution begabte Gruppe.

Immerhin: es war eine erschütterte, beunruhigte, in Verwandlung, Erweiterung und Gärung, in der Auseinandersetzung mit Vergangenheit und Zukunft begriffene, eine aus dem Gleichgewicht geratene, Neues erwartende Welt, der Luther am 31. Oktober 1517 mit seinem Thesenanschlag an der Schloßkirche zu Wittenberg das Zentrum auf Jahrhunderte hinaus gab. „Schon zwei Menschenalter hindurch war die Reformation geistlich und weltlich besprochen, versucht, verworfen, als Phrase, als Drohung gebraucht — jedem ein andrer Begriff ... Es war der Ausdruck der schwellenden Bewegung in den Gemütern. Überall in deutschen Landen war das Gefühl, daß große Umwandlungen nahe seien; je tiefer hinab, desto heftiger und wüster suchte es vergeblich seine Erfüllung, sein Ziel ..." (Droysen).

Martin Luthers Reformation

Luther wollte an jenem Oktobertag den Katholizismus reformieren, das Evangelium erneuern. Er hatte „in sich alle Motive der Opposition gesammelt. Eine außerordentliche Gabe trat bei ihm hervor, die Bedürfnisse der Zeit nachzufühlen und ihre lebendigen Gedanken zu vereinigen. Zugleich besaß er doch in seinem religiösen Genie eine einsame und einseitige Kraft, welche die Zeitgenossen wie mit einer höheren, ihnen fremden Gewalt ein Stück Weges oder ganz mit sich zog. Er war zum Handeln und zum Herrschen geboren. In seiner Person lag etwas Selbstherrliches, Souveraines" (Dilthey).

Als Martin Luther, vom Vater thüringischer, von der Mutter fränkischer Herkunft, „eines Bauern Sohn", am 10. 11. 1483 in Eisleben geboren, 1505 sein Philosophiestudium an der Universität Erfurt abschloß, hatte er die griechische Sprache nicht gelernt, keine vollständige Bibel gesehen und noch keine Begegnung mit dem Humanismus gehabt. Erst in den Monaten zwischen der Promotion zum Magister artium und dem Anfang seines juristischen Studiums, zu dem ihn der Vater, ein nüchterner Mann, bestimmt hatte, fand Luther Zeit, sich mit sich selbst zu beschäftigen. Der plötzliche Tod eines Studiengenossen, die von dieser Erschütterung ausgelöste Melancholie, führte zur „Tristitia“, einer dem Mittelalter wohlbekannten Mönchskrankheit. Als in diesem Zustand der Unsicherheit und des Zweifels an sich selbst am 2. 7. 1505 während eines Gewitters ein Blitz unmittelbar vor ihm einschlug und ihn zu Boden schleuderte, rief er die Heilige Anna um Hilfe an und gelobte im äußersten Schrecken, er wolle Mönch werden. Unter schweren inneren Kämpfen blieb er seinem durch die früheren Erlebnisse zwar wohl vorbereiteten, in seiner Endgültigkeit nun aber sehr plötzlichen Gelübde treu: am 17. 7. bat er, ohne die Einwilligung des Vaters eingeholt zu haben, beim Augustiner-Eremitenkloster in Erfurt um Einlaß und Aufnahme. Er studierte dort und in Wittenberg Theologie, erhielt 1507 die Priesterweihe und wurde 1512 zum Doctor theologiae promoviert; drei Tage später nahm ihn die Theologische Fakultät in Wittenberg als Mitglied auf und übertrug ihm den Lehrstuhl für Bibelerklärung, der seinem Range nach der bedeutendste der Fakultät war. Dieses Amt übte Luther ein Menschenalter hindurch aus. Während seiner umfangreichen Tätigkeit, die um die Interpretation der Psalmen und des Briefes von Paulus an die Römer kreiste, war Luther ein genauer und eifriger Mönch. Im Winter 1510/11 hielt er sich einen Monat in Rom auf, ohne an der äußeren Erscheinung des Papsttums Anstoß zu nehmen, aber auch ohne die Überzeugung, daß die verheißenen Wunder seine Seele beruhigen würden. Alle seine Bußhandlungen gaben ihm gleichfalls keine Erlösung. In dieser Verfassung begegnete Luther seinem Vorgesetzten Johann von Staupitz, der unter allen Menschen den stärksten Einfluß auf ihn ausübte und ihn darauf hinwies, daß nicht der Wille zum Frommsein und die Vorsätze zu einem besseren Leben das Entscheidende seien, sondern „daß mir Gott mit seiner Gnade begegne, sonst ist's verloren“ (Luther).

„Man hat immer wieder, besonders im Jahr des Reformationsjubiläums 1917, nach den Ursachen der Reformation gefragt, und man hat, dies ein besonderes Verdienst der katholischen Geschichtswissenschaft, eifrig die Jahrzehnte vor der Reformation durchforscht, um den kirchlichen Zuständen vor dem Auftreten Luthers das Geheimnis zu entreißen. Tatsächlich entsteht eine Bewegung wie die Revolution Luthers nie aus Zuständen. Die oft geschilderten Wirrnisse und Verderbnisse der römischen wie der deutschen spätmittelalterlichen Kirche waren nicht die Ursachen der Reformation, sondern die Bedingungen dafür, daß Luthers Anliegen in die Breite wirkte. Die Reformation hat nur eine einzige Ursache: die religiöse Not des Mönches Martin Luther, eine Not, die größer war und tiefer gelitten wurde als seelische Nöte in Jahrhunderten vorher und in Jahrhunderten später, die aber freilich auch größere geschichtliche Folgen hatte, weil ihr eine allgemeine, eine öffentliche Not antwortete.

Das Grunderleben Luthers ... war ein mönchisches Erlebnis. Luther scheiterte an seinem mönchischen Versuch der Selbstheiligung des Menschen. Indem er mit dem Gedanken der Heiligkeit Gottes blutigen Ernst machte, ließ er sich tiefer als andere in den unvereinbaren Gegensatz von göttlicher Gerechtigkeit und menschlicher Ungerechtigkeit hineinstoßen ... In der aus dieser Not wachsenden zeitweiligen Verzweiflung, die sich bis zum blasphemischen Murren gegen den tyrannischen Gott steigerte, in dieser Hölle auf Erden kommt Luther am Ende eines langen, etwa 1508 beginnenden Weges, wohl spätestens 1513 die erleuchtende, nämlich jetzt erlebnismäßig durchbrechende Erkenntnis, daß das Wort Gottes selbst die Lösung bietet" (Heimpel). Den entscheidenden Schritt tat Luther dann bei der Betrachtung Christi und beim Studium der Bibel in jahrelanger intensivster Bemühung mit dem Höhepunkt des „Turmerlebnisses" im Winter 1512/13 im Grauen Kloster zu Wittenberg, als ihm bei diesem Suchen der Sinn von Römer I, 17, die Bedeutung der „Gerechtigkeit" des barmherzigen, nicht mehr des zürnenden und strafenden Gottes im Verhältnis zu den sündigen Menschen klar wurde. „Sintemal offenbart wird die Gerechtigkeit, die vor Gott gilt, welche kommt aus Glauben in Glauben, wie denn geschrieben steht: Der Gerechte wird seines Glaubens leben" (Luthers Lebensrückblick kurz vor seinem Tode). Dieser neue Begriff der Gerechtigkeit verwandelte das Bild des zürnenden und strafenden Gottes und erlöste von den Qualen eines Gewissens, das die Vollkommenheit nicht zu ergreifen vermag. Über die dogmatischen Formen der Rechtfertigung weit hinaus wurde damit „eine kopernikanische Wendung für die Geschichte der abendländischen Frömmigkeit vollzogen. Das Verhältnis von Mensch und Gott ist nicht mehr geordnet durch die Erkenntnis oder durch den Willen oder durch die magische Eingießung übernatürlicher Kräfte, sondern ‚allein durch den Glauben', durch eine letzte persönliche Anheimgabe des Kindes an seinen Vater und durch sonst nichts" (Stadelmann).

Wich Luther hier vom Lehrgebäude der Kirche ab, so stieß er an einer anderen, nicht minder wichtigen Stelle mit ihrer Institution zusammen: bei der Buße, beim Ablaß. Die Ablösung der Bußstrafen durch Geldzahlungen war seit langem bekannt und eine von der Kirche gern und in steigendem Maße angezapfte Einnahmequelle. Der Ablaß nahm im Laufe der Zeit immer eigenartigere Formen an und konnte seit dem 15. Jahrhundert z. B. auch Verstorbenen zugewandt werden und angeblich zur Abkürzung der Qualen im Fegefeuer führen — die extreme Veräußerlichung und Verfremdung des ursprünglichen Bußgedankens. Er durfte auch im voraus als Blankovollmacht erworben werden, die der Käufer ohne Buße und Sündenbekenntnis jedem beliebigen Priester zwecks Erlangung der Absolution präsentieren konnte. Der im Jahre 1517 im Bereich der Erzdiözesen Mainz und Magdeburg sowie im Kurfürstentum Brandenburg von den Dominikanern angebotene Ablaß diente außerdem, was Luther nicht wußte, nur weltlichen, finanziellen Zwecken Albrechts von Hohenzollern, des Erzbischofs von Magdeburg und Mainz, und er wurde von dem kirchlichen Geschäftsführer Johann Tetzel besonders handgreiflich und plump feilgeboten. Als Luther feststellte, daß man mit Tetzels Hilfe Ablaß für die armen Seelen im Fegefeuer erwerben konnte, ohne selber seine Sünden bereut und gebeichtet zu haben, entschloß er sich ohne jede Rücksprache mit anderen, am Vorabend des großen Ablaßfestes zu Allerheiligen an der Schloßkirche zu

Wittenberg ein gedrucktes Plakat anzuschlagen, das die Mitglieder der Universität zu einer öffentlichen Diskussion der von ihm formulierten 95 Thesen aufforderte, welche sich mit der Heilskraft der Ablässe beschäftigten und sich gegen die falsche, vom Ablaßunwesen gezeichnete Frömmigkeit wandten. Die Disputation kam nicht zustande, die Thesen aber nahmen dank dem Buchdruck innerhalb weniger Wochen ihren Weg durch Deutschland.

Aus dem Thesenanschlag vom 31. 10. 1517 erscholl der allgemein verbreitete Kampfruf aller nach Reformation von Kirche und Religion strebenden Kräfte. Dabei war sich Luther der vollen Tragweite seiner Tat nicht bewußt und sogar erschrocken über die allgemeine Erregung, besonders in Süddeutschland, die er verursacht hatte. Aber auch, als er die Folgen zu übersehen vermochte, trieb ihn die kompromißlose Unbedingtheit seiner Natur immer weiter: die Bemühungen um einen Ausgleich, die durch Kardinal Cajetan 1518 nach einem weiteren Vorstoß Luthers gegen den Mißbrauch des päpstlichen Bannes in Augsburg und in der Disputation 1519 in Leipzig unternommen wurden, wo Luther einige Artikel von Hus als „grundchristlich und evangelisch" bezeichnete, scheiterten.

Aus dem Thesenanschlag erwuchsen die großen Reformschriften von 1520, unter denen die An den christlichen Adel an der Spitze steht. Sie fanden Zustimmung in weiten Kreisen des Volkes, während Papst Leo X. Luther am 15. 6. 1520 den Bann androhte. Luther verbrannte öffentlich diese Bulle sowie die Summa Theologiae des Thomas von Aquin und das Corpus iuris canonici, also die Fundamentalwerke des mittelalterlichen Abendlandes, woraufhin der Papst ihn am 3. 1. 1521 nun wirklich bannte. Mit diesen Akten vollzog sich für Luther auch äußerlich der Bruch mit der Kirche. In ihnen trat erneut die Bedeutung des Buchdrucks für das öffentliche Leben in Erscheinung: er bot die technischen Mittel zur schnellen Verbreitung von Luthers Lehren, für die freilich schon seit langem im Volke eine unbewußte Aufnahmebereitschaft ruhte.

Für den Verlauf der Reformation und damit der deutschen Geschichte entscheidend wurde die Stellungnahme der weltlichen Gewalten, insbesondere des Kaisers, zu Luther und zu der ihm schnell anhängenden Volksbewegung. Karl V., der in französischer Kultur am burgundischen Hofe aufgewachsen war und ein weit ausgreifendes Weltreich beherrschte, in dem Deutschland nicht die geistige Mitte bildete, war von den Kurfürsten bereits in dieser seiner Eigenart erkannt und zum Kaiser nur gewählt worden, weil Franz I. von Frankreich nicht deutscher Kaiser werden sollte. Zugleich hatten sie ihn mit einer raffinierten Wahlkapitulation, einer schriftlichen Formulierung der Grenzen seiner Macht, im Interesse der deutschen Freiheit gebunden.

Als 1521 der deutsche Reichstag in Worms zum ersten Male unter Karl V. zusammentrat, sollte er die seit 1486 eingeleitete Reichsreform abschließen. Aber nicht dieses Problem und die Einsetzung eines wenig machtvollen Reichsregiments für die Dauer von Karls Abwesenheit vom Reich, sondern das Verhör Luthers am 17. und 18. 4. vor Kaiser und Reichsständen hat dauernde Wirkung gehabt. Luther widerrief nicht, was er in seinen Schriften vertreten hatte, und lehnte die Autorität von Papst und Konzilien ab, da auch sie dem Irrtum unterworfen seien.

Gegen Luther, der sich somit öffentlich als Ketzer bekannt hatte, hätten nun die weltlichen Obrigkeiten vorgehen müssen. Aber Karl V. gewährte ihm das Geleit für die Rückreise, und die Räte des Kurfürsten von Sachsen, des Landesherrn der Universität Wittenberg, ermöglichten Luther jene Zuflucht auf der Wartburg, die durch den Beginn der Bibelübersetzung berühmt geworden ist. Karl V. selbst hat bis zu seinem eigenen Ende Luther und dessen Anhänger grundsätzlich bekämpft und verfolgt; allerdings hinderten ihn schon 1521 ein in Spanien ausgebrochener Aufstand, der ihn dorthin zwang, und später der Kampf gegen Franz I. von Frankreich an energischem Vorgehen, so daß Deutschland fast zehn Jahre hindurch sich selbst, d.h. den Reichsständen überlassen blieb. Diese aber tolerierten fast durchweg die Verbreitung von Luthers Gedanken und Schriften. Während sie Adel und Bauern niederwarfen, dadurch ihre Territorialherrschaft festigten und sich innerstaatliche Positionen eroberten, die Maximilian noch behauptet hatte, mußte der Reformator sich radikalisierender „Schwarmgeister“, der

Wiedertäufer und Sektierer, sowie der Intellektualisierung des Glaubens erwehren, was sich u. a. 1525 in der Neuordnung des Gottesdienstes niederschlug.

Der Bauernkrieg

Im Bauernkrieg von 1525, neben den Kreuzzügen, dem Sozialismus des 19. und dem Nationalsozialismus des 20. Jahrhunderts eine der wenigen großen politisch-sozialen Massenbewegungen der Deutschen, „strömten Entwicklungen zusammen, die mit der reformatorischen Bewegung ihrem Ursprung nach nichts zu tun haben" (Fuchs). Spätmittelalterliche Beunruhigungen und Erhebungen unter den Bauern aus verschiedenen Anlässen, besonders in Süd- und Südwestdeutschland, vereinigten sich mehr und mehr zum allgemeinen Abwehrkampf des Bauerntums gegen die zentralisierenden Unterwerfungstendenzen der Landesherrschaften und deren Bestrebungen, Abgaben und Dienste zu steigern sowie die bäuerliche Autonomie, den Gemeindebesitz und seine Nutzung einzuschränken. Aus diesen territorialherrlichen Tendenzen war in den bäuerlichen und in vielen städtischen Gemeinden das Gefühl der Rechtsunsicherheit erwachsen, das gerade wohlhabende und angesehene Bauern die Leitung des Widerstandes zur Erhaltung oder Wiederherstellung des „alten Rechts" übernehmen ließ.

Die reformatorische Bewegung gab nun den bäuerlichen Aufständen und Forderungen, der Kritik an den wirtschaftlichen, sozialen und politischen Verhältnissen, die sich u. a. im „Armen Konrad" und im „Bundschuh" niederschlugen, einen neuen, tieferen Zusammenhang. Eben erst war die weltliche Obrigkeit angegriffen worden, da zerbrach die kirchliche. „Ein Bauernvolk, das durch Jahrzehnte revolutionärer Tradition gegangen war, das nunmehr selbst die Bibel zur Hand nahm oder noch durch Prädikanten und Wanderprediger darin unterrichtet wurde, dem zahllose Flugschriften beteuerten, daß es ‚witzig' geworden sei, ein solches Bauernvolk konnte fraglosen Gehorsam gegen seine Oberen nicht mehr als selbstverständliche Pflicht betrachten" (Fuchs).

Der Bauernkrieg, eine Summe von Einzelaktionen vor allem in Schwaben und Franken, aber auch in Thüringen und Sachsen, erhielt in der in Augsburg gedruckten Zusammenfassung aller Beschwerden, den „Zwölf Artikeln der Bauernschaft in Schwaben“ des bibelkundigen Kürschnergesellen Sebastian Lotzer, ein wirkungsvolles Manifest. In der ersten Phase des Krieges errangen die Bauern ohne größeres Blutvergießen erhebliche Erfolge. Dauerhaft erscheinende Abmachungen wie der Ortenauer Vertrag vom 25./26. Mai 1525 ließen einen baldigen Kompromiß erhoffen. Aber fast gleichzeitig nahm die Auseinandersetzung durch das zielbewußte und unnachgiebige Eingreifen der im „Schwäbischen Bund“ organisierten Landesherren in Süddeutschland und Thüringen mit dem Blick auf Rettung und Stärkung der landesherrlichen Gewalt zu Ungunsten der Bauern eine Wendung ins rein Politische. An die Stelle der zerstreuten örtlichen Einzelhandlungen des Bauernkampfes traten einheitliche Aktionen der Herren. Gleichzeitig wandte sich Luther, der sein Bild vom Bauernkrieg aus dem mitteldeutschen Aufstand um den aus dem Harz stammenden, mystischen und hussitischen Studien hingegebenen, von Revolution und Frömmigkeit erfüllten Prediger Thomas Müntzer gewann, von der „Ermahnung zum Frieden“ (April) und seiner Zustimmung zum „Weingartner Vertrag“ als Beispiel friedlicher Lösung (Mai) immer heftiger „Wider die räuberischen und mörderischen Rotten der Bauern“ und trat auf die Seite des erstarkenden Staates. Der zweite Teil der Auseinandersetzung war nicht mehr ein Bauernkrieg, sondern ein Landesfürstenkrieg, dessen Objekt die Bauern bildeten, wie um die gleiche Zeit die Landesherren die Ritterschaft unterwarfen. Den Höhepunkt bildeten die Schlacht bei Frankenhausen und Müntzers Hinrichtung.

Luthers Wendung trug zur bäuerlichen Niederlage entscheidend bei. Diese „hätte ohne seine vernichtenden Worte einen anderen Charakter gehabt. Sie wäre militärisch wohl ebenso eindeutig gewesen, aber sittlich und politisch weniger tief als jetzt, weniger niederschmetternd, denn nun stand der Sieger da als von Gott gesegnet, als Vollstrecker eines Gott wohlgefälligen Werkes“ (Lütge). Nach der Enttäuschung durch Luther wandten sich viele Bauern zurück zur alten Kirche oder zum schwärmerischen Sektentum — beides unter Verlusten für das Luthertum: die Reformation konnte nicht mehr Sache des ganzen Reiches werden.

In der Geschichte der Reformation bedeutet dieser Komplex von Bauernkrieg und Fürstenkrieg einen ebenso tiefen Einschnitt wie in der politischen und in der Sozialgeschichte. „Die Reformation als Volksbewegung von unten her war gescheitert. Jetzt konnten die siegreichen Obrigkeiten daran gehen, auf einem viel stärker eingeebneten Untertanenverband ihre Macht auszubauen, und selbst die kirchliche Reform von oben her als einen wesentlichen Teil des großen Integrierungsprozesses, den der moderne Staat leistete, sich dienstbar machen" (Fuchs).

Die Maßnahmen der Territorialherren gegen die Bauern waren häufig grausam, führten zum Tode vieler Tausende und fanden ihre Grenzen zumeist erst am Verlangen nach Erhaltung der Arbeitskräfte. Die Tragik des Bauernkrieges lag darin, daß das sozial Wünschenswerte von der politisch schwächeren, ins Mittelalter zurückstrebenden Partei vertreten wurde, das im Umkreis erstarkender, ausgreifender National- und Großmachtstaaten politisch Notwendige dagegen von der politisch „fortschrittlichen", sozial „reaktionären" Seite. Das Ende des Kampfes mußte also, wie immer er ausging, auch empfindliche Einbußen und Nachteile bringen. Damit hängt es zusammen, daß nicht allein die Problematik des Bauernkrieges bis heute lebendig, sondern das Urteil über ihn auch in der Wissenschaft besonders stark mit der jeweils aktuellen politischen Situation verbunden, also schwankend geblieben ist.

Fortgang der religiösen Bewegung

War die Reichsgewalt nicht in der Lage, dem Bauernkrieg einen Abschluß zu geben, der den Interessen der Gesamtheit entsprach, so vermochte sie auch den Aufstand des Kleinadels nicht für ihre eigenen Ziele einzufangen und zum Erfolg zu führen. Diese Erhebung einer untergehenden, vorwiegend süddeutschen, in die neue Zeit weder politisch noch sozial hineinpassenden Schicht stand unter der Führung Franz von Sickingens, eines „mächtigen Kondottiere" (Ranke), dessen Tod 1523 das Landsknechtslied eindrucksvoll besang, und Ulrich von Huttens, der sich zugleich gegen die „Tyrannei von Rom" wandte. Die Reichsgewalt mußte es zulassen, daß die

Landesherren, zuletzt im „Schwäbischen Bund“, gegen diese Gruppe vorgingen und sie politisch-sozial so sehr verdrängten wie fast gleichzeitig die Bauern — nur mit dem einen Unterschied, daß der Kleinadel sich bis 1803 in bedeutungsloser Reichsunmittelbarkeit behauptete und erst dann mediatisiert wurde, während das Bauerntum fast umgekehrt bis zum Ende des 18. Jahrhunderts bedeutungslos blieb und dann allmählich über die verschiedenen Etappen der politischen Befreiung und sozialen Aufwertung immer stärkeren, schließlich noch im 20. Jahrhundert einen über seine wirtschaftlich-soziale Bedeutung weit hinausgehenden politischen Einfluß gewann.

Und endlich versagte das Reich auch gegenüber der religiösen Bewegung. Das „Wormser Edikt“ wurde nicht durchgeführt, Luthers Lehre nicht unterdrückt, vielmehr erhielten die Reichsstände auf dem Speyrer Reichstag 1526 die Erlaubnis, sich in Glaubensfragen zu verhalten, wie ihr Gewissen es ihnen befahl oder gestattete. Zumeist in lebendigem Verantwortungsbewußtsein machten sie sich an die Wiederherstellung der Ordnung im kirchlichen Leben, aber auch aus landesherrlicher Gewalt an die Festsetzung der Lehre durch staatliche Bestimmungen, von denen Abweichungen nicht gestattet wurden.

Luther hat sich diesen staatlichen Ansprüchen und entscheidenden Eingriffen in Religionsfragen erst gefügt, als er eine fortschreitende Auflösung des kirchlichen Lebens befürchten mußte. Seit dem Wormser Reichstag breitete der Protestantismus sich in Deutschland mit der elementaren Kraft einer Volksbewegung aus. „Aber nicht immer war es im strengen Sinne die Lehre Luthers, die gepredigt wurde. Und wiewohl es zu einem einheitlichen Prinzip der Reformation wurde, das kirchliche Leben und seine Ordnungen nach Maßgabe des Evangeliums umzugestalten, gingen die praktischen Anwendungen, die man daraus für den kirchlichen Neubau folgerte, weit und widerspruchsvoll auseinander. Luther sah sich durch diese Entwicklung vor die Aufgabe gerufen, die kirchliche Reform unter schonender Behandlung der alten Formen und Bräuche um der Schwachen willen in geordnete Bahnen zu lenken und über die Reinheit der Lehre zu wachen, den Rückfall ins Papsttum zu verhüten und gegen den Abfall nach links erbarmungslos einzuschreiten. Nach diesen Gesichtspunkten gewann die Kirche seines Glaubens ihre Gestalt“ (Zeeden). Freilich hörte Luther damit auf, der Held der Nation zu sein, der er nach 1517 schnell geworden war, der Revolutionär im Sinne des „Herrn Omnes“ (Luther), den man während des Bauernkrieges in ihm hatte sehen wollen — neben dem sozialen Kaiser, dem anderen Ideal des „Volkes“. „Obrigkeit ändern und Obrigkeit bessern sind zwei Dinge, so weit voneinander als Himmel und Erde“, schrieb Luther. „Ändern mag leichtlich geschehen; bessern ist mißlich und gefährlich . . . Der tolle Pöbel aber fragt nicht viel, wie es besser würde, sondern nur, daß es anders werde. Wenn es dann ärger wird, so will er abermals ein anderes haben. So kriegt er denn Hummeln für Fliegen und zuletzt Hornissen statt Hummeln“. Indem Luther so die religiöse Aufgabe aus dem Chaos der sozialen Revolution rettete, zahlte er den hohen Preis ihrer landesfürstlichen Institutionalisierung. Denn Fürsten und Stadtregimente traten nun mit ihren juristischen Beamten immer häufiger an die Stelle von Bischöfen, verknüpften religiöse und weltliche Ordnung, fügten das Kirchengut dem weltlichen Besitz ein und schufen sich, soweit sie Luthers Lehre anhingen, ihre eigenen Landeskirchen. Das gab dem evangelischen Leben in Deutschland seine besondere Kirchenverfassung und religiöse Lebensform, die sich dem Staat einpaßte und fortan im Unterschied zum Calvinismus keiner kämpferischen Entscheidung mehr fähig war, andererseits allerdings auch das sozial und politisch gefährliche Treiben der als legitime Kirche sich bezeichnenden Schwarmgeister und der Wiedertäufer unter Jan Bockelson aus Leiden in Münster 1534 blutig unterdrückte und stärksten Einfluß auf das weltliche Schul- und Bildungswesen nahm.

Die evangelische Lehre konnte sich nach 1525 in Deutschland fast ungestört entfalten, während Karl V. den spanischen Aufstand unterdrückte, Franz I. 1525 bei Pavia besiegte und gefangennahm, im Frieden von Madrid 1526 aber die spanischen Forderungen in Italien und Burgund so übersteigerte, daß der französische König sofort nach seiner Freilassung nicht allein alle Zusagen widerrief, sondern auch England, den Papst, Venedig und Mailand in der Liga von Cognac zu einer Front gegen habsburgische Hegemoniedrohungen vereinigen konnte. Der 1527 ausbrechende Krieg, zu dessen Höhepunkten der Sacco di Roma gehörte, hielt den Kaiser bis zu dem von Karls V. Tante und Franz' I. Mutter arrangierten Damenfrieden zu Cambrai 1529 von Deutschland fern und trug so zur Festigung der Position des Luthertums bei.

Inzwischen spielte sich in Deutschland der Streit um das Bekenntnis ab. Im Jahre 1528 schien es, als ob Landgraf Philipp von Hessen auf Grund einer Information über die angebliche Entwicklung bei dem katholischen Schwäbischen Bund an der Spitze der protestantischen Bewegung einer katholischen Partei entgegentreten und mit dem Ziel der Reformation in ganz Deutschland als ein neuer Sickingen, ja, als ein evangelischer König der politischen und der religiösen Auseinandersetzung die entscheidende Wendung geben würde. Der Ansatz, der von einer Urkundenfälschung des sächsischen Rats Otto von Pack ausging und daher als „Packsche Händel" bezeichnet wird, brach zusammen — weniger weil man die Fälschung erkannte, als infolge von Luthers Dazwischentreten, der das Evangelium nicht durch das Unrecht eines Präventivkrieges befleckt und Deutschland verwüstet sehen wollte. Hier schied sich die lutherische Auffassung von der des 1484 geborenen Ulrich Zwingli und des oberdeutschen Protestantismus. Der schweizerischen Eidgenossenschaft, die sich seit langem vom Reich und seinen Problemen getrennt hatte, erschien die kaiserliche Würde genau so verdammenswert wie die päpstliche — von der Erbfeindschaft gegenüber den Habsburgern ganz zu schweigen. So gab es also nicht ausschließlich religiöse Differenzen zwischen Luther und Zwingli. Dieser kam weit stärker als jener aus humanistischem Denken und entwickelte von dorther eine von mittelalterlichen Traditionen fast freie Bibelfrömmigkeit in Verbindung mit nationalem Eifer, verband also Religion und unabhängige Außenpolitik miteinander und konnte in seinem Streben nach dem Urchristentum gegenüber dem päpstlichen Luxus religiös strenger erscheinen als Luther. So setzte sich in der Schweiz und in manchen oberdeutschen Stadtrepubliken die zwinglische Kirchenreform stärker durch als die lutherische. Zwingli fand in der Schlacht bei Kappel 1531 einen frühen Tod. Sein Nachfolger

Heinrich Ballinger in Zürich strebte zwar nach der dogmatischen Union der verschiedenen neuen Bekenntnisse, konnte jedoch nicht erreichen, daß die lutherischen Theologen sich ihm anschlossen; er vollzog 1549 im Consensus Tigurinus den bedeutungsvollen Zusammenschluß der Züricher Reformation mit der Genfer Lehre Calvins.

Luther betrachtete die Züricher wegen ihrer Spiritualisierung der Abendmahlslehre und ihres Bilderverbotes als Schwärmer, deren Gefährlichkeit er verschiedentlich kennengelernt hatte. In unheilvollen Streitigkeiten haderte man, nur gegen die Wiedertäufer einig, miteinander, wobei Luther sich immer stärker als der historisch gebundenere und die Bedeutung des weltlichen Staates betonende Reformator erwies. Im Oktober 1529 schieden sich in Schwabach endgültig Luther und Melanchthon von den Zwinglianern. Das Marburger Religionsgespräch im gleichen Monat verdeutlichte die Differenzen insbesondere in der Abendmahlsauffassung, wo Luther auf den Worten „Das ist mein Leib" bestand, während Zwingli das Abendmahl als eine Feier der Erinnerung bezeichnete, in welcher die Seele im Glauben Christus ergreift. Zutiefst ging es beiden um den Anteil Gottes am Glaubensgeschehen, wobei Zwingli darauf beharrte, daß Gott dem Menschen „nichts Unbegreifliches" zumute. „Für den einen begann Religion dort, wo die Vernunft und das Ich aufhört, für den anderen war sie die Krönung des menschlichen Geistes und seines Subjekts. Der Zwiespalt hält bis heute die protestantische Welt in Bewegung" (Stadelmann). Karl V. aber, von beiden Parteien als kaiserlicher Schiedsrichter angerufen, mochte anfangs wohl die ernste Absicht gehabt haben, ihrem Wunsch zu willfahren. Als er jedoch 1530 zum Reichstag nach Augsburg zog, wo die Fugger als die deutschen Medici galten und Peutinger, der gerade jetzt mit der Verteidigung der Wirtschaftsmonopole einen seiner großen Tage erleben sollte, Stadtschreiber war, geriet er nicht unter den Einfluß des Erasmus, der sich zu einem Kompromißvorschlag bereithielt, sondern unter den des päpstlichen Legaten Campeggio. Dieser forderte den Ketzerkrieg, Ketzerverbrennung, Inquisition und Zensur. Karl entzog sich schließlich auch solchem Radikalismus und erhoffte eine große Erneuerung der

Kirche aus dem Erlebnis eines Türkenkreuzzuges, vermochte damit aber nicht die sonst in vielen Punkten uneinigen Evangelischen von ihrem Glauben abzubringen. Luther, der sich auf der Coburg befand, war nun zur Loslösung von der alten Kirche fest entschlossen, forderte die Gewissensfreiheit, verzichtete zugleich aber auf jeden Versuch, Kirche und Reich als Gesamtheit von seinem Glauben aus zu reformieren. Aus dieser Vielfalt der Meinungen erwuchs schließlich die einen Kompromiß andeutende „Konfession etlicher Fürsten und Städte" der Mitteldeutschen, die Karl V. am 25. 6. 1530 vorgelesen wurde: die Confessio Augustana, während die oberdeutschen Reichsstädte Straßburg, Konstanz, Lindau und Memmingen eine „Tetrapolitana" abgaben, die zwischen Luther und Zwingli zu vermitteln suchte. Zwingli selbst übergab eine „Ratio fidei" und nach Ecks Angriff gegen diese eine weitere Schrift, die seine Lehre als sowohl der katholischen wie der Luthers verwandt bezeichnete.

Inzwischen waren die Türken seit 1526 durch Ungarn vorgerückt und 1529 vor Wien erschienen. So bedurfte der Habsburger der Türkenhilfe auch der Evangelischen und mußte sich mit dem im wesentlichen von Melanchthon verfaßten „Augsburger Bekenntnis" abfinden. Erst durch die scharf ablehnende katholische Erwiderung in der „Confutatio", die sechs Wochen später als Urteil des Kaisers verlesen wurde, erhielt die Verständigungsschrift der Evangelischen den Charakter des Symbols der neuen Kirche und wurde schließlich zur Grundlage des Schmalkaldischen Bundes.

Auch während der folgenden Jahre, die für Karl V. mit Ausbau und Festigung des Weltreiches, mit Kämpfen gegen Türken, mittelmeerische Barbaresken und Franzosen für seinen 1531 zum römischen König gewählten und zur Nachfolge Karls vorgesehenen Bruder Ferdinand mit innerdeutschen Aufgaben — u.a. mit der Einführung der Constitutio Criminalis Carolina, der Peinlichen Gerichtsordnung Karls V. von 1532 aus dem Geist von Humanismus, Obrigkeitsdenken und Reformation — erfüllt waren, wurde die Auseinandersetzung zwischen den beiden politisch-religiösen Gruppen vermieden; und das um so leichter, als die katholischen Reichsstände im Interesse der eigenen Stärkung die Schwierigkeiten von Kaiser und König mit den Protestanten nicht ungern sahen. Immerhin schlossen sich die führenden protestantischen Landesherren, der Kurfürst von Sachsen, der Landgraf von Hessen, zwei welfische Herzöge, die Grafen von Mansfeld und Anhalt sowie zehn Reichsstädte vorsorglich zur Abwehr von etwaigen Maßnahmen des Reichskammergerichts im „Schmalkaldischen Bund" zusammen. Sie diskutierten unter Luthers zögernder Zustimmung das Widerstandsrecht von Reichsständen gegen den von Kurfürsten gewählten, an die Wahlkapitulation gebundenen Kaiser und ihre obrigkeitliche Pflicht, ihre Untertanen im rechten Glauben zu beschützen

Unter diesen Umständen verbreitete sich die evangelische Lehre bis 1542 fast ungehindert, zumal nachdem 1532 der Kaiser — zur Erlangung der Unterstützung gegen die Türken — den Schmalkaldischen Bund praktisch anerkannt hatte. Durch Württembergs Übertritt zum Protestantismus erhielt dieser 1534 in Oberdeutschland eine stärkere Position, während 1539 auch der Kurfürst von Brandenburg und Heinrich von Sachsen, der Vater des 1541 zur Regierung gelangenden Moritz von Sachsen, sich selbst und ihr Land der evangelischen Lehre zuwandten. Doch griffen die Evangelischen Karl, der verschiedentlich von außen her hart bedrängt war, nicht an. Der Kaiser erkaufte sich durch Hinnahme der Doppelehe des Protestantenführers Philipp von Hessen dessen politische Mäßigung; er fing die Ausdehnung des Protestantismus am Niederrhein ab und überredete schließlich 1544 sogar die Protestanten zu einem Krieg gegen Franz I., auf dessen erfolgreichen Abschluß im Frieden von Crépy im Jahre 1544 nun allerdings Karls Wendung gegen den Protestantismus folgen konnte und mußte.

Luther selbst hat seit etwa 1530, also in den letzten 15 Jahren seines Lebens, zunehmend von Krankheiten geplagt, reizbar, rechthaberisch und doch auch gütig, überaus fleißig seine Pflichten als Professor erfüllt und über die Reinheit der Lehre gewacht. Während der politische Horizont sich für den Protestantismus zunehmend verfinsterte, die riesige Welle der Begeisterung für die Reformation abebbte und die Gegenkräfte selbst sich zu erneuern und zu stärken begannen, starb der Reformator am 18. 2. 1546 in seiner Vaterstadt Eisleben. Die Geschichte der evangelischen Christenheit ist für alle Zeiten von ihm geprägt, über die Konfession hinaus aber auch ein weiter Bereich des neuzeitlichen Christentums überhaupt.

Der Schmalkaldische Krieg und seine Folgen

Der Kaiser hatte der notwendigerweise kriegerischen Auseinandersetzung seit Jahren entgegengesehen, bewog aber nun doch zunächst noch Papst Paul III. zur Einberufung eines ursprünglich auch von den Protestanten geforderten Konzils in Trient im Frühjahr 1545, auf dem über die drängenden Glaubensfragen entschieden werden sollte. Inzwischen hatten jedoch die protestantischen Landesherren eine innige Verbindung von Staat und Kirche und damit eine Festigung ihrer Position geschaffen, die sie, wie auch manche „Religionsgespräche" in diesen Jahren zeigten, nicht mehr in Frage zu stellen bereit waren. Sie lehnten daher die Beteiligung am Konzil ab, wodurch sie freilich auch Karl zu gewaltsamem Vorgehen zwangen. Nach sorgfältiger Vorbereitung, gestützt auf päpstliche und spanische Finanzhilfe, durch Heiratspolitik verbündet mit Bayern, und selbst mit Hilfe protestantischer Fürsten, z.B. des Herzogs Moritz von Sachsen, wandte der Kaiser sich gegen die Schmalkaldener, die er geschickt und nicht falsch als Ungehorsame, nicht als Evangelische bezeichnete und angriff. Denn in der Tat ging es dem Kaiser um Unterdrückung der politischen Opposition und Ausräumung der Ketzerei zugleich. Im ersten Abschnitt des Schmalkaldischen Krieges unterwarf Karl 1546 Oberdeutschland seiner Herrschaft und dem Katholizismus. Im zweiten besiegte er bei Mühlberg 1547 seine Gegner so vollkommen, daß der in dieser Schlacht in Gefangenschaft geratene Kurfürst Johann Friedrich von Sachsen durch den machtgierigen, religiös schwankenden Moritz ersetzt werden konnte, während der gleichfalls gefangene Philipp von Hessen sich unterwarf. Karls Maßlosigkeit, sein Verlangen nach Übersteigerung der kaiserlichen Macht schufen ihm jedoch neue Gegner — auch unter den katholischen Reichsständen, die sich, wie sie auf dem Augsburger Reichstag 1547 deutlich zeigten, ihre politische Position nicht verringern lassen wollten. Und selbst im Bereich der Religion stieß der Herrscher auf unerwarteten Widerstand: der Papst, dem ein uneingeschränkt erfolgreicher Kaiser nur beschwerlich werden konnte, zog das Konzil von dem auf Reichsgebiet gelegenen Trient nach Bologna an sich. Nun entschloß Karl sich zum „Interim": der Duldung von Priesterehe und Laienkelch im evangelischen Bereich. Er genügte damit jedoch nicht mehr den evangelischen Forderungen in Mittel- und Norddeutschland, wo unter Führung von Magdeburg, „unseres Herrgotts Kanzley", seit 1548 der Widerstand aufrechterhalten wurde. Karls Versuche, das habsburgische Weltreich über seinen Tod hinaus dem Sohn Philipp zu sichern, stießen über die Konfessionsgrenzen hinweg auf die Abneigung aller Fürsten, ja, selbst König Ferdinands und seines Erben Maximilian, gegen die „spanische Servitut".

Fürstenerhebung und Augsburger Religionsfriede

Kurfürst Moritz von Sachsen wurde in jenen Jahren zum Mittelpunkt der ganzen Auseinandersetzung. Nach der Erziehung durch den katholischen Vater Heinrich den Frommen und die protestantische Mutter aus Mecklenburg stand er zwischen den Konfessionen; bald zählte er zu den diplomatisch gewandtesten, charakterlich selbständigsten Fürsten seiner Zeit, dem Humanismus und Renaissance, Machtpolitik und Ansehen bedeutungsvoller waren als Fragen der Religion. Mit 20 Jahren heiratete er gegen den Einspruch seines Vaters Agnes, die Tochter Philipps des Großmütigen von Hessen, schloß sich aber aus Eifersucht auf seinen Vetter aus der Ernestinischen Linie der Wettiner dem Schmalkaldischen Bunde nicht an. Er nahm 1541 am Türkenkrieg, 1544 an Karls V. Zug gegen Frankreich teil und ließ sich in der Hoffnung auf Land- und Machtgewinn danach ganz auf Karls V. Seite ziehen. Im Schmalkaldischen Krieg gewann er, der fortan bei seinen Glaubensgenossen als „Judas von Meißen" bezeichnet wurde, die Kurfürstenwürde des geächteten Karl Johann Friedrich. Andererseits empörten ihn die Gefangenhaltung seines Schwiegervaters sowie die rekatholisierenden und absolutistischen Bestrebungen des Kaisers, der die „deutsche Libertät" durch eine „viehische spanische Servitut" ersetzen wollte. Diese Doppelhaltung des Ehrgeizes nach Machterweiterung mit Hilfe Karls V. und der Machtbehauptung ihm gegenüber, die u.a. zur Versöhnung mit den Ernestinern führte, ließ den jungen Fürsten in unbewußtem Machiavellismus auch 1551 sich den Protestanten wieder anschließen und die Hilfe Heinrichs II. von Frankreich gegen die Preisgabe der im französischen Sprachgebiet gelegenen, von altersher aber dem Reich angehörenden Bischofsstädte Metz, Toul und Verdun in der Scheinform des Reichsvikariats erkaufen, nachdem er bereits 1550, angeblich zur Vollstreckung der vom Kaiser über Magdeburg verhängten Acht, unauffällig ein Heer hatte aufstellen können. Er war unter den damaligen deutschen Fürsten die stärkste politische Kraft, einer der wenigen, die aus den Erfahrungen der Jahre 1546 bis 1551 zu lernen und die nötigen Konsequenzen zu ziehen verstanden haben. Immerhin glaubte er, dazu den Franzosen den Weg zum Rhein freigeben zu müssen.

Im Frühjahr 1552 brach der Fürstenaufstand gegen den überraschten, ungerüsteten und isolierten Kaiser los, der zur Flucht von Innsbruck nach Villach gezwungen wurde und damit die ärgste Demütigung seines Lebens erlitt. König Ferdinand vermittelte dann mit dem Passauer Vertrag vom 2. August 1552 zwischen dem Kaiser und Moritz, gab den von Karl gefangen gesetzten Fürsten die Freiheit, verkündete den Reichsfrieden und sah die Ordnung der zentralen religiösen und politischen Fragen durch einen Reichstag vor. Karl nutzte die Zeit der Verhandlungen zur Rüstung auf die Fortsetzung des Krieges aus, griff die Franzosen an, wurde von diesen aber geschlagen und mußte nun endgültig die Niederlage durch Moritz hinnehmen: fortan hat er nur noch wenig Interesse für die Entwicklungen im Reich aufgebracht.

Zwei Jahre später zog er sich bereits aus der Politik nach San Yuste in eine fürstlich-klösterliche Altersruhe zurück. Er war ein bedeutender — aber nie für Deutschland wirkender, politisch im Rahmen seiner Zeit mit viel Klugheit und Menschenkenntnis begabter Kaiser gewesen. Seine Politik des Abwartens und der Heimlichkeit erschien „seinen Feinden verabscheuungswürdig und voller Hinterlist, seinen Freunden ein Muster von Klugheit ...

Wenigstens darf man sie kaum als ein Werk der Wahl, der Willkür betrachten. So ruhen, sich unterrichten, harren, erst spät sich erheben und schlagen, eben das ist die Natur dieses Fürsten" (Ranke).

Aber erst als die von dem unruhigen Markgrafen Albrecht Alcibiades von Brandenburg-Kulmbach, einem richtungslosen Landsknechtsführer in kleinlichem Ehrgeiz angezettelte Grafenfehde ein Jahr lang die Ohnmacht des Reiches, die geringe Entschlossenheit der größeren Landesherren gezeigt und Deutschland an den Rand der Anarchie gebracht hatte — wobei Moritz von Sachsen am 19. Juli 1553 in der Schlacht von Sievershausen tödlich verwundet wurde —, konnte der Augsburger Reichstag von Februar bis September 1555 sich mit den Fragen des Religions- und des weltlichen Friedens beschäftigen. Der Gedanke an eine Wiedervereinigung der Konfessionen war inzwischen praktisch aufgegeben worden. Der Augsburger Religionsfriede vom 25. September 1555 zwischen König Ferdinand I. und den Reichsständen — das Dokument gilt als letztes Stück der „Reformationsliteratur" — gewährte gegen den Widerspruch des päpstlichen Legaten allen „Verwandten" der Augsburger Konfession, als die man später auch die Calvinisten, aber nie die Sekten bezeichnete, einen dauernden, von jedem Konzil unabhängigen Frieden. Das Reformationsrecht und damit die Religionsfreiheit erhielten allein die weltlichen Reichsstände; d.h. die Masse der Untertanen mußte sich in ihrem Bekenntnis fortan nach dem Landesherrn richten, und ihre religiöse Überzeugung bildete für die Ausbreitung des Luthertums kein wesentliches Element: Cuius regio eius religio — die Errichtung evangelischer Landeskirchen entsprach dem Zentralismus und beginnenden Absolutismus der Landesherren. Toleranz wurde grundsätzlich weder bei Katholiken noch bei Protestanten gewährt, wohl aber das Recht zur Auswanderung. Nur für die Reichsstädte wurde ausdrücklich der Schutz der Minderheiten bestimmt. Weltliche Fürsten durften künftig ihren und damit den Glauben ihrer Länder nach eigenem Ermessen bestimmen, geistliche mußten auf Grund von Ferdinands „Geistlichem Vorbehalt", den die Protestanten hinnahmen, aber nicht anerkannten, beim Übertritt zum evangelischen Glauben auf geistliches Amt und weltliche Regierung verzichten. Der Augsburger Religionsfriede gewährte zwar nicht den beiden christlichen Bekenntnissen die formale Gleichberechtigung, sondern nur praktische Duldung, hob aber tatsächlich die bisher bestehende religiös-kirchliche Grundlage des Reiches auf. Durch den geistlichen Vorbehalt hinderte er die Weiterausbreitung des Protestantismus zu einem Zeitpunkt, da mehr als Dreiviertel des deutschen Volkes der neuen Lehre angehangen haben dürften, und öffnete auf ihrer ganzen religiös-kulturellen Breite der Gegenreformation den Weg. Politisch förderte er, insbesondere von August von Sachsen betrieben und auf die großen, geschlossenen norddeutschen Territorien zugeschnitten, den Ausbau der Territorialstaaten, die nicht selten bei der „Reformierung" von Klöstern kulturelle Mittelpunkte zerstören und wirtschaftliche Gesichtspunkte vorherrschen ließen — wie ähnlich wieder bei den Säkularisierungen zu Beginn des 19. Jahrhunderts. In den unübersichtlichen süddeutschen Verhältnissen führte die Augsburger Regelung zu vielfachen Reibungen, die bis zum Ausbruch des Dreißigjährigen Krieges das Verhältnis beider Bekenntnisse verbitterten. Der Augsburger Religionsfriede bildet eines der wenigen Grundgesetze des Reiches – er beendete nach Karls V. Rücktritt vorerst die Zeit der Religionskämpfe. Allerdings war damit nun auch zu dem seit langem bestehenden, das Reich von innen her aushöhlenden, machtpolitischen Partikularismus der Territorien die zwar religiös verursachte, mit jenem aber sich vielfältig und immer stärker verschmelzende Spaltung hinzugefügt. „. . . Das Reich als solches war nur noch zum Frieden; daheim von Reichswegen gab es nur noch innere Angelegenheiten, will sagen, unfruchtbare Reichshandlungen, wirkungslose Beschlüsse, endlose Kammergerichtsprozesse, unermüdliches Querulieren und Protestieren, Duplizieren und Triplizieren bei Kaiser und Reich, jene politische Tretmühlenarbeit, welche das einst so hoch gerichtete und hoch berufene deutsche Wesen allmählich matt und stumpf gemacht hat, bis der Krieg der 30 Jahre kam, es bis zur Wurzel hinwegzuschneiden" (Droysen).

Hinter dem Religionsfrieden von 1555 standen die Reichsexekutionsordnung und der Abschluß der Reichskriegsverfassung durch den gleichen Reichstag an Bedeutung erheblich zurück.

DAS KONFESSIONELLE ZEITALTER UND DIE GLAUBENSKÄMPFE

Zwischen dem Augsburger Frieden und dem Dreißigjährigen Krieg

Die Auseinandersetzungen um den Glauben hatten in fast 40 Jahren nicht allein den Protestantismus entstehen und sich formen lassen, sondern auch zu einer sehr beträchtlichen Steigerung der religiösen Aktivität und Reformbereitschaft bei den Katholiken geführt. „Der Begriff Gegenreformation ist wörtlich zu nehmen: gegen die protestantische Reformation gerichtete Strebungen des Katholizismus. Diese Strebungen entspringen nicht, wie es zu oft aufgefaßt wurde, einem Machtgelüste, sondern dem innersten Beruf und damit dem Pflichtbewußtsein der Kirche. Es galt a) den Angriff aufzuhalten, b) protestantisierende Ansätze innerhalb der Kirche abzustoßen, c) die verlorenen Gebiete wiederzugewinnen. Diese drei Aufgaben zu lösen, wurden alle religiösen, theoretisch-theologischen, politischen und dinglichen (Inquisition) Mittel eingesetzt. — In der Sphäre der politischen Interessen gewann der Begriff eine besondere, engere Bedeutung" (Lortz). Während also die religiöse Spaltung die politische Ohnmacht des Reiches teils verursachte, teils vertiefte, während im Wirtschaftlichen der Rückschritt und Niedergang begann, dessen Umfang der Dreißigjährige Krieg später offenbar werden ließ, blühte im Religiösen — bei den Calvinisten mehr als bei den Lutheranern, doch auch sehr stark bei den Katholiken —, ebenso in den Künsten und z. T. auch in den Wissenschaften für einige Zeit ein neues, stärkeres Leben auf. Man hat bei der Darstellung der reformatorischen Bewegung in der bildenden Kunst die Einheit des reformatorischen Zeitgeistes der „Spaltung des formalen Stilbewußtseins durch die Renaissance" entgegengestellt, den „außerordentlichen Ernst ihrer Gesinnung, männlich durchaus, tiefsinnig, schicksalsbereit, großdenkend vom Sinn des Lebens und dem Beruf des Menschen ... Und doch war es nicht eigentlich ein ästhetisches Zeitalter, wie Italien zur selben Zeit eines erlebte — und später Deutschland in der Zeit unserer klassischen Dichtung und Musik. Darüber kann kein Zweifel sein: den Deutschen der Reformationszeit war doch wichtig über alles die Religion" schreibt Dehio. Und derselbe große Kunsthistoriker hat auch als eine der Wesensverschiedenheiten dieser Zeit gegenüber dem Denken des Mittelalters hervorgehoben, daß sie „keine Architektur gehabt . . . Alles, was die Reformationszeit in ihrer Selbstdarstellung zu sagen hatte, drückte sie bildnerisch, malerisch, zeichnerisch aus, kurz in der unmittelbaren Lebensform; in abgezogenen Symbolen, wie sie das Wesen der Architektur ausmachen, sich zu verkörpern, vermochte sie nicht. Dazu war sie zu leidenschaftlich und personal". Der Kirchenbau, die „Hauptform monumentaler Betätigung", schon vor 1517 schwach geworden, hörte nun auf Jahrzehnte hin fast ganz auf. An seine Stelle trat mit Vorrang die Graphik: „Die äußeren Störungen des Bauwesens durch die kirchliche Revolution, den Bauernkrieg und die täuferischen Bewegungen gingen vorüber; früher kamen, länger dauerten und tiefer saßen die inneren Hemmungen . . . Letzten Endes handelte es sich um ein Schwachwerden des monumentalen Gefühls überhaupt" (Dehio).

Dieser künstlerischen Umformung und Schwächung durch das Luthertum stellte sich schon nach wenigen Jahrzehnten im Rahmen der großen, keineswegs in der Abwehr sich erschöpfenden gegenreformatorischen Bewegung eine neue kämpferische, werbende und erobernde Kirchenbaukunst entgegen, in der die „Gesellschaft Jesu", der Jesuitenorden, so sehr eine beherrschende Rolle spielte wie im geistigen Gegenschlag. „Während im protestantischen Norden die Kirche das Verantwortungsgefühl des Menschen durch das Ohr aufsuchte, mußte sie in der katholischen Welt auf seine ganzen Sinne zu wirken trachten. Und so geriet die barocke Baukunst auf die Bahn, von der aus sie die eine — und vielleicht die herrlichste — Seite des deutschen Barocks gewinnen mußte. Das Problem des Kirchenbaues kam in neuen Fluß; der starke Willensdruck der Gegenreformation legte sich verstärkend auch hinter das Schaffen der Baumeister" (Pinder).

Während so in der bildenden Kunst — und nicht allein

dort — die Reformation unmittelbar und durch die Veranlassung der Gegenbewegung stärkste Anregungen ausstrahlte, zeigten sich in der Politik nach dem Augsburger Frieden für lange Zeit Ermüdung und Ermattung, aber nicht Befriedigung und Zuversicht für die Zukunft. Immer stärker schob sich das Streben nach landesherrlicher Libertät vor den Reichsgedanken, während gleichzeitig deutlich war, daß die religiöse Auseinandersetzung mit dem Kompromiß von Augsburg nicht als beendet gelten konnte. Beide Problemkreise aber, der politische und der religiöse, hielten Deutschland gefangen im engsten eigenen Bereich und verhinderten seine Teilnahme an der Auseinandersetzung sowohl um die Vorherrschaft in der Ostsee wie um das Schicksal der Niederlande. Zwar herrschte für fast zwei Drittel eines Jahrhunderts Friede, aber ein Friede innerer Zerrissenheit und Gegensätzlichkeit, ein Friede, in dem das Reich immer mehr Ansehen und Bedeutung einbüßte; ja, zählt man die Jahrzehnte des Großen Krieges hinzu: ein Jahrhundert, währenddessen Volk und Reich von den Entwicklungen außerhalb ihrer Grenzen, in Europa, auf dem Meere und in Übersee abgeschnitten und unberührt blieben — was sich für alle Zeiten bis in die Gegenwart auswirken sollte.

Als „Jahre der Ruhe" hat man die Zeit von 1555 bis 1570 bezeichnet. Sie brachten zunächst die Aufteilung des habsburgischen Weltreiches, die durch Ferdinands I. Kaiserkrönung 1558 sichtbar zum Ausdruck kam. Und wenngleich auch fortan die Gesamtheit der habsburgischen Familieninteressen das Schicksal Deutschlands mitbeeinflußt hat, fielen doch zunächst einmal spanische Expansion und habsburgisch-österreichischer Kontinentalismus und Territorialismus recht weit auseinander. Innerhalb Deutschlands erschwerten die protestantischen Neigungen Maximilians II., der als Ferdinands ältester Sohn 1564 Kaiser wurde, die religionspolitische Beruhigung, die ohnehin durch den Kampf um die Auslegung des Religionsfriedens immer wieder verzögert wurde. Die protestantischen Reichsstände, die auf dem Reichstag eine schwache Minderheit bildeten, die große Mehrheit des Volkes aber hinter sich wußten, suchten ihren Machtbereich zu erweitern; sie zogen die meisten norddeutschen Stifte an sich und erweiterten damit nicht allein ihre Grundlage für Macht und Finanz, sondern gewannen auch in Bistümern und Klöstern standesgemäße Positionen für jüngere Söhne. Aber das waren wenig bedeutende Einzelergebnisse, die obendrein gefährdet blieben, solange die Protestanten keinen großen politischen Führer hatten. Und dieser fehlte ihnen um so mehr, als auch Lutheraner und Calvinisten einander zu mißtrauen begannen. „Was sich in der Reformationszeit in dem Auseinandergehen von Luther und Zwingli angebahnt hatte, wurde unter den Epigonen zum Dauerzustand" (Hartung).

So nahmen denn in der Reichsgeschichte jener Zeit Lappalien einen politischen Rang ein, der ihnen bei weitem nicht zukam: z.B. die Grumbachschen Händel, d.h. die Raufboldereien eines verspäteten Raubritters, des Schwagers von Florian Geyer, und seines Beschützers und Gesinnungsgenossen, des Ernestiners Johann Friedrich des Mittleren von Sachsen-Weimar, die den letzten Versuch der Reichsritterschaft bildeten, sich gegenüber dem Fürstentum eine maßgebliche Stellung im Reich zu schaffen.

Inzwischen begann die erst seit dem 18. Jahrhundert als Gegenreformation bezeichnete Bewegung sich in Deutschland zu formieren, jene Konzentration und Belebung des Katholizismus, die für einige Jahrzehnte der deutschen Entwicklung entscheidende Akzente gegeben hat und sich keineswegs in der Negation und Bekämpfung des Protestantismus erschöpfte, sondern in der Auseinandersetzung mit diesem von dort und aus sich selbst heraus stärkste Kräfte mit dem Ziel der Neugestaltung des Katholizismus wirksam werden ließ. Daß die Gegenreformation im Kern aus Spanien stammte und durch Ignatius von Loyola und seinem ganz in der Welt wirkenden Jesuitenorden sowie aus dem Kreuzzug alter Art und dem Kampf gegen den Islam im eigenen Lande ihre spezifischen, das Rittertum modernisierend übersteigernden, militärisch-absolutistischen und mystischen Elemente in der neuen Art der Rechtgläubigkeit erhielt, daß sie letztlich über die Alleingültigkeit der römischen Kirche hinweg die Weltherrschaft des Papsttums anstrebte, gab ihr die weit über alle Feindschaft gegen Luther und die Reformation hinausgehende Originalität und Stärke, Wirkung und

Bedeutung. Die in ihr liegende Unerbittlichkeit des Glaubens, die über eine gewisse Verständigungsbereitschaft der deutschen Bischöfe hinweg jeden Kompromiß ablehnte, auf dem Trienter Konzil 1546 die Vulgata zum authentischen Text der biblischen Überlieferung erklärte, in der „Professio fidei Tridentina" von 1547 das katholische Glaubensbekenntnis aus dem Erlebnis der Reformation neu formulierte und den Absolutismus der Kirche, die Unfehlbarkeit des Papstes über jede protestantische Kritik an den Dogmen erhob und mit Zensur und Kirchenzucht festigte, machte freilich nach dem geistigen ebenso den militärischen Religionskrieg unvermeidlich. Mag aber auch manches an den Erfolgen der Gegenreformation wie ein Sieg des romanischen Geistes über den germanischen, im Luthertum sich äußernden erscheinen, so steht doch außer Frage, daß auch die weltlichen und geistlichen deutschen Länder, die unter der Führung von Köln und Bayern sich der Gegenreformation ergaben, bedeutende, im engeren Sinne deutsche Elemente beigesteuert haben, wenngleich auch in Deutschland die Jesuiten die Führung behaupteten. Erst unter Maria Theresia und Joseph II. löste die „katholische Aufklärung" die Gegenreformation ab.

Die gegenreformatorische Expansion spielte sich in vielen kleinen und größeren Etappen ab. Sie hatte es am schwersten in Bayern, wo Adel und Städte auf den Landtagen u.a. Laienkelch, Priesterehe und Aufhebung des Fastengebotes forderten und nicht ohne bedeutsame Erfolge blieben. Erst als 1563 die Grafschaft Ortenburg bei Passau völlig zum Protestantismus überschwenkte und zu einem Einfallstor für ketzerisches Gedankengut zu werden drohte, ließ Albrecht V. von Bayern das Ländchen besetzen, die Prediger verhaften und zugleich auch den bayrischen Adel wieder energisch der alten Kirche zurückgewinnen. Solchen religiösen Grenzziehungen folgte alsbald der kirchliche Wiederaufbau — zwar durchaus im Sinne der landeskirchlichen Gewalt des weltlichen Herrschers, aber doch eben im Rahmen eines reformierten und aktivierten Katholizismus, der auch die Schule nicht vergaß.

Den zweiten Erfolg der Gegenreformation erlebte die Abtei Fulda, wo von dem 1573 gegründeten Jesuitenkolleg und seit

1574 von Mainz aus auf dem Eichsfeld die dem Protestantismus zugeneigte Bevölkerung der gesetzlichen Regelung zum Trotz dem Katholizismus zurückerobert wurde. Die Lutheraner unterstützten den Pfälzer Calvinisten Friedrich III. nicht in seinem Bestreben, für die Königswahl von Maximilians II. Sohn Rudolf Sicherungen und Festigungen des Protestantismus — wie z.B. den Verzicht der Katholiken auf den Geistlichen Vorbehalt — einzuhandeln; daher erwies sich auch hier Rudolfs Wahl im Oktober 1575 als ein Sieg der Gegenreformation, weil auf diese Weise ein Interregnum mit protestantischem Reichsvikariat, also die Möglichkeit protestantischer Politik im Reich, vermieden wurde. Die Protestanten banden auch auf dem Regensburger Reichstag 1576 die Gewährung der dem Kaiser dringend nötigen Türkenhilfe nicht an Konzessionen von seiten des Kaisers, dessen radikal gegenreformatorische Einstellung nicht mehr bezweifelt wurde.

Ja, der Protestantismus selbst schwächte seine Stellung gegenüber den Katholiken, indem Lutheraner und Calvinisten miteinander und sogar die Lutheraner untereinander in Zwietracht gerieten, wobei die Universitäten Jena und Wittenberg Partei ergriffen. Die im Kloster Bergen bei Magdeburg zwar geschaffene und von mehr als achtzig, aber nicht von allen lutherischen Landesherrschaften unterzeichnete Konkordienformel von 1577/80 fixierte schließlich das Luthertum auf einem vom Calvinismus abgegrenzten, von diesem aber stark beeinflußten Melanchthonianismus. Die Formel bildete fortan das Fundament der lutherischen Geistlichkeit und zugleich eine bedauerliche Schranke, die die enge lutherische Theologie von der lebendigen Welt absperrte; sie verankerte die Dreiteilung des Protestantismus durch Luther, Zwingli und Calvin gegenüber der immer straffer zusammengefaßten Gegenreformation.

Diese ging zunehmend offensiv vor: auf dem Reichstag von 1582 gegen den Markgrafen von Brandenburg und, mit nicht vollem Erfolg ebenda, gegen das dem Protestantismus zuneigende Aachen. Ganz besonders aber zeigte sich die Stoßkraft der Gegenreformation im sogenannten Kölner Krieg um den Geistlichen Vorbehalt und um die für die religiösen Verhältnisse am Niederrhein entscheidende Haltung Kölns. Da 1582 der Erzbischof von Köln den Übertritt zum Protestantismus plante, ohne auf sein Amt zu verzichten, was eine Mißachtung des Geistlichen Vorbehaltes bedeutet hätte, wurde er vom Papst durch Prinz Ernst von Bayern ersetzt, der bereits Bischof von Freising, Hildesheim und Lüttich war. Die Protestanten ließen ihren eigenen Glaubensgenossen im Stich, akzeptierten damit de facto den Geistlichen Vorbehalt, büßten also jede Möglichkeit ein, Köln zu gewinnen, und entmutigten viele Protestanten auch in anderen Gebieten, so daß der Vormarsch der Gegenreformation erleichtert wurde.

Die Auseinandersetzungen blieben nicht auf den Bereich von Religion und Kirche beschränkt. Sie beeinträchtigten auch die Arbeitsfähigkeit der Reichsbehörden, wo z.B. die Protestanten zum „Ausgleich" für den vorwiegend katholisch besetzten Reichshofrat durch passiven Widerstand das Reichskammergericht lahmlegten und schließlich überhaupt nicht mehr anerkannten. Von den Fundamentalfragen reichten diese lähmenden Auseinandersetzungen bis zur kleinlichen Stichelei — bis zum Kalenderstreit etwa, als die Protestanten sich weigerten, die 1582 von Gregor XIII. angeordnete, objektiv unbestreitbare Verbesserung des Julianischen Kalenders anzuerkennen, und damit bis 1700 der neuen Zeitrechnung eine schlechtere protestantische gegenüberstellten.

War es ein Vorteil, daß die Auseinandersetzung sich in solchen Einzelheiten von z.T. Bagatellformat erschöpfte? Die Kaiserlich-Katholischen waren an der Türkenhilfe zunächst stärker interessiert als an einer Auseinandersetzung mit den Protestanten, die Protestanten nicht einig und entschlossen zu einem Entscheidungskampf, der ganz Europa von Spanien bis Österreich gegen sie vereinen, das Reich zerschlagen und den Protestantismus mit Feuer und Schwert austilgen mochte. Es ist nicht leicht, solche Einsicht in die Gefahren als ängstlich und kleinlich abzutun. Bis zu seinem Ausbruch 1618 mußte der Krieg nicht als unvermeidbar erscheinen, und „appeasement" war nie die Politik der schlechten, auch nicht unbedingt die der lauen Menschen. Man hat gelegentlich die Sinnenfreudigkeit und Trunkfestigkeit dieser protestantischen Fürsten von erstaunlicher Mittelmäßigkeit und von erschreckender Einförmigkeit hervorgehoben, die sich im Besitz des wahren Glaubens sicher gewähnt hätten. Aber bildete nicht die Entscheidung für den neuen Glauben, die allerlei Unbequemlichkeit und Ärger, auch Gefahren und Einbußen mit sich brachte, eine Tat, deren Größe man zugunsten derjenigen bedenken sollte, die nicht kurzerhand ihre Territorien, das Reich und Europa in einen Präventivkrieg stürzten, dessen Ausgang eher die Niederlage als den Sieg über Papsttum und Gegenreformation bringen mochte? Und für einen Aufstand der Verzweiflung, für eine letzte Erhebung um der Ehre und des Glaubens willen lag doch kein Anlaß vor.

Auch außenpolitisch hätte ein solcher Kampf etwa aus dem Kölner Krieg heraus keine Besserung gebracht, sondern eher Deutschland vollends zum Objekt der Politik anderer gemacht. Freilich: eine Außenpolitik des *Reiches* gab es in dieser Zeit eigentlich nicht. Nur der Kaiser war an den außerdeutschen Verhältnissen politisch interessiert, die Territorialherren höchstens als Condottieri. Hauptfaktor aller Politik war damals die Bedrohung durch den Islam. Zwar gab es seit dem Jahre 1542 einen Waffenstillstand auf der Grundlage des Verlustes von fast ganz Ungarn und Siebenbürgen sowie von bedeutenden Tributzahlungen an die Türken. Aber damit war die Türkengefahr nicht behoben, vielmehr stieß der Islam 1567 erneut vor, und nur Suleimans II. Tod rettete diesmal die Habsburger vor weiteren großen Gebietseinbußen. Es bestand kein Zweifel darüber, daß allen gegenreformatorischen Erfolgen in Deutschland zum Trotz die gesamte abendländische Christenheit gleichzeitig durch den Islam immer stärker bedroht wurde.

Für die Protestanten erwies sich der große Türkenkrieg, der 1593 ausbrach und bis 1609 dauerte, als eine Verminderung des Rekatholisierungsdrucks. Dem Kaiser halfen das Reich, Spanien unter Philipp II., der Papst und die italienischen Staaten mit Geld und Truppen; zu Persien wurden mit dem Ziel eines Zweifrontendrucks auf die Türken diplomatische Beziehungen angeknüpft. Jahrelang spielte Siebenbürgen, das bald auf Habsburgs Seite stand, bald seine Unabhängigkeit zu gewinnen suchte und den protestantischen Glauben durch die Katholiken mehr als durch den Islam bedroht glaubte, eine bedeutende

Rolle; die Ungarn, die z.T. evangelisch waren, fürchteten den österreichischen Absolutismus. Beide Staaten empfanden ein lockeres Vasallenverhältnis gegenüber dem Islam mit Gewährung der Religionsfreiheit als angenehmer und bequemer denn Habsburgs Herrschaft und Gegenreformation.

Diese Wendung und Rudolfs Regierungsunfähigkeit führten 1606 zur Erhebung des Erzherzogs Matthias zum Haupt des Hauses Habsburg, der im Juni 1606 mit den aufständischen Ungarn und Siebenbürgen einen Frieden schloß, in dem Stephan Bocskay als Fürst von Siebenbürgen anerkannt wurde, während Ungarn ständisch-religiöse Freiheiten und eine eigene, von Österreich getrennte Verfassung erhielt. Den Frieden garantierten die erbländischen mährischen und böhmischen Stände, die damit in gewisser Weise über dem Landesfürstentum standen. Noch im gleichen Jahre 1606 schloß Matthias einen 20jährigen Waffenstillstand mit den Türken, die nun wirklich von Persien her bedrängt wurden. Der Großherr erkannte den Kaiser zum ersten Male als gleichberechtigten Souverän an, verzichtete auf weitere Tributzahlungen und verstand sich zum territorialen status quo ante. „Die politische Bedeutung des Friedens reichte weit: nach einem Jahrhundert der Bedrohung erhielten die Habsburger im Südosten den Rücken frei, infolge periodischer Verlängerung des Vertrags für insgesamt 75 Jahre. Es bleibt fraglich, ob sie bei der inneren Krise ihrer Länder oder im Dreißigjährigen Krieg einem ernstlichen türkischen Angriff hätten widerstehen können" (Zeeden).

Die Uneinigkeit der habsburgischen Brüder war damit freilich nicht beseitigt. Sie führte über den Vertrag von Lieben im Jahre 1608, in dem Rudolf Böhmen behielt, die Nachfolge dort und die Herrschaft in Ungarn, Mähren und Österreich aber an Matthias überging, schließlich zum Böhmischen Majestätsbrief vom 9. 7. 1609. Dieser gestand in gleicher Weise wie der Augsburger Religionsfriede den deutschen Ständen, den katholischen und protestantischen Herren, Rittern und königlichen Städten die freie Religionsübung sowie das Recht zur Errichtung von Kirchen und Schulen zu, schloß aber den Konfessionszwang der Obrigkeit gegen Bürger und Bauern aus. Dieser Majestätsbrief stellte den größten Erfolg der Idee der Adelsnation in Böhmen dar. Einen Monat später wurde für Schlesien ein ähnlicher Majestätsbrief erteilt. Den Mähren und Ungarn verlieh Matthias Freiheiten, die an Unabhängigkeit grenzten. Nur in Donauösterreich hielt der starke Einfluß katholischer Adliger und Prälaten die Religionskonzessionen in engen Schranken.

Um die gleiche Zeit vollzogen sich in den Staaten um die Ostsee bedeutende politische Veränderungen, ohne daß das Reich daran beteiligt war. Seit den ersten Jahrzehnten des 16. Jahrhunderts befand sich die Hanse im Rückgang. Immer mehr Städte mußten sich unter dem Druck ihrer Territorialherren im Rahmen der Auseinandersetzung von fürstlicher Gewalt und mittelalterlicher Autonomie der Städte von ihr trennen. In Rußland wie in Skandinavien und England wuchsen moderne, zentralistisch regierte Großmächte heran, die sich zur Festigung der politischen Macht unter dem Einfluß vor- und frühmerkantilistischer Ideen auch wirtschaftlicher Maßnahmen bedienten. Ihnen gegenüber vermochte die Hanse, deren Mitgliedern obendrein das Rückgrat eigener entwicklungsfähiger Gewerbe fehlte, kaum mehr als ökonomische Kräfte zu mobilisieren. Überall sah sie sich daher in die Verteidigung gedrängt und schließlich der Dynamik einer Zeit unterlegen, der die mittelalterliche Genossenschaft nicht mehr gewachsen war. Am längsten von allen Hanseinstitutionen, nämlich bis 1763, hielt sich die „Brücke" zu Bergen — wenn auch seit 1560 nicht mehr als Staat im norwegischen Staate. Um 1600, seit dem Verlust des Stahlhofes in London, wurden die Mitglieder der Hanse immer nachlässiger mit Beitragszahlung und Teilnahme an Hansetagen: die deutsche Hanse, die einst ein Symbol niederdeutscher Macht in Politik und Wirtschaft gewesen war, wie die großen Handelsherren von Augsburg, Ulm, Nürnberg usw. oberdeutsches Führungskönnen und Wirtschaftspotential repräsentiert hatten, befand sich am Ende ihrer internationalen wie ihrer deutschen Bedeutung.

Seit 1558 trat mit Iwan IV. ein neuer Bewerber um das Dominium maris baltici in Erscheinung; 1576 besuchten erstmals russische Gesandte einen deutschen Reichstag. Ohne Unterstützung aus Deutschland gegen russische Bedrohung, bat der Schwertorden um Hilfe bei Polen, in dem er schließlich aufging:

der letzte deutsche Posten an der östlichen Ostsee wurde 1570 zwischen Schweden, Dänemark, Polen und Rußland aufgeteilt.

Im Westen hatte Karl V. schon 1548 die Niederlande aus dem Reichsverband praktisch herausgelöst. Die 1568 beginnende Erhebung der Niederländer gegen Spaniens Herrschaft und Religion zog die benachbarten Reichsgebiete erheblich in Mitleidenschaft.

War das Reich nicht stark genug oder nicht willens, seine politischen Interessen im Osten und Westen wahrzunehmen, war es mitsamt den Fürsten und der Bevölkerung religiös so gespalten, daß sich daraus schwerste politische Folgen ergaben, so konnte selbstverständlich auch von keiner durch das Reich geförderten, durch Reichsgesetze geordneten, durch Reichszölle geschützten Wirtschaftsentwicklung die Rede sein. Inzwischen wuchs in Europa eine Einheit von Nationalstaat und Wirtschaft, von erstem fürstlichem Absolutismus und Frühmerkantilismus heran, die den Raum des eigenen Staates erfüllte und Expansionspolitik über die Grenzen, auf die See und nach Übersee zu treiben begann. Das Bild der deutschen Wirtschaft wurde seit der Mitte des 16. Jahrhunderts durch den Rückgang der großen oberdeutschen Handels- und Kreditwirtschaft, durch das Nachlassen des Auslandsverkehrs, das Schrumpfen der Hanse und die Stagnation der Landwirtschaft nach dem Bauernkrieg gekennzeichnet. Spanien, nicht Deutschland, wurde von den habsburgischen Herrschern in Amerika monopolistisch gestützt, die Silberflotten, nicht die Kornschiffe in der Sundschiffahrt zu Trägern des Reichtums, der Diplomatie, der Rüstung und Kriegführung, wobei freilich auch die Ungunst der deutschen geographischen Lage hinter der Biskaya und dem Ärmelkanal und z. T. selbst hinter dem Skagerrak und dem Sund eine Rolle spielte. Das Gebiet der Rheinmündung ging Deutschland gerade in jener Zeit verloren, da dieser Raum zu größtem wirtschaftlichem Rang aufzusteigen begann. Sehr bald wuchsen die Niederländer nicht allein in den Nord- und Ostseeräumen zu den stärksten Konkurrenten der deutschen Händler und Seefahrer heran; sie unterbrachen den deutschen Verkehr mit den iberischen Häfen, die mit Übersee in Verbindung standen, und machten sich selbst zu den Frachtfahrern und Zwischenhändlern Europas.

Freilich darf die wirtschaftliche und politische Bedeutung des Überseehandels im 16. Jahrhundert nicht von unserer Gegenwart aus überschätzt werden. Das Schwergewicht allen Verkehrs und aller Wirtschaft überhaupt lag noch lange Zeit in Europa selbst, auf dem Festland und bei den Nord- und Ostseeflotten, deren Kapazität und Leistung die der Überseeschiffahrt um ein Vielfaches übertraf.

Kaiser und Reich halfen weder der Hanse gegenüber Skandinavien, England, den Niederlanden, noch den Oberdeutschen bei dem Zusammenbruch von deren überseeischen Unternehmungen. Die Fürsten sahen den schrumpfenden Reichtum der Städte nicht ungern und zwangen sogar viele zum Verlassen der Hanse — nicht zuletzt, weil sie fürchteten, in deren politisch-militärische Auseinandersetzungen mit dem Ausland hineingezogen zu werden. Allein Hamburg konnte selbständig und weder von einem Territorialfürsten noch eigentlich auch vom Kaiser abhängig, seinen eigenen Wohlstand und sein Prestige erhalten und steigern, als es sehr realpolitisch die Verbindung mit dem aufsteigenden England der Treue zur absterbenden Hanse vorzog und 1611 die englischen Kaufleute zum freien Handel zuließ. In Oberdeutschland und Frankfurt waren schon früher in großer Zahl italienische Kaufleute, Geldgeber und Unternehmer aufgetreten, am Niederrhein begannen die Holländer vorzuherrschen.

Unter diesen Umständen war es kein Wunder, daß Deutschlands Handelsbilanz passiv wurde, sein infolge Bevölkerungsabnahme und Münzverschlechterung erschöpfter Bergbau dem Zustrom amerikanischen Silbers nach Spanien nicht mehr gewachsen war und der Reichtum anderer Staaten schnell über den deutschen hinauswuchs. Es kam hinzu, daß die Fugger durch die spanischen Staatsbankrotte und die Welser durch den Zusammenbruch ihres Kolonialunternehmens in Venezuela ihre Wirtschaftspositionen auch in Deutschland einbüßten und durch ihr Ende viele Kleinere ihr Geld oder ihre Unternehmungslust und Risikobereitschaft verloren. Nicht selten legten sie den Rest ihrer Kapitalien in Landbesitz an. Wo aber der Geldgewinn und sein Wert unter dem Einfluß inflationistischer Entwicklungen durch das amerikanische Silber nachließ, neue große Bürgerhäuser nicht mehr entstanden, das Mäzenaten- und Stiftertum für Dom- und Rathausbauten und -ausstattungen fehlte, da litten auch Kunst und Kunstgewerbe Not. Freilich waren die Zusammenhänge dieser Erscheinungen höchst kompliziert und von Ort zu Ort, von Landschaft zu Landschaft sehr verschieden, spielten schwer durchschaubare Unterströmungen, religiöse, aber auch verwandtschaftliche Verbindungen oft eine entscheidende Rolle: das Gesamtbild der Zeit läßt sich also eigenartigerweise leichter zeichnen, als es gegenüber vielen Einwänden aus dieser oder jener Landschaft in seinen Einzelzügen verteidigt werden kann.

Das Projekt der Reichsgrenzzölle von 1522/23 ist durch den Widerstand der dem Kaiser Kredite gewährenden großen Handelsstädte und der eigene Zölle erhebenden Territorialherren nicht verwirklicht worden. Der „Gemeine Pfennig" als eine Reichssteuer, die Kopf- und Vermögenssteuer verbinden sollte, scheiterte am Fehlen eines Reichsbeamtentums und einer Reichsfinanzbehörde. Überall war und blieb der Territorialismus stärker als der Reichsgedanke. Die Durchführung der Reichsmünzordnung von 1559 blieb den Reichskreisen überlassen, denen die Macht dazu fehlte, so daß schnell die völlige Zersplitterung des deutschen Münzwesens den politischen Zuständen im Reich entsprach.

So war denn alles den Territorialstaaten anheimgestellt: die Entscheidung über die Politik wie die über Religion und Wirtschaft. Von sehr unterschiedlicher Größe und Bedeutung, bei sehr verschiedenem Format ihrer Fürsten, kam es trotz Einziehung der Kirchengüter als Domänen in den protestantischen Ländern, nicht zuletzt auch infolge der finanziellen Enge und primitiven Steuer- und Schuldenpolitik im allgemeinen, nicht zu großzügigen Entscheidungen, sondern meist nur zu tüchtigen Verwaltungsleistungen aus hauptsächlich patriarchalisch-gutsherrlicher Haltung und christlichem Verantwortungsbewußtsein. Dabei wuchs in Verbindung mit dem Anschwellen dieser Staatsgeschäfte und durch die Übernahme des Römischen Rechts schnell der Einfluß von studierten juristischen Beamten; sie wurden recht eigentlich Väter und Träger der Landespolizei-, der Zunft- und anderer Ordnungen mit dem Ziel der Konsolidierung von Staat und Gesellschaft im Rahmen von Spätmittelalter und Vorkapitalismus, so daß notwendig die Kluft zwischen Staatstheorie- und praxis immer weiter werden mußte und die Landwirtschaft gesellschaftlich und wirtschaftlich eine sehr viel größere Rolle spielte als in anderen, weniger konservativen und kontinentalen Ländern. Freilich verlief das Zusammenleben von Fürsten und Untertanen fast überall und selbst im Landtag, wo Ritterschaft, Prälaten und Städte vertreten waren und Finanz-, besonders Schulden- und Schuldentilgungsfragen die Hauptrolle spielten, sehr friedlich. Nur wo sich, wie in Österreich und Bayern, die ständische Innenpolitik mit der religiösen Bewegung zusammenschloß und so eine tiefe protestantische Front gegen den Landesherrn entstand, kam es zu heftigen Auseinandersetzungen, in denen der Landesherr sich mit aller ihm zur Verfügung stehenden Macht in Verbindung mit der Gegenreformation im allgemeinen durchzusetzen vermochte.

Der Dreißigjährige Krieg

Seit 1603 wurde die Gegenreformation in dem protestantisch gewordenen Donauwörth durch ein auf Grund des Geistlichen Vorbehalts behauptetes Kloster immer aktiver und expansiver; die Auseinandersetzung mit der Stadt reichte über einen Prozeß am katholisch besetzten Reichshofrat, der zugunsten des Klosters entschied, und über die Achterklärung des Kaisers gegen die Stadt bis zur Exekution durch Maximilian von Bayern: Donauwörth wurde Bayern gewaltsam einverleibt. Die Protestanten beantworteten dieses Vorgehen 1608 auf dem Reichstag zu Regensburg mit der Forderung, den Religionsfrieden zu bestätigen, wodurch es zu heftigen, aber ergebnislosen Auseinandersetzungen kam. Ein Teil der protestantischen Fürsten verließ den Reichstag, der zum ersten Male ohne Reichsabschied auseinanderging.

Wenige Wochen später bildeten die protestantischen Fürsten in Erinnerung an den Schmalkaldischen Bund und konfessionelle Bündnispläne des 16. Jahrhunderts zu Ahausen die Union, eine Verteidigungsgemeinschaft, die zu ihrer Stärkung sogar mit Frankreich verhandelte. Kurz darauf formierte sich eine Vereinigung katholischer Reichsfürsten, die Liga, im Sommer 1609 unter der Führung Bayerns, die wie die Union als Ziel Verteidigung des Reichsfriedens und der Religion angab; ihr natürlicher Rückhalt war Spanien.

Unmittelbar nach dieser Konstituierung der Fronten brach der Streit um die Erbfolge in Jülich, Cleve und Mark aus, wo 1609 der Mannesstamm des Herrscherhauses erlosch und die Nachfolge auf die vier Töchter des 1592 verstorbenen Herzogs Wilhelm IV. überging. Doch handelte es sich jetzt weniger um sehr verwickelte Rechtsfragen als um den Versuch der Protestanten, mit dem auf beiden Seiten des Niederrheins gelegenen Cleve die im Kölner Krieg 1582/83 nicht erreichte Position zu gewinnen und über Jülich die Verbindung zu den aufständischen Niederländern herzustellen. Der Kaiser war an der Verhinderung dieser Pläne interessiert; er richtete eine provisorische Regierung ein und lud, um zunächst einmal Zeit zu gewinnen, die Prätendenten zu Verhandlungen. Die Protestanten befolgten diese Aufforderung nicht, sondern schlossen sich mit Heinrich IV. von Frankreich zusammen, der natürlich gleichfalls an diesem Gebiet interessiert war; auch England und Holland traten auf die Seite der Protestanten. Nur die Ermordung Heinrichs IV. im Mai 1610 in Paris verhinderte vorläufig den Ausbruch eines Krieges am Niederrhein, zumal gleichzeitig Spanien mit den Niederlanden einen Waffenstillstand hatte schließen müssen, und auch die katholische Partei einstweilen nicht losschlagen konnte. So weitete sich der Kleinkrieg am Niederrhein, der erst 1614 durch den Vertrag von Xanten beigelegt wurde, nicht zur großen Auseinandersetzung aus, sondern „bildete ein kleines Vorspiel zum Dreißigjährigen Krieg, dessen Mächtekonstellation (Spanien, Österreich und die Liga gegen Holland, Frankreich und die deutschen Protestanten) bereits im Hintergrund sichtbar wurde, ebenso aber auch die Gefahr, daß auf deutschem Boden der Kampf um ausländische Interessen ausgetragen wurde. Der Ausgang des Konfliktes wurde für die deutsche Geschichte deshalb bedeutungsvoll, weil Kurbrandenburg, das fast gleichzeitig (1618) Ostpreußen erwarb, seitdem über die ganze Breite Norddeutschlands ausgriff und damit eine wesentliche Voraussetzung für seine künftige Entfaltung zur norddeutschen Vormacht gewann“ (Zeeden).

Inzwischen aber hatte sich durch den menschenscheuen Sonderling Rudolf II. und seine „Kammerdienerregierung" im Hause Habsburg ein überaus schwieriges Problem entwickelt. 1608 mußte er die Regierung von Österreich, Ungarn und Mähren an seinen Bruder Matthias abtreten, 1611 wurde er zur Abdankung in Böhmen gezwungen, 1612 starb er. Nachfolger in den Erbländern und im Reich wurde der gewandte, von dem Bischof von Wien Kardinal Melchior Klesl seit 1616 gut beratene Matthias, der — freilich vergeblich — die Verständigung durch „Kompositionen" der beiden Konfessionen anstrebte. Damit rückte die Wahrscheinlichkeit kriegerischer Konflikte um Reichsverfassung und Religion in greifbare Nähe. Da auch Matthias keinen Sohn hatte, trat die von Maximilians Bruder Karl abstammende, in Graz residierende Linie mit Ferdinand die Erbschaft an, die allerdings von dem spanischen Philipp III. bestritten wurde, bis Ferdinand sich dessen Anerkennung durch den Verzicht auf Habsburgs Besitzungen im Elsaß im Prager Vertrag von 1617 erkaufte.

Damit bestimmte Ferdinand II., seit 1619 als Kaiser, die Politik im Reich und in Österreich. Er verkörperte „ein Programm" (Hantsch) und „machte in der Geschichte der Erblande wie in der deutschen und europäischen Geschichte Epoche" (Hartung). „Unter ihm machte das Kaisertum den letzten Versuch, zu realer Gewalt im Reich zu gelangen; durch ihn wurde aber auch die entscheidende Phase im österreichischen Staatsbildungsprozeß eingeleitet. Beides geschah im Zusammenhang mit dem großen Kriege, der unmittelbar vor Ferdinands Erhebung zum Kaiser ausgebrochen war" (Zeeden).

Mit dem böhmischen Aufstand begann 1618 ein Krieg, der über sehr verschiedene Phasen in verschiedenen Gebieten sich drei Jahrzehnte lang hinzog, zwei Friedensverträge (1629 Lübeck, 1635 Prag) einschloß, wechselnde Fronten sah und vom gegenreformatorischen Religionskrieg mehr und mehr zu einem machtpolitischen Duell zwischen Habsburg und Frankreich mit ihren Trabanten um die Hegemonie in Europa wurde. Daher bildete der Westfälische Friede nicht allein den Abschluß der Religionskriege für Deutschland und Europa, sondern erhielt auch Bedeutung für eine völkerrechtliche Neuordnung der Welt.

In Böhmen war die Rechtslage zwischen dem Herrscherhaus und den Ständen ebenso wie die zwischen den Konfessionen bereits seit langer Zeit unklar. Rudolfs Majestätsbrief hatte daran nichts geändert, auch die katholisch-protestantischen Zusammenstöße zu Braunau 1611 und zu Klostergrab 1614 nicht verhindert. Die Schließung der evangelischen Kirchen, die sich an diesen beiden Orten auf katholischem Grundbesitz befanden, veranlaßte Protestantenführer, einen Protestantentag nach Prag einzuberufen. Abgesandte dieser Kundgebung warfen am 23. 5. 1618 die kaiserlichen Statthalter aus ihren Räumen im Hradschin durchs Fenster in den Burggraben und eröffneten damit den Aufstand des eingesessenen, zumeist protestantischen Adels gegen das katholische Landesfürstentum.

Mit dem Prager Fenstersturz begann aber auch die Auseinandersetzung zwischen den Katholiken und Protestanten in Deutschland. „Ewig wird es unmöglich sein, Grad und Wert einer Krisis und besonders ihre Verbreitungsfähigkeit beim Beginn richtig einzuschätzen; denn hier entscheidet nicht so sehr das Programm, als vielmehr die Masse des vorhandenen entzündlichen Stoffes, d.h. die Zahl und Disposition der nicht bloß Leidenden, sondern auch längst zu einer allgemeinen Veränderung Geneigten" (Burckhardt). Die Auseinandersetzung steigerte sich über die Absetzung Ferdinands durch die Böhmen und Österreicher zur Wahl des Unionsführers und Kurfürsten Friedrich V. von der Pfalz zum König am 26./27. 8. 1619. Ferdinand fand Hilfe bei der Liga unter Maximilians von Bayern Führung; die Union setzte sich nicht für Friedrich ein. Dieser — ein „Winterkönig" — wurde am 8. 11. 1620 in der Schlacht am Weißen Berge besiegt von Tilly, einem bereits vielfach als erstem Vertreter der neuen oranischen Kriegskunst erfolgreich gewesenen General brabantisch-magdeburgischer Herkunft und jesuitischer Erziehung. Anschließend verlor der Winterkönig — die Union löste sich auf — auch die Pfalz an die bayrischen und spanischen Truppen und 1621 selbst die Kurwürde an Maximilian. Er starb 1632 im Exil. So stand am Anfang der großen Auseinandersetzung ein leicht und durch die Schuld der Protestanten errungener katholischer Sieg. Böhmen geriet unter Strafgericht und Verwaltung der Katholiken, der widerspenstige tschechische Adel wurde dabei durch einen solchen deutscher Herkunft verdrängt und die erbliche absolutistische Monarchie errichtet.

Hätte es sich um einen rein deutschen Krieg gehandelt, so wäre er nun wohl beendet gewesen. Aber weder Holland noch Frankreich waren mit der neu entstandenen Machtverteilung, vor allem mit der Stärkung Spaniens in Mitteleuropa, einverstanden. Und als Tilly den Krieg nach Norddeutschland trug, fühlte Christian IV. von Dänemark, Herzog von Holstein, deutscher Reichsfürst und Kreisoberster im niedersächsischen Kreise, sich selbst und den Protestantismus so bedroht, daß er — nicht zuletzt auch in der Hoffnung auf den Gewinn von Bremen und Verden — mit Englands und Frankreichs Rückendeckung den Krieg aufnahm. Maximilian mit dem Ligaheer und der Kaiser mit einem eigenen Heer stellten sich ihm entgegen — das kaiserliche unter dem tschechischen, 1606 konvertierten, durch zwei Ehen und den Ankauf konfiszierter Güter reich gewordenen Wallenstein — dem modernsten Rüstungs-, Wehrmachts- und Kriegsunternehmer seiner Zeit, der weit mehr als ein „barocker Abenteurer" war. Christian IV. und seine Verbündeten wurden mehrmals und bei Lutter am Barenberge 1626 entscheidend geschlagen; sie verloren das Gebiet zwischen Westfalen und der Elbmündung; 1627 besetzten die Kaiserlichen Jütland, 1628 Mecklenburg und Pommern (ohne Stralsund). Nur das Fehlen einer Flotte, deren Aufbau Schweden herausgefordert und auf Dänemarks Seite, also zur Machtausdehnung in der Ostsee, getrieben hätte, hinderte sie am vollständigen Sieg. Unter diesen Umständen kam es am 22. 5. 1629 zum Frieden von Lübeck, der Christian im Besitz seiner Territorien beließ, aber verpflichtete, auf sein Bündnis mit den norddeutschen Fürsten und auf die niedersächsischen Bistümer Bremen, Verden und Osnabrück zu verzichten. Anschließend wurde Wallenstein mit dem Herzogtum Mecklenburg belehnt. Noch vor dem Friedensschluß erließ der Kaiser das Restitutionsedikt, das den Geistlichen Vorbehalt von 1555 allgemein in Kraft setzte und die Rückführung (Restitution) aller entfremdeten Bistümer und Stifte zum katholischen Glauben anordnete. Die Durchführung dieses Ediktes, „des breitesten Vorstoßes der katholischen

Restauration ins mittlere Norddeutschland", hätte „die Axt an die Wurzeln der Reformation gelegt. Es war die ganze Form des norddeutschen Glaubens, Denkens und Lebens, der man den Krieg ankündigte" (Ranke). Sie hätte obendrein eine gewaltige Machtsteigerung des Kaisers zur Folge gehabt. Gegen solche Aussicht mußte sich eine breite Opposition bilden, die diesen Höhepunkt auch zu einer militärisch-politischen Wendemarke für Kaiser und Katholizismus werden ließ.

Nicht allein bei den deutschen Fürsten, insbesondere den Kurfürsten, sondern auch im Auslande erhoben sich Widerstände gegen eine solche Machtsteigerung des Kaisers, und in der Liga ebenso gegen Wallenstein, dessen Standeserhöhung kritisiert und dessen Heer als Machtinstrument des Kaisers von den Kurfürsten mit Abneigung betrachtet wurde. Auf dem Regensburger Kurfürstentag im Sommer 1630, zu dem auch ein Vertreter Frankreichs, Kardinal Richelieus Berater Pater Joseph, erschien, kam es über der Diskussion um Wallensteins Absetzung, Verminderung der kaiserlichen Armee und die reichsständische Kontrolle der Heerführung und Außenpolitik nicht zu der von Ferdinand geplanten Krönung seines gleichnamigen Sohnes zum römischen König, obschon der Kaiser Wallenstein fallen ließ und die Heeresverkleinerung noch zusagte, als in Regensburg bereits die schwedische Landung bekannt war. Dieser Erfolg hauptsächlich der katholischen Fürsten unter Maximilians Führung war ein noch größerer der Franzosen einerseits und der Schweden andererseits, die gerade im Juli 1630 mit nur 12500 Mann in Vorpommern landeten und nun dort von keiner Armee Wallensteins aufgehalten wurden.

Die Hauptmotive für Gustav Adolfs Eintritt in den Krieg nach einem Subsidienvertrag mit Frankreich waren: Abwehr eines drohenden polnisch-kaiserlichen Angriffs auf Schweden zwecks Vereinigung des polnischen mit dem schwedischen Thron unter Sigismund III. Wasa, Erweiterung und verbesserte Sicherung der Ostseeherrschaft durch den Besitz deutscher Küstenräume gegenüber Habsburgs Plänen, wirtschaftliche Vorteile und Befreiung des deutschen Protestantismus. Auch bei ihm herrschte also eine untrennbare Verbindung religiöser und politischer Absichten. Nach der deutschen Kaiserkrone strebte er nicht, wohl aber nach einer schwedischen. Fortan war der Schwedenkönig neben Maximilian von Bayern und Wallenstein die dritte große Gestalt in diesem Kriege. Von den protestantischen deutschen Fürsten wurde er wegen der Vielfältigkeit seiner Ziele mit Zurückhaltung begrüßt; nur Magdeburg, das unter der Gegenreformation litt, verband sich sofort mit ihm und wurde daraufhin von Tilly ab Herbst 1630 belagert, im Mai 1631 trotz schwedischer Hilfe erobert und — „diese weltberühmte, vornehme Stadt und Zierde des ganzen Landes" (Bürgermeister Otto von Guericke) — zerstört. Gustav Adolf brauchte 14 Monate, um sich in Norddeutschland systematisch eine breite und sichere Basis zu schaffen, strategische Plätze zu besetzen, sein Heer zu vergrößern und zu verbessern sowie Bündnisse und Subsidienverträge mit Frankreich abzuschließen, während die deutschen Protestanten versuchten, sich als neutrale dritte Partei zu formieren und nach beiden Seiten ihre Unabhängigkeit zu behaupten. Der Schwedenkönig zerschlug solche Pläne und zwang den Brandenburger Kurfürsten, seinen Schwager, zur Parteinahme für ihn — während Tilly durch seinen Einmarsch Sachsen auf die schwedische Seite trieb.

Erst jetzt begann der Schwede eigentlich den Feldzug, besiegte am 17. 11. 1631 Tilly bei Breitenfeld, zerschlug damit die kaiserlich-katholische Position in Norddeutschland, rückte gegen den Süden und zum Rhein vor und siegte am 15. 4. 1632 am Lech, woraufhin die Liga zerfiel und Richelieu sich über den großen Erfolg seines Bundesgenossen und Subsidienempfängers bestürzt zeigte. Die Katholiken holten Wallenstein zurück, den der Kaiser mit dem Oberbefehl betraute. Er behauptete sich bei Nürnberg gegenüber Gustav Adolf. Bei Lützen, nahe Breitenfeld, zeigten am 16. 11. 1632 die Schweden in einer achtstündigen Schlacht eine leichte Überlegenheit, verloren aber ihren König, der durch zwei Schüsse verwundet wurde und — „ein gewaltiger Soldat" (Wallenstein) — in den Armen des Herzogs Franz Albrecht von Sachsen verschied. Auch der kaiserliche Reichserbmarschall von Pappenheim — den Schiller den „Telamonier" (der als erster die Mauer von Troja erstieg) „des Heeres, den furchtbarsten Soldaten des Hauses Österreich und der Kirche" genannt hat — fiel in der Schlacht:

„Über hundert Narben zählte man an seinem Körper" (Hormayr).

„Deutschland war im Dreißigjährigen Kriege vielleicht zweimal der Einheit ganz nahe: 1629 durch Wallenstein, 1631 durch Gustav Adolf; in beiden Fällen würde ein furchtbarer, kaum zu bändigender Gegensatz im Volke geblieben sein; der Welttag der Nation wurde um 240 Jahre verschoben und trat dann ein in einem Moment, da jener Gegensatz seine Gefährlichkeit völlig verloren hatte" (Burckhardt).

Gustav Adolf war ein militärischer Reformer gewesen; er hatte weithin den Protestantismus behauptet oder wiederhergestellt, aber auch den Krieg brutalisiert und den französischen Einfluß auf Mitteleuropa vergrößern geholfen. Doch bildete sein Bündnis mit Richelieu auch den Anfang für das Zurücktreten religiöser Gesichtspunkte und für die allgemeine Säkularisierung der Außenpolitik in Europa, die nach 1648 immer stärker in Erscheinung treten sollte. Die Großartigkeit und Weiträumigkeit von Gustav Adolfs Zielsetzung konnte von Christine von Schweden und ihrem Reichskanzler Oxenstierna nicht behauptet werden. Unter ihren Generälen brachen Zwiste, unter ihren Soldaten Meutereien aus. Vorsichtig wurde der Krieg weitergeführt, an dem nun auch aus Italien durch die Schweiz herbeigezogene Spanier am Oberrhein teilnahmen. Während die Schweden 1633 im Heilbronner Bund, einer Zusammenfassung vieler deutsch-schwedischer Einzelbündnisse, ihren Einfluß bis tief nach Süddeutschland ausdehnten und die kaiserlichen sich deren Verdrängung aus Deutschland zum Ziel setzten, bereitete sich in Böhmen Wallensteins, des Fürsten von Friedland, Tragödie vor. Eigenmächtig, politisch undurchsichtig, egoistisch, rachsüchtig zog er viel Kritik auf sich; schließlich plante er den Abfall vom Kaiser, der ihn daraufhin im Januar 1634 absetzte und im Februar wegen Hochverrats festzunehmen befahl, worauf er am 25. 2. 1634 von eigenen Offizieren sowohl trotz wie wegen des ihnen abgezwungenen Pilsener Reverses, der sie zu bedingungsloser Ergebenheit an seine Person verpflichtete, ermordet wurde; zu ihren Motiven gehörten zugleich Treue zu Kaiser und Konfession wie auch ein starker persönlicher Aufstiegswille. Am Anfang ein großer kaiserlicher Feldherr, „ein geborener Kriegsfürst“ (Ranke), galt Wallenstein am Ende als ein Phantast und Verräter. „Er stieg dem Kaiser viel zu hoch ... Sucht letztlich gar als Siegeslohn für sein Haupt eines Königs Kron ... O Wallenstein, der Allen ein Stein ...“, hieß es in einem Volkslied. Aber auch die Zeit der Condottieri war vorüber, die mit fast eigenen Armeen eigene Politik trieben und sich damit Fürstentümer eroberten. Zugleich bewies Wallensteins Ende und dessen Auswirkung die Festigkeit von Ferdinands absolutem Regiment.

Im Herbst 1634 besiegten die Kaiserlichen bei Nördlingen die Schweden. Der Heilbronner Bund zerfiel, und Kursachsen schloß einen Präliminarfrieden, dem im Mai 1635 der Friede zu Prag folgte. Sein Inhalt war: Ausschluß des Calvinismus, Fixierung der Bekenntnisse nach dem Stand von 1627, Verzicht auf die weitere Durchführung des Restitutionsedikts, paritätische Besetzung des Reichskammergerichts und Bildung einer Reichsarmee unter kaiserlichem Befehl — also eine deutliche Stärkung der kaiserlichen Position, der auch 1636 die Königswahl Ferdinands III. zu Lebzeiten des Vaters entsprach. Fast alle Reichsstände schlossen sich dem Vorgehen Sachsens an. Der Friede auch mit Schweden wäre wohl erreichbar gewesen, wenn nicht Richelieu ihn in Frankreichs Interesse verhindert hätte und 1635 zu offener Kriegserklärung an Spanien und Kriegführung in Deutschland übergegangen wäre. Nun erst trat der Krieg in seinen letzten, am weitesten gespannten und grausamsten Abschnitt.

Nach dem Sieg der Krone über aristokratische Fronde und Hugenotten im Jahre 1630 wandte Frankreich sich unter Richelieus bestimmendem Einfluß aktivster Außenpolitik zu: es gewann 1630/35 Holland gegen Spanien, schlug in Italien Habsburg, besetzte und annektierte 1632/34 Lothringen, drang durch das Elsaß über den Rhein vor (1634/35) und erklärte am 18. 9. 1635 dem Kaiser den Krieg, nachdem es Herzog Bernhard von Weimar und dessen Heer angeworben hatte. Ein Subsidienvertrag mit Hessen wurde 1636, eine neue Bindung Schwedens durch Geldzahlungen 1638/41 erreicht. Der Niederwerfung Habsburgs sollte die Hegemonie Frankreichs folgen, wozu die Föderalisierung Deutschlands und die finanzielle Abhängigkeit möglichst vieler deutscher Fürsten erwünscht war. Unter solchen Gesichtspunkten zog sich der Krieg in dem erschöpften Deutschland ohne entscheidende Schlachten, aber in blutigen, an Raub und Plünderung reichen Feldzügen hin, wobei Frankreich-Schweden langsam das Übergewicht gewannen und die Partei des Kaisers Brandenburg und Bayern einbüßte. Zugleich wurde seit dem Prager Frieden fast ständig um eine Generaleinigung verhandelt: 1636 in Köln, 1639 in Hamburg und beim Reichstag von 1641; 1644 wurden tatsächlich Friedensverhandlungen eröffnet, die nach vier Jahren mühseliger Einzelbesprechungen über Territorial-, Konfessions-, Restitutions- und andere Fragen zunächst am 30. 1. 1648 im Frieden mit Spanien zur Verselbständigung der Niederlande als souveränem Staat und dann am 24. 10. 1648 zum Frieden des Kaisers und der Reichsstände mit den Schweden in Osnabrück, mit den Franzosen in Münster führte.

Der Westfälische Friede und das Ende des konfessionellen Zeitalters

„Gott Lob! Nun ist erschollen / Das edle Fried- und Freudenswort / Daß nunmehr ruhen sollen / Die Spieß und Schwerter und ihr Mord" — mit diesen Worten beginnt Paul Gerhardts „Danklied für die Verkündigung des Friedens". Die Instrumenta pacis Westphalicae brachten außer dem Frieden auch eine Neuordnung Deutschlands. Der Friede regelte zunächst einmal die Stellung der Konfessionen im Reich und in den Territorien, sodann das Verhältnis der Stände zu Kaiser und Reich, und schließlich dasjenige Deutschlands zum Ausland. Er bedeutete also Religions-, National- und Völkerfrieden und Verfassungsordnung zugleich. Anfangs sollten alle Kriegsteilnehmer unter den Staaten in dem Besitzstand von 1618 restituiert werden; doch behielt Bayern die Oberpfalz und Maximilian die Pfälzische Kur, wofür zum Ausgleich der Sohn des Winterkönigs Karl Ludwig, der sich nun mit der Unterpfalz begnügen mußte, eine neue, die achte Kurwürde erhielt. Der Augsburger Religionsfriede von 1555 wurde für fortbestehend erklärt und auf die Reformierten ausgedehnt, das Cuius-regio-Prinzip rückwirkend beibehalten; der Territorialherr bestimmte also die Konfession seines Landes, dabei sollte als Besitzstand für die Konfessionen das Normaljahr 1624 gelten, womit grundsätzlich die alte Auffassung preisgegeben wurde, daß die Untertanen jedem Religionswechsel ihrer Obrigkeit folgen müßten. Auf den Reichstagen sollten bei der Behandlung von Religionsfragen künftig die beiden Konfessionen als geschlossene Corpora auseinandertreten — Itio in partes —, was die Anerkennung der Spaltung des Reiches bedeutete. Alle diese Bestimmungen galten nicht für die habsburgischen Erblande, die also künftig ihre eigene geistige Entwicklung nehmen sollten.

In Deutschland brachte der Friede den Fürsten die „teutsche Libertät“: er beschränkte die Bedeutung des Kaisers auf ein Minimum und machte auch seine Außenpolitik von den Reichsständen abhängig, so daß er also nicht mehr allein, sondern mit den Reichstagen über Krieg, Frieden und Bündnisse bestimmte. So weit, bis knapp vor die volle Souveränität, gingen die Rechte der Landesherren, daß man fortan von der Ohnmacht des Reiches und nur noch von Reservatrechten des Kaisers sprach. Damit erst erhielten nach langer Vorbereitung die Fürsten ihre volle Landeshoheit und das Recht, untereinander und mit auswärtigen Mächten Bündnisse, jedoch offiziell nicht gegen Kaiser und Reich, zu schließen — und damit die Möglichkeit, in Haltung und Anspruch den französischen Absolutismus nachzuahmen.

Sowohl Frankreich wie Schweden forderten und erhielten für ihre Beteiligung am Kriege „Entschädigungen“. Frankreich behauptete Metz, Toul und Verdun, übernahm die habsburgischen Besitztitel im Elsaß und damit rein deutsches Gebiet sowie durch das Besatzungsrecht in Breisach und Philippsburg rechtsrheinische Brückenköpfe. Schweden nahm sich Verden, Bremen, Wismar, Vorpommern und Rügen, wofür Brandenburg und Mecklenburg an anderen Stellen territorial entschädigt wurden; es wurde Reichsstand und forderte 20 und erhielt — erstaunlich schnell aus dem verarmten protestantischen Teil Deutschlands — 5 Millionen Taler zum „Contantement“ seiner Soldaten, d.h. rückständige Soldzahlungen, bevor es die sehr lästigen Besatzungstruppen zurückzog. Schwedens brutale

Kriegführung, seine Beutemacherei und letzte Geldforderung ließen, wie z.B. Friedrich von Logaus Sinngedichte von 1654 zeigen, eine heftige Abneigung besonders in Norddeutschland zurück. Die Schweiz und die Niederlande wurden endgültig souveräne Staaten ohne jede Bindung an das Reich. Die Friedensinstrumente wurden Reichsgesetz, die ausländischen Sieger Garanten dieses Friedens, der bis 1945 als die schwerste Katastrophe für Deutschland und die Deutschen betrachtet wurde. Dabei mußten auf die Dauer die Menschenverluste und Zerstörungen von Städten, Dörfern usw. weniger schwer wiegen als z. B. der Umstand, daß alle deutschen Flußmündungen sich fortan, d.h. im Zeitalter des Merkantilismus, des verstärkten Seeverkehrs und der überseeischen Imperienbildung, unter ausländischer Kontrolle befanden, während gleichzeitig solchem Einfluß, besonders auch dem französischen, in der Politik wie in der Auffassung von Bildung und Lebensaufgabe nicht der Widerstand eines geschlossenen, absolutistisch regierten oder in sich geeinten Reiches begegnete, sondern das partikularistische Libertätsbedürfnis und der Opportunismus der Landesherren sich anzupassen bereit zeigte.

All diesen Verlusten und Nachteilen stand allerdings der große Gewinn gegenüber, daß dieser Friede Deutschland das Ende der Religionskriege brachte. Er war insofern eine „Epochengrenze". Ein prinzipiell von Religionsfragen beherrschtes Zeitalter ging zu Ende; künftig trat das religiöse Moment bei den innerdeutschen und internationalen Auseinandersetzungen immer stärker in den Hintergrund — bis es im 20. Jahrhundert in der säkularisierten Form der „Ideologie" und der „Weltanschauung" erneut größte Bedeutung erhalten sollte. Einstweilen folgte einer Zeit „religiöser Bindungen bis zum Formalismus" eine solche „staatlicher Bindungen bis zum Absolutismus" (Joel).

ZWISCHEN DEM DREISSIGJÄHRIGEN KRIEGE UND DEM TODE LUDWIGS XIV.

Durchführung und Auswirkung des Westfälischen Friedens

Nicht ein Wiederaufbau, sondern ein neuer Anfang, ein Neubau Deutschlands, war nach den Friedensschlüssen von Münster und Osnabrück nötig. Denn die außerdeutsche Welt hatte während dieses von Heerzügen und Schlachten, von Koalitionen und Gegenbündnissen erfüllten Menschenalters nicht stillgestanden, sondern in Staat, Wirtschaft und Gesellschaft eine starke Entwicklung zu Absolutismus, Merkantilismus und Bürgertum erlebt, mit der es sich abzufinden und auseinanderzusetzen galt — eine Entwicklung von der Theologie und Philosophie alter Art zu wachsender Bedeutung von Naturwissenschaften und Technik, vom Früh- zum Großhandelskapitalismus der vielformigen Kompanien und „Verleger", eine Entwicklung auch in Aufbau und Ausrüstung der Heere sowie in der Kriegführung. Bei alledem hatte sichtlich Westeuropa, hatten im Bereich von Wirtschaft und Technik die Seemächte Holland und England bei Staatsform, Kriegführung, Kunst und Kultur Frankreich den Vorrang, übten sie die Wirkung von Leit- und Vorbildern nach Osten über Deutschland bis Rußland hin aus.

Das alles bedeutete eine zunehmende Vervielfachung der Formen, eine immer stärkere Individualisierung der Staaten und Völker — wie ja auch die Konfessionen ihre Sonderarten immer deutlicher und schärfer abgegrenzt ausprägten. An die Stelle der einheitlichen Christenheit trat nun nach 1648 ganz deutlich und unabänderlich „Europa" — nicht als neue Einheit der Säkularisation, sondern als Vielzahl selbständiger Staaten, von denen keiner die Oberhoheit eines anderen dulden und jeder seine Unabhängigkeit bewahren wollte, was, vorläufig noch unbewußt und unbemerkt, den Beginn eines Systems des politischen Gleichgewichts bedeutete.

Für fast 160 Jahre bildete das Reichsgrundgesetz des Westfälischen Friedens die Basis der innerdeutschen Ordnung und einen integrierenden Bestandteil der europäischen Macht- und Gleichgewichtsverteilung, aus der sich freilich das der habsburgisch-spanischen Einkreisung ledige Frankreich energisch mit dem Ziel der Hegemonie in Europa heraushielt — ähnlich wie im 19. und selbst noch im 20. Jahrhundert Großbritannien mit allerdings nachlassendem Vormachts- und Ordnungsanspruch gegenüber dem europäischen Kontinent. Das Reich wurde zum Vorfeld der Politik seiner Nachbarn. „Frankreich als Staat und Deutschland als Staat hatten beide dieselben Prinzipien der Auflösung in sich, in dem einen zerstörte er sie vollends und erhob sich dadurch zu einem der mächtigsten Staaten; in dem anderen gab er ihnen alle Gewalt und hob dadurch seinen Bestand als Staat auf" (Hegel).

Der Krieg hinterließ nicht allein ein über alle Vorstellungen hinaus zersplittertes Reich, in dem ausländische Souveräne zuweilen mehr Einfluß besaßen als der Kaiser, nicht allein eine gegenüber dem Anfang des Jahrhunderts um rund ein Drittel verringerte Bevölkerung — während in allen anderen Ländern die Zahl der Menschen, d.h. die Arbeits-, die Konsum- und die Steuerkraft zunahmen —, nicht allein zerstörte Ortschaften, Wüstungen und verwilderte Felder, Armut und über Jahrzehnte aufgelaufene Schulden, sondern er brachte auch zunächst die Not und die Last der Durchführung der Friedensbedingungen. Erst im Sommer 1650 wurde in Nürnberg der Friedens-Exekutions-Haupt-Rezeß veröffentlicht, der hohe Zahlungen und in Ostfriesland, am Niederrhein und in Franken noch niederländische bzw. spanische Garnisonen beließ: das Reich war viel ohnmächtiger, als man aus traditionellem Respekt und angesichts der Existenz der habsburgischen Großmacht glaubte.

Kaiser und Reich

Für 150 Jahre fehlte in der deutschen Geschichte ein Mittelpunkt. Waren bereits in der großen Zeit des Kaisertums deutsche Geschichte und Kaisergeschichte keineswegs identisch gewesen, hatte schon die italienische Entwicklung außerhalb der deutschen und die der Ostkolonisation jenseits der Kaisergeschichte gelegen, so konnten jetzt Kaisertum und Hausmacht der Habsburger keineswegs mit Deutschland, mit dem Reich identifiziert werden. Habsburgs Verluste im Westen stellten Einbußen für Deutschland und das Reich, im Sinne der Habsburger dagegen Entlastungen zugunsten ihrer Aufgaben und Ziele im Osten und Südosten dar, die nur zu einem geringen Teil auch mit Vorteilen für Deutschland verbunden waren, wohl aber Grundlage des österreichischen Staates, der späteren Donaumonarchie, wurden. Das hat sich bis in unsere Gegenwart deutlich bemerkbar gemacht: neben der Sprachgemeinschaft der Deutschen und Österreicher gab es im Laufe der Jahrhunderte wohl noch eine Kultur-, aber immer weniger eine Geschichts- und am wenigsten eine Erlebnisgemeinschaft.

Der Kaiser, der in Österreich einen zunehmend starken, gegenreformatorisch und verwaltungsmäßig-absolutistisch zentralisierten Machtkern besaß, gleichwohl aber von der Internationalität seiner Dynastie her unter starken spanischen und italienischen Einflüssen stand, befand sich also mit seiner Hausmacht mehr neben dem Reich als in ihm. Und das Reich, von dem Voltaire später sagte, es sei weder heilig noch römisch noch Reich, dieses „irreguläre und fast einem Monstrum ähnelnde" Staatswesen (Pufendorf), war nicht ein in sich geschlossener Staat oder eine Nation, sondern eine sehr lockere Verbindung und Gemeinschaft von Territorien und Dynastien. Die bedeutendsten davon waren neben Habsburg Sachsen und Brandenburg mit seiner kraftvollen Kurfürstenpersönlichkeit. Neben ihnen standen ein 1648 vergrößertes Bayern, die schwer zerstörte Pfalz und unter den geistlichen Kurfürsten an erster Stelle der über Mainz und Würzburg herrschende Johann Philipp von Schönborn. Hinter diesen wieder folgten Hessen-Kassel, die Welfen und viele andere. Doch die Summe der Geschichte aller dieser Partikularstaaten ergibt nicht etwa eine deutsche Geschichte — zumal einige größere Dynastien in gewissem Umfange aus dem Reich hinauswuchsen, es sprengten und sich dagegen wandten —, sondern kann nur deren Fehlen unterstreichen.

Hatte um die Zeit des Restitutionsedikts von 1629 die Gefahr der Ausbildung eines kaiserlichen Absolutismus auf militärischer Grundlage bestanden, war mit Gustav Adolf ein neues, die Institution der Reichskreise gegen den kaiserlichen Zentralismus förderndes ausländisches Element neben dem französischen in Erscheinung getreten, hatte schließlich Wallenstein in seinem zweiten Generalat so umfassende Vollmachten erhalten, daß Ranke dies als „den größten Eingriff in die Reichsverfassung, den man seit Jahrhunderten erlebt hatte", bezeichnete, so blieb nach der Ermordung des Friedländers die Stärke des Heeres bestehen und auf ihrer Grundlage die absolutistische Entwicklung der Reichsverfassung gegenüber den Ständen, Schweden und Frankreich, die beide sich als Wahrer der „deutschen Freiheiten" bezeichneten. Doch auf deren, nicht auf der absolutistischen Linie verlief die deutsche Geschichte seit dem Westfälischen Frieden. Dabei trat andererseits immer stärker der Reichshofrat, der sowohl politisch beratende wie richterliche Funktionen hatte, als entscheidendes Machtmittel des auf die mittelalterliche Rechtsidee gegründeten Kaisertums hervor, während das Reichskammergericht, die eigentliche höchstrichterliche Behörde seit 1495, auch nach dem Reformversuch von 1654 sehr an Bedeutung und Arbeitskraft verlor.

Um der Zunahme des Einflusses von Frankreich und Schweden auf die Kaiserwahl über die Reichsstände zu entgehen, erfüllte Kaiser Ferdinand III. 1652 insgeheim Sonderwünsche der Kurfürsten und erreichte so, daß Ferdinand IV. am 31. 5. 1653 in Augsburg einstimmig zum König gewählt wurde. Erst danach wurde in Regensburg der erste Reichstag nach dem Kriege eröffnet, der keine seiner bedeutenderen Aufgaben erledigen konnte — teils weil das Interesse des Kaisers am Reich und an dessen Erneuerung auf ständischer Grundlage nicht groß war, teils weil die Reichsstände, in erster Linie Brandenburg, dem Kaiser keine Macht zukommen lassen, aber auch nicht selbst die Führung im Reich übernehmen wollten, teils schließlich weil die ausländischen Großmächte an der Aufrechterhaltung der deutschen Anarchie interessiert waren. Deutlich fehlte dem Reichstag ein aktiver politischer Mittelpunkt: die Frage der Reichsverfassung wurde von ihm nicht aufgeworfen, die vom Kaiser angestrebte Reform des Reichsheeres verhindert und die des wirtschaftlichen Aufbaues im Zeitalter des zentralisierenden Merkantilismus den Territorien überlassen. So kam es — abgesehen von der Reform des Reichshofrats — zu einer weiteren

Schwächung des Reiches und zur Stärkung des territorialstaatlichen Absolutismus sowie zur Konzentration der protestantischen Reichsstände unter der Führung des energischen Kurfürsten von Brandenburg.

Bereits vor dem Reichstag hatte sich, z.T. gegen diesen Hohenzollern, 1651 und in der Hildesheimer Union 1652 die Neigung zur Bildung reichsständischer Föderationen und Bündnisse gezeigt, die nun immer stärker hervortrat und in einem brandenburgischen — politisch, nicht konfessionel begründeten —, antihabsburgischen Unionsplan unter Anlehnung an Frankreich 1654 gipfeln sollte. Ihm stellte sich die anfangs katholische, bald allgemein politische Kölner Allianz entgegen, in der seit 1655 auch Johann Philipp von Mainz nach einer Mittlerstellung in der europäischen Politik strebte. Diese Bündnisbewegung, die ständig auch auf die spanisch-französischen Gegensätze abgestimmt wurde, entsprach zwar einer alten Tradition der Friedenssicherung in Zeiten der Reichsschwäche, wurde aber seit der Reformation noch konfessionell und besonders seit 1648 international kompliziert. Eine wirklich deutsche Politik kam nirgends zustande. Das zeigte sich auch, als nach dem Tode des Kaisers ein Interregnum von 15 Monaten entstand und die neue Kaiserwahl ganz unter den Einfluß des habsburgisch(-spanisch)-französischen Gegensatzes geriet. In dem Bestreben, eine Wiedervereinigung des habsburgischen Gesamthauses zu verhindern, trafen sich zwar deutsche Landesherren mit Frankreich, doch vermochten sie keinen Thronkandidaten zu benennen, so daß zeitweise selbst Ludwig XIV. von dem während der Minderjährigkeit des Königs die Regierung ausübenden Kardinal Mazarin genannt werden konnte. Als dann schließlich 1658 Leopold I. gewählt wurde, zwang die Wahlkapitulation ihn für das Reich und seine Hausmacht zur Neutralität im spanisch-französischen Konflikt. Auch mußte er Frankreichs Landerwerbungen im Elsaß noch einmal ausdrücklich anerkennen. Aber schon ging Mazarin einen entscheidenden Schritt darüber hinaus, indem er im Anschluß an den Rheinischen Bund von 1654/55 am 15. 8., also einen Monat nach der Kaiserwahl, für zunächst drei Jahre den Rheinbund schuf: dieser bestand aus den drei Kurfürsten am Rhein, Pfalz-Neuburg, Münster, Schweden für Verden und Bremen, den welfischen Herzögen und dem Landgrafen von Kassel. Am Tage darauf trat Frankreich hinzu, in den nächsten Jahren folgten Brandenburg, Württemberg, Hessen-Darmstadt und andere. Deutsches Oberhaupt des Bundes war und blieb der tatkräftige Johann Philipp von Mainz, der erste jener Schönborn-Herrscher über die „Pfaffengassen“ an Rhein, Main und Mosel, ein Freund von Leibniz, dessen Erklärung von 1679, „daß die deutsche Freiheit annoch wahrhaftig lebe und nicht nur in der Einbildung bestehe“, dieser den Aufstieg seiner Familie einleitende, maßvolle und klarsichtige geistliche Aristokrat freilich kaum akzeptiert haben dürfte.

Offiziell war der Bund gegen niemand gerichtet, vielmehr ausschließlich ein Schutzbündnis der Teilnehmer; er sollte der Erhaltung des Friedens durch die des habsburgisch-bourbonischen Gleichgewichtes dienen, d.h. den Kaiser an der Unterstützung Spaniens hindern. Er war, wie der Rheinbund von 1806, zweifellos ein Ausdruck des starken politischen Gegensatzes gegen das habsburgische Kaisertum. Aber seine deutschen Mitglieder wollten damit nicht das Reich auflösen, sondern es im Gegensatz zu 1806 vor der Gefahr der Zerreißung in einem neuen Kriege zwischen dem Kaiser und Frankreich bewahren. Eine bemerkenswerte Bedeutung hat der Bund nicht erlangt; er hat eigentlich nur im Rahmen der Türkenhilfe von 1663/64 zum Siege bei St. Gotthard an der Raab am 1. 8. 1664 beigetragen, mehr aber noch die Ausnutzung dieses Erfolges verhindert, weil der Kaiser ständig den von Frankreich gestützten und geführten Bund als Bedrohung im Rücken empfinden mußte. Im übrigen aber wußten auch die Rheinbundfürsten selbst, daß ihr Protektor im Grund gefährlicher war als Leopold, und ließen den Bund nach wenigen Jahren auseinanderfallen, was wohl fortan dem Kaiser seine Politik erleichterte, nicht aber den Gegensatz der Reichsstände zu ihm aus der Welt schaffte. Vielmehr entwickelte sich gleichzeitig der „ewige“ oder „immerwährende“ Reichstag zu einem ständigen Gesandtenkongreß in Regensburg, der die kaiserliche Politik kontrollierte und am Kriege hinderte. Eine gedeihliche Arbeit oder gar ein Zusammenwirken von Kaiser und Ständen schloß dieser Zustand nun freilich aus: der Kaiser verwarf Leibniz’ Reichsgutachten über die Sekurität von 1670; die Defensionalverordnung von 1681, die auf der Grundlage der Kreisverfassung ein Reichsheer von 40000 Mann, eine Reichskriegskasse und Kreiskriegskassen vorsah, wurde fast nur in den Kleinstaaten durchgeführt, da die größeren Territorien längst über eigene stehende Heere verfügten. Arbeitsunfähig und auch nicht sehr arbeitswillig, wurde der Reichstag schnell zum Gespött im In- und Ausland. Weder der Kaiser noch das „Reich" waren also Träger der deutschen Politik; die lebendigen Kräfte lagen vielmehr in den Einzelstaaten.

Die deutschen Mittel- und Kleinstaaten

Von diesen Territorien wurde nach 1648 der Wiederaufbau geleistet, von ihnen damit der Charakter der Folgezeit bestimmt. Das bedeutete zugleich, daß dieser lange Zeitraum nicht einheitsstaatlich, sondern entsprechend den Individualitäten von Fürsten, Stämmen und Territorien sehr bunt und häufig in kleinen und kleinlichsten Gegensätzlichkeiten verlaufen mußte. Dabei stand auf der einen Seite der Vorteil reicher Vielfalt, auf der anderen der Nachteil kleinstaatlicher Enge; außerdem herrschte meist das Gegeneinander des Unterschiedlichen und bestenfalls das Nebeneinander des Gleichen mit unproduktivem Kräfteverschleiß in kräftearmer Zeit. Am auffälligsten, krassesten und eindringlichsten erwies sich diese negative Seite in der Vielzahl territorialstaatlicher Merkantilismen — etwa beim Streben mittel- und süddeutscher Staaten nach eigener, dem Zeitgeist entsprechender Kolonialpolitik in Übersee ohne Rücksicht auf ihre heimischen geographischen Gegebenheiten oder bei dem Bemühen mitteldeutscher Territorien um den Aufbau direkter Handelsbeziehungen zu England, das an der aus Souveränitäts- wie aus Finanzgründen hartnäckig aufrechterhaltenen Tradition von Stapelrecht und selbständiger Zollpolitik vorgelagerter Staaten scheiterte. Im Zeitalter der phantasievollen und über die Ausgewogenheit der Renaissance hinausgreifenden Barockkunst gab es auch in der Politik und in der Auffassung der Herrscher von sich selbst und ihrer Stellung in der Welt viel Phantasterei und machtpolitische Gedankenspielerei.

So verschieden diese Territorien waren, so besaßen sie doch auch manche grundsätzlichen Gemeinsamkeiten: etwa die Staatsform des fürstlichen Absolutismus und das immer deutlichere Zurücktreten der Stände. Adelsstarke Territorien wie Mecklenburg und Hannover, das verbürgerlichte Württemberg und das konfessionell gespaltene Sachsen bildeten Ausnahmen, die ihrer Gegenwart das Signum des bunten Individualismus und der deutschen Libertät aufprägten, die jedoch der Historiker im rückblickenden Vergleich nur als schwerfällig und anderen, straff absolutistisch regierten Staaten unterlegen bezeichnen kann. Und wo, wie etwa in Hamburg, Frankfurt, Leipzig, weniger in Bremen und Lübeck, die ständische Form des politisch-gesellschaftlich-wirtschaftlichen Lebens bestehen blieb, da mußte sie sich nicht selten gegenüber mancher reformerischen Opposition bewähren und behauptete sich überhaupt nur auf dem Fundament wirtschaftlichen Gedeihens. Das aber heißt: diese Städte bewahrten ein Gesicht und Wesen, die von der Erscheinung der nun aufblühenden fürstlichen Residenzstädte entschieden abwichen — eindeutig zum Vorteile, was die Finanzseite anbetraf, eher zum Nachteil, wenn man bedenkt, was an handwerklich-industrieller, an Bildungs- und künstlerischer Unternehmungslust und Schaffenskraft etwa von Berlin aus das kurfürstliche Brandenburg und die preußische Monarchie zu erfüllen und zu bereichern begann.

Weit verbreitet ist die Auffassung, die deutschen Territorialstaaten seien nach 1648, besonders in der Zeit Ludwigs XIV., ganz und gar dem französischen Vorbild verfallen gewesen. Dieser aus dem 19. Jahrhundert stammenden, nicht zuletzt politisch begründeten, nationalmoralisch wertenden Auffassung ist jedoch entgegenzuhalten, daß der deutsche Territorialabsolutismus im altdeutschen Patriarchalismus wie in der christlichen Demut vor Gott und in der Verpflichtung gegenüber Gott sehr viel tiefer wurzelnde Kräfte besaß, die sich besonders in den kleineren Territorien aus den natürlichsten Gründen immer wieder durchsetzten: etwa wenn aus dem beabsichtigten Regierungsabsolutismus ein Verwaltungskameralismus wurde oder die aus westeuropäischer Erfahrung abgezogene reizvolle und weiträumige Merkantiltheorie in der Praxis der Hausväterliteratur und deren gutsbesitzerlichen Lehren weichen mußte. Hatten die einen oder die anderen von Gotha aus Abessinien- und von Bayern her Guyanapläne, so zeigt uns das, wie auch diese Weltweite der Gedanken und der Politik den deutschen Territorialherren nicht ganz fremd war, daß sie mitdenken und gelegentlich selbst mitplanen, wenn auch nicht mitwirken konnten. Ein anderes Format und infolge der Küstenlage andere Möglichkeiten besaßen dann freilich der Große Kurfürst von Brandenburg und sein Schwager Jakob in Kurland. Und doch erhebt sich auch hier — angesichts des finanz- und flottenstarken Monopolismus der Seemächte und der durch Sund und Kanal vom Atlantik abgesperrten Lage die Frage, ob das so in Handels-, Schiffahrts- und Kolonialkompanien verwendete Geld und die so eingesetzte Kraft für Gegenwart und Nachwelt besser angelegt waren als die Summen und Leistungen, aus denen unter Nachahmung französischer Vorbilder Dresden, München und manche kleinere Residenzstadt mit Lustschloß, Fasanerie, Eremitage und Gemäldegalerie, mancher Städteneubau wie Karlsruhe und Mannheim entstanden sind. Freilich: beides konnte wenigstens z.T. nur aus Subventionen geleistet werden, die zu politischer Anpassung und Soldatengestellung, d.h. zur Aufgabe der Selbständigkeit und häufig zur Nichtachtung der deutschen Interessen führen mußten. Ein eigener Staatsgedanke konnte sich unter solchen Umständen kaum entwickeln.

Dahinter standen dann die zahlenmäßig durch Säkularisationen verringerten geistlichen Staaten, die z. T. wie Köln, Münster und Paderborn dauernd einer weltlichen Dynastie, wie etwa der wittelsbachischen, angeschlossen waren oder sich über lange Zeiten in den Händen einer Familie, so etwa der Schönborns, befanden und von dieser geprägt wurden. Geistliche Fürsten wie jene oder Christoph Bernhard von Galen in Münster hatten als Herrscher ein Format, das auch unter weltlichen Staatsoberhäuptern selten war; als Kunstkenner, Sammler, Bauherren und Mäzene standen sie häufig weit über diesen. Auch hier herrschte überall der Absolutismus — nicht zuletzt mit Hilfe der päpstlichen Innocentiana von 1695, in der Papst Innozenz XII. alle Kapitulationen und Verpflichtungen vor der Wahl verbot und auch spätere Abreden von der Bestätigung durch die Kurie abhängig machte. Diesen beiden Gruppen folgten die Reichsstädte — zumeist auf kleinen Territorien, erhielten sie ohne eigene Politik ihre häufig blühende Existenz mehr infolge der Rivalität ihrer Nachbarn als aus eigener Kraft, teils auch durch geschicktes Lavieren und zuweilen durch überlegt angebrachte Geschenke. Ganz am Ende standen die zahllosen kleinen Grafschaften, Herrschaften und Ritterschaften, die Reichsabteien usw., die weder politisch noch kulturell oder wirtschaftlich eine ausstrahlende Existenz führten.

Der allmähliche Aufstieg von Kultur und Wirtschaft in Deutschland nach 1648 hatte seine Wurzeln und beachtlichsten Ergebnisse nicht in diesen Splitter- und Zwergstaaten, sondern in den größeren Territorien, die bis tief ins 19. Jahrhundert das deutsche Leben bestimmten.

Die Bildung moderner Staaten Brandenburg und Österreich

Mit dem „Kleinfürsten an der Spree“, dem Kurfürsten Friedrich Wilhelm, traten Brandenburg und Berlin aktiv in die große Politik ein: eine neue bedeutende Persönlichkeit unter den vielen großen Männern jener Zeit — von Gustav Adolf bis zu Peter dem Großen, von Richelieu bis zu Ludwig XIV., von Cromwell bis zu Wilhelm III. von Oranien —, und ein neuer Machtstaat unter den großen Mächten. Man hat Frankreich und Brandenburg die beiden Zentren des kontinentalen Absolutismus genannt — sie waren auch seine Pole und Höhepunkte: im Westen mit dem Katholizismus, im Osten mit dem mehrgliedrigen Protestantismus als Grundlage, auf altem Kulturboden der eine, in jüngerem Kolonisationsraum der andere Staat. Beide erstrebten sie zutiefst von binnenländischen Positionen aus kontinentale Expansion und durch die Persönlichkeit ihrer Fürsten, Minister und Berater sowie getrieben vom Zeitgeist, nicht vom Volkstum her, See- und Überseepolitik und -macht. Aber während Ludwigs Politik zugleich auch die Vertretung der französischen Ansprüche bildete, war die Friedrich Wilhelms wohl mit der Wahrnehmung der brandenburgischen, keineswegs aber der deutschen Interessen gleichbedeutend:

einen deutschen Charakter hat die brandenburgische Politik dieses Partikularfürsten nach 1648 niemals gehabt, wohl aber gelegentlich eine Richtung gegen die Belange des Reiches. Aus diesen Umständen ergab es sich, daß die französische Politik stets geschlossen und geradlinig, die Brandenburgs dagegen wohl absolutistisch konzentriert, aber in dauerndem charakterlos wirkendem Wechsel erschien, obwohl sie zutiefst von der gleichen Grundtendenz fürstlichen Machtstrebens bestimmt wurde.

Schon die Zeitgenossen nannten Friedrich Wilhelm den „Großen" Kurfürsten. Er kam 1640 zur Regierung und baute mit Subsidien und viel politischer Wendigkeit, doch nicht ohne Mißgriffe sein Land wieder auf, reorganisierte und verstärkte sein Heer, mußte die Zurücksetzung im Frieden von 1648 mit dem Übergang Pommerns an Schweden aus Mangel an Macht hinnehmen und hielt aller inneren Aufbauanstrengung zum Trotz den Blick stets auf das Meer und nach Übersee gerichtet — zu einer Welt, die einem deutschen Territorialherrn auch dann auf die Dauer verschlossen bleiben mußte, wenn er einen Ostseehafen besaß. Dieser Blick über Deutschlands Grenzen hinweg hat den Kurfürsten daran gehindert, den bedeutungsvollsten Wert seiner Erwerbungen von 1648 — Halberstadt, Minden und die Anwartschaft auf Magdeburg — zu erkennen: sie verknüpften Brandenburg mit dem übrigen Deutschland und bildeten eine entscheidende Voraussetzung für weitere Expansionen innerhalb des Reiches.

Auf die Außenpolitik war Friedrich Wilhelms Innenpolitik ganz und gar zugeschnitten: die Auseinandersetzung mit den Ständen — der Adelsfronde gegen Ludwig XIV. in Frankreich vergleichbar — in Cleve, dann in Brandenburg, in Magdeburg und schließlich in Ostpreußen, was alles zusammen in den 50er und 60er Jahren fast zwei Jahrzehnte in Anspruch nahm. Der Kurfürst blieb Sieger und setzte sich als absoluter Fürst in seinen Landen durch, erzwang sich mit Gewalt und nicht ohne Grausamkeit und Rechtsbeugung die Unterwerfung der z.T. vom Kaiser und selbst von Holland bzw. Polen unterstützten Widerspenstigen, mußte aber auch seinerseits Konzessionen machen: die Verschlechterung der Stellung sowie die Einschränkung der Freiheit und Vermehrung der Dienste der Bauern gegenüber den Rittergutsbesitzern, in Ostpreußen das Indigenatsrecht, also den Ausschluß aller dort nicht Geborenen von der Zulassung zu Ämtern. „Wäre es nach dem Sinn der Stände gegangen, so wäre der Staat der Hohenzollern ein lockerer Bund halbselbständiger Kleinstaaten geblieben, wie es etwa die Republik der Vereinigten Niederlande im 17. und 18. Jahrhundert war" (Hintze). So aber schuf der von den Ständen als Despot bezeichnete Fürst eine politisch, wirtschaftlich und militärisch konzentrierte Macht, neben dem kleinen stehenden Heer ein grundsätzlich gleichgeartetes Beamtentum und mit alledem schließlich in „praktischem Absolutismus" den modernsten, schlagkräftigsten und zukunftsträchtigsten deutschen Territorialstaat. Das bedeutete freilich schon hier, nicht erst in der Zeit des königlichen Enkels Friedrich Wilhelm, die Erhebung des Heeres zum Mittelpunkt und Vorbild — nicht aus einem spezifisch hohenzollernschen oder brandenburgisch-vorpreußischen Militarismus, sondern aus demselben Geiste, in dem das Gleiche unter Ludwig XIV. und in den Niederlanden geschah: aus barockherrscherlichem Denken und Wirken, zur Festigung und Erweiterung der Macht im Innern wie im Äußeren. Allerdings erhielt dadurch die hohenzollernsche Staatsverwaltung denselben Charakter wie die Heeresorganisation; sie hat diese Herkunft auch später nie ableugnen können oder wollen, vertrat sie doch gegenüber den Ständen und alten Territorialbehörden die größeren Gesichtspunkte, die höhere Ordnung, die staatliche Lebensform der Zukunft — ähnlich den Territorialherren im Jahre 1525.

So war Brandenburg in den 60er Jahren beides: ein erstarkender deutscher Territorialstaat und ein mit eigener Staatsidee sich erfüllender, besonderer Gesamtstaat, sein Kurfürst ein Territorialfürst und ein absoluter Herrscher. Friedrich Wilhelm selbst hat das deutlich empfunden und — mit ungelenken Worten zwar und weniger geradlinig als in der Praxis seiner Regierung — in seinem sogenannten Politischen Testament von 1667 zum Ausdruck gebracht.

Die wirtschaftliche Entwicklung entsprach ganz und gar der politischen Grundkonzeption und hatte zur Aufgabe, den

Kampf um Gewinnung und Erhaltung der Macht mit den nötigen, sehr bedeutenden Mitteln zu versorgen. Zu diesem Zweck wurde die Kontribution genannte Grundsteuer und und die nach niederländischem Vorbild geschaffene indirekte Steuer der Akzise in den Städten erhoben. Fortan blieb der brandenburgisch-preußische Staatshaushalt aufs engste verknüpft mit dem wirtschaftlichen Gedeihen der Städte. Des Kurfürsten auch sonst von niederländischen Erfahrungen und Theorien stark beeinflußte Unternehmungen wurden begünstigt durch die Verlagerung der europäischen Handelswege vom Mittelmeerraum zu den Küsten der Nordsee und des Atlantik. Was Ober- und Mitteldeutschlands wirtschaftliches Zurückbleiben seit dem 16. Jahrhundert mitverschuldete, wirkte sich hier zu Brandenburgs Gunsten aus: jene Gebiete hatten Zugang zum Weltverkehr fast nur noch nach Norden, über die großen Flüsse, die brandenburgisches Gebiet durchzogen. So erhielt Brandenburg eine beachtliche Mittlerstellung zwischen Küste und Oberdeutschland; zwischen den kapitalistisch fortgeschrittenen Räumen einerseits und den binnenländischen Agrargebieten andererseits zog es Nutzen — und das hieß erhöhte Steuern — aus Getreideexport und Kolonialgut-Transit. Nur in seiner aus Macht und Prestigedenken, aus Nachahmung niederländischer Vorbilder und aus dem Wunsch nach Ausbruch aus der Ostsee-Enge entwickelten See- und Kolonialpolitik fand Friedrich Wilhelm nicht den Realismus, der ihn sonst auszeichnete, schätzte er Brandenburgs Machtposition in Europa und das Wohlwollen Englands und Hollands für sich selbst allzu optimistisch ein. Diese Unternehmungen überstiegen Brandenburgs finanzielle Möglichkeiten und die politische Toleranz der Seemächte, Die Wiederaufgabe solcher Politik zu Beginn des 18. Jahrhunderts fiel zusammen mit der politischen und geistigen Wendung des Staates von den Aktionen kurfürstlicher Weiträumigkeit und Repräsentanz zu Sparsamkeit und binnenländisch-ostdeutscher Zielsetzung.

Eine wirklich wichtige Epoche für die brandenburgisch-preußische Geschichte bildete die zwar zuerst in Lüneburg und Hessen-Kassel begonnene, von Friedrich Wilhelm aber seit dem Potsdamer Edikt vom 29. 10. 1685 besonders nachdrücklich betriebene Aufnahme von Hugenotten, die nach der in Fontainebleau erfolgten Aufhebung des Edikts von Nantes — d.h. nach dem Verbot von reformierten Gottesdiensten und Versammlungen — Frankreich verließen und sich nach Deutschland wandten. Ausdrücklich nannte Friedrich Wilhelm in seinem Edikt die „harten Verfolgungen und rigoureusen proceduren", die sein „gerechtes Mitleiden" hervorriefen und ihn veranlaßten, den „bedrengeten Glaubensgenossen ... eine sichere und freye retraite ... zu offeriren". Von insgesamt 250000 Auswanderern kamen etwa 30000 nach Deutschland, davon 20000 nach Brandenburg-Preußen (4000 nach Berlin mit etwa 11000 Einwohnern), 6000 nach Hessen, die übrigen meist über Frankfurt, Kassel und Hamburg nach Ansbach, Bayreuth, (vor allem in die Refugiés-Kolonistenstadt Erlangen), Lüneburg, Homburg, Darmstadt, Württemberg und Mannheim. Die meisten Einwanderer waren tüchtige Handwerker, manche wohlhabende Unternehmer, wenige Arbeiter und Bauern. Ihre die Handwerke und Kunstgewerbe, den Fern- und Auslandshandel anregende, die Zunftengen auflockernde, menschlich-bildungsmäßig bereichernde Wirkung hat bis ins 20. Jahrhundert angehalten, Brandenburgs agrarischen Wirtschafts- und Sozialcharakter aufgelockert und Staat und Volk um ein wertvolles Element erweitert.

Außenpolitisch gelang es Friedrich Wilhelm in den Jahren 1656/57, durch sehr geschicktes Lavieren von Polen zu Schweden und zurück über verschiedene Verträge die Anerkennung seiner Souveränität in Preußen, nicht aber trotz militärischer Erfolge im Frieden von Oliva 1660 das von ihm seit 1648 angestrebte Schwedisch-Vorpommern und dadurch den Zugang zur See zu gewinnen. Die im schwedisch-polnischen Krieg von Friedrich Wilhelm bewiesene Staatsräson und „außerordentliche Geschicklichkeit" des „geborenen Politikers" hat Otto Hintze aus dem politischen Denken der Bismarckzeit bewundernd hervorgehoben. Ohne Zweifel hat aber diese Politik des „zähen und elastischen Geistes" den Kurfürsten auch in den Ruf der Unzuverlässigkeit gebracht und seinen militärischen Bündniswert beeinträchtigt. Daß er bei dieser Politik bald deutsche und nationale, bald protestantische Argumente verwandte und wieder aufgab, unterschied Friedrich Wilhelm nicht grundsätzlich von der Politik anderer ehrgeiziger Fürsten seiner Zeit, fiel aber auf durch die Offenheit und Häufigkeit des Wechsels in Verbindung mit bemerkenswertem Erfolg.

Nicht die Zugehörigkeit zum Reich, sondern der gegenreformatorische Katholizismus bildete nach 1648 das Hauptelement der habsburgischen Länder. Deutsche Motive und Zielsetzungen spielten für Leopolds I. Staatsaufbau und Österreichs Aufstieg zur Großmacht ebensowenig eine Rolle wie für den Großen Kurfürsten Friedrich Wilhelm von Brandenburg. Beide Staaten hatten durch die Interessen ihrer Herrscherhäuser im Verhältnis zum Reich zentrifugale Tendenzen. Es kam hinzu, daß die Habsburger sich auch nicht an die Religionsbestimmungen des Westfälischen Friedens zu halten brauchten und daher ihr Gebiet aus der geistig-religiösen Entwicklung des Reiches weitgehend herausnahmen.

Auch im habsburgischen Herrschaftsbereich galt es, zur Stabilisierung der Dynastie die Macht der Stände zu reduzieren oder zu beseitigen. In Böhmen war sie seit 1620, in Österreich seit 1626 gebrochen, in Ungarn hielt sie sich in Verbindung mit dem Protestantismus und dem Wunsch nach nationaler Selbstherrschaft bis 1687 und selbst darüber hinaus. Im übrigen aber festigten die Habsburger ihre Herrscherstellung sogar gegenüber der Kirche erheblich. Sie erkannten deren Totalitätsanspruch in allen geistlichen Fragen an, behaupteten jedoch ihre eigene Position als staatliche Ordnungsmacht auch gegenüber dem Papste und vereinigten mit ihrem Ernennungsrecht in zahlreichen Bistümern, mit dem Visitationsrecht gegenüber allen Klöstern und schließlich mit dem Recht der Besetzung von 300 Benefizien eine bedeutende Machtfülle in ihrer Hand. Die Gegenreformation wurde in Schlesien, Böhmen und Ungarn mit Nachdruck und Grausamkeit durchgeführt, was nicht ausschloß, daß es dabei z. B. in Schlesien zu kulturell fruchtbaren Begegnungen kam. Dort konvertierte Angelus Silesius, der die katholische Mystik erneuerte; dort wurde die „Heimat des calvinistischen Sprachreinigers Opitz zugleich das Land der durch den Jesuitenbarock befruchteten poetischen Dramatik des Lutheraners Gryphius“ (Rössler). Kulturell spielten die

Italiener — nicht zuletzt infolge der italienischen Heiraten der Habsburger — eine sehr anregende und so starke Rolle, daß Wien über die zweite Hälfte des 17. Jahrhunderts hinaus, also in der ganzen Regierungszeit Leopolds I. (1657—1705), eines höchst gebildeten, an allen Künsten lebhaft interessierten, die süddeutsch-katholische Barockkultur fördernden Herrschers, als Zentrum der italienischen Kultur galt. Auch in der Außenpolitik spielten — neben spanischen — italienische Einflüsse eine starke Rolle.

Ähnlich wie der Kurfürst von Brandenburg strebte Leopold nach Belebung und Konzentration der Wirtschaft zur Befriedigung der starken, ständig wachsenden finanziellen Ansprüche. Er entwickelte dabei die spezifisch österreichische Form des Merkantilismus, in dem der binnenländisch-südostmitteleuropäischen Lage entsprechend die Landwirtschaft den Vorrang einnahm und die Teilnahme am Welthandel nur sehr geringe Bedeutung gewann. Der Reichtum an Menschen, die verhältnismäßige Schonung der österreichischen Gebiete im Großen Kriege, die reichlichen Bodenschätze in Tirol und der Steiermark mit den anschließenden Industrien in Nieder- und Oberösterreich, Quecksilber in Istrien, Textil-, Glas- und andere Gewerbe in den übrigen Ländern dieses Staatswesens ohne einheitlichen Namen boten eine günstige Grundlage für die Steigerung der ökonomisch-finanziellen Leistungsfähigkeit. Hier knüpften die führenden deutschen merkantilistischen Theoretiker mit ihren Büchern und Plänen an, als sie empfahlen, Österreichs Wirtschaft zum Range derjenigen von Holland oder England zu erheben. F. W. v. Hornigk sprach 1684 in seiner Schrift „Österreich über alles, wenn es nur will" aus, was auch J. J. Becher und W. v. Schröder anregten und versuchten — sie alle ohne tiefreichende und dauernde Wirkung. Diese nationale Blickrichtung war freilich überall üblich. Leibniz schrieb 1679: „Wenn wir die Gaben Gottes genugsam zu brauchen wüßten, würde es uns kein Land so gar an Zierde und Bequemlichkeit hervortun . . . Wer in das Innere schauet, . . . muß unser Deutschland loben, das ein rauhes Ansehen, aber einen nährenden Saft in sich hat."

Wie der Kurfürst von Brandenburg seine Außenpolitik zwischen Polen, Schweden und Frankreich ausbalancieren mußte, so Leopold I. die habsburgische zwischen den Bourbonen und den Osmanen. Diese Zweifronten-Position gab dem politischen Leben das Signum der Ungewißheit und dauernden Bedrohung und stellte schwere wirtschaftliche und militärische Forderungen an die Staatskasse. Der Kampf um die Selbstbehauptung im Südosten erwies sich zwar als ein Kampf auch für das Abendland schlechthin, entstammte aber so wenig europäischem Denken, wie Brandenburgs Politik aus deutscher Gesinnung erwuchs. Habsburg wäre so großer Aufgaben ohne die Leistungen des Prinzen Eugen nicht Herr geworden.

Im Westen schuf der die spanischen Habsburger demütigende Pyrenäenfriede von 1659 die Ausgangslage für die spanische Erbfolgefrage, indem ein Artikel des Vertrages die Verbindung Ludwigs XIV. mit der ältesten Tochter des unterlegenen Philipp IV. von Spanien bestimmte und zugleich den Erbfolgeverzicht der Infantin festlegte. Nur Leopold hatte diesen Verzicht aufrichtig gemeint und als endgültig betrachtet; daher erhob er als Gatte der *zweiten* Tochter Philipps IV. Erbansprüche auf die spanische Gesamtmonarchie für den Fall des Ablebens des 1661 geborenen lebensschwachen spanischen Infanten Carlos. Das bedeutete, daß Habsburg *und* Bourbon nach dem spanischen Weltreich mitsamt dessen niederländischen und italienischen Nebenländern griffen.

„Das Jahr 1661 ist das Epochenjahr für den erneuten großen Doppelkampf, den der österreichische Staat für mehrere Menschenalter gegen Ost und West zu führen hatte: in diesem gleichen Jahre trat Ludwig XIV. die Selbstregierung an und schloß der Großwesir Mohammed Köprülü die innere Wiederherstellung der türkischen Staatsmacht als Voraussetzung einer neuen Eroberungspolitik der Pforte ab“ (Hinrichs).

Der Verlust von Neuhäusl, der Hauptfestung der Slowakei, 1663 an die Türken führte zum Kriege, in dem Tataren bis Brünn und Olmütz vorschwärmten. Der Kaiser mußte Hilfskontingente aus Brandenburg, Bayern, Sachsen, Frankreich und dem Rheinbund annehmen und diesen damit de facto anerkennen. Der Friede von Vasvar (Eisenburg), der 1664 nach dem Sieg bei St. Gotthard an der Raab den Krieg beendete, wurde

Österreichs militärischer Überlegenheit nicht gerecht, sondern schuf mit einem 20jährigen Waffenstillstand nur die Möglichkeit zur Wendung des Kaisers ins Reich und nach Westen, wo die Franzosen, die schon mit den Ungarn verhandelten, beim demnächst zu erwartenden Tode Philipps IV. wahrscheinlich losschlagen würden.

Deutschland und Ludwig XIV. 1665—1688

Mit Philipps IV. Tod im Jahre 1665 wurde die spanische Erbfolgefrage Mittelpunkt aller Politik in Europa. Ludwig XIV. machte sich sofort an die Eroberung der spanischen Niederlande als eines Teiles des spanischen Erbes auf Grund des Devolutionsrechtes, demzufolge auch Töchter aus erster Ehe vor den Söhnen aus zweiter Ehe als erbberechtigt galten. Doch diente auch ihm diese alte, etwas fragwürdig gewordene Begründung aus dem brabantischen Familienrecht nur als Vorwand bei der Lösung einer reinen Machtfrage. Da die spanischen Niederlande als burgundischer Kreis staatsrechtlich noch immer dem Deutschen Reich angehörten, und da man ein halbes Menschenalter nach Münster und Osnabrück aus kaum verhüllter Hegemoniepolitik einen neuen großen Krieg fürchten mußte, war die Erregung in Deutschland groß. Sie äußerte sich in einer starken, gegen Frankreich gerichteten Publizistik, in der Empfehlung einer gesamteuropäischen Koalition gegen Ludwig XIV. und in ersten Bestrebungen nach einer allgemeinen europäischen Gleichgewichtspolitik. An die Stelle des Rheinbundes, dessen Vertragswerk 1668 ablief, hätte vielleicht eine unabhängige, starke dritte Partei im Reich treten können, wenn es Ludwig XIV. nicht gelungen wäre, Friedrich Wilhelm von Brandenburg und Johann Philipp von Mainz durch ihre egoistisch-antikaiserlichen Interessen auf seine Seite zu ziehen, wofür er selbst auf die französische Thronkandidatur in Polen, eine starke Bedrohung Preußens, verzichtete. Gleichzeitig brachte der französische Gesandte es fertig, Leopolds I. Hauptratgeber zu einem geheimen Teilungsvertrag über die spanische Erbschaft zu gewinnen, in dem der Kaiser am 19. 1. 1668 Frankreichs Rechtsanspruch anerkannte, damit den Gedanken der Unteilbarkeit preisgab und auf das ertragreichste Gebiet der spanischen Erbschaft, die Niederlande, verzichtete — in der Hoffnung, so wenigstens den politischen Hauptteil der österreichischen Linie zu sichern.

Unter diesen Umständen kam nicht eine europäische Koalition, sondern nur eine protestantische Tripelallianz Holland - England - Schweden zustande, die am 2. 5. 1668 den Frieden zu Aachen erzwang: Ludwig behauptete zwölf flandrische Festungen, darunter Lille, Courtrai und Tournai; Spanien verlor sehr wichtige Orte im Grenzgebiet seiner Niederlande — eine Zwischenlösung und kein wirklicher Friedensschluß. Während Johann Philipp von Mainz nun die Auflösung des Rheinbundes und die Bildung einer „deutsch gesinnten Allianz" gegen Frankreich anstrebte, entwickelte Leibniz sein Gutachten von 1670 über die Securitas publica, das dem eben nach Mitteleuropa ausgreifenden Frankreich in ausschließlich deutschem Interesse Expansion nach Nordafrika, Ägypten und der Levante empfahl, den Kaiser aber mit der Bekämpfung des Islams binden, d.h. beide Hauptkräfte Europas aus Europa verweisen wollte, um im mitteleuropäischen Vakuum das Reich neu begründen zu können. Weder der Kaiser noch Ludwig folgten diesen Anregungen; die Franzosen besetzten Lothringen, nicht Ägypten, und wandten ihre Ausdehnungspolitik gegen Holland, das politische Haupthindernis vor der spanischen Erbschaft. Seit 1670 war Ludwig XIV. mit Bayern verbündet; seit 1671 war er durch die Ehe des Herzogs von Orléans mit Elisabeth Charlotte (Liselotte), der Tochter des Kurfürsten von der Pfalz, der pfälzischen Neutralität gewiß, seit 1671/72 zum Durchmarsch durch kurkölnische und Lütticher Gebiete und zur Kriegsvorbereitung in Neuß berechtigt. Mit dem Fürstbischof von Münster verband ihn eine Allianz gegen Holland; der militärischen Unterstützung oder mindestens der Neutralität anderer Kleinstaaten wußte er sich sicher: so hätte Ludwig XIV., da auch der Kaiser 1671 einen Neutralitätsvertrag mit Frankreich schloß, nur einen einzigen echten politischen Gegner in Deutschland gehabt, Johann Philipp von Mainz, wenn nicht auch der Kurfürst von Brandenburg erkannt hätte, daß seine Stellung in Cleve-Mark auf der Freiheit der Niederlande beruhte. Am 6. 5. 1572 schloß Friedrich Wilhelm daher ein Bündnis mit den Generalstaaten, denen er 20000 Mann Hilfstruppen versprach.

Gleichzeitig begann der Krieg am Rhein mit bedeutenden französischen Erfolgen, die Ludwig wohl hätte behaupten können, wenn er nicht die Gleichberechtigung des Katholizismus in Holland gefordert hätte. Das brachte die Wendung: das Ende der Brüder de Witt in Holland, den Aufstieg des bedeutendsten, energischsten und erfolgreichsten Gegners Ludwigs, Wilhelms III. von Oranien, zum Statthalter und lebenslänglichen Generalkapitän und Generaladmiral der Republik und selbst ein freilich nicht sehr wirkungsvolles Bündnis des Kaisers mit dem Kurfürsten von Brandenburg. Gleichwohl blieb es, nach einem Wort Rankes, bei einer eigentümlichen Vereinigung von Krieg und Frieden, bei einer militärischen Demonstration, deren Ergebnis so bedeutungslos war, daß die Holländer ihre Subsidienzahlungen an Brandenburg einstellten, was wiederum Friedrich Wilhelm zum Separatfrieden mit Ludwig XIV. in Vossem bei Löwen am 21. 6. 1673 veranlaßte: er erhielt Cleve (ohne die wegen der Rheinübergänge wichtigen Festungen Wesel und Rees) sowie die Zusicherung französischer Subsidien.

Nach diesem Vertrag besetzten die Franzosen mainfränkische und pfälzische Gebiete und im Sommer 1673 die zehn elsässischen Reichsstädte — außer Straßburg. Sie wurden zwar im Herbst von einer kaiserlich-spanisch-holländisch-dänischen Allianz über den Rhein und selbst aus den Niederlanden verdrängt. Im Jahre 1674 wurde der Reichskrieg gegen sie erklärt, dem auch Brandenburg beitrat. Aber nun wandte sich das Kriegsglück zugunsten der Franzosen: sie selbst eroberten das Elsaß zurück, und ihre schwedischen Bundesgenossen stießen von Vorpommern aus nach Brandenburg vor, so daß der Kurfürst im Frühjahr 1675 seine Truppen vom Westen nach dem Norden zog, dort bei Rathenow und Fehrbellin sich den Beinamen „der Große“ gewann und die Schweden aus Norddeutschland vertrieb. Doch unterlag er anschließend der französischen Diplomatie, die am Rhein über Pommerns Schicksal entschied. Ludwigs Separatfriedensschlüsse zu Nymwegen 1678 im August mit Holland, im September mit Spanien, und sein Friede mit dem Kaiser im

Februar 1679 brachte Frankreich Freiburg, Lothringen, die Franche Comté und die niederländische Festungslinie an Frankreichs Grenze ein und isolierte den Kurfürsten von Brandenburg, der infolgedessen am 29. 6. 1679 im Frieden zu St. Germain Pommern den Schweden zurückerstatten mußte.

Frankreich ging als Sieger aus dem Kriege hervor und stieg zur politischen Hegemonie in Europa auf. Ludwig XIV. hatte die Höhe seiner Macht erreicht — zugleich aber auch deren Scheitelpunkt, an dem sich die Übertreibung der absolutistischen Konzentration, die finanzielle Überspannung und auch die religionspolitische Übersteigerung gegenüber den Hugenotten abzuzeichnen begann. Unter diesem Eindruck und auch auf Grund der kaiserlichen Annexionspolitik in Schlesien ohne Rücksicht auf brandenburgische Erbrechte in Liegnitz, Brieg und Wohlau vollzog Friedrich Wilhelm die nächste politische Neuorientierung, indem er im Oktober 1679 für zehn Jahre eine geheime „engere Allianz" mit Ludwig schloß und diesem gegen erhebliche Subsidien und Besitzgarantie Durchmarschrecht, Truppenstationierung und Unterstützung bei den Bemühungen um den deutschen Kaiser- und den polnischen Königsthron zusagte.

So nach allen Seiten gesichert, setzte Ludwig XIV. in Metz, Breisach und Besançon jene Kammern ein, die auf der Grundlage der Reunionstheorie alle Gebiete für Frankreich beanspruchten, welche irgendwann einmal von Gebieten abhängig gewesen waren, die Frankreich 1552, 1648, 1668 und 1679 „erworben" hatte. Gegen die Beschlüsse dieser rein machtpolitisch eingesetzten und mit dem Ziel der Expansion nach Osten tätigen Kammern gab es keinen Einspruch. Zur Erreichung ihres Zieles stellten sie die „lockeren Abhängigkeitsverhältnisse des mittelalterlichen Staates . . . mit der strengen Unterordnung, die der absolutistische Staat forderte und durchsetzte", gleich (Hartung) und erklärten die Souveränität Frankreichs über das ganze Elsaß mit Ausnahme der Stadt Straßburg sowie über zahlreiche weitere Gebiete, wodurch selbst der mit Frankreich verbündete König von Schweden in seinem Zweibrückener Hausbesitz betroffen wurde. Am Niederrhein reichten die Reunionen nach der Besetzung Luxemburgs (1683) durch die Eifel bis dicht vor Aachen und Köln. Inzwischen war aber auch Straßburg, dessen Reichsstandschaft von Frankreich 1648 ausdrücklich anerkannt worden war, am 30. 9. 1681 reuniert und zu Huldigung und Aufnahme einer Garnison gezwungen worden. Sofort verwandelte der große französische Festungsbaumeister Vauban die Stadt in eine starke, nach Osten gerichtete Bastion.

Alle diese Gewaltmaßnahmen riefen in Deutschland Empörung hervor und erleicherten die Neuorientierung der Mächte, die erkannten, welche unheimlichen Absichten Ludwig verfolgte und wie lebenswichtig es für sie war, dem französischen Imperialismus entgegenzutreten, wenn sie sich selbst die Unabhängigkeit und Europa den Frieden bewahren wollten. Schweden wechselte auf die Seite Wilhelms von Oranien über; der Kaiser und der König von Spanien schlossen sich an; in der Luxemburger Allianz vereinigten sich 1682 der Kaiser und einige Reichskreise; und auch Bayern, Sachsen und Hannover fügten sich der Allianz ein. Nur Brandenburg blieb, um mit Frankreichs Hilfe Vorpommern zu gewinnen, auf der Gegenseite und band sich von 1679 bis 1685 zunehmend enger an Ludwig. Friedrich Wilhelm verriet mit dieser brandenburgischen Interessenpolitik zwar nicht eine „deutsche" Politik, da es eine solche gar nicht gab; aber er trug durch sein profranzösisches Gewicht in Norddeutschland wesentlich dazu bei, daß das Reich am Eingreifen gegen die französische Reunionspolitik gehindert wurde.

Mittlerweile förderte Ludwig XIV. in Fortsetzung der seit Franz I. bestehenden französisch-türkischen Verständigung gegenüber Mitteleuropa türkische Angriffsabsichten gegen Österreich mit dem Ergebnis, daß der ruhm- und machtbegierige Großwesir des Sultans, Kara Mustafa, nach der Vertreibung aller kaiserlicher Truppen aus Ungarn schnell nach Westen vorrückte und am 14. 7. 1683 Wien, eine der Hauptstädte des Christentums und der abendländischen Kultur, einschloß. Im Jahre 1673 hatte der Franzose Charles Patin erklärt, er möchte, wenn er nicht in Paris leben könnte, „nirgend lieber als in Wien leben", einer „Stadt des Vergnügens". Sechs Jahre später forderte die Pest in Wien Tausende von Opfern, gelobte der Kaiser die bis heute berühmte Pestsäule am Graben und donnerte Abraham a Santa Clara sein „Memento mori" über die

Einwohner. Nun rief er erneut: „Auff, auff ihr Christen! der Türckische Säbel ist vor der Thür!“ Aber nur langsam kam Entsatz vom Kaiser, aus Sachsen, Bayern, dem fränkischen und dem schwäbischen Kreis und Polen — wo man hinter Österreichs Bedrohung die eigene erkannte —, nicht dagegen aus Brandenburg, das in einer Zeit offensichtlich äußerster Gefahr im Osten in engstem Partikularegoismus zu Ludwig XIV. hielt und seine Hilfe u.a. von der Anerkennung der Reunionen im Westen abhängig machte. Es waren also nur 70000 Mann, die am 12. 9. 1683 den Sieg am Kahlenberg errangen, Wien, dessen Vorstädte zerstört lagen, befreiten und die Türken zum Rückzug zwangen. Diese töteten vor dem Verlassen ihrer Stellungen noch sämtliche christlichen Gefangenen — 30000 Männer, Frauen und Kinder. Johann Sobieski, König von Polen, schrieb am nächsten Tage aus dem eroberten Lager an seine Gemahlin: „Dessen erfreue sich nun die Christenheit und dancke Gott dem Herrn, daß er den Unglaubigen nit hat zugelassen, uns Hohn zu sprechen und zu fragen: ‚Wo ist nun Euer Gott?‘“

Mit dem großen Sieg über die Türken war die Grundlage für Österreichs mächtige Expansion nach Osten geschaffen: das bis dahin rein dynastische Gebilde wurde eine territorial geschlossene Ostmacht, die allerdings auch jetzt keine einheitliche Staatsform annahm, sondern als eine Gruppe von Königreichen und Erbländern mit Teilsouveränität nur vom Herrscherhaus in Heer und Kriegswesen, auswärtiger Politik und oberster Gerichtsbarkeit zusammengefaßt wurde — ein Reichsgebilde, das sich in extremer politischer Dezentralisation zwischen dem religiös fundierten, in mittelalterlichen Formen erstarrten Zentralismus des Osmanischen Reiches und dem jungen, kräftigen, lebensvollen französischen Absolutismus immer wieder als politisch und militärisch überaus anfällig und damit für ganz Europa gefährlich, als Ziel der Politik anderer Großmächte erweisen mußte. Daran änderte auch der seit 1688 unternommene Versuch nicht viel, Ungarns Politik, Wirtschaft und Recht zu modernisieren, zumal dies mit dem Ziel begonnen wurde, „daß Hungarn sich aus Hungarn selbst erhalten könne“.

Mit Frankreich schlossen der Kaiser und das Reich 1684 zu Regensburg unter Anerkennung der bis 1681 vollzogenen

Reunionen einen langfristigen Waffenstillstand. So im Westen einstweilen entlastet, mit Polen und Venedig im gleichen Jahre, mit Brandenburg 1686 in einem Defensiv- und Subsidienbündnis gegen den Friedrich Wilhelm unheimlich werdenden französischen König verbunden, wandte der Kaiser sich energisch gegen die Türken. Seine Truppen siegten 1686 bei Ofen, 1687 bei Mohacs und erstürmten am 6. 9. 1688 Belgrad. Der habsburgische Thronerbe Erzherzog Josef wurde 1687 zum ungarischen König gekrönt, nachdem ein Reichstag zu Preßburg die Erblichkeit der Stefanskrone im Mannesstamm der Habsburger festgesetzt und so das ungarische Wahlreich in ein Erbreich umgewandelt hatte. Den Höhepunkt der Entwicklung stellte endlich 1699 der Friede von Karlowitz dar, in dem die Türkei auf Ungarn und Siebenbürgen verzichtete. Inzwischen war Wien neben Paris-Versailles der andere kontinentale Mittelpunkt geworden, dessen große Leistungen besonders in Architektur und Musik weit über die Staatsgrenzen hinaus wirkten und bewundert wurden.

Im Jahr der Thronbesteigung des katholischen Jakob II. in England, ein Jahr nach dem Regensburger Frieden und zwei Jahre nach dem Tode von Ludwigs XIV. großem Wirtschaftsminister Colbert hatte der König unter dem Druck seiner Maitresse Madame de Maintenon und radikaler Katholiken in seiner Umgebung zu Fontainebleau das Edikt von Nantes aufgehoben. Während der Strom hugenottischer Emigranten sich von Frankreich nach Norden und Osten wandte, schwenkte Friedrich Wilhelm von Brandenburg sofort in religiöser Solidarität und entsprechend dem Potsdamer Edikt von der französischen auf die holländische Seite über. Ludwig aber fühlte sich so sehr auf der Höhe der Macht und in einer unangreifbaren Position, daß er gleichzeitig auf der Linie der Reunionen und der Wegnahme Straßburgs für seine Schwägerin Liselotte Teile der Pfalz als deren Allodialerbe, also als ein nicht einem Lehnsverhältnis unterliegendes freies Vermögen, beanspruchte. Diese Maßlosigkeit französischer Forderungen und Offenlegung grenzenlosen Expansionstriebes bei Ludwig XIV. führte in Deutschland 1686 zur Bildung der Augsburger Allianz, die zwar nicht als Machtblock, wohl aber als vorbereitende Form für die „Große Allianz“

von 1689 Bedeutung erhielt. Ludwig ließ rechtsrheinisch Befestigungen und damit Ausgangsstellungen für weitere Vorstöße nach dem Osten anlegen; er setzte 1688 in Köln die Wahl seines Kandidaten Wilhelm Egon von Fürstenberg zum Erzbischof durch, während der Kaiser im Südosten weit stärker engagiert und interessiert war als im Westen. Da obendrein England ein zuverlässiger katholischer Bundesgenosse war, schien sich für Ludwig eine europäische Konstellation von einmaliger Gunst zu bieten.

Aber wie das Jahr 1661 für Österreichs Zweifrontenkrieg, so hat man für Europa 1688 als ein „Epochenjahr" erster Ordnung bezeichnet (Hinrichs). England geriet mit Landung und Sieg des Oraniers Wilhelms III., des „geborenen Gegners Ludwigs XIV." (Hartung), ganz und gar in das protestantische, antikatholische Lager. Und im gleichen Jahre starb Friedrich Wilhelm von Brandenburg, ein Menschenalter hindurch neben Ludwig XIV. die dynamischste Persönlichkeit in der kontinentaleuropäischen Politik, ein Herrscher, der, indem er sich selbst und sein Territorium mit allen Mitteln zu Macht und Einfluß brachte, die Eigenart und Schwäche des Reiches wie die für dessen Gesamtheit gefährliche Weite der territorialfürstlichen Möglichkeiten deutlich sichtbar werden ließ, als er beide bis zum letzten ausnutzte. Mazarin gegenüber hat er das Prinzip seiner Außenpolitik in die Worte gefaßt: „Wenn meine Ahnen das Interesse anderer Fürsten der Erhaltung ihrer Lande vorgezogen haben, so gestehe ich, daß ich mich von dieser Maxime entfernt habe, da ich mich in meinem Gewissen verpflichtet fühle, die Lande, die ich durch Gottes Gnade besitze, zu verteidigen; und wenn ich das tue, so sehe ich keinen Grund, weshalb mich irgend jemand tadeln könnte." Die Dinge lagen nicht ganz so einfach, wie er sie hier formulierte; seine Handlungen dürfen aber auch nicht nach der Individualmoral des 20., sondern müssen nach der politischen Moral des 17. Jahrhunderts und seiner fürstlichen Zeitgenossen sowie nach seiner Geradlinigkeit in echten Religionsfragen beurteilt werden. Mit dem Jahre 1684 begann, auch hier wieder mit dem Blick auf Pommern und die See, eine letzte Neuorientierung der brandenburgischen Politik, die über militärische Hilfe für den Kaiser gegen die Türken, protestantischen Protest bei Ludwig XIV. und Aufnahme der Hugenotten bis zur Beteiligung an Wilhelms III. Unternehmen gegen Jakob II. von England reichte. Über die schlesische Frage kam es mit Österreich im Zusammenhang mit der geheimen Defensivallianz von 1686 nur schwierig und langsam zu einer „Einigung", bei der Friedrich Wilhelm von seinem eigenen Sohn hintergangen wurde: während der Kurfürst zunächst Liegnitz, Brieg, Wohlau und Jägerndorf forderte und sich schließlich mit dem protestantischen Schwiebus zufriedengab, erklärte sich hinter seinem Rücken der Kurprinz, der bereits eigenen prestige-, nicht machtpolitischen Zielen zustrebte, bereit, auch dieses Gebiet nach dem Tode des Großen Kurfürsten zurückzugeben.

Friedrich Wilhelm war „der erste Fürst des brandenburgischen Hauses, dem man eine welthistorische Stellung anweisen darf. Freilich war die Gebietsgrundlage seines Staates noch zu schmal und zu wenig zusammenhängend, das Gewicht seiner Machtmittel noch nicht schwer genug, als daß man ihn unter den Leitern der europäischen Politik nennen könnte ... Man kann ihn als den Begründer des größeren brandenburgisch-preußischen Gesamtstaates bezeichnen ...; er hat seinem Staatswesen den Geist eingehaucht, der die Schöpfung des modernen Großstaates vollbringen sollte: den Trieb zur Macht, die auf militärischer und finanzieller Grundlage ruht ... Seine welthistorische Bedeutung ist sozusagen eine mittelbare: als der geistige Urheber der Größe des preußischen Staates hat er seine Stellung in der allgemeinen europäischen Geschichte. Diese Größe hat er selbst nicht mehr gesehen, aber er glaubte an sie mit einer Art von religiöser Zuversicht" (Hintze). Seine Bedeutung für Deutschland lag einmal in der Schaffung des brandenburgischen und Vorbereitung des preußischen Machtzentrums und politischen Kristallisationsraumes, zum anderen in der Übernahme fruchtbarer Staats- und Kulturideen aus dem hugenottischen und aus dem königlich-katholischen Frankreich sowie aus dem Calvinismus und Neustoizismus der Niederlande. Er hat damit seinen eigenen Staat und schließlich das Reich um Kräfte der Intensivierung und Modernisierung bereichert, über die in Deutschland weder Katholiken noch Lutheraner verfügten.

Deutschland und die französische Vormacht 1688—1697

Nicht ohne Grund hatte der Kaiser während der Kämpfe gegen die Türken den Franzosen mißtraut: vier Tage nach dem Fall von Belgrad, der die Grundlage von Österreichs Vorherrschaft im Südosten hätte bilden können, ließ Ludwig XIV. unter dem Vorwand der Wahrung der Rechte seines Hauses an Liselottes pfälzischer Erbschaft seine Truppen in Westdeutschland einmarschieren. Zwischen Konstantinopel und Versailles also lag das Schicksal Deutschlands in diesen Jahren eingespannt, und von beiden feindlichen Großmächten war die französische die bei weitem stärkere, unter Ludwig die entschieden energischer zusammengefaßte, zielbewußtere. Des Kaisers Lage war um so schwieriger, als seine Protestantenverfolgung in Ungarn, die noch vor den Hugenottenbedrückungen in Frankreich begonnen hatten, nicht nur viel Elend über die ungarischen Protestanten gebracht, sondern diese endlich zu Hilferufen an den Sultan veranlaßt hatten, während gleichzeitig der katholische Hochadel des Landes im Kampf gegen den habsburgischen Absolutismus sich an Frankreich wandte. Ohne Konsolidierung im eigenen Herrschaftsraum sah der Kaiser sich also nun Ludwigs Forderungen gegenüber: Anerkennung aller Reunionen und Geldabfindung für Ludwigs mit Liselotte verheirateten Bruder Philipp von Orléans. Die französischen Truppen überschwemmten die geistlichen Kurfürstentümer und die ganze Kurpfalz. Aber nun trieben die im Magdeburger Konzert von 1688 vereinigten Herrscher von Brandenburg, Kursachsen, Hannover und Kassel mit den Bayern und kaiserlichen Truppen die Franzosen auf das linke Rheinufer zurück. Im Jahre 1689 wurde der Reichskrieg gegen Ludwig XIV. erklärt, an dem auch Brandenburg, Bayern, Sachsen und Hannover teilnahmen; im gleichen Jahre schloß Wilhelm III. nach seinem Erfolg in England für dieses und Holland die Große Allianz mit Kaiser und Reich, der 1690 auch Spanien und Savoyen beitraten. Zum ersten Male stand Ludwig so eine starke und einige Koalition mit dem Ziel der Wiederherstellung des Westfälischen und des Pyrenäenfriedens von 1648/59 entgegen, während er selbst sich allein auf den absolutistischen Zentralismus seines von ihm politisch und militärisch gleich energisch regierten Landes verlassen konnte. Deutlich hatte die Zeit sich seit der ersten Hälfte des Jahrhunderts geändert: die katholisch-habsburgischen Mächte verbündeten sich mit dem protestantischen Oranier in einer Koalition, die sich gegen Frankreich und auch gegen den legitimen katholischen König von England richtete; ja, sogar der Papst trat, empört über Ludwigs gallikanisches Staatskirchentum, in die Reihe der Gegner Frankreichs.

Ohne Bundesgenossen mußten Ludwigs Truppen 1689 den deutschen Boden gänzlich räumen — sie taten es unter schwersten Verheerungen im Stile der „verbrannten Erde" späterer Jahrhunderte. Ein wüstenähnliches Niemandsland wollte Ludwigs großer Heerführer Louvois zurücklassen. Seine Maßnahmen gipfelten in der Vernichtung des Heidelberger Schlosses und in der Beraubung der Kaisergräber des Speyrer Domes; sie hinterließen Erbitterung und Haß gegen die Träger einer Kriegführung, wie es sie in Europa früher nicht gegeben hatte. Doch erwies der Geist des Ludovicischen Absolutismus sich demjenigen der gegnerischen Koalition überlegen. Zwar vertrieb Wilhelm III. 1690 Jakob II. endgültig, zwar besiegten Holländer und Engländer 1692 bei La Hogue die französische Flotte „wie die Tauben, wan ein sperwer unter Sie kombt" (J. Maler), und legten das Fundament für Englands Herrschaft auf dem Meere und in Übersee — auf dem Kontinent aber fehlten der Allianz, nicht zuletzt infolge des Übergewichts der Südostfragen beim Kaiser, Kraft und Entschlossenheit, zog der Krieg sich unter schweren Verwüstungen in Südwestdeutschland ergebnislos in die Länge. Der Ausgang des Kampfes hing endlich weniger von Siegen und Niederlagen ab als von der Frage, ob die Koalition gegen Ludwig XIV. fest genug gefügt sei, um auch in Jahren geringerer unmittelbarer Gefahr nicht auseinanderzufallen.

Sie war es nicht. Ludwig, dem etwa um jene Zeit Fénélons erschütterndes Mahnwort gegen Egoismus und Ruhmsucht: „als wären Sie der Gott dieser Erde und als ob alles übrige nur dazu geschaffen wäre, Ihnen aufgeopfert zu werden", überreicht wurde, zog 1696 den Herzog von Savoyen auf seine Seite. Schwedische Friedensvermittlungen wurden überall gern unterstützt, so daß beim Kongreß und Friedensschluß im holländischen Schloß Ryswick Ludwig nicht mehr einer Koalition, sondern Einzelstaaten mit Sonderinteressen gegenüberstand. Gewandt spielte er diese gegeneinander aus, arrangierte sich zunächst mit England und Spanien und wandte sich dann dem so isolierten Kaiser und Reich zu: im Frieden zu Ryswick, der am 30. 10. 1697 geschlossen wurde und auch die Auflösung der Großen Allianz brachte, verzichtete Frankreich auf die Reunionen außerhalb des Elsaß, gab Breisach und Freiburg an den Kaiser, Kehl und Philippsburg an das Reich zurück und verpflichtete sich zur Schleifung seiner rechtsrheinischen Befestigungen. Das Elsaß blieb also verloren. Zum ersten Male aber hatte das Reich sich militärisch-diplomatisch gegenüber Ludwig behauptet und mit seinen Bundesgenossen diesen zur Rückgabe von Eroberungen sowie zur Räumung wichtiger besetzter Gebiete gezwungen.

Ludwig faßte die in Aussicht stehende Friedenszeit als eine Atempause vor neuen Kämpfen um das spanische Erbe auf. In Deutschland freute man sich über die Beendigung des Krieges, der ein Doppelkrieg in West und Ost gewesen war.

Der türkische Krieg und die polnische Thronfolge

In den gleichen Jahren war auch im Osten gekämpft worden. Dem Sturz des unfähigen Sultans Mohammed IV. durch eine Palastrevolution war die Wiederaufnahme des Kampfes gefolgt. Der Krieg am Rhein gestattete den Türken die Rückeroberung von Nisch und Belgrad und die Befreiung belagerter Städte. Österreich fand Hilfe bei Venedig, das bis auf die Balkanhalbinsel vordrang und Morea (Peloponnes) und Athen eroberte, sowie bei Polen und Rußland. Aber die Entscheidung mußte fallen, wo die islamische Expansionsspitze drohte: an der Donau. Dort errang 1691 bei Slankamen der fortan Türkenlouis genannte Markgraf Ludwig von Baden einen großen Sieg über die türkische Hauptarmee. Doch konnte er diesen Erfolg nicht ausnutzen, da er 1692/93 in Deutschland gegen Ludwig XIV. gebraucht wurde.

In dieser Zeit voller ungelöster politisch-militärischer Probleme kam der Neuwahl eines polnischen Königs nach dem Tode Johann Sobieskis 1696 besondere Bedeutung zu. Polen, unfähig sich selbst zu regieren, war längst zum Objekt der europäischen Großmächte geworden. Und Ludwig war nach den Mißerfolgen der Türken entschlossen, an deren Stelle Polen gegenüber Kaiser und Reich die Drohung mit dem Zweifrontenkrieg übernehmen zu lassen. Um die Durchführung dieser Aufgabe sicherzustellen, sollte nach Ludwigs Wunsch Franz Ludwig Prinz von Conti den polnischen Thron besteigen. Unter den übrigen Anwärtern schob sich schließlich Friedrich August von Sachsen in den Vordergrund, da er bereit war, zur katholischen Konfession überzutreten, auch eifrig polnische Stimmen kaufte und den Vorzug hatte, über eigene Truppen zu verfügen, die Polen und dem Kampf gegen die Türken zugutekommen mochten. So wurde er 1697 gewählt. Damit begann die zwei Generationen dauernde Verbindung Sachsens mit Polen. Sie hatte bedeutende kulturelle Leistungen zur Folge und trug nicht wenig zum deutsch-slawischen Bluts- und Geistesaustausch bei. Auch wurde hier die schon im Gange befindliche Schwerpunktsverlagerung des deutschen politischen Interesses nach Osten fortgesetzt, die bald durch den Frieden von Carlowitz und die Politik der Hohenzollern weitere Akzente und Antriebe erhielt.

Inzwischen erfocht am 11.9.1697 Prinz Eugenio von Savoye — wie er selbst, von Abkunft ein Italiener, in Frankreich geboren, mit Leib und Seele Österreich angehörig, seinen Namen dreisprachig schrieb — seinen ersten großen Sieg über die Türken bei Zenta an der Theiß. „Nach dem Tage von Zenta waren die Türken nicht mehr furchtbar als Eroberer. Dies Verdienst um die kultivierte Welt ist Eugens" (Hormayr). Aber Österreich war finanziell durch viele Kriegsjahre in Ost und West arg geschwächt und daher nicht in der Lage, die von Eugen empfohlene Verfolgung und Ausnutzung des Sieges durchzuführen. Schon zeichnete sich der Kampf um das spanische Erbe ab, für den alle Kräfte aufgespart werden mußten. Da auch die Türken für neue Vorstöße zu schwach und Hollands wie Englands Kaufleute und Reeder am Frieden in diesem Raum interessiert waren, kam es 1699 zum Frieden von Carlowitz, der Österreich ganz Ungarn und Siebenbürgen mit Ausnahme von Temesvar,

Slavonien und Teilen Kroatiens überließ und den unter türkischen Schutz geflüchteten ungarischen „Malcontenten“ die Rückkehr für immer verschloß. Den Venezianern brachte der Friede Morea und die dalmatinischen Seefestungen, den Polen Podolien und den Russen Asow. Wichtiger als diese territorialen Veränderungen war die vollständige Umkehrung des Machtverhältnisses im Südosten: aus der Bedrohung von Christentum und abendländischer Kultur war die Orientalische Frage geworden, d. h. die Türkei war fortan nur noch bemüht, einen ständig kleiner werdenden Restbestand alter Größe als Grundlage staatlicher Macht und religiöser Expansion vor den Zugriffen europäischer Staaten zu bewahren, die nach Land, Handelsstützpunkten, Beherrschung der Meerengen und Schutz für Mittelmeerpositionen verlangten.

Österreich aber hatte in einem halben Menschenalter unter schweren, durch die Kriege im Westen fast ständig komplizierten und belasteten Kämpfen vom Kahlenberg bis Zenta mit Hilfe aller deutschen Stämme, Fürsten und Konfessionen den türkischen Krieg siegreich beendet und damit Ludwigs Möglichkeit, Angriffe des Sultans mit den eigenen gegen Habsburg und Deutschland zu koordinieren, sehr verringert. Zwischen Wien und dem Islam hatte es einen breiten, eindeutig von ihm selbst beherrschten Raum geschaffen, der fast bis Belgrad reichte, und die habsburgische Hausmacht durch ungarisches Gebiet erheblich gestärkt. Im Kampf gegen Franzosen und Osmanen war die österreichisch-ungarische Doppelmonarchie gegründet worden, eine Großmacht mit eigener Staatlichkeit und eigener Kultur. Das war ein großer Erfolg — er bedeutete freilich auch gegenüber früheren Zeiten eine noch stärkere Verlagerung der politischen Interessen, der Wirtschaftsweise und der kulturell-völkischen Entwicklung aus Westeuropa und selbst aus dem Reich hinaus zu einem Dasein ganz eigener Prägung.

Die preußische Königskrone

Der von Friedrich Wilhelm, dem Großen Kurfürsten von Brandenburg, geschaffene Staat fand nach 1688 gute Gelegenheiten zum Aufstieg. Er verzichtete unter Kurfürst Friedrich auf See- und Überseepolitik und profitierte entschieden von der Bildung der holländisch-englischen Union und der Großen Allianz, die beide ein sicherndes politisches Gleichgewicht schufen. Schweden, das seit Gustav Adolfs Landung in Pommern Brandenburg ständig bedroht oder bedrückt hatte, verlor nun schnell seine nordische Vormachtstellung. Russisch-polnische Expansionsbestrebungen waren nach Peters des Großen Besuch bei August dem Starken höchstens in weiter Ferne zu ahnen, und Österreich blieb offenkundig militärisch und finanziell immer stärker im Südosten und auch im Westen engagiert.

Der Große Kurfürst hätte diese Gunst der Entwicklung sehr wahrscheinlich machtpolitisch genutzt. Sein Sohn und Nachfolger jedoch strebte nicht nach Machtsteigerung, sondern nach der Konsolidierung des Erreichten und im Geiste der Zeit nach der Gewinnung der Königskrone, d.h. nach dem Aufstieg zu einer höheren Form der Staatlichkeit wie auch der Fürstlichkeit. Und das, was er anstrebte und leistete, trug also entschieden zum Fortschritt Brandenburg-Preußens bei, wenngleich es nicht mit finanziellem und territorialem Gewinn, sondern im Gegenteil zunächst mit erheblichen Kosten und einem Verzicht verbunden war. Ohne Zweifel war Friedrich nicht ein so bedeutender Herrscher wie sein Vater; aber er war ein modernerer, in mancher Hinsicht selbst ein nüchternerer Fürst. Er verhinderte die vom Vater in gutsherrlich-liebevollem Denken testamentarisch bestimmte Wiederauflösung des geschaffenen Staatswesens durch Erbteilung und fand seine Stiefbrüder aus der zweiten Ehe des Vaters mit Geld ab: die Staatsräson siegte über die Pietät in der Fixierung des Erstgeburtsrechtes und der Unteilbarkeit. Die Führung der Staatsgeschäfte überließ er zunächst Eberhard von Danckelmann und dann — nach einem fünf Jahre dauernden Versuch der Selbstherrschaft — seinem Premierminister Kolbe von Wartenberg. Danckelmann, ein reformierter westfälischer Bürgerssohn, war entschieden eine stärkere Persönlichkeit als Friedrich. Er stammte aus Friedrich Wilhelms Schule und Dienst und blieb dessen Auffassungen stets näher als denen des neuen Herrn. Friedrich erhob ihn 1688 zum Geheimen Rat und 1695 zum Oberpräsidenten des Geheimen Rates; er folgte seiner Empfehlung bei der Beteiligung an

Wilhelms III. Zug gegen England und an der Großen Koalition. Aber Danckelmanns Sparsamkeit und Betonung der Staatsräson empörten die Kurfürstin, seine Macht und der Aufstieg seiner sechs Brüder den brandenburgischen Adel, sein beherrschender Einfluß auf Friedrich endlich die Schmeichler und Projektemacher: das „Siebengestirn" der Danckelmann-Brüder war bei aller Tüchtigkeit für viele nicht leicht und schließlich für den Kurfürsten selbst überhaupt nicht mehr zu ertragen, sobald dieser absolut regieren wollte. 1697 entließ er Danckelmann in erniedrigender Form; es folgten Verbannung, Verhaftung, Prozeß und gesetzwidrige Einziehung des Vermögens sowie Inhaftierung bis zum Jahre 1707.

Das Vorgehen gegen den übermächtigen Minister war ungerecht, lag aber — jenseits von Recht und Klugheit — notwendig auf dem Wege zur Krone. Mochten die Geradlinigkeit der Politik und mit der Sicherheit der Finanzen ein wesentlicher Teil der Staatsgrundlage verlorengehen — Friedrich stand nun der Erwerbung der Königskrone entschieden näher, jenem „Ausdruck seiner politischen Gesamtbestrebungen, die auf eine wirksame Darstellung der brandenburgischen Macht vor aller Welt gerichtet waren" (Hintze). Friedrichs des Großen Bemerkung, sein Großvater habe ohne königliche Macht nach königlicher Würde gestrebt, hätte dieser wohl als richtig anerkannt, aber hinzufügen können, daß die Würde ihm einen Teil dieser Macht verleihen und zuführen sollte: zwei sehr verschiedene Denkformen, die beide, zur rechten Zeit angewandt, für Preußen Vorteile geschaffen haben. Und wenn man in der bismarckisch-wilhelminischen Zeit für die Auffassung des ersten preußischen Königs weniger Verständnis gezeigt hat, als seine Handlungen verdienen, so entsprang dies nicht sachlicher Betrachtung der Verhältnisse aus ihrer Umgebung heraus, sondern der Vorstellung von Politik in einer europäischen und werdenden Welt-Großmacht auf der Wende vom 19. zum 20. Jahrhundert. Aber selbst unter solchen Gesichtspunkten bleibt die Tatsache bemerkenswert, daß Friedrich als König ein vollständig unabhängiger europäischer Souverän werden und daher unbedingt die Übertragung der Krone durch den Kaiser, also ein Lehnskönigtum, vermeiden wollte. Ungewöhnlich und in gewissem Sinne unnatürlich war freilich, daß nicht das starke und leistungsfähige, politisch seit 1640 zunehmend bedeutungsvoll hervorgetretene Brandenburg die territoriale Grundlage der Rangerhöhung bildete, sondern ein – gesehen von Berlin wie von der europäischen Politik her – peripheres Herzogtum, das in der neueren Geschichte noch keine Rolle gespielt hatte und weder über militärische noch über wirtschaftliche Macht verfügte. Es war nur ein für den Zweck sehr nützliches, wie es in Friedrichs Krönungsanzeige vom 19. 1. 1701 heißt, „Uns ohnedem mit völliger Souverainität angehöriges . . . Land".

Die Verhandlungen mit dem Kaiser über die Königskrone begannen schon 1690; sie wurden wegen Schwiebus sehr in die Länge gezogen, bis Friedrich dieses protestantische Ländchen gegen die erst von Friedrich dem Großen verwirklichte Anwartschaft auf Ostfriesland und die grundlegende, seit 1525 verweigerte Anerkennung als Herzog in Preußen 1696 eintauschte; sie wurden 1697 durch die Friedensgespräche von Ryswick erneut, für längere Zeit unterbrochen und stießen immer wieder auf Kaiser Leopolds Bedenken gegen einen obendrein protestantischen „neuen Wandalenkönig an der Ostsee", während selbst noch 1700 die Jesuiten die Katholisierung des brandenburgischen Herrscherhauses mit einer in Aussicht gestellten päpstlichen Unterstützung von Friedrichs Bestrebungen zu verknüpfen suchten.

Aber nicht Überlegungen religionspolitischer, sondern solche machtpolitischer Art gaben schließlich den Ausschlag: nach seiner Zustimmung durfte der Kaiser mit brandenburgischer Truppenhilfe im bevorstehenden Krieg um das spanische Erbe rechnen. So kam es am 16. 11. 1700 in Wien zu einem Vertrag, einer Erneuerung des Bündnisses von 1686, nicht zu einem „Throntraktat" im eigentlichen Sinne. Der Kurfürst versprach Truppen, der Kaiser Subsidien; der Kurfürst sagte Unterstützung der habsburgischen Wünsche in bezug auf die böhmische Krone und die nächste Kaiserwahl zu, der Kaiser die sofortige Anerkennung der preußischen Königskrone, ohne daß Friedrich nochmals darum nachzusuchen brauchte.

Daraufhin krönte nun, in der Erwartung des nach dem Tode Karls II. am 1. 11. 1700 in sicherer Aussicht stehenden Erbfolgekrieges, sehr schnell — in Anlehnung an die Formen der Selbstkrönung Karls XII. von Schweden im Jahre 1697 — am 18. 1. 1701 Friedrich III. sich selbst und seine Gemahlin im Schloß zu Königsberg. Als König und Königin in Preußen — Polen beherrschte noch immer den westlichen Teil des alten Ordenslandes und hatte daher gegen den Titel „König von Preußen" Einspruch erhoben — betraten sie die Kirche, wo sie von einem calvinistischen und einem lutherischen Bischof die Weihe empfingen. „Die Unabhängigkeit der weltlichen Gewalt von der geistlichen wurde dadurch nachdrücklich zur Geltung gebracht" (Hintze) — ebenso nachdrücklich wie die Eigenständigkeit der Monarchie gegenüber Kaiser und Reich. Mochten diese Tatsachen einem starken Selbstbewußtsein und Unabhängigkeitsbedürfnis König Friedrichs I. entsprechen, der sich nun als ersten deutschen Fürsten nächst dem Kaiser betrachten konnte, so entstammten sie doch auch einem Staatsdenken, das dem des Großen Kurfürsten und späterer bedeutender preußischer Könige glich. Bedenkt man, daß August von Sachsen polnischer König war und diese Stellung erblich machen wollte und Georg Ludwig von Hannover alle Aussicht für sich und sein Haus auf den englischen Thron hatte, so wird deutlich, daß der mit der Hannoveranerin Sophie Charlotte vermählte Kurfürst von Brandenburg sich diesem Aufstieg wichtiger deutscher Territorialdynastien nur anschließen konnte oder dahinter zurückbleiben, d.h. in gewisser Weise selbst auf das von Friedrich Wilhelm errungene Ansehen verzichten mußte. So war also die Erhebung von Fürst, Dynastie und Staat im Laufe des 18. Jahrhunderts fast selbstverständlich, und Friedrich tat aus den bedeutenden Erfolgen seines Vaters heraus nur, was sein Sohn oder spätestens sein Enkel gewiß getan hätten, hätten tun müssen, wenn Brandenburg nicht in die Gruppe der deutschen Mittelstaaten zurücksinken sollte. Deutlich brachten das 17. und 18. Jahrhundert im Reich und in Europa eine Abwertung des Kurfürstentitels. Und schließlich war mit der Erhaltung oder Steigerung des Ansehens nach außen auch die Förderung der inneren Einheit verbunden, ja, die Grundlage für das Staatsbewußtsein geschaffen, welches unter den beiden nächsten Königen heranwuchs. Als 1703 in Berlin das Reiterstandbild des

Großen Kurfürsten von Schlüter enthüllt wurde, da erwies es sich — „barocker Ausdruck imperatorischer Größe" und „Allegorie der Herrschaft" (Brinckmann) — nicht allein als die bildhauerische Steigerung eines 1651 geschaffenen Porträts, sondern zugleich doch wohl auch als die künstlerische Darstellung der auf des Großen Kurfürsten Leistungen errichteten Erhöhung von 1701.

Deutschland im Spanischen Erbfolgekrieg und im Nordischen Krieg

Das Problem der Erbfolge in Spanien hatte bereits seit Jahrzehnten die politischen Ereignisse vom Hintergrunde her beeinflußt. Nun erwartete man von der Auseinandersetzung zwischen Habsburg und Bourbon zugleich auch eine Neuordnung der politischen Verhältnisse in Europa — auf der einen Seite den letzten Schritt Ludwigs XIV. zur französischen Hegemonie auf dem Kontinent, auf der anderen den entscheidenden Schritt zur Verhinderung derselben. Dabei kam es nicht auf die Rechtslage an, die eindeutig für die Habsburger und gegen die Bourbonen sprach, da die Frauen der letzteren als spanische Infantinnen ausdrücklich auf das Recht der Erbfolge hatten verzichten müssen. Ludwigs vordergründiges Hauptargument dagegen war, daß der Verzicht seiner Gemahlin Maria Theresia unwirksam geworden sei, da die ihr im Pyrenäenfrieden zugesagte Mitgift nicht ausgezahlt worden war. Entscheidend war jedoch sein Entschluß, die Entstehung eines zweiten Reiches von der Ausdehnung und Machtfülle, wie der junge Karl V. es besessen hatte, zu verhindern. Kaiser Leopold war im Teilungsvertrag vom Januar 1668 zur Preisgabe des Gedankens einer Unteilbarkeit des spanischen Erbes bereit gewesen in der Erwartung, dadurch wenigstens den Hauptkomplex der österreichischen Linie zu sichern, Ludwig XIV. aber hatte von seinen extremen Wünschen nicht abgelassen. Andererseits hatten Leopolds Erfolge und Machtgewinne im Südosten seine Geneigtheit zu einer Verständigung unter Opfern entschieden verringert: nach dem Frieden von Carlowitz beanspruchte er wieder das gesamte Erbe — nicht zuletzt in der Überzeugung, daß die beiden Seemächte diese Lösung zwar nicht ohne Mißtrauen, aber immer noch eher hinnehmen würden als die Zusammenfassung Frankreichs, Spaniens und dessen riesigen Kolonialbesitzes durch den ebenso energischen wie rücksichts- und skrupellosen Ludwig. Sie versuchten im letzten Augenblick doch noch die Teilung des Erbes zu erreichen und im ersten Teilungsvertrag von 1698 den sechsjährigen bayrischen Kurprinzen, einen Urenkel Philipps IV. und ungefährlichen deutschen Mittelfürsten, mit Einwilligung der Spanier auf deren Thron zu setzen, die Bourbonen und deutschen Habsburger aber mit spanischen Nebenländern abzufinden. Diese Absicht scheiterte am Tod des kleinen Wittelsbachers zu Beginn des folgenden Jahres. Der zweite Teilungsvertrag vom März 1700, der von England und Holland schon weniger kunstvoll arrangiert war, sah einfach die Verteilung des Erbes auf die beiden Rivalen vor. Die Bourbonen sollten Spaniens italienische Nebenländer erhalten, dabei jedoch Mailand gegen Lothringen eintauschen können, während Spanien mit den Spanischen Niederlanden und dem spanischen Kolonialbesitz an Leopolds I. zweiten Sohn, den Erzherzog Karl, fallen sollte. Leopold lehnte diese Lösung ab, da er nicht auf Italien und Spanien verzichten wollte; die Spanier endlich suchten ihr Reich überhaupt ungeteilt zu erhalten. Nach vielen Intrigen der bourbonischen und habsburgischen Parteien um die Fassung des Testaments des kinderlosen Karls II. erwies sich dieses nach dem am 1. 11. 1700 eingetretenen Tod als probourbonisch: ungeteilt sollte das spanische Erbe Ludwigs XIV. zweitem Enkel, dem Prinzen Philipp von Anjou, und nächst diesem seinem jüngeren Bruder Karl von Berry zufallen. Erst wenn einer von ihnen auf den französischen Thron gelangte, sollte Erzherzog Karl das ganze Erbe übernehmen.

Ludwig XIV., der diese Lösung mit ihrem gewaltigen Machtzuwachs für Frankreich natürlich akzeptierte, gab damit die traditionelle französische Politik auf und übernahm Ziele und Aufgaben im Sinne einer mittelalterlichen Reichspolitik Karls V. — in vollem Bewußtsein des Umstandes, daß der Kaiser eine solche Enterbung nicht kampflos hinnehmen konnte. In der Tat protestierte Leopold gegen die bourbonische Erbfolge in Spanien und begann im Mai 1701 in Italien den Spanischen Erbfolgekrieg, der sich vorwiegend dort und in Deutschland abspielte. Auf des Kaisers Seite wurde im September 1701 von ihm selbst, England und Holland die Große Haager Allianz geschlossen, die Leopold den Besitz Spaniens in Italien und den Niederlanden sowie den Seemächten Teile des spanischen Kolonialraumes sichern, im übrigen aber Frankreich und Spanien trennen wollte. Da eine Woche später Ludwig XIV. den Sohn des verstorbenen Jakobs II. als Jakob III. von England anerkannte und damit seine Unterstützung bei der Rückkehr der Stuarts und bei der Rekatholisierung in England zusicherte, engagierte England sich besonders energisch gegen Frankreich und erklärte ihm 1702 den Krieg. Auch Friedrich I. in Preußen sowie die Hannoveraner und nach ihnen die meisten anderen Reichsstände, die ein siegreiches Frankreich fürchteten, traten auf des Kaisers Seite: im September 1702 erklärte das Reich Ludwig XIV. den Krieg. Nur die beiden wittelsbachischen Kurfürsten in Bayern und Köln erlagen Ludwigs großen Versprechungen, der dadurch in den spanischen Niederlanden und am Niederrhein Fuß fassen konnte. So wurde Schritt für Schritt der Spanische Erbfolgekrieg zur geographisch weitestgespannten Auseinandersetzung europäischer Mächte mit Kämpfen in Spanien, Italien und in den Niederlanden, am Oberrhein, auf den Meeren und in den Kolonien. Ludwig XIV., der die Höhe seiner Macht, und Frankreich, das die größte Fülle seiner Kraft überschritten hatten, waren schließlich nicht in der Lage, sich gegenüber einer so mächtigen Koalition mit so ausgedehnten Fronten zu behaupten. Auch verfügte diese über die größeren Feldherren: Prinz Eugen, den Herzog von Marlborough und den „Türkenlouis“ genannten Markgrafen Ludwig von Baden. Nach weiten Märschen in ganz Europa und wechselnden Erfolgen kam es am 13. 8. 1704 zum glänzenden Sieg Marlboroughs bei Höchstedt — dessen grundlegende Bedeutung für die Lage in Bayern, Ungarn und Italien Eugen in seinem Bericht an Leopold I. hervorhob —, im gleichen Jahre zur Besetzung Gibraltars durch die Engländer und 1706 zu den Siegen Marlboroughs bei Ramillies und Eugens bei Turin, wodurch die Franzosen die spanischen Niederlande und Oberitalien einbüßten. Vorstöße der Allianz nach Frankreich versteiften 1707 dessen Widerstand. Aber Ludwig hätte wohl 1708 einen Frieden akzeptiert, wenn man von ihm nicht allein den Verzicht auf das spanische Erbe und das Elsaß, sondern auch seine eigene Hilfe bei der Vertreibung seines Enkels aus Spanien verlangt hätte. So wurde denn weiter gekämpft und gesiegt: 1709 in der größten Schlacht des Jahrhunderts bei Malplaquet, wo Eugen wie vorher bei Zenta die östliche, so nun mit Marlborough gemeinsam die westliche Bedrohung der Freiheit Mitteleuropas zurückschlug, und 1711 — während schon seit 1710 Friedensverhandlungen im Gange waren — in Nordfrankreich. Aber gleichzeitig trat auch die von Ludwig seit Jahren erhoffte Spaltung der Großen Allianz ein: 1710 kam in England die Friedenspartei der Tories zur Macht, die Marlborough entließen und einen Kompromiß mit Ludwig anstrebten. Und in Österreich starb am 17. 4. 1711 überraschend Kaiser Joseph I. ohne männliche Erben, so daß sein Bruder Karl, der bisherige Anwärter auf den spanischen Thron, Kaiser wurde. Zwar hielt er seine spanischen Erbansprüche aufrecht, aber gegen diese Möglichkeit eines neuen Habsburger Weltreiches wandten sich nun außer dem Gegner auch alle Verbündeten: England schloß einen Vorfrieden mit Frankreich, in dem Philipp in Spanien anerkannt wurde; die Holländer, die Englands Handelsexpansion mißtrauisch verfolgten, taten das gleiche im sogenannten Barrièretraktat. So stand Karl VI. bei den im Frühjahr 1712 in Utrecht beginnenden Friedensverhandlungen plötzlich allein. Wären Frankreich und Ludwig für einen Gewaltfrieden nicht zu schwach gewesen und hätte England nicht mit dem Ziel des kontinentaleuropäischen Gleichgewichtes energisch eingegriffen, so wären schließlich die österreichischen Habsburger, Kaiser und Reich wohl noch weit mehr als in Wirklichkeit die Verlierer dieses Krieges geworden. So aber regulierte England die europäische Neuordnung: Philipp von Bourbon erhielt Spanien und dessen Kolonien unter Verzicht auf jede spätere Vereinigung mit Frankreich. Spaniens Nebenländer wurden im Sinne des Gleichgewichts auf dem Kontinent aufgeteilt: die österreichischen Habsburger erhielten die Niederlande und ersparten den Holländern damit die Nachbarschaft der Franzosen. Auch Mailand, Sardinien und Neapel fielen an Österreich; Sizilien aber geriet an Savoyen, so daß am Mittelmeer keine neue Großmacht entstand und andererseits die Rivalität nicht für einen Krieg ausreichte, zumal die Engländer sich selbst mit der Behauptung von Gibraltar und Minorca eine starke Mittelmeerstellung schufen; in Nordamerika mußten ihnen die Franzosen Labrador und die Hudson-Bay abtreten. Nachdem England 1703 schon mit Portugal ein sehr vorteilhaftes Handels- und Militärabkommen, den Methuen-Vertrag, geschlossen hatte, folgte jetzt der Asiento-Vertrag mit Spanien, der den Engländern erstmals Zutritt zu den spanischen Kolonien gewährte. Preußens Selbsterhöhung zum Königreich wurde anerkannt, die Savoyens gestattet. Auf dieser Grundlage der territorialen Neuorganisation mit dem Ziel des kontinentaleuropäischen Gleichgewichts und der Begründung des englischen Übergewichts auf dem Meere und im Welthandel wurde am 11. 4. 1713 der Friede von Utrecht geschlossen, der Karl VI. und das Reich nicht mit einbezog. Diese führten den sinnlos gewordenen Krieg 1713 weiter, verloren dabei Landau und Freiburg und schlossen erst am 7. 3. 1714 den Frieden zu Rastatt als Bestätigung desjenigen von Utrecht. Er gestattete also Ludwig XIV., seinen Niederlagen und der allgemeinen Abneigung gegen ihn zum Trotz, an der Ostgrenze Frankreichs alles zu behaupten, was ihm 1697 in Ryswick zugesprochen worden war, und brachte ihm obendrein Landau. Als einzige der am Krieg beteiligten Parteien ging am Ende das Reich leer aus, d.h. es blieb bei dem Besitzstand vom Kriegsbeginn, als am 7. 9. 1714 der Friede zu Baden im Aargau den Spanischen Erbfolgekrieg endgültig abschloß.

Dieses Finale des langen Ringens sah Frankreich so geschwächt und die Höhe von Colberts Merkantilismus so weit überschritten, daß der Historiker hier die ersten Ansätze für das spätere Reformverlangen zu erkennen vermag. Die Türkei, Polen und Schweden — drei alte, zuverlässige Bundesgenossen Frankreichs — waren aus ihrer Großmachtstellung verdrängt, Rußland und Preußen dagegen im Begriff, Mächte von internationaler Bedeutung zu werden. Österreich war stärker denn je im Südosten, weniger als zuvor im Westen engagiert und an Spanien desinteressiert, das kontinentaleuropäische Gleichgewicht endlich von den Seemächten garantiert und aus seiner Entstehung heraus auf die Kontrolle französischer Expansionstendenzen abgestellt.

Der Utrechter Friede gab nun auch deutschen Staaten die

Möglichkeit, sich am Nordischen Krieg zu beteiligen, der seit 1699 im Gange war und im Osten eine ähnliche Bedeutung hatte wie der Spanische Erbfolgekrieg im Westen. Auch hier ging es um eine internationale Neuordnung, die den wirklichen Machtverhältnissen entsprechen sollte. Schweden, das am Ende des Dreißigjährigen Krieges die Groß- und Vormacht im Ostseeraum gewesen war, hatte in den folgenden Jahrzehnten mit der Großmachtsentwicklung anderer Staaten weder hinsichtlich der Bevölkerungszahl noch militärisch noch finanziell mithalten können und war um 1700 nicht mehr als eine mittlere Macht, die eine Beschneidung ihrer territorialen Ausdehnung und Prestigeverluste hinnehmen mußte, sobald das Glück sie verließ. Das war erstmals 1675/79 im Kriege gegen Brandenburg geschehen, dann aber von Karl XI. zunächst durch innere Reformen abgefangen worden. Es fand seine Fortsetzung unter Karl XII., der 1697 zur Regierung kam, in der Auseinandersetzung mit Dänemark-Norwegen, weniger bedeutsam auch in der mit Polen unter August dem Starken, neuerdings schließlich seit Peters des Großen Thronbesteigung 1698 im Konflikt mit Rußland. Diese drei Mächte verbündeten sich 1699 gegen Karl XII. Ludwigs XIV. Versuche, die bis zum Frieden von Altranstädt im Herbst 1706 siegreichen Schweden in den Spanischen Erbfolgekrieg hineinzuziehen, schlugen fehl, da es den Seemächten gelang, in der Altranstädter Konvention vom September 1709 einen Ausgleich zwischen Kaiser und Schweden herbeizuführen, zumal Karl im Juli bei Pultawa von den Russen geschlagen worden war. Und als er dann nicht zum Schutze seines schwedischen Kernbesitzes umkehrte, sondern sich für Jahre militärisch vagabundierend und ohne echtes politisches Ziel in der Türkei festsetzte, gingen seine Gegner, zu denen nun auch Hannover gehörte, zum Angriff auf Schwedens deutsche Besitzungen über. In Preußen verhielt Friedrich Wilhelm I. sich abwartend. Er hatte um die Zeit des Utrechter Friedensabschlusses den Thron bestiegen und zeigte nun zum ersten Male, daß seine Begabung und sein Interesse weit mehr bei innenpolitischen Reformen als bei außenpolitisch-kriegerischen Unternehmungen lagen. Sein Großvater hätte gewiß Karls XII. Notlage ausgenutzt und Stettin besetzt. Er aber ließ es durch die

Russen erobern und kaufte es diesen gegen Ersatz der dabei entstandenen Kosten ab — ein zwar wenig ruhmreiches, aber kein schlechtes Geschäft. Doch dann mußte auch er sich Mitte 1714 mit den Zaren verbünden und wirklich in den Kampf eintreten.

Zwar zog der Krieg, an dem Hannover nach Georgs Thronbesteigung in England im August 1714 zunächst energischer als zuvor teilnahm, sich noch bis 1720 hin. Auch wurde Friedrich Wilhelm I. durch eine österreichisch-sächsisch-britische Koalition, die in Sorge vor Rußlands Ausdehnung nach Westen gebildet worden war, zum Abrücken vom Zaren und zum Anschluß an den hannoversch-schwedischen Frieden von Stockholm (1719) im Jahre 1720 gezwungen. Aber endlich erhielt Preußen mehr als 70 Jahre nach des Großen Kurfürsten ersten Hoffnungen und nach vielen Enttäuschungen nun doch unter dem an maritimen Fragen gar nicht interessierten Enkel Vorpommern bis zur Peene und damit die Odermündung. Die Russen führten den Krieg weiter und zwangen Schweden 1721 zum Frieden von Nystad, in dem nun seine Großmachtstellung beendet und die Bedrohung Mitteleuropas vom Osten her erstmals deutlich sichtbar wurde. Aufs Ganze gesehen aber war, da Rußland noch keine Großmacht im westeuropäischen Sinne bildete, sondern sich erst in der Entwicklung dazu befand, nun auch im Osten das Gleichgewicht der Mächte hergestellt, wie Utrecht es im Westen geschaffen hatte.

Daß die beiden Kriege nebeneinander herliefen und glücklicherweise nicht zu einem großen europäischen, d.h. zu einem „Weltkrieg“ zusammenflossen, lag weniger an der Absicht der Parteien als an der Unfertigkeit des europäischen Staatensystems und auch daran, daß Preußen, der Staat zwischen den Fronten, zu schwach war, seine Interessen auf beiden Seiten wahrzunehmen und damit zur Brücke zwischen den Kriegen zu werden. Vielmehr mußte Friedrich das Aufflammen eines solchen Gesamtkrieges fürchten.

Am Ende eines Zeitalters

Kriegsmüder als selbst nach dem Dreißigjährigen Kriege atmeten die Völker West- und Mitteleuropas auf, als die Friedensschlüsse von 1713/14 und schließlich auch die von 1719/21 die Kriege beendeten. Wie 1648 hofften sie auch jetzt wieder auf eine lange Friedenszeit — um so mehr, als 1715 Ludwig XIV. gestorben war, der seit mehr als einem halben Jahrhundert mit seinem Machtstreben und seinem Expansionsdrang, mit seinem Wunsch nach Hegemonie und dem Ziel, von Paris aus Europa zwischen Gibraltar, Belgrad und Königsberg von Bourbonen beherrscht zu sehen, den Erdteil in Unruhe versetzt hatte.

Die schweren Wunden, die der Dreißigjährige Krieg Deutschland geschlagen, waren zumeist vernarbt: der Bevölkerungsverlust — im Durchschnitt etwa ein Drittel — aufgeholt, die Finanzleistungen und -verluste ausgeglichen, die Wüstungen zumeist wieder in Bewirtschaftung genommen, die zerstörten Städte im Wiederaufbau begriffen. Auf dem Lande allerdings hatte sich, besonders im Gebiet der ostelbischen Gutswirtschaft, deren Umfang in der zweiten Jahrhunderthälfte um etwa 30 Prozent wuchs, die Lage der Bauern durch Gesindezwangsdienst, Bauernlegen, also Vertreibung der Bauern von ihrem Lande, und andere Maßnahmen bis zur Erbuntertänigkeit verschlechtert. Handel und Gewerbe waren wieder aufgeblüht —, aber nicht mehr zur Größe und zu den Formen des 16. Jahrhunderts, sondern in viel engeren, landschaftlich und häufig lokalen Grenzen. Frankfurts Messen erreichten den Glanz, der sie vor 1631 weltberühmt gemacht hatte, nicht wieder, zumal auch Leipzig sehr bald eine übermächtige Konkurrenz bildete. Andererseits brachten nicht allein Hugenotten, sondern auch italienische und Schweizer Einwanderer viele wirtschaftliche Anregungen und auch Kapitalien ins Land.

Die Seestädte nahmen eine unterschiedliche Entwicklung. Hamburg, das — militärisch modern befestigt — im Großen Kriege bereits einen lebhaften Aufschwung genommen hatte, wandte sich nach 1648 mehr und mehr vom Getreidehandel zu Seefischerei, Textilindustrie, Gold- und Silberwarenfabrikation und zum indirekten Kolonialwarenhandel zwischen westeuropäischen Häfen und einem tiefen Hinterland. Seit 1648 konnte die Elbestadt als die „einzige Luftröhre des Heiligen Reiches“ bezeichnet werden, da alle anderen Mündungen deutscher Flüsse unter fremde Kontrolle geraten waren. Bremens Entwicklung blieb dahinter allmählich zurück, nicht zuletzt, da es dort an einer kräftigen Bank fehlte, während der Hamburger Taler, der Portugalöser, von 1689 auf seiner Rückseite die Wappen der vier großen europäischen Banken in Venedig, Nürnberg, Amsterdam und Hamburg selbst (seit 1619) zeigte, wobei die wirtschaftliche Verbindung Hamburgs mit Amsterdam überhaupt die innigste und bedeutendste war. Hinter Hamburg und Bremen blieben Lübeck, Danzig und die anderen Ostseehäfen schnell zurück. Mit dem Schiffsbestand der westeuropäischen, als Nationalstaaten zusammengefaßten Seemächte konnten sie alle um 1700 nicht mehr wetteifern.

Im ganzen war Deutschland wirtschaftlich während des 17. Jahrhunderts hinter den Westmächten entschieden zurückgeblieben — aber nicht allein durch den Großen Krieg, sondern auch davor und danach aus den weltpolitischen und weltwirtschaftlichen Entwicklungen heraus, deren Auswirkungen der Krieg nur beschleunigte und vertiefte. Der Aufbau stellte nicht die Wirtschaft wieder her, wie sie um 1600 gewesen war, sondern paßte sie den welt- und auch volkswirtschaftlichen Wandlungen, politischen Machtverschiebungen und Rangsteigerungen (Brandenburg-Preußen, Hannover-England, Sachsen-Polen) an. Die technische Entwicklung des Zunfthandwerks fiel im allgemeinen gegenüber der in England, die kunstgewerbliche hinter der in Frankreich ab. Die Zünfte verwandelten sich mehr und mehr in territorialstaatliche Polizeiorgane. Viel Geld verschlangen die modernen stehenden Heere und Stadtbefestigungen. Im Westen ging die Entwicklung zur kapitalistischen Wirtschaftsweise durch Subsidien, Rüstungen, Heereslieferungen usw. schneller vor sich als im Osten. In der gewerblichen Produktion stand das Handwerk noch ganz im Vordergrund. Mangel an Kapital und Unternehmungslust, auch fürstliche Abneigung verhinderten die Entstehung wirklich industrieller Unternehmungen.

Technik und Naturwissenschaften wurden wie die darstellende Kunst, Dichtung, Politik und Lebensauffassung vom „Barock" bestimmt. Mehr und mehr zeigte sich das Verlangen, die Antike zu überwinden und in die ernüchterte und versachlichte Formen- und Gedankenwelt der Renaissance stärker metaphysische Kräfte eindringen zu lassen. Eine wesentliche Rolle spielten aber auch in Deutschland, wo Leibniz das Ende dieses Zeitalters charakterisierte, von Westen kommende Auffassungen: der cartesianische säkularisierende Rationalismus und der britische Empirismus. Bezeichnend für die Arbeitsweise in der Wissenschaft waren gelehrte Gesellschaften und Akademien, die, von Italien, Frankreich und England her über Deutschland nach dem Osten ausgriffen. Aus einer für die Zeit charakteristischen Verbindung der fürstlichen Neigung zu barocker Repräsentation und absolutistischer Reglementierung auch in der Wissenschaft einerseits und aus den Tendenzen zur Vergesellschaftung wissenschaftlicher Arbeit andererseits entstand so — nach der 1699 erfolgten Erneuerung der 1666 gegründeten französischen Akademie der Wissenschaften — im Jahre 1700 mit Leibnitz an der Spitze die Berliner Societät der Wissenschaften.

Die Erschließung des Universums durch das rechnende Denken seit Kopernikus wurde durch Kepler und Galilei fortgeführt. „Und unter dem Einfluß derselben sozialen Bedürfnisse der neuen bürgerlichen Gesellschaft wurde endlich auch der erste entscheidende Schritt getan, die komplexen Phänomene dieses Universums einer wirklichen Analysis zu unterwerfen, welche die einfachen gesetzlichen Verhältnisse heraushob" (Dilthey). Im Zusammenhang mit den Versuchen, die Frage nach der Natur des Weltraumes und der Weltkräfte mit experimentellen Mitteln zu beantworten, ist das berühmte Experiment des Magdeburger Bürgermeisters Otto von Guericke, mit Hilfe der von ihm erfundenen Vakuumpumpe luftleer gepumpte Halbkugeln über die Zugkraft von 16 Pferden triumphieren zu lassen, als ein typisch barocker Schauversuch bezeichnet worden. Weiter wurde die Zeit durch die Entdeckung und Erfindung zahlreicher neuer wissenschaftlicher Instrumente für die experimentelle Forschung charakterisiert, wobei das Mikroskop eines der wichtigsten wurde.

In der Technik überwog das Bestreben, über die Traditionen der Antike hinaus die Mechanik wirtschaftlich auszunutzen. Windmühlen, Wasserräder, Göpelwerke usw. als erste moderne Kraftmaschinen zu entwickeln. Nicht selten haben sich hier und bei der alchimistischen Suche nach dem Stein der Weisen, der Goldmacherei, der Fayence- und Porzellanbäckerei Barockfürsten und ihre Hofgesellschaft mit Rat, Tat und viel Geld beteiligt. Kanal- und Deichbau sowie schließlich die Entwicklung von Manufakturen über das Handwerk hinaus und als Vorstufe zur Fabrik gehörten gleichfalls in diese Entwicklung, in deren Verlauf, von den Experimenten in Colberts Frankreich angeregt, der französische Emigrant de Papin 1690 die erste atmosphärische und später die erste Hochdruckdampfmaschine konstruierte. Den zeitgemäßen Überblick über das technische Schaffen im 17. und beginnenden 18. Jahrhundert gab 1724/27 der Leipziger Mechaniker J. Leupold in einem umfassenden, Merians „Theatrum Europaeum" und dem „Theatergeist" der Zeit überhaupt entsprechenden, reich illustrierten Prachtwerk, das er bezeichnenderweise auch „Theatrum Machinarum" nannte.

In der wesentlich katholischen deutschen Barockkunst, die vom vorwiegend calvinistischen Klassizismus begleitet wurde, traten antike, gotische und Renaissance-Elemente, Volks- und Fürstenkultur miteinander verbindend, in Erscheinung. Da die Religion nicht mehr der allein bestimmende Lebensraum war, sondern Fürst und Staat immer stärkeres Gewicht erhielten, schoben sich im Rahmen der zunehmenden „Lösung der Kunst von der Kirche" (Dehio) neben Kirche (Jesuitenbarock) und Kloster nun — stark nach französischem Vorbild — Schloß und Rathaus, in der Malerei neben das religiöse Motiv das Fürsten- und das Schlachtenbild. Eine entsprechende Entwicklung erlebte die Musik, wo Oper, Orchester- und Hausmusik neben der Kirchenmusik, die im Norden das lutherische Kirchenlied schuf, eine immer größere Bedeutung erhielten.

DAS ZEITALTER
DES EUROPÄISCHEN GLEICHGEWICHTS

Das europäische Gleichgewicht 1714—1740

Herstellung eines kontinentaleuropäischen Gleichgewichts, eines „europäischen Konzerts", (als Säkularisierung der universalistischen Reichsidee des Mittelalters) und dauerhafte Verhinderung einer französischen Hegemonie waren das positive und das negative Ziel der Friedensschlüsse von 1713/14 und, weniger bedeutend, von 1719/21. Diese Gleichgewichtsidee war ein bezeichnender Ausdruck des Geistes der Zeit, des Rationalismus, der annahm, die Dynamik berechnen und das Wachstum beschneiden zu können, zugleich aber auch Ausdruck einer Ermüdung, die sich nicht mehr die Kraft zutraut, den Gegner zu überwältigen, sondern sich mit ihm abfindet und nur durch mechanische Verteilung der Gewichte seine Gefährlichkeit einzuschränken versucht. Das neue Zeitalter allerdings, das jetzt heraufkam, wollte es nicht wahrhaben, daß die in Utrecht geschaffene Gestaltung Europas lediglich ein aus der Erschöpfung geborener Notbehelf sei. Es versuchte, aus der Not eine Tugend zu machen, und wollte in dem „Gleichgewicht" die Grundlage einer neuen besseren Welt erblicken, in der Friede und Eintracht, vernünftige Überlegung des Nützlichen herrschen und aus der der Krieg verbannt sein sollte. Ähnliches galt für die großen europäischen Neugestaltungen und Völkerbundspläne der ersten Hälfte des 20. Jahrhunderts, bei denen freilich andere Mächte an die in Utrecht von Großbritannien eingenommene Stelle traten.

Auf jeden Fall übersah diese Auffassung, daß die Friedensschlüsse und ihre Zielsetzungen nicht mit einem moralischen Fortschritt in der Politik der Staaten verbunden waren, diese vielmehr begehrlicher und ihre diplomatische und wirtschaftliche Kriegführung kunstvoller und intrigenreicher wurde. Ludwigs XIV. Tod und die damit verbundene Lähmung der Politik auf der einen, die Ermattung Österreichs auf der anderen

Seite garantierten den Frieden einstweilen besser als Kongresse und Verträge. Inzwischen aber formierten sich im Hintergrund die Parteien für eine neue Auseinandersetzung im Rahmen des österreichisch-spanischen Gegensatzes; und schließlich gab es die preußisch-hannoversche Rivalität, die durch den persönlichen Gegensatz zwischen Friedrich Wilhelm I. und Georg II. noch akzentuiert wurde. Bereits im Jahre 1729 hatten die Fronten sich nach der 1727 erfolgten Erneuerung der im Spanischen Erbfolgekrieg jahrelang sehr einflußreichen Nördlinger Association von 1702 unter Beitritt des österreichischen Reichskreises ein erstes Mal und grundsätzlich formiert. Doch kam es nach dem Abschluß der preußischen Kronprinzenaffäre 1731 im Wiener Vertrage noch einmal vorübergehend zu einer friedlichen Regelung.

Für Kaiser Karl VI. stand im Mittelpunkt aller Überlegungen und Pläne die Anerkennung der von ihm geschaffenen Thronfolgeordnung, der sogenannten Pragmatischen Sanktion, die ihm — nach Preisgabe der österreichischen Ostindienkompanie in Ostende und des Gedankens einer habsburgisch-bourbonischen Eheverbindung — zwar von England und Holland, nicht aber von Frankreich gewährt wurde, so daß die alte europäische Mächtekonstellation aus neuer Ursache wieder hergestellt war. Hinter dieses Problem trat die polnische Thronfolgefrage so sehr zurück wie jüngst der Nordische Krieg hinter den Spanischen Erbfolgekrieg. Nach vielem Hin und Her des diplomatischen Kräftespiels zwischen Frankreich, Österreich, Rußland, England und Preußen bestieg in der zweiten Generation 1733 ein Wettiner den polnischen Königsthron: Friedrich August III., der Sohn Augusts des Starken.

Im gleichen Jahre konnten die Franzosen Lothringen besetzen und den Rhein überschreiten, da Kaiser Karl VI. die preußische Truppenhilfe nicht mit der Anerkennung König Friedrich Wilhelms als selbständigen Souveräns erkaufen wollte. Gleichzeitig verloren die Österreicher die Lombardei, Neapel und Sizilien. Im Präliminarfrieden zu Wien am 3. 10. 1735 und drei Jahre später im Frieden fand diese Auseinandersetzung — nach Rankes Wort „ein großes Ereignis ohne große Taten“ — ihr Ende: Frankreich erkannte Friedrich August auch in Polen an, und Frankreichs Thronkandidat für Polen, Stanislaus Lesczynski, dessen Hoffnung betrogen war, erhielt Lothringen, das allerdings nach seinem Tode als Erbe seiner Tochter an Frankreich fallen sollte, so daß Lothringen die letzte Lücke in der vorgeschobenen französischen Ostgrenze schloß. Franz Stephan, Herzog von Lothringen, der Maria Theresia heiraten sollte und auf diese Weise ein besonders gefährlicher Gegner Frankreichs hätte werden können, wurde auf das Großherzogtum Toscana abgeschoben und damit ungefährlich gemacht. Auch die anderen italienischen Gebiete wurden, zumeist auf Kosten Österreichs, verteilt, dessen Pragmatische Sanktion nun allerdings auch Frankreich anerkannte.

Wichtiger war, daß die habsburgische Monarchie hier wie 1737/39 im letzten Türkenkrieg, der Land- und Prestigeverluste brachte, deutlich Zeichen von Schwäche und Müdigkeit aufwies. „Die Hoffnung auf eine innere Erhebung der Kaisermacht und des Reiches — von 1683 an durch ans Wunderbare grenzende äußere Erfolge genährt und dann in einigen Punkten auch für die inneren Verhältnisse kräftig in Angriff genommen — sank dahin zugleich mit der Geisteshaltung des Barocks" (Lorenz). In Mitteleuropa aber trat immer deutlicher die preußisch-österreichische Spannung als entscheidendes Problem in den Vordergrund.

Preußen unter Friedrich I. und Friedrich Wilhelm I.

Die wenig mehr als ein Jahrzehnt umfassende Regierungszeit des ersten Hohenzollernkönigs in Brandenburg-Preußen wurde nach Danckelmanns Sturz gekennzeichnet durch Günstlingswirtschaft, moralischen Verfall, Hofintrigen und finanzielle Unordnung. Das „dreifache W(eh)", das in den Personen des Oberkämmerers und Premierministers Frh. Joh. Kas. Kolbe von Wartenberg, des Hofmarschalls Reichsgrafen von Sayn-Wittgenstein und des Feldmarschalls und Generalkriegskommissars Grafen von Wartensleben das Land beherrschte und bedrückte, zerstörte mit der finanziellen Grundlage auch die politisch-militärische Stärke des jungen Staates in einer Zeit, da sich gerade erwies, daß nur militärische Kraft politische Unabhängigkeit und eine starke Stellung auf dem zu erwartenden Friedenskongreß zu sichern vermochte. Seit 1709/10, als Pest, Mißwuchs und Hungersnot in Ostpreußen zusätzlich schwere Menschen- und Geldverluste verursachten, bildete sich eine Opposition, der die Entlassung der Hauptschuldigen gelang — mit Wissen des Kronprinzen Friedrich Wilhelm. Dieser entwickelte unter dem Einfluß von Malplaquet und Pultawa, im Anblick der politisch starren Verzettelung preußischer Kräfte während des Spanischen Erbfolgekrieges sowie der Drohung in Ost und West, ein Programm preußischer Souveränität auf Grund einer Heeresmacht. Auch erkannte er, daß an die Stelle der politisch bindenden Subsidien, welche nur ein roi mercenaire und Auxiliarfürst annehmen konnte, anwachsende Einnahmen aus der eigenen, daher zu intensivierenden Wirtschaft treten mußten. Daß in Friedrichs den Zeitgenossen und auch manchen Historikern fast nur schwächlich erscheinender Politik die Vermeidung eines Zusammenfließens des Spanischen Erbfolge- und des Nordischen Krieges auf einem brandenburgischen Schlachtfeld eine wichtige Rolle spielte und der dabei erzielte Erfolg — möglicherweise die Rettung des brandenburgisch-preußischen Staates, mindestens die der eben erreichten Staatserhöhung — hoch eingeschätzt werden muß, ist erst in neuerer Zeit klar erkannt worden.

Während von der zur Nachfolge bestimmten Generation bereits einschneidende Reformen vorbereitet wurden, entfaltete der König selbst auf kulturellem Gebiet eine glanzvolle Tätigkeit, die in der schon 1655 gegründeten reformierten Universität Duisburg, der Bibliothek im Schloß zu Berlin und der Preußischen Societät der Wissenschaften unter Leibniz einerseits, in barocken Prachtbauten Schlüters und Eosanders von Göthe, in Musik-, Opern- und Theateraufführungen anderervon ihre Höhepunkte fand, so daß Berlin schnell ein Zentrum seits Wissenschaft und Kunst wurde. Hinter solchen auffälligen Leistungen traten die „Stillen im Lande“ zunächst ganz zurück, die Pietisten unter Ph. J. Spener, der 1670 die so berühmt und berüchtigt gewordenen „Collegia pietatis“ begann und 1673 seine „Pia desideria“ veröffentlichte, sowie Aug. Herm. Francke, dem Begründer des Halleschen Waisenhauses, die bald erhebliche Bedeutung erlangen sollten.

Friedrichs I. Tod am 25. 2. 1713 bildete in Preußens Geschichte einen viel tieferen Einschnitt als seine Thronbesteigung oder die Errichtung der hohenzollernschen Monarchie. Die einschneidende Bedeutung dieses eine neue Epoche für Preußen und Deutschland einleitenden Jahres wurde dadurch verstärkt, daß 1713 auch der Friede zu Utrecht geschlossen, die Pragmatische Sanktion veröffentlicht wurde und Peter der Große den neuen preußischen König besuchte. Ein Jahr später vereinigte Georg I. Hannover und England in Personalunion, wieder ein Jahr später starb Ludwig XIV.: die Verhältnisse in Europa und Deutschland erfuhren in kürzester Zeit einen grundlegenden Wandel.

Von Friedrich dem Großen stammt das Urteil über seinen Vater: „Unter Friedrich Wilhelm änderte der Staat sein Gepräge fast vollständig." Aber „die Biographie Friedrich Wilhelms I. hat nicht die großen militärischen oder diplomatischen Siege aufzuweisen . . .; seine Größe besteht darin, daß er eine Gründergestalt von der stärksten Breiten- und Nachwirkung gewesen ist, daß er allein unter allen deutschen politischen Gestalten des 18. und 19. Jahrhunderts traditions- und typenbildend geworden ist, daß seine Leistung nicht nur in das Werk Friedrichs des Großen und Bismarcks eingegangen ist und es getragen hat, sondern auch deren Zusammenbrüche von 1806 und 1918 überdauerte und in unseren Tagen als ein unvergängliches Ferment des Deutschen weiterwirkt: es ist das, was die Welt in Liebe oder Haß als Preußentum bezeichnet" (Hinrichs).

Während Friedrich Wilhelm gewandt, nicht großartig, aber unter Vermeidung langdauernder Kriegshandlungen — er hat das von ihm selbst geschaffene Heer nicht eigentlich im Kriege erprobt, sondern dies seinem Nachfolger überlassen — erreichte, daß Brandenburg-Preußen am Ende des Nordischen Krieges eine bedeutende Stärkung erfuhr, sorgte er gleichzeitig dafür, daß sein Staat durch innenpolitische Reformen zur stärksten Macht in Deutschland sich erhob und die Möglichkeit zum Aufstieg in die Gruppe europäischer Großmächte erhielt. Sein Streben, das ihn zum „größten inneren König Preußens" (Hintze) machte, war „mit unerhörter Konsequenz auf die

Armee“ (L. Dehio), ausschließlich auf die Stärkung der Macht, nicht aber auf ihre Erprobung gerichtet. Da er während zweier Kriege, besonders aber im Spanischen Erbfolgekrieg, beobachtet hatte, daß Preußen eine imponierende Position nur durch ein starkes stehendes Heer gewinnen und behaupten konnte, wurden alle seine innenpolitischen Überlegungen, Maßnahmen und Unterlassungen letzten Endes durch die Absicht bestimmt, ein solches Heer zu schaffen. Die Kosten eines derartigen Machtinstrumentes waren hoch; sie ohne fremde, die Souveränität einschränkende und das Ansehen beeinträchtigende Hilfe zu tragen, setzte gesunde Staatsfinanzen voraus. Das bedeutete wiederum, daß der Staat zentral zusammengefaßt, die Verwaltung energisch gerafft und der Absolutismus der beiden vorhergehenden Herrscher modernisiert, intensiviert und auf die größeren Verhältnisse des 18. Jahrhunderts hin reformiert werden mußte. Aus solchem Staatsdenken sowie aus stärkster religiöser Bindung und patriarchalischer Verantwortung für sein Land gegenüber Gott wuchsen die Reformen hervor, die Friedrich Wilhelm mit äußerster Energie, zuweilen mit der Schroffheit, Unberechenbarkeit und zu Jähzorn und Mißtrauen neigenden Reizbarkeit eines am Rande des Normalen lebenden Genies durchführte. „Das Vorbild Peters des Großen ist diesem preußischen König nicht fremd gewesen — nur eben, daß er auf protestantische Sittenstrenge und Religiosität noch besonderen Wert legte“ (Schnabel). Mit der Beseitigung luxuriöser Wucherungen aus der Zeit seines Vaters stellte er den preußischen Staat auf eine Geiz und Kärglichkeit erreichende Einfachheit um. Diese wurde zu seiner Zeit an den prachtliebenden Höfen Europas bespöttelt, als wesentlicher Teil des Fundaments für Preußens Aufstieg und Stellung aber im bürgerlich-ökonomischen 19. Jahrhundert von Freund und Feind dieses Staates anerkannt und als solches erst in der Zeit des Nationalsozialismus durch den Führerkult und die Korruptions- und Ausbeutungslehre von der Einheit von Partei und Staat verdrängt.

Zur Sicherung gegen die Wiederholung eines Rückfalls aus staatlichem in gutsbesitzerliches Denken erklärte Friedrich Wilhelm im Hofgesetz vom 13. 8. 1713 Staat und Domänen — die Garanten der wirtschaftlichen Unabhängigkeit des Souveräns — für unteilbar und unveräußerlich. Er regierte absolutistisch „aus dem Kabinett" und schuf im Sinne der staatlichen Konzentration 1722 das Generaldirektorium als einzige oberste Finanz- und Wirtschaftsbehörde, deren innere Organisation deutlich erkennen läßt, wie die Staatsverwaltung sich auf dem Wege vom Territorial- und Provinzialprinzip zum Zentralismus befand. Er suchte seine Stellung gegenüber dem Adel wie ein „Rocher de bronze" zu stabilisieren und hat „zuerst in dem preußischen Heere eine, wenn auch einseitige, Hingebung des Adels an den Staat hervorgebracht" (Freytag). Doch fand die staatliche Verwaltung auf dem Lande bis ins 20. Jahrhundert hinein beim Landrat praktisch ihr Ende, da dieser nicht nur königlicher Beamter, sondern auch — zumeist adliger — Interessenvertreter des Adels war. Dem politischen Zentralismus entsprach in der Wirtschaft der Merkantilismus — beide auf den Absolutismus des *einen* fürstlichen Herrschers hin orientiert. Der preußische Merkantilismus hatte infolge der Geldarmut des Staates von vornherein die Eigenart, „Menschen vor den größten Reichtum zu achten", das Arbeitskapital an Menschen zu steigern, also Einwanderung und Ansiedlung besonders in den von der Pest fast entvölkerten Gebieten im Osten zu fördern (Retablissement) und neue Handwerksbetriebe und Manufakturen zu errichten. Die Einfuhr wurde auf ein Mindestmaß reduziert, die Ausfuhr nach Möglichkeit gesteigert. Das Heer wuchs bei 2,5 Millionen Einwohnern 1713—1740 von 38000 auf 76000 Mann, und große Teile der Wirtschaft waren fast ausschließlich für dieses Heer tätig. „Während er beim Militärischen im Kleinen, im Drill steckenbleibt, besitzt er auf finanziellem Gebiet zugleich die Fähigkeit, das Ganze zu übersehen und zu beherrschen. So ist er der Schöpfer der preußischen Finanzverwaltung geworden" (Hartung). Parallel zum Heer mit seiner spezifischen militärisch-sozialen Verknüpfung des Offizierkorps mit dem in seinen politischen Rechten zunehmend verkürzten Adel sowie des Soldatentums mit dem Bauerntum schuf Friedrich Wilhelm in der Staatsverwaltung ein Beamtentum, das genau so streng diszipliniert, ihm allein verantwortlich, seiner Persönlichkeit ergeben, selbstlos und für den Fiskus sparsam, aber häufig auch geistig eng war und gelegentlich die Autorität des Staates mißbrauchte. Als besonders seit 1733 durch das sogenannte Kantonsystem immer mehr preußische Staatsangehörige im Heer dienen mußten — in dem freilich nach wie vor ein hoher Prozentsatz im „Auslande" Geworbener und Gepreßter härteste Disziplin erforderlich machte — und die Beamten noch stärker in der Öffentlichkeit eine ganz dem Staat ergebene Existenz vorlebten, entstand eine engere Verbindung von Staat und Volk und bei diesem eine gewisse, stark durch die Persönlichkeit des Königs bestimmte Staatsgesinnung.

Außenpolitisch ist Friedrich Wilhelm I. nach 1720 ganz erfolglos gewesen. Die auf anderen Gebieten so starke und unabhängige Herrscherpersönlichkeit band sich hier ideenlos und unselbständig an den Kaiser und ließ ihre Handlungen nicht von der Staatsräson, sondern vor allem von der persönlichen Abneigung gegen Engländer und Hannoveraner bestimmen. Er selbst gestand in seinem Politischen Testament, daß er in der Außenpolitik „nur die Rolle eines Herzogs von Gotha" spielte und hoffte, sein Sohn und Nachfolger werde ihn „rächen". Als er starb, war Preußen unter den europäischen Mächten an Einwohnerzahl die zwölfte, an Soldatenzahl die vierte, der Qualität nach jedoch die erste Militärmacht Europas. Freilich verwandte diese auch jährlich von 7 Millionen Talern Gesamteinnahmen 3 Millionen auf das Heer, hatte der „Soldatenkönig" für Kunst und Wissenschaft nur den Blick und die Anteilnahme eines roi sergeant. „Unter Friedrich I. war Berlin das Athen des Nordens gewesen; unter Friedrich Wilhelm wurde es dessen Sparta" (Friedrich der Große).

Österreich unter Karl VI.

Drei Türkenkriege mußten die Habsburger zwischen 1683 und 1739, also innerhalb eines halben Jahrhunderts, führen, die für Österreichs Entwicklung vor der Auseinandersetzung mit Preußen große Bedeutung hatten. Der erste von 1683 bis 1699 brachte die territoriale Ausbreitung nach Osten und damit die Sicherheit des Landes gegenüber dem Islam; er zog die Ungarn durch geographische Isolierung fester an den Staat heran, konnte jedoch nicht verhindern, daß sie auch in Zukunft ein nach Unabhängigkeit und Selbständigkeit strebendes Volk blieben, das sich für dieses Ziel mit jedem Gegner Habsburgs — und später anderer Beherrscher — verband.

Zu dem Landgewinn im Osten erhielt Österreich 1714 auch noch im Süden und Norden Teile der spanischen Erbschaft — eine weitere Bereicherung, im ganzen aber keine Stärkung, da es sich allen finanziellen Vorteilen und der Wirtschaftsaktivität der spanischen Niederlande zum Trotz um sehr exponierte, leicht angreifbare und von Rivalen wirklich auch längst angestrebte Außenposten handelte, die mehr Verwicklungen heraufbeschwören als Gewinn tragen mußten.

Sofort aber erhoben die Türken sich noch ein zweites Mal — zunächst, um den ausbeuterischen Venezianern das 1699 an diese verlorengegangene Morea zu entreißen; danach, verlockt durch einen leichten Sieg, um den Frieden von Carlowitz umzustoßen. Prinz Eugen besiegte sie allerdings bei Peterwardein 1716 und in seinem bedeutendsten Sieg als „der edle Ritter" bei Belgrad 1717 so gründlich, daß sie zu Verhandlungen bereit waren, die am 21. 7. 1718 zum Frieden von Passarowitz führten. Er bestätigte Österreich im Besitz des Banats von Temesvar, Belgrads mit einem Teil Serbiens und der Walachei; außerdem wurden die Türken zu einem für Österreich sehr günstigen Handelsvertrag gezwungen. Diese Fixierung und strategisch sichernde Abrundung des habsburgischen Besitzes im Osten gab zwar dem östlichen Kern der Hausmacht ein noch stärkeres Gewicht als zuvor, wurde aber bereits 20 Jahre später wieder in Frage gestellt. In dem bereits 1736 von Rußland begonnenen Krieg gegen die Türkei griff 1737 auch das verbündete Österreich ein. Während die Russen so erfolgreich waren, daß sie den Einzug der Zarin nach Konstantinopel planten, wurden die Österreicher, denen seit 1736 der „weise Ratgeber" und „Sieger über Österreichs Feinde" (Denkmal in Wien) Prinz Eugen fehlte, geschlagen und unter französischer Vermittlung im Frieden zu Belgrad 1739 zur Rückgabe Belgrads, Serbiens, der Kleinen Walachei und der Festung Orsova an die Türkei gezwungen. Damit war nicht allein Österreichs Ansehen im Südosten — und ebenso im Westen — schwer getroffen, sondern fortan trat Rußland auch auf dem Balkan als sein Rivale auf.

Hatte sich bereits im vorletzten Türkenkrieg gezeigt, daß das Vordringen im Südosten für Österreichs Gesamtsituation nicht ohne Gefahren war, so stand Karl VI., der aus Spanien kam und an spanischen Beratern festhielt, außerdem schon um diese Zeit sehr viel ernsteren Sorgen gegenüber. Nicht das Land, sondern die Dynastie war für ihn die Grundlage des Staates. Und gerade dieses dynastische Fundament geriet jetzt in Gefahr, da auch die österreichische Linie des Hauses Habsburg im Begriff war auszusterben. Leopold I. waren zwei Söhne geboren worden, und die Ungarn hatten 1687 das Erbrecht der männlichen Habsburger anerkannt, wodurch für alle Teile des Reiches das Wahlrecht beseitigt war. Weiter hatte Leopold 1703 im Pactum mutuae successionis die Erbfolge im Sinne des Vorranges der männlichen Erben geregelt. Falls aber die männliche Linie aussterben sollte, waren Josephs I. weibliche Nachkommen vor denen des jüngeren Bruders erbfolgeberechtigt. Inzwischen war Joseph I. ohne Söhne, aber unter Hinterlassung von zwei Töchtern gestorben. Karls VI. Ehe mit Elisabeth Christine von Braunschweig blieb zwar lange Zeit kinderlos; doch konnte er — 1685 geboren, bei Regierungsantritt 26jährig — noch auf Nachkommenschaft hoffen. Sollte ihm ein Sohn geboren werden, so war dessen Nachfolge durch den Pakt von 1703 gesichert; überlebten ihn jedoch, wie seinen älteren Bruder Joseph I., nur Töchter, so konnten dem gleichen Pakt zufolge Josephs Töchter den Vorrang beanspruchen. Um dieser Möglichkeit zuvorzukommen und zugleich, um die Einheit des Hausbesitzes gegenüber der ungarischen Neigung für das Wiederaufleben des Wahlrechts nach dem Aussterben des Mannesstammes zu sichern, änderte Karl VI. 1713 das Pactum durch eine zunächst geheimgehaltene Anordnung dahin ab, daß zwar die männliche Erbfolge unverändert blieb, beim Fehlen männlicher Erben jedoch seine eigenen Töchter vor denen Josephs I. zur Erbfolge berufen waren und die Unteilbarkeit des Hausbesitzes gesichert sein sollte. Da 1716 Karls Sohn Leopold starb und 1717 und 1718 zwei Töchter — Maria Theresia und Maria Anna — geboren wurden, strebte Karl nach weiteren Sicherungen: als Sanctio Pragmatica und Lex perpetua valitura wurde 1720 die Verfügung von 1713 den Erbländern vorgelegt, die sie bis 1723 aus alter Verbundenheit mit der Dynastie und im Sinne der Geschlossenheit gegenüber den Türken anerkannten — auch Ungarn, das sich so „indivisibiliter ac inseparabiliter" der habsburgischen Monarchie einfügte.

Weit schwieriger war, wie erwähnt, die internationale Anerkennung der Pragmatischen Sanktion. Sie nahm des Kaisers ganze diplomatische Aktivität in Anspruch, so daß darüber und über die verschiedenen Kriege im Osten und Westen, Norden und Süden die innere Entwicklung der Monarchie entschieden zu kurz kam — mit Ausnahme der Wirtschaft, die immer mehr Einnahmen erbringen mußte, wenn die Unternehmungen auf allen Seiten finanziell durchgehalten werden sollten. So suchte man — wenngleich ohne bemerkenswerte Erfolge —, von den Freihäfen Fiume und Triest aus den auch von Türken, Engländern, Niederländern und Franzosen bedrängten Venezianern in der Levante Konkurrenz zu machen und von den nun österreichischen Niederlanden, insbesondere von Ostende aus, in den großen Überseehandel einzugreifen. Aber hier noch deutlicher als im Mittelmeer stieß man auf den gleichen energischen Widerstand der Niederländer und Engländer, dem einige Jahrzehnte zuvor schon Brandenburg als neuer Wettbewerber sich hatte beugen müssen. Und da dem Kaiser die Anerkennung der Pragmatischen Sanktion für das ganze Habsburgerreich mit Recht wichtiger erschien als die wirtschaftliche Blüte eines im Ernstfall kaum zu verteidigenden peripheren Teiles, Österreich mit Wien als Staats-, Kultur- und Wirtschaftszentrum auch ein Kontinentalstaat war und niemals Seemacht werden konnte oder wollte, erkaufte Karl VI. die Hinnahme der Pragmatischen Sanktion schließlich mit der Auflösung der Ostender Kompanie. Aber auch diese wirtschaftliche Selbstbescheidung ermöglichte keinen wirklichen Aufstieg des Zentralraumes: die territorialistischen Zielsetzungen der Erbländer waren in der Wirtschaft oft stärker als der angestrebte Zentralismus von Wien aus, und der Konfessionalismus im Habsburgerreich überhaupt schloß grundsätzlich alle die Anregungen aus, welche die Wirtschaft anderer deutscher Staaten durch die Einwanderung von Hugenotten und sonstigen Glaubensflüchtlingen erhielten. Die ständigen Kriege ließen die Finanzschwierigkeiten mächtig anwachsen; mehrmals drohte der Staatsbankrott, der nur durch immer neue, immer ungünstigere Anleihen abgefangen werden konnte. Und während in Preußen 1720—1740 von einem zielbewußten Herrscher in politisch verhältnismäßig ruhiger Zeit unter stärkster wirtschaftlicher Anspannung und Betonung der Einheit von Wirtschaft und Heer dieses militärische Machtmittel verbessert und vergrößert werden konnte, war in Österreich selbst die Erhaltung des Überkommenen nur schwer möglich. Als im Mai 1740 König Friedrich Wilhelm I. und im Oktober Kaiser Karl VI. starben, hinterließen beide Herrscher ihren Kindern, den Gestaltern einer neuen Zeit, „Deutschland als Feld einer ganz Europa aufwühlenden Gegnerschaft" (Hartung).

Deutschland im Jahre 1740

Ein Jahrhundert nach dem Großen Kriege, das von vielen weiteren kriegerischen Auseinandersetzungen auf deutschem Boden und unter deutscher Beteiligung erfüllt gewesen war, beherrschten entsprechend dem absolutistisch-zentralistischen Charakter die Fürsten mit ihren Hauptstädten und Heeren Deutschlands Bild. Die alten Reichsstädte und wirtschaftlichen Vororte wie Nürnberg, Köln, Bremen, Frankfurt und Hamburg — zu schweigen von den vielen kleineren —, spielten politisch keine Rolle, mochten sie selbst wirtschaftlich so aufblühen wie Hamburg oder Leipzig. Dazu fehlte es ihnen an territorialer Ausdehnung, an ausreichenden Einwohnerzahlen, letzten Endes auch an den Finanzmitteln für ein starkes Heer. An ihre Stelle waren Hauptstädte wie Wien, Dresden, München, Hannover, Kassel und Berlin getreten. Berlin hatte sich beim Regierungswechsel im Jahre 1640 mit Brandenburg, Stendal, Frankfurt (Oder) und Prenzlau noch nicht messen können, 1696 in Schlüter aber den rechten Baumeister erhalten, der dem politischen Ehrgeiz des Herrschers künstlerisch Ausdruck und Form geben konnte. Der erste große moderne Bau Preußens in Berlin wurde bezeichnenderweise ein Zeughaus — „nicht bloß ein wichtiges Architekturdenkmal des norddeutschen Barock, sondern vielmehr die monumentale Versinnbildlichung staatlichen Selbstbewußtseins" (Ladendorf).

Diese Hauptstädte wurden politisch-militärisch-wirtschaftliche Machtzentren und waren als Mittelpunkte fürstlicher Barockrepräsentation umgeben von modernen großen Schlössern, Parks und Jagdgründen, von Fasanerien, Orangerien, bald auch von Eremitagen und Glorietten. Neue Hauptstädte wurden geschaffen, ältere, und zwar nicht allein weltliche, prächtig modernisiert: insbesondere Würzburg und die anderen Orte der Schönborns, der „Herzöge von Franken", und ihrer bedeutenden Baumeister, des großen Balthasar Neumann seit 1701 an ihrer Spitze; die grundbesitzenden Orden ließen ihre Klösterschlösser bauen: Göttweig, Melk, St. Florian, Ebrach, Weingarten, Grüssau und manche andere. Die Städte wuchsen und forderten die Beseitigung der ohnehin gegenüber der modernen Artillerie ohnmächtigen mittelalterlichen Befestigungen. Die Anlage und Erhaltung neuer Schutzbauten wäre in vielen Fällen weit über die Finanzen des Staates bzw. der Städte hinausgegangen und unterblieb daher häufig, was zur Folge hatte, daß fortan die Belagerung von Städten keine große Rolle mehr spielte und befestigte Lager an deren Stelle traten — im ganzen wurde der Krieg beweglicher.

Das zweite Wahrzeichen der Zeit war das stehende Heer als feste Grundlage des Staates, als notwendiges Mittel zur Selbstbehauptung und Expansion. Der Dreißigjährige Krieg und die späteren Kämpfe bewiesen auch in Deutschland, daß ein solches Machtinstrument nicht nur ständig einsatzbereit sein, sondern sich außerdem in der Verfügungsgewalt allein des regierenden Fürsten befinden, daß es endlich in mehrfacher Hinsicht uniformiert sein mußte: in Kleidung, Gleichschritt, Drill und Taktik, ja, auch in Berufs- und Ehrauffassung. Und da für das Beamtentum, den Verwaltungsapparat, ähnliches galt, der absolute Staat aber auf Heer und Verwaltung beruhte, war es nur natürlich, wenn der Fürst diesen beiden ganz besonders nahestand und wie Friedrich Wilhelm stets Uniform trug. Alle europäischen Armeen befanden sich grundsätzlich auf dem gleichen Wege der Rationalisierung, aber nur die preußische erreichte unter Friedrich Wilhelm, der keine anderen Interessen hatte als die für Heer und Verwaltung, das gesteckte Ziel. Dem Militarismus und Fiskalismus mußten alle Sonderinteressen weichen, mochten es die des Adels, der Kunst, der Wissenschaft oder welche auch immer sein.

Das alles hatte eine Veränderung der Staatsauffassung als Grundlage und auch zur Folge. Das Staatsdenken erhob sich seit dem 16. Jahrhundert zunehmend über den fürstlichen Patriarchalismus. In immer mehr Staaten — in Brandenburg entgegen den testamentarischen Bestimmungen des Großen Kurfürsten — wurde der Länderbesitz für unteilbar erklärt, in Österreich mit Entschiedenheit und auch durch die Pragmatische Sanktion die Einheit der Erbländer erstrebt, in Kurhannover eine solche durch Zusammenfassung kleinerer Gebiete geschaffen, die Staatskasse von der Privatschatulle des Fürsten getrennt; die Testamente der Fürsten unterschieden sich in Form und Inhalt immer stärker von den privaten und steigerten sich nicht selten zu „Politischen Testamenten".

Während so Staatsauffassung, Heer und Verwaltung, Außen- und Innenpolitik bedeutende modernisierende Veränderungen erfuhren, verblieb das Bauerntum, die breite Grundlage aller dieser Verwandlungen, in den Lebensformen, die nach dem Bauernkrieg und, besonders im Osten, in Auswirkung des Großen Krieges entstanden waren. Auf dem Rücken des Bauern spielte sich das alles ab: er war als Masse der wichtigste Steuerzahler; seine Unfreiheit war der Preis, den der Staat dem landsässigen Adel für dessen Einordnung in den fürstlichen Absolutismus zahlen ließ; er war der Soldat des stehenden Heeres, der Arbeitsmann für die Prachtbauten des Barock, er war auch das Opfer des landwirtschafts- und bauernfeindlichen Grundzuges im Merkantilismus. Das alles schloß nicht aus, daß auf den Kammergütern und Domänen z. B. Preußens seit Friedrich Wilhelm I. die ersten Ansätze einer Bauernschutzgesetzgebung entstanden — wie diejenigen der Arbeiterschutzpolitik um 1830 nicht aus humanitären, sondern aus militärischen Überlegungen: ohne einen gewissen Schutz verlor der Stand seine Steuerkraft und seine Fähigkeit, genügend gute Soldaten zu stellen.

Diesem Bauernelend, gegen das es zwischen 1525 und 1848 in Deutschland keine Erhebung gab, konnte man nur durch Auswanderung zu entgehen suchen: daraus erklären sich die Pfälzerzüge nach Nordamerika und die Schwabenzüge seit 1722 nach dem Südosten, insbesondere nach Ungarn. Sie und die großen Pestverluste zwischen 1665 und 1713, zunächst am Nieder- und Oberrhein, später fast nur noch in den östlicheren Gebieten auf der Linie Danzig—Wien, führten trotz starker natürlicher Bevölkerungsvermehrung und planmäßigen Retablissements dazu, daß im 17. und 18. Jahrhundert die Bevölkerungszunahme östlich des Rheins hinter der Westeuropas erheblich zurückblieb. Das muß nicht allein beim Vergleich der Belastung durch immer größere stehende Heere, sondern auch bei dem der Kulturleistungen in Ost und West berücksichtigt werden und trug schließlich mit dazu bei, daß Deutschland in Verbindung mit der Industriellen Revolution weit stärker als die westeuropäischen Staaten Einwanderungs- und erst viel später als jene Auswanderungsland wurde.

Der absolutistische Merkantilismus, dessen Formenreichtum und häufige Abweichungen von der Theorie erst neuerdings erkannt werden, ließ dem Bürgertum in Deutschland wenig Freiheiten zu wirtschaftlicher Initiative und Entfaltung, zumal er für Neuerungen lieber Ausländer, die man für überlegen hielt, heranzog, als eigenen Landeskindern Anregung, Hilfe und Freiheiten gewährte. Die protestantischen Glaubensflüchtlinge, die sich in Deutschland niederließen, stellten eine wertvolle, lange Zeit wirksame Bereicherung dar, veranlaßten aber auch durch ihre Eigenarten und Privilegien zahlreiche Spannungen im Handwerkswesen. Da das deutsche Bürgertum — abgesehen von den wenigen Handelszentren — seit dem Ende des 16. Jahrhunderts eher verarmte als wirtschaftlich aufblühte, und da die absoluten Fürsten mit ihrem Reglementieren auch in der Wirtschaft Initiative und Risikobereitschaft beengten, gewann die Gruppe der meist jüdischen Hoffaktoren seit dem Dreißigjährigen Kriege bis zum Beginn des bürgerlichen 19. Jahrhunderts und bis zur Judenemanzipation immer stärkere Bedeutung. Diese verhältnismäßig wenigen, prinzipiell rechtlosen, untereinander durch vielfache Verwandtschaft verbundenen und dadurch mächtigen Hofjuden bildeten im 17. und 18. Jahrhundert in Mitteleuropa gewissermaßen den Ersatz für das kapitalistisch-unternehmerische Bürgertum z. B. der Niederlande und Englands.

Engt man die Betrachtung wieder auf die Zeit zwischen 1713/20 und 1740 ein, so steht neben der inneren Festigung und Beruhigung der Staaten die Zuspitzung des österreichisch-preußischen Gegensatzes. Ein preußischer König, der außenpolitisch aktiver war als Friedrich Wilhelm I., der die in der Pragmatischen Sanktion liegende Schwäche Österreichs wahrzunehmen, weitere Demütigungen Preußens aber nicht zu dulden bereit war, mußte den Thronwechsel in Österreich als Gelegenheit zu aktivster Außenpolitik empfinden. „Der Boden, auf dem man stand, schien nicht mehr fest zu sein, seit dieser Alcibiades über die Armee und den Schatz seines Vaters verfügte. Nur Maria Theresia war in ihrer Art, freilich in sehr anderen Gaben und Stärken, Friedrich dem Zweiten, wenn der Ausdruck erlaubt ist, ebenbürtig. Auch sie wußte, was sie wollte, und sie wollte es mit aller Leidenschaft, um jeden Preis, rücksichtslos" (Droysen). Doch lag es in der Natur der Menschen, daß sie von dem vitalen preußischen König eher kriegerische Entschlüsse befürchteten als von einer jungen Fürstin, die man sich kaum mit erhobenem Schwert vorstellen konnte. Damit aber hatte sich bereits ein für alle Zeiten bedeutsames Vorurteil — bestärkt dann allerdings durch die schlesischen Kriege Friedrichs des Großen — gebildet, das nicht auf Friedrich II. beschränkt blieb, sondern bis in die Gegenwart immer wieder auf alle Hohenzollernkönige, auf den preußischen Staat, dessen Bevölkerung und schließlich auf Deutschland überhaupt ausgedehnt worden ist.

Friedrich II. und Maria Theresia 1740—1748

Als Friedrich II. 1740 den Thron bestieg, hatte er, 1712 geboren, jene schwere Entwicklung durchlebt, die zu den erregendsten Abschnitten der preußischen Geschichte gehört: nicht allein die fundamentalen Spannungen der Generationen, sondern auch Verschiedenheiten in der Lebensauffassung, in der Bewertung von Staat und Kultur, von Religion und Beruf, von Soldatentum und Künstlerschaft sowie tiefgreifende Unterschiede von Charakter und Temperament, Phantasielosigkeit, Rauheit und Härte des Vaters und jugendliche Schwächen des

Sohnes schufen Mißverständnisse und Gegensätze, die schließlich durch politische Projekte und Ereignisse verschärft und zur Katastrophe gesteigert wurden. Der Plan einer englisch-preußischen Doppelheirat — Kronprinz Friedrich sollte eine englische Prinzessin, seine Schwester Wilhelmine den britischen Thronfolger heiraten — wurde von England betrieben, von der ehrgeizigen, politisch anspruchslosen preußischen Königin gefördert, von Friedrich, der nach der Eheschließung in Hannover residieren sollte, als Ausweg angesehen, vom preußischen König aber im Sommer 1730 aus politischen und persönlichen Gründen entschieden abgelehnt. Die Enttäuschung darüber ließ in Friedrich einen Fluchtplan reifen. Eigene Gefangennahme, Hinrichtung des engsten Vertrauten Katte und das Gefühl der Gefährdung des eigenen Lebens durch das vom König bestellte Kriegsgericht bewogen den Kronprinzen nicht allein zur Unterwerfung unter den Willen des Vaters, sondern auch zur inneren Besinnung, zur Anerkennung von Friedrich Wilhelms Werk und Bereitschaft, dereinst die begonnene Politik fortzuführen. In der Abgeschlossenheit Küstrins begann für Friedrich eine vom Kammerdirektor Hille taktvoll und mit Verständnis gelenkte zweite Erziehungszeit, in der er das spezifisch Preußische des Staates, wie es der Vater geprägt hatte, in sich aufnahm und „ihm damit Bestand über das Leben Friedrich Wilhelms I. hinaus" sicherte (Hartung). Friedrich behielt gleichwohl seine eigene Persönlichkeit. Sie wurde durch den Vater und das Erlebnis der preußischen Monarchie, noch stärker wohl durch den vielseitig anregenden und herausfordernden Voltaire, durch Rationalismus und Toleranz, durch Fénelon — in dessen „Telemach" er die erste Formulierung vom Fürsten als Diener seines Staates fand —, durch Literatur und Musik Frankreichs, gar nicht aber durch die 1733 mit Elisabeth Christine von Braunschweig-Bevern geschlossene Ehe geformt.

Übernahm Friedrich von seinem Vater einerseits die Grundsätze des Heeresaufbaus und der Innenpolitik, so aktivierte er andererseits sofort nach der Thronbesteigung die Außenpolitik in einem Maße — aber bei weit größerer Unabhängigkeit —, wie es dies seit dem Großen Kurfürsten nicht mehr gegeben hatte. Hier lag, so erkannte man schnell, seine über Preußen hinausgehende, seine deutsche und europäische Bedeutung. Friedrichs Blick richtete sich naturgemäß gegen Österreich, wo die Töchter Josefs I., z.T. vertreten durch ihre bayerischen und sächsischen Ehemänner, nach dem Tode Karls VI. im Herbst 1740 mit Argumenten, die teils aus dem Mittelalter stammten, teils überhaupt keine Grundlage hatten, die Pragmatische Sanktion bestritten. Frankreich und England, die durch überseeische Rivalität gebunden waren und über Spanien seit 1739 fast schon im Kriegszustand lagen, hielten sich diesem Streit fern. Das bestärkte Friedrich II. in dem Entschluß, Maria Theresias Erbansprüche anzufechten — Friedrich, nicht Preußen, wie Hartung mit einem Hinweis auf die „Bedeutung des persönlichen Moments in der Geschichte" betont hat: „Wäre Friedrich Wilhelm I. noch am Leben gewesen, so hätte der preußische Staat gewiß nicht die Initiative . . . ergriffen."

Bereits in der Energie, mit der Friedrich seinen Anspruch auf Herstal, ein Stück der oranischen Erbschaft, gegenüber dem Bischof von Lüttich geltend machte, obgleich er es gar nicht behalten wollte, sondern anschließend an jenen verkaufte, zeigte sich, daß Preußen fortan eine höchst aktive, zu Konzessionen nicht bereite Außenpolitik führen würde. Am Tage des Vertragsabschlusses über Herstal starb Karl VI. Friedrich erkannte die Tragweite dieses Ereignisses sofort und war entschlossen, die jetzt entstehenden Erbfolgeschwierigkeiten in Österreich auszunutzen — sein von ihm selbst wohl nicht für erfolgversprechend gehaltener Vorschlag, gegen den Besitzwechsel ganz Schlesiens die Pragmatische Sanktion anzuerkennen, wurde von Maria Theresia empört abgelehnt — und einen Teil Schlesiens zu besetzen, wo die Hohenzollern seit dem 17. Jahrhundert Jägerndorf, Liegnitz, Brieg und Wohlau beanspruchten. Wichtiger als solche z. T. zweifelhaft gewordenen Rechtsansprüche war ihm die Gunst der Lage für die gewaltsame Angliederung jener Gebiete und die Möglichkeit, seinen Namen mit einem Schlage berühmt zu machen. Darum, nicht um die Frage des österreichischen Erbrechts, ging es. Aber Maria Theresia konnte als bestrittene Erbin einer Großmacht nicht einfach einen Teil davon hergeben, sobald dies von ihr verlangt wurde. Daher rückte denn auch Friedrich — mit

„irrationalem Raubtiersprung über die Hecke jeglicher Staatsräson" hinwegsetzend (L. Dehio) — zugleich mit der Erhebung seines Anspruches nach Schlesien ein, womit der Kampf zwischen Preußen und Österreich begann, in dem schließlich, von Friedrich nicht beabsichtigt, aber auch nicht bedauert, das alte Reich zugrunde ging.

Maria Theresia war bei Friedrichs Überfall auf Schlesien, wie sie selbst später sagte, „ohne Geld, ohne Kredit, ohne Armee, ohne eigene Erfahrung und Wissenschaft, endlich auch ohne allen Rat, weil jeder Minister vorerst zu erspähen sich bemühte, wohin die Sache sich wenden würde". 1717 geboren, war sie seit 1736 mit dem politisch bedeutungslosen Franz von Lothringen-Toscana sehr glücklich verheiratet. Nun entschloß sie sich gegen den Rat ihres Mannes und ihrer Minister, aber in sicherem Pflichtgefühl, das gesamte ihr zugefallene Erbe zu verteidigen. „Immer wird man die Kühnheit, die Energie, die stolze Leidenschaftlichkeit bewundern, mit der Maria Theresia den Kampf um das Erbe ihres Vaters und um die Kaiserkrone geführt hat, und daß sie ihre Völker zu den Waffen rief, daß in diesem langen und tief aufregenden Kriege ihr im vollsten Maße volkstümliches Schalten in ihren Landen ein neues Leben entzündete, daß sie auf dieser Grundlage das bisher lose und zufällige Beieinander ihrer Kron- und Erblande zu einer Monarchie umzubilden begann, das ist der eigentliche Ruhm dieser großen Fürstin" (Droysen).

Der erste Krieg führte nach den Erfolgen von Glogau und Mollwitz England und Frankreich auf Friedrichs Seite. Als dann im Juli 1741 die Bayern Passau überrumpelten und die Franzosen den Rhein überschritten, wurde aus dem Kampf um Schlesien ein europäischer Krieg um die österreichische Erbfolge. Persönlicher Charme und von der Not erzwungene Nachgiebigkeit der Kaiserin gegenüber den Forderungen der Ungarn nach größerer Unabhängigkeit führten diese auf ihre Seite. Im Oktober aber überließ sie Neiße dem preußischen König, der die französische Gleichgewichtspolitik fürchtete, und versprach ihm Niederschlesien im Geheimabkommen und Waffenstillstand zu Klein-Schnellendorf, wonach sie sich energischer dem anderen Gegner zuwenden konnte. Doch dauerte die Waffenruhe nur kurze Zeit. Nach weiteren preußischen Erfolgen kam es im Sommer 1742 zum Breslauer Präliminar- und zum Berliner Definitivfrieden: Maria Theresia trat Schlesien mit Glatz ab und konnte sich dem, wie im Oktober 1741 von Friedrich zum zweiten Male, im Stich gelassenen Gegner zuwenden, Böhmen zurückerobern und Bayern besetzen. Nun trat auch England, wenig später Sachsen offen auf Habsburgs Seite, so daß Friedrich II. im Juni 1744 ein zweites Bündnis mit den Franzosen schloß, nach Böhmen einfiel und damit den zweiten Schlesischen Krieg begann. Die drei preußischen Siege bei Hohenfriedberg, Soor und Kesselsdorf im Jahre 1745 veranlaßten Österreich und Sachsen zum Frieden von Dresden im gleichen Jahr. Friedrich behielt Schlesien und Ostfriesland, das 1744 durch Erbschaft an Preußen gefallen war, und erkannte dafür Franz I., Maria Theresias Gemahl, als Kaiser an. Der 1742 als Karl VII. zum Kaiser gewählte Wittelsbacher, der, mit Frankreich verbündet, besonders in Süddeutschland niemals wirklich akzeptiert worden ist, war im Januar 1745 gestorben.

Maria Theresia aber mußte noch einen Krieg weiterführen, der nun ganz ein englisch-französischer Kampf um maritime und überseeische Interessen geworden war. Er wurde 1748 im Aachener Frieden auf der Grundlage des Status quo vorläufig beendet, der auch Friedrich im Besitz von Schlesien bestätigte. Frankreich war die Zertrümmerung des Habsburgerreiches und seine Ersetzung durch ein abhängiges Bayern nicht gelungen. Es hatte die Machtposition in Deutschland und auf dem Kontinent nicht zurückgewonnen, die ihm 1713/14 genommen worden war. Maria Theresia und Franz hatten sich im Reich behauptet, aber zweimal auf Schlesien verzichten müssen. Preußens Aufstieg zur Großmacht war vollzogen und anerkannt — bei seiner Heimkehr wurde Friedrich von den Berlinern als „der Große“ empfangen —, der Dualismus in Deutschland fortan eine politische Grundtatsache geworden und der entscheidende Schritt zur Umwandlung, letztlich zur Auflösung des Reiches getan.

Der Siebenjährige Krieg

Die folgenden Jahre wurden von Friedrich und Maria Theresia zur Auffüllung des Staatsschatzes, zur Wiederherstellung und Hebung der wirtschaftlichen und militärischen Leistungsfähigkeit des Landes, zur Stärkung und Reform des Heeres benutzt, da beide Staatsoberhäupter weder dem Frieden trauten noch auch bereit waren, ihn zu halten. Insbesondere nahm die Kaiserin den Verlust Schlesiens nicht als endgültig hin und trachtete nach der Rückgewinnung ihrer Provinz. Zur Erreichung dieses Zieles suchte sie das Einvernehmen mit der von Friedrich dem Großen verspotteten Zarin Elisabeth und mehrfach vergeblich eine habsburgisch-bourbonische Generalversöhnung.

Zum dritten Schlesischen, zum Siebenjährigen Krieg, gaben schließlich außerdeutsche Ereignisse den Anstoß: seit 1754 hatten koloniale Streitigkeiten zum Wiederausbruch der britisch-französischen Kämpfe geführt. Die englische Regierung fürchtete, daß Frankreich Hannover besetzen und von der belgischen Küste aus die britischen Inseln bedrohen werde; sie forderte daher Österreich zur Verteidigung seiner Niederlande auf und suchte gleichzeitig die Neutralität Preußens, Rußlands und Sachsen-Polens zu sichern. Da man sich jedoch in Wien ganz auf eine neue Auseinandersetzung mit Friedrich II. vorbereiten und beschränken, mit Ludwig XV. also Frieden halten wollte, bemühte man sich erneut um eine Verständigung, mindestens um das Aufbrechen des preußisch-französischen Bündnisses. Über Ludwigs Maitresse, die Marquise von Pompadour, bot man zunächst ergebnislos einen Teil der Österreichischen Niederlande an. Erst als Friedrich sein Bündnis mit Frankreich zugunsten einer Verständigung mit England-Hannover aufgab, die ihm den Frieden in Deutschland besser zu behaupten schien und einem russisch-englischen Subsidienvertrag parallel lief, d. h. Preußen gegen ein österreichisch-russisches Bündnis gesichert war, und als er sich schließlich am 16. 1. 1756 mit Großbritannien in der Westminsterkonvention zur gemeinsamen Abwehr eines jeden Angriffes auf Deutschland einigte, kam es nun auch zum Abschluß eines österreichisch-französischen Vertrages. Tief verletzt durch Friedrichs Wendung schloß Ludwig XV. am 1. 5. 1756 in Versailles ein Neutralitäts- und Verteidigungsbündnis mit Österreich und vollendete damit das Renversement, den Wechsel der Bündnisse. In Rußland aber entschloß Zarin Elisabeth sich im letzten Augenblick, eher mit Österreich gegen Friedrich zu marschieren, als sich indirekt mit dem Verhaßten zu verbinden. Sie schlug sogar ein auch Polen einbeziehendes Angriffsbündnis gegen ihn vor und drängte zum Handeln, erfuhr jedoch von Maria Theresia im Mai 1756, daß Österreich erst 1757 kriegsbereit sein werde.

Von dieser Mitteilung erhielt Friedrich über Holland Kenntnis. Sofort entschloß er sich zum Angriff: im August 1756 marschierten seine Regimenter in Sachsen ein, um dessen Beteiligung am Kriege auf der österreichischen Seite von vornherein auszuschalten. „Besser praevenire als praeveniri" war hier wie überhaupt seine Auffassung. Nicht aus Eroberungsabsichten, sondern zur angriffsweisen Verteidigung Schlesiens und Preußens in einem Präventivkrieg gegen einen mit Gewißheit vorauszusehenden Angriff nahm er erneut das Odium des Aggressors auf sich. Zunächst festigte er damit freilich Österreichs Bündnis mit Frankreich, das im zweiten Versailler Vertrag vom 1. 5. 1757 gegen Maria Theresias Verpflichtung zur Abtretung der Niederlande nach dem Sieg seinerseits 105000 Mann und Geld für die bayerischen und württembergischen Truppen versprach. Auch die Zarin, die Österreich Subsidien zusagte, schloß sich diesem Bündnis an, was nun Schweden, das Kurland bedroht sah, auf diese Seite zwang. Ebenso beschloß auf Österreichs Veranlassung die Mehrheit der Reichstagskollegien Anfang 1757 Reichsbewaffnung und Exekution gegen Preußen; selbst protestantische Stände wie Württemberg und Mecklenburg-Schwerin wandten sich gegen Friedrich, während Hessen-Kassel, Braunschweig und Gotha zur preußisch-englisch-hannoverschen Sache standen. Im übrigen spielten jetzt und im Kriege noch einmal religiöse Gegensätze eine nicht unbedeutende Rolle bei der Frontenbildung; so erwog Friedrich 1759 den Austritt der norddeutsch-protestantischen Fürsten aus dem Reich. Erst als William Pitt an die Spitze der britischen Regierung trat, wurde

Preußen von England so energisch unterstützt wie Österreich und seine Verbündeten von Frankreich.

Mit Friedrichs Einfall nach Sachsen begann also der Krieg, der nun ein Weltkrieg wurde. An ihm nahmen außer Dänemark, Holland, den südeuropäischen Staaten und der Türkei alle europäischen Mächte mitsamt ihren Kolonien teil. Den Kämpfen in Deutschland kam aber insofern eine besondere Bedeutung zu, als durch Friedrichs Erfolge den Engländern die Eroberung Kanadas und die Festigung ihrer Weltmachtstellung wesentlich erleichtert wurde. Zugleich entwickelte sich die preußische Großmacht, personifiziert und glorifiziert in Friedrich dem Großen, in Europa zu einem immer wichtigeren Faktor.

In den ersten Kriegsjahren führte Friedrich einen Angriffskrieg, der ihn über die Erfolge 1756 bei Pirna, Lobositz, 1757 bei Prag, Roßbach und Leuthen, 1758 bei Zorndorf und die Niederlagen 1757 bei Kolin, Moys, Groß-Jägerndorf, Breslau, 1758 bei Hochkirch am Ende dieses Jahres zu der Erkenntnis brachte, daß seine Verluste an wachsenden Fronten für die Fortsetzung dieser offensiven Kriegführung zu schwer waren. Von nun an mußte er vielmehr die Feinde durch taktische Erfolge in strategischer Defensive zu ermatten und zu einem erträglichen Frieden zu bestimmen suchen. Auch waren die vielen Schlachten in Verbindung mit anderen Geschehnissen für Friedrich selbst zu einer immer schwereren und schließlich fast unerträglichen Belastung geworden. Kolin hatte seinen Feldherrnruhm beeinträchtigt und seinen selbstbewußten Rationalismus erschüttert. Zehn Tage später starb seine Mutter; wenige Wochen darauf mußte er seinem Bruder August Wilhelm wegen dessen Unfähigkeit sein militärisches Kommando nehmen. Roßbach, wo er die Gefahr im Westen zerschlug, stellte seine Volkstümlichkeit in Deutschland wieder her. Leuthen, wo er zwei Tage vor der Schlacht eine berühmt gewordene Ansprache an seine Offiziere mit den Worten schloß. „Morgen um diese Zeit haben wir den Feind geschlagen, oder wir sehen uns nie wieder", brachte unter genialer Anwendung der aus der Antike bekannten, seit langem aber nicht mehr angewandten schiefen Schlachtordnung nicht nur in glänzendem Sieg die Rückgewinnung Schlesiens, sondern für Maria Theresia eine ähnlich schwere persönliche Krisis, wie Kolin sie einst Friedrich verursacht hatte. Doch zwei Monate nach Seydlitz' Niederlage bei Zorndorf geriet Friedrich durch den nächtlichen Überfall der Österreicher bei Hochkirch in schwere Bedrängnis. Am Tage darauf starb des Königs Schwester Wilhelmine von Bayreuth, seine letzte Vertraute nach dem Tode der Mutter im Vorjahre.

„Schicksale von Völkern und Staaten, Richtungen von ganzen Zivilisationen können daran hangen, daß ein außerordentlicher Mensch gewisse Seelenspannungen und Anstrengungen ersten Ranges in gewissen Zeiten aushalten könne. Alle seitherige europäische Geschichte ist davon bedingt, daß Friedrich der Große dies von 1759 bis 1763 in supremem Grade konnte" (Burckhardt). Doch selbst die Umstellung auf die vorwiegend verteidigungsweise Kriegführung schien den König nicht vor dem Untergang bewahren zu können: das Jahr 1759 brachte ihm im August die schwere Niederlage bei Kunersdorf, nach der er an Selbstmord dachte und schrieb: „Ich habe keine Hilfsmittel mehr, und, um nicht zu lügen, ich halte alles für verloren; ich werde den Untergang meines Vaterlandes nicht überleben." Wenige Monate später folgte im Januar 1760 Fincks Kapitulation bei Maxen. Danach sah Friedrich die Kräfteverteilung als so ungünstig an, daß er — vergeblich — gemeinsam mit England über Holland die Eröffnung von Friedensverhandlungen vorschlug und selbst die Türken in den Krieg hineinzuziehen suchte; Kaiserin und Zarin beschlossen vielmehr den energischsten Angriff, während Frankreich nach schweren Verlusten in Nordamerika und Indien und auch, weil es einen vollen Erfolg Österreichs nicht wünschte, allmählich Friedensbereitschaft zeigte.

1760 siegte Friedrich bei Liegnitz und in der blutigsten Schlacht des Krieges mit Zietens Husaren vor Torgau in genialer Durchbrechung der Kriegslehre seiner Zeit. Zwar ließ nun in Wien und Paris die Kriegslust sehr nach, doch bestieg in England Georg III. im Oktober 1760 den Thron, was Pitts ein Jahr später eintretenden Sturz und das Ende der britischen Hilfe für Friedrich vorausahnen ließ.

Allgemein rechnete man für das Jahr 1761 mit Preußens endgültiger Niederlage infolge Erschöpfung. Aber nirgendwo kam es noch zu großen Schlachtentscheidungen: auch Friedrichs Gegner waren ermattet. Und zu Beginn des Jahres 1762 ereignete sich am 5. 1. das „Mirakel des Hauses Brandenburg", indem Zarin Elisabeth starb und ihr Nachfolger, der Holsteiner Peter III., ein Bewunderer Friedrichs des Großen, im Mai mit ihm Frieden, im Juni für sein Stammland sogar ein Bündnis schloß — „ein toller, für den dynastischen Charakter all dieser Kriege bezeichnender Wechsel!" (Schnabel). Da nun auch Schweden einen Status-quo-Frieden schloß und Frankreichs Kriegsbeteiligung erheblich nachließ, wurde die Auswirkung vom Zerfall des englisch-preußischen Bündnisses auf Friedrich einigermaßen ausgeglichen. Aber Peter fiel schon nach wenigen Monaten einem Mord zum Opfer; an seine Stelle trat die einst von Friedrich selbst nach Rußland empfohlene Zarin Katharina (aus Anhalt-Zerbst), die das Bündnis mit Preußen sofort wieder löste, am Friedensschluß allerdings festhielt. Und da Friedrich 1762 bei Burkersdorf und Schweidnitz, Prinz Heinrich bei Freiberg siegte, wurde Preußens Gegnern deutlich, daß sie einen vollen Erfolg nicht mehr erreichen konnten. In dieser Situation wurde in Regensburg die Neutralität des Reiches beschlossen. Im November 1762 einigten sich England und Frankreich auf den Vorfrieden zu Fontainebleau, im Februar 1763 unterzeichneten sie den endgültigen Frieden zu Paris: der Kolonialkrieg war beendet. Fünf Tage später wurde nach sächsischer Vermittlung in Schloß Hubertusburg bei Leipzig der preußisch-österreichische Friede geschlossen — ein bewaffneter Friede, der im übrigen die Sprengung des Europäischen Konzerts praktisch vollendete. Der territoriale Besitzstand von 1756 wurde nicht verändert, dagegen versprach Friedrich dem Erzherzog Joseph seine Stimme bei der Königswahl — ein Akt der Höflichkeit mehr als ein wirklicher Gewinn für Österreich: „Die Fortdauer des habsburgischen Kaisertums war damit gesichert, aber es war nur noch eine Form" (Rössler).

Preußens Selbsterhaltung stellte einen Triumph dar für Friedrich als Feldherrn, der mit Offensivgeist und dem Willen zur Schlachtentscheidung weit über die Auffassung seiner zu Manövern und Kampfvermeidung neigenden Zeit hinauswuchs, und als Staatsmann, dessen Größe das „Mirakel" zu Hilfe gekommen war. Hier knüpfte nach vielen Schwächen und Umwegen im 19. Jahrhundert die Begründung des kleindeutschen Reiches an. Zunächst aber war bedeutungsvoll, daß es in Deutschland und Mitteleuropa künftig nicht eine Zentralmacht, sondern zwei einander feindlich gesonnene deutsche Großmächte gab. Das steigerte den Einfluß des Auslandes und vollendete die Schwäche des Reiches, dessen Untergang nur noch des letzten Anstoßes bedurfte. Seit Hubertusburg erhob zwischen Deutschland und Österreich das „dritte Deutschland" seine Stimme und wurde zum umworbenen Parteigänger. „Schlesiens Verlust schädigte die Reichsgrundlage des mitteleuropäisch-kolonialen habsburgischen Machtgebildes, das schon die Lausitz an Sachsen verloren hatte, in furchtbarer Weise, es lieferte die Länder der böhmischen Krone, den verhindernden Mittelblock zwischen dem deutschen Nordosten und Südosten, der Zukunft slawischer Mehrheit aus ... Dieser Verlust nahm Österreich die günstige strategische Stellung gegenüber dem polnischen und ungarischen Raum, er drängte Österreich noch mehr einem donaustaatlichen Dasein zu und erschwerte durch jene Schwächung der deutschen Grundfläche Österreichs die südöstlich-deutsche Kulturmission" (Srbik). Das fortan „von drei Seiten durch Fremdheit, Polen-, Russen- und Tschechentum umgebene Schlesien ist seit 1763 nur nach der Berliner Seite offen gewesen und hat Menschenströme für den Aufbau Berlins abgegeben" (Schöffler). Das sächsische Kulturwerk in Polen war durch Sachsens Entmachtung zum Erliegen gebracht. Frankreich war auf dem Kontinent und in Übersee schwer getroffen. Das hatte zur Folge, „daß Rußland ... zur ausschlaggebenden Macht in allen mittel- und osteuropäischen Angelegenheiten wurde" (Hinrichs).

Die Bewunderung der Menschen galt, trotz seines Angriffs im Jahre 1756, trotz seiner Schärfen, Härten und Rücksichtslosigkeiten, Friedrich dem Großen: „Nicht eigentlich preußisch, wir waren fritzisch gesinnt, denn was ging uns Preußen an?" schrieb später Goethe über sein Elternhaus in dieser Zeit. „Wer zur Zeit Voltaires und Rousseaus Cäsar erwähnte, einerlei in welchem Sinn, dachte meist schon an den erstaunlichen König, der Europa in Atem hielt: Friedrich der Große erinnerte über 18 Jahrhunderte hinweg durch die einzige Verbindung von Feldherrngröße, Herrscherkunst und Schriftstellergenie wieder an den Römer, wie kein voriger Name der Geschichte" (Gundolf). Nur des Prinzen Eugen Persönlichkeit in ihrer Verbindung von Kriegskunst und Staatsklugheit ist im 18. Jahrhundert wohl mit Friedrich annähernd vergleichbar gewesen.

Die Staaten Friedrichs des Großen und Maria Theresias

Zweimal hat Friedrich Gelegenheit gehabt, sich intensiv und ohne außenpolitische Verwicklungen um den Staatsaufbau zu kümmern: in dem Jahrzehnt nach 1746 und in der Zeit nach dem Siebenjährigen Kriege. Beide Male ging es ihm dabei um Aufbau bzw. Retablissement im Sinne gesteigerter Kriegsbereitschaft. Das Verwaltungswesen hatte sein Vater so vorbildlich eingerichtet, daß es sich hier vorwiegend nur um modernisierende Anpassungen an die Gegenwart und Fortführung von bereits vorhandenen Tendenzen handeln konnte. Die Schaffung des die gesamte Monarchie betreffenden Fachdepartements für Handel und Gewerbe im Jahre 1740 bildete in diesem Bereich allerdings etwas ganz Neues: einen bedeutenden Schritt im Sinne zentralistischer Regierungs- und Verwaltungsstraffung. Schlesien erhielt zwar noch einmal einen scheinbar provinzpartikularistischen eigenen Verwaltungsapparat; doch sollte dieser unter den besonderen Umständen die Provinz nicht allein wirtschaftlich erschließen, sondern zugleich auch allmählich in den preußischen Staatsorganismus hineinziehen. In Ostfriesland, das weniger bedeutend und leichter zu integrieren war, wählte Friedrich nicht diesen scheinbaren Umweg, sondern brach den ständischen Widerstand im Geiste des Zentralismus. Regierung aus dem Kabinett und militärähnliche Bürokratie charakterisierten den preußischen Staat also auch unter Friedrich dem Großen. Hier lagen dann auch die Grenzen und Schwächen dieses Systems, das nach 1763 vielfach kritisiert worden ist: die Aufgaben wuchsen schließlich über die Fähigkeiten eines Einzelnen, selbst eines Genies mit unbeschreiblicher Arbeitskraft hinaus. Es fehlte die Schicht höherer Beamter, die fähig und berechtigt gewesen wären, auch hier in die Zukunft hinein zu wirken. Dieser Schritt wurde erst nach 1806 getan.

Der friderizianische Merkantilismus entsprach dem Militarismus und dem Kontinentalismus des Staates. Das bedeutet, daß die vom neu erworbenen Emden aus unternommenen Überseehandelsversuche peripherer Natur blieben: Friedrich der Große nahm hier Gegenmaßnahmen der Seemächte, die denen gegen Österreichs Expansionshäfen Ostende und Triest entsprachen, mit einem Gleichmut hin, den er in wirklich wichtigen Macht- und Prestigefragen zu Lande nie gezeigt hat. Ihm ging es um die innere, nicht überseeische Kolonisation. um die Urbarmachung weiter Ödlandgebiete also — der Oder-, Warthe- und anderer Brüche —, um deren „Peuplierung“ und um die Erschließung dieser neu gewonnenen Räume durch Landwirtschaft und Manufakturen, Straßen und Kanäle. Hier wurden neue Soldaten und das Geld für sie gewonnen. Dem gleichen Ziele diente die Bauernschutzpolitik, die im Interesse des Offiziere stellenden Adels nur sehr vorsichtig betrieben wurde: Friedrich bemerkte sehr bald, daß die besten Soldaten nicht ausländische Söldner waren, sondern dem einheimischen Bauerntum entstammten.

Der Siebenjährige Krieg unterbrach diese Absichten, führte zu schwersten blutigen und materiellen Verlusten und erforderte nach 1763 — wie der Dreißigjährige Krieg nach 1648 — nicht einen Wiederaufbau, sondern einen Neubau. Friedrich selbst schrieb in seinen „Erinnerungen“ an die Zeit zwischen 1763 und 1775: „Sieben Jahre Krieg gegen fast alle europäischen Mächte hatten die Staatsfinanzen allmählich erschöpft ... In einer so beklagenswerten Lage mußte man dem Mißgeschick mutig entgegentreten, am Staat nicht verzweifeln, sondern sich vornehmen, ihm nicht bloß wieder aufzuhelfen, sondern ihn auch zu verbessern. Eine Neuschöpfung mußte unternommen werden.“ Dabei wurden in Anlehnung an englische Entwicklungen erste Ansätze der industriellen Revolution geschaffen. Am wichtigsten war die Gesundung des im Kriege von Friedrich absichtlich ruinierten Münzwesens. Diese Maßnahmen, welche durch die seit 1763 ganz Nordeuropa beherrschende Wirtschaftskrisis in Verbindung mit der üblichen Nachkriegskrisis sehr erschwert wurden, zwangen dem Volke nachträglich die echte Restfinanzierung des Krieges ab, nachdem dieser in beträchtlichem Umfange durch Münzverschlechterungen vorfinanziert worden war. Bei allen diesen Handlungen zeigte sich neben Friedrichs klarem Blick und großartigem Wissen auch in Wirtschaftsfragen zugleich eine wesentliche Schwäche von Absolutismus und Merkantilismus: die Handwerker, Manufakturisten, Bankiers usw., die seit Jahrzehnten an königlich gelenkte, befohlene und verantwortete Wirtschaft gewöhnt worden waren, wurden nun, als Friedrich es nach 1763 wünschte, nicht „Unternehmer" im eigentlichen Sinne und waren zu freier, verantwortungsvoller Entscheidung nicht befähigt oder nicht bereit. Friedrich, der von ihnen plötzlich erwartete, was er bisher grundsätzlich nicht gestattet, mindestens nicht gefördert hatte, war so enttäuscht, daß er fortan mit Vorliebe Ausländer, insbesondere Franzosen, für die Lösung von Wirtschafts-, Finanz- und Steuerproblemen heranzog.

Diese aber entsprachen häufig gleichfalls nicht Friedrichs Erwartungen, verursachten unter der Bevölkerung Verärgerung und Widerstand und lieferten der Opposition gegen Friedrichs zusehends erstarrende Selbstregierung reichlich Material. „Kein Staat ist mehr als Fabrik verwaltet worden als Preußen seit Friedrich Wilhelms I. Tode. So nötig vielleicht eine solche maschinistische Administration zur physischen Gesundheit, Stärkung und Gewandtheit des Staates sein mag, so geht doch der Staat, wenn er bloß auf diese Art behandelt wird, im wesentlichen darüber zugrunde" — das schrieb Novalis, der Friedrich als einen „Unternehmer einer großen Staatsmanufaktur", den „ersten und größten Staatsmechaniker, den die Welt gesehen", bezeichnete.

Es lag im Zuge der Entwicklung innerhalb des Absolutismus, wenn Preußens Rechtswesen in Friedrichs Zeit sich entschieden verbesserte. Dabei wurden philosophische wie religiöse, soziale und wirtschaftliche Motive wirksam: die Bemühungen, den Adel stärker zur Steuerzahlung heranzuziehen, das Bestreben, die Verbindung zum Bürgertum zu intensivieren, das Eintreten für Glaubensflüchtlinge und deren Aufnahme in eine besondere, privilegierte Rechtsstellung, die Wirkung der Pietisten im Sinne der Rechtsgleichheit aller Menschen, die Hervorhebung des Naturrechts und seiner idealen Allgemeingültigkeit, der Einfluß der kalvinistischen Toleranz erfordernden Minderheit — all das hatte zutiefst Rechtsprobleme zur Grundlage und zielte auf die Gleichheit aller vor dem Gesetz. Freilich wurde eine völlige Rechtssicherheit noch nicht erreicht. Aber die bereits unter Friedrich Wilhelm I. begonnene Justizreform wurde von dem schon 1738 zum Chef der ganzen preußischen Justiz ernannten Samuel Cocceji seit 1745 fortgeführt. Er schuf die 1748 erlassene neue Prozeßordnung und wurde damit zum Begründer eines zum strikten Gehorsam gegen den Staat erzogenen, pflichteifrigen Richtertums. Die von ihm geplante und eingeleitete abschließende Kodifikation des brandenburgisch-preußischen Rechtes wurde von Carmer mit Hilfe von Suarez unter Vermeidung romanistischer Rechtsüberfremdung fortgeführt und abgeschlossen: das 1794 verkündete Allgemeine Preußische Landrecht, das bis 1900 in Kraft blieb, hielt noch ganz an der ständischen Gliederung der Gesellschaft und damit auch an der Bevorzugung des Adels fest. Es fixierte Gewordenes und z. T. bereits Überholtes. Doch wurde der Staat dem Fürsten übergeordnet; ihm wie dem Monarchen wurden klare Grenzen gezogen und die juristischen Beamten gegen staatliche Willkür gesichert. „Ähnlich wie die französische Magistratur dem französischen Absolutismus Schranken zu setzen sich bemühte, formulierte Suarez als Aufgabe des hohen Richtertums, in einem Staat ohne festgelegte Verfassung diese gleichsam zu ersetzen. Hier klingt der Verfassungsgedanke an, dessen Verwirklichung einen wesentlichen Inhalt der Geschichte des 19. Jahrhunderts ausmachen sollte“ (Hartung).

„Was tun? An der Sittenlehre festhalten, ja sogar, wo nötig, diese verbessern, dafür besorgt sein, daß die Männer, die dank irgendwelcher hervorragender Stellung Einfluß auf die Regierungen haben, mit aufgeklärten Anschauungen erfüllt werden, den Aberglauben lächerlich machen, die dogmatischen Lehren verspotten, den falschen Glaubenseifer austilgen, um dadurch die Gemüter zu allgemeiner Duldsamkeit hinzuführen. Was liegt dann noch daran, welcher Form des Gottesdienstes das

Volk anhängt? ... Man kann verschiedener Meinung sein, ohne sich deshalb gegenseitig zu verfolgen", schrieb Friedrich der Große 1770 über Religion und Toleranz. Hier wie in vielen anderen Äußerungen zeigt sich, daß des Königs Auffassungen in Religionsfragen noch stärker als von der Aufklärung von Interesselosigkeit gefärbt waren, sofern nicht außerdem, wie in Schlesien, politische Fragen im Zusammenhang mit der Einbeziehung einer älteren österreichischen Provinz in die preußische Monarchie auf dem Spiele standen. Schul- und Bildungsproblemen hat Friedrich nur wenig Zeit und noch weniger Geld gewidmet. Ganz unter französischem Einfluß, stand er der deutschen Kultur, insbesondere der Literatur, sehr kritisch gegenüber, obgleich der englische Gesandte 1748 schreiben konnte: „Des Königs Herz ist deutsch trotz des französischen Schnörkels." Im Jahre 1775 äußerte Friedrich, mit Ausnahme von Leibniz und Thomasius seien die meisten deutschen Gelehrten „Handwerker, die französischen aber Künstler", und 1780 schrieb er in seinem Brief „Über die deutsche Literatur", die deutsche Sprache sei ein „Kauderwelsch", der deutsche Schriftsteller „weitschweifig" und Goethes „Götz" „eine scheußliche Nachahmung der schlechten englischen Stücke". Doch fügte er hinzu: „Wer zuletzt kommt, überholt aber zuweilen seine Vorgänger. Das könnte bei uns schneller geschehen als man glaubt, sobald die Herrscher Geschmack an der Literatur finden, sobald sie die ermuntern, die sich ihr widmen, und die loben und belohnen, die am meisten geleistet haben ... Wir werden unsere Klassiker haben ... Unsere Nachbarn werden Deutsch lernen. Die Höfe werden mit Vergnügen deutsch sprechen. Diese schönen Tage unserer Literatur sind noch nicht gekommen; aber sie nahen. Ich kündige sie Ihnen an; sie stehen dicht bevor." Er selbst tat allerdings wenig zur Erreichung dieses Zieles. Auch die Berliner Akademie folgte ganz französischem Geist und Vorbild. Die Volksschulreform scheiterte daran, daß Friedrich weder die dafür nötigen Mittel zur Verfügung stellte, noch den Lehrberuf wirtschaftlich und sozial hob. Das Bürgertum der Aufklärung aber, das besonders in Berlin eine literarische und von dort aus allmählich auch eine politisch anregende Rolle spielte, stand vielfach in Opposition zum Staate und wurde vom König in seinen Grundanliegen weder erkannt noch gar gefördert. Bei Friedrichs Tod war diese ja auch wirtschaftlich an Initiative nicht gewöhnte Schicht noch zu schwach, um die geistige Führung im Staate zu übernehmen.

Nicht ohne Bedeutung für politische Diskussionen war in Preußen die Staatsschöpfung der USA. Sie regte breitere Kreise zur Beschäftigung mit Fragen des Widerstandsrechts, der Staatsgründung, der staatlichen Sezession und Staatsreform an und lockerte damit den Boden auf für spätere Reformen aus nichtfranzösischem Geiste. Das wurde um so wichtiger, je deutlicher in Erscheinung trat, daß die Entwicklungen in Frankreich auf einen Umsturz hinauslaufen würden. In Preußen aber hatte die zunehmende Betonung des Gedankens einer Überordnung und Kontinuität des Staates im Verhältnis zum Fürsten — dem auch dieser sich also unterordnete und dem Heer wie Beamtentum dienten — in Verbindung mit den großen politisch-militärischen Erfolgen und den Leistungen des anschließenden innenpolitisch-wirtschaftlichen Retablissements entschieden zu einer Festigung des Staates und seines Ansehens geführt. Hierher gehört auch Friedrichs berühmte „Sparsamkeit", der es nicht allein um die Ansammlung bzw. Wiederherstellung des Staatsschatzes, sondern hauptsächlich um die dauernde Sicherheit des preußischen Staates ging. Nicht zuletzt dieser an Geiz grenzenden Umsicht war es zu verdanken, daß nach 1786 die absolutistische Regierungsweise noch zwei Jahrzehnte fortgesetzt werden konnte, ohne am Staatsbankrott zu scheitern.

Der absolute Staat als solcher war bei Friedrichs Thronbesteigung bereits geschaffen. Aber Friedrichs Regierung umfaßte einen bedeutungsvollen Abschnitt der Staatsentwicklung innerhalb des Absolutismus. Der Große Kurfürst, in seinen Anfängen ein durchschnittlicher Territorialfürst, hatte noch in seinem Testament bewiesen, daß er aller innenpolitischen Aufbauleistung und allen außenpolitischen Erfolgen zum Trotz an der patriarchalisch-privaten Staatsauffassung eines solchen kleineren Landesherrn festhalten wollte. Friedrich I. hatte demgegenüber die Einheit und Unteilbarkeit des Staates postuliert und Friedrich Wilhelm I. den Begriff der Souveränität eingeführt, der Unabhängigkeit nach außen und unumschränkte Herrschergewalt im Innern umfaßte — freilich noch „rein persönlich und dynastisch“, was sein politisches Testament zeigt, das nicht den Staat, sondern König und Krone nennt. Noch wurden von ihm „obrigkeitlich-staatliche und privatrechtliche Bestandteile ohne Unterscheidung zu einem Familienfideikommiß des Hauses Hohenzollern“ zusammengefaßt. „Erst Friedrich hat den Staat mit vollem Bewußtsein über die Dynastie gestellt . . . Erst durch diesen Staatsbegriff verliert Preußen den Charakter einer willkürlichen, bloß durch dynastische Beziehungen zusammengehaltenen Verbindung von selbständigen Territorien, wird zu einer lebendigen Einheit zusammengeschweißt“ (Hartung). Die bereits angedeutete Entwicklung von Provinz- zu Fachministerien war beispielhaft für diesen Vorgang, der sich aber genau so auch in der ganz staatlich, nicht mehr dynastisch, d.h. durch Heirats- oder Erbansprüche bestimmten Außenpolitik abzeichnete. Reste des alten Föderalismus blieben erhalten — bis ins 20. Jahrhundert, z. B. in der vom Großen Kurfürsten geschaffenen Institution des Landrates —, aber die Einheit, der Zentralismus, die straffe Regierung aus dem Kabinett waren die bei weitem stärkeren Elemente. Sie zeigten sich zuerst im Heer und Beamtentum, später auch über Erfolge und Gefahren besonders seit dem Siebenjährigen Kriege im Volke, in der „preußischen Nation“. Hier wurde eine weitere Linie sichtbar: der Staatsbildung lief das Zusammenwachsen des Volkes zur Nation parallel, die, wie der König, dem Staate diente, ohne daß damit eine „Entseelung“ des Fürstenbegriffs verbunden war. Aus der alten lutherischen territorialfürstlichen Auffassung hatte sich vielmehr, säkularisiert und gestrafft durch den Rationalismus, diejenige vom Amt des Fürsten zum Besten der Gesamtheit entwickelt. Ganz natürlich entsprachen also politische Philosophie und Staatsauffassung, fürstliches Amt und fürstlicher Stil der Philosophie und Weltanschauung des 18. Jahrhunderts. Heer und Beamtentum vertraten und verbreiteten die gleiche Lebensform, wie ja auch der Beamte — nicht der Offizier — bereits der Willkür des Herrschers entzogen und Diener des Staates geworden war.

Die Urteile der Zeitgenossen wie die der späteren Geschichtsschreiber über Maria Theresia stimmen überein in einem fast unbeschränktem Lob ihrer Persönlichkeit, ihrer Güte und politischen Klugheit, ihrer Frömmigkeit und Würde. „Ihr Geist ist lebhaft und durchdringend, fähig der ernstesten Anstrengung, um verwickelte Geschäfte zu entwirren. Mit einem sicheren Urteil verbindet sie das glücklichste Gedächtnis; dabei beherrscht sie sich selbst dermaßen, daß es schwer ist, aus ihrer Miene zu erraten, was in ihrer Seele vorgeht . . . Sie ist sehr arbeitsam und bemüht sich, das Staatswesen genau und vollständig zu erlernen. Sie liest die Berichte ihrer Gesandten an fremden Höfen entweder selbst durch oder läßt sie sich vorlesen. Sie geht die Entwürfe aller wichtigen Aktenstücke durch, bevor sie ins Reine geschrieben werden. Sie bespricht sich oft mit ihren Ministern und wohnt mit großer Regelmäßigkeit deren Beratungen bei . . . Insbesondere will sie gründlich unterrichtet werden über alles, was das Militärwesen angeht", berichtete der preußische Gesandte Graf Podewils am 18. 1. 1747 über Maria Theresia. Wenig später klagte ihr Obrist Hofmeister, daß die Kaiserin die „gänzliche Verkehr- oder Umgießung einer durch viele Saecula und von Anbeginn des Durchlauchtigsten Erzhauses üblich gewesenen Regierungsreform" durchführe: hier begann nach der ersten schweren, kriegerischen Phase der Regierungszeit Maria Theresias die späte Umwandlung Österreichs in einen modernen absolutistischen Staat, wobei weniger der französische als der eben siegreich gewesene preußische Absolutismus anregend und vorbildlich wirkte. Ohne politische Erfahrung hatte die Kaiserin die Regierung eines Staatswesens angetreten, das militärisch wie finanziell schwach war. Ohne Rücksicht auf solche Hindernisse war sie jedoch von Anfang an die Seele des Widerstandes gegen Friedrich II. und die anderen Gegner Österreichs und der Pragmatischen Sanktion. Mußte sie 1741 in Preßburg den Ungarn erhebliche, den Staatsverband lockernde Zugeständnisse machen, so begann sie andererseits 1745 sofort nach dem Dresdener Frieden mit der Reorganisation der Staatsverwaltung. In der Staatskanzlei wurden die auswärtigen Geschäfte verselbständigt, der Hofkriegsrat im gleichen Jahre reorganisiert, die Beseitigung der seit 1743 bestehenden Finanzkrisis angestrebt, hohe Einkommen- und Kopfsteuern unter Heranziehung von Adel und Geistlichkeit bei Schonung der Bauern ausgeschrieben, vor allem aber Haugwitz' große Verwaltungsreform vorangetrieben. Sie schuf bis 1748 in den böhmisch-österreichischen Erbländern eine moderne, zentralistische Staatsorganisation und fand 1749 in der Gründung des Directorium in publicis et cameralibus ihren Höhepunkt. Auch in der Justiz machten sich zentralistische Tendenzen bemerkbar.

Wie Friedrich der Große ging Maria Theresia nach dem Frieden von Aachen sofort an die Stärkung des Staates mit dem Blick auf einen neuen Krieg in Schlesien. Mit höchster Aktivität strebte sie nach der Errichtung wirklicher Staatsgewalt im Lande. Sie wählte sich in Haugwitz, van Swieten und Kaunitz jüngere, fortschrittliche Ratgeber und lockerte zunehmend die ursprünglich starke Bindung an Geistlichkeit und Adel in der Wendung zu einer Politik des Rationalismus, Utilitarismus und der Staatsräson bei besonderer Berücksichtigung der wirtschaftlichen Qualität und sozialen Stellung von Bürger- und Bauerntum. In diesem Sinne wurde 1746 die Wirtschaftspolitik im Universalkommerzdirektorium verselbständigt sowie die Gründung von Fabriken und Gewerben in Böhmen und Niederösterreich unter Beteiligung des Hochadels angeregt und gefördert. Der Verlust Schlesiens sollte auf diese Weise einigermaßen ausgeglichen, die Bevölkerungszahl und damit Steuer- und Wehrkraft im gleichen Sinne wie durch die Peuplierungspolitik in Preußen gesteigert werden. Dahin gehörte auch die Wiederaufnahme der Ostkolonisation in Ungarn mit Hilfe deutscher Siedler — vergleichbar Friedrichs II. Bruchkultivierung. Maria Theresias Versuch, diese Förderung Ungarns mit dessen stärkerer Heranziehung zu Finanz- und Heeresleistungen zu verbinden, schlug freilich 1751 fehl. Triest, Fiume und Zengg sollten, durch Levantekompanie, Bank und Börse unterstützt, Ausfalltore des österreichischen Exports werden; doch vermochten sie im äußersten Winkel der Adria nie große Bedeutung zu erlangen: seiner Natur nach war und blieb Österreich ein Binnenstaat. Das bedeutete zugleich, daß die Anregungen der drei namhaftesten Kameralisten Becher, Schröder und Hornigk, die im 17. Jahrhundert für und in Österreich geschrieben hatten, zwar aufgegriffen wurden, aber — da sie die Vereinigten Niederlande und England als Vorbild hinstellten — nicht verwirklicht werden konnten. Die österreichischen Niederlande blieben weitgehend ein Außenposten mit eigener Entwicklung und starken Standesprivilegien; ähnlich war es um die italienischen Besitzungen bestellt: weder im Osten noch im Süden oder Nordwesten erreichte der macht- und wirtschaftspolitische Zentralismus die an sich wertvollen Randgebiete.

Energisch trat Maria Theresia gegen adlige und geistliche Grundherren für die Bauern und Kleinbürger ein, schuf für diese eigene Gerichte, verordnete die Katastrierung des Grundbesitzes und befahl die Schaffung eines einheitlichen Zivil- und Strafgesetzbuches. Die Theresianische Halsgerichtsordnung (Nemesis Theresiana) von 1768 war jedoch noch so streng, daß Joseph II., beraten von Sonnenfels, seiner Mutter 1776 das Verbot der Tortur abtrotzte.

Im Bereich der Kulturpolitik spielte van Swieten als Ratgeber eine entscheidende Rolle. Er erreichte unter Verdrängung der Jesuiten, deren Orden 1773 aufgehoben wurde, die Reform der Universitäten seit 1749, das stärkere Eindringen der Aufklärung in Wissenschaft und Unterricht und förderte die wissenschaftliche Ausbildung des Adels und der Ingenieuroffiziere. Das Geld für den Ausbau des Bildungswesens, insbesondere für den Aufbau eines ausgedehnten Schulwesens, die Verstaatlichung der Universität Wien und die Aufsicht über alle theologischen und philosophischen Fakultäten gewann Maria Theresia nicht zuletzt durch die Einziehung des Jesuitenvermögens seit 1773.

Der Ausbruch des neuen Krieges, auf den Maria Theresia sich selbst und den Staat zur angriffsweisen Rückgewinnung Schlesiens so energisch vorbereitet hatte wie Friedrich sich und Preußen für die Verteidigung dieser Provinz, beendete die erste Phase der Reformtätigkeit. Noch während des Krieges, in dem die bisherigen zentralistischen Ansätze sich als zu schwach erwiesen und eine Verwaltungskrisis nicht verhindern konnten, wurde 1761 zur Koordinierung von Politik, Verwaltung, Wirtschaft und Recht ein Staatsrat mit vorwiegend bürgerlichen Beamten geschaffen, so daß die Konzentration der Regierung in Österreich, hätte man sie konsequent durchgeführt, allmählich weniger als in Preußen auf die Persönlichkeit des Herrschers angewiesen gewesen wäre. Sofort nach 1763 begann dann in dem völlig erschöpften Staat der zweite Abschnitt der Reform. Auch er, insbesondere die 1770 eingeführte, an das preußische Kantonsystem angelehnte Konskriptionsordnung, diente trotz der allgemeinen Befriedung Europas in erster Linie wieder der Stärkung der Wehr- und Finanzkraft. Und anders als Friedrich der Große, nämlich unsystematisch und deshalb anpassungsfähig, suchte Maria Theresias christliches Verantwortungsbewußtsein den Ideen des aufstrebenden Bürgertums durch Reformen Eingang in den Staat zu verschaffen. Nach dem Tode Franz I. 1756 wandte sie sich noch stärker als früher Kaunitz, van Swieten, auch Sonnenfels und der katholischen Aufklärung zu, während ihr Sohn und (seit 1765) Mitregent Joseph II. von Anfang an sehr viel doktrinärere, radikal-rationalistische Auffassungen vertrat. Zwischen 1771 und 1775 gelang auch in Österreich, wesentlich später als in Preußen, die Gesundung der Staatsfinanzen — nicht zuletzt durch die Begünstigung der bürgerlichen Berufe. Eine bedeutende, allen anderen deutschen Staaten vorausgehende Leistung war die gegen heftige Widerstände 1764 begonnene Bauernbefreiung. Sie führte zur Urbarialregulierung und Beschränkung der bäuerlichen Fronen in Ungarn und während der siebziger Jahre auch in Schlesien, Nieder- und Oberösterreich, Steiermark, Kärnten und Böhmen-Mähren, wobei die Domänenbauern gänzlich befreit wurden. Gleichzeitig wurde die vor 1756 begonnene Ostkolonisation fortgesetzt.

In der immer stärkeren Heranziehung des Adels und der Geistlichkeit zu Leistungen für den Staat, in der Aufhebung des Jesuitenordens und der Behauptung der Souveränität des Staates gegenüber der Kirche, in der fortgesetzten Modernisierung des Unterrichtswesens und zunehmenden Bereitschaft zur Toleranz machten sich die ersten Ansätze des sogenannten Josephinismus bemerkbar. Zu Lebzeiten der Kaiserin erregten sie nur wenig Widerspruch — einmal, weil es Anfänge waren, an denen das Ziel noch nicht deutlich abgelesen werden konnte, sodann, weil dahinter die konservativ-mütterliche Persönlichkeit Maria Theresias stand, von der man nicht wirklich radikale, die Tradition in ihren positiven Bereichen gefährdende

Maßnahmen befürchtete. Die Kaiserin schrieb 1777 in der Auseinandersetzung über die Prinzipienfrage der Toleranz ihrem Sohne: „Sie sind etwas voreilig in Ihren Träumereien." Sie vertrat die Auffassung: „Die Toleranz, der Indifferentismus sind gerade die richtigen Mittel, alles zu untergraben, so daß nichts mehr Bestand haben wird ..." Die Stände in Böhmen und Mähren hatten sie 1744 an der Vertreibung der Juden gehindert. Und während 1750,1770 und 1773 in verschiedenen Landesteilen noch Verfolgungen der Protestanten vorgenommen wurden, begnügte Maria Theresia sich später mit deren Abschiebung nach Siebenbürgen. Doch zeigte der Briefwechsel mit Joseph im Jahre 1777, daß sie von der Toleranz „das Faustrecht und noch anderes Unglück" befürchtete, eine „eingebildete Freiheit ..., die nie Bestand haben kann, sondern nur in Zügellosigkeit und gänzlichen Umsturz ausarten wird."

Allerdings hinderte diese streng katholische Haltung Maria Theresia nicht, die unbezweifelbaren Rechte des Staates gegenüber der Kirche zu behaupten. In der Auffassung: „Das Schulwesen ist und bleibt allezeit ein Politicum" verstaatlichte und reformierte sie dieses nicht allein, sondern beschritt auch den Weg zum Staatskirchentum, hob die Steuerfreiheit des Klerus auf, womit sie ihn von staatlichen Zuwendungen abhängig machte, und regte so eine Entwicklung an, die ihre Zeitgenossen mit einiger Übertreibung als „deutsche Reformation" bezeichneten. Ebenso wurde zwar die deutsche Sprache zur Kulturträgerin im deutsch-slawischen Mischraum gemacht, doch hütete Maria Theresia sich, die fremden Muttersprachen in Justiz, Schule und Verwaltung zu behindern. „Noch unter ihrer Herrschaft konnte die Renaissance des Tschechentums und des Südslawentums ihren Anfang nehmen" (Wagner).

Mit ihren Kindern trieb die Kaiserin eine einzigartige Mischung von Familien- und Außenpolitik. Die Verheiratung ihrer Töchter Maria Antoinette an Ludwig XVI. von Frankreich und Maria Caroline an Ferdinand IV. von Neapel-Sizilien mochte im Rahmen von Bemühungen um die Sicherung des Friedens bleiben; die von Leopold II. mit Marie Luise von Spanien und von Ferdinand mit der Erbin von Modena geschah dagegen ebenso im Interesse der Machtsteigerung Habsburgs wie die Wahl ihres Sohnes Maximilian Franz zum Hoch- und Deutschmeister des Deutschen Ritterordens 1769 und 1780 zum Koadjutor von Köln und Münster.

Vergleicht man die Ergebnisse der Regierungen Friedrichs und Maria Theresias, so ergibt sich in Preußen bereits vor 1756 und im Anschluß an Friedrich Wilhelms I. Maßnahmen, für die es in Österreich keine Parallelen gibt, entschieden eine weit stärkere Ausformung des Absolutismus gegenüber dem Habsburgerreich, wo Maria Theresia sich noch viel lebendigeren ständischen und provinziellen Traditionen und einer Vielfalt national begründeter Widerstände gegenübersah. Auch andere Komponenten, die das absolute Regiment erschwerten, wie z. B. die teils anerkannte, teils bestrittene starke Position der Kirche, die Mitregierung ihres Sohnes, die Versorgung mehrerer Kinder, die Abstimmung absolutistischer Absichten auf lebhafte christlich-humanitäre Herrscherwünsche, wie etwa hinsichtlich der Bauernbefreiung, gab es in Preußen nicht, was den Eindruck der Geschlossenheit des friderizianischen Absolutismus entschieden steigerte.

Auf dem Unterschied des Geschlechts der beiden großen Herrscherpersönlichkeiten beruhte es vielleicht, daß die österreichische „Nation" mehr von Lage und Stammesart, die preußische stärker vom Charakter der beiden großen Könige geformt wurde. Die Habsburger sind nicht so sehr Erzieher des Volkes gewesen wie die beiden großen Hohenzollerngenerationen des 18. Jahrhunderts.

Innerhalb Deutschlands war Maria Theresia neben Friedrich — und von diesem voll anerkannt — entschieden die stärkste, zum Staatsdenken drängende Fürstenpersönlichkeit, was sich weithin auswirkte und für Joseph II. ein unschätzbares Fundament bildete. Eines freilich unterschied die Staatsauffassung Maria Theresias von der Friedrichs des Großen: während dieser sie philosophisch begründete, war für jene die Pflicht des Herrschens eine religiöse. „Sie repräsentiert eine ältere Stufe der Staatsbildung" (Hartung).

Je weiter der preußisch-österreichische Dualismus — endgültig 1934/45 durch die Beseitigung Preußens ein Vierteljahrhundert nach derjenigen des Habsburgerreiches — in die

Geschichte zurücktrat, um so stärker wurden von den Historikern beider Staaten der geschichtliche Rang von Kaiserin und König, ihre grundlegende, in den Völkern bis heute wirksame Tätigkeit auf vielen Gebieten nicht mehr gegeneinander abgewogen, sondern als zweiteilige Gesamtleistung in und für Mitteleuropa und darüber hinaus als bedeutendste Erscheinung in der Fürsten- und Staatengeschichte der Jahrzehnte zwischen Ludwigs XIV. Tod und Napoleons Wirken beurteilt.

Wie aber 1780 beim Tode der Kaiserin, so wurden auch 1786 beim Tode Friedrichs des Großen Äußerungen der Freude laut. Nicht wenige unter den gebildeten, politisch, sozial und kulturell interessierten Zeitgenossen hofften, es werde nun nach Jahrzehnten zunehmender absolutistischer Erstarrung eine Zeit der Reform und des Fortschritts beginnen.

Die erste Teilung Polens, der Bayerische Erbfolgekrieg und der Fürstenbund

Auf die Friedensschlüsse von Paris und Hubertusburg folgte ähnlich wie auf die von Utrecht (1713) und Baden (1714) eine lange Friedenszeit; sie wurde auf dem Kontinent zum Wiederaufbau und zur finanziellen Erholung, in England zur Festigung der wesentlich erweiterten Machtposition auf dem Meere und in Übersee verwendet. Das Verhältnis zwischen Österreich und Frankreich hatte sich sehr abgekühlt, wenngleich das Bündnis aufrechterhalten wurde und die Ehe zwischen Marie Antoinette und dem Dauphin, dem späteren Ludwig XVI., eine natürliche Verbindung der Dynastien schuf, die es z. B. Friedrich dem Großen unmöglich machte, Frankreich an die Stelle des alten Verbündeten und Subsidienzahlers England treten zu lassen. So blieb denn Preußen in einer recht bedrohten Lage, da mit einem neuen Versuch Maria Theresias, Schlesien zurückzuerobern, durchaus gerechnet werden mußte. Unter solchen Umständen erhielt Rußland, das sich von Elisabeth bis zu Katharina II. eindrucksvoll als Großmacht erwiesen hatte, für die Entwicklung in Mitteleuropa immer größere Bedeutung. In Westeuropa war Frankreich durch wachsende innere, finanzielle und soziale Probleme sehr stark gebunden, England immer lebhafter an überseeischen, insbesondere nordamerikanischen Entwicklungen interessiert. Dem neuen Gleichgewicht der Mächte im Westen entsprach also durchaus nicht ein solches im Osten, wo obendrein Polen und die Türkei für ihre Nachbarn die übliche starke Attraktion schwacher und absinkender Staaten bildeten.

Im Jahre 1768 formulierte Friedrich nach dem Abschluß der Kriegsauswirkungen in einer ähnlichen Situation wie 1752 ein zweites politisches Testament. Darin bedauerte er, daß der Dualismus in Deutschland die gemeinsame Front gegen Rußland verhinderte, dem man später nur mit Mühe würde Grenzen ziehen können. War aber eine klare Gegnerschaft mit Hoffnung auf Erfolg nicht möglich, so hielt Friedrich eine Verständigung mit Rußland für nötig. Im Oktober 1763 war August III. von Polen, wenig später sein Sohn Kurfürst Christian von Sachsen gestorben, so daß in Polen eine Neuwahl nötig wurde. Ludwig XV. und Maria Theresia wollten die sächsisch-polnische Personalunion fortsetzen, Katharina II. dagegen ihren Schützling, den 32jährigen, politisch unfähigen Stanislaus Poniatowski auf den Thron setzen, wozu sie Friedrichs Hilfe brauchte. Unter solchen Voraussetzungen kam es zum preußisch-russischen Verteidigungsbündnis vom 11. 4. 1764. Mit seiner Hilfe wurde zwar im September 1764 Katharinas Protégé gewählt; aber dieser enttäuschte seine Gönnerin, indem er Verfassungsreformpläne und eine Neigung für Österreich entwickelte. In der daraufhin am 4. 5. 1767 unterzeichneten russisch-preußischen Moskauer Geheimkonvention wurden bereits territoriale Veränderungen in Polen vorgesehen. Im Herbst 1768 kam es zu kriegerischen Verwicklungen: russische Truppen rückten in das von Österreich im Stich gelassene Polen ein, wo die in der Konföderation von Bar vereinigten katholischen Adligen, die sich von den zielbewußt aufgewiegelten griechisch-orthodoxen Bauern in der Ukraine angegriffen sahen, nur kurze Zeit Widerstand leisten konnten und — gemeinsam mit vielen Juden — zu Tausenden umgebracht wurden. „Griechisch-orthodoxe Glaubensschwärmerei und Sklavenaufstand einerseits, römisch-katholische Schwärmerei des Adels andererseits, jene mit Feuer und Schwert gegen diese im Kampf: dies ist der Sinn von alledem", schrieb Stanislaus Poniatowski am 6. 7. 1768 hilfeflehend nach Frankreich.

Friedrich der Große erhielt die Möglichkeit einer breiten Front gegen Rußland, als die Türkei diesem den Krieg erklärte. Er hielt aber, mit der latenten österreichischen Gefahr in der Flanke, die er auch nach der Begegnung mit Joseph, dem 28jährigen römischen Kaiser und Mitregenten seiner Mutter, in Neiße nicht für beseitigt halten konnte, zur russischen Verbündeten, zahlte ihr sogar Hilfsgelder für den Krieg gegen die Türken und erneuerte im Oktober 1769 das preußisch-russische Bündnis für zehn Jahre. Als freilich die russischen Erfolge den Bestand der Türkei ernstlich bedrohten und damit eine große russische Übermacht in Ost- und Südosteuropa bzw. ein allgemeiner europäischer Krieg sich abzuzeichnen begann, kam es in einem zweiten Treffen Friedrichs mit Joseph und Kaunitz vom 3. bis zum 7. 9. 1770 in Mährisch-Neustadt zu einer deutlich warnenden Demonstration und zu einer geheimen Verabredung beider, den Frieden herbeizuführen. In diesem Sinne bemühte sich Prinz Heinrich im Sommer 1771 in Petersburg — mit Erfolg, aber zu Lasten Polens.

In Friedrichs politischem Testament von 1768 hieß es: „Polen ist kaum zu den europäischen Mächten zu zählen. Das Land ist dünn bevölkert, weil die Grundherren ihre Untertanen wie Sklaven behandeln. Das ist eine Schwäche dieser Republik. Noch viele andere Mißstände tragen zu ihrer traurigen Lage bei, so die schlechte Finanzwirtschaft und die Handvoll Truppen, 13000 Mann, die ihre Armee darstellen sollen; kurz, alle Sünden des alten Feudalsystems haben sich hier bis auf unsere Tage erhalten: die Königswahlen mit ihrem Gefolge von Bürgerkriegen, die stürmischen Reichstage, die alle der Auflösung verfallen, das Fehlen von Gesetzen und Rechtsprechung . . . Ohne die Eifersucht seiner Nachbarn, die mit bewaffneter Hand die Eroberungsgelüste ehrgeiziger Fürsten in den Schranken der Mäßigung halten, wäre Polen längst unterworfen." Friedrich notierte dann, daß Sachsen, Polnisch-Preußen und Danzig „wohl unsere vorteilhaftesten Erwerbungen" bilden könnten. Solchen Aufzeichnungen war die Moskauer Konvention bereits ein Jahr früher vorausgegangen. Überhaupt stammte der Gedanke der Teilung Polens schon aus dem 17. Jahrhundert. Katharina wollte zunächst nur die Moldau und die Walachei an Österreich aufgeben, sofern sie dafür ganz Polen erhielt, lenkte dann aber ein. Sie und Prinz Heinrich beschlossen, Rußland und Preußen Teile Polens einzuverleiben, zumal Österreich bereits früher die Zips und andere polnische Gebiete besetzt hatte. Maria Theresia schrieb dagegen an ihren Reichskanzler Fürst Kaunitz, eine solche Beraubung Polens verstoße gegen das „offenbare Recht", „alle Billigkeit" und „die gesunde Vernunft". Sie warnte davor, „um ein elendes Stück von Pohlen oder von der Moldau und Walachei unsere Ehre und Reputation in die Schanze zu schlagen. Ich merke wohl, daß ich allein bin und nit mehr en vigueur, darum lasse ich die Sachen, jedoch nit ohne meinen größten Gram, ihren Weg gehen" — nämlich so, wie es auch Joseph II. wollte. Die erste — als Teilung bezeichnete — Verkleinerung Polens, die von den drei Mächten am 5. 8. 1772 beschlossen wurde, raubte diesem Staat mit 4000 Quadratmeilen und 5 Millionen Menschen fast ein Drittel seines Bestandes. Rußland nahm sich östlich von Düna und Dnjepr 1700 Quadratmeilen mit 1,8 Millionen Einwohnern, Österreich Galizien und Lodomerien im Umfang von 1600 Quadratmeilen mit 2,6 Millionen Einwohnern. Preußen eignete sich Westpreußen und das Ermland ohne Danzig und Thorn an, also 600 Quadratmeilen mit 600000 Einwohnern — ein flächenmäßig geringes, politisch dagegen sehr bedeutendes Gebiet, da es die Lücke zwischen Ostpreußen und Pommern schloß. Auch konnte Friedrich II. jetzt seinen Titel zu „König von Preußen" normalisieren.

Was die Ursache oder Schuld an dieser ersten Verkleinerung Polens anbelangt, so trafen die Argumente in Friedrichs politischem Testament gewiß zu. Daß Friedrich von der Anarchie in Polen sprach und die neue Erwerbung mit Kanada, deren Einwohner mit den Irokesen verglich, mochte auf Voreingenommenheit beruhen. Aber das Urteil der unbeteiligten westeuropäischen Zeitgenossen lautete ähnlich. Das aufgeklärte Frankreich, geführt von Voltaire, und England begrüßten die Beseitigung der polnischen Barbarei durch den Geist der aufgeklärten preußischen und österreichischen Verwaltung. Wo

Kritik an der „Teilung" geübt wurde, da geschah es — außer bei Maria Theresia — nicht aus verletztem Rechtsempfinden, sondern mit dem Argument, das Vorgehen der drei Großmächte habe das politische Gleichgewicht gestört und damit den Frieden bedroht. Die Frage der Staatsangehörigkeit der „Untertanen" erschien um jene Zeit in Osteuropa so wenig beachtenswert wie in Schlesien, am Rhein, in Italien oder in den Österreichischen Niederlanden. Daß die Teilungen seit 1772 unklug waren, nur Steigerungen des polnischen Nationalgefühls erreichten und nicht die echte Lösung eines politischen Problems bilden konnten, ist eine erst seit dem Ende des 19. Jahrhunderts allmählich herangereifte Erkenntnis.

Von den polnischen Bevölkerungsteilen, die ihre Staatsangehörigkeit ändern mußten, haben nur die zu Preußen geschlagenen schon in kurzer Zeit eine erhebliche Verbesserung ihrer wirtschaftlichen, sozialen und kulturellen Lage genossen. Ein Seitenstück zu dem Retablissement Ostpreußens unter Friedrich Wilhelm I. wurde das Kolonisationswerk in Westpreußen, das Friedrich II. alsbald im Interesse der gesamten Monarchie dort wie ähnlich früher in Schlesien einleitete.

Als im Sommer 1774 der Türkenkrieg im Frieden von Kütschük-Kainardschi ein Ende fand und 1777 das preußisch-russische Bündnis zum zweitenmal verlängert wurde, schien damit nicht allein Friedrichs Machtstellung in Mitteleuropa, sondern auch der europäische Friede besser gefestigt denn je. Gerade zu diesem Zeitpunkt aber starb am 30. 12. 1777 mit Kurfürst Maximilian Joseph die wilhelminische Linie der Wittelsbacher aus. Kaiser Joseph II., der schon im Zusammenhang mit der ersten polnischen Teilung deutlich gezeigt hatte, daß er zu einer energischeren, die Macht stärker als den Frieden bedenkenden Außenpolitik neigte als seine Mutter, der auch bereits versucht hatte, Österreich im Reich wieder fester Fuß fassen zu lassen — dabei freilich am Widerstand der meisten Reichsstände gescheitert war —, erhob nun sofort — recht anfechtbare — Erbansprüche auf Bayern. Auch überredete er den eigentlichen Erben, Karl Theodor von der Pfalz, im Wiener Vertrag vom 3. 1. 1778 zur Verzichtleistung. Sowie aber nun österreichische Truppen in Bayern einrückten, erhob sich dort und bei Friedrich energischer Einspruch. Karl Theodors Erbe protestierte beim Reichstag, Sachsen trat gegen Österreich auf, und Friedrich galt in Deutschland als Beschützer der Reichsfürsten gegenüber Habsburgs Expansionsversuchen, so daß er zugleich die Interessen des Reiches und Preußens gegen Joseph II. wahrnehmen konnte. Ein Dreibund mit Frankreich und Rußland kam zwar nicht gegen Österreich zustande; dennoch aber lehnte Friedrich österreichische Verständigungsvorschläge ab und stellte seinerseits Forderungen, die nicht erfüllt wurden. Im Mai 1778 schrieb Goethe aus Berlin nicht ohne Doppelsinn: „Es ist ein schön Gefühl, an der Quelle des Krieges zu sitzen in dem Augenblick, da sie überzusprudeln droht." Am 5. Juli ließ Friedrich seine Truppen nach Böhmen einmarschieren: der Bayrische Erbfolgekrieg begann. Ohne kriegerische Ereignisse fügten sich dann schnell Friedrich und Joseph der gewandten, halb drohenden, halb vermittelnden Politik Katharinas: im Frieden zu Teschen wurde am 13. 5. 1779 Friedrichs Anspruch auf Ansbach-Bayreuth anerkannt, die Unabhängigkeit Bayerns dank Preußens Eingreifen gerettet, Österreich durch die bayrische Abtretung des Innviertels befriedigt und Sachsen durch Geld entschädigt. Friedrich hatte in Deutschland einen moralischen Erfolg errungen, Katharina durch die Vermittlung ihr Ansehen und ihre Bedeutung in Europa gesteigert, Joseph aber eine Niederlage erlitten. „Der Friede von Teschen bestätigte das System des Gleichgewichts, das Friedrich der Große im Reich aufgerichtet hatte" (Just).

Im November 1780 starb Maria Theresia, und Joseph II. gelangte zur Alleinherrschaft. Mehr als zuvor war er entschlossen, gestützt auf Sekundogenituren und Eheverbindungen in Italien, einige feste Positionen im Reich und seine Schwester Maria Antoinette als Königin von Frankreich, Friedrich noch einmal entgegenzutreten. Mochte Ludwig XVI. auch keine aktive Hilfe leisten wollen oder — infolge der großen Kosten seiner Beteiligung am nordamerikanischen Unabhängigkeitskrieg — können, so würde er doch gewiß nicht auf Friedrichs Seite treten, sondern in Josephs Absicht einwilligen, die österreichischen Niederlande, einen militärisch unhaltbaren, wirtschaftlich immer weniger bedeutenden Außenposten, gegen

Bayern und Salzburg einzutauschen. Joseph verlockte die Zarin 1780 in Mohilew zum ersten Schritt vom Einverständnis mit Friedrich auf seine eigene Seite durch die Versicherung, gegen die Eroberung Konstantinopels keinen Einspruch zu erheben. Daraus entwickelte sich, trotz Friedrichs Beitritt zu der von Rußland geschaffenen Seeneutralität der nordischen Mächte, zunächst 1784 ein russisch-türkischer Vertrag und schließlich eine offene österreichisch-russische Verbindung, d. h. die Isolierung Preußens.

Aber außer Friedrich dem Großen beobachteten auch andere weltliche und geistliche Fürsten in Deutschland Josephs offenkundigen Wunsch, durch den Tausch eines „Königreichs Belgien" bzw. Burgunds gegen Bayern, Pfalz-Neuburg und Sulzbach, durch den Griff nach Köln, Münster und weiteren Reichsstiften und auf manchen anderen Wegen eine so aktive habsburgische Politik im Reich zu treiben, daß dadurch dessen altgewohnte, lockere und in vieler Hinsicht recht bequeme Ordnung beeinträchtigt werden mußte. Auch Frankreich konnte schließlich in solchen Versuchen, den österreichischen Zentralismus in das Reich hineinwachsen zu lassen, auf lange Sicht nur eine Gefährdung seiner eigenen, genau entgegengesetzten Politik erblicken, obgleich ihm unscharf Luxemburg in Aussicht gestellt wurde. Je deutlicher Josephs Absichten zutage traten, um so fester wurden auch die Maßnahmen zu deren Abwehr: der bereits 1779 im Bayerischen Erbfolgekrieg von Weimar erwogene, 1782 von einigen kleineren Reichsständen, die seit dem Beginn von Josephs Alleinherrschaft dessen Aggressivität fürchteten, angeregte Deutsche Fürstenbund wurde im folgenden Jahre energischer befürwortet und seit 1784 von Friedrich dem Großen offen gefordert. Ein Jahr später schlossen — nicht zuletzt infolge von Hardenbergs hier erstmals bewiesenem diplomatischem Geschick — Preußen, Sachsen und Hannover zur Aufrechterhaltung des Status quo im Reiche den Dreikurfürstenbund. Er erstrebte nach Friedrichs II. Worten, „die Rechte und Freiheiten der deutschen Fürsten zu behaupten, die Besitzungen eines jeden zu sichern und zu verhindern, daß ein herrschsüchtiger und unternehmender Kaiser einmal die ganze deutsche Verfassung umstürze, indem er sie stückweise zerbricht". Dem Dreibund traten bald auch Zweibrücken, Hessen-Kassel, Braunschweig, Gotha, Weimar, Anhalt, Baden, Ansbach, Mecklenburg, Osnabrück sowie der Kurfürst-Erzbischof von Mainz und Reichserzkanzler Friedrich Karl von Erthal bei, also das Haupt des Reiches nächst dem Kaiser. Dieser Fürstenbund stellte in mehrfacher Hinsicht etwas Besonderes dar und hatte positive wie negative Qualitäten: er existierte ohne Anlehnung an eine ausländische Macht, war interkonfessionell und wandte sich gegen habsburgische Vormachtsbestrebungen; aber er zielte keineswegs auf eine Reichsreform und wurde durch keinen Reichspatriotismus zusammengehalten, sondern nur durch den Wunsch, die alte Reichsverfassung, genauer: die alte Libertät, zu bewahren. In diesem Sinne wurden die Rechte des Reichstages gegenüber Reichskammergericht und Reichshofrat sowie die der Kurfürsten und schließlich die Verwerflichkeit des Ländertausches hervorgehoben. Einer so starken Front gegenüber, der allerdings Bayern, Württemberg, Hessen-Darmstadt, Oldenburg und große Teile Süd- und Westdeutschlands fernblieben, mußte Joseph II. seine „aggressive Reichspolitik" einschränken bzw. verschieben — den bayrisch-niederländischen Tausch z. B., wie er meinte, nur bis nach dem Tode Friedrichs des Großen. Das Ergebnis der Opposition gegen den Kaiser — und zutiefst gleichzeitig gegen ein starkes Reich — bedeutete freilich auch einen weiteren Schritt in Richtung auf die Selbstauflösung des Reiches, was bedeutungsvoller war als die Ansätze von Nationalgefühl, die gleichfalls im Fürstenbund sichtbar wurden.

Zunächst einmal war entscheidend, daß Friedrich II. erneut, ein letztes Mal, über Joseph gesiegt hatte. „Friedrich hat in diesem letzten großen Werk seiner großen Außenpolitik gewiß nicht den Auftakt zu einer entschlossenen deutschen Aktion Preußens gesehen, sondern eben nur einen, wenn auch fragwürdigen Ersatz für ein europäisches Bündnis zur Sicherung seiner Macht; dabei mußte der Bund aber das moralische Ansehen Preußens in Deutschland erhöhen" (Braubach). Das war das Wichtigste! Im übrigen gilt Hintzes abschließendes Urteil über den Fürstenbund: „Er bedeutete nicht eine Epoche, sondern nur eine Episode in der deutschen Geschichte."

Im Mai 1785 sah Friedrich v. d. Marwitz den Preußenkönig „auf einem großen weißen Pferde, ohne Zweifel der alte Condé“, die Wilhelmstraße entlang in Berlin einreiten. Die Straße war „gedrückt voll Menschen, die Fenster voll, alle Häupter entblößt, überall das tiefste Schweigen, und auf allen Gesichtern ein Ausdruck von Ehrfurcht und Vertrauen wie zu dem gerechten Lenker aller Schicksale. Der König ritt ganz allein vorn und grüßte, indem er den Hut abnahm“ — so wie ihn später Kugler und Menzel in ihrem Volksbuch dargestellt haben.

Im Jahr darauf starb „der alte Fritz“ — bewundert, wegen seiner Einsamkeit und Krankheit bemitleidet, betrauert, respektiert in Deutschland und Europa, aber auch kritisiert und gefürchtet als Symbol einer Auffassung von der Politik, dem Staat, dem Menschen und der Kultur, die mehr der ersten als der zweiten Hälfte des Jahrhunderts angehörte. Das Urteil über ihn, der im Anschluß an seinen Vater so viel Grundlegendes für Preußen und Deutschland schuf und immer wieder aus der Geschichte in die Gegenwart hineinwirkte und hineingezogen wurde, mußte innerhalb von wenig mehr als 150 Jahren heftige Schwankungen zwischen „Friedrich dem Einzigen“ und „Friedrich von Potsdam“ durchmachen. Diese Wandlungen waren insbesondere bedingt durch den Sturz der Hohenzollernmonarchie, das Wiederaufleben großdeutscher Pläne, den nationalsozialistischen Mißbrauch echter Größe als Stütze für Hitlers Diktatur und durch den umerzieherischen Bildersturz in Ost- und Westdeutschland, schließlich durch eine kommunistische Parteiinterpretation östlich des Eisernen Vorhanges. Es ist gleichzeitig aber doch auch in vielen, von politischen Konjunkturen unabhängigen Studien deutscher und ausländischer Gelehrter um neue wissenschaftliche Einsichten bereichert worden. Mit Recht hat man auf das Fortdauern und Fortwirken des friderizianisch-preußischen Staatsgedankens, auf die Festigung der Staatsgesinnung, aber auch der Staatsgläubigkeit, und die Entwicklung des Beamtentums zum Hauptträger der Regierung hingewiesen. „Das alles wird man bedenken müssen, um nicht ungerecht über den Absolutismus Friedrichs des Großen zu urteilen. Trotzdem bleibt es dabei, daß er eine zeitgebundene Schöpfung war, die den Umbruch von 1789 nicht lange überdauern konnte. Vor allem ließ sich das für ihn charakteristische System der unmittelbaren, höchstpersönlichen Staatsleitung durch den König selbst nicht vererben. Sobald er die Augen schloß, wurde es deshalb verhängnisvoll für den preußischen Staat, daß er nur Kreaturen, nicht Mitarbeiter von schöpferischen Fähigkeiten hinterließ, die sein Lebenswerk organisch fortzubilden imstande gewesen wären; so wurde die Katastrophe von Jena fast unvermeidlich. Die für jedes große Staatswesen unentbehrliche Schicht von Männern, die aus freier Hingabe, eigener Verantwortung den Staat mittragen helfen, konnte sich unter ihm nicht bilden. Aber ist es wohl ein Zufall, daß man fast dasselbe von der Umgebung Bismarcks sagen kann? Große Willensmenschen sind wohl immer in Gefahr, ihre unmittelbare Umgebung zu erdrücken. Und das Problem, wie sich eine starke, dauerhafte Autorität mit gesicherter Freiheit vereinigen läßt, wie man Gehorsam mit Freiwilligkeit verbindet, willkürlichem Regiment vorbeugt, ohne eine starke Exekutive zu lähmen, wurde bisher noch niemals in Deutschland voll befriedigend gelöst" (Ritter).

Österreich und Preußen unter Joseph II. und Friedrich Wilhelm II.

Bei Maria Theresias Tod im Jahre 1780 war ihr ältester Sohn, Mitregent und nun Nachfolger, Joseph II., fast 40 Jahre alt. Jetzt erhielt er die Möglichkeit, seine Reformvorstellungen aus aufklärerischem Geist radikal zu verwirklichen. Joseph selbst schrieb 1787: „Ich habe seit dem Antritt meiner Regierung mir jederzeit ... Mühe gegeben, das Zutrauen meiner Völker zu gewinnen; und seit ich den Thron bestiegen, habe ich mehrmals Beweise davon abgelegt, daß das Wohl meiner Untertanen meine Leidenschaft sei; daß ich zur Befriedigung derselben keine Arbeit, keine Mühe und selbst keine Qualen scheue ...; und dem ohngeachtet finde ich in den Reformen allenthalben Widersetzlichkeiten von solchen, von welchen ich es am wenigsten vermuten konnte. Als Monarch verdiene ich das Mißtrauen meiner Untertanen nicht; als Regent eines großen Reiches muß ich den ganzen Umfang meines Staates vor Augen haben ...

und kann auf die separaten Stimmen einzelner Provinzen ... nicht allzeit Rücksicht nehmen ... Ich kenne aber mein Herz; ich bin von der Redlichkeit meiner Absichten in meinem Innersten überzeugt und hoffe, daß ... die Nachwelt billiger, gerechter und unparteiischer dasjenige untersuchen und prüfen, auch beurteilen wird, was ich für mein Volk getan."

Karl von Zinzendorf (1739—1813), der Josephs ganze Regierungszeit beobachtet und in Österreich besonders als Finanzspezialist hohe Staatsämter innegehabt hat, schrieb in seinen „Confessions": „Joseph II. hat sich frühzeitig von dem verhängnisvollen Vorurteile erfüllen lassen, das einzige Gesetz, die einzige Verfassung eines Staates sei der Wille des Herrschers ... Sein Mißtrauen, das bei Herrschern so natürlich ist, flößte ihm eine schlechte Meinung von den Menschen im allgemeinen ein. Er hielt sie nur durch Ehrgeiz, Habgier und Vergnügungssucht getrieben. Rechtschaffenheit und Ehrbarkeit waren ihm ein Rätsel; selbst die Güte, die in seinem Herzen ruhte, hielt er in ihren Wirkungen für schädlich ... Er bildete sich ein, sicher zu regieren, wenn er alle Zweige der Verwaltung zerstückte, isolierte und in jeder Provinz Zwietracht säte."

Josephs Leistungen, die so schwerer grundsätzlicher Verurteilung zugrunde lagen, beruhten weit mehr auf dem vom Vater ererbten und von van Swieten katholisch beeinflußten prinzipiellen Rationalismus als auf dem Sinn der Mutter für Tatsachen sowie auf einer Vorstellung von Absolutismus, die gleichzeitig „aufgeklärt" und immer stärker physiokratisch betont wie auch von der mittelalterlichen Kaiseridee gefärbt war. Der von ihm zärtlich geliebten Mutter galt er als „Kokotte des Geistes", die mögliche Auswirkung seiner politischen Auffassungen und seines in der Menschenbehandlung sich äußernden Zynismus als überaus gefahrvoll. Seine Innenpolitik zielte in einer gewissen Fortsetzung theresianischer Absichten auf die Schaffung eines streng zentralistisch regierten, ständische Einflüsse und städtische Selbstverwaltungskräfte unterdrückenden, Bürokratie und Polizei verstärkenden österreichischen Einheitsstaates, freilich auch auf die Hebung der österreichischen, ganz deutsch bestimmten Staatsgesinnung. Im Sinne dieser Betonung des Deutschen auch im Südosten beging er so schwere psychologische

Fehler wie 1784 die Überführung der Stephanskrone als Museumsstück nach Wien und die Übersteigerung des Zentralismus gegenüber den Ungarn. Doch leistete er aus dieser Gesinnung auch so Wertvolles, wie 1776 die von Sonnenfels betriebene Errichtung eines deutschen Nationaltheaters in Wien als freilich ganz politisch und nicht kulturell verstandenes Gegengewicht zum italienischen und französischen Theaterwesen. Er förderte das Eindringen Bürgerlicher in die Verwaltung, verärgerte damit jedoch den Adel. Die mehr physiokratisch als humanitär begründete Bauernbefreiung — ein Vierteljahrhundert vor derjenigen in Preußen — und das Toleranzpatent von 1781/82 sollten Bürger, Bauern und Nichtkatholiken dem Staat gewinnen, was wiederum Adel und Kirche ebenso aufbrachte wie deren 1785/89 fortgesetzte stärkere Heranziehung zur Steuerzahlung. Die physiokratischen Lockerungen des Merkantilismus führten zur Auflösung der alten Einheit in der Wirtschaftspolitik, die mehr den Theorien als den praktischen Bedürfnissen entsprach. Das Erziehungs- und Bildungswesen, in dem Joseph viel Veraltetes beseitigte und das Ansehen des Lehrers hob, wurde von der Volksschule bis zur Universität ganz auf den Nutzen für den Staat, also auf die Heranziehung von Staatsdienern eingestellt. Andererseits ist Josephs Kinderschutzgesetzgebung von 1786, d. h. schon zu Beginn des industriellen Zeitalters, für den europäischen Arbeiterschutz bahnbrechend geworden und hat in der Versorgung von Kranken, Blinden, Taubstummen und Irren fortschrittlich gewirkt. Ebenso stellte das Strafrecht der Josephina 1788 entschieden einen mildernden Schritt über die Nemesis Theresiana hinaus dar.

Josephs schärfste innenpolitische Gegner fanden sich im Adel und bei der Geistlichkeit. Die kirchliche Opposition zeigte sich erstmals bei der Aufhebung aller nicht der Krankenpflege und Jugenderziehung gewidmeten Orden (Aufhebung von ca. 400 Klöstern) und wuchs bei der Stiftung des staatlichen Religionsfonds, der Pfarrer, Kirchen und Schulen an den Staat band, bei der kühlen Behandlung Pius' VI. anläßlich seines Besuches in Wien, sowie bei dem Verbot des Verkehrs der Orden mit auswärtigen Oberen und erreichte ihren Höhepunkt gegenüber Josephs starrer Vertretung nationalkirchlicher Interessen im

Sinne des Febronianismus. Erst das Konkordat von 1784 schuf hier einen Kompromiß; und die Errichtung einer Nuntiatur in München 1785 stellte dann sogar eine Stärkung des Papstes gegenüber Joseph und eine solche der Kirche in Bayern dar, die dem Einfluß der habsburgischen Erzbistümer Salzburg und Mainz entzogen wurde. An die Stelle der aufgehobenen geistlichen Zensur trat übrigens schnell eine staatliche, die in erster Linie den Anhängern des Josephinismus zugute kam und wohl neue, aber nicht weniger engherzige Maßstäbe anlegte. Selbst die im Toleranzedikt 1781 verkündete Glaubensfreiheit ließ doch den praktischen Vorrang der katholischen Konfession im Interesse der Geschlossenheit des Staates unberührt.

In dem vielgestaltigen Widerstand gegenüber Josephs Neuerungen lagen endlich die wirksamsten Triebkräfte für die Völkererhebungen in Ungarn und in den Niederlanden gegen den „Josephinismus", die die Zuverlässigkeit jener Außenposten herabsetzten, aber auch das innere Gefüge Österreichs gefährdeten, die österreichische Außenpolitik erschwerten und behinderten und Friedrichs des Großen Vorgehen in den achtziger Jahren erleichterten. Zwar ließ Joseph den Febronianismus, der in seine Linie gegen den Absolutismus der Kirche und für die Schaffung einer Nationalkirche paßte, schließlich im Stich, als er die Gefahren eines gegen Rom gerichteten Nationalkonzils auch für den Staat erkannte. Er konnte aber nicht den energischen Widerstand der Ungarn gegen ihre Eingliederung in einen österreichischen Zentralismus beseitigen und die Aufstände der Niederländer 1787 gegen Zentralismus und niederländisch-bayrischen Tauschplan und 1789 gegen den Versuch der Beseitigung alter Freiheitsbriefe mit dem Recht des Widerstandes gegen ungerechte Fürsten verhindern, zumal er die Verbindung solcher Proteste mit den Revolutionsneigungen in Frankreich im gleichen Monat nicht bemerkte.

So flossen die Tendenzen des Fürstenbundes mit innenpolitischen und religiösen Protesten gegen Joseph sowie mit dem Widerstand in östlichen und nordwestlichen Randgebieten seines Reiches zusammen. Gegenüber einer solchen weitgespannten Opposition sah der schnell gealterte Kaiser sich Anfang 1790 auf dem Sterbebett zum Widerruf wesentlicher Maßnahmen gezwungen, ohne doch die durch sie angerichteten Schäden und hervorgerufenen Abneigungen wieder beseitigen zu können. Er hatte glücklos von oben verordnete, groß angelegte Reformen betrieben, während sich gleichzeitig von unten ein ganz neuer bürgerlicher Freiheitsbegriff erhob, den er nicht zu verstehen vermochte, obwohl er selbst doch Bürger- und Bauerntum gegen den Adel zu fördern bestrebt gewesen war. Ein solches Regiment mußte unter seiner eigenen Last zusammenbrechen. Ehe zehn Jahre verflossen waren, drohte der allgemeine Ruin. Joseph, der seine Verwaltung unter so glücklichen Auspizien begonnen hatte, mußte seine willkürlichen Anordnungen in Belgien und Ungarn widerrufen. „Er beendete seine Laufbahn mit 49 Jahren, der Regierung und des Lebens müde, und betrachtete das Grab als einen Schutz gegen den allgemeinen Sturm und als das Ende seines Mißgeschickes" (Zinzendorf).

Und dennoch hat dieser eigenartig zwiespältige, hochfahrende und herzenskalte, aber idealistische und der Sache ergebene, von Unrast ständig zu Reisen getriebene, dabei überaus arbeitsame Herrscher bis tief in das 19. Jahrhundert hinein eine sehr bedeutende Wirkung ausgeübt. Liberale und Konservative, Protestanten und Katholiken mochten über Einzelheiten streiten — was zweifellos die Formulierung eines abschließenden Urteils erschwerte und dazu beitrug, daß es bis heute keine umfassende Biographie Josephs II. gibt —, des Kaisers Reformwesen, der Josephinismus, hat auf das Gemächlichkeit und im Vergleich zum Westen vielfach Rückständigkeit gewohnte österreichische Staatswesen und die kirchliche Entwicklung an zahlreichen Stellen außerordentlich anregend gewirkt, wenn man auch nicht sagen darf, die von Joseph veranlaßte kirchliche organische Evolution allein habe das Christentum in Deutschland vor stärkeren Rückschlägen bewahrt (Rößler). Ebensowenig haben Josephs Maßnahmen „europäische" Anschauungen zugrunde gelegen. Wenn der Josephinismus zu Lebzeiten des Kaisers keinen vollen Erfolg erzielen und viel Begonnenes sogar wieder preisgeben mußte, so beruhte das auf Josephs Hast und Ungeduld, auf seiner Neigung zu Theorie und Schematismus, auf dem Wunsch, alle Neuerungen gleichzeitig durchzuführen und auf seinem unzulänglichen Gefühl für die positiven Werte in den Kräften des Beharrens und der lokalen und provinziellen Sonderexistenz sowohl wie des Reformstrebens besonders in Westeuropa. Der Mißerfolg lag letztlich darin begründet, daß Joseph die entscheidende Bedeutung der menschlichen Individualität aus dem Zeitgeist, dem auch er verhaftet war, so wenig erkannte, erkennen konnte wie Friedrich II. Die Übereile, mit der er alle Pläne gleichzeitig betrieb, führte außerdem unglücklicherweise auch zu einer Massierung des Widerstandes, der auf diese Weise weit mehr Gewicht erhielt und viel stärkeren Eindruck machte, als wenn er vereinzelt aufgetreten wäre und nacheinander hätte besänftigt oder gebrochen werden können.

Als besonders nachteilig erwies sich, daß die innenpolitischen Gegensätze nicht durch Erfolge in der deutschen und internationalen Politik überstrahlt wurden. Auch der Türkenkrieg von 1788 bis 1791, dessen Abschluß Joseph also nicht mehr miterlebte, nahm ein ungünstiges Ende. Aber ähnlich wie bei den Reformen haben auch hier des Kaisers Anstrengungen über seine eigene Zeit hinaus fortgewirkt. Daß sich, ganz abgesehen von der ständig gefährdeten Position in den Niederlanden und in Italien, einer österreichischen Expansion ins Reich außer den Reichsständen, die Josephs „deutschen Argumenten" nicht trauten, auch Frankreich entgegenstellen würde und einer solchen in den Balkan hinein außer der Türkei auch Rußland, bildeten freilich Grundtatsachen, mit denen Joseph und seine Nachfolger sich abfinden mußten. Das friderizianische Preußen spielte in solchen weitgespannten Zusammenhängen nur eine zusätzliche, eine wichtige, nicht aber die entscheidende Rolle.

Als ein weniger bedeutender Staatsmann als Friedrich der Große, hat Joseph höheren „fortschrittlichen" Zielen zugestrebt, dabei aber die Stärke und Grenzen seines Volkes und Staates bei weitem nicht so klar erkannt und berücksichtigt. Er hat „das historisch gewordene Österreich mit dem staatlichen Rationalismus westlicher mechanischer Prägung von oben umzuformen gesucht, den aufgeklärten Absolutismus zur despotischen Spitze getrieben, den Zentralismus übersteigert und auch der geistigen und künstlerischen Kultur in seinem Staatsfanatismus keinen Eigenwert zugebilligt" (Srbik).

Als 1786 in Preußen Friedrich Wilhelm II. die Regierung antrat, hatte Joseph II. innen- wie außenpolitisch bereits die Höhe seiner Regierung, auch die seiner Selbstherrschaft deutlich überschritten, die Stärke des Widerstandes auf allen Seiten erfahren und berücksichtigen müssen. Daß das Ergebnis seines Lebens nicht die Rückgewinnung der theresianischen Territorialverluste und kein echter Fortschritt des Zentralismus, auch nicht die Festigung Habsburgs im Reich sein würde, war 1786 zu vermuten — auch wenn man für Joseph eine wesentlich längere Regierungszeit voraussetzte, als ihm wirklich vergönnt war.

Für einen politisch und psychologisch begabten Thronfolger in Preußen mußte diese Zwischenbilanz österreichischer Politik beim preußischen Herrscherwechsel wie eine unverhoffte Mitgift erscheinen und als Ermutigung zur Fortsetzung friderizianisch konzentrierter, innen und außen aufeinander abgestimmter Politik mit modernen, zeitgemäßen Mitteln und auf Grund der österreichischen Fortschritte wie der durch die französischen Rückständigkeiten gegebenen Erfahrungen wirken. Nicht so für Friedrich Wilhelm II.

Er war, 1744 geboren, beim Tode seines Onkels 44 Jahre alt — ein Sohn von Friedrichs II. 1758 gestorbenem Bruder August Wilhelm. Bei Regierungsantritt wegen des Wechsels und der dadurch erhofften Veränderungen wie um seiner selbst willen allgemein begrüßt, war er bei weitem nicht so begabt wie sein Onkel oder Joseph II. Moralisch schwach, neigte er andererseits zu religiöser Schwärmerei. Und wenn Friedrich der Große tolerant aus Interesselosigkeit, Joseph tolerant, aber auch Staatskirchler aus Prinzip war, so bildete bei Friedrich Wilhelm II. eine sehr stark gefühlsmäßig begründete Religiosität das Medium, über welches politisch nicht sehr fähige Freunde Einfluß auf die Politik gewannen: so Bischoffwerder, der im Bayerischen Erbfolgekrieg mit Friedrich Wilhelm bekannt wurde. Dieser sächsische Oberst war 1760 in das preußische Heer über-, getreten, 1763 aber verabschiedet worden und danach mit den Rosenkreutzern — einer im Gegensatz zur Freimaurerbewegung entstandenen okkulten, auf Theosophie, Mystizismus Alchimie und Magie beruhenden Bewegung — in Verbindung geraten. Beim Regierungswechsel trat er in des neuen Königs Dienste, dem er schon früher bekannt gewesen war, gewann auch ihn für diese aufklärungsfeindliche Verbindung und erlangte seit 1789 entscheidende Bedeutung im militärischen und auswärtigen Fragen; seit Hertzbergs Abgang im Jahre 1792 war er der eigentliche Leiter der preußischen Außenpolitik. „Friedrich Wilhelm ward nie durch ihn in der Überzeugung gestört, er wäge, wähle und beschließe allein . . . das Vorurteil uneigennütziger Anhänglichkeit, das er für sich hatte, reichte hin, Verdächtige zu entfernen und Geprüftere zu empfehlen. So gelang ihm, wonach er strebte. Er ward reich durch die Huld des Monarchen, ohne Vorwurf, und der erste im Staate, ohne Verantwortlichkeit" (Manso).

Bei den Rosenkreutzern brachte Bischoffwerder den König auch in Verbindung mit dem Hofmeister und Gutsverwalter J. Ch. von Wöllner, einem Pfarrerssohn. Dieser war von Friedrich II. wegen einer unklaren Ehe- und Erbschaftsaffäre verjagt worden, über die Freimaurerei seit 1756 aber wieder aufgestiegen und fesselte nun Friedrich Wilhelm mit Hilfe der Rosenkreutzer so, daß dieser ihn 1786 adelte und bald die gesamte Wirtschafts-, Innen-, Justiz- und Kulturpolitik reformerisch führen ließ. Besonders die Wirtschaftspolitik verlor dabei schnell, wenngleich sie physiokratisch modernisiert wurde, die Geschlossenheit der friderizianischen Führung. Einen entschiedenen Fortschritt bildete das seit langem vorbereitete, nun 1794 in Kraft tretende Allgemeine Preußische Landrecht, das das gesamte Recht in der Hohenzollernmonarchie regelte. Es wurde durch Suarez' Grundsatz bestimmt: „Die regelmäßigste Ordnung in der ganzen Staatsverwaltung, die strengste Aufsicht auf eine prompte und unparteiische Rechtspflege, die stets wachsame Vorsorge, daß nicht ein Stand, eine Klasse der Nation die Rechte der anderen schmälere, daß der Ärmere und Niedere von seinem reichen und mächtigen Mitbürger nicht unterdrückt werde, die unermüdete Sorgfalt für Gründung und Unterstützung gemeinnütziger Anstalten, wodurch der Wohlstand der Particuliers befördert, wodurch der Landbau, Manufakturen und Fabriken in Aufnahme gebracht werden können, die Achtung für die bürgerliche Freiheit, für die Rechte und das Eigentum der Untertanen, endlich die vollkommenste Religions- und Gewissensfreiheit." Indem das Allgemeine Preußische Landrecht, das prinzipiell mehr eine Entwicklung abschloß als einleitete, aus der Wohlfahrt des einzelnen und des Volkes den Staatsnutzen gewinnen wollte, befand es sich allerdings bereits auf derselben Linie wie die etwa gleichzeitig eingeleiteten Reformen auf dem Lande, doch erhielt es nicht die von Carmer gewünschte Erhöhung zu einer Art Verfassungsurkunde, die auch den König gebunden hätte.

Friedrich Wilhelms II. Außenpolitik wurde durch kollegialische Beratung unscharf und schwerfällig. In der Kultur begann die Zeit des vielfach geförderten Bürgertums, das sich nach den kargen Jahrzehnten seit 1713 anerkannt und beachtet sah und Sympathien für den neuen König hegte. Aber schon die aufklärungsfeindliche Religionspolitik, die religiöse Zensur und die Maßnahmen zur Heranbildung staatstreuer Lehrer und Pastoren empörten wieder die Bürgerkreise. Überhaupt steigerte die Uneinheitlichkeit der Innenpolitik das Reformverlangen — freilich angesichts der Ereignisse in Frankreich nicht die Revolutionsneigung — weiter Kreise um so mehr, je deutlicher sich die Entwicklung im Westen abzeichnete; allerdings nur, bis sich herausstellte, daß Preußens internationale Stellung in einer Zeit, die politisch unübersichtlicher und gefährlicher erschien als je, schnell an Bedeutung verlor.

So schwand Friedrich Wilhelms II. Beliebtheit, die nicht unwesentlich durch die Last der starren Persönlichkeit Friedrichs des Großen vorbereitet gewesen war, sehr bald. Das Volk, das in den undurchsichtigen Zeiten der Revolution einen entschlossenen, von Europa respektierten König vorgezogen hätte, verlor sein Vertrauen. Dies geschah um so mehr, als der annexionistische Hertzberg, der 1786 die maßgebliche Stellung in der auswärtigen Politik erlangt hatte, nach der Niederschlagung der republikanischen Patrioten in den Niederlanden mit Hilfe eines preußisch-niederländisch-englischen Dreibundes 1788 und nach der Konvention von Reichenbach 1790 wegen seiner dem König lästigen Aktivität entlassen wurde. Er hatte offenkundig eine „starke" Politik treiben wollen, dafür jedoch nicht die Unterstützung anderer Mächte gefunden — ein weiteres Zeichen für die zunehmende Schwäche Preußens, das zwischen Österreich und Rußland in immer größere Schwierigkeiten hineingeriet.

Freilich war inzwischen auch in Österreich die Schwächung durch die Auswüchse des Josephinismus, den Türkenkrieg, die bis zur Konspiration mit Preußen gesteigerte Unzuverlässigkeit der Polen und Ungarn und schließlich durch den von den Seemächten und Preußen tolerierten Aufstand in den österreichischen Niederlanden immer sichtbarer und gefährlicher geworden. Die Bewältigung der innerösterreichischen Probleme, der Reichskrise und der europäischen Wirren bildete also eine überaus schwere Aufgabe für Leopold II., den Bruder und Nachfolger Josephs II. Von den Physiokraten beeinflußt, deren Lehren er schon in Toscana zu verwirklichen unternommen hatte, dem modernen Verfassungsstaat zugeneigt, gut beraten, geduldig und vorsichtig bis zur Ängstlichkeit, bemühte er sich um eine teils beschneidende, teils erweiternde Reform des Josephinismus in Richtung auf die konstitutionelle Monarchie, was u. a. wieder zur Beachtung der Volksrechte und zur Förderung der Selbstverwaltung führte. Mit einer Politik der Konzessionen, die er auch in Ungarn, Siebenbürgen und den Niederlanden betrieb — nachdem Brüssel im Anschluß an die preußisch-österreichische Konvention von Reichenbach (27.7.1790) im Dezember 1790 wieder besetzt worden war —, unterschied er sich grundsätzlich von Joseph II., rettete so aber auch den gefährdeten inneren Zusammenhalt Österreichs. Hertzbergs Empfehlung einer energischen Außenpolitik versagte er sich und lehnte die auch von den französischen Emigranten geforderte Interventionspolitik strikt ab. So erwies er, der in Reichenbach auf jede Erwerbung türkischen Gebietes verzichtet hatte und anschließend ohne Schwierigkeiten zum Kaiser gewählt und gekrönt worden war, sich sowohl in der Zielsetzung wie in der Durchführung seiner Politik als dem preußischen König weit überlegen. Er konnte schließlich die josephinische Politik einer Einengung des preußischen Einflusses in Deutschland wieder aufgreifen und den längst kaum noch existierenden Fürstenbund endgültig auflösen, während Preußen in den Kämpfen in Norden und Süden ohne Gewinn blieb. Auch das Bündnis mit England zerfiel, da Pitt sich unter dem Druck der öffentlichen Meinung gegen Rußland wenden mußte. Im Jahre 1792 stand fest, daß Preußen innerhalb weniger Jahre seine einflußreiche Großmachtstellung eingebüßt hatte.

War das außenpolitische Prestige verringert, so war die innenpolitische Basis geschmälert. Die von Leopold erkannte Notwendigkeit, mit Reformen die Ausweitungen innerer Unzufriedenheit und französischer Einflüsse abzufangen, wurde in Preußen ebensowenig wahrgenommen wie die Bereitschaft vorhanden war, Absolutismus, Merkantilismus und auch Religions- und Kulturpolitik zu reformieren und zu modifizieren. So behielt, im Gegensatz zu Österreich, der preußische Adel alle seine Steuerprivilegien, wurde die Erbuntertänigkeit beibehalten, die Heeresverfassung nicht modernisiert und das Kantonwesen 1792 mit allen z. T. längst überholten Befreiungen ausdrücklich bestätigt. Mit dem Koalitionskrieg und der zweiten Polnischen Teilung tauchten neue schwierigste nationale und internationale Probleme auf, während ganz Mitteleuropa dem seit Jahrzehnten herangewachsenen, seit Jahren bestehenden und um sich greifenden Phänomen der Revolution in Frankreich gegenüberstand.

Das Deutsche Reich im 18. Jahrhundert

Die Frage, ob der Historiker die deutsche Geschichte des 18. Jahrhunderts mit den Jahren 1786/90 am Vorabend des ersten Interventions- und Koalitionskrieges oder erst mit der Niederwerfung Napoleons als des letzten übersteigerten Absolutisten und Merkantilisten aus dem 17. und 18. Jahrhundert auslaufen lassen soll, die Frage der geschichtlichen Periodisierung also, ist nicht abschließend und jedermann befriedigend zu beantworten. Für jeden dieser Zeitpunkte — und für manche andere — gibt es Argumente und Gegenargumente. Man wird dabei auch bedenken müssen, daß die Beschäftigung mit Reformgedanken aller Art in Deutschland seit Jahrzehnten im Gange war, daß aber die unmittelbare Berührung mit der Revolution, der Versuch, sie niederzuwerfen und der Zwang, sich ihr gegenüber zu behaupten, zu einer schließlich weltgeschichtlich überaus bedeutungsvollen Epoche für die deutsche Geschichte geworden ist. Kriege mit Frankreich hatte es auch früher übergenug gegeben. Aber was hier 1792 begann, gehörte nicht in die Reihe machtpolitischer Auseinandersetzungen, die vor Jahrhunderten eingesetzt hatten, sondern bildete einen neuen Anfang — politisch sowohl wie philosophisch-weltanschaulich. Denn auch die Aufklärung beherrschte fast seit dem Augenblick ihrer eigenen radikalen Machtergreifung in Frankreich nicht mehr Gegenwart und Zukunft; und sie war in Deutschland um jene Zeit bereits im Begriff, den aus ihr selbst hervor- und gegen sie gewachsenen neuen Auffassungen wie dem Liberalismus und der Romantik zu weichen.

Das Deutsche Reich, das mehr von den Mittel- und Kleinstaaten gebildet wurde als von Preußen und Österreich, führte neben diesen beiden Mächten in vieler Hinsicht sein eigenes, sehr buntes Leben der geistlichen und weltlichen, großen und kleinen Territorien, Reichsstädte, Enklaven und Exklaven, die insgesamt dadurch charakterisiert wurden, daß sie aus eigener Kraft nicht hätten existieren und sich behaupten können. An Umfang winzige Staaten wie etwa die bedeutendsten Reichsstädte — Hamburg wurde als solche erst 1768 anerkannt — waren doch wirtschaftlich viel wichtiger als das verhältnismäßig weit ausgedehnte Bayern. Die politische Bedeutung schwankte innerhalb kurzer Zeiträume entsprechend dem Entstehen und Schwinden von Koalitionen, den Aussichten und Ergebnissen im Rahmen von Heirats-, Erb- und Tauschpolitik — man denke wieder an Bayern, an Lothringen oder Ostfriesland. Der kulturelle Rang beruhte im Zeitalter des Absolutismus fast ganz und gar auf der Persönlichkeit der Fürsten, die wiederum abhängig sein konnte von der politisch-militärischen Machtkonstellation, von Subsidien auf Grund der geopolitischen Lage und von anderen Faktoren, unter denen schließlich auch — Weimar — die Neigung von Künstlern und Gelehrten oder — Berlin — die Entstehung eines neuen Kulturzentrums „königlichen" Formats oder — Dresden — die Auswirkungen der sächsisch-polnischen Personalunion eine wichtige Rolle spielen mochten. Das in der großen Politik wenig bedeutsame Geschlecht der Schönborn konnte, vom „Bauwurm" besessen, in Würzburg,

Pommersfelden usw. auf vielen Bereichen der Kunst gleichzeitig Einzigartiges leisten und großen Künstlern ihr Werk ermöglichen. So wechselte die Rangfolge dieser vielen Staaten oft innerhalb weniger Jahre sehr erheblich, ganz abgesehen davon, daß ein Soldatenkönig andere Maßstäbe hatte als ein Barock- und Rokokobaumeister, und ein Bewunderer der neuen fürstlichen Galerien von Dresden, Kassel und Düsseldorf wieder andere als schließlich der Gelehrte und der Unternehmer.

Nicht einmal der Absolutismus gab den deutschen Staaten wirklich eine Gemeinsamkeit — Österreich und Preußen wurden straff, kleinere Territorien weniger streng absolutistisch regiert, Mecklenburg, Hannover und Württemberg von adligen und bürgerlichen Landständen, die großen Städte von patrizischen Aristokratien geführt. Die katholischen Landesherren — an ihrer Spitze die Habsburger und Wittelsbacher — erwiesen sich im Durchschnitt als die radikaleren Absolutisten. Fast überall hatten die vielen Nöte des Dreißigjährigen Krieges dazu geführt, daß die Fürsten zu deren Behebung mehr oder weniger rücksichtslos den Landständen Leistungen abpreßten — später immer mehr auch zur Finanzierung der stehenden Heere, der Modernisierung alter und Anlage neuer Festungen, schließlich zunehmend zur Aufbringung der Mittel, welche die Nachahmung des französischen Vorbildes verschlang. In mehrfacher Hinsicht erwiesen sich hier die Bourbonen als gefährlich: durch ihre politisch bindenden Subsidien, ihre Maßstäbe setzenden echten Kulturleistungen und ihre zur Verschwendung weit über die kleinstaatliche Potenz hinaus lockenden Prachtbauten und Hofhaltungen. „Dans quelles courts de l'Allemagne n'a-t-on pas vu des théatres français? Quel prince ne tâchait pas d'imiter Louis XIV.?" schrieb Voltaire und fügte hinzu, daß die französische Sprache beinahe „la langue universelle" sei. So konnte der Hof des Herzogs von Württemberg mit den Schlössern Ludwigsburg und Solitude um 1760 durch französische Subsidien, die für militärische Zwecke gedacht, aber in Luxus angelegt worden waren, als der glänzendste in Europa erscheinen. „Es ist das Verhängnis der deutschen Kleinstaaten geworden, daß ihre Fürsten seit dem Ende des 17. Jahrhunderts kein anderes Ziel mehr hatten, als es an äußerem Glanz den großen

Fürstenhöfen bis hinauf zu Ludwig XIV. gleichzutun, ohne doch die Mittel dazu zu haben“ (Hartung). Dabei war hinter der vielfach bis heute erhalten gebliebenen kulturell-ästhetischen Schauseite der Residenz-, Jagd- und Lustschlösser zwischen Sanssouci und Schönbrunn, zwischen Brühl und Warschau, der kunstvoll angelegten Gärten, Parks und Seen nicht weniger kostspielig die Übersteigerung der Repräsentation durch den aufgeblähten Hofstaat, durch teure Liebhabereien, wie etwa Friedrich Wilhelms I. Lange Kerls.

Hier lagen — wie auch in der zur Willkür neigenden fürstlichen Kabinettsjustiz, in der Verweigerung von Reformen, die in Österreich und Preußen begonnen oder durchgeführt wurden — die Hauptschwächen des mittel- und kleinstaatlichen Absolutismus, der im übrigen so wenig einheitlich war wie auch sonst das Leben in Deutschland. Abgesehen von den angedeuteten Fällen starken Einflusses des Adels in Mecklenburg-Schwerin, in Sachsen und Hannover, des Geheimen Rats in Württemberg und der landständischen Verfassung in Ostfriesland kam es auf die Dauer überall zu einer Stagnation in den Formen des Absolutismus — in den Kleinstaaten naturgemäß noch mehr als in den beiden großen. Und wo die Durchführung gewisser Reformen gelang, da erwies sich zwar — z. B. bei Ödlandkultivierung und innerer Kolonisation — das preußische oder österreichische Vorbild als nützliche Anregung; aber was dort zu höheren, staatlichen, „nationalen“ Zielen, zur Steigerung der Steuer- und damit der Wehrkraft führen sollte, geschah hier, um dem Behagen der Untertanen zu dienen und den Wohlstand des einzelnen zu heben, endete also zumeist in kleinlicher Zersplitterung der Kräfte und schließlich durch die Schwächung der Gesamtheit selbst mit Nachteilen für das Individuum. Das wurde freilich einstweilen durch die Lockerung des kleinstaatlichen Absolutismus im Schul- und Polizeiwesen, in der Rechtspflege und Leibeigenschaft überdeckt. Hier lagen denn auch oberflächlich die Vorzüge des Lebens im Kleinstaat gegenüber dem in Preußen und Österreich. Aber die Möglichkeit eigener staatlicher Existenz besaßen diese kleinen Territorien nicht. Sie hingen vom Schicksal des Reiches ab, und dessen Untergang ist auch ihnen zumeist zum Verhängnis geworden.

In den geistlichen Staaten entwickelte der Absolutismus nicht weniger Sonderformen als in den weltlichen; aber wenngleich auch hier in vieler Hinsicht das französische Vorbild wirksam war, so natürlicherweise nicht weniger das römische — z. B. im Rahmen der Nepotenwirtschaft. Doch war das im eigentlichen Sinne dynastisch-staatliche Element bei den geistlichen Fürsten im Durchschnitt schwächer entwickelt als bei den weltlichen, die, in welchen Formen auch immer, natürlich an Sohn und Enkel dachten. Waren obendrein die geistlichen Staaten klein, politisch und wirtschaftlich bedeutungslos, so wandten die Herrscher sich häufig den Bereichen von Kunst und Bildung, von Pracht und Wohlleben, auch der christlich betonten Sozialpolitik zu. Das alles bedeutete freilich, daß diese noch weniger als die weltlichen kleinen Herren wirklich Fürsten und ihre Territorien wirklich Staaten im eigentlichen Sinne waren. Der Zusammenbruch des Reiches als Organismus und Institution mußte natürlich auch ihr Ende bedeuten.

Dieses Reich trat im 18. Jahrhundert fast nur noch im Zusammenhang mit politisch-kriegerischen Verwicklungen in Erscheinung — und häufiger durch seine Schwäche als durch Taten. Der Druck Ludwigs XIV. zwang es bis 1713/14 noch zu Reaktionen wie der Assoziation der Reichskreise von 1697. Danach hörte auch das fast ganz auf. Der miles perpetuus, das stehende Heer, war und blieb praktisch eine Angelegenheit der Einzelstaaten und nicht des Reiches, dessen Heer die Finanzen gefehlt hätten. Politisch brach das Reich in der Zeit vom österreichischen Erbfolgekrieg bis zum Fürstenbund endgültig auseinander: „Für die Erhaltung des deutschen Reichssystems stürzt sich bei uns kein Curtius in den Abgrund", schrieb Möser, der gewiß ein guter Patriot war. Die Kristallisationspunkte der Macht lagen nicht im Reichstag, in der Reichskriegsverfassung oder im Reichskammergericht, sondern in Österreich und Preußen und in der von Friedrich dem Großen geschaffenen, ausdrücklich an die Tradition des Schmalkaldischen und des Rheinischen Bundes von 1658 sich anschließenden Assoziation von 1785. Ihr Ziel bildete nicht die Aufrechterhaltung der Reichsverfassung, sondern die Verhinderung der Vereinigung von Habsburgerstaat und Reich; und sie war nur so lange lebensfähig, wie Preußen sie in seinem Sonderinteresse stützen wollte oder konnte. Ein eigenes Leben besaß das Reich also nicht und konnte es nach so langer Zeit des fast überall nicht ungern gesehenen Machtverfalls nun auch nicht mehr gewinnen.

So war also Mitteleuropa zwischen der See und Italien, zwischen Frankreich und dem mehrgliedrigen Osten — in der Zeit des zentralistisch regierenden Absolutismus besonders in Westeuropa, aber auch in Rußland — erfüllt von den rund 300 Staatswesen, die „das Reich" darstellten, aber nicht bildeten, die ihre eigene Form des Absolutismus und Merkantilismus entwickelten und vielmehr deren Nachteile als ihre Vorzüge erlebten. Die Welt war seit der Wende vom Mittelalter zur Neuzeit größer geworden, und die wichtigen Staaten — auch Österreich und Preußen — waren gewachsen. Um wieviel die deutschen Kleinstaaten für ernsthafte Politik zu eng geblieben waren, geht deutlich genug daraus hervor, daß ja schon die skandinavischen Staaten und selbst die wohlhabenden Niederlande mit dem großen Kolonial- und Handelsreich im Zuge dieser Entwicklung zurückgeblieben waren. Den bescheideneren Aufgaben des Mittelalters waren die deutschen Kleinstaaten gewöhnlich gewachsen gewesen. Mit den modernen Staaten konnten sie weder außenpolitisch noch in der inneren Verwaltung Schritt halten.

Erst als mit Friedrich dem Großen und Maria Theresia bedeutende staatsmännische Ideale und mit der Habsburgerin auch ein humanitäres Vorbild, sowie mit Rationalismus und aufgeklärtem Absolutismus neue Auffassungen von Individuum, Gesellschaft und Staat ihren Einfluß auszuüben begannen, änderte sich manches, fing man 1783 mit der Aufhebung der Leibeigenschaft und allgemein mit der „Land- und Menschenverbesserung" an — soweit die Mittel der Kleinstaaten und das Format ihrer Fürsten und Minister es erlaubten. Politisch also zumeist immer weniger bedeutend, während sie wirtschaftlich die Kräfte ihrer Untertanen häufig weit stärker beanspruchten als größere Territorien, sind diese Staaten in neuerer Zeit weit häufiger Objekte der Kultur- und Kunstgeschichtschreibung als solche der politischen Historie gewesen. Ihre gewiß vielfach aus Subsidien finanzierten und mit Hilfe der fast unbegrenzten

Dienstpflicht ihrer Untertanen gebauten Schlösser und Kirchen, ihre Sammlungen vom Raritätenkabinett bis zur großartigen Gemäldegalerie und Bibliothek existieren z. T. noch heute, ihre Hofmusik ist „klassisch", und „Weimar" ist zum Sinnbild dessen geworden, was nicht hundertfach, aber sehr häufig als kleines Kulturzentrum auf einen freilich meist sehr bescheidenen Umkreis gewirkt hat. Fürstliches Mäzenatentum hat vielen Barock- und Rokokokünstlern und auch manchem Gelehrten ein Dasein ermöglicht, das heute kaum menschenwürdig erscheinen mag, damals aber zur Hervorbringung großer Leistungen genügte; es hat manchem bedeutenden Manne den Aufstieg wenigstens über die mühsame und häufig entwürdigende Tätigkeit des Prinzenerziehers und Hauslehrers gestattet; es hat schließlich Aufträge an zahlreiche Kunsthandwerker vom Möbeltischler und Uhrmacher bis zum Goldschmied und Karossenbauer erteilt, deren Berufe sonst vielleicht in den schweren Kriegs- und Nachkriegszeiten seit 1618 untergegangen wären. Gewiß gilt Hartungs Urteil über „die gänzlich nutzlose Verschwendung . . . , die in vielen der Kleinstaaten betrieben worden ist, wo der Nachfolger grundsätzlich das vernichtete, was der Vorgänger geschaffen hatte, um Neues und Großartigeres an seine Stelle zu setzen." Wenn jedoch die Zukunftsbedeutung des Aufstiegs der Großmächte Preußen und Österreich für Deutschland und Europa hervorgehoben wird, darf schließlich der Kultur- und Bildungswert der deutschen Barock- und Rokokohöfe bis in die europäische und überseeische Gegenwart hinein nicht unterschätzt werden.

Die Zeit der Aufklärung

„Aufklärung ist der Ausgang des Menschen aus seiner selbstverschuldeten Unmündigkeit. Unmündigkeit ist das Unvermögen, sich seines Verstandes ohne Leitung eines anderen zu bedienen. Selbstverschuldet ist diese Unmündigkeit, wenn die Ursache derselben nicht am Mangel des Verstandes, sondern der Entschließung und des Mutes liegt, sich seiner ohne Leitung eines anderen zu bedienen. Sapere aude! Habe Mut, dich deines eigenen Verstandes zu bedienen, ist also der Wahlspruch der

Aufklärung . . . Zu dieser Aufklärung aber wird nichts erfordert als die Freiheit", so heißt es in Kants „Beantwortung der Frage: Was ist Aufklärung?" vom Jahre 1784.

Dies also lag aller Entwicklung in Philosophie, Kunst und Wissenschaft als Prinzip zugrunde. So hoch hat auf der Wende vom 19. zum 20. Jahrhundert Troeltsch die Aufklärung geschätzt, daß er mit ihr als Grundlage die Wendung zur modernen Welt überhaupt erst anheben und das Zeitalter Luthers nur als „konfessionelle Zwischenepoche" gelten lassen wollte. Stets ist neben der Übernahme des römischen, antiken Rationalismus durch die Germanen auch auf deren eigene Rationalität hingewiesen worden. Je subtiler die Untersuchungen, um so frühere Ansätze und Vorstadien des Rationalismus hat man daher bis tief in das Mittelalter hinein aufdecken zu können gemeint — ohne doch anderes festzustellen als die Selbstverständlichkeit, daß es auch vor dem „Zeitalter" der Aufklärung aufklärerische Elemente in der abendländischen Kultur gegeben hat — wie umgekehrt dieses Zeitalter selbst nicht ausschließlich von der Vernunft beherrscht worden ist. Auch daß man neuerdings die außerdeutsche Aufklärung um 1550, die deutsche dagegen erst hundert Jahre später beginnen lassen möchte, ist um so weniger einleuchtend, als gerade Luther und der Protestantismus zu den grundlegenden Erscheinungen der Aufklärung Wesentliches beigetragen haben. Ebenso darf nicht übersehen werden, daß die führenden Geister im 18. Jahrhundert gerade ihre Verbundenheit mit der Antike und — unter bewußter Überspringung des nach ihrer Auffassung „finsteren", nämlich nicht aufgeklärten Mittelalters — mit dem Humanismus betonten.

Aufklärung, Rationalismus ist eine zutiefst bürgerliche Geisteshaltung, bei der es letztlich um Freiheit und Gleichheit, um Freiheit auf der Grundlage des Aufstiegs des Bürgertums ging: um die ökonomische Selbständigkeit zuerst, danach um politische Freiheit — was von der anti-absolutistischen Haltung zum Ideal der konstitutionellen Monarchie führte —, um soziale Gleichheit — durch Standeserhöhung des Bürgers wie durch Standesentwertung des Adels —, natürlich auch um rechtliche Gleichheit und schließlich selbst um soziale Ungleichheit im Sinne bürgerlicher Superiorität (Balet/Gerhard).

Das alles führte zu den Bestrebungen, Absolutismus und Merkantilismus zu modernisieren, d.h. zu modifizieren, die Kluft zwischen adliger Hofgesellschaft und aufwärtsstrebendem und -gelangendem Bürgertum zu schließen, den Bauern das Dasein um ihrer selbst und um der Gemeinschaft willen zu erleichtern, das Verhältnis der Geistes- und Naturwissenschaften zueinander zu überprüfen und zum Leben überhaupt neu zu fixieren, letztlich Politik wie Kunst und Wissenschaft stärker denn je zu verbürgerlichen.

Bei einer solchen Grundhaltung mußte der Gegensatz der christlichen Konfessionen — und überhaupt derjenige der Religionen — in dem Maße verblassen, in dem die Bedeutung des Glaubens gegenüber der des Wissens zurücktrat: daher die Toleranzedikte, die sich freilich vielfach als Idealformulierungen erwiesen. Das stark Formalistische der friderizianischen Toleranz faßte Kant 1784 in die Worte, daß der König, „ein wohl disziplinierte sahlreiches Heer zum Bürgen der öffentlichen Ruhe zur Hand", sagen dürfte: „Räsoniert soviel ihr wollt und worüber ihr wollt; nur gehorcht!" Und weder diese noch die österreichische noch eine andere Form der Toleranz verhinderten den Vorrang einer Konfession in Österreich, Preußen und in anderen Staaten. Sie beendeten ebensowenig Katholiken-, Protestanten- und Judenverfolgungen sowie den von Pütter 1798 vermerkten starken Zug zur Konservation bei reichsständischen Häusern im 17. und 18. Jahrhundert, ja, nicht einmal die heftigen Auseinandersetzungen zwischen Lutheranern und Calvinisten, die Entstehung des Febronianismus und das Verbot des Jesuitenordens. Allerdings hatten diese Erscheinungen längst nicht mehr das politische Gewicht, das ihnen bis um die Mitte des 17. Jahrhunderts selbstverständlich gewesen wäre — um so weniger, als ja auch die Staatslehre der Aufklärung unter calvinistischem Einfluß auf das göttliche Gebot als Grundlage des Staates verzichtete und diesen auf den freien Entschluß vernünftig denkender Menschen gründete. Da diese Staatslehre ihren ärgsten Feind naturgemäß in der katholisch-habsburgischen Reichsidee erkannte, begrüßte sie — nicht ganz berechtigt — Friedrich II. als ihren Vorkämpfer.

Zum ersten Male nach der Reformation ergriff mit der Aufklärung wieder ein geistiges Problem weite Kreise der europäischen Bevölkerung — nicht allein das Bürgertum, sondern auch den Adel, nicht nur über Schulen, Akademien und Universitäten, sondern ebenso (weit stärker als die Reformation in jener Frühzeit des Buchdrucks) über Bücher und Broschüren, mehr auch als im 16. Jahrhundert über Reisen und Korrespondenzen, so daß die Tiefen- und Breitenwirkung sehr groß war.

Hatten bereits Humanismus und Renaissance und auch das 17. Jahrhundert eine starke Wendung zu Naturwissenschaften und Technik gebracht, so fand der Rationalismus beim Beweisbaren sein Hauptelement — im primitiveren Fall beim Sichtbar-Offenkundigen, ja, beim Oberflächlichen, wie ja die Unterschätzung der Bedeutung des Glaubens, der Religion eine Hauptschwäche der ganz auf der Ratio basierenden Aufklärung bildete — eine natürliche Reaktion auf die Zeiten der Vorherrschaft des Religiösen auch in der Wissenschaft. Und außerdem erwuchsen auch die großen Entdeckungen des 17. und 18. Jahrhunderts nicht aus jenem Oberflächenbereich der Naturwissenschaften, sondern aus ernstester, nicht selten sogar noch mittelalterlichem Denken entstammender religiös-philosophischer Fragestellung.

Der Begriff der „Säkularisation des Geisteslebens" deutet die Tendenz der aufklärerischen Bewegung treffend an, doch ist sie nie wirklich vollendet und abgeschlossen worden, so daß es sich stets mehr um eine Auseinandersetzung als um wirkliche Herrschaft handelte. Erziehung und Schule gewannen nun, losgelöst von der Kirche, für die Ausbildung der untereinander gleichen Menschen mit gleichen Fähigkeiten eine entscheidende Bedeutung, nahmen viele Formen an, wurden einerseits gefördert, andererseits aber auch vom Absolutismus auf die Heranziehung von Staatsbedienten und bequemen Untertanen hingewendet. Dabei traten zu dem Lateinischen der Gelehrten und dem Französischen der Kultivierten die Landessprachen, welche sich die nun vielfach gegründeten gelehrten und populärwissenschaftlichen Zeitschriften, Enzyklopädien und Lehrbücher eroberten, so daß neben der Gruppe der echten Wissenschaftler eine Schicht von Gebildeten heranwuchs — von Menschen, in deren „Bildung" das Naturwissenschaftlich-Technische eine führende Rolle spielte, entsprechend der Bevorzugung des Wissenschaftlich-Technologischen durch den merkantilistischen Staatsmann, der seit Colbert und Danckelmann immer häufiger ein bürgerlicher „Spezialist“ war.

Langsam wuchsen die Naturwissenschaften aus Leibniz' großer philosophisch-ästhetischer Gesamtkonzeption heraus und hinein in die Praxis des merkantilistischen Alltags, wo mehr und mehr nach dem Nutzen für Finanz- und Wehrkraft gefragt wurde. So gab es neben der Entwicklung der mathematischen Wissenschaft seit Euler das Aufblühen der Physik, die Beschäftigung mit Optik und Wärmelehre, mit Akustik und Elektrizität, mit Chlor als dem Ausgangsstoff der chemischen Technik, mit Farbstoffen und mit der Entdeckung des Zuckers in der Zuckerrübe. Einen mächtigen Aufschwung nahm die von England seit den Anfängen der Industriellen Revolution entscheidend angeregte Technik — zunächst weniger im Berg- und Hüttenwesen als vor allem in den Textilmanufakturen, im letzten Jahrhundertdrittel auch durch die Verwendung der Dampfmaschine.

Das alles waren Ergebnisse einer im wesentlichen durch das Bürgertum getragenen wissenschaftlich-technischen Entwicklung, in deren Verlauf dieses zugleich auch in Deutschland — weniger als in West-, mehr als in Osteuropa — zu politischem Einfluß aufstieg, während der schulmäßig häufig rückständige Adel traditionalistisch mehr beim Überkommenen und im Bereich der Landwirtschaft verharrte, als daß er sich der Naturwissenschaft, der Technik und der neuen Philosophie zuwandte, die vielmehr als Kriterien der Reformneigung galten. Wohl gab es auch adlige Gelehrte und Unternehmer — im weiten Bereich der Landwirtschaft und ihrer Nebengewerbe häufiger als etwa in Handel, Seefahrt und Manufakturen; aber sie blieben stets von ihren Standesgenossen und dem Bürgertum mit Mißtrauen betrachtete Übertreter gewohnter und, wie es schien, bewährter Standesgrenzen. So und aus anderen Ursachen geschah es, daß der „Fortschritt“ in den Städten stärker verbreitet war als auf dem Lande und unter Juristen, Ärzten, Literaten, Kaufleuten und Manufakturisten, beim Dritten Stand also, mehr Anhänger fand als bei Großgrundbesitzern und Offizieren. Dagegen schätzten viele regierende Fürsten nicht allein den wirtschaftlich-finanziellen Wert der angewandten Wissenschaften, sondern richteten auch nicht selten ihr Interesse von der militärischen Seite her den Ingenieurwissenschaften, der Goldmacherei, dem Bau von Kraftmaschinen und ähnlichen Aufgaben zu.

Ähnlich stark wie in der Kunstauffassung waren in diesem Bereich die Anregungen aus dem Westen. Sie beruhten teils auf den Auswirkungen der politischen Macht, teils auf dem tatsächlich vorhandenen technisch-naturwissenschaftlichen Vorrang Frankreichs, aber auch Italiens und der Niederlande. Andererseits gab es in Deutschland eine ganze Reihe persönlicher und institutioneller Ansatzpunkte für die Entwicklung einer spezifisch deutschen Aufklärung: in Leibniz, an protestantischen Universitäten, insbesondere in Halle, und bei der friderizianischen und josephinischen Staatsführung. Neue Hochschulen, z. B. Bergakademien und polytechnische Anstalten als Vorstufen des ganz neuen Typs der Technischen Hochschulen des 19. Jahrhunderts, waren von vornherein stärker vom Geist der Technik, der Mathematik und Naturwissenschaften getragen als ältere, in denen der religiöse Untergrund entscheidend erhalten blieb. Der Aufklärung verdankten Universitäten wie Kiel (1665), Innsbruck (1677), Breslau (1702), vor allem aber Halle (1694) und Göttingen (1737) ihr Entstehen.

Gab es auf diese Art manche praktische Verbindung zwischen Staat, Fürst und Aufklärung, so stand andererseits außer Frage, daß der Rationalismus prinzipiell ein Gegner des Absolutismus, seiner Staats- und Gesellschaftsauffassung und -ordnung war. Sein Verlangen nach Neuordnung und Reformen — das in Umsturz und Revolution endete – zielte letztlich gerade auf die Überwindung des bestehenden Staates, dem er so gut zu entsprechen schien, während die religiöse und politische Toleranz Friedrichs II. und Josephs II. doch nur sehr eng und unsicher gewährt wurde und im Rahmen eben dieses Staates beharrte. Friedrich der Große wandte sich 1784 nachdrücklich gegen die Ausartung der Aufklärung in „freche Ausgelassenheit", gegen die Verwirrung der Begriffe von staatlicher Ordnung und Pflicht sowie gegen die Förderung von „Aufruhr, Ungehorsam, Zügellosigkeit und Widersetzungsgrundsätzen" durch Journalisten. Sein Nachfolger schränkte 1788 sogar die religiöse Toleranz erheblich ein — wieder drei Jahre später zerbrach in der Französischen Revolution das Scheinbündnis von Staat und Aufklärung. Und wenn die Zeitalter Friedrichs des Großen und der Aufklärung gleichzeitig endeten, so doch keineswegs gemeinsam und auch nicht aus den gleichen Ursachen.

Denn während der Absolutismus zur Erstarrung in Deutschland und zur Intervention gegenüber der Französischen Revolution neigte, entwickelte sich bereits jene Gegenbewegung zum Rationalismus, die wiederum mit dem Absolutismus nichts gemein hatte, sondern ganz anderen Wurzeln entstammte. Sie wollte an der Religion festhalten; auch neigte sie zur Bewahrung der alten Ordnung. Wichtiger aber war, daß sie der Ratio die Bedeutung des Irrationalen, dem Verstand die Seele, dem Aufstieg der Wissenschaft die Werte des Gemütes entgegenstellte. Sie nahm den „Kampf gegen die Vernunft auf", hob das historisch Gewordene gegenüber jener betont unhistorischen Betrachtung und Beurteilung von Staat und Gesellschaft, gegenüber dem Schematismus in Wissenschaft und Politik hervor und trat für die Vielfalt des Lebens ein. Diese Bewegung reichte von Haller und Bodmer einerseits zu Klopstocks nationaldeutschen Auffassungen und Entwürfen andererseits. Sie umfaßte Winckelmanns an der Antike erwachsenen Einblick in die historischen Grundlagen des Lebens, Herders Entdeckung des „Völkischen", und Mösers Betrachtung des Historisch-Gewordenen und Lebendigen der engeren Landschaft, aber auch die „höchste Bewußtheit und Helle des Geistes" (Martini) bei Lichtenberg. Sie fand im „demagogischen Taumel" (Droysen) des „Sturm und Drang" und in „Werthers Leiden" einen bis auf den heutigen Tag immer wieder verjüngend und revolutionierend wirkenden Ausdruck. Dagegen verknüpften Kant mit seiner „Philosophie aus dem Verstande heraus, freilich aus dem vollendeten Verstande, nicht aus dem beschränkten des früheren Rationalismus" unter Anerkennung der „Selbständigkeit des Gefühls" (Simmel) und Lessing — „weder Schauspieler noch Dichter" (Lessing), sondern wie Kant ganz und gar der Kritik verbunden — in ihren Werken den Rationalismus mit dem Idealismus. Betrachtet man die chronologischen Zusammenhänge und Parallelen, so erweist sich, daß man mit der Überwindung und Fortentwicklung der Aufklärung bereits beschäftigt war, als diese noch ihren politischen und literarischen Höhepunkten zustrebte — daß also die literarische Gegenfront sich schon bildete, als die politisch-soziale Aufklärung noch vor ihrer großen Revolution stand.

Auf der Suche nach Einheit des Volkes und nach Überwindung der Nüchternheit in der Aufklärung entstand der Begriff der „neuen deutschen Kulturnation", der zutiefst unpolitisch, ja antistaatlich und auch antiwissenschaftlich war. Er gab so zwar wesentliche Gehalte früherer Auffassungen preis — aber er erfaßte zugleich, zum Kulturmystizismus neigend, Individuum und Volk und wirkte dadurch bis in unsere Gegenwart. „Sein Hauptmangel lag in seinem Verhältnis zum Staatsbegriff. Daß die deutsche Nation noch ein Staat sei, ist für die Träger dieses Kulturbegriffs, den neuen Stand der ‚Gebildeten', mindestens unwahrscheinlich; daß sie es einmal gewesen ist, ist gleichgültig. Daß ihr Fortbestehen, auch als Kulturnation, von der Gewinnung eines neuen staatlichen Zusammenhangs abhängt, das sollen eben diese Gebildeten erst in dem völligen Zusammenbruch der alten Ordnungen inne werden" (Joachimsen).

Die eigene Schönheit der Kunst jener Zeit, die Originalität des Barock mit seiner mehr dekorativen als konstruktiven und des Rokoko mit seiner vorwiegend ornamentalen Kunst ist in späterer Zeit lange verkannt und bestritten worden. Zu der Architektur der rund 40 Schlösser, die in Deutschland von 1691 (Bayreuth) bis 1773 (Wörlitz) zwischen Schleißheim, Nymphenburg und Sanssouci, zwischen Schwetzingen und dem Dresdener Zwinger gebaut wurden, gehörte die Musik: es war die Musik Bachs, die Goethe in einem Brief an Zelter mit der „ewigen Harmonie ... in Gottes Busen kurz vor der Weltschöpfung" verglich und die vom Glauben an die „vita venturi seculi" wie vom Tode geprägt wurde (Hamel), die Händels, der für den Utrechter Frieden das „Tedeum" komponiert hatte und der Bachs strenger Dogmatik eine Musik realistischerer Anschaulichkeit gegenüberstellte, die Haydns und endlich die Mozarts bis zu seinem „Requiem" im Todesjahr 1791. Es gehörten dazu Theater, Singspiel und Oper, Malerei und Dichtung — ja, auch die Wissenschaft hat ganz natürlich diesen allmählichen Stilwandel mitgelebt. Doch darf das höfische Erscheinungsbild der Kunst und das sie vielfach tragende fürstliche Mäzenatentum nicht darüber hinwegtäuschen, daß die Kunst wie die Wissenschaft des rationalistischen Zeitalters im wesentlichen bürgerlich war und daß die Aufklärung den Grund für Weltanschauung und Weltbild des Bürgertums legte. Goethes „Wilhelm Meister", der Entwicklungsroman, der die bürgerliche Menschen- und Bildungsauffassung bis in unsere Gegenwart aufs stärkste mitgeformt hat, bildete mit seinem Realismus und Rationalismus, seiner Auffassung von Religion und Moral, seinem Wissensdrang und seinem „Glauben an den endlichen Sieg des Geistes und des Guten" (Just) den literarischen Höhepunkt dieser Entwicklung. Schillers Bedeutung hat Gundolf mit den folgenden Worten umrissen: „Wenn man einen Menschen den Schöpfer der allgemeinen deutschen Bildung nennen will, so ist es Schiller. Nicht, daß er die Substanz und Triebe geschaffen hätte . . . — die haben andere neben und vor ihm geschaffen, vor allem Goethe und Kant. Aber er hat die Substanzen . . . durch seinen Geist zubereitet, daß sie dem Volk ‚zugänglich' wurden, er hat dem Publikum Organe geschaffen, um das Wesenhafte, wenn auch nur abgeleitet, irgendwie zu ergreifen."

Das Volk, der Dritte Stand, das Bürgertum, wurde zum Träger jener Welt von Ideen. Mit dem die traditionelle Sozialordnung zerstörenden Neuadel bürgerlicher Geistigkeit ausgestattet, schuf das Bürgertum das Maß für die Zukunft. „Noch nicht in der sozialen Schichtung, wohl aber im Geist der Führung tritt ein Wandel ein: die völlige Ablösung der alten Führerschicht durch eine neue wird sich erst im 19. Jahrhundert vollziehen" (Just).

Deutschlands Wirtschaft im 18. Jahrhundert

Während insbesondere Englands und Hollands Wirtschaftsleben zu Beginn des 18. Jahrhunderts recht erheblich durch den Handel beeinflußt oder bestimmt wurde und in Frankreich das Manufakturwesen unter Ludwig XIV. auch nach Colbert eine lebhafte Entwicklung genommen hatte — was freilich das entschiedene Übergewicht der Landwirtschaft nicht beeinträchtigte —, beschränkten sich in dem fast ausschließlich agrarischen Deutschland derartige Fortschritte auf ganz wenige Orte und Gebiete wie Hamburg und Bremen, Frankfurt und Leipzig sowie die Pfalz. Auf der anderen Seite erlebten oder versuchten die alten oberdeutschen Textil- und Handelsstädte wie Ulm, Ravensburg und Konstanz, die schon vor 1618 mehr durch die Welthandelsentwicklung als durch die religionspolitischen Auseinandersetzungen zu Ackerbürger- und Handwerkerstädten mit kleinstem Strahlungsbereich abgesunken waren, keinen Wiederaufstieg.

Freilich gab es in der Landwirtschaft manche beträchtlichen Fortschritte, die allerdings besonders in Ostdeutschland durch Steigerung der Arbeitsanforderungen nicht selten mit der Verschlechterung der bäuerlichen Lage verbunden waren: die Aufnahme von Tabak, Gemüse sowie von anderen Handels- und Futterpflanzen, vor allem aber von Kartoffeln seit der Jahrhundertmitte in Etappen, die durch Getreidemißernten bestimmt wurden. Seit dieser Zeit machten sich auch auf dem Kontinent, nach dem Siebenjährigen Kriege in Deutschland, die züchterischen und literarischen Anregungen der englischen landwirtschaftlichen Revolution u. a. durch die Bücher von Arthur Young bemerkbar, die von Albrecht Thaer übersetzt bzw. ausgewertet und umgeschrieben wurden. Deutlich zeichnete sich auch in der Fachliteratur die Vorliebe für naturwissenschaftliche Experimente ab, die durch die Lehren der Physiokraten philosophische Ergänzungen erhielten. Wo der Wald knapper wurde — also in den Gebieten der mit Holzkohle schmelzenden Hochöfen und anderer Gewerbe —, lernte man seinen Wert schätzen und fing an, ihn zu pflegen. In der Viehzucht begannen neben der Rinderhaltung und, in gewissen Gebieten, der Pferdezucht das Schaf und die Wollwirtschaft — u. a. für die Uniformen von Soldaten und Beamten — eine Rolle zu spielen.

Soweit es im letzten Jahrhundertdrittel zu agrarrechtlichen Reformen kam, gingen dabei durchweg, dem Absolutismus entsprechend, die Domänen voran: in Österreich wie in Preußen, in der Pfalz, in Sachsen und Baden. Die zumeist adligen Großgrundbesitzer folgten nur zögernd. Aufteilungen des häufig schlecht bewirtschafteten Gemeindebesitzes an Wiesen, Ödland, Acker und Wald (Gemeinheitsteilungen) und die Arrondierungen bildeten weitere Verbesserungen. Die bedeutendsten staatlichen Maßnahmen in diesem Bereich bildeten Urbarmachung und Besiedlung von Brüchen in Preußen und Mooren in Bayern, wodurch allein in Preußen fast 300000 zumeist eingewanderte Kolonisten angesiedelt werden konnten. 1786 bestand ein Drittel der preußischen Bevölkerung aus den seit den Tagen des Großen Kurfürsten herangezogenen Kolonisten und deren Nachkommen. Diese Erhöhung der Bevölkerungszahl bedeutete eine für die politischen Erfolge des preußischen Staates im 18. und mehr noch im 19. Jahrhundert grundlegende Steigerung der Produktions-, Steuer- und Wehrkraft. Aus den landwirtschaftlichen Gebieten stammte im 19. Jahrhundert die Bevölkerungszunahme, die Binnen- und Auswanderung speisen konnte, ohne zur Entvölkerung der ländlichen Gebiete zu führen. Vom 19. Jahrhundert her gesehen am eindrucksvollsten blieben die Ansätze zur Anerkennung des Bauern als Individuum und zu seiner Befreiung. Sie führten zur Regelung der gutsherrlich-bäuerlichen Verhältnisse, des Bauernschutzes, soweit nicht die Wirtschafts- und Sozialordnung des Staates, die Rechts- und Pflichtverhältnisse von grundbesitzendem Adel und Bauern als Steuerzahlern und Soldaten gegenüber dem Fürsten dadurch gefährdet wurden. Auch befand sich die Berücksichtigung des Bauern (wie die des Adligen) als Individuum erst in ihren Anfängen: die „Conservation" des Bauernstandes als Ganzem lag z. B. dem preußischen König im Rahmen des ständischen Denkens der Zeit weit mehr am Herzen als das Wohlergehen des Einzelnen. Wenn also Friedrich in seiner Jugend ein vrai roi des gueux hatte werden wollen, so entfernte er sich als König im Sinne der Staatsräson ebensoweit davon wie vom roi philosophe jener frühen Jahre, in denen er geglaubt hatte, eine uneingeschränkte Toleranz auch außerhalb der religiösen Sphäre praktizieren zu können.

Dadurch, daß Preußen im 18. Jahrhundert territorial wie an Bevölkerungszahl, Sozialprodukt und Steueraufkommen erheblich anwuchs, erreichte es — ohne Rücksicht auf die Herrscherqualitäten seiner Könige — allmählich den quantitativen

Vorrang in Deutschland, der ihm nach 1815 die innenpolitisch und wirtschaftlich führende Stellung sicherte und die Initiative in Zoll- und Einheitsfragen ermöglichte. Wirtschaftlich standen dabei noch lange Zeit nächst der Landwirtschaft die von Manufakturen immer stärker durchsetzten Textilgewerbe mit Wolle, Leinen und Seide im Vordergrund. Ihnen folgte der Bergbau, der aber selbst im Hauptgebiet Schlesien erst im letzten Viertel des 18. Jahrhunderts einen rüstungswirtschaftlich akzentuierten, durch die Übernahme von Anregungen aus der englischen Industriellen Revolution und durch Adelskapital und -unternehmertum geförderten Aufschwung nahm. Seit der Einwanderung der Hugenotten gab es in Preußen eine verhältnismäßig breite Schicht tüchtiger ausländischer Handwerker und Unternehmer. Neben ihnen entwickelte sich zu starker Bedeutung besonders in der Kriegszeit die Gruppe der Hoffaktoren und Münzjuden, deren Existenzgrundlage freilich mit der Entstehung des modernen Bank- und Kreditwesens und mit dem Zustandekommen größerer adliger und bürgerlicher anlagebereiter Vermögen abzufallen begann. Der bedeutendste von ihnen war der seit 1772 in Frankfurt tätige, 1812 gestorbene Bankier Maier Amschel Rothschild, nicht allein selbst „im strengsten Sinne ein rechtschaffener Mann und ein wahrer Israelit", sondern auch der Begründer der größten europäischen Bankiersfamilie und -sippe, der „ersten Banquiers von Europa" (Ring) mit starkem Einfluß auf die politische, wirtschaftliche und soziale Entwicklung in Deutschland. Mit der Spätzeit Friedrichs des Großen trat eine von ihm wegen der geringen Leistungen der Einheimischen ungeduldig herangezogene Gruppe französischer, holländischer und italienischer Finanzbeamter und -berater in Erscheinung, die manche aus Westeuropa stammende Neuerung — nicht immer mit Erfolg — einführten. Berlin wuchs zum Zentrum der preußischen, bald auch zum wichtigsten Vorort des deutschen Industrialismus auf der Wende vom 18. zum 19. Jahrhundert heran, wo Banken und Kaufleute sich niederzulassen begannen und zumindest der Grund für das Unternehmer- und Ingenieurtum gelegt wurde, das von dort aus nach 1815 ähnlich wie die entsprechende Gruppe des rheinischen Bürgertums bedeutende Leistungen vollbracht hat. Dort, im Rheinland und an der Saar, zeichneten sich weitere Hauptgebiete moderner nichtagrarischer Wirtschaft ab — Ansätze einer „Industriellen Revolution“, deren Bedeutung als Vorbereitung für die Industriewirtschaft des 19. Jahrhunderts sehr erheblich gewesen ist.

ZWISCHEN REVOLUTION UND RESTAURATION

Deutschland und die Französische Revolution

Seit dem Siebenjährigen Kriege gab es in Nordamerika eine schnell wachsende Reformbewegung, der in den siebziger Jahren schließlich Unabhängigkeitserklärung und -krieg folgten. Dieser ganze Oppositions- und Separationskomplex regte die Reformbestrebungen auch in Deutschland aufs lebhafteste an und beeinflußte die Diskussion von Bürgerrechts- und Verfassungsfragen. Zugleich aber entwickelten sich unmittelbar jenseits der deutschen Westgrenzen die Verhältnisse Frankreichs auf dem Gebiet von Politik, Finanz, Wirtschaft und Gesellschaft immer stärker in Richtung auf tiefgreifende Veränderungen. Bildeten die Ereignisse in Amerika nur Anregungen, so erschütterten die revolutionären Vorgänge in Frankreich seit 1789 sehr bald das ganze, seit vielen Jahren auf verschiedene Weise darauf vorbereitete Europa und damit auch Deutschland.

Selbst diejenigen Reformer, die keine gewaltsame Umwälzung in Deutschland wünschten, standen der Französischen Revolution zunächst freundlich und sogar bewundernd gegenüber. Wer sich aufklärerisch gegen Absolutismus und Privilegienwesen erhob, konnte der Zustimmung der Intellektuellen, aber auch vieler Kaufleute und Unternehmer und selbst mancher Offiziere gewiß sein. Ob eine Revolution nötig und richtig war, erschien freilich vielen — so Kant, Schiller, Goethe — fraglich; daß sie in Deutschland unerwünscht sein mußte, war ihnen gewiß. Gerade vom Rationalismus her sprach Wieland von der „Revolution ohne Vernunft", lehnte man das Vernunftlose chaotischer Umwälzungen ab, deren Weg nicht zu bestimmen und deren Ergebnis nicht vorauszusehen war.

Der bisher so häufig bedauerte, zersplitternd wirkende Territorialismus erwies sich nun zunächst als zuverlässigste Sicherung gegen eine Revolution in Deutschland. Während die Erhebung in Paris mit der Hauptstadt zugleich das ganze Land erfaßte, verhinderte die Zersplitterung von Reich und Volk in Deutschland in politischer und konfessioneller Hinsicht eine die Allgemeinheit packende revolutionäre Erhebung — um so mehr, als das deutsche Bürgertum politisch passiv und wirtschaftlich weit weniger bedeutend war als das westeuropäische. Und ganz abgesehen davon, daß im deutschen Volk ein tief verwurzeltes Mißtrauen gegen alles politische Geschehen in Frankreich existierte, stand auch das fortwirkende Prestige Friedrichs des Großen, Maria Theresias und Josephs II. durch die Meisterung oder Inangriffnahme der spezifisch deutschen Probleme — Bauernbefreiung, Ödlandkultivierung, Erholung der Staatsfinanzen, Modernisierung des Rechtswesens usw. — weit höher als das der französischen Könige, Minister und Reformer. Ja, die Französische Revolution veranlaßte in Deutschland geradezu eine gewisse Besinnung auf die eigenen Vorzüge und eine um so nachdrücklichere Betonung der friedlichen Fortschrittlichkeit, je radikaler, blutiger und propagandistisch expansiver die Ereignisse in Frankreich sich gaben. Dieses vom Werten her veranlaßte Durchdenken der eigenen Situation im Vergleich zur französischen leistete unbeabsichtigt eine wesentliche Vorarbeit für das Reformwerk, das nach den Niederlagen von 1806/07 auf solche Weise stärker und richtiger aus deutscher Wurzel verwirklicht werden konnte, als es sonst wohl möglich gewesen wäre. Dazu trat dann außerdem die grundsätzlich zu allen Zeiten vorhandene Abneigung, nach einem verlorenen Krieg für die notwendigen Reformen die Verhältnisse beim Sieger als Vorbild zu wählen, sowie die Neigung, sich auf die dauernden Werte der eigenen Geschichte zu besinnen, die Niederlage also nicht in Selbstaufgabe und Selbstvernichtung zu steigern, sondern von umsichtiger Selbstkritik aus zum Anlaß für einen Neubau aus der Vergangenheit heraus werden zu lassen.

Andererseits ereignete sich nun in Frankreich 1789 von unten die große Wende, die in Deutschland angesichts von Friedrich Wilhelms II. Reformfeindschaft und Josephs II. Mißerfolg fürs erste von oben nicht zu erwarten war. Und während die französischen Emigranten in Westdeutschland über Untaten und Unrecht der Revolutionäre das Ärgste berichteten, benahmen sie selbst sich so, daß die Sympathien für die Aufständischen dadurch eher gesteigert als verringert wurden. Weniger aus Mitgefühl für den französischen König und die Emigranten — Gäste in ihrem Lande, die für sie selbst mehr und mehr eine Last wurden und deren Verhalten von ihren deutschen Standesgenossen nicht gebilligt werden konnte —, neigten die deutschen Fürsten zur Straffung der Regierungsweise: zu strengerer Zensur und sonstiger Überwachung; vielmehr maßen sie der Oppositionsliteratur viel Schuld am Geist der Erhebung bei und glaubten an eine bedeutende und die Ereignisse steuernde Verbindung von deutscher Aufklärung und Französischer Revolution.

Alle diese auf- und gegeneinander wirkenden Maßnahmen und Ereignisse führten letzten Endes zu einer Vertiefung und Intensivierung des Reformdenkens in Deutschland und zur Betonung der eigenen Art gegenüber der französischen. Eine erhebliche Rolle spielte dabei zeitweise der englische Einfluß. Er trat am stärksten in Erscheinung durch August W. Rehberg, der unter Pütters Einfluß und mit einer breiten Kenntnis der modernen europäischen Literatur über die Aufklärungsphilosophie sich Kant und — seit 1783 als Sekretär des Fürstbischofs von Osnabrück, seit 1792 als hoher hannoverscher Beamter — politischen Problemen zuwandte. Die englischen Verhältnisse idealisierend, glaubte er, daß das dortige Zweikammersystem die vorbildliche Staatsverfassung sei, und kehrte sich mit zunehmender Schärfe, stark beeinflußt durch Burkes "Reflections on the revolution in France" (1790), die Gentz übersetzte, gegen Rationalismus und Französische Revolution. Durch Freundschaften und Schriften wirkte er stark auf Brandes und Stein, aber auch auf Gentz, Stadion und Metternich. Religiöse und kulturhistorisch-literarische Argumente traten hinzu. „Hier treffen wir Elemente einer von der Aufklärung sich entschieden abwendenden Bewegung an, die man dann als Romantik bezeichnet hat; sie sollte in dem jungen Novalis-Hardenberg ihren ersten politischen Propheten" erhalten (Braubach). Dieser fand durch die Begeisterung für die Revolution — unter dem Einfluß von Burke — zum Traditionalismus seiner sächsischen Heimat, zu einer sehr romantischen Auffassung von der Bedeutung des Adels und zur entschiedenen Überschätzung Friedrich Wilhelms III. zurück, suchte in der „Christenheit" als Zukunftsbild Nationalgefühl und ein universales Weltbürgertum der Liebe miteinander zu verbinden und kritisierte die angebliche Zerreißung des corpus christianum mysticum Europas durch Luther.

Bei diesen wie bei vielen anderen Männern regte also die Französische Revolution als Ganzes das politische Interesse entschieden an, während ihre Erscheinungsformen und Ergebnisse die Besinnung auf deutsche Vergangenheit und Eigenart nahelegten — eine doppelte Bereicherung. Ein weiteres Ergebnis war die weithin eintretende Wendung von der französischen Aufklärung zum englischen Reformdenken in Politik, Gesellschaft und Wirtschaft, zum englischen Liberalismus also, der nun auf die Reformen in Nord- und Ostdeutschland starken Einfluß ausübte und sich gelegentlich sogar — u. a. über wirtschaftliche Verbindungen — mit der aus der deutschen Geschichte selbst erwachsenen konservativen, ständisch und religiös fundierten Bewegung verständigte. Dabei kam es nicht selten zu etwas plumpen — und später noch vergröberten — Vergleichen zwischen philosophisch-dichterischen Leistungen in Deutschland und der leichteren Geistigkeit und Moral der Franzosen. So begann man, sich in dem Glauben an die eigene moralische Überlegenheit einer mystischen Nationalidee zuzuwenden, ohne doch den kosmopolitischen Ausgangspunkt preisgeben zu wollen.

Sehr bald sollte sich freilich zeigen, daß es nicht allein um eine Auseinandersetzung der Ideen, nicht nur um das Gegeneinander von Revolution und Absolutismus-Feudalismus ging, sondern durch Frankreichs Beharren auf seinem alten Machtstreben auch um die Fortsetzung deutsch-französischer Differenzen in neuem Gewande und mit einigen neuen Argumenten auf der französischen Seite. Freilich wurden die politischen Verhältnisse in Europa durch den Ausbruch der Revolution sowie die innere Entwicklung und die äußeren Tendenzen in Frankreich so kompliziert wie selten zuvor. Selbst als man noch hoffen konnte, die Revolution werde sich auf Frankreich beschränken und die Ablehnung derselben, d. h. die Solidaritätsbezeugung anderer Fürsten für Ludwig XVI., werde nicht interventionistische Formen annehmen, das politische Problem der Französischen Revolution also isoliert bleiben, drohte doch im Osten bereits der Ausbruch neuer Kriege, die Rußland und Österreich gegen die Türkei, Preußen gegen Österreich führen würden und zu einem neuen großen allgemeinen Konflikt ineinanderfließen mochten.

Die Konvention von Reichenbach sicherte zwar 1790 den Frieden, und Leopold II. war durch innerstaatliche Aufgaben — organische Einordnung der Reste des Josephinismus in die Gegenwart, Wiederherstellung der Ordnung und einer gewissen Staatsgesinnung in den Niederlanden und in Ungarn sowie endlich durch Maßnahmen zur Sicherung der Kaiserkrone — voll beschäftigt. Preußens König neigte nicht zu kriegerischen Unternehmungen mit unberechenbarem Ausgang. Und Frankreich war durch die innenpolitischen Ereignisse: die Auflösungen und Neubildungen in Regierung, Verwaltung, Gesellschaft und Wirtschaft vollständig gebunden und von der Beteiligung an internationalen Auseinandersetzungen zunächst abgelenkt. Daher erklärte die Pariser Nationalversammlung den Verzicht Frankreichs auf jegliche Expansionsabsicht. Aber die politischen Entwicklungen hatten im Osten wie im Westen ihre inneren Kräfte, Unberechenbarkeiten und Verbindungswege, die sich einer sicheren Kontrolle durch restaurative Fürsten in Deutschland wie revolutionäre Minister in Frankreich entzogen. Sehr schnell zeigte sich, daß Frankreichs revolutionäre Neuordnung in den seit Jahrhunderten umkämpften Grenzräumen gegenüber Deutschland Konfliktstoffe schuf: die Abschaffung aller Privilegien betraf dort Ansprüche deutscher Reichsstände, die ihre landesherrlichen Befugnisse nicht gegen Geldzahlungen abtreten wollten. Sie und die gleichfalls in ihren Rechten angegriffenen geistlichen Fürsten baten Kaiser und Reich um Hilfe und zogen damit diese in die zunächst rein französisch gemeinte Neuordnung hinein. Ähnlich wirkten die französischen Emigranten in Koblenz, Trier, Mainz, Worms, Speyer usw., die aus Adelssolidarität und Gemeinsamkeit der Interessen und Ziele aufgenommen worden waren und nun über augenblickliche Hilfe hinaus aktives Eingreifen zur Wiederherstellung der alten Ordnung in Frankreich forderten — in den Augen der Revolutionäre eine Gegenrevolution in Form einer Intervention.

Leopold II. hielt sich zur Enttäuschung westdeutscher Fürsten aus diesen in ihren Auswirkungen ganz unübersichtlichen, zunehmenden Forderungen und Protesten, Verwicklungen und Verschärfungen zwar zunächst zur Erhaltung des Friedens soweit wie möglich heraus, obgleich es dabei um das Schicksal seiner eigenen Schwester und anderer Verwandten ging. Aber am 6. 7. 1791 sandte er schließlich doch aus Padua jenes berühmte Rundschreiben an die europäischen Höfe, in dem er eine gemeinsame Erklärung zur Wiederherstellung der Handlungsfreiheit Ludwigs XVI. vorschlug. Dieser Brief konnte und mußte nun wirklich als erster Schritt des Kaisers im Rahmen einer Intervention gedeutet werden. Gleichzeitig erwärmte Friedrich Wilhelm II. sich unter dem Eindruck vom Schicksal des französischen Königspaares für eine großangelegte Unternehmung zu Ludwigs XVI. Gunsten. Als Voraussetzung dafür bezeichnete er die Sicherung des preußisch-österreichischen Verhältnisses durch einen über Reichenbach hinausgehenden Vertrag, der tatsächlich in dem Ost- und Westprobleme umfassenden, weitreichenden Wiener Abkommen vom 25. 7. 1791 unter Preisgabe des jeder Einigung widerstrebenden Ministers Hertzberg zustande kam: wie man gemeinsam im Westen legitimistisch die Unterstützung Ludwigs XVI. ankündigte, so betonte man im Osten Rußland gegenüber die Souveränität Polens. Aber gerade dieser zweite Teil des Vertrages war zumindest von Friedrich Wilhelm II. nicht ehrlich gemeint: schon wenige Wochen später ließ der preußische König bei einer Begegnung mit dem Kaiser in Pillnitz deutlich erkennen, daß es ihm nicht wirklich und in erster Linie um Restauration im Westen und Konservierung im Osten, sondern um Landgewinn hier oder dort ging — letzten Endes nicht anders als der immer stärker national expansionistisch und international weltrevolutionär sich umbildenden französischen Regierung. Und obschon Leopold II. noch immer seine Reserve gegenüber den drängenden Emigranten behauptete, auch weiteres Vorgehen nach der Wiedereinsetzung Ludwigs XVI. in seine Rechte nicht mehr für nötig hielt, kam es schließlich doch zu der Pillnitzer Erklärung vom 27. 8. 1791, die zum ersten Male offen militärisches Eingreifen ankündigte, um die Monarchie in Frankreich zu restaurieren — unter der Voraussetzung allerdings, daß alle europäischen Souveräne eine so tiefgreifende Maßnahme beschließen und unterstützen würden. Dies war eine Bedingung, die kaum erfüllt werden konnte, so daß die Zurückhaltung Leopolds und anderer Fürsten nicht eigentlich beeinträchtigt wurde, zumal es als gewiß erscheinen mußte, daß England sich an einer solchen Einmischung in innerfranzösische Geschehnisse nicht beteiligen würde, die nach den Anschauungen der Zeit nur Frankreichs Schwächung auf lange Sicht zur Folge haben konnten. Da außerdem Leopold II. Ludwigs XVI. Zustimmung zu der von der Nationalversammlung entworfenen Verfassung sofort als einen willkommenen Anlaß für den Rücktritt von der Pillnitzer Erklärung benutzte, blieb von dieser nicht mehr übrig als die zwar sehr charakteristische, aber ungefährliche Demonstration des preußischen Königs, dem es zutiefst um ganz anderes als um die Festigung des französischen Thrones ging.

Der nächste Schritt zum Kriege wurde tatsächlich nicht von deutscher Seite getan, sondern von der französischen. Dort verursachten die zunehmende Aktivität der Emigranten, das Manifest von Padua und die Pillnitzer Erklärung unter den Revolutionären eine immer stärkere Erregung, in der sich die Überempfindlichkeit der neuen Herren und historisch-nationale Besorgnis vereinigten. Die an sich gemäßigte Regierung in Paris wurde zu stärkster Ablehnung dieser „Despotendrohungen“ gedrängt und forderte schließlich auch den Kurfürsten von Trier auf, die sich formierenden Emigrantentruppen aufzulösen. Noch versuchte Leopold II., den Frieden zu festigen und den Konfliktstoff zu verringern, indem er den Kurfürsten anhielt, den französischen Forderungen nachzukommen. Da er aber diese Geste aus innerpolitischen Rücksichten mit der Bemerkung verband, jede französische Aktion gegen deutsches Reichsgebiet werde den schärfsten Widerstand Deutschlands und Europas auslösen, konnten die Franzosen aus dieser Verlautbarung vom 21. 12. 1791 schließlich doch wieder mehr eine Drohung als ein Entgegenkommen herauslesen. Und als nun gar erneut der Plan eines europäischen Konzerts zur Aufrechterhaltung der Ruhe und Sicherheit der Monarchien auftauchte, verschuldete er, daß in der Legislative zu Paris die von dem

Girondisten Brissot aufgepeitschte Kriegspartei am 25. 1. 1792 in äußerster Erregung Versammlung und Regierung zu einer kategorischen Erklärung gegen jede Form der Intervention aufforderte. Das hatte, da Leopold sich verkannt und verletzt fühlte, zwei Wochen später einen österreichisch-preußischen Freundschafts- und Schutzvertrag mit der Front gegen einen französischen Angriff zur Folge. Auf dieser Höhe der europäischen Krisis starb Leopold II. am 1. 3. 1792. Er war ein vorsichtiger Fürst gewesen, der stets die Gefahr polnischer Verwicklungen in Verbindung mit einem Krieg im Westen befürchtet und im Grunde stärker in großen Zusammenhängen gedacht hatte als Friedrich Wilhelm II., wogegen dieser von wenig kompetenten Beratern und dem Wunsch beherrscht wurde, Preußen zu vergrößern. Zu diesem Zweck verhandelte er bereits mit der Zarin Katharina.

Leopolds II. Nachfolger, der 1768 geborene Franz II., ein geistloser, unselbständiger, autokratischer Herrscher und erbitterter Gegner der Revolution, überließ sich, da er mit den politischen Wirren der jüngsten Vergangenheit und Gegenwart nicht vertraut war, der Führung durch Kaunitz, später durch Cobenzl, Spielmann, Thugut und Colloredo — Männer, die bald starr, bald haltlos im Tausch gegen kleine, kurzfristige Vorteile und um ihrer Abneigung gegen Preußen willen die politische Initiative aus der Hand gaben. Kaunitz, ein Verächter und bedingungsloser Gegner der Revolution, versuchte die französische Führung einzuschüchtern, erreichte jedoch nur ihre Fanatisierung, so daß es Brissot gelang, auch die Radikalen um Robespierre zum Kriegsentschluß gegen das scheinbar isolierte Österreich zu bewegen. Ludwig XVI. selbst kündigte am 20. 4. 1792 Franz II. den Krieg an — in der verzweifelten und paradoxen Hoffnung, daß seine Monarchie, um von denen befreit zu werden, die ihr Ende wollten, den Mächten unterliegen werde, denen er sich verbunden fühlte. So hat es selten komplexere Ursachen- und Anlaßhäufungen für einen Krieg gegeben als für den ersten Koalitionskrieg, der jetzt ausbrach und von dem Europa Schritt um Schritt in die Napoleonische Ära und schließlich über die Befreiungskriege in das 19. Jahrhundert, die Zeit der konstitutionellen Monarchie, des Liberalismus und des Industrialismus, hineinglitt: eine echte Rückkehr in Absolutismus und Rationalismus sollte es also nicht geben, nur die „Restauration" einerseits und den naturwissenschaftlich-technischen Manchesterliberalismus und Materialismus andererseits als Anknüpfungen und zugleich Fortentwicklungen.

Zunächst aber schien es sich nur um eine zweiseitige Auseinandersetzung zu handeln: um den Expansionstrieb der Revolution, die sich als Befreierin der Völker empfand, in Verbindung mit dem nationalen Ausdehnungswillen auf der einen Seite — um den Behauptungstrieb des Absolutismus, der sich zugleich als Befreier des französischen Königs gab, in Verbindung mit dem in dieser Situation nicht sehr glücklichen monarchischen Ausdehnungsstreben (wenigstens bei Friedrich Wilhelm II.) auf der anderen Seite. Beide kriegführenden Parteien waren von ihrem schnellen Siege überzeugt: die eine wollte mit revolutionärem Elan die versteinerten Staatsstrukturen und überalterten Heere des Siebenjährigen Krieges überrennen, die andere mit den disziplinierten Truppen, an deren Fahnen Bewährung und Tradition vieler Kriege geheftet waren, das scheinbar lockere Gefüge einer in sich widerspruchsvollen Revolutionsherrschaft zum Einsturz bringen. Auf beiden Seiten ahnten, wenigstens anfangs, nur wenige Menschen, daß hier eine der weltgeschichtlich entscheidenden Auseinandersetzungen begann — in der Neuzeit vergleichbar vielleicht mit Luthers Thesenanschlag, mit der Unabhängigkeitserklärung der USA oder auch mit der Erfindung der Dampfmaschine als einer sozialen Macht.

Der erste Koalitionskrieg und die zweite und dritte Teilung Polens

Am 5. 7. 1792 wurde Franz II. in Frankfurt einstimmig zum Kaiser gewählt, am 14. 7., dem Jahrestage des Sturms auf die Bastille, in Frankfurt demonstrativ gekrönt — die letzte Kaiserkrönung im alten Reich. Goethe hatte Josephs II. Krönung im Jahre 1764 miterlebt und beschrieben. Der von ihm geschätzte Mineraloge Cäsar von Leonhard erinnerte sich später des Zuges von 1792 „in seiner Wunderpracht ... der sechsspännigen

Staatswagen und glänzenden Equipagen ohne Zahl, auch manch altväterischer, schwerfälliger Prunkchaisen" — mehr eines Volksfestes als einer Krönung. Victor Hugo schrieb 1842, der seit 1564 Kaisersaal genannte Raum im Römer habe 45 Nischen gehabt: in jede sei im Laufe der Jahrhunderte eine Kaiserbüste gestellt worden, in die 44. diejenige Josephs II. Danach „war nur noch ein einziger Platz übrig . . . Da nahm Franz II., der 45. römische König, die 45. Nische ein. Es waren die letzte Nische und der letzte Kaiser. Als der Saal voll war, brach das deutsche Reich zusammen".

Zunächst wurde freilich im Anschluß an die Krönung in Mainz die Operation gegen Frankreich beschlossen, wobei dem preußischen Kontingent mit dem Vormarsch von der Mosel aus gegen Paris die schwierigste Aufgabe zufiel. Die deutschen Mittel- und Kleinstaaten hielten sich — mit Ausnahme von Hessen-Kassel — zurück, da sie aus alter Erfahrung mit der Möglichkeit von Niederlagen rechneten, auch keinen Grund sahen, einen Eroberungskrieg Österreichs und Preußens am Ober- und Niederrhein zu unterstützen, und — übrigens mit Recht — der Einigkeit dieser beiden Mächte mißtrauten. Rußland, dessen Zarin Katharina II. sich stets energisch gegen die Französische Revolution ausgesprochen hatte, ließ die deutschen Staaten im Kriege allein und benutzte deren Bindung im Westen, um sofort nach dem Kriegsausbruch eine neue Lösung der polnischen Frage zu betreiben. Die preußisch-österreichische Garantie Polens wurde von diesen beiden Mächten selbst preisgegeben — Franz II. gab sie in einem Vertrag mit der Zarin am Tage seiner Kaiserkrönung auf, Friedrich Wilhelm II. am 7. 8. in einem „identischen" Abkommen. Es war daher klar, daß die drei Mächte neben oder vor dem monarchischen Prinzip im Westen ihre Sonderinteressen im Osten verfolgten, Rußland um so mehr, da Katharina die Art der Aufteilung Polens sehr viel bedeutungsvoller erscheinen mußte als das Ergebnis der Auseinandersetzung mit der Revolution jenseits des Rheines.

So verlief also die deutsche Geschichte während jener welthistorisch überaus wichtigen Jahre unter dem entscheidenden Einfluß der Schwächung durch die Aufspaltung der Interessen und Kräfte. Unter dem Eindruck der optimistischen Zweckmeldungen aus Emigrantenkreisen über die militärische Schwäche der Revolution und aus dem bald immer stärker als ebenso gefährlich wie unberechtigt sich erweisenden Überlegenheitsbewußtsein der Offiziere aus der Zeit von Roßbach kündigte Herzog Karl II. Wilhelm Ferdinand von Braunschweig (ein Neffe und Offizier Friedrichs des Großen, den eben noch die Girondisten vergeblich um die Reorganisation ihrer Armee gebeten hatten) in seinem von Emigranten redigierten Koblenzer Manifest vom 25. 7. 1792 den Revolutionären maßlos drohend den Untergang an, falls sie die Familie Ludwigs XVI. beleidigten. Da dies längst vielfach geschehen war, konnte das Manifest nicht einschüchternd wirken, sondern mußte im Gegenteil zu äußerstem Widerstand reizen — was von den Emigranten gewiß, vom Herzog vielleicht beabsichtigt war. Mehr die Überschätzung der deutschen Truppen als die Unterschätzung der französischen trug dann die Schuld an dem unglücklichen Ausgang des Feldzuges. Nach schwerfälligem Aufmarsch bei mangelhafter Organisation wurden zwar Longwy und Verdun erobert, doch lehnte der Herzog den von Friedrich Wilhelm geforderten weiteren Vormarsch gegen Paris wegen unzureichenden Nachschubs ab. Bei Valmy stießen am 20. 9. beide Heere aufeinander. Über sein augenblickliches Ergebnis hinaus hatte das Ereignis, wie Goethe im Gefolge des Herzogs von Weimar sofort erkannte, weltpolitische Bedeutung. Goethe erinnerte sich später bei der Niederschrift der „Kampagne in Frankreich", abends in einem größeren Kreise gesagt zu haben: „Von hier und heute geht eine neue Epoche der Weltgeschichte aus, und ihr könnt sagen, ihr seid dabei gewesen." Nachdem man „noch am Morgen nicht anders gedacht (hatte), als die sämtlichen Franzosen anzuspießen und aufzuspeisen" (Goethe), mußte am Abend der Vormarsch der Intervention als zurückgeschlagen gelten. Der Herzog von Braunschweig lehnte einen Angriff ab und ließ sich in Verhandlungen mit Dumouriez so lange hinhalten, bis ungünstige Witterung, Hunger und Krankheiten sein Heer deprimiert und demoralisiert, die Franzosen aber das ihrige verstärkt hatten. Der Rückmarsch der geringwertigen Truppen bei ungünstigster Witterung — „übel Wetter", „bös Wetter", „wie gestern, Nebel", „wie gestern" notierte Goethe in seinem

Tagebuch bis zum 30. 9. immer wieder — fügte Entmutigung und Enttäuschung zur Ermattung. Durch Entbehrung und Krankheit geschwächt, durch die Ereignisse und die schlechte Führung mutlos, büßte die Truppe ihre Kampfkraft ein. Der erste, siegesgewiß befohlene Hieb gegen die Revolution war im strengen Sinne gar nicht geführt worden, zumindest aber wirkungslos geblieben. Die Revolution hatte sich behauptet und darüber hinaus für Frankreich einen bedeutenden moralischen und militärischen Erfolg erzielt.

Mit geschwächten und demoralisierten Truppen, deren Führung besonders durch des Herzogs von Braunschweig Abneigung gegen Österreich veruneinigt war, so daß Kooperation und Koordinierung der Unternehmungen einem aufs äußerste konzentrierten Feind gegenüber unmöglich blieben, mußten Österreich und Preußen in den folgenden Monaten große französische Erfolge hinnehmen. Am Ende des ersten Kriegsjahres standen nicht die Verbündeten in Paris, sondern es residierten die immer radikaler auftretenden Revolutionäre, die am Tage nach Valmy die Republik ausgerufen hatten und nun die Beseitigung des abgesetzten Königs betrieben, in Speyer, Worms, Aachen, Brüssel, im Elsaß und vor allem in Mainz, wo alsbald ein Rheinischer Konvent zusammentrat, der die Errichtung eines Freistaates sowie dessen Vereinigung mit Frankreich beschloß.

Häuften sich so im Westen für die Monarchien militärische und moralische Mißerfolge und Niederlagen, und war eine Wendung dort eigentlich nicht zu erwarten, so nahmen die Ereignisse im Osten einen für den Augenblick günstigen Verlauf. Noch während des deprimierenden Rückzuges aus der Champagne, dessen Ende ja vorerst nicht abzusehen war, verlangte Friedrich Wilhelm am 25. 10. 1792 in einer Note an Österreich, daß vor der Wiederaufnahme der Kämpfe im Westen die Polnische Frage gelöst und Preußen durch polnische Gebietsteile „entschädigt“ werden müsse. Ein solches Ansinnen lag prinzipiell auf der Linie Katharinas, die sich denn auch schnell zu einem Abkommen bereitfand, so daß es schon nach kurzen Verhandlungen zur zweiten Verkleinerung Polens kam, die eine Halbierung des Staates bedeutete, aber noch nicht eine wirkliche Aufteilung war. Am 23. 1. 1793, zwei Tage nach der Guillotinierung Ludwigs XVI. in Paris, die dem Koalitionskrieg seine eigentliche und ursprüngliche Grundlage und Zielsetzung entzog, wurde in St. Petersburg ein russisch-preußischer Vertrag unterzeichnet, durch den Rußland Litauen, Podolien und Wolhynien erhielt, Preußen der Größe nach ein Viertel dieser Fläche, im Werte aber erheblich mehr: die Städte Danzig und Thorn sowie die dann zu einer neuen Provinz Südpreußen vereinigten Palatinate Posen und Kalisch. Aber selbst nach diesem beachtlichen Gewinn war Friedrich Wilhelm keineswegs zur Aufnahme einer energischen Kriegführung im Westen, d.h. zu einer stärkeren Unterstützung des Kaisers, bereit, der dadurch und durch die überraschende zweite Verkleinerung Polens ohne Beteiligung Österreichs verärgert war und u. a. mit der Berufung des preußenfeindlichen Thugut zum Außenminister eine heftige, den Ablauf der Ereignisse in den nächsten Jahren erheblich beeinflussende Wendung gegen Preußen vornahm.

Inzwischen nahm der Krieg im Westen seinen Verlauf: die Revolution wurde in Frankreich selbst zur Schreckensherrschaft; gegenüber dem Auslande ging sie mit der Begründung einer Befreiung vom Fürstenjoch expansiver vor, erklärte im Februar 1793 Spanien und England den Krieg und band im März das Mainzer Gebiet als „Rheinische Republik" an sich. Hier spielte der berühmte Weltreisende Georg Forster eine wichtige, monatelang entscheidende Rolle und betrieb die Trennung vom Reich. Fast gleichzeitig erklärte am 22. 3. der Reichstag zu Regensburg den Reichskrieg gegen Frankreich, während unter dem Eindruck der Hinrichtung Ludwigs XVI. England, Holland, Spanien und italienische Staaten dem preußisch-österreichischen Bündnis beitraten und dieses zu einer europäischen Koalition gegen die Revolution erweiterten — zur Bestrafung der Revolutionäre und Königsmörder. Mittelpunkt und eigentlicher Träger der Koalition, die neben der Wiederherstellung des Ancien Régime auch territoriale Ausdehnung und Eindämmung der überraschend gewachsenen Macht Frankreichs anstrebte, war der jüngere Pitt. Auf der Gegenseite versprach das Revolutionsfrankreich nicht allein allen nach Freiheit strebenden Völkern seine Hilfe, sondern steckte sich, wie seine Gegner, machtpolitische Ziele: die „natürlichen" Grenzen an den Pyrenäen, den Alpen und dem Rhein. Deutlich verlor der Krieg Schritt für Schritt seinen ursprünglichen ideologischen Charakter, der ihm zeitweise eine gewisse Ähnlichkeit mit einem Religionskrieg verliehen hatte, und verwandelte sich in eine der seit Jahrhunderten gewohnten Auseinandersetzungen um die Vormacht in Europa.

Die Ausnutzung erster Erfolge der Koalition — Aachen und die Österreichischen Niederlande wurden befreit — wurde durch die seit der Polnischen Teilung verschärfte preußisch-österreichische Spannung behindert, indem zwar der Herzog von Braunschweig seine alten militärischen Qualitäten bei der Rückeroberung von Mainz und in den Siegen von Pirmasens und Kaiserslautern bewies, den österreichischen General Wurmser aber nicht unterstützte und damit auch den preußischen Rückzug verschuldete. Die Befreiung des Elsaß konnte nicht durchgeführt werden. Im Gegenteil schufen in Frankreich Robespierre und Carnot mit der levée en masse in kurzer Zeit ein modernes, von revolutionärem und nationalem Pathos erfülltes Heer, traten mit ihnen junge, draufgängerische und gewandte Generäle wie Hoche, Jourdan und Pichegru den ungeschickt geführten deutschen Truppen entgegen. Ihnen gelang es, mit Entschlossenheit und ausgezeichneter Koordinierung der Unternehmungen die unentschlossene und uneinige Koalition wieder aus den französischen Grenzgebieten und über den Rhein zurückzutreiben — um so leichter, als Friedrich Wilhelm deutlich sein geringes Interesse an den Geschehnissen im Westen zeigte, indem er mit Truppen, die im Westen gebraucht wurden, zur Einverleibung seiner neuen Provinz Südpreußen zog.

So stand der levée en masse — dem Ergebnis der Umwandlung des alten königlichen Adels- und Söldnerheeres in ein fanatisiertes Volksaufgebot — eine verringerte, durch die selbständige Reichsarmee qualitativ nicht gestärkte militärische Macht gegenüber, die sich kaum hätte behaupten können. Nur im letzten Augenblick bewogen England und die Generalstaaten den preußischen König, einen Teil seiner Truppen am Mittelrhein stehen zu lassen: am 19. 4. 1794 verpflichtete er sich, gegen hohe Subsidienzahlungen auch in Zukunft mehr als 60000 Mann im Westen zu halten, in einem für den Erben

Friedrichs des Großen wenig rühmlicher Vertrag, zumal die Finanzmächte sich auch die Entscheidung über Art und Ort der Verwendung der preußischen Truppen vorbehielten. Daß die Durchführung dieser Forderung sehr schwer, wenn nicht unmöglich sein würde, zeigte die Untätigkeit der Preußen nach Möllendorfs Sieg bei Kaiserslautern am 23. 5. 1794 und ihr im wesentlichen durch Koscziuskos Aufstand in Polen erzwungener Rückzug hinter den Rhein, so daß den Franzosen die ganze Pfalz verblieb.

In Österreich war die Bereitschaft zum Kampf gegen Frankreich selbst zu Lebzeiten Ludwigs XVI. nicht sehr groß gewesen — in England war sie zwar vorhanden, aber doch nicht mit der Verbissenheit in der ersten Zeit des Siebenjährigen Krieges zu vergleichen. Insgesamt hatte, wie man um 1794 leicht feststellen konnte, die Politik der monarchisch regierten Staaten Europas entschieden an Klarheit und Niveau verloren, insbesondere aber die Initiative eingebüßt. In Frankreich dagegen war innerhalb weniger Jahre aus dem anfänglichen Revolutionschaos eine neue innere Ordnung erwachsen, und die Ideologie der Revolution hatte sich leicht mit der alten außenpolitischen Konzeption zu einer Zielsetzung großen Stils verschmolzen — der einzigen wirklich großen in Europa am Ende des 18. Jahrhunderts, falls man nicht die wenig beachtete, am Rande des Abendlandes sich vollziehende machtstaatliche Konzentration und langsame Expansion Rußlands auch nach Westen als ähnlich bedeutsam ansehen will.

Auf jeden Fall waren die Erfolge der Revolution sichtbarer und zunächst auch größer. Sie eroberte durch die Siege bei Tourcoing und Fleurus die Österreichischen Niederlande und Teile der Generalstaaten, vertrieb die Oranier und konnte im Januar 1795 durch die republikanische Patriotenpartei in scheinbarer Freiheit und unabhängiger Entscheidung die Batavische Republik errichten und mit Frankreich Frieden schließen lassen, den ersten jener Satellitenstaaten, die nun in den nächsten Jahren in größerer Zahl geschaffen werden sollten und in ihrer Art manches von dem vorwegnahmen, was 150 Jahre später auf ähnliche revolutionäre Weise auch in Mittel- und Osteuropa geschah. Auch Köln, Bonn und bald danach Cleve und Koblenz gerieten unter französische Herrschaft. Mit großen Schritten strebte das Revolutionsfrankreich den „natürlichen Grenzen" Richelieus zu.

So befand sich denn Deutschland, befanden sich insbesondere Preußen, das seine Truppen schließlich gänzlich vom Rhein zurückzog, und Österreich, wo Thugut die Bedeutung der Ereignisse ebenso verkannte und sich von dualistischen und reichsfeindlichen Gesichtspunkten bestimmen ließ, in einer für Frankreich günstigen Zweifrontenspannung. Friedrich Wilhelm II. stellte den Landgewinn in Polen und dessen Bewahrung eindeutig über die Bündnisverpflichtungen und den Behauptungskampf der Monarchien im Westen. Er unterstützte Rußland bei der Niederwerfung des polnischen Aufstandes durch aus dem Westen herangezogene Truppen. Inzwischen gerieten die linksrheinischen Gebiete unter ein französisches Regiment, das zwei Jahrzehnte dauerte und dort Zustände schuf, die sich z. B. in Recht und Wirtschaft, aber auch gesellschaftlich bis tief in das 19. Jahrhundert hinein erhielten oder auswirkten — als Anregung, nicht selten aber auch als Erschwerung deutscher Reformen.

Zwischen 1789 und 1794, in einem Lustrum, dessen politische Geschichte für Europa ganz und gar von der Französischen Revolution bestimmt worden war, hatten sich in Deutschland mancherlei Veränderungen abgespielt. Die kriegerische Intervention war von Anfang an mehr eine Sache der Fürsten als der Völker gewesen — nicht anders die Unternehmungen gegen Polen. Unter dem Eindruck der Lasten und Mißerfolge des jahrelangen Krieges wurde nun überhaupt der Wunsch nach Frieden immer stärker. Es war kein Zufall, daß Fichte 1793 „Beiträge zur Berichtigung des Urteils des Publikums über die französische Revolution" schrieb, der Reichstag im Februar 1794 den Kaiser aufforderte, die Wiederherstellung des Friedens zu betreiben, und Kant 1795 seine Schrift „Zum ewigen Frieden" veröffentlichte. Die politische Literatur wie die politische Vertretung des Reiches gaben dem Wunsch nach allgemeiner Befriedung so sehr Ausdruck, wie der französische Diplomat und Schriftsteller Charles Abbé de St. Pierre es nach langer Kriegszeit im Jahre 1713 in seinem Buch über den ewigen

Frieden getan hatte. Aber die inzwischen vergangenen acht, insbesondere die letzten Jahrzehnte hatten außerdem auch einen immer stärkeren und breiteren Protest gegen Absolutismus und Merkantilismus erweckt und in Verbindung mit der Aufklärung eine wachsende Reformneigung in den Kreisen hoher preußischer Beamter und Offiziere hervorgerufen, in denen man die Gegnerschaft Österreichs und die Unzuverlässigkeit Englands sowie die finanzielle Untragbarkeit dauernder Rüstung und Kriegführung nach West und Ost hervorhob. Zwar lehnte Friedrich Wilhelm jedes Verhandeln mit den régicides, den „Königsmördern" ab — doch wußte man, daß er dieses Argument in erster Linie zur Deckung seiner territorialen Ambitionen und seiner Ostinteressen benutzte, wie er ja auch durch den Abzug seiner Truppen der Revolution Prestigeerfolge und territoriale Expansion erleichterte.

Freilich schien die Konsolidierung des Revolutionsregiments in der zweiten Hälfte des Jahres 1794 nach Robespierres Sturz auch zu einer generellen Moderation und wieder zu einer Beschränkung auf Frankreich zu führen, was die allgemeine Kriegsmüdigkeit und den Friedenswunsch in Deutschland bestärkte — in Preußen um so mehr, als dessen Truppen in Polen eine Art zweites Valmy hinnehmen mußten: sie konnten Warschau den Aufständischen nicht entreißen und wenige Jahre nach dem Tode des eigentlichen Schöpfers dieser ruhmreichen Armee nur mit Mühe die nach der zweiten Teilung besetzten Gebiete Polens behaupten. Da aber gleichzeitig starke russische Kontingente die polnische Erhebung bekämpften, bestand durchaus die Gefahr, daß Preußen bei einer nicht unwahrscheinlichen endgültigen Schlußaufteilung Polens leer ausgehen und im Osten mit einem so schweren Verlust an Ansehen aus dem Unternehmen herauskommen würde wie im Westen: an beiden Fronten von Aufständischen geschlagen, deren Kampfkraft aus politisch-psychologischen Gründen nicht sehr hoch eingeschätzt wurde, obgleich der revolutionäre Fanatismus ihnen vieles gab, womit die überalterte und unentschlossene preußische Führung unter Friedrich Wilhelm II. die Soldaten nie zu erfüllen vermochte. „Es war kein Segen bei diesen neuen polnischen Erwerbungen" (Hintze).

Als die Lage immer ernster wurde und zu einer Entscheidung drängte, kam es in Preußen in kurzer Zeit über wenige Etappen zum faktischen Zusammenbruch des Absolutismus, wie Friedrich Wilhelm I. und Friedrich II. ihn geschaffen hatten: eine auf Veranlassung des Ministers Struensee eingesetzte Finanzkommission empfahl dringend den Abbruch des Krieges; Prinz Heinrich, Friedrichs des Großen Bruder und des regierenden Königs Onkel, drängte den Neffen zu einer schnellen Verständigung mit Frankreich. Gleichzeitig erfuhr Friedrich Wilhelm, daß hinter seinem Rücken der Feldmarschall Möllendorf, der an die Stelle des wegen Österreichs unzulänglicher Kriegführung zurückgetretenen Herzogs von Braunschweig getreten war, von seinem Hauptquartier in Basel aus mit französischen Diplomaten hatte verhandeln lassen: die politischen und militärischen Berater des preußischen Königs wollten den Frieden, drängten den König dazu und bereiteten ihn schon über dessen Kopf hinweg vor; Frankreich war zu einem Vertrag bereit, in dem auf Preußens linksrheinische Besitzungen Rücksicht genommen werden sollte.

So sehr also war von Friedrich Wilhelm II. in weniger als einem Jahrzehnt der friderizianische Absolutismus, der allerdings in den letzten Jahren des Großen Königs schon Schwächen und Erstarrungen gezeigt hatte, verwirtschaftet worden, daß — gewiß auch unbewußt unter dem Eindruck der Ereignisse in Frankreich, wo junge Generäle Bedeutendes erreichten — in Preußen hinter dem Rücken des Königs Offiziere Politik treiben und Beamte den Monarchen zum Einlenken zwingen konnten. „Friedrich Wilhelm II. war anfangs wenig geneigt, Verhandlungen mit den französischen ‚Königsmördern‘ anzuknüpfen; aber alle seine Ratgeber, Haugwitz, Hardenberg, Lucchesini, Möllendorf, auch Bischoffswerder ... waren einverstanden darin, daß man sich aus dem französischen Kriege herausziehen müsse“ (Hintze). Was sich hier abzeichnete, war nicht das Regiment der Kabinettsräte, wie es sich bei Friedrich Wilhelm III. entwickeln sollte, nicht die Herrschaft der Subalternen über einen bequemen Fürsten, sondern die Aktion der Einsichtigen über einen unfähigen und uneinsichtigen Monarchen hinweg: die Zeit des eigentlichen Absolutismus war in Preußen beendet.

Zögernd fügte der König sich, zumal er erkennen mußte, daß Österreich ihm bei der Wiederherstellung des Friedens den Rang abzulaufen und einen gewichtigen Prestigegewinn in Deutschland zu erlangen drohte. Die Baseler Verhandlungen wurden aus der Sphäre des halb konspirativen Geheimnisses in die des Offiziellen und Öffentlichen gehoben. Die Minister achteten darauf, daß der König bei seiner von ihnen veranlaßten Entscheidung blieb, und der frühere Botschafter in Paris, Graf Goltz, wurde am 8. 12. 1794 zu den Abschlußverhandlungen in die Schweiz geschickt. Dort zeigte sich nun, daß die Franzosen nicht bereit waren, auf ihr altes Ziel der „natürlichen Grenzen" zu verzichten, also Preußens Wünsche auf linksrheinische Gebiete zu berücksichtigen. Auch der 45jährige Hardenberg, der während des Krieges vergeblich versucht hatte, die süddeutschen Reichsstände für Preußen zu gewinnen, und nun an die Stelle des plötzlich gestorbenen Goltz trat, konnte sie nicht umstimmen. Friedrich Wilhelm selbst erklärte sich angesichts der Ereignisse in Polen eher zu Einbußen im Westen als zur Gefährdung der Position an der Weichsel bereit.

In der Tat mußte zu diesem Zeitpunkt, da der Friede im Westen, wenn auch noch nicht vertraglich geschlossen, so doch auf eine Weise gesichert war, die Preußens Ablehnung mit vollkommener Isolierung verbunden hätte, die noch ganz unübersichtliche Entwicklung im Osten den Vorrang einnehmen. Die Russen hatten Anfang November 1794 Warschau erobert, anschließend den Aufstand unterdrückt und die Beseitigung Polens eingeleitet, ohne nach Preußens Wünschen zu fragen. Da die Zarin außerdem nach Konstantinopel greifen wollte, drohte eine von dem preußenfeindlichen Thugut, der zur Schaffung der Aktionsfreiheit im Osten bereits die überstürzte Räumung der Österreichischen Niederlande veranlaßt hatte, seit langem angestrebte russisch-österreichische Verständigung auf Preußens Kosten. Schon wurde am 3. 1. 1795 in St. Petersburg von der Zarin und dem österreichischen Gesandten Graf Ludwig Cobenzl ein Geheimvertrag vereinbart, der die endgültige Aufteilung Polens als beschlossen voraussetzte und dabei zwar Preußens Mitwirkung vorsah, doch aber zugleich prinzipiell gegen dieses gerichtet war. So gewiß die vollständige

Beseitigung des polnischen Staates durch die angrenzenden Großmächte zu erwarten stand, so sehr geschah sie zu diesem Zeitpunkt im wesentlichen auf österreichische, auf Cobenzls Initiative. Sobald die österreichisch-russische Verständigung erkennbar wurde und Gerüchte auch über eine österreichisch-französische Annäherung umliefen, mußte Preußen nun auf eine schnelle Einigung mit Frankreich drängen und die französischen Bedingungen akzeptieren — um so mehr, als eine Fortsetzung des Krieges im Westen für Preußen aus wirtschaftlichen, aber auch aus militärischen Gründen unmöglich geworden war, da die im Haager Vertrag 1794 zur Sicherung der preußischen Unabhängigkeit gegenüber Österreich vereinbarten englischen Subsidien ausblieben. Der preußische König hatte die Verhandlungen ursprünglich als Teil eines allgemeinen Friedens betrachtet und an der Integrität des Reiches festhalten wollen, er war aber nun durch die Räumung des linken Rheinufers im Oktober und durch den Waffenstillstand mit Frankreich im November 1794 bereits in entscheidendem Maße gebunden. So wurde auf Haugwitz' Rat am 5. 4. 1795 von Hardenberg und dem Franzosen Barthélemy der Sonderfriede von Basel unterzeichnet — ein Dokument preußischen Abstiegs und die Folge der starken Bindung im Osten.

Der Vertrag hatte mit Rücksicht auf das Ansehen der preußischen Regierung zwei Teile: die öffentlichen Artikel bestimmten, daß die Franzosen innerhalb von zwei Wochen das rechtsrheinische Gebiet Preußens räumen sollten, das linksrheinische aber bis zur endgültigen Entscheidung durch einen allgemeinen Frieden okkupiert halten konnten. In den geheimen Artikeln versprach Preußen die Einstellung der Kämpfe gegen die französischen Truppen an allen Fronten; bei Abtretung der linksrheinischen Teile Preußens durch das Reich sollte Preußen rechtsrheinisch durch Säkularisationen entschädigt werden. Den mit Preußen dem Basler Frieden beitretenden norddeutschen Staaten sollten Neutralität und Freiheit des Verkehrs durch eine Demarkationslinie gesichert werden, die einer preußisch-französischen Zusatzkonvention zufolge von Ostfriesland über Münster, Cleve und Limburg an den Main lief. Frankreich stimmte der Besetzung des dadurch eingeschlossenen Hannover durch Preußen zu. Der Vertrag zu Basel bildete die Rückkehr Preußens zur „frankophilen Politik der Staatsräson und dem seit Friedrich dem Großen bestehenden Vorrang der Ostexpansion vor der nach Westen, wo die preußischen Gebiete in Cleve, Mark und Ravensberg als mit dem preußischen Absolutismus unvereinbare Außenposten erschienen. Friedrich Wilhelm II. kehrte damit zur antiösterreichischen Politik ... zurück" (Rößler), nachdem er bemerkt hatte, daß Österreich Preußen im Stich ließ und ihm im Westen wie im Osten zuvorzukommen suchte.

Wichtiger war zunächst, daß für ganz Norddeutschland jenseits der Demarkationslinie, mit der erstmals die Idee der „Mainlinie" in Erscheinung trat und der erste Schritt zur nun bald einsetzenden Neuziehung der deutschen Ländergrenzen getan wurde, der Krieg aufhörte. Dagegen verweigerten die Franzosen für die anderen Teile des Reiches — mit Ausnahme von Hessen-Kassel, das im August 1795 dem Baseler Frieden beitrat — sogar den von Hardenberg gewünschten Waffenstillstand. So wurde für die Dauer eines ganzen, weltpolitisch außerordentlich wichtigen Jahrzehnts — zwischen der dritten polnischen Teilung und der Schlacht von Trafalgar — Norddeutschland neutralisiert und vor den Stürmen der Revolution bewahrt. Aber Preußen verließ doch auch als erste Macht die Koalition — was von den Patrioten in Deutschland und Österreich, auch von Stein in Verbindung mit dem Verzicht auf die linksrheinischen Territorien als Verrat am Reich und an Deutschland betrachtet wurde. Denn die nun verstärkt einsetzende französische Hegemonialpolitik wurde dadurch sehr erleichtert.

Inzwischen wurden die österreichisch-russischen, wesentlich von Thugut inspirierten Vereinbarungen über Polen bekannt, denen Preußen nur in der Form der Zustimmung beitreten konnte. Von Haugwitz beraten, schloß Friedrich Wilhelm am 24. 10. 1795 mit Österreich und Rußland den Vertrag über die damals für endgültig gehaltene Aufteilung Polens: Rußland erhielt den Teil bis zur Buglinie, an Österreich fiel Westgalizien mit Lublin und Krakau, das Friedrich Wilhelm gern besessen hätte; Preußen wurde mit Teilen Litauens, Masovien und Warschau abgefunden. Während das Revolutionsfrankreich die

Hinnahme seiner Existenz durch die alten Mächte mit jahrelangen Kämpfen hatte erzwingen müssen, wurde der 800 Jahre alte polnische Staat von eben diesen auf eine keineswegs weniger revolutionäre, durch keine soziale, wirtschaftliche oder politische Zwangslage zu begründende, sondern allein der monarchischen Expansionslust entspringende Übereinkunft (die sich als Präzedenzfall höchst gefährlich erweisen mochte) beseitigt. Daß weder Österreichs noch Preußens Herrscher und Berater die damit zugleich geschaffene unmittelbare Nachbarschaft mit Rußland, welches jetzt eines von den Zielen Peters des Großen erreicht hatte und europäische Großmacht geworden war, als unerwünscht oder gar gefährlich empfanden, lag einmal in den Fundamentalüberlegungen beschlossen, die ja u. a. gerade auf die Beseitigung eines Konfliktstoffes durch die Auflösung Polens hinzielten. Zum anderen empfand man aus dem Staatsdenken jener Zeit heraus in beiden Staaten den Zuwachs eines von Slawen bewohnten Gebietes nicht als politisch-soziale oder als kulturell-religiöse Belastung. Einstweilen waren — ein Beispiel für die eigenartige Wanderung politischer Ideen — weder die nationalisierenden Auswirkungen der Französischen Revolution bis nach Osteuropa gelangt noch Herders Erkenntnisse und Entdeckungen politisch wirksam geworden, die Sprengkraft des Nationalen also nicht im entferntesten erkannt oder gar seine Berechtigung anerkannt. Während eben dieses Nationale genau gleichzeitig vom Westen her „natürliche Grenzen" forderte, wurden diese im Osten geleugnet und beseitigt; während es dort die Idee der Revolution vertrat und über sich selbst hinauswuchs, glaubte man hier aus älterer Auffassung von Staat und Nation sowie aus rein machtpolitischem Denken die polnische Nation beseitigen zu dürfen und zu können.

Aufs Ganze gesehen hatten solche Fragen also am Ende des 18. Jahrhunderts längst nicht das Gewicht und den Rang, die wir ihnen heute — nach weiteren machtpolitischen und ideologischen Teilungen, Beseitigungen und Verschiebungen Polens — zumessen. Als weit wichtiger empfand man besonders in Preußen die Wiederherstellung des Friedens, von dem man nach politischer Zerfahrenheit und höchst nachteiligem Schwanken zwischen West und Ost die Erholung der Wirtschaft und der

Staatsfinanzen erwartete. Hinter diese Hoffnung trat in Preußen auch der Prestigeverlust in Süd- und Westdeutschland durch den Baseler Sonderfrieden und die durch die Demarkationslinie gekennzeichnete Spaltung des Reiches zurück; schließlich konnte Friedrich Wilhelm insofern auch einen Gewinn seines Ansehens verbuchen, als der Friede ganz Norddeutschland unter Preußens Schutz stellte.

Gewiß, an den Baseler Frieden schloß sich eine heftige österreichisch-preußische Flugschriftenfehde an, in der der politisch ehrgeizige, erst jüngst durch Cobenzl geadelte Wortführer der „deutschen Bewegung" Johannes v. Müller stilistisch außerordentlich gewandt die österreichische Sache vertrat, aber auch unvoreingenommene und unabhängige deutsche Patrioten Preußen Egoismus und Verrat des Reiches vorwarfen. Ohne Frage hatte Preußen bei der zweiten polnischen Teilung, wie Österreich bei der dritten, offener und mit weiterer Auswirkung jedoch auch in Basel ausschließlich engste eigene Vorteile erstrebt und auf diese Art sich Österreichs Haß, Englands Abneigung und Rußlands Verachtung zugezogen, an Frankreich aber keinen Freund gewonnen: Preußens Isolierung war vollständig, zumal auch seine Vermittlungspolitik im Reich gescheitert war.

Zu dieser Schwächung der Stellung Preußens in Deutschland und Europa trat das Offenbarwerden der inneren Schwäche: des Reformverlangens in weiten Kreisen der Gesellschaft und des für preußische Verhältnisse fast unvorstellbaren Nachlassens der Loyalität und Disziplin im Heer. Die Frage erhob sich, ob denn Preußen tatsächlich so unerreichbar hoch über jeder Revolutionsdrohung stand, wenn derartiges sich ereignen konnte. Ohne Frage war der Absolutismus tatsächlich, wie es ja seiner Konzeption entsprach, an die Stärke der Herrscherpersönlichkeit gebunden — der preußische an diejenige Friedrich Wilhelms I. und Friedrichs des Großen. Sobald dem Fürsten solches Format fehlte und obendrein die Welt, in der Preußen existierte, gefährlich wurde, war die Dynastie nicht unbedingt in der Lage, ihre Stellung zu behaupten. So begann denn in Preußen mit der Politik der Passivität jenes „System der Nullität", das 1806 endgültig zusammenbrach, nachdem ganz unabhängig davon ein Jahrzehnt bedeutender literarischer Blüte, das Jahrzehnt der Klassik, Deutschland in diesem Bereich über die anderen europäischen Mächte weit hinausgehoben und die Zeit des Vorrangs der französischen Literatur beendet hatte. Aber an dieser Entwicklung war Preußen nur am Rande beteiligt. Sie spielte sich im wesentlichen im Bereich der Kleinstaaten ab und schuf damit die Voraussetzung für die Formulierung des späteren kulturell-politischen Begriffspaares Weimar und Potsdam.

Inzwischen nahm der erste Koalitionskrieg außerhalb des von der Demarkationslinie umfriedeten Gebietes seinen Fortgang. An Österreichs und Englands Seite trat im November 1795 endlich Rußland, wogegen Frankreich sich um die gleiche Zeit nicht allein durch die Annexion von Belgien und dem Fürstbistum Lüttich weiter den „natürlichen Grenzen", d. h. dem Rhein, näherte, sondern zeitweise sogar bis zur Lahn vorrückte.

Während der Krieg sich mit französischen Erfolgen auf deutschem Boden durch das Jahr 1796 hinzog, wurde das preußisch-französische Verhältnis durch die Berliner Verträge vom 5. 8. 1796 gefestigt, in denen Frankreich die preußisch-norddeutsche Neutralität anerkannte und Preußen insgeheim seine Bereitschaft erklärte, für seine linksrheinischen Verluste Teile des Fürstbistums Münster zu akzeptieren. Hier tauchte also erneut der Gedanke der Entschädigung durch Säkularisationen auf, der bereits in der friderizianischen Zeit gelegentlich erwogen worden war — genau wie in der polnischen Frage ohne jeden Gedanken an etwaige Wünsche der „Untertanen". Deutlich zeigte sich auch, daß Friedrich Wilhelm II., plumper, aber prinzipiell nicht anders als Österreich entschlossen blieb, die Interessen und Rechte des Reiches denen Preußens zu opfern, während die Sicherheit der norddeutschen Neutralität immer ungewisser erscheinen und damit gerechnet werden mußte, daß Preußen in nicht ferner Zukunft auf die Hilfe des Reiches angewiesen sein könnte. Denn Frankreich, dessen General Napoleon in Italien großartige Eroberungen gelangen, das ebenso an anderen Grenzabschnitten erhebliche Expansionserfolge erzielte und im Rücken von Spanien gestützt wurde, drückte aus einer solchen Machtstellung täglich stärker auch auf Norddeutschland. Schon hatten süddeutsche Fürsten unter der Pression französischer Erfolge ein erstes Mal Freundschaftsverträge mit Frankreich geschlossen. Und wenngleich die Ende 1796 erfolgreichen Österreicher sie zu deren Annullierung veranlaßten, so zeigte sich doch gerade Österreich selbst trotz Thuguts Kriegswillen immer friedensbereiter, nachdem in Rußland im November durch den Thronwechsel die Kriegslust gesunken war, in England die Entschlossenheit zum Krieg auf dem Kontinent nachgelassen und in Frankreich die Friedenspartei die Macht erlangt hatte.

Nach wenigen Kämpfen im Frühjahr 1797, die Napoleons Energie und Österreichs Schwäche offenbarten und die Möglichkeit eines französischen Vorstoßes nach Wien andeuteten, während in Wirklichkeit auch Frankreich durch den Mehrfrontenkrieg erheblich in Mitleidenschaft gezogen worden war, kam es schließlich im April zum Präliminarfrieden von Leoben: Österreich mußte in Italien auf die den neuen französischen Satellitenstaat „Cisalpinische Republik" bildenden Gebiete von Mailand und Modena verzichten, wogegen es die neutral gebliebene Republik Venedig, die Napoleon selbst noch 1797 eroberte und übergab, sowie Dalmatien und Istrien erhalten sollte. Es mußte die Österreichischen Niederlande an Frankreich herausgeben, verweigerte aber den Verzicht auf das linke Rheinufer, um die französisch-preußischen Abmachungen über preußische Entschädigungen für linksrheinische Verluste zu umgehen. Fast schien es, als hätten sich durch das Gewicht der Persönlichkeit und der Erfolge Napoleons die Ziele der französischen Politik von Deutschland nach Italien verlagert.

Die Verhandlungen, die dann zum endgültigen Friedensvertrag von Campo Formio (17.—18. 10. 1797) führten, standen unter dem Druck der seit dem Staatsstreich des Fructidor im September in Paris zur Macht gelangten Radikalen. Napoleon hatte inzwischen auch die Ligurische Republik gebildet und Venedigs ionische Inseln erobert. England und Rußland hielten sich ganz zurück. Immerhin erreichte Thugut, daß Österreich wirklich die ganze Republik Venedig erhielt: ein zweiter, am Kriege nicht beteiligter Staat verlor also seine jahrhundertealte Existenz bei der Auseinandersetzung zwischen den Großmächten; Franz II. und seine Berater, die über Preußens geschmähten Sonderfrieden hinaus jahrelang für die Wiederherstellung des Ancien régime gekämpft hatten, erwiesen sich in ihrer individuellen Machtgier praktisch hier wie gegenüber Polen als ebenso revolutionär wie die französischen Revolutionäre. Auch konnte Venedig strategisch nicht Österreichs Verlust in Oberitalien bis zur Etsch ausgleichen. Gegen sein Hauptgebiet südlich der Alpen, das an Frankreich fiel und so zur wachsenden Einkreisung beitrug, tauschte Österreich einen Außenposten ein, der dem eben verlorenen niederländischen in gewisser Weise ähnlich war. Hatte Preußen in Basel den Rest seines Prestiges aus den Jahren des Fürstenbundes preisgegeben, so untergrub nun Österreich sein Ansehen und seine Macht in Deutschland, indem es sich bereit erklärte, auf einem Friedenskongreß in Rastatt als Reichsstand für die Abtretung der linksrheinischen Gebiete einschließlich Mainz bis nach Andernach an Frankreich einzutreten. Dafür sollte es mit Teilen Bayerns und mit dem Erzstift Salzburg entschädigt werden. Diese linksrheinische Grenzziehung, mit der die Franzosen zunächst auf die preußischen Besitzungen und das Kurfürstentum Mainz verzichteten, sollte bewirken, daß Preußen von der in Campo Formio vereinbarten rechtsrheinischen Entschädigung ausgeschlossen wurde. Damit gab das Reichsoberhaupt selbst den von ihm postulierten Grundsatz der Reichsintegrität auf und machte sich darüber hinaus die seit 1794/95 von protestantischer Seite erhobene Forderung nach Säkularisationen und damit einer weitgehenden Veränderung der Zusammensetzung und Verfassung des Reiches zu eigen. Der Friede von Campo Formio entsprach in seiner Hauptbedeutung durchaus demjenigen von Basel und den Berliner Verträgen von 1796. Beide deutschen Großmächte hatten das Reich im Stich gelassen und damit die Spaltung in Deutschland vertieft; Österreich hatte wie Preußen Frankreichs Dynamik nicht erkannt und daher, statt Deutschlands Einigung und Stärkung gegenüber dieser ständig wachsenden Gefahr zu betreiben, grundsätzlich unbedeutenden Territorialgewinnen den Vorrang gegeben. Der Einzug der Franzosen in Mainz kündete den Untergang des Reiches an, das jetzt — wie Polen und Venedig — „nur mehr Korn zwischen den Mühlsteinen der europäischen Politik" war (Ernstberger). Freilich hatte auch Frankreich seinen revolutionären Programm punkt der Befreiung der Völker längst verleugnet und mit der Eroberung Venedigs zwecks Auslieferung an Österreich die Tradition des Territorialtausches und des Verkaufs von Völkern aufgegriffen, die in den Monarchien des Ancien régime bestand.

Der zweite Koalitionskrieg

Das kaiserliche Hofdekret vom 1. 10. 1797 lud zum Friedenskongreß nach Rastatt ein, auf der Grundlage der Reichsintegrität, die von Österreich wie von Preußen längst preisgegeben und obendrein ein sehr unklarer Begriff geworden war. Längst hatten die Ideen der Revolution die territorialen Grenzen gelockert und z. B. die Bevölkerung des Elsaß dem französischen Staat zugeführt. Das Elsaß, im Mittelalter und zur Zeit der Reformation ein Land deutscher Sprache und Kultur, hatte nach 1648 seine sprachliche und zum großen Teil seine kulturelle Eigenart beibehalten, seit 1798 jedoch seinem Willen, der französischen Nation anzugehören, mehr und mehr Ausdruck gegeben. Anders war es zumeist an Saar, Mosel und Rhein; hier traten die Franzosen so sehr als militärische Eroberer auf und lebten so energisch „aus dem Lande", daß die idealistisch gesonnenen rheinischen Republikaner und ihre — mit französischer Hilfe im Sommer 1797 nach dem Vorbild der cisalpinischen Ereignisse — in einigen Orten „ausgerufene" separatistische „Cisrhenanische Republik" nur wenige Anhänger fanden. Sie wurden zumeist als Verräter angesehen und gaben vielfach ihre eigene Gründung auf, sobald sie merkten, daß es den Franzosen um machtpolitische Expansion und nicht um politisch-soziale Befreiung ging.

Der Rastatter Kongreß begann damit, daß Österreich insgeheim am 1. 12. 1797 auf Mainz verzichtete. Am 17. 1. 1798 forderten die Franzosen öffentlich die Rheingrenze und ließen Österreichs und Preußens längst vorhandene Zustimmungen und Einigungen mit Frankreich aller Welt bekannt werden. Unter diesem Druck und zumal, da die Franzosen in jenen Wochen ihre ungebrochene Kraft und Expansionsfähigkeit durch die Besetzung der Mannheimer Rheinschanze und die Belagerung des Ehrenbreitstein demonstrierten, fügten sich die kleineren weltlichen Fürsten schnell und akzeptierten das Verprechen der Entschädigung durch Säkularisationen rechts des Rheins. Am 9. 3. 1798 bewilligte die deutsche Deputation die Abtretung des linken Rheinufers, zog jedoch die Verhandlungen über den Entschädigungsplan so in die Länge, daß die Franzosen ein Ultimatum stellten und die Beseitigung der rechtsrheinischen Befestigungen forderten. Zu jener Zeit war aber bereits das Zustandekommen des Friedens sehr unwahrscheinlich geworden, bewies Frankreich nicht allein in Holland, der Schweiz und Italien seine Stärke und Tendenz zur Bildung eines Machtblocks weit über die „natürlichen Grenzen" hinaus, sondern es ließ auch die Verhandlungen mit England in Lille scheitern. Währenddessen besetzte Napoleon das den Johannitern gehörige, unter dem Protektorat des Zaren stehende Malta und führte mit Energie und Glück die Invasion Ägyptens durch. Von dort aus wollte er die britische Position in Indien zerschlagen, da er die Mutterinsel selbst, besonders nach den englischen Seesiegen des Jahres 1797, nicht anzugreifen wagte.

Dieses Bestreben Frankreichs, alle politische Ordnung Europas und der überseeischen Gebiete umzustürzen, erleichterte die Bildung einer neuen Koalition mit dem Ziel, nicht etwa das Ancien régime in den Grenzen von 1789 wiederherzustellen, sondern das revolutionäre Frankreich in die von 1792 zurückzudrängen: Österreich fühlte sich seit Campo Formio immer stärker von der Helvetischen und von der Cisalpinischen Republik her bedroht, Zar Paul durch das Vorgehen in Malta verletzt, Pitt durch Napoleon zum Kriege gezwungen. Unter energischer Führung Thuguts, der allerdings Österreichs gefährliche innere Schwäche nicht sehen wollte, bereits die Verhandlungen in Rastatt erschwert hatte und nun nach der Wiederherstellung von Österreichs Macht in Oberitalien strebte, kam es zu einem Bündnis, dem sich nach Abukir auch die Türkei anschloß. Nur Preußen, wo im November 1797 Friedrich Wilhelm III. seinem Vater auf den Thron gefolgt war, hielt sich auch weiterhin zurück und wollte die scheinbar günstige Position der neutralen Macht gegenüber Österreich wie Frankreich behaupten.

So wurde der Kongreß zu Rastatt immer nutzloser. Während man dort noch verhandelte, zogen im Winter 1798/99 bereits russische Truppen nach Süddeutschland, überschritten französische Kräfte erneut den Rhein. Endlich verließen die französischen Gesandten Rastatt, als sie erfuhren, daß die Kaiserlichen sich der Stadt näherten. Aber am Abend des 18. 4. 1799 wurden sie von den ungarischen Husaren nicht, wie von den militärischen Vorgesetzten befohlen, angehalten und durchsucht, sondern gewaltsam überfallen; zwei von ihnen fanden dabei den Tod, der dritte konnte verwundet entkommen. Dieser Rastatter Gesandtenmord bildete den Abschluß des Rastatter Kongresses und zugleich gewissermaßen den Beginn des Krieges mit der zweiten Koalition.

Dieser stand im Zeichen verheißungsvoller österreichischer Erfolge in Süddeutschland, der Schweiz und Oberitalien, so daß dort die französischen Satellitenstaaten zusammenbrachen und die südwestdeutschen Fürsten, die sich in jenen Jahren an schnelle politische Wendungen gewöhnen mußten, wie Österreich Subsidienverträge mit England abschlossen, während Bayern im Februar 1799 mit Rußland einen entsprechenden Vertrag zu Gatschina unterzeichnete. Auch das Reich erklärte Frankreich von neuem den Krieg. Aber bereits bei den Kämpfen in Italien zeigten sich die ersten Uneinigkeiten in der Koalition: Zar Paul wollte ganz Italien und Malta befreien und damit eine Position im westlichen Mittelmeer gewinnen; Österreich dagegen ging nur auf die Besetzung Oberitaliens bis zu einer günstigen Grenzlinie aus. Wesentlich durch Thugut verschuldete Uneinigkeit der diplomatischen und militärischen Führung Österreichs sowie ungenügende Koordinierung der österreichischen und russischen Operationen traten hinzu. Und die britische, unter russischer Beteiligung durchgeführte Landung an der niederländischen Küste erwies sich als schlecht vorbereitet, schlechter durchgeführt und eher schädlich als vorteilhaft für das Ansehen der Koalition im Sinne des Mehrfrontenkrieges gegen Frankreich. Das alles führte schnell zur Lockerung des Bündnisses: nach der Niederlage bei Zürich zog Zar Paul am 22. 10. 1799 voller Erbitterung gegen die Selbstsucht der Österreicher seine Truppen zurück und verließ die Koalition.

Als bald darauf Napoleon aus Ägypten zurückkehrte und durch den Staatsstreich des Brumaire am 9./10. 11. 1799 als

Erster Konsul praktisch absolute Macht in die Hand bekam, d. h., seinerseits den ersten Schritt zu einem neuen despotischen Absolutismus und Cäsarismus tat, wie das „Zeitalter des Absolutismus" ihn nie gekannt hatte, bot er zwar Österreich wie England einen Friedensschluß an. Doch sah er wohl voraus, daß Thugut, durch die britischen Kriegsanstrengungen und neuen großzügigen Subsidienverträge mit Bayern, Württemberg, Kurmainz und schließlich Österreich selbst gestärkt, nicht zu Verhandlungen auf der Grundlage von Campo Formio bereit sein würde. Während Thugut also weiter optimistisch für Österreichs Wiederaufstieg kämpfen konnte, bot er zugleich dem ehrgeizigen Napoleon die Möglichkeit, den Mißerfolg in Ägypten durch Siege in Europa überstrahlen zu lassen. Nach der Schlacht von Marengo zwang Bonaparte in Italien die Österreicher zur Konvention von Alessandria, d. h. zur Preisgabe Oberitaliens bis zum Mincio; gleichzeitig war Moreau in Deutschland so erfolgreich, daß er in München einziehen und gleichfalls einen Waffenstillstand auf der Grundlage von Campo Formio diktieren konnte. Einen wirklichen Friedensschluß, den Napoleon anbot, verhinderte aber auch jetzt wieder Thugut. Erst die erneute österreichische Niederlage bei Hohenlinden im Dezember 1800 machte den Kaiser so friedensbereit, daß er Thugut nach acht Jahren eines energischen, aber immer unüberlegteren und zum Schluß primitiv eigensinnigen Widerstandes entließ. Dem Waffenstillstand zu Steyr vom 25. 12. 1800 folgte der Friede zu Lunéville am 9. 2. 1801 zwischen Österreich, dem Reich und Frankreich. Zwar konnte Österreich Venetien bis zur Etsch behaupten; die Wiederherstellung der Cisalpinischen Republik aber vermochte es ebensowenig zu verhindern wie die Beseitigung der habsburgischen Sekundogenituren in der Toskana und in Modena. Auch Belgien, die Batavische und die Helvetische Republik blieben kurzgehaltene Angehörige des französischen Machtblocks. Der Rhein sollte fortan die Grenze zwischen Frankreich und Deutschland sein; aber die Bedingung einer Schleifung aller rechtsrheinischen Festungen ließ schon den nächsten Schritt Frankreichs über die „natürlichen Grenzen" hinweg ahnen. Die früher links des Rheins ansässigen oder begüterten erblichen deutschen Fürsten sollten rechtsrheinisch unter französischer Aufsicht entschädigt werden — ein deutlicher Eingriff in die deutschen Angelegenheiten. Auf dieser Grundlage ratifizierte auch der Reichstag am 7. 3. 1801 den Frieden. Es bestand kein Zweifel, daß diese Abtretungen und Entschädigungen eine gewaltige politische und territoriale Umgestaltung Deutschlands zur Folge haben mußten.

Reichsdeputationshauptschluß und Säkularisation: Deutschlands neue Struktur

Die europäischen Fürsten und Staaten hatten — von Frankreich abgesehen — den fast gleichmäßigen Aufstieg Englands zur europäischen und überseeischen Vormacht ohne konzentrierten Widerstand hingenommen, wenngleich nicht immer ohne Protest und Murren. Als aber England 1800 den Franzosen Malta entriß und nicht den Johannitern zurückgab — die weder mit Sicherheit gewillt noch in der Lage waren, die Insel gegen einen neuen Zugriff der Franzosen zu verteidigen —, wandte die Empörung Europas sich von der Französischen Revolution gegen die Engländer. Plötzlich erinnerte man sich, zumeist nicht ohne Neid, der vielen Ungerechtigkeiten und Rücksichtslosigkeiten, die England auf dem Wege seines Aufstiegs begangen hatte; und Malta schien das Maß zum Überlaufen zu bringen: die Front gegen die Inselmacht reichte vom Ersten Konsul, von dem die Engländer u. a. die Räumung der Batavischen und der Helvetischen Republik forderten, bis zu dessen entschiedenstem Gegner, dem Zaren Paul. Ende 1800 schloß Rußland mit den skandinavischen Staaten den Bund der Seeneutralität zur Abwehr englischer Übergriffe auf den Meeren; Preußen trat ihm bei und rückte sogar auf Frankreichs und Rußlands Drängen nach Hannover ein, während die Dänen Hamburg und Lübeck besetzten. England wehrte sich 1801 durch den Überfall auf die dänische Flotte und die Beschießung Kopenhagens, wodurch es Dänemark zum Verlassen der antibritischen Front des Kontinents zwang. Aber in England wollte man nach Pitts Rücktritt keinen Krieg. Und Zar Alexander I., der nach der Ermordung seines Vaters Paul I. im März 1801 den Thron bestiegen hatte, strebte zwar eine Verständigung mit Frankreich an, suchte aber auch die Beziehungen zu England zu normalisieren. Aus solchen Zusammenhängen heraus kam es im Herbst 1801 zwischen Frankreich und seinen Gegnern Rußland und England zu einem Friedens- bzw. einem Präliminarvertrag und am 27. 3. 1802 zum Friedensvertrag von Amiens: Frankreich und England tauschten die meisten überseeischen Eroberungen aus; im Mittelmeer gab Frankreich Ägypten preis, während England die Besetzung Maltas aufzugeben versprach.

Trugen diese weltpolitischen Verständigungen größte Bedeutung für Deutschlands Schicksal in sich, da sie Frankreich die Wiederaufnahme seiner Pläne in bezug auf Mitteleuropa gestatteten, so standen Art und Ziel solchen Vorgehens bereits seit einiger Zeit fest: am 10. 10. 1801 hatten Alexander I. und Napoleon als die Beherrscher der beiden stärksten Mächte des Kontinents sich insgeheim verabredet, die Neuordnung Mitteleuropas, d.h. Deutschlands, gemeinsam vorzunehmen. Österreich und Preußen erleichterten ihnen die Durchführung dieses Vorhabens durch ihre andauernde Uneinigkeit; aber auch die weniger bedeutenden Territorialfürsten vertraten nur ihre engsten eigenen und nicht etwa Reichsinteressen, indem sie entweder wie einige südwestdeutsche Dynastien verwandtschaftliche Beziehungen zu Alexander — und bald immer stärker auch zu Napoleon — auszuspielen oder die Gunst eines der beiden Mächtigen zu erwerben trachteten.

Deutschlands Neuordnung wurde also von den angrenzenden Großmächten des Ostens und des Westens in Paris entschieden, wo Talleyrand sich als einflußreich erwies. Unter solchen Umständen schloß Max Joseph von Bayern im August 1801 einen Friedens- und Freundschaftsvertrag mit Frankreich und im Mai 1802 eine Vereinbarung über Länderaustausch und Entschädigung, fügten Württemberg und Baden sich in gefährdeter Grenzposition der französischen Politik ein und ordnete Karl Theodor von Dalberg sich dieser Entwicklung unter, wofür er im Sommer 1802 Kurfürst von Mainz wurde. Selbst die beiden deutschen Großmächte suchten rivalisierend die Gunst der Machthaber in St. Petersburg und Paris, da diese auch über ihre territoriale Neugestaltung bestimmten — freilich bereits nach wenigen Jahren in einem ganz anderen Sinne, als man 1802 erwartete. Zunächst aber erstrebte Österreich neue geistliche Stützpunkte in Köln und Münster. Um die gleiche Zeit erreichte Preußen am 23. 5. 1802 im Pariser Vertrag gegen Preisgabe seiner Ansprüche auf fränkische Gebiete die Zusicherung von Entschädigungen in Nordwestdeutschland. Eine Begegnung Friedrich Wilhems III. mit Alexander I. in Memel erschien wie eine Besiegelung dieses Vertrages und wie eine Isolierung Österreichs, das militärisch und finanziell zu schwach war, um mehr als unbedeutende Proteste und Demonstrationen — wie die Besetzung Passaus — unternehmen zu können, und sich französischen Vorschlägen fügen mußte.

Zwar in den Formen alten Reichsrechts, aber eben doch unter ganz vom Ausland her bestimmten Umständen trat in Regensburg eine Reichsdeputation zusammen, der aus dem Kurfürstenrat Böhmen, Brandenburg, Mainz und Sachsen, aus dem Fürstenkolleg Bayern, Hessen-Kassel, Württemberg sowie der Hoch- und Deutschmeister angehörten: ergebnislos verhandelte man über die Frage der Entschädigungen, bis der französisch-russische Plan kaiserlichen Protesten zum Trotz am 23. 11. 1802 angenommen wurde; einen Monat später trat auch Österreich bezeichnenderweise durch eine in Paris geschlossene Konvention diesem Abkommen bei. Am 25. 2. 1803 konnte endgültig der Reichsdeputationshauptschluß angenommen und bald danach die Ratifikation durch Kaiser und Reich vollzogen werden.

Damit wurde eine territoriale Neuordnung großen Ausmaßes in Deutschland durchgeführt. Sie war zwar als Dauerlösung geplant und angelegt, wurde aber modifiziert und radikalisiert fortgesetzt im Friedensschluß von Preßburg 1805 und in den Gebietsveränderungen von 1806 und abgeschlossen recht eigentlich erst in den Friedensschlüssen von 1814 und 1815, so daß diese territoriale und rechtliche Neugestaltung Deutschlands, die mit der Beseitigung vieler Kleinst„staaten" auf der Linie von der territorialistischen Konzentration der beginnenden Neuzeit zur Großstaatsbildung des 19. Jahrhunderts lag, keineswegs nur eine Angelegenheit des Jahres 1802/03 war. Nachdem sie in den letztvergangenen Jahrzehnten bereits verschiedentlich empfohlen und bedacht worden war, zog sie sich nun gebietsmäßig sowohl wie rechtlich — über die Auflösung des

Reiches bis zur Bildung des Deutschen Bundes — länger als ein Jahrzehnt hin und unterlag in dieser politisch und kriegerisch äußerst ereignisreichen Zeit den verschiedensten Einflüssen des In- und Auslandes, der Konfessionen und Dynastien — aber nicht der „Untertanen".

Das Ergebnis war im Jahre 1803 zunächst folgendes: 112 Reichsstände wurden beseitigt, alle geistlichen Fürsten enteignet — außer dem Hoch- und Deutschmeister und dem Kurfürsten von Mainz, die „zufällig" beide Mitglieder der Reichsdeputation waren und nun nicht allein keine Verluste erlitten, sondern obendrein Gewinne einstreichen konnten: Karl Theodor von Mainz z. B. erhielt Aschaffenburg, Wetzlar und das Fürstbistum Regensburg, wo er als Kurerzkanzler und Primas von Deutschland auch seinen Sitz nehmen sollte. Viele kleinere Fürsten und Grafen sowie zahlreiche Reichsstädte wurden mediatisiert; nur Augsburg, Frankfurt und Nürnberg in Oberdeutschland und Hamburg, Bremen und Lübeck als alte niederdeutsche Hansestädte konnten ihre Reichsunmittelbarkeit behaupten. Das auf diese Weise freigemachte Gebiet wurde den großen und mittleren Staaten zugewiesen, die gewöhnlich mehr gewannen als sie auf dem linken Rheinufer einbüßten oder rechtsrheinisch im Sinne staatlicher Konzentration freiwillig aufgaben. Drei Millionen Menschen wechselten ihre Staatsangehörigkeit. Österreich schnitt ungünstig ab, indem es den Breisgau gegen Brixen und Trient eintauschte. Allerdings wurde der Breisgau dem Herzog von Modena und das Erzbistum Salzburg mit Berchtesgaden und Teilen von Passau und Eichstätt dem Großherzog von Toskana zugewiesen, wodurch Österreich in Süddeutschland zwei neue Sekundogenituren erhielt. Preußen mußte Hannover wieder räumen; es gewann jedoch 235 Quadratmeilen mit 600000 Menschen gegenüber einem Verlust von 48 Quadratmeilen mit 137000 Menschen; es erhielt Hildesheim, Paderborn, den östlichen Teil von Münster mit dieser Stadt, das Eichsfeld und Erfurt, die Abteien Herford, Quedlinburg, Elten, Essen, Werden und Kappenberg, die Reichsstädte Mühlhausen, Nordhausen und Goslar und gewann damit eine bedeutende Verstärkung seiner Position in Nordwestdeutschland, was sich z. B. vom Zollgesetz des Jahres 1818 an über alle Kämpfe für und um den Zollverein bis 1866 sehr vorteilhaft auswirken sollte. Hannover erhielt nur Osnabrück; Braunschweig bekam die Abteien Gandersheim und Helmstedt; Oldenburg mußte auf den Elsflether Weserzoll verzichten, gewann dafür jedoch das Bistum und Domkapitel Lübeck, das hannoversche Wildeshausen die münsterschen Ämter Vechta und Cloppenburg. Hessen-Kassel übernahm nur einige mainzische Ämter und die Stadt Gelnhausen; ebenso wurden Hessen-Darmstadt Teile vom rechts-rheinischen Mainz gegeben, aber auch das kölnische Herzogtum Westfalen, wofür es nur wenig bedeutende Territorien an die Herzöge von Nassau abzutreten brauchte. Die westlichen Bezirke Münsters mit dem kölnischen Recklinghausen wurden zur Ausstattung der Häuser Aremberg, Looz-Corswarem, Croy und Salm verwendet.

Stellten schon diese Veränderungen — zu denen weitere kleine kamen — in Norddeutschland tief einschneidende, den historisch denkenden Konservativen, den Revolutionsgegnern und den Romantikern durchaus unbegreifliche Tausch-, Enteignungs- und Zuweisungsmaßnahmen dar, die den Stempel der Willkür, Protektion und Abneigung trugen und sich keineswegs weniger revolutionär erwiesen als etwa die Forderung der „natürlichen Grenzen" und andere territoriale Eingriffe der Französischen Revolution, so trat in Süddeutschland obendrein noch beherrschend der französische Wunsch hinzu, Mittelstaaten eines Ausmaßes zu bilden, die wohl lebensfähig sein konnten, aber auf die Anlehnung an das starke Frankreich bedacht sein mußten. Solchen französischen Planungen entsprechend mußte Bayern die rechtsrheinische Pfalz abtreten, wofür es Würzburg, Bamberg, Augsburg, Freising und Teile von Passau und Eichstätt sowie eine große Zahl von Abteien und Reichsstädten erhielt — eine Einbuße von 200 Quadratmeilen mit 600000 Menschen gegenüber einem Zuwachs von 288 Quadratmeilen mit 854000 Einwohnern. Württemberg gewann in der Form der meisten kleinen Reichsterritorien des schwäbischen Kreises 29 Quadratmeilen mit 120000 Einwohnern, brauchte aber nur Gebiete und Menschen herzugeben, die rund eine Viertelmillion ausmachten. Baden erhielt das Bistum Konstanz, die rechtsrheinischen Besitzungen von Basel, Straßburg und Speyer sowie die Pfalz mit Mannheim und Heidelberg, d. h. mit 59 Quadratmeilen und 237000 Einwohnern: etwa sieben- bis achtmal soviel, wie es abtreten mußte.

So umfang- und zahlreiche tiefgreifende territoriale Veränderungen wirkten sich im religiösen, menschlichen und wirtschaftlichen Bereich sehr stark aus; sie hatten auch einschneidende Veränderungen der Reichsverfassung zur Folge. So wurden die Kuren Köln und Trier aufgehoben, dagegen solche für Württemberg, Baden, Hessen-Kassel und Salzburg neu geschaffen: fortan gab es im ersten Kolleg des Reichstages eine protestantische Mehrheit im Verhältnis 6 : 4; auch im Fürstenrat verschob sich durch den Fortfall der geistlichen Fürsten das Stimmenverhältnis zugunsten der Evangelischen. Selbst der Protest des Kaisers konnte an diesem neuen Zustand nichts ändern, der gewiß gelegentlich erhebliche Bedeutung hätte erhalten können, wenn das Reich von Bestand gewesen wäre: Die Säkularisation wurde so für Macht und Leben des Katholizismus in Deutschland ein schwerer Schlag, zumal die alten und neuen Landesherren durch den Reichsdeputationshauptschluß auch die Säkularisationsbefugnis für alle landsässigen Abteien, Klöster und Kapitel erhielten. Das gab die Möglichkeit, gewissermaßen einen territorialstaatlichen Febronianismus oder Gallikanismus durchzuführen — hier wie in Österreich zumeist ohne Rücksicht auf altes Recht von Kirche und Klerus sowie auf die Empfindungen und Wünsche der Bevölkerung. Noch einmal mußten sich bei dieser Neuverteilung Deutschlands große Teile der Bevölkerung dem cuius regio, eius religio beugen — nicht selten im Zusammenhang mit Verständnislosigkeit, Vorurteil und Eiferertum weniger des neuen Landesherren als seiner Behörden, so daß die Wunde der konfessionellen Spaltung ein weiteres Mal aufgerissen wurde — mitten in einer Zeit schwerster außenpolitischer Bedrohung. Und wer in der Vielfalt der „staatlichen", der hoheitlichen Mittelpunkte in Deutschland einen kulturfördernden Reichtum — etwa gegenüber den Verhältnissen in Frankreich — erblickte, der mußte nun bedauernd beobachten, daß mit den geistlichen Fürstentümern manche Hochschule und Bibliothek, manches Theater und Orchester — Ditter von Dittersdorf hat diese Entwicklung in seinen Erinnerungen geschildert —, mancher gelehrte oder künstlerisch anregende Zirkel verschwand, der für einen wohl meist nicht sehr weiten Umkreis das geboten hatte, was die großen Staatszentren nicht auszustrahlen vermochten oder beabsichtigten. Daß dabei den protestantischen Eingriffen mehr als den katholischen zum Opfer fiel, liegt in der Natur des Vorganges. „Durch rücksichtslosen Abbruch wertvollster Zeugnisse und Denkmale einer jahrhundertealten Tradition, durch Vernichtung oder Verschleuderung kostbarer Kunstschätze und Bibliotheken hat eine allzusehr von fiskalischen Gesichtspunkten gelenkte Bürokratie" (Braubach) zwar im Sinne des gegenwärtigen Vorteils ihres Staates oder Fürsten gewirkt, historisch gesehen aber eine ähnliche, ja, schwerere Schuld auf sich geladen als die bilderstürmerischen Revolutionäre. Solches Unmaß darf freilich nicht die Einsicht darein verhindern, daß bei weitem die meisten dieser geistlichen Herrschaften schon längst nicht mehr im eigentlichen Sinne lebensfähig waren und daß sie die Durchführung der in Österreich und Preußen begonnenen und eingeleiteten Reformen behindert, der Gesamtheit in Zeiten der Not weder Nutzen noch Hilfe geboten hätten.

Was hier vor sich ging, war also im Prinzip notwendig, seit Jahrzehnten geplant und empfohlen. Erst jetzt konnte der Feudalismus überwunden, die Verwaltung modern gestrafft, die längst eklektizistisch und prinzipienlos geleitete Wirtschaft vom überholten Merkantilismus befreit und insbesondere die Landwirtschaft, die wirtschaftliche Trägerin aller Staaten, im ökonomischen wie im menschlichen Bereich reformiert, letzten Endes diejenige Neuordnung des Verhältnisses von Fürst und Untertan vorgenommen werden, die allein das ideelle Übergreifen der Revolution und vielleicht selbst ihre machtpolitische Expansion zu verhindern geeignet und stark genug sein mochte.

Was für die weltliche Sphäre nötig war, konnte auch für die geistliche von Vorteil sein: die Beseitigung der Verbindung von landesherrlichen Rechten, verführerischen Vorteilen der Pfründen und eigentlichen Aufgaben des Geistlichen. „Das Ende der gesamten aristokratischen, allmählich erstarrten Kirchenverfassung war die Vorbedingung für eine innere Besinnung und Kräftigung und damit für einen Aufschwung, der schon bald allen materiellen Einbußen und Beschränkungen zum Trotz sich vollziehen sollte. Endlich wird man feststellen müssen, daß diese gesamte Fürstenrevolution von 1803, so sehr sie zunächst die Spaltung innerhalb Deutschlands zu verbreitern schien, doch auch in politischer Beziehung eine notwendige Etappe zu einer besseren Gestaltung der Dinge war ... Der Einsturz des altersschwachen, nicht mehr lebens- und erneuerungsfähigen Reiches konnte gerade den von traditionellen oder von nationalen Ideen beeinflußten zusammenstrebenden Kräften den Weg zu einer besseren Lösung des Problems von Vielheit und Einheit ebnen" (Braubach).

Das napoleonische Kaisertum und der dritte Koalitionskrieg

Bereits im Jahre 1803 hatte der französisch-englische Gegensatz sich infolge der vielen unentschiedenen Rivalitäten wieder zum Krieg ausgeweitet. Diese Auseinandersetzung der beiden Großmächte bildete den Kern des Geschehens auch auf dem Kontinent und das Zentrum für Napoleons Planungen. Weit weniger wichtig war der Komplex der innerdeutschen Neuordnung und erst recht die Belebung des Reformgeistes in Preußen, wo seit 1797 Friedrich Wilhelm III., von einflußreichen Kabinettsräten maßgeblich bestimmt, im Gegensatz zu Friedrich dem Großen nicht aus dem, sondern durch das Kabinett regierte. Unter diesen Räten spielte zunächst A. L. Menkken, der Urenkel des Herausgebers der ersten in Deutschland erschienenen gelehrten Zeitschrift, der „Acta Eruditorum", und durch seine Tochter ein Großvater Bismarcks, eine entscheidende Rolle, später als sein Nachfolger der aus der Franckeschen Stiftung kommende Lutheraner Beyme, ein ausgezeichneter Jurist und streng sachlicher, persönlich integrer Mann, der den Humanisten und Physiokraten nahestand und daher die Bauernbefreiung förderte. Vor den großen Reformern drängte in Beyme das Bürgertum den König zu einer Modernisierung von oben und bahnte in Programmen eine Verwaltungsreform durch Zentralisierung auch in den Provinzen an. Erst als so starke Persönlichkeiten wie Stein und Hardenberg in den Vordergrund traten, wurde man auch auf die Schattenseiten eines solchen Regimentes der keine ministerielle Verantwortung tragenden Kabinettsräte aufmerksam, die die Minister von sich selbst abhängig und vom König fern hielten. Immerhin: Reformansätze wurden sichtbar. Was sich hier in ihnen, und zunächst wie zur Probe auf einzelne Provinzen beschränkt, in Ansätzen zeigte — die Organisation der Verwaltung in den jüngst gewonnenen polnischen Gebieten, die Einschränkung adliger Zollprivilegien, die Durchführung der auch als Vorbild und Anregung gedachten Domänenbauernbefreiung zwischen 1799 und 1805, die Aufhebung der den Verkehr störenden Binnenzölle und selbst die Verkürzung des militärischen Zopfes —, das alles war gewiß von der Französischen Revolution teils angeregt, teils beschleunigt, konnte aber große Bedeutung und entscheidende Auswirkung erst erhalten, nachdem es aus dieser Verknüpfung befreit und zu einem umfänglichen Werk des staatlichen und gesellschaftlichen Neubaus erweitert und erhöht worden war. Dazu aber bedurfte es gerade der Befreiung vom revolutionären französischen Vorbild, das durch die Ereignisse der nächsten Jahre zum Abbild verhaßter Fremdherrschaft wurde. Insofern erhielt diese Frist von knapp drei Jahren zwischen dem Reichsdeputationshauptschluß und den nach den Schlachten von Ulm und Austerlitz über Preußen weit hinaus entscheidenden Niederlagen in Thüringen eine grundsätzliche Bedeutung. Diese Schläge befreiten die seit langem existierenden Reformforderungen und -ansätze aus deutscher Wurzel von den das nationale Selbstgefühl gerade der aufblühenden Romantik belastenden, wenngleich zweifellos wertvollen Anregungen und Anstößen aus der Französischen Revolution, so daß, was nach dem allgemeinen Zusammenbruch von 1805/07 geschaffen wurde, nun doch wieder deutsch war.

Einstweilen aber war Napoleon — die große territorial ordnende, Frankreichs Kräfte erweiternde, konzentrierende und steigernde Persönlichkeit — entschlossen, den französisch-staatlichen und eigenen Machtbereich um den Preis weiterer Kämpfe auszudehnen, die seinem Feldherrngenie die Möglichkeiten neuer brillanter Bewährung boten. Nationales und Persönliches verbanden sich so zu dem Plan, Frankreich weit über die kaum noch genannten „natürlichen Grenzen“ hinaus zu erweitern und es — wie ihn, Napoleon — teils unmittelbar, teils durch kurz gehaltene Bundesgenossen über den Kontinent herrschen zu lassen. So steigerte der korsische General, indem er die revolutionären Kräfte konsolidierte, die lange französische Vormachtstradition weit über alle früheren Zielsetzungen hinaus, so daß die alten Monarchien sich gegen eine Zusammenfassung von traditionellem und revolutionärem Ehrgeiz verteidigen mußten, wie sie in der europäischen Geschichte bisher nicht bekannt geworden war. Im Mai 1804 schuf der Emporkömmling sich eine Monarchie sui generis in der Form eines ersten französischen Kaisertums, das die alte Idee von Kaiser und Reich praktisch bedeutungslos werden ließ, mit revolutionärem Anspruch nicht nur auf Vorrang, sondern auch auf Vorherrschaft. Für den deutschen Historiker liegen Vergleiche dieser Selbsterhöhung mit dem hier brutal vorweg unterstellten Ende des alten Reiches und mit der Selbstkrönung des ersten preußischen Königs rund ein Jahrhundert zuvor nahe. Welch ein Unterschied! Dort das jahrzehntelange Verhandeln, das Lavieren, das geschickt verteilte Geld eines Fürsten, der ehrgeizig die vom Vorgänger geschaffene Machtposition rangmäßig anerkannt sehen wollte und doch nur einen — wenngleich wertvollen — Teilerfolg errang, hier die starke Basis aus Revolution und Schlachtenruhm, die es gestattete, nach der Zerschlagung alter Staaten und Neubildung von Satelliten ein modernes Kaisertum zu begründen und schon nach wenigen Monaten für den Imperator als Nachfolger Karls des Großen in Mainz praktisch die Huldigung der deutschen Fürsten zu fordern.

Inzwischen hatten west- und südwestdeutsche Mittelstaaten bereits eine zuverlässige Klientel formiert, die kurzsichtig von Napoleon nicht die eigene Unterwerfung befürchtete, sondern Hilfe bei der Mediatisierung der Reichsritterschaft erhoffte. Die rechtswidrige Entführung des bourbonischen Herzogs von Enghien aus Baden und das nicht weniger gewaltsame Vorgehen gegen englische Diplomaten war ohne Protest hingenommen worden. Nun machte man sich mit dem von Karl Friedrich von Baden und dem Fürstprimas Dalberg in engstem Egoismus geförderten Plan Napoleons vertraut, der auf die Bildung eines

Bundes mittlerer deutscher Fürsten hinauslief und zwar diesen einstweilen eine schon lange nicht mehr genossene Macht sichern, vielleicht aber auch Deutschlands Konzentration zum Großsatelliten unter napoleonischer Protektion und damit das Ende jeder eigenständigen Entwicklung zur Folge haben mochte.

Noch ein letztes Mal erwiesen Preußen und Österreich sich als die Zentren des Willens zur Behauptung staatlicher Unabhängigkeit. Nun zeigte sich aber auch, daß die in Verbindung mit der Demarkationslinie geschaffene preußische Vorrangstellung in Norddeutschland letzten Endes eine schwere Belastung bedeutete: gestattete Preußen beim Wiederausbruch des englisch-französischen Krieges den von Napoleon angekündigten Einmarsch nach Hannover, so verzichtete es damit auf das Ergebnis von 1795, nämlich die norddeutsche Neutralität; protestierte es dagegen, dann wahrscheinlich mit dem gleichen Ergebnis. Friedrich Wilhelms Ausweichen in umständliche Verhandlungen verhinderte schließlich doch nicht den französischen Erfolg: die Okkupation Hannovers, die Auflösung der hannoverschen Armee, die Besetzung Cuxhavens und die Bedrohung des preußischen Seehandels. Napoleon stellte Preußen, indem er ihm Hannover anbot, ausdrücklich und unausweichlich vor die Entscheidung. So lockend Friedrich Wilhelm die territoriale Ausdehnung im Nordwesten und dahinter das Angebot einer preußischen Kaiserkrone erscheinen mußte — noch mehr als Napoleons Mißgunst nach der Ablehnung dieses Angebots fürchtete er die Feindschaft Rußlands nach seiner Annahme. So verzichtete er auf Hannover und schloß am 24. 5. 1804 mit dem Zaren ein Verteidigungsbündnis gegen Frankreich.

In Österreich, wo um die gleiche Zeit von Erzherzog Karl betriebene Reformen an Geldmangel scheiterten, erwies Kaiser Franz sich ähnlich unentschlossen wie der preußische König. Er versuchte bei aller grundsätzlichen Abneigung gegen das revolutionäre Frankreich einen vorteilhaften Mittelweg zu finden zwischen englischen Subsidien, militärischen Hilfeleistungen an Rußland, französischer Unterstützung gegen die Reichsritterschaft und für die Begründung eines habsburgischen Kaisertums neben dem napoleonischen. Aber wie wenig echte Herrschaft steckte hinter der Errichtung des Kaisertums Österreich, die

Franz der napoleonischen Selbstkrönung am 11. 8. 1804 trotzig entgegenstellte. Sie bildete durch die Basierung auf die habsburgischen Erblande offenbar eine Verletzung des Reichsrechts und im Grunde nicht weniger eine Förderung der Auflösungsansätze als der Reichsdeputationshauptschluß. Fast möchte man sagen, daß hinter Friedrich Wilhelms Selbstbeschränkung auf die Königskrone mehr Würde stand als hinter der hastigen, dem Revolutionsgeneral nachgeahmten Rangerhöhung. Als vollends beide Kaiser einander anerkannten — der französische mit unehrlichen Hintergedanken, der österreichische unter Preisgabe der deutschen, ja, der habsburgischen Geschichte —, bildete dies nach der Planlosigkeit der Koalitionskriege und der widerstandslosen Hinnahme der Absetzung und Hinrichtung Ludwigs XVI. einen besonders unwürdigen Abschluß für diese Phase der Revolutionszeit.

Seit dem Mai 1804 bemühte sich Pitt, erstmals eine neue, auf den nationalen Kräften beruhende Koalition gegen Napoleons Expansions- und Invasionspläne zu errichten. Sein bedeutendster Mitspieler war Alexander I., der mit dem Frankreich der Revolution auch dessen Kaiser vernichten wollte. So kam es am 11. 4. 1805 zum Abschluß der englisch-russischen Allianz in St. Petersburg, der sich alle Mächte des alten Europa anschließen sollten. Schweden und Neapel vollzogen diesen Schritt sofort; Österreich folgte im Bewußtsein seiner militärischen und finanziellen Schwäche erst nach erheblichem russischem Druck und als Frankreichs Italienpolitik Venetien gefährdete, Napoleon sich zum König von Italien krönen ließ und so über seine Unersättlichkeit kein Zweifel bestehen konnte: nach einem Defensivbündnis vom November 1804 trat es am 9. 8. 1805 dem Angriffsbündnis bei. Friedrich Wilhelm III. schließlich gelang es, seiner Neigung zum Ausweichen und der offenkundigen Schwäche Preußens entsprechend, eine Parteinahme zu vermeiden und sich Rußlands Drohungen und Frankreichs Lockungen nur soweit zu fügen, daß er einen Teil seiner Truppen mobilisierte.

Das aber ließ in der Koalition von vornherein eine wichtige Lücke offen, während Frankreich sich seit dem letzten Kriege unter Napoleons Hand konsolidiert hatte und die süddeutschen

Fürsten an sich zog. Schon zwei Wochen nach Österreichs Anschluß an die Koalition stellte außerdem der den Österreichern stärker als Frankreich mißtrauende Kurfürst Max Joseph von Bayern im Bündnisvertrag zu Bogenhausen Napoleon 20000 Mann zur Verfügung. Dafür sollte er nach dem Sieg erhebliche Gebietsgewinne erhalten, während er seit langer Zeit von den Habsburgern nur eine zwangsweise Umsiedlung nach Brüssel zu erwarten hatte. Baden folgte auf dieser Linie Anfang September, Württemberg erst nach einem weiteren Monat, als die französischen Truppen bereits im Lande standen. Denn inzwischen hatte Napoleon am 8. 9. überraschend den Krieg begonnen. Schnell wurden die Österreicher bei Ulm eingeschlossen und zur Kapitulation gezwungen; am 13. 10. zogen die französischen Truppen in Wien ein, während die russischen nach Mähren abmarschierten.

Eine Woche nach dem Fall Wiens vernichtete zwar Nelson am 21. 10. bei Trafalgar ein für allemal die französischen Invasionshoffnungen und damit die Möglichkeit, das Insel- und Überseereich zu bezwingen. Er sicherte mit diesem Siege außerdem Großbritannien und dessen Verbündeten gegen Frankreich uneingeschränkt die kolonialen Reichtümer, was nach menschlichem Ermessen auch ohne direkte militärische und politische Fehler bei den Franzosen auf die Dauer deren Schwächung, Verarmung und Niederlage herbeiführen mußte. Aber einstweilen und für weit mehr als ein Jahrhundert war man zumindest in Mitteleuropa in der Einschätzung des kriegswirtschaftlichen Potentials der Mächte noch nicht so erfahren, daß diese Zusammenhänge klar erkannt wurden. Napoleon dagegen hatte sie von jeher wenigstens geahnt und den See- und Invasionskrieg gegen England stets zwar voller Erbitterung, doch nur mit halber Kraft betrieben, im übrigen aber sich auf seine Überlegenheit in der Führung von Heeren beschränkt. Nun gab er, der schon vor Trafalgar für die Invasion vorgesehene Truppen von Boulogne abgezogen hatte, den direkten Krieg gegen England gänzlich auf. Als Auswirkung von Nelsons Sieg erwartete er die entschlossene Gegnerschaft Österreichs und auch das Eingreifen Preußens, dessen König am 3. 11. einen Vertrag mit dem Zaren schloß. Bevor aber Friedrich Wilhelm, der mit Alexander am

Grabe Friedrichs des Großen die Freundschaft besiegelt und beschworen hatte, sich wirklich zur Teilnahme am Kriege entscheiden konnte, erfocht Napoleon bereits am ersten Jahrestag seiner Kaiserkrönung, dem 2. 12. 1805, in der Dreikaiserschlacht bei Austerlitz einen glänzenden Sieg über die österreichischen und russischen Truppen. Das bedeutete das Ende der dritten Koalition gegen Frankreich. Der Zar verließ mit seinen Truppen den österreichischen Bundesgenossen, und dieser war gezwungen, am 6. 12. in Znaim einen Waffenstillstand und am 26. 12. in Preßburg den Frieden zu schließen, nachdem inzwischen am 15 .12. in Schönbrunn ein französisch-preußischer Bündnisvertrag, ein Schutz- und Trutzbündnis, zustande gekommen war, in dem Preußen auf Ansbach, den rechtsrheinischen Teil von Cleve mit Wesel und das schweizerische Neuenburg verzichtete, andererseits Hannover erhalten sollte — d.h. an Frankreich gebunden war. „So schmählich hatte sich Preußen nun doch von seiner Neutralitätspolitik abdrängen lassen“ (Hintze). Genau zwei Monate später folgte das noch viel ungünstigere und demütigendere Pariser Traktat, welches das Bundesverhältnis weit schärfer faßte.

Im Preßburger Frieden trat Österreich seine italienischen Besitzungen, die Napoleon ihm noch vor wenigen Jahren garantiert hatte, an Frankreich ab, Tirol und Vorarlberg an Bayern, die übrigen vorderösterreichischen Gebiete an Baden und Württemberg, so daß deren freiwillige Unterwerfung unter Napoleon sich zunächst gelohnt hatte. Österreich erhielt zwar Salzburg, dessen Fürst kurzerhand nach Würzburg abgeschoben wurde; aber der Krieg endete so doch mit der Verdrängung Österreichs aus Italien und Deutschland, d.h. mit einer ganz neuen Situation in Mitteleuropa — um so mehr, als in beiden Gebieten das französische Gewicht entscheidend wurde. „Austerlitz und der Preßburger Friede gaben Napoleon die unbedingte Herrschaft über Deutschland. Trotzdem blieb die bei Austerlitz gefallene Entscheidung Episode, da Napoleon an der durch Trafalgar geschaffenen Weltlage auf die Dauer scheitern sollte. Die Übermacht zur See war wichtiger als die auf dem Festlande“ (Mommsen).

Das Ende des Deutschen Reiches und der Zusammenbruch Preußens

Indem Napoleon seine Familie mit Thronen versorgte, griff er die habsburgische Heiratspolitik früherer Jahrhunderte in revolutionärer Abwandlung wieder auf und schuf auch Frankreich damit eine politisch zuverlässige Staaten-Gefolgschaft. Doch konnte er nicht verhindern, daß diese neuen Fürsten — die Könige Joseph in Neapel und Ludwig in Holland, dazu Murat im Fürstentum Berg, Eugen Beauharnais als Gemahl der Prinzessin Auguste von Bayern, Napoleons Adoptivtochter Stephanie Beauharnais als Gemahlin des badischen Kurprinzen Karl und endlich sein jüngster Bruder Jérôme, der spätere König von Westfalen, als Gemahl einer württembergischen Prinzessin — unpopulär waren und blieben. Das von Frankreich seit alters angestrebte „Dritte Deutschland" konnte nun geschaffen, im Rheinbund organisiert und so Napoleons Politik eingefügt werden, die das Grand Empire in Europa und Übersee zum Ziele hatte. Seine süddeutschen Bundesgenossen Württemberg, Bayern und Baden banden sich im Dezember 1805 bei der Übernahme der österreichischen Abtretungen und in Verbindung mit der bereits in Preßburg vorgesehenen Erhöhung Bayerns und Württembergs zu Königreichen durch neue Verträge und jene Eheschließungen juristisch und persönlich fest an Frankreich. Doch hatte die jüngste Geschichte bereits deutlich gezeigt, daß diese Staaten in ihrer geographisch exponierten Lage und militärischen Wehrlosigkeit ihre Verträge nicht mehr auf Grund der eigenen politischen Entscheidungen trafen, sondern in Anpassung an Neuordnungen der Großmächte — mochte dabei auch wie jetzt ein Land- und Ranggewinn möglich sein. Am strategisch wichtigen Niederrhein wurde für Murat aus ehemals preußischem und bayrischem Besitz das Fürstentum Berg ins Leben gerufen — all das waren Vorläufer und Anfänge für die Errichtung eines allgemeinen Vasallitätsverhältnisses unter Auflösung des Reiches. Über mehrere Etappen, wie die Aufhebung der Souveränität von Augsburg, Nürnberg, Frankfurt und zahlreichen vom Reichsdeputationshauptschluß nicht ergriffenen kleinen Landesherren und die verspätete Erkenntnis der bayerischen und württembergischen Könige, daß Napoleons Faust sie straffer band als die alte Reichsverfassung, kam es am 16. 7. 1806 zur Unterzeichnung der Rheinbundakte durch 16 deutsche Fürsten, die sich damit vom Reich trennten und unter dem Protektorat des französischen Kaisers eine Konföderation von staatsrechtlicher Scheinselbständigkeit bildeten. Daran waren beteiligt: der Fürstprimas Karl Theodor von Dalberg, der bei dieser Gelegenheit das im Januar 1806 im Frieden von den Franzosen besetzte Frankfurt erhielt, das 1810 Hauptstadt des „Großherzogtums Frankfurt" wurde, die Könige von Bayern und Württemberg, die gleichfalls im Rang erhöhten Großherzöge von Baden, Hessen-Darmstadt und Berg, die Herzöge von Nassau, die Fürsten von Hohenzollern, Salm, Isenburg, Liechtenstein und von der Leyen sowie etwas später Großherzog Ferdinand von Würzburg (ehemals von Toskana). Dieser Bund schloß mit Frankreich ein Angriffs- und Verteidigungsbündnis und stellte für jeden Krieg auf dem Kontinent seine sämtlichen Truppen unter Napoleons Oberbefehl. Die von Napoleon geschaffenen süddeutschen Mittelstaaten — „Zufallsstaaten" nach Treitschkes scharfem Wort — sollten im 19. Jahrhundert ein beträchtliches Hindernis auf dem Wege zur deutschen Einheit bilden.

Zwei Wochen später folgten logisch am 1. 8. gleichzeitig mit dem formellen Austritt der Rheinbundfürsten aus dem Reich und nach einer ultimativen Aufforderung Napoleons an Franz II., die Krone des Deutschen Reiches niederzulegen, die Mitteilung Frankreichs an den Reichstag, daß man das Reich nicht länger anerkenne. Bereits 5 Tage später, am 6. 8., erklärte der deutsche Kaiser Franz II. (als österreichischer Kaiser Franz I.), dem nach der Schaffung des österreichischen Kaisertums und in seiner persönlichen Beschränkung auf eine kleinlich-formalistische und autokratische Fortführung des Josephinismus im engsten österreichischen Bereich ein solcher Anstoß nicht unwillkommen sein mochte, das Amt des deutschen Kaisers für erloschen und entband alle Reichsstände von ihren Pflichten gegenüber dem Reich. Dieses, seit 1648 im Grunde seiner Existenz viel umstritten und seit 1803 in Wirklichkeit schon zerstört, verlor nun sein Dasein nicht allein durch Napoleons Eingreifen, der gewiß die stärkste Kraft dabei war, sondern auch durch Gefügigkeit und dynastischen Egoismus der Rheinbundfürsten und des österreichischen Kaisers. „An die Stelle des alten Deutschen Reiches, das gerade ein Jahrtausend bestanden hatte, trat also in Europa das Empire Napoleons — bestehend aus Frankreich und dem Kranze seiner Vasallenstaaten, der von Holland über den Rheinischen Bund bis hinunter nach Italien und nach Neapel die Kernlande des Empires umgab" (Schnabel). Nur Preußen mit den norddeutschen Staaten hatte hinter der Demarkationslinie und — paradoxerweise — durch die Unentschlossenheit seiner Könige seit mehr als einem Jahrzehnt eine formale Selbständigkeit behaupten können. Nun tat es, von Napoleon ungleichmäßig und letzten Endes nicht ehrlich gefördert, angesichts der Auflösungserscheinungen im Reiche manches, um diesen Rest zu einem norddeutschen Bunde zusammenzufassen und ihm durch eine neue Standeserhöhung des preußischen Monarchen zum Kaiser im Rahmen der Inflation der Kronen seine relative Position zu erhalten. Die Niederlagen in Thüringen sollten auch diesen Bemühungen ein frühes Ende setzen. Mit dem 6. 8. 1806 war das Heilige Römische Reich erloschen, mit den Niederlagen von Jena und Auerstädt wurde die Bildung eines preußischen Kaiserreiches unmöglich.

Der militärische und anschließend, durch ihn ausgelöst, auch der innenpolitische Zusammenbruch Preußens, der von nicht wenigen Zeitgenossen seit den letzten Jahren Friedrichs des Großen, häufiger noch seit der zunehmenden politischen Erstarrung und Ziellosigkeit unter Friedrich Wilhelm II. vorausgesagt worden war, beschloß unter Beseitigung des Restes der Regelung vom Baseler Frieden, den ersten Abschnitt des „Zeitalters der Französischen Revolution und Napoleons" oder des Verfalls, des Zusammenbruches, der Reformen und der Wiederbefreiung für Deutschland. Die mancherlei Reform- und Aufbauansätze in Preußen nach 1789, die unsystematisch begonnen hatten, nicht selten vorzeitig abgebrochen oder auf den engen Raum eines Teilversuches beschränkt worden waren, konnten eine tiefgreifende Wirkung und eine zum erfolgreichen Widerstand gegen das napoleonische Frankreich genügende Erstarkung nicht erzielen. Friedrich Wilhelm III. mochte die Ratifizierung der Schönbrunner Konvention hinauszögern und schließlich verweigern — Napoleon zwang den preußischen Gesandten Haugwitz zu einem neuen Vertrag von Paris am 15. 2. 1806: Preußen mußte Hannover sowie die Nordseehäfen besetzen, d.h. sich mit England verfeinden. Gleichzeitig verhandelte Napoleon jedoch mit England und Rußland, so daß man sich in Preußen schließlich isoliert und zum Objekt der Politik jener drei Großmächte herabgewürdigt sah. Schließlich gelang dem von Hardenberg beratenen Friedrich Wilhelm noch einmal eine Annäherung an Alexander I., der daraufhin sofort die beabsichtigte und vorbereitete Verständigung mit Napoleon aufgab und die Bildung einer vierten Koalition betrieb. Am 29. 6. verlangte Preußen ultimativ die Räumung Süddeutschlands von französischen Truppen bis zum 8. 10. Am 1. 7. 1806 erklärte Preußen, es werde Napoleon nicht gegen Rußland unterstützen; am 24. 7. folgte Alexander mit einer Garantieerklärung für Preußen; am 6. 8. forderte Preußen die Räumung der von Frankreich besetzten preußischen Reichsabteien Essen, Elten und Werden, die Freigabe eines norddeutschen Bundes und die Zurückziehung der französischen Truppen von den preußischen Grenzen; am 9. 8. mobilisierte Friedrich Wilhelm den größten Teil des preußischen Heeres in der Annahme, Napoleon beabsichtige, ihn anzugreifen. Dieser hatte das zwar nicht direkt getan, reagierte aber nun auf die preußische Maßnahme mit militärischen Vorbereitungen, die in Berlin wieder als Bestätigung der Vermutung empfunden wurden und den Entschluß zum Kriege veranlaßten. Als Friedrich Wilhelms Ultimatum von Ende Juni am 8. 10. abgelaufen war, wurde am nächsten Tage in Berlin unter maßgeblichem Einfluß von Chr. K. von Haugwitz, der schon seit zehn Jahren einen sehr ungünstigen Einfluß auf die preußische Politik ausgeübt und deren unklares Schwanken mitverschuldet hatte, das von Gentz verfaßte Kriegsmanifest veröffentlicht, dem sich Sachsen und Sachsen-Weimar anschlossen.

Nicht allein das Verhältnis der militärischen Führereigenschaften, sondern auch das zahlenmäßige der nun auf beiden Seiten eingesetzten qualitativ wertvollen Truppen war für Preußen sehr ungünstig. Karl II. Wilhelm Ferdinand von

Braunschweig, ein Offizier engster friderizianischer Tradition, dessen gefährliche militärische und diplomatische Schwächen 1792/93 deutlich hervorgetreten waren, übernahm jetzt auf Drängen der durch ihre gefühlsbetonten Urteile auch sonst in der Politik nicht eben glücklich wirkenden, von sich selbst überzeugten und von ihrer Umgebung zunehmend romantisch überschätzten Königin Luise den preußischen Oberbefehl. Sein Vorschlag, die Armee bei Naumburg zu konzentrieren, wurde abgelehnt. Am 10. 10. wurde die preußische Vorhut nahe Saalfeld unter Prinz Louis Ferdinand geschlagen, der dabei den Tod fand — Arndt bezeichnete sein Ende mit den Worten: „Mit 2000 Tapfern den thermopylischen Tod, ein herrliches Opfer"; und Clausewitz schrieb: „... der preußische Alkibiades ... gehörte zu denen, welche den Widerstand gegen Frankreich für unerläßlich und einen frühen Widerstand für weiser als einen späten hielten. Sein Ehrgefühl als preußischer Prinz und als Neffe Friedrichs des Großen, sein ungestümer Mut, selbst sein sorgloser Leichtsinn mußten ihn in diese Richtung fortstoßen." Der König gab nun seine Offensivpläne auf, und am 14. 10. folgte die entscheidende Niederlage der vom Fürsten Hohenlohe geführten Heeresgruppe bei Jena durch Napoleon und die der vom Herzog von Braunschweig geführten Truppen bei Auerstädt durch Davout. Da der König nach des Braunschweigers Erblindung und tödlicher Verwundung nicht die Führung der preußischen Armee übernahm, splitterte diese auseinander. Am 27. 10. war Napoleon in Berlin, am 28. kapitulierte Hohenlohe bei Prenzlau, am 7. 11. Blücher bei Lübeck. Die großen Festungen ergaben sich zumeist; nur Kolberg, Graudenz, Pillau und Neisse hielten sich und leisteten energischen Widerstand, der im Augenblick sinnlos erscheinen mochte, an dessen Geist aber später die Reformer anknüpfen konnten.

Am 21. 11. verkündete Napoleon, indem er Ideen des Revolutions-Frankreich aufgriff und fortführte, von Berlin — also einem mitteleuropäischen Zentrum — aus die Kontinentalsperre gegen England, während er sich gleichzeitig entschlossen zeigte, äußerstenfalls sofort gegen Rußland zu marschieren. Doch nahm er zunächst als letzten Teil der Unterwerfung Deutschlands die Neuordnung Norddeutschlands vor: Braunschweig, Hessen-Kassel und der eben erst gegründete Staat des Oraniers wurden aufgelöst; Sachsen wurde zum Königreich erhoben, mit der Gruppe der ernestinischen Fürsten in Thüringen Friede und Freundschaft, mit Preußen dagegen am 30. 10. ein Präliminarfriede geschlossen, der dem Besiegten den Verzicht auf alle Gebiete westlich der Elbe außer Magdeburg und der Altmark und auf jede Verbindung mit anderen deutschen Staaten sowie hundert Millionen Franken Kriegsentschädigung auferlegte. Friedrich Wilhelm lehnte die Bedingungen unter dem Einfluß von Beyme, Stein und der Königin ab und entschloß sich zur Fortführung des Kampfes im Bunde mit dem Zaren, der bereits größere Truppenkontingente in Polen stehen hatte. Unter Verzicht auf Hannover schloß er im Januar 1807 Frieden mit England, das ihm im Juni einen Subsidienvertrag gewährte. Napoleon, der in Polen als Befreier empfangen wurde, verhinderte die Konzentration der russischen Truppen und drängte diese durch Gefechte bei Pultusk und Golymin nach Norden. In der blutigen Schlacht bei Preußisch-Eylau gelang es am 7./8. 2. 1807 dem von Scharnhorst beratenen General L'Estocq zum ersten Male in diesem Kriege, Napoleon am Siege zu hindern. Dieser versuchte nunmehr wieder sein altes Spiel, die Verbündeten zu trennen, d. h. Friedrich Wilhelm zum Abfall vom Zaren zu bewegen. Auch hier gelangte er nicht zu einem Erfolg, sondern Friedrich Wilhelm verbündete sich im April mit Schweden und erneut bei Bartenstein am 26. 4. mit Rußland, das ja bereits seit fast einem Jahr die preußische Politik stark beeinflußt hatte. Österreich zu gewinnen gelang den beiden Verbündeten nicht.

Doch schon wenige Wochen später wendete sich das Kriegsglück wieder: nachdem Napoleon am 24. 5. Danzig besetzt hatte, siegten am 14. 6. die Franzosen über die Russen bei Friedland; sie besetzten den größten Teil von Ostpreußen und bewogen durch ihre Überlegenheit nun den Zaren, dem Bartensteiner Vertrag zum Trotz sich mit Napoleon zu verständigen, zumal Englands Hilfe für Rußland großenteils ausblieb. Damit erhielt Napoleon die Aussicht, den Blockadekrieg gegen England wirklich dem Berliner Dekret entsprechend zur Kontinentalsperre zu steigern. Am 7. 7. wurde von Napoleon und Alexander in Tilsit der Friedens- und Bündnisvertrag unterzeichnet: in Fortführung der revolutionären Art, über fremdes Gut zu verfügen, erhielt der Zar das Recht, das schwedische Finnland zu besetzen, und Napoleon dasjenige, ein mit Sachsen in Personalunion verbundenes, aus den preußischen Provinzen Süd- und Neuostpreußen bestehendes Herzogtum Warschau zu bilden, d.h. wieder einen polnischen Staat herzustellen. Alexander bestand auf der Erhaltung Preußens, duldete aber gern, daß es bis zur Ungefährlichkeit verkleinert wurde. Der von der preußischen Königin Luise auf Alexanders Veranlassung und wohl auch aus der Erkenntnis der Schwächen des preußischen Königs unternommene verzweifelte Versuch, bei den Tilsiter Verhandlungen Napoleon durch ihre Schönheit einzunehmen, konnte die weltpolitischen Entscheidungen des Imperators nicht beeinflussen. Durch den Tilsiter Frieden vom 9. 7. 1807, der das „System von Tilsit" abschloß, büßte Preußen alle Gewinne aus der zweiten und dritten polnischen Teilung sowie den Netzedistrikt, dazu alle Gebiete links der Elbe mit Magdeburg ein. Danzig wurde eine preußisch-russischem Schutz unterstellte Freistadt mit einem Gebiet von zwei Quadratmeilen, die im System der Kontinentalsperre verkümmerte. Das für Napoleons Bruder Jérôme neu geschaffene Königreich Westfalen vereinigte Gebiete, die bisher zu Preußen, Hannover, Braunschweig und Hessen gehört hatten. Preußen, das aus den Provinzen Brandenburg, Pommern, Preußen und Schlesien bestand und also in die Reihe der Kleinstaaten zurückgestoßen worden war, mußte sich in die Front gegen England einfügen sowie der Königsberger Konvention vom 12. 7. entsprechend Kriegsentschädigungen und -kontributionen in einstweilen unbestimmter Höhe zahlen, bevor die französischen Truppen die besetzten Gebiete räumten. Nach der Auflösung des Reiches hatte zwar, wie Napoleon hervorhob, „mit Rücksicht auf das befreundete Rußland" diejenige des Königreiches Preußen mit knapper Not vermieden werden können, doch besaß der preußische Staat, dessen Ostexpansion beendet war, einstweilen keinerlei Handlungsfreiheit, sondern gehörte zu den weiten Teilen West- und Mitteleuropas, die Napoleon besetzt hielt und beherrschte.

Kultur und Politik in den „klassischen" Jahrzehnten zwischen dem Tode Friedrichs des Großen und dem Zusammenbruch Deutschlands

Während in den wenigen Jahrzehnten zwischen dem Tode so starker Persönlichkeiten wie Maria Theresias, Friedrichs des Großen und Josephs II. und dem Ende des Systems von Tilsit das Reich, Österreich und Preußen einen vollkommenen außen- und innenpolitischen Zusammenbruch hinnehmen mußten, der keineswegs ausschließlich durch die Französische Revolution und Napoleon verursacht war, entwickelte sich in dem gleichen Zeitraum das im Geistesleben, insbesondere für die Literatur so genannte „Zeitalter der Klassik" — eine noch heute gebrauchte, aber nicht mehr sehr treffend erscheinende Bezeichnung, die vom neuhumanistischen Bildungsbürgertum des 19. Jahrhunderts geprägt und erhalten wurde und mit der Benennung zugleich eine Exklusivbeurteilung verband. Denn zwischen dem Beginn von Goethes italienischer Reise 1786 und Schillers Tod im Jahre 1805 liegen nicht allein die Hauptschaffensperioden dieser beiden großen „Klassiker", sondern gleichzeitig die Werke anderer Dichter sowohl der ausgehenden Aufklärung wie des Sturm und Drang und der beginnenden Romantik. „Gemeinsame Merkmale des höchst bewußten, weil reifen Kunstschaffens der Klassik sind das Streben nach Gestaltung von Typischem, Urbildern als höchster Erscheinungsform von Welt und Mensch, Welterfassung im Symbol, sittlicher Ordnung, Größe und Klarheit bei Anerkennung einer sinngebenden Polarität; Ruhe und Ebenmaß der Persönlichkeitsbildung, Humanität, nicht die Aussicht ins Unendliche, sondern diesseitige Vollendung in geschlossener, harmonisch ausgewogener Kunstform als Ausdruck einer tiefen Harmonie des Welt- und Menschenbildes" (Martini).

Die Aufsplitterung der Politik unter kleinlichsten, egoistischen Gesichtspunkten, die Auflösung des Reiches und der Abstieg Preußens und Österreichs fanden also kein Gegenstück in der Literatur, wo vielmehr großartigste Maßstäbe errichtet und Ziele gesteckt wurden; sie nahm auf die gleichzeitige politische Entwicklung kaum einen Einfluß und wollte es auch nicht. Die überaus starke Verbindung von Kunst und Politik in den Zeiten etwa der Reformation und des Dreißigjährigen Krieges fand nun in den klassischen Jahrzehnten kein Gegenstück; jetzt entwickelte und im 19. Jahrhundert verstärkte sich die zunächst nicht programmatische Erscheinung vielfach zu der Überzeugung, daß Kunst, Bildung und Wissenschaft sich der Politik fernhalten sollten und keine natürliche Verbindung zu dieser besäßen — auch nicht durch die Gemeinsamkeit des Erlebens im gleichen Volk und Staat. Dagegen haben die Reformer des politischen und sozialen Lebens bereits in jener Zeit, mehr aber noch nach 1805/07 sich durch die großartigen literarischen Leistungen aufs stärkste verpflichtet und angeregt gefühlt. Viele ihrer Auffassungen, Lehren und Formulierungen wären ohne die vorhergegangenen und gleichzeitigen Werke der deutschen Literatur nicht geschaffen worden und sind ohne jene nicht verständlich, wurde doch in der Kunst weithin eine Auffassung vom Menschen und seiner Stellung in der Welt, in Staat und Gesellschaft vertreten, welche die Reformer im täglichen Leben verwirklichen wollten.

Während Deutschland als Einheit und in seinen größeren und kleineren Teilen in der europäischen Politik eine immer geringere Rolle spielte und innenpolitische Reformen nur zögernd einleitete, folgte in der Kunst auf die „große Gärung des Geschmacks“, wie Lessing die Aufklärung genannt hat, und die literarische Revolution des Sturm und Drang, von jener her fundiert und aufs stärkste gelenkt, die literarische Höhe der Neuzeit. „Von 1780 bis 1830 hat Deutschland alle Ideen unseres Zeitalters hervorgebracht ... Am Ende des 18. Jahrhunderts erhob sich der deutsche philosophische Geist, der, nachdem er eine neue Metaphysik, Theologie, Poesie, Literatur, Sprachwissenschaft, Exegese, eine neue Bildung hervorgebracht hat, jetzt in die Wissenschaften eindringt und seine Entwicklung fortsetzt“ (Taine). „Diese dichterisch-philosophische Hochkultur ... hat endlich in nationaler Beziehung überaus bedeutsam dadurch gewirkt, daß sie etwas vollbrachte, was der bisherigen staatlichen Entwicklung nicht gelungen war und was der Sturm der Reformation ... infolge der tiefen dauernden Spaltung für das Religiöse, dieses geistige Grundferment eines Volkes, geradezu aussichtslos gemacht hatte. Sie gab den verschiedenen Stämmen, den schroff getrennten gesellschaftlichen Schichten, ja, sogar den feindlichen Konfessionen einen gemeinsamen Grund und Boden, auf dem sie sich alle zusammenfanden. Es ist freilich nicht zu leugnen, ... daß weite Schichten des niederen Volkes, der bäuerlichen wie der kleinbürgerlichen Bevölkerung jener hoch gerichteten Bildung ebenso fern standen, wie diese ihrerseits im Gegensatz zur Aufklärung nur wenig Notiz vom gewöhnlichen Volk nahm" (Steinhausen).

Politisch bedeutungsvoll wurde, daß neben der Klassik die Romantik unter manchen Veränderungen in sich selbst immer stärker um sich griff. „Als die ausgleichende Weltherrschaft alles Nationale zu ersticken drohte", suchte die Romantik „in den tiefsten Fasern unseres Daseins die Gewährschaft eines eigentümlichen Lebens und Bestandes" (Uhland). Die Klassik legte den Grund für die neuhumanistische Bildung des 19. Jahrhunderts; die Romantik, die u. a. herdersche, frühgoethesche und weiter zurückreichende Ansätze aufgriff, wurde sich der Bedeutung des Volkstums bewußt und erweiterte und vertiefte das rationalistische Bildungswesen nach der Seite des Gefühlslebens; und gleichzeitig trat mit der politischen Zuspitzung immer stärker das politische Element auch in der Literatur in Erscheinung. Es kam von Schlözer und Klopstock, wirkte durch Schubart, die Hainbündler, den Sturm und Drang, erhielt eine sehr eigene Prägung bei Möser und erfuhr die entscheidende Intensivierung seit Ernst Moritz Arndt. Hier und bei Fichte vollzog sich unter dem Einfluß der außenpolitischen Geschehnisse und innenpolitischen Stagnation die Abkehr vom humanistischen, apolitischen Kosmopolitismus und die Wendung bis zum kämpferisch, propagandistisch und demagogisch Nationalen. Dabei kam es naturgemäß zu sehr komplizierten Überschneidungen, Kombinationen und gegenseitigen Beeinflussungen — sowohl vom Literarischen im engeren Sinne her wie durch die verschiedenen politischen Elemente, z.B. die Ideen der nationalen Einheit, der individuellen Freiheit und des antimerkantilistischen und antiabsolutistischen Wirtschaftsliberalismus.

Schon 1796, ein Jahr nach dem Friedensschluß zu Basel und während des napoleonischen Kriegszuges nach Italien, erklärte Johannes von Müller in seinen „Philippiken": „Es gibt für jedes Volk Zeiten, wo die Vorsehung (welche nicht Schlummer und Weichlichkeit, sondern Anstrengung und Entwicklung der Menschheit zum Ziel gesetzt hat) durch eine drohende Not es gleichsam aufruft, aufzutreten, darzustellen, ob etwas in ihm sei, ob es noch ferner unter den Nationen einen Rang verdiene, und was für einen ... Nationen von weniger blendendem Witz als gesundem Verstand, rechtliebende Landleute, biedere Bürgersmänner, Priester voll Gott, ein Adel, welcher in Größe der Aufopferung seinen Vorzug sucht, Beamte, die, auf das Bewußtsein verdienstvoller Arbeit geizig, ihren Kindern rühmliches Beispiel und einen heiligen Kreditbrief auf den Dank des Fürsten und Volkes hinterlassen wollen, Jünglinge, die nicht dem Augenblick, nicht weibisch jedem Eindruck, sondern männlich den grauen Ältern, dem allumfassenden Vaterland und der ewigen Nachwelt leben: ein Volk solcher Männer mißt die Größe der Gefahr, bald findet es sich ihr gewachsen; sein Mut, seine Eintracht beschwören die Gewitter: es bleibt."

Novalis glaubte drei Jahre später „in Deutschland ... schon mit voller Gewißheit die Spuren einer neuen Welt aufzeigen", den Boden einer neuen Religion sehen zu können, während die anderen europäischen Länder „durch Krieg, Spekulation und Parteigeist beschäftigt sind". Wieder ein Jahr später rühmte er in seinem Roman „Heinrich von Ofterdingen" die Kriege — „besonders die vom Nationalhaß entspringen" als Religionskriege im eigentlichsten Sinne —, „sie sind echte Dichtungen".

Diese beiden Grundlinien und die historisch-politische Kritik an der neueren und älteren Vergangenheit verbanden sich während der folgenden Jahre der Gefährdung und der Kriege immer stärker miteinander. Als Fichte nach der Niederlage seine berühmten, mutigen „Reden an die deutsche Nation" hielt, bestritt er energisch, daß die jüngsten Ereignisse „Folgen irgendeines besonderen Fehltrittes eines einzelnen Stammes oder seiner Regierung" seien und betonte: „Sie haben sich lange genug vorbereitet und hätten ... schon vor langem uns ebensowohl treffen können ... Nur eine gänzliche Umschaffung, nur das Beginnen eines ganz neuen Geistes kann uns helfen." Gleichzeitig wurde das nationale Selbstbewußtsein immer stärker: Schellings Rede über das Verhältnis der bildenden Künste zur Natur gipfelte 1807 in der Betonung der Notwendigkeit einer nationalen, „eigentümlichen Kunst". Ähnliches meinte Adam Müller im gleichen Jahre in seinen „Vorlesungen über die deutsche Wissenschaft und Literatur". Und C. G. v. Brinkmann schrieb ebenso 1807 in einem Brief an Gentz über die großen dauernden Leistungen der deutschen Aufklärung: „Ein solches Volk, wie das unsrige schon ist, wird nicht auf immer unterliegen, und die Fremdlinge, die es nicht begreifen, werden seine bessere Eigentümlichkeit auch nicht zu entheiligen vermögen!"

Anders also als in Frankreich und England knüpfte sich die neue Kultur nicht an den existierenden starken Nationalstaat, sondern die Kräfte des Volkes, insbesondere des Bürgertums, waren gerade durch die Unmöglichkeit einer politischen Betätigung zunächst auf die künstlerischen Gebiete gedrängt worden. Erst die so erblühende geistige Kultur und ein aus ihr erwachsendes kulturelles Gemeinbewußtsein trieben dann ihre Träger, den Mittelstand, dieses nationale Bewußtsein auch politisch durchzusetzen und die politische Freiheit und die Möglichkeit zu politischer Betätigung zu erobern. Und da man ideal zu denken pflegte, ging der aufgeklärte und angeregte gebildete Mittelstand an das hohe Ziel politischer Mitarbeit auf ideale und radikale Weise heran, wie man ja schon durch die rationalistische Strömung seit langem an die Postulierung von Forderungen und Begriffen gewöhnt war, die ohne Rücksicht auf die Wirklichkeit nur aus der Autonomie des Geistes erwachsen waren. „Erst später kam man zur Würdigung der realen Machtfaktoren und damit auch zum Siege" (Steinhausen).

Deutschland unter napoleonischer Herrschaft

„In der Zeit, wo die Franzosen Deutschland beherrschten, wurde das bisher lediglich literarisch bestimmte und weltbürgerlich angehauchte deutsche Nationalbewußtsein politisch und verlangte nach staatlicher Gestaltung, nach Wiederherstellung eines politischen Gesamtverbandes, wie er im alten Reiche bestanden hatte. Das Ringen des Einheitsdranges der Nation mit den Sonderbestrebungen der Einzelstaaten bildet somit den einen Teil der deutschen Verfassungsgeschichte seit 1806" (Hartung). Mit den Siegen, die Napoleon 1805/07 erfocht, gewann er die Oberherrschaft über den größeren Teil Deutschlands. Sein nächstes Ziel war die Einbeziehung dieses Gebietes in die Kontinentalsperre und die kontinentaleuropäische Sicherung des Empire, das weiter ausgebaut werden sollte. Die Verträge von Tilsit schufen also keinen echten Frieden: Expansionswünsche auf der einen, Widerstand und Befreiungsansätze auf der anderen Seite, auch das neu erwachsende Mißtrauen des Zaren, vor allem aber der unablässige und unüberwindliche Abwehrkampf Englands verhinderten ihn. Das alles zusammen ließ Napoleon nicht die Zeit, West-, Mittel- und Süddeutschland zu einer Einheit zusammenzufassen und dort die Widerstandskräfte der Tradition sowie neue nationale Ideen überall vollkommen zu unterdrücken. Bei sehr verschiedenen Abstufungen der Abhängigkeit deutscher Gebiete vom napoleonischen Regiment gingen die linksrheinischen entschieden und oft unter dem Beifall der Bevölkerung, die höchstens die ganz auf Integration gerichtete französische Kulturpolitik kritisierte, voran durch die Übernahme des französischen Verwaltungszentralismus, die Einrichtung von Präfekturen und Schaffung von Departements, aber auch durch die Aufhebung alter ständischer Privilegien, durch fortschrittliche Wirtschaftsgesetzgebung, Rechtsreformen und die Einführung des Code Napoléon. Eine zweite Gruppe bildeten — nach der Einverleibung Ostfrieslands und der anderen rechtsrheinischen Küstengebiete in Holland und Frankreich 1810/11 — die von kaiserlichen Kommissaren regierten Teile Hannovers, Erfurt, Fulda, Hanau und Bayreuth. Zum Grand Empire, wenngleich staatsrechtlich nicht zu Frankreich, gehörten die Staaten des Rheinbundes, zu denen nach Preußens Niederlage das Königreich Westfalen, die kleineren nordwestdeutschen Fürstentümer, die beiden Mecklenburg, die thüringischen Staaten, Sachsen und das Herzogtum Warschau traten. Innerhalb dieser in ihrer territorialen Gliederung und Grenzziehung verschiedentlich wechselnden Gruppen bildete das 1807 aus Braunschweig, Hessen-Kassel, Halberstadt, Minden, Osnabrück und den hannoverschen Gebieten um Göttingen zusammengefügte, 1810 um Resthannover erweiterte Königreich Westfalen den Kern. Weiter gehörten zum Rheinbund Dalbergs Großherzogtum Frankfurt, das 1805/06 vergrößerte Baden in breiter Front am Oberrhein, Württemberg mit Ulm und das 1805 und 1809/10 erheblich, insbesondere um Augsburg, Tirol, Vorarlberg, Salzburg, Berchtesgaden und das Innviertel anwachsende Bayern. Während so in Nord- und Mitteldeutschland noch immer eine erhebliche Zahl von Kleinstaaten bestehen blieb, zeichnete sich im Süden deutlich eine Konzentration auf einige wenige kräftige Mittelstaaten ab, unter denen Bayern den Hauptrang einnahm und an Macht und Ausdehnung durchaus dem Preußen seit 1807 gleichkam.

Aber anders als die doch formell noch immer souveränen Staaten Österreich und Preußen gehörten jene einer die Selbständigkeit erheblich einschränkenden Union an. Freilich bildete der Rheinbund selbst nun keine echte politische Organisation. Zwar gab es eine großartige Rheinbundakte gewissermaßen als Verfassungsurkunde — aber allein diejenigen ihrer Artikel, die sich auf die innere Verfassung der einzelnen Staaten und auf die militärische Unterstützung für den Protektor des Bundes bezogen, traten in Kraft, während gerade die zur Wahrung der gemeinsamen Interessen des Bundes gedachten Einrichtungen nicht ausgebildet wurden. Ebenso versuchte man nicht, Dalbergs ursprünglich auch von Napoleon unterstützten Entwurf für ein Fundamentalstatut ins Leben zu rufen, da es auf den Widerstand der um ihre neu geschaffene Souveränität besorgten größeren Staaten — z. B. Bayerns und Württembergs — stieß. Es gab also im strengen verfassungsrechtlichen Sinne gar nicht den Rheinbund als eigenen Organismus, sondern allein eine durch Napoleons politischen Willen unter dieser Bezeichnung zusammengehaltene Gruppe von Staaten. Dennoch hat dieser Bund historisch-politische Bedeutung erlangt. Er knüpfte nicht einfach, wie bereits der Name sagt, an alte Bestrebungen der deutschen Mittel- und Kleinstaaten an, sich zu einer zwischen den großen Mächten stehenden Partei zusammenzuschließen, sondern er bedeutete auch eine Etappe auf dem Wege, der aus dem alten Reiche hinüberleitet zu den neuen Verfassungsformen, unter denen allein eine Zusammenfassung Deutschlands möglich war. Er brach nicht ganz mit der Tradition des alten Reichs, sondern behielt die Formen der alten Reichsverfassung bei, soweit sie sich der neuen Zeit anpassen ließen. Indem der Bund aber auf eine oberste kaiserliche Gewalt verzichtete und nur aus gleichberechtigten Gliedern bestand, die sich dem im Bundestag verkörperten Gesamtwillen unterordneten, machte er endlich dem Widerspruch ein Ende, an dem das alte Reich seit dem Aufkommen der Territorien gekrankt hatte, dem Gegensatz zwischen Form und Inhalt, zwischen der jeder wirksamen staatlichen Macht entkleideten Monarchie des Kaisers und den alle staatlichen Hoheitsrechte besitzenden Einzelstaaten. Auf dem Bündnis der Staaten beruhte von nun an über ein Jahrhundert lang die Verfassungsgeschichte Gesamtdeutschlands.

Napoleon, der anfangs noch an die Schaffung eines echten, in sich und aus sich heraus lebensfähigen staatsrechtlichen Organismus gedacht haben mochte und diese Absicht zumindest durchblicken ließ, beschränkte sich sehr bald bei zunehmender Komplikation der politischen Lage auf das reine Militärbündnis, für das und in dessen Rahmen gewisse Angleichungen an das französische Kaiserreich nur nützlich sein konnten: die lebhaft empfohlene Übernahme des Code Napoléon sowie die Imitation französischer Staats- und Lebensformen durch die Staaten in Süddeutschland, vor allem durch Westfalen. Napoleons Bruder Jérôme war hier die große Position des Musterfürsten, seinem Königreich die des beispielhaften deutschen Satellitenstaates zugedacht — daß der „König Lustig“ so vollkommen versagte, hat zu einem erheblichen Teil die von Napoleon beabsichtigte Konzentration und Assimilation verhindert, in weiten Gebieten Ablehnung verursacht und Widerstand ermöglicht, d. h. die Satellitensituation niemals ganz Wirklichkeit werden lassen. Das ähnliche Experiment mit dem Großherzogtum Berg scheiterte zwar nicht an menschlicher Schwäche, wurde aber auch vorsichtiger begonnen und nie bis zu dem in Westfalen erreichten rechtlichen Ende gebracht. Und das gleichfalls neu geschaffene, absichtlich an keine Tradition angeschlossene Großherzogtum

Frankfurt blieb in dieser Hinsicht selbst hinter Berg mit erheblichem Abstand zurück.

So gab es also, da Sachsen und die beiden Mecklenburg ihre staatlich-soziale Struktur ganz unverändert beibehalten und manche mitteldeutsche Kleinstaaten beim Status von 1803 verharren konnten, eine breite Skala der Verhältnisse zu Napoleon und Frankreich, die von der nordostdeutschen Teilnahmslosigkeit und Unberührtheit bis zu der engsten Verknüpfung in den drei süddeutschen Staaten reichte. Eigenartigerweise erwuchs diese auch hier, soweit es sich um eigene Entscheidungen handelte, nicht aus revolutionärem oder reformerischem Entschluß, sondern gerade aus der absolutistischen Staatsauffassung des 18. Jahrhunderts, indem die Dynastien und ihre Berater am stärksten in Baden, aber auch in Württemberg und Bayern auf die angemessene Beteiligung an der Inflation der Herrschertitel mit französischer Hilfe achteten und nach französischem Vorbild die mit der Beseitigung aller historisch gewachsenen Sonderrechte verbundene zentralistische Neuordnung betrieben. Dabei wurde, wie auch bei der Bündnispolitik früherer Jahrhunderte, die große inzwischen eingetretene politische Entwicklung kaum je bedacht und eine Befreiung von der französischen Oberherrschaft nicht angestrebt.

Ein ganz anderes Problem als Anwachsen und Festigung der politischen Fremdherrschaft bildeten die gleichfalls unter französischem Einfluß sich abspielenden Reformen in Preußen. Hier wurde vielfach Überständiges und mancher Mißstand beseitigt, der Lebensbereich der Bevölkerung erweitert, diese am politischen Geschehen interessiert, die Wirtschaft befreit und angeregt — was alles, da es schnell und in revolutionär geladener Atmosphäre vor sich ging, antitraditionalistische und alte Zusammenhänge vernichtende Eingriffe mit sich brachte. Es kam hinzu, daß diese Neuerungen zumeist nicht von den deutschen Fürsten selbst, sondern von einer schnell an Einfluß gewinnenden Bürokratie, häufig geradezu von Franzosen, in Preußen vorwiegend von deutschen „Ausländern" eingeführt wurden, die schon seit längerer Zeit in den Diensten Friedrich Wilhelms III. standen und diesen, bis 1810 unterstützt von der Königin Luise, zu den nötig gewordenen Reformen drängen mußten. Anders als z.B. in Südwestdeutschland verbanden sie „von vornherein mit dem Willen zu einer Neuformung des Staates das Ziel der Befreiung, Wiedergeburt und Einigung Deutschlands“ (Braubach).

Die preußischen Reformen

Berlin sei „mehr ein Weltteil als eine Stadt“, schrieb 1800 Jean Paul; es sei vielleicht die einzige Stadt, wo die sogenannten genialen Menschen nicht für Narren gehalten würden. „Überhaupt, wenn die Universität hier erst im Gange ist, wird es gewiß die prächtigste und liberalste in Deutschland“, hieß es 1809 bei Clemens Brentano. Und: „Diese Stadt gefällt mir immer besser, je länger ich mich darin aufhalte; das ist schon ein gutes Zeichen. Wien dürfte auf manchen leicht die entgegengesetzte Wirkung hervorbringen. Alles hat hier einen Anstrich von Großartigkeit, Geistigkeit und Liberalität ...“, schrieb Grillparzer 1826. Innerhalb dieses Vierteljahrhunderts liegen die postfriderizianischen Forderungen nach Reformen sowie deren Ansätze und Durchführung; Anfang und Ende der napoleonischen Fremdherrschaft fallen in diese sehr bedeutsame Berliner Atmosphäre und lassen eine Glanzzeit staatlich bürokratischer, schöpferischer und dauernder, Maßstäbe setzender Leistungen entstehen, die in ihrer Tiefe und Wirkung durchaus mit derjenigen des literarischen Zeitalters der Klassik verglichen werden kann.

Für Preußen und Deutschland war es ein historisches Ereignis ersten Ranges, als der König am 10. 7. 1807 den Freiherrn vom Stein aufforderte, an die Spitze des Ministeriums zu treten. Im Jahre 1757 in Nassau geboren, seit 1780 in preußischen Diensten, seit 1804 Finanzminister, hatte Stein seit langem vorsichtig Reformen kleineren Ausmaßes in dem von ihm geleiteten Ressort durchgeführt und immer energischer den entscheidenden Einfluß der Kabinettsräte kritisiert. Nach der preußischen Niederlage wegen außenpolitischer Meinungsverschiedenheiten vom König entlassen, wurde er auf Hardenbergs Empfehlung und mit Billigung Napoleons am 4. 10. 1807, 50jährig, praktisch mit der gesamten preußischen Politik betraut. Er war ein leidenschaftlicher, oft unpolitischer, immer aufrechter Staatsmann, in dem sich reichsritterliche Tradition, gründliche Einblicke in Preußens Schwächen und genaue Kenntnis mehr der englischen als der französischen staats- und wirtschaftswissenschaftlichen Literatur mit einer weitreichenden Unbefangenheit in der Beurteilung fremder — auch französisch-revolutionärer — Leistungen, große Energie sowie die unerschütterliche Überzeugung verbanden, für die gute und gegen die schlechte Sache der Unterdrücker zu kämpfen. Diese wichtigen Qualitäten, in denen er Hardenberg vielfach übertraf, wurden freilich, anders als bei jenem, nicht durch die Gaben realpolitischer Einsicht, Beweglichkeit und Anpassungsfähigkeit ergänzt.

„In Stein trat jetzt die ältere Schicht deutscher Kultur wieder zutage, aber nicht klein und eng wie beim Könige, sondern mit einer urwüchsigen Kraft, die vor allem nicht in der Sphäre der Privattugend stecken blieb. Das war der große, ihn zu allen Zeiten seines Lebens beseelende Gedanke, daß das ganze Kapital von sittlicher Tüchtigkeit, das im deutschen Volke lebte, sich auswirken sollte im öffentlichen Leben, daß die Privattugend sich zum werktätigen und opferwilligen Gemeinsinn erheben müsse. Man hat wohl oft gesagt, daß Stein überhaupt von den Bedürfnissen der Gesamtheit, wohl gar des Staates schlechthin, ausgegangen sei, und man hat ihn damit in Gegensatz gestellt zu dem Individualismus seiner Zeit. Aber das trifft doch nicht die Eigenart seines Ideals. Niemals spürt man bei Stein jenen, um mit Ranke zu sprechen, ‚schneidenden Luftzug' des modernen Staates, der von den großen Realpolitikern der neueren Jahrhunderte ausgeht, jenen kühlen Geist der Staatsräson, der nur dem lebt, was politisch nützlich und möglich ist und Macht bringt. Immer haben ethische Ideale sein politisches Denken beherrscht, allerdings Ideale, die unmittelbar zum Staate hinführten und nur durch den Staat erfüllt werden konnten. Aber Staat war für ihn nicht in erster Linie Macht und Herrschaft, sondern Zusammenfassung der sittlichen Kräfte des Volkslebens und höchstes Mittel zu ihrer Entwicklung ... Jener Staatssozialismus, den Fichte zeitweise gepredigt hat und der die ganze geistig-sittliche Kulturarbeit verstaatlichen, man möchte sagen, kommandieren wollte, lag ihm ganz fern. Überhaupt steigert sich bei ihm der Staat nicht zu einer abstrakten und absoluten Persönlichkeit, wie in der antiken und in der romanischen Welt, sondern er empfindet ihn als lebendiges, konkretes Gemeinwesen im germanischen Sinne... Er klagt nicht wie Humboldt den alten Staat an, daß er das Individuum ertöte, sondern daß er den Gemeingeist ertöte durch die Entfernung der Eigentümer von aller Verwaltung" (Meinecke).

Das von Stein geschaffene und nach ihm benannte Reformwerk wurde in der kurzen Zeit eines Jahres vollbracht, in dem er sein Amt innehatte, außerdem aber auch die damals besonders schwierige Außenpolitik leiten mußte. Er ging dabei von der Voraussetzung aus, daß ein Wiederaufstieg Preußens nur möglich sei, wenn Regierung und Volk zu einem neuen, besseren Verhältnis zueinander gelangten. Diese Staatsauffassung also, erwachsen aus Steins eigener Herkunft, der Aufklärung, den Lehren Mösers und Burkes, den Beobachtungen des englischen Staatslebens, der Lektüre von Adam Smith — weniger aus der Kenntnis Montesquieus, der französischen Physiokraten, und kaum aus dem revolutionären Geist der Französischen Revolution — bildete den Ausgangspunkt für alle Reformpläne und -maßnahmen.

Stein hatte nur wenige Worte in seinem Sprachschatz, um diese Gedanken „über die Stellung des Einzelnen in einem Staate nach der Art des altgermanischen Gemeinwesens zu variieren, aber gern hört man sie immer wieder und stärkt sich an ihnen, wie an kräftigem Brote. Und großartig erhoben sie sich in dem Augenblicke, als der preußische Staat gedemütigt am Boden lag, in der berühmten ‚Nassauer Denkschrift' vom Juni 1807" (Meinecke). In dieser also noch vor der Berufung formulierten Schrift faßte er alle seine Gedanken erstmals zusammen: das Bedürfnis der Umformung der Staatszentrale, seine Vorstellungen über Selbstverwaltung und das Ziel der „Belebung des Gemeingeistes und Bürgersinnes, die Benutzung der schlafenden und falsch geleiteten Kräfte und der zerstreut liegenden Kenntnisse, der Einklang zwischen dem Geist der Nation, ihren Ansichten und Bedürfnissen und denen der Staatsbehörden, die Wiederbelebung der Gefühle für Vaterland, Selbständigkeit und Nationalehre — ein lebendiger, fest strebender schaffender Geist anstelle von Formenkram und Dienst-Mechanismus" (Stein). Zu diesen Vorstellungen und Grundgedanken stießen später die Anregungen, wie etwa Hardenberg und sein Mitarbeiter Altenstein sie in einer im September des gleichen Jahres in Riga verfaßten Denkschrift entwickelt hatten — ein Gedankengut, das sowohl von Kant wie von Adam Smith, von dem Königsberger Philosophen Kraus und Beamten wie Theodor von Schön, F. L. von Schrötter und anderen beeinflußt worden war. Stein hatte nicht die Zeit, alle seine Ideen zum vollen Ausreifen zu bringen — was er 1808 hinterlassen mußte, war ein Anfang. Immerhin war sein Werk so stark, daß es die Basis für den Wiederaufstieg von Staat und Volk bilden konnte — es enthielt außerdem mit der starken Betonung der Mitarbeit des Volkes und der Selbstverwaltung Elemente, die 75 Jahre später Bismarcks großen Reformplänen zu deren Nachteil fehlten.

Steins Reformen betrafen zunächst die Staatsverwaltung, wo ein Kollegium von seit einem Jahrhundert im Entstehen begriffenen Fachministerien geschaffen und die Provinzialverwaltung ähnlich der Zentrale aufgebaut wurde. Es folgte die Verwirklichung des Grundsatzes der Selbstverwaltung in der Städteordnung vom 19. 11. 1808 — erwachsen aus den Wurzeln deutscher mittelalterlicher Erfahrung und revolutionärer französischer Munizipalverfassung. Durch die Beseitigung der staatlichen Bevormundung und die Schaffung der Verwaltungskontrolle durch die Bürgerschaft wurde diese zur politischen Mitarbeit herangezogen und die von Stein angestrebte Belebung des Gemeinsinnes erreicht. Zur sinngemäßen Übertragung dieser Gedanken auf die Landgemeinde, zur Schaffung von Provinzial- und Reichsständen, also zur Schaffung einer Art Verfassung mit ständischer Repräsentation, blieb Stein nicht genügend Zeit.

Seine dritte große Tat war die Bauernbefreiung. Sie ging von dem am 9. 10. 1807 erlassenen „Edikt den erleichterten Besitz und den freien Gebrauch des Grundeigentums sowie die persönlichen Verhältnisse der Landbewohner betreffend" aus, demzufolge mit dem Martinstage 1810 jede persönliche Dienstbarkeit aufhören und im Güterverkehr völlige Freiheit herrschen sollte. Auch in diesem Bereich ist Stein nicht zur vollen und organischen Durchführung seiner Pläne, insbesondere nicht zu den von Schrötter angeregten Begünstigungen für die Bildung eines kräftigen Bauernstandes gelangt.

Mitten in dieser Arbeit wurde Stein, der sich gegen Napoleons hohe Kontributionsforderungen sträubte und die Aussichten der spanischen Erhebung und österreichischer Pläne allzu optimistisch beurteilte, ja, die Stunde zur Erhebung bereits gekommen sah, unter Napoleons Druck am 24. 11. 1808 entlassen, bald danach geächtet und zur Flucht nach Böhmen gezwungen. „Vieles von dem, was er erstrebt, ist nie in Erscheinung getreten, manches war schon in seiner Zeit überholt, während anderes weit bis in unsere Tage hinein vorausgriff" (Botzenhart).

Das große Reformwerk geriet nun nicht allein ins Stocken — die Behebung der Finanznot stand für Steins Nachfolger im Vordergrund —, sondern als am 4. 6. 1810 Karl August von Hardenberg 60jährig an die Spitze der Regierung gerufen und am 27. 10. zum Staatskanzler mit der Macht eines Premierministers erhoben wurde, erhielt es in dieser neuen Ära eine zweite, wesentlich von Steins Gedanken abweichende Zielsetzung.

Hardenberg war so wenig ein Preuße wie Stein. Im Jahre 1750 in Hannover geboren, hatte er sich seit 1791 in preußischen Diensten vielfach, besonders bei den Verhandlungen über den Baseler Frieden und vor und nach Jena und Auerstädt, als Außenminister hervorgetan. Höfischer Kavalier von der Höhe des 18. Jahrhunderts, ehrgeizig, immer selbstbewußt und zuversichtlich, wendig, gedanken- und finessenreich, ein außenpolitischer Künstler, verstand er es unter Wahrung seiner Grundkonzeption weit besser als Stein, den zögernden, zu Mißtrauen und Ängstlichkeit neigenden König zu behandeln und ihn mit sich selbst von der „allmächtigen Stunde" (Haussherr) tragen zu lassen.

Mit Hardenberg erhielten Regierungsprinzipien des Ancien Régime, der Französischen Revolution, des napoleonischen Frankreich und des Rheinbundes Einfluß auf das Reformwerk: von ihm wurde die durch Stein in Gang gebrachte Bewegung aufgefangen, „wobei er ... nicht ... an die Übertragung politischer Rechte an das Volk, sondern in erster Linie an die Anwendung des Freiheits- und Gleichheitsprinzips im bürgerlichen und wirtschaftlichen Leben bei voller Aufrechterhaltung, ja Verstärkung der Autorität der Regierung dachte" (Braubach). Nicht ein Staatsrat von Ministern im Sinne Steins, sondern der Premierminister Hardenberg stand nächst dem Monarchen an der Spitze des Staates. Unterhalb der Regierung ging es weniger um die Heranziehung des Volkes an diese als um die Schaffung rechtlicher Gleichheit und freier Konkurrenz im Wirtschaftsleben. Im November 1810 wurde die Freiheit der Gewerbeausübung (Gewerbefreiheit) hergestellt, 1812 die bürgerliche und wirtschaftliche Emanzipation der Juden durchgeführt, nachdem das Regulierungsedikt vom 14. 9. 1811 die zweite Phase der Agrarreform eingeleitet hatte. Jetzt wurden die von Stein nicht mehr geordneten Fragen des Besitzrechtes und der Dienstverpflichtung der Bauern dahin geregelt, daß der Gutsherr durch Teile des Bauernlandes entschädigt, der alte Bauernschutz der Hohenzollern also im Rahmen teils liberal-kapitalistischer, teils egoistisch-großgrundbesitzerlicher Überlegungen aufgehoben werden sollte. Diese, durch die Deklaration von 1816 auf die spannfähigen Bauern eingeschränkte Regulierung sowie die wenig später angeordnete Teilung der Gemeindeländereien standen in engster gedanklicher Verbindung mit der allmählichen Übernahme der vorwiegend durch Thaers Schriften bekanntgewordenen naturwissenschaftlichen und betriebswirtschaftlichen Fortschritte, die in der englischen landwirtschaftlichen Revolution erzielt worden waren: der Verbesserung der Feldbearbeitung, der Aufnahme neuer Fruchtfolgen, der verbesserten Viehzucht usw. — so daß also das Revolutionäre, das sozial und wirtschaftlich radikal Neue durch Hardenberg weit stärker als durch Stein Eingang nach Preußen und Deutschland fand. Das sichtbarste Ergebnis der Maßnahmen von Hardenberg, der ja aus dem Bereich der adligen Großgrundbesitzer Hannovers kam, war — entgegen den Wünschen Steins sowie seiner Berater und Mitarbeiter — eine beachtliche Vergrößerung vieler Güter und eine entsprechende Verringerung des

Bauernlandes, verbunden mit einer Verminderung der Bauernkraft, die seit den bösen Folgen des Bauernkrieges und der Verschlechterung der bäuerlichen Lage im 17. Jahrhundert von den Hohenzollern wenigstens „konserviert“ worden war und nach Steins Willen im Rahmen eines großen, auch die Wehrkraft der Nation für Befreiung und Behauptung berücksichtigenden Staatsdenkens hatte gestärkt werden sollen. Hier trat zum ersten Male teils im Rahmen verwirrender liberaler Formulierungen, teils unter Berufung auf altpreußische Grundsätze, eine innenpolitische Reaktion in Erscheinung, die sich bald stärker formieren und ausbreiten sollte. Sie war getragen von so verschiedenen Männern wie L. v. d. Marwitz und Adam Müller. An ihr, die auf uneingeschränkte Zustimmung des Königs rechnen konnte, scheiterte dann auch der Plan einer echten Volksvertretung in Preußen.

Die Ideen und Taten der Reformer erschöpften sich nicht in diesen Bereichen. Hatte man dort die Notwendigkeit des Wandels, der Modernisierung schon in Friedrichs des Großen letzten Jahren mehr und mehr erkannt, so wurde es für viele gute militärische Beobachter mit der „Kampagne in Frankreich“ und den folgenden Ereignissen bald in Polen, bald im Westen immer deutlicher, daß auch das Heer einer großangelegten, nicht allein organisatorisch-technischen Reform, sondern auch einer neuen moralisch-menschlichen Fundierung bedurfte. Hardenberg hat wie Stein die Heeresreform als einen besonders wichtigen Abschnitt bei der Neugestaltung von Staat und Volk aufgefaßt und behandelt — als eine Aufgabe, welche aus dem gleichen Geiste gelöst werden mußte, aus dem die Städteordnung und die Bauernbefreiung hervorgingen. Gewiß waren seit Friedrich Wilhelm I. in Preußen Heer und Volk immer mehr eine Einheit geworden — aber diese hatte den absolutistisch gewalttätigen Charakter der Heeresstruktur des 17. und 18. Jahrhunderts und war den Belastungen der jüngsten Zeit, den Formen des modernen Krieges, nicht mehr gewachsen gewesen. Was man sich seit 1789, seit den Jahrzehnten der klassischen Literatur, im Ideenraum der Romantiker als eine solche Einheit vorstellte, ging über die Organisation hinaus und durfte auch nicht erst durch das verbindende Erlebnis etwa eines Siebenjährigen Krieges auf höchst gefährliche Weise erhofft werden, sondern mußte ein sehr kompliziertes Stück des Neubaues vor dem Befreiungskampf sein. Gerhard Scharnhorst, ein anderer (hannoverscher) Nichtpreuße — auch er mehr als 50 Jahre alt und daher mit den unglücklichen Entwicklungen der letzten Jahrzehnte wohl vertraut — war der dem König sehr sympathische Träger dieses Teiles der Reform, der wie die anderen Abschnitte von ihm schon vor 1806 bedacht und entworfen worden war und nun vom König unbehindert durchgeführt werden konnte. Der fünf Jahre jüngere Gneisenau, der aus Franken stammte, in Kolberg sich ausgezeichnet hatte und aus Napoleonhaß und militärischem Denken wohl der revolutionärste Kopf unter den Reformern war, ein radikaler Nationalist, ein Anhänger des Volksaufstandes und des Partisanenkrieges, sowie der erst 1780 geborene, an tiefen und systematischen Gedanken besonders reiche Clausewitz waren dabei seine bedeutendsten Gehilfen. Das nach der Erhebung geschaffene Wehrgesetz von 1814 stammte schließlich von H. v. Boyen. Scharnhorst war stets das belebende Zentrum dieses Kreises: „Schlichteste Wahrheit in Einfalt, geradeste Kühnheit in besonnener Klarheit . . . Er gehörte zu den wenigen, die glauben, daß man vor den Gefahren von Wahrheit und Recht auch keinen Strohhalm breit zurückweichen soll" (E. M. Arndt).

Die Entlassung von Männern, die sich 1806 nicht bewährt hatten, galt Scharnhorst nur als eine notwendige, säubernde Vorstufe der eigentlichen Reform. Diese bestand darin, daß der an vielen Stellen durch Steins und Hardenbergs Maßnahmen befreite, angeregte und geförderte Staatsbürger — der ja in jener Frühzeit des Liberalismus in Deutschland nicht für sich selbst, sondern zu erhöhten Leistungen für die Gesamtheit befreit wurde — nun im Idealfall freiwillig und einsichtig die Wehrpflicht für diese Gesamtheit auf sich nahm. In der Zeit neuhumanistisch-literarischer Begeisterung für Bildung und Kultur war es nicht leicht, die *allgemeine* Wehrpflicht durchzusetzen, also auch die des dritten Standes, des Bildungs- und Besitzbürgertums, das im 18. Jahrhundert vom Heeresdienst fast prinzipiell ausgenommen worden war. Scharnhorst aber hielt an seiner Grundkonzeption fest, daß es eine echte Selbständigkeit der Nation und eine wirkliche Freiheit des einzelnen Staatsbürgers nicht geben könne, wenn dieser nicht auch die Pflicht zur Verteidigung seiner selbst und der Nation anerkenne und auf sich nähme. Dazu gehörte freilich, daß der Staatsbürger der Bauernbefreiung und Gewerbefreiheit erhalten hatte, auch die „Freiheit des Rückens“ gewann, daß also an die Stelle von Drill, Prügelstrafe, Spießrutenlaufen usw. der Appell an Ehrgefühl, Einsicht und staatsbürgerliches Pflichtempfinden treten, ja, daß die Offiziersstellen grundsätzlich jedem Befähigten und nicht nur dem Adel geöffnet werden müßten. Der König schloß sich diesen Gedanken an. So entstand das Heer der Reformzeit und der Befreiungskriege. Vielleicht wäre die allgemeine Wehrpflicht nicht so schnell und weitgehend durchgeführt worden, wenn Napoleon nicht durch die Beschränkung des preußischen Heeres auf 42000 Mann die Reformer geradezu gezwungen hätte, diesen an sich für eine Befreiung zu engen Rahmen möglichst viele Männer in Kurzausbildung passieren zu lassen. Technische Modernisierungen, die Allgemeine Kriegsschule von 1810, das Exerzierreglement von 1812, die Modernisierung der Artillerie und deren Akzentuierung im Gesamtaufbau des Heeres schlossen sich den grundsätzlichen Reformen an.

Auch damit war der große Komplex noch nicht abgeschlossen. An seinem Anfang und Ende mußten Volksbildung und Volkserziehung stehen, wobei man vielfach an volksbildnerische Zielsetzungen der Aufklärung anknüpfen und diese durch den Reichtum an Menschenbildung vertiefen konnte, den der jüngst verstorbene Schiller erschlossen hatte. „Daß größte ethische Wucht und Aktivität allein nicht mitreißen und umformen kann, zeigt Fichte, der nie populär wurde, in die Volksbildung, abgesehen von einer momentanen aktuellen Wirkung, nicht einmal mit seinen Reden an die deutsche Nation eindrang. Daß höchste produktive Fülle nicht populär macht, beweist Goethe. Dem Volk ist Schiller der Dichter schlechthin. Durch seine Aktivität allein hat er, wirklich mit dem göttlichen Funken begabt, in Deutschland als erster nicht nur die Gewalt, sondern auch das Bestreben, den heiligen Bereich, in den Klopstock, Lessing, Herder die geistig regen Kreise, Wieland die besseren Stände einbezogen hatten, einer grenzenlosen Gesamtheit, vor allem dem breiten Publikum zu eröffnen“ (Gundolf).

Nächst Schiller und aus dem Erlebnis des Zusammenbruchs und der Fremdherrschaft heraus traten nun die Männer — Dichter, Philosophen, Theologen, Gelehrte — in den Vordergrund, die gemeinsam mit den Staatsmännern, Beamten und Militärs den Geist der Reform und der Erhebung geschaffen haben. J. G. Fichte hielt mutig seine eben erwähnten Reden — erweckt durch Kants Philosophie, die „als einzig Reales eigentlich nur die Freiheit des Ich übrigließ“ (J. G. Fichte). Schleiermacher predigte 1807 in dem geistig und politisch angeregten Berlin über „Was wir fürchten sollen und was nicht“, forderte die „Freiwilligkeitskirche“ und deren Trennung vom Staat, um ihn durch jene erneuern zu können. Er wirkte auf Steins Reformen ein und trug erheblich zur geistigen Prägung der Berliner Universität bei, für die er, wie überhaupt für Forschung und Lehre, volle Freiheit forderte. Die Haupt- und Zentralfigur in diesem Bereich war aber Wilhelm von Humboldt, der, ein Freund Schillers und Goethes, von Stein aus seinem künstlerischen Genußleben, das er als preußischer Resident in Rom führte, herausgerissen und 1809 dem Dienst für den Staat und die Reformen zugeführt wurde: als „Minister des Geistes“ übernahm er die Leitung des Kulturressorts im preußischen Innenministerium. Hier leistete er im Geiste von Weimar Entscheidendes in der schulischen Erziehung des Volkes durch Sittlichkeit und Entwicklung der Persönlichkeit und war insbesondere wesentlich an der Gründung der Universität Berlin beteiligt, die nach des Königs Auffassung Preußens materiellen Verlust im Jahre 1807 durch geistige Kräfte ersetzen sollte. An Schiller schrieb Humboldt, der wie Stein nur rund ein Jahr in seinem Amte bleiben konnte: „Ich kann der Begierde kaum widerstehen, so viel nur immer und irgend möglich ist, sehen, wissen, prüfen zu wollen. Der Mensch scheint doch einmal dazu da zu sein, alles, was ihn umgibt, in sein Eigentum, in das Eigentum seines Verstandes zu verwandeln, und das Leben ist kurz. Ich möchte, wenn ich gehen muß, so wenig als möglich hinterlassen, das ich nicht mit mir in Berührung gesetzt hätte.“

Allerdings galt Humboldts Hauptinteresse dem humanistischen Gymnasium. Das Realschulwesen ist von ihm und seinen Mitarbeitern demgegenüber ohne Zweifel vernachlässigt und in seiner Bedeutung für die Volksbildung zu Beginn des industriellen Zeitalters sehr unterschätzt worden. Das hat sich durch das ganze 19. Jahrhundert hindurch bis in unsere Tage ausgewirkt und die unglückliche Diskussion über humanistische und realistische, klassische und technische Bildung heraufbeschworen, die im Laufe der Zeit immer stärker weltanschaulich belastet wurde und bei der vielfach Meinungen an die Stelle von Tatsachen traten. Andererseits ist dadurch in Deutschland eine Auseinandersetzung um Bildungs-, Schul- und Hochschulfragen zustande gekommen und im Gange geblieben, wie sie so gründlich und fruchtbar in kaum einem anderen Lande existiert hat. Die Universität Berlin, in der als etwas Neues Forschen, Lehren und Lernen, wie es auch F. K. Savigny in seinen Aufsätzen von 1808 und 1832 auffaßte, eng miteinander verbunden wurden, und die dennoch als eine politische, eine deutsche Universität im Rahmen der Erhebung und Befreiung 1809/10 gegründet und eröffnet wurde, ist freilich durch die Berufung A. Thaers, Hufelands und anderer von Anfang an bei weitem nicht so eng geisteswissenschaftlich gewesen, wie es eine Gruppe von Neuhumanisten im späten 19. Jahrhundert darzustellen versuchte.

Diesen Reformen, die vielfach mehr Neuschöpfungen als Modernisierungen bildeten, parallel lief die Entwicklung einer im engeren Sinne politisch-nationalen Bildung. Sie hatte sich auseinanderzusetzen und zu behaupten gegen eine Napoleonbegeisterung, die über das Jahr 1807 erheblich hinausreichte und in sehr verschiedenen Formen von der einfachen Heldenbewunderung über die Vorstellung von einer Vereinigung der deutschen Klassik mit dem politischen Genie, des Geistes mit der materiellen Kraft bis zu der Auffassung reichen konnte, das politisch Notwendige könne nicht in Deutschland von innen heraus, sondern müsse im Anschluß an die Französische Revolution geschaffen werden. Die nationale deutsche Bewegung suchte dagegen, in Verbindung mit der romantischen Geschichtsbetrachtung die mittelalterliche Reichsvorstellung wiederzubeleben, gegenüber der macht- und expansionspolitisch entarteten Französischen Revolution die nationalen Werte in ein helles Licht zu rücken — Tendenzen, wie es sie sehr ähnlich gleichzeitig in Spanien gab. Eine weitere Verstärkung dieser Auffassung ergab sich aus dem Selbstbewußtsein, mit dem man auf die großen literarischen Leistungen der jüngsten Zeit hinweisen konnte. Diese waren zwar vielfach im Geiste des Kosmopolitischen oder Apolitischen geschaffen worden, wurden nun aber nationalpolitisch ausgedeutet und in das Volksleben übernommen. Träger dieser Bewegung waren insbesondere, unter Anknüpfung an Schiller und Kant, aber auch an Herder, die Romantiker wie Brentano und Görres — mit dem „Tiefsinn des gotischen Freimaurers" (Menzel), — Eichendorff, A. v. Arnim und die Brüder Schlegel. Unmittelbarer politisch wirkten Männer wie Fichte und Adam Müller, der 1804 als Gegner der Aufklärung den preußischen Verwaltungsdienst verließ, 1805 in Wien zum Katholizismus konvertierte, 1808/09 als Anhänger der konservativen nationaldeutschen Politik Stadions seine germanisierenden, den christlichen Ständestaat empfehlenden „Elemente der Staatskunst" veröffentlichte und anschließend wieder in Berlin Hardenbergs sozial- und wirtschaftspolitischen Liberalismus bekämpfte. Manche Salons, der Königsberger Tugendbund, Friesens Fechtboden-Gesellschaft, Jahns Deutscher Bund, die Christlich-Germanische Tischgesellschaft und die Berliner Abendblätter bildeten — praktisch-politisch freilich meist bedeutungslose — Zentren der Bewegung. Ihr gehörten Kleist bis zu seinem Tode 1811, Arndt, „der einzige undoktrinäre Volksmann, der zwischen Stein und Bismarck Gewicht hatte" (Gundolf), mit seinem seit 1806 erscheinenden Werk „Geist der Zeit" und schließlich auch Jahn an, der 1810 sein „Deutsches Volkstum" veröffentlichte und in seiner „Deutschen Turnkunst" 1816 schrieb: „Menschen werden gezählt, Männer gewogen und sind nicht zu erdrillen."

In diesen Individuen und Gruppen vereinte sich zwar vielfach zum ersten Male Weltbürgerliches, Kontinentaleuropäisches und Nationales. Doch war von Arndt, Fichte, Jahn und anderen sowie aus der Widerstands- und Befreiungssituation her auch die Möglichkeit einer Überschätzung des eigenen Wertes und der Überspitzung des Patriotismus möglich, die bei Kleist z. B. in der „Hermannsschlacht" mit der Wendung zu leidenschaftlichem Haß Ausdruck fand. Im Extrem lagen dort „Ansätze zu einer Huldigung für Machtpolitik und Staatsallmacht im Dienste der Nation“ (Braubach). Dergleichen Gruppen und Kreise gab es in Preußen und Österreich, in Berlin und Wien natürlich stets mehr als in den kleineren Staaten, wo andererseits auch Partikularismus und Sichabfinden mit den Tatsachen stärker waren als in den empfindlich beschnittenen und ständig gefährdeten Großstaaten.

Blickt man auf die Reformen als Gesamtheit zurück, so erscheinen sie „höchst fragmentarisch und vielfach disharmonisch ... Um sie recht zu würdigen, wird man sich nicht mit der Entschuldigung begnügen dürfen, daß alles menschliche Schaffen Stückwerk ist. Man muß sich klarmachen, daß es die höchste, aber auch die schwerste Aufgabe der modernen Gesamtkultur ist, die unveräußerlichen Rechte des Individuums und die sittlich-geistigen Ideale der Menschheit mit den harten und unbiegsamen Ansprüchen des von Natur egoistischen und herrischen Staates in Einklang zu bringen. Wenn Frankreich zu Beginn der Revolution es versucht hatte, dies Problem zu lösen durch Unterwerfung des Staates unter die Postulate der Menschenrechte, so erfuhr es gar bald den furchtbarsten Rückschlag, und die Wiederaufrichtung einer noch despotischeren Staatsgewalt vernichtete einen großen Teil der Ideale von 1789. Auch dem preußischen Reformwerke sind Rückschläge nicht erspart geblieben, aber vielleicht war die Berührung zwischen Staat und Geist in ihm eben deswegen intensiver und dauerhafter, weil keiner es vermochte, den andern auch nur vorübergehend ganz zu bezwingen. Zwei Starke rangen miteinander, keiner siegte ganz, aber jeder nahm vom anderen dabei soviel in sich auf und steigerte sich selbst dadurch in einem Maße, daß er wünschen durfte, den Versuch der Ausgleichung und Versöhnung zu erneuern“ (Meineke).

Die österreichische Erhebung

Wie es in Preußen nicht wenige gab, die schon in Verbindung mit der spanischen Erhebung auch einen preußischen Volksaufstand auslösen wollten, so entwickelte sich in Wien seit dem

Ende des alten Reiches schnell eine ungeduldige nationale Gruppe, in der sich der deutsche Patriotismus mit einem österreichischen vermischte und man zugleich die Einigung der deutschen Nation und die Bildung eines konzentrierten gesamtösterreichischen Staates anstrebte. Auch hier bestanden vielfältige Verbindungen zwischen einzelnen Männern wie dem 1809 nach Wien berufenen, den nationalrevolutionären Plänen der Stadions wortgewandt sich anpassenden propagandistischen Publizisten Friedrich Gentz und Hormayr, dem Direktor des Wiener Haus-, Hof- und Staatsarchives, der die Österreicher über den spanischen Freiheitskampf unterrichtete und 1808 im „Österreichischen Plutarch" blendend stilisiert die deutsche Leistung Österreichs beschrieb. Auch gab es Zusammenhänge mit Salons wie dem der Caroline Pichler, mit dem außerordentlich intelligenten, aber nicht sehr energischen schwäbischen Reichsgrafen Johann Philipp von Stadion-Wartenhausen, dem Leiter der österreichischen Außenpolitik, und seinem älteren Bruder Friedrich Lothar, sowie schließlich Kontakte mit dem Kaiser und Erzherzog Johann. Aber während man in Preußen bald erkannte, daß die für eine Erhebung fundamentale Reform längere Zeit in Anspruch nehmen mußte, wurden in Österreich die in der „Ära Stadion" begonnenen Reformen, die von vornherein enger angelegt waren als die preußischen und in dem komplizierten österreichischen Staat auf noch mehr Schwierigkeiten und Widerstand stießen als jene, durch den Kriegsentschluß 1809 vorzeitig abgebrochen. Dieser nach dem Mißerfolg als übereilt bezeichnete Schritt ging sowohl von der irrigen Annahme aus, man könne der in Dänemark und Spanien bewiesenen britischen Haltung sicher sein und eine allgemeine deutsche, insbesondere die preußische Erhebung auslösen, als auch von der durch Napoleons Verhalten in Spanien gespeisten Furcht vor einer vollständigen Vernichtung Österreichs. Als Stein, der den Österreichern ein zuverlässiger Bundesgenosse gewesen wäre, infolge seiner eigenen Unvorsichtigkeit entlassen wurde, bildete dies den ersten schweren Schlag für Stadion. Es kam hinzu, daß dieser sich mit Erzherzog Karl nicht darüber einigen konnte, ob man den Zaren fürchten müsse wie Napoleon oder als Bundesgenossen gewinnen sollte. Dennoch begann im

April 1809 der Krieg, propagandistisch gestützt durch ein von Gentz angeregtes Kriegsmanifest und den von Friedrich Stadion und F. Schlegel verfaßten Aufruf des Erzherzogs Karl an die deutsche Nation — eine im Vergleich zu Friedrich Wilhelms III. Aufruf „An mein Volk" von 1813 besonders aufschlußreiche Kundgebung.

Nach kurzem Kampf brach die Bewegung zusammen. Eine deutsche Erhebung kam nicht zustande. Napoleons Stellung in Frankreich war nicht, wie der österreichische Botschafter Metternich in Paris gemeldet hatte, erschüttert, der spanische Aufstand bildete keine wesentliche Entlastung, die britisch-russische Landung in Holland war militärisch unbedeutend, propagandistisch-prestigemäßig sogar schädlich; und Preußen hielt sich, von patriotischen, aber undisziplinierten Einzelaktionen z. B. des Majors von Schill abgesehen, ganz aus dem Unternehmen heraus. Heftig, schließlich verzweifelt, aber natürlich ohne dauernde Erfolge kämpften die Tiroler aus Anhänglichkeit an die Habsburger, die katholische Kirche und die alte Verfassung Tirols unter ihren Volksführern, von denen Andreas Hofer den dauernden Ruhm des charakterstarken, tragischen Freiheitskämpfers gewann. Napoleons militärische Führung war der österreichischen weit überlegen, wenngleich er zunächst bei Aspern eine Schlappe hinnehmen mußte. Seinem Sieg bei Wagram folgte am 12. 7. der Waffenstillstand zu Znaim und am 14. 10. der Friede zu Schönbrunn. Österreich verlor Westgalizien an Warschau, einen Teil Ostgaliziens an Rußland, Salzburg und das Innviertel an Bayern, Istrien mit Triest und Fiume, Krain und dem Villacher Kreis als „Illyrien" an Napoleon selbst und wurde nun — vom Meer gänzlich abgeschnitten — wie Preußen ein Staat zweiter Ordnung, der obendrein durch enorme Kontributionsleistungen und enge Begrenzung seiner Wehrkraft in dieser Stellung fixiert werden sollte. Als politisch bedeutungsvoll erwies sich außerdem, daß Stadion, der in seiner Grundkonzeption und Zielsetzung vielfach Stein entsprochen hatte, durch Metternich ersetzt wurde, die kongeniale, aber fast ein Vierteljahrhundert jüngere und schon dadurch auf die Dauer überlegene Gegenpersönlichkeit zu Hardenberg. Und dennoch hat er stärker als jener, wie er nach dem 13. 3. 1848 einmal andeutete, sein Leben der Erhaltung von Kräften des 18. Jahrhunderts gewidmet, dem Erbgut der Vernunft, des Weltbürgertums und des politischen Gleichgewichts.

Deutschland und Napoleons Rußlandfeldzug

Während dieser Ereignisse in Deutschland hatte das napoleonische Regime in Europa sich erweitert und gefestigt. Napoleon hatte nach seiner Scheidung von Josephine 1810 die Erzherzogin Marie Louise geheiratet — also eine Familienverbindung hergestellt, die an die Zeiten der habsburgisch-bourbonischen Verwandtschaft erinnerte und diese legitimistische Tradition aufgreifen sollte, in Wirklichkeit aber weit mehr in die Linie von Napoleons Heiratspolitik gegenüber süddeutschen Dynastien gehörte. Auch der Erbe war geboren. Das alles verringerte jedoch weder die englische Entschlossenheit zum Kampf bis zur endgültigen Entscheidung, noch verbesserte es die Beziehungen zu Rußland. Je näher Napoleon an die russischen Grenzen, Einflußsphären und Expansionsräume heranrückte, je häufiger er Verwandte des Zarenhauses belästigte, wie er den Großherzog von Oldenburg enteignete, um so brüchiger wurde das ohnehin wenig organische Bündnis der beiden sehr verschieden gearteten Kaiser. Die Lockerung ihres Verhältnisses wurde gefördert durch den Einfluß deutscher Emigranten wie Stein, Boyen und Clausewitz, die seit 1808 teils als Berater des Zaren tätig waren, teils die russische Öffentlichkeit unterrichteten. Infolgedessen löste der Zar Ende 1810 Rußland aus der Kontinentalsperre und deutete damit seinen Frontenwechsel an; anschließend zog er Schweden unter der Regierung Bernadottes, eines ehemaligen Kameraden und jetzigen Gegners von Napoleon, auf seine Seite. Preußen und Österreich hatten von einem Zusammenstoß der beiden kontinentalen Rivalen nicht allein die Verwüstung ihrer Territorien, sondern geradezu ihre gewaltsame Auflösung zu befürchten. Hardenberg und Metternich mußten also ihre Aufgabe darin sehen, unter geschickter Behandlung ihrer geistig unbedeutenden Monarchen und unter Anwendung aller diplomatischen Finessen die Staaten durch diese gefährliche Periode hindurchzubringen und nicht stärker Partei zu nehmen, als unumgänglich war. Das verband die beiden einander recht ähnlichen Staatsmänner trotz des Altersunterschiedes. Freilich schloß Hardenberg sich an Steins Volk und Nation wiederbelebende Ansätze an, blieb Metternich bis zu seinem Ende im absolutistischen Staatsdenken des Ancien Régime befangen und vermochte immer weniger, die Leitbilder der Zeit zu erkennen und richtig einzuschätzen. Allerdings stand er auch im vielteiligen österreichischen Staatsgebilde weit schwierigeren Problemen gegenüber als Hardenberg in dem durch die Hohenzollern mit Staatsgesinnung und -disziplin erfüllten Preußen. Während der eine also Stadions Reformansätze abbrach und allen Modernismus entschieden bekämpfte, brachte der andere die preußischen Reformen, wenngleich stark abgewandelt, mit dem Ziel der Stärkung des Staates zu einem gewissen Abschluß.

Außenpolitisch hoffte Metternich, über die französische Kaiserin Einfluß auf Napoleon zu gewinnen und damit Österreichs Existenz zu sichern, während Hardenberg mit Unterstützung des nüchternen Königs zunächst Kurzschlußreaktionen militanter Patrioten, d. h. einen alles auf die „Ehre" setzenden, aber zweifellos unzulänglichen Volksaufstand zu verhindern hatte und stärker als Metternich insgeheim die Verbindung nach Rußland pflegte. All das konnte nur in dem Bemühen um Zeitgewinn geschehen, während doch immer deutlicher der bevorstehende französisch-russische Zusammenstoß sich abzeichnete. Anfang 1812 sicherte Napoleon sich österreichische und preußische Hilfskorps, im Frühjahr hatte er mehr als 500000 Mann — davon über ein Drittel deutsche Truppen — ungetarnt für den Einfall nach Rußland bereit — weit eindeutiger noch zu einem unprovozierten Angriffskrieg als später Hitler, für dessen Unternehmen Napoleons Feldzug in vieler Hinsicht Vorbild gewesen ist. Vor dieser gewaltigen Kriegsmaschine zogen die russischen Truppen sich systematisch, wenngleich wenig geordnet, in das Innere des Landes zurück. Schlachten bei Smolensk im August, Borodino im September und die Besetzung Moskaus am 14. 9. brachten keine Entscheidung, entfernten vielmehr Napoleon immer weiter von seiner Basis, verlängerten die ständig stärker gefährdeten Nachschubwege, verringerten die Einsatzstärke der kämpfenden Spitzen und bereiteten so die Katastrophe vor, die mit dem Brand Moskaus begann und sich während des winterlichen Rückzuges insbesondere beim Überschreiten von Beresina und Njemen vollendete.

Preußens Erhebung, Deutschlands Befreiung

Nachdem Napoleon in Rußland „mit Mann und Roß und Wagen" geschlagen worden war und der Kaiser, wie einst in Ägypten, seine Truppen im Stich gelassen hatte, mußte jedermann in Deutschland den Augenblick für die Erhebung gekommen glauben.

In dieser Auffassung und auf Grund eines von Stein und dem aus dem Rheinland stammenden russischen Kanzler Nesselrode beeinflußten Zarenbriefes, der die Fortführung des Krieges bis zur Befreiung Europas zusicherte, schloß in der Poscheruner Mühle bei Tauroggen am 30. 12. 1812 der preußische General Hans David von York mit dem von dem emigrierten preußischen Offizier von Clausewitz beratenen russischen General deutscher Herkunft von Diebitsch eine Konvention über die vorläufige Neutralisierung seiner Truppen. Damit zog er sein Korps aus der allgemeinen Vernichtung und Auflösung heraus, gab den Russen den Weg zur Ostsee frei und führte — unbeabsichtigt — mit seiner selbständigen Entscheidung zu dem Bruch Preußens mit Frankreich, der sich allerdings über viele von York nicht kontrollierte Phasen hinzog. Fast kann man also sagen, daß hier deutsche Staatsmänner und Militärs, die einander genau kannten und vertrauten, gemeinsam in Rußland und Preußen die Basis für den Befreiungskrieg geschaffen haben, und daß York, der die Zusammenhänge kannte, das schließende Glied in dieser Kette bildete.

Yorks persönlich schwierige selbständige Entscheidung, die also gesamthistorisch gesehen wenig bedeutend gewesen ist und am Ausgang der napoleonischen Ära keinen entscheidenden, sondern nur einen auslösenden Anteil gehabt hat, gehört bis auf unsere Tage zu den historischen Fakten, die in der politischen und militärischen Diskussion immer wieder neu beurteilt werden. Bei nüchterner Betrachtung aber wirkt der nach langem Zögern und vielen Überlegungen getane Schritt nicht einmal dann erstaunlich, wenn man bedenkt, daß York ihn nicht aus der Haltung des neuen, modernistischen Offiziers tat, wie die Reformer sich ihn wünschten, sondern aus dem Franzosenhaß eines friderizianische Traditionen pflegenden Militärs, der von dorther nicht nur starres Gehorchen gewohnt war und im übrigen ja seine Maßnahmen nicht trotzig gegenüber dem Monarchen rechtfertigte, sondern diszipliniert sie und sich selbst dessen oberster Entscheidung unterstellte.

Als erstes Territorium entschloß Ostpreußen sich unter dem Einfluß von Stein und dem zum Generalgouverneur der Provinz erhobenen York zum Schritt aus der Unterstützung Napoleons über Yorks Neutralität hinaus zur Erhebung. Schnell folgten die anderen preußischen Provinzen. Die allgemeine patriotische Begeisterung und Erhebung zog den König schließlich mit, der einer solchen, die revolutionäre levée en masse an Spontaneität und damit an Organisationslosigkeit übersteigenden Mobilmachung nicht ohne Grund mißtrauisch gegenüberstand. Außerdem empfand er, daß es dem Volk über die Befreiung hinaus auch um die alle Reformen krönende und erst durch den Sieg über Napoleon mögliche politische Freiheit im Innern ging, indes er selbst auf Hardenbergs und fast noch mehr auf Metternichs Linie allein die Wiederherstellung der vollen Souveränität in einem erstarkten Preußen erstrebte.

Während Hardenberg und Metternich gegenüber Napoleon ihr diplomatisches Spiel des Zeitgewinnes und der Vermittlung trieben, siedelte am 22. 1. 1813 Friedrich Wilhelm aus dem französisch besetzten Berlin nach dem freien Breslau über. Innerhalb weniger Tage fand dort die vorläufige Rüstung und die Aufstellung der ersten neuen Formationen statt. Am 12. 2. wurde die Mobilmachung verkündet. Schnell einigte man sich mit dem am 24. 2. in Alexanders Auftrag in Breslau eintreffenden Stein über eine neue Teilung Polens und das neue Territorium Preußens nach dem Siege über Napoleon. Daraufhin konnte nach schwierigen Verhandlungen, in denen Alexander Rußland erhebliche Sondervorteile zu sichern suchte, am 27./28. 2. ein preußisch-russisches Kriegsbündnis in Kalisch zur

Befreiung Europas abgeschlossen und am 15. 3. von Friedrich Wilhelm Frankreich der Krieg erklärt werden. Am 17. 3. erließ der König den vom Staatsrat von Hippel verfaßten Aufruf „An mein Volk“, der stilistisch sehr gewandt die Ziele von Fürst und Volk miteinander zu verbinden suchte. Preußens aktive Linientruppen, Freiwilligenformationen und die von der liberalen Geschichtsschreibung des 19. Jahrhunderts in ihrer Bedeutung für den Befreiungskrieg überschätzte Landwehr der Reservisten nahmen nun, von der nationalen Begeisterung des Volkes getragen, von den Liedern Arndts, Körners und anderer Dichter angefeuert, von mitreißenden Offizieren wie Lützow bravourös geführt, den Kampf gegen Napoleon auf. Von den übrigen deutschen Fürsten folgte zunächst nur der Herzog von Mecklenburg-Schwerin Kutusows Aufruf zum Befreiungskrieg, die meisten aber blieben Napoleons Rheinbund treu. Österreich fürchtete unter Metternichs Führung noch immer Alexanders Ausdehnungsdrang ebensosehr wie Napoleons Wiedererstarkung, so daß man verschwörerische Vorbereitungen für eine Erhebung mit Gewalt unterdrückte und einstweilen nur langsam und vorsichtig die Rolle des Verbündeten Frankreichs mit der eines bewaffneten Vermittlers vertauschte. Schweden aber, das Norwegen von dem mit Frankreich liierten Dänemark gewinnen wollte, stellte der preußisch-russischen Allianz 30000 Mann, und England zahlte bedeutende Subsidien, nachdem die Wiederherstellung und Vergrößerung Hannovers vertraglich gesichert worden war.

Eine besondere, im ganzen unglückliche Rolle spielte in diesen ersten Wochen der „Aufruf an die Deutschen“, den der russische Oberbefehlshaber Kutusow nach der Initiative Alexanders und Steins am 25. 3. von Kalisch aus erließ. Darin heißt es u. a.: Rußland und Preußen erwarteten die Mitwirkung eines jeden deutschen Fürsten, „daß sich keiner finden werde unter ihnen, der, indem er der deutschen Sache abtrünnig sein und bleiben will, sich reif zeige der verdienten Vernichtung durch die Kräfte der öffentlichen Meinung und durch die Macht gerechter Waffen“. Der Rheinbund solle aufgelöst werden, wofür der Aufruf „die Wiederherstellung eines aus dem ureigenen Geist des deutschen Volkes geborenen, verjüngten, lebenskräftigen, in

Einheit gehaltenen deutschen Reiches“ in Aussicht stellte. Kutusows Proklamation war weiter nichts als eine demagogische Aufputschung des Volkes, blieb wirkungslos bei den Fürsten und wurde bei allen künftigen Verhandlungen, auch beim Wiener Kongreß, ignoriert, erweckte aber im deutschen Volke die höchsten, nach dem Kriege vollkommen getäuschten Erwartungen.

Der Frühjahrsfeldzug von 1813 brachte nicht einen schnellen endgültigen Sieg über Napoleon, sondern eine wechselvolle Serie von Erfolgen und Niederlagen, die Napoleons Genie und Stärke und die Schwächen nicht allein jeder Koalition, sondern auch die gefährliche Neigung, aus höchster Begeisterung in Entmutigung und Pessimismus zurückzufallen, unter den Patrioten sichtbar werden ließen. Diese kritisierten den Waffenstillstandsvertrag, der am 4. 6. auf Napoleons Wunsch für 6 Wochen geschlossen wurde, und mußten schwere Verluste des symbolkräftigen Lützowschen Freikorps am 14. und Scharnhorsts Tod am 28. 6. hinnehmen. Aber dann erwies der Waffenstillstand sich als eine wertvolle Reorganisations- und Atempause für die Koalition. Österreich trat ihr nun nicht allein bei, sondern Metternich, der am 26. 6. in einer weltgeschichtlich über Yorks Entscheidung hinausgehenden Unterhaltung mit Napoleon in Dresden Österreich von diesem losgesagt hatte, übernahm jetzt, von Stadion glänzend unterstützt, mit der Konvention von Reichenbach am 27. 7. geradezu ihre Führung; denn die mitteleuropäisch-deutschen Fragen traten immer stärker in den Vordergrund, und Metternich war fest entschlossen, bei deren Lösung Österreich die entscheidende Rolle spielen zu lassen. Ein von Napoleon angeregter Friedenskongreß zu Prag scheiterte an dem anspruchsvollen Auftreten des Korsen, und sein Versuch, weiter Zeit zu gewinnen, an Metternichs Ultimatum vom 8. 8. und Österreichs Kriegserklärung vom 11.8., womit Napoleon nun endlich der größten Koalition gegenüberstand, deren zahlenmäßige Stärke nur durch die Vielzahl der ihr zugrunde liegenden politischen Wünsche und Ziele und militärischen Auffassungen und Pläne beeinträchtigt wurde. Der österreichische Führer der Hauptarmee, der kluge und glänzende Politiker Fürst Schwarzenberg, litt darunter, daß er sich an

Feldherrnbegabung Napoleon unterlegen glaubte, und daß die drei in seinem Hauptquartier befindlichen Monarchen sich ständig in seine Tätigkeit einmischten. Blücher, der „nach dem Unglück von 1806 und 1807 ... durch seinen dunklen Zorn verrückt gewesen war und auf alle Fliegen und schwarzen Flecke an der Wand mit dem Rufe Napoleon mit dem gezückten Schwert gestoßen hatte" (Arndt), führte die schlesische Armee — die „gesammelte Husarenlist" und -energie. Er wurde beraten, auch wohl gewandt gelenkt von dem großartigen Gneisenau, so daß diese Männer ihre Armee nach einem Wort von Clausewitz zu jener Spitze von Stahl in dem schwerfälligen eisernen Keil machten, der den Koloß spalten sollte. Bernadotte führte die Nordarmee. Die Schlachten und Gefechte bei Großbeeren (23. 8.), an der Katzbach (Blücher 26. 8.), bei Dresden (Napoleon 26./27. 8.), Kulm und Nollendorf (30. 8.) und Dennewitz (Bülow 6. 9.) führten nicht allein zu einer wichtigen Festigung der Koalition in den Teplitzer Verträgen vom 9. 9., sondern auch zum Anschluß Bayerns als der ersten süddeutschen Macht, die unter dem Einfluß von Metternichs meisterhafter Politik den napoleonischen Rheinbund verließ und ein Bündnis mit Österreich schloß, wodurch zugleich Preußens Position in Deutschland für die Zukunft erheblich geschwächt wurde.

Inzwischen verdichteten die militärischen Ereignisse sich zur ersten großen Entscheidungsschlacht, die Trafalgar nach den Ereignissen in Rußland kontinental ergänzte, als sie vom 16. bis zum 19. 10. bei Leipzig ausgefochten wurde und dank zahlenmäßiger Überlegenheit und glücklicher Umstände mit dem Siege der Koalition endete. Nun löste der Rheinbund sich schnell auf: seine bedeutendsten Mitglieder folgten dem bayrischen Vorgehen und schlossen Verträge mit Österreich. Westfalen, Berg sowie das Großherzogtum Frankfurt fielen auseinander, und ihre Teile gerieten zumeist wieder an ihre alten Herren. Am Jahresende war das rechtsrheinische Deutschland bis auf Hamburg und einige Festungen frei; für den Norden konnte am 14. 1. 1814 bereits der Kieler Friede geschlossen werden, der Norwegen und Schwedisch-Pommern zwischen Dänemark und Schweden austauschte und damit deutlich machte, daß die Zeit der polnischen, italienischen und deutschen

Gebietsaufteilungen und -verschiebungen ohne Rücksicht auf die Empfindungen der Bevölkerung auch nach der napoleonischen Ära keineswegs vorüber sein sollte.

Auf der Jahreswende 1813/14 schrieb Görres mit dem Blick auf Vergangenheit und Zukunft für den Rheinischen Merkur, in dem er den Gedanken der nationalen Demokratie vertrat und der in Napoleons Umgebung als „Fünfte Großmacht" innerhalb der Koalition bezeichnet wurde: „Herrlicher ist auf Erden nichts, als wenn ein ganzes Volk ... in der Blüte mutiger Begeisterung steht und in eines jeden Herzen die Flamme brennt, die durchscheinend alles Körperhafte im Menschen, der sonst nur Staub und Asche ist und Sinnentrieb, ihn mit dem Schimmer einer höheren Natur umleuchtet. Schöner ist kein Zorn, als die Entrüstung einer edeln, mißhandelten Nation, die nach kurzem Selbstvergessen endlich ihre ganze Würde wiederfindet und nun auf einmal den höhnenden Feind, der eben noch unter die Füße sie getreten, mit dem bloßen Schrecken ihres Namens schlägt." Und Goethe bemerkte um die gleiche Zeit 1813 zu dem Schriftsteller Heinrich Luden, der sich publizistisch stark gegen die Franzosen, das deutsche Fürstentum und den deutschen Adel einsetzte und später auch zur Radikalisierung der Burschenschaften beitrug: „Glauben Sie ja nicht, daß ich gleichgültig wäre gegen die großen Ideen Freiheit, Volk, Vaterland. Nein, diese Ideen sind in uns, sie sind ein Teil unseres Wesens, und niemand vermag sie von sich zu werfen. Auch liegt mir Deutschland warm am Herzen. Ich habe oft einen bittern Schmerz empfunden bei dem Gedanken an das deutsche Volk, das so achtbar im Einzelnen und so miserabel im ganzen ist ... Der Gedanke an Deutschland, ich halte ihn so fest als Sie, diesen Glauben. Ja, das deutsche Volk verspricht eine Zukunft, hat eine Zukunft. Das Schicksal der Deutschen ist, mit Napoleon zu reden, noch nicht erfüllt. Hätten sie keine andere Aufgabe zu erfüllen gehabt, als das Römische Reich zu zerbrechen und eine neue Welt zu schaffen und zu ordnen, sie würden längst zugrunde gegangen sein. Da sie aber fortbestanden sind und in solcher Kraft und Tüchtigkeit, so müssen sie nach meinem Glauben noch eine große Zukunft haben, eine Bestimmung, welche um so viel größer sein wird, denn jenes gewaltige Werk der Zerstörung des Römischen Reiches und der Gestaltung des Mittelalters, als ihre Bildung jetzt höher steht. Aber die Zeit, die Gelegenheit, vermag ein menschliches Auge nicht vorauszusehen und menschliche Kraft nicht zu beschleunigen oder herbeizuführen. Uns einzelnen bleibt inzwischen nur übrig, einem jeden nach seinen Talenten, seiner Neigung und seiner Stellung, die Bildung des Volkes zu mehren, zu stärken und durch dasselbe zu verbreiten nach allen Seiten und wie nach unten, so auch und vorzugsweise nach oben, damit es nicht zurückbleibe hinter den andern Völkern, sondern wenigstens hierin voraufstehe, damit der Geist nicht verkümmere, sondern frisch und heiter bleibe, damit es nicht verzage, nicht kleinmütig werde, sondern fähig bleibe zu jeglicher großen Tat, wenn der Tag des Ruhms anbricht. Sie sprechen von dem Erwachen, von der Erhebung des deutschen Volkes und meinen, dieses Volk werde sich nicht wieder entreißen lassen, was es errungen und mit Gut und Blut teuer erkauft hat, nämlich die Freiheit. Ist denn wirklich das Volk erwacht? Weiß es, was es will? ... Und ist denn jede Bewegung eine Erhebung? Erhebt sich, wer gewaltsam aufgestöbert wird? Wir sprechen nicht von den Tausenden gebildeter Jünglinge und Männer, wir sprechen von der Menge, den Millionen. Und was ist denn errungen oder gewonnen worden? Sie sagen: die Freiheit. Vielleicht würden wir es aber Befreiung nennen; nämlich Befreiung nicht vom Joche der Fremden, sondern von einem fremden Joche. Es ist wahr: Franzosen sehe ich nicht mehr und nicht mehr Italiener, dafür aber sehe ich Kosaken, Baschkiren, Kroaten, Magyaren, Kassuben, Samländer, braune und andere Husaren. Wir haben uns seit einer langen Zeit gewöhnt, unseren Blick nur nach Westen zu richten und alle Gefahr nur von dort her zu erwarten, aber die Erde dehnt sich auch noch weithin nach Morgen aus. Selbst wenn wir all das Volk vor unsern Augen sehen, fällt uns keine Besorgnis ein, und schöne Frauen haben Roß und Mann umarmt. Lassen Sie mich nicht mehr sagen ..."

In diesen beiden Äußerungen auf der Höhe des Befreiungskrieges liegt die ganze Weite der Spannung zwischen der politisch unreflektierten Begeisterung des ausschließlichen Patrioten und Goethes unbegeisterte, reine historisch-politische

Anschauung, die beide wohl etwa die Pole der Einstellung gegenüber dem Geschehen ihrer Zeit bildeten.

Dieses selbst befand sich gleichzeitig in einem entscheidenden Stadium, indem plötzlich fraglich wurde, ob nach dem Willen der Patrioten auch das linksrheinische Deutschland befreit oder nach Metternichs Wunsch Frankreich die „natürlichen Grenzen" belassen, Napoleons Stellung wieder gefestigt und in Österreichs Interesse als Gegenposition zu Rußland ausgenutzt werden sollte. Und mochten auch die Patrioten mit Arndt empört den Rhein als „Deutschlands Strom, aber nicht Deutschlands Grenze" fordern, so reichte doch ihr Gewicht nicht aus zu einem Wechsel in der Einstellung Metternichs, des „Premierministers der Koalition", sondern Napoleon gab den Ausschlag, denn er wollte mehr erreichen und daher den Krieg fortführen.

So überschritt denn Blücher in der Nacht des Jahreswechsels 1813/14 bei Kaub den Rhein und begann damit die zweite Phase des Krieges. Sie wurde gekennzeichnet sowohl durch militärische Entscheidungen wie durch politische Auseinandersetzungen innerhalb der Koalition: die Kämpfe bei Brienne (29. 1.) und Rothière (Blücher 1. 2.), Chaupaubert, Montmirail und Vauchamps (10.—14. 2.), Bar-ur-Aube (27. 2.) und Laon (9.—10. 3.) festigten die erneut gelockerte Koalition bis zum Vertrag von Chaumont (9. 3.), in dem Österreich, Rußland, Preußen und England sich durch Castlereaghs Initiative zur energischen Fortführung des Krieges und Reduktion Frankreichs auf die Grenzen von 1792 vereinigten. Am 20.—21. 3. bei Arcis-sur-Aube, am 25. 3. bei Fère Champenoise geschlagen, sahen die Franzosen sich zur Räumung von Paris gezwungen. Nachdem am 31. 3. Alexander und Friedrich Wilhelm in Paris eingezogen waren, mußte Napoleon am 6. 4. in Fontainebleau abdanken. Ihm wurde die Herrschaft über Elba zugestanden, während nach Frankreich der Bruder des hingerichteten Ludwig XVI. als Ludwig XVIII. zurückkehrte. Um seine vom Volke wenig begrüßte Inthronisierung zu stützen, gewährte man ihm am 30. 5. in Paris einen überaus großzügigen Friedensvertrag: Frankreich behielt das Elsaß, die Gebiete an der Saar mit Saarlouis und Saarbrücken sowie Landau; es brauchte die vielen, aus allen Ländern gewaltsam entführten Kunstschätze nicht zurückzugeben und keine Kontributionen zu zahlen. Über die Neuordnung Deutschlands wurde einstweilen nicht mehr bestimmt, als daß man eine Föderation unabhängiger Staaten zu schaffen beabsichtigte. Diese sehr komplexe Aufgabe sollte ein Kongreß in Wien lösen.

Der Wiener Kongreß

Dem Friedensschluß zu Paris folgte ein Monarchentreffen in London und vom Oktober 1814 bis zum Juni 1815 der große Wiener Kongreß. In seiner Aufgabe der Neuordnung nach einem Vierteljahrhundert von Revolution und Krieg, Unterdrückung und Befreiung konnte er mit den Friedenskongressen zu Münster-Osnabrück und zu Utrecht verglichen werden, gab sich aber äußerlich sehr viel glanzvoller als jene, da hier die Monarchen selbst anwesend waren und sich bemühten, ein prunkvolles, das napoleonische Kaisertum überstrahlendes Bild zu bieten. „Nun wimmelte die Stadt von hohen und bedeutenden Fremden, nun wohnten in der Kaiserburg selbst mehrere der höheren Monarchen, und die andern, sowie die Gesandten derjenigen, welche nicht selbst erschienen, ringsherum in der Stadt und den Vorstädten, wo eben anständige Quartiere nach dem Bedürfnis eines jeden aufzutreiben waren; denn diese Zusammenkunft so hoher Personen und die Wichtigkeit des Zeitpunktes überhaupt hatte eine Menge Neugieriger sowohl als bei den bevorstehenden Verhandlungen Beteiligter in Wien versammelt. Die Feste begannen — und eines der schönsten, das Schönste meiner Meinung nach, nicht bloß in diesem merkwürdigen Jahre, sondern für lange Zeit, das Praterfest, die Jahresfeier der Leipziger Schlacht am 18. Oktober, eröffnete die Reihe und ward von keinem folgenden übertroffen“, erinnerte sich noch im hohen Alter Caroline Pichler, die beste Beobachterin und Darstellerin des Wiener Lebens. Hauptfiguren des Kongresses — und für die nächsten Jahrzehnte auch Kontinentaleuropas — waren Fürst Metternich und Zar Alexander, daneben der britische Vertreter Castlereagh sowie für das besiegte Frankreich der überaus gewandte und unermüdliche ehemalige Minister Napoleons, Herzog Talleyrand. Dahinter standen die Vertreter Preußens — Hardenberg und W. von Humboldt — erheblich zurück, nicht zuletzt, weil der preußische König sich mit Kaiser und Zar nicht zu messen vermochte.

Die europäischen Ziele Metternichs und des Zaren — diese beiden hatten die deutlichsten Vorstellungen von der Zukunft Europas und strebten deren Realisierung am energischsten an — waren im Grunde unvereinbar: Metternich wollte, im allgemeinen im Einverständnis mit Castlereagh, die Idealkonstruktion des europäischen Gleichgewichts, wie man es in Utrecht 1713 herzustellen versucht hatte, noch einmal in Angriff nehmen, zugleich aber dem österreichisch geführten, föderativ aufgebauten Mitteleuropa genug Kraft zur Selbständigkeit gegenüber den Flügelmächten im Osten und Westen sichern. Der Zar zielte auf den Besitz ganz Polens. Dort wollte er, der auf eine sehr eigenartige Weise von der Staats- und Gesellschaftsform der USA angezogen wurde, eine konstitutionelle Monarchie — allerdings unter seiner eigenen absolutistischen Kontrolle — einrichten. Talleyrand erstrebte natürlich die volle Gleichberechtigung des wieder bourbonischen Frankreich, möglichst weit nach Osten vorgeschobene Grenzen und die Dezentralisierung Deutschlands im Sinne von Münster-Osnabrück. So standen also bei den Hauptmächten die Zielsetzungen von 1648 und 1713 einander gegenüber, während Hardenberg und Humboldt einen von vornherein verlorenen Kampf nicht nur für die Stärkung Preußens, sondern auch für die engere Zusammenfassung Deutschlands ohne österreichisches Übergewicht wenig nachdrücklich führten.

Als entscheidend erwies sich schließlich die auch Metternichs Auffassung entsprechende, seit 1792 vorhandene, durch Napoleons Gewaltherrschaft indirekt verstärkte und nun natürlich auch von Ludwig XVIII. vertretene Tendenz zur Restauration — insbesondere der alten internationalen Ordnung Kontinentaleuropas, z. T. aber auch der innenpolitischen und gesellschaftlichen Struktur seiner Völker. Damit war z. B. den Reformen in Preußen und Deutschland ein Ende gesetzt. Die freiheitlichnationalen Bestrebungen wurden wieder in die Opposition gedrängt und die in England bereits deutlich zu beobachtenden sozialen und wirtschaftlichen Auswirkungen der Industriellen

Revolution in Wien für Mitteleuropa nicht vorausgesehen, ihre Bedeutung und ihr Ausmaß nicht erkannt.

Als Friedrich Wilhelm III. sich Metternichs Angebot eines gemeinsamen Widerstandes gegen Alexanders polnische Pläne entzog, kam es auf der Jahreswende 1814/15 zu einer die restaurativen Tendenzen weiter verstärkenden Neugruppierung der Staatsmänner in Wien: Talleyrands Bemühungen um die Aufhebung der Diskriminierung Frankreichs und um dessen Wiederaufnahme in die Gruppe der entscheidenden Großmächte hatte vollen Erfolg. Als Metternich in ihm, Castlereagh und den Vertretern von Holland, Hannover und Bayern Verbündete gegen den Zaren brauchte, wurde Frankreich wieder ganz zur Gruppe der Großmächte gezählt. Das war wenige Monate nach Napoleons Sturz eine Entscheidung von größter Bedeutung für die Entwicklung Europas im 19. Jahrhundert.

Die territoriale Neuordnung erbrachte die vierte Teilung Polens, indem dessen größerer Teil als Kongreß-Polen mit Warschau an Rußland, Galizien dagegen an Österreich fiel, während aus Krakau mit Umgebung ein Freistaat unter dem Schutz der drei angrenzenden Großmächte gebildet wurde. Österreich erhielt wieder Illyrien, die Lombardei und Venetien sowie Modena und Toskana als Sekundogenituren, also eine bedeutendere Stellung in Ober- und Mittelitalien als vor 1797. Auf die alte österreichische Position am Oberrhein mußte Metternich dem Wunsch seines eigenen Monarchen entsprechend im Interesse der strategischen Abrundung und Konzentration des Staatsgebietes ebenso verzichten wie auf die österreichischen Gebiete an der Nordseeküste, die mit Holland zum Königreich der Vereinigten Niederlande zusammengeschlossen wurden. Während Österreich sich von der deutschen Westgrenze zurückzog, erhielt Preußen als Entschädigung für den Verlust des Anteils bei der dritten Teilung Polens die nördliche Hälfte des Königreichs Sachsen; außerdem bekam es Jülich, Berg, Kurtrier, Kurköln, Aachen, eine erhebliche Vergrößerung Westfalens durch Paderborn und die westlichen und südlichen Teile von Münster — also Rheinland-Westfalen; d. h. es erfuhr eine bedeutende politische, soziale und stammesmäßige Verschiebung von Osten nach Westen und gewann damit wirtschaftlich und von dort aus in der deutschen Innenpolitik eine Machtstellung, die in ihrer vollen Stärke einstweilen noch gar nicht erkannt werden konnte. Nach der Eroberung Schlesiens und den Erwerbungen anläßlich der Teilungen Polens stand Preußen, dessen Expansion nach Osten 1807 in Tilsit abgeschnitten worden war, und das sich nun eindeutig nach Westen wandte, also erneut vor der Aufgabe, neu gewonnene Gebiete zu assimilieren und zu integrieren — einer Aufgabe, die diesmal sehr viel schwieriger war als im 18. Jahrhundert. Eine verwaltungsmäßige Erschwerung entstand für Preußen dadurch, daß der preußische Staat jetzt noch stärker als früher aus zwei nicht einmal durch einen Korridor verbundenen Blöcken bestand; doch sollte gerade diese Ungunst der territorialen Gestaltung bald einen wesentlichen Antrieb für Preußens Zollreform und -vereinigungsaktivität bilden. Über ein kompliziertes Tauschverfahren erhielt Preußen schließlich Schwedisch-Pommern mit Stralsund, Greifswald und Rügen. Luxemburg wurde als Großherzogtum verselbständigt, Mainz nach langem Verhandeln Hessen-Darmstadt zugewiesen, für die Festung eine Sonderregelung vorgesehen. Hannover, ein deutscher Staat des Königs von Großbritannien und Irland, wurde wie die Niederlande zum Königreich erhoben und um Hildesheim, Goslar, Ostfriesland, das nördliche Münsterland und Teile von Lingen vergrößert. Bayern erhielt für Tirol und Salzburg ganz Franken einschließlich des von Preußen beanspruchten Ansbach-Bayreuth sowie die Gebiete von Würzburg und Aschaffenburg und die linksrheinische Pfalz. Damit bestand Bayern fortan wie Preußen aus zwei separaten Territorialkomplexen. Baden und Württemberg blieben unverändert, ebenso die meisten übrigen ehemaligen Rheinbundstaaten; einige kleinere wurden jetzt mediatisiert, andere dagegen als souveräne Staaten wieder ins Leben gerufen: Braunschweig, Oldenburg, Hessen-Kassel, Hamburg, Bremen, Lübeck und Frankfurt. Und da allen Protesten der Mediatisierten zum Trotz die sonstigen, also die bei weitem meisten Säkularisationen und Mediatisationen der napoleonischen Zeit nicht rückgängig gemacht wurden, erbrachte dieser Abschluß der seit mehr als einem Jahrzehnt im Gange befindlichen Neuordnung einen wesentlichen, für die Entwicklung im 19. Jahrhundert bedeutungsvollen Fortschritt gegenüber der territorialen Zersplitterung im 18. Jahrhundert.

Das große Problem neben dieser territorialen Neuordnung bildete in Wien die politische Neugestaltung Deutschlands als Gesamtheit. Die Wiederherstellung des alten Reiches kam nicht in Frage; die „deutsche Einigung" der jetzt noch existierenden 38 deutschen Staaten in einem neuen Reich wurde dagegen nach Fremdherrschaft und Befreiung allgemein von den Patrioten, von Publizisten wie Görres und Arndt und Staatsmännern wie Stein und Humboldt gefordert und unter Vorlage vieler Verfassungsentwürfe betrieben. Gleichwohl schien es fast, als ob Goethes Genie nicht unrecht hatte: „Zur Nation euch zu bilden, ihr hofft es, Deutsche, vergebens; Bildet, ihr könnt es, dafür freier zu Menschen euch aus." Tatsächlich waren die objektiven Schwierigkeiten des Verfassungswerkes überaus groß. „Sie bestanden nicht etwa in dem Vorhandensein von kräftigen Mittelstaaten ...; noch weniger kamen die Kleinstaaten und Mediatisierten ... ernstlich in Betracht. Der Kernpunkt aller Schwierigkeiten war vielmehr das Bestreben zweier Großmächte in Deutschland, der Dualismus zwischen Österreich und Preußen, den Friedrich der Große begründet hatte. Dieser bildete vor allem deswegen die Klippe der Verhandlungen, weil er gar keine Verfassungsfrage, sondern eine Machtfrage war, sich deshalb selbst durch die künstlichsten Vorschläge, an denen namentlich Stein reich war, nicht beseitigen, sondern nur durch ‚Blut und Eisen' lösen ließ. Das konnte jene Zeit noch nicht einsehen, sie stand noch zu unmittelbar unter dem Eindruck der letzten Jahrzehnte, in denen Österreich und Preußen vereinzelt geschlagen worden waren, aber vereint gesiegt hatten. Die Zeit mußte erst reifer werden, erst verstehen lernen, daß die deutsche Einigung nur durch Opfer, durch den Verzicht auf die deutsch-österreichischen Lande zu erkaufen sei. Aber selbst wenn diese Einsicht schon verbreitet gewesen wäre, so wäre Preußen doch kaum im Stande gewesen, schon damals Österreich zum Verzicht zu zwingen" (Hartung).

So schufen denn „die Souveränen Fürsten und freien Städte Deutschlands" — also Preußen und Österreich nicht mit ihren außerdeutschen Gebietsteilen, wohl aber durch Holstein und

Lauenburg auch Dänemark und durch Luxemburg und Limburg auch die Niederlande, bis 1837 durch Hannover auch England — am 8. 6. 1815 durch die Unterzeichnung der Bundesakte die „Grundzüge“ einer Bundesverfassung für den „Deutschen Bund“ mit dem Zweck „der Erhaltung der äußeren und inneren Sicherheit Deutschlands und der Unabhängigkeit und Unverletzlichkeit der einzelnen deutschen Staaten“. Er bildete also eine lockere völkerrechtliche Vereinigung, nicht einen fest gefügten Bundesstaat. Sie schufen zugleich im „Bundestag“ einen ständigen Gesandtenkongreß, nicht eine deutsche Zentralregierung. Verglichen mit den großen Hoffnungen, mit denen die deutsche Nation den Beratungen des Wiener Kongresses über ihre Verfassung entgegengesehen hatte, war die Bundesakte gewiß ein dürftiges Ergebnis, und der Spott über diese ‚Zangen- und Notgeburt‘ ist durchaus begreiflich. Aber dieser Vergleichsmaßstab ist falsch. „Gemessen an der Verfassung des alten Reiches bedeutete die Bundesakte entschieden einen Schritt zur Besserung. Nicht bloß war die Grenzlinie des Bundes gegenüber dem Auslande klar und deutlich gezogen, sondern der Bund trat überhaupt nach außen hin viel fester geschlossen auf als das Reich ... Und wenn die Bundesakte auch nur von den Staaten abgeschlossen war und der Nation keinerlei Gesamtvertretung zubilligte, so sicherte sie doch wenigstens dem Deutschen zum Unterschiede von den Fremden einige Rechte in ganz Deutschland zu, die man immerhin als ein ‚allgemeines Bürgerrecht‘ bezeichnen durfte“ (Hartung).

Napoleons „hundert Tage“ und der zweite Pariser Friedensschluß

Am 1. 3. 1815 landete Napoleon von Elba aus an der französischen Küste, um im Vertrauen auf die Anhänglichkeit des französischen Volkes an ihn und den Ruhm die Macht zurückzuerobern. Die eben erst von den Siegermächten nicht sehr glanzvoll inthronisierten Bourbonen zu stürzen und in Frankreich Anerkennung zu finden, fiel seiner faszinierenden und genialen Persönlichkeit leicht; die Entschlossenheit der auf dem Wiener Kongreß vertretenen Mächte zur Verhinderung eines zweiten napoleonischen Regimes zu überwinden, war ihm dagegen unmöglich. Die Wiener Koalition hielt einmütig gegen ihn zusammen, ächtete ihn und bereitete einen konzentrischen Marsch gegen Paris vor. Auch Napoleons alte, oft bewährte Blitzkrieg-Führung scheiterte diesmal. Bei Waterloo-Belle-Alliance mißlang ihm am 18. 6. der Sieg über Wellington, der vielmehr sich behaupten und anschließend mit den von Gneisenau herangeführten Truppen Blüchers das französische Heer überwinden und zur Auflösung zwingen konnte. Napoleon mußte ein zweites Mal abdanken und wurde nun sehr viel schimpflicher als 1814 nach St. Helena verbannt; er starb dort 1821.

Der geflüchtete Bourbone wurde erneut als König eingesetzt. In Deutschland hofften die Patrioten vergeblich, daß Napoleons Intermezzo den nationalen Argumenten in Wien Auftrieb geben, die Forderungen gegenüber Frankreich verschärfen und Preußen eine stärkere Stellung ermöglichen werde. Ihre Erwartungen wurden getäuscht. Der zweite Pariser Friede vom 20. 11. 1815 beließ das Elsaß bei Frankreich, forderte jedoch Kriegsentschädigungen und die Rückgabe der einst in den französisch besetzten Gebieten geraubten Kunstwerke sowie Landau und das Saargebiet — ein in seinem vollen Wert einstweilen nicht erkennbares weiteres westliches Gewicht — für die preußische Monarchie. Zum Schutz gegen neue Überraschungen blieb Nordostfrankreich einige Zeit besetzt und der Vierbund der Großmächte in Kraft. Außerdem wurde auf Alexanders Initiative am 26. 9. von den Monarchen Rußlands, Österreichs und Preußens die „Heilige Allianz" geschlossen, eine romantisch-christlich-mystisch motivierte, sehr lockere, politisch unbedeutende, den Zeitgenossen aber repräsentativ erscheinende Organisation der restaurativen Tendenzen.

„Mit der Heiligen Allianz und dem zweiten Pariser Frieden fand für Europa wie für Deutschland eine zwanzigjährige Epoche schwerster Erschütterungen ihr Ende. Eine Ordnung war aufgerichtet worden, mit der nun freilich gerade weite Kreise Deutschlands keineswegs zufrieden waren . . . Und doch gab es, ganz abgesehen von der Beseitigung von Unruhe und Furcht, von fremder Willkür und nationaler Gefährdung auch von ihrem Standpunkt aus positive Seiten der Neugestaltung.

Die Föderation des Deutschen Bundes war nicht so schlecht, wie es die Vorkämpfer deutscher Einigung und Einheit glaubten. Auf Grund der territorialen Neuordnung standen zudem die Grenzen im Westen und Osten in besserer Hut als einst. Wenn Österreich sich auf den Südosten konzentriert hatte, so war Preußen zur abwehrfähigen Vormacht im Nordosten und zugleich zum Wächter des Rheinstromes im Westen geworden, der, von Görres als ‚Teutschlands hochschlagende Pulsader' bezeichnet, gewissermaßen als nationales Symbol galt. Gerade diesem Staat eröffnete die zunächst vielfach als unnatürlich empfundene Verbindung des alten Preußen mit dem beweglichen Bürgertum des Rheinlandes Möglichkeiten, die für das deutsche Schicksal von großer Bedeutung werden konnten. Schließlich, wenn auch Sperren gegen das Vordringen des neuen nationalen und liberalen Geistes errichtet worden waren, sie konnten doch nicht auf die Dauer eine Bewegung aufhalten, in der die Erinnerung an die Nöte der Fremdherrschaft und an die Erfolge der Erhebung fortwirken mußte" (Braubach).

RESTAURATION UND REAKTION IN DEUTSCHLAND

Das „Zeitalter der Restauration" erhielt seinen Namen durch das 1816/34 in sechs Bänden erschienene Hauptwerk des antidemokratischen Schweizer Staatsrechtlers Karl Ludwig von Haller „Die Restauration der Staatswissenschaft oder Theorie des natürlich-geselligen Zustandes, der Chimäre des künstlich-bürgerlichen entgegengesetzt". In scharfer Wendung gegen Rousseaus Lehre vom Gesellschaftsvertrag sah Haller den Ursprung der Gesellschaft in dem ihm naturgesetzlich erscheinenden Zustand, daß der Starke dem Schwachen gebietet. Den Staat betrachtete er in diesem Sinne als eine große Familie, eine Summe solcher einander über- bzw. untergeordneter Herrschaftsverhältnisse, als einen ständischen Obrigkeits- oder „Patrimonialstaat" mit der von Gott gesetzten Aufgabe der Erhaltung des bestehenden Zustandes. Haller, der aus dem Rationalismus kam und — darin Metternich wie Hardenberg verwandt — unhistorisch, politisch statisch dachte, übte nicht nur auf die Staatslehre, die Regierungen und Verwaltungen seiner Zeit eine große Wirkung aus, sondern auch auf die Romantiker bis zu dem preußischen König Friedrich Wilhelm IV.

„Der lange Friede seit 1815 hat den täuschenden Schein erweckt, als wäre ein Gleichgewicht der Mächte erreicht worden, welches ewig dauern könnte . . . Die Restauration und ihr angebetetes Prinzip, die Legitimität, welche so viel als eine Reaktion gegen den Geist der Französischen Revolution war, stellten in einer an sich höchst ungleichen Weise eine Anzahl von früheren Lebens- und Rechtsformen und eine Anzahl von Ländergrenzen her, bei völliger Unmöglichkeit, die weiterwirkenden Resultate der Französischen Revolution aus der Welt zu schaffen, nämlich den tatsächlich hohen Grad von Rechtsgleichheit (Steuergleichheit, Ämterfähigkeit, gleiche Erbteilung), die Beweglichkeit des Grundbesitzes, die Verfügbarkeit alles Besitzes für die Industrie, die Parität der Konfessionen in mehreren jetzt stark gemischten Ländern. Und der Staat selbst wollte von den Resultaten der Revolution eins nicht entbehren: die große Ausdehnung seines Machtbegriffs ... Der Machtstaat selber postulierte die Gleichheit, auch wo er seinem Adel noch Hof- und Militärstellen zur Beute ließ ... Und diesem gegenüber nun der Geist der Völker, unter deren heftigster nationaler Aufregung die Kriege von 1812 bis 1815 geführt wurden. Ein Geist der Kritik war wach geworden, der sich trotz allem Ruhebedürfnis nicht mehr schlafen legen wollte und an alle Existenz fortan einen anderen Maßstab legte. Noch schien es soziale Fragen nicht zu geben, und noch wirkte auch Amerika nur wenig ein; aber schon die bisherigen und die einheimischen Postulate erfüllten die Regierungen mit Sorge", so heißt es in den „Zusätzen über Ursprung und Beschaffenheit der heutigen Krisis", die Jacob Burckhardt nach dem Erlebnis von 1848, 1866 und 1871 niederschrieb.

Waren dies die sehr widerspruchsvollen Grundtendenzen der Zeit – einer Zeit des Restaurationsversuches innerhalb einer permanenten Revolution, die sich über die teils kriegerischen, teils reformerisch erscheinenden Etappen von 1830, 1848 und 1866/71, die sozialreformerischen Maßnahmen der 80er Jahre, den Ersten Weltkrieg und die bolschewistische Revolution bis in unsere Gegenwart fortsetzte —, so trat eine gegenüber allen früheren Zeiten von der Antike bis zum Ende des 18. Jahrhunderts absolut neue Erscheinung hinzu: die in ihren tiefsten Ursachen ebenso rätselhafte wie in jeder Beziehung für die Menschheit weitgreifende und wirkungsreiche ungeheure Beschleunigung des Lebens. Das retardierende Element der Restauration innerhalb der Revolution ließ diese Erscheinung anfangs nicht recht sichtbar und in ihrer Bedeutung nicht voll erkennbar werden. Doch in dem Maße, in dem innenpolitische, allgemein in der Welt auftretende wirtschaftliche und soziale Probleme den im Zeitalter des Absolutismus nie bestrittenen Primat der Außenpolitik in Frage stellten oder wenigstens einengten, gewann im allgemeinen Leben der Völker dieses Revolutionäre die Oberhand über das Restaurative: niemals vor der industriellen und der politischen Revolution hatte es eine so sprunghaft ansteigende Zunahme der Bevölkerung gegeben, niemals eine auch nur annähernd so riesige Steigerung der industriell-technischen Leistungen über alles handwerklich Mögliche hinaus, niemals eine so mächtige oder hastige Entwicklung der Gesellschaftsverfassung, so geschwinde Fortschritte in der Entdeckung und Erschließung neuer Räume in Übersee, niemals auch ein solches Tempo des Lebens wie nun seit der Erfindung der Dampfmaschine — Symbol für einen gewaltigen technisch-wirtschaftlich-sozialen Komplex — und seit dem Sturm auf die Bastille.

Und doch war die Zeit der Restauration gegenüber dem unmittelbar davor liegenden Menschenalter arm an großen politischen Ereignissen.

Metternichs Österreich

Bereits während der letzten napoleonischen Jahre deutete sich in Österreich das dann auf der Grundlage des Wiener Kongresses aufgebaute „System Metternich" an — der Versuch einer rationalistischen Vereinigung von alter Ordnung und Auswirkungen neuer Gedanken und Ereignisse in einem dauerhaften internationalen wie innerstaatlich-sozialen Gleichgewicht alter Art, in dem also die Verwirklichung revolutionärer Begriffe wie Volkssouveränität, Nationalismus, konstitutionelle Monarchie und Demokratie verhindert werden sollte. Sehr klug, aristokratisch-weltmännisch gebildet, diplomatisch überaus gewandt und listenreich, nicht eigentlich energisch, aber persönlich politisch ehrgeiziger als später Bismarck, zutiefst dabei unoriginell, war Metternich, der den neu erwachten Kräften nur die Umformung alter Auffassungen entgegenstellte, nicht imstande, über die Verzögerung der natürlichen Entwicklung aus den Bereichen der Revolutionen seit der Mitte des 18. Jahrhunderts hinaus Neues, Zukunftsträchtiges zu schaffen. Er fing den Josephinismus und Liberalismus ab, förderte entschieden den Katholizismus — mit nationalkirchlichen Färbungen des Absolutisten — und übersteigerte die Restauration nicht selten zur Reaktion, die bald immer mehr ein Gegenstand heftigster Angriffe seiner Gegner wurde. Er vermochte aber nicht, den inneren Aufbau des komplizierten österreichischen Staates zu straffen, zu modernisieren und mit jungen, zeitgemäßen Triebkräften zu erfüllen. Sein Versuch, die Energien des politisch interessierten Bürgertums auf Betätigung und Erfolg in Wirtschaft und Technik abzulenken — eine Vorwegnahme des „Enrichissez-Vous" späterer Jahrzehnte —, scheiterte nicht so sehr an kontinentalstaatlicher Enge, Abgelegenheit von den industriell-kommerziellen Schwerpunkten Europas und an Kapitalmangel, wie hauptsächlich an der Stärke des politischen Willens dieser Bevölkerungsschicht sowie an den erwachenden nationalen Bewegungen im Habsburgerreich.

Mit der territorialen Neuordnung Mitteleuropas in Wien war ein die Entwicklung seit dem 17. Jahrhundert, seit 1805 durch Napoleon fortsetzender Schritt Österreichs aus Deutschland heraus sowie eine neue Etappe auf dem Wege zur kleindeutschen Lösung verbunden. Das trat freilich durch Metternichs zentrale Position und Österreichs starken Einfluß im Deutschen Bund zunächst nicht recht in Erscheinung. Da jedoch ein Kampf gegen die Türkei und den Islam nicht mehr nötig war, entfiel für Österreich auch der traditionelle Hauptteil seiner großen südosteuropäischen Aufgabe für das christliche Abendland, so daß es in den folgenden Jahrzehnten zu einer Großmacht am Rande der weltpolitischen Entscheidungen und mit vorwiegend innenpolitischen Problemen wurde, die von Metternichs anationalem Kampf gegen die nationale Bewegung bis zu denen des Nationalitätenstaates und der Emanzipation der slawischen Völker anwuchsen. Ihnen gegenüber wurde vom Kaiserhaus im Jahrhundert des Nationalstaates immer stärker, immer unfruchtbarer und hilfloser der übernationale Charakter des habsburgischen Staates hervorgehoben.

Nach dem Wiener Kongreß standen also für Österreich die innenpolitischen Aufgaben im Vordergrund. Hier fehlte es an einer einheitlichen Staatsführung wie an Geradlinigkeit der Politik um so mehr, als Metternich es nicht verstand, sich gegenüber Franz A. Graf Kolowrat-Liebsteinsky durchzusetzen. Dieser kam aus Böhmen, war dort im Staatsdienst aufgestiegen und als Patriot und Romantiker an der Erhebung von 1809 führend beteiligt gewesen. Er wurde als Staats- und Konferenzminister seit 1826 von Kaiser Franz I. im Gegensatz zu

Metternich mit der fast ausschließlichen Leitung der österreichischen Innenpolitik betraut und vermochte sich in dieser Position auch nach dem Regierungsantritt Ferdinands I. im Jahre 1835 zu behaupten. Der wankelmütige Kolowrat konnte sich ohne klare Zielsetzung in seiner liberaleren Haltung gegenüber Metternich zwar nicht wirklich durchsetzen, aber der Gegensatz beider Männer führte zu einer unheilvollen allgemeinen Lähmung der österreichischen Innenpolitik. Angesichts dieser Zustände konnte auch unter Offizieren und Beamten keine wirkliche Staatsgesinnung entstehen, mußte das geistige Leben stagnieren und sich allmählich eine von der bürgerlichen Intelligenz geführte oppositionelle, schließlich revolutionäre Bewegung bilden. Auch der Kleinadel schloß sich diesem Protest an, der der Regierung u.a. vorwarf, sie habe die Schaffung eines österreichischen Nationalgefühls und Gemeinsinns versäumt, die produktiven Kräfte unterdrückt und somit ein falsches Regierungssystem entwickelt.

So geriet der Staat der Habsburger, der weder von den im 19. Jahrhundert wichtigsten Schichten der deutschen Bevölkerung noch von dem zum Staate nicht erzogenen Adel wirklich getragen wurde, zugleich in die Gefahren des slawischen Nationalismus, der in Kolowrat die erste führende Persönlichkeit besaß. Aus dem literarisch-ästhetischen Bereich griff die von Herder und der Romantik stark beeinflußte tschechische Nationalbewegung über Palacky bald in die eigentliche Politik ein. Die alte ungarische Selbständigkeits- und Nationalbewegung fühlte sich durch diese Ereignisse angeregt: Ungarn verweigerte eine ausreichende Finanzhilfe für den Gesamtstaat und die zollpolitische Vereinigung mit diesem, führte das Magyarische als Amtssprache ein und erzwang 1844 das erste der vielen Sprachgesetze im Habsburgerstaat. So vollzog sich in diesem Jahrzehnt die Wiedergeburt der magyarischen Nation, nachdem die Eingliederung Ungarns in den Staat der Habsburger gegen den Widerstand der abwechselnd mit allen Gegnern des Kaisers verbündeten Ungarn sehr viel Zeit und Mühen gekostet hatte. Hauptvertreter der magyarischen Bewegung war Graf Stefan Széchenyi, der in Erinnerung an die nationale politische Bedeutung der französischen Akademie 1825 die Ungarische

Akademie der Wissenschaften zur Pflege der magyarischen Sprache und Literatur gründete. Ihm trat seit dem Anfang der 40er Jahre L. Kossuth als Führer der Massen teils zur Seite, teils aber auch entgegen.

Noch schwieriger gestalteten sich die Verhältnisse in Italien, wo die alten Ansätze der Opposition gegen Habsburg nach der enttäuschenden erneuten Unterordnung des Landes unter österreichische Herrschaft um so stärker und vielfach in der Form der Geheimbündelei wiederauflebten, als Metternich jedes Entgegenkommen verweigerte. Nur der scharfen Zensur und der in jenen Jahrzehnten noch bestehenden Mängeln des Nachrichtenwesens war es zuzuschreiben, daß die innere Schwäche des Habsburgerstaates in Europa nicht wirklich bekannt wurde und Metternichs Österreich in bezug auf Prestige die führende Stellung auf dem Kontinent behaupten konnte. Als die österreichische Volksbewegung sich schließlich doch durchsetzte, war mit dem „System" auch der Bestand des habsburgischen Staates auf das schwerste bedroht. Metternich selbst sprach schließlich davon, daß es sich nicht um eine vorübergehende, sondern um eine tödliche Krankheit handele.

Inzwischen aber war Metternich — „ein Panier, dem ein Teil des Jahrhunderts gefolgt ist, während ein anderer dawidergestanden und es zuletzt gestürzt hat" (Srbik) — der Träger der Großen Politik auf dem Kontinent. Fast vier Jahrzehnte hindurch leitete er nach der nahezu unvermeidlichen Niederlage von 1809 die österreichische Außenpolitik im antinationalen Sinne und mit dem Wunsch, in Österreichs Interesse das europäische Gleichgewicht zu erhalten, indem er selbst Berater der führenden europäischen Fürsten war. Auf diese Weise wurde er mehr als nur ein österreichischer Staatsmann, zumal sein System der europäischen Politik und das Interesse der österreichischen sich deckten. Sein Versuch freilich, die Gefahren für das restaurierte Ancien Régime dadurch zu bannen, daß er sich der zur Demokratie drängenden Massenbewegung entgegenstellte, statt diese etwa wie in den Stein-Hardenbergischen Reformen aufzufangen und dem Staate zuzuleiten, zeugte nach den Erfahrungen seit 1789 und mit Napoleon von staatsmännischer Schwäche und menschlicher

Starrheit. Schon 1841 bezeichnete Radowitz diese Haltung als den „Kultus des Moments“ und als „Bestreben, jede Störung des eben vorliegenden Faktums, schlecht oder gut, abzuwenden“.

Der preußische Staat

Preußen, das bereits in der Zeit Friedrichs II. und Maria Theresias stark durch die straffe absolutistische Staatsordnung sowie die Erziehung und Disziplinierung der Stände Österreich gegenüber im Vorteil gewesen war, erwies sich dadurch auch nach 1815 als überlegen. Hier konnte die freilich recht langsame Fortsetzung der Reformen anknüpfen, hier das Erlebnis der Freiheitskriege staatspädagogisch fruchtbar gemacht werden für das Zusammenwachsen des weithin neu zu gestaltenden Staates. Hatten die Hohenzollern seit dem Ende des 17. Jahrhunderts eine große Zahl von ausländischen Einwanderern und deren Nachkommen zu ihrem Staat erziehen müssen, so erhielt Friedrich Wilhelm 1815 zu 6 Millionen alten Untertanen 4 Millionen neue, die zumeist diesen Wechsel der Staatsangehörigkeit nicht begeistert hinnahmen. Der grenzenreiche Staat vereinigte außerdem in sich sehr starke Gegensätze: industrialisiertes, französisch beeinflußtes Großbürgertum am Rhein und altadelige ostpreußische, pommersche, märkische und schlesische Großgrundbesitzer, liberale, demokratische und konservative Staats- und Wirtschaftsauffassungen, katholische und protestantische Volksteile, preußische Staatsgesinnung in den alten und deutsche Einheitsbestrebungen am stärksten in den neuen Provinzen. Aber Preußen genoß Österreich gegenüber den Ruf der Reformfreudigkeit und Fortschrittlichkeit und das Ansehen des gewichtigsten Staates in Deutschland, von dessen Maßnahmen vieles auch für die kleineren abhing. So bildete es auch außerhalb Preußens für viele eine große Enttäuschung, als sich erwies, daß die „Reformzeit“ im großen und ganzen ihr Ende erreicht hatte und an ihre Stelle politische Restauration und schließlich Reaktion traten, daß der Gedanke der Einheit nicht gepflegt, sondern Stein, Gneisenau, Arndt und andere staatsfeindlicher Gesinnung verdächtigt und zurückgesetzt wurden. Die Städteordnung trat für die neugewonnenen Gebiete nicht in Kraft, die Bauernbefreiung wurde beengt und führte zu Verlust von Bauernstellen sowie zur entsprechenden Stärkung des Großgrundbesitzes. Patrimonialgerichtsbarkeit, Polizeigewalt und Steuerfreiheit der Gutsherren blieben erhalten. Während aber die obersten staatlichen Instanzen so unter dem Einfluß Metternichs auch in Preußen Restaurationspolitik trieben, vermochten in einzelnen Provinzen tüchtige Oberpräsidenten — ein seit der Reformzeit bestehendes, die Tradition der Provinzialminister modern aufgreifendes Amt — die Reform unter der Hand und in engerem Rahmen fortzuführen: das preußische Beamtentum, das auf den Universitäten von Halle, Königsberg und Berlin dem Liberalismus zugeführt worden war, verwirklichte diesen noch jahrzehntelang und hatte jetzt seine eigentliche große politische Zeit — von den Fachministern mit ihren allgemeinen Gesichtspunkten bis hinab zu den Landräten, die dann allerdings auch adlig-gutsherrliche Interessen vertraten. König Friedrich Wilhelm III., der Metternich bewunderte, spielte bei all diesem Geschehen eine nicht viel bedeutendere Rolle als die österreichischen Kaiser. Die Stellung des Staatskanzlers wurde nach Hardenbergs Tod im Jahre 1822 nicht wieder besetzt; da aber der König keine aktive und interessierte Persönlichkeit war, trat an die Stelle des monarchischen Absolutismus ein bürokratischer, der seine organisatorische Spitze 1817 in einem Staatsrat erhalten hatte.

Am 26. 5. 1818 wurde ein Zollgesetz erlassen, das alle Binnenzölle sowie die Akzise aufhob und ein dem Merkantilismus gegenüber stark liberalisiertes Grenzzollsystem schuf, seine Hauptaufgaben aber in der wirtschaftlichen Zusammenfassung der Monarchie sowie in der Freisetzung individueller Wirtschaftskräfte der Untertanen haben sollte und für die Entwicklung auf den Deutschen Zollverein hin unbeabsichtigt große Bedeutung erhielt. Diesem Gesetz schlossen sich 1819/20 weitere zentralisierende und egalisierende Steuerreformen an. Durch solche Maßnahmen wurden nach 1815 die beiden großen Ergebnisse der Reformzeit verstärkt: die Einheit des Staates in politischer und wirtschaftlicher Beziehung sowie die rechtliche und wirtschaftliche Befreiung des Individuums. Beide bewährten sich in der Folge bei der raschen Assimilierung der neuen Landesteile und in der günstigen wirtschaftlichen Entwicklung.

Zu einer großen Enttäuschung für das Volk führten die Geschehnisse in der Verfassungsfrage. Welche Bedeutung diese erhalten konnte, faßte Gneisenau in die Worte zusammen, es gäbe keine bessere Möglichkeit, „die Einwohner der zu erwerbenden Länder an unsere älteren zu knüpfen, als eine gute Konstitution. Überdies müssen wir dadurch die Meinung in Deutschland für uns gewinnen. So etwas erwirbt uns den Primat über die Geister. Der dreifache Primat der Waffen, der Konstitution, der Wissenschaften ist es allein, der uns aufrecht zwischen den mächtigen Nachbarn erhalten kann". War auch die preußische Regierung 1815 in Wien für die Gewährung von Verfassungen in allen deutschen Staaten eingetreten, hatte der König für Preußen selbst eine ständische Vertretung versprochen und am 22. 5. 1815 in einer Verordnung sowie am 17. 1. 1820 im Staatsschuldenedikt der „preußischen Nation" eine schriftliche Verfassungsurkunde und eine reichsständische Versammlung in Aussicht gestellt, so ist doch die Verfassung über historische Forschungen zur vorbereitenden Planung nicht so rechtzeitig hinausgelangt, daß das ganze Unternehmen gegenüber der Reaktionsbewegung, dem inneren Widerstand des Königs und dem Einfluß Metternichs hätte durchgesetzt werden können. Seit den Attentaten auf den König im Jahre 1819 erwies sich die vom romantisch-schwärmerisch und absolutistisch eingestellten Kronprinzen geführte grundadlige und auf C. L. v. Hallers Lehre von der „Restauration der Staatswissenschaften" basierende, auch an Gentz' Befürwortung landständischer Vertretung anknüpfende Auffassung als die stärkere, so daß im Juni 1821 der Erlaß der versprochenen Verfassung auf unbestimmte Zeit hinausgeschoben und 1823 an ihrer Stelle die Errichtung von Provinzialständen beschlossen wurde.

„Die Frage, ob die Verzögerung der Verfassung für Preußen notwendig gewesen ist oder nicht, ob eine wie auch immer gestaltete Repräsentation des Volkes den Ausbau des Staates und die Verschmelzung der alten und neuen, östlichen und westlichen Provinzen analog den süddeutschen Staaten erleichtert oder im Gegenteil erschwert und die gesamten wirtschaftlichen und sozialen Errungenschaften der Reformzeit gefährdet, und ob sie Preußen verfrüht zur Aufrollung der deutschen Frage gezwungen hätte, wird sich kaum jemals fest entscheiden lassen. So wie die Dinge seit dem Staatsschuldengesetz ... lagen, bedeutete das Ausbleiben der Verfassung ... auf alle Fälle eine bedenkliche Lähmung der auswärtigen Politik des Staates" (Hartung).

Nur der lange, von Jac. Burckhardt als wesentlichstes Element der Jahrzehnte vor 1848 bezeichnete Frieden und der glückliche Umstand, daß die Julirevolution von 1830 Preußen praktisch nicht berührte, ließ diesen Mangel nicht voll wirksam werden. Es war das Vierteljahrhundert zwischen dem Wiener Kongreß und dem Tode Friedrich Wilhelms III., in dem es Schinkel gelang — so schrieb Fontane 1860 —, „Berlin, wie seine Verehrer sagen, in eine Stadt der Schönheit umzugestalten, jedenfalls aber unserer Residenz im wesentlichen den Stempel aufzudrücken, den sie bis diese Stunde trägt. Denn auch das, was nach ihm gebaut worden ist, ist zu gutem Teile Geist von seinem Geist. Wenige Städte zeigen etwas Gleiches. In Hamburg, München, Petersburg liegen die Dinge doch anders, und selbst die London-City, die in gewissem Sinne als eine Schöpfung Christopher Wrens betrachtet werden darf, bietet nur Ähnliches".

Nach dem Tode Friedrich Wilhelms III. im Jahre 1840 kam die Verfassungsbewegung in Preußen wieder in Gang. Sie war bezeichnenderweise getragen von wirtschaftlich stark interessierten, intellektuellen Vertretern des rheinischen Großbürgertums, dessen industriell-händlerisches Gewicht in der preußischen Gesamtwirtschaft schnell um so stärker wurde, je mehr nun auch in Preußen die Industrielle Revolution um sich griff, der 1834 ins Leben getretene Zollverein sich festigte und ausdehnte und das Bürgertum mit dem Blick auf die günstige Stellung des Dritten Standes in Frankreich die Stärkung seiner Rechte im Vergleich zum Adel forderte. Es traf sich glücklich, daß in Ostpreußen noch immer die kantisch-smithianische Tradition lebte, von der ähnliche, wenngleich anders begründete Forderungen erhoben wurden. Aber Friedrich Wilhelm IV. war doch zu sehr im romantischen Absolutismus befangen und zu langsam und unentschlossen, als daß er vor 1848 zu entscheidenden und die öffentliche Meinung ihm zuführenden Maßnahmen gelangte. Der 1847 nach Berlin einberufene Vereinigte Landtag genügte den Erwartungen nun nicht mehr, zumal Friedrich Wilhelms IV. Thronrede jede Verfassungsurkunde verweigerte. In Preußen trat, wie in Frankreich und auch in Österreich, der Zwiespalt zwischen der Mehrheit des Volkes und dem König — einem schwachen Herrscher — offen zutage.

Während noch die Auseinandersetzung um die Verfassung, die zutiefst auch Preußens Vorrang in Deutschland betraf, die Öffentlichkeit bewegte, machte sich ein weiteres Problem bemerkbar, das fortan noch mehrfach große politische Bedeutung erhalten sollte: die Kirchenfrage. Bis 1815 ein sehr stark protestantischer Staat mit einer lebhaften calvinistischen und hugenottischen Tradition in wichtigen Bereichen, hatte Preußen durch die polnischen Teilungen zwar beachtliche Gruppen katholischer Staatsangehöriger erhalten, doch waren diese bisher weder politisch noch wirtschaftlich und sozial hervorgetreten. Ganz anders wurde es nun durch die territorialen Erwerbungen im Rheinland und in Westfalen. Zunächst war die Gemeinschaft der Deutschen im Freiheitskampf und auch danach noch weit stärker als der Unterschied der Konfessionen; nach einiger Zeit aber verschärften sich die konfessionellen Spannungen: von innen heraus durch die Romantik, von außen durch die Katholiken im benachbarten Belgien gestützt, mit Görres und durch diesen mit Döllinger in München eng verbunden, neigte der rheinische Katholizismus lebhafter zu militanten Formen. Auch zeichnete sich die Restaurationszeit durch eine bemerkenswerte allgemeine Erstarkung des Religiösen aus. Die Kirche war das eigentliche und gewissermaßen älteste Ancien Régime; sie bildete die mächtigste Verkörperung des Autoritäts- und Legitimitätsgedankens und der Klerus die am reinsten erhaltene Aristokratie. Der im 18. Jahrhundert aufgelöste Jesuitenorden wurde 1814 wieder hergestellt und gewann starken Einfluß auf die Kirche.

Ein Konkordat des Deutschen Bundes in Vertretung ganz Deutschlands mit der katholischen Kirche kam nicht zustande. In Preußen, für das durch die Rheinlande der katholische Volksteil erhebliche Bedeutung erlangt hatte, machten kirchenpolitisch unerfahrene hohe Beamte, die die Energie des Katholizismus verkannten, auf diesem Gebiet viele Fehler, während die katholische Kirche 1821 in Deutschland in Köln und Posen zwei neue Erzbistümer und in Trier, Münster, Paderborn, Breslau, Kulm und Ermland sechs neue Bistümer mit reicher Ausstattung einrichtete. Wenige Jahre später kam es zum offenen Bruch zwischen Kirche und Staat über dem Problem der gemischten Ehen, die vom Tridentinum verboten, 1741 bei katholischer Kindererziehung aber gestattet worden waren. Im Jahre 1803 hatte Friedrich Wilhelm III. angeordnet, daß in den östlichen Provinzen der Monarchie die Kinder der Religion des Vaters folgen müßten. Diese Regelung wurde 1825 durch Kabinettsordre auf die Rheinprovinz ausgedehnt. Der Papst antwortete 1830 mit einem Breve, das die Einsegnung einer Mischehe erst nach Bindung an das Gebot von 1741 gestattete. Bis zum Tode (1835) des Erzbischofs von Köln, Graf Spiegel, der mit Stein befreundet gewesen war, traten diese unter der allgemeinen Belebung des Religiösen liegenden konfessionellen Spannungen noch nicht voll in Erscheinung. Des Erzbischofs Tod brachte den Umschwung, und der Streit um den von der katholischen Kirche abgelehnten Kirchenhistoriker Hermes, der eine aufklärerische deutsch-katholische Theologie vertrat, vertiefte die Gegensätze, so daß im „Kölner Kirchenstreit", der bald über das Problem der Kinder aus Mischehen hinweg zu einer prinzipiellen Auseinandersetzung zwischen Staat und Kirche anwuchs und zu großen diplomatischen Ungeschicklichkeiten von Seiten des Staates führte, 1837 Spiegels Nachfolger, Erzbischof Droste-Vischering, unter großer Empörung in Rheinland-Westfalen verhaftet wurde. Eine kurzfristige Inhaftierung und Verurteilung des Erzbischofs von Posen zu 6 Monaten Gefängnis folgte 1838. Hatte Ranke 1834 in seinem Werk über das Papsttum zeitgeschichtlich bemerkt: „Die Zeiten, wo wir etwas fürchten konnten, sind vorüber; wir fühlen uns allzu gut gesichert", so hatte er damit unter dem Einfluß der Restauration des Ancien Régime die Macht des Staates gegenüber dem Katholizismus weit überschätzt, weil sie bereits, wie z. B. jetzt der Agendenstreit erwies, die protestantische Kirche in eine Staatskirche verwandelt hatte. Indem sich nun die aus manchen Quellen gespeiste Zurückhaltung, Kritik und Abneigung vieler führender Rheinländer gegenüber dem preußischen Staat mit der konfessionellen Kampfstellung verband, verstärkte sich diese zum Ultramontanismus in der Form einer heftigen Reaktion gegen den Polizeistaat und offenbarte in dieser Seite ihres Wesens eine gewisse innere Verwandtschaft mit dem Liberalismus; nur war sie freilich viel gefährlicher für den bestehenden Staat als jener, da gerade der Staat der Restauration die kirchlichen, auf dem Grundsatz der Autorität erhobenen Ansprüche nicht ernstlich bekämpfen konnte. Dennoch erschien Preußen als ein Staat, der die Katholiken verfolgte; in weiten katholischen Kreisen Deutschlands belebte sich infolgedessen die antipreußische Stimmung, die bereits in der Auseinandersetzung um die Zollpolitik manchen Stoff erhalten hatte; und endlich wurde auch der Kampf um die deutsche Einheit durch den katholisch-protestantischen Gegensatz belastet.

Erst Friedrich Wilhelm IV. gelang 1841/42 die Beilegung des Streites, in dem die Kirche siegte und der politische Katholizismus in Deutschland, insbesondere im Rheinland und gegen Preußen neu begründet wurde, ja, selbst der bis dahin liberale süddeutsche Partikularismus eine antipreußische und katholische, großdeutsche Wendung erhielt. Trotz dieser Erfahrung nahm Bismarck, ein mit Ideologien wenig vertrauter Staatsmann, ein Menschenalter später den Kampf gegen die katholische Kirche unter eher ungünstigeren Vorbedingungen erneut auf.

Gleichzeitig wandte sich die weltlich-staatliche Orthodoxie in Preußen, indem sie sich auch mit der protestantischen Orthodoxie verband, gemeinsam mit einer durch die Kriege verstärkten Gläubigkeit gegen den Liberalismus in der protestantischen Theologie. Dieser trat im Anschluß an Reimarus und Lessing, auch an Schelling und Hegel u. a. in Ludwig Feuerbachs Werken und im „Leben Jesu, kritisch bearbeitet" von David F. Strauß in Erscheinung. Dieses Buch gab 1835 die Geschichtlichkeit der Evangelienberichte weitgehend preis und deutete sie unter Anknüpfung an die Aufklärung und auch unter romantischem Einfluß als Zeugnisse des mythenbildenden Volksgeistes. Die Orthodoxie besaß ihren Mittelpunkt seit 1827 in Hengstenbergs

„Evangelischer Kirchenzeitung". Während die Burschenschaft 1817 auf der Wartburg sich beim dritten Jubelfest der Reformation an diese und an die Völkerschlacht erinnerte, rief am 27. 9. 1817 der preußische König eine lutherisch-calvinistische Union, die uniierte evangelische Kirche, ins Leben. Das preußische Beispiel fand in Anhalt, Waldeck, Rhein- und Oberhessen, Nassau und Birkenfeld Nachahmung. In Baden und Rheinbayern führte es über die Regiments- und Sakraments- zu einer Art Lehrunion. So günstig lagen die Verhältnisse, als sich gegen Friedrich Wilhelms „Agende" von 1821 sowohl Altlutheraner wie Reformierte wandten und gerade der König schließlich durch sein starres Festhalten an ihr die Vollendung einer umfassenden Union verhinderte.

Die süd- und mitteldeutschen Staaten

Zu den bedeutungsvollsten Ergebnissen der Neuordnung Deutschlands in Wien gehörte die Beibehaltung einer Trennung der norddeutschen von den süddeutschen Staaten. Während in der napoleonischen Zeit die norddeutschen sich mit viel Glück zumeist ihre Existenz fast unbeeinflußt von französischen Ideen hatten erhalten können, ließ sich im Süden die von Napoleon angestoßene Entwicklung nicht wieder auffangen. Da mit dem Korsen der Vater und Protektor des modernen Absolutismus verschwunden war, machte sich nun um so stärker die revolutionäre Tendenz bemerkbar: Mit der nassauischen Verfassung, die bereits am 1./2. 9. 1814 erlassen wurde, begann die konstitutionelle Periode der süddeutschen Staaten, die nach den bayerischen und badischen Verfassungen von 1818 bei der darmstädtisch-hessischen Verfassung von 1820 endete. Dabei handelte es sich um Konstitutionen, die insgesamt der französischen Charte von 1814 nachgebildet waren und mehr oder weniger auf dem Wege lagen, den die preußischen Reformer hatten gehen wollen: sie sollten durch die Anteilnahme des Volkes am Staatsleben das Staatsbewußtsein kräftigen. Sie waren also nicht Instrumente, welche das Volk sich im Rahmen seines politischen Aufstiegs erkämpft hatte, sondern geschickt formulierte Einrichtungen der Regierungen, absolutistisch oktroyierte „Geschenke", welche — bei sehr beschränktem Wahlrecht — in dem an umstrittenen Grenzziehungen reichen Süddeutschland den Staaten die Loyalität der Bevölkerung gewinnen und erhalten, nicht aber die Bürger wirklich an der Regierung beteiligen sollten. Dennoch bedeuteten sie den norddeutschen Verhältnissen gegenüber entschieden einen Fortschritt. In ihnen bekannten die Fürsten sich zu den Reformen der jüngst vergangenen Zeit. Sie trennten Privatschatulle und Staatsbesitz voneinander, führten die Mitwirkung verantwortlicher Minister und das Zweikammersystem ein und konnten selbst an den so revolutionären „Menschenrechten" der Gleichheit vor dem Gesetz, der Freiheit der Person, des Gewissens und der Religion, der Sicherheit des Eigentums und des Schutzes gegen willkürliche Verhaftung nicht einfach vorübergehen, sondern mußten sie, freilich fast bis zur Bedeutungslosigkeit verallgemeinert, wenigstens erwähnen. In Württemberg, wo ja eine alte Tradition bedeutender Ständemacht existierte, wurde auch jetzt die Verfassung nicht oktroyiert, sondern zwischen Regierung und Landständen unter Berufung gerade auf dieses „alte gute Recht" 1819 wie ein Vertrag vereinbart, was zu der Paradoxie führte, daß die liberaleren Absichten des Königs gegenüber den konservativeren Auffassungen der ständischen Oligarchie nicht durchgesetzt werden konnten.

Doch hatte diese württembergische Eigenart keine erhebliche politische Bedeutung. Im allgemeinen verlief die innenpolitisch-verfassungsmäßige Entwicklung der süddeutschen Staaten bis 1848 sehr gleichförmig. Überall ergab sich ein Gegensatz zwischen der Regierung, die unter Verbrämung mit Volksvertretungen an der alten absolutistischen Regierungsweise möglichst festzuhalten und sie durch alle Mittel der Polizei zu stützen suchte, und der vorwiegend von Intellektuellen getragenen liberalen Partei. Diese war von Rotteck und Welcker mit ihrem nach Lists Plan 1834 bis 1843 herausgegebenen Staatslexikon und mit Rottecks „Allgemeiner Weltgeschichte für alle Stände" (1835) geistig bestimmt und formte die öffentliche Meinung auf eine ähnliche Art wie einst in Frankreich die Enzyklopädisten, wurde auch ihrerseits von den französischen Physiokraten und zugleich durch die altständischen Traditionen beeinflußt. Das Lexikon sollte „die Grundsätze, die Richtungen, die Interessen der Constitutionellen Monarchie als der nach unseren historischen Verhältnissen vollkommensten Form des Staatslebens, oder, wenn man will, die billigen Friedensbedingungen zwischen dem vernünftigen und dem historischen Recht aufstellen und, ohne Rücksicht oder geheimen Vorbehalt, aussprechen, was die mit dem Namen der liberalen oder constitutionellen bezeichnete Partei eigentlich will, wünscht, anspricht und fordert ... Sodann aber ist ein weiterer Zweck unseres Staatslexikons die möglichste Verbreitung oder Allgemeinmachung gesunder politischer Ansichten und Richtungen unter allen Classen der Gesellschaft" (Vorwort zum 1. Band 1834). Durch Rotteck erhielt die Bewegung eine stark preußen-feindliche, antimilitärische und doktrinäre Tendenz sowie eine gewisse kleinstaatliche Engstirnigkeit, die sich mehr und mehr mit Opposition und Obstruktion zufriedengab.

Gleichwohl ist durch diese Auseinandersetzungen in Süddeutschland die Teilnahme des Volkes am politischen Leben intensiviert, das Staatsbewußtsein und Empfinden der Zusammengehörigkeit gestärkt, das Gefühl politischer Überlegenheit und Fortschrittlichkeit gegenüber dem Norden so gefestigt worden, wie es etwa in dem „Manuscript aus Süddeutschland" zum Ausdruck kam — was nicht zuletzt auch auf der Fortführung der Bauernbefreiung nach 1830 und manchen Justizreformen beruhte. Freilich standen diesen Vorzügen der süddeutschen Staaten erhebliche Schwächen gegenüber: die reaktionäre Haltung ihrer Regierungen am Bundestag und ihre politische Machtlosigkeit und Unselbständigkeit zwischen Preußen und Österreich einerseits, der zunehmende, an keiner positiven politischen Arbeit und Verantwortung korrigierte Doktrinarismus der Liberalen andererseits.

Die norddeutschen Staaten

Die Karte der territorialstaatlichen Struktur Norddeutschlands — außer Preußen — ist zwischen 1803 und 1815 kaum verändert, das Königreich Westfalen 1813 sofort aufgelöst, im allgemeinen überall der alte Zustand restituiert und der

Umfang der Reformen sehr eng gehalten worden. Am bemerkenswertesten war die Herstellung der vollen Souveränität für die Fürsten durch die Auflösung des Reiches und entsprechend die Verfassungsänderungen und neuen Verfassungen in Waldeck 1814/16, Weimar, Rudolstadt und Schaumburg-Lippe 1816, Hildburghausen 1818. Moderne Verfassungshistoriker wie Huber und Hartung haben geschildert, wie überall nachdrücklich versucht wurde, den Zwang zur Anpassung an die Verwandlung des Reiches in einen Bund zu verbinden mit dem z. B. in Sachsen besonders auffälligen Bestreben, „den Staat des 18., ja, man möchte fast sagen des 16. Jahrhunderts möglichst zu erhalten". Das hatte natürlich zur Folge, daß immer mehr soziale und wirtschaftliche Probleme sich anstauten, die schließlich gewaltsam gelöst werden mußten: die Unhaltbarkeit des Alten, die sich z. B. in wirtschaftlicher Stagnation ausprägte, wurde überall stark empfunden. Die bäuerlichen Kreise strebten wie die bürgerlichen aus der Enge der alten Verfassungen heraus. Das führte in Kurhessen schon vor, mehr aber noch nach 1821 zu allgemeiner Verbitterung gegen den durch Soldatenhandel reich gewordenen Kurfürsten Wilhelm I. und seinen absolutistisch regierenden Sohn Wilhelm II. Der Unwille brach schließlich unter dem Einfluß der Französischen Revolution von 1830 an vielen Orten gewaltsam hervor: in Braunschweig zuerst, wo Herzog Karl vertrieben wurde und sein Bruder Wilhelm den Thron bestieg, der 1832 eine den süddeutschen Verfassungen ähnliche „Neue Landschaftsordnung" schuf. Fast zur gleichen Zeit erzwangen die Hessen sich von ihrem Kurfürsten die Beratung über eine neue Verfassung, welche die Rechte des Monarchen erheblich einengen und seiner Regierung gegenüber Kontrollorgane schaffen sollte.

Hatten in Braunschweig und Kurhessen die Herrscher „Revolutionen" herausgefordert, so richtete sich im Königreich Sachsen die Erhebung zunächst gegen die oligarchischen Stadträte in Leipzig und Dresden, erst danach gegen die Staatsregierung, da es in dieser selbst Reformanhänger gab. Sie und die drängende Unruhe im Volke erreichten, daß 1831 eine neue Verfassung erlassen wurde — auch diese in der Form der in Süddeutschland bereits seit einiger Zeit bewährten Regelungen. Sie berücksichtigte freilich nicht, daß in Süddeutschland die Landwirtschaft nach wie vor eine zentrale, gerade in Sachsen aber die junge Industrie eine immer stärkere Rolle spielte, wie denn überhaupt diese dort schon vor dem Bau der ersten Eisenbahnen deutlich erkennbare soziale Entwicklung in keiner süd- und norddeutschen Verfassung einen Niederschlag fand, so daß dann seit 1848 eine nachholende Anpassung vorgenommen werden mußte. In Hannover erhielten die Reformen ihren besonderen Akzent durch die Verbindung des Landes mit dem König in London, der nun oberhalb des Adelsregimentes einen Vizekönig einsetzte und 1833 mit dem Grundgesetz eine moderne Verfassung schuf.

So besaßen denn 15 bis 20 Jahre nach den süddeutschen auch die bedeutenderen norddeutschen Mittelstaaten ihre Verfassungen, auf deren Grundlage Reformen mancher Art, besonders solche mit dem Ziel der Steuergleichheit und der Bauernbefreiung, durchgeführt werden konnten. Das ging nicht ohne weitere Erschütterungen ab: in Kurhessen konnte sich ein Vertrauensverhältnis zwischen Volk und Herrscher nicht entwickeln, in Hannover hob 1837 König Ernst August, seit 1714 der erste hannoversche Herrscher, der nicht zugleich auch in England regierte, das Grundgesetz von 1833 mit einer Begründung auf, welche auf die alten Zeiten der Behandlung des Staates als Familiengut zurückgriff. Da er diese ganz reaktionäre Maßnahme mit einer Steuersenkung verband, fügte sich das Volk. Die „Göttinger Sieben", Professoren, die von ihrem auf das Grundgesetz geleisteten Eid nicht ablassen und die neue Ständeversammlung nicht anerkennen wollten, erregten mit ihrer keineswegs modernistischen Rechtsauffassung Aufsehen und fanden viel Anerkennung. „Das ganze Gelingen ihrer Wirksamkeit", so erklärten sie gemeinsam über Männer in ihrer Lage, „beruht nicht sicherer auf dem wissenschaftlichen Wert ihrer Lehren als auf ihrer persönlichen Unbescholtenheit. Sobald sie vor der studierenden Jugend als Männer erscheinen, die mit ihren Eiden ein leichtfertiges Spiel treiben, ebenso bald ist der Segen ihrer Wirksamkeit dahin". Sie schlossen damit in gewisser Hinsicht an eine Auffassung der Verbindung von Wissenschaft und Politik an, die während der preußischen Reformzeit eine bedeutende Rolle gespielt hatte. Zugleich zeigte sich an dem Widerhall den Rotteck, Welcker und List im Norden, die Göttinger Sieben sowie Berliner Professoren und Beamte — die Väter des „Akademikerparlaments" von 1848 — fanden, daß der Liberalismus nicht auf den Süden beschränkt, sondern eine über ganz Deutschland sich ausdehnende Bewegung war.

Der Deutsche Bund

Wie im 18. Jahrhundert das Reich, so steht im 19., wenn man die politischen Kräfte nach ihrer Bedeutung zu ordnen sucht, der noch schwächere Bund am Ende der Reihe. Für ihn gab es bei der Einstellung der beiden deutschen Großmächte zueinander und zu ihm als der formell übergeordneten Zentralinstanz weder eine politische noch eine wirtschaftliche Entwicklungsmöglichkeit, wie ja auch der Zollverein eine Leistung der Einzelstaaten bildete. Hatte das Reich noch immer gelegentlich ein eigenes Dasein, eigene, übergeordnete Gesichtspunkte und Tendenzen gezeigt, so fehlten diese nun ganz: Tempo und Intensität aller Entwicklungen bestimmten in erster Linie Preußen und Österreich und danach die Mittelstaaten, das „dritte Deutschland".

Bedeutungslos blieb die Bundesakte; als reaktionär erwies sich der Bundestag: ein Instrument Metternichscher Politik, nahm er am 20. 9. 1819 die Beschlüsse einer Konferenz an, die, auf Grund der Ermordung Kotzebues durch den Burschenschaftler Sand in Mannheim, unter Metternichs Vorsitz und Teilnahme der Vertreter Österreichs, Preußens, Hannovers, Sachsens, Mecklenburgs, Bayerns, Badens und Württembergs in Karlsbad stattgefunden hatte.

Metternichs Aufmerksamkeit hatte sich seit langem gegen die Burschenschaft gerichtet. Diese war bereits 1811 von Jahn und Friesen auf nationaler Grundlage für alle deutschen Universitäten mit dem Ziel der geistigen und physischen Erstarkung entworfen, aber erst 1814/15 nach der Rückkehr aus dem Kriege insbesondere von ehemaligen Kriegsfreiwilligen gegründet worden und am 12. 6. 1815 in Jena erstmals öffentlich aufgetreten. Im Sinne der deutschen Bewegung betrachteten die Burschenschaftler, anders als Humboldt und die Regierungen, die Universitäten in erster Linie als deutsche Anstalten für die politische Erziehung neben der wissenschaftlichen Lehre. Am Jahrestag der Schlacht von Leipzig und zur Erinnerung an Luthers Thesenanschlag vor 300 Jahren trafen sich am 18. 10. 1817 etwa 500 Burschenschaftler aus ganz Deutschland auf der Wartburg. Die Versammlung wandte sich zunehmend gegen die reaktionären Regierungen ihrer Zeit, verbrannte unpopuläre Schriften und Uniformstücke und erweckte erstmals Aufmerksamkeit und Mißtrauen der Behörden. Immer deutlicher trat auch das politische Ziel der Burschenschaft in Erscheinung, nämlich der Wunsch, politische Auffassung, wissenschaftliches Studium und die Erziehung miteinander unter dem Motto „Ehre, Freiheit, Vaterland" und unter den Lützower Farben Schwarz-Rot-Gold, die durch die Burschenschaft zu den Farben der deutschen Einheitsbewegung wurden, zu verschmelzen. Jahn und Arndt wurden als die geistigen Vorbilder angesehen. Als am 23. 3. 1819 der Burschenschaftler Karl Ludwig Sand, ein übererregter junger Patriot, den russischen Staatsrat von Kotzebue, den er für einen Spion und Feind der Burschenschaft und den Denunzianten seines Lehrers Professor Luden in Jena hielt, in Mannheim erdolchte, löste seine Tat nun die „Karlsbader Beschlüsse" und die „Demagogenverfolgungen", d. h. die Unterdrückung der nationalen und demokratischen Ansätze in Deutschland, aus. Der Bundestag verlangte von den Mitgliedstaaten scharfe Überprüfung der Professoren und Studenten an den Universitäten durch Kuratoren, welche den Geist überwachen und ihm eine „heilsame Richtung geben" sollten. Er forderte weiter das Verbot der Burschenschaft als gesamtdeutscher Verbindung, da „ihr die schlechterdings unzulässige Voraussetzung zu einer fortdauernden Gemeinschaft und Korrespondenz zwischen den verschiedenen Universitäten zu Grunde" läge, sowie die Zensur für alle Schriften unter einem Umfang von 320 Seiten. Er schuf endlich die Zentraluntersuchungskommission in Mainz gegen etwa vorhandene revolutionäre Verbindungen in den Einzelstaaten. Gentz' Versuch, sogar die süddeutschen Verfassungen als der Bundesakte widersprechend hinzustellen, schlug fehl und scheiterte am Widerstand der drei betroffenen Mittelstaaten selbst, er führte sogar bei den Regierungen wie bei der Bevölkerung zum Anwachsen des Partikularismus, der seinen Ausdruck am stärksten im „Manuscript aus Süddeutschland" fand.

Die Karlsbader Beschlüsse, die vom Bundestag für fünf Jahre angenommen und 1824 nach der Entdeckung geheimer Burschentage und des revolutionären Jünglingsbundes unter Follens Leitung um die gleiche Frist verlängert wurden, griffen zwar tief, aber nur reaktionär in das Leben der Einzelstaaten ein. Sie erst ermöglichten die Demagogenverfolgungen, die Maßnahmen gegen Turnbewegung und partiotische Vereine; sie drängten die deutsche Einheitsbewegung aus den Staaten hinaus in eine gegen diese gerichtete revolutionäre Position, nachdem anfangs nur die studentische und die aus den Befreiungskriegen erfolgreich zurückgekehrte militärische Jugend hatte getroffen werden sollen. Jahn wurde sechs Jahre gefangengehalten, das Verfahren gegen Arndt dauerte drei Jahre, Görres mußte Preußen verlassen, die Brüder Welcker, Schleiermacher und Eichhorn wurden überwacht. Nicht wenige Verfolgte wanderten nach den USA aus und wurden dort zur Führungsschicht der Amerikadeutschen — ein Mann wie Lieber entwickelte sich, ähnlich wie später Schurz, zu einem der bedeutendsten Amerikaner. Da es in Österreich kaum Burschen- und Turnerschaften, also auch keine Demagogenverfolgungen gab, richtete sich die Erbitterung des Volkes weniger gegen den daran schuldigen Metternich als gegen Preußen, das wie der Hort der Reaktion erschien.

Durch alle diese Maßnahmen gelang es Metternich, die nationale Einheitsbewegung für ein Jahrzehnt zu unterdrücken. Erst nach der Julirevolution wurde die politische Erregung in Deutschland, insbesondere in den um ihre Fortschrittlichkeit bangenden süddeutschen Staaten wieder stärker und fand Ausbrüche im Hambacher Fest sowie im Frankfurter Wachensturm.

Da die meisten liberalen Zeitungen in Deutschland unterdrückt wurden, benutzte die demokratische Bewegung als Mittel zur Verbreitung ihrer Idee Volksversammlungen, wie sie in der Pfalz, in Unterfranken und Oberhessen vielfach stattfanden. Die bedeutendste und folgenreichste war das Hambacher Fest, an dem etwa 25000 Bauern, Handwerker und Intellektuelle vorwiegend aus der Rheinpfalz teilnahmen. Hier forderte man am 27. 5. 1832, dem Jahrestag der bayrischen Verfassung, als Ausdruck demokratischer Bestrebungen Volkssouveränität, republikanische Staatsform, nationale Einheit Deutschlands und einen Bund der republikanischen Staaten in Europa. Der Radikalismus dieser hauptsächlich von Siebenpfeifer und J. G. A. Wirth vertretenen Forderungen führte zur schnellen Annahme der schon im September 1831 zwischen Metternich und Preußen vereinbarten Bundestagsbeschlüsse vom 28. 6. 1832, durch die Presse-, Vereins- und Versammlungsfreiheit über die Karlsbader Beschlüsse hinaus völlig aufgehoben wurden.

Die nächste Etappe bildete der Frankfurter Wachensturm vom 3. 4. 1833, bei dem etwa 50 Radikale aus Protest gegen diese Beschlüsse die Frankfurter Hauptwache besetzten, Sturm läuteten, die Konstabler Wache verjagten, anschließend aber selbst vor dem heranziehenden Militär flüchteten. Die angestrebte allgemeine Revolution konnte aus einem so dilettantischen Anfange nicht erwachsen; nicht einmal die Frankfurter Bevölkerung folgte der unbedeutenden Gruppe Aufständischer. Der Deutsche Bund aber setzte eine besondere Zentraluntersuchungskommission ein, die insbesondere die Burschenschaften verfolgte, etwa 1800 Personen verhaftete und damit kurzsichtig die Demagogenverfolgungen noch verlängerte und verschärfte.

Gelang es auch, derartige Erhebungen durch verschärfte Unterdrückungsmaßnahmen niederzuschlagen, so änderten solche Erfolge doch nichts an der zunehmenden Entfremdung der Nation und der Kleinstaaten mit ihren konstitutionellen Freiheiten gegenüber dem Absolutismus des Bundes, der in allen wichtigen Fragen versagte — bei der Schaffung des Zollvereins und Regulierung des Eisenbahnwesens, bei der Aufhebung des Grundgesetzes in Hannover und der Bewältigung des Luxemburger und des schleswig-holsteinischen Problems.

Der Versuch einer Bundesreform ist nach langem Zögern wenigstens im Bereich der Kriegsverfassung von Preußen 1840 angeregt und 1847 wiederholt worden, aber gescheitert; auch griff er nur die Symptome, nicht die Wurzel allen Übels, die

Souveränität der Staaten an. Als Friedrich Wilhelm im Februar des Jahres 1848 diesen Plan noch einmal beraten lassen wollte, „war es für eine Reform durch die Regierungen oder auch nur mit ihnen zu spät. Unter dem Eindruck der Februarrevolution von Paris und der raschen und leichten Siege über die Einzelstaaten, zumal des Zusammenbruches des Absolutismus in Österreich und Preußen, fühlte sich die deutsche Nation souverän und wagte es, die Reform ihrer Verfassung ohne, ja, gegen die Regierungen ins Werk zu setzen“ (Hartung).

Der Deutsche Zollverein und die erste deutsche Eisenbahn

Die in der Bundesakte vorgesehene, vom Bund zu schaffende deutsche Handelseinheit ist nicht von diesem betrieben und erreicht worden, sondern gilt, in der Form des Deutschen Zollvereins, als die größte Leistung Preußens zwischen 1815 und 1848. Neben einem solchen Urteil darf nicht vergessen werden, daß Friedrich v. Motz, der in Kassel geboren war und aus hessischem Beamtenadel stammte, durch seine Reform der preußischen Staatsfinanzen und die Wiedervereinigung des Handels- mit dem Finanzministerium die Voraussetzung für den 1828 von ihm selbst geschlossenen Zollvertrag zwischen Preußen und Hessen-Darmstadt, die erste Vorstufe zum Zollverein schuf. Er nahm die Verhandlungen mit Bayern und Württemberg auf und erreichte 1829 den Abschluß eines Handelsvertrages, durch den der mitteldeutsche Handelsverein lahmgelegt wurde. Sein weniger schöpferischer Nachfolger Karl G. Maassen aus Cleve, der 1803 in den preußischen Dienst getreten war, führte die Verhandlungen mit Kurhessen und den süddeutschen Staaten fort und brachte damit die Bildung des Zollvereins zum Abschluß. Und schließlich hatte auch Bayern einen bedeutenden Anteil an dem Zustandekommen dieses nicht allein wirtschaftlich, sondern auch politisch wichtigen Werkes. Dagegen ist die Leistung Lists, der von Anfang an einen mitteleuropäischen Handelsverein empfahl und sich damit über alle politischen Gegebenheiten hinweggesetzte, für diese ganz von den Staaten und Regierungen vorgenommene handelspolitische Einigung unbedeutend gewesen

Ausgangspunkt der Entwicklung, aber nicht dafür geschaffen, war das preußische Zollgesetz von 1818, das die Zollerhebung an die Staatsgrenzen legte, die Zollgrenzen erheblich verkürzte und den Schmuggel erschwerte, aber auch verschiedene Kleinstaaten, die als Enklaven vom preußischen Staatsgebiet umschlossen waren, schwer belastete. Ihrer allmählichen Einbeziehung durch eine gewandte Mischung von Druck und Gewährung von Vorteilen folgte 1828 der genannte Vertrag Preußens mit Hessen-Darmstadt als dem ersten größeren Mittelstaat. Fast gleichzeitig schufen Bayern und Württemberg einen Zollverein und die mitteldeutschen Staaten unter der Führung von Kurhessen, Hannover und Sachsen einen Mittelverein, den Handelsverein, zur Bekämpfung der preußischen Zollpolitik. Als der preußisch-hessische und der bayrisch-württembergische Verein sich 1829 auf einen dem späteren Zollvereinsvertrag bereits sehr ähnlichen Handelsvertrag einigten, geriet der mitteldeutsche Verein so sehr in die Enge, daß ein Teil seiner Mitglieder ihn sehr bald, ein anderer Teil später verließ und sich der größeren Einheit zuwandte: am 1. 1. 1834 konnte der Deutsche Zollverein ins Leben treten. „Dann kam jene folgenschwere Neujahrsnacht des Jahres 1834, die auch den Massen das Nahen einer besseren Zeit verkündete. Auf allen Landstraßen Mitteldeutschlands harrten die Frachtwagen hoch beladen in langen Zügen vor den Mauthäusern, umringt von fröhlich lärmenden Volkshaufen. Mit dem letzten Glockenschlage des alten Jahres hoben sich die Schlagbäume. Die Rosse zogen an, unter Jubelruf und Peitschenknall ging es vorwärts durch das befreite Land ... Der Geschäftsmann folgte mit seinen Gedanken den Warenballen, die er frei durch die deutschen Länder sandte; er gewöhnte sich, wie schon längst der Gelehrte, über die Grenzen des heimischen Kleinstaates hinauszublicken" (Treitschke).

Doch die Freude der Fuhrleute sollte nicht lange ungetrübt bleiben: schon ein Jahr später fuhr in Deutschland die erste Eisenbahn. Die Strecke war nur kurz — sie reichte von Nürnberg nach Fürth; aber umsichtige sowohl wie ängstliche Menschen sahen voraus, daß die Linien länger werden würden. Goethe hatte bereits vor dieser ersten Bahn in Deutschland die

Nationen einigende und Völker verbindende Kraft des neuen Verkehrsmittels erkannt. Nun entwickelte Friedrich List in den 30er Jahren den Plan zu einem Reichseisenbahnnetz, das ganz Deutschland überziehen sollte. Und nach den Erfahrungen, die man inzwischen in England mit der Eisenbahn gemacht hatte, war es nicht zweifelhaft, daß durch sie auch der Gütertransport sehr beschleunigt und verbilligt werden würde. Es schien, als stünde hier das Ende des alten Verkehrs- und Handelswesens bevor, als würde nun alle Zollpolitik revolutioniert, bildeten Dampfschiff und -eisenbahn den Anfang einer neuen Zeit nicht allein des Verkehrs, sondern auch der Produktion und Konsumtion, schließlich der Einstellung des Menschen zu Heimat, Staat, Nation, zu Krieg und Frieden. Erst hier hatte das Mittelalter sein Ende erreicht, die Neuzeit ihren Anfang genommen.

Doch selbst wenn man Entstehung, Leistung und Bedeutung des Deutschen Zollvereins in solchen größeren Zusammenhängen betrachtet — aus denen allein z. B. Lists Verkehrsfantasien und -prophezeiungen Gerechtigkeit widerfahren kann —, darf doch nicht übersehen werden, daß der Zollverein zunächst, und zwar für eine weltwirtschaftlich wichtige Zeit, ein rein binnenstaatliches Gebilde blieb, in dem Probleme des See- und Überseeverkehrs kaum auftauchten: Hannover und Oldenburg traten ihm erst 1854, Schleswig-Holstein und Mecklenburg 1867 bei. Hamburg und Bremen — die seewirtschaftlich wichtigsten Stadtstaaten — ordneten sich gar erst in den 80er Jahren, also lange nach der politischen Reichsgründung, offiziell in die deutsche Wirtschaftsgemeinschaft ein. Über sie und Lübeck sagte Arnold Duckwitz, Bremer Senator und 1848 Reichsminister: „Außerhalb Europas gelten die drei Hansestädte in jeder Hinsicht mehr als alle vier deutschen Königreiche". Von seinem Anfang bis zu seinem Ende bildete der Deutsche Zollverein eine praktisch von Preußen geführte Vereinigung des nichtösterreichischen Deutschland, aus dem also die habsburgischen Länder auch schon vor 1866 ausgeschlossen waren. Wichtigste preußisch-österreichische Auseinandersetzungen um die wirtschaftspolitische Führung in und über Deutschland hinaus spielten sich neben ihm ab; sie gipfelten in dem großen preußischen Erfolg des liberalen Handelsvertrages mit Frankreich im Jahre 1862, der dem französisch-englischen Cobdenvertrag von 1860 nachgebildet war und im Jahrhundert der Wirtschaft und Technik die kleindeutsche Einigung den Ergebnissen von Königgrätz und Nikolsburg unabänderlich, aber zunächst unbemerkt vorwegnahm.

Die Schaffung des Deutschen Zollvereins war die „einzige wirklich große staatliche Leistung im Deutschland der Zeiten des Deutschen Bundes. Er hat ganz gewiß das Gefühl für deutsche Einheit gekräftigt und wurde auch in der politischen Bewegung der Zeit so aufgefaßt. Er förderte das Bewußtsein der nationalen Gemeinschaft über die einzelstaatlichen Grenzen hinaus ... Andererseits zeigt die Geschichte der politischen Bewegung und im besonderen das Jahr 1848, daß der Zollverein auch diejenigen, die ihn bejahten, keineswegs für die preußisch-deutsche Lösung eintreten ließ" (Mommsen). Aber seit den Auswirkungen des Gesetzes von 1818 im Zollverein von 1834 verschwand der Gedanke der preußischen Führung in Deutschland, der in Verbindung mit Friedrich dem Großen, den Reformern und den Leistungen der Preußen im Befreiungskampf mehrfach aufgetaucht war, nicht mehr aus der politischen Diskussion. Bezeichnend dafür war, daß F. Schlegel, ein Gegner der preußischen Expansion, schon damals warnend vom preußischen „Zollkaisertum" sprach.

Die geistige Bewegung zwischen 1815 und 1848

„Ich wünsche der Burschenschaft ein fröhliches Gedeihen. Sie hat eine Ahnung gehabt, doch zu früh ..." (Bismarck 1892). Dieses Verlangen nach Einheit, das die Burschenschaft „zu früh" erfüllt hatte, verließ das deutsche Volk ebensowenig wie das nach politischem und sozialem Fortschritt. Zwar lenkte der Strom des deutschen Geisteslebens zurück in das alte kosmopolitische Bett: das Ideal blieb die Weltkultur; als bestes Mittel des „Fortschritts" galt die fortschreitende Bildung, nachdem 1811/14 Goethes „Dichtung und Wahrheit" erschienen war und der Nation im Spiegel der Erinnerung die jüngsten Jahrzehnte geschilderte hatte; drei Jahre später las man die „Italienische

Reise", in der die Antike noch einmal lebendig wurde. Schließlich eröffnete der Friede eine neue Periode des Goetheschen Ruhmes: Weimar erlebte die Blüte als Hauptstadt eines Reiches von Geist und Schönheit, das die ganze Welt umfaßte.

Aber wenn auch unter dem Einfluß des kosmopolitischen Kulturideals der deutsche Einheitsgedanke stellen- und zeitweise noch einmal verblaßte, so blieb doch der Wunsch nach Freiheit im Innern und nach außen im Bewußtsein des Volkes lebendig. Der Begriff der Würde beeinflußte wesentlich die politischen Anschauungen, die damals mit immer stärkerer Macht nach Geltung zu ringen begannen. Schon Schiller hatte, zutiefst von Kants Moralbegriff erfüllt, in seinen Briefen an den Herzog von Augustenburg erklärt: „Politische und bürgerliche Freiheit bleibt immer und ewig das herrlichste der Güter, das würdigste Ziel aller Anstrengungen und das große Zentrum der Kultur." Dieses Ziel erschien ihm in einer ferneren Zukunft erreichbar. Uhland schrieb 1815, der Deutsche ehre zu allen Zeiten den heiligen Beruf des Fürsten, „doch liebt er, frei einherzuschreiten ...".

Dieser Stimmungs- und Gedankengehalt der klassischen Literatur und der des frühen politischen Liberalismus bildete die eigentliche Grundlage der Verfassungen in Süddeutschland und des Konstitutionalismus überhaupt, der durch die Demagogenverfolgungen vom nationalen Gedanken ab- und dem Partikularismus zugetrieben wurde, als Metternich aus der österreichischen eine europäische Staatsnotwendigkeit zu machen verstand.

Mit Österreich und Rußland an der Spitze wurde die europäische Politik durch eine Gruppe von Großmächten geführt und bestimmt, der auch Preußen, Frankreich und England angehörten. Hauptmittel ihrer Kooperation waren Diplomatenzusammenkünfte und Kongresse unter der ständigen Leitung Metternichs, der zwischen 1815 und 1848 eine noch bedeutendere, allgemein als leitend anerkannte Stellung in Europa einnahm als Bismarck nach 1871. Zu diesen Konferenzen zählten die vielen Vereinbarungen mit dem Ziel der Frontbildung gegen die „revolutionären" Kräfte. Die außenpolitischen begannen zu Aachen im Herbst 1818, wo noch der Vierbund —

ohne Frankreich — praktisch eine europäische Diktatur ausübte, die innenpolitischen 1819 zu Karlsbad; es folgte im Herbst 1820 der Kongreß zu Troppau, der das Prinzip der gegenrevolutionären Intervention einführte und im Januar 1821 der zu Laibach, der das Eingreifen in Italien beschloß und sich mit der Erhebung der Griechen beschäftigte. Den Abschluß bildete im Oktober 1822 der Kongreß zu Verona, wo England die Intervention in Spanien ablehnte, die südamerikanischen Staaten anerkannte und damit aus der Allianz der großen Mächte ausschied, während Österreich und Rußland sich bald über die orientalische Frage veruneinigten und auch Preußen zeigte, daß es weder am Untergang der Griechen noch an dem der Türkei interessiert war.

Der Reaktion der europäischen Fürsten, deren Einigkeit also durchaus begrenzt war, stand außerdem auch das Philhellenentum ihrer Völker entgegen — eine eigenartige Vermischung von politischem Liberalismus, christlichem Eifer und literarisch-bildungsbürgerlicher Romantik. Während der gleichen Zeit erlebte Frankreich im Anschluß an die Niederlage und an die Restauration der schwächlichen Bourbonen die Oppositionsbewegung gegen eine Wiederholung des Ancien régime, die zur Julirevolution von 1830 führte. Als sie ausbrach, war ihre „allgemeine Bedeutung als europäische Erschütterung viel größer als die speziell politische. Österreich, Preußen und Rußland blieben scheinbar, wie sie waren; überall sonst wurde als Heilmittel die Konstitution anerkannt" (Burckhardt). Auf jeden Fall war der Zauber der Heiligen Allianz gebrochen, nachdem schon Heine im zweiten Teil seiner Reisebilder auf der Fahrt von München nach Genua gefragt hatte: „Was ist die Aufgabe unserer Zeit? Es ist die Emanzipation! Nicht bloß die der Irländer, Griechen, Frankfurter Juden, westindischen Schwarzen und dergleichen gedrückten Völker, sondern es ist die Emanzipation der ganzen Welt, absonderlich Europas, das mündig geworden ist und sich jetzt loßreißt von dem eisernen Gängelbande der Bevorrechteten, der Aristokratie." Mit Börne begrüßte er die Julirevolution enthusiastisch; beide trugen durch ihr Lesepublikum wesentlich dazu bei, daß man sich in Deutschland mit dem Gedanken der Revolution vertraut machte: in Braunschweig gegen die Sultanslaunen eines Herzogs, der damit selbst seine Mitfürsten verärgert hatte; in Hessen bis zur Formulierung der Verfassung durch Sylvester Jordan, eines Meisterwerks des Mißtrauens gegen die Gelüste des fürstlichen Absolutismus, ähnlich in Sachsen und Hannover, so daß sich ein Keil konstitutionell regierter Länder auch in den absolutistischen Norden schob. Dort wirkte Preußen allerdings als Zentrum einer großen Tradition und wurde durch die Leistungen der Reformer und ein tüchtiges Beamtentum in einer sehr prononcierten Staatsgesinnung und im Bewußtsein der Überlegenheit des preußischen Staatswesens erhalten.

In dieser Zeit verkündete nun 1831 der Schwabe Paul Pfizer in seinem höchst geistreichen „Briefwechsel zweier Deutscher", als einer der ersten Süddeutschen den „Beruf" Preußens zur Einigung Deutschlands unter Ausschluß Österreichs durch „moralische Eroberung". Er bereitete die kleindeutsche Entscheidung von 1848 vor, indem er für eine breite Leserschicht schrieb: „Wenn nicht alle Zeichen trügen, so ist Preußen auf das Protektorat über Deutschland durch dasselbe Verhängnis angewiesen, das ihm einen Friedrich den Großen gab."

Pfizer stand nicht allein — er wußte auf seiner Seite z. B. den um den Zollverein verdienten Verleger Cotta. Und die den Griechenliedern jetzt im Zusammenhang mit dem polnischen Aufstand gegen Russifizierung und griechisch-orthodoxen Religionszwang folgenden Polenlieder Uhlands hoben verständlich genug hervor, daß der Kampf an der Weichsel „weithin über deutsche Lande ... seinen Widerhall" fand. Das Kampflied „Noch ist Polen nicht verloren" erhielt eine tiefere und allgemeinere Bedeutung trotz des Gegensatzes der polnischen Kämpfe zum preußischen Staatsinteresse. Aber gerade dieses führte auch dazu, daß Preußen durch seine russenfreundliche Politik in der polnischen Revolution die Sympathien vieler Süddeutscher, vorübergehend selbst Pfizers, verlor.

Treitschke hat im Vorwort zu seiner deutschen Geschichte hervorgehoben, daß die deutsche Einheit nicht durch den Liberalismus, aber ebenso nicht ohne ihn möglich war. Das etwa war auch der Sinn des zweiten großen Bergfestes, das in der Entwicklung der deutschen Einheit besondere Bedeutung erhielt: des Festes auf dem Hambacher Schloß im Mai 1832, des „Allerdeutschenfestes", sowie des ganz unzulänglich angelegten Versuches, den Bundestag in Frankfurt mit Gewalt zu sprengen, der bei der Konstablerwache endete und den Metternich auf neuen Konferenzen als Argument für die Beibehaltung seiner Politik benutzte, als er im Januar 1833 erklärte: „Aus den Stürmen der Zeit ist eine Partei entsprossen, deren Kühnheit, wenn nicht durch Entgegenkommen, so doch durch Nachgiebigkeit bis zum Übermut gestiegen ist. Wenn nicht bald dem überflutenden Strom ein rettender Damm entgegengesetzt wird, so könnte in kurzem selbst das Schattenbild einer monarchischen Gewalt in den Händen mancher Monarchen zerfließen." Das Schlußprotokoll dieser Tagung versuchte, bestehende Verfassungen unwirksam zu machen.

In einem solchen geistig-politischen Klima bildete sich um Heine und Börne eine Gruppe von politischen Schriftstellern, die sich nach L. Wienbargs Formulierung in seinen „Aesthetischen Feldzügen" von 1834 und Laubes Roman „Das junge Europa" (1833) als das „Junge Deutschland" bezeichnete. Sie lehnten u. a. den Absolutismus und die orthodoxe Kirche ab und forderten Individualismus, Gedanken- und politische Meinungsfreiheit, Sozialismus und Frauenemanzipation. Die Führer dieser literarisch-politischen Bewegung — Gutzkow, Wienbarg, Laube, Mundt, Kühne und Herwegh — standen zunächst nur in sehr lockerer Verbindung miteinander. Erst nach dem Verbot ihrer Schriften in Preußen und Österreich Ende 1835 wurden sie als eine wirkliche Gruppe begriffen und eingeordnet, die wiederum im Zusammenhang stand mit der europäischen Jugendbewegung: der Giovina Italia, der Jeune France und dem Schweizer Jungen Europa. Daß nur wenige Werke dieser Männer durch literarischen Wert die Zeit überdauerten, ist ein Zeichen für die enge, stark journalistische Verbundenheit dieser Literatur mit den wichtigsten Problemen ihrer Gegenwart. Mit dem Verbot des „Jungen Deutschland" gab der Bundestag der Gruppe erhöhte Bedeutung, indem er die Betroffenen zu Märtyrern machte und einer weiteren Öffentlichkeit gegenüber als literarische Führer im politischen Kampf anerkannte.

Als Friedrich Wilhelm IV. 1840 in Preußen den Thron bestieg, erwartete man von ihm, wie fast bei jedem Regierungswechsel, die große, die Vergangenheit abschließende fortschrittliche Tat, die längst versprochene Verfassung und die Übernahme der Führung bei den Bemühungen um die Einheit. In einer Zeit, da Presse und Literatur weithin die Anteilnahme breiter Schichten an politischen Fragen befriedigen und wachhalten konnten, begrüßten also sehr viel größere Kreise als im 18. Jahrhundert erwartungsvoll die Thronbesteigung eines neuen Herrschers und — wurden sehr viel mehr Menschen von Friedrich Wilhelm IV. enttäuscht. Dieser König war „kein Meister, sondern nur der größte aller geistreichen Dilettanten, an denen die vielgestaltete moderne Kultur so reich ist. Auf keinem der unzähligen Gebiete des geistigen Lebens, die sein ruheloser Geist zu umfassen strebte, zeigte er sich wahrhaft mächtig, wahrhaft schöpferisch, am wenigsten in seinem politischen Berufe" — ein Urteil, mit dem freilich Treitschke auch in seiner Gegenwart Wilhelm II. meinte und das daher über das Historische hinaus politisch zugespitzt war.

Friedrich Wilhelm IV. war glänzend begabt, künstlerisch stark, militärisch aber wenig interessiert, feinfühlig und gewandt in der Behandlung von Menschen, von großartiger Auffassungsgabe und auf Berliner Art witzig. Doch war er auch mit einer Anlage zum Verschwebenlassen, zum Ausweichen vor Arbeit und Entscheidung belastet. Stein verachtete ihn als „leer, träge und platt", der Maler W. von Kügelgen bezeichnete ihn als „ein schwatzendes, geistreiches, untatkräftiges Kind". Er war ein Gegner der Liberalen und ein zur Mystifizierung des Mittelalters neigender Anhänger Hallers. David F. Strauß nannte ihn 1847 den „Romantiker auf dem Thron der Cäsaren oder Julian den Abtrünnigen". Daß er „Demagogen" wie Arndt begnadigte und von den Göttinger Sieben die Brüder Grimm nach Berlin holte, wurde im Volke zunächst als Entscheidung von positiver politischer Bedeutung gewertet. Aber er gewann auch Schelling, der in den „Weltaltern" geschrieben hatte: „Eben darum sind es nicht die schwachen, von jedem Evangelium einer neuen Zeit zuerst Ergriffenen, sondern die starken, zugleich an der Vergangenheit festhaltenden Geister, welche die wahre Zukunft zu schaffen vermögen.“ Der König zog F. J. Stahl nach Berlin, der Volkssouveränität mit Revolution identifizierte und dessen Staatslehre zur Ideengrundlage der preußischen konservativen Partei wurde: sie betrachtete seine 1846 veröffentlichte Flugschrift „Über das monarchische Prinzip“ als ihr Programm. Die Berufung von Tieck, Rückert, Cornelius und manchen anderen ließ wohl die preußische Hauptstadt zu dem werden, was F. G. Kühne 1843 die Stadt „eine Conglomeration aller Weltexistenzen“ und Fallmerayer ein Jahr später „das große wundervolle Berlin“ nennen ließ. Friedrich Wilhelm IV. förderte auch den Kölner Dombau, den Wiederaufbau der Marienburg, Entwürfe und Errichtung vieler neuer, in Schinkels Gotik angelegter Schlösser; aber er berief ebenso in Savigny, Boyen und Eichhorn Männer, die der Romantik und der christlich-germanischen Gedankenwelt einer früheren Generation näher standen als den drängenden Problemen zwischen Juli- und Februarrevolution.

Bei solcher Einstellung war es nicht verwunderlich, daß der König eine geschriebene Verfassung verweigerte, vielmehr den Staat unter dem Einfluß der Brüder Gerlach von oben her schrittweise reformieren wollte, zu diesem Zweck 1842 Vereinigte Ausschüsse aus den Provinziallandtagen nach Berlin berief und den Vereinigten Landtag zum ständischen Gesamt-Reichstag der preußischen Monarchie erheben wollte. Doch damit enttäuschte er nun das Volk und steigerte die revolutionäre Erregung — vollends durch seine Rede auf dem Vereinigten Landtag, in der er erklärte, es werde keiner Macht der Erde gelingen, das Verhältnis zwischen Fürsten und Volk in ein „konventionelles, konstitutionelles“ zu verwandeln; er werde nicht dulden, „daß sich zwischen unseren Herrgott im Himmel und dieses Land ein beschriebenes Blatt gleichsam als eine zweite Vorsehung eindränge“.

Damit hatte sich zehn Jahre nach dem Protest der Göttinger Sieben ein neuer Höhepunkt der politischen Entwicklung gebildet — wenige Monate vor dem Ausbruch der europäischen Revolution in Paris. Sie wurde in Deutschland, soweit sie politischer Natur war, eine Revolution der Gebildeten wie die Paulskirche ein Parlament der Akademiker. Hatte das Junge

Deutschland gewissermaßen in journalistischer Breitenarbeit diese Erhebung vorbereitet, so fand diese selbst ihre wissenschaftliche, zeitgeschichtlich belebte Fundamentierung in Dahlmanns Darstellungen der französischen und der englischen Revolution und in Droysens Vorlesungen über die Freiheitskriege, zu denen er mit erstaunlichem Weitblick Ansätze im amerikanischen Unabhängigkeitskrieg erkannte. Diese Literatur wandte sich an den Dritten Stand wie Hebbels Dramen und Herweghs und Freiligraths Lyrik. Die Zeit des „Biedermeier", jenes freundlichen, unpolitischen, von Eichrodt parodierten spießbürgerlichen Schullehrers, befand sich längst in der Auflösung. Probleme, wie es sie nie zuvor gegeben hatte, Aufgaben der nationalen Arbeit und des wirtschaftlichen Fortschritts, schoben sich immer stärker in den Vordergrund.

Wirtschaftliche und soziale Probleme 1815—1848

Deutschland hatte, nachdem im Preußen Friedrichs des Großen viel zur Hebung von Industrie und Bergbau geschehen war, seit dem Beginn der Koalitionskriege an der Industriellen Revolution kaum noch teilgenommen. Die „Reformen" hatten sich, soweit sie die Wirtschaft unmittelbar betrafen, fast überall auf die Landwirtschaft beschränkt, die Maßnahmen im Rahmen der Kontinentalsperre die Abriegelung gegenüber dem Meere und England, dem Mutterland der Industriellen Revolution, sowie die Einordnung Deutschlands in ein ganz auf Frankreich hin geordnetes Wirtschaftssystem zum Ziele gehabt. Napoleonische Besatzung, Kontributionen, Durchmärsche und schließlich die Kriege seit 1812 hatten die Finanz- und Wirtschaftskraft schwer in Mitleidenschaft gezogen. Und wie mit der Franzosenzeit die politische Fremdherrschaft nicht wirklich aufhörte, sondern nun, wie Goethe vorausgesagt hatte, die Zaren einen erheblichen Einfluß ausübten, so wurde auch die wirtschaftliche Entwicklung in den Jahrzehnten nach 1813, ja, während des 19. Jahrhunderts überhaupt unmittelbar oder mittelbar sehr stark vom Auslande, von Großbritannien her, beeinflußt. Die Inselmacht hatte nun auch wirtschaftlich wie politisch den Vorrang in der Welt erlangt, den Verlust weiter nordamerikanischer Räume verschmerzt und mit der Anerkennung der Unabhängigkeit der spanischen Kolonien seit 1825 in Mittel- und Südamerika für seinen Handels- und Geldverkehr reichen Ersatz gefunden.

Die Tatsache, daß nach 1813 kein deutsches Reich gegründet, keine deutsche Wirtschafts-, Zoll- und Finanzeinheit hergestellt wurde und der smithianische Wirtschaftsliberalismus in preußischer Zuspitzung in einem schwachen, wirtschaftlich desorganisierten, seiner früheren Handelsverbindungen beraubten Deutschland zur maßgeblichen Wirtschaftsauffassung heranwuchs, hat die Schaffung des Zollvereins und damit die Entstehung der preußischen Vorrangstellung in Deutschland sowie die kleindeutsche Lösung maßgeblich beeinflußt. Diese Umstände sind aber auch Ursachen für jahrzehntelange Auseinandersetzungen um Freihandel und Schutzzoll, für schwere Existenzkämpfe der Industrie mit der Einfuhr britischer Waren und endlich auch für die Entstehung einer Schicht von energischen, technisch wie kaufmännisch hervorragenden Unternehmern, Erfindern, Technikern und Ingenieuren geworden. Der Wiederaufstieg, die technische Modernisierung und finanzielle Kräftigung der Industrien in Deutschland hat — durch Nachkriegs-Umstellungskrisen, Hungerjahre, britische Konkurrenz und innerdeutschen Wirtschaftskampf im Zusammenhang mit der Bildung und Behauptung des Zollvereins vielfach verzögert — bis über die Jahrhundertmitte hinaus gedauert. Dabei wurde die wirtschaftliche Freiheit und Macht des Bürgertums früher erreicht, auch energischer angestrebt und für bedeutungsvoller eingeschätzt als die politische und soziale Freiheit. Die Problematik der nun entstehenden Industriearbeiterschaft wurde erst allmählich erkannt und in Verbindung mit dem Aufkommen des Kommunismus einerseits, des radikalen, den uneingeschränkten Kampf ums Dasein vertretenden „Manchester"-Liberalismus andererseits erörtert. Ihre Lösung wurde aber um so langsamer in Angriff genommen, als gerade in jenen Jahrzehnten keine wirkliche Klarheit über die Trennung der Aufgaben und Pflichten von Staat, unternehmerischem Bürgertum und einzelnem Industriearbeiter bestand, die Auffassungen vielmehr von der überholten Praxis des friderizianisch verstandenen Staatssozialismus bis zu den noch sehr jungen Theorien des Liberalismus und des Kommunistischen Manifests reichten.

In allen diesen Fragen mußte Preußen als der größte, der industrie- und verkehrsreichste, auch als der am stärksten mit der Weltwirtschaft verbundene Staat in Deutschland die Führung übernehmen. Daß die Lösung der grundsätzlichen Wirtschaftsfragen der Einheit, der Handelspolitik usw. im Rahmen der politischen und gesellschaftlichen Gesamtstruktur nur von den Regierungen vorgenommen werden konnte und diese sich von privaten Petitionen, Forderungen oder Vorschlägen nicht drängen ließen, hat Friedrich List zu seinem eigenen Leidwesen mehrfach in Fragen der Handels- und Verkehrspolitik erfahren müssen. Sein „Nationales System der politischen Ökonomie", das sich aus nationalpolitischen Überlegungen u.a. mit der Empfehlung von Erziehungszöllen gegen die Übernahme der britischen Freihandelspolitik wandte und die Schaffung eines geschlossenen mitteleuropäischen Wirtschaftsraumes empfahl sowie eine wirkliche Wirtschaftspolitik für nötig erklärte, entsprach zwar wirtschaftstheoretisch dem Wunsch des Volkes nach politischer Einheit, mußte aber sowohl politisch den Tendenzen der Regierungen wie wirtschaftlich denen der Bürokratie widersprechen.

Allmählich erholte sich in den 30er und 40er Jahren die deutsche Wirtschaft und nahm teil an den allgemeinen, insbesondere Industrie- und Verkehrs-, aber auch landwirtschaftlichen Fortschritten Europas. Wie Albrecht Thaer und seine Schüler und Nachfolger im Agrarwesen, so haben Beuth, Harkort und andere sowie eine wachsende, von ihnen angeregte, unterrichtete und ausgebildete Schar von mittleren Unternehmern und Technikern den industriewirtschaftlichen Abstand gegenüber England aufzuholen sich bemüht. Deutschlands Seeverkehr ging in erster Linie von Hamburg aus, das nach dem großen Brande von 1842 schnell größer und prächtiger wieder aufgebaut wurde — „das Element hat den Weg der Besserung gebahnt", urteilte die Bürgerschaft. Er nahm einen Aufschwung, der im Jahre vor dem Ausbruch der Revolution durch die Gründung der „Hapag" symbolisiert wurde. Das

Finanzwesen erstarkte über die alte Gruppe der Hoffaktoren hinaus in einer breiteren Schicht, löste sich aus der traditionellen Verbindung mit dem Kaufmannsgeschäft und führte zur Gründung moderner Banken. Am Vorabend der Revolution von 1848 hatte die deutsche Wirtschaft nach einem Menschenalter emsigster Tätigkeit einen Stand erreicht, von dem aus in der zweiten Jahrhunderthälfte die eigentliche Industrialisierung im weitesten Sinne ihren Ausgang nehmen konnte. Daraus ergaben sich nicht allein schwierige soziale Probleme im Rahmen einer tiefgreifenden Umschichtung der Gesellschaft; sondern die Entwicklung akzentuierte auch die schon von der Aufklärung her übernommene Auseinandersetzung zwischen der traditionellen Bildungsauffassung humanistisch-klassischer Prägung und der kulturellen Zielsetzung aus dem realistisch-technischen Bereich. Die Industrialisierung trug schließlich nicht wenig bei zur Verstärkung des Verlangens nach politischer Einheit — auch als Grundlage für die Bildung eines großen, zusammenhängenden und gegenüber dem konkurrierenden Ausland erfolgreich zu verteidigenden Wirtschaftsraumes.

DIE REVOLUTION VON 1848

Die Revolution, die im Februar 1848 in Paris ausbrach und schnell die meisten Völker und Staaten Europas ergriff, hatte viele Ursachen. Um die Mitte des 18. Jahrhunderts hatte ein Zeitalter der technisch-industriellen Evolutionen begonnen. Es ist über die Maschinisierung und Industrialisierung, über das wachsende Vermögen, Naturvorgänge und Naturkräfte zu erkennen und zu kontrollieren, über die Entwicklung des modernen Verkehrs- und Nachrichtenwesens und endlich über die Wendung von immer mehr Menschen zu den Problemen und Berufen in diesem Bereich bis heute nicht abgeschlossen worden, hat aber ständig zahllose neue Möglichkeiten und Aufgaben für Gegenwart und Zukunft ausgelöst und geschaffen. Im Jahre 1789 hatte dann mit dem Sturm auf die Bastille ein Zeitraum der politisch-sozialen Revolutionen eingesetzt, die gleichfalls, obschon langsamer, die meisten Nationen ergriffen haben und letzten Endes nie wirklich zur Ruhe gekommen sind. Dieser Zeitraum dauert über die napoleonische Expansion, über die wie eine Gegenrevolution wirkenden Jahrzehnte der Restauration und Reaktion, über die Revolutionen von 1830 und 1848, über die russische Bauern- und die nordamerikanische Negeremanzipation bis 1917/18 und in unsere Gegenwart; auch er schuf ungezählte neue Möglichkeiten und Aufgaben. Von Revolutionen im eigentlichen Sinne kann also kaum, vielmehr muß von einem seit etwa 200 Jahren ablaufenden Zeitalter einer gelegentlich revolutionär vorschnellenden Evolution gesprochen werden, die so tiefgreifend war und ist, wie die abendländische Menschheit es nur im Jahrhundert von Humanismus und Renaissance, Reformation und Gegenreformation, Entdeckung des Seeweges nach Indien und der amerikanischen Kontinente erlebt hat.

Die Revolution in Österreich

Unter den deutschen Staaten wurde Österreich im Jahre 1848 als erster durch die von Frankreich her übergreifende Revolution erfaßt. Dort hatte der rein restaurativ wirkende, staatsmännisch recht wenig originelle Metternich seit langem abgewirtschaftet, war die Opposition im Laufe der Zeit immer stärker von der deutschen Bevölkerung zu den nichtdeutschen Nationalitäten hinübergewachsen und hatte damit neben dem Problem der Erhebung gegen das System Metternich unversehens auch das der nationalen Auseinandersetzung im Nationalitätenstaat entstehen lassen. An dieser Stelle beschritt die ungarische Revolution ihren eigenen Weg: sie war fast ausschließlich eine nationale, antihabsburgische und antideutsche, nicht aber eine soziale Erhebung.

Ihren Anfang nahm die Revolution 1848 naturgemäß in den Hauptstädten — in Österreich also in Wien, wo man durch die Ereignisse in Paris ermutigt und angeregt wurde und aus dem Bürgertum bis hinauf selbst zu einigen Erzherzögen Metternichs Rücktritt forderte, so daß die Regierung ihn nach blutigen Unruhen am 13. März fallen ließ: von seinen Freunden verlassen, fand er für einige Jahre Zuflucht in London. Das Erbgut einer seit 1789 verschwindenden Zeit, Rationalismus und Kosmopolitismus, hatte ihn bis zum Ende beherrscht. Nun, nachdem er als Politiker den darin enthaltenen Weltprinzipien gelebt hatte, konnte er mit Recht schreiben, er habe sein Leben der Aufrechterhaltung einer Sache und der Behauptung eines großen Reiches gewidmet, das immer jener gedient habe. Aber sein europäisches Gleichgewichtssystem absoluter Monarchien wurde vom Realismus der Nationalstaaten verdrängt — in Österreich, in Europa. „Hemmend und fördernd hatte er das Wesen dieser Welt zu leiten gesucht, nun war ihr Bild seinem Wesen fremd. Denn er hatte schwer geirrt. Er hat in neuen politischen Ideen die positiven Werte nicht erkannt und zum Aufbau benutzt, er hat zu oft nur das geschichtlich Erwachsene, nicht das Erwachsende als berechtigt angesehen und sich vom gesunden Konservatismus getrennt durch das Bewahren des Erstorbenen und Sterbensreifen, durch die Scheu auch vor der notwendigen Änderung und die Anwendung unnatürlicher Zwangsmittel gegen den Fortschritt, dessen organische Natur er verkannte; er hat nur Staaten, Kabinette und führende Männer, nicht aber die Völker und in ihnen die wertschaffende Kraft des Mittelstandes beachtet, er hat die blinde Masse gefürchtet und doch haltgemacht vor dem einzigen wahren Hilfsmittel gegen Revolution, der zeitgerechten National- und Sozialreform und der Erziehung des Volkes zur Arbeit für den Staat. Dürfen ihm deshalb echt staatsmännische Gedanken und Taten bestritten werden? Er war nicht nur ein Virtuose des diplomatischen Kunsthandwerkes; gerade dadurch, daß er mit unerreichter Meisterschaft die systematischen Gedanken des philosophischen Jahrhunderts, des Jahrhunderts der Staatengesellschaft tief in das neue Jahrhundert hinführte, sicherte er unbewußt durch langen äußeren Frieden den Völkern ein allmähliches Hineinwachsen in die Welt des nationalen und sozialen Dranges und ermöglichte bewußt wirtschaftliches, geistiges und künstlerisches Aufblühen, indem er dem stürmischen Durchbruche des Revolutionsgeistes Schranken entgegenstellte" (Srbik).

Nun aber erwiesen sich alle Bemühungen Metternichs, die schließlich immer häufiger im Verhindern und Verbieten als im Gestalten geendet hatten, als vergeblich und unfruchtbar, ja, als Herausforderung: sein Rücktritt wurde zu dem eines ganzen Systems. Da die Regierung sich nicht im Anschluß an dieses Ende zu einem neuen politischen Anfang entschließen konnte, kam es zur Radikalisierung der Revolution, deren Führung an Arbeiter und Studenten überging. Während die Regierung am 15. 3. eine Verfassung und im Mai die Einberufung eines konstituierenden Reichstages zusagte, verband sich die politisch-soziale Revolution mit der Erhebung der Nationalitäten und bedrohte nun wirklich den Fortbestand des Habsburgerreiches. Wieder einmal brach Habsburgs Macht in den Außenbezirken des Reiches zusammen: zuerst in Italien, wo am 18. bzw. 22. 3. die österreichischen Truppen aus Mailand und Venedig vertrieben, provisorische Regierungen eingesetzt wurden und schließlich Albert von Sardinien als „Befreier Italiens" in die

Lombardei einmarschierte, während die österreichischen Truppen sich nach Verona zurückzogen. Auch die Ungarn erzwangen die Einrichtung einer eigenen Regierung; das Land schied aus der Gesamtmonarchie aus und blieb nur noch in Personalunion mit Österreich verbunden. Als die Wiener Regierung dann die Ansprüche der slawischen Volksteile gegen die Vorherrschaft der Magyaren unterstützte, legte der zum Paladin ernannte Erzherzog Stephan sein Amt nieder. Auf der anderen Seite forderten die Tschechen ein föderalistisches Österreich mit Gleichberechtigung der deutschen und slawischen Bevölkerungsteile. Und schon früh zeigte sich, daß die Forderungen der innerhalb des Habsburgerreiches lebenden Slawen nicht von den Zielsetzungen anderer slawischer Nationen getrennt werden konnten, daß aus den „nationalen“ Problemen des Völkerstaates also internationale Konflikte erwachsen mußten. In dieser Phase der Entwicklung, da die Gesamtmonarchie vor dem Zerfall zu stehen schien, tauchte im deutschen Teil der Bevölkerung für kurze Zeit der Gedanke der Vereinigung mit dem übrigen Deutschland zu einem großdeutschen Reich auf. Aber der habsburgische Staat überwand die Krisis und zerfiel nicht. Die ländlichen Bevölkerungsteile bildeten eine zuverlässige Basis, auf der die Monarchie nach der Verkündung der Verfassung am 25. 4., den Siegen der Italiener, dem Aufstand der Liberalen in Wien am 15. und der Flucht des Hofes nach Innsbruck am 17. 5. sich wieder zu stabilisieren vermochte: unter Radetzky — „in deinem Lager ist Österreich“ (Grillparzer) — stellten die österreichischen Truppen zwischen Ende Mai und Ende Juli die Herrschaft wieder her und retteten Habsburgs Macht: von Radetzky „ging die Gegenrevolution aus“ (Mommsen). Am 17. 6. wurde ein Aufstand in Prag niedergeschlagen; einen Monat später kehrte der Hof nach Wien zurück, wo am 22. 7. der österreichische Reichstag eröffnet wurde. Seine Verhandlungen, bei denen die Deutschen in der Minderheit blieben, waren fast ausschließlich durch die Frage des Verhältnisses der Nationalitäten zueinander bestimmt. Doch trug auch die von Kudlich betriebene endgültige Befreiung der Bauern erheblich dazu bei, daß die große Masse fortan nicht weiter an der Revolution interessiert war. Nur in Ungarn kam es im September unter Kossuths Diktatur zu einem völligen Bruch mit Österreich und zum Anwachsen der nationalen Freiheitsbewegung.

Da begann am 6. 10. in Wien mit einer Meuterei des Militärs in Verbindung mit den Ungarn der Oktoberaufstand als zweite Phase der Revolution: die Schreckensherrschaft des Pöbels, die den Hof erneut zur Flucht — diesmal nach Olmütz — zwang. Fürst Schwarzenberg wurde Ministerpräsident — ein energischer Gegenrevolutionär und Zentralist, der sich auf das deutsche Element der Beamten und Militärs mehr verließ als auf den Hochadel. Am 31. 10. wurde Wien von Schwarzenbergs Schwager Alfred Fürst von Windisch-Grätz, der auch schon Prag unterworfen hatte, mit kroatischer Hilfe den Aufständischen entrissen, in deren Reihen polnische und italienische Freikorps kämpften; ein konterrevolutionäres Schreckensregiment löste das revolutionäre ab. Doch hörten die Unruhen nicht auf, bevor am 2. 12. auf Schwarzenbergs und Windisch-Grätz' Betreiben an Stelle des zurückgetretenen schwachsinnigen Ferdinands I. sein Neffe Franz Joseph 18jährig den Thron bestieg. Dieser Thronwechsel bildete die Voraussetzung für die Neubegründung der kaiserlichen Macht. Franz Joseph regierte die Habsburger Monarchie bis 1916.

Nicht so einfach und schnell konnte die Erhebung der Ungarn niedergeschlagen werden, die für sich selbst Freiheit forderten, ihrerseits aber die Kroaten unterdrückten. Nach Erfolgen über den militärisch ungeschickt vorgehenden Windisch-Grätz ließ der ungarische Revolutionär Ludwig Kossuth, ein mitreißender Redner und unerbittlicher Gegner der Habsburger, im April 1849 diese durch den ungarischen Reichstag absetzen und das Land für unabhängig erklären. Darauf wandte sich Franz Joseph hilfesuchend an den Zaren, und es erfolgte der Einmarsch einer starken russischen Armee nach Ungarn, das im August 1849 vor den Russen kapitulierte. Damit lag also noch in der Niederlage eine Demütigung für die österreichische Monarchie, die sich durch Blutherrschaft, Aufhebung der historischen Rechte und Aufteilung des Landes auch hier kurzsichtig rächte, ohne zu bedenken, daß der Haß der Ungarn so nur verschärft werden mußte.

Während dieser Vorgänge hatte der nach Kremsier ausgewichene österreichische Reichstag eine Verfassung beraten, die den Gesamtstaat modernisierend zusammenfassen sollte. Doch löste ihn die Regierung auf und oktroyierte am 4. 3. 1849 eine Verfassung auf der Grundlage der Wiederherstellung ihrer Macht: Ungarn erhielt nicht die Selbständigkeit, das nationale Prinzip wurde nicht anerkannt, vielmehr die Wiederherstellung des zentralistischen Einheitsstaates erneut angestrebt — eine deutliche Absage auch an die Nationalversammlung in Frankfurt. Noch einmal gelangte in Österreich eine Richtung zur Macht, die im Prinzip dem gestürzten und außer Landes lebenden Metternich sehr nahestand. Hinter dieser zweiten Restauration aber, die auch jetzt für Österreich das Faktum der europäischen Revolution nicht anerkennen wollte, blieb fortan das Problem des Nationalitätenstaates akut. „Die Todeskrankheit des habsburgischen Staates begann. Sie hat allerdings 70 Jahre gedauert. Oft totgesagt, hat der schon 1848 dem Zerfall nahe habsburgische Staat sich mit der Lebenskraft, die auch überholten Institutionen innezuwohnen pflegt, noch bis zum Ausgang des Ersten Weltkrieges behaupten können“ (Mommsen).

Die Revolution in Preußen und in den deutschen Mittelstaaten

Die Revolution in Frankreich und das Ende des Systems Metternich, das ein deutsches, nicht allein ein österreichisches Herrschafts-, Regierungs- und Denksystem gewesen war, führten sofort auch zum Ausbruch der Revolution in Deutschland, die zwar entsprechend der staatlichen Struktur hier das Bild mehrerer Territorialrevolutionen und dabei auch einige lokal oder landschaftlich verursachte Züge zeigte, aber in ihren wesentlichen Ursachen, Forderungen und Ergebnissen doch eine Einheit bildete.

Die Revolution in den Mittel- und Kleinstaaten brach sogar früher aus als die in Österreich: in Protesten und Petitionen forderte man u. a. Pressefreiheit, deutsches Recht, Volksbewaffnung, Schwurgerichte sowie ein deutsches Parlament und erreichte vielfach die Aufnahme von Oppositionsvertretern in die Regierungen, so daß Mitte März 1848 fast allgemein die

Verfassungspartei gesiegt hatte. Damit saßen die Vertreter des Einheitsgedankens auch in den Regierungen, wodurch sich die Zusammensetzung des Bundestages entsprechend verschob. Wie die deutsche Einheit, so forderte man auch einen deutschen Bundesstaat mit einem Bundesoberhaupt und einem unmittelbar vom Volke gewählten deutschen Parlament. Unter solchem Druck berief der Bundestag, der die Zensur aufhob und die schwarz-rot-goldenen Farben zur Bundesflagge erklärte, 17 Vertrauensmänner der nationalen Bewegung nach Frankfurt, wo sie über eine deutsche Verfassung beraten sollten.

Unabhängig davon bereiteten gleichzeitig in Heidelberg südwestdeutsche Liberale die Bildung eines deutschen Parlamentes und die Übernahme der Führung Deutschlands durch Preußen vor. Da die Mittel- und Kleinstaaten gegen diese Tendenzen keinen Einspruch wagten und Österreich mit den eigenen Problemen beschäftigt war, hing der Ausgang solcher Vorbereitungen von Preußen, d. h. von Friedrich Wilhelm IV. ab. Auf ihn, den romantischen Anhänger des mittelalterlichen Kaisergedankens, den er freilich stets mit der habsburgischen Dynastie verband, richteten sich alle Hoffnungen. Er enttäuschte sie. Seine politischen Vorstellungen erwiesen sich als historisch-restaurativ und nicht als von der Zeitgeschichte zum fortschrittlich modifizierenden Neubau angeregt. Schließlich vermochte er nicht, den gewiß sehr einschneidenden Schritt vom preußischen König zum deutschen Kaiser, von der geschichtserfüllten preußischen Monarchie in ein neu zu gründendes, revolutionär veranlaßtes Deutsches Reich zu tun. Beim Urteil über Friedrich Wilhelms Zögern und Ablehnen wird man sowohl der Kritik an der Entwicklung vom Kurfürstentum Brandenburg zum Königreich Preußen wie der Vorstellungen König Wilhelms I. vom Kaisertitel gedenken müssen und schließlich nicht vergessen dürfen, daß die Erinnerung an die Französische Revolution von 1789, an das Ende des alten Deutschen Reiches, an die Gründung des österreichischen Kaisertums und an Napoleons Imperium noch sehr lebendig war: in allen diesen Ereignissen lagen, wenngleich gewiß mit sehr verschiedener Gewichtsverteilung, neben Lockungen auch Warnungen. Und das revolutionäre Drängen nach schneller positiver Entscheidung mußte eine

Natur wie die Friedrich Wilhelms IV. zusätzlich zu Mißtrauen und Zögern veranlassen. Die Möglichkeit, die deutsche Frage durch Verhandlungen mit dem König zu lösen, hörte auf, als die Revolution nach Preußen übergriff. Damit erhielten die innenpolitischen Vorgänge in Preußen für die deutsche Frage eine entscheidende Bedeutung.

Friedrich Wilhelm machte der in Preußen seit Anfang März wachsenden Unruhe Zugeständnisse im Bereich der Verfassungsfrage, sagte regelmäßige Tagungen des Vereinigten Landtages zu und berief ihn am 18. 3. für Anfang April nach Berlin. Das gleiche „Patent" empfahl u. a. die Bildung eines deutschen Bundesstaates, eine deutsche Nationalversammlung, Wehrverfassung, Flotte und Handelseinheit — schloß sich also im wesentlichen dem Verlangen der deutschen Einheitsbewegung an. Dieses Patent vom 18. 3., mit dem also Preußens Übergang zum konstitutionellen System zugesichert wurde, verursachte in Berlin allgemeinen Jubel und eine Dankkundgebung vor dem Schloß. Als das Militär den Schloßplatz räumen wollte, entluden sich aus ungeklärten Ursachen zwei Gewehre, ohne Schaden anzurichten. Diese beiden vermutlich unbeabsichtigten Schüsse lösten die Revolution aus, für die natürlich längst eine sehr starke Neigung, wenngleich keine planmäßige Vorbereitung bestand. Die Opposition, die schon früher das Offizierskorps als ein Zentrum politischer Reaktion angesehen hatte, wandte sich nun unter geringen Verlusten in Straßenkämpfen gegen das Militär, das vom König im Stich gelassen wurde. Er befahl ihm die Einstellung des Kampfes, bat in einem Aufruf „An meine lieben Berliner", die in erster Linie von Handwerkern und Fabrikarbeitern besetzten Barrikaden zu räumen, und erkannte durch die Ehrung gefallener Barrikadenkämpfer den Sieg der Revolution an. Er gestattete weiter die Bildung einer Bürgerwehr und machte am 21. 3. mit schwarz-rot-goldener Kokarde in Begleitung von Generalen und Ministern einen Ritt durch Berlin. An die Spitze des von ihm zugesagten liberalen Ministeriums trat der rheinische Kaufmann Ludolf Camphausen, der 1847 einer der Wortführer der gemäßigten Liberalen gewesen war und nun durch ein „Ministerium des Überganges" den Staat in eine ruhigere Zeit zu führen suchte. Doch geriet er bald mit der demokratischen Mehrheit der preußischen Nationalversammlung in Konflikt und wurde am 20. 7. durch Auerswald ersetzt. In beider Regierung war die stärkste Persönlichkeit David Hansemann, ein aus Hamburg stammender, politisch und sozial seit langem stark interessierter und tätiger Aachener Großkaufmann. Er war ein Gegner des allgemeinen Wahlrechts sowie des Frankfurter Verfassungsentwurfs und wurde nun als Vertreter des wirtschaftlich orientierten rheinischen Liberalismus preußischer Finanzminister. Für die kurze Zeit, in der Friedrich Wilhelm die Verbindung zu Camphausen-Hansemann aufrechterhielt, regierte zum ersten Male die westliche Hälfte Preußens über die östliche. Bald aber nahm der König an dieser äußerlichen „Verfinsterung" der Stellung des Monarchen durch Kaufleute Anstoß und ergab sich immer stärker der Kamarilla, die sich am 30. 3., dem Tage nach der Ernennung des Ministeriums Camphausen-Hansemann, als „ministère occulte" und Gegenministerium formiert hatte. Diese „kleine, aber mächtige Partei" verhinderte die Rückkehr des Königs nach Berlin und erreichte Ende Oktober den Sturz des Ministeriums und den Bruch mit der Nationalversammlung. Die Kamarilla blieb bis zum Ende der Regierungszeit Friedrich Wilhelms IV. als die Vertretung der feudalaristokratischen Kreise in Preußen bestehen und übte u. a. durch unmittelbare Korrespondenz mit den Vertretern Preußens im Auslande erheblichen Einfluß auf die Außenpolitik im Zusammenhang mit Olmütz und dem Krimkrieg im Sinne einer Annäherung an Rußland aus.

Die im Mai 1848 in Preußen zusammengetretene Nationalversammlung stützte die Wiederaufnahme und Fortführung der Reformen aus der Zeit Steins und Hardenbergs, die besonders den Abschluß der Bauernbefreiung bedeuteten — um die gleiche Zeit, in der diese in Österreich beendet wurde. Dagegen wandte sich sofort der „Verein zur Wahrung der Interessen des Großgrundbesitzes und der Förderung des Wohlstandes aller Volksclassen", die erste — von den Gegnern als „Junkerparlament" bezeichnete — konservative Parteigründung in Deutschland, der bald unter Beteiligung der Kamarilla und des russischen Gesandten die Gründung der „Kreuzzeitung" folgte.

So kam es in Berlin schnell zu einer scharfen Zuspitzung der Gegensätze, wobei die Reaktion, die sich durch die Gefahr neuer radikaler Erhebungen herausgefordert fühlte, an Boden gewann. Im September 1848 wurden die liberalen Minister entlassen. Die Gegenrevolution trat mit dem General Wrangel an die Spitze des Heeres und mit dem Grafen Brandenburg, einem natürlichen Sohn Friedrich Wilhelms II., am 1. 11. an die des Ministeriums. Die am 27. 11. nach Brandenburg verlegte Nationalversammlung wurde am 5. 12. durch Militär gewaltsam aufgelöst, am gleichen Tage eine Verfassung mit dem Notverordnungsparagraphen 105 oktroyiert, ein Wahlgesetz für die Erste und Zweite Kammer verkündet und damit die Revolution auf eine ähnliche Weise abgeschlossen wie gleichzeitig in Wien. „Während Österreich noch im Kampf gegen Ungarn stand, hatte Preußen jetzt freie Hand gegenüber der deutschen Nationalversammlung, die inzwischen in Frankfurt zusammengetreten war" (Mommsen). Erst mehr als ein Jahr später, am 31. 1. 1850, wurde die königliche Verfassung verkündet und am 6. 2. nach der Streichung einiger Vorrechte des Königs von diesem und den beiden Kammern beschworen.

Der preußischen Entwicklung folgte im großen und ganzen die in den deutschen Mittel- und Kleinstaaten: auch dort konnte noch einmal die Reaktion die politische Macht gewinnen, nachdem wirtschaftlich-soziale Reformen die im Grunde unpolitischen, staatserhaltenden, d. h. konservativen Bauern befriedigt hatten. Wieder bedeutete, wie nach 1815, das Vordringen der Reaktion die Stärkung des vorwiegend fürstlichen Partikularismus von Preußen über Bayern und Hannover bis zu den thüringischen Kleinstaaten. Zwar mußte am 19. 3. in Bayern König Ludwig I. unter dem Druck der Unruhe zugunsten seines Sohnes Maximilian II. abdanken; aber eine republikanische Erhebung in Süddeutschland unter Führung von Hecker, Struve und Herwegh wurde im April durch Bundestruppen niedergeschlagen.

Die Frankfurter Nationalversammlung und das Problem der Einheit Deutschlands

Über den Einzelschicksalen Österreichs und Preußens, aber von der Entwicklung in diesen Staaten und in ihren Dynastien aufs stärkste beeinflußt, stand dasjenige Deutschlands. Seit dem Ende des alten Reiches, spätestens seit der Befreiung in den Jahren 1813/15 erhoffte das Volk eine neue Lösung großen Stils, eine Verfassung und eine Volksvertretung. Politiker, Publizisten und Dichter hatten diesen Gedanken wachgehalten und in zeitgemäß abgewandelten Formen seit mehr als einem Menschenalter, nicht selten unter Verfolgungen und Benachteiligungen, vertreten, bevor nun im März 1848 das deutsche Parlament Zentralforderung und Mittelpunkt der Auseinandersetzung wurde. Das mit Zustimmung des Bundesrates von Heidelberg aus einberufene, vom 31. 3. bis zum 3. 4. in Frankfurt tagende Vorparlament, eine Versammlung von etwa 500 fortschrittlichen Mitgliedern der deutschen Ständeversammlungen, war nichts anderes als eine Art liberalbürgerlicher Akademiker- und Parteitag und dennoch kraft des Kollektiv- und Individualansehens seiner Mitglieder wie der politischen Gunst des Augenblicks mächtig genug, um das eigentliche Parlament, eine gesamtdeutsche Nationalversammlung, nach Frankfurt einzuberufen. Dort sollte die deutsche Verfassung entworfen, beraten und beschlossen werden.

Ein kurzer Versuch des Bundestages, im Wettlauf um die Gunst des Volkes sich an die Spitze der nationalen Bewegung zu setzen und diese zugleich mit einer Revision der Bundesverfassung abzuspeisen, schlug sehr schnell fehl. Der Bundestag übertrug später seine Rechte dem inzwischen gewählten Reichsverweser, wie auch die Einzelstaaten sich dem Vorgehen des Vorparlamentes fügten. So wurde je ein Abgeordneter auf 50000 Einwohner für die „deutsche verfassunggebende Nationalversammlung“ gewählt, die am 18. 5. ihr Präsident H. von Gagern in der lutherischen Paulskirche als die „berufene und bevollmächtigte Vertretung des souveränen deutschen Volkes“ eröffnete. Auch hier lag das Schwergewicht ganz bei den Vertretern des Bürgertums von Bildung und Besitz, das mehr als jede andere Bevölkerungsschicht nach einem Einfluß auf den Staat strebte, den es durch politischen Verstand und wachsenden Wohlstand längst beanspruchen zu können glaubte. Es hat diese Überzeugung oder doch mindestens die Energie, sie zu vertreten, nach der Enttäuschung des Revolutionsausganges nie wirklich wiedergewonnen, sondern sich in diesem Bereich noch jahrzehntelang von der hohen vorwiegend adligen Ministerialbürokratie überholen lassen.

Das Frankfurter „Akademikerparlament", dessen etwa 600 Mitglieder sich in kurzer Zeit in die allerdings nicht festen Gruppen oder Klubs der Kasinopartei mit dem Ziel einer konstitutionellen Monarchie nach englischem Vorbild, der liberalen, ausschlaggebenden monarchisch gesonnenen Partei und der demokratischen republikanischen Linken aufgliederten, hatte viele Schwächen. Ihm fehlte parlamentarische Erfahrung; der Reichtum an bedeutenden Köpfen wie Arndt, Bassermann, Blum, Dahlmann, Droysen, Gagern, Jakob Grimm, Mevissen, Mohl, Simon, Uhland, Waitz und Welcker bereicherte die Diskussionen, erschwerte aber die Entscheidungen. Es gab weder politische Parteien im eigentlichen Sinne noch gute Gruppendisziplin; ein fester Verfassungsplan als Grundlage und Leitfaden der Beratungen war nicht vorhanden, wohl aber eine ganze Reihe von Verfassungsvarianten, die alle keine allgemein annehmbare Synthese von nationaler Einheit und einzelstaatlicher Sonderexistenz zu empfehlen vermochten — ganz abgesehen von der Problematik, die in der Forderung einer Zentralgewalt gegenüber der Stellung der beiden Großmächte zueinander und im Reich unlösbar enthalten war. An dieser Überfülle objektiver Schwierigkeiten mußten alle Verfassungsvorschläge scheitern.

Die erste große Leistung mehr Gagerns als des von ihm mit „kühnem Griff" geführten Parlamentes war die Einsetzung eines Reichsverwesers als provisorische Zentralgewalt in der Person des Erzherzogs Johann von Österreich. Dieser hatte in Österreich Metternichs Entlassung und die Vorbereitung einer Verfassung durchgesetzt, war im Mai zum Stellvertreter Ferdinands I. ernannt worden und nahm nun nach der Wahl am 27. 6. auf Gagerns Betreiben die entscheidende Position des Reichsverwesers an, vorgeblich, um Österreichs geschichtliche

Verbindung zum Reich aufrechtzuerhalten. Doch zeigte sich sehr bald, daß weder der Reichsverweser, der sich plötzlich keineswegs entschieden für das deutsche Verfassungswerk einsetzte, noch das ihm beigeordnete Reichsministerium über Macht und Entscheidungsgewalt sowie Militär und Geld verfügten. Auch wurden sie von den deutschen Staaten praktisch ebensowenig anerkannt wie vom Ausland.

Den starken Einfluß der USA und Frankreichs auf das politische Denken in Deutschland bezeugten unter anderem die am 27. Dezember 1848 unabhängig von der eigentlichen Verfassung formulierten und gesetzlich gesicherten „Grundrechte des deutschen Volkes". Die Verfassungsberatungen selbst, die auf einen Bundesstaat nach dem Vorbild der USA hinzielten, wurden um so schwieriger, je weiter sie zu den wirklich zentralen Fragen vordrangen. Und schließlich erhoben alle Staaten, wenngleich in unterschiedlichem Maße, Einspruch gegen die Möglichkeit einer Loslösung der Zentralgewalt des Reiches von den Einzelstaaten. Von entscheidender Bedeutung war, daß die Beratungen im Frankfurter Parlament so lange dauerten, bis die Habsburger Monarchie ihre innere Krisis überwunden hatte und Anfang 1849 durch Schwarzenberg mit allem Nachdruck gegen die Bildung eines starken deutschen Reiches protestierte, das nicht Österreich unterstehen, ja, diesem ausdrücklich entzogen sein sollte. Das bestärkte den Widerstand bei den Mittelstaaten, die in der Fortdauer des Dualismus eine Garantie ihrer Selbständigkeit sahen, sowie bei einem großen Teil des Parlaments.

Diese Schwäche der „Paulskirche" in allen Fragen der praktischen Politik, ihre Ohnmacht gegenüber den deutschen wie den ausländischen Mächten zeigte sich zum ersten Male, als der Streit zwischen Dänemark einerseits, Schleswig und Holstein andererseits ausbrach. Die dänische Krone war längst bestrebt, den seit 1665 verfassungsmäßig bestehenden Absolutismus auch auf die beiden Herzogtümer auszudehnen. Ein erster Schritt fand durch die Vereinigung Holsteins mit dem dänischen Staatskörper im Jahre 1806 statt. Widerstand gegen solche Politik erhob sich erst, als Dahlmann von der Kieler Universität her 1846 den Kampf gegen den „Offenen Brief" Christians VIII.

aufnahm. Der dänische König erklärte darin, „daß das Herzogtum Schleswig der Erbfolge des dänischen Königsgesetzes unterworfen" und daher untrennbar mit dem dänischen Gesamtstaat verbunden sei. Die Auseinandersetzung nahm noch schärfere Formen an, als nach Christians Tod am 20. Januar 1848 sein Nachfolger Friedrich VII. an die Einverleibung der Herzogtümer auf Grund einer noch von seinem Vorgänger entworfenen Verfassung für eine Gesamtmonarchie gehen wollte. Angefacht von der Pariser Februarrevolution, kam es zu den üblichen Forderungen in der Bevölkerung auch der beiden Herzogtümer. Dagegen verkündete der König am 21. 3. die Einverleibung Schleswigs. Dänische Truppen marschierten ein.

Das Land dagegen erhob sich unter einer provisorischen Regierung; am 12. 4. wurde Schleswig in den Deutschen Bund aufgenommen und dem Herzog Christian von Augustenburg, der seit langem das Thronfolgerecht für sein Haus beanspruchte, aus Berlin Hilfe zugesagt. Preußische Truppen drangen unter General Wrangel nach Jütland ein. Der Bundestag erkannte die provisorische Regierung an. Aber unter englischer Vermittlung und russischer Drohung wurde am 26.8.1848 der Waffenstillstand zu Malmö zwischen Preußen und Dänemark geschlossen, der in ganz Deutschland Empörung auslöste, da Preußen die Herzogtümer preisgab und das machtlose Reichsministerium vor vollendete Tatsachen stellte. Die Friedensverhandlungen in London gipfelten im Dezember in Palmerstons Vorschlag, Schleswig solle unabhängig werden. Diese Empfehlung nahmen Preußen und das Reichsministerium an; Dänemark aber, das sich auf Zusagen Rußlands, Frankreichs und Österreichs stützte, wies ihn zurück, kündigte den Waffenstillstand und begann am 3. 4. 1849 erneut den Kampf, der bis zu einem weiteren Waffenstillstand im Juli dauerte. Ein Jahr später kam es am 2. 7. 1850 zum Frieden von Berlin, der Schleswig an Dänemark auslieferte, während Holstein von ihm getrennt werden sollte. Doch kämpften die Herzogtümer auch nach der Niederlage bei Idstedt am 24./25. 7. 1850 bis 1851 weiter. Holstein wurde schließlich durch Bundesexekution zur Unterwerfung gezwungen. Preußen räumte die Herzogtümer im Vertrag zu Olmütz, so daß sie , da auch die österreichischen Exekutionstruppen das Land verließen, am 18. 2. 1852 Dänemark ausgeliefert wurden und ein hartes Strafgericht erlitten.

Die Paulskirche, deren Abgeordnete wußten, daß die Sache der Herzogtümer seit langem einen Hauptpunkt der Einheitsbestrebungen bildete, trat 1848 trotz der allgemeinen Empörung nicht dem preußischen Entschluß entgegen, verwarf am 5. 9. den Waffenstillstand nur mit geringer, vorwiegend linker Mehrheit, mußte ihn aber endlich doch am 16. 9. anerkennen, da Dahlmanns Versuch einer Regierungsbildung scheiterte und die Fortführung des Kampfes gegen Dänemark ohne oder sogar gegen Preußen aussichtslos war. Und mit Preußen wandten sich hier wie überall die Großmächte gegen jede Volksbewegung. Das Ansehen der Nationalversammlung erlitt damit einen um so schwereren Schlag, als sich in ihr nun die Radikalen so weit vordrängten, daß die bürgerlichen Schichten sie zu fürchten begannen.

Die Frage des Verhältnisses zu Österreich wurde in den ersten Monaten des Jahres 1849 entscheidend für die Parteibildung in der Nationalversammlung. „Während die Erbkaiserlichen oder, wie die Gegner sie nannten, die Kleindeutschen für einen Einheitsstaat mit einem erblichen, dem preußischen König zustehenden Kaisertum eintraten, verlangten die Großdeutschen eine Umgestaltung der Verfassung, damit Österreich in Deutschland verbleiben könne" (Hartung). Vielerlei Motive spielten bei diesen tief in die einzelnen Staaten hineinreichenden Parteiungen eine Rolle: politische, vaterländische, konfessionelle und historisch-bildungsmäßige. Doch waren nicht sie entscheidend, sondern die realpolitisch vollendeten Tatsachen in Österreich, die es Schwarzenberg erlaubten, auf Grund der gefestigten Macht den Frankfurter Entwurf abzulehnen und für ganz Österreich Aufnahme, d. h. das Übergewicht in Deutschland zu fordern. Hier tauchte erstmals die Vorstellung eines geeinten, von Österreich beherrschten 70-Millionen-Volkes und mitteleuropäischen Wirtschaftsgebietes auf, dessen Bildung der auch in bezug auf Österreichs Weltstellung unrealistische Minister von Bruck empfahl.

Die Gegner der österreichischen Forderungen waren untereinander weniger einig. Am 27. 3. 1849 entschieden sich nur 267 für, 263 gegen das Erbkaisertum; am folgenden Tage wurde Friedrich Wilhelm mit 290 Stimmen bei 248 Stimmenthaltungen zum deutschen Kaiser gewählt. Er aber lehnte gegen den Rat seiner Minister die Wahl, die Krone und die Stellung eines vom Parlament gewählten deutschen Kaisers zunächst gegenüber der von Simson geführten Deputation am 3. 4. und dann, nachdem zwar 28 der 35 souveränen Bundesstaaten, nicht aber Österreich, Bayern, Württemberg, Hannover und Sachsen ihre Zustimmung gegeben hatten, endgültig am 28. 4. ab, da er das Fundament, die Revolution — „Bastard von Mensch und Teufel" — und die Volkssouveränität nicht anerkannte.

Ein Aufstand in Dresden, der die Einführung der Reichsverfassung erzwingen wollte, wurde im Mai mit preußischer Hilfe niedergeschlagen; ebenso eine neue Erhebung in Baden und der bayrischen Pfalz, unter deren Druck der Großherzog von Baden vorübergehend das Land verlassen mußte.

Da die Nationalversammlung nicht die Macht besaß, die Einzelstaaten zur Anerkennung der Verfassung zu zwingen, war sie somit am Ende angelangt, wenn sie nicht den Anstoß zum gewaltsamen, unkontrollierbaren Vorgehen einer Revolution auf sich nehmen wollte. So löste sie sich denn praktisch auf. Zwei Jahre später fand Bismarck die Paulskirche „so grabesstill über den leeren Bänken, daß man sich das Parlamentsgeschrei schwer vergegenwärtigen kann". Übrig blieb ein Rumpfparlament von etwa 100 Abgeordneten, welches in Stuttgart noch einige Zeit das Prinzip der Volkssouveränität vertrat, schließlich aber am 18. 9. 1849 durch die württembergische Regierung aufgelöst wurde. Auch die kurzen, nicht miteinander verbundenen Aufstände in Baden, der Pfalz und Sachsen konnten am Ergebnis nichts mehr ändern, daß die deutsche Nation bei ihrem Versuch, aus eigener Kraft sich einen modernen Staat zu schaffen, an den realen Mächten, den Einzelstaaten, gescheitert war — freilich auch an der ablehnenden Haltung des Auslandes, wie sich an Englands Nichtanerkennung der unbedeutenden, geschenkten, gemieteten und gekauften deutschen Flotte und an Frankreichs Streben zum Rhein erkennen ließ.

Nachdem so die wesentlichen Rechts- und Machtverhältnisse in Deutschland die Herausforderung durch die Revolution überstanden hatten, betrieb Friedrich Wilhelm IV. als preußischer Souverän eine Reform des Deutschen Bundes. Am 28. 4. 1849 lud Preußen in diesem Sinne zu Konferenzen ein. Am 15. 5. erließ der König eine Proklamation, in der er die Ablehnung der Kaiserkrone und die Abberufung der preußischen Abgeordneten aus Frankfurt begründete, die Schaffung einer deutschen Verfassung versprach, sowie die Einheit der deutschen Nation und deren Freiheit verkündete — also den Versuch machte, durch die Einigung der deutschen Fürsten zu erreichen, was dem Parlament mißlungen war. Verhandlungen mit Österreich über eine „Union", bei der Friedrich Wilhelm IV. weit entgegenkommen wollte, um einen Bundesstaat zustande zu bringen, scheiterten. Die Konferenzen, die am 17. 5. begannen und im wesentlichen von der Abneigung der deutschen Mittelstaaten gegen jeden preußischen Vorrang bestimmt waren, konnten zu keinem positiven Ergebnis führen. Das Resultat war ein Dreikönigsbündnis vom 26. 5. 1849 zwischen Preußen, Sachsen und Hannover zum Zwecke der „Erhaltung der äußeren und inneren Sicherheit Deutschlands und der Unabhängigkeit und Unverletzlichkeit der einzelnen deutschen Staaten" unter preußischer Oberleitung und mit dem Ziel einer Verfassung für ganz Deutschland ohne Österreich. Einen Monat später trat in Gotha die Kaiserpartei zusammen und stimmte Preußens Vorgehen fast geschlossen zu.

Der Beitritt der meisten kleineren Staaten führte zur Bildung des Erfurter Parlaments am 20. 3. 1850, das die Beratung über eine Verfassung der deutschen Union schnell abschloß. Ihm folgte ein ergebnisloser Fürstenkongreß in Berlin. Bayern und Württemberg konnten für diese Union nicht gewonnen werden; Österreich arbeitete nach der Niederwerfung der Ungarn mit russischer Hilfe offen gegen die Pläne Preußens, dessen Tatkraft erlahmte. So kam es am 30. 9. mit Österreich zum Abschluß des „Interims", das „die Vollmachten der Bundeskommission" auf die Zeit bis zum 1. 5. 1850 beschränkte, da man hoffte, dann eine endgültige Verfassung für ganz Deutschland zu besitzen. Hannover und Sachsen traten auf Österreichs Drängen aus der Union aus, so daß diese gesprengt war: der Bundestag wurde am 14. 5. wiederhergestellt und von Österreich auf den 2. 9. 1850 erneut einberufen. Er setzte sofort einen „Reaktionsausschuß“ zur Kontrolle der Kleinstaaten ein.

Das starke Gewicht Rußlands schließlich in allen Fragen der deutschen Einigung kam in dem Besuch des Prinzen von Preußen bei Kaiser Nikolaus in Warschau am 28. 5. 1849 zum Ausdruck, wo der Zar sich gegen die Union und für den Bundestag äußerte. Im Oktober/November fügte sich der preußische König der von Rußland gegen ihn gestützten Front Österreichs, Bayerns und Württembergs, die ihm wegen seines Verhaltens im kurhessischen Verfassungsstreit mit Krieg drohte. Der Zusammenstoß wurde jedoch vermieden, als Preußen in Olmütz am 29. 11. 1850 Rußland und Österreich gegenüber nachgab und sich aus der hessischen wie aus der holsteinischen Frage zurückzog. Friedrich Wilhelm IV. hatte sogar „Elastizität und Fähigkeit genug, sich selbst zu täuschen und die Niederlage von Olmütz in eine Erfüllung seiner wesentlichen Wünsche umzudeuten“ (Meinecke). Ein letztes Mal war das österreichische Übergewicht in Deutschland gesichert und die Bemühung um die deutsche Einheit an ihm, mehr noch an Rußland gescheitert. Preußen wandte sich fortan wieder in erster Linie der Innenpolitik zu: der Vorbereitung einer Heeresreform, der Verwaltungszentralisation und der Industrialisierung. So zeigte sich deutlich, daß die Frage der deutschen Einigung — in welcher Form auch immer — in stärkstem Maße auch eine Frage der europäischen Politik war. „Man beurteilt den Gesamtverlauf der nationalen Revolution von 1848/49 in der Regel viel zu wenig nach den außenpolitischen Bedingungen, von denen er in letzter Instanz abhängig gewesen wäre. Man sieht vor allem die ungeheuer verwickelte innerdeutsche Problematik der Revolution, für deren Endausgang die Auseinandersetzung zwischen Preußen und Österreich entscheidend sein mußte. Aber dieser Ausgang wäre doch wieder in den europäischen Machtzusammenhang verflochten gewesen, und wenn man manchmal darüber hinwegsieht, so geschieht es nur, weil die innerdeutsche Revolution noch nicht jenes Stadium erreicht hatte, in dem von diesem europäischen Machtzusammenhang zu erwarten war, daß er sich zur Geltung bringen würde. Wohl blitzte er hier und da auf, wenn schon die bescheidenen Flottenhoffnungen auf eine hochmütige Ablehnung Englands stießen, wenn der neue Kurs der preußischen Polenpolitik das gereizte Mißtrauen Rußlands erregte, oder wenn die französische Politik, die ihre Abneigung gegen den unberechenbaren Einigungswillen der Deutschen nie aufgab, vorübergehend ihre begehrlichen Blicke auf den Rhein richtete. Ist doch von Adolphe Thiers das herausfordernde Wort überliefert, wenn man ihn nur 1848 hätte gewähren lassen, so würde er die Grenzen Frankreichs bis Mainz ausgedehnt und die Schlüssel Deutschlands in die Hand genommen haben. Und fast auf allen Seiten erlebte die öffentliche Meinung Deutschlands, daß sie auf Reibungsflächen mit den neuen nationalen Aspirationen der Polen, Tschechen, Dänen stieß ... Das praktisch undurchführbare 70-Millionen-Reich Schwarzenbergs würde wahrscheinlich auf einmütige Ablehnung gestoßen sein. Aber auch bei jeder Lösung im kleindeutschen Sinne, wie sie an sich nur aus einer letzten Machtprobe zwischen Österreich und Preußen, aus einem deutschen Bürgerkriege emporsteigen konnte, saß Europa abwartend in der Hinterhand des Spieles, um das letzte Wort zu sprechen. Den Deutschen der Revolutionsjahre, den Enthusiasten des nationalen Staates ist damals nicht völlig zum Bewußtsein gekommen, in welchem Maße alles das, was sie aus der Tiefe ihres Herzens für die souveräne Nation in Anspruch nahmen, zugleich eine Angelegenheit Europas war und jedenfalls von den Mächten als eine tiefe Berührung ihrer Interessen behandelt wurde. Der revolutionäre Nationalismus von 1848 kannte diese Welt nicht genug, um zu wissen, daß das Recht der Völker an der Macht der anderen seine Grenze findet" (Oncken).

Die deutsche Revolution war ideologisch angelegt, statt mit den realen Verhältnissen zu rechnen. Angesichts dieser Tatsache und des augenblicklichen totalen Mißerfolges erhebt sich die Frage nach den Dauerwirkungen der Revolution. Ein Jahrhundert danach schrieb unter dem Eindruck der unglücklichsten und schwersten Jahre der neueren deutschen Geschichte Griewank: „Es sei hier nur kurz erinnert an die Bedeutung, die sie für den Einheitsgedanken in der Nation, für die Durchsetzung der liberalen Rechtsstaatstheorie in vielen Bereichen, auch für die Entwicklung des Sinnes für staatsbürgerliche Freiheit und soziale Gerechtigkeit gehabt hat. Daß auf den Vorarbeiten der Frankfurter Nationalversammlung auch die Reichsverfassung von 1871 fußte und daß seither jeder Versuch demokratischer Neugestaltung von den Traditionen von 1848 zehrte, braucht nicht näher ausgeführt zu werden. Das Geschehen von 1848 war für Deutschland zugleich die erste, im ganzen noch sehr unklare Ankündigung der sozialen Revolution, deren Heraufkommen das Leben der kommenden Generationen beschäftigen sollte ... Verstehen wir unter Revolution mehr als einen bloßen Aufstand der Unzufriedenen, dann war es eine Revolution: eine politische Bewegung, die das deutsche Volk doch in seinen Tiefen aufgerührt hat, die neuen und unterdrückten Kräften einen weithin sichtbaren Raum verschaffte, wenn dieser ihnen auch von den Gegnern wieder streitig gemacht werden konnte. Zwar nicht eine Revolution als Neubeginn oder als mutationsartiger Sprung in eine neue Entwicklungsreihe, aber eine Revolution als Ereignis mit weiten und unwägbaren Ausstrahlungen des Erlebens und Opferns, des Hoffens und der Erfahrungen eines trotz allen Schwächen großartigen und weiter wirkenden Wollens und Vorwärtsdrängens zur nationalen Einheit, zum bürgerlichen Rechtsstaat und auch zu den darüber hinausweisenden sozialen Gestaltungen."

DIE LETZTE PHASE DER PREUSSISCH-ÖSTERREICHISCHEN RIVALITÄT

Das Ende des Deutschen Bundes

Soziale und wirtschaftliche Fortschritte und Reformabschlüsse in den Einzelstaaten sowie das große, wenngleich unglücklich beendete Erlebnis der gemeinsamen Bemühungen um die Einheit Deutschlands bildeten das sichtbare Ergebnis der Revolution von 1848/49 in Deutschland. Diese „Ideen von 48" haben seither mehrfach wieder in der deutschen Geschichte eine Rolle gespielt: im Protest gegen den Wilhelminismus, vor allem aber nach den Niederlagen von 1918 und 1945 beim Aufbau neuer Staaten.

Der Versuch der deutschen Regierungen, unter Österreichs Leitung auch die Bundesverfassung zu verbessern, schlug fehl: Anfang 1848 war von Metternich eine Ministerkonferenz nach Dresden einberufen worden. Dazu hatte Fürst Ludwig von Oettingen, der 1847 vom bayrischen König trotz seiner glücklichen Hand bei der Erledigung der Lola-Montez-Affäre entlassen und 1848 als Minister des Auswärtigen zurückgeholt worden war, geschrieben: „Dem Fürsten Metternich, der nichts lernt und nichts vergißt, ist es beigefallen, gegen die riesenhafte Bewegung von 1848 sein altes morsches Rüstzeug aus den 1819er und 1833er Jahren aufzufahren. Er lädt ein. Wozu? — zu einer Ministerkonferenz und wohin? — nach Dresden. Wahrlich, nur dies fehlte noch, um Deutschland vollends auf den Kopf und unter-über zu stellen" (Sayn-Wittgenstein). Nun wurden im Dezember 1850 nach den Erschütterungen von 1848/49 dennoch jene Dresdener Konferenzen durch Schwarzenberg eröffnet und so gesteuert, daß sie ergebnislos verlaufen mußten. Preußens Verzicht auf seine Unionspolitik wurde nicht nachträglich durch die Anerkennung seiner Gleichberechtigung mit Österreich im Bund honoriert; Österreichs Vormachtstellung blieb also unangetastet, reichte aber andererseits auch nicht aus, um die Aufnahme des ganzen Habsburgerreiches in Deutschland zu erzwingen: die von Schwarzenberg und Bruck betriebene Bildung eines deutsch genannten und österreichisch geführten 70-Millionen-Reiches, das natürlich auf die Dauer auch den Zollverein beseitigt hätte, scheiterte letzten Endes so deutlich am Widerstand der europäischen Großmächte wie die Bestrebungen der Paulskirche. So setzte denn der seit Mai 1851 wieder vollzählig versammelte neue Bundestag die Tradition des alten Bundestages von 1815 fort und versuchte somit auch seinerseits zwei Revolutionen, nämlich die von 1830 und von 1848, zu ignorieren. Er vermied zwar neue „Karlsbader Beschlüsse", beseitigte aber viele Ergebnisse des Jahres 1848 von den Grundrechten bis zur deutschen Flotte, deren Rest versteigert wurde. Durch den „Reaktionsausschuß" suchte er die konstitutionellen Ansätze in den Einzelstaaten wieder einzufangen, konnte aber nicht verhindern, daß diese — mit Ausnahme von Österreich und den beiden Mecklenburg — Verfassungsstaaten blieben. Dieses Ergebnis erhielt für Preußens Stellung gegenüber Deutschland und für die innerdeutsche Entwicklung während der nächsten zwanzig Jahre erhebliche Bedeutung: damit wurde das Übergewicht beseitigt, das der süddeutsche Liberalismus in der ersten Hälfte des 19. Jahrhunderts erlangt hatte. Zu einer positiven Arbeit kam der Bundestag nicht. Wohl aber versuchten die Mittelstaaten unter Bayerns und Sachsens Führung, den österreichisch-preußischen Gegensatz zum gesteigerten Einfluß ihrer dritten Partei auszunutzen. „Aber auch die Triaspolitik des 19. Jahrhunderts litt unter dem alten Verhängnis der deutschen Kleinstaaterei und ihrer Organisationsbestrebungen, an der Überschätzung der Stimmenzahl, durch die sie freilich das Zünglein an der Waage zwischen Österreich und Preußen bilden konnten, an der Unterschätzung des entscheidenden Gewichtes der realen Machtverhältnisse" (Hartung).

Aufs Ganze gesehen, verhinderte der Bundestag, an dem die preußisch-österreichische Rivalität alle Tätigkeit beeinflußte, wenngleich Bismarck als Bundestagsgesandter zunächst ein Zusammengehen mit Österreich anstrebte, außenpolitisch sowohl während des Krimkrieges wie während des Krieges von 1859 eine wirklich deutsche Politik, was eine Zusammenarbeit in Einzelfragen nicht ausschloß. Innenpolitisch kam es zu einer ersten preußisch-österreichischen Machtprobe im Rahmen der Zollvereinskrisis von 1850/52. Dadurch daß es Preußen in Geheimverhandlungen, die durch Rudolf Delbrück gewandt geführt wurden, selbst ohne Orientierung Bayerns und Sachsens gelang, Hannover und den Steuerverein, der seit dem 1. 5. 1834 aus Hannover, Braunschweig, Oldenburg und Bückeburg bestand, zum Anschluß an den Zollverein zu bewegen und diesen so — u. a. durch die Gewinnung der Nordseeküste — erheblich zu stärken und die eigene politisch-wirtschaftliche Stellung in Norddeutschland zu festigen, wurde die Möglichkeit für einen Eintritt Gesamtösterreichs in den freihändlerisch bestimmten Zollverein immer geringer. Anschließend kündigte Preußen die Zollvereinsverträge zum 1. 11. 1854. Wiener und Berliner Zollkonferenzen, welche die Unterschiede der politischen und wirtschaftlichen Grundlagen und Ziele von Österreich und den Mittelstaaten offenlegten, führten dann nach Schwarzenbergs Tod 1852, der die Gegner des Zollvereins ihrer energischsten Persönlichkeit beraubte, zum österreichisch-preußischen Handelsvertrag von 1853 und, wichtiger, zur Erneuerung der Zollvereinsverträge. Das bildete einen vollen Erfolg Preußens. Nicht das österreichische 70-Millionen-Reich, sondern der preußisch geführte Zollverein mit 35 Millionen Menschen war zustandegekommen. Gewiß wurde der Gegensatz der politischen Interessen damit nicht aufgehoben, sondern eher verstärkt; aber bald sollte sich zeigen, daß seit 1830/40 die Bedeutung wirtschaftlicher Entscheidungen und Entwicklungen weit stärker war, als man bisher angenommen hatte. Bereits die nächste Etappe der Entwicklung, der deutsch-französische Handelsvertrag von 1862, konnte das erweisen und stellte eine wichtige Vorentscheidung für 1866 dar.

Inzwischen durchlief der Deutsche Bund die letzte Phase seiner Existenz. Der im Herbst 1859 im Anschluß an den österreichisch-italienischen Krieg gegründete Nationalverein in Frankfurt, in dem sich Liberale und gemäßigte Demokraten unter dem Protektorat des Herzogs Ernst von Coburg und der Führung des Hannoveraners von Bennigsen, des ehemaligen Präsidenten der preußischen Nationalversammlung von Unruh und des Mittelstands- und Sozialpolitikers Schulze-Delitzsch zusammenfanden, griff das Programm der erbkaiserlichen Partei und der Gothaer wieder auf und verlangte eine Einigung Deutschlands unter preußischer Führung. Wichtiger als die unklare politische Zielsetzung dieses Vereins war seine politische Erziehungsarbeit im Volke. Aber unter dem Eindruck des preußischen Heereskonfliktes erhielten im Norden die demokratisch-antipreußischen Elemente das Übergewicht, so daß der Nationalverein 1864 in der schleswig-holsteinischen Frage mit seinem Gegner, dem österreichisch-katholischen Deutschen Reformverein, unter Gagerns Leitung gegen Preußen zusammenging und die Entscheidung über den Träger der Zentralgewalt einem künftigen Parlament überlassen wollte.

Wie lebhaft das nationale Bedürfnis auch nach 1848 im deutschen Volke blieb, zeigen die zahlreichen Schützen-, Turn- und Sängerfeste, vor allem aber die Schillerfeiern von 1859. Gleichzeitig wurde freilich auch in der „reinen" Wissenschaft das Geschichtsbild zur Waffe im politischen Kampf: der wissenschaftliche Streit um Leistungen und Fehlleistungen des mittelalterlichen Kaisertums spiegelte die gleiche Spaltung wider, welche die politischen Auffassungen der Gebildeten um 1859 durchlief. Der großdeutsch gesonnene katholische Universitätsprofessor Julius von Ficker in Innsbruck verteidigte gegenüber dem kleindeutschen, jeder Sentimentalisierung abholden, aber auch aus der Gegenwart die Geschichte politisch beurteilenden Heinrich von Sybel in München die mittelalterliche Kaiserpolitik, das „Deutsche Kaiserreich in seinen universalen und nationalen Beziehungen" (1861). Dabei gingen Begriffe wie kleindeutsch, preußisch, vernunftgemäß und natürlich gelegentlich eine allzu bequeme „natürliche" Verbindung miteinander ein.

Auch die Mittelstaaten beschäftigten sich zwischen dem italienischen Krieg von 1859 und dem letzten Schock des preußisch-französischen Handelsvertrages noch einmal mit dem Problem der Bundesreform. Bayern hielt sich für die Übernahme der Führung in Südwestdeutschland nach dem Zusammenbruch des Bundes bereit; in dem industrie- und handelsstarken Sachsen entwarf schon seit 1849/53 der ideenreiche Beust bis zur Beteiligung am Suez-Kanal-Bau immer neue Projekte, die Mitteldeutschland als dritte deutsche Großmacht zusammenfassen sollten. Sie unterschätzten die wirtschaftliche Anziehungskraft des Industriestaates Preußen und den grundlegenden Wandel, der darin lag, daß nun wirklich nicht mehr kabinettspolitische Entscheidungen getroffen, sondern gerade in der Krisenzeit seit 1857 weltwirtschaftliche Zusammenhänge berücksichtigt werden mußten. Die Gedanken über „Vereinigte Staaten von Deutschland", die Großherzog Friedrich von Baden und sein Berater Franz von Roggenbach 1859 entwickelten, befanden sich „mitteninne ... zwischen den Entwürfen von 1848/49 und der norddeutschen Bundesverfassung von 1867" (Oncken). Und schließlich machte ebenso Preußen während seiner handelspolitisch und auch darüber hinaus sehr wichtigen Verhandlungen mit Frankreich nach 1861 den Vorschlag eines engeren und eines weiteren Bundes. Es griff damit den Unionsgedanken von 1849 wieder auf und machte deutlich, daß seine kleindeutschen Aspirationen im letzten Jahrzehnt nicht vergangen, sondern seiner realen Machtentwicklung entsprechend gewachsen waren, woran die „Identischen Noten" Österreichs, Bayerns, Württembergs, Hannovers, Darmstadts, Sachsens, schließlich auch Nassaus und Meiningens Anfang 1862 nichts zu ändern vermochten. Sie verhinderten zwar eine Reform im preußischen Sinne; aber auch Österreich gelang es nicht, auf dem Frankfurter Fürstentag des Jahres 1863 sein eigenes Projekt gegen den Willen Preußens durchzusetzen.

Das alles zeigte, daß der Deutsche Bund aus der Idee der Einheit allein nicht mehr reformiert werden konnte. Er wurde vom österreichisch-preußischen Dualismus am Leben erhalten, solange sich dieser in friedlichen Formen abspielte — sobald er zum offenen Konflikt fortschritt, mußte der Bund erst zum Ort politischer Propaganda werden und dann zerfallen. So beantragte denn Preußen am 9. 4. 1866 die Einberufung eines deutschen Parlamentes, um dadurch Österreich aus dem Bunde zu drängen. Österreich forderte daraufhin die Mobilmachung des Bundesheeres. Schließlich erklärte Preußen am 14. 6. den lebensunfähigen Bund für erloschen. Sechs Jahrzehnte nach der Auflösung des Reiches, ein halbes Jahrhundert nach ihrer eigenen

Geburt, war auch diese restaurative Ersatzgründung — die jedoch das Reich nicht wirklich hatte ersetzen sollen — am Ende. Deutschland stand am Vorabend einer neuen Reichsgründung, deren „Verfassung" die innen- und außen-, wirtschafts- und sozialpolitischen Ereignisse von 1818, 1834, 1848/49, 1853/54, 1862 und 1864 in Aktion und Reaktion allmählich vorbereitet hatten und die nun 1866 ihre letzte Zwischenstufe erreichte.

Innen- und außenpolitische Entwicklungen; der Krimkrieg und die deutschen Staaten 1848—1856

Die Grundlage der innenpolitischen Entwicklung Preußens zwischen 1848 und dem Ende der preußischen Monarchie im Jahre 1918 bildete die am 5. 12. 1848 oktroyierte liberale, anschließend konservativ revidierte und polizeistaatlich eingeengte Verfassung, auf die schließlich auch der König, widerstrebend, im Januar 1850 einen Eid ablegte. Ihr Charakteristikum war das Dreiklassenwahlrecht für die Zweite Kammer: „Je mehr sich der plutokratische Charakter dieses Wahlrechts mit der Zunahme der großen Vermögen und überhaupt mit dem wachsenden Wohlstand im Laufe der 50er Jahre sowie schließlich mit der Ausdehnung der Steuergesetzgebung des Jahres 1861 auswirkte, desto weniger erfüllte es die Erwartung der Regierung" (Bußmann). Die Erste Kammer, das „Herrenhaus", wurde vollständig durch den Einfluß des „alten und befestigten Grundbesitzes" adliger Art bestimmt, demgegenüber das bürgerliche Element, das sich auch in der Zweiten Kammer in der Minderheit befand, keine Möglichkeit hatte, seine Auffassungen und Bedürfnisse zur Geltung zu bringen. Diese Ordnung, welcher die Verhinderung der verfassungsmäßig zugesagten Selbstverwaltung in Provinzen, Kreisen und Gemeinden, die reaktionäre Praxis von Verwaltung und Polizei sowie schließlich ein enges Bündnis von Thron und Altar entsprachen, wurde ergänzt, aber nicht vereinheitlicht und konzentriert in der „Kamarilla". Ihr fehlte die koordinierende und regierende starke Persönlichkeit der Majestät, so daß es zu einer ständigen Rivalität von bürokratischer, durch Otto von Manteuffel geführter Regierung und feudaler Reaktion unter dem bestimmenden Einfluß des Alt- oder Ultrakonservativen Leopold Ludwig von Gerlach kam. Daneben bildete sich eine vorwiegend in Westdeutschland beheimatete Wochenblattspartei unter Bethmann-Hollweg, die gemäßigt liberale Gesichtspunkte vertrat.

In Österreich dagegen begann der neue Abschnitt seiner Geschichte damit, daß die Verfassung von 1849, die mehr gegen die Paulskirche als für den eigenen Staat oktroyiert worden war, im Jahre 1851 durch das sogenannte Silvesterpatent geradezu aufgehoben und der Absolutismus wiederhergestellt wurde, zumal auch das Bestreben der sehr tüchtigen Bürokratie stärker als in Preußen dahin ging, die einzelnen Gebiete zu einem Großstaat zusammenzufassen. Schwarzenberg selbst war ein vom Staats- und Machtgedanken erfüllter Großösterreicher, „der weder den nationalstaatlichen noch den freiheitlichen Bestrebungen eine historische oder gar sittliche Berechtigung zuerkannte" (Bußmann). Seine organisatorischen Leistungen blieben weit über seinen Tod im Jahre 1852 hinaus wirksam. Allerdings wurde nach ihm das Amt des Ministerpräsidenten durch den engen, nüchternen, von der Bedeutung seiner eigenen Person sehr überzeugten Kaiser Franz Joseph nicht wieder besetzt, und bereits seit den 50er Jahren wuchsen die politischen Probleme über seine Kräfte und Fähigkeiten hinaus und machten ihn fortan zunehmend abhängig von Beratern, unter denen Bach die Hauptrolle spielte. Sein System stützte die ganz zentralistische Verwaltung auf das Deutschtum Österreichs, aber „nicht um der Deutschen, sondern um des Staates willen" (Srbik). Neben dem Deutschtum sollte das Heer unter Radetzky die zweite entscheidend wichtige Klammer für das Gesamtreich bilden, die dritte das Konkordat von 1855, das mit allen Entwicklungen im Anschluß an den Josephinismus Schluß machte, der katholischen Kirche im Staat wieder eine sehr starke Machtstellung gab und sie zur Unterstützung des autoritären Staates heranzog: der Katholizismus wurde in der cisleithanischen Reichshälfte zur Staatsreligion, von der Schule und Hochschule, Forschung und Lehre abhängig waren.

Das alles trug eine gefährliche Neigung zur Trennung von der freiheitlicheren und toleranteren Geistesentwicklung nicht allein in Deutschland, sondern auch im übrigen Europa in sich.

Die mitteleuropäisch genannte, aber doch großösterreichisch gemeinte und obendrein für ihre Zeit nicht weniger als Lists Ideen phantastische, durch die Ereignisse von 1848, 1854/56, 1857 und 1859 gestörte Wirtschaftspolitik des aus Elberfeld stammenden calvinistischen Ministers Bruck konnte — wie früher die Ideen der großen Merkantilisten — nur in ihren engsten zentralistisch-österreichischen Linien verwirklicht werden. Im übrigen benutzte man die Wirtschaftspolitik, den Bau von Eisenbahnen und Straßen, die Belebung der Seeschiffahrt, die Einrichtung von Handelsorganisationen, die Gründung von Hochschulen mehr zur Ablenkung des Bürgertums von seinen politischen Interessen, als daß man sie aus wirklicher Einsicht in die auch militärische und soziale Bedeutung der Wirtschaft betrieb.

Die innenpolitische Entwicklung der deutschen Mittelstaaten nahm entsprechend ihrer historisch-geographischen Grundlage jeweils einen begrenzt individuellen, immer doch aber einen an Österreich oder Preußen orientierten Verlauf, der zumeist der Bürokratie als eigentlichen Trägerin des Staatslebens einen starken Einfluß einräumte. Dabei war am bemerkenswertesten die Auseinandersetzung im Kurfürstentum Hessen, die 1850 zur Gehorsamsverweigerung der Beamten, zur Wendung der Gerichte gegen die von Friedrich Wilhelm I. mehrfach verfügte Auflösung der Landstände und zum Abschiedsgesuch der meisten Offiziere, zu einem „allgemeinen politischen Streik" (Heffter) also, führte, der mit Hilfe österreichischer und bayerischer Truppen unterdrückt wurde. Damit freilich fand das Problem des willkürlichen Regiments im Zeitalter des bürgerlich getragenen Verfassungsstaates keine Lösung. In Mecklenburg-Schwerin wurde die Verfassung von 1849 abgeschafft, die alte landständische Vertretung von 1755 wiederhergestellt und bis 1918 beibehalten; in Sachsen wurde 1850 die Verfassung von 1848 aufgehoben, die von 1831 wiedereingeführt und allgemein der Adel begünstigt.

In Hannover stellte die Verfassung von 1855 einen Rückgriff auf die des Jahres 1840 dar, freilich ohne die Wiederherstellung des früheren Adelsprivilegs im hohen Beamtentum. Baden dagegen war im Laufe der jüngstvergangenen Jahrzehnte bereits so sehr verbürgerlicht, daß es trotz der harten Unterdrückungsmaßnahmen gegen die Revolutionäre von 1848/49 in den 50er und 60er Jahren weiterhin als Hochburg des deutschen Liberalismus galt. Eine Sonderstellung behauptete Bayern, wo Freiherr von der Pfordten nach 1849 zehn Jahre lang eine umsichtige Fortführung der liberalen Reformpolitik gegen alle Ermahnungen und Proteste von Schwarzenberg und der österreichischen Regierung ermöglichte.

Daß sowohl der freiheitliche wie der nationale Aufschwung in Deutschland 1848/49 außer an vielen deutschen Faktoren an dem Widerstand der großen Mächte, insbesondere Rußlands, gescheitert ist, hat die politische Situation Deutschlands in der Folgezeit sehr belastet und auch ihre Entwicklung bestimmt. Bismarck z.B. verkannte nach der Erfahrung von Olmütz nicht, daß Preußens Aufstieg nur im Zusammenhang mit „großen Krisen" möglich war. Aber das Jahr 1848 hatte auch für die anderen Staaten „alle Positionen wesentlich verändert und teilweise tief erschüttert. Die größten Regierungen mußten wünschen, sich nach außen zu regen. In solchen Zeiten meldet sich unvermeidlich die orientalische Frage wieder; sie kommt, wenn und weil Europa gärt. Sodann war der tiefe Unwille der deutschen und der italienischen Nation soweit gediehen, daß die Großmächte ihn notwendig mit in Rechnung ziehen mußten. Die sämtlichen Regierungen hätten höchst einig sein müssen, um die bisherigen Grenzen und das sogenannte Gleichgewicht zu behaupten. Der Krimkrieg gab letzteren Zweck vor; die Hauptsache war die Befestigung Louis Napoleons auf seinem neuen Thron, bei einem Anlaß, den man liberal, klerikal und militärisch geltend machen konnte" (Burckhardt).

Im Raume der Türkei, des Schwarzen Meeres, der Meerengen und des östlichen Mittelmeeres mit Landenge und Kanalplan von Suez stießen die Westmächte — eine wesentlich maritime und eine vorwiegend kontinentale — mit der großen Ostmacht zusammen, die ihre Schwarzmeer-Flotte lahmlegte, demontierte und sich ganz auf Landkrieg beschränkte. Der Deutsche Bund lag auf dem Kontinent wie ein großer Wall zwischen den kriegführenden Parteien: die diplomatischen Bemühungen um seine Unterstützung oder die Hilfe wenigstens seiner wichtigsten Mitglieder bildete daher einen erheblichen Teil der politischen Geschichte des Krimkrieges. Zwar ließen sie sich nicht in diesen Krieg der europäischen Flügelmächte hineinziehen; aber der deutsche Lebensbereich hatte gleichwohl seinen Anteil an den Spannungen moralischer und politischer Art, welche diese europäischen Krisenjahre zwischen der Krim und London mit sich brachten. Deutschland blieb neutral, obgleich Preußens und Österreichs Interessen in der orientalischen Frage auseinandergingen: während Österreich in Südosteuropa und Mittelmeer politisch und kommerziell stark engagiert und bereit war, seine Interessen zu erweitern, blieb Preußen neutral und nahm die innenpolitischen Ziele Deutschlands wahr. Nicht ohne innere Erschütterungen, in denen führende preußische Politiker ihre Stellung verloren, konnte Preußen über einen Bündnisvertrag mit Österreich vom 20. 4. 1854 hinweg, mit dem der Österreicher Buol den einem deutschen Kriege keineswegs abgeneigten Partner auf den antirussischen Kurs ziehen wollte, seine strikte Neutralität behaupten. Es konnte sich damit zugleich Kredit bei den Mittelstaaten erwerben, da Bismarck die Möglichkeit ergriff, beim Bundestag ihre Interessen gegen die österreichische Präsidialmacht zu vertreten. Im Februar 1855 beschloß der Bundestag auf Bismarcks Veranlassung eine erhöhte Kriegsbereitschaft „in jeder Richtung“ und wandte sich damit eindeutig gegen Buols Versuch, die Orientalische Frage zu „germanisieren“. Buol — „ein Messer mit scharfer Spitze, aber ohne Schneide“ (Metternich) — verscherzte Österreich mit seiner Parteinahme die russische Freundschaft und zerbrach damit endgültig die Heilige Allianz, die Grundlage der österreichischen Politik seit 40 Jahren. Außerdem mußte Österreich den Aufstieg Italiens hinnehmen. Preußen dagegen schuf sich durch die realpolitische Betonung seines Desinteressements am Orient eine günstigere Ausgangsstellung für den Krieg gegen Österreich, dessen Unabwendbarkeit Bismarck damals zu erkennen begann.

Der Pariser Friedensvertrag vom 30. 3. 1856 löste die traditionellen Fronten in Europa auf. England festigte seine 1815 geschaffene Position, Frankreich und Rußland näherten sich auf Kosten Österreichs, das erheblich an Bedeutung verlor, wie Bismarck in seinem großen „Prachtbericht“ vom 26. 4. 1856 deutlich erkannte: „Wir vermögen es nicht, die gegenseitigen Beziehungen der übrigen Großmächte zueinander nach unserer Wahl zu gestalten, aber wir können uns die Freiheit bewahren, die Gestaltungen, welche sich ohne unser Zutun und vielleicht gegen unsere Wünsche entwickeln, nach den Anforderungen unserer Sicherheit und unserer Interessen zu benutzen." Österreich dagegen bemühte sich mit Erfolg, in den Jahren nach dem Krimkrieg seinen Verlust an Ansehen bei den Mittelmächten wieder auszugleichen und die politische Interessengemeinschaft mit dem „Dritten Deutschland" zu betonen.

Die Neue Ära in Preußen und Österreichs Italienischer Krieg

In der Schweizer Grafschaft Neuenburg, die 1713 testamentarisch aus der Oberlehnsherrschaft der Oranier an die Hohenzollern gelangt war, kam es durch die Revolution von 1848 zu einer radikalen Verfassungsänderung: Preußen mußte die Neuenburger aus dem Untertaneneid freigeben. Das Londoner Protokoll von 1852 erkannte zwar die preußischen Rechte an, machte aber alle Maßnahmen des Königs gegenüber der Schweiz von der Zustimmung der Großmächte abhängig. Friedrich Wilhelms IV. lebhafte historisch-antirepublikanische Anteilnahme an dem Schicksal des Fürstentums, in dem 1856 nicht ohne des Königs Zutun ein royalistischer Putsch gegen die demokratische Staatsform angezettelt worden, aber schnell zusammengebrochen war, gehörte zu seinen letzten Herzensanliegen und symbolischen politischen Handlungen. Dabei mußte er erkennen, daß von allen Großmächten allein das Frankreich des revolutionär zur Herrschaft gelangten Napoleons III. seine Partei gegen die Eingliederung Neuenburgs in die Schweizer Demokratie ergriff. Wenig später machten sich bei Friedrich Wilhelm immer deutlicher die Anzeichen geistiger Umnachtung bemerkbar. Nur die Kamarilla, deren Macht unter diesen Umständen stieg, verhinderte lange Zeit, daß der Bruder des Königs, Prinz Wilhelm, über die jeweils befristete „Stellvertretung" hinaus, die keine selbständige Politik gestattete, die Regentschaft übernehmen konnte.

Erst im Oktober 1858 begann die „Neue Ära“ des Prinzregenten, der unter erheblichem Einfluß seiner Gemahlin Augusta das alte System mißbilligte und nun, freilich selbst ein Konservativer, alsbald ein im wesentlichen liberal-konservatives, der „Wochenblattpartei“ nahestehendes Ministerium bildete. Wieder einmal knüpften sich — wie 1740, 1786 und 1840 — alle Hoffnungen der politisch und gesellschaftlich interessierten Kreise in Preußen an einen Regierungswechsel, von dem man auch außerhalb Preußens und selbst in der vom Großherzog von Baden geführten Fürstengruppe Modernisierungen, Lokkerungen und schließlich die Lösung der deutschen Frage erwartete. Weithin wurde der Wandel in Preußen als ein verheißungsvoller Anfang für Deutschland beurteilt. Mißverständnisse und Enttäuschungen traten jedoch sehr bald ein, nachdem der Prinzregent in seinem Regierungsprogramm vom 8. 11. 1858 die konservativen Akzente gesetzt, der Liberalismus aber aus ihm die Anerkennung seiner Ideale herausgehört hatte. Obendrein stand die Entwicklung in Deutschland schon nach kurzer Zeit ganz im Schatten der italienisch-österreichischen Krisis.

Wie die deutsche, war auch die italienische Nationalbewegung 1848/49 gescheitert. Zwischen beiden bestand jedoch noch in der jüngeren Zeit eine innere Wechselbeziehung, die nun immer stärker in Erscheinung trat. „Fataliter“, so hat Burckhardt es bezeichnet, heftete sich die Erledigung der italienischen Frage an den Pariser Vertrag von 1856: der italienische Krieg von 1859, dessen Vorbereitungen durch den großen italienischen Staatsmann Cavour Treitschke als ein Glanz- und Lehrstück „genialer Realpolitik“ zu betrachten gelehrt hat, brachte Napoleon III. „auf alle Weise“ in Gefahr. Für Deutschland ergab sich angesichts der militärischen und politischen Isolierung, in der Österreich nach dem Ultimatum vom 19. 4. 1859 den Krieg begann, die Frage der Bundeshilfe für die Präsidialmacht, für Preußen nach dem Wort des preußischen Generalstabschefs von Moltke die Möglichkeit des „Nationalkrieges“ gegen Frankreich „nicht für, aber mit Österreich“. Bismarck, der sich in Petersburg „an der Newa kaltgestellt“ fühlte, sah aus dem österreichisch-französischen Konflikt für Preußen Chancen für die Zusammenfassung Deutschlands heranwachsen und war umgekehrt bereit, gleichzeitig mit Napoleons Krieg, und zwar gegen Österreich, die „deutsche Frage" gewaltsam zu lösen. Aber der Prinzregent versagte sich solchen Möglichkeiten und Überlegungen. Auch nahm die öffentliche Meinung besonders in Süddeutschland für Österreich und gegen Frankreich Partei; sie hätte, weniger „realpolitisch" und stärker national-deutsch als Bismarck, eine Wendung Preußens gegen Österreich in diesem Augenblick als Verrat an Deutschland verurteilt — ganz anders als die Liberalen in Preußen, die den Gleichtakt der Einheitsbestrebungen in Deutschland und Italien als das Entscheidende empfanden, indes die große Masse auch hier für Hilfsleistung an Österreich eintrat. Während man also der Freiheitsbewegung der Italiener weithin Beifall spendete und Erfolg wünschte, erklärte es der Geschichtsschreiber der preußischen Politik, Johann G. Droysen, im Sinne der Allgemeinheit für „eine Vitalfrage, daß Österreich Italien habe und beherrsche, daß es dort engagiert sei und bleibe" — nicht zuletzt, damit es auch künftig an Italien geschmiedet bliebe und Preußen damit seine kleindeutsche Politik erleichtere.

Die preußische Regierung versuchte ihre Unterstützung Habsburgs in Italien gegen österreichische Zugeständnisse einzuhandeln, stieß dabei jedoch auf die entschiedenste Ablehnung, da Franz Joseph wohl wie 1854 Deutschland in den Kampf hineinziehen und die Hilfe Preußens und des Bundes in Anspruch nehmen, von Österreichs Vorherrschaft in Deutschland aber nichts hergeben wollte. Eine solche Haltung konnte sich nur aus militärischen Erfolgen herleiten, womit die Frage entstand, ob der Anspruch auf politische Führung durch den inneren Aufbau und die lebendige Leistungskraft des Kaiserstaates gerechtfertigt war. Aber hier versagte Österreich aus finanzieller Schwäche, unzureichender Ausrüstung und Bewaffnung des Heeres, infolge der Unfähigkeit in politischen und militärischen Kommandostellen, die auch nach 1848 der katholischen Aristokratie vorbehalten blieben. Dem Grafen Gyulai gelang es nicht, die Vereinigung der Italiener und Franzosen zu verhindern. Auf die unglücklichen Gefechte bei Monte Bello und Palestro folgten am 4. 6. die Niederlage bei Magenta, der Rückzug in das „Festungsviereck", die Preisgabe der Lombardei sowie der Abzug der habsburgischen Fürsten aus Toskana, Modena und Parma. Kaiser Franz Joseph übernahm nun selbst den Oberbefehl des Heeres, wurde aber bei Solferino schwer geschlagen und nur durch Napoleons Sorge um Preußens Eingreifen in den Krieg vor weiteren Niederlagen bewahrt: am 8. 7. kam es, da Franz Joseph seine Stellung in Deutschland bedroht sah, zum Waffenstillstand von Villafranca, am 11. 7. zu einer Begegnung der beiden Kaiser und zum Vorfrieden, am 10. 11. zum Frieden von Zürich: Österreich trat die Lombardei (ohne Mantua und Peschiere) an Frankreich ab, das sie an Sardinien weitergab. Napoleon verzichtete einstweilen auf die Einigung Italiens und auf die Unterstützung Kossuths und der Ungarn, die sich wieder einmal als potentielle Bundesgenossen für Österreichs Gegner erwiesen.

Diese Niederlage leitete die endgültige Auflösung der österreichischen Stellung in Italien ein, die schon mehrfach gedroht hatte, zumal Österreich nach 1859 weder Modena noch Parma und Toskana gegen die Volksabstimmungen zu behaupten vermochte. Damit war auch eine empfindliche Schwächung des österreichischen Ansehens in Deutschland und andererseits die Stärkung der kleindeutschen Einigungsbewegung verbunden: schon am 16.9.1859 war in Frankfurt unter dem Vorsitz von Bennigsen der Deutsche Nationalverein gegründet worden. Zwischen Berlin und Wien aber ergab sich infolge der Ereignisse eine tiefe Verstimmung und Entfremdung, die erst bei der Zusammenkunft Franz Josephs und des Prinzregenten in Teplitz im Sommer 1860 auf höchster Ebene beigelegt wurde. Der dort geplante und bis zum Vertragsentwurf gediehene dualistische Ausgleich war jedoch so unrealistisch, daß er nie verwirklicht werden konnte. Nicht das energische und kompromißlose Preußentum Moltkes, der die militärische Seite der Verhandlungen leitete, verhinderte die Verständigung nach mehr als einem Jahrhundert ständig wachsender Gegensätze, sondern diese selbst waren nun viel zu stark, als daß aus den im Winter 1860/61 folgenden Unterhandlungen eine dauerhafte und alle Seiten befriedigende Lösung hervorgehen konnte. Das zeigte sich auch darin, daß Preußen bereits im Sommer 1862 das

Königreich Italien anerkannte und sich damit wie mit dem preußisch-französischen Handelsvertrag gegen Österreich stellte.

Noch einmal folgten — jetzt nach einer Demütigung Österreichs — Bundesreformprojekte, die teils von den Mittelstaaten ausgingen, teils bei der Modernisierung der Bundeskriegsverfassung ansetzten. Weit wirkungsvoller als diese vielfachen, mehr oder weniger gut durchdachten Bemühungen erwies sich der Zwang der wirtschaftlichen Entwicklung. Daß Preußens wirtschaftliche Stellung in Deutschland weit stärker geworden war als die Österreichs, daß Preußen an der Nordsee für die Teilnahme an der Weltwirtschaft geographisch sehr viel günstiger gelegen war als die habsburgische Monarchie an der Adria, stand außer Frage. Nun bot Napoleon nach dem Abschluß des englisch-französischen Cobdenvertrages vom 23. 1. 1860 Preußen auf der gleichen freihändlerischen Basis einen Handelsvertrag mit dem Zollverein an. Durch einen solchen Vertrag konnte Preußen die freihändlerische Partei im Zollverein so sehr stärken, daß von einer wirtschaftlichen Einigung mit Österreich ehrlich nicht mehr die Rede sein durfte. Allen österreichischen Protesten zum Trotz wurde Ende März 1862 der Handelsvertrag mit Frankreich paraphiert — „ein handelspolitisches Villafranca für Österreich" (Schäffle). Die preußischen Staatsmänner schätzten das wirtschaftliche Gewicht der Hohenzollernmonarchie in Deutschland richtig ein: es kam zu einer Krisis im Zollverein, nicht aber zu dessen Auflösung, vielmehr 1865 unter dem Beifall der Wirtschaft zu seiner Verlängerung. Wirtschaftlich hatte Preußen Österreich bereits aus Deutschland verdrängt.

Der Heereskonflikt in Preußen, Bismarcks Berufung und der Verfassungskonflikt

Auch Preußen hatte seine inneren Probleme. Die Neue Ära brachte für die Liberalen in vieler Hinsicht nicht weniger Enttäuschungen als die ersten Zeiten nach einem Regierungswechsel bei früheren Generationen auch: liberale oder zum Liberalismus neigende Thronfolger haben sich fast immer sehr schnell nach der Krönung als konservative Herren erwiesen. So auch

Wilhelm als Prinzregent und seit dem 2. 1. 1861 als König Wilhelm I., der sogar mit einer Erbhuldigung der Stände, „einer Tat ständisch-absolutistischer Reaktion" (Marcks), sein Regiment beginnen wollte und darauf bestand, sich in Königsberg am 18. 10. 1861 demonstrativ selbst zu krönen wie 1701 sein erster Vorgänger. Er erkannte nicht, daß Friedrich I. sich damit gegen den Kaiser gewandt hatte, er selbst aber nur das Gottesgnadentum gegenüber dem Geist der Zeit betonen wollte.

Alsbald schloß sich an diesen demonstrativen Akt das Preußen erschütternde Problem der Heeresreform an. Diese war nach den unbefriedigenden Erfahrungen mit dem Wehrsystem von 1814/15 im Grunde seit langem fällig. Von einer allgemeinen Wehrpflicht konnte längst keine Rede mehr sein, da jährlich höchstens zwei Drittel aller diensttauglichen Männer als Rekruten eingestellt wurden, so daß im Kriegsfall auf gediente ältere Familienväter zurückgegriffen werden mußte, während ungediente Jünglinge zu Hause blieben. Der badische Feldzug von 1849 und die Mobilmachung von 1859 offenbarten außerdem den bedeutenden Qualitätsunterschied zwischen Landwehr und aktiven Einheiten, die jedoch in geschlossenen Verbänden zusammenwirken mußten.

Bereits seit 1857 beschäftigte sich eine Reorganisationskommission mit diesen Problemen. Sie schlug 1860 Beseitigung der Selbständigkeit der Landwehr, dreijährige aktive Dienstzeit und verstärkte Rekrutenaushebung (63000 statt 40000 Mann) sowie in Verbindung damit die Neuaufstellung von 39 Infanterie- und 10 Kavallerieregimentern vor. Im ersten dieser Punkte lag der Stoff nicht allein für eine militärtechnische Auseinandersetzung, sondern auch für „einen grundsätzlichen Widerstreit zwischen bürgerlich-politischem und militärischem Denken" (Ritter), indem das liberale Bürgertum die Landwehr als ein Vermächtnis der Reform- und Befreiungszeit betrachtete und insbesondere ihr bürgerliches Offizierkorps bewahren wollte. Im Prinzipiendenken befangen, vermochte es weder den Strukturwandel der Landwehr seit 1813 noch die militärische Stärkung aller um Preußen gelegenen Mächte ihrer vollen Bedeutung entsprechend einzuschätzen. Leopold von Gerlach schrieb schon im Dezember 1859: „Der Prinzregent, welcher die Ära des Liberalismus begonnen, greift also jetzt das gründlichst liberale Institut der Preußischen Monarchie an, um es zu töten. Ich und viele Andere haben die Landwehr seit 1816 bekämpft und sind darum schlecht gemacht ... Wichtig für uns und unsere Zukunft ist diese Maßregel jedenfalls, wichtig für die Armee, wichtig in specie für den Offizierstand, aber auch wichtig für unsere politischen Parteien. Lassen sich die Liberalen diese Maßregel gefallen, so haben sie keine wahre Kraft." Auch Roon lehnte in einer Reformdenkschrift die Landwehr als „politisch falsche Institution" ab und wies nicht ganz ohne Recht darauf hin, daß die gewissermaßen konstitutionelle Funktion der Landwehr von 1813 inzwischen durch das Wahlrecht in andere Bereiche übertragen worden war — wie unbefriedigend auch immer dieses Wahlrecht den Liberalen erscheinen mochte. So vereinten sich auf der Seite der Reformer von 1860 monarchisch-konservative und militärtechnische Motive, während ihre Gegner als Enkel der Reformer nach 1807 bürgerlich-liberale Traditionen ohne Rücksicht auf die inzwischen eingetretenen militärtechnischen Wandlungen pflegten und die dann tatsächlich später erfolgende Refeudalisierung der preußischen Armee fürchteten. Beide Seiten waren also auf ihre Art ehrlich besorgt um Preußens Zukunft.

Die Diskussion verlagerte sich sehr schnell von dieser Prinzipienfrage auf die der zwei- oder dreijährigen Dienstzeit, wobei es dem König und vielen, nicht aber allen seinen Gefolgsleuten um die bestmögliche Ausbildung der Truppe, den Liberalen um die Begrenzung der Heereskosten durch zweijährige Dienstzeit ging, während sie zur Erreichung ihrer deutschen Ziele fast energischer als die Regierung für die Vergrößerung des Heeres eintraten. In der Finanzfrage gelangte man zwar zu einem Kompromiß, doch ergab sich dabei zugleich auch ein entscheidendes Mißverständnis: der Regent glaubte die volle Zustimmung des Parlaments für seine gesamte Heeresreform zu besitzen, in welcher Auffassung er von seiner Umgebung zielbewußt bestärkt wurde. Die Abgeordneten dagegen hatten nur eine einmalige Bewilligung gemeint und glaubten, auch künftig ein Mitbestimmungsrecht bei einer Reform zu besitzen, die, einmal begonnen, allein schon im Interesse der Sicherheit des Staates gar nicht angehalten oder rückgängig gemacht werden konnte. Je deutlicher man diese immanente Konsequenz erkannte, desto weiter vertieften sich die Meinungsverschiedenheiten sehr schnell zum Prinzipiellen der Unterschiede in den Staatsauffassungen. Als im Frühjahr 1861 die Mehrausgaben vom Parlament nur nach Abstrichen und auch nur als Extraordinarium bewilligt wurden, drängte die Entwicklung dem Höhepunkte zu. Bei den Wahlen im Dezember errangen die entschiedenen Liberalen, welche sich in der Deutschen Fortschrittspartei verselbständigt hatten, einen großartigen Sieg. Aber selbst in stärkster Position wagten sie jetzt nicht den Bruch mit der Regierung. Sie beharrten vielmehr bei völliger Verkennung ihrer Gegner in einfacher „gouvernementaler Opposition" (Dehio), während der König sich auf einen Bürgerkrieg vorbereitete, im März 1862 aus nebensächlichem Anlaß das Parlament auflöste und damit nicht allein die prinzipielle Auseinandersetzung zwischen Krone und Parlament erzwang, sondern auch die in ihrem Grundgehalt längst veränderte Neue Ära abschloß.

Mochten die Neuwahlen im Mai der Opposition einen neuen Sieg bringen, mochte auch der Konflikt zwischen Kurfürst und Landständen in Hessen vorübergehend eine Beruhigung in Preußen zur Folge haben — als im August die Budgetkommission des Abgeordnetenhauses alle Mehrausgaben für die Reorganisation strich, mußte der Konflikt bis zum Ende durchgefochten werden. Die offiziöse „Sternzeitung" erfand in dieser Situation die „Lückentheorie": sie behauptete, die Verfassung habe eine Lücke, indem sie keine Anweisung für den Fall gebe, daß der Etat nicht oder nicht rechtzeitig zustande käme. Im Interesse des Staates müsse die Regierung in einem solchen Zustand ohne Staatshaushaltsgesetz die ihr notwendig erscheinenden Maßnahmen, also auch die Heeresreform, durchführen. „Diese Verfassungsinterpretation, die von Bismarck übernommen wurde, verletzte den Liberalismus im Kern seines Staats- und Rechtsgefühls" (Bußmann).

In dieser Situation wurde Bismarck zum Ministerpräsidenten ernannt — von einem König, der in dieser Zeit „Seelenspannungen ersten Ranges" ertragen mußte. Er erwog wohl gelegentlich die Möglichkeit des Rücktritts zugunsten des Kronprinzen, formulierte sogar eine Abdankungsurkunde, war aber, wie viele Aufzeichnungen jener Zeit deutlich zeigen, schon seit dem Mai entschlossen, Bismarck in das Ministerium zu nehmen, wenn die Umstände es nötig erscheinen ließen. Er machte nun also den letzten Versuch mit dem Manne, dessen Energie und Unabhängigkeit des Urteils er so sehr fürchtete, wie er seine Bereitschaft zu einem Bündnis mit Frankreich ablehnte. In der berühmten Unterredung am 22. 9. in Babelsberg, die Bismarck in seinen „Gedanken und Erinnerungen" überliefert hat, fanden die beiden Männer zueinander — für mehr als ein Vierteljahrhundert. Bismarck versprach, für die Militär-Reorganisation mit dreijähriger Dienstzeit einzutreten sowie notfalls gegen die Majorität des Landtages zu regieren und auf ein ordentliches Budget zu verzichten. Er „fühlte seine Stunde gekommen und war entschlossen, ihr zu entsprechen" (Zechlin), und Wilhelm I. schloß den wichtigsten Teil dieser Unterredung mit den Worten: „Dann ist es meine Pflicht, mit Ihnen die Weiterführung des Kampfes zu versuchen, und ich abdicire nicht", worauf er dem neuen Minister sofort ein von langer Hand vorbereitetes achtseitiges Regierungsprogramm zu lesen gab: der „königlich-ministerielle Dualismus" (Kaehler) der beiden Männer hatte begonnen.

Die öffentliche Meinung, die in der Auseinandersetzung von 1860/62 die Fortführung der Kämpfe von 1848/49 erblickte, lehnte Bismarck aus solcher Sicht empört und entschieden ab, da sie in ihm einen alten Erzkonservativen, neuerdings einen Bewunderer Napoleons und seit seiner Budgetrede vom 30. 9. einen zynischen Gewaltpolitiker erblickte, der eine „unvorsichtige Wahrheit" aussprach, indem er erklärte: „Nicht durch Reden und Majoritätsbeschlüsse werden die großen Fragen der Zeit entschieden — das ist der Fehler von 1848 und 1849 gewesen —, sondern durch Eisen und Blut."

Bismarcks erste Zeit war also damit erfüllt, daß er den Staat nach dem Wunsche des Königs und gegen den Willen der Volksvertretung regierte, während diese noch immer mit der Möglichkeit eines Regierungs- und Systemwechsels durch den liberalen Kronprinzen rechnete, der 1863 aus Protest gegen Bismarcks Vorgehen vorübergehend nach England reiste. Damit begann sich neben dem Verfassungskonflikt im Kronprinzenkonflikt für die Reformer und Fortschrittlichen in der Geschichte Preußens die nächste Hoffnung abzuzeichnen. „So vollzog sich die tragische Entwicklung, daß die Begründung des Deutschen Reiches mit dem Siege über den parlamentarisch-demokratischen Gedanken untrennbar verbunden blieb" (Kluke) — freilich nicht ohne die Schuld des Bürgertums, das weder energisch seine Auffassungen vertrat und sich entschlossen zeigte, einen schweren und langen Konflikt durchzustehen, noch starke Wahlbeteiligung und die Bereitschaft aufbrachte, die eigene schwache Basis durch Verbindung zum Kleinbürger- und Arbeitertum zu verbreitern.

So kam es, daß gerade jetzt auch das Arbeitertum seine eigenen Vertretungen aufbaute und neben jene Probleme ein weiteres stellte. Während Karl Marx mit Friedrich Engels von England aus die gedankliche Grundlage für die Arbeiterbewegung der folgenden Jahrzehnte schuf — im Jahre 1867 erschien der erste Band von Marx' „Kapital" — gründete in Deutschland Ferdinand Lassalle den Allgemeinen Deutschen Arbeiterverein. Lassalle war ein sehr intelligenter, aus der Wissenschaft in die Politik getriebener, von Marx durch die Anerkennung des existierenden Staates prinzipiell getrennter, durch die adlig-bürgerliche Gesellschaftsauffassung jedoch schwer behinderter Jude aus Schlesien. In seiner Gegnerschaft zum Manchester-Bürgertum fand er sich 1864 vorübergehend mit Bismarck verbunden. Beide versuchten sich in oberflächlich verwandten staatssozialistischen Gedankengängen, waren aber durch Herkunft, Erziehung, Aufstieg und Tradition zu verschieden, um zu einer fruchtbaren Verständigung zu gelangen. Lassalle verspürte die wesentlichen sozial- und wirtschaftspolitischen Linien, die in die Zukunft führten, weit deutlicher, als der in diesem Bereich Zeit seines Lebens unsichere und auch nicht wirklich interessierte Bismarck. So war ein Bündnis von Arbeitertum und Krone gegen das liberale Bürgertum in den Personen dieser beiden anspruchsvollen Männer schließlich doch nicht möglich. Aber auch für die schicksalstiefe Entfremdung der Arbeiter gegenüber dem Staat von 1862 wie gegenüber dem Reich von 1871 war damit die

Entscheidung getroffen. Weder Liebknecht noch Bebel waren bereit, nach Lassalles Tod 1864 dessen Bemühungen fortzusetzen: sie standen und blieben mit Karl Marx bei der bedingungslosen Ablehnung des existierenden Staates und der Forderung seiner Beseitigung und wiesen Bernsteins später erhobene revisionistische Forderung zurück, den Sozialismus auch als das erscheinen zu lassen, „was er heute ist: eine demokratisch-sozialistische Reformpartei".

Außenpolitisch hatte Bismarck 1863 die nächste Auseinandersetzung mit dem Liberalismus anläßlich des polnischen Aufstandes, wobei sowohl die russische wie die westeuropäische Reaktion zu berücksichtigen war. Die antiliberale preußisch-russische Alvenslebensche Konvention vom 8. 2. 1863 sicherte dem Zaren Preußens Hilfe und legte den Grund für die das Jahrzehnt der Reichsgründung charakterisierende preußisch-russische Freundschaft. Sie erreichte das ohne einen Bruch mit den Westmächten, freilich um den Preis, daß Bismarck in der öffentlichen Meinung als ein zur Gewaltherrschaft neigender, von seinem Gewissen nicht sehr belasteter „politischer Seiltänzer" galt, der Preußens moralische Stellung in Deutschland schwächte, während die wirtschaftlich-politische sich ohne sein Dazutun stärkte.

Als gleichzeitig Österreich 1863 noch einmal einen Bundesreformplan in einem Überrumpelungsversuch gegen Preußen zur Diskussion stellte, der energischer als je zuvor den Bundesgedanken vertrat, bestand kein Zweifel, daß weder der König noch Bismarck einem solchen Unternehmen, das im Rahmen eines Fürstenkongresses angenommen werden sollte, Preußens Zustimmung geben würden. Der Frankfurter Fürstentag, der im August 1863 stattfand, war gewiß keine „niedrige Intrige, kein bloßer diplomatischer Schachzug ohne tieferen Ernst, kein bloßes Werk persönlichen Ehrgeizes von Ministern und Räten" (Srbik); aber er wurde zu einem absoluten Fehlschlag. Österreichs Politik im Bunde war damit gescheitert: hatte Bismarck Preußens Stellung in Deutschland behauptet, so erzielte er bald darauf im Dänischen Krieg auch den außenpolitischen Erfolg.

Der Dänische Krieg und der Deutsche Krieg

Nach der deutschen Revolution hatte das Londoner Protokoll 1852 die schleswig-holsteinische Frage provisorisch dahin geregelt, daß die beiden Herzogtümer unter der dänischen Krone blieben und für das bevorstehende Aussterben des regierenden Hauses die Thronfolge der Glücksburger Linie für den Gesamtstaat anerkannt wurde. Der Herzog von Augustenburg verzichtete gegen eine Entschädigung auf seine Rechte; die eng miteinander verbundenen Herzogtümer erhielten im Rahmen des Gesamtstaates eigene Landstände und eine eigene Verwaltung. Schon drei Jahre später setzten die ersten Versuche ein, die dänischen Rechte in dem nicht zum Deutschen Bund gehörenden Schleswig, möglichst aber auch in Holstein auszudehnen und insbesondere beide Verwaltungen dem dänischen Staat unterzuordnen. Schleswig wurde durch die Eiderdänische Verfassung tatsächlich Dänemark eingegliedert; und als 1863 der Glücksburger als Christian IX. den dänischen Thron bestieg, nahm auch er unter dem Druck des dänischen Nationalismus diese Regelung in der Hoffnung hin, die großen Mächte würden durch die polnischen Wirren abgelenkt. Im November 1863 wurde Schleswig dem dänischen Staat durch eine neue Verfassung förmlich inkorporiert, was vom Deutschen Bund und vom deutschen Nationalempfinden als Herausforderung betrachtet werden mußte.

Der Bund leitete die Bundesexekution ein; Holstein wurde von hannoverschen und sächsischen Truppen besetzt, und Prinz Friedrich von Augustenburg beanspruchte die Herzogtümer als sein Erbe, da er den Erbverzicht seines Vaters nicht anerkannte. Er, der als liberal galt, richtete unter dem Beifall des Deutschtums innerhalb und außerhalb der Herzogtümer seine eigene Regierung ein. Das erschwerte die Stellungnahme des Bundes, die allgemein als eine exemplarische Entscheidung für die nationale Frage schlechthin gewertet werden mußte.

Insbesondere aber führte die schleswig-holsteinische Frage, in der sich also landes- und erbfolgerechtliche Differenzen mit nationalen Gegensätzen unglücklich verknüpften, die Rivalen in Deutschland, Österreich und Preußen noch einmal eng zusammen. Doch bestanden auch in Deutschland über die Möglichkeiten zur Lösung des Problems verschiedene Auffassungen, die von der Verselbständigung bis zum Anschluß an Preußen reichten — eine großpreußische, annexionistische Vorstellung, welche derjenigen Bismarcks entsprach, von diesem aber 1863 noch nicht vertreten werden konnte. Der preußische Ministerpräsident wünschte vielmehr mit Österreich ein europäisches Vertragswerk, gewann für diesen Vorschlag die österreichische Zustimmung und sicherte sich so auch zugleich den außenpolitischen Spielraum, in dem er die schleswig-holsteinische Krisis zugunsten der preußischen Politik ausnutzen konnte. Bismarck selbst hat später immer die Lösung dieser Frage als die schwierigste und gelungenste Leistung seiner Ministerpräsidentschaft bezeichnet und bereits Ende 1863 geschrieben: „Es ist noch nicht dagewesen, daß die Wiener Politik in diesem Maße en gros et en detail von Berlin aus geleitet wurde.“ Überaus gewandt lavierte er zwischen den Forderungen der nationalen Gefühle, den Wünschen des Augustenburgers und der Stellungnahme Wilhelms I.; er hielt Napoleon hin, der Preußen seine Hilfe anbot, nutzte ein wenig Rußland aus, das sich für Preußens Polenpolitik dankbar erweisen mußte, betonte die verpflichtende Kraft des Londoner Protokolls und band damit auch Österreich, das dem preußischen Rivalen einen deutschen Erfolg nicht gestatten wollte, aber durch sein von Bismarck erzwungenes Mitgehen nun gerade ermöglichte. Der schwierigste Gegner war Lord Palmerston, der Preußen und Rußland von Sund und Belt fernhalten und daher die Einbeziehung Schleswigs in die Frage um jeden Preis verhindern wollte. Er fand jedoch für seine Politik keine ausreichende Bundesgenossenschaft.

Unter solchen Umständen stellten Österreich und Preußen zugleich mit der Punktation vom 16. 1. 1864, die beide aneinanderband, Dänemark ein 48stündiges Ultimatum, in dem sie die Aufhebung der Eiderdänischen Verfassung forderten. Nach der Ablehnung marschierte die „alliierte Armee“ preußischer und österreichischer Truppen unter Wrangel in das Land und drang gegen dänischen Widerstand weit vor, wobei sich die Richtigkeit der preußischen Heeresreform ein erstes Mal erwies und zu einer Stärkung der preußischen Stellung auch auf der Friedenskonferenz führte. Am 18. 4. stürmte man die Düppeler Schanzen, am 12. 5. wurde nach der Besetzung Jütlands ein Waffenstillstand geschlossen. Doch konnte auf der Londoner Konferenz, die vom 25. 4. bis zum 25. 6. dauerte, nach vielen Schwierigkeiten und der Drohung eines militärischen Eingreifens durch die Engländer keine Lösung erzielt werden, gleichzeitig machte Bismarck höchst geschickt die Kandidatur des Augustenburgers unmöglich. Damit hatte das Londoner Protokoll aufgehört, die deutschen Mächte zu binden. Am 25. 6. begann mit dem Übergang nach Alsen die Bedrohung der dänischen Inseln, worauf Dänemark sich bereit erklärte, die Herzogtümer an die beiden Siegermächte abzutreten. Auf dieser Basis wurde nach einem Präliminarfrieden am 1. 8. in Wien am 30. 10. der endgültige Friede geschlossen. Die Herzogtümer waren aus der Verbindung mit einer fremden Nation befreit, Bismarck hatte für Preußen und für sich selbst einen großen Erfolg errungen und das modernisierte preußische Heer eine erste Kraftprobe gut bestanden. Aber sofort stellte sich ein neues, schwierigeres Problem: die Einverleibung Schleswig-Holsteins in Deutschland.

Doch weniger aus Anlaß dieser Aufgabe als aus viel tieferen, historisch begründeten Schichten kam es schließlich zum Bruch zwischen Österreich und Preußen. „Dabei wurde Bismarck allein zum Motor und Lenker der Entwicklung. Der Krieg von 1866 ist sein persönliches, eigenes Werk, und doch wäre nichts verkehrter als die Annahme, er hätte allein auf dieses Ende hingearbeitet. Ein alldeutscher Nationalismus bewegte Bismarck niemals, sein Denken ging vom Staat aus, und er brauchte die österreichische Großmacht als Mitspieler im Konzert der europäischen Mächte. Innerhalb des so gesteckten Rahmens erprobte er nach- und zum Teil nebeneinander alle sich darbietenden Möglichkeiten, geduldig und gewissenhaft, elastisch auf jede neue Situation eingehend, mit nachtwandlerischer Sicherheit den Weg beschreitend, der seinem Ziele am nächsten zu kommen versprach. Einer jeden Lage verlangte er den höchsten Ertrag ab und hielt aus einer jeden Regelung auch die Tür für die Weiterentwicklung offen. Institutionen wie Ideen hatten ihm keinen absoluten Wert; er schätzte sie vielmehr nach der ihnen innewohnenden, auf die Mitwelt wirkenden Kraft ein, nutzte sie und gab sich ihnen auch nur in dem Maße hin, wie sie selbst ihm als geschichtsmäßig und zukunftsträchtig erschienen. So lag auch in den Dingen selbst eine den Staatsmann verwandelnde Kraft. In dem Verhalten Bismarcks ist nicht der Zynismus des kalten Rechners zu sehen, vielmehr tiefstes Verständnis für organisches Wachstum und Reifenlassen der deutschen Entwicklung, die Erkenntis, daß nicht individuelles Meinen und Wollen den Lauf der Geschichte entscheidend zu bestimmen vermögen. Das wäre ihm hybrid erschienen. Kaum jemand hat so demütig von den geringen Fähigkeiten des Staatsmannes gesprochen, Geschichte selbst zu ‚machen', wie er. Daraus erklärt sich die fortdauernde wissenschaftliche Diskussion um die Deutung seiner Politik, die Unmöglichkeit, sie auf eine Formel zu bringen, festzustellen, was taktisch Manöver, was wirklich erstrebt war; eines konnte zwanglos in das andere übergehen" (Kluke).

Den Ausgangspunkt also, aber nicht mehr, in dieser letzten Phase der österreichisch-preußischen Auseinandersetzung vor dem Kriege bildete die Diskussion über das Schicksal der beiden Elbherzogtümer. Die Mittelstaaten, der dritte Faktor, die „Trias", waren daraus bereits von Bismarck verdrängt, als im August 1864 die Schönbrunner Konferenz das Kondominium der beiden Alliierten offiziell festlegte und damit dem benachbarten Preußen praktisch die Vorhand ließ. Das bedeutete zugleich eine Stärkung Preußens und eine Schwächung Österreichs bei den Mittelmächten und bereitete die preußische Annexion vor. Darauf zielte auch bereits die Verlegung der preußischen Marinestation von Danzig nach Kiel. Die Bildung eines neuen Augustenburgischen Mittelstaates wurde von Preußen also nicht gestattet, ein Krieg um Schleswig-Holstein aber auch von Bismarck abgelehnt, der sehr wohl empfand, daß ein Krieg unpopulär sein würde, wenn er nicht auch das große deutsche Hauptproblem des 19. Jahrhunderts anpackte. So kam es noch einmal zu einem Kompromiß, zur Konvention von Gastein am 14. 8. 1865, zu einer preußisch-österreichischen Versöhnung in Verbindung mit einem preußischen Vorteil, indem das

Kondominium durch zwei getrennte Verwaltungen Österreichs in Holstein und Preußens in Schleswig ersetzt wurde, beide Herzogtümer aber in den immer wichtigeren Zollverein eintraten, wo Preußen die entscheidende Stimme führte. Preußen erwarb außerdem das Herzogtum Lauenburg.

Wie 1848/49 war das deutsche Problem zugleich ein europäisches, wenngleich England sich nach dem Mißerfolg der Londoner Konferenz ganz zurückhielt. Rußland unterstützte weiterhin Preußen gegen Österreich, mit dem es auf dem Balkan im Wettbewerb stand; Italien war um des Erwerbs von Venedig willen immer gegen Österreich und wurde dabei von Napoleon gestützt, der mit dem Ziel der Größe Frankreichs die jungen Kräfte und Mächte protegierte — also auch Polen, Rumänien und Preußen. In Italien hatte er damit Erfolge für Frankreich gehabt, in Polen 1863 Fehlschläge erlitten. Bei der deutschen Frage ging es ihm nun nicht allein um „Kompensationen" am Rhein, sondern mehr noch und auf die Dauer darum, die Entstehung eines allzu kräftigen geeinten Deutschland zu verhindern, was durch einen preußisch-österreichischen Krieg vermutlich erreicht werden konnte.

In solchen deutschen und internationalen Zusammenhängen kündigte Bismarck im Februar 1866 das Bündnis mit Österreich; im gleichen Monat kamen der Ministerrat in Wien und der Kronrat in Berlin zu dem Entschluß, dem unvermeidbar erscheinenden Kriege nicht mehr aus dem Wege zu gehen, ihn aber auch nicht zu erklären. Mit Napoleon führte Bismarck sehr diffizile Verhandlungen auf der Grenze auch diplomatisch eingeschränkter Ehrlichkeit, wobei er gegen vage Zusagen über die Begrenzung des preußischen Ehrgeizes auf die Gebiete nördlich des Mains und unter Vermeidung jeder Kompensationsversprechungen das Gefühl, aber nicht die Gewißheit eintauschte, Frankreich werde sich mindestens zunächst neutral halten. Mit Italien dagegen kam es unter napoleonischer Förderung am 8. 4. zu einem auf 3 Monate beschränkten Hilfsversprechen und Bündnis: damit hatte Bismarck die Entscheidung über Krieg und Frieden innerhalb eines eng begrenzten Zeitraumes in der Hand, also einen Blitzkrieg vor sich.

Österreich mußte sich Napoleon weiter ausliefern als Preußen und schloß mit ihm am 12. 6. einen Geheimvertrag, der bei einem österreichischen Sieg Venetien und einen „unabhängigen deutschen Staat" links des Rheines versprach — also einen neuen Vorstoß Frankreichs zum Rhein vorsah, wofür Franz Joseph das Recht erhielt, nach dem Siege Deutschland in Österreichs Interesse territorial zu reformieren, die Mittelstaaten zu stärken und Preußen zu beschneiden, was alles auch in Frankreichs Interesse lag. „Beide deutschen Großmächte faßten ihre Auseinandersetzung rein machtpolitisch auf, und ihre vorbereitende Politik ist nur von diesem Boden aus zu verstehen und zu messen, obgleich es dabei zugleich um die Zukunft Deutschlands ging" (Kluke). So kam es auch dazu, daß Bismarck nun plötzlich am 9. 4. in Frankfurt die sofortige Berufung eines deutschen Parlamentes auf Grund allgemeiner gleicher Wahlen beantragte. Die Parteien waren freilich geneigt, darin so wenig mehr als einen politischen Trick zu sehen, wie sich Bayern und Hannover durch unsichere Versprechungen auf die preußische Seite ziehen ließen, als es nun zur letzten Auseinandersetzung kommen sollte. Aber auch Österreich vermochte nicht mehr, Freunde um sich zu versammeln.

Als am 14. 6. preußische Truppen nach Holstein einmarschierten, begann der Deutsche Krieg. Bei dem kurzen eigentlichen Kriegsgeschehen war am auffälligsten die Überlegenheit der preußischen Truppen durch Führung, Ausbildung, Organisation und die Bewaffnung mit dem Zündnadelgewehr über einen Gegner, der weder jemals die Initiative ergreifen konnte noch zu einer geschlossenen Unternehmung gelangte, da die mit Österreich verbündeten Mittelstaaten mit Ausnahme von Sachsen ihre Truppen ausschließlich zur Verteidigung ihres eigenen Territoriums benutzten. Auf dem Hauptkriegsschauplatz in Böhmen siegten nach einem Feldzug von drei Wochen die getrennt herangeführten drei preußischen Armeen gemeinsam unter Moltke bei Königgrätz am 3. 7. 1866 über die Österreicher unter Benedek, der als Italienspezialist „kaum wußte, wo die Elbe floß". Bismarcks Diplomatie, die Militärreform Wilhelms I. und Roons sowie am Ende Moltkes Strategie erhielten so durch einen kriegsentscheidenden Erfolg ihre nachträgliche Rechtfertigung. Napoleons Spekulationen erwiesen sich als überholt, wenngleich unmittelbar nach Königgrätz die Möglichkeit einer französischen Intervention zur Verhinderung der deutschen Einheit eher stärker drohte als vor der Schlachtentscheidung. Denn Österreich warf sich nun ganz auf die französische Seite, von der es Beistand und Rettung in der Form einer Vermittlung erwartete.

Aber Bismarck hatte nach dem militärisch-diplomatischen Erfolg die bessere Stellung inne. Er verzichtete auf die vollständige deutsche Einigung und beschränkte sie, wie früher angedeutet, auf die Gebiete nördlich des Mains, gewann damit Napoleon und erreichte, daß auch die österreichischen Unterhändler auf dieser Basis zu einem Waffenstillstand, dem Präliminarfrieden von Nikolsburg am 26. 7., bereit waren: Österreich blieb erhalten, der Deutsche Bund wurde zerbrochen. Noch schwieriger war es für Bismarck, im eigenen Lager die Beschränkung der Ziele auf Norddeutschland zu erreichen, ihr eine Österreich möglichst wenig verletzende Form zu geben, im übrigen aber ohne Rücksicht auf mittelstaatliche Dynastien Preußen zu vergrößern. Mit Unterstützung des Kronprinzen wurden schließlich Schleswig und Holstein, aber auch Hannover, Kurhessen, Nassau und Frankfurt Preußen einverleibt, Österreich und seine übrigen Verbündeten allerdings, z. T. wieder einmal mit Rücksicht auf den Zaren, territorial nicht verändert.

Am Tage nach dem Abschluß dieses Präliminarfriedens suchte Rußland die Lösung der deutschen Frage noch einmal durch ihre Verweisung an einen Europäischen Kongreß hinauszuzögern. Diesen Vorstoß fing Bismarck durch die Zusage der preußischen Hilfe bei dem Streben nach Wiederherstellung der russischen Freiheit im Schwarzen Meer auf. Als unmittelbar darauf der französische Außenminister die bayrische Pfalz und Rheinhessen mit Mainz für Frankreich forderte, erwiderte Bismarck, ein solches Opfer könne nur die Folge eines verlorenen Krieges sein, und lehnte nun überhaupt jede Kompensation und Grenzveränderung ab. Indem Preußen, das nun zum ersten Male in seiner Geschichte über ein vom Rhein bis nach Ostpreußen reichendes geschlossenes Staatsgebiet verfügte, sich so zum Beschützer nichtpreußischer deutscher Territorien machte, tat es den Schritt in die Verantwortung der nationalen

Führung. Bismarck war bereit, im Notfall die nationale Bewegung in ganz Europa gegen Frankreich und dessen Bundesgenossen zu entfesseln. Vor solchen Möglichkeiten schreckte Napoleon zurück: der Prager Friede beendete den Krieg auf der Grundlage des Nikolsburger Vorfriedens. Bismarck aber ergänzte ihn unter Benutzung der unvergessenen napoleonischen Forderung und Drohung sogleich durch die Vorbereitung des nächsten und letzten Schrittes, indem er für Preußen mit den süddeutschen Staaten geheime Schutz- und Trutzbündnisse abschloß — ohne Rücksicht darauf, daß so bereits die eben erst vertraglich zugesicherte Unabhängigkeit Süddeutschlands im strengen Sinne eingeschränkt wurde. Dreimal war Preußen — und zwar „vor den Augen Europas" (Ranke) — entstanden bzw. zu bedeutungsvoller Stellung angewachsen: in Friedrichs d. Gr. schlesischen Kriegen, in den Befreiungskriegen 1813/15 und nun schließlich durch den Bundeskrieg von 1866 und die anschließenden Annexionen. Jetzt erst, nicht schon in der friderizianischen Zeit, war Preußen wirklich eine Großmacht geworden, nachdem ihm diese Qualität selbst noch auf dem Wiener Kongreß nur eingeschränkt und zögernd zuerkannt worden war.

„Der Krieg von 1866 beendete die jahrhundertealte Stellung des habsburgischen Staates und seiner Herrschaft in Deutschland, er zerriß zugleich das allerdings im Deutschen Bund nur noch sehr lockere Band, das die deutschen Österreicher mit dem übrigen Deutschland verbunden hatte. Der Krieg setzte jedoch nur einen Schlußstrich unter eine Entwicklung, die seit langem im Gange war. Erst die Entscheidung dieses Jahres hat freilich in der Einheitsbewegung und in der Geschichtsschreibung die Auffassung ausgelöst, als ob seit den Tagen Friedrichs des Großen das Gegeneinander von Preußen und Österreich notwendig zum bewaffneten Kampfe zwischen beiden Mächten um die Vorherrschaft in Deutschland führen mußte. Die Zeitgenossen hatten das Nebeneinander der protestantischen und der katholischen Großmacht in Deutschland als selbstverständlich empfunden ... Erst von den Auffassungen des Nationalstaates aus war in der Tat das Nebeneinander zweier Großmächte in demselben politischen Verband unmöglich ... Es ist keineswegs richtig, daß Bismarck und der Krieg von 1866 eine großdeutsche Lösung zerschlagen haben. Einer solchen großdeutschen Lösung stand gerade der habsburgische Staat entgegen ... Die Gegner der preußischen Politik Bismarcks, soweit sie nicht nur negativ in partikularistischen und konfessionellen Gesichtspunkten steckenblieben, setzten ihr kein großdeutsches, sondern ein mitteleuropäisches und großösterreichisches Programm entgegen ... Erst jetzt wurde der habsburgische Staat, der seine Vormachtstellung in Italien und Deutschland verloren hatte, eine südöstliche Macht" (Mommsen).

DIE REICHSGRÜNDUNG

Der Norddeutsche Bund und der österreichisch-ungarische „Ausgleich"

Die Geschehnisse von 1864 und 1866 trugen infolge teils der Bewunderung für den erfolgreichen Staatsmann, teils einer gründlichen Betrachtung der Motive und Zusammenhänge wesentlich zur Anerkennung Bismarcks durch die meisten Liberalen bei. Bismarck begegnete dieser Bewegung, indem er beim Landtag für die von der Regierung seit 1862 ohne Staatshaushaltsgesetz geführte Verwaltung den Antrag auf Erteilung der Indemnität, der nachträglichen Genehmigung also, stellte und damit zugleich prinzipiell das Recht des Landtags auf Geldbewilligung anerkannte. Diesem Wandel auf beiden Seiten entsprach unter Spaltung der Liberalen und Bildung der Nationalliberalen Partei eine Verschiebung des innerpolitischen Schwerpunktes nach rechts.

Doch wichtiger als diese innerpreußische Entwicklung war die Gründung des Norddeutschen Bundes nach dem Abschluß der Bündnisverträge zwischen Preußen und den norddeutschen Kleinstaaten auf dem Fundament einer Verfassung, die im wesentlichen aus Bismarcks Geist, aus seinem Entwurf vom 15. 12. 1866 stammte, aber auch Einflüsse von 1848 und dadurch selbst solche aus der Verfassung der USA erkennen läßt und mit der Anwendung des Reichswahlgesetzes von 1849 den Liberalen entgegenkam. Auch Sachsen und — für seine nördlich des Mains gelegenen Landesteile — das Großherzogtum Hessen traten dem Bund bei.

Die Gründung des Norddeutschen Bundes und des Zweiten Deutschen Reiches hat sowohl die unitarischen Tendenzen zur Voraussetzung, als auch ebensosehr die Entwicklung der Einzelstaaten und die Preußens. Diese ist sogar das Wichtigere gewesen: die Einigung Deutschlands ist nicht ohne weiteres aus der Einheitsbewegung, die die Geschichte des Deutschen Bundes beherrscht, hervorgegangen, sondern sie ist geradezu im Gegensatz zu ihr durch das Machtstreben des preußischen Staates unter Bismarcks Führung vollbracht worden.

Jetzt zeigte sich eine innere Entwicklungslinie von der Entstehung des Zollvereins über dessen Anwachsen und den „Entscheidungskampf um die wirtschaftspolitische Führung Deutschlands" (Franz), der 1867 abgeschlossen wurde, zum Norddeutschen Bund. Wenngleich die politische Gemeinschaft nicht etwa aus der wirtschaftlichen unmittelbar hervorwuchs und der Zollverein 1866 das Bündnis der Mittelstaaten mit Österreich nicht hatte verhindern können, bildete die Einigung auf diesem einen Gebiet doch eine wichtige Vorstufe für den Norddeutschen Bund und das Reich.

Die neue Verfassung versuchte also, Bundesakte und Frankfurter Reichsverfassung miteinander zu verschmelzen. Sie übertrug die Souveränität der Gesamtheit den „Verbündeten Regierungen" und ließ damit die Frage der Einzelsouveränität vorsichtig unberührt. Die historisch belastete Bezeichnung Bundestag wurde durch die Bezeichnung Bundesrat ersetzt, dessen Plenum 43 Stimmen, darunter 17 preußische, zählte. Das Bundespräsidium, das an Preußen fiel, erhielt von der Entscheidung über Krieg und Frieden bis zur Bundesexekution und zum Oberbefehl über die Kriegsmacht des Bundes sehr erhebliche Rechte. Gegenüber dem Partikularismus der Staatsregierungen vertrat ein „Reichstag" die Einheit des „deutschen Volkes" im Bereich des Norddeutschen Bundes. Ein Reichsministerium wurde nicht geschaffen, da dieses nach Bismarcks Auffassung das Wesen des Bundesstaates zum Einheitsstaat hin verschoben hätte, und weil Bismarck eine innere Abneigung gegen eine solche Institution hatte. Ein gewisser Ersatz lag darin, daß der Reichstag durch § 17 der Verfassung den dem Bundespräsidium beigeordneten Bundeskanzler — in allerdings nicht ganz klarer Form — für verantwortlich erklärte. Gleichwohl blieb es dabei, daß Bismarck sich sein Kanzleramt auf den Leib zugeschnitten hatte. Am 24. 2. 1867 nahm der Verfassungsberatende Norddeutsche Reichstag unter solchen und anderen Änderungen, z. B. in bezug auf das Budgetrecht des Reichstages, Bismarcks Entwurf an. Die Verfassung trat am 1. 7. 1867 in Kraft und bewährte sich in Friedens- und Kriegszeiten, so daß in den Novemberverträgen 1870 Baden, Hessen, Bayern und Württemberg dem Bund beitraten, ohne mehr als einige „Reservatrechte" zu beanspruchen, die nur im bayerischen Falle erhebliche Bedeutung hatten. Infolgedessen konnte später die Verfassung des Deutschen Reiches, nachdem dieses am 1. 1. 1871, also vor der Kaiserkrönung, ins Leben getreten war, schon am 16. 4. 1871 in ihrer endgültigen, gegenüber 1866 kaum veränderten Form erlassen werden.

In dem gleichen Zeitraum spielte sich die verfassungsmäßige Neuordnung des aus Deutschland ausgeschiedenen Österreich ab. Das Wesentliche daran war der „Ausgleich" mit Ungarn, der diesem im Februar 1867 ein eigenes Ministerium und einen Reichstag gab. Ungarn und danach auch Österreich nahmen das „Gesetz über die zwischen den Ländern der ungarischen Krone und den unter der Herrschaft Seiner Majestät stehenden übrigen Ländern obwaltenden Verhältnisse von gemeinsamem Interesse und über den Modus ihrer Erledigung" an, womit sie eine über das Dynastische hinausgehende Verbindung der beiden Reichshälften anerkannten. Diesem Akt folgte die Krönung Franz Josephs zum König von Ungarn. Das Kaiserreich von 1804 wurde damit als „österreichisch-ungarische Monarchie" in eine Doppelmonarchie gleichberechtigter Staaten umgewandelt, die durch die Person des „Kaisers von Österreich und Königs von Ungarn" und durch die Verwaltung der gemeinsamen Angelegenheiten, wie Außenpolitik, Verteidigung und Teile der Finanzverwaltung, miteinander in Verbindung standen. Die Ministerien bzw. Behörden in Cisleithanien hießen „kaiserlich-königlich" (K. K.), die ungarischen „königlich" (Kgl.), die gemeinsamen „kaiserlich und königlich" (K. u. K.).

Deutschland 1866—1870

„Setzen wir Deutschland, sozusagen, in den Sattel! Reiten wird es schon können", hatte Bismarck im Verlauf der Verfassungsdebatten im Reichstage ausgerufen. Dieses „Reiten" betraf zunächst den Ausbau der Bundeseinrichtungen und die Organisation der Bundesverwaltung in dem Delbrück unterstellten Bundeskanzleramt, dem „unentbehrlichsten Maschinenteil, um die ganze Maschine, wie sie augenblicklich konstruiert sei, in Gang zu halten" (Bismarck). Mit großem Geschick berücksichtigte Bismarck die Befürchtungen vieler Süddeutscher gegenüber einer „kalten Reichsbildung", indem er das Selbstgefühl der süddeutschen Staaten bei jeder Gelegenheit respektierte und vor allem gegenüber München „taktvolle Zurückhaltung" und „besonders rücksichtsvolles Benehmen" zur Regel machte. Die Herstellung der deutschen Einheit erschien ihm als eine langfristige Aufgabe, deren Erledigung nicht durch das Vorstellen der Uhren beschleunigt werden konnte. Diese Haltung bewährte sich beim Abschluß des Schutz- und Trutzbündnisses mit Hessen-Darmstadt sowie im Verhältnis zur süddeutschen Militärkonferenz und den an ihr teilnehmenden Staaten, die eine unmittelbare politische Integration der beiden Teile Deutschlands ablehnten. Geschickt wurde der Zollverein durch eine Reform und einen weiteren, letzten Zollvereinsvertrag vom 8. 7. 1867 den politischen Verhältnissen angepaßt. Als im Februar/März 1868 in Süddeutschland zum Zollparlament gewählt wurde, bedeutete das Ergebnis zwar eine klare Entscheidung gegen die preußische Führung in Deutschland; doch entsprach das nicht der praktischen Anziehungskraft des preußischen Großstaates und konnte diese auch nicht verringern.

Napoleons Versuche, während seiner Regierungszeit Deutschland gegenüber größere Erfolge zu erzielen und durch „Kompensationen" auch innenpolitisch seine Position zu befestigen, erreichten einen Höhepunkt 1867 in der luxemburgischen Krisis. Bismarck selbst hatte Napoleon zur Vermeidung jeder Beeinträchtigung deutschen Territoriums auf die Möglichkeit der Expansion nach Belgien und dem zu Holland gehörigen, aber einen Teil des Deutschen Bundes bildenden Luxemburg verwiesen — in einer Zeit, da die industriewirtschaftlichen Möglichkeiten dieser Gebiete noch keineswegs voll erkannt werden konnten. Er meinte im August 1866 in einer Betrachtungsweise, die noch ins 18. Jahrhundert gehörte, und anders als nach 1871, da er den Franzosen koloniale Interessen nahelegte, daß in Belgien und Luxemburg „der natürliche Machtzuwachs Frankreichs liege, wie er sowohl durch Nationalität und Sprache, als durch das defensive System Frankreichs vorgezeichnet werde". Er hielt wohl sogar auf dieser Basis eine deutsch-französische Allianz für möglich. Als aber Napoleon mehr und mehr die Initiative bei der Einverleibung Luxemburgs in Frankreich Bismarck zuschieben wollte, verlor dieser das Interesse daran. Bei ihm trat jetzt wieder das Bedürfnis stärker in den Vordergrund, sich selbst und Preußen nicht vor dem deutschen Nationalgefühl zu kompromittieren und Preußens Stellung in Norddeutschland sowie gegenüber Süddeutschland zu befestigen. Unter solchen Gesichtspunkten brach er die Verhandlungen mit Napoleon ab und entsprach damit dem Wunsch der deutschen Öffentlichkeit: „Im Verlauf der Krisis wird sein Übergang aus dem Kreis der preußischen Interessenpolitik in den größeren Kreis deutscher Nationalpolitik sichtbar" (Bußmann). Doch nutzte er zugleich auch die national erregte öffentliche Meinung zum beschleunigten Ausbau des Norddeutschen Bundes aus. Das Ergebnis vieler Verhandlungen, die auch England und selbst Wien mit einbezogen, war eine gemeinsame Garantie der Großmächte für die Integrität und Neutralität Luxemburgs, die Schleifung der Festungsanlagen, Preußens Verzicht auf Besatzungsrecht und Garnison, Luxemburgs Verbleiben im Zollverein und eine nur schlecht verhüllte neue Niederlage Napoleons nach dem Fehlschlag von Kaiser Maximilians mexikanischem Abenteuer. Im Zusammenhang mit der luxemburgischen Krisis zeigte sich auch der tiefe Unterschied zwischen Bismarcks und Moltkes Einstellung zum Kriege: während der General von der „Unausweichbarkeit eines Waffenganges zwischen Franzosen und Deutschen" überzeugt und bereit war, „dem notwendigen Ereignis militärisch zuvorzukommen" (Stadelmann), also einen „Nationalkrieg" als Präventivkrieg befürwortete, äußerte Bismarck zu Keudell: „Man darf nicht Krieg führen, wenn es mit Ehren zu vermeiden ist; die Chance günstigen Erfolges ist keine gerechte Ursache, einen großen Krieg anzufangen." So ließ er zwar den Revolver in der Tasche, behielt aber mißtrauisch „den Finger am Abzug".

Der Ausgang der luxemburgischen Krisis schuf für die deutsch-französischen Beziehungen der Folgezeit ein schlechtes Klima. In dem Maße, in dem Napoleon eine Annäherung an Österreich anstrebte — mit den Höhepunkten bei den Kaiserbegegnungen in Salzburg und Paris 1867 — verschlechterte sich das preußisch-französische Verhältnis, selbst wenn damit gerechnet werden konnte, daß die politische Maßlosigkeit und Ungeschicklichkeit Napoleons und seiner wichtigsten Berater Frankreich manche echte Chance verderben würden. Auch konnte Preußen der russischen Hilfe, die im März 1868 die Form eines von Bismarck abgelehnten Bündnisvorschlages annahm, gegen österreichisch-französische Pressionen unter Einbeziehung etwa auch Italiens gewiß sein. Dagegen strebte Bismarck vergeblich eine „bonne entente“ mit England an.

Die Gruppenbildungen und Spannungen der Jahre nach 1866 erhielten ihren besonderen Akzent durch die spanische Thronkandidatur, die Bismarck 1870 als eine diplomatische Gegenoffensive gegen Napoleons preußenfeindliche Bemühungen betrieb. Aus diesem Gesamtkomplex entstand der deutsch-französische Konflikt und Krieg, den Bismarck nicht gesucht oder angestrebt hat, dem er aber auch nicht ausweichen wollte, während Napoleon mit dem Ziel, die deutsche Einigung aus Gründen außenpolitischer Sicherheit zu verhindern, auch den Wunsch nach Ablenkung des französischen Volkes von seinen innenpolitischen Schwierigkeiten verband.

Der Vertreibung von Königin Isabella aus Spanien war eine ganze Reihe von Thronkandidaturen gefolgt. Als letzter Kandidat verblieb, von Bismarck als diplomatische Waffe eingesetzt, der mit den preußischen Hohenzollern nur sehr weitläufig, enger dagegen über Murat und Beauharnais mit Napoleon I. verwandte katholische Erbprinz Leopold von Hohenzollern-Sigmaringen, Bruder des Fürsten von Rumänien. In Frankreich galt der Hohenzoller natürlich, wie von Bismarck erwartet, als unerwünscht auf dem spanischen Throne. Auf eine vorsichtige Anfrage des französischen Gesandten Benedetti im Mai 1869 über die Kandidatur, die von Bismarck hinhaltend beantwortet wurde, folgte Anfang 1870 ein stärkeres Interesse des Kanzlers an der Verwendung des Komplexes gegen eine französisch-österreichische Verständigung. So leitete Bismarck kunstvoll eine Aktion vor allem der Geheimhaltung der wirklichen Pläne ein, die am vorzeitigen Bekanntwerden scheiterte und zu französischen Gegenaktionen und schließlich zur Kriegsdrohung führte. Unter zeitgeschichtlicher Interpretation der älteren Vergangenheit erklärte der französische Außenminister Gramont am 6. 7. 1870 vor der Kammer: „Wir glauben nicht, daß die Achtung vor den Rechten eines Nachbarvolkes uns verpflichtet, zu dulden, daß eine fremde Macht einen ihrer Prinzen auf den Thron Karls V. setzt und dadurch zu unserem Schaden das gegenwärtige Gleichgewicht der Mächte Europas in Unordnung bringt und die Interessen und die Ehre Frankreichs gefährdet." Anschließend erfolgte Benedettis Besuch beim preußischen König in Bad Ems, der von Wilhelm I. selbst mitverursachte Verzicht des Sigmaringers, der eine Niederlage Preußens bedeutete, und endlich die unheilvolle Zuspitzung des Konflikts durch das Verlangen Napoleons und Gramonts, Wilhelm I. solle den Verzicht öffentlich billigen und für alle Zukunft Hohenzollern-Kandidaturen im Ausland untersagen. Benedetti stellte diese ihm selbst peinliche Garantieforderung am 13. 7. auf der Kurpromenade in Ems, wurde abgewiesen, wiederholte aber am gleichen Tage mehrfach das ihm aufgetragene Verlangen und stieß stets auf die gleiche höfliche Ablehnung.

Über diese Vorgänge unterrichtete der König Bismarck in der von Abeken formulierten „Emser Depesche" mit der Ermächtigung, „die neue Forderung Benedettis und ihre Zurückweisung" alsbald zu veröffentlichen. Die von Bismarck daraufhin vorgenommene, publizistisch wirkungsvollere, freilich auch politisch-kriegerische Akzente setzende Umformulierung war zwar keine „Fälschung" im strengen Sinne, gab aber ohne Zweifel in einer die Sachlage verfälschenden Darstellung der Entwicklung die auf beiden Seiten bereits vorgesehene Wendung zum Kriege.

Alsbald erwies sich, nachdem eben noch Preußens Ansehen in Deutschland auf dem Spiele gestanden hatte, daß ganz Deutschland hinter Bismarcks Entschluß und Preußens Führung stand. Mit einem Schlage wuchs — das war der große, im voraus nicht zu berechnende Erfolg der pressewirksam gemachten „Emser Depesche" — aus der fast rein dynastischen Angelegenheit der spanischen Thronfolge wieder einmal und stärker als je die deutsche Frage hervor: „Von hier ab ändert sich die Natur der Sache; die spanische Kandidatur verschwindet, die deutsche Frage beginnt," erklärte der bayerische Ministerpräsident. Unter solchen

Umständen distanzierten sich auch England und Österreich von Frankreich. Am 19. 7. 1870 erklärte Napoleon, politisch und militärisch isoliert, Preußen den Krieg.

Der Deutsch-Französische Krieg und die Reichsgründung

Während das preußische Heer der allgemeinen Wehrpflicht sich nach den Reformen bereits gut bewährt hatte, befand das französische Berufsheer sich bei Ausbruch des Krieges in einer Reorganisation. Aber auch in Deutschland gab es nicht eine umfassende Einheit des Heeresaufbaues, da die Anpassung und Einordnung von Preußens neuen Provinzen noch im Gange war und in Süddeutschland sehr verschiedene Heerestypen existierten. Auf der deutschen Seite standen anfangs etwa 500000 Soldaten den 240000, mit Reserven fast 300000 Franzosen gegenüber. Im Laufe der Zeit wuchsen beide Heere zum ersten Male in der Geschichte über die Millionengrenze hinaus. Das gab der Kriegführung zwar gemeinsam mit der starken Benutzung der Eisenbahn ein neues Gesicht, doch war der eigentlich moderne Krieg, derjenige, der die meisten Anregungen für das Kriegsdenken und -führen im Ersten Weltkrieg bieten sollte, wenige Jahre zuvor in Nordamerika gekämpft worden: der Sezessionskrieg 1861 — 1865.

Erst allmählich fügte sich das zunächst von Unterführern bestimmte Kriegsgeschehen den Planungen Moltkes. Über nationalpolitisch und nach außen hin propagandistisch wertvolle Siege bei Weißenburg, Wörth und Spichern, über die blutigsten und verlustreichsten Schlachten des Krieges bei Vionville, Mars-la-Tour und Gravelotte-Saint Privat und Bazaines Einschließung in Metz kam es zur planmäßigen Einkreisung der letzten kaiserlichen Feldarmee in Sedan und zu deren Kapitulation am 2. 9. 1870 — dem Ende des ersten Kriegsabschnitts und der großen symbolischen Entscheidung auch insofern, als hier der Kaiser der Franzosen abtreten mußte, während die Vorbereitungen für die deutsche Einigung und die 1815 unterbliebene Bildung eines neuen deutschen Reiches in Gang kam. Von einer Ausweitung des Krieges auf Österreich und Italien konnte keine Rede mehr sein; England blieb wenig freundlich neutral, und Rußland nutzte die Situation zur Streichung der seine Souveränität im Schwarzen Meer beschränkenden Bestimmungen des Pariser Friedens von 1856. Die Proklamation der französischen Republik in Paris am 4. 9. und ihre Formen mochten Erinnerungen an 1789, die Levée en masse und 1848 erwecken und die Steigerung der Kämpfe zu höchster Erbitterung um so mehr befürchten lassen, als man auf der deutschen Seite nun die Annexion von Elsaß und Lothringen teils als „altem Volksboden", teils, wie vor allem bei Bismarck, unter militärischen Gesichtspunkten anstrebte. Seit Jahren bestehende Meinungsunterschiede Bismarcks und Moltkes über den Krieg als politisches Mittel führten zu einem schweren Konflikt, indem Bismarck nach dem großen militärisch-politisch-psychologischen Erfolg von Sedan den Primat der Politik behauptend den baldigen Friedensschluß wünschte, während Moltke und andere Militärs den vollen militärischen Sieg und den „Diktatfrieden" erstrebten. Der französische „Volkskrieg" bot ihnen mehr Gelegenheit und Argumente als Bismarck bei seinem Streben nach diplomatischer Beendigung des Konflikts und ritterlicher Behandlung des Besiegten. Aus dieser Einstellung konnte Bismarck in einer Anweisung an die Presse diktieren: „Die Politik hat die Bestrafung etwaiger Versündigungen von Fürsten und Völkern gegen das Moralgesetz der göttlichen Vorsehung ... zu überlassen ... Die Politik hat nicht zu rächen, was geschehen ist, sondern zu sorgen, daß es nicht wieder geschehe." Da aber lag nun gerade die Meinungsverschiedenheit: dieser „Prinzipienstreit zwischen politischem Krieg und National-Krieg" (Stadelmann) warf seinen Schatten selbst in den Akt der Kaiserkrönung, wobei die Frage der von Bismarck zur Beschleunigung des Krieges geforderten Beschießung von Paris und der dabei zu erwartenden hohen Menschenverluste sehr große Bedeutung erhielt.

Der Volkskrieg, die zweite Phase des großen und sich nun lange hinziehenden Kampfes, bestand aus einer großen Zahl unübersichtlich nebeneinander herlaufender, mehr aus Gelegenheiten als aus echter Initiative und Planung sich ergebender Kampfhandlungen. Am 28. 1. 1871 kapitulierte Paris und wurde der Waffenstillstandsvertrag, am 26. 2. 1871 in Versailles ein Präliminarfriede abgeschlossen. Am 1. 3. 1871 marschierten für 24 Stunden deutsche Truppen in Paris ein. Bei der Formulierung der Friedensbedingungen beugte sich Bismarck Moltke, der mit militärischen Argumenten Metz forderte, da diese Festung eine Armee von 120000 Mann wert sei. Für Bismarck „bestand ein tieferer innerer Zwiespalt zwischen dem politischen Bestreben, dem besiegten Gegner die Annahme der Friedensbedingungen möglichst zu erleichtern sowie die Grundlagen eines dauerhaften Friedens zu schaffen, und dem dunklen Gefühl, daß es sich bei der Unversöhnlichkeit des französischen Nachbarn doch um nicht mehr als um einen Waffenstillstand handeln werde“ (Bußmann). Auch hatte er sofort erfaßt, daß dem Pariser Kommuneaufstand grundsätzliche und viel stärkere als nur lokale Bedeutung zukam. Nach Wien schrieb er, jeder Monarchie drohten „heutzutage weit größere Gefahren von anderen Feinden als von der benachbarten Dynastie“.

Am 10. 5. 1871 wurde in Frankfurt der Friedensvertrag unterzeichnet, in dem Frankreich Elsaß und Lothringen abtrat — eine „Fehlentscheidung von großer Tragweite“ (Gall) — und sich zur Zahlung von 5 Mrd. Fr. verpflichtete. Die in dieser „Reparationsforderung“ zum Ausdruck kommenden Überlegungen sollten sich als falsch erweisen: Frankreich wurde durch die Zahlungen nicht, wie auch führende deutsche Bankiers angenommen hatten, auf ein Jahrzehnt geschwächt und an Revancheplänen gehindert, und in Deutschland sollten die Verluste durch den Gründerkrach größer werden, als die Gewinne durch die Kriegsentschädigungen gewesen waren. Allerdings gingen durch die Veräußerung französischer Auslandswerte zur Aufbringung der Milliarden einige französische Bergwerks- und Industrieinteressen an Rhein und Ruhr in deutschen Besitz über.

Inzwischen war das Deutsche Reich gegründet worden — nicht vom deutschen Volk, nicht aus Parteibesprechungen und Abstimmungen, sondern aus diplomatischen Verhandlungen im historisch hergebrachten Stil der Bundespolitik und damit in entscheidendem Gegensatz sowohl zur Paulskirche wie zur italienischen Einigung. Das Hauptproblem bildete die taktvolle Gewinnung der süddeutschen Bundesgenossen Preußens für die

Erhebung des preußischen Königs zum deutschen Kaiser und damit für die Anerkennung der Vorrangstellung Preußens in Deutschland, schließlich für die endgültige kleindeutsche Lösung. Bei den langen, komplizierten, von Bismarck mit äußerstem Feingefühl geführten Verhandlungen bereitete ihm die dynastische Empfindlichkeit des preußischen Kronprinzen erhebliche Schwierigkeiten. Indem Bismarck vor allem Bayern eine Reihe von Sonder- und Ehrenrechten wie den Vorsitz im Bundesratsausschuß für auswärtige Angelegenheiten zubilligte und ihm die Militärhoheit im Frieden, die Staatshoheit über Eisenbahn, Post und Telegraph, Bier- und Branntweinsteuer und ähnliches überließ, sowie über Verträge mit den anderen süddeutschen Staaten kam es schließlich unter Eingliederung Süddeutschlands zur Umbenennung des Norddeutschen Bundes und seines Präsidiums in Deutsches Reich und — unter großer Mühe — deutschen Kaiser. Der preußische König war 74 Jahre alt, als ihm, anders als 1848 seinem Bruder, die Kaiserkrone angetragen wurde. Hatte jener sie als Krone eines Volkskaisers abgelehnt, so empfand auch dieser sie jetzt und für den Rest seines Lebens nur als sekundäre Krone, ja, als Beeinträchtigung der historisch bedeutenden preußischen Königskrone, zumal der Titel „Deutscher Kaiser“ und nicht „Kaiser von Deutschland“ lautete, weil dieser der Staatsform nicht entsprochen hätte. Auch die Scheu des Greises vor der neuen großen Aufgabe trat hinzu. Am Tage der Proklamation schrieb er an die Königin-Kaiserin: „Ich kann dir nicht sagen, in welcher morosen Emotion ich in den letzten Tagen war, teils wegen der hohen Verantwortung, die ich zu übernehmen habe, teils und vor allem über den Schmerz, den preußischen Titel verdrängt zu sehen. In einer Konferenz gestern mit Fritz, Bismarck und Schleinitz war ich zuletzt so moros, daß ich drauf und dran war, zurückzutreten und Fritz alles zu übertragen!“

Wilhelms I. Verärgerung über seinen Kanzler im Zusammenhang mit der Regelung der Titelfrage ist jedoch in Anton von Werners bekannten Darstellungen der ganz durch das Militär im Feindesland bestimmten Kaiserkrönung im Spiegelsaal von Versailles am 18. 1. 1871 dauerhafter und nachdrücklicher festgehalten worden, als ihrer Bedeutung entsprach. Immerhin glaubte auch Hindenburg, der an der Feier teilnahm, sehr viel später, sich daran erinnern zu können, daß die Freude der „süddeutschen Brüder" über die Reichsgründung größer gewesen sei als die der preußischen Offiziere. Weder das seit 170 Jahren gewachsene und vielfach erprobte preußische Staats- noch das hohenzollerisch-dynastische Herrscherbewußtsein ergaben sich willig dem volkstümlichen Rausch der Reichsgründungsatmosphäre. Wichtiger wurde es freilich bald auch für Wilhelm I., daß der deutsch-französische Krieg nach der Kapitulation bei Sedan, also bereits vor dem eigentlichen Friedensschluß und weit über diesen hinaus, durch die Reichsgründung seinen machtvollen, die Erstarrung der deutschen Verhältnisse im Zustand von 1867 verhindernden Abschluß fand und damit zugleich einen neuen großartigen Anfang bildete. Zum ersten Male seit dem Mittelalter, mindestens seit 1648 konnte und sollte Deutschland als Reich, als eine einheitliche, wenngleich als eine kleindeutsche Großmacht wieder in Erscheinung treten. Das war im Zeitalter der geschlossenen National- und Volksstaaten, des Neomerkantilismus und der wehrpolitischen Konzentration eine Tatsache von allergrößter Bedeutung — ganz abgesehen davon, daß es sich im Prinzip um die Erfüllung eines alten Wunsches des deutschen Volkes handelte und dieses damit aus einer psychologischen Befangenheit gegenüber den anderen europäischen Großmächten befreit wurde. Schließlich wurde Bismarck nach 1871 sehr schnell für fast zwei Jahrzehnte der einflußreichste und bedeutendste Staatsmann der Erde, ohne daß Deutschland wie etwa England und in gewissem Umfange auch Frankreich eine „Weltmacht" im eigentlichen Sinne war oder wurde.

Bismarck war der „Reichsgründer" gewesen. Hauptträger der Reichsgründung aber war „das deutsche Bürgertum, insoweit es sich politisch zuerst im Nationalverein und dann in der Nationalliberalen Partei geformt hatte; die Unternehmerschaft bis weit in die Handwerkerkreise hinein repräsentierte dieses Bürgertum zusammen mit erheblichen Teilen des Beamtentums und der breiten Bildungsschicht der Nation. Nur mit diesen konstitutionell Gesinnten, nicht mit den eigentlichen Revolutionären oder den Konservativen konnte Deutschland in den Sattel gehoben werden" (Rein). Die Reichsgründung wurde also nicht mit der Arbeiterbewegung durchgeführt, die zu jener Zeit für eine solche Leistung viel zu schwach war und später nicht, wie die französische und englische, „in die nationale Lebensordnung hinein, sondern an ihr vorbeigewachsen“ (Winnig) ist; und sie wurde nicht durchgeführt mit wesentlicher Hilfe der agrarischen, vorwiegend territorial gebundenen Schichten. Die Träger des wirtschaftlichen Fortschritts standen also Bismarck, allen Differenzen im einzelnen zum Trotz, bei Gründung und Aufbau des Reiches sachlich mit dem größten Verständnis zur Seite und blieben ihm in Verbindung mit eigenen Interessen auch stets am nächsten. Bismarck hat das immer berücksichtigt und nicht übersehen, daß auf diese Weise bei der Schaffung und Formung des Reiches durch ihn adlige und bürgerliche, republikanisch-konstitutionelle und monarchisch-absolutistische Fundamentaltendenzen zu einer auch für die Zukunft fruchtbaren Berührung miteinander gelangten.

Außenpolitisch aber stand Deutschlands Zukunft, seitdem Bismarck, wie er selbst ein Vierteljahr nach dem Friedensschluß gestand, mit der territorialen Forderung den „größten politischen Fehler“ gemacht und „das Selbstgefühl des Besiegten tödlich verwundet“ (Ritter) hatte, unter dem „ Albdruck der Koalitionen“. Bismarcks „kunstvolle Außenpolitik mit ihrem verschlungenen System von Bündnissen und Ententen, Gewichten und Gegengewichten ist in der Grundlage und Zielrichtung durch die Entscheidung von 1871 bestimmt“ (Becker-Scharff).

DAS DEUTSCHE REICH IN DER ZEIT VON BISMARCKS KANZLERSCHAFT

Die Außenpolitik bis zum Dreikaiservertrag

Der Aufbau einer deutschen Außenpolitik anstelle auswärtiger Beziehungen Preußens und anderer deutscher Staaten hing wesentlich von der Einstellung des Auslandes zur Reichsgründung ab. Disraeli hatte auch vom deutschen Standpunkt aus vollkommen recht, wenn er am 2. 9. 1871 im britischen Parlament erklärte: „Das Gleichgewicht der Mächte ist völlig zerstört“ und hinzufügte: „Das Land, welches am meisten leidet und die Wirkungen dieser großen Veränderung am stärksten spürt, ist England.“ In der Tat: das 1713 in erster Linie unter britischen Gesichtspunkten geschaffene, danach wieder mehrfach beeinträchtigte, aber 1814/15 im britischen Interesse erneut hergestellte und seitdem sorgfältig unter manchen Bemühungen gepflegte, seit 1864 zunehmend gefährdete europäische Gleichgewicht war dahin. Diese sorgfältige Konstruktion eines europäischen Konzerts hatte allerdings schon seit dem Utrechter Frieden einen entscheidenden Fehler gehabt: daß sie nämlich unrealistisch einen Schlußstrich unter alle historische Entwicklung hatte setzen sollen.

England verspürte nun als erster Staat die Folgen der neuen Veränderung, bevor diese noch wirklich in Erscheinung getreten war: Rußland befreite sich von der 1856 in Großbritanniens Interesse geschaffenen Pontusklausel des Pariser Vertrages; und schon deutete sich in Danilevskijs Buch „Rußland und Europa“ die ganz Europa, vor allem aber zunächst England drohende Gefahr an, die im slawischen Sendungsbewußtsein den Gegenpol zum angelsächsischen Auserwähltheitsgedanken bildete. Dieses Rußland war einstweilen mit dem preußisch geführten Deutschland durch Dienst und Gegendienst wie auch dynastisch verbunden. Die österreichische Doppelmonarchie suchte, nachdem sie auf die Beteiligung an Deutschland hatte verzichten müssen, über Monarchenzusammenkünfte eine freundschaftliche Annäherung an Berlin. Das Gesamtergebnis dieser Entwicklungen bildete nach der Dreikaiserzusammenkunft im September 1872 das Dreikaiserabkommen vom 22. 10. 1873 mit der gegenseitigen Zusicherung der Monarchen, „den gegenwärtig in Europa herrschenden Friedenszustand zu befestigen" und „auf dem Gebiete der Grundsätze" gemeinsame Sache zu machen — keine säkularisierte Erneuerung der Heiligen Allianz, aber doch ein Übereinkommen von größter Bedeutung. Denn hier wurde nun im Herbst 1873 die Grundlage für Bismarcks Kontinentalpolitik geschaffen. Sie bewährte sich, als Frankreich nach schneller Erholung von Niederlage und Kriegsentschädigung dem deutschen Generalstab so sehr zur Revanche entschlossen schien, daß 1875 ein „Krieg in Sicht" war. Bismarck freilich war entschlossen, ihn nach Möglichkeit zu vermeiden; aber der russische Ministerpräsident Gortschakoff, der den Zaren im Mai 1875 nach Deutschland begleitete, hielt es doch im Interesse des russischen Ansehens in Europa für angezeigt, ein gar nicht vorhandenes spezielles russisches Verdienst um die Erhaltung des Friedens zu betonen und damit den Anschein einer gemeinsamen englisch-russischen Intervention zu erwecken. Statt der von Bismarck und Moltke angestrebten Isolierung Frankreichs stand plötzlich Deutschland allein: „Es war offenkundig, daß die Großmächte nicht daran interessiert waren, Frankreich noch einmal geschlagen und völlig vernichtet zu sehen. So ... retteten sie Frankreich aus einer Gefahr, die gar nicht existierte ... Bismarcks Stellung war zu dieser Zeit nicht beneidenswert. Doch hatte die Krisis auch eine gute Seite: sie offenbarte Richtungen und Stärken der verschiedenen Strömungen in der europäischen Politik und trug so dazu bei, die Lage allgemein zu klären" (Langer). In dem mit diesen Geschehnissen verbundenen Zerwürfnis Bismarck-Gortschakoff, dem „Übergang von Freundschaft zu Feindschaft" (Lucius von Ballhausen) Bismarcks gegenüber Rußland lagen tiefgreifende und dauerhafte Ursachen für die Entwicklung des deutsch-russischen Verhältnisses in der Folgezeit überhaupt (Wittram).

Noch im gleichen Jahre 1875 begann die Entwicklung einer neuen Konstellation von dauernder Bedeutung. Im Zuge des allmählichen Zerfalls im Osmanischen Reich bis auf einen territorialen Umfang, welcher dem Verhältnis seines militärischen und wirtschaftlich-finanziellen Potentials sowie dem Format seiner Herrscher gegenüber den hauptsächlich interessierten europäischen Mächten entsprach, kam es zu Erhebungen in seinen Randgebieten Herzegowina, Bosnien und Bulgarien, schließlich zum offenen Krieg Serbiens und Montenegros gegen die Pforte. Es war vorauszusehen, daß Rußland solchen Verwicklungen nicht untätig zusehen würde, und Bismarck deutete in Petersburg an, daß Preußen die 1864 bis 1870 von Rußland bewiesene indirekte Hilfe nicht vergessen habe. Gortschakoff konstruierte daraus Rußlands Freiheit für einen Krieg nicht allein gegen die Türkei, sondern auch gegen Österreich, während noch das Dreikaiserabkommen formell gültig war. Damit war Bismarck gezwungen, energisch, wenngleich verklausuliert, gegen diese Interpretation zu protestieren. So kam es denn nach einem russisch-österreichischen Vertrag, der am 15. 1. 1877 in Budapest geschlossen wurde und in dem bei österreichischer Neutralität während eines Krieges die österreichische Verwaltung von Bosnien und der Herzegowina nach einem russischen Sieg über die Türkei vorgesehen wurde, im April nur zu einem begrenzten Krieg. Er führte nach wenigen Monaten die russischen Truppen bis unter die Tore von Konstantinopel und endete zunächst am 3. 3. 1878 mit dem Frieden von San Stefano: unter russischer Protektion sollte ein großbulgarischer Staat gebildet werden, Rußland also eine Einflußsphäre erhalten, die von den westeuropäischen Mächten als erneute Bedrohung der Meerenge empfunden werden mußte. Bismarck hielt sich in dieser orientalischen Krisis zunächst sorgfältig zurück und betonte, „daß unser Hauptinteresse nicht in dieser oder jener Gestaltung der Verhältnisse des türkischen Reiches liege, sondern in der Stellung, in welche die uns befreundeten Mächte zu uns und untereinander gebracht werden“. Schon zwei Jahre zuvor hatte er im Reichstag in seiner bildhaften Sprache die einprägsame Formulierung gebraucht, die orientalische Frage sei für Deutschland nicht einmal „die gesunden Knochen eines einzigen pommerschen Musketiers wert“.

Nun verschärfte sich die aus dem Frieden von San Stefano resultierende russisch-englische Spannung sehr schnell: ein britisches Geschwader dampfte ins Marmarameer, Streitkräfte beider Großmächte standen einander unmittelbar gegenüber, und eine Vermittlung der Neutralen erschien dringend geboten. Aus solchen Überlegungen erwuchs auf russischen Wunsch ein europäischer Kongreß in Berlin vom 13. 6. bis zum 13. 7. 1878, auf dem Bismarck die Rolle des „ehrlichen Maklers" spielte, von Anfang an aber auch mit der Möglichkeit rechnete, daß die von dem Ergebnis des Kongresses Unbefriedigten Deutschland mit dessen Ausgang belasten würden. Unter seinem Vorsitz nahmen am Kongreß die führenden Staatsmänner der fünf Signatarmächte des Pariser Vertrages von 1856 und der Pontuskonferenz von 1871 sowie die Türkei teil. Bismarcks Ziel war in diesen Wochen die Schaffung einer internationalen Ordnung Europas, mit der die Sicherheit Deutschlands verknüpft werden sollte. Dazu mußte die Erfüllung der russischen Wünsche ohne Englands und Österreichs Verärgerung angestrebt werden — eine unlösbare Aufgabe. In Wirklichkeit mußte denn auch Rußland seine Forderungen einschränken, was einen großen Erfolg Großbritanniens bis 1944/45 bedeutete. Im Berliner Frieden vom 13. 7. 1878 verzichtete Rußland auf ein Großbulgarien und begnügte sich damit, daß das nördliche Bulgarien ein tributpflichtiges Fürstentum mit einem christlichen Herrscher unter türkischer Oberhoheit, Ostrumelien dagegen unter einem christlichen Gouverneur eine autonome Provinz wurde und die Fürstentümer Rumänien, Serbien und Montenegro als souveräne Staaten entstanden. An die Stelle der russischen Vorherrschaft auf dem Balkan trat damit die Möglichkeit eines russisch-österreichischen Gleichgewichts. Rußland gewann zwar die türkischen Gebiete von Ardahan, Kars und Batum, und Österreich bekam auf britischen Vorschlag das Verwaltungs- und Besatzungsrecht in Bosnien und der Herzegowina; aber England erzielte den größten Gewinn, indem es sich von der Pforte auf 75 Jahre die Verwaltung Zyperns „übertragen" ließ und damit wie mit der Besetzung Ägyptens 1882 seine Stellung am Suezkanal und im östlichen Mittelmeer entscheidend stärkte, so daß es von Gibraltar über Malta bis Zypern einerseits und bei Aden andererseits die Zufahrten zum Mittelmeer und zum Vorderen Orient beherrschte.

Für Deutschland aber ergab sich, was Bismarck seit langem befürchtet hatte und Disraeli 1879 abschließend formulierte: „Neben der Herstellung einer erträglichen Existenz für die Pforte war die Zerstörung und Verhinderung der Erneuerung des Dreikaiserbündnisses unser Ziel, und ich bin überzeugt, daß niemals ein allgemeines diplomatisches Ergebnis vollständiger gewesen ist.“ In der Tat war der Dreikaiserbund zusammengebrochen. Der Makler oder Mittler hatte die Freiheit einer solchen Stellung eingebüßt und mußte sich angesichts der russischen Verstimmung allein für Österreich entscheiden: die unmittelbare Folge war der Abschluß des Zweibundes, der die deutsche Außenpolitik der 80er Jahre charakterisieren sollte.

Bismarcks Streben, unter Preisgabe des trotz dynastischer Bindungen unsicheren Bündnisses mit Rußland ein engeres Verhältnis zu Österreich und hinter diesem auch zu England aufzubauen, wurde wesentlich durch die gefühlsmäßig begründete politische Haltung des 80jährigen Wilhelm I. erschwert: „Die entscheidenden Erfahrungen seines Lebens hatten ihn mit Rußland verbunden und von Österreich entfernt“ (Bußmann). Auf einer solchen Erlebnisgrundlage von Jahrzehnten war es dem ohnehin schwerfälligen und zum Beharren mehr als zum Wechsel neigenden Monarchen fast unmöglich, seinem Kanzler die Erlaubnis zu einer ihm radikal erscheinenden Wendung zu geben, wo er selbst nur an eine vorübergehende Verstimmung des Zaren glaubte. Er vermochte die „unberechenbare Elementargewalt dieser slawischen Revolution“ (Bismarck), welche in den Augen des Kanzlers die russische Politik zutiefst beherrschte, nicht zu erkennen. Erst als auch der Kronprinz, Moltke und andere für das Bündnis mit Österreich eintraten, dem die historische, sprachliche und kulturelle Gemeinschaft zugrunde liegen würde, beendete der Kaiser die Spannung mit dem Kanzler durch die Worte: „Bismarck ist notwendiger als ich.“ Damit konnte am 7. 10. 1879 der Zweibund unterzeichnet werden. Das auf fünf Jahre abgeschlossene Bündnis richtete sich allein gegen Rußland als potentiellen Angreifer bzw. Bundesgenossen eines anderen Gegners, d. h. Frankreichs; es sah also die Möglichkeit eines Zweifrontenkrieges vor. Der Vertrag wurde, entgegen dem

Wunsche des Kaisers, dem Zaren nicht mitgeteilt. Doch ließ Bismarck auch fortan die Möglichkeit einer neuen freundschaftlichen Verständigung mit Rußland nicht aus dem Auge, zumal ein engeres Verhältnis zu England nicht zustande kam, weil Disraeli unbedingt das „kontinentale Gleichgewicht" und die ausschlaggebende Position Englands gegenüber dem Festland behaupten wollte.

Unter solchen Umständen kam es seit dem Herbst 1879 zu einer neuen deutsch-russischen Annäherung und zu dem am 18. 6. 1881 abgeschlossenen geheimen Dreikaiservertrag, in dem die drei großen Monarchien Mittel- und Osteuropas sich auf drei Jahre zu wohlwollender Neutralität im Falle eines Krieges mit einer vierten Großmacht verabredeten. Außerdem war die Annexion von Bosnien und der Herzegowina durch Österreich und die Vereinigung Bulgariens mit Ostrumelien vorgesehen. Dieser Vertrag, dessen Zuverlässigkeit Bismarck nie über-, aber auch nicht unterschätzte, wurde 1884 erneuert.

Inzwischen aber war im März 1882 aus dem deutsch-österreichischen Zweibund durch den Anschluß Italiens an ihn die „politische Hilfskonstruktion" des Dreibundes hervorgegangen. In ihm suchte Italien Beistand für seine imperialen Bestrebungen, die durch Frankreich von Tunis her gefährdet wurden; zugleich sagte es seinerseits Waffenhilfe für einen deutschen Verteidigungskrieg gegen Frankreich zu. Bismarck schätzte den Bündniswert Italiens für Deutschland nicht sehr hoch ein, sondern hatte in erster Linie die Entlastung der österreichischen Südgrenze, d. h. indirekt die Steigerung des Bündniswertes dieses Zweibundpartners im Auge. Dahinter zeichnete sich über Italien eine gewisse Annäherung an die Mittelmeermacht England und eine lockere politische Zusammenfassung ganz Mitteleuropas zu einem Friedensblock ab. In diese Konzeption gehörte auch der 1883 vollzogene Anschluß Rumäniens an die Mittelmächte, der sich eindeutig gegen die Gefahr eines russischen Angriffes wandte. Außerdem bestanden recht gute Beziehungen zu Spanien und der Türkei. Zweibund, Dreibund und Dreikaiservertrag bildeten also eine von Bismarck außerordentlich geschickt gehandhabte Gruppe von Bündnissen, Zusagen und Vorbehalten, die nicht an allen Stellen zu vollem Einklang miteinander gebracht werden konnten, doch aber weit mehr als nur ein diplomatisch kunstvoll um seiner selbst willen aufgebautes System waren. Während das „Zeitalter des Imperialismus“ sich seit 1870 immer stärker in Expansionen und Rivalitäten der Großmächte in Afrika und Asien abzeichnete, gelang es dem großen, von Deutschland und Mitteleuropa aus weltpolitisch verantwortlich empfindenden Diplomaten Bismarck, der hier auch seine gedankliche Herkunft aus dem 18. Jahrhundert bezeugte, den Frieden auf dem Kontinent zu stärken und damit verbunden die Position des jungen Deutschen Reiches zu festigen. Zugleich erkannte er immer klarer, daß Deutschland sich auf die Dauer nicht aus jenen größeren internationalen Verflechtungen und Konfliktsmöglichkeiten maritimer und überseeischer, neomerkantilistischer und imperialer Art werde heraushalten können.

Anfänge der Kolonialpolitik

Die Frage, ob auch Deutschland an der Kolonialpolitik teilnehmen sollte und müßte, wurde seit langem diskutiert. Doch handelte es sich dabei nicht um eine freie Entscheidung, sondern um schicksalhafte geschichtliche Entwicklungen, denen sich ein Großstaat nicht zu entziehen vermochte. Daher hatten auch alle Argumente für und gegen den Erwerb von Kolonien und den Eintritt in den Kreis der damit zusammenhängenden Probleme nur begrenzte Bedeutung und Auswirkung. Sobald einmal die größere Einheit des Reiches gebildet war, ergaben sich als Selbstverständlichkeit auch die Lebensbedürfnisse und -formen einer Großmacht — sie hatten sich selbst in der kurzen Zeit der Reichsträume von 1848/49 angedeutet.

Im Vordergrund der öffentlichen Diskussion standen jetzt die Fragen des Bevölkerungsdruckes, der Zunahme industrieller Produktion, der Wettbewerbsfähigkeit auf dem Weltmarkt, ganz besonders aber die der Zugehörigkeit zu dem kleinen Kreis der wirklichen Groß- und Weltmächte. Diese Fragen hatten die Kolonial- und Überseepolitik des merkantilistischen Zeitalters bestimmt, sie lagen nun auch den Entscheidungen in den Jahrzehnten des Hochkapitalismus zugrunde.

Für eine Großmacht ohne bemerkenswerte Handels- und praktisch ohne Kriegsflotte, bei sehr begrenzten finanziellen Möglichkeiten und dem Vorhandensein nur weniger echter Unternehmer-, Forscher- und Entdeckerpersönlichkeiten in diesem Bereich lag es nahe, mit der Kolonisation im ältesten Raum europäischer Kolonialpolitik zu beginnen: in Afrika. In dem 1882 gegründeten Deutschen Kolonialverein diskutierte man anfangs fast nur die Frage, wo deutsche Siedlungskolonien geschaffen werden könnten. Der ganze Komplex erhielt die angedeuteten großen politischen Aspekte, als Bismark ihn aufgriff und aus seiner bis in die 80er Jahre behaupteten Zurückhaltung heraustrat. Sie hatte im wesentlichen auf dem Gefühl beruht, daß ein Hinübergreifen aus deutschen und mitteleuropäischen Zusammenhängen in die Weltpolitik von der Basis eines vollendeten innenpolitischen Aufbaues her und unter der Zustimmung, auf das Drängen der Gesamtheit des Volkes und über alle Meinungsverschiedenheiten in wirtschaftstheoretischen Fragen hinweg gewissermaßen als Notwendigkeit geschehen mußte. Der erste Schritt durfte also nicht vorzeitig getan werden, da er nicht ohne allergrößten Prestigeverlust rückgängig gemacht werden konnte.

Ein solches Drängen sah Bismarck, der Kolonialpolitik letztlich auch „nicht durch Generäle und nicht durch Geheime Räte, sondern durch Kommis von Handlungshäusern" treiben lassen wollte, im Territorialerwerb von Lüderitz an der Westküste Afrikas einerseits und in Englands Reaktion darauf andererseits, die an die Behandlung der deutschen Flotte durch England 1848/49 erinnerte. Bismarck stellte Lüderitz' Erwerbungen im April 1884 unter den Schutz des Reiches. Dazu traten bald die Gebiete von Togo und Kamerun, weiter aus der Initiative von Carl Peters solche in Ostafrika und unter Führung von Adolf von Hansemann Teile von Neuguinea. Als im Dezember 1884 in Berlin die große Konferenz zur Regelung des völkerrechtlichen Status des Kongogebietes unter der Regierung Leopolds II. von Belgien stattfand, war die erste, wesentliche, weil richtungsweisende und den Charakter bestimmende Phase der deutschen Kolonialpolitik innerhalb weniger Monate abgeschlossen — unter Vermeidung einer englisch-französischen

Allianz gegen diesen neuen Konkurrenten in kolonialen Fragen. Ende 1884 stand fest, daß es keine Möglichkeit mehr gab, Deutschland ohne Krieg, also etwa wie im 17. Jahrhundert durch Sperrung des Kanals oder durch diplomatische Pressionen, aus der Reihe der Kolonialmächte wieder zu verdrängen. Es stand aber auch fest, daß bei normaler Entwicklung der Kolonialfrage die Flottenfrage folgen mußte, da beide seit eh und je auf die natürlichste Weise miteinander zusammenhängen. Und es war endlich gewiß, daß die Kolonialpolitik über Bismarcks fundamentale Europapolitik hinausdrängen und den Reichskanzler auf Wege zwingen mußte, die der politischen Konzeption von der Gründung und dem Aufbau des Reiches zuwiderliefen. Als Bismarck Deutschland in den Kreis der Kolonial- und Seemächte eintreten ließ, gab er sofort und im Laufe der Zeit in schnell sich verstärkendem Umfange den Vorteil der mitteleuropäischen Position Deutschlands, d. h. des Ausbalancierens von Ost und West, auf. Das kunstvolle Gebäude der Bündnisse, das unter europäischen Gesichtspunkten errichtet worden war, geriet naturnotwendig in die viel heftigeren Stürme der weltpolitischen Zusammenhänge: Bismarcks Reichs- und Europapolitik war überholt und veraltet, seitdem er Deutschland 1884 in wirklich weltpolitische Zusammenhänge gestellt hatte — mochte er selbst auch mit manchen eindrucksvollen Formulierungen einstweilen noch diese Tatsachen zu leugnen oder wenigstens abzuschwächen versuchen.

Bismarck hat nach 1884 nichts unternommen, um sein System der außenpolitischen Bündnisse auf eine neue kolonial-, see- und weltpolitisch, ja weltwirtschaftspolitisch bestimmte Basis zu stellen, obgleich die wachsende Bedeutung dieser Zusammenhänge sich immer stärker und schneller abzeichnete. Hier lag entschieden eine von Bismarcks Schwächen: sein Bündnissystem entsprach in seiner Grundkonzeption auch 1890 noch den Vorstellungen von 1871, ja von 1866, obgleich die Welt sich in diesen Jahrzehnten außerordentlich schnell verändert hatte. Bismarcks außen- und innenpolitische Lehrjahre aber lagen in der Zeit Metternichs und nicht Charles Dilkes, des Propagandisten englischer Weltherrschaft; und er verbrachte sie im Raume der deutschen Frage und nicht in der Beschäftigung

z. B. mit dem Sepoy-Aufstand von 1857, dem Bau des Suezkanals oder der Öffnung Chinas und Japans für den europäischen Handel.

Mitteleuropäische Zweifrontenpolitik

Kaum waren die ersten Kolonialgebiete erworben und in den Schutz des Reiches genommen, da trat der Balkan wieder in den Vordergrund der deutschen Politik. In Bulgarien war nach dem Berliner Kongreß, dem russischen Wunsche entsprechend, 1879 Alexander von Battenberg zum Fürsten gewählt worden — ein Mann, der, wie auch früher und später der eine oder andere russische Protégé in ähnlicher Stellung, eigene Wege ging, sobald er im Besitz der Macht war. Er suchte selbständige und großbulgarische Politik zu treiben und fand dabei die britische Unterstützung, verlor aber die des Zaren. Auch Österreich wurde als Balkaninteressent naturgemäß in diesen Gegensatz hineingezogen — zumal der seit 1881 mit ihm verbündete König Milan von Serbien Ende 1885 mit Bulgarien in einen Krieg geriet. Das beschwor die Gefahr der Auflösung des eben erst erneuerten Dreikaiserbündnisses herauf. Bismarcks Intentionen strebten in den sehr komplizierten Verhältnissen zwei Zielen zu: einmal wollte er Deutschland durch seine Bündnisverpflichtungen nicht in einen Krieg um Balkanprobleme geraten lassen, die als solche ganz begrenzter Natur waren, und zum anderen wollte er den Zerfall des österreichisch-russischen Verhältnisses verhindern. Daher dachte er an eine Demarkationslinie, die Bulgarien in die russische, Serbien in die österreichische Einflußsphäre weisen sollte. Schließlich mußte der Battenberger zurücktreten; an seine Stelle trat Ferdinand von Coburg-Kohary, was den russischen Wünschen zuwiderlief und in Rußland die antideutsche Stimmung verstärkte.

Die Verhältnisse im Osten, bei denen immer mehr panslawistisch-deutschfeindliche Momente eine Rolle spielten, erhielten für Deutschland noch besondere Bedeutung, weil gleichzeitig in Frankreich ein Jahrzehnt nach der „Krieg-in-Sicht-Krisis" von 1875 das Verlangen nach Rache, das durch den abenteuernden, an Napoleon III. orientierten Kriegsminister Boulanger, den „General Revanche", geschürt wurde, plötzlich aufloderte.

Längere Zeit war nicht genau zu übersehen, wie groß und einflußreich die Gruppe von Publizisten, Finanziers, Politikern und Militärs war, die mit ihm den Krieg gegen Deutschland wollte — schließlich versagten ihm im Frühjahr 1887 Regierung und Kammer ihre Unterstützung, und damit war die Kriegsgefahr im Grunde beseitigt.

Immerhin mußte sich aus solchen gleichzeitigen und gleichgerichteten politischen Erscheinungen im Osten und im Westen für Deutschland immer stärker die Gefahr einer russisch-französischen Verständigung abzeichnen. Die eine Annäherung und vollends ein Bündnis mit Deutschland ablehnende Haltung russischer Offiziere, Beamter und Angehöriger des grundbesitzenden Adels war längst im Wachsen, als 1886, auf der Höhe der Boulanger- und der bulgarischen Krisis der russische Publizist Katkow, „der wichtigste Träger und wirksamste Führer des neuen ‚Russismus‘“ (Wittram), im Sommer 1886 das Dreikaiserbündnis heftig angriff, ähnlich wie Dostojewski zehn Jahre früher Deutschlands Bedeutung als von Rußlands Stärke abhängig bezeichnet hatte. Wenig später forderte er in einer Denkschrift den Zaren auf, die politische Initiative zu ergreifen, die seiner Macht entsprach, d. h. Frankreich wie Deutschland ihre Abhängigkeit von Rußland empfinden zu lassen und sie und Österreich in Rußlands Interesse gegeneinander auszuspielen, statt sich selbst durch Bismarck zu einem der vielen Gewichte in dessen Bündnispolitik herabwürdigen zu lassen.

Hier zeichneten sich Gefahren ab, die selbst Bismarck in den letzten Jahren seiner Kanzlerschaft nur mit größtem Geschick abfangen, nicht aber vom Grunde her beseitigen konnte, da sie aus ihm unerreichbaren Wurzeln erwuchsen. Bedrängt von dem „Alpdruck der Bündnisse“, dem „Cauchemar des coalitions“, konnte er wohl Deutschlands Rüstungen verstärken und kleinere und größere, in ihrer Wirkung oberflächliche und zeitlich begrenzte diplomatische Aktionen durchführen — doch befreite ihn all dies in Gedanken an die internationalen Verhältnisse zu Beginn des 20. Jahrhunderts nicht von der Unruhe über Deutschlands Schicksal bei so starker Abhängigkeit eines erst seit kurzem geeinten und in dieser Form noch nicht in Krisenzeiten erprobten Reiches von den Tendenzen der übrigen europäischen

Mächte. Stets ist diese Sorge und das Empfinden der engen Begrenzung seiner eigenen diplomatischen Fähigkeiten viel stärker gewesen als die Befriedigung über die Beherrschung eines überaus kunstvollen und dauerhaften Bündnissystems. Aus diesem Grunde, zutiefst freilich aus äußerstem Verantwortungsbewußtsein, wollte er jeden Krieg im Osten und im Westen vermeiden. Deshalb betonte er Deutschlands Desinteressement an Bulgarien und damit den Wert guter Beziehungen zu Rußland. Deshalb auch erklärte er in seiner großen Reichstagsrede am 11. 1. 1887 nach Westen gewandt: „Wir werden Frankreich nicht angreifen, unter keinen Umständen." Er lehnte den Gedanken an einen Präventivkrieg eindeutig ab und betonte: „Wir haben keine kriegerischen Bedürfnisse, wir gehören zu den — was der alte Fürst Metternich nannte: saturierten Staaten, wir haben keine Bedürfnisse, die wir durch das Schwert erkämpfen könnten."

Aus solcher Haltung wurde 1887 der Dreibund erneuert und zugleich erweitert, indem Deutschland seine Bündnisverpflichtungen gegenüber Italien ebenfalls auf dessen Kolonien ausdehnte und Österreich Italiens Interesse an Gebietserwerbungen auf dem Balkan und im Bereich der Türkei grundsätzlich anerkannte. Darüber hinaus kam es im Frühjahr 1887 zu einer auch von Bismarck vorbereiteten und sehr begrüßten Verständigung in der Form eines Notenaustausches zwischen England, Österreich und Italien im Sinne der Erhaltung des Status quo im gesamten Mittelmeer und im Schwarzen Meer; sie verdichtete sich gegen Ende des Jahres zu dem sogenannten „Orient-Dreibund" mit dem Ziel einer Erhaltung der Integrität der Türkei und der Freiheit der Meerengen. Derartige Abkommen, so locker und unverbindlich sie im Ernstfalle sein, so schnell sie unter dem Druck politischer Belastungen zusammenbrechen mochten, entlasteten doch Deutschland und Österreich gegenüber Frankreich und Rußland und basierten stets auf der Voraussetzung von Bismarcks prinzipieller Friedenspolitik.

Das im Laufe der Jahre mehr und mehr ausgehöhlte Dreikaiserabkommen konnte allerdings auf die Dauer einer solchen Auffassung und Zielsetzung nicht mehr genügen. Daher strebte

Bismarck eine festere unmittelbare deutsch-russische Verbindung an, die er im Rückversicherungsvertrag vom 18. 7. 1887 erreichte — einem gewissen Höhepunkte seiner Bündnispolitik. Als Ergebnis einer Geheimdiplomatie, die zwar in mancher Hinsicht mehr dem 18. Jahrhundert zu entsprechen schien als dem Ende des 19., war der Charakter dieses Vertrages grundsätzlich nicht verschieden von dem Notenwechsel anstelle eines Vertrages, durch den die britische Regierung fast gleichzeitig ihre Mittelmeerpolitik vor dem Parlament geheimhielt. Auch gab es keine Unklarheit darüber, daß Bismarck Deutschlands Bündnisverpflichtungen gegenüber seinen Dreibundpartnern nach wie vor ernst nehmen und von seiner altbekannten Balkanpolitik nicht abweichen wollte. Anders stand es um das „ganz geheime Zusatzprotokoll", in dem das Reich seine moralische und diplomatische Unterstützung für den Fall zusagte, daß der Zar im Kriege den Zugang zu den Dardanellen verteidigte oder die Meerengen besetzte. Diese Verpflichtung war mit derjenigen nicht mehr vereinbar, welche Deutschland in Verbindung mit den österreichisch-italienisch-britischen Mittelmeerverabredungen übernommen hatte. Das eine Abkommen erkannte Rußlands Streben nach Konstantinopel und den Meerengen an, das andere stellte sich diesem im Sinne des Status quo entgegen. Und alle aus der Situation der Zeit und aus dem historischen Ergebnis geschöpften Erklärungen für diese Doppelzüngigkeit kommen nicht daran vorbei, daß es sich um eine solche handelte, daß Bismarcks Bündnispolitik hier also in eine Übersteigerung geraten war, welche vom „Ehrlichen Makler" nichts mehr bewahrte und letzten Endes in eine Sackgasse führte, aus der ohne moralische Einbußen nicht wieder herauszukommen war. Auch charakterisiert die Situation deutlich die Schwierigkeit der Lage, in die Deutschland — von der Präventivkriegsneigung der Generalstäbe in Deutschland und Österreich ganz abgesehen — in den 80er Jahren allen diplomatischen Bemühungen und Erfolgen zum Trotz hineingeraten war. Letzten Endes war es unmöglich geworden, weiterhin die Nachteile der geopolitischen Mitteleuropastellung zu übersehen oder nur als Aufforderung zu ständigen Balancierungsversuchen unter Vermeidung einer eigenen eindeutigen Parteinahme zu verstehen —

wofür der Geheime Rat von Holstein allen seinen gefährlichen Schwächen und Voreingenommenheiten zum Trotz ein feines Empfinden hatte. Die politische Initiative in Europa, die Bismarck in den 70er Jahren eindeutig für Deutschland gewonnen hatte, war ihm seitdem ohnehin längst entglitten; sie lag überhaupt nicht mehr dauerhaft bei einer der Großmächte. Sie alle trieben mehr und mehr ihre eigene Interessenpolitik weit jenseits von Begriffen wie Gleichgewicht, Heilige Allianz und Konzert; das bewies nicht zuletzt Bismarcks, einem tiefen, seit langem gehegten Bedürfnis entstammender Bündnisfühler vom Januar 1889 nach London. So wenig England unmittelbar an einem deutsch-französischen Krieg interessiert war, so wenig zeigte es jedoch auch Bereitschaft, Deutschlands Lage auf dem Kontinent zwischen Rußland und Frankreich zu erleichtern. Hier — und in Englands traditionellem Verlangen, außerhalb der kontinentalen Verwicklungen in einer „splendid isolation" zu stehen und die Politik auf dem Kontinent doch im rechten Augenblick maßgeblich zu bestimmen — lag die größte Schwierigkeit der deutsch-englischen Bündnispolitik begründet, der „antinomische Charakter" der deutsch-englischen Machtbeziehungen (Rothfels). In solchen Zusammenhängen hatte der Rückversicherungsvertrag freilich auch nicht die eminente Bedeutung, die Bismarck selbst ihm später in seinen „Gedanken und Erinnerungen" hat zusprechen wollen und die ihm nach 1918 unhistorisch zugemessen worden ist. Der Kanzler hat sichtlich in seinen letzten Jahren immer wieder die Notwendigkeit der Entscheidung zwischen Ost und West, zwischen Rußland und England erwogen. Dem Sog der See- und Kolonialpolitik nachgebend, empfand er den Drang zu „einer Neuorientierung, der Wendung zu England" (Herzfeld). Die damit verbundene Schwierigkeit und alles, was u. a. auch innenpolitisch sich an einen solchen Schritt anhängen würde, hat er vielleicht nicht mehr voll zu erfassen vermocht.

Man hat über die Außenpolitik Bismarcks in seiner Spätzeit geurteilt, sie sei durchaus nicht gekünstelt oder bloß technisches Virtuosentum gewesen; „sie hat als Ordnung ihren Schwerpunkt im Ethos einer sich selbst beschränkenden Macht, die im eigenen Interesse zum Garanten des Staatensystems wird, oder, wie Bismarck selbst es einmal bildkräftig ausgedrückt hat, ‚zum Bleigewicht am Stehaufmännchen Europa'" (Rothfels). Gewiß — aber die Frage bleibt, ob Bismarck in seinen letzten Kanzlerjahren die mächtig angewachsene Kompliziertheit der Außen- wie der Innenpolitik und beider Verwobenheit miteinander wirklich noch zu ermessen vermochte. Denn gerade jetzt verbanden sich für Deutschland innere und äußere Politik stärker als jemals zuvor.

Die Fülle der innenpolitischen Aufgaben

Das Deutsche Reich von 1871 war Bismarcks Reich — innenpolitisch nicht weniger als außenpolitisch. Die Stellung des Reichskanzlers ist mit Recht als hegemonial bezeichnet worden. Das Hauptgebiet seines Interesses und seiner Tätigkeit war die Außenpolitik. Die innere kulturelle, gesellschaftliche, administrative, wirtschaftliche Entwicklung trat dahinter zurück. Die Außenpolitik war und blieb aber auch weit mehr als die Innenpolitik Angelegenheit des Einzelnen, während die Innenpolitik stärker eine Aufgabe der Parlamente war und immer mehr wurde. Hier lagen zusätzliche Ursachen für die Gewichtsverteilung in Bismarcks Arbeit — und daraus wieder erklärt sich, daß er praktisch nie ein rechtes Verständnis für die Bedeutung großer Menschenmassen, sei es in der Form organisierter Parteien, sei es als amorphe Vielheit, gewonnen hat. Er war ein Monarchist der vorparlamentarischen Zeit im tiefsten Gehalt des Wortes; und er beharrte dabei über alle von ihm mit mehr oder weniger Erfolg gemeisterten innenpolitischen Probleme hinweg — auch als diese längst den Kreis monarchischer Entscheidungsmöglichkeiten und -fähigkeiten überschritten.

Aus der Fülle innenpolitischen Geschehens im Bismarckreich ragen einige große Komplexe genau so heraus wie aus der unübersehbaren Masse diplomatischer Korrespondenzen und Konferenzen: Kulturkampf, Sozialismus und Sozialistengesetz, soziale Versicherung und Entwicklung des Parlamentarismus. Sie bilden im Grunde tiefe und langdauernde Erschütterungen, die nicht durch eine beide Seiten voll befriedigende Lösung, sondern nur in zeitlich mehr oder weniger begrenzten Kompromissen beruhigt und in ihrer Dringlichkeit verringert oder revolutionär radikal beseitigt werden konnten. Weltliche und geistliche Herrschaft, konstitutionelle Monarchie von der Art des späten 19. Jahrhunderts, in Verbindung also mit Bürgertum und Kapitalismus, und marxistischer Sozialismus standen einander gegenüber. Die größte innenpolitische Leistung Bismarcks und seiner Nachfolger bis 1918 blieb, daß sie die Revolutionen vermieden und Evolutionen geleitet haben, welche zwar nie, auch nicht für einen kurzen Augenblick, auf der einen oder anderen Seite das Hochgefühl des vollen Erfolges gestatteten, dem Lebensbedürfnis des Volkes aber weit mehr entsprachen als Radikallösungen. Ähnliches gilt für ihre Außenpolitik, die gleichfalls ständig nach der Vermeidung eines alle europäischen Lebensformen revolutionierenden Krieges strebte und sich dazu dauernd des Kompromisses durch Verträge und Bündnissysteme und der Unterdrückung hegemonialer Ansätze bediente. Eine solche Auffassung war ganz besonders bedeutungsvoll in einer Zeit, über die 1879 Treitschke im 1. Bd. seiner „Deutschen Geschichte im 19. Jahrhundert" schreiben konnte, „eine allen Gebildeten gemeinsame nationale Geschichtsüberlieferung in unserem kaum erst wiedervereinigten Volke hat sich noch nicht entwickeln können"; es gäbe „nicht einmal eine Verständigung über die wahrhaft entscheidenden Tatsachen unserer neuen Geschichte".

Der „Kulturkampf" — die Bezeichnung wurde 1873 von Virchow in einem Wahlaufruf der Fortschrittspartei geprägt — entstammte Ursprüngen, die weit vor der Reichsgründung in der alten Auseinandersetzung zwischen Staat und christlicher Kirche lagen und durch die politischen Auswirkungen von Luthers Reformation für die katholische Gegenreformation an Bedeutung noch gewonnen hatten. Seit der Mitte des 19. Jahrhunderts bis hin zum Ökumenischen Konzil des Jahres 1870, das am 18. 7. das Dogma der päpstlichen Unfehlbarkeit beschloß, erreichte dieser Gegensatz, der durch die Stärkung des politischen Liberalismus und des kulturellen Individualismus weitere Akzente erhielt, einen seiner Höhepunkte. Gerade in der Frage der Infallibilität achtete Bismarck auf strenge Zurückhaltung und Neutralität — nicht zuletzt mit Rücksicht auf die

8 Millionen Katholiken in Norddeutschland. Unter der Führung von Ignaz von Döllinger, der seit 1848 zum Gedanken der Nationalkirche neigte, 1861 verschiedentlich die Aufhebung des Kirchenstaates für wünschenswert erklärt, den bayerischen Ministerpräsidenten Fürst Hohenlohe bereits zum Vorgehen gegen das Konzil bestimmt hatte und schließlich nach seinen erregenden „Römischen Briefen vom Konzil“ 1871 exkommuniziert worden war, lehnte dann eine Gruppe deutscher Katholiken als „altkatholische“ Bewegung das Unfehlbarkeitsdogma ab. Nunmehr mußte die preußische Regierung in den beginnenden Streit zwischen kirchlichen Behörden einerseits, Theologieprofessoren und Religionslehrern andererseits eingreifen. Sie tat dies gegen die Auffassung der katholischen Kirche — und zwar am gleichen Tage, an dem die Kurie in Italien ihren letzten weltlichen Besitz, den Kirchenstaat, einbüßte. Bismarck versicherte damals auf eine Anfrage des Kardinalstaatssekretärs die deutsche Bereitschaft, dem Papst in Köln oder Fulda Asyl zu gewähren. Dies tat er aus innen- wie aus außenpolitischen Gründen. Mit der Übersiedlung des Papstes nach Deutschland wollte er den Katholiken einen Dienst erweisen, dem Auftreten der Ultramontanen entgegenwirken, den Papst verpflichten und das Zustandekommen eines Zusammenschlusses katholischer Staaten gegen Deutschland für die Zukunft verhindern. In diesen Motiven von Bismarcks damaliger Politik gegenüber dem Katholizismus waren zugleich „die Kernpunkte bezeichnet, die zum Kulturkampf und zu seiner Beendigung führten“ (Rein). Der Kanzler verhielt sich auch weiterhin in Kirchenfragen, die er als Politica ersten Ranges betrachtete, so vorsichtig wie nur möglich — nicht zuletzt, weil 1866/71 das Zahlen- und Machtverhältnis der beiden Konfessionen wesentlich verschoben worden war: im kleindeutschen, von den protestantischen Hohenzollernkaisern präsidierten Reich hatten im Gegensatz zum Deutschen Bund die Protestanten die Majorität. Der politische Katholizismus großdeutscher Gesinnung gehörte also zu den Besiegten von 1866/71; und die nationalliberalen Kräfte und Bestrebungen, die im werdenden Reich sich immer stärker durchsetzten, galten dem Katholizismus als ärgste Feinde. Unter solchen Umständen und aus solchen Motiven

wurde 1870 die Zentrumspartei als Fortsetzung der seit 1852 bestehenden katholischen Fraktion des preußischen Abgeordnetenhauses und in Verbindung mit dem „Bundesstaatlich-Konstitutionellen Verein“ von 1867 gegründet. Doch hatte sie, die stets in engem Konnex mit den Gesamtvorgängen und politischen Zielsetzungen der päpstlichen Politik stand, nicht allein kirchlich-kulturelle, sondern ebenso hochpolitische Anliegen und Ziele, wie sie auch schon in ihrer ersten programmatischen Erklärung „Dezentralisation der Verwaltung“ und „Abwehr jeden Angriffs auf die Unabhängigkeit der kirchlichen Organe“ als Hauptforderungen hervorhob. Föderalistisch und katholisch, bildete diese Partei bald den Kristallisationspunkt auch für manche rein politischen Gegner Bismarcks und der preußisch-kleindeutschen Einigung: für die protestantischen Welfen wie für die katholischen Polen und Elsässer.

Von dieser Zentrumspartei gingen 1871 die ersten Schwierigkeiten aus, als sie vergeblich beantragte, die Grundrechtsartikel der preußischen Verfassung, deren Vorzüge schon Ketteler hervorgehoben hatte, in die Reichsverfassung aufzunehmen. Es folgte schnell eine gegenseitige Annäherung weit über kirchliche Fragen hinaus von Seiten des „Zentrums“, der polnischen Bevölkerung und der polnischen Nationalbewegung in den preußischen Ostprovinzen. Bereits im August 1871 bemerkte Bismarck, die Rekruten in Posen würden dem Papst bald mehr gehorchen als dem König. Hier lag ein wesentlicher Anlaß für die staatliche Stellungnahme im Kulturkampf, der nun in eine Art Vorstadium eintrat, als im Sommer 1871 die katholische Abteilung im preußischen Kultusministerium aufgelöst wurde. Es folgte im Zuge der Trennung von Staat und Kirche das Schulaufsichtsgesetz vom Dezember 1871/März 1872, das die geistliche durch die staatliche Schulaufsicht ersetzte und den polnischen und klerikalen Einfluß in den Schulen des Ostens zurückdrängen sollte. Bei solchen Zielsetzungen, die ihm längst vor dem Kulturkampf vertraut gewesen waren, trat Bismarck auch ein bedeutender protestantischer Widerstand entgegen, der des grundsätzlichen Einverständnisses mit dem frommen Protestanten Wilhelm I. sicher sein konnte. Andererseits war Bismarck bis 1872 bestrebt, einen „Kampf mit der Kurie“ zu vermeiden; er versuchte sogar, diese gegen das Zentrum zu gewinnen — ein aussichtsloses Beginnen, das wie manche anderen Ansätze jener Zeit zeigt, wie wenig absichts- und planvoll der Kanzler in den Kulturkampf hineingeriet und diesen führte, was nicht zuletzt auf der Unmöglichkeit beruhte, seinen Respekt vor der katholischen Kirche und seine Sympathien für sie als konservative Macht sauber zu trennen von dem Gegensatz der politischen Auffassungen. Es war weiter von großer Bedeutung, daß Papst Pius IX. und Bismarck wenig konziliante und zum Ausgleich kaum geneigte Naturen waren. So kam es schließlich zu dem „Kulturkampf“, der in vieler Hinsicht weder Bismarcks politischen und religiösen Grundauffassung noch seiner staatsmännischen Zielsetzung entsprach.

Dieser Kampf, der sich hauptsächlich in Preußen, sehr viel milder jedoch auch in Baden und Bayern, weniger in Hessen und Württemberg abspielte, begann mit dem Auftrag an den neuen preußischen Kultusminister Adalbert Falk, einen hervorragenden, aber politisch ungewandten liberalen Juristen, „die Rechte des Staates gegenüber der Kirche wiederherzustellen, und zwar mit möglichst wenig Geräusch“ (Bismarck). Der „Kanzelparagraph“ 130a, der im Dezember 1871 dem deutschen Strafgesetzbuch hinzugefügt wurde und den Geistlichen verbot, in Ausübung ihres Amtes Angelegenheiten des Staates „in einer den öffentlichen Frieden gefährdenden Weise“ zu erörtern, sowie das Gesetz, das alle Niederlassungen der Jesuiten auf Reichsgebiet verbot, den Angehörigen des Jesuiten-Ordens Aufenthaltsbeschränkungen auferlegte und die Möglichkeit zur Ausweisung ausländischer Jesuiten schuf, beruhten noch auf bayrischen Anträgen, und die Einzelstaaten erließen für das Jesuitengesetz z. T. auch verschärfende Ausführungsbestimmungen. Gerade dieses Gesetz erzielte die geringsten Wirkungen, trug aber wesentlich zum Zusammenschluß der deutschen Katholiken unter der Führung des sehr geschickt vorgehenden Papstes bei.

Mit den Maigesetzen von 1873 folgte das Hauptstück des Kulturkampfes, dessen Schwergewicht seitdem in Preußen lag. Dabei handelte es sich um 1. das Gesetz über die Vorbildung und Anstellung der Geistlichen, das wirkungslos ein Kulturexamen forderte und die Anzeigepflicht bei der Übertragung eines kirchlichen Amtes sowie das Einspruchsrecht des Staates festsetzte; 2. das Gesetz über die kirchliche Disziplinargewalt und die Errichtung des königlichen Gerichtshofes für kirchliche Angelegenheiten, das die Disziplinargewalt auf deutsche kirchliche Behörden beschränkte, auch bei diesen einengte und ihnen eine Mitteilungspflicht auferlegte; 3. das Gesetz über die Grenzen des Rechtes zum Gebrauch kirchlicher Straf- und Zuchtmittel, das u. a. die Veröffentlichung der verhängten Strafen verbot; 4. das Gesetz über den Austritt aus der Kirche, das diesen erleichterte und besonders den Altkatholiken, die seit 1873 eine eigene, staatlich zumeist anerkannte bischöfliche Kirche bildeten, zugute kommen sollte.

Ergänzend wurden 1874 in Preußen, ein Jahr danach im Reich die obligatorische Zivilehe und die Beurkundung des Personenstandes durch die Standesämter eingeführt.

Für konservative Katholiken mußten Art und Tendenz der Falkschen Staatsgesetzgebung Symptome revolutionärer Politik sein — im Sinne des Voltairianertums, der aufklärerischen Entkirchlichung und der reformatorischen Ketzerei. Aber auch konservativen Protestanten konnte der Kulturkampf, der durch Falk und die liberal-klerikale Gegnerschaft im Parlament sein Gepräge erhielt, nicht akzeptabel erscheinen; daher rückten vielfach auch protestantische Geistliche und Laien von Bismarck ab. Im katholischen Bereich ging der Widerstand gegen die Maigesetze von der Leitung der Kirche aus, die in der Fuldaer Bischofskonferenz zusammengefaßt war, und ergriff schnell außer dem gesamten Klerus auch das katholische Kirchenvolk. Überall und in jeder nur möglichen Form wurden die Gesetze übertreten. Damit erzwang man die Bestrafung von mehr als 20% aller Geistlichen jeden Ranges durch den Staat, d. h. die Schaffung von Märtyrern. Außerdem führte die Behinderung der Seelsorge zur Empörung der Laienschaft. Das Endergebnis konnte also nur die, wenn auch erst nach Jahren erfolgende Bankrotterklärung dieser Gesetzgebung sein. Bereits im Herbst 1873 kam es zu einem Briefwechsel zwischen Pius IX. und Wilhelm I., in dem der Papst den Gesamtanspruch des Katholizismus umfassend formulierte, der Kaiser aber die Identifizierung des „Papalismus mit dem Christentum“ (Stutz) zurückwies. Die Korrespondenz führte nicht zur Milderung der Maigesetze; sie vermochte nicht einmal weitere Kampfgesetze zu verhindern, z. B. das Expatriierungsgesetz gegen Geistliche im Reich und das preußische Gesetz über die Verwaltung erledigter katholischer Bistümer. Daraufhin erklärte der Papst im Februar 1875 die gesamte preußische Kirchengesetzgebung für ungültig und bedrohte ihre Befolgung mit Exkommunikation, wodurch nun im anderen Lager „die Kulturkampfstimmung in ihrer Mischung aus liberalem Staatspathos und Kulturprotestantismus auf den Höhepunkt“ (Bussmann) getrieben wurde und Preußen mit den schärfsten Strafgesetzen die Grenzen eines christlichen Staates eigentlich schon hinter sich ließ: dem Gesetz „betr. die Einstellung der Leistungen aus Staatsmitteln für die römisch-katholischen Bistümer und Geistlichen“ vom April 1875 — dem sogenannten „Sperr- oder Brotkorbgesetz“ — folgten das „Klostergesetz“ vom 31. Mai 1875, das alle Orden und ordensähnlichen Kongregationen aus Preußen ausschloß und auflöste, und schließlich der Versuch der preußischen Regierung, durch ein Gesetz vom 20. Juni 1875 die Vermögensverwaltung in den katholischen Kirchengemeinden entgegen der katholischen Auffassung neu zu regeln.

All diese Gesetze brachten dem Staat kurzfristige, dem Katholizismus langdauernde Erfolge: daß diese Gesetzgebung eines Tages modifiziert werden mußte, stand ebenso außer Frage wie die Behauptung des engen Zusammenschlusses der Katholiken durch Partei, Vereine aller Art und Presse. Die Wahlen in Preußen 1873 und im Reich 1874 bewiesen nicht allein diese religiös-politische Konzentration auf der einen Seite; sie führten auch im mächtigen Ansteigen der sozialdemokratischen Partei und der welfischen, elsässischen und polnischen Gruppen zu einer tiefen Spaltung und zunehmenden unglücklichen Radikalisierung gegenüber anderen Fragen der inneren Politik.

Bismarck erkannte im Laufe der Jahre selbst, daß man eine geistige Macht wie die katholische Kirche, ja, auf die Dauer überhaupt keine echte geistige Bewegung mit Polizeimaßnahmen besiegen kann, mochte er selbst 1875 das Verhalten des katholischen Klerus als „revolutionär“ bezeichnen und damit in die Nachbarschaft zum Sozialismus rücken. Auch diesen konnte er wenige Jahre später nicht mit einem Gesetz besiegen und nicht einmal durch die großartigen, im Sinne der Revolution aber höchstens halben Maßnahmen der Sozialgesetzgebung als gefährlichen Gegner ausschalten. Die katholische Kirche zeigte dagegen unter Papst Leo XIII., dem Nachfolger Pius' IX., Kompromißbereitschaft und bot Bismarck die Möglichkeit, die Sackgasse einer wirkungslosen und damit den Staat selbst gefährdenden Kampfgesetzgebung zu verlassen. Gegenüber solchen großen Gesichtspunkten spielten in der Hitze des Streites überspitzte, bei nüchterner Beurteilung unhaltbare Formulierungen auf beiden Seiten nur eine ganz untergeordnete Rolle. Übrig blieben die beiden Erkenntnisse, daß Bismarck dem Kulturkampf in Europa keine wirklichen Bundesgenossen gewinnen, d. h. also ihn nicht auf die außenpolitische Ebene hinüberspielen konnte und daß die Machtmittel des Staates in Form von Gesetzgebung und Polizei des Verfassungsstaates gegenüber geistigen Mächten nur sehr begrenzt einsatzfähig sind.

Daß Bismarck in diesem letzten Bereich die uns heute so vertraute, zwar nur oberflächliche, aber dennoch sehr bedeutsame Ähnlichkeit von Religion und sozialistischer Ideologie nicht erkannte oder verspürte, verschuldete seine zweite Kampfaufnahme und Niederlage. Die Entwicklung des Sozialismus hing naturgemäß aufs engste zusammen mit der Wirtschaft. In Deutschland hatte sich wie im übrigen Europa seit 1815 in schnell wachsendem Tempo eine zuvor unbekannte wirtschaftliche Veränderung abgespielt: Eisenbahn und Schiffbau, maschinelle Produktion, weit über das Ansteigen der Bevölkerung hinausgehende Zunahme der Konsumtion, alte Stände sprengende und neue verursachende Industrialisierung, der moderne Bergbau, die Verhüttung mit Koks, die Bändigung der Elektrizität, unzählige arbeitssparende Erfindungen, die Entwicklung von Kunststoffen, die Zunahme der Bedeutung von Chemie und Physik, schließlich die Verdrängung der ländlichen Lebensform aus ihrer Vorrangstellung durch die städtische, ja durch die großstädtische — das alles und vieles andere hatte das Leben des Menschen von der wirtschaftlich-technischen Seite her von Grund auf verändert, erweitert und bereichert, aber auch erschwert.

Dieser „Aufstieg“, der sich an vielen Zahlen ablesen, aber auch jenseits solcher Maßstäbe beobachten ließ, hatte seine Kehrseite: sie war gekennzeichnet u. a. durch die Zunahme der Arbeitszeiten, seitdem es Maschinen gab, die, im Besitz der Unternehmer, Tag und Nacht in Betrieb gehalten werden konnten, und preiswerte künstliche Beleuchtung, die für den Arbeiter die Nacht zum zweiten Arbeitstag machte. Frauen- und Kinderarbeit traten in immer stärkerem Maße hinzu; die Heimarbeit, einst als „Hausfleiß“ Ergänzung des bäuerlichen Berufes, veränderte vollständig ihren Charakter und wurde zu einem vorwiegend städtischen Tätigkeitsbereich, in dem das Elend regierte und die Tuberkulose viele Opfer fand.

Die ganze Entwicklung spielte sich in einer Zeit ab, welche wirtschaftstheoretisch von einem Liberalismus beherrscht wurde, der sich vom Smithianismus — durch naturwissenschaftlich-historische Auffassungen vom Struggle-of-Life, vom natürlichen Wettbewerb, vom Überleben des Stärksten sowie durch Auffassungen und Schlagworte wie „Wissen ist Macht“ gefördert — nach der Jahrhundertmitte auch in Deutschland immer stärker der radikalen Form des Manchesterliberalismus zuwandte. Gleichzeitig zeigte sich immer deutlicher, daß ein echter wirtschaftlicher Wettstreit im Sinne des Liberalismus kaum noch möglich war.

Die erste Weltwirtschaftskrise hatte 1857 nach den Notjahren von 1846/48 durch große Kapitalverluste, Zusammenbrüche und Arbeitslosigkeit deutlich werden lassen, daß wirtschaftlicher Aufstieg durch Zeiten weltweiter Depression unterbrochen werden konnte. Die große Krise nach den Gründerjahren und dem Kriege von 1870/71 hatte diese Tatsache von neuem erhärtet und das Gefühl der Unsicherheit des einzelnen im Bereich der kapitalistischen Industriewirtschaft über alle Erfahrungen hinaus gesteigert, welche den Menschen in der Agrarwirtschaft jemals aufgezwungen worden waren. Korruption und Ausbeutung verdüsterten das Bild insbesondere nach 1871. Die Hungersnot nach Mißernten, die es seit der Ausdehnung von Eisenbahn und Dampfschiffahrt und seit dem Massenanbau der Kartoffel nicht mehr gab, erschien in der Erinnerung fast geringfügig und unbedeutend im Verhältnis zum Elend der „industriellen Reservearmee“ der Arbeits- und Wohnungslosen, in deren Kreisen die alten Bindungen durch Familie und Religion, von Moral und Tradition sich aufzulösen begannen.

Nicht nur die Proteste der Sozialisten, sondern auch viele Stimmen aus den religiösen und anderen reformerischen Lagern wiesen auf diese Mißstände und auf die Notwendigkeit hin, sie zu beseitigen oder zu verringern. Die einen wollten den Arbeitenden auch in der Industriegesellschaft ein menschenwürdiges Dasein verschaffen, die anderen die seit 1789 ständig als Drohung über der Gesellschaft hängende und von Zeit zu Zeit auch über sie hereinbrechende Revolution nicht nur immer wieder abfangen, sondern wirklich bannen.

Die kommunistisch-sozialistische Bewegung griff unter solchen Umständen auch in Deutschland auf verschiedene, bald religiös, bald bürgerlich-reformerisch, bald immer stärker radikal gefärbte Weise um sich. Das „Kommunistische Manifest“, das 1848 veröffentlicht, aber noch ein Jahrzehnt später von den „Proletariern“ weder gelesen noch in seiner komplizierten Ausdrucksweise verstanden wurde, bildete unter vielen Schriften nur eine, die sich anklagend und revoltierend mit der „sozialen Frage“ im weitesten Sinne beschäftigten. Aber das „Kommunistische Manifest“ war auf die Dauer der wirkungsvollste Appell: es übersprang alle nationalen Grenzen, rüttelte die „Proletarier aller Länder“ auf und bildete die Grundlage der „Internationale“. Von Marx’ Kampfschrift aus machte die Industriearbeiter-Bewegung unter der Führung von August Bebel und Wilhelm Liebknecht eine Entwicklung durch, die aus der Feindschaft gegen das Manchestertum und aus den kulturellen Bemühungen der Arbeiterbildungsvereine Schritt um Schritt in den radikalen „wissenschaftlichen Sozialismus“, aber auch in den „Revisionismus“ hineinführte.

Der Weg verlief nach Lassalles „Allgemeinem deutschen Arbeiterverein“ von 1863 über die Gründung der Sozialdemokratischen Arbeiterpartei 1869 mit dem Eisenacher Programm, einem für die Zeit charakteristischen Nebeneinander marxistischer Gesellschaftsforderungen und demokratisch-evolutionärer Grundsätze, sowie über den daran anschließenden Gothaer Kongreß von 1875, auf dem die marxistische Richtung sich die lassallesche einverleibte, zu einer ständig fortschreitenden Radikalisierung. Lassalle hatte vom Staat soziale Maßnahmen für die Arbeiter gefordert und eine Parteibildung und -entwicklung im Auge gehabt, die auf die Dauer wohl derjenigen der britischen Arbeiterpartei ähnlich gewesen wäre. Marx setzte dagegen in langen und erbitterten Kämpfen seine radikalrevolutionäre Klassenkampfauffassung und -lehre als sozialistisches Bekenntnis und Programm durch. Unter dem Gothaer Programm erstrebte „die sozialistische Arbeiterpartei Deutschlands mit allen gesetzlichen Mitteln den freien Staat und die sozialistische Gesellschaft", d. h. die Beseitigung der bestehenden Staats- und Gesellschaftsordnung auf legalem Wege.

Es gehörte zu Bismarcks Eigentümlichkeiten, daß er aus seiner Begabung und Interessenrichtung heraus alles Geschehen in internationalen Zusammenhängen zu erfassen und zu gestalten versuchte. Das trat im Bereich des Sozialismus ebenso deutlich — und hindernd — in Erscheinung wie in dem des Kulturkampfes. Ohne Zweifel waren katholische Kirche und Sozialismus internationale Erscheinungen; aber indem Bismarck sie nur oder vorwiegend als solche ansehen und bekämpfen, ja, indem er sie in sein grundsätzlich ganz anders geartetes diplomatisches Spiel einordnen, z. B. die monarchische Solidarität gegen die „Revolution" herstellen und eindeutig außenpolitische Probleme mit eindeutig innenpolitischen vermischen wollte, übersah oder unterschätzte er deren Eigenart und Gewicht im engeren deutschen Rahmen, ihren deutschen Charakter. Von dorther erklärt es sich wohl auch, daß er nie versucht hat, die Sozialdemokratie aus ihren internationalen Beziehungen zu lösen und zu einer rein deutschen Partei zu machen. Von entscheidender Bedeutung für diese Einstellung waren sein Erlebnis der europäischen Revolution von 1848 und seine Erfahrung mit der Pariser Kommune von 1870. Das Ansteigen der anfangs freilich noch im Verhältnis zu den anderen Parteien unbedeutenden Wählerzahl der SPD und die darin zum Ausdruck kommende wachsende Entfremdung des deutschen Arbeiters vom monarchisch-konservativen und bürgerlich-liberal-kapitalistischen Staat beunruhigte Bismarck sehr stark. Aber da er durch den Aufbau der Außenpolitik des Reiches voll in Anspruch genommen und durch Herkunft, Berufs- und Erfahrungsgang entscheidend geprägt war, fand er keine anderen Mittel gegen die Gefahr als zunächst die antisozialistische Verschärfung der Vereins- und Pressegesetze und nach den beiden Attentaten vom 11. 5. und 2. 6. 1878 auf Kaiser Wilhelm — beide zweifelsfrei nicht aus sozialistischen Motiven und nicht von Sozialisten verübt —, unter Schwierigkeiten im Reichstag, das Sozialistengesetz. Bismarck kannte ein gewisses Vorbild für das Gesetz — wie für seine spätere Sozialpolitik — in Frankreich.

Infolge geschickter agitatorischer Vorbereitung im Reichstag verbot das Gesetz „gegen die gemeingefährlichen Bestrebungen der Sozialdemokratie" („Sozialistengesetz") vom 21. 10. 1878 Alle sozialdemokratischen, sozialistischen und kommunistischen Vereine, Versammlungen, Druckschriften, Feste und Demonstrationen und ermöglichte Aufenthalts- und Gewerbebeschränkungen und -verbote, zunächst nur bis zum 31. 3. 1881; es wurde jedoch unter stets erneuter Erregung mit dem Ergebnis indirekter Werbung unter den Arbeitern für die Sozialisten bis 1887/90 regelmäßig verlängert. Bismarck fand das Gesetz sogar nicht scharf genug und wollte es gegen Beamte erweitert sehen, um die zum Sozialismus neigenden Subalternbeamten einzuschüchtern; zugleich wollte er mit Hilfe des Gesetzes — in einem gewissen Zusammenhang mit seiner wachsenden Abneigung gegen das allgemeine Wahlrecht — eindeutigen Sozialisten das aktive und passive Wahlrecht nehmen und sie damit also praktisch zu Staatsbürgern minderen Rechts machen. Eine internationale Verabredung zum Kampf gegen den Sozialismus — als Ergänzung und Rechtfertigung des deutschen Sozialistengesetzes durch das Ausland — brachte er auch nach der Ermordung des Zaren Alexanders II. im März 1881 nicht zustande.

Die Sozialdemokratie ist unter der Verfolgung durch Bismarck, der ihre öffentlichen Organisationen zerschlug, erstarkt, gereift, in Geheimbünde „untergetaucht", von den Gewerkschaften aufgefangen und im ganzen radikalisiert worden; auch sind ihre Verbindungen zum Sozialismus im europäischen Ausland durch Hilfsmaßnahmen von dorther intensiviert worden. Seit 1880 suchte die sozialistische Partei ihre Ziele nicht mehr „mit allen gesetzlichen", sondern „mit allen Mitteln" zu erreichen. Aus der Reichstagswahl von 1890, unmittelbar vor Bismarcks Sturz, ging die sozialdemokratische als stärkste aller Parteien hervor.

Mit Bismarcks Einstellung zum Parlamentarismus, aber auch mit der allgemeinen Tendenz zur politischen und wirtschaftlichen Stärkung des Staates im Sinne eines modernisierten Merkantilismus hing nicht allein die Verfolgung der Sozialisten, sondern auch das vorwiegend am Widerstand des Partikularismus scheiternde Streben nach finanzieller Verselbständigung des Reiches durch den Reichseisenbahnplan von 1876 sowie die 1876/79 vorbereitete große handelspolitische Wendung vom Freihandel zum Schutzzoll zusammen. Dem auch wirtschaftspolitisch energischen Handeln Bismarcks vor 1871 mit dem Ziel der Reichsbildung entsprach gemäß dem wirtschaftsliberalen „laissez faire laissez aller" nach der Reichsgründung zunächst keine zielbewußte Aktivität im Sinne einer Wirtschaftseinheit und Wirtschaftspolitik des Reiches. Die Schwächen der von Gelehrten, Beamten und wirtschaftlichen Interessenten verfochtenen Freihandelspolitik Preußens und des Zollvereins bei wachsender nationalwirtschaftlicher Rivalität in Europa wurden vielfach erst seit 1873 spürbar. Zwar gelang den Liberalen 1873 gegen wachsenden Widerstand noch die z. T. schrittweise Aufhebung der Zölle auf Roheisen und Eisenwaren, Lokomotiven und andere Maschinen, doch zeigten sich bei der entsprechenden Handelsvertragspolitik 1872/73 und durch die starke ausländische Konkurrenz auf dem deutschen Markt immer deutlicher die Nachteile des Wirtschaftsliberalismus, den man vielfach auch für die Skandale der Gründerjahre verantwortlich machte. Bismarck wurde durch seinen Landwirtschafts- und Industriebesitz selbst zum Leidtragenden des von keinen Zöllen aufgehaltenen Konjunktur- und Marktverfalls; auch stand er unter dem Einfluß des Großgrundbesitzers und Gründers des Centralvereins deutscher Industrieller von Kardorff. So befreite er sich seit 1874/75 mehr und mehr von der freihändlerischen Auffassung des Präsidenten des Reichskanzleramtes Delbrück, der infolgedessen zurücktrat; den offiziellen Anlaß dazu bot das von Delbrück mißbilligte Reichseisenbahnprojekt.

Seit 1876 begann Bismarck, die liberale Handelspolitik aufzugeben. Er hatte von Haus aus Verständnis für die Sorgen der Landwirtschaft und Sympathien für die Großgrundbesitzer, deren Bedeutung in einer monarchisch-neomerkantilistischen Staats-, Wirtschafts- und Sozialordnung er hoch einschätzte. Doch stand seine Wendung zum national schützenden Wirtschaftsstaat außerdem auch in engster Verbindung mit der gleichzeitig betriebenen Sozialpolitik und mit dem Kulturkampf, mit der Eisenbahn- und der Kartellpolitik, später auch mit der Kolonial- und der Subventionspolitik. Hier lag eine ganz umfassende Gesamtkonzeption vor, die keineswegs allein als Kampfmaßnahme gegen die Nationalliberalen gesehen werden darf. Ähnliche Tendenzen zeigten sich gleichzeitig in Frankreich, Rußland und anderen Staaten. In Deutschland wurde nun Preußen auch für die Wirtschafts- und Sozialpolitik des Reiches maßgebend: das „Preußische" mit dem Vorrang der ostelbischen Landwirtschaft sowie des Bergbaues und der Industrie in Schlesien, in Mitteldeutschland, an Rhein und Ruhr und in Lothringen gewann den Vorrang gegenüber den internationalen Interessen des Handels besonders in Hamburg und Bremen, die beide immerhin bis 1888 das Privileg der Zoll-Exterritorialität und damit eine gewisse Sonderstellung behaupteten, aber auch der Banken in Berlin, Köln und Frankfurt.

Seit 1877 war im Zusammenhang mit der Wirtschaftsdepression eine Abkehr auch der öffentlichen Meinung vom Liberalismus zu verspüren. Adam Smith verlor weithin an Geltung, während Friedrich List ein Menschenalter nach seinem Verzweiflungstod schnell steigendes Ansehen gewann. Jetzt bezeichnete es Bismarck als Aufgabe der Wirtschaftspolitik, „die gesamte nationale Produktion zu heben", während vorher die international-weltwirtschaftlichen Gesichtspunkte des Liberalismus gegolten hatten. Die Weltwirtschaft begann, sich in eine Vielzahl nationaler Volkswirtschaften aufzulösen, die darauf bedacht waren, die eigene Produktion und den eigenen Markt zu schützen, vorhandene Arbeitsplätze zu erhalten und neue zu schaffen, die wirtschafts- und militärpolitisch unerwünschte Auswanderung einzudämmen sowie die ausländische Konkurrenz zu schwächen und zu behindern — ein neumerkantilistischer Wirtschaftskampf aller gegen alle zeichnete sich ab.

Die ersten Schutzzölle für Landwirtschaft und Industrie wurden 1879 eingeführt. Daß in den nächsten Jahrzehnten die Produktion, das Nationaleinkommen und -vermögen sich steigerten, auch die Zahl der Arbeitnehmer, das Realeinkommen der einzelnen Staatsbürger sowie das Spar- und Anlagekapital wuchsen, hat man gern auf die Wirkung dieser mehrfach erhöhten, umgebauten und erweiterten Schutzzollmauern zurückgeführt. Doch beruht der Aufstieg z. T. auch auf dem allgemeinen Wirtschaftsaufschwung Europas und Amerikas sowie ihrer afrikanischen, asiatischen und australischen Handelspartner. Die nationale Wirtschaftspolitik hätte neben positiven Ergebnissen gewiß auch empfindliche Einengungen und Einbußen zur Folge gehabt, wäre nicht gleichzeitig auf der ganzen Erde, besonders aber bei den Wirtschaftsgroßmächten, ein nie zuvor erlebter Auftrieb zu verzeichnen gewesen, der einstweilen den aggressiven Charakter des Neumerkantilismus verschleierte. So gab es z. B. zwischen Deutschland und England wohl Handelsrivalität, aber infolge der Fülle von Produktions- und Handelschancen in aller Welt noch kaum Handelsneid.

Wirtschaftlich stärker gesichert, protegiert und subventioniert, erlitt das Bürgertum doch im Zuge der Wende der deutschen Handelspolitik politisch einen schweren Schlag. Über die Wirtschaftspolitik und die Auseinandersetzung um finanzpolitische Fragen in Verbindung mit dem Kampf um die Abhängigkeit des Reiches von den „Matrikularbeiträgen“ — Geldleistungen der Länder an das Reich für dessen Finanzbedarf, mit deren Hilfe das Reich „Kostgänger der Länder“ bleiben sollte — kam es zum Bruch Bismarcks mit den Nationalliberalen, der den Liberalismus tragenden Partei, die ihre beherrschende Stellung verlor und schließlich auseinanderfiel. Damit büßte das Bürgertum, das politisch vorwiegend liberal war, wirtschaftlich aber — ohne volle Einsicht in das Gefährliche dieser Haltung — Protektion forderte und akzeptierte, seine parlamentarisch einflußreiche Vertretung ein. „Bei der Zersplitterung der liberalen Parteien in den 80er Jahren hatte es keine Chancen mehr, den einmal verlorengegangenen Einfluß zurückzugewinnen. Die Aussichtslosigkeit, politisch zum Zuge zu kommen und Verantwortung zu tragen, mußte alle jene im deutschen Parteiwesen schon angelegten Züge einer oftmals ins Kleinliche und in Rechthaberei ausartenden Kritik verstärken. Die parteipolitische Führungsschicht des Linksliberalismus zehrte von der Hoffnung auf einen Thronwechsel, für dessen große Stunde sie sich bereit halten wollte" (Bussmann). Die politischen Begabungen des liberalen Bürgertums zogen sich auf die Kommunalverwaltung zurück und stellten glänzende Oberbürgermeister; deren Aufstieg in Zentralbehörden war nicht üblich.

Eng verbunden mit der antisozialistischen Verbotspolitik einerseits und der handels- und wirtschaftspolitischen Wendung zu Protektion andererseits war Bismarcks umfassende Sozialpolitik, die 1881 einsetzte. Bereits ein Jahrzehnt zuvor hatten Übertreibungen des Manchesterliberalismus und Besorgnis über die Zunahme der sozialen Spannungen zur Gründung des „Vereins für Sozialpolitik" geführt. Er forderte vom Staat Eingreifen in die Einkommensverteilung, d. h. in die Entwicklung der Sozialverhältnisse, Verhinderung liberaler Auswüchse, wirksamere Fabrikgesetzgebung, stärkeren Einfluß der Arbeitnehmer auf den Arbeitsvertrag, Verbesserung der Wohnverhältnisse sowie gründlichere Volksbildung u. ä. Damit empfahl er also grundsätzlich genau den Weg vom Liberalismus zur Staatsintervention, den Bismarck wenig später betrat. Tatsächlich war der Reichskanzler stark vom Auftreten jenes Vereins beeindruckt, der Staat und Wissenschaft auf wichtige Probleme hinwies und durch Enquêten und Forschungsarbeiten gesetzgeberische Aktionen anregte und vorbereiten half. Die Tätigkeit dieser „Kathedersozialisten" und die 1875 von Schmoller und Treitschke geführte Diskussion um „den Sozialismus und seine Gönner" (Treitschkes Schrift), also um Grundfragen der Sozialpolitik, trugen viel dazu bei, daß man sich überhaupt dem Problemkreis zuwandte, aus dem schließlich die sozialpolitische Gesetzgebung erwuchs. Die konservativen, handwerkerfreundlichen und börsenfeindlichen Steuer- und Wirtschaftsreformer arbeiteten grundsätzlich in der gleichen Richtung. Auf katholischer Seite ging die Bewegung, religiös bestimmt und unter Betonung des Genossenschaftsgedankens, vom Mainzer Erzbischof Frhr. v. Ketteler aus; auf der protestantischen wurde sie anfangs von Wichern und Huber repräsentiert und geriet später zeitweise unter den Einfluß von A. Stöcker und Fr. Naumann. Die Bedeutung aller dieser Menschen und Gruppen lag vornehmlich darin, daß sie Bismarck nachhaltig von der Notwendigkeit einer Sozialpolitik überzeugten, die der modernen Industriegesellschaft angepaßt war, soziale Spannungen verringerte, vom Verantwortungsbewußtsein des Volkes und der Regierung getragen wurde und versuchte, die vom Sozialismus umworbene Arbeiterschaft dem Staat und der Volksgemeinschaft wieder zuzuführen.

Wie stark staatssozialistisch die gedankliche Grundlage dieser Politik war, geht aus Bismarcks rhetorischer Frage im Reichstag am 9. 5. 1884 hervor: „Warum soll nicht der Soldat der Arbeit eine Pension haben wie der Soldat und der Beamte?“ Bismarcks Gegner erkannten sehr richtig, daß auf solche Weise Zustände geschaffen werden konnten, „welche der ganzen gegenwärtigen Gesellschaftsordnung das Ende bereiten können“ (Oldenburg), und daß der Staat über die „schiefe Ebene“ einer solchen Gesetzgebung „zum sozialistischen Bekenntnis“ gelangen mochte (Bamberger). Man übersah dabei eigenartigerweise, daß Bismarck kein Sozialist war, bei seinen staatssozialistischen Ansätzen das Staatliche gegenüber dem Sozialistischen eindeutig den Vorrang behielt und z. B. die Erweiterung des Arbeiterschutzes von ihm entschieden abgelehnt wurde.

Napoleon III. hatte 1844 gedanklich, 1849 praktisch Sozialpolitik zur Gewinnung der Arbeiter gegen Bourgeoisie und Klerus zu treiben begonnen. Der niedersächsische Unternehmer Egestorff bereitete in Hannover 1866 eine auf die dortige besondere Situation bedachte staatliche Sozialpolitik vor; doch machte der Krieg deren Verwirklichung unmöglich. Im weiten Rahmen des Reiches lagen die Verhältnisse sehr viel komplizierter, aber allerdings auch dringlicher als in dem kleinen, agrarisch strukturierten Königreich Hannover. So schuf Bismarck fast zwei Jahrzehnte nach seinen von Hermann Wagner angeregten Gesprächen mit Lassalle in der Gesetzgebung der 80er Jahre das erste große sozialpolitische Gesamtwerk der modernen industriekapitalistischen Gesellschaft. Es erwuchs aus Bismarcks Persönlichkeit und der merkantilistisch-sozialpolitischen Tradition der friderizianischen Monarchie, dagegen nicht aus dem zu dieser Zeit „unmodernen“ liberalen, doch auch nationalen und die Verantwortung des Staates für seine Bürger berücksichtigenden Denken der Reformer am Anfang des 19. Jahrhunderts. Es hat spätere Sozialgesetze in anderen Staaten angeregt, wenngleich vor 1918 nirgends Staatsintervention und -fürsorge unter Einengung der Mitwirkung derer, für die die Maßnahmen getroffen wurden, so stark gewesen sind wie in Deutschland.

Die Vorstufen zu Bismarcks Sozialpolitik lassen sich auf gesetzgeberischem Gebiet mehr als ein Jahrzehnt, nämlich bis zur preußischen Gewerbeordnung von 1869, zurückverfolgen. Aber gerade die Existenz vieler im Laufe der Jahre zustande gekommener, im ganzen unbefriedigender Einzelmaßnahmen und -projekte legte die Schaffung eines sozialpolitischen Gesamtwerkes aus einheitlicher Konzeption nahe. Es wurde durch die kaiserliche Botschaft vom 17. 11. 1881 angekündigt und in drei großen Versicherungsgesetzen der folgenden acht Jahre verwirklicht: 1883 wurden unter Anknüpfung an bereits Vorhandenes die Krankenkassen geschaffen, 1884 die Unfallversicherung; unter Friedrich III. und Wilhelm II. folgten die Gesetze über Alters- und Invalidenversorgung sowie ergänzende Detailbestimmungen.

Mit dieser Gruppe von Gesetzen — einem umfangreichen Pionierwerk — erhielt die neue protektionistische Wirtschaftspolitik ihre organische sozialpolitische Ergänzung und logische Abrundung; zugleich wurde dadurch die negative antisozialistische Verbotspolitik positiv ergänzt, soweit es die Staats- und Gesellschaftsauffassung der Regierung und des adlig-bürgerlich bestimmten Reichstages gestattete. Das Hauptziel der Grundkonzeption in dieser Sozialpolitik, nämlich die Rückgewinnung und Wiedereinordnung der Industriearbeiterschaft in Staat und Volk — ein für den inneren Frieden sehr wichtiger Gesichtspunkt —, kam allerdings in der Einzelarbeit schließlich zu kurz: die Arbeiterschaft, die ihrerseits freilich auch in Partei und Gewerkschaft wenig Bereitschaft zur Mitarbeit zeigte, wurde zum Objekt sozialpolitischer Institutionen, nicht aber durch eine ihrer Bedeutung angemessene Mitarbeit am Staate interessiert und zu mitverantwortlichen Staatsbürgern herangebildet. Hier fehlte der Sozialgesetzgebung vom Ende des

19. Jahrhunderts der Geist staatsbürgerlicher Erweckung, der an seinem Anfang so Großes geleistet hatte. Er fehlte nicht allein, weil Bismarck kein Reformer aus Steins oder Hardenbergs Geist war, sondern ebenso sehr, weil das liberale, entwicklungsgläubige Besitz- und Bildungsbürgertum den unabdingbaren Zusammenhang von Recht und Pflicht in der Gemeinschaft von Volk und Staat aus dem Auge verlor und deshalb seine Verantwortung auch für die Kehrseite des Aufschwunges im Rahmen der Industriellen Revolution nicht ernst genug nahm. Obendrein veränderten Bürokratie und Reichstag Bismarcks ursprüngliche Konzeption beträchtlich, so daß ein „parlamentarischer und geheimrätlicher Wechselbalg" (Lütge) entstand. „Die Lockerung dieser unfrohen Erbschaft aus der Epoche Bismarcks, Staatsfremdheit der so oder so sich legitimierenden Arbeiterbewegung, trat erst ein, als in der nicht bloß formalen, sondern tatsächlichen Demokratisierung des Verfassungslebens der süddeutschen Staaten nach 1900 dort die seelischen Verkrampfungen sich lösten" (Heuß).

Innerlich eng verbunden mit der Sozialpolitik war der Abbau des Kulturkampfes, der nach mehr als einem Jahrzehnt unglücklichster Gegensätze diese zwar nicht beseitigen konnte, da das Mißtrauen sowohl im Katholizismus wie bei der protestantisch bestimmten Ministerialbürokratie insbesondere Preußens seitdem immer stark und wach geblieben ist, doch aber das Verhältnis zwischen Staat, katholischen Staatsbürgern und innen- wie außenpolitischer Repräsentation der römisch-katholischen Kirche zu befrieden und zu normalisieren vermochte. Man hat die allmähliche Wiederherstellung des kirchenpolitischen Friedens nächst der Sozialversicherung zu den bleibenden Leistungen in Bismarcks Innenpolitik in den 80er Jahren gerechnet. Das trifft jedoch nur dann zu, wenn man bedenkt, was oben über das Sozialistengesetz und die politisch geringe Wirkung der Sozialpolitik ausgeführt wurde, und weiter nicht aus dem Auge verliert, daß Bismarcks Maßnahmen in den 70er Jahren die Härte des Kulturkampfes heraufbeschworen hatten, den er nun ein Jahrzehnt später — nicht zuletzt infolge des Entgegenkommens Leos XIII. — unter einer erheblichen Einbuße an Ansehen und durchaus nicht bis zur vollständigen Wiederherstellung des Friedens beendete.

In der Innenpolitik war im Laufe der Jahre eine Zusammenarbeit des Zentrums mit der Regierung entstanden, welche die Möglichkeit bot, nun auch die Probleme des Kulturkampfes nicht ohne Aussicht auf Erfolg wieder aufzugreifen. Bismarck hatte insbesondere in der Auseinandersetzung mit dem Sozialismus und mit den Fragen der Sozialgesetzgebung das Verständnis und die Unterstützung der Kirche schätzen gelernt, während der Kaiser fürchtete, der Kulturkampf könnte letztlich die Religiosität der evangelischen Bevölkerungsteile beeinträchtigen. Und je deutlicher der neue Konservatismus des Staates sich über dem Liberalismus früherer Jahrzehnte erhob, um so lebhafter mußte sein Verlangen werden, ein besseres Verhältnis zu den Kirchen herzustellen. Das gelang freilich aus der Natur der päpstlichen Diplomatie heraus und ganz entgegen Bismarcks Erwartungen nur sehr langsam, so daß vielen Miterlebenden der Zusammenhang der einzelnen Phasen des Kampfes mit Sozialistengesetz und Sozialpolitik nicht so klar geworden ist wie dem zeitraffenden Historiker.

Bereits im September 1875 hatten erste tastende, die grundsätzlichen Positionen und Ziele andeutenden Besprechungen zwischen Bismarck und dem Kardinal Jacobini stattgefunden. 1879 — also nach dem Sozialistengesetz — schaltete Bismarck durch eine Denkschrift König Ludwig II. von Bayern ein, in der er sich bestrebt zeigte, die Fragen und Beilegungsversuche des Kulturkampfes auf Preußen zu beschränken. Seit dem Frühjahr 1880 begleiteten dann gegenseitige Zugeständnisse die Verhandlungen, und im Mai legte die preußische Regierung dem Abgeordnetenhaus einen Gesetzentwurf über „Abänderung der kirchenpolitischen Gesetze" vor, das einerseits die „unveräußerlichen Rechte des Staates" betonte und die souveräne Landesgesetzgebung dem Wesen eines zweiseitigen Vertrages scharf gegenüberstellte, andererseits aber eben doch praktisch mit dem Abbau der Maigesetze begann. Welche Bedeutung dem dann am 14. 7. 1880 verabschiedeten Gesetz zukam, geht daraus hervor, daß bis dahin von 4604 katholischen Pfarreien in Preußen 1103 nicht besetzt waren, nun aber nur noch etwa 130 unbesetzt bleiben mußten. Eine Reihe von Bistümern wurde vom Papst im Einverständnis mit der preußischen Regierung und ohne Vereidigung auf die Maigesetze neu besetzt — zumeist mit bedeutenden Persönlichkeiten: „Wie nach den großen Säkularisationen zu Beginn des 19. Jahrhunderts war die Zerstörung des kirchlichen Organismus wider den Willen des Staates zur Stärkung der päpstlichen Machtvollkommenheit über die betreffenden Diözesen ausgeschlagen" (Feine).

Im Jahre 1882 folgte die Wiederaufnahme der diplomatischen Beziehungen zwischen Preußen und der Kurie; 1882 und 1883 erreichte das Zentrum, z. T. im Zusammenwirken mit den Konservativen, weitere Milderungsgesetze, so daß staatlich abgesetzte Bischöfe begnadigt werden und zurückkehren konnten, das Kulturexamen praktisch fortfiel und alte Rechte der Kirche wiederhergestellt wurden.

Nachdem Bismarck inzwischen mit der Sozialpolitik und der Kolonialpolitik den Herrschaftsbereich des Staates bedeutend erweitert hatte, gelang seiner diplomatischen Gewandtheit der entscheidende Schritt zur Beilegung des Kulturkampfes auf einem ganz abgelegenen Feld. Ende 1885 schlug er vor, den Papst zum Schiedsrichter in dem zwischen Deutschland und Spanien schwebenden Konflikt über die Besitzrechte an den Karolinen und den Palau-Inseln zu wählen. Das kam einer Anerkennung der souveränen Position des Papstes in höflichsten Formen gleich. Die päpstliche Denkmünze zu diesem Ereignis erhielt die Umschrift „Arbiter Mundi" — gewiß auch in Erinnerung an die Ziehung der weltpolitischen Demarkationslinie durch Alexander VI. —, und Bismarck wurde als erster Protestant ebenso ironisch wie zweideutig mit dem Christus-Orden für Verdienste um die katholische Kirche ausgezeichnet. Einem preußischen Gesetz vom Mai 1886, welches die Freiheit des theologischen Studiums wiederherstellte, folgte die bedeutsamste Konzession von seiten des Papstes: er wies die Bischöfe an, die neu einzustellenden Geistlichen dem Staate anzuzeigen.

Das letzte „Friedensgesetz" vom April 1887 beschränkte daraufhin die Anzeigepflicht auf die dauernde Besetzung der Pfarrstellen, nahm also die Ernennung von Pfarrverwesern aus. Dieses Gesetz bewies noch einmal, wie sehr der Kulturkampf und sein Abbau schließlich in andere Bereiche hineinwirkten: auf besondere Anweisung Papst Leos XIII. sollte das Zentrum in der Frage des (mit einer Verschärfung der außenpolitischen Lage begründeten) Septennats, d. h. in der Wehrpolitik, der Regierung entgegenkommen. Doch lehnte die Partei die von Bismarck geforderte Festlegung der erhöhten Friedensstärke des Heeres auf sieben Jahre ab. Bismarck löste den Reichstag auf, schuf für die Neuwahlen das „Kartell" genannte Wahlbündnis der Konservativen, Freikonservativen und Nationalliberalen und brachte das Zentrum in eine schwierige Situation, als er im Wahlkampf hervorheben konnte, daß die preußische Regierung zur Zeit bessere Beziehungen zur Kurie unterhielt als die Zentrumspartei. Die Neuwahl am 21. 2. 1887 brachte im wesentlichen unter dem Druck der außenpolitischen Lage und mit Hilfe der Stichwahltaktik den Kartellparteien auf Kosten der Sozialdemokraten und des Freisinns eine sichere „Bismarck-Mehrheit" für Heeresverstärkung und verlängerte Wehrpflicht. Bismarck erhielt damit für die letzten Jahre seiner Kanzlerschaft und für die Zeit des Thronwechsels wieder einen festen parlamentarischen Rückhalt; das Kartell zerbrach erst nach dem Regierungsantritt Wilhelms II.

Mit alledem erzwang Bismarck geradezu eine Versöhnung der katholischen Preußen mit dem Staat — zur Steigerung des Ansehens Deutschlands im Ausland. Aber während viele deutsche Katholiken sich vom Papst politisch im Stich gelassen fühlten, gab es im protestantischen Lager manche Verstimmung über Bismarcks erhebliche Zugeständnisse an die katholische Kirche: der „gesetzgeberischen Bilanz" des Kulturkampfes, die zugunsten des Staates ausfallen mochte, stand also eine andere, dauerhaftere und tiefer wirkende Aufrechnung der Gewinne und Verluste gegenüber. Ob es auf weite Sicht für Deutschland gut war, daß Bismarck den ja nicht nur durch seine kulturkämpferische Haltung charakterisierten Liberalismus — der ihm um den Mittelpunkt von Thronfolger und Kronprinzessin zeitweise gefährlicher erschien als die Sozialisten — überspielte und wie in der Wirtschaft so schwer traf, daß er bis zu den Anfängen der Bundesrepublik nicht wieder als Träger großer politischer Entscheidungen aufzutreten vermochte, ist eine fast mehr politische als historische Frage. Daß Bismarck sein ursprüngliches Ziel, die Zerschlagung des Zentrums, keineswegs erreichte, sondern den politischen Katholizismus stärkte, bleibt dagegen ein historisches Faktum. Und schließlich erhielt durch den Kulturkampf das konfessionelle Denken und Entscheiden in der Politik eine Bedeutung, die dem jungen, mit vielen innen- und außenpolitischen Problemen belasteten Reich nur nachteilig sein konnte. Hier wie in seinem Kampf gegen den Parlamentarismus erfüllte Bismarcks Politik in den 80er Jahren immer stärker „eine ähnliche Funktion wie diejenige Metternichs vor 1848" (Bussmann).

Als das für die Zukunft bedeutendste Ergebnis des Kulturkampfes erwies sich: der katholische Erfolg bewies dem die geistig-seelischen Kräfte unterschätzenden Bismarck-Regime die Stärke einer religiösen, insbesondere die der katholisch-kirchlichen Idee — „die Unbesiegbarkeit einer inneren Überzeugung also, die grundsätzlich eine objektive äußere Macht — das Papsttum — als wesentlich mit einschloß. Der religiöse Wert einer äußeren Autorität, der religiöse wie der persönliche Wert eines Bekenntnisses, das aus dem Objektivismus fließt, wurde dem Bewußtsein weiterer Kreise der Gebildeten überhaupt erst wieder nahegebracht. Der siegreiche Widerstand des organisierten politischen deutschen Katholizismus gegen den Liberalismus war ein Kampf für die katholische Synthese" (Lortz).

Aber auch der Protestantismus gewann durch den Kirchenkampf und die damit verbundene Besinnung auf sein Verhältnis zum Staat. Hatte die Reformation einst die Gegenreformation ausgelöst und damit starke Kräfte im Katholizismus freigesetzt, so übte jetzt der Widerstand des Katholizismus gegen die Übergriffe des Staates in dem freilich sehr viel kleineren Rahmen des Kulturkampfes eine ähnliche Wirkung auf den Protestantismus aus. Und endlich kam es in beiden Konfessionen zu organisatorischen Konzentrationen: den vielen großen und kleinen sozialen, kulturellen, beruflichen und anderen Vereinen, der Görresgesellschaft, dem Borromäusverein, den studentischen Korporationen usw., die in Verbindung mit dem Kulturkampf und im Anschluß daran auf der katholischen

Seite gegründet wurden, entsprachen auf der protestantischen der Evangelische Bund und — bezeichnend für den Charakter des Protestantismus — manche sozialpolitischen Initiativen.

Bismarck selbst schrieb nach dem Ausscheiden aus dem Amt und gewiß mit dem Wunsch, das Urteil der Nachwelt zu beeinflussen, über das Ende des Kulturkampfes: „Im Jahre 1886 gelang es, die von mir teils erstrebte, teils als zulässig erkannte Gegenreformation zum Abschluß zu bringen, den modus vivendi zu erreichen, der immer noch, verglichen mit dem status quo vor 1871, ein für den Staat günstiges Ergebnis des ganzen Kulturkampfs aufweist ... Eine feste Grenze der römischen Ansprüche an die paritätischen Staaten mit evangelischer Dynastie läßt sich nicht herstellen ... Ein ewiger Friede mit der römischen Kurie liegt nach den gegebenen Lebensbedingungen ebenso außerhalb der Möglichkeit wie ein solcher zwischen Frankreich und dessen Nachbar ... Die römische Kurie ... ist eine unabhängige Macht, zu deren unabänderlichen Eigenschaften derselbe Trieb zum Umsichgreifen gehört, der unsern französischen Nachbarn innewohnt. Für den Protestantismus bleibt ihr das durch kein Konkordat zu beruhigende aggressive Streben des Proselytismus und der Herrschsucht; sie duldet keine Götter neben ihr."

Die „Regierung der 99 Tage" und Bismarcks Sturz

Am 9. 3. 1888 starb Wilhelm I. im Alter von 91 Jahren. Er hatte die preußische Erhebung mit 15 Jahren, die Revolution von 1848/49 als 50jähriger miterlebt, war als alter Mann zur Regierung gelangt und als 65jähriger das Bündnis mit Bismarck eingegangen, das wider alle menschliche Erwartung 26 Jahre gedauert hatte. Im Alter von fast 75 Jahren war er als Kaiser an die Spitze des Reiches getreten. „Mit den großartigen Figuren unserer alten Kaiserzeit von weltumspannendem Horizont wird kein Kenner der Geschichte unseren Wilhelm I. zusammenhalten. Bei den Wiederbegründern des deutschen Königtums nach Epochen der Auflösung muß man seinesgleichen suchen: in dem soliden Heinrich I., der auch als König allzeit Herzog der Sachsen blieb, oder in Rudolf von Habsburg, der als alter Herr zur Krone gelangte, Ordnung stiftete und das Herz der Bürger durch ungezwungene Leutseligkeit erfreute" (Dove). Kaiser Wilhelms I. Sohn, der ihm nun folgte, war nicht allein todkrank und damit in seiner und seiner britischen Gemahlin politischen Bedeutung von vornherein auf ein Minimum reduziert, sondern bei der Thronbesteigung auch schon 56 Jahre alt. Beides bedeutete, daß er nicht mehr in der Lage war, mit der Schaffung einer „neuen Ära" den Hoffnungen und Erwartungen der politisch jungen Kräfte zu entsprechen. Bismarck, dessen Gewicht, politische Bedeutung und Prestige unter solchen Umständen einstweilen nur wachsen konnten, stand im 74. Lebensjahr — und hinter diesen beiden kranken bzw. sehr alten Regierenden wartete ein 29jähriger auf den für die allernächste Zeit bevorstehenden Thron- und Kanzlerwechsel. Es war deutlich zu sehen, daß durch diese Zusammenhänge mindestens eine Generation nicht allein der Hohenzollern selbst, sondern auch von ihnen loyal ergebenen und verbundenen hohen Offizieren, Verwaltungsbeamten und Diplomaten, eine im 19. Jahrhundert für Deutschland entwicklungsgeschichtlich sehr wichtige Generation — ohne Rücksicht auf ihre parteipolitischen Neigungen — an echten politischen Leistungen verhindert wurde. Das schuf eine ohne Zweifel für die Gesamtheit, aber auch für Wilhelm II. tragische Situation. Mochten die „48er" ihre Reichsträume seit 1871 mehr oder weniger vollständig verwirklicht sehen — es ging dieser jüngeren Generation doch nicht allein um die Gründung, sondern auch um die Formung eines Reiches, das ohne ihr volles Zutun geschaffen und mehr von Bismarck als vom deutschen Volk „in den Sattel gesetzt" worden war.

Während der 99 Tage, die Friedrich III. regierte, konnte nichts von all den liberalen Reformplänen verwirklicht werden, die in den Jahrzehnten der Kronprinzenschaft und häufig äußerst heftigen Opposition gegen Bismarck unter dem Einfluß der für die deutschen Besonderheiten wenig aufgeschlossenen Kronprinzessin Victoria — einer Tochter der britischen Königin Victoria und des aus Coburg stammenden Prinzgemahls Albert — entwickelt worden waren. Am 15. 6. 1888 bestieg Wilhelm II. den preußischen und den deutschen Thron. Er war bei aller Bewunderung für Bismarck ein auch stark zu Kritik neigender, von Vorbehalten gegenüber seiner verwitweten Mutter und deren Anhängern sowie von hoher Selbsteinschätzung und einem nur wenig gezügelten Tatendrang erfüllter, von seinem Gottesgnadentum überzeugter Hohenzoller.

Während Wilhelm II. die auf dem einzigartigen Verhältnis seines Großvaters zu Bismarck beruhende Selbstbeschränkung des Monarchen teils verkannte, teils verständlicherweise für seine Person ablehnte und zu eigenen Entscheidungen drängte, war es für Bismarck schwierig, seine de-facto-Herrscherstellung gegenüber dem um fast ein halbes Jahrhundert Jüngeren einzuschränken, sich Zurückhaltung aufzuerlegen und nicht schlimmste Folgen zu befürchten, wo der junge Kaiser unberaten eine Ungeschicklichkeit beging. Daß dieser der Präventivkriegstheorie zuneigte, hatte er mit Moltke, Waldersee und anderen Militärs gemeinsam; daß er daran dachte, die alles beherrschende Stellung des alten Kanzlers allmählich abzubauen und Schritt für Schritt einiges von dessen ihm allmählich zugewachsener Entscheidungsfülle selbst zu übernehmen, war nur natürlich. Daß dabei schließlich Ungeduld und unkluge Formulierungen allem Handeln einen verschärfenden Anschein und Hintergrund gaben, war höchst bedauerlich. Aber andererseits befand Wilhelm II. sich keineswegs in einer beneidenswerten Lage, wenn man seine Worte und Taten — die eines mindestens durchschnittlichen Fürsten, der seinen Großvater intellektuell erheblich überragte — ständig an den auf jahrzehntelanger Übung beruhenden Formulierungen und Maßnahmen eines Mannes aus der Metternichzeit maß. Er konnte das Argument nicht anerkennen, daß ihm seiner Jugend wegen nicht erlaubt sei, was man an Bismarck bewunderte, was dieser ihm vorgelebt und als Lehrer übermittelt hatte: energisches Auftreten gegenüber Parlamenten und Ministern.

Und wieder erhob sich schließlich das alte Problem der Generationen: weite Kreise des Volkes — das wußte Wilhelm II. — würden die Entlassung Bismarcks und den neuen Anfang eines jungen, von jungen Beratern umgebenen Fürsten und damit eine „neue Ära“, wie man sie schon so oft vergeblich erhofft hatte, begrüßen. Es gab sogar in den höchsten Zirkeln

Militärs, Minister und Verwaltungsbeamte, die einen solchen Wechsel ersehnten und vorsichtig betrieben, weil sie eine alte Abneigung gegen Bismarck empfanden oder ehrgeizig eine Verbesserung ihrer eigenen Stellung erwarteten — in ihrer Mitte Waldersee, der seit 1888 Moltkes Nachfolger war.

Bismarck verhielt sich in dieser Auseinandersetzung, die im Interesse Deutschlands mit seiner Niederlage und nicht mit einer Kanzlerdiktatur enden mußte, ungeduldig und ungeschickt. Er schritt gegen die Veröffentlichung der Tagebücher Friedrichs III. während des Krieges 1870/71 ein, schadete damit dem monarchischen Gedanken und schuf sich selbst viele Feinde. Er wollte den Bergarbeiterstreik im Ruhrgebiet 1889 künstlich in die Länge ziehen, um dem Volke damit die „rote Gefahr" nachdrücklich und angsterregend zu demonstrieren, während der Kaiser natürlicher empfand, die Beilegung durch Lohnerhöhung für richtig hielt und auch erreichte. Solche Meinungsverschiedenheiten erweiterten sich zu einem Konflikt, als Wilhelm II. auf Grund seines Erfolges die Durchführung der von Bismarck aus veralteten liberalen Motiven unterlassenen Arbeiterschutzgesetzgebung jetzt vornehmen wollte, während der Kanzler gleichzeitig die Verlängerung des 1890 wieder einmal ablaufenden Sozialistengesetzes sogar auf unbestimmte Zeit empfahl. Der Gegensatz der Auffassungen, der sich hier abzeichnete, bildete die entscheidende Voraussetzung für den Ausbruch der Entlassungskrise — und Wilhelm II. hatte darin, historisch gesehen, nicht die schlechtere Position. Der Reichstag lehnte die unbeschränkte Verlängerung des Gesetzes ab. Der Kronrat vom 24. 1. 1890 über das gleiche Problem offenbarte den heftigen grundsätzlichen Gegensatz von Kaiser und Kanzler, den „irreparablen Bruch" (Lucius). Der eine wollte „nicht seine ersten Regierungsjahre mit dem Blute der Untertanen färben", der andere sprach von einem „Vakuum", das eintreten und die gewaltsame Unterdrückung der Sozialisten gestatten würde, wenn das Gesetz scheiterte; er erinnerte damit an die fatale „Lückentheorie" von 1862. Anschließend drohte der Kanzler zur Unterstützung seiner Argumente mit dem Rücktritt; die meisten Minister stellten sich mehr oder weniger eindeutig auf seine Seite und versetzten den

Kaiser damit in eine Zwangslage. Die Beobachtung, daß sie nicht seine, sondern Minister des Fürsten Bismarck zu sein schienen, bestärkte den Kaiser gewiß in dem Entschluß, einen solchen für sein monarchisches Selbstgefühl unerträglichen Zustand durch den „irreparablen Bruch" zu beenden.

Bismarck zeigte in den folgenden Wochen eine höchst unfruchtbare und angesichts seiner eigenen Vergangenheit erstaunliche Mischung von Geringschätzung des Monarchen, dessen „Launen ... wie gutes und schlechtes Wetter" (Bismarck) überstanden werden mußten, und Siegesgewißheit gegenüber dem so viel Jüngeren. Dabei wandte er z. B. mit dem Versuch, deutsche und ausländische Regierungen zur Stellungnahme gegen Wilhelms II. Arbeiterschutz-Initiative zu bewegen, Mittel an, die er bei jedem anderen als landesverräterisch bezeichnet haben dürfte. Gleichwohl mußte er in diesen Tagen schwere Niederlagen hinnehmen: der auf seine Veranlassung zur Beratung der sozialpolitischen Vorhaben einberufene Staatsrat stellte sich auf die Seite des Kaisers; die Reichstagswahlen brachten damit am 20. 2. eine schwere Niederlage für die Kartellparteien und für Bismarcks innenpolitische Konzeption. Bismarck zog starrköpfig keine Konsequenzen aus solchen Ereignissen, düpierte den Kaiser mit dem Ergebnis der sogenannten Verständigung am 25. 2. und entwickelte am 2. 3. in der Sitzung des preußischen Staatsministeriums ein „Kampfprogramm gegen den Reichstag bis zu ganz konkreten Hinweisen auf die Ablösung von den bisherigen Verfassungsgrundlagen" (Bussmann). Er sprach in diesem Zusammenhang von der „konstruktiven Auflösbarkeit" des Reiches in einer Auffassung, der zufolge „nur die Fürsten und Senate, nicht die Staaten den Bund geschlossen haben" und „nötigenfalls" den Beschluß fassen könnten, „von dem gemeinschaftlichen Vertrag allseitig zurückzutreten"; „auf diese Art würde es möglich sein, sich von dem Reichstage loszumachen, wenn die Wahlen fortgesetzt schlecht ausfallen sollten" (Protokoll). Es ist bemerkenswert, daß Wilhelm II. sich von dieser raffinierten und unverantwortlichen Anregung Bismarcks zum Staatsstreich, d. h. zur Vernichtung des eigenen Werkes von 1871, nicht einfangen ließ, obgleich in ihm eine, wie sich später sehr deutlich zeigte, starke Disposition zu solchen im Rahmen der deutschen wie auch der europäischen Verhältnisse anachronistischen Maßnahmen vorhanden war. Vielmehr verzichtete der Kaiser am 4. 3., nicht zuletzt wegen der Reichstagswahlergebnisse, auf das längst überholte und von den Sozialdemokraten unterwanderte Sozialistengesetz. Der Katholikenführer Windthorst, ein alter erfahrener Parlamentarier, Gegner und Partner Bismarcks, erkannte wenige Tage später deutlich, daß dieser mit seiner Politik und für seine Person im Verhältnis zu Wilhelm II. am Ende war. Es bedurfte kaum noch Bismarcks Rückgriffes auf die seit langem nicht mehr angewandte Kabinettsordre vom 8. 9. 1852 mit seinem Ersuchen an die preußischen Minister, den Ministerpräsidenten über Immediatvorträge im voraus zu informieren, „bei welchen die allgemeine Verantwortlichkeit desselben für die Gesamtpolitik des Ministeriums mit im Spiele sei“ (Protokoll). Immerhin führte dieser Schritt des Kanzlers die Krise auf ihren Höhepunkt in der berühmten Aussprache am 15. 3.: der Kaiser, der nicht unnatürlich erregt war, verlangte u. a. die Aufhebung jener Kabinettsordre und lehnte die Auflösung des Reichstages ab; Bismarck versuchte unüberlegt sich zu rächen, indem er dem Kaiser Geheimberichte aus London mit abfälligen Bemerkungen des Zaren über ihn vorlegte. Das war ein Verfahren, welches er gegenüber Wilhelm I. nie gewagt haben würde und das ihn am Ende, ja, jenseits seiner staatsmännischen Fähigkeiten zeigte.

Bismarcks baldiges Ausscheiden aus dem Dienst durch Rücktritt oder Entlassung war nun unumgänglich und alles, was inzwischen geschah, ein für beide Beteiligten unwürdiges Gezänk in der Schlußphase eines Lebens voller Hingabe und Leistungen für die Hohenzollern, Preußen und Deutschland. Unheilvoll für Deutschland war es, daß gerade auf diesem Höhepunkt der Krise von Rußland her die Verlängerung des Rückversicherungsvertrages angeregt wurde. Damit geriet diese für Deutschland so wichtige Entscheidung in eine ihr nicht angemessene Atmosphäre der Kleinlichkeit, des Unsachlich-Persönlichen und der Intrige.

Nach zweimaliger Aufforderung durch den Kaiser reichte Bismarck am 18. 3. sein Rücktrittsgesuch ein, in dem er natürlich die jüngstvergangene Zeit ganz persönlich beurteilte. Dabei hob er die Kabinettsordre von 1852 aus der mitveranlassenden in eine verursachende Bedeutung und schloß das bedeutsame Dokument nicht mit einem der in Bismarcks Formulierungen so großartigen Rück- und Ausblicke, wie es nach fast drei Jahrzehnten der Staatsführung zu erwarten gewesen wäre, sondern mit einer allerdings verständlichen Anklage gegen Wilhelm II. Noch einmal zeigte sich zu seinem eigenen Nachteil, daß Bismarck, anders als Friedrich der Große, Zeit seines Lebens keinen ihm politisch gewachsenen und menschlich überlegenen Gegenspieler gehabt hatte. Am 19. 3. wurde das Gesuch genehmigt; am 20. 3. erhielt Bismarck die beiden kaiserlichen Entlassungsordres: die eine verlieh ihm die Würde eines Herzogs von Lauenburg, die andere ernannte ihn zum Generalobersten der Kavallerie mit dem Rang eines Generalfeldmarschalls. Von den beiden Kontrahenten hatte der Kaiser die würdigere Form des Abschlusses gefunden.

Freilich, Zeitgenossen und Nachwelt setzten hier, am 18. 3. 1890, den Schlußpunkt hinter ein Zeitalter, nicht etwa bei einem der Regierungswechsel des Jahres 1888. Dem „Zeitalter Bismarcks" — eine national und international gleichermaßen zulässige und treffende Bezeichnung — folgte kein „Zeitalter Wilhelms II.". Und doch: die Zeit der für Deutschland bedeutendsten Leistungen Bismarcks dürften die Jahre von der Übernahme der Ministerpräsidentenschaft in Preußen bis zur Reichsgründung gebildet haben. „Sicher ist es kein Zufall, daß in den ‚Gedanken und Erinnerungen' schon thematisch die Fragen der preußischen Politik bis 1866 und 1870 den größeren Raum beanspruchen. In ihrer Beantwortung hat er sich gestaltet, in der Sicherung und Weitung der preußischen Staatlichkeit . . ." (Heuss). Beim Urteil über Bismarck wird man sorgfältig nicht allein Innen- und Außenpolitik zu trennen, sondern auch sein Verhalten in den letzten Monaten seiner Amtstätigkeit von seinen großen Leistungen in dem davorliegenden Vierteljahrhundert abzulösen — und schließlich doch die Gesamtheit seiner Stärken und Schwächen, seiner Erfolge und Mißerfolge, seiner in der Gegenwart sich erschöpfenden bzw. das Jahr 1890 überdauernden Handlungen wieder zusammenzufügen haben, um die Persönlichkeit als solche voll begreifen zu können. Ein Jahrzehnt nach seiner Verabschiedung erschien der „Altreichskanzler" vielen Zeitgenossen ausschließlich als der ideale Reichsgründer. Die Zeit, in der die Liberalen verbittert und kleinlich erklären konnten: „Wir sehen die Einheit des Vaterlandes nicht verwirklicht in der Person eines allgewaltigen Einzelbeamten an der Spitze der Reichsregierung" (Wahlaufruf der Fortschrittspartei am 23. 12. 1876), war vergessen. Nun galt er, der mahnende Riesenschatten über Wilhelm II., als der große deutsche Realpolitiker: „Jeden Plan vom gegebenen Standpunkt aus zu entwerfen, nicht vom gesuchten Ziel her; beim Erreichbaren haltmachen, bis das Wünschenswerte naht; die Gelegenheit umarmen und die Verlockung kalt verschmähen; Schwung und Nüchternheit, Umsicht und Mut, Geistesgegenwart und Geduld — das ist Bismarcks Realpolitik" (Dove). Erst später kam es immer häufiger zu unterschiedlichen Gewichtsverteilungen, zu Nuancen und selbst zu krassen Divergenzen in der Färbung des Urteils — hier so selbstverständlich wie gegenüber allen bedeutenden historischen Menschen und Ereignissen. Aber je mehr diese aus ihrer zeitgeschichtlichen, gegenwartsnahen Stellung hineinwachsen in den großen Strom der Geschichte, um so stärker schleifen sich solche Differenzen der Bewertung im einzelnen ab, kommt es zu einer Läuterung unter Begrenzung auf das für den geschichtlichen Ablauf Wesentliche. Vor diesem gesamtgeschichtlichen Weltgericht verdunkelt die Gestalt Bismarcks allerdings die drei Hohenzollern, denen er gedient hat.

„So steht Bismarck am Abschluß seines Zeitalters, der letzte und vielleicht genialste Vertreter der Kabinettspolitik, die die außenpolitischen Beziehungen seit dem 17. Jahrhundert charakterisiert, zugleich der letzte große Staatsmann, der auch an Europa, freilich nur an Europa gedacht hat. Der Bahnbrecher einer neuen Zeit, der Wegweiser in die kommende Weltpolitik konnte er seinem ganzen Wesen nach nicht werden. Bei dieser Auffassung von Bismarcks Werk ergibt sich eine auffallende Parallele zu Friedrich dem Großen. Beide haben ihre Laufbahn eingeleitet mit einem geradezu revolutionären Vorstoß in die große Politik, durch den sie ihrem Staat eine neue Stellung unter den alten Großmächten erkämpften, und haben seither ihre Aufgabe vor allem darin gesehen, durch vorsichtige Zurückhaltung diese Stellung zu sichern und ihren Staat in die alte Ordnung als erhaltendes Glied einzufügen. Auch auf die innere Politik läßt sich diese Parallele ausdehnen; sie trägt bei beiden einen durchaus konservativen, teilweise reaktionären Zug. Auch die Formen der Regierung sind verwandt durch die Konzentration der gesamten Staatstätigkeit auf die eigene Person, durch die Vernachlässigung aller institutionellen Sicherungen, die gerade eine so persönliche Regierungsweise für den Fall des Versagens der leitenden Persönlichkeit nicht entbehren kann. Deshalb läßt sich die Parallele zwischen Friedrich dem Großen und Bismarck noch über ihre Lebenszeit hinaus verfolgen. Wie zwanzig Jahre nach dem Tod Friedrichs das alte Preußen in den Schlachten von Jena und Auerstädt zusammengebrochen ist, so hat zwanzig Jahre nach Bismarcks Tod das von ihm geschaffene preußisch-deutsche Kaisertum unter den Schlägen des ersten Weltkrieges sein Ende gefunden. Und sicherlich haben die bei Friedrich wie bei Bismarck vor allem in der Regierungsweise und in der Einstellung zu den veränderten Bedürfnissen der neuen Zeit erkennbaren Mängel und Schwächen zu diesen Katastrophen beigetragen" (Hartung).

Die Urteile in jüngster Zeit heben hervor, daß Bismarck „entscheidenden Anteil an der Gründung des deutschen Nationalstaates" gehabt und diesen geprägt habe. „Aber er stand dem Geist seiner Zeit und den stärksten geistigen Strömungen seiner Nation fern. Bismarcks Sturz machte in der Leitung des Reiches und Preußens Kräfte frei, die eine Politik des inneren Ausgleichs und der sozialen Versöhnung anstrebten und die bisher durch Bismarcks harte Kampfstellung gegen den Sozialismus und gegen den Parlamentarismus an der Entfaltung gehindert worden waren" (Born).

DEUTSCHLAND UNTER WILHELM II. IM ZEITALTER DES IMPERIALISMUS

Die Außenpolitik

Bismarcks Entlassung wurde im Auslande unter großen außenpolitischen Aspekten mit Bestürzung und Beunruhigung, in Deutschland naturgemäß eher als Befreiung von dem jahrzehntelangen Übergewicht eines immer noch starken, schließlich aber auch starren und vielen Aufgaben nicht mehr gewachsenen, zahlreichen Hoffnungen und Wünschen nicht mehr entsprechenden, alten, wenngleich großen Mannes empfunden. Die Parallele zum Thronwechsel im Jahre 1786 und dem damit verbundenen Aufatmen und Hoffen auf — wieder einmal — einen „Neuen Kurs" liegt auf der Hand. Aber die volle Bedeutung der Ereignisse um Bismarcks Entlassung greift noch weit darüber hinaus: für Wilhelm II. galt es, nach Reichsgründung, Aufbau des deutschen Heeres und Eintritt in die Kolonialpolitik den Schritt in die politischen Zusammenhänge des „Imperialismus" zu tun — in weltpolitische Verflechtungen, die also über das von Metternich und Bismarck geschaffene und beherrschte europäische Konzert der Großmächte erheblich hinausgingen. Dabei handelte es sich nicht allein um quantitative Erweiterungen der politisch zu ordnenden Räume, sondern auch um — nicht zuletzt von wirtschaftlich-technischen Erfindungen und Entdeckungen, von modernen naturwissenschaftlich-philosophischen Anschauungen getragene oder angeregte — qualitative Veränderungen. Der Imperialismus stellte nicht einfach einen vergrößerten Merkantilismus dar, für den das Modell aus dem 17. und 18. Jahrhundert zu entnehmen war, sondern er schuf Probleme, die in seiner Anfangszeit kaum erahnt werden konnten und selbst am Ende des Ersten Weltkrieges noch nicht klar erkannt wurden. Sie reichten weit über den jahrhundertealten Komplex des Gleichgewichts unter den traditionellen Großmächten hinaus und betrafen die immer stärkere Einbeziehung der USA in die weltpolitische Gestaltung und die Entwicklung der kolonialen und halbkolonialen Räume in Afrika und Asien.

Wilhelm II., der die Reform und Modernisierung von Bismarcks Außen- und Innenpolitik als erste und als Hauptaufgabe vor sich sah, hatte von Anfang an einen schweren Stand. Sein Auftreten und seine Leistungen wurden Zeit seines Lebens gemessen an den Erfolgen Bismarcks, an der Persönlichkeit Wilhelms I. und an der Haltung Friedrichs III. — während er doch mit Friedrich Wilhelm II. und Friedrich Wilhelm IV. weit mehr Ähnlichkeit hatte. Er war in vieler Hinsicht ein für seine Zeit in Deutschland sehr typischer Mensch — und es bleibt eine schwer zu lösende Frage, ob viele Deutsche seiner Generation in Heer und Beamtenschaft, Adel und Bürgertum ihren Kaiser nachzuahmen versuchten, oder ob der Monarch primär ein ausgezeichneter Repräsentant seiner Generation war. Sie war eine Generation, für die Napoleon um fast ein ganzes, die Revolution von 1848 um ein halbes Jahrhundert zurücklag, die Niederlage des preußischen Bürgertums 1862 seit drei Jahrzehnten von ungeheuren weltpolitischen und weltwirtschaftlichen Ereignissen überdeckt und selbst der Krieg gegen Frankreich nur als Anfang einer neuen Zeit, aber nicht so recht als Teil dieser selbst angesehen wurde.

Bismarcks Nachfolger wurde General von Caprivi, ein kluger Offizier, der sich in Krieg und Frieden ausgezeichnet hatte und von Bismarck selbst im Februar 1890 als preußischer Ministerpräsident in Aussicht genommen worden war. Die Aufgabe, die er jetzt auch als Reichskanzler übernahm, war eigentlich unlösbar — weniger, weil Caprivi die Eignung dazu fehlte, vielmehr in erster Linie, weil im In- und Ausland jede seiner Handlungen an den — vermuteten — größeren Leistungen Bismarcks gemessen und ihm die Möglichkeit gründlichen Einarbeitens in den ihm fremden Tätigkeitsbereich vorenthalten wurde. Es kam hinzu, daß Wilhelm II. Caprivi gegenüber das militärische Dienstverhältnis auf der ministeriellen Ebene beibehalten wollte. Immerhin steht außer Frage, daß Caprivi für die engen und unlösbaren Zusammenhänge von Außen- und Innen-, insbesondere von Wirtschafts- und Sozialpolitik ein besseres Verständnis und für die menschliche Seite des Imperialismus ein feineres Empfinden hatte als der erste Kanzler. Dagegen war er von der diplomatischen und staatsmännischen Seite her, in der Daseinsenge eines Heeresoffiziers aufgestiegen, der ihm übertragenen Aufgabe nicht gewachsen. Diese wurde obendrein dadurch erschwert, daß sich ihm nicht allein die Bismarckianer, sondern auch die adligen Großgrundbesitzer Preußens und weite Kreise des Volkes eher mit mißtrauischer Reserve entgegenstellten, als daß sie ihn begrüßten und unterstützten. Da auch Caprivis engste Mitarbeiter kein großes Format hatten, der Kaiser selbst aber, allem Ehrgeiz zum Trotz, für regelmäßige Arbeit sogar auf diesem seinem Lieblingsgebiet zu unstet war, geriet die Leitung der auswärtigen Politik weitgehend an den Geheimrat von Holstein. Dieser war ein langjähriger, sehr begabter, seinem Dienst leidenschaftlich ergebener, aber durch Veranlagung und Vorurteile gefährlicher, im Grunde unschöpferischer Mitarbeiter Bismarcks gewesen. Er hatte gegen den Kanzler seit 1885 intrigiert und, wohl nicht ausschließlich aus sachlichen Motiven, eine eigene Politik der Abwendung von Rußland betrieben. An Bismarcks Sturz in nicht voll aufzuklärendem Umfange beteiligt, bestimmte er als die mit Richelieus Pater Joseph verglichene „Graue Excellenz" unter Caprivi und Hohenlohe die deutsche auswärtige Politik und beeinflußte sie stark auch unter Bülow. Er arbeitete auf die Nichterneuerung des Rückversicherungsvertrages und damit auf die engere Anlehnung an England hin, war daher ein Gegner der Flottenbaupolitik und der Bagdadbahn, sah um 1900 seine Englandpolitik scheitern und befürwortete 1904 den Präventivkrieg, um der Bildung eines engen Dreiverbandes gegen Deutschland zuvorzukommen. Daß dieser trotz größter politischer Detail- und Personenkenntnis zutiefst weltfremde Sonderling mit mehreren psychisch sehr belastenden Brüchen in seiner menschlichen und beruflichen Entwicklung die deutsche Außenpolitik — und von dorther auch die innenpolitische Entwicklung — jahrelang maßgeblich beeinflußte, hat um so unglücklichere Folgen gehabt, als der Kaiser kein Gegengewicht zu bilden vermochte.

Das zeigte sich sofort bei der ersten Aufgabe, die der Neue Kurs lösen mußte: bei der Verlängerung des im Juni 1890 ablaufenden Rückversicherungsvertrages mit Rußland. Nach vielem Hin und Her bei Wilhelm II. und im Auswärtigen Amt, wobei Holsteins unrealistische Furcht vor einer von Rußland eventuell gewünschten Rückkehr Bismarcks eine Rolle spielte, erklärte Caprivi sich schließlich außerstande, Bismarcks Virtuosenspiel „mit fünf Kugeln" fortzusetzen — d. h. durch Bündnisse, Verabredungen und Übereinkommen Österrreich, Rußland, England, Frankreich und Italien von Deutschland aus so zu arrangieren, daß die Gefahr eines für Mitteleuropa katastrophalen Konfliktes nach Möglichkeit gebannt wurde. Caprivi beschränkte sich auf zwei „Kugeln": Österreich-Ungarn und Italien. Beide waren Bündnispartner von zweifelhaftem, zumindest sehr begrenztem Wert. In Österreichs Staatsführung gewannen der slawische und magyarische deutschfeindliche staatsgefährdende Einfluß seit langem an Bedeutung; in Italien traten die Neigungen zu Frankreich immer deutlicher in Erscheinung; es herrschte außerdem von jeher die Gewohnheit, sich Bündnistreue durch erhebliche Konzessionen abkaufen zu lassen, Koalitionen also nicht als Ergebnis gemeinsamer Überzeugungen, sondern als Geschäft zu betrachten. So mußte denn auch die Erneuerung des Dreibundvertrages nach dem Auslaufen des Rückversicherungsvertrages am 6. 5. 1891 auf den deutschen Schutz der italienischen Interessen in Nordafrika ausgedehnt werden.

Ein solcher Dreibund hatte für Deutschland nur sehr begrenzten Wert und konnte ein gutes Verhältnis zu England nicht überflüssig erscheinen lassen. Das Problem der Annäherung an die führende Weltmacht und zum Isolationismus wie zum Schiedsrichteranspruch neigende Inselmacht hat die deutsche Politik von Bismarcks Entlassung bis auf den heutigen Tag maßgeblich bestimmt. In diesem Rahmen wurde am 1. 7. 1890 der sogenannte Helgolandvertrag geschlossen, der erstmals für Deutschland europäische und koloniale Probleme miteinander verknüpfte. Seine Aufgabe war es, die unerheblichen kolonialen Konfliktstoffe zwischen Deutschland und England zu beseitigen, auf schwierige Expansionen im Rahmen der auch von Caprivi fast interesselos betriebenen Kolonialpolitik zu verzichten und dagegen eine Verständigung mit England einzutauschen. Die deutsche Kolonialpolitik stand 1890 nach sechs Jahren auf einem Tiefpunkt: die Schutzgebiete in Afrika hatten sich nicht als leicht und schnell auszubeutende Territorien erwiesen, sondern als zweitklassige Objekte, die langfristiger Erschließung, der Investition starker Finanzmittel und vieler Menschen bedurften. Zusammenstöße mit den Eingeborenen hatten mehrfach zu weniger empfindlichen als verärgernden Schlappen und schließlich 1888 fast zum Verlust von Deutsch-Ostafrika geführt. Unter solchen Umständen mußte das Reich sich wirtschaftlich, militärisch und politisch immer stärker engagieren, nachdem anfangs die Auffassung vorgeherrscht hatte, das deutsche Volk werde leicht und schnell aus der vom Reich mehr symbolisch als effektiv protegierten Unternehmungslust vorwiegend des Handels, viel weniger von Finanz und Industrie in Übersee große materielle Gewinne ziehen können.

So lag es für einen Mann wie Caprivi, der überflüssig erscheinende Verpflichtungen abbauen und überschwere Belastungen der deutschen Politik beseitigen wollte, nahe, die deutschen kolonialen Schwierigkeiten und Verwicklungen durch Konzessionen an England zu verringern und damit gleichzeitig ein gutes Verhältnis zu diesem sowie dessen Distanzierung von Frankreich und Rußland zu erkaufen. Deutschland verzichtete auf Witu und das wertvolle, von Peters erworbene Uganda, womit es den Engländern den Weg zu den Nilquellen freigab, sowie auf den Erwerb von Sansibar. Dafür erhielt es die bisher nur gepachtete Küste von Deutsch-Ostafrika und die Insel Helgoland. Auf beiden Seiten ist dieser Vertrag teils gelobt, teils kritisiert worden. Daß in Deutschland eine Gruppe von Unzufriedenen 1890 den „Alldeutschen Verband“ gründete, war vielleicht die unglücklichste, freilich nicht vorauszusehende Folge, da die radikal-gewaltpolitischen Publikationen dieses zahlenmäßig kleinen, politisch einflußlosen Vereins in Zeiten politischer und militärischer Konflikte von Deutschlands Kritikern und Gegnern vom ersten Weltkrieg bis heute gern als repräsentativ für die deutsche Regierung und die Mehrheit des deutschen Volkes hingestellt wurden. Auf der anderen Seite stand, übrigens auch für Bismarck, außer Frage, daß ein an der Weltschiffahrt immer stärker beteiligtes, zum Aufbau einer Kriegsflotte gezwungenes Reich die Kontrolle und Beherrschung der deutschen Nordseeküste durch ein britisches Helgoland auf der Wende zum 20. Jahrhundert nicht mehr hinnehmen konnte. Das Hauptziel des Vertrages, die Verbesserung der deutsch-englischen Beziehungen, wurde freilich trotz mancher weiteren Ansätze auf beiden Seiten nicht erreicht. Zu bindenden Verpflichtungen gegenüber der deutschen Regierung war die englische so wenig zu haben wie unter Bismarck; bald zeigte sich, daß die Verschlechterung der deutsch-russischen Beziehungen durch die Nichterneuerung des Rückversicherungsvertrages Deutschlands Stellung gegenüber England nicht erleichterte, sondern erschwerte.

Gleichzeitig nahm die schon seit 1848, besonders aber seit 1870/71 aus vielen Ursachen — wenngleich unsystematisch — sich anbahnende russisch-französische Verständigung mit der Spitze gegen Deutschland festere Formen an. Zu Bismarcks Hauptzielen hatte stets die Verhinderung eines solchen Bündnisses, d. h. die Bannung der Gefahr eines Zweifrontenkrieges gehört. Und in Rußland hatte man den Rückversicherungsvertrag als eine gewisse Garantie gegen die Möglichkeit eines im deutschen Generalstab diskutierten Präventivkrieges empfunden. Seit dem Fortfall dieses Vertrages bot Frankreich den Russen energisch seine militärische Hilfe an, und der Zar fand sich bereit, diese gegen den Dreibund und dessen Annäherung an England in Rechnung zu setzen: Generalstabsbesprechungen folgte 1892 eine Militärkonvention, die sich gegen etwaige Angriffe aus dem Dreibund auf eine der beiden vertragschließenden Mächte wandte.

Dieses Militärabkommen wäre vermutlich bedeutungslos und ohne Folgen geblieben, wenn nicht die deutsche Politik gegenüber Rußland immer kühler geworden wäre und damit Frankreich sein Werben um Rußland erleichtert hätte. Ein deutschrussischer Zollkrieg, die Begünstigung der Polen in Deutschland und Caprivis ungeschickte Begründung der großen Militärvorlage von 1893 — er sprach von der Möglichkeit eines Zweifrontenkrieges — drängten Rußland noch stärker zu einer Festigung der Verständigung mit Frankreich. Immer deutlicher zeichnete sich die von Bismarck bis 1890 eifrig und mit Erfolg verhinderte Aufteilung Europas in zwei Lager ab, wobei das zentraleuropäische allein schon aus geographischen Gründen die schwächere und schwierigere Position einnehmen mußte. Sobald aber Deutschlands Stellung auf dem Kontinent sich verschlechterte, verlor es England gegenüber erheblich an Gewicht und Wert: der Vertrag Englands mit dem Kongostaat im Jahre 1893, der einen Schritt auf die Vollendung von Englands territorialer Kap-Kairo-Linie zu bedeutete, berührte sehr unangenehm Deutschlands Interesse an der freien Entwicklung Mittelafrikas im Sinne dessen, was man wenig später im Fernen Osten als Politik der „Offenen Tür“ für alle auf den freien Handel hinzielenden Mächte bezeichnete.

So war Deutschland innerhalb weniger Jahre nach Bismarcks Verabschiedung zum Objekt der Politik anderer Mächte geworden. Es hatte die von ihm bisher fast dauernd behauptete europapolitische Initiative verloren und wurde dadurch zu einem „Zickzackkurs“ gezwungen, der sich den häufig kurzfristigen politischen Intentionen anderer Mächte anpassen und darüber die große politische Linie verlieren mußte. Die deutsche Regierung trieb nicht mehr Politik, sondern wurde von der Politik anderer Mächte getrieben. Sie wandte sich 1894 nach dem Thronwechsel in Rußland dem jungen Zaren Nikolaus zu, der sich Wilhelms II. unpsychologischem Werben gegenüber aber ängstlich zurückhielt. Sie trat im chinesisch-japanischen Konflikt 1895 so ungeschickt für die auf China gerichteten russischen Interessen ein, daß Japan sich an diese Haltung noch 1914 erinnerte. Sie mischte sich schließlich um die gleiche Zeit in die britisch-burischen Spannungen ein und verhinderte nicht des Kaisers ungeschickt formulierten Glückwunsch an den Burenpräsidenten Paulus Krüger vom 3. 1. 1896, das sogenannte „Krügertelegramm“, anläßlich der Abwehr eines englischen Einfalls nach Transvaal, der die Unabhängigkeit des Landes gefährdete. Die Depesche erregte die Engländer, denen eine „Lektion“ erteilt werden sollte, bis zur Flottendemonstration. Frankreich und Rußland beeilten sich, das Krügertelegramm zu kritisieren; Österreich und Italien bedauerten es: Deutschland sah sich zum ersten Male seit der Reichsgründung völlig isoliert. „In fast allen Memoirenwerken“ jener Zeit wird dieses unheilvolle Schreiben, für das Wilhelms II. Berater stärker verantwortlich waren als der Kaiser selbst, als „Ausgangspunkt dauernder Entfremdung“ (Herzfeld) Englands gegenüber Deutschland bezeichnet; es förderte zugleich dessen Annäherung an Frankreich.

Unter solchen Umständen war es nicht leicht, Deutschland „einen Platz an der Sonne“, die internationale Gleichberechtigung im großen Rahmen der Weltpolitik und Weltwirtschaft, zu sichern. Die Jahre zwischen dem Frieden von Schimonoseki 1895 und dem Ende des Burenkrieges 1902 waren in der Welt angefüllt mit großen weltpolitischen und international sich auswirkenden nationalen Problemen. Seit dem Sieg über Spanien im Jahre 1898 und dem Eintritt in die Kolonial- und Überseepolitik sowie durch ihren wachsenden Anteil an der Weltwirtschaft drangen die USA immer stärker und schneller in den alten Kreis der Großmächte ein. England und Frankreich brachten im Laufe weniger Jahrzehnte große Gebiete Afrikas an sich und steuerten unter Beteiligung Rußlands auf die koloniale Aufteilung des Fernen Ostens zu. Während also See- und Überseeprobleme größten internationalen Ausmaßes sich abzeichneten, wuchsen Bevölkerung, industrielle Produktion, Volkswohlstand und nationales Selbstbewußtsein auch in Deutschland schnell und stark. Damit traten zu dem alten kontinentalen Gegensatz zu Frankreich, der von dort aus stets lebendig gehalten wurde, neue, vorwiegend wirtschaftliche, aber tief in die Politik hineinreichende Spannungen zwischen Großbritannien und Deutschland. In England fühlte man sich weniger von dem wenngleich stärkeren, so doch andererseits stammesverwandten, sprachgleichen und in Kultur und Politik ähnlichen nordamerikanischen Wirtschaftskonkurrenten bedroht als von dem deutschen Rivalen, dessen Staats- und Sozialstruktur obendrein wesentlich von der britischen abwich. Der alte, 1815 erneut bestätigte und seitdem erstarkte politische und wirtschaftliche Führungsanspruch Englands und das Selbstgefühl, das aus Reichsgründung, Bismarcks Leistung und wirtschaftlichem Aufstieg im breitesten Sinne in Deutschland erwachsen war, stießen um die Jahrhundertwende aufeinander. Das bezeugte nicht allein der viel zitierte Artikel, der nach einer vorausgegangenen Untersuchung („Spectator“ im Januar 1897) über die Erfolgsaussichten beider Länder in einem Kriege im Herbst dieses Jahres in der „Saturday Review“ erschien und Deutschlands Vernichtung zur Bereicherung eines jeden Engländers nahelegte. Auch eine Fülle von Aufsätzen in britischen und deutschen Zeitschriften jener Jahre — nicht zuletzt in Wirtschaftspublikationen wie etwa „Stahl & Eisen“ auf der deutschen Seite — beschäftigte sich mit diesem politisch-wirtschaftlichen Fragenkomplex. Solche Ausführungen gaben vielleicht nicht immer die Volksmeinung wieder, aber sie beeinflußten diese und spiegelten oder erzeugten eine Atmosphäre von Rivalität, Neid, Mißgunst, Eifersucht und Kleinlichkeit, welche der diplomatischen Einigung und Verständigung zumindest nicht zuträglich war. Auch deutsche Gelehrte beteiligten sich an dieser zuweilen hitzigen Diskussion schon vor dem Beginn von Tirpitz' Flottenpolitik und geschickt gesteuerter Propaganda für diese.

Im ganzen freilich hat man sich um 1900 in Volk und Regierung nur wenig mit dem Problem- und Gefahrenkreis vertraut gemacht, der mit dem Eintritt in die weiten Räume der Weltpolitik notwendig verbunden war. Bülow, der 1897 die Leitung der deutschen Außenpolitik übernahm, war nicht allein Optimist, sondern auch oberflächlich, im Grunde eher ein Causeur alten Stils als ein Kenner der Weltwirtschaft, die jetzt untrennbar zur Weltpolitik gehörte, ja, einen Teil derselben bildete. Große Politik im Sinne weiter Spannen von Zeit und Raum vermochte er nicht zu treiben. Tirpitz, der 1897, im Jahre der Erwerbung von Kiautschau, eines im Kriegsfall unhaltbaren Außenpostens, erstmals in den Vordergrund trat, war gewiß „die stärkste Persönlichkeit im Deutschland Wilhelms II.“ (Hartung), aber bei aller Begabung, Willenskraft und Zähigkeit nicht mehr als ein Marinespezialist, dessen Ressorteifer auf einem überaus schwierigen, mit der Politik aufs engste verbundenen Gebiet Deutschlands internationaler Position leichter gefährlich als nützlich werden konnte. Gerade an Tirpitz' Wirken zeigt sich, wie sehr in Deutschland der starke, Einheit und Kontinuität der Politik sichernde Kanzler fehlte. Nur durch diesen Mangel konnte Tirpitz' an sich verständlicher Ehrgeiz eine das Gleichgewicht gefährdende Wirkung erreichen, während gleichzeitig der amerikanisch-spanische Krieg und die Erwerbung von Südseeinseln durch Deutschland seinem See- und Flottendenken grundsätzlich Recht gaben und Seekriegslehrer wie Mahan im angelsächsischen Bereich ganz ähnliche Ideen vertraten. Gegen den Aufbau der deutschen Flotte durch Tirpitz, der freilich schon 1896 schrieb: „Unserer Politik fehlt bis jetzt vollständig der Begriff der ‚politischen Bedeutung der Seemacht'“, und diese später immer stärker aus einem Instrument der Politik in deren weltpolitisches Kernstück verwandeln wollte, ist denn auch von den Großmächten kein ernstlicher Einspruch erhoben worden.

Verschiedentlich ließen Gegensätze und Rivalitäten der anderen Großmächte und Mächtegruppen vorteilhafte Situationen für Deutschland entstehen, wie Bismarck sie so häufig zu nutzen verstanden hatte. Ein solcher alter Gegensatz bestand zwischen England und Rußland; er äußerte sich im Laufe der Jahrzehnte immer wieder in den Meerengen- und Balkanfragen, in jüngster Zeit auch bei der Auseinandersetzung um Asien, um den Fernen Osten sowohl wie um den Vorderen Orient, wo Deutschland seit Wilhelms II. Reise nach Palästina 1898 und der beginnenden Erweiterung der Anatolischen Bahn zur Bagdadbahn sehr stark interessiert war. In diesem Rahmen in Deutschland einen Bundesgenossen zu haben, erschien der britischen Regierung um die Jahrhundertwende durchaus wünschenswert. „Behutsam streckte sie Anfang 1898 ihre Fühler aus, ob Deutschland zu einem Bündnis mit England zu haben sei. Daß es England dabei in erster Linie auf seinen Vorteil, auf die Verewigung der kontinentalen Gegensätze, auf die Gewinnung des deutschen Heeres für englische Zwecke ankam, das wurde — wenn es dazu überhaupt eines besonderen Beweises bedurfte — deutlich, als Chamberlain am 13. Mai 1898 in Birmingham in einer Rede betonte, daß England mit der russischen Macht in China und in Afghanistan zu rechnen habe, aber ohne einen Verbündeten Rußland im Kriege keinen Schaden tun könne und deswegen den Gedanken eines Bündnisses mit jenen Mächten nicht zurückweisen dürfe, deren Interessen mit den englischen gleichartig seien. Angesichts dieser Sachlage ist die Vorsicht, mit der die deutsche Diplomatie ... die Frage des englischen Bündnisses behandelte, durchaus verständlich und berechtigt" (Hartung). Bülow und Holstein gingen sogar noch weiter und hielten den russisch-englischen Gegensatz für etwas Naturgegebenes und Dauerndes, so daß Deutschland stets zwischen einer der beiden Mächte werde optieren können. Dagegen erachtete Wilhelm II. eine Einigung der beiden Gegner auf Deutschlands Kosten durchaus für möglich.

Der Kaiser hatte das richtigere Empfinden; das erwies sich nach 1898, als der Zar sich auch durch einen Privatbrief Wilhelms II. nicht an Deutschland binden ließ und die britische Regierung schließlich doch einem eindeutig vertraglich formulierten Bündnis auswich. Die Verhandlungen zogen sich sehr in die Länge und führten im August 1898 im sogenannten Angola-Vertrag zu einer scheinbaren britisch-deutschen Verständigung über das Schicksal von Portugals Kolonien bei dessen Staatsbankrott. Daß England anschließend 1899 dem ihm seit einem Vierteljahrtausend verbundenen Portugal im Windsor-Vertrag Finanzhilfe zusagte, was den Angola-Vertrag und damit Deutschlands Hoffnungen auf Erweiterung seines Kolonialbesitzes gegenstandslos machte, ließ Englands Zuverlässigkeit im Falle eines Bündnisses nicht sehr groß, seine diplomatische Wendigkeit dagegen recht gefährlich erscheinen.

Im Zusammenhang mit Burenkrieg und Chinafeldzug tauchte erneut die Vorstellung von einer deutsch-britischen Annäherung auf, nachdem Chamberlain sogar im November 1898 verlockend von der Möglichkeit einer Verbindung beider Staaten mit den USA gesprochen hatte. Doch Bülow fürchtete mit gutem Grund, daß Deutschland in Asien für Englands Politik gegen Rußland eingesetzt werden sollte und lehnte ab. Da aber zu jener Zeit Deutschland für England den günstigsten und billigsten Partner zu bilden schien, rissen die Gespräche nicht ab: in der Ostasienfrage kam es 1900 noch einmal zu einer Annäherung. In Verbindung mit dem Chinafeldzug ergab sich am 16. 10. 1900 das deutsch-britische Yangtse-Abkommen, welches das bisher von England als Markt beanspruchte riesige Yangtsegebiet Deutschland öffnete. Anders als nach dem Angola-Vertrag folgten darauf weitere Verhandlungen, in denen England freilich nicht allein Deutschland Marokko anbot, sondern auch drohte, es könne sich unter Preisgabe der Türkei mit Rußland verständigen. Holsteins Versuch, in dieser Phase der Verhandlungen wieder die Möglichkeit eines echten deutsch-englischen Bündnisses zur Diskussion zu stellen, zeigte 1901 wie 1898, daß England mit Kontinentalmächten nur sehr ungern eindeutige Bündnisse schloß. Mit klarem Blick erkannte man dort Deutschlands schwierige weltpolitische Lage zwischen Frankreich und Rußland, die den Abschluß eines formellen Bündnisses zur Erreichung der englischen Ziele überflüssig machte. So schwenkte denn England 1902 von Deutschland als potentiellem Bundesgenossen gegen Rußland zu Japan über. Schon vorher hatte eine bittere Rede Chamberlains die englische Abkehr von Deutschland auch der Öffentlichkeit kundgetan. Der deutschen Regierung hatten Angola-Vertrag und andere Erfahrungen deutlich gezeigt, daß England nicht europäische Befriedungspolitik, sondern ausschließlich britische Interessenpolitik trieb. Daraus hätten sich freilich für die deutschen Staatsmänner sehr ernste Überlegungen über Deutschlands Zukunft ergeben müssen, wenn Bülow mit seinem tiefere Zusammenhänge verkennenden Optimismus, der keine Zukunftssorgen kannte und alle Zeichen der Zeit übersah, und Holsteins Starrsinn, mit dem er den englisch-russischen Gegensatz als unveränderlich in seine politischen Berechnungen einstellte, zugleich gründlich und beweglich gewesen wären. Auch erwies sich jetzt, wie 1740 für Preußen und 1870 für Deutschland, daß der Aufstieg eines Staates oder einer Nation in eine international höhere Größenordnung — das heißt hier aus der Gruppe der europäischen Großmächte in die der Weltmächte — gewöhnlich nicht allein über Verträge, also nicht ohne kriegerische Durchsetzung des Anspruches gegenüber den Rivalen möglich ist. Daß Wilhelm II. und seine Regierung um 1900 diesen Weg des Krieges nicht wählten, hat Europa für über ein Jahrzehnt den Frieden erhalten, die Vollendung des Aufstiegs Deutschlands von der Großmacht über die Kolonial- und Seemacht zur Weltmacht abgebrochen, die große blutige Auseinandersetzung aber nur hinausgeschoben und nicht verhindert.

Daß Deutschland damals auch von einem glänzenden historisch-politischen Schriftsteller wie dem Grafen Yorck von Wartenburg nicht den Weltmächten zugezählt wurde, geht aus dessen 1897 veröffentlichter „Weltgeschichte in Umrissen" deutlich hervor. Sein viel und allgemein mit Zustimmung gelesenes Buch schloß mit den Sätzen: „So stehen wir an der Schwelle des 20. Jahrhunderts vor einer Periode, in welcher Weltmächte sich ausbilden und sich miteinander auseinandersetzen werden. Und fernere Jahrhunderte werden dann die Geschichte des Zusammenschlusses und der Einigung der atlantischen, der christlichen Welt sehen, bis dann schließlich die Weltgeschichte die Geschichte der Auseinandersetzung dieser und der pazifischen Welt werden wird."

Großmacht zwischen Weltmächten

Der englisch-russische und der britisch-französische Gegensatz hatten die Voraussetzungen für die günstige Stellung Deutschlands in der Welt um 1900 geschaffen. Seit 1902 jedoch trat rasch eine Verschlechterung ein, die sich bald bis zur „Einkreisung" Deutschlands steigerte. Deutschland versäumte es in dieser Zeit, im Sinne Bismarcks mit allen Kräften wenigstens zu einer der großen Weltmächte ein Vertragsverhältnis herzustellen, das dieser die Beteiligung an einer gegen Deutschland gerichteten Politik erschwerte oder gar unmöglich machte. Die politische Initiative war der deutschen Regierung seit Bismarck längst entglitten. Seit 1901 befand sie sich für lange Zeit bei dem Sohn und Nachfolger der Königin Victoria von England, König Edward VII., einem scharf gegen Deutschland eingestellten Fürsten, der innerhalb seines konstitutionellen Rahmens außerordentlich gewandt und aktiv eine sowohl gegen seinen Neffen Wilhelm II. wie gegen die Möglichkeit eines deutschen Wirtschaftsvorranges auf dem Weltmarkt gerichtete Politik trieb, die anscheinend 1906 erstmals in einem belgischen diplomatischen Schriftstück als eine solche des cercle de fer, der Einkreisung also, bezeichnet worden ist. Der weltwirtschaftlich bedeutsame Aufstieg Deutschlands, sein Bevölkerungs- und Exportdruck, sein wachsender Volkswohlstand und sein Ansatz, mit Handels- und Kriegsflotte stärker als bisher in die Weltschiffahrt einzudringen, hatten diese Entwicklung weitgehend verursacht, die also gewissermaßen eine unwillige Anerkennung der weltwirtschaftlichen und europa-, nicht auch weltpolitischen Bedeutung Deutschlands zur Grundlage hatte.

Seit etwa 1903 beherrschte der so begründete deutsch-englische Gegensatz die politische Entwicklung — zum ersten Male bestand in der deutschen Geschichte ein solches dauerndes Spannungsverhältnis zu England, das seit Jahrhunderten und insbesondere seit 1815 stets Vorbild, Verbündeter, Maßstab, nie aber Rivale oder gar Gegner gewesen war. Während man in Deutschland verständlicherweise mehr dazu neigte, die günstige Seite des Aufstiegs hervorzuheben und zu genießen, übersah man, daß er auch schwere Gefahren mit sich brachte. Denn der im Anschluß an die Bündnisbesprechungen sich verschärfende Gegensatz reichte um so tiefer, als England sich gleichzeitig Frankreich zuwandte, einem eindeutig deutschfeindlich eingestellten Staat. Auf der Seite des Dreibundes dagegen fehlte es an Macht. Zur See rüstete nur Deutschland in starkem Maße, während Österreich-Ungarn wie Italien ihre Schwäche gegenüber der englisch-französichen Seemacht als unabänderlich hinnahmen. Darüber hinaus wandte Italien sich seit einem Handelsvertrag mit Frankreich im Jahre 1898 über die mit dessen Einverständnis geschehene Erwerbung von Tripolis und die Grenzbereinigung im Sudan 1900 immer stärker Frankreich zu, mit dem es 1902 eine Art Rückversicherungsvertrag schloß. Zugleich begann es wieder seine seit 1882 zurückgestellten Gegensätze zu Österreich, seine Irredentapolitik hervorzukehren. Der deutsche Botschafter in Rom, Graf Monts, hielt bereits 1903 den Dreibund für wertlos. Das traf um so mehr zu, als Österreich durch innenpolitische Schwierigkeiten, durch die Vielzahl der Tendenzen seiner Nationalitäten entscheidend geschwächt wurde. Der engere, aber bedeutendste Gegensatz war der österreichisch-ungarische; er beeinträchtigte u. a. die Geschlossenheit des Heeres, das obendrein zwischen 1889 und 1912 zahlenmäßig auf dem gleichen Stand blieb und damit hinter die Heere der übrigen europäischen Staaten proportional weit zurückfiel. Bismarck hatte den Dreibund einst unter ausschließlich kontinentalen Gesichtspunkten gegründet und erhalten. Im Rahmen der Weltpolitik, die jetzt getrieben werden mußte, war er nahezu wertlos, ja, er bildete für Deutschland, sofern es zu seinen darin übernommenen Verpflichtungen stand, eine Last und Gefahr.

Daß die Weltpolitik andere Maßstäbe und Faktoren enthielt als die politischen Verhältnisse, in denen Preußen und Deutschland groß geworden waren, zeigte sich erneut 1902 in der Venezuela-Krise, als das Reich mit Schutzmaßnahmen für seine Staatsangehörigen in Venezuela sofort den auf der Monroedoktrin begründeten heftigen Protest von Regierung und Volk der USA auslöste. Weder zum ersten noch zum letzten Male vor 1914/17 erwies sich hier, daß es in den USA eine gefühlsmäßig-historisch begründete positive Einstellung zu England, nicht aber zu Deutschland gab, daß die USA im Falle eines Weltkonfliktes daher wirtschaftlich, politisch, vielleicht selbst militärisch auf der Seite Englands stehen würden — wo es umgekehrt starke Sympathien für Nordamerika gab — und damit auch auf Frankreichs Seite. Hier also bei der englisch-französischen Front, die sich nun bildete, lag die für Deutschland entscheidende Gegnerschaft. Denn während der deutschen Wirtschaft und Überseepolitik überall in der Welt — durch Englands imperiale Politik der Präferenzzölle, 1904 durch die britische Anerkennung der Aufständischen in Deutsch-Südwestafrika als „Kriegführende", schließlich 1905 durch die Konzentration des Hauptteils der englischen Kriegsflotte in der Nordsee unter erheblicher Schwächung seines Mittelmeergeschwaders — Schwierigkeiten bereitet und Drohungen entgegengehalten wurden, schloß England sich unter einer grundlegenden politischen Wendung mit Frankreich in der Entente Cordiale gegen Deutschland zusammen.

Das Hauptverdienst dafür lag allerdings mehr bei dem französischen Außenminister Delcassé als bei britischen Staatsmännern. Er baute seit 1898 systematisch einen Ausgleich, die Verständigung, schließlich das Bündnis mit England auf, um die französischen Kräfte für einen Revanchekrieg gegen Deutschland freizubekommen und britische hinzuzugewinnen. Die Etappen seiner erfolgreichen Bemühungen reichten von der Hinnahme der Verdrängung aus dem Sudan bei Faschoda 1898 über die Frankophilie Edwards VII. und einen Schiedsgerichtsvertrag im Jahre 1903 bis zum Vertrag von 1904, in welchem neben weniger bedeutenden Punkten England die starken französischen Interessen in Marokko anerkannte und insgeheim sogar in dessen Aufteilung zwischen Frankreich und Spanien einwilligte — öffentlich wurde die Gleichberechtigung aller Mächte in Marokko proklamiert. Als Gegenleistung nahm Frankreich endgültig die Einverleibung Ägyptens in das britische Reich hin. Bedeutungsvoller aber als diese gewiß wichtigen Details war die grundsätzliche Verständigung, die sich vom französischen wie vom englischen Standpunkt aus stets nur gegen das Anwachsen von Deutschlands politischem und wirtschaftlichem Gewicht richten konnte und zunächst die Neuverteilung der britischen Flotte mit dem Schwergewicht in der Nordsee zur Folge hatte. Zehn Jahre nach dem Abschluß des französisch-russischen Vertrages gelang Delcassé also ein nicht weniger wichtiges Bündnis, dessen Spitze sich gleichfalls nur gegen Deutschland richten konnte. Hier schloß denn auch „die erste europäische Krisenwelle von 1905 bis 1909" an: „Der Abschluß der englisch-französischen Entente hat von Anfang an . . . einen Zustand begründet, in dem sich mehr und mehr zwei große Mächtelager in Europa gegenüberstehen und sich immer wieder veranlaßt sehen, ihre Kräfte gegeneinander zu messen" (Herzfeld).

Das Kräftemessen begann im Rahmen der ersten Marokkokrisis, die sich angesichts der Lähmung Rußlands durch den Krieg gegen Japan, seine Niederlage im Fernen Osten und die erste marxistisch-kommunistische Revolution im wesentlichen noch als diplomatisch-politische Auseinandersetzung zwischen dem von Österreich und Italien schließlich erstmals öffentlich im Stich gelassenen Deutschen Reich einerseits, Frankreich und England andererseits abspielte. Als Deutschland sich dem von England freigegebenen aktiven, auf ein eindeutiges Protektorat zielenden Vorgehen Frankreichs in Marokko 1905 entgegenstellte, weil höchst wertvolle deutsche Erzinteressen auf dem Spiele zu stehen schienen, stieß es auf einen von England großzügig unterstützten Gegner und fand nicht einmal die erhoffte diplomatische Hilfe Roosevelts. Statt einen möglichst eleganten Weg aus dieser durch das Fehlen von zuverlässigen Bundesgenossen schwierigen Situation zu suchen, veranlaßte das deutsche

Auswärtige Amt Wilhelm II. zur Landung in Tanger im Rahmen einer Mittelmeerreise am 31. 3. und erhob so das bereits unter einem ungünstigen Stern stehende Problem überflüssigerweise zur deutsch-französischen Macht- und Prestigefrage. Mochte es als ein immerhin zweifelhafter Erfolg angesehen werden, daß Frankreich gezwungen wurde, Delcassé zu entlassen und seine marokkanischen Pläne einer internationalen Konferenz vorzulegen, so fiel deren Ergebnis nach einer von Januar bis April 1906 in der südspanischen Stadt Algeciras stattfindenden Tagung um so nachteiliger aus: Deutschland ließ zur Vermeidung eines sehr unpopulären, international unverständlichen, militärisch gewagten, schließlich sinnlosen Krieges um Marokko alle Forderungen fallen und nahm die französisch-spanische Vorherrschaft in Marokkos Innen-, Außen- und Wirtschaftspolitik hin, ohne daß die deutsch-französischen Beziehungen dadurch grundsätzlich entlastet wurden.

Auf der deutschen Seite beeinflußten die Erfahrungen um Marokko entschieden das Flottengesetz von 1908, das nicht allein eine Beschleunigung des Ausbaues, sondern auch eine typenmäßige Anpassung der Marine an die seit 1905 in England im Gang befindliche Wendung zum „Dreadnought" bestimmte. Da eine an sich mögliche entsprechende Vergrößerung und Modernisierung des Heeres unterblieb, begab Deutschland sich somit auf den Weg zum Vorrang einer Seemachtspolitik, die nicht allein den Dreibund schwächen mußte, sondern auch nach den jüngsten Erfahrungen in Marokko keine ähnliche maritime Machtposition erreichen konnte, wie das deutsche Heer sie bisher auf dem Kontinent behauptet hatte. Friedrich Wilhelm I. und Friedrich II. hatten sich unter kühlem Abwägen der preußischen Möglichkeiten und westeuropäischen Machtkomplexe von der See auf den Kontinent zurückgezogen und eine vom Heer getragene starke deutsche und mitteleuropäische Position aufgebaut, die im Bismarckreich einsichtig gepflegt worden war. Bülow, Tirpitz und Wilhelm II. ließen nun um einer illusionären Großmachts-, Kolonial- und Weltwirtschaftspolitik willen, gewiß ebenso unter dem Einfluß des vom Imperialismus bestimmten Zeitgeistes und des Rivalitätsverhältnisses mit England sowie schließlich auf Grund einer gewissen spielerischen und romantischen, zugleich auch technisch-industriellen Vorliebe des Kaisers für die See und das Schiff in den Augen mancher Kritiker die Landrüstung hinter die Flotte und deren Aufgaben zurücktreten, obgleich sich soeben erwiesen hatte, daß Deutschland in der See- und Überseepolitik nicht weniger einsam als einst der Große Kurfürst einer geschlossenen Front alter und neuer starker Weltmächte gegenüberstand. Andererseits hätte freilich auch der Rückzug aus der Welt- und Seepolitik Deutschland nicht mehr eine allerseits respektierte Stellung auf dem Kontinent gesichert, wie Preußen sie sich im 18. Jahrhundert aufgebaut und behauptet hatte. Die Entscheidung zwischen Welt- und Europapolitik, die zugleich eine solche zwischen Weltmacht und Europamacht, zwischen Großmacht im modernen Sinne und Zweitrangigkeit bildete, war längst, sogar schon vor Bismarcks Entlassung, gefallen — und zwar unbewußt. Deutschlands Macht- und Expansionsanspruch war seinen inneren Kräften und Tendenzen gemäß eine Zeitlang mit der Weltentwicklung parallel gelaufen; dann aber war die Welt-Machtpolitik der deutschen Machtpolitik vorausgeeilt — und, wenn man die USA in die Betrachtung einbezieht, auch die Weltwirtschaftsentwicklung der deutschen Wirtschaft. Deutschland befand sich jetzt in einer ähnlichen Lage wie die Niederlande um die Mitte des 17. Jahrhunderts gegenüber England: es war groß und mächtig, aber nicht groß und mächtig genug, um sich gegenüber der Front traditioneller und neuer Rivalen behaupten, geschweige diese besiegen zu können. Derartige Überblicke und Vergleiche, die obendrein ihre engen Grenzen haben, sind freilich fast nur dem Historiker, nicht aber dem zeitgenössischen Staatsmann und Politiker möglich, der, politologisch-ideologisch und daher unzuverlässig beraten, seit dem 19. Jahrhundert seine Entscheidungen mehr aus Analysen der Gegenwart und Spekulationen über die Zukunft trifft als auf Grund nüchterner Betrachtung der Geschichte, wie sie sich in politischen Testamenten früherer Jahrhunderte niedergeschlagen hat.

Anfang 1907 waren führende britische Politiker schon „von der Überzeugung erfüllt, . . . daß der Machtaufstieg des Reiches das alles beherrschende Element der europäischen Lage geworden sei". „Für diese Kreise wurde die Notwendigkeit bereits zum Dogma, Deutschland als jüngsten Anwärter auf eine europäische Hegemonie nach der Tradition der englischen Gleichgewichtspolitik in seine Schranken zu verweisen“ (Herzfeld). Das zeigt, wie sehr das Reich sich bereits in einer von außen bestimmten Zwangslage befand, daß England seine „splendid isolation“ ganz aufgegeben, die politische Initiative aber mehr denn je in seiner Hand hatte, und endlich, daß die britisch-russische Verständigung bevorstand, die zum Abschluß der Einkreisung der Mittelmächte und zur Ergänzung des britisch-französischen Bündnisses nötig war. Die Haager Friedenskonferenz von 1907, auf der das Ziel der Land-Rüstungsbeschränkung infolge Deutschlands Widerstand nicht erreicht wurde, und die Londoner Seerechtskonferenz von 1909, auf der die Neuformulierung des Völkerrechts im Seekrieg an Englands Widerstand scheiterte, konnten unter solchen Umständen von vornherein keine weitreichenden Ergebnisse mehr erzielen. Viel wichtiger war die englisch-russische Verständigung — ein neuer, unerwarteter Faktor in der politischen Rechnung, nachdem das Dogma von der Unvereinbarkeit von „Walfisch und Elefant“, das bei der deutschen Stellungnahme zu freilich vagen englischen Bündnisanregungen um 1900 eine verhängnisvolle Rolle gespielt hatte, stets wie ein Naturgesetz betrachtet worden war. Bereits während des russisch-japanischen Krieges hatten in England Überlegungen mit dem Ziel einer Verständigung mit Rußland eingesetzt. Der durch die Niederlage im Fernen Osten verursachte Frontwechsel Rußlands nach Europa, zur deutschen und österreichischen Ostgrenze, erleichterte Großbritannien das Vorgehen ohne Verletzung seines japanischen Verbündeten. So kam es am 31. 8. 1907 zum englisch-russischen Übereinkommen, das zwar äußerlich nur die Aufteilung Persiens in eine neutrale und je eine britische und russische Interessensphäre enthielt und durch Rußlands Verzicht auf Häfen am Persischen Golf wie auf Afghanistan Indien erhöhte Sicherheit schuf; für Deutschland und Europa, ja, für die Welt viel wichtiger wurde aber die gesamtpolitische Aussprache und Verständigung, die einem solchen nach außen vorwiegend wirtschaftlichen Abkommen zugrunde lag. England war nun mit den beiden Kontinentalstaaten verbunden, die Deutschland nicht wohlwollten und deren Zweifrontenangriff in Verbindung mit Englands Unterstützung auf den Weltmeeren und in der Nordsee die Mittelmächte fortan fürchten mußten.

Edwards VII. Versuch, 1907/08 Österreich, einen an militärischem Wert ständig verlierenden Partner, dem Dreibund zu entfremden und Deutschland zu isolieren, schlug zwar fehl; er ließ aber erneut deutlich werden, daß es sich bei Englands Verträgen mit Frankreich und Rußland um eindeutig gegen Deutschland gerichtete Maßnahmen handelte, die praktisch das Ergebnis einer Einkreisung hatten und über das traditionelle Ziel britischer Politik, das kontinentale Gleichgewicht, nun weit hinausgingen.

Ein Jahr später gab Rußland in der bosnischen Annexionskrisis von 1908 auch endgültig die bis dahin noch immer offengehaltene Möglichkeit einer Verständigung mit Wien und Berlin auf. Als in Konstantinopel eine Revolution mit dem Ziel westlerischer Reformen ausbrach und Österreich die bisher nur okkupierten, völkerrechtlich aber nicht inkorporierten Gebiete von Bosnien und der Herzegowina annektierte, um deren etwaigen Freigabe durch die Jungtürken zuvorzukommen, erwuchs daraus eine schwere Krise in Österreichs Beziehungen zu Rußland, zumal auch Ferdinand von Bulgarien die Situation dazu ausnutzte, sein Land zu einem souveränen Königtum zu erheben. Bülow erreichte mit der diplomatischen Höchstleistung seiner Karriere die Aufrechterhaltung des Dreibundes, den Rückzug Rußlands und die internationale Anerkennung der Annexion. Aber dieser Erfolg der deutschen Außenpolitik wurde teuer erkauft; es zeigte sich erneut ganz deutlich, daß die beiden Mittelmächte in Europa isoliert waren: England stand eindeutig auf der Gegenseite. Im folgenden Jahre schloß Rußland in Racconigi einen Geheimvertrag mit Italien, der sich gegen Österreich-Ungarn und damit gegen den Dreibund richtete, und trieb Serbien gegen Österreich an. Daher arbeitete denn auch in Bosnien die seit langem tätige großserbische und damit antiösterreichische Agitation weiter: aus ihr ging im Juni 1914 in der bosnischen Hauptstadt Sarajewo das Attentat auf den österreichischen Thronfolger hervor, das den Ersten Weltkrieg auslöste. Das alles bewies, "daß der Augenblickserfolg der Mittelmächte die Spannung im Osten Europas ebensowenig behoben wie das Geflecht der Ententebeziehungen gelockert oder gar zerissen hatte" (Herzfeld). Daß in den Monaten der Annexionskrise, einer kriegsdrohenden Spannung von zeitweise höchster Gefährlichkeit, zwischen Deutschland und Frankreich die Marokkofrage zunächst beigelegt wurde, indem Deutschland unter möglichst geringem Aufsehen die Algecirasakte preisgab und Frankreichs politischen und wirtschaftlichen Vorrang in Marokko anerkannte, verbesserte die deutsch-französischen Verhältnisse nur oberflächlich und für kurze Zeit und war im Rahmen der Großen Politik bedeutungslos.

Es folgte eine sehr kurze außenpolitische Schein-Entspannung. Sie erhielt jedoch in Deutschland ihren besonderen Akzent, als Wilhelm II. 1908 einem Engländer gegenüber in einem durch Bülows Schuld veröffentlichten Interview in Verbindung mit der falschen Zeichnung eines Gesamtbildes der deutschen Politik seine im Burenkrieg ungebeten England geleisteten Empfehlungen übertrieben darstellte, endlich aufs schroffste die Zukunft des Stillen Ozeans hervorhob und damit im Ausland eine ungünstige Wirkung, in Deutschland eine erste allgemeine heftige Opposition hervorrief. Bereits 1911 begann die zweite, ganz Europa erfassende Welle von Vorkriegskrisen. Sie hatte die Agadirkrise und mit dem Tripoliskrieg und den Balkankriegen von 1912/13 bereits blutige, wenngleich noch auf Kolonial- und Kleinstaatenräume beschränkten Auseinandersetzungen zum Inhalt. Der deutschen Regierung gelang es weder England noch Rußland gegenüber, im Anschluß an die erfolgreiche Beilegung der Annexionskrise freundlichere Beziehungen herzustellen; und Frankreich gegenüber gab es geradezu ein Fiasko der deutschen Politik: nachdem die Franzosen 1910 die finanzielle und 1911 die militärische Kontrolle über Marokko erlangt und die Algecirasakte endgültig erledigt hatten, schickte die deutsche Regierung am 1. 7. 1911 das Kanonenboot „Panther" nach dem marokkanischen Hafen Agadir, um diesen als ein Faustpfand für neue Verhandlungen mit Frankreich zu besetzen. Das Unternehmen schlug völlig fehl: England trat energisch auf die Seite seines Bundesgenossen und stellte Deutschland vor die Frage, ob es seine Politik unter der Gefahr eines Krieges fortsetzen oder zurückweichen wolle. Das Reich gab nach, zumal ein Krieg um Marokko 1911 noch unpopulärer gewesen wäre als fünf Jahre zuvor. Ein neues Marokkoabkommen überließ das Land uneingeschränkt Frankreich, das deutschen Wirtschaftsinteressenten formell Gleichberechtigung gewährte und zur Wahrung des deutschen Prestiges in Äquatorialafrika ein Territorium abtrat, welches sich als das Zentrum der Schlafkrankheitsgebiete herausstellte. Solche Abmachungen konnten nur das Überlegenheitsbewußtsein der Franzosen stärken und mußten andere Nationen von der Schwäche Deutschlands überzeugen.

Noch vor dem Abschluß der Verhandlungen über Marokko erklärte daher Italien der Türkei den Krieg und besetzte Tripolis. Deutschland, das mit Italien verbündet und mit der Türkei befreundet war, geriet erneut in eine schwierige Lage und konnte nur als Vermittler auftreten: im Frieden von Lausanne am 18. 10. 1912 behielt Italien Tripolis; seitdem war es noch abhängiger als früher von den das Mittelmeer beherrschenden und dem Dreibund feindlichen Mächten. Inzwischen war die Deutschlandreise des britischen Kriegsministers, die „Mission Haldane", bereits im Februar 1912 gescheitert. Haldane, der ein deutsch-englisches Wettrüsten zur See verhindern wollte, bot als Gegenleistung für Deutschlands Verzicht auf die jüngste Flottennovelle, also für die Beschränkung der deutschen Rüstung, nicht ein Neutralitätsabkommen an, sondern war nur zu der Versicherung bereit, England werde sich eines unprovozierten Angriffs auf Deutschland und einer aggressiven Politik gegen Deutschland enthalten. Als das Reich daraufhin seine Flottenrüstung demonstrativ fortsetzte, verlegte England sein Mittelmeergeschwader in die Nordsee, während Frankreich seine Flotte im Mittelmeer konzentrierte.

Inzwischen war vom Balkan her ein neuer Sturm heraufgezogen: Unter gefährlicher Verschärfung wiederholten sich die Ereignisse: wie auf die Marokkokrise der Jahre 1905/06 die Balkankrise von 1908/09 gefolgt war, löste auch jetzt die Balkanfrage die kaum beendeten Marokkoverhandlungen ab. Aber 1909 war Rußland nicht kriegsbereit gewesen, während es von 1912 ab mit dem ganzen elementaren Kriegswillen des Panslawismus hinter der Bewegung stand, die, von dem abseitigen Raum der Balkanstaaten ausgehend, diesmal auch das Gefüge der großen Weltmächte erschüttern sollte. Rußland hatte sofort nach seinem Mißerfolg in der Annexionskrisis begonnen, seine Revanche vorzubereiten. Mit diesem Endziel strebte es zunächst die Einigung der bis dahin stets untereinander verfeindeten Balkanmächte an und brachte im Sommer 1912 den Balkanbund zustande, der die europäische Türkei vernichten und damit auch Deutschland treffen, darüber hinaus aber noch mehr Österreich durch die Konzentration der slawischen Macht an seinen Grenzen in ärgste Schwierigkeiten bringen sollte. In der Tat unterlag die Türkei dem überraschenden Angriff des Balkanbundes im Herbst 1912 schnell so vollständig, daß die Machtverhältnisse auf dem Balkan von Grund auf neu geordnet werden mußten, was eine empfindliche Niederlage für die beiden Mittelmächte bedeutete.

Das Hauptergebnis dieses Jahrzehnts fast ununterbrochener politischer Spannungen und militärischer Auseinandersetzungen, gegenseitiger Bedrohungen und wachsender Koalitionen war — seit 1910 besonders verstärkt und beschleunigt — eine ständige Steigerung der Rüstungen in fast allen europäischen Staaten. Sie mochte angesichts des schnellen Anwachsens der Völker berechtigt, infolge des aufblühenden Reichtums finanziell leicht möglich und schließlich politisch notwendig erscheinen — wichtiger aber als solche Gesichtspunkte war, daß im Laufe der Jahre aus dem Rüsten ein Wettrüsten wurde und daraus wieder die fatalistische Überzeugung erwachsen mußte, daß nach so vielen, obendrein im Sinne der Verständigung unbefriedigend gelösten kleinen Konflikten ein großer Zusammenstoß unvermeidlich heraufzog, so daß z. B. Bethmann Hollweg die Einkreisung geradezu als eine der gottgewollten Abhängigkeiten bezeichnete. Die deutsche Politik war aber auf einen solchen Krieg weder diplomatisch noch militärisch, weder innenpolitisch noch gar wirtschaftlich ausreichend vorbereitet. Ein Krieg gegen die entschlossenen, kriegswirtschaftlich überlegenen, innenpolitisch gefestigten westlichen Gegner mußte mit einer militärischen Katastrophe und politischen Erschütterung enden.

Innenpolitische Maßnahmen und kulturelle Entwicklungen

Bismarcks Innenpolitik war in den großen Komplexen von Kulturkampf und Sozialistengesetz unbefriedigend und im Bereich der Sozialpolitik nicht so glücklich ausgelaufen, wie man erwartet hatte. Die innere Politik des Neuen Kurses mußte nicht allein Bismarcks Fehler vermeiden, sondern sich auch auf die Außenpolitik der erhöhten Aktivität und Stärke abstimmen.

Doch wie sich in der deutschen Außenpolitik bald große Schwächen zeigten, so stand die Innenpolitik unter starker Einwirkung von Gegensätzen, die zu überwinden nur einem bedeutenden, der Sache ganz hingegebenen Staatsmann möglich sein konnte. Diese Gegensätze lagen nicht allein in der Gesellschaftsstruktur, wo die von Wahl zu Wahl in größerer Zahl in der Sozialdemokratie zusammengeschlossene Industriearbeiterschaft sich gegen Bürgertum und Adel, gegen Staat und Gesellschaft wandte; sie lagen auch im Verhältnis der Landwirtschaft — insbesondere des Großgrundbesitzes — zu Industrie, Bankwesen, Handel und Schiffahrt, weiter in der häufig politisch störend sich auswirkenden konfessionellen Spaltung und schließlich in politischen Differenzen, die quer durch die „bürgerlichen" Parteien liefen. Unter solchen Bedingungen eine fortschrittliche Innenpolitik zu treiben und zugleich den als notwendig angesehenen Schritt aus der Europapolitik in die Weltpolitik zu tun, die fundamentale Einheit von Innenpolitik — auch Kulturpolitik — und Außenpolitik herzustellen, das in weiten Teilen einer Weltpolitik kenntnislos und instinktiv ablehnend gegenüberstehende deutsche Volk in deren Problematik einzuführen, ihm die enge Verbindung z. B. von Sozial-, Steuer- und Finanzpolitik, von Agrar- und Industriepolitik, von militärischer und wirtschaftlicher Schutzpolitik, von Schulpolitik und politischer Bildung verständlich zu machen, konnte nur eine Aufgabe für unermüdliche, über viele Jahre taktvoll und sorgsam tätige Staatsmänner großen Formats bilden, die obendrein der grundsätzlichen Zustimmung bei Presse, Literatur und Wissenschaft bedurften. Solche Staatsmänner und die an der Bewältigung dieser Aufgaben interessierte Beamtenschaft hat es in Deutschland zwischen 1890 und 1914 kaum gegeben. Vielmehr bestand die Innenpolitik wie die Außenpolitik vorwiegend aus einer Reihe von Einzelaktionen, die untereinander nicht organisch verbunden und nicht selten durch kaiserliche Einfälle ausgelöst waren. Wilhelms II. Bruch mit Bismarck war nicht zuletzt durch die Verschiedenheit sozialpolitischer Auffassungen ausgelöst worden; aber auch der Kaiser lernte nicht wirklich erkennen, daß in der Sozialpolitik für eine zum Standesbewußtsein erwachende und von der Sozialdemokratischen Partei sehr energisch geführte Industriearbeiterschaft Schutzmaßnahmen im Sinne des 18. Jahrhunderts nicht mehr genügten. Daher konnte mit den wohlmeinenden, im einzelnen nützlichen sozialpolitischen Gesetzen und Maßnahmen von 1890/91 kein bedeutender innenpolitischer Erfolg erzielt werden: sie wurden hingenommen, vermochten aber nicht, die Arbeiterschaft dem Staate zu gewinnen.

Schwierig war die Handelsvertragspolitik. In ihr strebte Caprivi eine Anpassung der Bismarckschen Wirtschaftspolitik an die veränderten weltwirtschaftlichen Konkurrenzverhältnisse an, wobei er einerseits Deutschlands Selbstversorgung mit Brotgetreide im Kriegsfall, andererseits die Erhaltung und Steigerung des Exports preiswerter Industriegüter zu berücksichtigen versuchte. Die Landwirtschaft, insbesondere der vorwiegend getreidebauende ostelbische Großgrundbesitz, erklärte sich durch diese Politik lebensgefährlich vernachlässigt und schuf sich 1893 im „Bund der Landwirte“ eine bald politisch sehr aktive, häufig radikale, konservativ enge Interessenvertretung. Gegen sie bedurfte die Regierung der Hilfe des Zentrums, der Freisinnigen und der Sozialdemokratie, denen sie daher entgegenkommen mußte: sie beseitigte die letzten finanzpolitischen Überbleibsel aus dem Kulturkampf, indem der katholischen Kirche die jahrelang gesperrten Staatsgelder nachgezahlt wurden, und trieb eine dem Zentrum annehmbare Schul- und Polenpolitik. Dadurch konnte sie mit Hilfe der von Kirche und Intelligenz straff geführten Polen, die sich gleichzeitig der deutschen Ansiedlungspolitik gegenüber zusammenschlossen und gut behaupteten, 1893 ihre große Militärvorlage im Reichstag durchsetzen.

In diesem schnell wachsenden, im engsten tagespolitischen Sinne opportunistischen Zusammenspiel der Regierung mit einzelnen Parteien verlor sie jedoch sowohl die große Linie wie die Führung der Politik. Auch die Ersetzung Caprivis als Reichskanzler durch Hohenlohe im Jahre 1894 änderte daran nichts. Vielmehr gab nun der Kaiser fast gleichzeitig seine Sozialpolitik auf, die er einst energisch gegen Bismarck vertreten hatte, und zeigte starke Neigungen zu einer Gewaltpolitik gegen die ihm undankbar erscheinende Industriearbeiterschaft. Ein aus dieser Wendung hervorgegangener Gesetzentwurf gegen Streik- und Koalitionsrecht wurde zwar vom Reichstag entschlossen abgelehnt; aber nach wie vor standen Regierung und Sozialdemokratie, Staat und Arbeiterschaft einander ohne Verständnis in erklärter Feindschaft gegenüber — um so mehr, als gegen Ende des Jahrhunderts der saarländische Großindustrielle Freiherr v. Stumm-Halberg auf den ohnehin zum falschverstandenen friderizianischen Absolutismus neigenden Kaiser einen starken, sozialpolitisch hinter die Stein-Hardenbergschen Reformen zurückzielenden Einfluß gewann. Allerdings ist es zu einem wirklich „persönlichen" Regiment Wilhelms II. nicht gekommen. Die innere Politik wurde seit 1890 ebensosehr von Ministern und Staatssekretären in Verbindung mit den Parlamenten gemacht, wie der außenpolitische Kurs von den Reichskanzlern und den Staatssekretären des Auswärtigen Amtes bestimmt wurde — nicht vom unsteten Kaiser.

Die Regierung hatte im 20. Jahrhundert nicht allein mit erheblichen außenpolitischen Schwierigkeiten, sondern auch mit innenpolitischer Uneinigkeit und mit dem grundsätzlichen Widerstand der stärksten deutschen Partei, mit der ideologischen und parlamentarischen Opposition und Obstruktion des politisch geschlossensten Teiles des deutschen Volkes zu rechnen. Sie fand keinen Weg aus dieser in Europa einzigartig schwierigen Situation. Denn die „Politik der Sammlung", die innenpolitisch seit 1897 getrieben wurde, einer Sammlung zum Schutz der bürgerlichen Gesellschaftsordnung gegen die Sozialdemokratie, scheiterte am wirtschaftspolitischen Gegensatz von Industrie und Landwirtschaft, der im Kampf um neue Zolltarife seit 1901 stärker denn je in Erscheinung trat, sowie an den zunehmenden Spannungen zwischen „Stadt" und „Land", das seine jahrhundertealte wirtschaftliche, gesellschaftliche und politisch-militärische Vorrangstellung an jene verlor. Der seit dem Anfang des 19. Jahrhunderts im Gange befindliche, durch die industriell-technische Revolution und neuerdings noch mehr durch das Abebben der Auswanderung trotz steigenden Geburtenüberschusses beschleunigte Prozeß der Urbanisierung, aber auch des zunehmenden Überwechselns von der literarischen zur naturwissenschaftlich-technischen Bildung und, damit vielfach verbunden, zu einer neuen Einstellung gegenüber dem Staate, bildete einen Komplex von Erscheinungen, der alte gesellschaftliche Fundamente erschütterte, politische Traditionen auflöste und die Tätigkeit der Regierung außerordentlich erschwerte. Kein anderer Staat mußte ihn zugleich mit einer solchen Fülle anderer innen- und außenpolitischen Schwierigkeiten bewältigen wie Deutschland — nicht einmal Rußland, wo die Revolution 1905 zum ersten Male die Möglichkeit radikaler Veränderungen auch im 20. Jahrhundert sichtbar werden ließ. Daß die Regierung in dem großen Bereich solcher Gegensätze schließlich mit dem Zolltarif von 1902 doch wieder zu einem erhöhten Schutz für die Landwirtschaft zurückkehrte, hatte gewiß nicht allein verständliche wirtschaftliche und übertriebene militärische Überlegungen zur Grundlage, sondern ebenso auch den Wunsch, beim einzigen wirklich zuverlässig erscheinenden konservativen, den monarchistischen Staat erhaltenden „Stand" wieder eine sichere politische Hilfe zu finden — auch um den Preis gesteigerter Gegnerschaft bei der Sozialdemokratie, der Industrie und der Masse der Brot- und Fleischkäufer, welche diese Politik neben schnell wachsenden Rüstungsvorhaben finanzieren mußten.

Überhaupt erhielt die wirtschaftliche und mit ihr eng verbunden, von ihr beeinflußt und sie beeinflussend, die soziale Entwicklung im weiten Gesamtrahmen der Innen- und auch der Außenpolitk ein immer stärkeres Gewicht. Trotz des Aufschwunges der Landwirtschaft hinter der für die Gesamtheit des Volkes teuren und seit 1905/06 erhöhten Zollmauer vollzog sich derjenige der Industrie erheblich schneller und wuchs der Anteil der Stadtbewohner an der Gesamtbevölkerung stärker als der der Landbewohner. Außerdem aber ergriffen Kapitalismus und Industrialismus allmählich, wenngleich durch den Zollschutz gegenüber dem Ausland verzögert, auch die Landwirtschaft — nicht allein im technisch-maschinellen Sinne, sondern auch in der Denk- und Arbeitsweise. Und während mit dem Blick auf die Industriearbeiterschaft jahrzehntelang Sozialpolitik getrieben wurde, weil jene politisch gefährlich erschien, blieb die ländliche Arbeiterfrage fast unbeachtet. Die Gesindeordnung von 1810, die von einem längst überholten Sozialstatus ausging, behauptete sich bis zur Revolution von 1918; und die nachlässig betriebene „Innere Kolonisation" führte, nicht zuletzt durch den Widerstand der Großgrundbesitzer, zu einem Mißerfolg.

Im industriellen Bereich gelangte die Entwicklung besonders in West-, aber auch in Mitteldeutschland und Schlesien vielfach unter erheblichen Kapitalballungen zu starken, von Syndikats- und Kartellbindungen noch akzentuierten Konzentrationserscheinungen und Abhängigkeiten, welche über das traditionelle Verhältnis von Großgrundbesitz, Bauerntum und Landarbeiterschaft weit hinausgingen, bei aller Kritik daran und Sorge darüber aber von der Regierung Preußens als unabwendbar betrachtet wurden. Tatsächlich wirkte der in anderer Hinsicht vielfach nachteilige, umfangreiche und, wie die „Hibernia-Affaire" zeigt, sehr umkämpfte Staatsbesitz bei Bergbau und Eisenbahn in der Industriewirtschaft stärker regulierend und ausgleichend als der verpachtete Domänenbesitz in der Landwirtschaft. Daß der Lebensstandard der unteren Schichten der Bevölkerung, insbesondere der Industriearbeiterschaft, bei gleichzeitiger Verbesserung und Erleichterung der Arbeitsbedingungen, allen marxistischen Voraussagen und Behauptungen zum Trotz, erheblich stieg, war — nüchtern beurteilt — bedeutungsvoller als der Umstand, daß die Spanne zwischen den Ärmsten und den Reichsten gegenüber früheren Zeiten gewachsen war. Aber der Klassenkampf verschärfte sich, weil es mehr um sozialistische Prinzipien als um wirtschaftlich-soziale Fakten ging. Die Sozialdemokratie und das Gewerkschaftswesen der wirtschaftlich gehobenen, sozial gesicherten Industriearbeiterschaft wandten sich — weit über alle Lohn-

und Rentenfragen hinaus — aufs stärkste gegen den Staat, den sie nicht ohne Grund als „Klassenstaat“ bezeichneten und der Begünstigung einzelner reaktionärer Sozialgruppen bezichtigten. Sie forderten stärkeren, bestimmenden Einfluß auf Staat und Gesellschaft. Der gewiß — auch durch die Haltung der Sozialdemokratie — sehr schwierige, möglicherweise zum Scheitern verurteilte Versuch einer Einbeziehung der Industrie- und Landarbeiterschaft in das staatliche und gesellschaftliche Leben ist nach dem großartigen Akt der Bauernbefreiung am Anfang des 19. Jahrhunderts und den begrenzten Erfolgen Bismarcks in den 80er Jahren von Wilhelm II., der prinzipiell unter völliger Preisgabe allen liberalen Gedankengutes im gleichen Geiste wie jener christlich-monarchische Wohlfahrtspolitik großen Ausmaßes trieb, in Friedenszeiten nicht in Angriff genommen worden, da der große Entschluß dazu und der Kreis bedeutender Reformer fehlten. Auch zwang die immer schwierigere außenpolitische Lage alle politischen Energien auf sich. Das preußische Dreiklassenwahlrecht war längst überholt; ja, selbst der als Stütze des Staates so wichtige kleine Mittelstand der Handwerker wurde von der Innenpolitik kaum berücksichtigt. In diesem ganzen Bereich, der angesichts der großen wirtschaftlich-technischen, gesellschaftlich-kulturellen Wandlungen in Europa und angesichts der weiten weltpolitisch-imperialen Ziele, welche Deutschland sich steckte, so wichtig war, stagnierte die Politik. Das falsch verstandene Schlagwort vom Primat der Außenpolitik, das den Blick von dem entscheidenden innenpolitischen Problem der nationalen Einmütigkeit ablenkte, führte, angedeutet z. B. im großen Bergarbeiterstreik von 1905, zu einem schwächenden und den Staat in Krisenzeiten gefährdenden Auseinanderklaffen von Innen- und Außenpolitik, die, wie schon das 17. und 18. Jahrhundert bewiesen hatten, sich gerade in (neu-)merkantilistisch-imperialistischen Staaten in stärkster gegenseitiger Wechselwirkung befanden. Der revisionistische Flügel der Sozialdemokratie hatte auf diese Weise einen überaus schweren Stand gegen den traditionellen Radikalismus in der Partei, der bei der grundsätzlichen Ablehnung des bürgerlichen Staates und seiner Gesellschaftsordnung beharrte. Die national-soziale Bewegung Friedrich Naumanns, der keine große Reformerpersönlichkeit war, blieb durch die Unklarheit ihres Programms, das von allen Reformgedanken etwas enthielt, von der Überlieferung letzten Endes aber nichts aufgeben wollte und daher auf keiner Seite echte dauerhafte Bundesgenossenschaft fand, sowie durch ihre zahlenmäßige Schwäche zur Bedeutung eines intellektualistischen Intermezzos verurteilt. Sie fiel damit weit hinter den historischen Rang des Kathedersozialismus zurück. Selbst Naumanns Angriffe auf das Dreiklassenwahlrecht leiteten nicht eine neue Reformzeit in Preußen ein, sondern trugen nur zur Auflösung des parteipolitischen „Blocks" bei, der um 1907 etwas Ähnliches bildete wie das Kartell um 1887. Daß die Sozialdemokratie die einzige Vertreterin der Arbeiterschaft war, wurde von der Regierung seit der Jahrhundertwende als eine unabänderliche Tatsache hingenommen — und damit der Verlust, ja, die Gegnerschaft eines großen, ständig wachsenden Teiles des deutschen Volkes.

Seit dem Jahre 1848 spielte sich in kultureller Hinsicht eine der Innen- und Gesellschafts-, aber auch der Außen- und Weltpolitik entsprechende Entwicklung ab. Die deutsche Kultur nach Goethes Tod hatte drei wesentliche Züge: sie war einmal eine ganz und gar bürgerliche Kultur. Die Ansätze dazu, deren Wachsen sich seit dem 17. Jahrhundert, insbesondere aber seit der Mitte des 18. Jahrhunderts, verfolgen läßt, hatten sich nicht zuletzt durch die Leistungen der „Klassiker" außerordentlich entwickelt. Die Schriftsteller und Dichter, die Maler und Musiker, Bildhauer und Architekten, die sich nun — entsprechend der Bevölkerungszunahme und der wachsenden Allgemeinbildung als Grundlage für Schaffen und Rezipieren — in schnell steigenden Zahlen an das durch ein sprunghaft anschwellendes Pressewesen kulturell angeregte und unterrichtete Publikum wandten, waren bürgerlicher, häufig kleinbürgerlicher Herkunft und hielten sich im Gehalt ihres Schaffens in den Grenzen dieses Standes, dieser Schicht oder Klasse.

Mit dieser Abkehr von der kirchlich und adlig bestimmten und getragenen zur bürgerlich geschaffenen und verstandenen Kultur verband sich logisch eine zunehmende Wendung vom Humanismus neuhumanistischer Anpassung an die Denk- und Lebensformen des 19. Jahrhunderts zur technisch-naturwissenschaftlichen, realistisch-industriellen Bildung. Die von Beuth, Steinbeis und vielen anderen ausgehende Bewegung für das Real-, Gewerbe- und Fachschulwesen gewann sich im Laufe der Jahrzehnte eine breite Anhängerschaft, die sich im Stolz auf industriell-technische Erfolge und mit dem Streben nach solchen von der Menschenbildung im Sinne Wilhelm von Humboldts ab- und der Berufsausbildung zuneigte. Zutiefst trafen die Bildungs- und Universitätsvorstellungen Humboldts, die selbst nicht mehr dem ursprünglichen, sondern einem historisierenden und romantisierenden Neuhumanismus entsprangen, auf ein Volk, das sich großenteils zur gleichen Zeit der auf die Technische Hochschule hinführenden Entwicklung ergab. So vollzog sich also, insbesondere seit den ersten Jahrzehnten des großen wirtschaftlich-technischen Aufschwungs, innerhalb der bürgerlichen Gesellschaft selbst eine kulturelle Spaltung und schließlich bei der „breiten Masse" eine nahezu geschlossene Wendung zu einem neuen Bildungs- und infolgedessen auch zu einem neuen Kulturbegriff. Ihr ganzes Ausmaß ließ sich allerdings infolge vieler retardierender Momente, wie etwa des Studienprivilegs der Gymnasiasten und der gesellschaftlichen Deklassierung der Nichthumanisten, vor 1900 nicht immer deutlich erkennen.

Drittens setzte sich die Verstädterung der Kultur fort — sie wurde, wieder der wirtschaftlichen Entwicklung, der Bevölkerungsverschiebung, der Position von Schulen, Universitäten und Hochschulen entsprechend, immer stärker aus einer adligbürgerlichen eine stadtbürgerliche Kultur, in der seit der Emanzipation zunehmend die um 1900 500000 Juden anregend, umformend und internationalisierend in Erscheinung traten. Das alles führte dazu, daß das Nationale in der Kultur früherer Zeiten und selbst der „kosmopolitische" Charakter von der Wende des 18. zum 19. Jahrhundert verlorenging und an seine Stelle unbewußt immer stärker ein mehr zivilisatorischer europäischer, ein allgemein abendländischer Bildungsbegriff trat — zutiefst und im Prinzip, wenngleich auf einer ganz anderen Ebene, nämlich verbürgerlicht und säkularisiert, mittelalterlichen Erscheinungen wieder ähnlich.

Aus den Jahrzehnten der Romantik und der Restauration übernahm man paradoxerweise trotz Wendung zur Zukunft die starke Bevorzugung des Historischen. Die Bedeutung des Geschichtlichen wurde nach dem Vorrang der Ratio wieder hoch geschätzt. Fürsten wie Friedrich Wilhelm IV. und Wilhelm II. förderten diese Haltung aus eigener Neigung, Männer wie Stein und Bismarck durch ihre Leistungen. Während in den Naturwissenschaften, im Darwinismus, auch im Marxismus und in der Technik das Geschichtslose und Geschichtsfeindliche vorherrschten, fand das Bürgertum der Bildung und des Besitzes eine gewisse Tradition im historischen Roman, in den historisierenden Bauten von Schinkel bis zu den Architekten der Zeit Wilhelms II., in großen Geschichtswerken, die bei Leopold von Ranke, mehr noch bei Jacob Burckhardt und am stärksten bei Heinrich von Treitschke und Dietrich Schäfer in feiner Stilisierung, aber auch bei Adolf Menzel, Anton von Werner und anderen Malern und Bildhauern Vergangenheit und Gegenwart miteinander verbanden.

Gegen den naturwissenschaftlichen Materialismus und gegen den unfruchtbar erscheinenden Bildungs- und Kulturbegriff alter Art, gegen den primitiven Fortschrittsglauben der materialistischen Philosophen, aber auch gegen den Historismus in der „Kultur" richtete sich seit der Wende vom 19. zum 20. Jahrhundert ein in vielen Bereichen, am deutlichsten bei der Jugendbewegung und im Jugendstil ausgeprägter Protest — die beiden Bezeichnungen entstanden vollkommen unabhängig voneinander. In den Jahren 1899/1901 wurden in Berlin und gleichzeitig auch an manchen anderen Orten im Reich, zum ersten Male seit der ursprünglich ähnlich motivierten Bewegung der Burschenschaft, vorwiegend akademische Jugendbünde gegründet — der „Wandervogel" an ihrer Spitze—, die sehr schnell eine breite Anhängerschaft fanden und sich 1913 auf dem Hohen Meißner am Ende ihrer Aufstiegsperiode eine Gesamtorganisation schufen. Die Bedeutung der Jugendbewegung im Laufe eines Jahrzehnts, in dem kaum eines ihrer Mitglieder zu Einfluß gelangen konnte, ist unmittelbar kaum spürbar geworden. Im ersten Weltkrieg bildete sie einen wichtigen Kern der militärischen Widerstandskraft; danach hätte sie, ähnlich wie die Jugend der Befreiungskriege nach einer solchen Aufgabe verlangt hatte, zur Trägerin einer politischen, sozialen, einer kulturellen Reformbewegung werden können, wenn sie nicht im Kriege, zuerst bei Langemarck sehr schwere Verluste erlitten und wenn nicht das Kriegsende mit Niederlage und Revolution eine ganz neue Situation geschaffen hätte.

Der Jugendbewegung in der gesellschaftlichen Auseinandersetzung entsprach in der Kunst der Jugendstil, der zwar von dem Antwerpener Henry van de Velde ausging, doch aber in Deutschland seine eigentliche Heimat fand. Hatten sich schon um 1890 Künstlergruppen aus dem ihnen steril erscheinenden historisierenden Kunstbetrieb in die Einsamkeit des Landes, z. B. nach Dachau und Worpswede, zurückgezogen, so gab es bald eine breite Schicht von Künstlern, die einmal auf ursprüngliche Formen zurückgreifen und zum anderen solche finden wollten, welche die Verbindung der Kunst zur Industrie nicht mehr leugneten, sondern eher in „Neuer Sachlichkeit" betonten. Aus diesen Absichten führte die eine Linie unmittelbar zur Belebung der auch „industrielle Künste" genannten Kunstgewerbe, die andere zu einer neuen Außen- und Innenarchitektur mit besonderen Höhepunkten im Industrie- und Warenhausbau. Diese Richtung aufs Ganze des menschlichen Lebenskreises, die Grundforderung des Jugendstils, behauptete sich und wurde an die Zukunft weitergegeben, während die geschwungenen Formen, das schweifende Ornament, die Übernahme dekorativer Elemente aus den ostasiatischen Künsten Übergangserscheinungen waren und bald verlorengingen. Das architektonische Gegenstück zu den „heftigen Palastbauten ... auch in deutscher Renaissance", die Jacob Burckhardt wie viele andere in der „Gründerzeit" nach 1871 in Deutschland kritisierte, wurde die „Mathildenhöhe" in Darmstadt. Hier errichtete der aus Wien stammende J. Olbricht — den großen fürstlichen Mäzen alter Art und doch moderner Auffassung, den gleichaltrigen Großherzog Ernst Ludwig von Hessen, im Hintergrund — mit zwei Bildhauern und vier Kunstgewerblern in den Wohnhäusern dieser Pioniergruppe im großherzoglichen Park eine einzigartige, 1901 als „Dokument deutscher Kunst" eröffnete Dauerausstellung mit großartiger Wirkung. Um ihrer revolutionären Gestaltung willen focht man über diesen Bauten, die in einen einst gleichfalls revolutionär wirkenden Herrengarten englischen Stils hineingestellt worden waren, in ganz Europa scharfe, die Architektur zum Anlaß benutzende und die ganze Kulturauffassung ergreifende Fehden aus. Ihre Wirkung reichte weit über den Weltkrieg bis in unsere Gegenwart.

So bestand die Kultur am Vorabend des Kriegsausbruches aus Historischem und Modernem, ja, aus Vorstufen des Künftigen — nicht anders als die Auffassungen von der Innen- und Außenpolitik und von der Gesellschaftsordnung. Der Tag des Kriegsausbruchs selbst war in der Reichshauptstadt Berlin wie ein Symbol dieser Verbundenheit von Vergangenheit und Zukunft. Paul Fechter hat sich ein Menschenalter später, nach der totalen Niederlage im zweiten Weltkrieg, dieses Tages mit den folgenden Worten erinnert: „Am 2. August 1914 fand in der Alten Aula der Universität der Friedrich-Wilhelms-Tag statt, der Tag der Erinnerung an ihren Stifter. Der Gegensatz zwischen der glühenden, bis zum Zerreißen gespannten Stadt und der kühlen Aula mit dem Glanz ihres Barockprunks war kaum ertragbar. Von den Wänden schauten in langen Reihen die weißen Marmorbüsten toter Denker und Forscher; durch die hohen hellen Nordfenster grüßten unter dem strahlend blauen Himmel die Wipfel des Kastanienwäldchens ... Vorne aber auf dem Katheder, zwischen den roten Gestalten der Pedelle, im Ornat der Rektor der Universität, Geheimrat Max Planck. Er spricht über das Problem der Gesetzlichkeit in der Wissenschaft. Nichts von dem Leben der Zeit, nichts vom Geschehen der Geschichte: kühl, sachlich, objektiv gehen die Worte des großen Physikers zu den Hunderten, die da zu seinen Füßen den weiten schönen Raum schweigend füllen ... Er spricht ..., als ob tiefster Frieden wäre. Zuerst bäumt sich etwas gegen diese fast unmenschliche Distanzierung vom allgemeinen Dasein auf, bis man den Kontrast in seiner ganzen Größe begreift und diese scheinbare Unempfindlichkeit, dies Unerschütterliche als etwas unendlich Stärkendes, Beglückendes empfindet. Man beugt sich dankbar dieser unberührbar in sich ruhenden Ordnung, die mitten im Getümmel des Äußeren ihre ewige Gültigkeit behält, und überläßt sich ihrer tragenden Sicherheit ... Und wenn am Ende der Rede die Betrachtung aufsteigt aus dem naturwissenschaftlich Begrenzten ins Allumfassende, wenn die Gesetzlichkeit der Physik hinüberwächst in die der ethischen Welt, in der menschliche Freiheit und Selbstbestimmung zu ihnen treten, dann läßt man dankbar das oft zitierte Horazwort mitklingen: Si fractus illabatur orbis ... Erst jetzt läßt Max Planck der Zeit das Wort. Die Wissenschaft versinkt ..."

Deutschlands Wirtschaft 1848–1914

Als die politische und soziale deutsche Revolution in den Jahren 1849/50 in Enttäuschungen endete, befand sich die Wirtschaft Deutschlands und insbesondere die seines größten, ökonomisch stärksten Teilstaates Preußen, als Ganzes gesehen in schnellem Aufstieg. Gewiß: Krisen und Hungersnöte hatten in den 40er Jahren fast überall in Europa große wirtschaftliche Schwierigkeiten bereitet, die Auswanderung vor allem nach den USA mächtig anschwellen lassen und zum immer stärkeren Anbau der Kartoffel, des Massen-Nahrungsmittels der Menschen-Massen, geführt. Doch wenn man das 19. Jahrhundert insgesamt überblickt, bildeten diese Krisen- und Mißwuchsjahre nur eine kurze und nicht sehr bedeutende Unterbrechung des großen wirtschaftlichen Aufschwunges.

Vieles war seit dem Ende Napoleons bereits geschehen: der deutsche Zollverein — neben ihm ähnlich bis 1854 der Steuerverein — stellte einen handels- und zollpolitischen Zusammenschluß großen Umfanges dar, in dem das wirtschaftliche Leben sichtlich gedieh, der auch in der Auseinandersetzung mit Österreich um die politische Führung in Deutschland zunehmend eine bedeutsame Rolle spielte, und der schließlich im Rahmen des liberalen preußisch-französischen Handelsvertrages von 1862 das beim Schutzzollsystem beharrende Österreich wirtschaftlich bereits vier Jahre vor Königgrätz aus dem Reich verdrängte.

Die Ära der Kanäle, die in Deutschland spät und nicht so machtvoll eingesetzt hatte wie etwa in England und in den USA, war seit den 30er Jahren vom Eisenbahnzeitalter abgelöst worden: in allen deutschen Staaten wurden zahlreiche Eisenbahnlinien geplant, gebaut und betrieben, die zwar meist an den Landesgrenzen ihr Ende fanden, so daß von Friedrich Lists

„Deutschem Eisenbahnsystem“, das er in der ersten Begeisterung genial auf der Landkarte entworfen hatte, keine Rede sein konnte. Aber der immanente Zwang zur flächenmäßigen Expansion, der in dem neuen Verkehrsmittel lag und sich in anderen Staaten, insbesondere in den USA, imponierend und überzeugend durchsetzte, wirkte auch in Deutschland noch vor 1871 grenzensprengend und den Einheitsgedanken fördernd. Wirtschaftlich hatte die Eisenbahn drei Bedeutungen: sie zog viel Spargeld an sich, trug also zur Aktivierung der Kreditwirtschaft bei; sie veranlaßte die Entstehung einer umfangreichen deutschen Schienen-, Waggon- und Lokomotivindustrie und wurde zu deren größtem Dauerauftraggeber, d. h. also auch zu einem Großkunden der Berg-, Hütten- und Walzwerke; sie förderte und verbilligte den Personen- und Güterverkehr und vollbrachte schließlich national und international Transportleistungen, die es in der Geschichte der Menschheit noch nicht gegeben hatte.

Die 50er Jahre brachten eine Höhe im Aufschwung der deutschen Wirtschaft — auch der Landwirtschaft, deren letzte Unfreiheiten während der Revolution gefallen waren, so daß auch der Bauer frei an der internationalen kapitalistischen Wettbewerbswirtschaft hätte teilnehmen können. Er erkannte jedoch bald, daß, aller preissteigernden Zunahme des Bedarfs der Millionen Menschen besonders in den Städten zum Trotz, bei der historisch gewachsenen Struktur, bei der Bindung an Witterungsverhältnisse und Bodenqualitäten und bei der Lebensauffassung, die in diesem Wirtschaftszweig vorherrschte, eine solche Freiheit viele im Rahmen der alten Lebensweise unbekannt gebliebene Gefahren brachte. Die Landwirte begannen zu klagen über die hohen Preise der Industriegüter und preisdrückende Konkurrenz anderer Agrargebiete, insbesondere Rußlands und Nordamerikas, auf dem Welt- und dem deutschen Markt; sie führten mit schnell abnehmender Richtigkeit den ausschlaggebenden Wert des bäuerlichen Menschen und der einheimischen Ernten für die Landesverteidigung an und schlossen sich in ursprünglich wirtschaftlichen, schnell aber auch auf die allgemeine Politik starken Einfluß ausübenden Kampfbünden — insbesondere 1893 im „Bund der Landwirte“ — zusammen.

Mit alledem erreichten sie, daß noch am Vorabend des ersten Weltkrieges die großgrundbesitzerliche und bäuerliche Auffassung von der Innen- und Außen-, der Wirtschafts- und Sozialpolitik und von der Gesellschaftsordnung einen praktischen Einfluß ausübte, der die wirtschaftlichen Strukturveränderungen des letztvergangenen Jahrhunderts fast ganz außer acht ließ. Deutschland, das inzwischen wirtschaftlich ein industriell-agrarisch gemischtes Land geworden war, dessen Bevölkerungsmajorität in Städten lebte, das bei wachsender Bevölkerung ohne eine noch schneller steigende Industriegüterproduktion und -ausfuhr den Lebensstandard der Menschenmengen nicht hätte behaupten oder gar steigern und die ständig lauter werdenden Subventionswünsche der Landwirtschaft selbst nicht hätte erfüllen können, wurde von Gremien regiert, in denen das landwirtschaftliche Denken den Vorrang einnahm.

Das Schwergewicht der Bergbau-, Industrie-, Verkehrs- und Geldwirtschaft lag an Rhein und Ruhr, an der Saar, in Schlesien, seit 1871 in Elsaß-Lothringen, in den großen Nordseehäfen, in Mitteldeutschland und immer stärker auch in der preußischen und Reichshauptstadt Berlin, wo sich insbesondere die Verwaltungen der Großunternehmungen, der gegen Ende des Jahrhunderts entstehenden Kartelle, Syndikate und Konzerne, der Banken und Versicherungen, der Vereinigungen und Verbände konzentrierten. Die Mehrzahl des wichtigsten deutschen Industrieunternehmertums stammte aus diesen schnell immer stärker verstädternden Revieren und Bezirken, wobei sich stammesmäßige Unterschiede nicht selten auch in der Wirtschaftsauffassung und Betriebsführung ausprägten — man denke an den Unterschied zwischen dem Hamburger Kaufmann und Reeder gegenüber den schlesischen Montanmagnaten oder dem vielfach zugewanderten Unternehmer an Rhein und Ruhr. Die Veränderung Berlins, Dortmunds, Düsseldorfs, auch Breslaus und mancher mitteldeutschen Städte in jenen Jahrzehnten ist häufig beschrieben worden. Bremen erhielt 1830 in Bremerhaven einen modernen leistungsfähigen Seehafen, für dessen Bau sich vom Faustthema her Goethe interessierte; in Hamburg betonte man in den 40er Jahren, daß der Stadtstaat konsularische Vertretungen in vielen ausländischen Hafen- und

Hauptstädten unterhielt, deren Namen im deutschen Binnenland unbekannt waren. In Hamburg wurde 1847 die HAPAG, in Bremen 1857 der Norddeutsche Lloyd gegründet — Reedereien, die in bezug auf Kapitalbeschaffung, Linienverkehr, Übergang zum Dampfschiff, Bewältigung der großen Auswandererzahl und Erschließung des Atlantikverkehrs in Deutschland bald an erster Stelle stehen sollten. Hauptgebiete der solchen Revieren industrie- und verkehrswirtschaftlicher Evolutionen gegenüber sehr viel stärker traditionserfüllten Landwirtschaft blieben „Ostelbien" bis an Preußens Ostgrenze und Bayern, dessen Armut an industriell wichtigen Bodenschätzen sich nun stark bemerkbar machte.

Die erste Weltwirtschaftskrise, die 1857 von Nordamerika aus auch Deutschland erreichte, einige Jahre erschütterte und unter erheblichen Verlusten zu Rationalisierungen zwang, die 1873 ausbrechende Krise im Anschluß an die französischen Kriegsentschädigungen von 1871 und spätere Krisen verursachten manche industriellen Schwierigkeiten, Kreditmangel, Börsenverluste, Arbeitslosigkeit, sozialpolitische Forderungen und Maßnahmen, sowie schließlich sozialistische und konservative Kritik am extremen Wirtschaftsliberalismus. Diese Entwicklung führte auch in Deutschland seit den 70er Jahren wie in anderen Staaten zum Übergang vom Freihandel zum Schutzzoll, worin sich wie bei den vielen Maßnahmen zugunsten der Industriearbeiter und des gewerblichen Mittelstandes in Landwirtschaft, Industrie und Schiffahrt ein prinzipieller Auffassungswandel ausdrückte: der Übergang zur verstärkten Staatsintervention und -subvention, zu einer den Merkantilismus des 18. Jahrhunderts modernisierenden Übernahme der Verantwortung für die Bürger durch den Staat.

Über die Krisen hinweg aber und in Verbindung mit diesen Veränderungen der Wirtschafts- und Sozialauffassung und -politik vollzog sich der wirtschaftliche Fortschritt. Er zeigte sich in der Ausweitung von Produktion und Konsum, in der Steigerung des Lebensstandards, in der Zunahme von Volksvermögen und -einkommen, in der mächtigen Erweiterung alter Wirtschaftszweige und in der Entstehung neuer, wie der chemischen, der elektrotechnischen und der Autoindustrie.

Ein solcher Wechsel innerhalb weniger Jahrzehnte konnte nicht ohne eine veränderte Einstellung der Menschen zur Wirtschaft, zu den Naturwissenschaften und der Technik geschehen, konnte aber auch nicht ohne Folgen auf diese Einstellung bleiben. Die geistigen Grundlagen der Industrie- und Geldwirtschaft — „Konstitution und Maschine war das Leitwort eines Jahrhunderts, das mit allen seinen Schöpfungen und seinen Mängeln ein Zeitalter des Bürgertums gewesen ist" (Schnabel) — stammten im wesentlichen aus dem Real-, Fachschul- und Fachhochschulwesen, aber auch aus den juristischen und volkswirtschaftlichen Fakultäten der Universitäten, aus den Handels- und Industriekammern, den vielen Verbänden und Vereinigungen, den Werkslaboratorien und -forschungsinstituten, also nicht mehr in erster Linie aus den historischen Bildungsbereichen der Religion und des Humanismus. Damit verband sich eine Veränderung in der Einstellung des Individuums und der Interessentengruppen zum Staat, zur Gesellschaft und zum Leben überhaupt, deren Auswirkungen vielfach erst nach dem Zusammenbruch der Monarchie im Jahre 1918 voll in Erscheinung treten sollten. In der Entwicklung des Parteiwesens, in der allem Revisionismus zum Trotz schroffen Staatsfeindlichkeit der selbst- und klassenbewußten Sozialdemokratie kamen die damit verbundenen Spannungen seit der Jahrhundertwende immer klarer zum Ausdruck. Über solche sozialen Proteste und Neuerungen ist das Reich Bismarcks und Wilhelms II. nicht hinweggekommen, während die Wirtschaftsentwicklung viel geradliniger aufwärts und über Großunternehmungen, Konzerne und Kartelle zum Großbürgertum und Großkapitalismus führte, der „in seinem Kern etwas Neues, nicht mehr Bürgerliches, etwas die alten Einteilungen und Ordnungen Zerstörendes, neue Menschengruppen und -klassen Schaffendes" war (Beutin). An der Prosperität haben alle Bevölkerungskreise teilgenommen; aber während der „Klassenkampf" zwischen dem zweiten und dritten Stand vom Bürgertum her seit der Reichsgründung mehr und mehr aufgegeben wurde und der Einfluß des Militärischen auf beiden Seiten verbindend wirkte, wurde die Kluft zwischen dem dritten und dem vierten Stand nicht aufgefüllt; sie nahm freilich auch für den Bestand von Volk und Reich zunächst keine bedrohlichen Ausmaße an. Denn stärker und eindrucksvoller für alle Schichten war die Zunahme von Deutschlands Macht und Ansehen in der Welt. Erst als dies und die wirtschaftliche Erfolge verlorengingen, Staat und Volk in Schwäche und Armut sanken, erwiesen die sozialen Gegensätze sich als ausreichend für eine kurze, aber — abgesehen vom Wandel der Staatsform — wirtschaftlich und sozial nicht tiefgreifende Revolution.

DER ERSTE WELTKRIEG

Nach den großen direkt zum Krieg führenden Krisen der Jahre 1911 und 1912/13 war im Sommer 1914 eine gewisse Entspannung eingetreten, die sich z. B. in politischen und wirtschaftlichen deutsch-englischen Verhandlungen auswirkte. Aber unsicher blieb die politische Lage auch weiterhin, und jede Störung, wie etwa die Indiskretion über die geplante englisch-russische Marinekonvention, verursachte neue Sorgen. In Rußland nahm die Kriegsstimmung offenkundig zu. In Frankreich dagegen rief die schwere Last der dreijährigen Dienstzeit innere Krisen hervor. In dieser labilen Lage wurde Europa am 28. 6. 1914 von der Nachricht getroffen, daß der österreich-ungarische Thronfolger Erzherzog Franz Ferdinand mit seiner Gemahlin in Sarajewo ermordet worden war. Bei der Sühnung dieses ohne Zweifel politischen Mordes unter dem Einfluß der großserbischen Agitation auf österreich-ungarischem Staatsgebiet sah die österreichische Regierung sich gezwungen, in die ohnehin sehr gespannten internationalen Beziehungen einzugreifen und eine anfangs scheinbar nur nationale Angelegenheit zu einer weltpolitischen zu machen. So entstand zunächst die Julikrise 1914. Später, als die Niederlage der Mittelmächte sich abzeichnete, erwuchs dann aus diesen verwickelten Zusammenhängen das Problem einer vordergründigen und einer Gesamtkriegsschuldfrage. Ihre Formulierung und Beantwortung trug nicht wenig zur Schaffung der politischen Atmosphäre nach 1918 sowie zur Agitation und zur „Machtergreifung" des Nationalsozialismus bei, ja, sie spielte selbst noch in die Schulddiskussion nach dem zweiten Weltkrieg und in die innerdeutsche der Gegenwart hinein.

Bei dem durch den Mord von Sarajewo ausgelösten österreichisch-serbischen Zusammenstoß wußte Serbien sich in seinen südslawischen Bestrebungen, die eine tödliche Bedrohung für den habsburgischen Nationalitätenstaat bedeuteten, von

Rußland ohne Einschränkung gedeckt und unterstützt. „Ebenso unbestreitbar ist es, daß nach dem Gebot der Selbstbehauptung die Auflehnung der Doppelmonarchie gegen das ihr zugedachte Schicksal unter den 1914 bestehenden Gesetzen des Völkerlebens unvermeidlich war. Der Entschluß, die serbische Gefahr unter allen Umständen zu beseitigen und dafür auch die Gefahr eines russischen Eingreifens und die Möglichkeit eines allgemeinen Krieges auf sich zu nehmen, hatte für Wien bei allen Schwankungen der Persönlichkeiten etwas so weitgehend Zwingendes, daß selbst die zähe Opposition eines Tisza, der alle seine Gefahren erkannt hat, schließlich — mit dem Hinweis auf die Gewißheit der deutschen Rückendeckung — überwunden werden konnte ... Die Sprengkraft des österreichisch-serbischen Gegensatzes würde bei aller ihrer unheimlichen Kraft nicht genügt haben, die Welt in Flammen zu setzen, wenn sich damit nicht das ganze Schwergewicht der europäischen Bündnisverflechtung verbunden hätte. Erst weil sich jetzt Rußland außerstande glaubte, die stärkste und ihm am nächsten stehende der slawischen Balkannationen im Stiche zu lassen, während das Deutsche Reich nicht mit Österreich-Ungarn die letzte ihm verbündete Großmacht preisgeben wollte, ist der Knoten geschürzt worden, der schließlich die allgemeine Katastrophe unvermeidlich gemacht hat" (Herzfeld).

In Deutschland hatte neben der „Nibelungentreue" des Bundesgenossen stärkste Bedeutung für den Eintritt in den Krieg die Annahme, der Krieg könne auf dem Balkan „lokalisiert" werden. Das erwies sich als eine entscheidende Fehlbeurteilung der russischen Haltung seit der Niederlage in der Annexionskrise. Und endlich spielte eine erhebliche Rolle der Bankrott der zivilen Staatslenkung gegenüber der militärischen Führung, die bei den Kriegserklärungen und bei der Verletzung der belgischen Neutralität die Entscheidung an sich riß. Dagegen übte der Kaiser praktisch gar keinen Einfluß auf die Geschehnisse aus. Der angebliche „Potsdamer Kronrat am 5. 7. 1914" hat nie stattgefunden. Auf den Gedanken, alle leitenden Männer der Reichsregierung aus dem Sommerurlaub zurückzurufen und sie zu einer gemeinsamen Beratung über die Tragweite der an Österreich-Ungarn zu erteilenden Antwort sowie zur Besprechung der möglichen Folgen zu veranlassen, ist niemand gekommen. Das entsprach nicht dem persönlichen Aufbau der Reichsregierung, auch fehlte es an Zeit dazu, da der Kaiser bereits am 6. Juli vormittags auf die Nordlandreise ging. Überblickt man das Ganze, so kann man nicht alle oder auch nur die Hauptschuld dem Kaiser beimessen.

Als seit dem 25. 7. 1914 die Maschinerie der militärischen Zwangsläufigkeiten, die Kettenreaktion der teilweisen und endgültigen Mobilmachungen anlief, ging entsprechend die Aktionsmöglichkeit der Politiker verloren. Und wie das Bündnissystem der Mittelmächte sich im Krisenfall nicht als eine Friedenssicherung, sondern als Zwang zur Krisenausweitung erwies, so geriet aus der gleichen Kausalität auch Frankreich in den Sog der Kräfte, zu deren Schaffung es führend beigetragen hatte. England aber, wo Grey alles aufbot, um den Frieden zu bewahren, konnte „in letzter Verdichtung der Tragödie der Lage, in die Europa unter dem Druck der Epochentendenzen hineingeraten war, dem allgemeinen Lauf der Ereignisse nicht widerstehen. Wenn Deutschland sich geweigert hat, seinen österreichischen Verbündeten im Stich zu lassen, so hat auch England ein Zerbrechen der Entente für untragbar gehalten und damit seinen Anteil an dem allgemeinen Wesen der Machtpolitik in einer imperialistischen Epoche besessen. Eben weil aber in der englischen Politik Greys das innere Widerstreben gegen die Konsequenzen dieser Lage so besonders deutlich zu erfassen ist, zeigt sie auch am reinsten, welches letzten Endes überragende Gewicht die großen allgemeinen Kräfte der Epoche an dem Eintritt der Katastrophe besessen haben“ (Herzfeld). Auf der Höhe der Krise sind dann alle Nationen zu der Überzeugung gelangt, voll berechtigt die Waffen für einen Verteidigungskrieg ergreifen zu müssen.

Man hat gelegentlich darauf hingewiesen, daß der Krieg 1914/18 in geographischem Sinne nicht der erste „Welt“-Krieg gewesen sei, da z. B. der Siebenjährige Krieg von Europa aus Nordamerika und Indien in sein Geschehen einbezogen habe — von den Kriegen der Antike ganz zu schweigen. Aber es läßt sich die Welt des Mittelmeeres mit der des 20. Jahrhunderts nicht vergleichen, und ein wesentlicher der vielen Unterschiede der Kriege von 1756/63 und 1914/18 liegt darin, daß im 20. Jahrhundert wirklich eine Welt aktiv am Kriege teilnahm und nicht allein von ihm berührt oder ergriffen wurde. Diese Welt reichte, freilich wieder von einem europäischen Zentrum, nach Nord- und Südamerika, in Asien von der Levante bis zum Fernen Osten, in Afrika von der Mittelmeerküste bis zum Kap der Guten Hoffnung; sie schloß selbst Australien und den Inselraum des Stillen Ozeans ein — überall ergriffen Staaten Partei, führten einen Krieg, der mehr oder weniger eng mit dem europäischen Geschehen verbunden war, und suchten, in den Friedensschlüssen Verluste zu begrenzen oder Gewinne zu sichern und auszuweiten.

Das Schwergewicht der militärischen Auseinandersetzungen lag in Europa, das wirtschaftlich ausschlaggebende in den USA; in den Gewässern von Nordsee und Antlantik sind militärisch wie wirtschaftlich Entscheidungen von tiefreichender Bedeutung gefallen. Je länger der Krieg dauerte, um so deutlicher erwies sich die materielle Überlegenheit von Deutschlands Gegnern, die auch moralisch weit größere Qualitäten zeigten, als insbesondere die deutsche militärische Führung seit Jahrzehnten angenommen hatte. Daß Deutschland England nie als militärischem Gegner gegenübergestanden hatte und unter dem Einfluß der Überheblichkeit seiner militärischen Leitung von der militärisch-wirtschaftlichen Stärke und Entschlossenheit der USA ganz falsche Vorstellungen besaß, ja, die USA eigentlich nicht kannte, hatte eine gefährlich falsche Beurteilung der Lage zur Folge.

„Politik und Kriegführung haben es verabsäumt, sich rechtzeitig und ausreichend über die Modalitäten der Kriegseröffnung zu einigen“ (Beck). Der deutsche Generalstab sah der Notwendigkeit des Zweifrontenkrieges mit um so größerer Sorge entgegen, als das französische Heer zahlenmäßig und technisch dem deutschen etwa gewachsen, das russische ihm quantitativ erheblich überlegen, das österreichische dagegen verhältnismäßig klein und artilleristisch schwach war. In dieser Situation glaubte er, den Krieg nur mit Hilfe des in seinem Kern veränderten Schlieffenplanes gewinnen zu können, der das Schwergewicht der Anfangskämpfe im Westen vorsah, um in wenigen

Wochen Frankreich niederzwingen und die ganze Kraft dann Rußland entgegenwerfen zu können. Nur beim Gelingen seines ersten Teiles vermochte dieser Plan Erfolg zu bringen, konnte der Krieg gegen eine einkreisende Übermacht, die wachsen mochte, mit allmählich schwindenden eigenen Kräften gewonnen werden. Die Vorbedingung für den Erfolg im Anfang war weiter ein überraschender Angriff an beiden Fronten, sobald der Krieg unvermeidlich erschien. Das brachte die politische Führung von vornherein in die Gefahr der Abhängigkeit von der militärischen gerade in den Stunden, in denen man das Äußerste für die Erhaltung des Friedens tun mußte und allerdings beim Mißerfolg auch den militärischen Sieg aus der Hand geben konnte. Hier bestand eine schwere politische Belastung, die zunahm, als Deutschland in Ausführung des Kriegsplanes der Militärs Belgiens Neutralität verletzte und England den Anlaß zum Eingriff in einen Krieg bot, der nach Bismarcks Auffassung mit der Entstehung der sozialistischen Republik enden mußte.

Im Wandel vom Bewegungs- zum Stellungskrieg verliefen nach dem vom Kanzler Bethmann-Hollweg selbst am 4. 8. 1914 vor dem Reichstag offen eingestandenen „Unrecht" des Einbruchs nach Luxemburg und Belgien — das nach Erreichung des militärischen Zieles wieder gutgemacht werden sollte — die Ereignisse von 1914 bis 1917 nicht auf Grund des starren, unpolitischen, militärisch nicht dynamisch modifizierten Schlieffenplanes. Der nach schnellem Vormarsch letztlich mißlungenen Marne- und Ypernschlacht mit dem „Wettlauf zum Meer" lief der Ostfeldzug parallel, der wie jener im Westen trotz eindrucksvollster Einzelleistungen und -erfolge als Hauptergebnis den Beweis erbrachte, daß die Mittelmächte, die obendrein keinen gemeinsamen Feldzugsplan besaßen, nicht stark genug waren, um die Entscheidung im Bewegungskrieg zu erzwingen. Infolgedessen brachte das Jahr 1915 den Übergang zum Stellungskrieg. Während Deutschland Österreich, die Türkei und sogar das noch neutrale Italien unterstützen mußte, traten auf der anderen Seite immer stärker der Reichtum Rußlands an Soldaten sowie die Stärke und Entschlossenheit Englands in Erscheinung. In den nun einsetzenden blutigen „Materialschlachten" wurde deutlich, daß Deutschland auf die Dauer seinen Gegnern unterliegen mußte, die über mehr Menschen, Rohstoffe, Treibstoffe und Verkehrsmittel verfügten und eine bessere Koordinierung von Krieg, Wirtschaft, Politik und Propaganda erreichten. So ging den Mittelmächten nach den erheblichen militärischen Erfolgen im Osten und Südosten bis 1915 fortan die Initiative verloren, und ihre militärischen Unternehmungen lösten sich allmählich in eine innerlich nicht zusammenhängende Kette von begrenzten Operationen, Improvisationen und Aushilfen auf, während auf der Seite ihrer Gegner die aggressiven Konzeptionen allmählich, nicht zuletzt mit der Aussicht auf den Eintritt der USA in den Krieg, größer und langfristiger werden konnten. Damit war auch das Ende der Übergangsperiode des Stellungskrieges abzusehen. Bei den außerordentlich blutigen Versuchen aller Beteiligten, die Fronten wieder in Bewegung zu bringen und damit die Entscheidung zu erzwingen, erwiesen sich Deutschlands Gegner im Westen infolge der Materialhilfe aus den USA und durch den Einsatz der schnell verbesserten „Tanks" als überlegen. Daran konnte auch die Übernahme der Obersten Heeresleitung durch Hindenburg und Ludendorff nichts ändern, die im Osten seit 1914 zu gefährlichen Symbolen deutschen Soldatentums und des Sieges geworden waren. Zu diesem Zeitpunkt war außerdem der Kampf von der politischen und seekriegerischen Seite her bereits entschieden.

Den kriegführenden europäischen Hauptmächten hatten sich teils bald nach Kriegsausbruch, teils später Bundesgenossen angeschlossen: den Westmächten vor allem das für den Osten entscheidend wichtige Japan, Deutschland bald danach die weniger bedeutungsvolle Türkei. Sie war ein sympathischer, soldatisch tüchtiger, materiell, finanziell und truppenmäßig aber ständig hilfsbedürftiger Partner, der die Konzentration der begrenzten Kräfte der Mittelmächte verhinderte, immerhin aber durch die Sperrung der Meerengen wesentlich zur Niederlage Rußlands beitrug und auch über die Dardanellen-Expedition hinaus britisch-französische Truppen band. Das militärisch höchstens zweitrangige Italien ist erst im Mai 1915 in den Krieg eingetreten — und zwar auf der Seite der Gegner seiner Dreibundpartner, da jene ihm mit der Brennergrenze und mit Territorien in Kleinasien und Afrika mehr versprechen konnten und die irredentistische Strömung gegen Österreich sehr stark war. Um die Balkanstaaten setzte ein lebhafter Wettbewerb ein: Bulgarien trat im Herbst 1915 auf die Seite der Mittelmächte, spielte aber nach der wichtigen Öffnung des Weges nach Konstantinopel bald keine positive, ja, schließlich nur noch eine belastende Rolle. Rumänien blieb bis zum August 1916 neutral. Es trat dann auf die Seite der Entente, wurde aber von Bulgaren und Deutschen schnell überrannt und besetzt und lieferte fortan den Treibstoff, mit dessen Hilfe allein U-Boot- und Luftkrieg sowie der Kraftverkehr der Mittelmächte bis 1918 aufrechterhalten werden konnten. Unmittelbar vor dem Kriegsende griff das Land noch einmal zu den Waffen. Griechenland schloß sich erst nach vielen innenpolitischen Wirren im Sommer 1917 der Front gegen Deutschland an.

Allmählich erweiterte der militärische Kampf sich immer mehr zum Wirtschaftskrieg, auf den Deutschland nicht vorbereitet gewesen war und in dem es wie das seit 1915 unter großen Wirtschaftsschwierigkeiten leidende Österreich nur das Objekt bilden, d. h. unterliegen konnte. Die Auswirkung dieser Kriegsform setzte sich auf beiden Seiten in Westeuropa bei Angriff und Abwehr, wie auch im Gas- und Luftkampf, im Unterseeboot-Einsatz und bei der Blockadeführung über alles bis dahin geltende Völkerrecht hinweg und suchte auf diese Art die Entscheidung, die auf traditionelle Weise anscheinend nicht gefunden werden konnte. Die nach Kriegsausbruch improvisierte deutsche Kriegswirtschaft, die Bereitschaft des Volkes, wachsende und schließlich äußerste Not zu ertragen, und die Entschlossenheit, unter diesen Umständen für die Fortführung des Krieges zu arbeiten, war außerordentlich stark und trug zur Behauptung Deutschlands gegen eine „Welt von Feinden" bis zum Herbst 1918 nicht weniger bei als die Größe der soldatischen Leistungen an der Front. Nicht von einem Dolchstoß der Heimat darf gesprochen werden, sondern die Gleichwertigkeit, aber auch die gleiche Abnutzung, Ermüdung und Niederlage der militärischen wie der Heimatfront muß man feststellen.

In den gleichen Jahren vollzog sich die Entwicklung des Seekrieges von den traditionellen Formen des Kreuzerkrieges in weit entfernten Ozeanen, Handels- und Kolonialräumen und der Schlachten der Kampfflotten in europäischen Gewässern — mit dem Höhepunkt der Skagerrak-Schlacht im Mai 1916 —, für die Deutschlands Flotte gebaut und modernisiert worden war, zum Unterseeboot- und Tonnage-, d. h. auch hier zum Material- und Wirtschaftskrieg. Auf Ausmaß und Entwicklung dieser neuen Seekriegsform, deren mit humanitären Problemen verbundene politische Bedeutung in der von Tirpitz stark beeinflußten militärischen Führung und in der deutschen öffentlichen Meinung ebensosehr unterschätzt wurde, wie man die Möglichkeit, durch die U-Bootwaffe den Sieg zu erzwingen, überschätzte, hatte Deutschland sich nicht ausreichend vorbereiten können. Das Hauptergebnis des unbeschränkten U-Bootkrieges, der im Februar 1917 mit ganz unzulänglichen Mitteln begonnen wurde, war der Eintritt der USA in den Krieg nach mehreren Krisen wegen der Versenkung von Handelsschiffen mit amerikanischen Staatsbürgern an Bord. Er wäre — längst vorgesehen — zur Entlastung der Westmächte in einem späteren Zeitpunkt wahrscheinlich auch ohne diesen Anlaß erfolgt, erhielt aber nun von Deutschlands höchster Marine- und Heeresleitung und durch die „Zimmermann-Depesche", welche Mexiko auf Deutschlands Seite ziehen wollte, das propagandistisch wirkungsvollste Stichwort für die Kriegserklärung am 2. 4. 1917. Mit dem Eingreifen der Amerikaner wurden jahrelang gehegte französische und englische Hoffnungen erfüllt; es bedeutete den Wendepunkt des Krieges, den Deutschland auf die Dauer allerdings wohl auch ohne die militärische Gegnerschaft der USA nicht hätte gewinnen können. Nun aber wurde das Ende beschleunigt, indem eine Nation von 100 Millionen Menschen wirtschaftlich, militärisch, politisch und propagandistisch uneingeschränkt gegen Deutschland in den Kampf eintrat, dem Kriege die Form des Kreuzzuges für die Demokratie gegen die Reaktion gab und damit eine Fülle moralischer Kräfte insbesondere gegen das von Wilhelm II. nur noch formell regierte Deutschland aktivierte und sammelte.

Inzwischen hatte der 1914 nach der Art von 1870/71 begonnene Krieg einen Charakter angenommen, der militärisch weit mehr dem nordamerikanischen Bürgerkrieg glich, indem er tief in das innerstaatliche Leben der kriegführenden Nationen eingriff und mit großflächigen Zerstörungen und aushungernden Blockaden den zivilen Bereich ebensosehr zu erweichen und zu zermürben versuchte wie den im engeren Sinne militärischen: der „totale Krieg“ befand sich — nach 1861/65 — in seiner zweiten Phase weit größeren und internationalen Ausmaßes.

Aus dieser Verwandlung des Krieges leitete Ludendorff in den folgenden Jahren praktisch und nach dem Kriege auch literarisch den Anspruch des „Feldherrn“ ab, daß er „auf allen Gebieten des Lebens ... der Entscheidende und sein Wille maßgebend“, daß also der Staatsmann dem Feldherrn und die Politik dem Kriege untergeordnet sein müsse. „Das ihm dabei vorschwebende Ideal Friedrichs des Großen, der absoluter Monarch und Feldherr zugleich war“, hatte jedoch „für ein Zeitalter keine Geltung mehr, in dem die Anforderungen an den Regierungschef und Feldherrn mit den damaligen nicht mehr verglichen werden können“ (Beck).

In Deutschland vollzog sich nach dem kurzen parteipolitischen Burgfrieden vom Sommer 1914 in diesen wenigen Jahren entgegen der Überzeugung, daß eine Monarchie große Kriege besser überstehen könne als die in der politischen Arbeit schwerfälligere Republik, die mehr und mehr nicht allein von der Sozialdemokratie getragene Entwicklung zu einer solchen. Dabei konnte nun die seit der Reichsgründung stets abgelehnte parlamentarische Monarchie angesichts der vielen Fehler des Kaisers, der Kanzler und der militärischen Führung, insbesondere der Diktatur Hindenburgs und Ludendorffs als Dritter Oberster Heeresleitung, die allerdings von der Front und zumeist auch in der Heimat begrüßt wurde, sowie infolge des Auseinanderklaffens in den Fragen der Kriegsziele und Friedenswünsche nicht einmal als Auffang- oder Übergangsform eingeschaltet werden. Als Hindenburg und Ludendorff dem Reichskanzler die politische Kontrolle des Krieges aus den Händen nahmen, erklärte Bethmann-Hollweg selbst: „Deutschland riskiert mit Falkenhayn den Krieg strategisch, mit Ludendorff politisch zu verlieren.“ — Das war die Bankrotterklärung der deutschen Politik. Unter dem Druck der revolutionären Entwicklung in

Rußland wurde nun die reine Republik angestrebt und geschaffen, dieser allerdings aber angesichts der Radikalität in Rußland eine westeuropäische Form und Funktionsweise gegeben. Die von der politischen und militärischen deutschen Leitung in einer der folgenreichsten Fehleinschätzungen sozialrevolutionärer Kräfte, die die Weltgeschichte kennt, geförderte Entwicklung in Rußland belebte bereits 1917 die politische Diskussion in Deutschland und gab den kriegsfeindlichen Kräften Auftrieb; starke materielle Not und die damit verbundene zunehmende politische Radikalisierung traten hinzu: im Jahre 1917 brach der innenpolitische Friede zusammen. Der große Frühjahrsstreik der Munitionsarbeiter und eine Marinemeuterei im Sommer offenbarten innenpolitische Gefahren, während die Kriegserklärung der USA die Leiden des Krieges ins Unendliche zu verlängern und die Aussicht auf einen sinnvollen Frieden zu vernichten schien. Die Friedensbestrebungen, die schon nach der Einnahme Lüttichs begonnen hatten, 1915 von Dänemark und Schweden fortgesetzt worden waren und Ende 1916 durch Bethmann-Hollweg starken Antrieb erhalten hatten, blieben ohne Erfolg, da einerseits Deutschlands Kriegsziele nicht seiner militärisch-wirtschaftlichen Lage entsprachen, andererseits die Alliierten Deutschland unbedingt mit der Alleinschuld am Kriege belasten und eine Neuordnung Mitteleuropas erzwingen wollten. Und schließlich brachte der russische Zusammenbruch Ende 1917 Deutschland im Osten mehr neue, revolutionäre Gefahren als militärische Erleichterungen.

Daß der demokratisierende Umbau des deutschen Staatswesens wünschenswert sei, war seit langem vielfach betont worden — vom Tage des Kriegsausbruches an war er eine Notwendigkeit. Die Forderungen der SPD nach voller politischer Gleichberechtigung und größerem politischen Einfluß der Arbeiterschaft und nach der Ersetzung des Dreiklassenwahlrechts in Preußen durch das Reichstagswahlrecht mochten zunächst als übertrieben erscheinen und zeitweise an Bedeutung hinter dem militärisch-politischen Geschehen zurückstehen. Sie beherrschten jedoch die innenpolitische Situation seit 1915, führten Bethmann-Hollweg zu den Gedanken des Volksstaates und des sozialen Kaisertums und noch einmal, unter verwandelnder Anknüpfung an Bismarcks Vorstellungen von Volk und Staat, zur Idee der inneren Versöhnung, d. h. der Eingliederung der Sozialdemokratie in den überlieferten Organismus des Staates und der Nation.

Die Form der russischen Revolution verzögerte ohne Zweifel durch die gesteigerte Abneigung gegen Reformen bis zur Angst vor dem damit ausgelösten Chaos unheilvoll die politische Modernisierung in Deutschland, so daß die dramatisch umkämpfte Osterbotschaft des Kanzlers 1917 überholt war, bevor der Kaiser sie unterzeichnete. Denn unter dem Druck der 1916/17 gegründeten radikalen Unabhängigen Sozialdemokratischen Partei Deutschlands (USPD), von der sich am 30. 12. 1918 die Kommunistische Partei Deutschlands (KPD) abspaltete, wurden nun die Forderungen der SPD (Sozialdemokratische Partei Deutschlands) umfangreicher, während die Diktatur der Obersten Heeresleitung sich überhaupt gegen jede Demokratisierung sperrte — mochte Bethmann-Hollweg oder Hertling Reichskanzler sein. Und doch führte schließlich nicht der Reichstag die endgültige Parlamentarisierung herbei, sondern Ludendorff durch seinen Zusammenbruch Ende September 1918, aus dem heraus er nicht allein ein Waffenstillstands-Angebot, sondern auch einen vollständigen inneren Systemwechsel durch Parlamentarisierung und Demokratisierung der Regierung des Reiches forderte, wozu der kaiserliche Erlaß vom 30. 9. 1918 den Weg freigab. Prinz Max von Baden, der die monarchische Staatsform durch den Rücktritt des Kaisers und des Kronprinzen zu retten versuchte, präsentierte als Reichskanzler am 5. 10. dem Reichstag die erste deutsche parlamentarische Regierung; die entsprechenden Verfassungsbestimmungen wurden unter dem Druck der zweiten Wilson-Note am 28. 10. Reichsgesetz — zu spät, um die Revolution und das Ende der Monarchie verhindern zu können, und dennoch bedeutungsvoll, da hier die erste Stufe zur Weimarer Verfassung beschritten wurde, die dann mit den Worten begann: „Die Staatsgewalt geht vom Volke aus."

Inzwischen hatten die kriegerischen Ereignisse über immer neue Schwierigkeiten auch an die militärische Katastrophe herangeführt. Im Bewußtsein, daß mit dem Eintreffen größerer, mit allem Kriegsmaterial reichlich versorgter amerikanischer

Verbände in Frankreich der Krieg an der Westfront unabwendbar zu Deutschlands Ungunsten entschieden sei, entschloß sich die Oberste Heeresleitung, die nach dem scheinbar siegreichen Ausgang des Feldzuges im Osten praktisch die Regierung ausübte, zu einer „letzten" großen militärischen Anstrengung, zum „Durchkämpfen" im Sinne Hindenburgs, der später alle Schuld am Zusammenbruch der Heimat und den Bundesgenossen zuschob. Ludendorff, der immer mehr in eng militärischem Denken erstarrte und darin wenige Monate später — auch physisch überanstrengt — zusammenbrach, vermochte nicht zu erkennen, daß selbst ein sehr großer deutscher Erfolg an der militärischen Front den Krieg nicht siegreich beenden konnte, sondern die Entschlossenheit der Amerikaner, ihre Verbündeten zu retten oder zu befreien, nur noch bestärken mußte. So blieben die großen Offensiven im Frühjahr und Sommer 1918 angesichts der politisch-militärischen Gesamtlage „im Grunde doch nur ein letzter verzweifelter Wettlauf mit dem Tode, eine heroische, aber nahezu aussichtslose Verzweiflungsanstrengung" (Herzfeld). Am 18. 7. 1918 hielt die Mehrzahl der deutschen Heerführer die letzte Offensive für gescheitert; nur Ludendorff hoffte noch immer auf eine Wendung, während bereits die amerikanischen Reserven — 1,4 Millionen Soldaten waren schon in Frankreich, 250000 sollten jeden Monat folgen — zum Gegenschlag bereitgestellt wurden.

Am 8. 8. kam es zu einem neuen schweren Mißerfolg; am 10. sah der Kaiser ein: „Wir müssen die Bilanz ziehen. Wir sind an der Grenze der Leistungsfähigkeit. Der Krieg muß beendet werden" (zit. Niemann). Mitte September 1918 bat Österreich, zunächst vergeblich, am 26. 9. Bulgarien seine Gegner um Waffenstillstandsverhandlungen; die Balkanfront brach zusammen. Zwei Tage später, am 28., verständigte sich Ludendorff in einer schweren Nervenkrisis mit Hindenburg auf Grund militärischer Überlegungen dahin, daß eine Rettung des Heeres nur noch bei sofortigem Waffenstillstand möglich erschien, also beim Eingeständnis der vollständigen deutschen Niederlage. Beide Männer, besonders aber Ludendorff, bestanden gegen den Einspruch der zivilen Instanzen — unter der Führung des neu berufenen Reichskanzlers Prinz Max von Baden — auf ihrer

Forderung, daß der Kampf sofort abgebrochen werden müsse; Ludendorff wiederholte dieses Verlangen in den nächsten Tagen mehrfach. „Er hat später den 8. August 1918 als den schwarzen Tag des deutschen Heeres in der Geschichte des Krieges bezeichnet. Ich glaube, die geschichtliche Kritik ist ebenso berechtigt, den 29. September als einen schwarzen Tag der deutschen Führung in der Geschichte des Krieges zu bezeichnen" (Beck).

Die neue parlamentarische Regierung, die inzwischen im Zuge einer „Revolution von oben" gebildet worden war, um die gleichfalls im Gange befindliche Auflösung der Heimatfront abzufangen, mußte sich daher unter dem Druck der Obersten Heeresleitung beugen. Durch die Bitte um sofortigen Waffenstillstand auf der Basis des Programms der 14 Punkte Wilsons, die im wesentlichen der Kriegszielerklärung der Alliierten vom Jahre 1917 entsprachen und den Mittelmächten keine Möglichkeit ließen, die territorialen Verluste im Westen durch Expansion im Osten auf Kosten Polens und Rußlands zu kompensieren, leitete sie am 5. 10. jenen schicksalsvollen Notenwechsel mit dem amerikanischen Präsidenten ein, „der in den nächsten Wochen ebensosehr wie die militärischen Ereignisse den Zusammenbruch des deutschen Widerstandes besiegeln sollte" (Herzfeld). Inzwischen forderte am 24. 10. die Oberste Heeresleitung in einem Telegramm „An alle Truppen" diese erneut auf, „den Widerstand mit äußersten Kräften fortzusetzen", weil die von Wilson geforderte „militärische Kapitulation für uns unannehmbar" sei. Wieder zwei Tage später verlangte Ludendorff bei einer Begegnung mit dem Kaiser und Hindenburg in Berlin seine Entlassung und weigerte sich, die Führung einer Heeresgruppe oder eine andere militärische Aufgabe zu übernehmen. Er wurde am 26. 10. entlassen. „Über seine militärische Verantwortung längst hinausgreifend ist der preußische General so politisiert..., daß er unter Verletzung seiner Dienstpflicht wie der soldatischen Kameradschaft im Kriege dem Befehl des Königs den Gehorsam verweigert und aus verletzter Eitelkeit zum Meuterer wird, als solcher nicht anders zu beurteilen als die zahllosen kriegsmüden Soldaten, die nicht mehr an die Front zu bringen waren" (Kaehler).

Wie locker das Gefüge des deutschen Heeres unter den jahrelangen schweren Schlägen von allen Seiten geworden war, bewies die Tatsache, daß es sich nun innerhalb weniger Wochen auflöste.

„Diese Niederlage ist ganz primär durch militärische, materiell meßbare und nachweisbare Überlegenheit auf Grund der steten Verschlechterung der deutschen und der steten Besserung der alliierten Kräftelage im Jahre 1918 bewirkt worden. Die Dolchstoßlegende ist nicht nur in ihrer groben populären Form, sondern auch in der verfeinerten Form der militärischen Fachkritik ... unhaltbar. Die Erschöpfung des Heeres und die Erschöpfung der Heimat hat zwar ihren Ausdruck auch in Erscheinungen wie der ausgebreiteten Desertion des Herbstes 1918, der vielfach auftretenden Lockerung der Disziplin, besonders hinter der Front gefunden; aber alle diese Erscheinungen sind letzten Endes doch mehr Wirkung als Ursache, sind Ausdruck der Tatsache, daß die Führung eines Weltkrieges gegen eine schließlich erdrückend überlegene Koalition selbst die Kräfte des so straffen deutschen Staatswesens überspannt und zum Zerbrechen gebracht hatte. Wenn dies für den Ausgang des militärischen Ringens gilt, so auch für den inneren Zusammenbruch des Reiches. Seine Bezeichnung als Novemberrevolution ist fast geeignet, die Tatsache eher zu verschleiern, daß es sich nicht so sehr um eine echte Revolution aus inneren Voraussetzungen der Nation, etwa durch unwiderstehlich hervorbrechende neue politische und soziale Ideen gehandelt hat, sondern zumindesten im Ausgangspunkt um die gleiche Folge einer hoffnungslos übersteigerten Kräfteanspannung, deren Aussichtslosigkeit durch die Waffenstillstandsforderung der OHL unwiderleglich klar geworden war. Mit der grenzenlosen Friedenssehnsucht der breiten, durch Opfer und Not zermürbten Massen, der tiefsten Wurzel der Novemberereignisse, hat sich allerdings die Tatsache vereinigt, daß die Parlamentarisierung im Reiche und die Reform des Wahlrechtes in Preußen viel zu spät eingeleitet waren, um politisch noch Früchte zu tragen ... In dieser bis zum letzten gespannten Lage gab der Beginn der Marinemeuterei in Kiel nur den unvermeidlichen innerdeutschen Anstoß zur Vollendung des Zusammenbruches. Veranlaßt durch die Auflehnung der Mannschaften gegen die Absicht, die Hochseeflotte zu einem Entlastungsangriff in letzter Stunde einzusetzen, den die Matrosen als ‚Todesfahrt' betrachteten, konnte dieser Funke auch durch die sofortige Entsendung Noskes nach Kiel nicht mehr gelöscht werden" (Herzfeld).

Die Meuterei weitete sich geographisch wie motivisch zur allgemeinen Revolution aus. Der Rücktritt Wilhelms II., der zunächst geglaubt hatte, an der Spitze des Heeres bleiben zu müssen, wurde unvermeidlich. Der Verlauf des 9. November in Berlin bildete Höhepunkt und Schlußakt der spätestens seit dem Eintritt der USA in den Krieg unabwendbaren militärischen Niederlage Deutschlands. Prinz Max erweiterte eigenmächtig die Rücktrittserklärung Wilhelms II. als Kaiser auch auf dessen Stellung als König von Preußen sowie den Kronprinzen und übergab selbst sein Kanzleramt an Ebert; in Berlin rief Scheidemann die Deutsche Republik aus; der sozialistische Rat der Volksbeauftragten übernahm die Gewalt. „Der monarchische Konstitutionalismus, schon vor 1914 mehr ein Element der Schwäche als der Stärke, hatte während des Krieges immer deutlicher versagt . . . Nur die Autorität der Obersten Heeresleitung hatte die Reichsregierung noch aufrecht erhalten; als diese im September 1918 hatte zugeben müssen, daß sie mit ihren Mitteln am Ende sei, war auch die konstitutionelle Monarchie preußisch-deutscher Prägung erledigt. Durch das Einschlagen neuer Wege durfte Wilhelm II. hoffen, wenigstens das Reich zu retten. Aber unbegreiflich ist es, daß er glaubte, auf diesem Wege selbst mitgehen zu können, daß er nicht sehen wollte, wie wenig er, der in besonders lauter Weise sich zum Träger all der Einrichtungen, zum Exponenten all der Stimmungen gemacht hatte, welche nun verdammt und durch Neues abgelöst wurden, geeignet war, mit Würde und Vertrauen die parlamentarische Regierung in Deutschland einzuleiten. Dadurch, daß er in anerkennenswertem und doch mißverstandenem Pflichtgefühl sich weigerte zurückzutreten, hat er es verschuldet, daß er den Kelch der Demütigung bis zum Äußersten leeren mußte, daß in der Stunde der Gefahr keine Hand sich zu seiner Verteidigung erhob, daß er in Holland als Flüchtling ein Obdach zu suchen gezwungen wurde" (Hartung). Die Waffenstillstandskommission mußte am 11. 11. die von Foch formulierten, sehr harten Waffenstillstandsbedingungen unterzeichnen. Der Erste Weltkrieg war beendet, das Reich Bismarcks zusammengebrochen. Die preußisch-deutsche Geschichte seit 1813, mindestens die seit dem 18. 1. 1871 erschien sehr vielen Menschen unter dem Eindruck einer radikalen Niederlage als „sinnlos".

Am Tage der Kriegserklärung hatte Max Planck 1914 das politisch-militärische Geschehen nicht in seine Universitätsrede eindringen lassen. Als Karl Alexander von Müller nach Unterbrechung durch Krankheit und Umsturz am 14. 11. 1918 in München seine Vorlesung über „Probleme des Weltkrieges" wieder aufnehmen wollte, erklärte er in einer Vorbemerkung: „... Meine Anschauungen waren durchaus erwachsen auf dem Boden des Deutschen Reiches von 1870, jenes von Bismarck aufgebauten preußisch-deutschen Kaiserreiches, in dem meine Generation groß geworden ist. Dieses Deutsche Reich, diese Form des deutschen Staates ist jetzt in einer zugleich äußeren und inneren Katastrophe völlig zusammengebrochen. Darüber ist kein Zweifel. Ich vermag nicht zu glauben, daß es sich in seiner alten Form wieder erhebt. Der Zusammensturz war in vielen Teilen ein endgültiger, denn er zeigte, daß das Material selbst morsch geworden war. Wir haben in diesen Tagen erfahren, daß das Schillersche Wort immer noch wahr ist, das wir überwunden glaubten, jenes Wort, das zugleich die Trauer und den Trost unserer ganzen deutschen Geschichte ausdrückt: daß das deutsche Reich und die deutsche Nation zweierlei Dinge sind."

Die deutsche Geschichte befand sich an einem Tiefpunkt, dem tiefsten seit 1806/07, aber doch nicht an einem so gefährlichen und bedeutungsvollen. Wie man die Geschichte nicht romantisieren darf, so ist es nicht weniger falsch, sie künstlich zu dramatisieren. Zu Beginn des 19. Jahrhunderts war das Reich aufgelöst, lagen Österreich und Preußen besetzt völlig am Boden — was alles 1918 und später nicht geschah. Aber während 1806 noch die Trümmer des preußischen Heeres Thüringen verließen, zeichnete sich dahinter bereits die „Reform" ab, jene Erneuerung und Verjüngung, die nichts mit Restauration zu tun hatte, sondern in die Zukunft hinein geplant und getan wurde — was es nach 1918 nicht oder fast gar nicht gab.

So ist denn der Ausgang von 1918 zwar ein großes, aber kein eigentlich epochales Ereignis gewesen — erschütternd mehr für den, der an die Unbesiegbarkeit der Deutschen glaubte, weil sie im 18. und 19. Jahrhundert mehrfach große Erfolge erzielt hatten, als für den, der bereits den Kriegsausbruch im Jahre 1914 als eine Katastrophe für Deutschland, den Zweibund und ganz Europa schlechthin empfunden hatte.

Der Mord von Sarajewo und die Kette von Kriegserklärungen im Juli und August 1914 — sowie die russische Revolution — bildeten viel tiefere Einschnitte in der Geschichte der Menschheit als das Kriegsende im November 1918. Denn wie auch immer der Krieg schließlich ausgehen mochte — mit einem Sieg der Alliierten oder des Zweibundes —, die Welt des 19. Jahrhunderts, das, was Metternich, Bismarck und viele andere Staatsmänner geschaffen oder zu schaffen sich bemüht hatten, war fortan abgetan, war „Geschichte", an die anzuknüpfen nach 1918, nach 1933 und selbst nach 1945 von mancher Seite versucht worden ist, aber aus natürlichen Gründen ohne jeden Erfolg. Wie der Sturm auf die Bastille eine Zäsur bedeutet hatte und nicht das Geschehen der folgenden Jahre, so lag der entscheidende Bruch auch beim 2. August 1914 und nicht im Grauen der Materialschlachten oder im Vertrag von Versailles. An diesem Tage waren die Lichter des „alten" Europa, wie es seit 1789 sich entwickelt hatte, ausgegangen. Aber zugleich wurden auch mit der neuen levée en masse der Millionenheere, die nun überall an die Fronten und in die Rüstungsindustrien rückten, und mit dem Anwachsen des demokratisch-sozialistischen Drucks in Mitteleuropa die ersten Schritte in eine andere Zeit getan. „Die Bewegung des Lebens geschieht nicht immer durch diametrale große Gegensätze, sondern durch eine Zersetzung hindurch" (Burckhardt).

DAS DEUTSCHE REICH 1918—1933

Die Ereignisse im November 1918 waren trotz der Abschaffung der Monarchie im Reich und in den Ländern nach aller historischen Erfahrung und im eigentlichen Sinne des Wortes eigentlich keine Revolution. Das geht bereits aus dem Umstand hervor, daß schon die erste Regierung, nämlich der Rat der Volksbeauftragten, nicht rein sozialistisch war. Dafür gab es mehrere Ursachen: einmal war selbst in den unzufriedenen Kreisen des Volkes die Ermüdung viel zu groß für einen gewaltsamen Umsturz unter neuen blutigen Kämpfen; zum andern bot das Geschehen in Rußland täglich einen Anschauungsunterricht, der auch auf die übrigens weitgehend kleinbürgerliche Sozialdemokratie nur abstoßend und warnend wirken konnte. Und schließlich wirkte unmittelbar unter der neuen Regierung, die Kontinuität des wichtigen Verwaltungsapparates wahrend, das alte konservative Beamtentum unverändert weiter, strebten Ebert, Groener und Hindenburg nach der Einordnung des heimkehrenden Heeres, des traditionserfüllten, wenngleich sehr geschwächten einzigen Machtfaktors in die neue Staats- und Gesellschaftsform. Wo immer illusionistische Radikale mit dem Ziel der Räterepublik nach bolschewistischem Vorbild auftraten, vermochte sich die SPD mit ihrer Auffassung von einer parlamentarisch-demokratischen Republik durchzusetzen — wenngleich auf der Jahreswende 1918/19 erst nach der Niederschlagung umstürzlerischer Erhebungen der am 30. 12. aus dem Spartakus-Bund hervorgehenden Kommunistischen Partei, die seit ihrem ersten Tage von Moskau aus gesteuert wurde. „Kaum — und am allerwenigsten auf dem sozialpolitischen Gebiet — angefaßt, befand sich die deutsche Revolution bereits jetzt in voller und unaufhaltsamer Liquidierung — ein Vorgang, der sich weit rascher und ungehinderter vollziehen sollte als die gleichzeitig eingeleitete Liquidierung des Krieges" (Schwarz). Dem Radikalismus der Linken stand eine in Verwaltung und Wirtschaft einflußreiche Rechte in den Neugründungen Deutschnationale Volkspartei (DNVP) und Deutsche Volkspartei (DVP) gegenüber. Die alten Nationalliberalen gründeten die Deutsche Demokratische Partei (DDP); die Bayerische Volkspartei war von Anfang an eine legitimistisch-restaurative Landespartei; sie entzog der Zentrumspartei erhebliche Zahlen von Föderalisten, schwächte sie und trug dadurch mit zur Annäherung des Zentrums an die Sozialdemokratische Partei Deutschlands bei.

Die Wahl zur Nationalversammlung am 19. 1. 1919, bei der also alte und neue Parteien auftraten, brachte bei einer Wahlbeteiligung von 83% fast vier Fünftel aller Stimmen den Sozialisten, den Demokraten und dem Zentrum. Die SPD war mit 37,7% der abgegebenen Stimmen zwar die stärkste aller Parteien, erhielt aber nicht die Majorität und blieb daher auf die Zusammenarbeit mit Zentrum und Demokraten angewiesen. Während im Frühjahr 1919 kommunistische Unruhen in Mitteldeutschland, im Ruhrgebiet, in Hamburg, Bremen und besonders in München zeitweise den Bestand des Reiches gefährdeten, während in den Monaten zwischen Waffenstillstand und Friedensverträgen die deutsche Volksgrenze im Osten gegen die entstehenden Nationaldemokratien der Polen und Tschechen sowie gegen den Bolschewismus verteidigt werden mußte, während schließlich in Versailles die Friedenskonferenz über die Zukunft Deutschlands bestimmte, suchte in dem militärisch gesicherten Weimar die am 6. 2. 1919 zusammentretende Nationalversammlung dem Reich eine neue Verfassung und Lebensform zu geben. Am 11. 2. wurde Friedrich Ebert zum Reichspräsidenten gewählt, am 16. 2. das erste Reichskabinett — die „Weimarer Koalition" von SPD, DDP und Zentrum — mit Scheidemann als Kanzler gebildet.

Ziele der entscheidenden Großmächte England und Frankreich auf der Friedenskonferenz in Paris waren die Zerschlagung der deutschen Seemacht und Überseestellung sowie der mitteleuropäischen Position nach Umfang, Einwohnerzahl und Wehrkraft. Darüber hinaus sollte Deutschland vor der Welt als am Kriege hauptschuldige Macht gebrandmarkt werden. Zum ersten Male in der Geschichte spielte — nach dem Tod von

Millionen von Soldaten und Zivilisten, im Zuge eines politisch-diplomatischen Abschlusses des Sieges, aber schließlich auch als Folgeerscheinung eines im 19. Jahrhundert empfindlicher gewordenen internationalen Rechtsbewußtseins — diese Frage der Schuld am Kriege eine große, ja, eine die Härte der Friedensbedingungen begründende, freilich auch eine die politische Atmosphäre auf Jahrzehnte hinaus vergiftende und noch den Abschluß des zweiten Weltkrieges beeinflussende Rolle. Der Vertrag von Versailles nahm Deutschland Elsaß-Lothringen, fast ganz Posen und Westpreußen, das Memelgebiet, das Hultschiner Ländchen und andere kleinere Gebiete im Westen und Osten; er sah Volksabstimmungen in Nordschleswig, Oberschlesien, im Saargebiet (nach 15 Jahren Besatzung und Ausbeutung der Gruben durch Frankreich), Eupen-Malmedy und Teilen Ostpreußens vor und bestimmte die Besetzung des linksrheinischen Gebietes für 5 bis 15 Jahre. Der Gesamtverlust des Reiches betrug mit 70 000 qkm und 6,5 Millionen Einwohnern mehr als ein Achtel seines europäischen Staatsgebietes und entsprach nach Fläche und Bevölkerung dem damaligen Bundesstaat Bayern. Der Anschluß Österreichs an das Reich wurde untersagt. Die deutschen Streitkräfte mußten im Heer auf 100 000 Mann mit unzulänglicher Ausrüstung, in der Flotte auf 15 000 Mann mit kleinen, veralteten Schiffen reduziert, alle Handelsschiffe über 1 600 t und die Hälfte der Schiffe zwischen 1 000 und 1 600 t abgetreten werden. Sehr große Sachlieferungen waren zu leisten und Kriegsentschädigungen („Reparationen") in vorläufig unbegrenzter Höhe und Zeitdauer zu zahlen. Deutschlands Belastung mit der Hauptschuld am Kriege und die Einsetzung eines Gerichtshofes für seine „Kriegsverbrecher" steigerte die materiellen Bußen zur moralischen Diffamierung. Dieser Friedensvertrag, ein ohne Verhandlungen mit deutschen Vertretern einseitig von den ehemals feindlichen Mächten formulierter „Diktatfriede", der nach heftigen Konflikten innerhalb der deutschen Nationalversammlung am 28. 6. 1919 angenommen und unterzeichnet wurde, stellte das erste große, bis in die kleinsten Bereiche der Wirtschaft und Technik, bis ins Patent- und Handelsvertragswesen eingreifende Friedensinstrument des technisch-industriellen Zeitalters dar. Wie der Marxismus voraussetzt, daß die staatliche und gesellschaftliche Entwicklung der Menschheit mit der Errichtung der Diktatur des Proletariats ein absolutes Ende erreicht, so basierten die Friedensverträge von Versailles und den anderen Pariser Vororten in einem ebenso geschichtsfremden Denken auf der Annahme, daß es für die Besiegten nie wieder eine Erhebung geben werde, die notwendig mit dem Neubau einer ganz modernen Rüstungs- und Schwerindustrie, Flotte, Eisenbahn usw., d. h. mit der Herstellung eines leistungsfähigen Vorsprungs im internationalen technisch-industriellen Wettbewerb verbunden sein mußte. Außerdem wurde auch nicht bedacht, daß die Fülle der Sachlieferungen sich auf Produktion und Markt der Empfänger ungünstig auswirken würde.

Zunächst stand freilich für Deutschland die Fixierung des Sturzes aus der starken Weltwirtschaftsstellung von 1914 in die eines aufs äußerste verschuldeten, an Menschenzahl, Bodenschätzen, Industrieausrüstungen, Verkehrsmitteln usw. verarmten, innen- und auch außenpolitisch in seiner Existenz gefährdeten Staates im Vordergrund. Auf dieser materiell überaus unsicheren und schmalen Grundlage mußte von der neuen, mit dem Odium der Kampfeinstellung, des Waffenstillstandes und der Unterzeichnung des „Schandvertrages" von Versailles belasteten Regierung das Reich erhalten und modernisiert werden. Die von der Nationalversammlung erarbeitete Reichsverfassung, die nicht den von Hugo Preuß — einem Mitbegründer der Demokratischen Partei — empfohlenen stark zentralistischen Zug erhielt, trat am 11. 8. 1919 in Kraft. Das Deutsche Reich und alle seine Gliedstaaten — „Länder" — mußten Republiken sein. Der auf vier Jahre gewählte Reichstag erhielt das Budget- und das Gesetzgebungsrecht; er konnte nur vom Reichspräsidenten aufgelöst werden. Der Reichsrat war ein den Reichstag beratender, mit suspensivem Veto ausgestatteter Kongreß der Länderregierungen. Der Reichspräsident wurde vom Volke unmittelbar auf sieben Jahre gewählt; er ernannte und entließ den Kanzler und die Reichsminister, konnte den Reichstag auflösen und besaß ein beschränktes Einspruchsrecht gegen Gesetze und Beschlüsse des Reichstages. Als oberster Befehlshaber der Wehrmacht konnte er den Belagerungszustand im ganzen Reich verhängen und bei Staatsnotstand vorübergehend einzelne Verfassungsbestimmungen außer Kraft setzen; auf Verlangen des Reichstages mußte er diese Maßnahme umgehend aufheben (Artikel 48). Staat und Kirche waren getrennt. Die Verfassung hatte, wie der Staat selbst — die „improvisierte Demokratie" (Eschenburg) — einen „sozialistisch-bürgerlich-liberalen und konfessionell konservativen ‚Kompromißcharakter'" (Conze), ermöglichte und unterließ zugleich die Sozialisierung der Wirtschaft, erhielt die überlieferte Gesellschaftsordnung und verhinderte die in Osteuropa fast überall durchgeführte agrarrevolutionäre Zerschlagung des Großgrundbesitzes. „Die Weimarer Verfassung sollte der Abschied von Revolution und Bürgerkrieg und als solche ein Friedensvertrag im deutschen Volke sein" (Schwarz). Diese Zielsetzung führte zu vielen gefährlichen Kompromissen — z. B. von christlicher Kulturstaatsidee und Trennung des Staates von der Kirche, von Föderalismus und Unitarismus — und zu einem schwierigen Verhältnis Reich—Preußen. Doch lagen die Hauptschwächen nicht in der Weimarer Verfassung selbst, sondern bei ihrer Anwendung in den folgenden Jahren, wie z. B. das vorgesehene Reichsgesetz über die „Diktatur des Reichspräsidenten" (Artikel 48) nicht zustande kam, so daß der Reichspräsident uneingeschränkt das Recht behielt, den Reichstag aufzulösen.

Die Farben der Flagge des Deutschen Reiches sollten fortan Schwarz, Rot und Gold sein. Im darüber entbrennenden „Flaggenstreit" zeigte sich zum ersten Male ganz deutlich, wie zahlreich in dem neuen Staat die Anhänger der jüngsten Vergangenheit, d. h. die Gegner der republikanischen Gegenwart waren. Hier lagen schwere Gefahren für Krisenzeiten — und diese blieben auch nicht aus.

In den Jahren 1920/22 gab es einige wichtige Höhepunkte der antirepublikanischen Aktionen, zu denen u. a. die Formulierung und Verbreitung der den jüngstvergangenen Ereignissen und dem Verhalten der Obersten Heeresleitung widersprechenden Dolchstoßlegende — nach welcher nicht militärische Schwächung, sondern Versagen der Heimat die Schuld am Ausgang des Krieges getragen haben sollte — im Herbst 1919 durch Hindenburgs Zeugenaussage vor dem Parlamentarischen Untersuchungsausschuß über die Ursachen des Zusammenbruchs sowie die nationalistische Tätigkeit der Freikorps gehörten. Im März 1920 fand der monarchistische Staatsstreich des Alldeutschen Wolfgang Kapp, der von Teilen der Reichswehr unterstützte, nach einem Anfangserfolg über die Regierung aber am Generalstreik der von den Gewerkschaften geführten Arbeiter scheiternde „Kapp-Putsch“, statt. Am 26. 8. 1921 wurde der Zentrums-Abgeordnete Erzberger, der den Waffenstillstand unterzeichnet, angesichts der Schwäche des Reiches die Annahme des Versailler Vertrages empfohlen und darüber hinaus sich durch Interessenpolitik und persönliches Auftreten viele Feinde geschaffen hatte, durch Angehörige rechtsradikaler Geheimorganisationen ermordet. Einem Attentat auf Scheidemann am 4. 6. 1922 und der Ermordung des Reichsaußenministers Rathenau am 24. 6. 1922 folgten die Notverordnungen und die Einsetzung eines außerordentlichen Staatsgerichtshofes zum Schutz der Republik insbesondere gegen deren rechtsradikale Feinde.

Bereits während des Krieges hatte in Deutschland ein Währungsverfall begonnen, der sich infolge der ganz auf den Sieg eingestellten Schuldenpolitik steigern und unter dem Einfluß der Waffenstillstands- und Friedensbedingungen, insbesondere der Reparationsregelungen, einen katastrophalen Verlauf nehmen mußte. Bei Kriegsende war die deutsche Mark bereits um 50% entwertet. Die Drohung der Reparationen, deren Höhe auf der Londoner Konferenz im Mai 1921 auf 132 Milliarden Goldmark festgesetzt und Deutschland ultimativ aufgezwungen wurde, ließ das Vertrauen zur Mark verloren gehen; Demobilisierung und Umstellung auf die Friedenswirtschaft, besonders aber der nationalistische Kapp-Putsch und die ihm folgenden linksradikalen Erhebungen vor allem im Ruhrgebiet führten zu weiterer Verschuldung, während das Steueraufkommen nicht entsprechend stieg, und beschleunigten das Tempo der Inflation, die als Teil der europäischen Nachkriegs- und Umstellungskrise auch die Siegermächte traf. Die finanziell-wirtschaftlichen Auswirkungen dieser Entwicklung waren schwer genug; die innenpolitisch-moralischen waren schwerer und gefährlicher: sie zeigten sich in der politischen Radikalisierung, in kommunistischen Aufständen, in nationalistischen, gegen Republik und

Demokratie gerichteten, beide mit der Schuld an während des Krieges verursachten Entwicklungen belastenden Äußerungen, an der „Welle von rechts“ (Troeltsch), der Dolchstoßlegende, dem wachsenden Antisemitismus, dem Entstehen eines demagogisch irregeleiteten nationalistischen Fanatismus gegen die als „November-Verbrecher“ diffamierten Gründer der Republik, den Morddrohungen gegen die „Erfüllungspolitiker“, was alles sich bei den Wahlen vom Juni 1920 in einem so starken Rechtsruck niederschlug, daß man erstmals von der „Republik ohne Republikaner“ sprach.

Inzwischen bemühte die Regierung sich, Deutschland durch den Rapallo-Vertrag vom 16. 4. 1922 aus der politischen Fesselung durch den Versailler Vertrag ein wenig zu befreien, ohne von der prinzipiellen West- zu einer Ostorientierung überzuschwenken. Der Vertrag setzte Rußlands und Deutschlands Verzicht auf Kriegsentschädigungen aller Art fest und bestimmte die Wiederaufnahme der diplomatischen, konsularischen und wirtschaftlichen Beziehungen. Er bedeutete für Deutschland über den unmittelbaren Inhalt hinaus den ersten wirklich selbständigen außenpolitischen Akt seit 1918, die Schaffung eines gewissen Gegengewichtes zur Front der westlichen Siegermächte und innenpolitisch eine Stärkung des deutschen Selbstbewußtseins. Nur die kurzsichtig militaristische, politisch unrealistische Feindschaft gegen die Demokratien des Westens von Generälen wie Seeckt plante zeitweise einen engen Zusammenschluß mit Sowjetrußland; sie beschränkte sich dann aber auf geheime Rüstung und Ausbildung deutscher Truppen an Waffen wie Gas und Panzern — die Deutschland verboten waren — sowie im Luftkrieg in Rußland.

Die von Frankreich am 11. 1. 1923 durchgeführte Gewaltmaßnahme der Ruhrbesetzung unter dem Vorwand von Deutschlands Unfähigkeit, große Holz-Lieferungsverpflichtungen termingerecht zu erfüllen, die sich für Frankreich selbst infolge des von der deutschen Regierung veranlaßten „passiven Widerstandes“ der Bevölkerung als ein Mißerfolg erwies, führte in Deutschland schließlich zum totalen Verfall der Währung und zu einer schweren, den Bestand des Staates bedrohenden inneren Krisis. Durch sie geriet die von — der Republik zumindest reserviert gegenüberstehenden — Offizieren der alten Wehrmacht geführte Reichswehr unter Seeckt in den Mittelpunkt der Politik, der Auseinandersetzung um Deutschlands Zukunft. Seeckt widerstand der Versuchung, die Macht in aller Offenheit an sich zu reißen; indem er sie aber praktisch doch in der Hand hatte und jede Regierung von sich abhängig wußte, konnte er eine scheinbare Außer- und Überparteilichkeit in der Reichswehr pflegen, die deren wirkliche Integration in den Staat verhinderte und auch verhindern sollte. Zwar gab es keine Generalsdiktatur in Deutschland, aber auch mindestens bis zum Tode Eberts keine dem Staatsoberhaupt und der Regierung unbedingt gehorsame Reichswehrführung, sondern einen Zwischenzustand, der in einem inneren Aufständen — z. B. in Thüringen und Sachsen — und äußeren Bedrohungen ausgesetzten, um seine Existenz ringenden Staat zusätzliche Beunruhigung schuf.

Neben der Bewältigung aller dieser Probleme galt es 1923, die in immer schnellerem Tempo fortschreitende Inflation abzufangen und eine sichere Währungsgrundlage für den wirtschaftlichen und auch für den sozialen und politischen Wiederaufbau zu schaffen. Der ersten Regierung Stresemann seit dem August 1923, die auf der einen Seite im September den finanziell unmöglich und politisch sinnlos werdenden passiven Widerstand an der Ruhr aufgeben mußte, gelang auf der anderen Seite im November die Stabilisierung der Währung, das in erster Linie von Schacht und Luther herbeigeführte „Wunder der Rentenmark". Es wurde erkauft mit dem Vermögensverfall, der Verarmung, dem Verlust der wirtschaftlichen Unabhängigkeit breiter Mittelstandsschichten, die damit weitgehend auch die Sicherheit ihres politischen Urteils verloren und ihre positive Einstellung zu dem Staat aufgaben, der ohne die in der Währungsreform enthaltenen Opfer nicht gesunden konnte. Gleichzeitig entstand eine prinzipiell politisch indifferente, praktisch zum restaurativen Nationalismus neigende Gruppe von Neureichen. In allen diesen Erscheinungen lagen wesentliche Ursachen für die politische Radikalisierung der beiden Flügel des ursprünglich „unpolitischen", d. h. parteilos konservativen und mittelparteilichen Bürgertums in der nächsten wirtschaftlich-sozialen Leidenszeit: in der Weltwirtschaftskrisis.

Der Rechtsradikalismus erreichte am 9. 11. 1923 einen neuen Höhepunkt im Münchener Putsch. In ihm fanden sich nicht die föderalistisch-restaurativen bayerischen Kreise, sondern die Elemente um Ludendorff und die 1920 von dem Österreicher Adolf Hitler aus der „Deutschen Arbeiterpartei" gebildete Nationalsozialistische Deutsche Arbeiterpartei (NSDAP) zusammen. Hitlers Agitation wandte sich in erster Linie gegen Demokraten, Marxisten und Juden. Seine Leibgarde war eine „Sturmabteilung" (SA) genannte Bürgerkriegstruppe, die im Jahre 1923 verschiedentlich in Erscheinung trat. Den Abbruch des passiven Widerstandes an der Ruhr erklärten die Nationalsozialisten für Verrat. In Verbindung mit anderen nationalistischen Verbänden bereiteten sie nach dem Vorbild von Mussolinis Marsch auf Rom im Jahre 1922 einen solchen gegen die Reichsregierung in Berlin und für die Errichtung einer Rechtsdiktatur im Reich von Bayern aus vor. Während am 8. 11. 1923 die wesentlich von Ludendorff bestimmten Verhandlungen im Gange waren, fand am gleichen Abend im Münchener Bürgerbräukeller in Anwesenheit fast des gesamten bayerischen Kabinetts eine große Kundgebung der „nationalen" Verbände statt. Hier rissen die Nationalsozialisten die Leitung an sich; Hitler selbst erklärte die bayerische und die Reichsregierung sowie den Reichspräsidenten für abgesetzt und bezeichnete sich selbst als künftigen Reichspräsidenten und Reichskanzler, während Ludendorff eine deutsche „Nationalarmee" bilden sollte. Am 9. 11. erklärte die Reichsregierung Hitlers Putsch für Hoch- und Landesverrat, betraute Seeckt mit der gesamten vollziehenden Gewalt im Reich und setzte Reichswehr gegen Bayern in Bewegung. Am gleichen Tage brach der Putsch während eines Marsches durch München zusammen. Ludendorff gab sich der Polizei gefangen; Hitler flüchtete, wurde zwei Tage später verhaftet und zu einer Festungsstrafe verurteilt. Die NSDAP und, infolge der Aufstände in Mitteldeutschland und Hamburg, die KPD wurden verboten.

Unpopuläre separatistische Erhebungen unter französischem Schutz mit dem Ziel einer Rheinischen und einer Pfälzischen Republik scheiterten im November 1923 an örtlichem Widerstand. Insgesamt verzögerten diese Erhebungen aus den verschiedensten Ursachen, die aber alle aufs engste mit der politischen Labilität in Deutschland und dessen Abhängigkeit vom Ausland in Verbindung standen, die Konsolidierung des jungen Staates. Während der Separatismus eine schnell vorübergehende politische Entartungserscheinung gewesen war, behauptete der Nationalsozialismus sich fortan als rechtsradikale „Bewegung", wie auch der Kommunismus mit steigender Heftigkeit seine Angriffe gegen den bestehenden Staat fortsetzte.

Die Stabilisierung der Währung brachte allerdings zunächst wirtschaftliche Beruhigung, neue Kreditfähigkeit im Ausland, Anleihen, Belebung des Außenhandels, wirtschaftlichen Aufstieg und auch innenpolitische Festigung. Damit verband sich bald eine immer stärkere kulturelle wie politische Tendenz zu bürgerlich-konservativer Restauration — innenpolitisch eine konservativ-nationalistisch gefärbte Wendung gegen Sozialismus, Demokratie und Anerkennung der Niederlage von 1918, was sich u. a. in dem Streit um den die Reparationslasten verringernden Dawes-Plan von 1924 niederschlug —, außenpolitisch eine solche zu größerer Aktivität, in der unter der Leitung Stresemanns, des bedeutendsten Staatsmannes nach 1918, mühsam 1925 der Abschluß des Vertrages von Locarno und 1926 Deutschlands Aufnahme in den Völkerbund erreicht wurden. „Locarno" bildete den eigentlichen Friedensschluß zwischen Frankreich und Deutschland, dem nach Stresemanns Wunsch und Briands Bereitschaft ein allmähliches Fortschreiten zu einem europäischen Zusammenschluß, zu „Pan-Europa" folgen sollte. Das in Poincaré personifizierte französische Sicherheits- und Hegemoniebedürfnis einerseits, aber auch nationalistische Einwände in Deutschland, die sich gegen Stresemanns Entschlossenheit zu Opfern für eine bessere Zukunft richteten, ließen den Locarno-Vertrag nicht zum Beginn einer neuen Zeit werden, sondern trotz des auf Stresemanns und Briands Initiative beruhenden Kellogg-Paktes von 1928, der den militärischen Krieg ächten und an seine Stelle die Schiedsgerichtsbarkeit stellen wollte, Episode bleiben. Immerhin bildete Locarno für Deutschland die westeuropäische Ergänzung zum Vertrag von Rapallo, der im April 1926 durch den Berliner Vertrag mit der Sowjetunion bestätigt wurde: Deutschland war in einer sehr veränderten, in kapitalistische und sozialistische Länder aufgeteilten Welt zur „Rückversicherung" Bismarcks zurückgekehrt.

Nach dem wirtschaftlichen Tiefstand der Inflationszeit, die allerdings zur Entschuldung von Grundbesitz und Industrie geführt hatte, bedeuteten die Jahre zwischen Währungsreform und Ausweitung der amerikanischen zur Weltwirtschaftskrisis für Deutschland eine Zeit wirtschaftlich-technischen Aufstiegs mit starker Kapitalballung in einigen Industriezweigen, mit erheblicher Exportsteigerung und Teilnahme an der schnell sich verschärfenden Konkurrenz auf dem Weltmarkt, mit Vollbeschäftigung bei gefährlich zunehmender, nicht zentral kontrollierter Auslandsverschuldung für häufig nicht produktive Unternehmungen und wachsendem Nationalismus nach Eberts Tod im 55. Lebensjahre. „Als Könige versagten, hat dieser Sohn des breiten Volkes sich königlich bewährt" (Heuß). Ein bedeutender Politiker, hatte er sich als Reichspräsident in einer politisch vielfach eingeengten Position befunden. „Sein bürgerlich-schlichtes Auftreten und sein unermüdliches Wirken für den Rechtsstaat hatten bei einem großen Teil der marxistischen Arbeiterschaft kein Verständnis gefunden und die Mehrheit des Bürgertums doch nicht für den neuen Staat zu gewinnen vermocht. Dies macht den ersten Präsidenten der Republik zu einer tragischen Gestalt" (Schwarz).

Eberts Nachfolger in der „Republik ohne Republikaner" wurde nicht ein Vertreter der Parteien, welche die Weimarer Republik geschaffen hatten, sondern der Generalfeldmarschall von Hindenburg, der auf Grund seiner Erfolge während des Krieges beim deutschen Volke hohes Ansehen genoß und auch im Ausland vielfach als Repräsentant gemäßigter bürgerlicher Tendenzen in der Politik galt. Allzu leicht sah man darüber hinweg, daß er zwar ein verdienter Heerführer, aber kein Politiker oder Staatsmann war. Er betrachtete die Republik nicht als End-, sondern als Durchgangsstadium der staatlichen Entwicklung Deutschlands und gab, gewiß häufig ohne und selbst gegen seine Absicht, den nationalistisch-militaristischen Kräften in Deutschland Auftrieb. Seiner persönlichen Integrität und Entschlossenheit, politisch ausgleichend zu wirken, standen geringe Intelligenz, Mangel an politischer Erfahrung, leichte Beeinflußbarkeit durch Berufs- und Standesgenossen sowie — er trat sein Amt im Alter von 77 Jahren an — schnell zunehmende Altersermüdung und -starrheit gegenüber.

Der Herbst 1929 wurde zu einer der schwersten und bedeutungsvollsten Zeiten in der neueren deutschen Geschichte: am 3. 10. starb Stresemann, mit dessen Tod die deutsche Außenpolitik ihre fortschrittliche, weitschauende Führung verlor; am 24. 10. ereignete sich der große Börsenkrach in New York, der den Anstoß zum wirtschaftlichen und anschließend auch zum sozialen und politischen Zusammenbruch der Weimarer Republik nach zu wenigen Jahren beginnender Konsolidierung geben sollte; schließlich bildete sich im Volksbegehren gegen den Young-Plan, eine wenig glückliche Umordnung der deutschen Reparationsverpflichtungen, unter dem nationalistischen Pressemagnaten Hugenberg und dem Führer der NSDAP, Hitler, eine starke innenpolitische, deutschnational-völkische Einheitsfront gegen die Weimarer Republik.

Damit trat diese in ihre Endphase ein. Hatte nach 1918 eine gewisse Liberalisierung des seit 1914 zur Kriegswirtschaft gesteigerten Neomerkantilismus und Imperialismus stattgefunden, so brach dies neue junge weltwirtschaftliche Denken und Handeln nun unter dem Druck der Krisenerscheinungen schnell vollkommen zusammen. An ihre Stelle traten, insbesondere seit der Abwertung des britischen Pfundes 1931, überall autonome Währungs- und Außenhandelspolitik: bei steigender Arbeitslosigkeit und wachsender Exportkonkurrenz auf schrumpfenden Märkten ein Kampf aller gegen alle, der seine Auswirkungen auch in der Verschärfung der außen- und innenpolitischen sowie der sozialen Verhältnisse haben mußte — und zwar in der durch Niederlage und Friedensvertrag besonders schwer vorbelasteten deutschen Republik noch mehr und krisenhafter als in vielen anderen Staaten. Dabei zeigte sich, daß die von der Arbeitslosigkeit bedrohte und erfaßte Industriearbeiterschaft, die zumeist bereits gewerkschaftlich organisiert war und der Sozialdemokratie nahestand, nun zum kommunistischen Radikalismus tendierte, weite Kreise der Landwirtschaft dagegen trotz bedeutender staatlicher Subventionen in den verschiedenen Formen der „Osthilfe“ unter dem Druck sinkender

Preise und zunehmender Verschuldung vom Konservativismus zum Nationalsozialismus hinüberwechselten, der u.a. neben nationalem Wiederaufstieg und starker Wehrmacht auch den wirtschaftlich leidenden Teilen des deutschen Volkes eine Besserung ihrer Lage durch die „Brechung der Zinsknechtschaft" versprach.

Die Wirtschaftskrisis begann nicht mit dem Börsenkrach im Oktober 1929, sondern dieser verschärfte nur einen Prozeß, der bereits seit 1928 im Gange war und im Winter 1928/29 in Deutschland die erste bedeutende Arbeitslosigkeit verursacht hatte. Diese stieg in den folgenden Jahren bis zum Winter 1932/33 auf mehr als 6 Millionen vollständig Arbeitsloser und eine kaum geringere Zahl von Kurzarbeitern, während gleichzeitig fast überall Löhne und Gehälter gesenkt wurden, ohne daß die Gewerkschaften, deren Kassen leer und deren Hauptwaffe, der Streik, bedeutungslos geworden waren, dagegen wirksamen Einspruch erheben konnten. Das alles bedeutete radikale Verringerung des Volkseinkommens und der Konsumkraft, Einschränkung der Produktion, ungeheure Steuerausfälle bei wachsenden Leistungen der Arbeitslosenunterstützung, Zusammenbruch des in den letzten Jahren gewachsenen politischen Optimismus — und schließlich die politische Radikalisierung weiter Kreise einer Bevölkerung, von der über 50% nicht mehr von regelmäßig und ausreichend gezahlten Löhnen und Gehältern leben konnten.

Brüning, ein aus der christlichen Gewerkschaftsbewegung hervorgegangener 44jähriger „konservativer Katholik mit einer ausgeprägten sozialen Haltung, aber von großer Unabhängigkeit und mit einem starken sittlichen Verantwortungsbewußtsein" (Eschenburg), dem allerdings Fähigkeit und Neigung fehlten, sich in schwierigen Zeiten bei den Wählermassen populär zu machen, wollte mit Hindenburgs Hilfe das Reich durch diese schwere Zeit steuern, hielt aber die Erklärung des politisch wirtschaftlichen Notstandes für unerläßlich und regierte, als der Reichstag das Finanzprogramm der Regierung nicht akzeptierte, mit Hilfe von Notverordnungen. Auf diese Weise steigerte sich die Wirtschaftskrisis zwischen dem März und dem September 1930 zur politischen Krisis der Demokratie. Die Notverordnungen waren in der Verfassung für kurzfristige Notlagen vorgesehen; dadurch, daß sie nun zum Fundament der Regierung wurden, verwandelte sich die parlamentarische Demokratie in eine „parlamentarisch tolerierte Präsidialregierung" (Stampfer), eine Übergangsform zur Regierungsweise nach der Machtergreifung durch den Nationalsozialismus, und gewöhnte sich das deutsche Volk allmählich an die Ausschaltung des Reichstages, also des Willens der Wähler. Als der Reichstag auf sozialdemokratischen Antrag hin am 18. 7. 1930 die beiden Notverordnungen aufhob, löste die Regierung ihn durch Erlaß Hindenburgs auf.

Die Neuwahl am 14. 9. 1930 machte die NSDAP zur zweitstärksten Partei des neuen Reichstages. „Der Riesengewinn Hitlers war nicht allein dem Einbruch in die bürgerliche Mitte und Rechte, sondern auch der Mobilisierung von Jung- und Nichtwählern zu verdanken ... Auch für die weiteren Wahlen bis Ende 1932 blieb bestehen, daß die Bewegung Hitlers zunehmend die breiten Massen des gewerblichen und neuen Mittelstandes sowie das bäuerliche Landvolk vorwiegend der protestantischen und entkirchlichten Gebiete erfaßte und daß ihr darüber hinaus in besonderem Maße die ausgesperrte Jugend, die nicht mehr in den Arbeitsprozeß eingegliedert wurde, zuströmte und die politischen Soldaten für die SA lieferte" (Conze). Dieser Wahlerfolg beruhte nicht zuletzt darauf, daß Hitler kurz zuvor anläßlich des Ulmer Reichswehrprozesses — der bewies, wie leicht der politische Radikalismus in das jüngere Offizierkorps eindringen konnte — einen Eid auf die Legalität abgelegt hatte.

Im Jahre 1931 erreichte die Hauptwelle der Weltwirtschaftskrisis Deutschland, das sich außerstande erklärte, seine Reparationsleistungen fortzusetzen, und im „Hoover-Feierjahr" ein Moratorium erhielt. Wenig später wurde praktisch ein Schlußstrich unter das Unheil der Reparationen gezogen. Als aber am 13. 7. die Darmstädter- und Nationalbank zusammenbrach, wurde Deutschlands Zahlungsunfähigkeit auch in jeder anderen Hinsicht offenbar. Da sehr viele kurzfristig gewährte, in Deutschland aber langfristig investierte Auslandskredite teils wegen des Geldmangels der Gläubiger, teils aus Angst vor einer nationalsozialistischen Gewaltherrschaft zurückgefordert wurden, geriet das

Reich in äußerste Finanznot. Eine ganze Fülle von Problemen stellte sich also Hindenburg und Brüning: innenpolitischer Radikalismus, der z. B. im Anwachsen der parteipolitischen Kampfbünde sowie in der „Harzburger Front", dem Zusammenschluß von Nationalsozialisten, Deutschnationalen und Stahlhelm, vom Herbst 1931 zum Ausdruck kam, Wirtschafts- und Finanznot, Arbeitslosigkeit und die materiellen und ideellen Auswirkungen des Versailler Vertrages. Der Versuch, sie zu meistern, führte zur Verschärfung des „präsidialen Kurses" im zweiten Kabinett Brüning, das „ohne parteimäßige Bindung" und unabhängig vom Reichstag die Verfassung verließ und sich dem persönlichen Regiment des Reichspräsidenten auslieferte. Die zweite Reichspräsidentenwahl im März/April 1932, bei der zwar Hindenburg siegte, Hitler aber ein Drittel aller Stimmen erhielt, trug zur Verschärfung der Gegensätze bei, ohne daß in dem Fünfundachtzigjährigen ein Präsident gewählt wurde, der die Lage noch zu übersehen und Brüning bei deren Meisterung wirkungsvoll behilflich zu sein vermochte. Hindenburg geriet vielmehr sehr schnell unter den Einfluß einer Gruppe älterer und neuerer Berufs- und Standesfreunde, die dem Nationalsozialismus näher standen als der Weimarer Republik. Während die internationalen Konjunkturberichte deutlich zeigten, daß der Kulminationspunkt der Weltwirtschaftskrisis überwunden war, und die Streichung des Reparationsrestes in fast sicherer Aussicht stand, so daß Brüning mit Recht auf eine langsame Besserung der Lage Deutschlands hoffen durfte, gelang es dem intelligenten und ehrgeizigen General von Schleicher und einer Gruppe von vorwiegend ostelbischen Großagrariern, Hindenburg zur Trennung von Brüning zu bewegen; Brünings widerstandslose Kampfaufgabe am 30. 5. 1932 bedeutete praktisch das Ende der Weimarer Republik.

Seit jenen Tagen hat man immer wieder erklärt, Brünings Entlassung sei Untreue Hindenburgs gegen diesen und die Wähler vom März/April 1932 sowie ein Schlag gegen das deutsche Volk gewesen. Aber Hindenburg „wechselte Reichskanzler, wie kommandierende Generale eines Armeekorps im wilhelminischen Reich gewechselt worden waren, d. h. er übertrug das militärische Befehls- und Disziplinverhältnis auf die ganz anders gearteten politischen Verhältnisse einer Republik"

(Gackenholz), ohne sich jemals auch nur der Unzulässigkeit dieses Vorgehens bewußt zu sein. Und während Generale wie Groener und Heye sowie Admiral Raeder, im Gegensatz zu Seeckt, die Reichswehr zur aktiven Loyalität gegenüber dem Staate erziehen wollten — eine Entwicklung, die Hitler erkannte und fürchtete —, betrachtete das Staatsoberhaupt diesen Staat als ein Provisorium und Volk und Wähler nicht als Instanzen, vor denen er sich verantworten mußte.

Brünings Auflösung des Reichstages am 16. 7. 1930, „nachdem dieser Reichstag soeben von seinem verfassungsmäßigen Recht Gebrauch gemacht hatte, die Notverordnungen des Kanzlers außer Kraft zu setzen", seine Entlassung sowie die Berufung Papens „durch den Reichspräsidenten gegen den Willen der Reichstagsmehrheit" waren die „entscheidenden Schritte auf dem Wege zur präsidialen Diktatur" (Erdmann).

Die nun für wenige Monate amtierende Regierung Papen zeigte in ihrer Zusammensetzung deutlicher als alle Schriftstücke und Kontroversen, welche Kreise Brüning verdrängt und Hindenburgs Gunst erlangt hatten: das „Kabinett der Barone", die „Regierung des Herrenklubs", profitierte kurze Zeit von den außenpolitischen Erfolgen, die Brüning vorbereitet hatte, insbesondere vom Ende der Reparationen, wurde aber durch seine Konzeptionslosigkeit und die Neigung seiner wichtigsten Mitglieder immer stärker in die Nähe des zum Teil aus Überheblichkeit falsch verstandenen und in seiner Gefahr für Deutschland unterschätzten Nationalsozialismus getrieben. „Papen war weder Demokrat noch Faschist. Sein Ziel war die Restauration nach dem Muster der konstitutionellen Monarchie, eben ein starkes Übergewicht des Staatsoberhauptes über das Parlament, vor allem dessen Ausschließung von der Regierungsbildung. Die Restaurationsparteien . . . reichten als Basis für die Regierungsbildung aber bei weitem nicht aus" (Eschenburg). Der Versuch, eine reaktionäre, „autoritäre" Regierung gegen NSDAP und KPD zu behaupten, erwies sich daher als unmöglich, zumal auch das Zentrum, dessen rechtem Flügel Papen selbst angehörte, nach Brünings Entlassung Hindendurg nicht mehr folgte. So regierte Papen mit Hilfe ber DNVP und unter Tolerierung durch die NSDAP — und zwar im Sinne der Nationalsozialisten. Er löste den Reichstag auf, nahm das Verbot der SA und der SS zurück und opferte die preußische Regierung unter den Sozialdemokraten Braun und Severing den Nationalsozialisten. Im Zuge eines von Hindenburg begrüßten Staatsstreiches der Reichsregierung gegen Preußen wurde am 20. 7. 1932 dessen geschäftsführende Regierung ihres Amtes enthoben, der Belagerungszustand verhängt und die Regierungsgewalt einem Reichskommissar — Papen selbst — übertragen. Wenige Tage später errangen die Nationalsozialisten bei der Reichstagswahl am 31. 7. zwar über 37% aller Stimmen; aber es gelang ihnen weder der „Einbruch in den Marxismus" noch eine Schwächung des Zentrums. Die von Papen als Ausweg aus der Verfassungskrise für das Deutsche Reich empfohlene Militärdiktatur im Sinne einer „konservativen Revolution" wurde von den führenden Reichswehrgenerälen, unter denen nicht wenige aus engen nationalen und beruflichen Gründen dem Nationalsozialismus zuneigten, abgelehnt. Damit war Papens Kanzlerschaft erfolglos am Ende. Schleicher, der auf die schnelle Besserung der wirtschaftlichen und politischen Lage spekulierte und, fortschrittlicher und klüger als Papen, eine Politik gegen das liberale Bürgertum und gegen das Arbeitertum für sinnlos hielt, glaubte sich fähig, die letzten Krisenmonate im Lavieren zwischen Kommunismus und Nationalsozialismus so überstehen zu können, daß der Aufstieg Deutschlands unter einer „starken", einem nationalen Sozialismus nahestehenden Reichsregierung ohne Hitler möglich wurde. Er übernahm am 2. 12. 1932 die Regierung, überschätzte aber sich selbst und fand auf Grund seiner Vergangenheit — er war z. B. wesentlich am Sturz Brünings beteiligt gewesen — bei keiner Partei wirklich Vertrauen. Die einst von ihm abgelehnte, im Januar 1933 jedoch empfohlene Militärdiktatur fand nun nicht Hindenburgs Zustimmung. Damit bot sich endgültig für Hitler die Möglichkeit der Regierungsübernahme, die unter Beihilfe und Vermittlung führender bürgerlicher Politiker wie Hugenbergs und Schachts — weit weniger unter Beteiligung der Großindustrie, in der es viel mehr unpolitische und den Nationalsozialismus ablehnende Unternehmer gab als aktive Förderer Hitlers — systematisch vorbereitet worden war. Weiten Rechtskreisen, die sich zur

Republik stets nur tolerierend verhalten hatten und durch jahrelange nationalsozialistische Propaganda in ihren Ressentiments bestärkt fühlten, erschien die „Machtergreifung" mehr und mehr als der allein mögliche Weg aus der politischen und wirtschaftlichen Notlage. So trieb die „Krisis der Demokratie", die bei anderen Völkern von einer langen demokratischen Tradition, vom Selbstbewußtsein und politischem Führungsanspruch und -vermögen des Bürgertums gemeistert wurde, in dem unfertigen Sozialgefüge der jungen deutschen Republik in das Chaos einer Gewaltherrschaft, wie es sie in der deutschen, ja, in der abendländischen Geschichte noch nicht gegeben hatte und wie sie auch von den aus vielen verschiedenen Motiven und über unzählige Verkettungen Mitschuldigen nicht vorhergesehen werden konnte. „Daß Ebert und die deutsche Sozialdemokratie 1918 den Versuchen des Bolschewismus nicht erlagen, sondern sein Eindringen in Deutschland unter Preisgabe der eigenen Parteidoktrinen verhinderten, bleibt ihr historisches Verdienst. Daß die Gegenrevolutionäre die sie verführende und dann vernichtende Gewalt des ihnen vitalitätsmäßig weit überlegenen Nationalsozialismus, die andere sahen, nicht erkannt haben, bleibt ihre historische Schuld" (Eschenburg).

Nach langem Zögern, das auf einer Mischung von echtem Verantwortungsbewußtsein und überholtem sozialem Überlegenheitsgefühl beruhte, ernannte Hindenburg am 30. 1. 1933 Hitler zum Reichskanzler — in der stillschweigenden Voraussetzung, daß dieser von der Reichswehr und den nicht nationalsozialistischen Ministern kontrolliert, ja, beherrscht werden und sich schnell als unfähig zur Meisterung der Aufgabe erweisen und verbrauchen würde. Diese Berechnung, die sich lediglich auf die Person Hitlers bezog und von keinen positiven politischen Plänen ergänzt wurde, kam nach den Mißerfolgen von Papen und Schleicher und den bisherigen politischen Äußerungen und Leistungen von Hitler, Göring und anderen führenden Nationalsozialisten einer Bankrotterklärung der historisch gewachsenen Auffassung von Mensch, Recht und Staat gleich. Wenige Wochen zuvor hatte Thomas Mann, ein Repräsentant jener Minderzahl von Intellektuellen, die bewußt die Republik schützen wollten, dem Nationalsozialismus aber nicht gewachsen waren, am 12. 1. 1933 dem preußischen Kultusminister Grimme geschrieben: „. . . die deutsche Republik muß den Glauben an ihre Kraft und ihr Recht lernen, sie soll wissen, wie stark sie im Grunde ist, und welche unerschütterten moralischen und geistigen Kräfte ihr auch heute zur Seite stehen, wo scheinbar das ihr Feindliche triumphiert. Das ist Episode. Das soziale und demokratische Deutschland, ich bin tief überzeugt davon, darf vertrauen, daß die gegenwärtige Konstellation vorübergehend ist und daß die Zukunft, trotz allem, ihm gehört. Das Rasen der nationalistischen Leidenschaften ist nichts weiter als ein spätes und letztes Aufflackern eines schon niedergebrannten Feuers, ein sterbendes Wiederaufflammen, das sich selbst als neue Lebensglut mißversteht."

Auch kulturell gab es in Deutschland nach dem militärisch-politischen Zusammenbruch und im Zusammenhang mit der Gründung der Weimarer Republik nicht einen revolutionären Umsturz, wie er sich gleichzeitig in der Sowjet-Union auf politischer Grundlage ereignete. Vielmehr blieben in den zwanziger Jahren die kulturellen Auffassungen und Leistungen der wilhelminischen Zeit wirksam; daneben und darüber hinaus fanden viele der Ansätze eine Fortentwicklung, die um die Jahrhundertwende in Jugendbewegung und Jugendstil entstanden waren. Diese betont bürgerliche, den letzten Jahrzehnten des 19. Jahrhunderts gegenüber gelegentlich „fortschrittliche" Kultur erhielt manche ausländischen Impulse und Einsprengsel — zum ersten Male in der deutschen Geschichte weniger aus französischer Wurzel als vielmehr aus den USA, die nach ihrem entscheidenden Anteil am Siege der Alliierten nicht nur als die große Industriemacht, sondern auch als die kulturell-zivilisatorische Trägerin und Verteidigerin der Demokratie galt. Entsprechend dem starken Gewicht der naturwissenschaftlich-technisch begründeten Industriewirtschaft im täglichen Leben nahmen an den Hochschulen bei zunehmender Spezialisierung der Disziplinen und bedeutender Zunahme der Studentenzahlen die Naturwissenschaften einen immer breiteren Raum ein. Dort und in den deutschen Industrielaboratorien wurden vielfach bedeutende Leistungen vollbracht; dabei erwies es sich als ein großer Vorteil, daß die ihrer traditionellen Struktur nach autonomen Hochschulen im allgemeinen politische und wirtschaftliche Einflüsse fernzuhalten vermochten, also keine Zweckforschung zu betreiben brauchten. 1930 schrieb Jaspers über die „geistige Situation der Zeit", die „Entfaltung der technischen Welt" sei „das äußerlich sichtbare Neue, das allem menschlichen Dasein von jetzt an seine Grundlagen und damit neue Bedingungen stellen muß".

Wo im prinzipiell unpolitischen Raum der Hochschulen politische Auffassungen vertreten wurden, waren es freilich in erster Linie nationalistisch-konservative, während alle Ansätze zur Entwicklung einer staatsbürgerlichen Erziehung im Sinne der Weimarer Republik an den Schulen und Hochschulen versagten. Etwa seit 1930/31 drang die NSDAP unmittelbar und mittelbar über viele Korporationen in die Studentenschaft ein.

In der Kunst spielten die im „Bauhaus" zu Dessau vertretenen Auffassungen im Sinne der „Neuen Sachlichkeit" eine stark anregende Rolle. Literatur und darstellende Kunst, Theater, Oper und Konzert nahmen in der kurzen Zeit der Weimarer Republik, den großen wirtschaftlichen Einbußen und Schwierigkeiten zum Trotz, besonders in der Reichshauptstadt und in den anderen Großstädten einen starken Aufschwung, der von lebhafter Anteilnahme weiter Bevölkerungskreise begleitet und von hohen finanziellen Aufwendungen des Staates gefördert wurde.

Ein gegenüber aller Vergangenheit ganz neues Mittel, zunächst Nachrichten aller Art schnell und über nahezu unbegrenzte Räume zu verbreiten, seit 1923 auch kulturelle Geschehnisse den breiten Massen nahezubringen und diese intensiver, wenngleich fast ausschließlich passiv, in das Kulturleben einzubeziehen, bot der Rundfunk, der bis 1933 stark entwickelt wurde. Auch er blieb bis zum eigentlichen Ende der Weimarer Republik eine unpolitische Anstalt und wurde erst 1933 zum politisch-ideologischen Propagandainstrument des Staates.

Stellten die kulturellen Leistungen in der kurzen Zeit der Weimarer Republik in mancher Hinsicht eine Fortsetzung und Weiterentwicklung derjenigen der wilhelminischen Vergangenheit dar, so wurden andererseits viele ihrer Ergebnisse nach 1945 zu Ansatzpunkten für den Wiederaufbau nach den Jahren einer im Zwangsdienst für die Diktatur ihres Wesens beraubten Kultur

DAS „DRITTE REICH"

Die innenpolitische Entwicklung 1933—1939

„Die Weimarer Republik, in den Wirren einer improvisierten Revolution geboren, mit dem Erbe eines verlorenen Weltkrieges belastet, von den unabsehbaren Verpflichtungen aus einem harten Friedensvertrag gedrückt und durch verzweiflungsvollen Kampf gegen wirtschaftliche und soziale Not geschwächt, ist ihrer Gegner nicht Herr geworden und hat ihnen schließlich fast kampflos das Feld überlassen. Die Republik hat es kaum je mit einer echten Opposition zu tun gehabt, sondern fast nur mit entschlossenen Gegnern. Opposition bleibt im Rahmen und erkennt den bestehenden Staat als verbindliche Grundlage an ... Die Gegner, denen sich die Republik gegenüber sah, stellten immer sogleich den Staat als solchen in Frage. Erklärtermaßen standen sie nicht auf seinem Boden, obgleich sie alle Vorrechte genossen, die eine demokratische Verfassung der Opposition gewährt. So hat es geschehen können, daß der Staat ‚auf legalem Wege' in die Gewalt seiner Gegner kam" (Mau-Krausnick).

Als Hitler und der Nationalsozialismus am 30. Januar 1933 die Macht ergriffen, konnten sie sich nicht allein auf die „braunen Bataillone" der NSDAP (Nationalsozialistische Deutsche Arbeiter-Partei) und ihrer Gliederungen verlassen, sondern auch darauf, daß das nationale Bürgertum, die zugleich monarchistische und dem „Wehrgedanken" zuneigende Reichswehrführung sowie die arbeitslose Angestellten- und Arbeiterschaft zu ihnen halten würden, sofern sie deren Hoffnungen erfüllten. Sie wußten weiter, daß der Reichspräsident, der ein Generalfeldmarschall des Ersten Weltkrieges war und sich als Statthalter der Hohenzollernmonarchie empfand, einer „nationalen Erhebung" nicht entgegentreten würde.

Die verfassungsmäßig zustande gekommene Regierung war ein Koalitionskabinett, dem außer Hitler anfangs nur zwei

Nationalsozialisten — Frick als Innenminister und Göring als Minister ohne Geschäftsbereich — angehörten; erst am 11. März wurde Goebbels Reichsminister für Volksaufklärung und Propaganda. Zur Deutschnationalen Volkspartei zählten sich die beiden Reichsminister Hugenberg und Gürtner; die übrigen sieben Kabinettsmitglieder waren parteilos, standen aber einer Diktatur Hitlers näher als einer verfassungsmäßigen Regierungsweise. Die Ernennung Hitlers und seines Kabinetts konnte in der Öffentlichkeit also zunächst mehr als ein Sieg der „nationalen Opposition“ denn als der des Nationalsozialismus mißverstanden werden; tatsächlich aber war diese „Opposition“ nicht eine solche im parlamentarischen Sinne, sondern entschlossen, die Weimarer Republik in ihrem Grundgehalt zu zerschlagen; sie wich somit nur graduell von der Zielsetzung des Nationalsozialismus ab.

Trotz der Legalität der Vorgänge um den 30. Januar 1933 handelte es sich um eine radikale Wendung gegen die politischen, gesellschaftlichen, kulturellen und wirtschaftlichen Auffassungen der Vergangenheit. Daß Hindenburg den Geschehnissen einen feudalagrarischen und besitzbürgerlichen Hintergrund verlieh, daß er der Reichswehr die schwarzweißrote Kokarde gab und selbst in Marschallsuniform auftrat, daß Hitler sich dieser stilistischen Reprise auf das Kaiserreich anpaßte und am 1. Februar 1933 sogar das „Christentum als Basis unserer gesamten Moral“ bezeichnete und durch das geschickte Arrangement des „Tages der nationalen Erhebung“ am 21. März des gleichen Jahres in der Potsdamer Garnisonkirche mit der preußischen Geschichte einen großen Teil des national empfindenden Bürgertums einzufangen vermochte, täuschte viele darüber hinweg, daß er in „Mein Kampf“ und die NSDAP in ihrem Programm ein ganz anders gerichtetes Konzept besaßen als die Menschenmassen, die diesen wohlüberlegt historisierenden Schaustellungen zujubelten. Nicht der „unbekannte Soldat des Weltkrieges“ strebte nach der Kanzlerstellung hinter dem Generalfeldmarschall, sondern der radikale skrupellose Parteidiktator, der am 30. Januar die „Machtergreifung“ vorgenommen hatte, nach einer dem „Duce“ vergleichbaren „Führer“-Position.

Nach der Regierungsweise der jüngstvergangenen Jahre lag es für Hitler nahe, die von den Präsidialregierungen geschaffenen legalen Vorstufen der Notverordnungen zur Diktatur und zur Gewöhnung des Volkes an eine solche zu benutzen. Nachdem der Reichspräsident am 1. Februar 1933 den Reichstag aufgelöst und die Neuwahl auf den 5. März festgesetzt hatte, kam es für Hitler darauf an, an diesem Tage die Berechtigung seines Anspruchs auf die Regierungsführung bestätigt zu erhalten. Infolgedessen wurde der Wahlkampf mit der gleichen terroristischen Härte geführt, die die parteipolitische Auseinandersetzung während der letzten Jahre charakterisisert hatte. Eine Woche vor dem Wahltag ging nach vorsätzlicher, bis heute jedoch keinem bestimmten Personenkreis eindeutig nachgewiesener Brandstiftung das Reichstagsgebäude in Berlin in Flammen auf. Schon in dieser Nacht machte die amtliche Berichterstattung die Kommunisten für den Brand verantwortlich, deren grausame Verfolgung jetzt als notwendig hingestellt werden konnte.

Einen Tag nach dem Brand erließ Hindenburg die von Hitler, Frick und Gürtner gegengezeichnete Notverordnung „zum Schutz von Volk und Staat", die die verfassungsmäßigen Garantien der Freiheitsrechte aufhob und — vor dem Ermächtigungsgesetz — das Schicksal der Weimarer Demokratie besiegelte, indem sie diese unbefristet Hitlers Willkür auslieferte, ohne sie jedoch formal zu beseitigen. Niemals zuvor waren in einem Gesetz oder einer Verordnung in so weiten Ausmaßen die Todesstrafe und schwerste Freiheitsstrafen angedroht worden, wie es hier geschah.

Mit dieser Notverordnung auf Grund des Artikels 48 der Reichsverfassung, der nie durch das in seinem letzten Absatz angekündigte einschränkende Reichsgesetz ergänzt worden ist, erhielt Hitler die Möglichkeit, innerhalb kürzester Zeit seine Gegner und Koalitionspartner auszuschalten und die Alleinherrschaft seiner Partei und Person zu sichern. Die Verordnung wurde während der Dauer des Dritten Reiches nicht aufgehoben. Sie, nicht das Ermächtigungsgesetz, bildete das eigentliche Fundament der Hitlerdiktatur und verlieh dieser damit den Schein der Rechtmäßigkeit.

Die Wahl vom 5. März 1933 erbrachte bei einer Zunahme aller Stimmen um etwa 4 Millionen eine knappe Mehrheit für die beiden Regierungsparteien und insbesondere der NSDAP, die erstmals mit Terror auf den einzelnen Wähler einzuwirken begonnen hatte, einen Mandatszuwachs von mehr als 50%. Er kam im wesentlichen aus den Kreisen der Kommunisten, der bisherigen Nichtwähler und der jugendlichen Erstwähler. Die Regierungsparteien hatten im voraus bekanntgegeben, daß die Wahl am 5. März die letzte sein und der neue Reichstag nur ein „Ermächtigungsgesetz" zur Ausschaltung seiner selbst und zur Sicherung der vollen Handlungsfreiheit der Regierung beschließen solle. Die Wählermehrheit, die nach solchen Erklärungen NSDAP und DNVP wählte, war also in ihrer Grundhaltung antiparlamentarisch. Fast 44% der Wählerschaft gaben allein der antidemokratischen und antisemitischen NSDAP ihre Stimme.

Das geplante Ermächtigungsgesetz bedurfte als verfassungsändernd einer Zweidrittelmehrheit; die Verordnung vom 28. Februar bot die Möglichkeit, der Regierung diese Majorität z. B. durch Verhaftung sozialistischer und kommunistischer Abgeordneter zu sichern. Doch konnte Hitler sich auch auf die Uneinigkeit der bürgerlichen Parteien verlassen. Er spekulierte schließlich darauf, durch Täuschung das Zentrum und in dessen Gefolge Vertreter anderer Parteien kurzfristig zu gewinnen: da Hitler durch die Verordnung vom 28. Februar im Grunde bereits mehr Ausnahmerechte besaß, als das Ermächtigungsgesetz für ihn forderte, konnte das Gesetz, falls die Verordnung aufgehoben wurde, eine Erleichterung bedeuten. In der Zentrumspartei bestand außerdem die Wunschvorstellung, man könne durch ein ordnungsgemäß zustande gekommenes Ermächtigungsgesetz den Regierungschef an die Legalität binden. Die Zentrumspartei, der von Hitler mündlich die Aufhebung der Verordnung zugesagt und von Frick während der Reichstagssitzung bestätigt worden war, daß ein entsprechender Brief Hitlers unterwegs sei — was nicht zutraf — gab daher „in der Voraussetzung, daß die von Ihnen [Hitler] abgegebene Erklärung die grundsätzlichen und die praktischen Richtlinien für die Durchführung der zu erwartenden Gesetzgebungsarbeit sein werde . . ., dem Ermächtigungsgesetz ihre Zustimmung" (Kaas). Damit war eine zwar durch lügenhafte Zusagen zustande gebrachte, aber oberflächlich legale Zweidrittelmehrheit für das Gesetz erreicht. Nur die SPD lehnte das Ermächtigungsgesetz ab, nachdem der Parteivorsitzende Wels in einer das Wesen des Rechtsstaates gegenüber der Gewaltherrschaft verteidigenden Rede ein Bekenntnis zu den „Grundsätzen der Menschlichkeit und der Gerechtigkeit, der Freiheit und des Sozialismus" abgelegt und erklärt hatte: „Kein Ermächtigungsgesetz gibt Ihnen die Macht, Ideen, die ewig und unzerstörbar sind, zu vernichten." Das „Ermächtigungsgesetz zur Behebung der Not von Volk und Reich" vom 24. März 1933 erteilte drei Tage nach dem politisch irreführenden Bild des „Tages von Potsdam" der Reichsregierung für vier Jahre das Recht, ohne Mitwirkung des Reichstages Gesetze zu beschließen — ausdrücklich auch solche, die von den in der Verfassung niedergelegten Grundsätzen abwichen. Das Gesetz, das also nicht dem Kanzler, sondern dem gesamten Kabinett diese Ermächtigung gab, sollte automatisch wieder außer Kraft treten, falls die Regierung Hitler vor dem Ablauf der vier Jahre durch eine andere Regierung abgelöst werde. „In Wahrheit ist dieses ‚Ermächtigungsgesetz' ein vorläufiges Verfassungsgesetz des neuen Deutschland" (C. Schmitt).

Mit dem Gesetz erhielt Hitler legal die Macht, seine Revolution auf Grund eines ordnungsgemäßen Gesetzes, nicht einer weniger eindrucksvollen Verordnung fortzusetzen. Schnell zeigte sich nun, daß die bürgerlichen und adligen Regierungsmitglieder den Regierungschef durchaus nicht in ihrer Gewalt hatten. Vielmehr entzog dieser ihnen den Boden ihrer politischen Existenz, indem er ihre Parteien veranlaßte, sich selbst aufzulösen. Die SPD fügte sich auch hier nicht und mußte wie die KPD von Hitler aufgelöst werden. Unmittelbar nach dieser Beseitigung des Parlamentarismus erklärte am 14. Juli 1933 ein Reichsgesetz die NSDAP zur einzigen Partei in Deutschland; die Bildung neuer Parteien wurde bei Strafe untersagt.

Dieser politischen Konzentration auf die „Bewegung" entsprach die sogenannte „Gleichschaltung". Durch sie überwand Hitler den bundesstaatlichen Aufbau des Reiches und kam damit dem Ziel des parteistaatlichen Zentralismus einen sehr wichtigen Schritt näher. Durch zwei Gesetze „zur Gleichschaltung der Länder mit dem Reich“ vom 31. März und 7. April 1933 wurden die Landesparlamente ohne Neuwahlen entsprechend dem Ergebnis der Reichstagswahl umgebildet bzw. die Position der außerordentlichen Reichskommissare in den Ländern in das ständige Amt der Reichsstatthalter umgewandelt. Anschließend konnte die Auflösung der Länder vorgenommen werden: das „Gesetz über den Neuaufbau des Reiches“ vom 30. Januar 1934 hob die Parlamente der Länder auf und übertrug deren Hoheitsrechte auf das Reich; das vom 14. Februar 1934 beseitigte den Reichsrat und damit Deutschlands seit 1871 bestehenden bundesstaatlichen Charakter. Die preußischen Ministerien wurden nur mit den entsprechenden Reichsministerien vereinigt, Göring blieb preußischer Ministerpräsident; auch gab es weiterhin ein preußisches Finanzministerium. Bei diesen Maßnahmen handelte es sich nicht etwa um die Durchführung der seit Jahren diskutierten Reichsreform, sondern um Fortführung und Abschluß der „Machtergreifung“. Gewissermaßen nebenher verfügten die Gesetze faktisch die Beseitigung Preußens — nur die begriffliche Auslöschung dieses annähernd 250 Jahre alten Staates konnten die Sieger im Jahre 1945 noch nachvollziehen.

Daß es Hitler bei seiner Gesetzgebung nicht um das Reich ging, sondern um „die Partei“, war bereits am 1. Dezember 1933 im „Gesetz zur Sicherung der Einheit von Partei und Staat“ deutlich geworden, das die NSDAP als „Trägerin des deutschen Staatsgedankens“ und „mit dem Staat unlösbar verbunden“ bezeichnete. Inzwischen hatte das Gesetz „zur Wiederherstellung des Berufsbeamtentums“ vom 11. April 1933 die Verdrängung politisch mißliebiger und „nichtarischer“ Beamter ermöglicht. Gleichzeitig erhielten der „Stellvertreter des Führers“ und der „Stabschef der SA“ als Mitglieder der Reichsregierung Kabinettsrang. Die kulturelle Gleichschaltung steigerte sich vom Reichskulturkammergesetz (22. September 1933) bis zur Verfolgung und Vernichtung der sogenannten „entarteten Kunst“ im Jahre 1938.

Der Totalitätsanspruch der Partei von der Staatsspitze bis

zum kleinsten Funktionär und „Hoheitsträger" stieß auch dort, wo er nicht terroristisch auftrat, nur auf geringen Widerstand, der bei Kommunisten, Sozialisten und Katholiken noch am stärksten war. Die Masse des Volkes in allen sozialen Schichten fügte sich, was sich nicht allein in der positiven Reaktion auf geschickt formulierte Abstimmungsfragen etwa in bezug auf Deutschlands Austritt aus dem Völkerbund, sondern auch z. B. anläßlich der Vereinigung der Ämter des Reichspräsidenten und des Reichskanzlers nach Hindenburgs Tod zeigte. „Selten hat eine Revolution ein Volk bereitwilliger hinter ihre Fahnen treten sehen" (Mau-Krausnick). Es gab Gründe für diese — nachträglich und insbesondere Ausländern — erstaunlich wirkende Bereitschaft. Hitlers Regierung gelang es in wenigen Monaten, die Menschen davon zu überzeugen, daß durch sie die 1918 angeblich verlorene nationale Ehre und damit das Ansehen im Ausland zurückgewonnen worden sei; er hatte — wenngleich mit den Ausschreitungen der SA als Hilfspolizei und mit der Einrichtung von Konzentrationslagern, in denen mißhandelt und gemordet wurde, sowie unter unbefristeter Aufhebung der Grundrechte — „Ruhe und Ordnung" wiederhergestellt und damit einen der Fundamentalwünsche des deutschen Volkes erfüllt. Er erzielte schließlich, begünstigt von der internationalen Wirtschaftsentwicklung, unter Anwendung von jahrelang diskutierten Mitteln, bedeutende Erfolge im Kampf gegen Arbeitslosigkeit und Wirtschaftskrise.

Aus den zwanziger Jahren übernommene populäre ständisch-autoritäre Bestrebungen bei Großindustrie und Mittelstand, wie es sie auch u. a. in Italien und Österreich gab, ließ Hitler anfangs durch Fritz Thyssen entwickeln, 1934/35 aber zugunsten des Partei-Absolutismus und der „Arbeitsfront" fallen und sogar verfolgen.

Mit seinen unleugbaren Leistungen, unter denen der von Todt betriebene Reichsautobahnbau und die forcierte Motorisierung mit der Konstruktion des „Volkswagens" durch Porsche besonders bewundert wurden, gewann Hitler sich Anerkennung und Zustimmung weiter Volkskreise, die sein „Durchgreifen" richtig fanden und bereit waren, über die Ausschreitungen und Rechtsbrüche der Frühzeit seiner Herrschaft hinwegzusehen, da sie meinten, daß „Späne fallen, wo gehobelt wird“, und daß es sich bei den „Spänen“ hauptsächlich um sogenannte „Staatsfeinde“, zumeist um kommunistische Gegner der bestehenden Gesellschaftsordnung, handele. Auch las man das Programm der NSDAP von 1920, in dessen 25 Punkten Antisemitismus, Antiparlamentarismus, Antikapitalismus und Bodenreform vertreten wurden, so wenig, wie man früher das Kommunistische Manifest gelesen hatte. In der durch die Partei beeinflußten und gelenkten Presse aber gab es zahlreiche nationale, antidemokratische, antikapitalistische, antisemitische, auch antikonfessionelle Schlagworte, die in weiten Kreisen die längst latent vorhandene, nun bis zum Mitläufertum gesteigerte Zustimmung fanden. Dazu gehörte auch der von einer späteren Generation durch neue antikapitalistische und antibürgerliche Mythisierungen und Personenkulte ersetzte „Mythos“ vom „Dritten Reich“, vom „germanischen Führertum“ und seiner „Bewegung“, sowie die Mischung von revolutionärem Geist und angeblich preußischer Parteidisziplin, von „deutscher Seele“ und barbarischer „Härte“.

Die SA, die unter ihren Mitgliedern aus der älteren Zeit einen starken sozialrevolutionären Kern hatte, war durch den ihr zu milde erscheinenden, im wesentlichen „legalen“ Verlauf der „nationalen Erhebung“ um so weniger befriedigt, als sie während der ersten Wochen Polizei- und Regierungsfunktionen hatte ausüben dürfen und hoffen können, bei der Aufrüstung eine bestimmende Rolle zu übernehmen. Im Sommer 1933 aber wurde ihrem Stabschef Röhm die „Fortsetzung der Revolution“ untersagt und die Aussicht auf entscheidende Positionen im Wehrwesen zerschlagen. Da Hitler sich stärker als früher den bewährten staatserhaltenden Kräften der Reichswehr, des Beamtentums und der rüstungswirtschaftlich wichtigen Privat- und Großwirtschaft zuwandte, mußte es zu Unzufriedenheit im revolutionären Flügel der Parteiführung und zu Spannungen kommen, die nicht allein, wie Papens Marburger Rede am 17. Juni 1934 zeigte, im bürgerlichen Lager Unruhe und Hoffnungen verursachten, sondern geradezu Hitlers Stellung gefährdeten, und die er daher gewaltsam beseitigte.

Mag auch das Morden vom 30. Juni bis zum 2. Juli 1934 im einzelnen nie ganz aufgeklärt werden, so liegen doch Motive,

Gesamtgeschehen und Ergebnis klar zu Tage. Auf der einen Seite standen Röhm und Teile der SA-Führung, die die Revolution mit dem milizartigen Umbau der Reichswehr unter SA-Führung in ein Volksheer und der Betonung des sozialistischen Elementes abschließen, außenpolitisch eine Verständigung mit den Westmächten herbeiführen und zur Erreichung dieser Ziele notfalls den „Führer" unter Druck setzen wollten.

Auf der anderen Seite befand sich Hitler, der die SA in den Hintergrund drängen wollte, wobei er der vollen Unterstützung durch den ehrgeizigen Göring, durch den den Aufstieg der SS betreibenden Himmler und durch die um ihre Schlüsselstellung bangende Reichswehrgeneralität sicher sein konnte. Daß Hindenburgs Tod für die allernächste Zeit zu erwarten war und damit die Zusammenfassung von Reichspräsidentschaft und Parteiführerschaft in Aussicht stand, trug zur Beschleunigung der Auseinandersetzung bei. Hitler, dessen Außenpolitik durch eine milizartige Reorganisation der Reichswehr geschwächt worden wäre, unterschätzte nicht die Macht der unzufriedenen SA; er konnte sich aber auf Göring, Polizei, SS, Blomberg, Reichenau und die Reichswehr verlassen, wenn es gegen die Parteiarmee ging. In der Reichswehrführung herrschte die Auffassung, Röhm sei das ärgere Übel und Hitler werde sich unter dem Einfluß der Militärs, deren Bedeutung für den Wiederaufstieg des Reiches er immer wieder betont hatte, von einem nationalsozialistischen Revolutionär zu einem nationalen Staatsmann entwickeln. Schließlich funktionierte die Regie von Göring, Himmler und Reichenau schneller als die Dilettanten-Verschwörung der obersten SA-Führer mit Röhm an der Spitze. Hitler überraschte am 30. Juni in Wiessee Röhm und eine Gruppe von SA-Führern, die im Augenblick ohne Zweifel noch nicht putschen wollten, und ließ dort und im ganzen Reich bedenkenlos mindestens 85 wirkliche, potentielle und vermeintliche Gegner umbringen. Unter den Ermordeten befanden sich auch der General v. Schleicher und seine Ehefrau, der General v. Bredow, der ehemalige bayrische Staatskommissar v. Kahr, den Hitler seit dem Putsch von 1923 mit seinem Haß verfolgte, Ministerialdirektor Klausener, der als unerschrockener Führer der Katholiken Berlins politische Bedeutung hatte, sowie zwei enge Mitarbeiter Papens. Daß Papen gleichwohl ein Gefolgsmann Hitlers blieb, war weniger auffallend, als daß die Reichswehrgenerale den Mord an zwei ihrer engsten Kameraden widerstandslos hinnahmen. Ohne Zweifel war Schleicher vielen unsympathisch, weil er intelligenter war als sie und diese Überlegenheit gern zeigte, und weil er sozialreformerische Neigungen im Sinne eines „preußischen Sozialismus" pflegte. In ihm starb der staatsmännisch begabteste, politisch gewandteste, sozial fortschrittlichste, sehr ehrgeizige General Deutschlands seit 1871, dem es allerdings infolge seiner menschlichen Unzuverlässigkeit nur selten gelungen war, das volle Vertrauen seiner Partner zu gewinnen. Indirekt wurden diejenigen seiner Kameraden in der Reichswehrführung, die von dem Unternehmen gegen Röhm gewußt und es gefördert hatten, an seinem Tode mitschuldig.

Weniger die Ereignisse vom 30. Juni 1934 selbst als der Umstand, daß der Reichskanzler die Verantwortung für sie übernahm und das Staatsoberhaupt sich für die gesetzwidrigen Taten bei Hitler bedankte, führten zum erstenmal in weiteren Kreisen des Bürgertums zu kritischem Nachdenken über den Nationalsozialismus. Hindenburg deckte Handlungen, für die Angehörige der obersten Reichswehrführung mitverantwortlich waren, obgleich es sich nach Hitlers Willen und dem zustimmenden Wunsch der Reichswehr um eine parteiinterne Säuberungsaktion hatte handeln sollen.

Mit Hitlers und Görings Mordaktion vom 30. Juni konnte die nationalsozialistische Revolution äußerlich als abgeschlossen gelten. Hitler hatte sich eines Rivalen und dessen Anhängerschaft entledigt, so daß er sich nach Hindenburgs Tod am 2. August 1934 ohne Widerstand die Ämter des Staatsoberhauptes und des Oberbefehlshabers der Wehrmacht aneignen konnte. Schon am 2. August selbst ließ Blomberg die Wehrmacht auf die Person Hitlers vereidigen. Anschließend akklamierte eine sehr große Mehrheit des Volkes dem „Führer" durch eine glänzend inszenierte Volksabstimmung. Von diesem Tage an fühlte Hitler sich „als Herr der Wehrmacht". Ebenso eindrucksvoll wie des „Führers" Erfolg erschien der Sieg der Reichswehr über die SA: Ausdrücklich bezeichnete Hitler sie als den einzigen Waffenträger der Nation. Den Hauptgewinn aber trug die

Organisation davon, die die Mordbefehle erweitert und zumeist ausgeführt hatte: die SS, der „Orden guten Blutes" (Himmler). „Im Hinblick auf die großen Verdienste der SS, besonders im Zusammenhang mit den Ereignissen des 30. Juni 1934" (Hitler), befreite Hitler sie aus der bisherigen Unterstellung unter die SA und erhob sie zu einer ihm unmittelbar unterstellten „selbständigen Organisation im Rahmen der NSDAP". Damit begann der Aufstieg Himmlers und der SS, eine der wichtigsten Entwicklungen, die dem weiteren Ablauf der Geschichte des Regimes sein charakteristisches Gesicht gegeben hat, ein Sinnbild dafür, daß dieses Regime mit dem 30. Juni seine Natur veränderte.

Auf die Beseitigung der innerpolitischen Opposition folgte die Festigung des Parteiregimes. Je mehr die Spitzelberichte der Partei und Staatsführung nach dem 30. Juni 1934 wachsendes Mißtrauen in bürgerlichen Kreisen erwähnten, um so stärker wandte Hitler sich der kommenden Generation zu: „Von der Jugend hängt die Zukunft des deutschen Volkes ab" (Gesetz über die Hitlerjugend). Um sie dem Parteistaat zu gewinnen und die vormilitärische Ausbildung zu organisieren, gründete er im Juni 1935 den Reichsarbeitsdienst (RAD) und machte am 1. Dezember 1936 die „Hitlerjugend" (HJ) zur einzigen Staatsjugendorganisation; aus den gleichen Überlegungen sprach er nach der Einführung der Wehrpflicht und Verlängerung der Dienstzeit (1935/36) mit Vorliebe zu jungen Offizieren als „Garanten der Zukunft".

Nachdem alle Gewerkschaften, deren Führer z. T. zur Kooperation bereit gewesen wären, schon 1933 aufgelöst worden waren, ging Robert Ley an den Auf- und Ausbau der „Deutschen Arbeitsfront" (DAF) als einziger Arbeitnehmer- und Arbeitgeber-Organisation, die durch ihre Unterorganisation „Kraft durch Freude" (KdF) auch die Freizeit parteimäßig politisieren sollte. Die „NS-Volkswohlfahrt" (NSV) sowie verschiedene Frauenorganisationen dienten dem gleichen Ziel und der polizeiähnlichen Kontrolle und Durchleuchtung der gesamten Bevölkerung, so daß jeder Ansatz zu einer Stimmungsschwankung frühzeitig bekannt werden mußte, zumal auch das Polizeiwesen in dieser Richtung ausgebaut und im Sommer

1936 Himmler und der SS unterstellt wurde. Um dieselbe Zeit begann die SS, über die „Leibstandarte Adolf Hitler" hinaus sich militärisch zu erweitern, Kader neben der Wehrmacht zu schaffen und sich einen eigenen Herrschaftsapparat zu entwickeln. Sie war moderner, differenzierter und schlagkräftiger als andere Organe und vom Ehrgeiz besessen, Kernzelle der nationalsozialistischen Macht zu werden. Zu den Terrormitteln des Parteistaates gehörten brutale Strafmethoden außerhalb der Justiz, die im wesentlichen von der SS angewandt wurden, insbesondere die „Schutzhaft", in den an Zahl und Größe schnell wachsenden Konzentrationslagern (KZ). Die dort entwickelten Methoden der Tötung sind zum Sinnbild von Hitlers Gewaltherrschaft geworden.

Die meisten Todesopfer und die schrecklichsten Leiden mußten die Juden erdulden, die dem Antisemitismus Hitlers und der SS in Deutschland und in den später „angeschlossenen" und unterworfenen Gebieten in die Hände fielen. „Mit den Juden gibt es kein Paktieren, sondern nur das harte Entweder-Oder", hieß es schon in „Mein Kampf". Seit 1935 lernten das deutsche Volk und die Welt kennen, was Hitler mit „Entweder-Oder" gemeint hatte. Den gesetzlichen Ausgangspunkt für seine Maßnahmen schufen nach dem Boykott von 1933 die Nürnberger Gesetze vom 15. September 1935, die die deutschen Juden entrechteten. Eine Radikalisierung brachten der staatlich organisierte Pogrom am 9. und 10. sowie die „Sühnemaßnahmen" vom 12. November 1938 nach der Ermordung des Botschaftsrats vom Rath in Paris durch einen Juden; den Höhepunkt bildeten grauenhafte Vernichtungsaktionen verschiedener Art vom Verhungern etwa im Ghetto von Theresienstadt über die „Einsatzkommandos" bis zur Vergasung während des Krieges auf Grund von Görings Anweisung zur „Endlösung der Judenfrage im deutschen Einflußgebiet in Europa" vom 31. Juli 1941. Den Hauptanteil an diesen Morden hatte, wie Himmler selbst 1943 hervorhob, die SS: „Das ist ein niemals geschriebenes und niemals zu schreibendes Ruhmesblatt unserer Geschichte." Schätzungen — Gesamtzählungen gibt es nicht — über den zahlenmäßigen Umfang der Ausrottungen liegen zwischen 4,2 und 5,7 Millionen Menschen.

Da die Christen jeder Konfession und Denomination Hitlers Politik ablehnen mußten, wandte die Partei sich auch gegen das Christentum — am stärksten, abgesehen von kleinen Gruppen, wie den Zeugen Jehovas, gegen die Katholiken, bei denen der Widerstand am weitesten verbreitet war und auch im Laufe der Jahre die meisten Opfer forderte: „Nationalsozialistische und christliche Auffassungen sind unvereinbar" (Bormann). Hitler selbst, der aus der katholischen Kirche weder austrat noch ausgestoßen wurde, hielt sich dabei zurück und schloß sogar um des guten äußerlichen Eindrucks willen im Sommer 1933 ein Konkordat mit dem Papst, der in der Hoffnung auf eine vertraglich gesicherte Glaubensfreiheit bis heute für viele Menschen überraschend und verwirrend verständigungsbereit war, obwohl die Kirche gleichzeitig in jeder Weise verfolgt wurde. Der Versuch, eine nationalsozialistische Organisation „Deutscher Christen" aufzuziehen — „Ein Volk! — Ein Gott! — Ein Reich! — Eine Kirche!" (Richtlinien der „Deutschen Christen" in Thüringen, 11. Dezember 1933) — schlug fehl und hatte geradezu eine Stärkung vieler Menschen in ihrer christlichen Haltung zur Folge: Die Bildung der „Bekennenden Kirche" im Bereich des Protestantismus war 1933 eines der Ergebnisse dieser Kampf- und Verleumdungsaktionen.

Zu wirtschaftlichen Fragen hat Hitler vor der „Machtergreifung" nur selten Stellung genommen. Eigene Vorstellungen von der Wirtschaft, die über die Auffassung hinausgingen, daß der Kapitalismus und die moderne Finanzwirtschaft eine jüdische Erfindung zur Beherrschung der Menschheit seien und daher abgeschafft werden sollten, besaß er nicht; auf diesem Gebiet war er ganz abhängig von Informationen und Projekten anderer. Seine mit dem Ziel des Nachweises einer Komplizenschaft von Nationalsozialismus und Großindustrie viel zitierte Rede vor dem Industrieklub zu Düsseldorf am 27. Januar 1932, die auf die meisten Zuhörer einen sehr ungünstigen Eindruck machte, enthüllte deutlich, wie er auch wirtschaftliche Probleme von scheinphilosophischen und -politischen Vorurteilen aus betrachtete. Ebenso wie vom freien Individuum überhaupt, hatte er vom freien Unternehmer als Träger der kapitalistischen Wirtschaftsweise keine rechte Vorstellung. Freiheit — so oft er auch den

Begriff im Rahmen seiner politischen Forderungen und Zielsetzungen benutzte — paßte nicht in seine Auffassung vom Menschen. Im übrigen galt ihm zu jeder Zeit die Wirtschaft wie alle Tätigkeit des Menschen als Kampf, erschien ihm insbesondere die deutsche Wirtschaft in entscheidendem Umfange als Wehr-, Rüstungs- und schließlich als Kriegswirtschaft. Um deren Leistungsfähigkeit zu erhalten und zu steigern, nahm er von anfangs kurze Zeit geplanten Systemänderungen — Verstaatlichung, ständestaatliche Organisation, „Sozialismus" usw. — bald Abstand. Nur Görings Gründung und schnelle Erweiterung der „Reichswerke Hermann Göring" im Reich und in den angeschlossenen und unterworfenen Gebieten bildete schließlich einen die Privatwirtschaft zielbewußt gefährdenden parteistaatlichen Wirtschaftskomplex.

Das Regime konnte sich selbst mit Terrormaßnahmen nur behaupten, wenn es Hitler gelang, in kurzer Zeit die schwere wirtschaftliche Depression fühlbar zu erleichtern und insbesondere Arbeitslosigkeit und Kurzarbeit schnell zu verringern. Wie er in der Außenpolitik Erfolge seiner Vorgänger zu seinen Gunsten auswerten konnte, so erleichterte ihm das weltweite Abklingen der Wirtschaftskrisis seit 1932 den Kampf gegen die Arbeitslosigkeit, dem der erste „Vierjahresplan" galt. Von 6 Millionen am 30. Januar 1933 sank die Zahl der bei den Arbeitsämtern gezählten Arbeitslosen schnell durch die Förderung der Bauwirtschaft, vorübergehende Einschränkung der Maschinenarbeit, Reichsautobahnbau unter Fritz Todt, große Parteiuniformaufträge an Textil- und Schuhindustrie, später durch Partei-, Kasernen- und Flugplatzbauten. Anfang 1934 betrug die Zahl der Arbeitslosen nur noch 3,8, ein Jahr später 3,0 Millionen; bereits 1935 gab es in der Landwirtschaft und in einigen Industriezweigen einen Facharbeitermangel. Dieser große Erfolg verschaffte und sicherte Hitler und seiner Regierungsweise Millionen von Anhängern, die durch ihn aus äußerstem Elend und trübsten Zukunftsaussichten wieder zu Arbeit und auskömmlichem Leben für sich selbst und ihre Familien gelangten. Ein weiteres Mittel zur Verminderung der Arbeitslosigkeit war die Einführung der Arbeitsdienst- und der Wehrpflicht seit 1935.

Die Zunahme der Beschäftigtenzahlen führte zu Umsatzsteigerung und wachsendem Steueraufkommen, das freilich nicht genügte, um die erhöhten Aufwendungen des Staates auszugleichen. Seit langem diskutierte ungewöhnliche Maßnahmen mußten zur Finanzierung der Arbeitsbeschaffungsvorhaben durchgeführt werden; sie beruhten zum großen Teil auf Überlegungen des Reichsbankpräsidenten (und Reichswirtschaftsministers) Dr. H. Schacht und gipfelten im „System der Mefowechsel"; diese „traten ... vielfach an die Stelle barer Kassenbestände und mobilisierten auf diese Weise Beträge der Wirtschaft, die sonst brach gelegen hätten, für die Arbeitsbeschaffung ... Nach fünf Jahren (1938) mußte die Rückzahlung der Mefowechsel beginnen, und die dafür erforderlichen Beträge gingen dem Budget verloren, mußten also auf anderen Aufgabengebieten ausfallen" (Schacht). Als Hitler sich an diese Regelung nicht hielt und seit 1938 die benötigten Geldmengen zur Einlösung der Mefowechsel nicht zur Verfügung stellte, weil er sie für die Aufrüstung verwenden wollte, brach der riskante Aufbau von Schachts Finanzpolitik zusammen: Der deutschnationale, nicht nationalsozialistische Schacht selbst trennte sich auf für ihn gefährliche Weise von Hitler.

Mit der Arbeitsbeschaffung begann, unmittelbar durch das System der Regierungsweise verbunden, alsbald der „Arbeitseinsatz", d. h. die Lenkung der Arbeitnehmer zu gewissen Berufen, Landschaften und Städten, die sich über die Einführung des Arbeitsbuches als Gegenstück zum Wehrpaß schon vor dem Kriege zu einer empfindlichen, mit den Erfordernissen der „Wehrhaftmachung" begründeten Einschränkung der persönlichen Freiheit steigerte. Nur in der Zeit vor der Bauernbefreiung ist in Deutschland die Stellung des Arbeitnehmers gegenüber dem Staat als dem eigentlichen obersten Arbeitgeber so schwach gewesen wie seit dem 1. Januar 1939.

Bildeten Industriearbeiter und Handwerker die eine wichtige Millionengruppe der Erwerbstätigen, so Bauerntum und Landarbeiterschaft die zweite. Deswegen, auch aus wehrpolitischen und endlich aus ideologischen, den Bauern idealisierenden und heroisierenden Gründen, nahm die staatliche Förderung sich besonders der Landwirtschaft an. Während sie Finanz- und andere Hilfen — wie das zweischneidige Reichserbhofgesetz von 1933, das durch die enge Begrenzung der Kreditmöglichkeit Rationalisierungs- und Intensivierungsarbeiten erschwerte — empfing, verlor auch sie wie die Arbeiter die Koalitionsfreiheit und andere Rechte und wurde in die große parteistaatliche Organisation der Gesamtwirtschaft eingegliedert. Den Höhepunkt bildete in dieser Hinsicht das „Gesetz zur Ordnung der nationalen Arbeit“ vom 20. Januar 1934.

Die Verdrängung der Juden aus der Wirtschaft entsprach einer alten Programmforderung der NSDAP. Sie verlief von ersten ungeordneten Ausbrüchen bald nach der „Machtergreifung“ über verschiedene gesetzliche Etappen bis zu dem Pogrom vom November 1938 („Reichskristallnacht“) und den Geschehnissen in den folgenden Jahren. Ein großer Teil der Juden wurde umgebracht, einem anderen gelang, zumeist unter Verlust fast aller Vermögenswerte, die Emigration. Damit gingen dem deutschen Volke auch für die Zukunft bedeutende geistige und physische Wirtschaftskräfte verloren; die der Emigranten wirkten sich vielfach aktiv gegen das Hitlerregime aus.

Während die Diskussion um Autarkie oder Beteiligung an der Weltwirtschaft in der NS-Führung zunächst unentschieden blieb, was sich auch in der Einstellung zum Problem der Auslandsschulden auswirkte, stand für Hitler fest, daß die gesamte Wirtschaft sehr schnell der Rüstung dienstbar gemacht werden mußte. Seine Denkschrift über Wirtschaftsfragen vom August 1936, die das Privatunternehmertum heftig kritisierte, zugleich aber auch als tragenden Bestandteil einer führerideologisch regierten Gesellschaft respektierte, stellte als Zentralaufgaben für den Zweiten Vierjahresplan unter Görings Leitung die Herstellung von Kunststoffen wie vor allem synthetischem Kautschuk (Buna), die Gewinnung von Benzin und Fett aus Kohle und die äußerste Steigerung der deutschen Erz- und Kohlenförderung zur Erreichung der wehr- und kriegswirtschaftlichen Unabhängigkeit Deutschlands ohne Rücksicht auf die dadurch verursachten Kosten. Allein die Aufrüstung nahm 1934 2; 1935 2,8; 1936 5,8; 1937 8,3 und 1938 17,2 Milliarden RM in Anspruch. Anfang 1939 bekannte Hitler sich Schacht gegenüber zu inflationistischer Ausgabenpolitik, die zum finanziellen Zusammenbruch des Reiches führen mußte, wenn nicht ein siegreicher Krieg die Möglichkeit bot, Deutschlands Rüstungskosten den Besiegten aufzubürden.

Auch die Kultur war nach der Auffassung des Nationalsozialismus ein Bestandteil der Machtpolitik, ohne eigene Werte zu besitzen. Infolgedessen mußten Literatur, Theater, Musik und bildende Kunst, Presse, Film und Rundfunk parteipolitisch und -ideologisch „gleichgeschaltet" werden. „Die Revolution, die wir gemacht haben, ist eine totale. Sie hat alle Gebiete des öffentlichen Lebens erfaßt und von Grund auf umgestaltet" (Goebbels). Auf solchen politischen Vorstellungen beruhte das Schriftleitergesetz, das am 4. Oktober 1933 die Presse „gleichschaltete". Das Gesetz vom 22. September 1933 über die Reichskulturkammer, der alle künstlerisch tätigen und schöpferischen Menschen angehören mußten, schuf in dieser Hinsicht die abschließende oberste Zwangsorganisation, während der „NS Lehrerbund" und viele andere Bünde die breite Masse der gehobenen Berufstätigen organisatorisch kontrollierten und „schulten". Juden und sogenannte Nichtarier konnten ihnen nicht angehören, also nicht kulturell tätig sein. Der jüdische Anteil an der deutschen Kultur in der Vergangenheit wurde entstellt und geleugnet. Einen ersten Höhepunkt dieser kulturfeindlichen, die Kultur mißbrauchenden Politik bildete 1933 die Verbrennung von Büchern und Bildern „nichtarischer" bzw. den Nationalsozialismus ablehnender Autoren, einen späteren der Feldzug gegen die sogenannte „entartete Kunst" jüdischer und politisch mißliebiger Künstler im Jahre 1938. Schreib-, Mal- und andere Verbote trafen Künstler, die man ausschalten wollte, wegen ihres internationalen Ansehens aber nicht in Konzentrationslagern umkommen lassen konnte; viele emigrierte Kulturschaffende wurden ausgebürgert.

Der Rassenwahn, Grundlage des Nationalsozialismus, machte vor der Wissenschaft nicht halt. Er unterschied z. B. eine „arische Physik oder Physik der nordisch gearteten Menschen . . ., Physik der Wirklichkeits-Ergründer, der Wahrheit-Suchenden" (Lenard) von der Physik anderer Rassen, so von der als jüdische Spekulation bezeichneten Relativitätstheorie

Einsteins. Außerdem wurden die Anthropologie, die Geschichtswissenschaft, die Rechtswissenschaft usw. unmittelbar in den Dienst der Politik gestellt. Hitler fand Gelehrte, die bereit waren, ihm auf solchen wissenschaftsfeindlichen Wegen zu folgen. Auch organisatorisch griff der Nationalsozialismus in die Wissenschaft ein, indem er den Hochschulen ihre Autonomie nahm, sie in den unmittelbar politischen Dienst des Parteistaates stellte und den Hochschullehrer-Nachwuchs unter parteipolitischen Gesichtspunkten auswählte und schulte. Das Ziel aller dieser Maßnahmen war — sowjetrussischen Auffassungen prinzipiell nahestehend — eine Kunst, die ein Propagandainstrument, und eine Wissenschaft, die ein machtpolitisch nützliches Werkzeug in der Hand des „Führers" bildete. Der Krieg bot die Gelegenheit, unter dem Vorwand des Existenzkampfes in diesem Sinne auch einen „Kriegseinsatz" von Künstlern und Gelehrten zu organisieren.

Die außenpolitische Entwicklung 1933—1939

Hitlers außenpolitische Vorstellungen und Ideale waren in „Mein Kampf" stärker programmatisch formuliert worden als seine innerpolitischen und wirtschaftspolitischen. Der Antisemitismus und mit diesem verbunden die Überzeugung von der Überlegenheit des „arischen" Menschen war die eine Auffassung, die ihn zu seinen Unternehmungen antrieb; die zweite ging von der Voraussetzung aus, daß jede Form der Demokratie jeder Form der Monarchie unterlegen, die höchste und wirkungsvollste Form der Einzelherrschaft aber die Diktatur sei. Daraus und aus anderen, vorwiegend rassischen Überlegungen ergab sich die Lehre, daß die westeuropäischen Demokratien, vollends die mit einem relativ großen jüdischen Bevölkerungsanteil, politisch und militärisch schwach, moralisch korrupt und kulturell minderwertig seien, im Ernstfall also für den nationalsozialistischen Soldaten eine leichte Beute bilden mußten; auch die slawischen Völker erschienen ihm als den germanischen weit unterlegen, die bolschewistische Führung als „verjudet" oder mit dem „Weltjudentum" verbündet.

Diese Grundkonzeptionen spielten eine entscheidende Rolle für Hitlers Außenpolitik und damit für die Entstehung des Zweiten Weltkrieges sowie für das Ende des Deutschen Reiches und Preußens. Kurz bevor Hitler Kanzler wurde, hatten England, Frankreich und Italien am 11. Dezember 1932 Deutschlands Anspruch auf rüstungspolitische Gleichberechtigung prinzipiell anerkannt. Deutschlands Beziehungen zu England und Italien waren gut, die zu Frankreich durch dessen Mißtrauen kühl, die zu Rußland seit Rapallo politisch und noch mehr wirtschaftlich gut, die zu Polen seit der Gründung dieses Staates dauernd schlecht. Hitler hoffte, im Bunde mit dem „germanischen" und von ihm wegen seiner großen welthistorischen Leistungen bewunderten England und mit dem ihm durch seine Staatsform besonders verbundenen Italien gemeinsam eine europäische Politik aufbauen zu können, die Frankreich kurz hielt und Sowjetrußland aus Europa verdrängte; denn dort wollte er den „Lebensraum" gewinnen, den das wachsende deutsche Volk brauchte — nicht in überseeischen, in Kriegszeiten gefährdeten Kolonien.

Drohung, Gewalt und schließlich Krieg bildeten die Grundlage von Hitlers Außenpolitik — nicht diplomatische Kunst, sondern militärische Rüstung. Erfolgreiche Generale, nicht diplomatische Meister imponierten ihm. Aus diesem Empfinden und weil Drohung sich am besten jeweils gegenüber einzelnen anwenden läßt, Kollektivverträge aber auf Verständigung und Kompromiß beruhen, erklärte Hitler am 14. Oktober 1933 Deutschlands Austritt aus dem Völkerbund. Da dieser in weiten Kreisen des deutschen Volkes als ein Instrument und Symbol des Versailler Vertrages galt, konnte er der Zustimmung und Bewunderung der Mehrheit sicher sein. Der Nichtangriffspakt mit Polen vom 26. Januar 1934, der eine Entspannung an der deutschen Ostgrenze schuf, steigerte andererseits das Mißtrauen Frankreichs, das — schon in Hitlers „Mein Kampf" als „der unerbittliche Todfeind des deutschen Volkes" bezeichnet — zum Ersatz für den Verlust des wertvollen Verbündeten aus der Zeit des „Cordon sanitaire", jenes Gürtels von Kleinstaaten, der zwischen Ostsee und Mittelmeer Mittel- und Osteuropa voneinander trennen sollte, seit dem Mai 1934 eine Annäherung an die Sowjetunion betrieb: Im September 1934 trat diese dem Völkerbund bei, den Deutschland ein Jahr zuvor verlassen hatte. Mussolini ergab sich durchaus nicht leicht und sofort Hitlers Werben im Sinne der faschistisch-nationalsozialistischen Gemeinschaft für Drohung und Gewalt.

Als Hitler bemerken mußte, daß die meisten Großmächte an ihrem Bemühen um kollektive Sicherheit und allgemeine Abrüstung festhielten, verkündete er am 16. März 1935 die allgemeine Wehrpflicht und tat damit den bedeutungsvollsten Schritt bei seiner Abwendung von dem 1918/19 geschaffenen politischen System in Europa. Die englisch-französisch-italienische Konferenz zu Stresa verurteilte das deutsche Vorgehen; Frankreich schloß einen Beistandspakt mit der Sowjetunion, diese ein Bündnis mit der Tschechoslowakei. Diese Verträge und die Drohung mit Sanktionen schüchterten Hitler um so weniger ein, als England am 18. Juni 1935 mit Deutschland ein Flottenabkommen unterzeichnete, das die Flottenstärke beider Mächte auf 100:35, die der U-Boote auf 1:1 festsetzte. Durch dieses Abkommen, das er alsbald übertreten ließ, und die damit vollzogene Hinnahme seiner Aufrüstung errang Hitler politisch einen ersten großen internationalen Erfolg. Während Abessinienkrieg und spanischer Bürgerkrieg deutlich in Erscheinung treten ließen, daß England und Frankreich militärische Konflikte vermeiden wollten und ihre Drohung mit Sanktionen daher ungefährlich war, konnte Hitler am 21. Oktober 1936 durch die Betonung der „Achse Berlin-Rom" anläßlich des Besuchs des italienischen Außenministers Graf Ciano in Berlin und am 25. November 1936 durch den „Antikomintern-Pakt" mit Japan zur Bekämpfung des Bolschewismus den nächsten Erfolg erzielen, der zwar zunächst mehr innenpolitisch-propagandistische als weltpolitische Bedeutung hatte, doch aber die Weiträumigkeit der Zielsetzungen andeutete und angesichts der Tendenzen der japanischen Offizierspartei Richtung und Art künftiger Zusammenarbeit ahnen ließ. Italien trat dem Pakt am 6. November 1937 bei.

Daß die Außenpolitik — und in ihrem Gefolge die Innen- und die Wirtschaftspolitik — auf einen Krieg hin geführt wurde, geht ebenso aus Hitlers Denkschrift zum Zweiten Vierjahresplan vom Herbst 1936 hervor, wie es den Teilnehmern jener Besprechung am 5. November 1937 klar werden mußte, die durch das „Hoßbach-Protokoll“ historische Prominenz erhalten hat. Doch geschah dort nichts weiter, als daß Hitler erneut seine Entschlossenheit zur „Gewinnung eines größeren Lebensraumes“ für die „Sicherung und Erhaltung der Volksmenge und ihre Vermehrung“ bekundete. Hatte er in der Denkschrift verlangt, daß Wehrmacht und Wirtschaft bis 1940 kriegsbereit sein müßten, so nannte er jetzt als Zeitraum für die gewaltsame Lösung der „deutschen Raumfrage“ die Jahre zwischen 1938 und 1945, als erste Ziele Österreich und die Tschechoslowakei.

Die Wehrmachtsführung — insbesondere Blomberg und Fritsch — erkannte die Umstellung der Außenpolitik auf den Krieg, glaubte aber, daß Deutschland einem großen militärischen Konflikt nicht gewachsen sei. Beide Generale wurden daher bald aus der Wehrmacht entfernt. Der Reichskriegsminister bot dazu die Handhabe durch seine Eheschließung mit einer Frau unzweifelhaft schlechten Rufes. Gegen den Oberbefehlshaber des Heeres, der Hitler nicht offensiv genug und zu sehr Träger der Tradition war, wurde mit Hilfe gefälschten Materials wiederholt der Vorwurf der Homosexualität erhoben. Fritsch wurde gezwungen, den Abschied schon vor dem Abschluß eines eingeleiteten kriegsgerichtlichen Verfahrens zu nehmen; die bald festgestellte Unhaltbarkeit der Vorwürfe führte zu einer halben Rehabilitierung, nicht aber zu Fritschs Wiedereinsetzung in sein Amt. Vielmehr vollzog Hitler jetzt einen letzten, bedeutsamen Akt der Gleichschaltung, indem er das „Wehrmachtsamt“ im Reichskriegsministerium in das „Oberkommando der Wehrmacht“ (OKW) und seinen, des „Oberbefehlshabers der Wehrmacht“, eigenen Stab umwandelte. Zugleich übernahm das OKW unter dem politisch zuverlässigen General Keitel die Geschäfte des Reichskriegsministeriums. Fritschs Nachfolge als Oberbefehlshaber des Heeres trat General v. Brauchitsch an, nachdem Hitler die durch dessen Ehescheidung entstehenden Kosten übernommen hatte. Hatte Seeckt sich nach seiner Verabschiedung von Stresemann die Geldmittel geben lassen, die ihm die Aufrechterhaltung seines Lebensstils ermöglichten, hatte Hindenburg sich auf eine früher nicht übliche Art beschenken lassen, hatte schließlich Blomberg eine sehr ungewöhnliche zweite Ehe geschlossen, so bildete Brauchitschs Verhalten das nächste, aber nicht das letzte Beispiel dafür, daß sich an der Spitze des Offizierkorps offensichtlich eine moralische Lockerung entwickelt hatte, seitdem durch die Beseitigung der Monarchie die Instanz fortgefallen war, vor der jeder Offizier sich verpflichtet fühlte, seine Handlungen zu rechtfertigen.

Zog Hitler auf diese Weise die Führung der Wehrmacht, die damit ihre unpolitische Sonderstellung verlor, an sich, so erfolgte auch in der Außenpolitik eine Straffung: An die Stelle des dem Nationalsozialismus nicht nahestehenden Reichsaußenministers v. Neurath trat der bisherige Botschafter in London, Joachim v. Ribbentrop. Diese bezeichnenden personellen Veränderungen hätten die Öffentlichkeit stärker beschäftigt, wenn nicht fast gleichzeitig durch den „Anschluß“, Österreichs „Heimkehr ins Reich“, alles Interesse beansprucht worden wäre. Daß Hitler Österreich mit dem Deutschen Reich vereinigen wollte, stand seit langem außer Frage und entsprach dem Wunsch weiter Kreise bei beiden Völkern. Doch waren Italien, England und Frankreich an der Aufrechterhaltung der politischen Selbständigkeit Österreichs interessiert. Ein Putsch österreichischer Nationalsozialisten am 25. Juli 1934 führte zwar zur Ermordung des Bundeskanzlers Dollfuß, mißlang aber politisch. Erst als Hitler nach dem Abessinienkrieg der Freundschaft Mussolinis sicher war, griff er die Anschlußfrage erneut auf und entschloß sich im Januar 1938, „im Laufe dieses Jahres so oder so das Selbstbestimmungsrecht für die 6,5 Millionen Österreich-Deutschen in Österreich zu erkämpfen“. Schuschniggs Versuch, im Berchtesgadener Abkommen vom 12. Februar 1938 einen Rest Souveränität für Österreich zu retten, schlug fehl. Einem deutschen Ultimatum vom 11. März 1938 folgten der Rücktritt des österreichischen Kanzlers und in der Nacht zum 12. März 1938 der deutsche Einmarsch sowie die Vereinigung Österreichs mit dem Deutschen Reich zum „Großdeutschen Reich“. Keine andere politische Aktion Hitlers hat in Deutschland einen so begeistert zustimmenden Widerhall gefunden wie der „Anschluß“ — nicht einmal die „Machtergreifung“ von 1933. In der allgemeinen Hochstimmung waren die wenigsten Menschen bereit oder genügend informiert, um sich darüber Gedanken zu machen, daß dabei die gleichen betrügerischen und erpresserischen Methoden angewendet worden waren wie bei allen früheren politischen Aktionen des Dritten Reiches.

Der Zweite Weltkrieg

Nach dem Erfolg beim Anschluß Österreichs, der keine Gegenaktionen der Großmächte zur Folge gehabt hatte, fühlte Hitler sich seit Ende März in der Lage, den zweiten Teil des Vorhabens auszuführen, das er an den Anfang seiner Politik der „Lösung der Raumnot“ gesetzt hatte: die Auflösung der Tschechoslowakei. Die Vorbereitungen dazu wurden auf Grund genauer Weisungen aus Berlin in erster Linie von der NS-Bewegung und Hitlers Agenten in der Tschechoslowakei betrieben. Am 30. Mai 1938 bezeichnete Hitler es als seinen „unabänderlichen Entschluß, die Tschechoslowakei in absehbarer Zeit durch eine militärische Aktion zu zerschlagen“ — und zwar nach dem 1. Oktober 1938, sobald sicher war, daß Frankreich und England nicht intervenieren würden. Mit deren Neutralität durfte Hitler um so sicherer rechnen, als auch die Sowjetunion nicht in der Lage sein würde, ihre seit 1935 bestehenden Hilfsverpflichtungen gegenüber der Tschechoslowakei zu erfüllen, da Polen und Rumänien russischen Truppen den Durchmarsch nicht gestatteten.

Über wachsende Spannungen und blutige Zwischenfälle im Sommer 1938 drohte es zu einem offenen Konflikt zu kommen. In diesem Stadium stellte England vergeblich seine Vermittlung zur Verfügung. Am 12. September drohte Hitler auf dem Reichsparteitag in Nürnberg mit Intervention. Darauf bot der britische Premier Chamberlain seinen Besuch an: Am 15. September konferierte er auf dem Obersalzberg mit Hitler, der das Selbstbestimmungsrecht für die Sudetendeutschen forderte. Auf Empfehlung der britischen und der französischen Regierung erklärte die Tschechoslowakei sich bereit, die sudetendeutschen Gebiete an Deutschland abzutreten. Als Chamberlain am

22./23. September in Godesberg das Angebot Hitler vorlegte, benutzte dieser die Nachgiebigkeit der Westmächte zur Steigerung seiner Forderung: die Tschechoslowakei sollte auch von Ungarn und Polen beanspruchte Gebiete abtreten und das Sudetenland ohne jede Verhandlung freigeben. Chamberlain leitete diese Forderung ohne Empfehlung nach Prag, wo sie, da auch Frankreich sich nicht positiv äußerte, abgelehnt wurde. Als Hitler nun offen den Krieg androhte, wandte die britische Regierung sich um Vermittlungshilfe an Mussolini. Dieser fürchtete einen allgemeinen Konflikt und bewog Hitler, der nun doch die Möglichkeit eines Krieges mit England nahen sah und sich der Zustimmung des deutschen Volkes nicht sicher wußte, zu einer Konferenz der vier Großmächte in München. Dieses Nachgeben bewahrte Hitler vermutlich vor einem Staatsstreichversuch einiger deutscher Generale unter Führung des Generalobersten Halder.

Auf der Münchener Konferenz einigten sich am 29. und 30. September Hitler, Mussolini, Chamberlain und Daladier über die etappenweise Übernahme des Sudetenlandes durch Deutschland Anfang Oktober und über die Erfüllung der polnischen und ungarischen Forderungen an die Tschechoslowakei. Hitler hatte alle Ziele erreicht, die er unter Anführung jenes Selbstbestimmungsrechts der Völker rechtfertigen konnte, das seit den Friedensverträgen als ein Grundprinzip der europäischen Ordnung galt. Ausdrücklich hatte er betont, daß es nun für Deutschland in Europa kein territoriales Problem mehr gebe. Das war falsch, denn dem deutschen Volke hatte seit dem Versailler Vertrag das Schicksal Danzigs und des „Polnischen Korridors" stets mehr am Herzen gelegen als der Anschluß Österreichs und des Sudetenlandes, die dagegen dem Österreicher Hitler bedeutungsvoller erschienen.

Daher erhielt am 21. Oktober 1938 die Wehrmacht die geheime Weisung zur „Erledigung der Rest-Tschechei". Als die Slowakei am 14. März 1939 auf Hitlers Veranlassung ihre Unabhängigkeit aussprach, entstand die Staatskrisis, die er zum Abschluß seines Vorhabens benutzte. Am 15. März zwang er den tschechoslowakischen Staatspräsidenten Hacha in Berlin zur Erklärung, daß dieser „das Schicksal des tschechischen Volkes und Landes vertrauensvoll in die Hände des Führers des Deutschen Reiches" lege; dieser versicherte, „daß er das tschechische Volk unter den Schutz des Deutschen Reiches nehmen und ihm eine seiner Eigenart gemäße autonome Entwicklung seines Lebens gewährleisten wird" (offizielle Verlautbarung). Bereits während dieser Verhandlungen überschritten deutsche Truppen auf dem Marsch nach Prag die Grenze. Am 16. März erklärte Hitler das gesamte verbliebene tschechische Staatsgebiet zum „Protektorat Böhmen und Mähren" und zum „Bestandteil des Großdeutschen Reiches". Eine Woche später zwang er am 23. März Litauen zur Rückgabe des Memelgebietes.

Da Hitler mit der Bildung des „Protektorats" unter Vertragsbruch erstmals auch nichtdeutsches Gebiet dem Dritten Reich einverleibt hatte, stellte sich nun über das Problem Danzig und Polnischer Korridor hinaus das der Existenz des polnischen Staates überhaupt. Daß Hitler sich nicht mehr an den Vertrag von 1934 gebunden fühlte, sprach er bald nach der Konferenz von München aus; am 24. Oktober 1938 schlug er dem polnischen Botschafter Verhandlungen über eine „Gesamtlösung" aller deutsch-polnischen Probleme vor. Doch lehnte Polen Danzigs Rückkehr zu Deutschland und den Bau eines exterritorialen Verkehrsweges durch den Korridor ab. Bei dieser Haltung blieb es auch, als nach der Bildung des Protektorats der deutsche Druck wuchs. England gab nunmehr — mit einer unerwarteten Schwenkung Chamberlains — seine Politik des „appeasement" auf und veröffentlichte nach dem vergeblichen Vorschlag einer englisch-französisch-polnisch-russischen Garantieerklärung in bezug auf die Integrität der europäischen Staatsgrenzen eine einseitige Erklärung dieser Art für Polen, der Frankreich sich anschloß. Entsprechende britische Erklärungen an Rumänien und Griechenland folgten. Im Gegenzug kündigte Hitler ohne Einhaltung der vorgesehenen Fristen das längst durch ihn gebrochene deutsch-englische Flottenabkommen von 1935 und den Vertrag mit Polen von 1934. Gleichzeitig lief nach dem Modell der Sudetenkrisis eine großangelegte politische und journalistische Kampagne gegen Polen an. Im April erhielt die Wehrmachtsführung die Weisungen für den Fall eines Krieges gegen Polen ab 1. September 1939; im Mai 1939 stärkte

Hitler seine Position durch ein Militärbündnis mit Mussolini. In einer Besprechung mit seiner militärischen Führung am 23. Mai 1939 erklärte er (Bericht Schmundt): „Der Lebensraum, der staatlichen Größe angemessen, ist die Grundlage für jede Macht. Eine Zeit lang kann man Verzicht leisten, dann aber kommt die Lösung der Probleme so oder so."

Zu diesem Zeitpunkt stand bereits fest, daß das polnische Problem nicht wie das sudetendeutsche isoliert und seine Erledigung damit erleichtert werden konnte. Vielmehr war es mit Frieden und Krieg in ganz Europa verbunden. Daher kam es zur Bildung von Mächtegruppen um das Dritte Reich und England sowie zu einem Wettlauf beider Mächte um ein Bündnis mit der Sowjetunion, das europa- oder sogar weltpolitische Bedeutung haben konnte. Englisch-französische Verhandlungen mit der Sowjetunion seit dem März standen am 24. Juli 1939 vor der Formulierung eines politischen Beistandspaktes der drei Großmächte und deren Garantieerklärung für die kleinen ost- und südosteuropäischen Staaten; beide sollten jedoch erst mit dem Abschluß auch einer Militärkonvention wirksam werden, für deren Vorverhandlungen sich durch russische Durchmarschrechts-Forderungen erneut Schwierigkeiten abzeichneten. Da wurde völlig überraschend nach seit dem Frühjahr 1939 geheim und beiderseits mißtrauisch vorbereiteten und geführten Verhandlungen am 23. August 1939 ein deutsch-sowjetischer Nichtangriffspakt abgeschlossen, in dessen geheimem Zusatzprotokoll Hitler Finnland, Litauen, Lettland, Estland und Bessarabien als sowjetische Interessensphären anerkannte. „Für den Fall einer territorial-politischen Umgestaltung der zum polnischen Staat gehörenden Gebiete" wurden als Grenzen die Flüsse Narew, Weichsel und San bezeichnet. Mit diesem Pakt, der eine vollständige politische Wendung beider im Kern allerdings schon immer sehr ähnlichen Partner Hitler und Stalin, Nationalsozialismus und Bolschewismus bedeutete, war das Schicksal Polens und des europäischen Friedens besiegelt. Als Entgelt für Stalins Entgegenkommen gestattete Hitler, der stets vor der bolschewistischen Gefahr gewarnt und den Weltbolschewismus als den bedeutendsten, mit dem „Weltjudentum" eng verbündeten Gegner bezeichnet hatte, die Erweiterung des sowjetischen Machtraumes bis an die Grenze Mitteleuropas. Das läßt allerdings in Verbindung mit seiner Auffassung vom „Lebensraum“ deutlich werden, daß er den Vertrag nur für die nächste Zeit einhalten wollte und keine Änderung seiner „weltanschaulichen“ und politischen Grundkonzeption vorgenommen hatte. Dem Siege über Polen und eine etwaige westeuropäische Intervention sollte stets die Fortsetzung der Expansion nach Osten folgen. Hitler gewann durch den Pakt die Möglichkeit zum Vorgehen gegen Polen; Stalin machte Hitlers Krieg durch den Pakt und anschließende sehr umfangreiche Rohstofflieferungen erst möglich, den er gemeinsam mit den Westmächten hätte verhindern können — freilich ohne entsprechende territoriale Konzessionen von ihrer Seite. Aber nach der kommunistischen Auffassung fördern Kriege zwischen den kapitalistischen Mächten die Ausbreitung der Weltrevolution, so daß Stalin also nicht daran interessiert war, Hitler vom Kriege abzuhalten.

Ein am 25. August abgeschlossener englisch-polnischer Beistandspakt und die Erklärung des „Duce“ vom gleichen Tage, Italien sei nicht kriegsbereit, konnten Hitler nur wenige Tage zögern lassen, aber nicht aufhalten. Deutsch-englische Verhandlungen scheiterten letztlich daran, daß Hitler selbst unter Mussolinis Vermittlung nicht mehr bereit war, sich mit Polen zu verständigen. In seinem Befehl zum Angriff auf Polen hieß es am 31. August 1939, er habe sich „zur gewaltsamen Lösung entschlossen“. Ohne Kriegserklärung erfolgte am 1. September 1939 der deutsche Angriff auf Polen. Hitler befahl ihn im Bewußtsein der Tatsache, daß er damit den Weltkrieg riskierte; freilich hatte er bis zuletzt gehofft, England werde neutral oder doch praktisch passiv bleiben. Am 3. September erklärten England, das Hitlers einflußreicher außenpolitischer Berater Ribbentrop stets als Hauptfeind betrachtet, und Frankreich, das Hitler immer als Todfeind bezeichnet hatte, ihren Bündnisverpflichtungen gegenüber Polen getreu, Deutschland den Krieg.

Als am 17. September der Ausgang des ersten „Blitzkrieges“ unter dem massierten Einsatz von Bombenflugzeugen und ohne britisch-französische Ablenkungsmanöver im Westen nicht mehr zweifelhaft war, begann der sowjetische Einmarsch in die vertraglich vorgesehenen polnischen Gebiete, die zwei Drittel des Staates umfaßten. Dem deutschen Staatsgebiet wurden die ehemals deutschen Teile Polens einverleibt; ein polnischer Rest-„Staat" mit dem Zentrum Krakau wurde einem deutschen Generalgouverneur unterstellt. In den deutsch besetzten Gebieten begann bald eine von der SS geleitete großangelegte Vernichtungsaktion gegen das polnische Volk, insbesondere gegen seine Intelligenz-Schicht.

Während Finnland sich dem sowjetischen Einmarsch im Winterkrieg 1939/40 mit Erfolg widersetzte, bot Hitler nach dem Polenfeldzug den Westmächten den Frieden unter der Bedingung an, daß er sich gegen die Zubilligung voller Bewegungsfreiheit im Osten — also des Bruchs seines Vertrages mit Rußland — aller Aggressionen im Westen enthalten wolle. Als das abgelehnt wurde, befahl Hitler den Angriff im Westen noch vor Wintersanfang; doch verzögerte die Wetterlage die Aufnahme der Kämpfe bis zum Frühjahr. Da sich inzwischen die Möglichkeit einer englisch-französischen Intervention zugunsten Finnlands über Norwegen, also auch die Bedrohung Deutschlands vom Norden, abzeichnete, beschloß Hitler, dieser Gefahr durch einen Überfall auf Norwegen zuvorzukommen. Am 9. April 1940 rückten deutsche Truppen kampflos in das sich ergebende Dänemark ein, während sie in Norwegen auf erbitterten Widerstand stießen, der sich freilich infolge des Ausbleibens alliierter Hilfe nur wenige Wochen halten konnte. Unter schweren Verlusten besonders an Kriegsschiffen gelang die Eroberung Norwegens einschließlich von Narvik und die Einbeziehung des unter eine Satellitenregierung — das zu einem Begriff für kollaborierende Regierungen werdende „Quisling"-Regime — gestellten Landes in die deutsche Kriegsfront.

Im Westen begann der Angriff am 10. Mai 1940 über die Grenzen der Niederlande, Belgiens, Luxemburgs, und später durch die französische Maginotlinie unter Anlehnung an den Schlieffenplan, also — wie 1914 — unter Nichtachtung der Neutralität von bisher an der Auseinandersetzung unbeteiligten Staaten. Nach fünf Tagen kapitulierten die Niederlande, nach

18 Tagen Belgien. Auch in Frankreich verliefen die Kämpfe schnell erfolgreich: Am 24. Mai waren die französischen Armee und das englische Expeditionskorps eingeschlossen. Vermutlich weil Hitler die deutschen Panzerkräfte schonen, vielleich aber auch, weil er eine Verständigung mit Großbritannien nicht ausschließen wollte, erhielten die Engländer und ein Teil der Franzosen die Möglichkeit, ohne Kampfmaterial sich nach England zurückzuziehen. Am 14. Juni wurde Paris kampflos besetzt. Am 17. Juni bildete Marschall Pétain eine neue Regierung, die unter spanischer Vermittlung um Waffenstillstand bat. Dieser wurde am 22. Juni mit Geltung vom 25. Juni in Compiègne — am gleichen Ort wie 1918 — abgeschlossen: Nord- und Mittelfrankreich mit der Atlantikküste wurden besetztes Gebiet; die französische Restarmee zog kriegsgefangen nach Deutschland; im unbesetzten Teil des Landes wurde Vichy Sitz der Regierung Pétain. Nachdem die Kampfentscheidung gefallen war, trat am 11. Juni auch das faschistische Italien in den Krieg ein, das dann bei den Waffenstillstandsverhandlungen durch riesige territoriale Forderungen in Europa und Nordafrika Hitler eine vielleicht erwogene Politik der Versöhnung und Gemeinschaft gegenüber Frankreich unmöglich machte.

Hitler glaubte sich nach dem Sieg und nach der Erfolglosigkeit eines in der Reichstagsrede vom 19. Juli 1940 angedeuteten Friedensangebotes an England vor dem letzten Akt des Krieges, der Invasion und Niederwerfung Englands. Die Vorbereitungen dazu, die anfangs nicht den Charakter der Täuschung getragen, sondern von Hitler ernst gemeint gewesen sein dürften, setzten im Juli 1940 ein. Im Laufe weniger Wochen zeichneten sich große Schwierigkeiten ab. So erklärte die Marine sich außerstande, das Übersetzen und Landen der Heerestruppe in genügender Breite unter Abwehr britischer Seestreitkräfte zu garantieren, während es gleichzeitig der Luftwaffe unter schwersten Verlusten mißlang, die britische Air Force vernichtend zu treffen. Daher verschob Hitler im Oktober 1940 das Unternehmen, so daß der britischen Insel die zum ersten Male seit 1805 drohende Landung größerer feindlicher Truppenmengen erspart blieb.

Dem Verzicht auf die Invasion war bereits Ende Juli der Befehl zur Vorbereitung eines Angriffs gegen Rußland vorausgegangen; die endgültige Entscheidung für diese Operation fiel im November nach Molotows Besuch in Berlin, als sich herausgestellt hatte, daß eine friedliche politische Verständigung auf der von Hitler gewünschten Linie nicht möglich war. Die Weisung für den Fall „Barbarossa" erfolgte am 18. Dezember 1940. Hitler hielt diese Auseinandersetzung nach Rußlands Besetzung einiger der ihm 1939 zugesprochenen Interessensphären für unvermeidlich, wollte einem britisch-sowjetischen Bündnis zuvorkommen und hoffte, mit dem Rüstungspotential des ganzen Kontinents unter seiner Herrschaft England doch niederwerfen oder zur Verständigung zwingen und die USA zur militärischen Neutralität bewegen zu können.

Wie der Feldzug im Westen durch das notwendig erscheinende Norwegen-Unternehmen verzögert worden war, so trat nun das gleiche, aber mit weit einflußreicheren Auswirkungen, im Osten ein. Erst nach der Entscheidung in dem von Mussolini ohne Rücksicht auf die Gesamtkriegslage 1940 begonnenen Krieg gegen Griechenland und nach der Niederwerfung Jugoslawiens, das eine proenglische Regierung hatte, konnte am 22. Juni 1941 zur Überraschung des deutschen Volkes und der Welt der als Präventivangriff bezeichnete Überfall auf die Sowjetunion beginnen, die ihrerseits nicht hatte angreifen, sondern die Entscheidung im Kampf der kapitalistischen Mächte untereinander hatte abwarten wollen, um dann ihr Gewicht fühlen zu lassen.

Der Krieg gegen die Sowjetunion wurde entgegen Hitlers Voraussage kein dritter Blitzkrieg. Territorial eindrucksvollen, strategisch nicht entscheidenden Anfangserfolgen folgten das Festrennen von Angriffen vor Leningrad und Moskau, schwerste Verluste im Winterfeldzug 1941/42 und die Wendung des Krieges, der sich zu einem langen, auch von Hitler gefürchteten Zweifrontenkrieg ausweitete. Dabei erwies sich die materielle und auch an Truppenzahl riesige Überlegenheit aller Gegner zusammen schließlich als entscheidend.

Um die gleiche Zeit, da Hitlers Angriff in Rußland zum Erliegen kam, wurde der europäische Krieg durch den Eintritt Japans und der USA zum Zweiten Weltkrieg. Während aber

Deutschland auch durch seinen neuen, von Hitler gedrängten Verbündeten keine merkliche Hilfe erhielt, hatte die Teilnahme der Amerikaner am Kriege für die britische und russische Verteidigung wie für die Befreiung Frankreichs, Belgiens und der Niederlande und schließlich auch des deutschen Volkes vom Nationalsozialismus entscheidende Bedeutung.

Die Wendung deutete sich im Westen durch die Landung amerikanisch-englischer Kräfte in Marokko und Algerien Anfang November 1942 an; sie wurde auch im Osten deutlich sichtbar und nicht erst durch die Kapitulation in Stalingrad am 31. Januar 1943 verursacht. Während in Nordafrika die deutsch-italienischen Kräfte im Mai 1943 kapitulieren mußten und in Rußland eine Besserung der Gesamtlage nicht mehr erzielt werden konnte, landeten starke amerikanisch-britische Kontingente im Juli 1943 auf Sizilien und an der italienischen Küste. Der Krieg begann, nach Deutschland zurückzukehren, nachdem Roosevelt und Churchill in Casablanca bereits im Januar 1943 nur die „bedingungslose Kapitulation" der „Achsenmächte" und Japans als sein Ende bezeichnet hatten. Mussolinis Sturz am 25. Juli 1943 zwang Hitler, trotz Truppen- und Materialmangels Italien zu besetzen und dort eine deutsche Front aufzubauen, die sich allmählich bis zum Südrand Oberitaliens zurückzog.

Nachdem Stalin zur Entlastung der schwer und unter großen Verlusten kämpfenden Roten Armee mehrfach über die ständigen, sehr umfangreichen Materialsendungen hinaus eine Großlandung an der Kanalküste gefordert hatte, versprachen Roosevelt und Churchill zum Frühsommer 1944 die schwierige Bildung einer „zweiten Front" in einem Ausmaße, für das es kein historisches Beispiel gab.

Auf dieses Unternehmen mußten sich auch, großen Schwierigkeiten an der weichenden Ostfront zum Trotz, die deutschen Anstrengungen konzentrieren. Am 6. Juni 1944 landeten Amerikaner und Engländer an der Normandie-Küste: Der Krieg trat auf dem europäischen Kontinent — erst viel später in Asien — in sein letztes Stadium.

Während sich die zweite Front im Westen ausdehnte und Deutschlands Einkreisung sowie die Vernichtung des Dritten

Reiches und des Nationalsozialismus sich abzeichneten, führte der Chef des Stabes beim Oberbefehlshaber des Ersatzheeres, Oberst Graf Schenk von Stauffenberg, ein Attentat gegen Hitler durch, das den Anfang des Sturzes des Nationalsozialismus aus eigener deutscher Kraft bilden sollte.

Opposition und Widerstand gegen Hitler und den Nationalsozialismus hatte es bereits vor dem 30. Januar 1933 in vielen Kreisen des Volkes gegeben. Ihren Opfern bei Straßenkämpfen und Saalschlachten folgten seit der „Machtergreifung" unzählige gefolterte „Schutzhäftlinge", in Konzentrationslagern Ermordete und von „Volksgerichtshöfen" Verurteilte, die sich dem Nationalsozialismus nicht hatten beugen wollen. Bei jeder Äußerung von Widerstand oder Ablehnung befanden sich Sozialisten und Kommunisten als Anhänger einer für illegal erklärten Gesellschaftsauffassung und aus anderen Ursachen in einer von vornherein schwierigeren Situation als etwa höhere Beamte, Offiziere, Diplomaten usw. Andererseits wurde besonders solchen Oppositionellen, die sich durch Eid oder religiöse Empfindungen gebunden fühlten oder während des Krieges Bedenken trugen, indirekt deutschen Soldaten zu schaden, der Widerstand zu einem kaum lösbaren inneren Problem. „Die große Maskerade des Bösen hat alle ethischen Begriffe durcheinander gewirbelt" (Bonhoeffer). Mehrfach aus Widerstandsgruppen unternommene Versuche, von den westlichen Gegnern des Nationalsozialismus politisch-militärische Zusagen für die Zeit nach einem Staatsstreich und der Wiederherstellung rechtsstaatlicher Verhältnisse in Deutschland, z. B. den Verzicht auf die „bedingungslose Kapitulation", gegenüber einer neuen Regierung zu erwirken, blieben erfolglos — hauptsächlich, weil im „Widerstand" sozial und politisch reaktionäre und unrealistische Männer wie Goerdeler die Führung hatten, aber auch mit Rücksicht auf den mißtrauischen Stalin. Damit vertiefte sich allerdings für manche Widerstandskämpfer der innere Konflikt zwischen Patriotismus und Feindschaft gegen Hitler und seine Partei.

Fragt man, welche Qualitäten und Tendenzen bei den einzelnen Oppositionsgruppen, die im Laufe der Jahre entstanden, auseinanderfielen, Opfer der Gestapo wurden oder sich zum

Unternehmen des „20. Juli" 1944 zusammenfanden, am stärksten gewesen sind, so darf man vielleicht sagen: Die Bindung an überlieferte Ehrbegriffe und Gesellschaftsauffassungen war besonders intensiv bei den Angehörigen des Adels und des Offizierskorps, das rechtsstaatliche Denken im Gegensatz zur Parteiherrschaft am lebhaftesten vertreten unter den Beamten; der kämpferische Glaube gegen die aggressive Glaubenslosigkeit und Glaubensfeindlichkeit spielte bei den Geistlichen beider christlichen Konfessionen und bei den Angehörigen einiger Sekten, der revolutionäre Fanatismus bei Sozialisten und Kommunisten die entscheidende Rolle. Die Stärke der am „20. Juli" aktiv beteiligten Gruppen lag im gemeinsamen Willen zur Ausschaltung oder Beseitigung Hitlers — nicht unbedingt auch des Nationalsozialismus —, ihre Schwäche im Fehlen eines ebenso gemeinsamen und große Massen anziehenden Staatsgedankens und -planes. Was Goerdeler, „das Herz" des Widerstandes (Schlabrendorff), nach der Machtenthebung Hitlers unter Anlehnung an preußisches Reformdenken der Zeit nach 1806 als erste Regierungserklärung über den Rundfunk verlesen wollte, war im bürgerlichen Sinne des 19. Jahrhunderts und der Weimarer Republik anständig, hätte aber im Sommer 1944 vermutlich nicht die Hörer gepackt und zu aktiver Mitarbeit bewogen. Was darüber hinaus an Staatsideen, Europa-Föderationsplänen, Gesellschafts- und Wirtschaftsvorstellungen des deutschen Widerstandes überliefert worden ist, erlaubt nicht die Zeichnung eines überzeugenden Bildes; wahrscheinlich wären ernste Komplikationen für den Neubau eines Staates in schwacher Zeit und ohne selbstlose Hilfe des Auslandes, ja, vermutlich sogar gegenüber dem Versuch bolschewistischer Intervention entstanden.

Das nach militärischen Attentatsversuchen am 13. und 18. März 1943 lange vorbereitete, mehrfach verschobene Attentat des Obersten Graf Stauffenberg und der anschließende Versuch, das Regime zu stürzen, schlugen fehl. Generaloberst Beck, der militärische „Kopf" (Schlabrendorff) des Unternehmens, den Offizieren der preußischen Reformzeit geistig nahestehend, aber, in viel schwierigerer Situation, weniger energisch als z. B. Yorck, nahm sich das Leben; Goerdeler, Stauffenberg und die meisten Teilnehmer der Erhebung sowie viele „Oppositionelle" wurden, meist nach schwersten Folterungen, umgebracht. „Ihr Unternehmen als solches war gescheitert ..., ein letzter Sinn ihres Handelns blieb, von Erfolg und Mißerfolg unberührt ..., ohne alle Rechnung auf Gewinn ein Zeichen aufzurichten, das den Nachlebenden den Weg zu innerer Erneuerung wies" (Mau-Krausnick).

Während der Terror sich nach dem 20. Juli 1944 übersteigerte, proklamierte Goebbels den „totalen Kriegseinsatz" für die Mobilisierung der letzten Kampfkraft des Volkes zur Abwehr der die Reichsgrenzen gefährdenden Angriffskeile in Ost und West. Aber weder sie noch der Einsatz von neuartigen Ferngeschossen gegen England noch die Indienststellung neuer Flugzeug- und U-Boot-Typen vermochten die Niederlage abzuwenden, die bereits vor Leningrad und Moskau wahrscheinlich und im Sommer 1944 unvermeidbar geworden war. „Der Krieg war am 20. Juli verloren. Die Schlußkatastrophe war gewiß — nur über ihr Datum konnte man noch streiten" (Schramm). Die folgenden Monate brachten sinnlos furchtbare Opfer über das deutsche Volk. Die Kriegswirtschaft, zunächst durch die Ausnutzung der Rohstoffvorräte, Produktionsmöglichkeiten und Arbeitermengen in den okkupierten Gebieten aufgeblüht, schrumpfte entsprechend der Räumung dieser Territorien und erlag trotz der Bemühungen von A. Speer, der schließlich alle Bereiche der Wirtschaft leitete und damit seit 1942 zum wichtigsten Minister wurde, den Bombenangriffen, welche nicht nur auf Schlüsselbetriebe und auf die Verkehrseinrichtungen geführt wurden, die endlich außerstande waren, Rohstoffe und Fertigwaren zu transportieren. In diesem Luftkrieg, der jüngsten und in der Anwendung gegen Deutschland wirkungsvollsten Kriegsform, erlitt das deutsche Volk hohe Menschen- und sehr schwere materielle und kulturelle Verluste. Städte wie Köln, Frankfurt, München, Dresden, Berlin, Potsdam, Würzburg und Freiburg büßten unersetzliche abendländische Kulturschätze ein. Weite Bereiche der adligen und bürgerlichen Wohnkultur gingen verloren.

Gab Hitlers Erlaß vom 25. September 1944 eine falsche Begründung für die Bildung des „Deutschen Volkssturms", indem er die Niederlagen auf das „Versagen aller unserer europäischen Verbündeten“ zurückzuführen versuchte, so erwies sich die Errichtung von „Standgerichten“ am 15. Februar 1945 als eine Steigerung seiner Zerstörungswut, die schließlich am uneingeschränktesten in dem von Reichsminister Speer sabotierten Befehl vom 19. März 1945 zum Ausdruck kam, „alle militärischen, Verkehrs-, Nachrichten-, Industrie- und Versorgungsanlagen sowie Sachwerte innerhalb des Reichsgebietes“ beim Nahen des Feindes zu zerstören. Wiederholt betonte Hitler, daß beim Verlust des Krieges das deutsche Volk den Untergang verdient habe.

Am 13. April 1945 fiel Wien an die Russen, am 25. April begegneten einander russische und amerikanische Truppen bei Torgau, am 2. Mai kapitulierte Berlin. Hitler hatte in seinem Testament am 29. April geschrieben: „Man wird dem Nationalsozialismus ewig dafür dankbar sein, daß ich die Juden in Deutschland und Mitteleuropa ausgerottet habe“. Am 3. Mai nahm er sich in Berlin das Leben. Fünf Tage später endete der Krieg mit der Gesamtkapitulation der Wehrmacht des Großdeutschen Reiches. Großadmiral Dönitz hatte die durch Hitler testamentarisch festgelegte Einsetzung als nationalsozialistisches Staatsoberhaupt und Oberster Befehlshaber der Wehrmacht durch zwei Erklärungen an das deutsche Volk und an die deutsche Wehrmacht angenommen, um die sinnlosen Kämpfe möglichst schnell einstellen und Menschen aus dem Osten in den Bereich der westlichen Sieger bringen zu können. Das Datum 8. Mai 1945, 23.01 Uhr gilt offiziell als das des Kriegsendes.

VON DER NIEDERLAGE DES DEUTSCHEN REICHES BIS ZUR GRÜNDUNG NEUER DEUTSCHER STAATEN 1945 BIS 1948

Die Regierung der 23 Tage

Der Krieg war weder durch falsche militärische Entscheidungen des „Führers“ und seiner Generale noch durch „Sabotage“ und „Verrat“ verloren worden, sondern weil er unternommen worden war „im Wagen gegen die Natur der Dinge, in einer plumpen Verletzung des Wahrscheinlichkeitskalküls“ (Clausewitz). „Ein Krieg, den Deutschland beginnt, wird sofort weitere Staaten als den angegriffenen auf den Plan rufen. Bei einem Krieg gegen eine Weltkoalition wird Deutschland unterliegen und dieser schließlich auf Gnade oder Ungnade ausgeliefert sein“ (Ludwig Beck).

Dieser Tatsache stand Dönitz’ „Regierung der 23 Tage“ gegenüber. Der Kampf um die Nachfolge Hitlers, für die der „Führer“ im Spätherbst 1934 intern Göring als „Kronprinzen“ bezeichnet und in seiner Reichstagsrede vom 1. September 1939 öffentlich designiert hatte, war angesichts des Zusammenbrechens der deutschen Luftwaffe seit dem Frühjahr 1943 und der wachsenden Unzufriedenheit Hitlers mit Görings Auftreten in Gang gekommen. Hitler hatte diesen Kampf nach langem Zögern zunächst damit beendet, daß er am 22. April 1945 den Reichsmarschall aller seiner Ämter und Würden enthob. Himmler war seit dem 20. Juli 1944 – zehn Jahre nach seiner ersten Bewährungsprobe am 30. Juni 1934 – nächst Hitler der mächtigste Mann im Großdeutschen Reich geworden. Bei der „Führerlage“ im OKW-Hauptquartier am 27. April 1945 hatte er sich schließlich demonstrativ wie dessen Nachfolger benommen. Großadmiral Dönitz war bereit gewesen, sich dem Reichsführer SS unterzuordnen, bis dieser wegen seines Versuchs, über Schweden Verhandlungen mit den westlichen Gegnern aufzunehmen, gleichfalls von Hitler enterbt worden war. Danach hatte sich Hitler am 29. April 1945 für Dönitz entschieden, der es stets verstanden hatte, „Hitlers Hoffnungen auf eine erfolgreiche Wiederbelebung des U-Boot-Krieges zu nähren, und sich nach dem 20. Juli 1944 seinem Führer mit Leib und Seele, mit Haut und Haar verschrieben hatte – und Hitler wußte dies, er dankte Dönitz dafür und band den Verblendeten damit nur noch um so fester an sich“ (Salewski).

Gleichwohl wurde Dönitz von der Ernennung zum Nachfolger des Führers durch ein Telegramm Bormanns am Spätnachmittag des 30. April 1945 um so mehr überrascht, als er es soeben als die Hauptaufgabe bezeichnet hatte, „diesen Krieg so zu Ende zu führen, wie es der einmalige Heldenkampf des deutschen Volkes verlangt“. Mit diesem Votum, das sich aus dem späten Wandel seiner Beurteilung der politisch-militärischen Gesamtlage – nicht aber aus der Erkenntnis des prinzipiellen Unrechtscharakters des NS-Regimes – ergab, hatte sich Dönitz nämlich in Gegensatz zu Hitlers Vorstellung vom angeblichen Versagen des deutschen Volkes gesetzt.

Hitler vererbte Dönitz nicht, wie es einst für Göring vorgesehen war, die ganze Fülle seiner persönlichen Macht, sondern beschränkte ihn auf das Amt des Staatsoberhauptes („Reichspräsident“), des Kriegsministers und des Oberbefehlshabers der Marine. Als „Reichskanzler“ sah er Goebbels vor, als neuen Parteiführer mit Ministerrang Bormann. Auch die anderen Reichsminister bestimmte Hitler in seinem Testament. Dönitz setzte sich über diese Anordnungen hinweg und ernannte den bisherigen Reichsfinanzminister Graf Schwerin von Krosigk zum Außenminister und „Leitenden Minister der geschäftsführenden Reichsregierung“, da dieser es abgelehnt hatte, im besiegten Deutschland den Titel zu führen, den Bismarck geschaffen und als erster getragen hatte. Nachdem die Mitglieder von Hitlers Reichskabinett am 2. Mai 1945 ihren

Rücktritt vollzogen hatten, konnten Dönitz und Schwerin-Krosigk in Flensburg-Mürwik ein neues Kabinett ernennen, wobei sie ihre Wahl auf politisch möglichst wenig belastete, im Nordraum befindliche Männer beschränken mußten. Reichsinnenminister wurde der ehemalige Staatssekretär W. Stuckart, Reichsernährungsminister wegen seiner Fachkenntnis H. Backe, ein überzeugter Nationalsozialist, der bisher das gleiche Amt innegehabt hatte, Reichsverkehrs- und Reichspostminister J. R. Dorpmüller, das politisch am wenigsten vorbelastete Kabinettsmitglied, Reichsarbeits- und -sozialminister der national-konservative, großindustriell interessierte F. Seldte, der in diesem Amt während des Dritten Reiches von Ley und Sauckel an den Rand gedrängt worden war, aber nicht seine Entlassung bei Hitler hatte erreichen können. Als Reichsjustizminister wurde der Reichsgerichtspräsident Bumcke vorgesehen. Schwerin-Krosigk behielt das Reichsfinanzministerium, das er seit vielen Jahren zu Hitlers grollender Zufriedenheit innegehabt hatte. A. Speer, seit längerer Zeit offenkundig Hitlers heftigster Kritiker, übernahm auf Dönitz' Wunsch vorübergehend das Reichsministerium für Wirtschaft und Produktion. Alles in allem handelte es sich um ein Kabinett, das den Nationalsozialismus nicht beseitigen, sondern reformieren wollte.

„Die Tätigkeit der neuen Machtelite war innerhalb eines Zeitraumes von drei Wochen einer deutlichen Zäsur unterworfen. Bis zur Unterzeichnung der Gesamtkapitulation handelten und empfanden sich Dönitz und seine Mitarbeiter als eine legitime und souveräne deutsche Staatsspitze“ (Steinert). Die Regierung stellte sich über den Rundfunk dem Volke im Sinne des „Führers“ vor, zu dem man sich uneingeschränkt bekannte. Für die acht bis zehn Tage der Fortführung des Krieges wurde beschlossen, die Kämpfe im Westen möglichst bald einzustellen, im Osten die Truppen bis zur westlichen Demarkationslinie zurückzuführen und möglichst viele Soldaten und Flüchtlinge vor der Roten Armee zu retten, deren Grausamkeit gegen Kriegsende immer deutlicher in Erscheinung getreten war.

Vom 4. Mai an kam es zu Teilkapitulationen im Nordwesten. Am 8. Mai fand in Reims durch den von Dönitz ermächtigten Generaloberst Jodl „auf Gnade und Ungnade" die Gesamtkapitulation statt, der die Einstellung der Feindseligkeiten folgte. Durch die Fortsetzung des Krieges nach der Regierungsbildung um eine Woche war es gelungen, etwa die Hälfte der an der Ostfront stehenden 1,9 Mio Soldaten sowie eine nicht abzuschätzende Zahl von Flüchtlingen in den Westen zu retten.

Die Tätigkeit der nun in ihrer Aktionsfähigkeit noch mehr als anfangs behinderten Regierung im zivilen Bereich setzte fast gänzlich erst nach dem 8. Mai ein. Sie betraf die Abwicklung der Kapitulation, Versuche, die schwierige Ernährungssituation in Verbindung mit den Siegern zu meistern, Bemühungen, den Verkehr wieder in Gang zu bringen, was Speer und Dorpmüller innerhalb von sechs Wochen mit der Hilfe von Wehrmachtsgerät und von Heimkehrern glaubten bewältigen zu können, den Finanzverfall aufzuhalten und mit dem Wiederaufbau auswärtiger Beziehungen zu beginnen. Da sich die Regierung Dönitz als kurzfristig-interimistisch verstand und selbst in diesen wenigen Tagen nicht wirklich Politik treiben konnte, blieb es bedeutungslos, daß sie nun prinzipiell Ordnungsvorstellungen vertrat, welche den großbürgerlichen Republikvorstellungen entsprachen, für deren Vertretung Goerdeler gestorben war – natürlich ohne damit ein Bekenntnis zum „Widerstand" auszudrücken.

Wichtiger als die bereits am 5. Mai 1945 beginnende Diskussion über die Legalität der Regierung Dönitz war das Problem des Fortbestandes des Deutschen Reiches – und damit auch der Länder, insbesondere des als extrem militaristisch und aggressiv verhaßten Preußen, des Trägers staats- und gesellschaftsbestimmender Traditionen seit dem 18. Jahrhundert. Dönitz hat stets nur eine aus einer occupatio bellica hervorgegangene zeitweilige Suspension der deutschen Souveränität hinnehmen wollen. Von Preußen sprach er überhaupt nicht. Für die Alliierten aber hatte mit der bedingungslosen Kapitulation „auf

Gnade oder Ungnade“ das Reich aufgehört zu existieren. Wenn die Bundesrepublik später aus dem Anspruch, alle Deutschen und das wieder zu vereinigende Deutschland zu vertreten, gewisse Verpflichtungen – dagegen keine Ansprüche – des Reiches übernahm, dann hatte das keine völkerrechtliche Bedeutung. Das Deutsche Reich existiert nicht mehr. Um Preußen steht es anders. Die Behauptung, es habe „zahlreiche Untergänge erlebt“ (Fest), liest sich journalistisch eindrucksvoll, ist aber wissenschaftlich unhaltbar. Das Jahr 1871 hat gewiß nicht, wie angeblich „die Historiker sowie die Preußen selber meist datieren“, Preußens Ende, sondern eher dessen Steigerung gebracht. Daß Preußen „de facto“ mit Papens „Preußenschlag“ am 20. Juli 1932 geendet habe, ist falsch. Auch Hitlers „Gesetz zur Neuordnung des Reiches“ hat es 1934 „de jure“ nicht wirklich beseitigt: der preußische Ministerpräsident und die Ministerien blieben bestehen. Eher könnte man von einer de facto-Auflösung durch dieses Gesetz sprechen. Die Kapitulation vom 8. Mai 1945 erwähnte Preußen zwar nicht. Da dieses aber noch de jure ein Land im Reich war, hörte es logisch mit diesem auf zu bestehen. Das Kontrollratsgesetz Nr. 46 vom 27. Februar 1947 betraf juristisch einen Leichnam, ideologisch eine auch in der deutschen Gegenwartspolitik überholte Staatsidee, die allerdings etwas viel Komplizierteres gewesen war als einfach – wie jenem Gesetz zufolge – „Träger des Militarismus und der Reaktion in Deutschland“.

Am 23. Mai wurde die „Geschäftsführende Deutsche Reichsregierung“, „The acting German Government“, aufgelöst und als kriegsgefangen inhaftiert. In der ‚New York Times‘ hieß es am folgenden Tage: „Das Dritte Reich starb heute ... nach der Verhaftung von Dönitz und Konsorten blieb kein Rest einer deutschen Regierung.“ „Mit der am 5. Juni 1945 in Berlin von den Militärbefehlshabern unterzeichneten ‚Erklärung in Anbetracht der Niederlage Deutschlands und der Übernahme der obersten Regierungsgewalt‘ trat an die Stelle der ausgelöschten Staatlichkeit des Reiches ... die unbeschränkte Hoheitsgewalt der Regierungen der vier Siegermächte. Diese Proklamation vom 5. Juni und nicht eigentlich die Kapitulation vom 8. Mai ist in staatsrechtlicher Hinsicht grundlegend für die Nachkriegsentwicklung“ (Erdmann).

Die „Behandlung Deutschlands“ und „Potsdam“

Ebenfalls am 23. Mai hieß es in einer „Feststellung über das Kontrollverfahren in Deutschland“, die oberste Gewalt werde von vier Befehlshabern der Siegermächte ausgeübt werden, „von jedem in seiner eigenen Besatzungszone und gemeinsam in allen Deutschland als Ganzes betreffenden Angelegenheiten. Die vier Oberbefehlshaber bilden zusammen den Kontrollrat. Jeder Oberbefehlshaber wird von einem politischen Berater unterstützt“. Berlin sollte von einer interalliierten Behörde aus vier Stadtkommandanten in vier Sektoren unter Aufsicht des Kontrollrates verwaltet werden. Am gleichen Tage wurde bestimmt, daß die Aufteilung Deutschlands in Besatzungszonen in seinen Grenzen vom 31. Dezember 1937 vorgenommen werden solle. Über die Lage und Größe der Besatzungszonen gab es einiges Hin und Her, bis nach der Übergabe von Sachsen und Thüringen aus der amerikanischen in die russische Gewalt am 1. Juli die administrative Trennung der drei westlichen Zonen am 14. und die definitive Festlegung der französischen Zone am 26. Juli 1945 vollzogen wurde. Damit befanden die Siegermächte sich bereits bei dem Problem der „Behandlung Deutschlands“, einem Begriff, der seit 1941 in den Nachkriegsvorstellungen der Alliierten mit dem Schwerpunkt Rhein-Ruhr eine zentrale Bedeutung hatte.

Nachdem Hitler in der „Schlacht über England“ eine schwere Niederlage erlitten sowie im Juni 1941 die Sowjetunion überfallen und damit den kriegsentscheidenden politisch-strategischen Fehler begangen hatte, konnte eine weltweite Allianz mit dem Sieg über Nationalsozialismus und Faschismus in Europa rechnen. In der „Atlantik-Charta“ vom 12. August 1941, einem universalen Grundsatzprogramm, das bis zum Kriegsende 24 Staaten einschließlich der Sowjetunion und Polen unterzeichneten, bekundeten Roosevelt und Churchill ihre Entschlossenheit zum Kampf bis zu diesem Sieg. Bei den british-sowjetischen Bündnisverhandlungen 1941/42 erzielten die Prinzipien dieser Charta zwar einen eindrucksvollen Sieg über russische Expansionsprogramme, die im Widerspruch zum Selbstbestimmungsrecht der Völker standen, doch hatte dieser Erfolg politische Gültigkeit nur, solange die USA die stärkste Macht der Koalition waren und die anderen Mitglieder von ihnen abhängig blieben. Die amerikanische Deutschlandplanung in den Jahren 1942/43 beschäftigte sich mit der Frage der Teilung Deutschlands, die abgelehnt wurde, mit Deutschlands Demokratisierung und Dezentralisierung. Die westlichen Vorstellungen von der „Behandlung Deutschlands“ erhielten einen ersten schweren Schlag, als der russische Sieg in Stalingrad und der nun einsetzende Vormarsch der Roten Armee einen völligen Umschwung der militärischen und damit auch der politischen Lage brachten. Es kam außer zur Konferenz von Casablanca im Januar zu alliierten Gesprächen im Frühjahr 1943, bei denen die Westmächte den wachsenden territorialen sowjetischen Forderungen außerhalb Deutschlands entgegenkommen sowie die vollständige Wiederherstellung der 1938/39 untergegangenen Staaten, die Abtretung Ostpreußens an Polen und die Aufgliederung Deutschlands in zwei oder mehrere souveräne Nachfolgestaaten vorsehen mußten.

Bei der Zusammenkunft Stalins, Roosevelts und Churchills in Teheran (28. November – 1. Dezember 1943) stimmten, nach einer Vorkonferenz der Außenminister im Oktober in Moskau, Roosevelt und Churchill grundsätzlich Stalins energischer Forderung zu, Deutschland aufzuteilen. Über das Ausmaß der Teilung, über die Anerkennung der Curzon-Linie, über die Oder als Westgrenze Polens und die Überlassung Königsbergs als eisfreiem Hafen an Rußland hinaus wurde keine Einigung erzielt. Die Tschechoslowakei wurde stillschweigend Stalins Interessenbereich zugeordnet. Im Anschluß an Roosevelts Vorschlag, fünf autonome deutsche Staaten zu gründen, wurde eine „Europäische Beratungskommission" mit Studien zur alliierten Nachkriegspolitik beauftragt. Ihr unterbreitete der britische Vertreter Sir William Strang am 15. Januar 1944 den von der Labour-Party bestimmten „Attlee-Plan". „Die in ihm vorgesehene Demarkationslinie des Westens gegenüber den sowjetisch besetzten Gebieten wurde zur heutigen Grenze in Deutschland. Attlees Hauptziel war es, die Sowjets, die wahrscheinlich den größten Teil Deutschlands besetzen würden, bevor amerikanische und englische Truppen den Rhein überschritten hätten, im voraus an ein Abkommen zu binden, welches eine Teilung ‚in drei an Bevölkerungszahl etwa gleiche Zonen' vereinbarte" (Sharp).

Fortan ging Roosevelt von der Auffassung aus, daß Rußland im Kriege in Europa den entscheidenden Faktor bilde und nach der Niederlage der Achse „die Vormacht in Europa sein werde, die Entwicklung und Aufrechterhaltung der freundschaftlichsten Beziehungen zu Rußland" also entscheidende Bedeutung habe (Bohlen, 15. Dezember 1943). In der Auseinandersetzung mit seinen Ministern, insbesondere mit dem State Department, und mit der Öffentlichkeit rückte der Präsident 1944 zwar zeitweise von einer Teilung Deutschlands ab, gab sie aber niemals prinzipiell auf.

Die weitschauend europa- und weltpolitisch argumentierenden antistalinistischen und antikommunistischen Bedenken gegen Roosevelts Vorstellungen von der „Behandlung Deutschlands" überzeugten diesen um so weniger, als sich inzwischen andere Einflüsse auf ihn geltend machten. Zu nennen sind in erster Linie die Pläne seines Finanzministers Henry Morgenthau jr., die im Kern schon früher in den USA und zuletzt in Teheran diskutiert worden waren. Morgenthau empfahl, von seinem Mitarbeiter H. Dexter White beeinflußt, der starke Sympathien für die Sowjetunion hatte, daß Deutschland zwar keine großen

Territorialverluste erleiden, jedoch seine Hauptindustrien einbüßen sollte. Sein Bergbau müsse reduziert werden und das deutsche Volk sollte „zum Bauernhof“ zurückgedrängt werden, auch wenn es dabei viele Millionen an Hungernden und Arbeitslosen gäbe, die man beim Wiederaufbau Europas verwenden könnte.

Ein von Morgenthau verfaßtes, seinem Buch „Germany is our Problem“ entsprechendes Memorandum wurde im September 1944 Roosevelt und Churchill in Quebec vorgelegt. Es nahm das bei der Verwirklichung solcher Gedanken entstehende, die Sowjetunion lockende machtpolitische und ideologische Vakuum in Kauf oder erkannte diese Gefahr nicht, wurde aber vom amerikanischen Präsidenten und unter dessen Druck auch von Churchill gebilligt und signiert. Wenige Monate später distanzierten sich beide unabhängig voneinander von der wirtschaftlichen und gesellschaftlichen Zielsetzung dieses Planes und damit von Morgenthau selbst, dessen Veröffentlichungen jedoch jahrelang die Maßnahmen und die Einstellung amerikanischer und britischer Besatzungsbehörden beeinflußten. In der Folgezeit geriet, nicht zuletzt unter dem Gesichtspunkt der Erhaltung der Produktionsfähigkeit, mehr und mehr die Abwehr von de Gaulles Territorial- und Kontrollforderungen in den Vordergrund, die auf einen rheinisch-westfälischen Separatstaat „Rhenania“ und die Internationalisierung dieses Gebietes abzielten (Lademacher).

Angesichts der öffentlichen Kritik an Morgenthau und der Auseinandersetzungen unter seinen Ministern ordnete Roosevelt am 20. Oktober 1944 bis auf weiteres die Einstellung aller Deutschlandplanungen an. Das verhinderte nicht, daß man in den USA stärker als während der ersten Kriegsjahre englische und vor allem sowjetische Interessen berücksichtigte, zumal die „politische Elite bei den Vorstellungen über die Nachkriegszeit von einer amerikanisch-sowjetischen Partnerschaft ausging, die unabdingbar schien, um zukünftige Kriege zu vermeiden und den Welthandel auszuweiten. Die gemeinsame Besetzung Deutschlands sollte dazu dienen, diese neue Zusammenarbeit auf die Probe zu stellen. ... Die Amerikaner betrachteten sich als die Bannerträger des Fortschritts und waren bereit, sehr radikalen Veränderungen in Deutschland zuzustimmen. Bis zum Kriegsende galt die Förderung der amerikanisch-sowjetischen Beziehungen als ein Primärziel, dem sich die Politik gegenüber Deutschland unterzuordnen hatte“ (Nicholls).

Der Kriegsverlauf im Jahre 1944 machte eine weitere Konferenz der alliierten Regierungschefs nötig. Sie trafen sich vom 4. bis zum 11. Februar 1945 in Jalta und einigten sich dort über die Aufteilung Deutschlands in drei bzw. – bei Frankreichs Zustimmung – vier Besatzungszonen mit einer „koordinierten Verwaltung und Kontrolle durch eine Zentralkommission mit Sitz in Berlin.“ Dort vergab der Westen die Möglichkeit, die Dreiteilung nach Einwohnern in eine Dreiteilung der Landesfläche überzuführen.

In dem gleichzeitig eingesetzten „Teilungsausschuß“ rückte der russische Vertreter im März und April 1945 von dem Jalta-Beschluß wieder ab und verhinderte die Aufnahme des Wortes „Zerstückelung“ in die deutsche Kapitulationsurkunde. Stalin selbst, dessen Zielsetzung primär nicht Deutschland, sondern den Vormarsch des Sowjetkommunismus zur Weltmacht über das Abkommen mit Hitler vom August 1939 hinaus betraf, erklärte am Tage nach der deutschen Kapitulation: „Die Sowjetunion feiert den Sieg, wenn sie sich auch nicht anschickt, Deutschland zu zerstückeln oder zu vernichten.“ Er versuchte damit, die Eingliederung einzelner Teile Deutschlands in Frankreich und England zu verhindern, die seinen eigenen Expansionsabsichten unbequem geworden wäre.

Das erste Ergebnis des Zweiten Weltkrieges war für Deutschland die schwerste politische und militärische Niederlage in seiner Geschichte, verbunden mit einem außerordentlichen Verlust an moralischem Ansehen in der Welt. Daß Deutschland, Japan und Frankreich infolge der Kriegsereignisse als Großmächte aus der Weltpolitik ausschieden, war sofort bei Kriegsende klar. Daß aus ganz anderen Ursachen von dem gleichen Los schließlich ebenso sehr das wie Frankreich zu den Siegern zählende Großbritannien getroffen wurde, erwies sich erst in der Folgezeit. Deutschland verlor obendrein, anders als seine Verbündeten Italien und Japan, seine staatliche Einheit, die es mehr oder weniger fest seit einem Jahrtausend besessen hatte. Daß Hitler einerseits die Sowjetunion herausgefordert und damit die Ausweitung des Krieges bis zu Stalins großem Erfolg verschuldet hatte, Deutschland aber andererseits seit 1917/18 auch für Europa einen Damm gegen den unter Stalin immer expansiver werdenden Kommunismus bildete, komplizierte nicht allein in den nächsten Jahren die Politik der Westmächte gegenüber Deutschland, sondern erschwerte auch die Selbstbestimmung der Deutschen. Während noch die Sieger über die Neuregelung der Verhältnisse in Deutschland und in der Welt berieten, zerfiel ihr von Hitler heraufbeschworenes Bündnis: In Mitteldeutschland standen an Zonengrenzen, die wie eine Front wirkten, die Truppen der Mächte, die das Prinzip der Demokratie vertraten, denen gegenüber, welche den Krieg für den Sowjetkommunismus „mit anderen Mitteln" (Clausewitz) fortführen wollten – auch nach seiner bedingungslosen Kapitulation blieb Deutschland Kampfplatz in einer weltweiten Auseinandersetzung.

Das deutsch-russische Verhältnis, seit 1917/18 in der Politik durch das Streben der weltrevolutionären Sowjetunion nach Westen und die Abneigung der großen Mehrheit des deutschen Volkes gegen den Kommunismus bestimmt, erwies sich jetzt als „Schlüssel zur Situation Deutschlands nach 1945" (Cornides).

Die Reaktion der Deutschen auf Befreiung und Besetzung durch Truppen, welche den Nationalsozialismus vernichten wollten und alle Deutschen mindestens verachteten, wenn nicht haßten, war sehr unterschiedlich. Angehörige des amerikanischen Nachrichtendienstes berichteten im April 1945 über Gefühle der Erlösung, aber auch der Angst vor Plünderungen, Vergeltung und Gewalttaten der ehemaligen Zwangsarbeiter und Gefangenen, über restlichen Nationalsozialismus und Flucht vor der Verantwortung. Deutsche Gewerkschaftsvertreter, die nach England emigriert waren und im April/Mai 1945 nach Westdeutschland reisen durften, sahen sich mit einer Lage konfrontiert, in der es den Wunsch nach Bildung einer sozialistischen Einheitspartei, „sentimentale Freundschaft für die Russen“, Stadtverwaltungen unter sozialistischem Einfluß, Abneigung gegen die wiederaufstrebende alte „Zentrumspartei“ gab, sie erhielten aber auch Berichte von Flüchtlingen aus dem russisch besetzten Teil Deutschlands. Sie fanden vielerorts antifaschistische, kommunistisch beherrschte Kampfbünde vor, die ihrerseits „entnazifizierten“, die Stadtverwaltungen, die Wirtschaft und Lebensmittelverteilung beherrschen und ausnutzen konnten, sowie die Tatsache, daß die „alten Nazis“ einander denunzierten. Am günstigsten sprachen die Westdeutschen über die amerikanischen „Besatzer“, am schlechtesten über die französischen Kolonialtruppen und Besatzungsbehörden, die als brutale Plünderer gefürchtet wurden. Die „Antifa“-Bewegung wurde zeitweise so stark und prorussisch einflußreich, daß die Amerikaner sie im Juni auflösten, als sich eine kommunistisch regierte Einheitspartei und -gewerkschaft zu bilden begannen. Ganz besonders einflußreich war die kommunistische Bewegung im Raume Leipzig bereits vor dem Wechsel der Besatzung von den Amerikanern auf die Russen am 16. Juli. Leipzigs Stadtrat wurde schon seit dem 26. Juni von dem führenden Sprecher der Kommunisten F. Selbmann beherrscht. In Hamburg schätzte man im Juli 1945, daß bei einer Wahl die Kommunisten 40 %, die Sozialdemokraten 35 % aller Stimmen erhalten würden.

Doch gab es gleichzeitig auch „bürgerliche“ Orientierungsbemühungen in der Staats- und Gesellschaftskrise: in der Beamten- und Unternehmerschaft, in der Landwirtschaft, bei den Kirchen wie bei dem schon im Februar im amerikanisch besetzten Gebiet wieder auflebenden Regionalismus – in Kreisen also, die mindestens anfangs von den „Besatzern“ weniger toleriert wurden als linke Bewegungen. Bad Homburg v. d. H. und andere Kur- und Badeorte in Frankfurts Nähe erschienen ersten amerikanischen Beobachtern als „offensichtliche Zuflucht der deutschen Großbourgeoisie“, die keineswegs an aller Zukunft verzweifelte. In Stuttgart existierte im Frühjahr 1945 eine kirchlich getragene antikommunistische, daneben eine „Goerdeler-Bosch-Bewegung“. Im Raume Köln-Bonn registrierte man Mitte Juli „Zentrumsvorstellungen“ und Reorganisationsbemühungen der christlichen Gewerkschaften mit Ansätzen von Sozialisierungs-Reformen in Produktion, Einkommensverteilung und Nachrichtenwesen. Auch gab es linksorientierte katholische Bewegungen von Köln bis Bayern. Unter Führung und Schutz der westlichen Besatzungsmächte gelang es den sozialdemokratischen, bürgerlichen, gewerkschaftlichen und kirchlichen Kräften aus der Vornazi- und Nazizeit, bis zur Jahreswende 1945/46, überall die offen oder verdeckt kommunistischen „Antifaschistischen Ausschüsse“ in Verwaltung und Wirtschaft, in Verbänden und Kammern aufzulösen. Sie wurden aus der Macht, die sie vielfach in lokalen lebenswichtigen Behörden für Verwaltung erlangt hatten, gedrängt, noch bevor sie sich zu einer großen Antifa-Bewegung zusammenschließen konnten. Sorge und Angst weckten seit dem Sommer 1945 die überall systematisch eingeleiteten Entnazifizierungsmaßnahmen. Hauptsächlich aber richtete sich nun das Interesse der Deutschen auf die große, entscheidende Konferenz, die in Potsdam stattfinden sollte, nachdem die Sieger sich endgültig für Berlin als Sitz des Kontrollrates entschieden hatten, der, absichtlich erst nach der Zonen- und Sektorenbegrenzung gebildet, am 30. Juli zum ersten Male zusammentrat. Die Reichshauptstadt war freilich so zerstört, daß dort dieses umfangreiche und ständig wachsende Gremium nur unter größten Schwierigkeiten untergebracht werden konnte; zeitweise dachte man an eine Verlegung nach Frankfurt am Main, Halle, Weimar, Erfurt oder Coburg, wo von amerikanischer Seite die Schaffung einer Art „Washington D. C." vorgeschlagen wurde: Thüringen sollte westliches Besatzungsgebiet bleiben, Sachsen in drei Teile aufgespalten werden. Stalin konnte diesen unbequemen Gedanken leicht beiseite schieben: er wollte die symbolträchtigen Haupt- und Residenzstädte Berlin und Potsdam beherrschen.

Am 17. Juli 1945 traten in Potsdam für zwei Wochen die „Großen Drei" – Churchill bzw. Attlee, Truman und Stalin – zu ihrem letzten Treffen, zur Konferenz der Sieger zusammen, die Beschlüsse über den Anfang eines neuen Deutschland fassen sollte. In Wirklichkeit markierte sie aber das Ende einer Epoche und den Untergang des von Bismarck gegründeten, von Ebert erhaltenen, unter Hindenburg und Hitler entarteten Deutschen Reiches. Daß die beiden während des Krieges einflußreichsten Persönlichkeiten des Westens an der Konferenz nicht bzw. nur anfangs teilnahmen, dürfte Deutschlands Schicksal beträchtlich beeinflußt haben. Roosevelt, der stets mehr die Interessen Stalins wahrgenommen als die Westeuropas verstanden hatte, war am 12. April gestorben. Sein Nachfolger Truman erkannte durchaus die Gefahren, die für Westeuropa und die USA in Stalins Deutschland-Plänen lagen. Aber nach der Niederwerfung Deutschlands bildete das wichtigste Weltproblem für die USA und ihren Präsidenten die Beendigung des Krieges gegen Japan, der nach der Schätzung der Stabschefs noch etwa 18 Monate dauern konnte. Das Problem wurde dadurch eher schwieriger als verringert, daß am Vorabend der Potsdamer Konferenz, am 16. Juli, Truman die Nachricht von der ersten geglückten Versuchsexplosion einer Atombombe erhielt, welche die Abkürzung des Japan-Krieges möglich erscheinen ließ.

Churchill war am 23. Mai zurückgetreten. Da in Frankreich General de Gaulle vollauf mit dem Widerstand gegen den höchst aktiven Kommunismus beschäftigt war und eben in Syrien und im Libanon am Rande eines bewaffneten Konflikts mit England gestanden hatte, hatte Stalin, ohnehin durch seine rücksichtslose, jeden Kompromiß ablehnende Vertretung der sowjetischen Interessen Truman und dem mißtrauischen Attlee entschieden überlegen, ein verhältnismäßig leichtes Spiel.

Die Konferenz beriet nicht nur Deutschlands Schicksal, sondern auch das Japans sowie eine große Zahl weiterer Probleme.

Was Deutschland anbetraf, so bedurfte es zunächst einer Definition des Inhalts dieses Wortes – und diese wurde nicht erreicht. Als Churchill in der zweiten Plenarsitzung am 18. Juli 1945 fragte: „Was bedeutet Deutschland jetzt?" erwiderte Stalin zunächst: „Deutschland ist das, was nach dem Kriege daraus geworden ist." Truman meinte: „Warum sagen wir nicht: das Deutschland von 1937?" Stalin fügte sofort hinzu: „Abzüglich dessen, was es 1945 verloren hat!" Truman: „Es hat 1945 alles verloren." Stalin: „Deutschland ist ein geographischer Begriff." Truman kam auf das Deutschland von 1937 zurück; Stalin erwiderte: „Formal kann man es so verstehen. In Wirklichkeit ist es nicht so. Wenn in Königsberg eine deutsche Verwaltung auftauchen wird, werden wir sie fortjagen – ganz gewiß fortjagen ... Lassen Sie uns die Westgrenze von Polen jetzt festlegen, dann wird die Frage klarer werden ... Es ist für mich sehr schwierig auszudrücken, was jetzt unter Deutschland zu verstehen ist. Es ist ein Land, das keine Regierung und keine festen Grenzen hat. Es hat überhaupt keine Truppen, keine Grenzwachen. Es ist in vier Besatzungszonen eingeteilt. Und nun definieren Sie, was Deutschland ist. Es ist ein zerschlagenes Land." Truman wiederholte seinen Vorschlag, von dem Gebietsumfang von 1937 auszugehen. Stalin: „Ausgehen kann man von überall. Irgendwovon muß man ausgehen. In diesem Sinne kann man auch das Jahr 1937 nehmen." Churchill: „Einverstanden."

Über diese Tatsache hinaus, daß es Stalin nicht um den historischen Ausgangspunkt, sondern um die Zukunft ging, gab es für ihn einige weitere Punkte von Bedeutung: Alle Formulierungen über eine gemeinsame „Verantwortung" der vier Sieger stammten aus früherer Zeit. Im „Potsdamer Abkommen", das nicht mehr als nur ein

Abschluß-Kommuniqué darstellte, war von der Behandlung Deutschlands als politischer und wirtschaftlicher Einheit und von einigen gesamtdeutschen Staatssekretariaten, zugleich aber auch von zwei Reparationszonen Ost und West und von vier autonomen Zonengouverneuren sowie vom Veto im Kontrollrat die Rede. Churchill bemerkte am 21. Juli 1945 zu seinem Arzt Lord Moran: „Die Idee eines einheitlichen Staates Deutschland existiert nicht mehr."

Folgerichtig dachte man auch nicht an einen Friedensvertrag mit Deutschland, sondern an eine Friedensregelung für Deutschland. Dieses Deutschland – so gering sein Umfang, so eindeutig es in Zonen aufgeteilt sein mochte – sollte nun im Gegensatz zu früheren Vorstellungen nicht mehr in einige mehr oder weniger souveräne Staaten aufgelöst werden. Stalin forderte vielmehr die Heranziehung des ganzen deutschen Volkes für den Wiederaufbau Rußlands, und die westlichen Staatsmänner fürchteten, daß eine Zerreißung oder Spaltung des erhalten gebliebenen Wirtschaftspotentials, für das es immer noch eine gewisse Grundstruktur volkswirtschaftlicher Zusammenhänge gab, wirtschaftliche Rückschritte für ganz Europa zur Folge haben und daraus sehr hohe finanzielle Dauerbelastungen für die Siegermächte resultieren würden.

War Stalin der entschlossenste der Großen Drei, so verfügte Truman seit dem Tage vor der Eröffnung der Potsdamer Konferenz über die Atomwaffe. In einer Atmosphäre, die noch im Mai unmittelbar nach Deutschlands Kapitulation Churchill an einen Krieg mit deutschen Hilfstruppen gegen die Sowjetunion und an eine bewaffnete Auseinandersetzung mit Jugoslawien hatte denken lassen, spielte diese neue Waffe bei den Diskussionen um Deutschlands Zukunft eine bedeutende Rolle. Nach zwei Wochen Verhandlungen ohne wirkliche Ergebnisse forderte und erreichte daher der amerikanische Außenminister Byrnes am 31. Juli, daß Stalin, der von Kriegsschäden in der Sowjetunion in Höhe von 200 Milliarden Dollar sprach, den amerikanischen Reparationsplan akzeptierte: die Aufteilung Deutschlands in zwei Reparationszonen, wofür die

Sowjetunion, abgesehen von der Zusage über 56 % der gesamten deutschen Reparationsmasse an Polen und Rußland gemeinsam, gegenüber je 22 % für die USA und Großbritannien, 10 % einer nichtgenannten Reparationssumme aus dem Westen erhalten sollte, da die Westmächte in ihren Zonen über mehr als zwei Drittel der deutschen Produktionskapazität verfügten – und damit über Grundlagen für das bundesdeutsche „Wirtschaftswunder" in den 50er Jahren. Allein schon durch diese Teilung, darüber hinaus auch durch den Unterschied in der Haltung und Zielsetzung der Sieger gegenüber den Besiegten und gegenüber Europa, wurde den Deutschen in der Ostzone ohne jede Rücksicht auf Schuld an Krieg und Verbrechen des Dritten Reiches von Anfang an ein niedrigerer Lebensstandard zugemutet als den Westdeutschen, deren Integration in die Sphäre von Wohlstand und Demokratie durch diese Entscheidung gesichert war.

Der Erfolg der Westmächte in der wichtigen Reparationsfrage im Westen machte sie großzügig bei Regelungen für den Osten, der sie weniger interessierte: Attlee war bereit, Polen das deutsche Gebiet östlich der Oder zu überlassen, Truman wollte bei der Friedensregelung, deren Zeitpunkt noch nicht abzusehen war, den Polen Gebiete bis zur westlichen (Lausitzer) Neiße zusprechen. Artikel XIII des Potsdamer Abkommens bestimmte daher zunächst einmal (damit es, wie Churchill schon 1942 im Unterhaus gesagt hatte, kein neues „Elsaß-Lothringen" gäbe) die „ordentliche und humane Überführung" der Deutschen aus diesen in Artikel IX Polen „zur Verwaltung" überlassenen Gebieten sowie aus Ungarn und der Tschechoslowakei nach dem Westen – eine Maßnahme, deren grausame Wirklichkeit bis heute vielen Deutschen die Erkenntnis der ursächlichen Zusammenhänge und die Anerkennung der Verworfenheit des NS-Regimes erschwert oder unmöglich gemacht hat. Die Einrichtung einer polnischen Verwaltung im Rücken der Roten Armee begründete Stalin mit praktischen Notwendigkeiten; sie bedeute nicht die Schaffung einer zusätzlichen Besatzungszone.

Im Sommer 1945 schrieb der amerikanische Diplomat George F. Kennan: „Die Idee, Deutschland gemeinsam mit den Russen regieren zu wollen, ist ein Wahn. Ein ebensolcher Wahn ist es zu glauben, die Russen und wir könnten uns eines schönen Tages höflich zurückziehen, und aus dem Vakuum werde ein gesundes und friedliches, stabiles und freundliches Deutschland hervorgehen. Wir haben keine andere Wahl, als unseren Teil von Deutschland – den Teil, für den wir und die Briten die Verantwortung übernommen haben – zu einer Form von Unabhängigkeit zu führen, die so befriedigend, so gesichert, so überlegen ist, daß der Osten sie nicht gefährden kann. ... Ich kann mich an kein politisches Dokument erinnern, das mich so deprimiert hätte wie das von Truman unterzeichnete Kommuniqué am Ende dieser wirren und verwirrenden Verhandlungen ... Die unpräzise Ausdrucksweise, die Verwendung so dehnbarer Begriffe wie ‚demokratisch', ‚friedlich', ‚gerecht' in einem Abkommen mit den Russen lief allem direkt zuwider, was 17 Jahre Rußlanderfahrung mich über die Technik des Verhandelns mit der sowjetischen Regierung gelehrt hatten. Die Behauptung z. B., wir würden zusammen mit den Russen das deutsche Erziehungssystem ‚nach demokratischen Richtlinien' umformen, ließ Rückschlüsse zu, die nach allem, was wir von der Geisteshaltung der sowjetischen Führer und den damaligen russischen Erziehungsgrundsätzen wußten, völlig ungerechtfertigt waren ... Für die weitere Behauptung, man werde die politische Tätigkeit ‚demokratischer Parteien und die dazugehörige Versammlungsfreiheit und öffentliche Diskussion' nicht nur gestatten, sondern ‚ermutigen', würden mildernde Umstände schwer zu finden sein.

Jeder Mensch in Moskau hätte unseren Unterhändlern sagen können, was die sowjetische Führung unter ‚demokratischen Parteien' verstand. Die Irreführung der Öffentlichkeit in Deutschland und im Westen durch die Verwendung eines solchen Ausdrucks in einem Dokument, daß außer von Stalin auch von den Herren Truman und

Attlee unterzeichnet wurde, ließ sich selbst mit allergrößter Naivität nicht entschuldigen."

Entsprechend den Ergebnissen der vor der Potsdamer Konferenz entstandenen, von ihr akzeptierten sowie durch sie geschaffenen Verhältnisse gab es fortan acht deutsche Teilgebiete:

1. Das von der Sowjetunion annektierte Gebiet um Königsberg (13 200 km²) mit einigen Tausend Deutschen, das als Kaliningrad in die Sowjetunion eingegliedert wurde;

2. Das polnischer Verwaltung unterstellte Gebiet (100 651 km²) mit – nach Flucht und Vertreibung – auf Grund polnischer Schätzungen 3,7 Millionen Deutschen;

3. Die sowjetische Besatzungszone (107 410 km²) mit – einschließlich Ostberlins – 18,4 bzw. einschließlich Zuwanderungen 19,4 Millionen Einwohnern: die von der sowjetischen Militär-Administration geschaffenen Länder Mecklenburg, Sachsen, Thüringen, Brandenburg und Sachsen-Anhalt;

4. Die amerikanische Besatzungszone mit Bayern (ohne Pfalz), Großhessen, Württemberg-Baden und der Enklave Bremen;

5. Die britische Besatzungszone mit Schleswig-Holstein, Nordrhein-Westfalen und Niedersachsen;

6. Die französische Besatzungszone mit Rheinland-Pfalz, Südbaden und Württemberg-Hohenzollern;

7. Das Saargebiet mit Sonderstatut und engem wirtschaftlichen Anschluß an Frankreich. Gemäß der Saarkonvention von 1950 wurde dieses Gebiet von Frankreich bergbaulich genutzt, bis es 1957 auf Grund eines Abkommens zwischen Adenauer und Mollet nach Abstimmung ein Land der Bundesrepublik wurde;

8. Die in vier Sektoren aufgeteilte deutsche Hauptstadt Berlin.

Von vornherein existierte also eine Kluft zwischen West und Ost, die verschiedene Ursachen hatte – historische und aktuelle. Niemals war Europa eine Einheit, immer das „Europäische Konzert" mehr Fiktion als Realität gewesen, umgekehrt war der Antagonismus diesseits und jenseits des Rheines fast ständig eine Wirklichkeit. Auch die Kapitulation Roosevelts vor Stalin 1943 hatte historische Ursachen, mindestens einen geschichtlichen Anlaß: Hitlers Angriffskrieg, der alles folgende ermöglicht, wenn nicht sogar ausgelöst oder unvermeidlich gemacht hatte, Hitler hatte am 15. März 1939 die Selbstausschaltung Deutschlands aus der Weltpolitik nach seiner von vornherein wahrscheinlichen, auf die Dauer unvermeidlichen Niederlage vorgenommen – nun, in Potsdam, *war* es ausgeschaltet, ein Objekt der Politik rivalisierender Mächte mit dem Ansatz zur Blockbildung geworden. Nur die Widerstandsbewegungen blickten in die Zukunft. Während Deutschlands bedingungslose Kapitulation sich näherte und vollzogen wurde, empfahlen die Widerstandsbewegungen im Frühjahr 1945 durch ihre in der Schweiz versammelten Vertreter die Errichtung eines föderativen Systems, in dem Deutschland seinen Platz erhalten mußte, wenn man über die alten und überholten Nationalstaaten hinaus ein neues politisches System aufbauen wollte.

Zur weiteren Behandlung der Fragen, die in Potsdam unerledigt blieben, wurde ein Rat der Außenminister geschaffen, dem auch der Außenminister Chinas angehören sollte. Der Rat sollte u. a. „zur Vorbereitung einer friedlichen Regelung in Deutschland benutzt werden, damit das entsprechende Dokument durch die für diesen Zweck geeignete Regierung Deutschlands angenommen werden kann, nachdem eine solche Regierung gebildet sein wird" – eine umständliche Formulierung, mit der man sich gegenseitig vormachte, daß es eines Tages wieder eine „deutsche" Regierung geben könne, obwohl es gleichzeitig in den Deutschlandbestimmungen hieß: „Bis auf weiteres wird keine zentrale deutsche Regierung errichtet werden." Dagegen wollte man, „um die deutsche Wirtschaft zur Erzeugung von Reparationsgut und zur Ernährung der Deutschen", das heißt zur Verringerung der Besatzungskosten wieder in Gang zu bringen, die dafür nötigen zentralen deutschen Verwaltungsbehörden unter Staatssekretären organisieren und dem Kontrollrat unterstellen.

Eng verbunden mit der absichtlich unklaren Behandlung der deutschen Einheit waren die Fragen der polnischen Westgrenze, der Reparationen und der wirtschaftlichen Bestimmungen für Deutschland. Die militärische Demarkationslinie teilte Deutschland nicht, wie der amerikanische Staatssekretär Byrnes behauptete, in zwei Gebiete gleichen „Nationalvermögens", sondern, wie Molotow richtig sah, im Verhältnis 58 : 42 zugunsten der Westmächte. Andererseits hatte der Westen – insbesondere durch den ununterbrochenen Zustrom von Flüchtlingen und Vertriebenen – einen hohen Zuschußbedarf an Lebensmitteln. Die Industrieverteilung auf die beiden Gebiete war sehr unterschiedlich. Für die Hauptregion der deutschen Wirtschaft, das Ruhrgebiet, verlangte Rußland eine internationale Verwaltung – weniger zur Sicherung einer gerechten Verteilung der Produktion als zur Erlangung politischen Einflusses auf Deutschland bis zum Rhein. Die Westmächte, bei denen England und Frankreich selber das Ruhrgebiet kontrollieren und ausbeuten wollten, waren sich in der Ablehnung der russischen Forderung in diesem Punkt einig, zumal man schnell erkannte, daß ein westlicher Einfluß auf die Gebiete östlich der Zonengrenze unerreichbar war. Die eine Absicht, „Deutschlands Kriegspotential" zu vernichten, das heißt viele Industriebereiche zu zerstören, zu demontieren, schuf Kollisionen mit der anderen Absicht, die Besatzungskosten möglichst niedrig zu halten, also Deutschland sich selbst ernähren zu lassen – auf einem „durchschnittlichen" Niveau, das unter dem „Durchschnitt des Lebensstandards der europäischen Völker" liegen sollte.

In Potsdam wurde, den Protokollen zufolge, immer wieder von „Deutschland" gesprochen. In Wirklichkeit wurde gleichzeitig seit den Anfängen der Okkupation begonnen, die politische und wirtschaftliche Aufspaltung von beiden Seiten her fortzusetzen, um vollendete, unabänderliche Tatsachen zu schaffen. M. Djilas zufolge hatte Stalin, als Deutschlands Niederlage deutlich war, erklärt: „Dieser Krieg ist nicht wie in der Vergangenheit. Wer immer ein

Gebiet besetzt, erlegt ihm auch sein eigenes gesellschaftliches System auf. Jeder führt sein eigenes System ein, soweit seine Armee vordringen kann. Es kann gar nicht anders sein." Für Stalin gehörte ein möglichst großer Teil des mitteleuropäischen Raumes zum cordon sanitaire gegen das bourgeoise, monopolkapitalistische Westeuropa – genau so, wie Frankreich sich nach dem Siege von 1918 für die Schaffung der ostmitteleuropäischen Staaten von der Ostsee bis zum Mittelmeer als Pufferzone gegen den weltrevolutionären Kommunismus eingesetzt hatte. Die Westmächte hatten effektiv nichts getan, um deren Zerstörung durch Hitler zu verhindern; sie hatten sich sogar mit dem Weltkommunismus verbündet.

Die Gründung von Parteien und Gewerkschaften
Die Entnazifizierung

Inzwischen hatte die sowjetische Besatzungsmacht begonnen, unter ihrer Kontrolle eine deutsche Verwaltung zu organisieren und, gleichzeitig, die Gründung von Parteien einzuleiten bzw. zu gestatten: zuerst am 11. Juni die der KPD, die es sich entsprechend ihrem von W. Pieck aus Moskau mitgebrachten Gründungsaufruf zur Aufgabe machte, „die Sache der Demokratisierung Deutschlands, die Sache der bürgerlich-demokratischen Umbildung, die 1848 begonnen wurde, zu Ende zu führen . . . Wir sind der Auffassung, daß der Weg, Deutschland das Sowjet-System aufzuzwingen, falsch wäre, denn dieser Weg entspricht nicht den gegenwärtigen Entwicklungsbedingungen in Deutschland". In dem Programm kam weder das Wort „Revolution" noch das Wort „Bodenreform" oder die „Liquidierung des Großgrundbesitzes" vor, so daß es also sehr viel weniger radikal erschien als das der KPD der 20er Jahre. Man strebte zunächst in der Öffentlichkeit die Bildung eines „Blocks der kämpferischen Demokratie" an, eine antifaschistische Einheitsorganisation also. Der führende Mann der KPD war neben Pieck W. Ulbricht, der

1939 von Moskau aus den Hitler-Stalin-Pakt lebhaft hatte begrüßen müssen. Am 30. April 1945 war er mit einer zehnköpfigen Emigrantengruppe nach Berlin zurückgekehrt, besetzte mit dieser im Mai alle Schlüsselstellungen und wurde so praktisch ausführendes Organ der sowjetischen Militär-Administration unter Moskaus Direktive. Daher geriet die KPD bald in einen Gegensatz zur Mehrheit der Bevölkerung. Sie „identifizierte sich mit der sowjetischen Besatzungsmacht... und schwenkte stets auf die jeweilige Strategie und Taktik der UdSSR ein ... Andererseits übertrug die Besatzungsmacht gerade der KPD zahlreiche Funktionen in Staat und Verwaltung" (Weber).

Am 15. Juni traten die Sozialdemokraten unter der Führung von Otto Grotewohl mit einem Programm an die Öffentlichkeit, das in Bezug auf Verstaatlichung radikaler war als das der KPD. Neben dem parteigründenden Zentralausschuß hielt sich in London, wo im März 1945 auf Initiative der Labour-Party die Internationale Sozialistische Konferenz eine Deklaration über die Gesamtverantwortung des deutschen Volkes für die Verbrechen Hitler-Deutschlands veröffentlichte und daher auch den deutschen Sozialdemokraten gegenüber sehr distanziert blieb, der Rest des früheren Parteivorstandes mit Erich Ollenhauer als führender Persönlichkeit auf. Erst im Februar 1946, also zehn Monate nach dem Eintreffen der Moskauer Kommunisten in Berlin, erhielt Ollenhauer die Einreiseerlaubnis in die britische Zone. In Deutschland selbst gab es eine dritte Gruppe um den aus dem Konzentrationslager kommenden Dr. Kurt Schumacher. Dieser vertrat die Auffassung, daß die Sozialdemokratie als Opfer des Nationalsozialismus zur Führung der Nation berufen sei — eine demokratische, ebenso antikommunistische wie einst antinationalsozialistische Partei.

Der ehemalige Reichstagsabgeordnete des Zentrums und Reichsminister Andreas Hermes übernahm die Initiative zur Vorbereitung der Gründung der CDUD in Berlin, die am 26. Juni 1945 im Gründungsaufruf Gewissensfreiheit, Verstaatlichung der Bodenschätze sowie Staatskontrolle über andere Wirtschaftszweige in den Vordergrund stellte und die Absicht andeutete, den Großgrundbesitz aufzulösen. Hermes und Jakob Kaiser versuchten eifrig, diese Partei von vornherein als „Reichspartei" mit einer „Reichsgeschäftsstelle" in der „Reichshauptstadt" im Sinne des christlichen Sozialismus und der Wiedervereinigung Deutschlands zu organisieren — gegen den immer heftigeren und schließlich erfolgreichen, ebenso persönlichen wie sachlichen Widerstand der Rheinländer unter Adenauers Führung.

Die Liberal-Demokratische Partei betonte am 5. Juli die Freiheit der Wirtschaft.

Alle Parteien unterstrichen unter dem Druck der russischen Besatzungsmacht die Notwendigkeit, miteinander eng zusammenzuarbeiten — um so mehr, als schon am 19. Juni KPD und SPD einen gemeinsamen Arbeitsausschuß gebildet hatten. Infolgedessen schufen am 14. Juli die genannten Parteien den „Block antifaschistisch-demokratischer Parteien".

In den drei Westzonen entstanden Parteien der gleichen Richtungen: die Kommunisten in engster Zusammenarbeit mit denen in der Ostzone, die CDU — aus vielen lokalen und regionalen Initiativen zusammenstrebend — unter zunehmendem Einfluß von Konrad Adenauer im Norden und Adam Stegerwald im Süden in schnell wachsender, betont westdeutscher Distanzierung gegenüber Hermes, der den gesamtdeutschen Charakter der Partei erhalten wollte. Die „Union" genannte Partei hielt ihre erste überregionale Konferenz im Dezember 1945 in Bad Godesberg ab. Am 1. März 1946 wurde K. Adenauer Parteivorsitzender. Erst am 20./22. Oktober 1950 wurde in Goslar die Bundespartei mit Adenauer als Vorsitzendem gegründet, deren Landesverbände unter dem Einfluß ihrer „Landesfürsten" und während des Führungskampfes Adenauer-Kaiser im Sinne des Föderalismus ein großes Maß an Selbständigkeit behielten. Dabei spielte in Bayern zunächst Josef Müller eine energische Rolle, wurde dann aber von der konservativ-altbayerischen Gruppe um Hundhammer und Schäffer verdrängt. Nun war für die CSU die „Arbeitsgemeinschaft der CDU/CSU Deutschlands“, ein „Parteiersatz der Uneinigen“, nicht mehr eine Durchgangsphase zur Einheitspartei, sondern als „Verband“ gleichberechtigter Parteien eine der Gesamtunion auf die Dauer adäquate Organisationsform.

Hauptsächlich von Württemberg aus schufen Reinhold Maier und Theodor Heuss die an Gedanken Friedrich Naumanns orientierte FDP, die, zwischen den beiden großen Parteien ständig zu Profilierungsextremen gezwungen, trotz erheblicher Förderung aus Wirtschaftskreisen niemals die Schwäche der Vielfalt von Auffassungen des Liberalismus in den einzelnen Ländern und den Mangel an politischen Persönlichkeiten von der Qualität ihrer beiden wichtigsten Gründer überwinden sollte. Aber es verdient hervorgehoben zu werden, daß „eigentlich nur die LDP/FDP“ es war, „die schon damals eine sozialistische Neuordnung der Wirtschaft grundsätzlich ablehnte und sich – abgesehen von Zeiten der Not – zum freien Wettbewerb und zur freien Wirtschaft bekannte“ (Flechtheim).

Der SPD-Vorstand hatte im Mai 1933 beschlossen, zwei seiner drei Vorsitzenden sowie weitere drei Mitglieder, die gefährdet waren und von außen politische Arbeit leisten sollten, ins Ausland zu schicken. Später folgten aus den gleichen Gründen weitere Mitglieder, während andere in die „innere Emigration“ gingen. Ziele der sozialdemokratischen Emigranten waren im Gegensatz zu den kommunistischen vornehmlich Länder westlich-demokratischer Prägung: die Tschechoslowakei, Skandinavien, Schweiz, Frankreich, England, seit 1940 auch die USA. Doch haben diese Zufluchtsländer die Emigranten nur wenig beeinflußt.

Als die SPD unter der Initiative von K. Schumacher – sein Stellvertreter wurde Erich Ollenhauer, der aus England zurückgekehrt war – auf ihrem ersten Parteitag in Hannover vom 6. bis 8. Mai 1946 teils wieder-, teils neu begründet wurde, bot sie sofort ein Bild altgewohnter Geschlossenheit. Sie lehnte von Anfang an eine Einheitsfront mit den Kommunisten ab. Doch hielt Schumacher auch

Demokratie und Kapitalismus für unvereinbar und trat daher für Gemeinwirtschaft bei Großindustrie und Banken, für Enteignung des Großgrundbesitzes sowie für planwirtschaftliche Volkswirtschaft ein. Er geriet nach 1947 mehr und mehr mit diesem Programm, das auch den „Föderalismus als Rest des Feudalismus" ablehnte und für den Zentralismus eintrat (Benz), in Gegensatz zu den westlichen Besatzungsmächten, den bürgerlichen Parteien in Westdeutschland und der Mehrheit der Bevölkerung, nicht zuletzt zu den meisten Flüchtlingen und Vertriebenen, die in der Zeit der Marshall-Hilfe jede Ähnlichkeit mit und Nähe zum Kommunismus und dessen Gedankengut vermieden wissen wollten.

Die wirtschafts- und gesellschaftspolitischen Vorstellungen der beiden großen Parteien zeigten anfangs aus der ähnlichen Beurteilung von Weimarer Republik und Drittem Reich manche verwandten Zielsetzungen. Auch die beiden Parteiführer Adenauer und Schumacher, obwohl nach Herkunft und Entwicklung sehr verschieden, wiesen Gemeinsames auf: Beide waren deutsche Patrioten, beide Gegner des Kommunismus; aber der eine war so sehr an die revisionistische, sozialdemokratische, gesamtdeutsche Arbeiterbewegung gebunden wie der andere an das rheinisch-westeuropäische, christliche Bürgertum von „Bildung und Besitz". Als sie mit ihren Parteivorständen 1946 Zukunftsziele zu formulieren begannen, fand sich der eine mit dem linken Flügel konfrontiert, während sich beim anderen die Macht von Industrie und Banken als so stark erwies, daß die Sozialisierungserwägungen ganz in den Hintergrund traten und die Gesellschaftsreformen dem Widerstand von bürgerlichem und kirchlichem Traditionalismus erlagen.

Schumacher, der vielen ausländischen Sozialisten als deutscher Nationalist galt und dessen „Nationalismus" z. B. auch Kaisen und Brauer zu weit ging, weil er nach ihrer Meinung die Bedeutung der USA für Deutschland und insbesondere für Hamburg und Bremen unterschätzte, hat auf der Internationalen Sozialistischen Konferenz in

Zürich am 6. Juni 1947 sowohl „Nationalismus kirchlicher Institutionen, vor allem sehr bedeutender katholischer Kirchenfürsten“ als auch den „Hunger- und Kältenationalismus und die Verbitterung über die vermeidbaren Folgen“ der Besatzung, insbesondere aber den „höchst gefährlichen Neo-Nationalismus der Kommunisten“ hervorgehoben: „Die einzige Schwarz-Weiß-Rote Partei in Deutschland ist die Kommunistische Partei.“ Kein Wunder, daß er und sein Freund Ernst Reuter in Berlin fortan ständig von den Kommunisten angegriffen wurden, bis der Prager Staatsstreich vom Februar 1948 den westeuropäischen Sozialisten für einige Zeit die Illusionen über die Friedfertigkeit der Sowjetunion zerstörte, so daß nun die westdeutschen Sozialdemokraten die einzigen Sprecher Deutschlands auf internationaler sozialistischer Ebene blieben, z. B. etwa bei der Behandlung des Marshall-Planes und der Ruhrfrage.

Auch das Zentrum wurde wieder gegründet, doch konnte diese Partei keine politische Bedeutung erlangen. Unter einigen weiteren neuen Parteien spielte am längsten die konservativ-welfische Niedersächsische Landespartei eine gewisse Rolle, nachdem sie ab Mitte 1947 als Deutsche Partei den regionalen Rahmen verlassen hatte.

Da die Millionen von Flüchtlingen und Vertriebenen neben den allgemeinen politischen Problemen die Lösung ganz spezifischer Situationsprobleme zu betreiben hatten, lag die Gründung von zahlreichen, meist landsmannschaftlich fundierten Verbänden mit einem Zentralverband (1949) und seit 1953 einer besonderen Interessenvertretung im Block Heimatloser und Entrechteter (BHE) nahe – einer aus natürlichen Gründen nach Zeit und Bedeutung begrenzten, betont nationalen, gelegentlich nationalistischen Partei, die bei den westeuropäischen Integrationsbemühungen zuweilen ebenso Schwierigkeiten bereitete wie bei den Verständigungsversuchen nach Osten.

Nicht zu den Parteien, wohl aber zu den politisch, wirtschaftlich und gesellschaftlich wichtigsten Faktoren rückten – nach einem Aufruf General Eisenhowers – die Gewerkschaften wieder auf, die 1933 für ganz kurze Zeit die Hoffnung gehegt hatten, in einer „Mischung von Anpassung und Widerstand“ (Beyer) nützliche Arbeit leisten zu können, und eine vorsichtige Loyalitätserklärung gegenüber dem Hitlerregime abgegeben hatten.

In der Sowjetzone wurden die Gewerkschaften zwar bereits am 10. Juni 1945 auf Befehl der SMA zugelassen, aber nach sowjetischem Gewerkschaftskonzept u. a. durch Verhinderung der freien Funktionärswahl sofort kommunistisch politisiert. Am 5. September 1950 wurde abschließend die Führungsrolle der SED von dem „Freien Deutschen Gewerkschafts-Bund“ (FDGB) uneingeschränkt anerkannt. Im Westen dagegen kam die Gründung von Gewerkschaften infolge des Mißtrauens der Besatzungsbehörden gegenüber dem russischen Vorgehen, dem noch nicht umerzogenen politischen Verstand der Deutschen und der speziell englischen Furcht vor der Haltung „alter“ Gewerkschaftler wie Severing aus der Zeit vor 1933 erst 1946/47 in Gang. Mehreren Versuchen der Zusammenarbeit mit dem FDGB folgte nach früheren zonalen Gründungen – z. B. in der britischen Zone im April 1947 mit dem höchst aktiven H. Böckler, der wie Schumacher nicht emigriert gewesen war, als Vorsitzendem – erst am 13. Oktober 1949 in München die Gründung des Deutschen Gewerkschafts-Bundes (DGB) mit Böckler als Erstem Vorsitzenden und den aus der Emigration heimgekehrten Werner Hansen und Ludwig Rosenberg als engsten Mitarbeitern.

Inzwischen waren alle Interzonenkonferenzen gescheitert und „die Einzelgewerkschaften in die Front des Kalten Krieges eingerückt, der Weltgewerkschaftsbund auseinandergefallen und ein Grundgesetz verabschiedet, das in wichtigen Bereichen gewerkschaftliche Vorstellungen unberücksichtigt ließ.“ (Steininger).

Am 9. August 1945 schufen die vier Siegermächte nach Vorbereitungen schon seit 1942/43 das Internationale Militärtribunal (IMT) zur Aburteilung der deutschen Hauptkriegsverbrecher – die der geringeren Kategorien wurden vor Gerichte der einzelnen Staaten, also z. B. Jugoslawiens und Polens, gestellt. Das IMT trat am 18. Oktober 1945 zunächst in Berlin im Saal des ehemaligen Volksgerichtshofes zusammen, später tagte es vom 20. November 1945 bis zum 30. September 1946 in Nürnberg gegen 24 führende Männer des NS-Regimes wegen Verbrechens gegen den Frieden, wegen Kriegsverbrechen und Verbrechen gegen die Menschlichkeit.

Der Hauptanklagevertreter der USA, Robert H. Jackson, der sich auf kein Gesetzbuch irgendeines Landes stützen konnte und von rechtlichen Ansätzen ausging, die dem deutschen Volk unbekannt waren und daher von diesem leicht als Sieger-Willkür ausgelegt werden konnten, begann seine „grundlegende“ Rede u. a. mit den in sich widersprüchlichen, selbstgerechten Sätzen: „Daß vier große Nationen, erfüllt von ihrem Siege und schmerzhaft gepeinigt von dem geschehenen Unrecht, nicht Rache üben, sondern ihre gefangenen Feinde freiwillig dem Richtspruch des Gesetzes überlassen, ist eines der bedeutsamsten Zugeständnisse, das die Macht jemals der Vernunft eingeräumt hat . . . Dieser Gerichtshof, wenn er auch neuartig sein mag und ein Versuch, ist weder aus abstrakter Spekulation entstanden, noch wurde er geschaffen, um irgendwelche rechtswissenschaftlichen Theorien zu rechtfertigen. Mit dieser gerichtlichen Untersuchung wollen vielmehr vier der mächtigsten Nationen, unterstützt von weiteren 15 Nationen, praktisch das Völkerrecht nutzbar machen, der größten Drohung unserer Zeit entgegentreten: dem Angriffskrieg . . .“ Göring, Ribbentrop, Keitel, Kaltenbrunner, Rosenberg, Frank, Frick, Streicher, Sauckel, Jodl, Seyß-Inquart und – in Abwesenheit – Bormann wurden zum Tode, Heß, Funk, Raeder zu lebenslänglicher Haft, Schirach, Speer, Neurath und Dönitz zu zehn bis zwanzig Jahren Haft verurteilt, Schacht, von Papen und Fritzsche gegen den Einspruch des sowjetischen Richters freigesprochen. Zugleich stufte das Urteil das Korps der politischen Leiter der NSDAP, die Gestapo, den SD und die SS als verbrecherische Organisationen ein.

Bis 1950 folgten in Nürnberg Prozesse, die ausschließlich von den USA durchgeführt wurden, gegen Ärzte, Juristen, Angehörige von SS-Behörden, des Flick-Konzerns, der IG-Farben-Industrie AG, gegen Krupp und seine Direktoren, die Einsatzgruppen, hohe Beamte des Auswärtigen Amtes sowie gegen Wirtschaftsführer und Generäle.

In den vielen Prozessen vor Besatzungs-Militärgerichten in Westdeutschland einschließlich des IMT in Nürnberg wurden insgesamt 5025 Angeklagte verurteilt, davon 800 zur Todesstrafe, die in 486 Fällen vollstreckt wurde. Zählt man dazu die in der Sowjetischen Besatzungszone verurteilten 45 000 Personen – von denen mehr als 15 000 zur Zwangsarbeit in die Sowjetunion verschleppt wurden –, dann ist die Gesamtzahl der von Gerichten der Sieger in Deutschland und im Ausland wegen Kriegsverbrechen oder Verbrechen gegen die Menschlichkeit Verurteilten auf etwa 50 000 zu schätzen. Vor deutschen Gerichten, die Ende 1945/46 ihre Tätigkeit wieder aufnehmen, aber im Westen erst seit dem Überleitungsvertrag von 1955 ohne Vorbehalte der Besatzungsmächte arbeiten durften, wurden bis Ende 1950 6181 wegen NS-Verbrechen Angeklagte verurteilt, davon (vor 1948) 12 zum Tode und 123 zu lebenslänglicher Freiheitsstrafe. Die wichtigsten Prozesse vor deutschen Gerichten betrafen die „Einsatzgruppen" und das Vernichtungslager Auschwitz.

Die NSDAP und alle ihre Gliederungen wurden am 20. September bzw. 10. Oktober 1945 aufgelöst, nachdem die Alliierten bereits bei ihrem Einmarsch und kurz danach zahlreiche Verhaftungen, Internierungen, Vermögensbeschlagnahmen und -kontrollen durchgeführt hatten. Annähernd 1,5 Mio Mitglieder der NSDAP und ihrer Gliederungen verloren im Zusammenhang mit der Überprüfung der politischen Belastung aller Deutschen ihre berufliche Stellung. Diese „Entnazifizierung" wurde in der sowjetischen Besatzungszone formal willkürlich, politisch zielbewußt als Instrument zur Gesellschaftsreform und Verdrängung des Bürgertums als Führungsschicht benutzt. Sie erhielt daher dort die Bezeichnung „Ausrottung der

Überreste des Faschismus" – auch als Tarnung für die kommunistische Verringerung und Beseitigung des Privateigentums, Bodenreform, Sozialisierung und Ersetzung aller Mitglieder der NSDAP in Verwaltung, Justiz und Schulwesen durch Personen, die sich zum Kommunismus bekannten, während man die „Kleinen PG" im Berufsleben nicht behinderte und dem kommunistischen Regime einordnete.

In der amerikanischen Zone fand bei der Säuberungswelle von 1945 die von Morgenthau und seinem Kreis vertretene Ansicht, daß alle Deutschen Nazis seien und daher eine „Kollektivschuld" gesühnt werden müsse, in der „Generalstabsdirektive JCS 1067/6" ihren Niederschlag. Diese strebte, wie der von der amerikanischen Öffentlichkeit zur Schärfe gedrängte Stellvertretende US-Militärgouverneur Lucius D. Clay meinte, für die erste Zeit mit „Fraternisierungs"-Verbot und kleinlichen Maßnahmen wirtschaftlicher Art einen „Karthago"-Frieden an. Sie stellte für später allerdings die „Wiederherstellung eines politischen Lebens ... auf demokratischer Grundlage" in Aussicht – nach Demokratisierung, Denazifizierung, Demilitarisierung, Dekartellisierung und Demontage, den „fünf D's" der amerikanischen Politik in Deutschland. Die Amerikaner haben 1945/46 ihre Art der Entnazifizierung schließlich gegen etwa 20 % der erwachsenen Bevölkerung am kleinlichsten mit Hilfe eines „Fragebogens" durchgeführt, der nicht weniger als 131 Fragen enthielt. Er bildete später Titel und Grundlage für einen sehr erfolgreichen satirischen Roman Ernst von Salomons.

In der britischen Zone wechselten die Entnazifizierungsvorstellungen und -ziele zwischen 1945 und 1951 am häufigsten. Ihre Befolgung litt außerdem darunter, daß die Militärregierung es unterließ, ihren Befehlen authentische deutsche Übersetzungen beizufügen, und die Art der Bekanntgabe der Bestimmungen den örtlichen Beauftragten freistellte. Eine gleichmäßige Durchführung war unter diesen Umständen kaum möglich – vielleicht verbarg sich dahinter ein Stück liberaler britischer Rechtstradition.

Am 5. März 1946 erließ der Länderrat in Stuttgart das „Gesetz zur Befreiung vom Nationalsozialismus und Militarismus". Minister für politische Befreiung sowie Spruchkammern in Stadt und Land verhängten nach Prüfung der Meldebogen aller Deutschen über 18 Jahre je nach dem Grade deren nationalsozialistischer Aktivität unter Einstufung in fünf Gruppen Sühnemaßnahmen in Form von Geld- und Haftstrafen, Berufsverboten, Einschränkung des Wahlrechts, Aufenthaltsbeschränkungen usw. Daraus erwuchsen einerseits vielerorts „Sozialängste des Bürgertums", andererseits Sorgen der Mittelschichten, die ehemaligen „PG" könnten sich aus Angst vor harten Strafen formell dem Sozialismus und Kommunismus zuwenden, deren Vertreter in den Spruchkammern häufig maßgeblichen Einfluß hatten und politische Urteile sprachen, und so den Linksradikalismus stärkten.

Die Sowjets schlossen die Aktion im Februar 1948, die Amerikaner Ende 1949, Engländer und Franzosen im Februar 1950 ab, nachdem die Spruchkammern im Westen mehr als 6 Mio Fälle bearbeitet und 1,2 Mio Personen als „Entlastete" sowie eine weitere Million als „Mitläufer" eingestuft hatten. Insgesamt erreichte die „Entnazifizierung" nicht das angestrebte Ziel der gerechten Bestrafung, führte aber zu heftigen Auseinandersetzungen, vielfach zu einer Trotz-Anhänglichkeit an die Vergangenheit. Den ‚Opfern des Nationalsozialismus' wiederum schien der Effekt der Aktion häufig nicht ausreichend.

Das Leben in Zonen und Ländern

Die sowjetische Besatzungsmacht war am schnellen Aufbau einer politischen Ordnung stärker interessiert als die Westmächte, die vorwiegend davon ausgingen, daß es sich um eine befristete Besatzung mit dem Ziel der „Umerziehung" handele, während es der Sowjetunion um eine kaum getarnte schrittweise Angleichung der Besatzungszone an ihr eigenes System und um ihre Integration in dieses ging. Da außerdem die Wahlergebnisse in Ungarn, Österreich und bei den Gemeindewahlen in der amerikanischen Zone sowie die Kritik aus der SPD an der engen Verbindung der KPD mit der Besatzungsmacht die Unpopularität des Kommunismus deutlich erkennen ließen, ging die Sowjetmacht in ihrer Zone mit Verhaftungen und Redeverboten gegen die SPD so scharf vor, daß Schumacher am 8. Februar 1946 Grotewohl die Auflösung dieser Partei in der Sowjetzone empfahl. Grotewohl dagegen glaubte, die eben erst wieder gegründete Partei durch die Vereinigung mit der KPD retten zu können und zu müssen. Am 19. und 20. April 1946 – dem 40. Parteitag der SPD und dem 15. Parteitag der KPD – beschlossen unter dem Druck der Sowjets beide Parteien, sich an den beiden folgenden Tagen zur Sozialistischen Einheitspartei, der SED, zusammenzuschließen. Bei den wenige Monate später in der Sowjetzone stattfindenden Gemeinde- und Landtagswahlen wurden die Vorbereitungen der „bürgerlichen“ Parteien behindert und Gerüchte über Repressalien der Besatzungsmacht nach einem bürgerlichen Ausgang der Wahlen verbreitet. Dennoch übertrafen in vielen Städten – so in Dresden, Leipzig, Zwickau, Weimar, Jena, Halle und Naumburg – die Stimmen für CDU und LPD die Zahl der SED-Wähler zum Teil beträchtlich. In Berlin, wo die SPD in allen vier Sektoren sich nicht mit der KPD vereinigt hatte, plazierte die SED sich hinter SPD und CDU nur an dritter Stelle. Angesichts dieses Ergebnisses blieben diese Wahlen in der Sowjetzone die letzten, bei denen den Wählern eine wirkliche Entscheidung und Alternative gelassen worden ist.

Die in Potsdam beschlossenen zentralen deutschen Verwaltungsorgane wurden nicht eingerichtet. Die sowjetische Besatzungszone, die ebenso wie die unmittelbar sowjetischer und polnischer Verwaltung unterstellten Gebiete etwa ein Viertel des Reichsgebietes umfaßte, wurde sozialen Umwälzungen nach sowjetischem Vorbild, insbesondere der gesellschaftlich wichtigen, wirtschaftlich nachteiligen Bodenreform und der Verdrängung der privatwirtschaftlichen Ordnung durch die Staatswirtschaft unterworfen. Die Bildung eines kommunistischen Zentralstaates unter Führung der SED fand in der Gründung des Satelliten-Staates „Deutsche Demokratische Republik" ihren Abschluß.

Das Gebiet von Groß-Berlin, das sowohl im Kaiserreich wie in der Weimarer Republik einen rechtlichen Sonderstatus genossen hatte, wurde zwar in vier Besatzungs-Sektoren aufgeteilt, doch hatten diese seit 1946 eine einheitliche Stadtverordneten-Versammlung, an deren Spitze der Oberbügermeister Ernst Reuter stand, der vor mehr als 20 Jahren von der KPD zur SPD übergewechselt war und nun von der sowjetischen Besatzungsmacht nicht anerkannt wurde. Diese Ablehnung bildete den Anfang der Spaltung Groß-Berlins in zwei autonome Gebilde im Jahre 1948, als die Sowjetunion versuchte, die Stadt vom Westen zu trennen und ihrer eigenen Besatzungszone einzuverleiben.

Die drei Westmächte entwickelten in ihren Zonen kaum weniger starke Eigentümlichkeiten als die Sowjetunion in ihrer Zone – am stärksten Frankreich, das die Einheit Deutschlands verhindern, hohe Reparationsleistungen erzwingen und die „Umerziehung" zur Ausbreitung französischer Gesellschafts- und Kulturvorstellungen benutzen wollte und daher überzonale Kontakte aller Art lange verbot, ja, sogar Verbindungen zwischen der englischen und der amerikanischen Zone blockierte. Erst im April 1948 fand eine Konferenz der Ministerpräsidenten der französischen Zone statt.

Die amerikanische Besatzungsmacht begann schon früh mit der Bildung fast selbständiger Staatskörper unter Verwendung von Resten der Ländertradition aus früherer Zeit. Am 19. September 1945 wurden die Staaten Bayern, Württemberg-Baden, das zwei Landesteile an die französische Zone verlor, und Groß-Hessen mit einer Regierungsgewalt ausgestattet, die nur durch einige der Besatzungsmacht vorbehaltene Befugnisse beschränkt war. Die Besatzungsenklave Bremen in der britischen Zone nahm, da die amerikanische Militärregierung über einen eigenen Nordseehafen verfügen wollte, eine Sonderstellung ein: Dort wurde im Juni 1945 ein Senat, im April 1946 die Bürgerschaft (das Parlament) des Landes Bremen geschaffen. Am 17. Oktober 1945 wurde von den Ministerpräsidenten der Länder der amerikanischen Zone ein Länderrat gebildet, der die Einheitlichkeit der Landesgesetzgebung sichern sollte.

Der britischen Militärregierung wurde von London viel Freiheit gelassen – im Unterhaus gab es bis zum Frühjahr 1946 nicht eine einzige größere Debatte über die britische Deutschlandpolitik – und der Regierungswechsel während der Potsdamer Konferenz, leitete nur insofern einen Kurswechsel ein, als die Labour-Regierung den deutschen Sozialdemokraten, und den Verstaatlichungs- und Bodenreform-Tendenzen mehr Unterstützung zu gewähren versuchte, was untergründig durch Beziehungen des deutschen Adels zum englischen Adel behindert wurde. Sie schuf ähnlich wie die sowjetische zunächst zentrale Verwaltungseinrichtungen für die ganze Zone und dann am 15. Februar 1946 den Zonenbeirat als ausschließlich beratendes, nicht weisungsberechtigtes deutsches Organ – eine in den ersten Jahren ihres Bestehens von der britischen Kontrollkommission aus allen deutschen politischen und gesellschaftlichen Kreisen ernannte, später von den einzelnen Länderparlamenten der britischen Zone beschickte Körperschaft. Darunter gab es eine schwach entwickelte regionale Selbstverwaltung. Länderregierungen wurden im Sommer 1945 in Braunschweig, Oldenburg, Lippe, Hamburg und in den ehemals preußischen Provinzen Schleswig-Holstein, Hannover, Westfalen und Rheinland eingesetzt. Erst im Zuge umständlicher und langsamer Umformungen fand am 17. Juli 1946 die Bildung des Landes Nordrhein-Westfalen, dem am 21. Januar 1947 Lippe-Detmold eingegliedert wurde, am 23. November 1946 die des Landes Niedersachsen, am 23. August 1946 die des an geschichtliches Eigenbewußtsein anknüpfenden Landes Schleswig-Holstein und erst am 1. November 1946 die des

Landes Hamburg in seinen alten Grenzen statt. Diese Länder erhielten im April 1947 parlamentarisch verantwortliche Landesregierungen.

Die jeder historischen Begründung entbehrende Schaffung des Landes Nordrhein-Westfalen bildete in erster Linie eine Erwiderung auf die Forderung amerikanischer und französischer Dienststellen im Frühjahr 1945, an der Regierung des Ruhrgebietes beteiligt zu werden, während man sich im Westen darüber einig war, daß es zu einer „Internationalisierung" des Ruhrgebietes, also zur Beteiligung der Sowjetunion an dessen Regierung so wenig kommen durfte, wie die USA und England eine Angliederung an Frankreich zuließen. Schließlich schlug General Robertson in London erfolgreich die Bildung des Landes Nordrhein-Westfalen und die Beiordnung je eines amerikanischen und französischen Ratgebers für den britischen Kommissar vor, wobei man bereits an die Bildung der „Bi-Zone" dachte. Die Schaffung von Nordrhein-Westfalen entsprach übrigens sowohl den Vorstellungen, die Konrad Adenauer nach dem Ersten Wetlkriege entwickelt hatte, als er im Zusammenhang mit Separationsbestrebungen für die Schaffung eines selbständigen politisch-wirtschaftlichen Großraumes in Westdeutschland eingetreten war, als auch seinen Vorstellungen nach dem Zweiten Weltkriege: er wollte Frankreich durch die Schaffung eines großen eindeutig demokratischen westdeutschen Landes sowohl die Furcht vor neuen Auseinandersetzungen als auch die Hoffnung auf separatistische Bewegungen nehmen.

Adenauer erhielt also hier die dreißig Jahre zuvor bereits angestrebte Basis für seine Karriere. Die schnell durchgeführte Gründung dieses Landes zeigt schließlich deutlich, wie gering die Möglichkeiten der deutschen Politiker waren, die Beschlüsse der Militärregierung zu beeinflussen. Erst nachdem die kaum revidierbare Entscheidung über die Gründung gefallen war, forderte die Militärregierung vom Zonenbeirat ein Gutachten zur Umbildung der britischen Zone an — des Zonenrestes also.

Nach der Gründung des Landes Nordrhein-Westfalen erhielt die Frage der Sozialisierung der Eisen- und Stahlindustrie über die am 20. August 1946 erfolgte provisorische Beschlagnahme hinaus zentrale Bedeutung, deren Bearbeitung der „North German Iron and Steel Control" zufiel und nach Bevins Rede vor dem Unterhaus am 22. Oktober 1946 schnell in Gang kam. „Wir wünschen", erklärte der britische Außenminister, „daß alle diese Industrien in Zukunft in das Eigentum des deutschen Volkes übergehen und vom Volke selber kontrolliert werden." Wer aber diese Sozialisierung durchführen sollte – die Militärregierung, eine künftige deutsche Zentralregierung oder die soeben gebildete Landesregierung –, blieb unentschieden.

Neben dem entscheidenden Widerstand der USA gegen einen solchen radikalen strukturellen Eingriff in die Eigentums- und Gesellschaftsordnung in einer wichtigen Region Westeuropas war dies einer der Gründe dafür, daß eine Sozialisierung in Westdeutschland nur in Hessen versucht, aber nirgends wirklich durchgeführt wurde.

Das französische Besatzungsgebiet bestand infolge seiner willkürlichen Grenzziehung aus heterogenen Landes- und Provinzteilen, was gemeinsam mit der besonderen Intensität der Besatzungsmaßnahmen die Entstehung eines eigenstaatlichen Lebens erschwerte. Schrittweise schuf man eine Sonderregelung für das Saargebiet: Am 28. Dezember 1945 wurden die Saargruben unter Sequester, am 2. Januar 1946 unter französische Verwaltung gestellt; am 17. Januar 1946 erklärte G. Bidault in der Nationalversammlung: „Die Saargruben ... sollen wieder französischer Besitz werden." „Es begann ein langer Kampf mit dem Ziel, die englische, amerikanische und sowjetische Regierung zur Annahme der französischen Vorschläge zu bewegen. Dagegen erhob sich starker Widerstand" (Freymond). Als die USA und England kompromißbereit wurden, blieb Molotow unerbittlich, und an diesem Widerspruch der Sowjetunion scheiterte ein förmlicher Beschluß. Der Bruch zwischen den USA und der UdSSR ermöglichte Frankreich noch einmal Hoffnungen – schließlich erhielt

1947 das Saargebiet eine Verfassung mit der Tendenz zur Autonomie bei wirtschaftlichem Anschluß an Frankreich, nachdem am 30. August 1946 das Land Rheinland-Pfalz geschaffen worden war.

Nach Gemeindewahlen im Januar 1946 in den Ländern der amerikanischen Zone folgten im Juni Wahlen zu den verfassungsgebenden Landesversammlungen Hessens, Bayerns und Württemberg-Badens. Im September gab es auch in den britischen und französischen Besatzungszonen Gemeindewahlen. Während in den Gemeinden Hessens, Niedersachsens, Schleswig-Holsteins sowie in Hamburg und Bremen die Sozialdemokraten dominierten, gewann in den anderen Ländern, insbesondere in Nordrhein-Westfalen, die CDU die führende Position.

Bei den Landtagswahlen gaben von 26 Millionen Wahlberechtigten 65 % gültige Stimmzettel ab, was ein für diese Zeit bemerkenswert geringes Interesse an und Vertrauen zu parlamentarischen Institutionen bezeugt. Von diesen erhielt die CDU 37,6 %, die SPD 35 %, die KPD 9,4 %, liberale Parteien 9,3 % und sonstige Parteien 8,7 %.

Da sich die wirtschaftliche Notlage seit dem Herbst 1946 und insbesondere im Winter 1946/47 ständig verschärfte und wesentliche programmatische Meinungsverschiedenheiten zwischen CDU und SPD einstweilen nicht existierten, kam es überall zu Koalitionsregierungen. Die Christlichen Demokraten erklärten in ihrem Ahlener Programm vom Februar 1947 – nicht ohne Widersprüche, die für die Struktur der Partei bezeichnend waren, im Anschluß an programmatische Äußerungen in der Gründungszeit, das kapitalistische Wirtschaftssystem sei „den staatlichen und sozialen Lebensinteressen des deutschen Volkes nicht gerecht" geworden und daher „die Vergesellschaftung der Bergwerke" zu fordern und „auch bei der eisenschaffenden Industrie . . . der Weg der Vergesellschaftung zu beschreiten", während die Klein- und Mittelbetriebe sowie überhaupt in Industrie, Handwerk und Gewerbe „die private Unternehmertätigkeit zu erhalten und zu entwickeln" seien; „es muß aber vermieden werden, daß der private Kapitalismus durch den Staatskapitalismus ersetzt wird, der noch gefährlicher für die politische und wirtschaftliche Freiheit des einzelnen sein würde". Auch war sehr allgemein vom „Mitbestimmungsrecht der Arbeitnehmer an den grundlegenden Fragen der wirtschaftlichen Planung und sozialen Gestaltung" die Rede. Durchaus nicht präziser erklärte Schumacher auf dem ersten Parteitag der SPD im Mai 1946: „Die Vergesellschaftung der Produktionsmittel stellen wir uns nicht in jedem Falle, ja, meiner Ansicht nach in den meisten Fällen nicht als eine bloße Verstaatlichung vor. Wir können uns denken und wollen uns denken unter diesem Begriff eine Mannigfaltigkeit der Betriebsformen, der Organisationsformen, der nur das eine Prinzip gemeinsam sein soll, sozialistisch zu sein."

Dem „Potsdamer Abkommen" entsprechend sollten „unverzüglich" Maßnahmen getroffen werden zur „notwendigen Instandsetzung des Verkehrswesens, Hebung der Kohlenerzeugung, weitestmöglichen Vergrößerung der landwirtschaftlichen Produktion und Durchführung einer beschleunigten Instandsetzung der Wohnungen und der wichtigsten öffentlichen Einrichtungen". Im Vordergrund dieser Maßnahmen sollten also diejenigen stehen, die den Siegern zugute kamen. Ganz Europa litt Mangel an Kohlen, und die Besatzungsmächte wollten ihren Aufwand für die Ernährung des deutschen Volkes so schnell wie möglich verringern. Tatsächlich lag die Kohlenförderung mit 930 000 t im Mai 1945 bei etwa 10 % der Vorkriegsförderung. Bis zum Januar 1946 konnte man sie auf 5,57 Millionen t steigern gegenüber 16,2 Millionen t im Jahresdurchschnitt 1939 einschließlich der schlesischen Gruben.

Groß war die Wohnungsnot. Nachdem in der amerikanischen Zone bei Kriegsende nur noch 60 % des Wohnungsbestandes von 1939 erhalten geblieben waren, beschlagnahmten die Besatzungstruppen für sich selbst und für sogenannte displaced persons (D. P.), also vom Nationalsozialismus aus ihren Heimatländern unter Zwang oder freiwillig zur Arbeit nach Deutschland verbrachte Ausländer, 4,5 % der Gebäude. Überdies kam es durch Flüchtlinge und Vertriebene schnell zu einer starken Steigerung der Bevölkerungszahl. Etwa ein Drittel aller Wohnungen bedurfte noch vor Einbruch des Winters größerer Reparaturen. Zur Erledigung der dringendsten Arbeiten, insbesondere der Beseitigung der Trümmer, führte der Kontrollrat im Herbst 1945 die Arbeitspflicht für alle 14- bis 65jährigen Männer und für alle 15- bis 50jährigen Frauen ein.

Am schwierigsten gestaltete sich die Versorgung der Bevölkerung, die während des Krieges infolge der Ausnutzung der besetzten Gebiete nicht gehungert hatte, mit den notwendigsten Lebensmitteln. Als die tägliche Normalration im Westen unter 1000 Kalorien gefallen war, erklärte in der britischen Zone General Montgomery, man könne nicht wieder überall aus deutschen Vorräten auf 1500 Kalorien kommen – „es gibt nur eine Lösung: Lebensmittel nach Deutschland einzuführen".

Zur Bezahlung dieser Importe mußte Deutschland exportieren, da weder die im Ausland beschlagnahmten unmittelbaren Vermögenswerte noch die beschlagnahmten Patente noch die Leistungen der Kriegsgefangenen und der nach Kriegsende ins Ausland gebrachten deutschen Wissenschaftler als Zahlungen angerechnet wurden. Jeder Export hing aber von der Art und dem Umfang der Reparationsleistungen und Demontagen ab. Grundsätzlich sollten die Reparationsleistungen, die Deutschland auferlegt wurden, nicht allein Kriegsentschädigungen bilden, sondern wie die Demontagen die deutsche Kriegsindustrie vernichten und das Wirtschaftspotential sowie dadurch den Lebensstandard der Deutschen senken – etwa auf den Stand des Jahres 1932, also des Jahres der ärgsten Wirtschaftskrisis, und damit auf etwa 50 bis 55 % des Standes von 1938. Der vom Kontrollrat am 26. März 1946 verabschiedete „Plan über die Reparationen und den Nachkriegsstand der deutschen Wirtschaft" ging davon aus, daß die Bevölkerung Deutschlands 66,5 Millionen zählte, daß die Besatzungsmächte den Güterverkehr innerhalb

Deutschlands nicht behinderten und daß die Möglichkeit des Exports bestünde.

Demontage und Wirtschaftsräte

Die Demontage bildete ein Teilproblem der Sicherung der Siegermächte gegen künftige deutsche Angriffe und der „Behandlung Deutschlands", das in den USA und England seit 1941 von den Regierungen und in der Öffentlichkeit diskutiert wurde. Eine zentrale Stellung erhielt es im „Morgenthau-Plan", der durch radikale Beseitigung der meisten lebenswichtigen Industriebereiche in Deutschland eine Agrargesellschaft und -wirtschaft herstellen wollte. Reparationen und Demontage hingen also nur zum Teil zusammen, da die letztere erheblich über Ersatz des Zerstörten und Wiedergutmachung hinausgehen sollte. Bei den Überlegungen und Verhandlungen in Potsdam wurde eine Reihe von Gründen für die Demontageforderungen nicht ausgesprochen, obwohl sie deutlich existierten, insbesondere der Wunsch nach Förderung der Wirtschaftlichkeit der industrieellen Produktion bei den westlichen Siegermächten, das heißt nach Verringerung der volks- und privatwirtschaftlichen Konkurrenz.

Die zur Erreichung dieser Ziele — dazu gehörte auf Grund des von den Militärs bei den Beratungen der Westmächte durchgesetzten „Level of Industry-Plans" vom 26. März 1946 eine Kapazität der deutschen Stahlindustrie von 7,5 Mio t und eine Jahresproduktion von zunächst 5,8 Mio t gegenüber 19,1 Mio t im Jahr 1938 — bestimmten Demontagen wurden bereits seit Sommer 1946 in den westlichen Besatzungszonen erheblich reduziert, als die Schwäche Westdeutschlands, das heißt seine Zuschußbedürftigkeit immer deutlicher in Erscheinung trat. Die Lieferungen an die Sowjetunion und an Polen wurden im Mai 1946 eingestellt.

In der Sowjetzone waren bis Ende 1946 alle als Rüstungsbetriebe bezeichneten Unternehmen demontiert.

Die sogenannte „Entflechtung“ der Konzerne führte in den westlichen Zonen zur Beschlagnahme und Auflösung des IG-Farben-Konzerns, der Krupp-Werke und zahlreicher Industrie- und Bergwerkskomplexe sowie zur Dezentralisierung des Bankwesens. Nach Bildung der Bi-Zone im Dezember 1946 ging man sofort an eine Revision des Level of Industry-Plans. Ein neuer, am 29. August 1947 veröffentlichter Plan brachte große Fortschritte zu Westdeutschlands Gunsten: So wurden jährlich 10,7 Mio t Stahl erlaubt und die Demontagen erheblich gekürzt; doch gab es keinen grundsätzlichen Wandel, da die Vorstellungen von einer für die Friedenswirtschaft „überflüssigen“, friedensgefährdenden Industrie nicht revidiert worden waren.

In der Sowjetzone wurden im Juli 1945 alle bestehenden Banken geschlossen und durch neue Provinzial- und Länderbanken ersetzt. Mit dem Befehl Nr. 124 der Sowjetischen Militär-Administration (SMA) „Über die Beschlagnahme und provisorische Übernahme einiger Eigentumskategorien“ vom 30. Oktober 1945 begann in der Sowjetzone die Verstaatlichung der Wirtschaft.

Das Eigentum der Öffentlichen Hand, ehemaliger führender Nationalsozialisten und nationalsozialistischer Organisationen, welches unter diesen Befehl fiel, wurde zum Grundstock der sowjeteigenen Aktiengesellschaften, die schließlich ein Viertel der industriellen Produktionskapazität Mitteldeutschlands kontrollierten und später von der DDR zurückgekauft werden mußten.

Schon während der Potsdamer Konferenz hatte die SMA die Bodenreform als Kern ihrer „Demokratisierungspolitik“ und die „Junker“ als „Inspiratoren der deutschen Aggression“, „die gefährlichsten deutschen Militärkader“ bezeichnet. Die KP-Emigranten brachten, wie Pieck betonte, ein fertiges Programm dafür mit. Tatsächlich hatte der landwirtschaftliche Großgrundbesitz im sowjetisch besetzten Teil Deutschlands eine erhebliche wirtschaftliche und politische Rolle gespielt. Die Betriebe über 100 ha hatten 45,4 % der Gesamtfläche bzw. 29,8 % der landwirtschaftlichen Nutzfläche, aber nur 1,5 % aller Betriebe ausgemacht. Mit der Parole „Junkerland in Bauernhand" wurde seit August 1945 die Bodenreform populär gemacht und nach außen zugleich der Eindruck angestrebt, diese werde von den Landlosen und Landarmen gefordert. Dann folgten zwischen dem 2. und dem 12. September 1945 in den fünf Ländern der sowjetisch besetzten Zone (SBZ) Verordnungen, welche die entschädigungslose Enteignung allen Grundbesitzes über 100 ha und die vollständige Enteignung aller „Kriegsverbrecher und Naziaktivisten" verfügten. Der enteignete Boden sollte in einem „Bodenfonds" zusammengefaßt und dann durch „Bodenkommissionen" unter den in diesen repräsentierten Gruppen aufgeteilt werden. Tatsächlich wurden zwei Drittel des Bodenfonds an 560 000 Landarbeiter, Umsiedler, Kleinpächter und landarme Bauern vergeben. Doch war man bereits entschlossen, von dieser zur Beruhigung der Landbevölkerung eingeführten kleinbäuerlichen, d. h. rückschrittlichen und unwirtschaftlichen Wirtschaftsweise aus, die auch der marxistischen Idee widersprach, bald den nächsten Schritt auf die Verstaatlichung im Sinne der Sowjetunion zu tun, zumal hauptsächlich durch die Bodenreform die landwirtschaftliche Erzeugung in der SBZ gegenüber 1939 um 35,5 % zurückging.

Einen ganz anderen, weder von den Siegern noch von den Besiegten erwarteten Verlauf nahm die Bodenreform in Westdeutschland. In der amerikanischen Zone wurden zwar entsprechend der Direktive JCS 1067 Maßnahmen zur Bodenreform eingeleitet, doch strebte Clay in erster Linie die Selbstversorgung der Zone an. Andererseits wollten die Amerikaner bis zum Herbst 1945 den Russen ihren demokratischen Reformeifer beweisen, wobei sie die Bedeutung des Großgrundbesitzes in ihrer Zone – 5 % der Nutz-, 29 % der Betriebsfläche – überschätzten. Aber die Behandlung ihres Ende Oktober 1945 dem Zonen-Länderrat zur Stellungnahme vorgelegten Gesetzentwurfes verfolgten sie selber so wenig, daß der Länderrat erst im August 1946 ein „Gesetz zur Beschaffung von Siedlungsland und zur Bodenreform" verabschiedete und die Besatzungsmacht dieses erst mehr als ein weiteres Jahr später, am 9. September 1947, zum zoneneinheitlichen Gesetz erklärte. Der Großgrundbesitz wurde mit einer Abgabe von 10 bis 90 % der 100 ha übersteigenden Fläche gegen Geldentschädigung belegt, was 290 000 ha erbracht hätte, wenn nicht Durchführungsgesetze, die Geldnot der Länder und „ein gut organisierter Widerstand der Großgrundbesitzer“ (Clay) dazu geführt hätten, daß schließlich nur 24 701 ha zur Verfügung standen.

In der fanzösischen Zone spielte der Großgrundbesitz – zwar 36 % der Bodenfläche, aber einschließlich Wald nur 4 % der Nutzfläche – eine so geringe Rolle, daß eine Verordnung vom 18. Oktober 1947 nur 80 Betriebe mit 27 000 ha betraf. Praktisch gab es kaum Enteignungen, daher allerdings auch sehr wenig Siedlungsland für Flüchtlinge, was durchaus der französischen Politik entsprach. Von den 8 Mio Flüchtlingen und Vertriebenen in Westdeutschland insgesamt nahm die britische Besatzungszone bis zum Frühjahr 1947 3,2 Mio auf, bis 1949 sogar mehr als 4 Mio, deren Masse in Agrargebiete dirigiert wurde, so daß die Bevölkerungsdichte gegenüber der Vorkriegszeit in Schleswig-Holstein um 68 %, in Niedersachsen um mehr als 40 % stieg. Etwa 27 %, in Niedersachsen sogar 32 %, aller Flüchtlinge hatten in der Landwirtschaft gearbeitet. Diese Tatsachen trugen wesentlich dazu bei, daß in der britischen Zone sowohl die Besatzungsmacht, die obendrein die Versorgung der Bevölkerung zu bedenken hatte, als auch die deutschen Instanzen die Bodenreform nachdrücklicher betrieben, als es in den beiden anderen Westzonen geschah. Nur die Niedersächsische Landespartei lehnte jede Art von Bodenreform ab. Die KPD forderte die entschädigungslose „Liquidierung des Großgrundbesitzes“. Nach langen Diskussionen, in denen immer wieder auf die Folgen einer Bodenzerstückelung für die Hektar-Erträge hingewiesen wurde, kam es am 11. September 1947 zur „Verordnung Nr. 103“, die davon ausging, daß etwa 30 % der landwirtschaftlichen Nutzfläche der Zone von der Reform betroffen werde und ein Ertragsrückgang um 5 % zu erwarten sei. Die deutschen Bemühungen um eine bizonale Regelung, mindestens eine zoneneinheitliche Durchführung der Verordnung Nr. 103 brachten zielbewußt weitere Verzögerungen. Als der Gesetzgebungsprozeß im Herbst 1949 endlich abgeschlossen war, kam es dennoch nicht zu einer Bodenreform im Sinne einer Umverteilung von Grund und Boden aus politischen und sozialen Gründen. Überall befand sich genug Boden in öffentlichem Besitz, um den nach Währungsreform und Beginn des industriewirtschaftlichen Aufschwungs schnell abnehmenden Siedlungswünschen entsprechen zu können. In keiner der drei Westzonen hat das Problem der Bodenreform zu innenpolitischen Schwierigkeiten geführt. Da die Besitzstruktur im wesentlichen erhalten blieb, stiegen bald wieder die Ernteerträge, was schließlich auch den Besatzungsmächten zugute kam. Hätte man durch eine umfassende Bodenreform eine Strukturveränderung der Landwirtschaft im Sinne der kleinbäuerlichen Siedlung erreicht, dann hätten schon ein Jahrzehnt später im Zusammenhang mit der weltwirtschaftlichen Konkurrenz und mit den technischen Entwicklungen zur Erlangung größerer Wirtschaftseinheiten psychologisch schwierige und äußerst kostspielige Zusammenlegungsbestrebungen einsetzen müssen, die praktisch zu einem ähnlichen Ergebnis geführt hätten wie die Gewaltmaßnahmen in der Deutschen Demokratischen Republik (DDR).

Inzwischen erwiesen sich die „Grundsätze von Potsdam" immer deutlicher als unwirksam. Bereits der Calvin/Hoover-Report vom 18. September 1945 und mehr noch der Byron/Price-Report für Truman vom 9. November 1945 wiesen nachdrücklich auf die Zusammenhänge der deutschen Situation mit der Weltpolitik hin, während in den gleichzeitigen Diskussionen bei OMGUS, der amerikanischen Militärregierungs-Zentrale, schon Gedanken auftauchten, die den Grundzügen des Marshall-Planes vorgriffen. Am 6. März 1946 erklärte Churchill im Westminster College in Fulton (Missouri): „Von Stettin an der Ostsee bis nach Triest an der Adria hat sich ein Eiserner Vorhang quer durch den Kontinent gelegt . . . Das ist nicht das befreite Europa, für das wir gekämpft haben. Es ist auch kein Europa, das die Wesenszüge eines dauerhaften Friedens trägt.“ Churchill empfahl eine enge politisch-militärische Zusammenarbeit des britischen Commonwealth mit den USA, zumal den Amerikanern das Geheimnis der Atombombe und damit ein entscheidender Rüstungsvorsprung durch großangelegte sowjetische Spionage verlorengegangen war.

Als im September 1945 zum erstenmal in London der Rat der Außenminister zusammengetreten war, hatte der Amerikaner Byrnes mit einem Vorschlag über die totale Entmilitarisierung und die Besetzung Deutschlands für 25 Jahre nicht die Zustimmung der Russen gefunden. Ein anderer amerikanischer Vorschlag im Dezember 1945, über die Bildung von Zentralorganen zu verhandeln, die für das ganze Deutschland mit Ausnahme der französischen Zone zuständig sein sollten, war von den Vertretern der anderen Mächte mit der Begründung abgelehnt worden, daß er dem Potsdamer Abkommen widerspreche, das Deutschland als Einheit behandelt wissen wollte. Nun begannen die Amerikaner sich Sorgen über die Zukunft Deutschlands zu machen. General Clay schrieb in einem für die zweite Tagung der Außenminister bestimmten Memorandum an den amerikanischen Außenminister, ohne Einigung und gemeinsame Maßnahmen werde die Lage in Deutschland schnell immer schlechter werden, was „die Entwicklung des Kommunismus in Deutschland begünstigt und die Demokratisierung behindert. Der nächste Winter wird auf alle Fälle kritisch werden . . . Die Leiden der deutschen Bevölkerung werden einen schweren Vorwurf gegen die Demokratie bilden und Gefühle des Mitleids erwecken, die sehr wohl unsere anderen Ziele in Deutschland unerreichbar machen könnten. Vereint würden die britische und die amerikanische Zone in wenigen Jahren dazu gelangen, sich selbst zu erhalten . . . Wenn es nicht möglich ist, die französische und die russische Einwilligung zu ... erhalten, werden wir sehr empfehlen, an die Briten heranzutreten, um ihre Bereitwilligkeit festzustellen, ihre Besatzungszone mit der unsrigen zu vereinen".

Mit dieser Denkschrift, die die Haltung der amerikanischen Delegation bei der zweiten Periode der zweiten Ratstagung der Außenminister vom 15. Juni bis zum 12. Juli 1946 in Paris erheblich beeinflußte und in der wirtschaftliche Erwägungen vor dem bis dahin nachdrücklich betonten Prinzip der „Demokratisierung" rangierten, war nicht „zum ersten Male von offizieller Seite der Gedanke einer Verschmelzung der anglo-amerikanischen Zonen erwähnt worden" (Pünder). Schon zu Beginn des Jahres war angesichts des französischen Widerstandes gegen Zentralverwaltungen und der rücksichtslosen Besatzungspolitik der Franzosen ein solcher Schritt erwogen worden, und bereits vor Eröffnung der Außenministertagung hatten Clay und Robertson im Mai „die künftige enge Zusammenarbeit" (Krautkrämer) ihrer Zonen vorgeschlagen – von deutschen Impulsen seit dem Februar ganz abgesehen. Molotow jedoch fordert nun, man müsse erst eine deutsche Zentralverwaltung einrichten, dann eine deutsche Regierung einsetzen und schließlich an einen Friedensvertrag gehen; der französische Vertreter Bidault schlug vor, zuerst einmal das Ruhrgebiet einer internationalen Kontrolle zu unterwerfen und gegenüber dem übrigen Deutschland abzuriegeln, das Rheinland von der Pfalz bis einschließlich Köln durch französische, nördlich davon durch belgische, niederländische und englische Truppen ständig besetzt zu halten und die Saarbergwerke bis auf weiteres den Franzosen zur Ausbeutung zu überlassen. So konnte man sich auch diesmal nicht über Deutschland einigen. Daher gab Byrnes am vorletzten Tage der Konferenz die Erklärung ab, „man könne Deutschland nicht auf unbegrenzte Zeit in vier luftdichten Kammern verwalten". Der englische Außenminister stimmte zu: Molotow wollte Zeit für entscheidende Maßnahmen in der Sowjetzone gewinnen und meinte, der amerikanische Vorschlag müsse sorgfältig studiert werden.

In den nächsten Wochen kam es zur Verständigung der beiden angelsächsischen Besatzungsmächte über die wirtschaftliche Vereinigung ihrer beiden Zonen, während die beiden anderen Partner eine allgemeine Vereinigung aller vier Zonenverwaltungen ablehnten. Am 9. August 1946 einigten sich die beiden Militärgouverneure über die Grundlinien des Vertragswerkes, am 12. wurde den Direktoren des Länderrates das Ergebnis dieser Verhandlungen mitgeteilt. Am 6. September 1946 erklärte der amerikanische Außenminister Byrnes in einer Rundfunkansprache dem deutschen Volk die amerikanische Auffassung der Lage: „Wenn Deutschland nicht in der in den Potsdamer Beschlüssen vorgesehenen und geforderten Weise als wirtschaftliche Einheit verwaltet wird, müssen an dem von der alliierten Kontrollkommission genehmigten Industrieniveau Änderungen vorgenommen werden ... Die Schranken zwischen den Zonen sind weit schwieriger zu überwinden als die zwischen normalen unabhängigen Staaten." Er verweigerte die politische Beherrschung des Rheinlandes und des Ruhrgebietes durch Frankreich und schloß mit den Worten: „Das amerikanische Volk wünscht, dem deutschen Volke die Regierung Deutschlands zurückzugeben. Das amerikanische Volk will dem deutschen Volk helfen, seinen Weg zurückzufinden zu einem ehrenvollen Platz unter den freien und friedliebenden Nationen der Welt."

Hier wurde also zwar keine grundlegende Änderung der amerikanischen Politik angekündigt, aber doch eine deutliche Warnung an Rußland, stärker noch an die „Vertreter der französischen Obstruktion" (Gimbel) ausgesprochen, deren Ansprüche in Ostpreußen bzw. auf das Ruhrgebiet nicht bestritten wurden, während man die polnische Westgrenze als noch nicht festgelegt bezeichnete und damit eine heftige Reaktion Molotows provozierte. Die Rede war eine Antwort auf Molotows Pariser Erklärung vom 10. Juli 1946; sie bot den amerikanischen Besatzungsbehörden nach dem Versagen des Alliierten Kontrollrates einen Hinweis auf die künftigen politischen

Möglichkeiten und machte schließlich einen letzten, nicht sehr optimistischen Versuch, die Potsdamer Beschlüsse der Verwirklichung näher zu bringen.

Sechs Tage nach dieser Rede beriefen die beiden Militärgouverneure der künftigen Bi-Zone die drei Wirtschaftsminister der Länder Bayern, Hessen und Württemberg und die drei Vertreter der Britischen Zone in einen sechsköpfigen Exekutivausschuß für Wirtschaft, der seinen Sitz in Minden haben sollte. Zu diesen Männern gehörten die sozialdemokratischen Wirtschaftsexperten Dr. Agartz und Prof. Noelting sowie der bayerische Wirtschaftsminister Prof. Erhard. Fünf Verwaltungsabkommen vom 10., 11. und 13. September sowie vom 1. Oktober über die Bildung einer „deutschen Ernährungs- und Landwirtschaftsverwaltung", einer „deutschen Verkehrsverwaltung", einer „deutschen Wirtschaftsverwaltung", eines „deutschen Finanzrates" und einer „deutschen Verwaltung für Post- und Fernmeldewesen" regelten die wirtschaftliche Verschmelzung der beiden Zonen. Für jedes der fünf Verwaltungsgebiete wurde eine deutsche Verwaltung errichtet, an deren Spitze ein Verwaltungsrat mit den Ressortchefs der Landesregierungen und darunter ein Verwaltungsamt stand. Schließlich kam es am 2. Dezember 1946 zum Bevin-Byrnes-Abkommen, das bestimmte, „daß beide Zonen in allen wirtschaftlichen Angelegenheiten als ein einheitliches wirtschaftliches Gebiet behandelt und diejenigen deutschen Verwaltungsbehörden eingerichtet werden sollten [tatsächlich bestanden sie bereits], die zur wirtschaftlichen Vereinigung der beiden Zonen notwendig waren" (Pünder). Am 1. Januar 1947 trat das Abkommen in Kraft, nachdem der bald „Verwaltungsrat für Wirtschaft" genannte „Wirtschaftsrat" bereits am 12. September 1946 in Minden zu arbeiten begonnen hatte – bis Anfang 1947 unter Dr. Rudolf Mueller, danach unter Dr. Viktor Agartz, womit neben den Wirtschaftsressorts in allen Ländern auch dieses wichtige Amt in die Hände der Sozialdemokraten gelangte.

„Die Tätigkeit der Verwaltungsräte und der ihnen unterstellten Verwaltungsämter wurde durch vielerlei Schwierigkeiten beeinträchtigt und war während dieser ganzen ersten Phase der Verschmelzung der beiden Zonen heftiger Kritik ausgesetzt" (Pünder), hauptsächlich litt die Zusammenarbeit der fünf Verwaltungen darunter, daß sie in fünf verschiedenen Städten – Bielefeld, Frankfurt, Homburg v. d. H., Minden und Stuttgart – arbeiteten, ihre Weisungsbefugnis gegenüber den Ländern nicht geklärt war und sie selbst keiner deutschen parlamentarischen Kontrolle unterstanden.

Als die Moskauer Konferenz der Außenminister vom März/April 1947 unter dem Druck der Truman-Doktrin, die Widerstand gegen jede Ausbreitung des sowjetischen Einflusses in Europa und Asien in Aussicht stellte, ergebnislos verlief, veröffentlichten Clay und Robertson am 29. Mai 1947 eine zweite Proklamation zur Gestaltung der Bi-Zone, in der ein „von den Landtagen der verschiedenen Länder zu wählender" „Wirtschaftsrat für das Vereinigte Wirtschaftsgebiet" mit einem Exekutivausschuß geschaffen wurde. Ihm, der gesetzgeberische Befugnisse hatte, war die gesamte Verwaltung verantwortlich. Er trat am 25. Juni zu seiner konstituierenden Sitzung zusammen und wählte Dr. Erich Köhler (CDU) zu seinem Präsidenten. Bei der Wahl der fünf Direktoren ging es um die Entscheidung über den Kurs der künftigen Wirtschaftspolitik – um die Frage, „ob sich der Wiederaufbau Westdeutschlands nach sozialistischen oder nach liberalen Grundsätzen vollziehen würde". Infolgedessen wurden die der Wahl vorausgehenden Debatten „mit Leidenschaft und Härte" geführt (Pünder). Eine anfangs angestrebte Große Koalition wurde nicht erreicht. Nach einer ersten Abstimmung, in der die SPD ihren Kandidaten für das Wirtschaftsressort nicht hatte durchsetzen können, lehnte sie es ab, gemeinsam mit der CDU/CSU die Regierungsverantwortung zu teilen. Infolgedessen übernahmen Männer, die der CDU/CSU angehörten oder ihr nahestanden, die gesamte Verwaltung, insbesondere als „Direktoren", die in gewisser

Weise Ministerfunktionen hatten: Dr. Johannes Semmler die Verwaltung für Wirtschaft, Dr. Hans Schlange-Schöningen die für Ernährung, Landwirtschaft und Forsten. H. Pünder wurde als „Regierungschef" „Oberdirektor" und erschien manchen als Ministerpräsident oder Kanzler eines künftigen westdeutschen Staates. „General Clay hat damals oft die zutreffende Formulierung gebraucht, daß die Bi-Zone zwar keine ‚Regierung', wohl aber einen ‚Regierungsapparat' besäße" (H. Pünder).

Da Engländer und Amerikaner unbedingt sicherstellen wollten, daß ihre Bi-Zone nicht den „Charakter der Staatlichkeit" erhielt, vielmehr als Provisorium gekennzeichnet blieb, litt auch diese Konstruktion unter vielen Mängeln, insbesondere unter dem Durcheinander von Gesetzgebungs- und Regierungsgewalt.

Als Gegenstück zur Gründung des Wirtschaftsrates der Bi-Zone schuf die sowjetische Militäradministration am 14. Juni die „Deutsche Wirtschaftskommission", die aus den fünf Präsidenten der Zentralverwaltung für Industrie, Verkehr, Handel und Versorgung, Land- und Forstwirtschaft, Brennstoff und Energie und den beiden Vorsitzenden der „Vereinigung der gegenseitigen Bauernhilfe" und des „Freien deutschen Gewerkschaftsbundes" bestand.

Ministerpräsidenten-Konferenz und Marshall-Plan

In dem Monat zwischen der Proklamation und dem Zusammentritt des Wirtschaftsrates versuchten deutsche Politiker noch einmal, die Zonentrennung zu überwinden. Die Idee einer deutschen Ministerpräsidenten-Konferenz lag „seit Mitte 1946 in der Luft" (Eschenburg). Bereits am 4. und 5. Oktober 1946 hatte auf Einladung des Bremer Senatspräsidenten Kaisen mit amerikanischer Unterstützung und britischer Billigung in Bremen eine Konferenz der Länderchefs aller vier Zonen staatfinden sollen, doch hatten die Franzosen den Ministern ihrer Zone die Teilnahme untersagt, die Verantwortlichen der sowjetischen

Zone entschuldigten ihr Fernbleiben mit einem Hinweis auf die bevorstehenden Landtagswahlen. Dennoch richtete sich die Bremer Entschließung der übrigen Ministerpräsidenten, welche die Errichtung eines vorläufigen Länderrates aller vier Zonen empfahl, an sämtliche deutschen Ministerpräsidenten. Am 5. Dezember 1946 forderte daraufhin Ulbricht eine „volksparlamentarische Ordnung, in der die Volksvertretung die oberste gesetzgebende und kontrollierende Körperschaft ist". Nachdem in den folgenden Tagen der Außenministerrat für seine im März 1947 staatfindende Moskauer Konferenz einen entsprechenden Programmpunkt festgelegt hatte, setzte in der SBZ sofort eine Kampagne für eine gesamtdeutsche Repräsentation ein. Aber im Westen lehnte Schumacher jede Verhandlung mit der Ostzone ab, solange die SPD dort nicht als eigene Partei anerkannt, sondern mit der KPD zwangsweise vereinigt sei. Auch Adenauer war gegen diese Bestrebungen, doch konnte er das nicht öffentlich bekanntgeben, da sie von der CDU in der SBZ vertreten wurden.

Schließlich ergriff der bayerische Ministerpräsident Dr. Ehard, beraten durch den Vorsitzenden der CSU, Josef Müller, den „Ochsensepp", die Initiative und lud am 7. Mai 1947 die Chefs aller Länderregierungen zu einer Besprechung für den 6. und 7. Juni nach München ein. Die Konferenz sollte ohne direkte Beaufsichtigung durch eine Besatzungsmacht stattfinden und als die erste von künftig periodisch geplanten Tagungen als vorläufig höchste Vertretung deutscher Interessen gelten. Ein Vertreter des Saargebietes lehnte die Einladung mit der Begründung ab, die saarländische Wirtschaft werde mit der Frankreichs vereinigt werden. Die Ministerpräsidenten der fünf Länder der SBZ, deren Teilnahme bis zum 3. Juni ungewiß war, forderten die Verlegung der Konferenz nach Berlin und die Erörterung der politischen und wirtschaftlichen Einheit Deutschlands als ersten Punkt der Tagesordnung, während den Ministerpräsidenten der französischen Zone die Diskussion gerade dieses Punktes von ihrer Militärregierung untersagt wurde. Als die Tagesordnung am Abend des 5. Juni 1947 nicht entsprechend dem Verlangen des Ministerpräsidenten von Mecklenburg geändert wurde, verließen die Ministerpräsidenten der Sowjetzone die Konferenz. Während Ehard unterstrichen hatte, daß die Konferenz nicht berufen sei, „Fragen der deutschen Innenpolitik zum Austrag zu bringen, aber natürlich das Treffen an sich schon ein für die künftige Innenpolitik wichtiges Moment darstellt“, hatte die andere Seite deutlich, aber vergeblich zu erkennen gegeben, daß sie mit einer einseitigen „Erklärung ... entsprechend dem Antrag“ anstelle von Verhandlungen über diesen zufrieden sein würde (Steininger). Ohne ihre Anwesenheit also bekundete die Konferenz am 7. Juni den Willen zur „Neugestaltung unseres staatlichen Lebens ... auf dem Wege der echten Demokratie“ und ersuchte die Besatzungsmächte, ihre Beziehungen zum deutschen Volk in formulierten Rechtssätzen zu ordnen, eine Währungsreform vorzubereiten, die Kriegsgefangenen freizulassen, den Industrieplan zu revidieren, den Interzonenhandel freizugeben und Maßnahmen gegen die politisch äußerst bedrohliche Ernährungskrise zu ergreifen. Möglicherweise wäre die Konferenz aus zwei anderen Gründen auch dann nicht „gesamtdeutsch“ geworden, wenn man sich über die Frage der innenpolitischen Erklärung oder Diskussion hätte einigen können. Zum einen hatte Schumacher am 29. Mai bei einem Treffen der sozialdemokratischen Ministerpräsidenten in Frankfurt gefordert, daß der Ostzonenvertretung die demokratische Legitimation bestritten werden solle, weil in ihren Ländern die SPD nicht frei zugelassen sei. Das wurde bei der SED bekannt. Allerdings hat Schumacher in einer Rundfunkrede am 31. Mai nicht mehr eine entsprechende Andeutung gemacht. Zum anderen scheinen die SBZ-Vertreter, wie Ehard von einem ostzonalen Kollegen selber gehört haben will, den Auftrag gehabt zu haben, die Konferenz zu sprengen. Bereits am Vorabend der Konferenz hatten Ulbricht und Ebert jr. bekanntgegeben, daß sie nach München reisen und dort eine Pressekonferenz veranstalten würden. Diese fand am 9. Juni statt.

Für Westdeutschland trug die Ministerkonferenz, die Kaisen, Hoegner, Ehard und andere als Erfolg bezeichneten, „zur Schaffung einer Atmosphäre bei, aus der jene zunehmende Zusammenarbeit der Länder erwachsen konnte, die die Gründung der Bundesrepublik ermöglichte. Es war das gleiche Gremium westdeutscher Ministerpräsidenten, das im nächsten Jahr in der Ausführung des Auftrages der westlichen Besatzungsmächte zur Vorbereitung der Gründung eines Staatsgebildes deutsche Interessen vertreten sollte" (Krautkrämer). Unmittelbar nach der Konferenz erfuhr man, daß Marshall seine an ganz neuen Perspektiven reiche Rede gehalten hatte, und man erkannte, daß die Verwirklichung seiner Anregungen einen weiteren großen Schritt auf die Teilung Deutschlands zu mit sich bringen mußte.

Seit dem Spätherbst 1946 hatte die Nahrungsmittel- und Kohlenkrise in Westdeutschland politisch so gefährliche Ausmaße angenommen, daß selbst großangelegte, weltweite private Hilfsaktionen keine ausreichend wirksamen und dauerhaften Maßnahmen mehr bilden konnten. Weder die Unterstützungen aus dem Geist christlich-jüdischer Nächstenliebe durch CRALOG und CARE, noch die Leistungen im Rahmen des „Government Appropriations for Relief in Occupied Areas" (GARIOA)-Programms, die Nahrungsmittel, Saatgut, Medikamente, Düngemittel und Treibstoff betrafen und allein für Westdeutschland zwei Mia Dollar Wert hatten, reichten aus. Am 5. Juni 1947, dem Vortage der Münchner Konferenz, bot nun der neue amerikanischen Außenminister George F. Marshall – nach einer Art Vorankündigung Präsident Trumans vom 12. März 1947, der „Truman-Doktrin" – in einer Rede vor Studenten der Harvard-Universität die Hilfe der USA beim Wiederaufbau Europas an. Er machte dabei die Hilfe von der Bedingung abhängig, daß die europäischen Staaten sich selber auf einen gemeinsamen Wirtschaftsplan einigten. Marshall dehnte sein Angebot auch auf die Sowjetunion und die unter ihrer Kontrolle stehenden osteuropäischen Staaten aus. Es hieß in seiner Rede: „Unsere

Politik richtet sich nicht gegen irgendein Land oder irgendeine Doktrin, sondern gegen Hunger, Armut, Verzweiflung und Chaos. Ihr Zweck ist die Wiederbelebung einer funktionierenden Weltwirtschaft, damit die Entstehung politischer und sozialer Bedingungen ermöglicht wird, unter denen freie Institutionen existieren können ... Jeder Regierung, die bereit ist, beim Wiederaufbau zu helfen, wird die volle Unterstützung der Regierung der USA gewährt werden, dessen bin ich sicher. Aber eine Regierung, die durch Machenschaften versucht, die Gesundung der anderen Länder zu hemmen, kann von uns keine Hilfe erwarten. Darüber hinaus werden alle Regierungen, politischen Parteien oder Gruppen, die es darauf abgesehen haben, das menschliche Elend zu einem Dauerzustand zu machen, um in politischer oder anderer Hinsicht Nutzen daraus zu ziehen, auf den Widerstand der USA stoßen. Eines ist schon jetzt klar: bevor die USA ihre Bemühungen zur Besserung der Lage fortsetzen und zum Gesundungsprozeß der europäischen Länder beitragen können, müssen die Länder Europas untereinander zu einer Einigung darüber kommen, was die gegenwärtige Lage am dringendsten erfordert und inwieweit die Länder Europas selbst dazu beitragen können, eine volle Auswertung der Maßnahmen unserer Regierung zu erzielen ... Die Initiative muß von Europa ausgehen ...“

Der britische Politiker Bevin bezeichnete am 11. Juni Marshalls Angebot als einen der gößten Pläne der Weltgeschichte. Polen und Ungarn zeigten Interesse; die Tschechoslowakei nahm sogar die Einladung der USA an.

Als aber Molotow, der die zunächst genannten 16 Mia Dollar für zu wenig erklärt hatte, den amerikanischen Vorschlag auf der Außenministerkonferenz vom 27. Juni bis zum 2. Juli als Einmischung in die souveräne Politik der europäischen Mächte bezeichnete, lehnten alle osteuropäischen Staaten die Einladung zur Pariser Wirtschaftskonferenz vom 12. bis zum 22. September ab. In der Tat war Marshalls Rede beides: eine hochmütige und drohende Geste gegen den ehemaligen Verbündeten, zu dessen Siegen amerikanische Waffen- und Warenkonvoys beigetragen hatten, und zugleich ein großzügiges Angebot an die armen Europäer vom Atlantik bis zum Ural. Die in Paris noch teilnehmenden 16 Nationen bezogen Deutschland in die Analyse der europäischen Wirtschaftslage und in den Schlußbericht der Konferenz mit ein. Das amerikanische Hilfsprogramm fand schließlich seinen Niederschlag in der amerikanischen Economic Cooperation Act vom 3. April 1948 und in der Konvention für Europäische Wirtschaftliche Zusammenarbeit (European Recovery Program, ERP), die von den 16 Ländern und den Oberkommandierenden der drei westdeutschen Besatzungszonen am 16. April unterzeichnet wurde. Die amerikanische Hilfe war sehr bedeutend: In den vier Jahren des Marshall-Plans 1948/52 betrug sie 14,7 Mia Dollar, von denen 1,5 Mia nach Westdeutschland und Westberlin gingen.

Als Antwort auf den Marshall-Plan und auf den Abfall Titos initiierte Stalin zunächst am 12. Juli 1947 einen „Molotow-Plan“ und Ende Januar 1949 den „Rat für Gegenseitige Wirtschaftshilfe“ (RGW) mit sechs Mitgliedstaaten (Sowjetunion, Bulgarien, Ungarn Polen, Rumänien, Tschechoslowakei; 1949/62 auch Albanien) als „Instrument zur Wahrnehmung der sowjetischen Interessen, aber auch zum Aufbau des Sozialismus gemäß der geltenden Sowjet-Doktrin“ (Pritzel). Im September 1950 wurde die DDR in den RGW aufgenommen.

Neuere Forschungen (Gimbel) vertreten die Auffassung, es habe sich beim Marshall-Plan letztlich weniger um eine Wendung gegen die Sowjetunion gehandelt, als vielmehr um eine Entschädigung Frankreichs. Für seinen Verzicht auf territoriale Kriegsgewinne in Deutschland, zum Ausgleich für den von den USA angestrebten und zu erwartenden wirtschaftlichen Aufstieg Westdeutschlands sowie für dessen zunächst wirtschaftlichen, schließlich auch politischen Zusammenschluß, sollte es die Chance zur wirtschaftlichen Führung auf dem Kontinent erhalten.

Tatsächlich entfielen von den 14,7 Mia Dollar nicht weniger als 3,1 Mia auf Frankreich. Wo immer einzelne

Staatsmänner zu verschiedenen Zeiten das Schwergewicht der Ursachen für den Plan gesehen haben mögen – für Westdeutschland bedeutete die Economic Cooperation Act, deren Ziel „die Erweiterung des Außenhandels, die Herstellung und Behauptung innerer finanzieller Stabilität und die Entwicklung wirtschaftlicher Zusammenarbeit", deren europäischer Nutznießer es war, daß sofort eine Überprüfung der Demontagepolitik angeordnet wurde. Ein nach Deutschland entsandter „Humphrey-Ausschuß" kam zu dem Ergebnis, daß 167 Großanlagen von der Demontageliste gestrichen werden sollten. Darüber hinaus strich man 150 Anlagen von einer „erweiterten" Liste. Doch blieb es auch im neuen Demontage-Plan vom 16. Oktober 1947 grundsätzlich bei der Fortführung der Demontage von 682 Unternehmen, nicht zuletzt auf Grund einer in ihren Ursprüngen dunklen Theorie, derzufolge Westdeutschland zu einer vollen Nutzung seiner Industriekopazität auch nicht annähernd mehr in der Lage sei, ferner aus Konkurrenzangst bei englischen und französischen Interessentengruppen, die selbst noch bei der Dreizonen-Konferenz am 3. April 1949 deutlich zum Ausdruck kam.

In Westdeutschland hatte der Marshall-Plan, der nach dem Urteil Schweizer Bankiers eine überraschend schnelle weltweite Wirtschaftserholung anstelle der befürchteten Nachkriegs-Krisis brachte, nach einem Vertrauensschwund 1946/47 eine deutliche pro-amerikanische Entwicklung der öffentlichen Meinung zur Folge: Die USA wurden als vertrauenswürdige Führungs- und Schutzmacht des Westens anerkannt – eine Auffassung, die durch Ausmaß und Erfolg der Berliner Luftbrücke verstärkt und verbunden wurde mit einer heftigen Wendung gegen die Sowjetunion, einem der Ziele des Marshall-Planes.

Eine weitere Folge des Planes war, daß auf Grund eines Vorschlages des deutschen Bankiers H. J. Abs im September 1947 eine Reconstruction Loan Corporation gegründet wurde, die nach der Währungsreform durch gesetzliche Regelung vom 5. November 1948 als „Kreditanstalt für den Wiederaufbau" errichtet werden und am 2. Januar

1949 die Arbeit aufnehmen konnte. Wiederaufbau bedeutete Stärkung der deutschen Volkswirtschaft und deren Eingliederung in die „Wirtschaft einer westeuropäischen Union“.

Nach dem Verlust des deutschen Auslandsvermögens von etwa 20 Mia RM, der deutschen Auslandsflotte (etwa 1,4 Mio BRT), Industrieverlusten und -beschränkungen, Reparationsleistungen (bis 1953 im Osten etwa 50 Mia Mark plus 15 Mia Besatzungskosten, im Westen etwa 5 Mia Mark, die bereits 1950 von den Neuinvestitionen um das Drei- bis Vierfache übertroffen wurden), schwerer Flüchtlings- und Wohnungsnot, einem zusammenbrechenden Geldwesen (Geldvolumen 1938: 56, 1945: 298 Mia RM) und den nicht mehr ausreichenden Resten der Planwirtschaft stand man nun an einer Wende. Marshalls Initiative legte den Grundstein für eine neue positive Politik der westlichen Besatzungsmächte in West- und Südeuropa und seine Behauptung gegen die sowjetischen Expansionstendenzen, an der auch das westliche Deutschland beteiligt wurde und von der es für die Wiederherstellung seiner eigenen Lebensfähigkeit profitieren sollte.

Im Zusammenhang mit Angebot und Vorbereitung der amerikanischen Hilfe für Europa ersetzte die amerikanische Regierung ihre stark unter dem Einfluß von Morgenthaus Vorstellungen formulierte Direktive JCS 1067 aus dem Frühjahr 1945 durch eine wesentlich mildere Richtlinie für General Clay. Eines der grundlegenden Wirtschaftsziele der bizonalen Militärregierungen sollte nun „die Unterstützung des deutschen Volkes beim Aufbau eines Staates sein, der sich selbst erhalten kann, friedliche Ziele hat und der sich in die europäische Wirtschaft eingliedert“. Als Antwort auf einen sowjetischen Protest veröffentlichte man im Anschluß an eine vom 22. bis zum 27. August in London durchgeführte Dreierbesprechung den „Revidierten Industrieplan für die amerikanische und britische Besatzungszone“.

Dem neuen Plan gemäß wurde nun die Stahlkapazität für die Bi-Zone auf 10,7 Mio t festgesetzt — gegenüber

7,5 Mio t für ganz Deutschland im März 1946 (und einer wirklichen Produktion in ganz Deutschland ohne Österreich von 16 Mio t im Jahre 1937). Doch war auch damit noch immer kein Ende der Demontagen abzusehen. Die Bedeutung der Demontagemaßnahmen ist im Laufe der Zeit und von verschiedenen Gesichtspunkten aus sehr unterschiedlich beurteilt worden. Zweifellos zerstörten sie im Augenblick Produktionsmöglichkeiten und Arbeitsplätze. Auf lange Sicht zwangen sie jedoch Deutschland zwecks Schaffung der Möglichkeit, sich selbst zu erhalten und Exportgüter zu erarbeiten, dazu, die demontierten, zumeist veralteten und stark abgenutzten Anlagen durch neue, modernste zu ersetzen, die denen der weltwirtschaftlichen Konkurrenz zumindest ebenbürtig waren. Auch versäumte man es im Sinne der eigentlichen Demontage-Absicht in Westdeutschland, wichtige Teile der Infrastruktur zu zerstören, Eisenbahnlinien, Straßen und Kanäle stillzulegen, Schulen und Hochschulen zu schließen, Arbeitsverbote für hochwertige Ingenieure, Verwaltungsspezialisten, Ministerialabteilungen usw. zu verhängen. „Wenn die USA wirklich ihre früheren Feinde hätten bestrafen wollen, dann hätten sie dem geschlagenen Reich ‚Reparationskäufe' auferlegen müssen. Die Deutschen hätten gezwungen werden müssen, zum Beispiel für 20 Mia Dollar abgenutzte amerikanische Industrieeinrichtungen zu kaufen und zu verwenden" (Balabkins).

Die Sowjetunion beantwortete die engere Zusammenarbeit der USA und Großbritanniens sowie des zögernd folgenden Frankreich im September mit der Gründung des „Kommunistischen Informationsbüros (Kominform)", während der SED-Parteitag vom 20. bis 24. September 1947 erneut behauptete, die „Vollendung der bürgerlich-demokratischen Revolution", die die SED betreibe, habe nichts mit Bolschewisierung und Sozialismus zu tun: „Wir stehen in Deutschland . . . nicht vor der *unmittelbaren* Aufgabe, die sozialistische Gesellschaftsform zu errichten."

Bi-Zone, Währungsreform und erste Berlin-Krise

Die fünfte Tagung des Rates der Außenminister vom 25. November bis zum 15. Dezember 1947 in London verlief infolge der machtpolitischen und ideologischen Verhärtungen in Ost und West in sehr gespannter Atmosphäre. Von der Wiederherstellung der wirtschaftlichen Einheit Deutschlands konnte keine Rede sein, was die festere Organisation der Bi-Zone zur Folge haben mußte, während in der Sowjetzone ein „Deutscher Volkskongreß für Einheit und gerechten Frieden" am 6. und 7. Dezember 1947 in Ost-Berlin einen Friedensvertrag und eine Nationalversammlung forderte. Die Außenministerkonferenz geriet in eine für die Zukunft entscheidende Krise, als die USA und Großbritannien die Sowjetunion um Informationen über die Höhe der deutschen Reparationsleistungen in deren Besatzungszone ersuchten. Molotow verweigerte die Angaben und löste damit endgültig eine Neuorientierung der Außenpolitik der Westmächte aus.

Schon zwei Tage nach der Londoner Außenministerkonferenz kam es zwischen den USA und Großbritannien über die Bi-Zone zu einem „Revidierten Fusionsabkommen." Es setzte Englands Finanzverpflichtungen von 50 % der Besatzungskosten der Bi-Zone auf 25 % herab, stärkte aber entsprechend auch den amerikanischen Einfluß im Bipartite Board, der Kontrollinstanz für das Vereinigte Wirtschaftsgebiet. Unter diesem Einfluß wurde eine „Verwaltung des Vereinigten Wirtschaftsgebietes" mit einem Wirtschaftsrat und einem Länderrat geschaffen, der am 23. Februar 1948 in seiner ersten Sitzung zusammentrat und in der Folgezeit nach Verdoppelung seiner Mitglieder auf 104 (je 40 von CDU und SPD) seine Gesetzgebungskompetenz erheblich erweitern konnte. Präsident des Wirtschaftsrats war Dr. Köhler, Oberdirektor wurde der ehemalige Staatssekretär Brünings Dr. Pünder, einer der Männer, die wie Lemmer und nicht wenige andere der politischen Energie Adenauers nicht gewachsen waren. Wirtschaftsdirektor wurde Professor Dr. Ludwig Erhard, der durch seine Tätigkeit in der „Sonderstelle Geld und Kredit“ bekannt geworden war; Direktor für Ernährung, Landwirtschaft und Forsten blieb Dr. Schlange-Schöningen. Zehn Tage zuvor war in der Sowjetzone die Deutsche Wirtschaftskommission in ähnlicher Weise konsolidiert worden, nachdem die SED ihre führende Position befestigt hatte.

„Die Jahreswende 1947/48 stellte in der deutschen Nachkriegsgeschichte einen wichtigen Einschnitt dar. In der sowjetischen Besatzungszone endete die antifaschistisch-demokratische Frühphase. Fortan wiesen die politischen, wirtschaftlichen und sozialen Wandlungen in den beiden Teilen Deutschlands kaum noch Gemeinsamkeiten auf. An dem Punkte, an dem sich die Einflußzonen von Ost und West überschnitten – in Berlin –, reifte die erste Machtprobe am Rande des Abgrunds heran“ (Rexin).

Es begann die Zeit der Bildung von Bündnisblöcken in Ost und West einerseits und des Zerfalls des Kontrollrats andererseits. Seine Sitzung am 20. März 1948 wurde dadurch zur letzten, daß sich die drei Westmächte in ihrer Deutschland-Politik nicht durch die sowjetischen Vertreter beirren ließen. Als der sowjetische Militärgouverneur nun seinerseits die drei westlichen Gouverneure aufforderte, dem Kontrollrat einen detaillierten Bericht über alle Westdeutschland betreffenden Abkommen der jüngsten Zeit zu geben, verweigerten sie ihn.

Zehn Tage später begannen die Sowjets mit Maßnahmen, die eine volle Kontrolle des Handelsverkehrs der Stadt Berlin zum Ziel hatten: Die Blockade kündigte sich an. Die Sowjets wollten die Amerikaner aus Berlin verdrängen, bevor der Marshall-Plan, aus dessen Mitteln auch Westberlin gestärkt werden sollte, wirksam wurde. Doch blieben die Amerikaner mit ihren Familien in Berlin, selbst als die Sowjets im Sommer den Verkehr zwischen der Stadt und Westdeutschland weiter einschränkten.

Am 3. April 1948 hatte Truman das Auslandshilfegesetz unterzeichnet, und am 16. April war die Organisation für Europäische Wirtschaftliche Zusammenarbeit (Organization for European Economic Cooperation, OEEC) in London gegründet worden. Nachdem die Sechs-Mächte-Konferenz daraufhin am 2. Juni 1948 ihr Deutschland-Kommuniqué veröffentlicht hatte, in dem Deutschland als Teil Westeuropas bezeichnet und eine Verfassung für Westdeutschland geplant worden war (was zur Bildung des Parlamentarischen Rates führte), verkündeten am 18. Juni 1948 die Oberbefehlshaber der drei westlichen Besatzungszonen eine Währungsreform. Sie sollte zum Ausgangspunkt der wirtschaftlichen Gesundung Westdeutschlands werden. Notwendig war diese Reform, weil von 1938 bis 1945 das deutsche Geldvolumen von etwa 60 auf rund 300 Mia RM angewachsen war und die Besatzungsmächte – in der Sowjetzone in nicht feststellbarer Menge – eigenes Geld gedruckt hatten. Während der Geldwert ständig gesunken war, hatte sich vom Schwarzmarkt aus eine Zigaretten-Währung gebildet.

Die wirtschaftliche Entwicklung hatte in den drei Jahren seit der Kapitulation nicht stillgestanden. Nach dem Schock aus Niederlage, Besatzung und gröbsten Formen der Umerziehung und Entnazifizierung gab es bereits 1946 deutlich eine „Rekonstruktionsperiode" (Abelshauser); sie fand ihr frühes Ende, als im Winter 1946/47 das Transportsystem zusammenbrach, Hungersnot, Unfähigkeit und Gleichgültigkeit der Besatzung sowie Schwäche des Außenhandels sich auswirkten. Im „Weinheimer Währungsbeschluß" der Preisbildungsstellen vom 8. Mai 1947 hieß es: „Eine Steigerung der Produktion kann nicht erfolgen, solange der Export zu den vorgeschriebenen Inlandspreisen ein reines Verlustgeschäft ist." Trotzdem begann eine zweite Aufschwungphase im Herbst 1947, die im Frühjahr 1948 zwar durch Spekulation, Warenhortung und Unsicherheit in Erwartung der Währungsreform verzögert wurde, aber doch „in vollem Gange" war, als diese durchgeführt wurde.

Der Gedanke, die Währungsreform in allen Besatzungszonen gleichartig oder ähnlich durchzuführen, stieß nicht allein auf den Widerstand der Sowjetunion, sondern auch auf schwerwiegende grundsätzliche Gefahren. „Wollte man eine vierzonale Sanierung des Geldwesens mit der Chance, die schon aufgehobene deutsche Wirtschaftseinheit wieder herzustellen, so mußte man die Gefahr in Kauf nehmen, in einer Wirtschaftsformung nach ostzonalem Vorbild zu leben. Nur diejenigen, die fest und unerschütterlich an die unabänderliche Aufteilung Deutschlands auf die sich verfestigenden Blöcke in Ost und West glaubten, konnten ... für eine schnelle Währungsreform in den drei Westzonen eintreten. Eine aktive Verantwortung dafür mochte trotzdem niemand übernehmen" (Möller).

Währungsreformgespräche begannen bereits Ende 1945. Es folgten umfassende amerikanische Untersuchungen und der Colm-Dodge-Goldsmith-Bericht. Bei der Entscheidung über den Druck der neuen Zahlungsmittel ergab sich ein unüberwindliches Hindernis: Die Sowjets wollten die Noten in Leipzig und Berlin drucken, die Amerikaner nur in Berlin unter strenger Viermächtekontrolle. Da man nicht zu einer Einigung gelangen konnte, wurden die Noten für Westdeutschland in Washington gedruckt und Ende 1947 nach Frankfurt transportiert. Erst ab 20. April 1948 wurden acht deutsche Experten zu den Planungen hinzugezogen. Nun gelangte man auch auf Drängen von Ludwig Erhard zu dem Beschluß, mit der Währungsreform „wohldosiert" (Möller) den Übergang zur Marktwirtschaft zu verbinden. Im Westen führte ein „Währungsgesetz" am 18. Juni mit Wirkung vom 21. Juni 1948 die Deutsche Mark-Währung ein. Danach schuf ein „Emissionsgesetz" die „Bank Deutscher Länder" mit Notenausgaberecht, regelten ein „Umstellungsgesetz" vom 26. Juni 1948 und ein „Festkontengesetz" vom Oktober die Höhe aller Bankguthaben in der neuen Währung. Innerhalb von sechs Tagen mußte alles Altgeld im Verhältnis 10 : 1 umgetauscht werden. Löhne, Gehälter, Renten, Mieten und neue Verbindlichkeiten wurden nach dem 21. Juni im Verhältnis 1 : 1, RM-Forderungen grundsätzlich im Verhältnis 10 : 1 umgestellt. Da Teile der ursprünglich 10 : 1 umgestellten Altguthaben später gestrichen wurden, ergab sich bei vielen Konten ein Umstellungsverhältnis von nur 100 : 6,5. Schließlich behandelte ein weiteres, als einziges weitgehend auf deutschen Vorschlägen beruhendes Gesetz die Steuerreform und brachte eine Herabsetzung der Einkommensteuern. Zu diesen Militärregierungs-Gesetzen Nr. 61 bis Nr. 64 gab es in kurzer Zeit viele Durchführungsverordnungen, zum „Umstellungsgesetz" allein etwa 50.

Ludwig Erhard erklärte auf einer Pressekonferenz am Tage der Währungsreform: „Ich möchte das freie Unternehmertum auf den Ernst dieser Stunde hinweisen und es mahnen, aus den vermeintlichen Chancen eines Augenblicks nicht eine das Gemeinwohl schädigende Nutzanwendung zu ziehen. Diese kurzsichtige Politik eines kleinen Krämergeistes müßte sich bitter rächen, und darum rufe ich auch die Selbstverwaltungsorgane der Wirtschaft, die Kammern und Verbände, auf, im Kreise ihrer Mitglieder Verständnis dafür zu wecken, daß die Stunde der Bewährung gekommen ist und daß uns nur wieder der Rückfall in irgendeine Form der staatlichen Befehlswirtschaft droht, wenn sich die Wirtschaft den Aufgaben nicht gewachsen und des Vertrauens nicht würdig zeigt."

Die erste Folge der Währungsreform war kurzfristig ein Überangebot an bisher gehorteten Waren im Verhältnis zur radikal reduzierten Kaufkraft der Bevölkerung; bald aber trat ein neuer Warenmangel ein, da die Menschen infolge eines großen Nachholbedarfs das neue Geld sofort in Waren anlegten. Erhebliche Preissteigerungen, die etwa ein Jahr andauerten, bildeten die Folge. Mit der Währungsreform war die Grundlage für ein stärkeres wirtschaftliches Wachstum geschaffen, zumal der Wirtschaftsrat in Frankfurt in verhältnismäßig kurzer Zeit alle zwangs- und planwirtschaftlichen Maßnahmen aus der NS-Zeit beseitigte und eine stark stimulierende marktwirtschaftliche Ordnung einführte, die freilich auf heftige Kritik bei SPD und Gewerkschaften stieß. Mitten in Deutschland ging der Eiserne Vorhang auch wirtschaftlich nieder.

Die Sowjetische Militäradministration verkündete am 23. Juni für den nächsten Tag eine Geldreform im Verhältnis 10 : 1 in ihrer Zone. Der sowjetische Gouverneur in Berlin nannte die westliche Währungsreform einen kapitalistischen Schlag zur Zerstückelung Deutschlands und versuchte für ganz Berlin, das er als wirtschaftlich zur Sowjetzone gehörig bezeichnete, sowie für diese Zone selbst eine neue Mark (die sogenannte Ost-Mark) einzuführen. Die westlichen Gouverneure antworteten mit der Einführung der DM-West zum 25. Juni auch in den Berliner Westsektoren. Am Tage der ostzonalen Währungsreform forderte in Warschau eine Konferenz von acht Ostblockstaaten erneut eine Viermächtekontrolle über das Ruhrgebiet, die „Bildung einer provisorischen demokratischen friedliebenden gesamtdeutschen Regierung aus Vertretern demokratischer Parteien und Organisationen Deutschlands", den Abzug aller Besatzungstruppen innerhalb eines Jahres und die Fortsetzung der Reparationslieferungen aus dem Westen.

Am gleichen Tage begann die Sowjetunion mit der Unterbrechung der Verbindungen zwischen dem Westen und Berlin. Dort war zu den allgemeinen Spannungen zwischen West und Ost durch die Wahl Professor Ernst Reuters zum Oberbürgermeister ein weiterer Konflikt hinzugetreten. Reuter war als Kriegsgefangener in Rußland 1917 auf die Seite der Bolschewiken getreten, später zum Generalsekretär der KPD aufgestiegen, 1922 aber zur SPD übergewechselt. 1933 war er in die Türkei emigriert, 1946 nach Berlin zurückgekehrt. Die Sowjetunion verzieh ihm seinen Bruch mit dem Kommunismus nicht. Die Spannungen wurden verschärft, als in Berlin gegen den auf die Linie der SED einschwenkenden FDGB eine unabhängige Gewerkschaftsorganisation (UGO) und gegen kommunistische Eingriffe in die Autonomie der Universität von Studenten mit Reuters Förderung die „Freie Universität" gegründet wurde, die Unterstützung insbesondere von der amerikanischen Besatzungsmacht erhielt. Reuter war ein aus der Zeit der Weimarer Republik erfahrener Magdeburger Kommunalpolitiker, der nun, ein enger Freund Schumachers, die Freiheit Berlins der Einheit vorzog. Gleichzeitig gingen die Sowjets dazu über, Groß-Berlin als Teil der sowjetischen Besatzungszone zu bezeichnen und nach der Lahmlegung des Kontrollrates am 20. März 1948 nach Ende dieses Monats den Verkehr zwischen Westdeutschland und Berlin so zu behindern, daß die westlichen Besatzungsmächte eine „kleine Luftbrücke" einrichteten. General Clay warnte im Juni 1948 das amerikanische Kriegsministerium: „Die Tschechoslowakei haben wir verloren. Norwegen schwebt in Gefahr; wir geben Berlin auf. Wenn Berlin fällt, folgt Deutschland als nächstes. Wenn wir beabsichtigen, Europa gegen den Kommunismus zu halten, dürfen wir uns nicht von der Stelle rühren ... Wenn wir fortgehen, gefährden wir unsere europäische Position ... Ich glaube, die Zukunft der Demokratie verlangt von uns, daß wir bleiben."

Am 16. Juni 1948 hatten sich die sowjetischen Vertreter von der Sitzung der Alliierten Kommandantur zurückgezogen, am 18. die Westmächte die Währungsreform bekanntgegeben, in die sie ursprünglich West-Berlin nicht hatten einbeziehen wollen. Erst nach ergebnislosen Beratungen mit den Sowjets über die Folgen einer getrennten Währungsreform, bei denen die Franzosen sich bereitfanden, die Ostmark in ganz Berlin einzuführen, verfügten die Westmächte am 23. Juni die Einführung der Westmark in ihren Sektoren. Nun kam es zu einer SED-Demonstration vor dem Berliner Parlament, das schließlich von den Kommunisten gesprengt wurde. Der Magistrat beschloß, die beiden Währungen nebeneinander gelten zu lassen. Aber in der Nacht vom 23. zum 24. Juni sperrten die Sowjets – technische Gründe vortäuschend – den gesamten Personen- und Güterverkehr aus dem Westen nach Berlin, die Stromlieferungen aus Golpa-Tschornewitz und die Lebensmittelzufuhr aus der Ostzone. Am 7. Juli unterbanden sie den Schiffsverkehr, nachdem schon am 18. Juni der Personenzugverkehr mit der SBZ Unheil verkündend eingestellt worden war. Am folgenden Tage faßte General Clay den historischen Entschluß, gegenüber diesem „Kriegsersatz" („substitute for war") eine „Luftbrücke" einzurichten: Britische Maschinen transportierten daraufhin sofort 6,5 t Lebensmittel nach Berlin. Genau 300 Tage lang funktionierte die Luftbrücke mit einer solchen Präzision, daß täglich Flugzeuge im Abstand von ein bis zwei Minuten auf drei Westberliner Flugplätzen landeten und im Durchschnitt 6394 t Lebensmittel, Kohle, Maschinen, Werkzeuge usw. in den belagerten Westteil der Stadt flogen. Außerdem verlegten die Amerikaner Atombomben tragende Flugzeuge aus den USA nach England.

Am 1. Juli erklärten die Sowjets, die Alliierte Stadtkommandantur sei aufgelöst. Als sie feststellen mußten, daß die Luftbrücke entgegen ihren Erwartungen auf die Dauer immer leistungsfähiger wurde und auch im Winter fast reibungslos funktionierte, interessierten sie sich allmählich für Möglichkeiten, den Blockadekrieg beizulegen. Ende Juli begannen diplomatische Gespräche in Moskau, an denen zeitweise Stalin selbst teilnahm. Er zeigte sich verständigungsbereiter als Molotow, der als Schuldiger dienen mußte.

Ende Januar 1949 erklärte Stalin dem Vertreter einer amerikanischen Nachrichtenagentur, die Aufhebung der Blockade sei abhängig von der Aufhebung der westlichen Gegenblockade und der Einberufung einer Viermächtekonferenz noch vor der endgültigen Gründung eines westdeutschen Staates.

Beide Seiten setzten ‚Signale', nämlich die Erklärung der DM-West zum einzigen Zahlungsmittel in West-Berlin, die Ablösung hoher sowjetischer Funktionäre in Berlin und die immer eindrucksvolleren Ergebnisse der Luftbrücke, die am 16. April 1949 12940 t Güter transportierte. Über diese Schritte gelangte man schließlich zum Jessup-Malik-Abkommen vom 4. Mai 1949, durch das am 12. Mai alle ‚Restriktionen' beider Seiten, Blockade und Gegenblockade, aufgehoben und die Verkehrsbedingungen der Zeit vor dem 1. März 1948 wieder hergestellt wurden. Daran, daß Westberlin dem Zugriff der Sowjetunion und ihrer Besatzungszone ausgeliefert blieb, änderte sich nichts. Aber inzwischen war der Nordatlantikpakt geschlossen worden, hatte der Marshall-Plan begonnen, sich auszuwirken und die Bildung des Staates „Bundesrepublik Deutschland" ihren Anfang genommen.

In annähernd 200 000 Flügen hatten britische und amerikanische Maschinen während der Zeit der Blockade etwa 2,3 Millionen t Güter nach Berlin geflogen – darunter 950 000 t Kohle und 438 000 t Lebensmittel – und damit ein erstes Mal West-Berlin unter dem Verlust von 50 Menschen und beträchtlichen Entbehrungen der 2,5 Millionen West-Berliner vor dem Kommunismus gerettet. Am 14. Mai unterzeichneten die drei Stadtkommandanten ein Besatzungsstatut für West-Berlin, das die rechtlichen Beziehungen zwischen ihnen und der deutschen Bevölkerung regelte. Als Ursache für die Einstellung der russischen Blockade, die für Stalin einen beträchtlichen Prestigeverlust bedeutete, spielte, außer der imponierenden Leistung der Luftbrücke, zweifellos die Auswirkung der Gegenblockade auf die Ostzone eine erhebliche Rolle.

Nach der Währungsreform und dem Sieg des Westens über den russischen Blockadekrieg begann für Westberlin eine Zeit relativ ruhiger Entwicklung – allerdings auf einer im Verhältnis zu aller Vergangenheit völlig veränderten Grundlage. Während des 19. Jahrhunderts hatte sich die preußische und Reichshauptstadt zu einer Mietskasernen- und Militärstadt mit einer spezifischen rigorosen militärfiskalischen Bodenpolitik entwickelt. Nunmehr war die Möglichkeit entstanden, moderne Stadtplanungsvorstellungen mit Volksparks, Sport- und Ausstellungsanlagen in der zerstörten Stadt zu verwirklichen, und zwar in dem Tempo, in dem die westlichen Besatzungsmächte sich aus den besetzten Militärbauten des Dritten Reiches zurückzogen. Freilich fiel nun auch der militärische Wirtschaftssektor fort, der hinter Industrie und Handel sowie den zentralen Einrichtungen des Reichs und Preußens den drittstärksten Beitrag zum Aufstieg Berlins im 19. und 20. Jahrhundert geliefert hatte. Die Zentrallandschaft von ehedem, deren Bedeutung für das „Großdeutsche Reich“ Speers Bauten ähnlich hatten unterstreichen wollen wie Schloß, Dom, Siegessäule und -allee, die Eisenbahn und die Kasernen in früheren Zeiten, zerschlug der Zweite Weltkrieg ebenso wie Preußen und das Reich, in denen sie enstanden war und die sie repräsentierte.

Nicht zu übersehen ist, daß die Sowjets in ihrer Besatzungszone während dieser Monate eine volksdemokratische Ordnung einrichteten, indem sie die SED in eine „Partei neuen Typs“, d. h. in eine stalinistische Kader-Partei unter entscheidendem Einfluß der KPdSU und den FDGB in ein Herrschaftsinstrument des Staates umbildeten. Ende Oktober 1948 lag der Verfassungsentwurf für eine „Deutsche Demokratische Republik“ vor. Trotz alledem brachte eine Wahl am 15./16. Mai 1949 zum Dritten Deutschen Volkskongreß kein zustimmendes Votum, so daß das Wahlergebnis gefälscht werden mußte, um eine Legitimation für den Kongreß vortäuschen zu können. „Zur gleichen Zeit bedeutete der Sieg der kommunistischen Armee in China den größten Machtzuwachs der Sowjetunion seit 1945“ (Rexin).

Die Gründung der Bundesrepublik Deutschland

Im Westen hatte am 22. Januar 1948 der britische Außenminister Bevin die Bildung einer „Westunion“ und den Zusammenschluß Westeuropas empfohlen. Diese Rede wurde zum Ausgangspunkt für Sechsmächtebesprechungen über Deutschland, zu den „Londoner Empfehlungen“ vom 7. Juni 1948 und zur wirtschaftlichen Angliederung der französischen Zone an das Vereinigte Wirtschaftsgebiet im Zusammenhang mit der Währungsreform.

Die „Londoner Empfehlungen“ erklärten, das deutsche Volk solle nun die Freiheit erhalten, „für sich die politischen Organisationen und Institutionen zu errichten, die es ihm ermöglichen werden, eine regierungsmäßige Verantwortung soweit zu übernehmen, wie es mit den Mindesterfordernissen der Besatzung und Kontrolle vereinbar ist, und die es ihm schließlich auch ermöglichen werden, die volle Verantwortung zu übernehmen."

Mit der Durchführung dieser Empfehlungen wurden die Regierungschefs der Länder beauftragt, nachdem der vom amerikanischen „big business" wegen seiner Weltvorrangs-Ideologie geförderte Clay im März noch einmal hatte befürchten müssen, die Sympathie der Regierungen Englands und der USA für SPD und Schumacher könnte zur Bevorzugung eines neutralen Vierzonen-Deutschlands führen. Den Regierungschefs wurden am 1. Juli 1948 von den Militärgouverneuren drei Dokumente über deren Vorstellungen vom künftigen Staat und seinen Beziehungen zu den Besatzungsmächten überreicht. Die Ministerpräsidenten berieten vom 8. bis zum 10. Juli auf dem „Rittersturz" bei Koblenz. Dort erklärten sie sich angesichts der engen und guten Kontakte mit den amerikanischen und englischen Militärgouverneuren – die Franzosen versuchten auch hier die Bildung eines Weststaates zumindest zu verzögern – bereit, die ihnen zugedachten Vollmachten zu akzeptieren. In ihren Beschlüssen empfahlen sie den Landtagen, einen „Parlamentarischen Rat" zu wählen, der mit der Ausarbeitung eines „Grundgesetzes" – entsprechend einer Verfassung, die allerdings dem wiedervereinigten Deutschland vorbehalten bleiben sollte – und dem Erlaß eines Wahlgesetzes für die Volksvertretung betraut werden konnte. Es folgten weitere Besprechungen und Beratungen am 21./22. Juli im Jagdschloß „Niederwald", bis am 26. Juli 1948 in Frankfurt beschlossen wurde, der Parlamentarische Rat solle am 1. September 1948 in Bonn zusammentreten, um mit den Beratungen über die vorläufige Verfassung zu beginnen.

Am 1. September 1948 nahm der Rat, der aus 65 Mitgliedern (davon fünf Westberliner mit nur beratender Stimme) bestand, seine Tätigkeit auf und wählte den Vorsitzenden der CDU in der britischen Zone, Oberbürgermeister a. D. Dr. Konrad Adenauer, zu seinem Präsidenten.

Adenauers Rolle im Parlamentarischen Rat ist von besonderer Bedeutung. Er besaß erst seit wenigen Wochen eine unumstrittene Vorrangstellung innerhalb der CDU in der britischen Zone, die wiederum überzonal führend war. Adenauer hatte „seit dem Ausgang der ersten freien Wahlen in den Westzonen Anfang 1946 gegenüber der britischen Militärregierung und der deutschen Öffentlichkeit den Führungsanspruch seiner Partei präsentiert und kompromißlos das von Kurt Schumacher für die SPD beanspruchte Monopol abgelehnt. Eine vergleichbare Parteiposition wie Adenauer besaß kein anderes Mitglied des Parlamentarischen Rates“ (Morsey). Wenn dennoch die SPD für ihren bedeutendsten Gegenspieler als Präsidenten stimmte, dann beruhte das hauptsächlich auf der – falschen – Annahme, er werde wegen seines hohen Alters nicht nach weiteren Ämtern streben, daneben auch auf dem Wunsch, den Vorsitz im wichtigen Hauptausschuß zu erlangen. „Es liegt nahe anzunehmen, daß Adenauer seine Wahl von vornherein in Rechnung gestellt und vielleicht mitvorbereitet hat, falls das überhaupt notwendig gewesen sein sollte“ (Morsey). Während der Tätigkeit des Parlamentarischen Rates benutzte sein Präsident dann „den regelmäßigen Kontakt mit den Alliierten, um immer wieder seine Konzeption über die Rolle Westdeutschlands in einer europäischen Föderation zu entwickeln. Er erkannte rasch, daß sich seine Ansichten am ehesten mit den Vorstellungen des amerikanischen Militärgouverneurs General Clay deckten“ (Morsey). Dieser spielte dann auch eine entscheidende politische Rolle bei der Gründung der Bundesrepublik.

Tatsächlich war Adenauer der prominenteste deutsche Politiker, der sich kompromißlos dafür eingesetzt hat, einen westdeutschen Bundesstaat ins Leben zu rufen und ihn aufs engste an Westeuropa zu binden – nicht an die USA, die erst seit seinen engen Beziehungen zu Dulles und seit de Gaulles Wendung gegen eine europäische Integration in Adenauers politischem Kalkül in den Vordergrund traten. In seiner politischen Konstellationsanalyse ging er von Anfang an, wie ein Brief vom 31. Oktober 1945 bezeugt, von der Endgültigkeit der Zweiteilung Europas aus – eine Auffassung, die im folgenden Vierteljahrhundert vielfach bestätigt worden ist.

Adenauer wollte Westdeutschland möglichst schnell aus Machtlosigkeit und Isolierung durch eine enge Bindung an den Westen unter Betonung der Verständigung und Verflechtung mit Frankreich befreien. Da auf der anderen Seite Résistance-Franzosen standen, die nicht an eine Kollektivschuld glaubten, vielmehr beim Aufbau eines neuen Deutschlands behilflich sein wollten, „entstanden die deutsch-französischen Treffen der Jahre 1945–1950. Aus ihnen ging eine Art menschlicher Infrastruktur des gegenwärtigen politischen Verhältnisses hervor“ (Grosser).

Die Verständigung mit Frankreich und den Benelux-Staaten sollte als Grundlage für eine politische Union einschließlich Großbritanniens dienen, die wiederum an die USA angelehnt sein sollte. Nur so hielt Adenauer den wirtschaftlichen Aufbau und die soziale Gesundung Westdeutschlands, des westeuropäischen Bollwerks gegen den Kommunismus, in Sicherheit für erreichbar; denn Sicherheit ohne Risiko etwa bei einer Wiedervereinigung wurde zum Hauptziel der westdeutschen Außenpolitik seit 1949. Weit weniger interessierte Adenauer sich für die innere Entwicklung des föderalistischen Weststaates. Energisch und erfolgreich trat er für die Schaffung der Institution eines Bundespräsidenten ein. Dagegen blieb ihm eine Zweite Kammer in der Form eines indirekt gewählten, von Weisungen der Länderregierungen unabhängigen Senats versagt. Durchgesetzt hat er sich mit seinem Vorschlag, nicht Frankfurt, den von der SPD beherrschten Sitz des Wirtschaftsrates, sondern Bonn, im Rheinland und nahe bei seinem Wohnort Rhöndorf gelegen, zum Sitz von Regierung und Parlament zu machen. Auf sein ausdrückliches Verlangen wurden bald nach dem 10. Mai die Besatzungstruppen aus der stets als „provisorisch“ bezeichneten Hauptstadt Bonn abgezogen.

„Dadurch, daß Adenauer die politischen Möglichkeiten

seines Amtes ausschöpfte, gewann er bedeutsamen Prestigezuwachs in der Öffentlichkeit. Der im Vergleich etwa zu Kurt Schumacher oder Ludwig Erhard bis dahin noch weniger bekannte CDU-Vorsitzende entwickelte sich zur politischen Zentralfigur und zu einer international bekannten Persönlichkeit ... Der von der Öffentlichkeit wenig beachtete Aufstieg des CDU-Vorsitzenden vollzog sich in erster Linie auf Kosten der bisher dominierenden Länderchefs, aber auch – wie sich bald herausstellen sollte – auf Kosten seines ernsthaften Rivalen Schumacher. Adenauer präsentierte der westdeutschen Bevölkerung unausgesprochen und unauffällig seinen Anspruch auf das künftige Regierungsamt" (Morsey). Er war überzeugt, daß kein anderer Kandidat besser geeignet sei, die künftige Bundesrepublik zu leiten, als er selbst. Adenauer hatte „vier Grundüberzeugungen, lange ehe der Plan eines westdeutschen Staates greifbare Formen annahm: Die Teilung Europas und Deutschlands ist eine Tatsache; die Chance der Westdeutschen liegt in ihrer Bindung an Westeuropa; sie ist auch durch das Interesse des Rheinlandes geboten; dieses soll zur führenden politischen Landschaft der Deutschen werden" (Besson). Am 10. April 1949 trat das Besatzungsstatut in Kraft, das zwar „den Wunsch und die Absicht" der Besatzungsmächte aussprach, daß die Deutschen Selbstregierung in weitestmöglichem Ausmaß genießen sollten, aber auch festlegte, daß die „Oberste Gewalt" in Westdeutschland „bei den Regierungen Frankreichs, der Vereinigten Staaten und des Vereinigten Königreiches verbleibt". Das Statut blieb offiziell bis zum 5. Mai 1955, dem Beginn der Gültigkeit der Pariser Verträge vom 23. Oktober 1954, in Kraft.

Am 8. Mai 1949 wurde das „Grundgesetz der Bundesrepublik Deutschland" vom Parlamentarischen Rat mit 53 gegen 12 Stimmen verabschiedet. Am 12. Mai wurde mit einigen Vorbehalten die Genehmigung der Besatzungsmächte erteilt, in den darauf folgenden Wochen das Verfassungswerk von zehn der elf Länder (Bayern, dem das Grundgesetz nicht föderalistisch genug war, bildete die Ausnahme) angenommen. Die alliierten Vorbehalte betrafen in erster Linie Einschränkungen in bezug auf die Zugehörigkeit Westberlins zur Bundesrepublik, deren Tragweite zunächst unklar war. Am 23. Mai 1949 wurde das Grundgesetz in der ersten Nummer des „Bundesgesetzblattes" verkündet. Am 24. Mai 1949 ist es formell in Kraft getreten. „Es verliert seine Gültigkeit an dem Tage, an dem eine Verfassung in Kraft tritt, die von dem deutschen Volk in freier Entscheidung beschlossen worden ist" (Art. 146).

Da alle Parteien mit Ausnahme der KPD von der Auffassung ausgingen, daß das Deutsche Reich nicht aufgehört habe zu bestehen, Wort und Begriff „Reich" aber zu dieser Zeit nicht verwendet werden sollten, entschloß man sich auf Grund einer Anregung von Heuss und einem seit 1947 bestehenden „Ellwanger Kreis" (Benz) der CDU, den provisorischen Staat „Bundesrepublik Deutschland" zu nennen und als Modell für ein später wieder vereintes Deutschland zu betrachten. „Wir begreifen dieses Wort ‚Deutschland' provisorisch natürlich vor allem im geographischen Sinne, da wir uns unserer Teilsituation völlig bewußt sind, geographisch und volkspolitisch. Aber strukturell wollen wir etwas machen, was nicht provisorisch ist... Wir müssen vielmehr strukturell schon etwas Stabileres hier fertig zu bringen versuchen, auch etwas, was eine gewisse Symbolwirkung hat..." (Heuss). Im Namen der demokratischen Parteien in Berlin sprach sich Reuter für diese Staatsgründung aus: „Wir sind der Meinung, daß die politische Gesundung auch unserer Verhältnisse für die Rückkehr des Ostens zum gemeinsamen Mutterland nötig ist."

In den großen Gesamtkomplex der Neuordnungen gehörten zwei weitere Faktoren: Konrad Adenauer hoffte, der Aussöhnung mit Frankreich dadurch näher zu kommen, daß er gegen den heftigen Widerstand der von Schumacher geführten, die nationalen Interessen unterstreichenden Opposition das Ruhrstatut anerkannte und den Eintritt der Bundesrepublik in den am 5. Mai 1949 gegründeten Europarat zunächst nur als assoziiertes Mitglied gleichzeitig mit dem Saargebiet unterzeichnete. Entgegen einer Verwahrung der Bundesrepublik wurde dieses am 3. März 1950 ein von ihr getrenntes autonomes Gebiet unter politischer und wirtschaftlicher Kontrolle Frankreichs.

Adenauer bezeichnete in einem Protestschreiben die Saarfrage als offen und in logischer Übereinstimmung mit der Ostpolitik der Bundesrepublik die Saarregierung als nicht legitimiert, eigenmächtig über diesen Teil Deutschlands zu verfügen. Im Gegenzuge fand die Alliierte Hohe Behörde sich zu weiteren Einschränkungen der Demontage, zur Lockerung der Beschränkungen beim Schiffbau und zur Genehmigung von Konsulaten in den westlichen Ländern bereit, d. h. zum Wiederbeginn einer institutionalisierten deutschen Außenpolitik.

Erst nach der Verkündung des Grundgesetzes fielen auch die Bestimmungen der Verfügung Nr. 218 vom 10. Juni 1947, die der französischen Besatzungsmacht solange eine indirekte Reparationspolitik ermöglicht hatten.

„Die Bundesrepublik wurde 1949 als eine Zwillingsschwester des Atlantikpaktes geboren. Vater war der Kalte Krieg. 1949 und nicht 1945. Weimar hatte nicht das Glück gehabt, erst nach den schwärzesten Jahren zu entstehen ... Das ‚Wirtschaftswunder' – nicht viel erstaunlicher als das von 1924 –, der Aufstieg aus dem internationalen Nichts, das kam dem neuen Staate zugute. Der CDU und der SPD konnte nicht ‚Potsdam' vorgeworfen werden wie ‚Versailles' dem Zentrum und den ‚Vaterlandslosen Gesellen' ... Erzberger ist ermordet worden, weil er mit den Siegern verhandelt hat. Adenauer, Erhard, Carlo Schmid und alle ‚Landesverräter' – von Hinrich Kopf bis Peter Altmeier – sie sind von den Siegern als Mitglieder der neuen Führungsschicht auserkoren worden, und doch wurden sie nie als ‚Kollaborateure' betrachtet. Weil eben die Bundesrepublik Tochter des Kalten Krieges ist. Weil der Parlamentarische Rat in Bonn tagte, während die Luftbrücke Berlin rettete ... Beinahe von heute auf morgen wurde Berlin vom Symbol des Preußentums und des Hitler-Regimes zum Symbol des Friedens" (Grosser). Hatte schon das Kontrollratsgesetz Nr. 46 vom 27. Februar 1947 – ohne Rechtsgrundlage, allein vor dem Hintergrund des militärischen Erfolges – das Ende des Staates Preußen verkündet, so verschwand er nun durch die Gründung oder Schaffung der beiden deutschen Staaten, was den nachdenklichen Zeitgenossen an die Teilungen Polens erinnern mochte – auch an die 1945 teilweise bestätigte von 1939 zwischen Hitler und Stalin, der nun obendrein einen Teil Deutschlands erhielt.

DIE ZWEI JAHRZEHNTE DER ÄRA ADENAUER-ULBRICHT

„Bundesrepublik Deutschland“ und „Deutsche Demokratische Republik“

Dem Inkrafttreten des Grundgesetzes folgte an den europäischen Börsen eine Hausse, in der Bundesrepublik ein erbitterter Wahlkampf, da vorauszusehen war, daß der erste Bundestag und die erste Bundesregierung für lange Zeit die politischen, wirtschaftlichen und gesellschaftlichen Grundlinien ziehen würden. Die beiden größten Parteien, die CDU und die SPD, befehdeten einander heftig in den für die Zukunft entscheidenden wirtschafts- und außenpolitischen Fragen, während sie die gesellschaftliche Entwicklung als Folgeerscheinung jener beiden Bereiche betrachteten und die Kulturpolitik im Rahmen des Föderalismus den Ländern und damit einer gewissen, durch den Mangel an kulturpolitischen Persönlichkeiten verstärkten Zersplitterung und Zufälligkeit überließen.

CDU und CSU wollten die neoliberale, u. a. von Franz Etzel in die „Düsseldorfer Leitsätze“ der CDU aufgenommene und damit zur offiziellen Leitidee der neuen Wirtschaftspolitik gemachte, von Ludwig Erhard praktisch durchgeführte „Soziale Marktwirtschaft“ fortsetzen. Die SPD dagegen strebte weiterhin nach „Sozialisierung“ der Schlüsselindustrien und nach „Planwirtschaft“ in den wichtigsten Wirtschaftsbereichen; sie bezeichnete die von Erhard im Frankfurter Wirtschaftsrat durchgesetzte Linie als „Klassenkampf von oben“.

Die CDU trennte sich mit den „Düsseldorfer Leitsätzen“ unauffällig von dem „Ahlener Programm“, einer Formulierung der wirtschaftspolitischen Ideen des linken Flügels der Partei um den Dominikaner Welty und den Düsseldorfer Bürgermeister Karl Arnold, die vom 1. bis zum 3. Februar 1947 ausgearbeitet worden war. Das Ahlener Programm hatte scharf das Versagen des „kapitalistischen Wirtschaftssystems" festgestellt und anschließend „Entflechtung der Konzerne und Trusts", Vergesellschaftung der Schlüsselindustrien, „Mitbestimmungsrecht" der Arbeiter und ein gewisses Maß von Wirtschaftslenkung, wenn nicht „Planung" gefordert. Vorstellungen des Kreisauer Kreises und Carl Goerdelers wurden hier erst- und letztmals politisch lebendig. Die nun kurz vor den ersten Bundestagswahlen aufgestellten „Düsseldorfer Leitsätze" lehnten „in scharfem Gegensatz" Vergesellschaftung und Planung, jede Beeinflussung des freien Marktes durch Lenkung, Kartelle und Monopole ab. Und wenn sie dem Monopolkapitalismus entgegentraten, dann nicht wie das Ahlener Programm, weil er die politische Entscheidungsfähigkeit des Individuums einschränke, sondern ökonomisch: weil er das freie Spiel des Marktes beeinträchtige. Nun erhielt also der wirtschaftliche Faktor die Priorität. Hatte der Sozialreformer Karl Arnold eine gerechtere Sozialordnung angestrebt, von der der wirtschaftliche Fortschritt getragen werden sollte, so wollten Erhard, Müller-Armack und ihre Anhänger das wirtschaftliche Wachstum erreichen und sichern, aus dem der soziale Friede erwachsen würde. Es ist fraglich, ob die Mehrheit der Wähler der CDU in der kurzen Zeit bis zum Wahltag deutlich erkannte, wieweit man sich hier aus der Nachbarschaft zur SPD auf den uneingeschränkten Liberalismus der FDP zu bewegte.

Adenauer konzentrierte bei der Eröffnung des Wahlkampfes am 22. Juli den „Kern der Wahlentscheidung aus seiner Sicht" (Först) auf den Satz: „Es geht um die Frage, ob Deutschland christlich oder sozialistisch regiert werden soll", worauf Schumacher erwiderte, es gehe am 14. August nicht um Weltanschauung, sondern um die „gerechte Verteilung der Lasten" – womit schließlich dennoch beide Parteiführer gleichermaßen ideologische Ziele setzten.

Die Wahlen zum ersten deutschen Bundestag am 14.

August 1949 ergaben bei 31,2 Millionen Wahlberechtigten und 24,5 Millionen (78,5 %) abgegebenen nur 23,7 Millionen gültige Stimmen. Davon erhielten:

CDU/CSU	7,4 Mio =	31,0 % =	139 Sitze
SPD	6,9 Mio =	29,2 % =	131 Sitze
FDP	2,8 Mio =	11,9 % =	52 Sitze
KPD	1,4 Mio =	5,7 % =	15 Sitze
Bayernpartei	0,99 Mio =	4,2 % =	17 Sitze
Deutsche Partei	0,94 Mio =	4,0 % =	17 Sitze
Zentrum	0,73 Mio =	3,1 % =	10 Sitze
WAV	0,68 Mio =	2,9 % =	12 Sitze
Deutsche Rechtspartei und Deutsche Konservative Partei	0,43 Mio =	1,8 % =	5 Sitze
SSW	0,08 Mio =	0,3 % =	1 Sitz
Parteilose	1,14 Mio =	4,8 % =	3 Sitze

Der CDU/CSU als der stärksten Partei fiel damit die Aufgabe der Regierungsbildung zu. Die SPD war zur Mitarbeit in einer Großen Koalition bereit, die Politik der Besatzungsmächte, insbesondere die englische, war nicht dagegen; die Ministerpräsidenten der Länder sprachen sich einstimmig für eine solche aus, in Berlin hielt man ein derartiges Bündnis für optimal und daher unerläßlich; eine starke Gruppe der CDU unter Führung von Kaiser und Lemmer war gleichfalls dafür. Adenauer jedoch erreichte, daß seine Partei sich für eine Koalition mit FDP und DP entschied. Er vertrat eine klare außen- und wirtschaftspolitische Konzeption und wußte sich in dieser Hinsicht mit Erhard einig, der sich sein Konzept der Wirtschaftspolitik gleichfalls nicht verwässern lassen wollte. Die SPD aber hatte unnachgiebig das Bundeswirtschaftsministerium für sich gefordert. Ausschlaggebend war schließlich nicht der zweifellos heftige Gegensatz Adenauer-Schumacher, sondern die Tatsache, daß angesichts der fundamentalen Unterschiede bei den wirtschaftspolitischen Auffassungen die nachgebende Partei eine „Selbstaufopferung“ (Pirker) begangen hätte. „Im übrigen war die Sache 1947 längst entschieden: Die Würfel fielen, als im Frankfurter Wirtschaftsrat die Partei [SPD] unter Führung Kurt Schumachers beschloß, der Exekutive des Wirtschaftsrates fernzubleiben. Das hat den Verlauf aller Regierungsbildungen in der Bundesrepublik präjudiziert“ (Carlo Schmid). Adenauer empfahl auch mit Erfolg die Wahl des Liberalen Theodor Heuss zum Bundespräsidenten: Die Spekulationen der SPD bei den Wahlen zum Parlamentarischen Rat hatten sich als falsch erwiesen.

Am 7. September 1949 eröffnete der Alterspräsident Paul Löbe, einst SPD-Präsident des Reichstages und nun eines der fünf – nicht wahlberechtigten – Berliner Mitglieder des Bundestages, die konstituierende Sitzung des Parlaments in Bonn. Am gleichen Tage trat der Bundesrat erstmals zusammen und wählte den Ministerpräsidenten von Nordrhein-Westfalen, Karl Arnold, CDU, zu seinem Präsidenten.

Am 12. September wählten der Bundestag und ebenso die gewählten Delegierten der Landtage gemeinsam als Bundesversammlung im zweiten Wahlgang Theodor Heuss gegen Kurt Schumacher und Amelunxen zum Bundespräsidenten. Auf Heuß' Vorschlag wählte am 15. September der Bundestag Konrad Adenauer mit der verfassungsrechtlich knappsten Mehrheit von 202 Stimmen zum Bundeskanzler. Am 20. September stellte Adenauer sein frei von jedem Einfluß der Besatzungsmächte gebildetes Kabinett vor. Es bestand aus den CDU/CSU-Vertretern Dr. Heinemann (Inneres), Dr. F. Schäffer (Finanzen), Prof. L. Erhard (Wirtschaft), Prof. Niklas (Ernährung und Landwirtschaft), Storch (Arbeit), Schuberth (Post), Dr. Lukaschek (Vertriebene) und Kaiser (Gesamtdeutsche Fragen). Letztgenanntem reifte in der undankbaren Rolle des gesamtdeutschen Mahners im Hintergrund einer fast ausschließlich an westdeutsch-westeuropäisch-atlantischen Vorstellungen orientierten Politik eine bescheidene Frucht seines nicht selten unrealistisch anspruchsvollen Idealismus seit fünf Jahren. Die FDP stellte den Vizekanzler und Minister für Angelegenheiten des Marshall-planes Blücher sowie die Minister für Justiz (Dr. Dehler) und für Wiederaufbau (Wildermuth), die DP die Minister für Verkehr (Dr. Seebohm) und für Angelegenheiten des Bundesrates (Hellwege). Angesichts der Entscheidungsbefugnis der Besatzungsmächte gab es einstweilen noch keinen Außenminister; 1951 übernahm Adenauer selber dieses Amt. „Konrad Adenauer legte mit der Regierungsbildung 1949 den Grund für jene potestas, ohne die seine spätere auctoritas nicht denkbar wäre“ (Alt).

Adenauers erste Regierungserklärung vom 20. September 1949 hatte für das Anfangsjahrzehnt der fortan durch die „Kanzlerdemokratie“ charakterisierten Bundesrepublik große Bedeutung. Er kündigte in seinen zuweilen oberflächlich erscheinenden, aber die Dinge auf das „immer einfache Wirkliche“ (Adenauer) reduzierenden Formulierungen folgende Aufgaben an: eine bundeseinheitliche Gesetzgebung, die angemessene Verteilung der Flüchtlinge und Vertriebenen, die Förderung des öffentlichen und privaten Wohnungsbaues, die Aufhebung der Brennstoffbewirtschaftung als Teil der Schaffung eines freien Marktes, angemessene Versorgung der Kriegsbeschädigten und -hinterbliebenen, vertriebenen Beamten und ehemaligen Militärpersonen, eine „Berlin-Hilfe“ weit über die in den 15 Monaten seit der Währungsreform aufgebrachten 414 Mio DM hinaus, die „Selbstverwaltung der Sozialpartner anstelle der staatlichen Bevormundung“, Abschluß der Entnazifizierung, Protest gegen die Fortsetzung der Demontage sowie die Rückführung der Kriegsgefangenen. Ihm lag „besonders am Herzen ..., den Mittelstand in allen seinen Erscheinungsformen zu festigen ...“ Dahin gehörte auch „die Förderung der Kapitalbildung, und zwar der Bildung von Sparkapital wie von Betriebskapital als unser vordringliches Ziel“ mit Hilfe von Steuerreform und Sparförderung. Er stellte „bis zum Jahre 1952 eine ausgeglichene Handelsbilanz“ und zur Erreichung dieses Zieles die energische Förderung der Landwirtschaft in Aussicht. „Erhebliche“ Herabsetzung der Besatzungskosten, „baldige“ Verabschiedung des

„endgültigen" Lastenausgleichs und „aktive Konjunkturpolitik" bildeten weitere Punkte in der Regierungserklärung. Adenauer nannte das Besatzungsstatut einen „erheblichen Fortschritt" gegenüber dem „rechtlosen Zustand", aber auch „alles andere als ein Ideal". Er betonte neben der Forderung nach Herstellung der vollen Souveränität der Bundesrepublik: „Es besteht für uns kein Zweifel, daß wir nach unserer Herkunft und nach unserer Gesinnung zur westeuropäischen Welt gehören", und fuhr fort: „der deutsch-französische Gegensatz ... muß endgültig aus der Welt geschafft werden". Ähnliche Worte fand er für den deutsch-polnischen Gegensatz und das Verhältnis zur sowjetrussischen Siegermacht nicht, wie er sich überhaupt wenig mit den Problemen Ostmittel- und Osteuropas beschäftigte. Aufs wärmste bedankte er sich zum Schluß der außenpolitischen Ausführungen bei den USA für deren Hilfe: „Wir glauben, daß eine spätere Geschichtsschreibung dieses Verhalten der Vereinigten Staaten als eine größere Tat bezeichnen wird als ihre Anstrengungen im Kriege."

Adenauer begründete in seiner Regierungserklärung die Zusammensetzung der Regierung damit, daß eine Große Koalition nicht dem Wählerwillen und, ein wenig vereinfacht, auch nicht der Staatsnotwendigkeit einer Opposition entsprochen hätte. Schumacher, ohne dessen Bundesgenossenschaft die Entstehung der Bundesrepublik nicht möglich gewesen wäre, der aber auch mit starkem Sendungsbewußtsein „den moralischen Anspruch erhob, daß nach allem Geschehenen er und seine Partei zur Führung des Landes bestimmt seien" (Besson), erwiderte ihm als Oppositionsführer für die SPD, diese werde „bei der Interessenvertretung der arbeitenden Bevölkerung ebenso unsentimental sein" wie die „in Sachen Besitzverteidigung sehr unsentimentale Regierung ... Aus dem Wesen und der Zusammensetzung dieser Regierung heraus besteht die große Gefahr, daß dieser neue Staat ein autoritärer Besitzverteidigungsstaat werden kann." Gleichzeitig wandte er, der wie Adenauer die Möglichkeit von Partnerschaften ausschließlich im Westen sah, sich eindeutig gegen die Kommunisten, insbesondere gegen die Gruppe Ulbricht, die er nur als Handlanger der Sowjets betrachtete. Unter dem Einfluß Schumachers, der wohl unter sämtlichen deutschen Politikern die offensivste Haltung gegen den Osten einnahm, vertrat die SPD selber jene „Politik der Stärke", die sie ab 1952 bei Adenauer und dessen CDU so heftig kritisierte. Diese Auffassung verband Schumacher mit Adenauer mehr als mit manchen seiner eigenen Parteifreunde. Dagegen führte sein Weg nach Europa über einen Weststaat mit gesamtdeutschem Vorbehalt, Adenauers Weg dagegen über Westeuropa zur Sicherung der Bundesrepublik.

Auf einer gemeinsamen Tagung wurden im Oktober 1949 in München die 16 Gewerkschaftsbünde der drei Westzonen zum „Deutschen Gewerkschaftsbund" DGB mit Hans Böckler als Vorsitzendem zusammengeschlossen. Die „Münchener Grundsätze" des DGB forderten Vollbeschäftigungspolitik, Mitbestimmung, Überführung der Schlüsselindustrien in „Gemeineigentum" und „zentrale volkswirtschaftliche Planung, aber keine Zwangswirtschaft" anstelle der „chaotischen Marktwirtschaft", die in Deutschland seit der Währungsreform herrsche. Diese habe zu ungeheurer Kapitalverschwendung durch Fehlinvestitionen und Erzeugung von Luxusgütern, zur Ausbeutung der Verbraucher durch ungerechtfertigt hohe Preise, zu Kurzarbeit und Arbeitslosigkeit (Februar 1950 nicht zuletzt durch 1,9 Mio Flüchtlinge) und sozialer Unsicherheit geführt. „Volkswirtschaftliche Planung ist durchaus vereinbar mit den Grundrechten der menschlichen Freiheit. Die für die Mehrzahl der Menschen wichtigste Freiheit, die von Not und der Furcht vor Not, wird durch sie erst erreicht werden". Weiter forderten die „Grundsätze" u. a. „die unabdingbaren Rechte eines jeden freien und demokratischen Staates", „uneingeschränkte Koalitionsfreiheit", partnerschaftliche Vereinbarungen über Lohn und Arbeit in voller Selbstverantwortung, Neuaufbau der Sozialversicherung, einheitliches Arbeitsrecht.

„Vor allem mit vielen ihrer wirtschaftspolitischen Forderungen wichen die Gewerkschaften zu dieser Zeit kaum von ähnlichen der SPD und Teilen der CDU ab" (Schuster). Diese Grundsatzforderungen galten, bis sie nach dem „DGB-Aktionsprogramm" von 1955 im Jahre 1963 durch ein „Grundsatzprogramm" ersetzt wurden, demgemäß „die gemeinwirtschaftlichen Grundlagen des wirtschaftsdemokratischen Konzepts ... in der Praxis ... an den Rand gedrängt" wurden, wobei schon 1955 „eine gesamtwirtschaftlich orientierte Tarifpolitik ins Zentrum gewerkschaftlichen Handelns trat" (Niethammer). Maßgeblichen Einfluß auf das „Grundsatzprogramm" hatte Rosenberg, der 1956 V. Agartz als Leiter der Wirtschaftspolitischen Abteilung ablöste und 1962 Vorsitzender des DGB wurde. Er betonte immer, daß Marx das „Weiterdenken" nicht verboten habe.

Die nachfolgende Entwicklung war u. a. gekennzeichnet durch eine wachsende Hinnahme der privatkapitalistischen Marktwirtschaft als Rahmen gewerkschaftlichen Handelns und machte den DGB zu einem in Westeuropa einzigartigen Sozialpartner. Neben dem DGB entstand der Christliche Gewerkschaftsbund Deutschlands mit 18 Einzelgewerkschaften.

Entsprechend den Gewerkschaften bildeten sich um die gleiche Zeit wieder Arbeitgeberverbände und als deren Spitze 1949 die Bundesvereinigung der deutschen Arbeitgeberverbände (BDA) sowie der Bundesverband der deutschen Industrie (BDI).

Nachdem so Staat und Gesellschaft eine gewisse Ordnung und Festigung erlangt hatten, erklärten die Außenminister der drei Westmächte am 11. November 1949 in Paris, man wolle die deutsche Entscheidungsfreiheit „in dem Maße" erweitern, „wie die deutsche Bundesregierung den Beweis liefert, daß sie sich auf dem Wege zu einem freien, demokratischen und friedlichen Deutschland befindet". Diesem Kommuniqué folgte am 22. November das Petersberger Abkommen zwischen dem Bundeskanzler und den drei Hohen Kommissaren, die durch ein neues

Besatzungsstatut vom 21. September gemeinsam mit drei militärischen Oberbefehlshabern an die Stelle der Militärregierungen getreten waren. Das Abkommen regelte den Beitritt der Bundesrepublik zum Europarat (18. Juni 1950) und zur Internationalen Ruhrbehörde, während die Bundesregierung ihren Willen bekräftigte, „mit allen ihr zur Verfügung stehenden Mitteln die Neubildung irgendwelcher Streitkräfte zu verhindern". Doch blieben Legislative und Regierung noch so starken Einschränkungen unterworfen, daß der Bundespräsident von der „Last" eines „Parlaments mit geknickter Souveränität" sprach. Jetzt wurden auch offiziell die Demontagen beendet, die jedoch zum Teil bis 1950 fortgesetzt und erst 1952 im Deutschlandvertrag wirklich abgeschlossen wurden. Ihre Einschränkung war gekoppelt mit dem deutschen Beitritt zur Ruhrbehörde. Über dieses Junktim kam es in der Nacht vom 24. zum 25. November 1949 zu einer ersten erbitterten Auseinandersetzung im Bundestag, da die SPD unter Führung von Schumacher das Abkommen ablehnte, das zu schwer erkauft sei, und ein kompromißloses Ringen um die Ausweitung der deutschen Souveränität ohne „Vorleistungen" verlangte. In diesem Zusammenhang nannte Schumacher den Regierungschef „Bundeskanzler der Alliierten". Durch ein Abkommen der Bundesrepublik mit den USA vom 15. Dezember 1949 wurden die Bundesrepublik und Westberlin in die Marshall-Hilfe einbezogen.

In der sowjetischen Besatzungszone begann im Sommer 1948 die Umformung der SPD von einer Massenpartei in eine „bolschewistische" Kaderpartei, eine „Partei neuen Typs" – die Stalinisierung nicht allein der Partei, sondern aller gesellschaftlichen Verhältnisse im Sinne der Integration der Ostzone wie der osteuropäischen Staaten in einem politisch-militärisch-ökonomischen Ostblock. Der Kalte Krieg wurde organisatorisch untermauert. Für die Entstehungsgeschichte der DDR hatte diese auf der ersten Parteikonferenz im Januar 1949 parteioffiziell verkündete Umformung sehr große Bedeutung: Die Vollendung des Parteiumbaues bildete das Ende der „antifaschistisch-demokratischen Ordnung"; die Möglichkeit einer „autonom-revolutionären Entwicklung" in der SBZ-DDR wurde ausgeschlossen; die DDR war, anders als die Tschechoslowakei, von vornherein ein sicherer Waffenträger im Kalten Krieg.

Nachdem die SED den Tag des Zusammentritts des westdeutschen Bundestages als „Tag der nationalen Schande" bezeichnet hatte, trat am 7. Oktober der Deutsche Volksrat unter dem Vorsitz Wilhelm Piecks zusammen und konstituierte sich als „Provisorische Volkskammer der Deutschen Demokratischen Republik" und als „einzige legitime Repräsentation des deutschen Volkes". Die Verfassung der DDR vom gleichen Tage, die mit Hilfe einer manipulierten Wahl angenommen und in Kraft gesetzt wurde, beanspruchte im Gegensatz zum Grundgesetz der Bundesrepublik Deutschland Geltung für ganz Deutschland. Die nach der Verfassung notwendige Wahl zur Volkskammer wurde verschoben und diese „provisorisch" willkürlich zusammengesetzt. Volkskammer und Länderkammern traten am 11. Oktober zusammen und wählten gemeinsam Wilhelm Pieck (SED) zum Präsidenten der DDR. Am folgenden Tage bestätigte die Volkskammer einstimmig die Regierung des Ministerpräsidenten Otto Grotewohl (SED), dessen erster Stellvertreter Walter Ulbricht (SED) wurde. In Grotewohls „Regierungserklärung" vom 12. Oktober hieß es, man versuche die „Rettung der Deutschen Nation", die Überwindung des „Nationalen Notstandes" auf antifaschistisch-demokratischer Grundlage, bis nach dem Scheitern der Genfer Konferenz im Jahre 1955 die Führung der Sowjetunion zum ersten Male die sozialistischen Veränderungen in der DDR-Gesellschaft offiziell als unantastbar und die Vereinigung der beiden deutschen Staaten bzw. die Wiedervereinigung Deutschlands als eine Sache der Deutschen selber bezeichnete. Am 15. Oktober 1949 fand der Austausch diplomatischer Vertreter zwischen der UdSSR und der DDR statt. Am 11. November übertrug die Sowjetregierung der provisorischen Regierung der DDR die „Verwaltungsfunktionen ..., die bis dahin der sowjetischen Militärverwaltung zustanden". An die Stelle der sowjetischen Militärverwaltung trat eine sowjetische Kontrollkommission. Am 25. März 1954 folgte die Gewährung der Souveränität durch die Sowjetunion.

In seiner Regierungserklärung beschuldigte Grotewohl die Bundesrepublik, Deutschland gespalten, d. h. dem osteuropäischen Kommunismus die Machtergreifung und Herrschaft in Westdeutschland unmöglich gemacht zu haben, bekannte sich zur Oder-Neiße-Linie als „Friedensgrenze" gegenüber Polen und zur „Freundschaft mit der Sowjetunion, den Volksdemokratien und allen anderen friedliebenden Völkern" als „Grundlage der Außenpolitik". Stalin feierte in einem Glückwunschtelegramm an Pieck und Grotewohl die Gründung der DDR als „Wendepunkt in der Geschichte Europas". Mit dem zum Zwecke der Synchronisierung mit der Planung der anderen Ostblockländer auf eine kurze Zeit befristeten „Zweijahresplan" 1949/50 begann nun sofort auch die Wirtschaftsplanung nach sowjetischem Vorbild und die Einordnung der DDR-Wirtschaft in dieses System, welche durch die Aufnahme in den „Rat für Gegenseitige Wirtschaftshilfe" (RGW) verstärkt wurde.

Die SED bestritt zwar die Legalität der Organe der Bundesrepublik, forderte aber vom ersten Tage an eine Verständigung der Bonner und der Pankower Regierungen. Dagegen erklärte Adenauer am 21. Oktober 1949 vor dem Bundestag unter dem Beifall aller Parteien mit Ausnahme der KPD: „Nach dem völligen Zusammenbruch aller staatlichen Organisationen in Deutschland mit der bedingungslosen Kapitulation kann eine Organisation in Deutschland nur dann den Anspruch darauf erheben, ein legitimer Staat zu sein, wenn sie auf dem freien Willen der Bevölkerung beruht ... In der Sowjetzone gibt es keinen freien Willen der deutschen Bevölkerung. Das, was jetzt dort geschieht, wird nicht von der Bevölkerung getragen und damit legitimiert. Die Bundesrepublik stützt sich dagegen auf die Anerkennung durch den freibekundeten Willen von rund 23 Millionen stimmberechtigter Deutscher. Die Bundesrepublik Deutschland ist somit bis zur Erreichung der deutschen Einheit insgesamt die alleinige legitimierte staatliche Organisation des deutschen Volkes."

Deutschland war zwar gespalten, aber nur wenige Menschen in Ost und West mochten glauben, daß diese „unnatürliche" und „historisch widersinnige" Spaltung lange Zeit anhalten würde; vielmehr vertraute man allgemein auf die Wirkung des Satzes in der Präambel des Bonner Grundgesetzes: „Das ganze deutsche Volk bleibt aufgefordert, in freier Selbstbestimmung die Einheit und Freiheit Deutschlands zu vollenden."

Das erste und sichtbarste Opfer der politischen und wirtschaftlichen Spaltung wurde die deutsche Hauptstadt Berlin. Schnell setzte die Zonengrenze sich auch dort durch. Ende November 1948 verließen die Kommunisten das Gesamtberliner Stadtparlament und organisierten im Ostsektor eine eigene Regierung und Verwaltung. Im Laufe der folgenden Jahre wurde die Freizügigkeit des Personen- und Warenverkehrs zwischen den beiden Teilen der Stadt durch Maßnahmen der sowjetischen Behörden immer weiter eingeschränkt, am 13. August 1961 durch den Bau der Berliner Mauer quer durch die Stadt schließlich ganz beseitigt.

Anfänge der „Sozialen Marktwirtschaft"

War die wirtschaftliche Entwicklung in Westdeutschland bis zur Währungsreform und politischen Stabilisierung durch Stagnation, Demontage und angstvolles Warten auf Entscheidungen der Besatzungsmächte gekennzeichnet gewesen, so trat seit Mitte 1948 und vollends nach der Schaffung der Bundesrepublik die Wirtschaft über ihren engeren Bereich in den Vordergrund auch der politischen Entwicklung.

„Es ist in den späteren Jahren vielfach übersehen worden, daß die Grundlagen für die heute kaum noch bestrittenen Erfolge der ‚Sozialen Marktwirtschaft' schon während des bizonalen Interregnums gelegt wurden und damit bei Konstituierung der Bundesrepublik Deutschland schon vorgegeben waren. Mit der Einführung dieser Wirtschaftsordnung in den Jahren 1948/49 leiteten die Frankfurter Behörden eine neue Epoche in der deutschen Wirtschaftsgeschichte ein" (Pünder).

Nach dem Zusammenbruch des Dritten Reiches hatte dessen Zwangssystem, das seit dem „Gesetz über wirtschaftliche Maßnahmen" vom 3. Juli 1939 und der Bestellung eines Reichskommissars für die Preisbildung nahezu lückenlos aufgebaut worden war, beibehalten werden müssen, um das Chaos und Elend nicht noch zu vergrößern. Außerdem war die durch die Labour-Regierung eingesetzte Militärregierung in der britischen Besatzungszone an einer freiheitlichen Änderung des Wirtschaftssystems in Westdeutschland nicht interessiert. Die Amerikaner vertraten zwar eine liberalere Auffassung, doch erlangten sie entscheidenden Einfluß auf die Besatzungspolitik erst, nachdem sie sich entschlossen hatten, den bei weitem größten Teil der Besatzungskosten zu übernehmen.

Zu den ersten Aufgaben der bizonalen Verwaltung gehörte dann die Ersetzung der „verwalteten Wirtschaft" mit einem undurchdringlichen Wirrwarr von Bestimmungen durch eine einheitliche Rechtsgrundlage mit Hilfe des „Bewirtschaftungsnotgesetzes" vom 30. Oktober 1947 und in Erwartung der Währungsreform des befristeten „Preisgesetzes" vom 10. April 1948. In beiden Gesetzen waren bereits Erhards Grundgedanken zu einer Neuorientierung der gesamten Wirtschaftspolitik enthalten.

„Der von Ludwig Erhard schon kurz nach seinem Amtsantritt vor dem Wirtschaftsrat programmatisch verkündete Kurswechsel [21. April 1948] vollzog sich unter heftigsten innenpolitischen Auseinandersetzungen. Schauplätze dieses Kampfes waren das Frankfurter Parlament sowie die Versammlungssäle des fast vollständig im Zeichen der Wirtschaftspolitik geführten Wahlkampfes für die ersten

Wahlen zum Deutschen Bundestag im Sommer 1949" (Pünder). Zu den wichtigsten Maßnahmen in dieser Zeit gehörte das „Gesetz über die wirtschaftspolitischen Leitsätze nach der Geldreform" vom 24. Juni 1948. Dieses „Leitsätzegesetz", nach Form und Inhalt ungewöhnlich, enthielt in Thesen die „Leitsätze", die bei der Gestaltung der künftigen Wirtschaftspolitik (Bewirtschaftung, Preisordnung, Monopolbildung, Kredit- und Lohnpolitik) beachtet werden sollten, und bildete daher ein Grundsatzbekenntnis der „Regierung". Es betraf die schrittweise Aufhebung der Bewirtschaftung und die Freigabe der Preise. Auch wurde in der Präambel zu diesem Gesetz die „soziale" Funktion der neuen „Marktwirtschaft" erläutert und festgelegt, daß „die Wirtschaftspolitik wirtschaftliche und soziale Gesichtspunkte in gleicher Weise in Betracht zu ziehen" habe.

Ludwig Erhard war einer der bedeutendsten wirtschafts- und gesellschaftspolitischen Staatsmänner, die Deutschland – nicht allein die Bundesrepublik – je gehabt hat. Er wurde zudem, was Freiherr vom Stein für Preußen gewesen ist, Goerdeler und Schumacher hatten werden wollen. Die Denkschrift „Kriegsfinanzierung und Schuldenkonsolidierung", die Erhard nach Stalingrad angesichts des schnell wachsenden Geldumlaufs, das heißt Kaufkraftüberhanges und der sich abzeichnenden Niederlage des Dritten Reiches geschrieben hat, die aber erst 1977 anläßlich seines 80. Geburtstages veröffentlicht worden ist, läßt erkennen, daß er sich bereits seit 1928 in verschiedenen wirtschaftspolitischen Institutionen mit finanz-, währungs- und wirtschaftspolitischen Problemen beschäftigt hatte. Nicht ohne glückliche Umstände erhielt er nun 1948/49 die Möglichkeit, seine Auffassungen zu verwirklichen. W. Eucken, J. Jessen, H. Jecht, G. Schmölders, F. Terhalle, Nöll v. d. Nahmer vertraten in der wissenschaftlichen Diskussion während der Kriegsjahre prinzipiell ähnliche Auffassungen wie Erhard, dessen für führende Männer der „Reichsgruppe Industrie" verfaßte Denkschrift auch C. Goerdeler bekannt gewesen ist. Doch gehört sie weniger in das gedankliche „Vorfeld der sozialen Marktwirtschaft“ (Schmölders) als zum Komplex der Diskussion in der Übergangszeit von der Kriegs- zur Friedenswirtschaft. Erhard hat niemals beansprucht, zum „Widerstand“ gezählt zu werden. Er selber sah die Aufgabe seiner Denkschrift 1944 darin, „die Industrie von der Notwendigkeit eines geschlossenen Handelns der Organisationen der Wirtschaftsverwaltung zu überzeugen und sie dazu anzuregen, ‚in Fortführung‘ der von ihm vorgetragenen Gedanken für die Friedenswirtschaft ‚vorausplanend ein sachlich unterbautes Programm zu entwickeln, das soziale Notwendigkeiten und Wünsche mit den wirtschaftlichen Voraussetzungen und Möglichkeiten in Einklang zu bringen suchen muß‘“ (Herbst). Im Januar 1945 veröffentlichte er einen Aufsatz, der die Gedanken über staatliche Wirtschaft enthielt, welche die Denkschrift ausführlich behandelt hatte – insbesondere „Abbau der staatlichen Bewirtschaftung unter betonter Wiederbelebung der Privatinitiative und Ausbau der Selbstverwaltung im Rahmen der staatlichen Wirtschaftsführung ... Gestaltung der Marktordnung“, wobei es ihm besonders um die „sozialwirtschaftlichen Wirkungen“ finanzwirtschaftlicher Maßnahmen des Staates ging. Energisch trat er schon hier dem nach dem Kriege zu erwartenden „Ruf nach einer Sozialisierung“ mit der Forderung entgegen, soziale Unruhe zu verhindern und die „hergebrachte Gesellschafts- und Wirtschaftsordnung“ zu bewahren, da nach seiner Meinung der Kern der privatkapitalistischen Marktwirtschaft sich bewährt hatte.

Aber erst im Frühjahr 1948 erhielt Erhard, der inzwischen bayerischer Wirtschaftsminister geworden war, die Möglichkeit, für den werdenden westdeutschen Staat seine Auffassungen zu verwirklichen: die „Soziale Marktwirtschaft“. Die erste Benutzung und damit „Erfindung“ dieses Begriffes nimmt außer Professor Müller-Armack auch Oberdirektor H. Pünder in seiner „ersten Regierungserklärung“ am 16. März 1948 vor dem Plenum des Wirtschaftsrates für sich in Anspruch, doch schreibt er die damit gemeinte Politik selbst der „genialen Initiative des Kollegen Professor Erhard“ zu. Ihre Bedeutung als politisches Prinzip kann mit derjenigen des Liberalismus von Adam Smith in der preußischen Ausprägung seit 1793 und mit der Politik des „Schutzes der nationalen Arbeit“ seit 1876/79 verglichen werden. Erhard, seit April 1948 Direktor der Verwaltung für Wirtschaft des Wirtschaftsrates des Vereinigten Wirtschaftsgebietes, hielt am 21. April 1948 – zwei Monate vor der Währungsreform und zwei Wochen vor der Verkündung des amerikanischen Gesetzes über das Europäische Wiederaufbauprogramm (ERP) vor der 14. Vollversammlung des Wirtschaftsrates mitten in der Gründungsphase des von W. Eucken und F. Böhm entwickelten „Jahrbuchs für die Ordnung von Wirtschaft und Gesellschaft ORDO“ – seine erste große programmatische Rede über den Weg in die Zukunft. Er setzte sich damit grundsätzlich von Schachts „Neuem Plan“ ab, vom „Zweiten Vierjahresplan“ des Dritten Reiches und von dessen Zwangsverwaltungswirtschaft, distanzierte sich aber auch von der Übersteigerung des Liberalismus von Adam Smith zum „liberalistischen System“, zum „Manchesterliberalismus“.

Erhard hatte seine wirtschafts- und gesellschaftspolitischen Vorstellungen und Maßnahmen gegen die englischen und die deutschen Sozialdemokraten zu verteidigen, die auf Preissteigerung und Verknappung nach der Währungsreform hinwiesen und Rückkehr zur Bewirtschaftung verlangten. Die Kritik der die Verstaatlichung in England betreibenden Labour-Regierung und Bevins Wunsch, auch die deutschen Schlüsselindustrien zu verstaatlichen, wären wohl unüberwindlich gewesen, wenn nicht die wirtschaftliche Erholung des siegreichen Inselstaates deutlich langsamer verlaufen wäre als die seiner unterlegenen Besatzungszone mit Marshall-Hilfe. Der französische Besatzungs-Dirigismus war glücklicherweise auf einen kleinen, gesamtwirtschaftlich nicht sehr wichtigen Teil Westdeutschlands beschränkt. Und die SPD, die auf große Währungsgewinne der unternehmerischen Wirtschaft einerseits, Preissteigerungen und Vermögensverluste der Masse der Bevölkerung andererseits hinweisen konnte, forderte Erhard immer wieder zu einer überzeugenden Formulierung ihrer Alternative, einer „regulierten Marktwirtschaft“, auf. In der Tat hatten die Sozialdemokraten den Menschen, die Zwang, Zuteilung und Reglementierung gegen Freiheit eintauschen wollten, wenig Attraktives vorzuschlagen, während Müller-Armack 1946 in „Wirtschaftslenkung und Marktwirtschaft“ und 1948 in „Die Wirtschaftsordnung sozial gesehen“ verlockende gesellschaftspolitische Leitbilder zeichnete, die von der Presse gerne aufgegriffen wurden.

Trotz der Dynamik, mit der Erhard die Konzeption seiner Umgebung und seine eigene Politik vertrat, war die Durchsetzung der sozialen Marktwirtschaft schwieriger als deren Einführung. Die kurzfristigen preissteigernden Folgen der Währungsreform bis Dezember 1948 und insbesondere das Anwachsen der Arbeitslosigkeit von 450 000 Stellensuchenden am 1. Juli 1948 über 760 000 Ende 1948 auf 1,3 Mio Ende Juli 1949 schufen Unruhe und Unzufriedenheit trotz beträchtlicher Verbesserung der Ernährungslage, die vom Tiefststand mit 1100 Kalorien pro Tag im Mai 1947 Anfang 1949 auf das Doppelte stieg.

Im Geschäftsbericht der Bank Deutscher Länder hieß es über das Geschäftsjahr 1948/49: „Der Zustand, daß die Nachfrage dauernd das Angebot übersteigt, hat ... aufgehört. Der Käufer regiert durch seine Nachfrage wieder weitgehend die Produktion. Damit hat auch das Geld die ihm gebührende Wertschätzung zurückgewonnen ... Die Spartätigkeit nimmt bemerkenswert zu. Ebenso beurteilt das Ausland die deutsche Währungsentwicklung mit wachsender Zuversicht ... Im ersten Halbjahr nach der Währungsreform ist die westdeutsche Industrieproduktion um etwa 50 % und im Jahre 1949 nochmals um fast 25 % gewachsen.“ Als Ursachen für den immer noch niedrigen Lebensstandard wurden die Kriegsverwüstungen und die „zahlreichen neuen Belastungen“ genannt, „die Westdeutschland nach dem Kriege hinnehmen mußte. Es sei etwa nur auf die Tatsache hingewiesen, daß die westdeutschen Länder binnen zwei, drei Jahren rund acht Mio Flüchtlinge und Vertriebene aus den Ostgebieten aufzunehmen hatten, so daß sich ihre Bevölkerung in kürzester Zahl um etwa ein Fünftel erhöhte" [auf 47,5 Mio nach der Volkszählung vom 13. September 1950].

Die Konsolidierung der Bundesrepublik durch eigene Anstrengungen und Hilfsmaßnahmen, insbesondere der USA, zeichnete sich besonders deutlich in der Wirtschaft ab. Schon 1950 kam es zu einem schnellen Aufstieg, der durch die Befreiung von allen Produktionseinschränkungen, insbesondere bei Stahl und Eisen, und von dem Bedarf der Westmächte im Korea-Krieg sehr gefördert wurde. Hatte die Zahl der Arbeitslosen 1950 mit 6,5 % der Arbeitnehmer einen Höchststand erreicht, so sank sie danach stetig bis zur Vollbeschäftigung (1954 : 0,9 % Arbeitslose), während gleichzeitig die Löhne und mit diesen die Nachfrage nach Konsumgütern sowie der Lebensstandard und schließlich auch die Spareinlagen stiegen. Am 1. Juli 1948 hatte es 14,2 Mio Erwerbstätige gegeben, 1954 waren es 17 Mio; in den ersten sechs Jahren nach der Währungsreform wurden 3 Mio neue Arbeitsplätze geschaffen, d. h. doppelt so viele, wie 1950 Arbeitslose gemeldet waren. Das Bruttosozialprodukt in der Bundesrepublik stieg von 97,2 Mia DM im Jahre 1950 auf 119,136 und 146 bis zum Jahre 1953. Der Außenhandel wuchs schneller als die Industrieproduktion und das Sozialprodukt und erreichte 1951 zum ersten Male einen Ausfuhrüberschuß. Entsprechend wurde eine aktive Handelsbilanz erreicht: Der Goldbestand der Notenbank wuchs 1948 bis 1960 von 0 auf 15 Mia DM.

Die Ursachen für diesen beispiellosen Aufschwung lagen nicht allein in der vielzitierten Tüchtigkeit der Bürger der Bundesrepublik, sondern zu einem erheblichen Teil auch in zusätzlichen, nicht vorauszusehenden Ereignissen: in der Flucht von einigen Mio Deutschen aus der Sowjetzone in die Bundesrepublik, wo sie mit dem in der Geschichte vielfach zu beobachtenden Fleiß und Nachdruck von Einwanderern wieder aufsteigen wollten und damit der Bundesrepublik insgesamt einen großen Dienst erwiesen; in der Wandlung der Haltung der westlichen Alliierten gegenüber der Bevölkerung von „Besatzern" zu Partnern, schließlich zu Verbündeten; in dem schnellen Aufschwung der Weltwirtschaft nach dem Zweiten Weltkriege; in einer vom Glück begünstigten, risikobereiten deutschen Wirtschaftspolitik, die Freiheit, Stimulantien, Lenkung und Verbreitung von Optimismus miteinander verband gegenüber einer äußerst arbeitswilligen Bevölkerung, die ihren Lebensstandard steigern wollte, während trotz aller Zerstörungen in der Kriegs- und Nachkriegszeit die Produktionskapazität 1948 noch den Stand von 1939 besaß und die Grundstruktur von Produktion und Distribution erhalten geblieben war.

Der wirtschaftliche Wiederaufbau wurde u. a. dadurch ermöglicht, daß die Steuer- und Gesellschaftspolitik jährlich die Investition von mehr als 22 % des Bruttosozialprodukts und zu diesem Zweck bis zum Ende des Korea-Booms 1951 zielbewußt trotz sozialpolitischer Bedenken den Produzenten ein Ausmaß von Gewinn und Kapitalbildung gestattete, dem keine Sparmöglichkeit der Konsumenten entsprach. Obendrein wurde eine ausländische Hilfe geleistet, da die deutsche Ausfuhr bis 1951 bei weitem nicht zur Bezahlung der Einfuhr genügte.

Von den 17 Mia Dollar, die das amerikanische Auslandshilfegesetz im April 1948 bereitstellte, erhielt Deutschland einen beträchtlichen Teil im Rahmen des Marshall-Planes: bis Mitte 1949 über 600 Mio Dollar in Form von Waren, insgesamt etwa 1,5 Mia Dollar von 14,7 Mia insgesamt für 18 europäische Länder. Im Jahre 1948 wurden zwei Drittel der deutschen Einfuhr nicht verdient, sondern gelangten als „Auslandshilfe" nach Deutschland. Zwar bildeten die amerikanischen Güter kein Geschenk im strengen Sinne, sondern mußten in Deutscher Mark bezahlt werden. Aber diese Beträge, die auf ein „Gegenwert-Konto" eingezahlt werden mußten, über welche anfangs die Militärregierungen, später die zuständigen deutschen Regierungsstellen verfügten, blieben als billige Investitionskredite für den

Bau von Kraftwerken, Betrieben der Eisen- und Stahlindustrie, Schiffen und Wohnungen, den Kohlenbergbau und die Landwirtschaft in Westdeutschland einschließlich Westberlin zur Verfügung. Die Bundesrepublik scheint die Wirtschaftshilfe der USA im Vergleich zu den anderen europäischen Ländern mit sehr großem wirtschaftlichem Nutzen verwendet zu haben. Sie hat das aus den „Gegenwerten" gebildete „Sondervermögen" durch „revolvierenden Einsatz" nicht nur erhalten, sondern sogar vermehrt (1965: 8,6 Mia DM) und dadurch ein für die gesamtwirtschaftliche Entwicklung bedeutsames kreditpolitisches Instrument geschaffen (bis Ende 1966 20,5 Mia DM Finanzierungsprogramme aus dem Sondervermögen), während andere Länder die Amerikahilfe längst aufgezehrt, ja, zum Teil einfach für die Deckung von Haushaltsdefiziten verwendet hatten.

Erst als der Produktionsapparat unter ständiger Modernisierung und Verbesserung die Leistungsfähigkeit der Vorkriegszeit überschritt und die Ausfuhr den Import bezahlen konnte, war der Wiederaufbau gelungen und abgeschlossen. Dabei war die Anpassung der Wirtschaftsstruktur an die durch den „Eisernen Vorhang" verursachten Verhältnisse nötig, die sich nicht immer nur nachteilig auswirkten. Eine der positiven Folgen war eine schnelle Einbeziehung Westdeutschlands in die internationale Wirtschaft (1949 Eintritt in die Organisation of European Economic Cooperation, OEEC, 1950 in die Europäische Zahlungsunion). Für die meisten Anhänger des Gedankens der europäischen Einheit, die um die Jahreswende 1949/50 das Erreichte betrachteten, mußte dennoch das Ergebnis enttäuschend sein. Was in der ersten Nachkriegszeit das Ziel der „Europäer" gewesen war und was auch von Churchill in seiner Züricher Rede am 19. September 1946 gefordert worden war, nämlich die politische Vereinigung Westeuropas in den „Vereinigten Staaten von Europa", war nicht erreicht worden.

Da legte am 9. Mai 1950 der französische Außenminister Robert Schuman im Anschluß an Äußerungen von

K. Arnold, K. Adenauer und insbesondere von dessen Freund R. Pferdmenges – einem Kölner Bankier – einen Plan vor, der ein wichtiger Schritt in Richtung auf eine politische Vereinigung sein konnte. Nachdem es Frankreich nicht gelungen war, entscheidenden Einfluß auf das Ruhrgebiet zu gewinnen, und die Saarfrage nicht im französischen Sinne gelöst worden war, empfahl Schuman zur Beseitigung des alten französisch-deutschen Gegensatzes – sowie unausgesprochen auch zur Beseitigung beträchtlicher Absatzschwierigkeiten beim Stahl und der Versorgungsprobleme bei der Kohle auf Grund des Monnet-Planes in Frankreich – „die Gesamtheit der französisch-deutschen Produktion von Kohle und Stahl unter eine gemeinsame oberste Autorität innerhalb einer Organisation zu stellen, die der Mitwirkung anderer Staaten Europas offensteht. Diese Zusammenlegung der Produktion von Kohle und Stahl wird sofort die Errichtung gemeinsamer Basen der wirtschaftlichen Entwicklung als erste Etappe der europäischen Förderation sicherstellen und das Geschick dieser Gebiete ändern, die lange Zeit der Fabrikation von Kriegsmaterialien gewidmet waren, deren beständige Opfer sie dann selbst wurden. Die Solidarität der Produktion, die auf diese Weise hergestellt wird, wird dartun, daß jeder Krieg zwischen Frankreich und Deutschland nicht nur undenkbar, sondern materiell unmöglich wird" (Schuman).

Nicht allein Frankreich – allerdings ohne seine überseeischen Besitzungen mit großen Vorkommen hochwertiger Erze – und die Bundesrepublik, in der Adenauer die deutsch-französische Annäherung intensivieren, die Industrie das Ruhrstatut abbauen und die Saarfrage entpolitisieren wollte, beteiligten sich an den Verhandlungen über Schumans Plan. Auch Italien, die Niederlande, Luxemburg und Belgien, deren Benelux-Zusammenarbeit bereits 20 Jahre zuvor begonnen hatte, unterzeichneten schließlich am 18. April 1951 den Vertrag über die Gründung der Europäischen Gemeinschaft für Kohle und Stahl (EGKS = Montan-Union), die am 25. Juli 1952 auf 50 Jahre ins

Leben trat – einem historischen Datum in der Geschichte der europäischen Integrationsbestrebungen ebenso wie in derjenigen der deutsch-französischen Beziehungen. Durch den Verzicht auf Souveränitätsteile wurde eine Institution geschaffen, die Rechte erhielt, welche bis dahin nur von souveränen Nationalstaaten ausgeübt worden waren. Dem Montan-Union-Ausschuß und mehreren anderen Ausschüssen des Bundestages gehörte R. Pferdmenges an, inoffizielles Mitglied von Adenauers Kabinett, der auf die Wirtschaftspolitik und die Regelung der Mitbestimmung bei Kohle, Eisen und Stahl 1951 ohne offizielles Mandat nicht weniger Einfluß ausgeübt hat als der Bankier H. J. Abs in einer ähnlichen Position auf die Außenpolitik.

Bei der Währungsneuordnung im Sommer 1948 setzten die Militärbehörden den Außenwert der DM auf 3,33 DM je US-Dollar fest, was der damaligen Kaufkraft zu entsprechen schien. Im September 1949 wurden bei der vom Pfund Sterling angeführten allgemeinen Abwertungswelle das Pfund und mehrere andere europäische Währungen gegenüber dem Dollar um 30,5 % abgewertet, dagegen begnügte man sich für die DM mit einer Abwertung um 20,6 %. Dies führte zu einer Parität von 4,20 DM je Dollar und damit – psychologisch bedeutsam – zur Rückkehr zu der bis 1933 geltenden Dollarparität. Sie blieb bis 1961 unverändert.

Bei allen diesen z. T. krisenähnlichen Erscheinungen – Abwertung der Deutschen Mark, starke Preissteigerungen, Arbeitslosigkeit – bewährte sich die von Müller-Armack – von 1952 bis zu Erhards Bundeskanzlerwahl Leiter der Grundsatzabteilung des Bundeswirtschaftsministeriums – immer wieder präzisierte und gegenüber Angriffen von „rechts" und „links" verteidigte „Soziale Marktwirtschaft", die Abkehr von der Planwirtschaft und die Wendung zur Freiheit als allgemeiner Lebensordnung – eine Politik, welcher die Sozialdemokraten und die Gewerkschaften anfangs heftig entgegentraten.

Auch die wirtschafts- und gesellschaftspolitischen Vorstellungen der westdeutschen Sozialdemokraten waren natürlich wie die der Vertreter der Sozialen Marktwirtschaft am 19. Jh. orientiert – insbesondere zunächst an den Interpretationen der Schriften von Marx und Engels. Doch sie standen Bernsteins Revisionismus und Lassalles Auffassungen weit näher als dem orthodoxen Marxismus. Unter dem Einfluß der Erfahrungen mit Ludendorff und Koeth, Rathenau, Möllendorff und Wissell, mit Schleicher, Schacht und Göring war ihr Ziel nicht mehr einfach die Sozialisierung der Produktionsmittel, sondern auch sie suchten neuerdings unter dem Einfluß von Lord Beveridges „Wohlfahrtsstaats"-Gedanken nach neuen Formen der Wirtschaftsdemokratie, nach einer Synthese von staatlicher Planung und Lenkung einerseits und freier Marktwirtschaft andererseits, wie der bayerische Staatsminister R. Zorn es 1947 ausdrückte. Wirtschafts-, Finanz-, Sozial- und Gesellschaftspolitik bildeten bei ihnen stärker als bei ihren Gegnern einen geschlossenen, gesamtpolitischen Komplex. Das kam bereits in Schumachers Gutachten vom Dezember 1945 zum Ausdruck. Auch hätte die amerikanische Besatzungsmacht die „Sozialisierung" insgesamt und besonders die von Betrieben mit ausländischer und jüdischer Kapital-Beteiligung gewiß nicht gestattet. Das SPD-Programm von Hannover aus dem Jahre 1946, mindestens aber ihr 16-Punkte-Programm von Dürkheim (1949), die textlich noch auf dem Heidelberger Programm von 1925 basierten, entsprachen also nicht mehr der politischen Wirklichkeit.

Erhard aber wollte diese durch seine eigenen Erfolge mitverursachte Wendung bei der SPD aus politischen Gründen nicht zur Kenntnis nehmen, attackierte also einen Gegner, den es nicht mehr gab, so daß die SPD Positionen verteidigen mußte, die sie nicht mehr behaupten wollte. Einen Höhepunkt fand diese Auseinandersetzung während des ersten Kabinetts Adenauer in einem Streitgespräch Erhard–Nölting am 28. Dezember 1951. Schließlich zogen sich die Sozialdemokraten auf die Formel „Wettbewerb soweit wie möglich, Planung soweit wie nötig" zurück. Zwar gelangten unter Erhard manche restaurativen Kräfte in Wirtschaft, Gesellschaft und Politik zu Ansehen und Einfluß, doch akzeptierte die öffentliche Meinung auch diese Entwicklung unter nur geringem Protest, da das Bedürfnis nach Freiheit vom Staat allgemein stärker war als das Verlangen nach einer tiefgreifenden sozialen Neuordnung.

Später, als die Wohlstands-Bundesrepublik geschaffen war und ihre soziale Seite immer stärker zum Tragen kommen konnte, hat man nicht allein bezweifelt, daß „die Eucken-Erhardsche Marktwirtschaftskonzeption die einzige originelle Neuordnungsidee nach 1945“ gewesen ist, sondern sie sogar als „Simulation einer Marktwirtschaft“ eines „mild autoritären Staates“ bezeichnet, die „allenfalls eine pädagogische Überleitung zu einer demokratiefeindlichen Einstellung sein“ konnte — „von der Schaffung wirklich demokratischer Kräfte und Sicherungen war sie weit entfernt“ (Mey). Nicht zu verkennen war zweifellos später, daß „gerade durch die Ablenkung der politischen Energien auf die Marktwirtschaft ... die moralisch-politischen Probleme unausgefochten“ blieben (Mey). Das trug zu vielen Ereignissen seit dem Jahre 1968 bei.

Wiederbewaffnung, nicht Wiedervereinigung — Wiedergutmachung

Am 23. Mai 1950 forderten die drei Westmächte die Sowjetunion zur Auflösung der halbmilitärischen sowjetzonalen „Volkspolizei“ auf. Am 11. August regte der englische Oppositionsführer Churchill im Europarat die Schaffung einer Europa-Armee mit Beteiligung der Bundesrepublik an. Zwei Monate nach dem Ausbruch des Korea-Krieges erklärte Adenauer am 17. August 1950: „Bis jetzt hat das deutsche Volk seine Haltung gegen die Drohung des Kommunismus durch sein Vertrauen auf die bewaffneten Streitkräfte der Vereinigten Staaten bewahrt. Die Ereignisse in Korea haben aber eine merkliche Auswirkung gehabt, und es besteht ein Gefühl der Hilflosigkeit, daß die Russen eines Tages die Macht ergreifen werden ... Wir müssen die Notwendigkeit der Schaffung einer starken deutschen Verteidigungskraft erkennen ... Diese Streitmacht muß stark genug sein, um jede mögliche, den Vorgängen in Korea ähnelnde Aggression der Sowjetzonenvolkspolizei abzuwehren. So stark wie diese Volkspolizei ist, müssen auch wir sein ..."

„Drei Faktoren waren es, die meine Haltung in der Frage der Wiederbewaffnung Deutschlands beeinflußten:

1. die Erlangung der Souveränität als Folge der Wiederaufrüstung,

2. Sicherheit gegenüber der Aufrüstung der Sowjetzone durch Sowjetrußland,

3. die Herbeiführung einer europäischen Föderation.

... Ich war fest überzeugt, daß Stalin für Westdeutschland das gleiche Vorgehen plante wie in Korea" (Adenauer).

Das bedeutete, nachdem bereits 1947 amerikanische Generäle für die Aufstellung deutscher Truppen plädiert hatten, die Ankündigung einer grundsätzlichen Wendung auf einem der wichtigsten Gebiete der bundesdeutschen Nachkriegspolitik angesichts der Aggressivität des Kommunismus. Die New Yorker Außenministerkonferenz sprach nach Adenauers Sicherheitsmemorandum vom 29. August 1950 am 19. September 1950 vom „Problem der Teilnahme der Bundesrepublik Deutschland an der gemeinsamen Verteidigung Europas".

In der Bundesrepublik selbst erhoben sich wie im Ausland, besonders in Frankreich, viele warnende und ablehnende Stimmen. Bundesminister Gustav Heinemann trat am 9. Oktober 1950 zurück – formal, weil Adenauer mit dem Memorandum das Kabinett übergangen hatte, grundsätzlich jedoch, weil er, der eine letztlich religiös begründete totale Erneuerung aus dem Geist der Katastrophe forderte und daher gegen jede Wiederbewaffnung war, es falsch fand, daß Adenauer sich nicht von den Siegern drängen ließ, sondern ihnen vorgriff.

Heinemann gründete 1952 mit Helene Wessel (früher Zentrum) eine „Gesamtdeutsche Partei", die bis 1957 eine der kurzlebigen Splitter- und Sektierer-Parteien blieb. Heinemanns neutralistische Vorstellungen von „Deutschland als Brücke", „Deutschland als Kern einer dritten Kraft" und „Deutschland als Brandmauer zwischen den Blöcken", mit denen er neben einer ganzen Reihe ähnlicher Organisationen stand – U. Noacks „Nauheimer Kreis", O. Strassers „Bund für Deutschlands Erneuerung", Th. Köglers „Freiheitsbund" usw. – waren in den Jahren des Kalten Krieges von vornherein zum Mißerfolg verurteilt.

Historisch festzuhalten bleibt, daß Heinemann bis zu seinem Tode einer der strengsten grundsätzlichen Moralisten unter den evangelischen westdeutschen Politikern gewesen ist – und damit häufig ein sehr unbequemer Kritiker von Realpolitik mit praktischen zeitgemäßen Lösungen.

Innerhalb der am 4. April 1949 gegründeten NATO, die bis auf den heutigen Tag die größte „europäische" Institution geblieben ist, wünschte man immer stärker die Einbeziehung deutscher Einheiten in die gemeinsamen Streitkräfte. Der entscheidende Schritt wurde vom französischen Ministerpräsidenten Pleven ausgelöst, der am 26. Oktober 1950 der französischen Nationalversammlung eine gemeinsame Verteidigung der sechs Montan-Union-Staaten empfahl, so daß also die deutschen Kräfte weder der NATO noch einer westeuropäischen, sondern nur einer kleineuropäischen Gemeinschaft integriert werden sollten.

Über die an diesen Vorschlag anschließend geplante Europäische Verteidigungsgemeinschaft (EVG) gab es viele Verhandlungen, die schließlich infolge eines aus der historischen Erfahrung verständlichen Mißtrauens scheiterten. Inzwischen aber erschien ein Minimalschutz der Bundesrepublik aus eigenen Kräften um so notwendiger, als die kasernierte Volkspolizei der Sowjetzone, die seit 1948 bestand, immer einsatzfähiger wurde. Daher wurde 1951 mit Einwilligung der westlichen Besatzungsmächte eine bewaffnete Bereitschaftspolizei der Länder von anfangs 10 000 Mann und ein Bundesgrenzschutz gegenüber der Zonengrenze in gleicher, bald in doppelter Stärke ins Leben gerufen.

Die Entwicklung in der sowjetischen Besatzungszone zwischen der Staatsgründung und der Aufstellung „nationaler Streitkräfte" im Jahre 1952 war hauptsächlich gekennzeichnet durch den Ausbau der DDR zu einer Volksdemokratie nach dem Vorbild anderer kommunistischer Staaten mit dem Ziel der vollen Inkorporation in den Sowjetblock, also unter immer undurchlässigerer Abgrenzung gegenüber Westdeutschland. Die sogenannte „Demarkationslinie" wurde intensiver kontrolliert, die als „planmäßiger Ausbau des Sozialismus" bezeichnete SED-staatliche Konzentration vorangetrieben, entsprechend eine zentralgelenkte Planwirtschaft nach sowjetrussischen Bedürfnissen, d. h. mit Schwergewicht bei der Grundstoff- und Schwerindustrie aufgebaut und nach sowjetischem Vorbild durch Mehrjahrespläne geordnet. Schließlich wurde nach der Enteignung des Großgrundbesitzes auch die des übrigen privaten landwirtschaftlichen Besitzes in Etappen und unter Druck durch Überführung desselben in mehrere Typen von „Landwirtschaftlichen Produktionsgenossenschaften" (LPG) vorgenommen. Die Remilitarisierung führte nicht nur zur zahlenmäßigen Verstärkung der Truppen, sondern auch zum Aufbau von See- und Landstreitkräften gegen den vermeintlich „aggressiven" amerikanischen und den angeblich „revanchistischen westdeutschen Imperialismus" und zu einer großangelegten, als ‚Sport' bezeichneten vor- und paramilitärischen Ausbildung von Jugendlichen und Erwachsenen. Eine eminent politpädagogische Bedeutung bei dieser Entwicklung, wie insgesamt bei der Erzeugung eines staatstragenden Selbstverständnisses der Bevölkerung in der DDR, kam der Umdeutung der Geschichte zwischen dem Pol ‚Faschismus-Trauma' einerseits und dem Pol ‚Stalinismus-Trauma' andererseits zu.

Im Jahre 1951 wurde der erste bis 1956 geltende Fünfjahresplan veröffentlicht. Im Vordergrund stand bei ihm der Ausbau der Energie- und Brennstoffindustrie, der Hütten, Stahl- und Walzwerke, die Förderung des Maschinenbaues und der chemischen Industrie zu Lasten der Konsumgüterproduktion und des privaten Verbrauchs, der an letzter Stelle der Wachstumsskala rangierte. Lohnstop, Preissteigerung und Normen-Erhöhung führten in die Schwierigkeiten des Jahres 1952 und zur Explosion im Jahre 1953.

Im Jahre 1952 gab es erneut Bemühungen um die deutsche Wiedervereinigung. Die Bundesregierung hatte im Anschluß an die Außenministerkonferenz der Großmächte von Mai bis Juli 1949 in Paris, auf der die Fortsetzung der Bemühungen um die Wiederherstellung der wirtschaftlichen und politischen Einheit Deutschlands gefordert worden war, am 22. März 1950 angeregt, die Besatzungsmächte sollten ein Wahlgesetz erlassen und unter eigener Kontrolle oder unter der der UNO eine gesamtdeutsche Nationalversammlung zur Ausarbeitung einer Verfassung wählen lassen. Nach mehrmaligem Mißerfolg der westlichen Vertreter bei den Sowjets schlug Grotewohl im Anschluß an die New Yorker Außenministerkonferenz im September, die sich mit der Beteiligung der Bundesrepublik an der Verteidigung Westeuropas beschäftigt hatte, am 30. November 1950 in einem direkten Schreiben an die Bundesregierung, mit dessen Beantwortung er die Anerkennung der „DDR" erreichen wollte, vor, einen paritätisch besetzten Gesamtdeutschen Konstituierenden Rat zu bilden, der gesamtdeutsche Wahlen für eine Nationalversammlung sowie einen Friedensvertrag und eine Regierungsbildung vorbereiten sollte. Die Bundesregierung forderte im Januar 1951 statt der paritätischen Besetzung freie Wahlen, und auch der Oppositionsführer Schumacher erklärte am 9. März 1951 im Bundestag: „Dieser Konstituierende Rat ist die nationale Methode zur Erkämpfung der kommunistischen Diktatur in Deutschland ... Die Aufgabe dieser Regierung wäre, die Politik der vollendeten Tatsachen im kommunistischen Sinne durchzuführen."

Dieser Vorgang wiederholte sich im September 1951.

Als am 21. Dezember 1951 auf Antrag der Westmächte die Vollversammlung der UNO gegen die Stimmen der Mitglieder des Ostblocks beschloß, die in Deutschland geltenden Verfassungsbestimmungen und -anwendungen untersuchen zu lassen, bezeichnete die DDR dies als „Einmischung in die inneren Angelegenheiten des deutschen Volkes“ und bestritt die Rechtsgültigkeit einer solchen Studie. Infolgedessen mußte der Ausschuß am 30. April 1952 das Scheitern seiner Mission feststellen. Während dieser Zeit hatte bereits am 10. März mit einem sowjetischen „Wiedervereinigungsangebot“ ein Briefwechsel aller Besatzungsmächte begonnen, der sich über vier Phasen bis zum 23. September 1952 hinzog. Seine Bedeutung ist bis heute und insbesondere seit dem Sommer 1970 umstritten: Die einen sprechen von einer verpaßten Möglichkeit, Deutschland als souveränen, neutralen Staat wieder zu vereinen und zum Mittler zwischen USA und UdSSR zu machen, andere bezweifeln oder bestreiten, daß eine solche bestanden habe. Und schließlich gibt es die Auffassung, die Sowjetunion habe sich zu jener Zeit in militärischen, wirtschaftlichen und politischen Schwierigkeiten befunden und daher ihre Rückzugs- und Verständigungsbereitschaft – gegen einen entsprechenden Preis – andeuten wollen. Im ersten Brief der UdSSR war die Rede von der Gewährleistung „demokratischer Rechte“, damit alle Deutschen „die Menschenrechte und die Grundfreiheiten genießen, einschließlich der Redefreiheit, der Pressefreiheit, ... der Freiheit der politischen Überzeugung und der Versammlungsfreiheit ...“, sowie von den „in Potsdam festgelegten Grenzen“. Die Westmächte antworteten unter Betonung der Notwendigkeit freier Wahlen in allen Teilen Deutschlands zur Bildung einer gesamtdeutschen Regierung, während Adenauer am 16. März in Siegen erklärte: „Ziel der deutschen Politik ist es nach wie vor, daß der Westen so stark wird, um mit der Sowjetunion zu einem vernünftigen Gespräch zu kommen ...“. In ihrem zweiten Brief vom 9. April erklärte die Sowjetunion sich mit der

Abhaltung freier Wahlen einverstanden, lehnte aber deren Kontrolle durch die UNO ab und schlug statt dessen eine Viermächte-Kommission vor. Diese lehnten wiederum die Westmächte ab, waren aber bereit, über die Bildung einer anderen internationalen Prüfungskommission zu verhandeln; sie forderten Handlungsfreiheit für eine aus freien Wahlen gebildete deutsche Regierung vor dem Abschluß eines Friedensvertrages.

Der dritte und vierte Briefwechsel im Mai/Juli und August/Septemebr brachte keine neuen Gesichtspunkte, vielmehr unterstrich die Sowjetnote vom 23. August nun die seit 1949 entwickelte Zwei-Staaten-Konzeption. Inzwischen hatten die Unterzeichnung des Deutschland- und des EVG-Vertrages (26./27. Mai 1952) und die Errichtung von sowjetzonalen Sperrzonen entlang der Zonengrenze am 26. Mai die Annäherung erschwert, wenn nicht fürs erste überhaupt unmöglich gemacht.

„Die Bedeutung der durch die erste sowjetische Note eingeleiteten neuen Phase des Wiedervereinigungsgesprächs lag in einer veränderten politischen Konzeption des Ostblocks. Das Angebot von freien und gesamtdeutschen Wahlen als Voraussetzung für eine Lösung des Deutschlandproblems, verbunden mit der Forderung nach Bündnisfreiheit des neuzuschaffenden Staates, also nach Neutralisierung, war der Kern des sowjetischen Vorstoßes ... Der Grund für das östliche Angebot lag, auch darüber besteht kaum ein Zweifel, in der wachsenden Stärke des Westens ... Die bevorstehende Eingliederung der Bundesrepublik in das militärische Bündnis des Westens veranlaßte den Versuch der Sowjetunion, durch neue Vorschläge eine unerwünschte Entwicklung aufzuhalten" (Moltmann) und möglicherweise durch die Verbesserung des deutsch-russischen Verhältnisses in den USA, England und Frankreich in Erinnerungen an Rapallo und den Stalin-Hitler-Pakt Mißtrauen gegenüber der Bundesrepublik zu stiften.

Adenauer hat sich dem Osten, der Sowjetunion gegenüber grundsätzlich ganz anders verhalten als gegenüber dem Westen, insbesondere Frankreich. Während er ausdrücklich bestätigte, daß Frankreich im Saargebiet „legitime Interessen“ vertrat, kannte er im Gespräch mit dem Osten nur Forderungen. Das entsprach seinen grundsätzlichen Überzeugungen und beruhigte die Westmächte: „Wir mußten wählen, was die Russen wollten, war klar, sie wollten über die Neutralisierung Deutschlands schließlich dessen Einbeziehung in den sowjetischen Herrschaftsbereich. Was der Westen uns bot, war im Deutschlandvertrag und im Vertrag über die EVG festgehalten“ (Adenauer, Erinnerungen). Das Fernziel von Adenauers Außenpolitik, die er mit einem kleinen Kreis engster Vertrauter wie Globke, Lenz, Hallstein und Blankenhorn unter Ausschaltung der Bundesregierung, ja, selbst ohne Berücksichtigung der CDU-Parteiführung und -fraktion betrieb, war es, auf dem Wege über eine EVG eine „politische Union“ der westeuropäischen Staaten einschließlich Bundesrepublik zu erreichen und diese fest mit den USA zu verbünden. Dagegen hatten Adenauers Bekenntnisse zur Wiedervereinigung in erster Linie die Aufgabe, der Opposition Wind aus den Segeln zu nehmen und die „Heimatvertriebenen, Flüchtlinge“ und „national“ orientierten politischen Kreise an seine Politik zu binden.

Anders erkannte man in der SPD seit dem Herbst 1951 immer deutlicher, daß die Wiedervereinigung nicht gegen den Willen der Sowjetunion, d. h. ohne Berücksichtigung ihrer Wünsche erreicht werden konnte, und man begann daher, nach Preisen zu suchen, mit denen man Moskau die Freigabe der DDR schmackhaft machen könnte. Dabei näherte die SPD sich der Idee einer bedingten, nicht absoluten Neutralität des wiedervereinigten Deutschlands.

In der Öffentlichkeit der Bundesrepublik beschäftigte man sich nur sehr wenig mit der russischen Anregung. Man traute ihr nicht und hatte sich innerhalb von sieben Jahren mit großer Mehrheit gegen einen vom Kommunismus bedrohten oder beherrschten Nationalstaat und für einen durch die Westmächte garantierten westdeutschen Teilstaat entschieden, der privat- und volkswirtschaftliche Prosperität, individuelle und gesellschaftliche Freiheit sowie Zugehörigkeit zur westeuropäisch-atlantischen Lebensweise erlangt hatte. Schon 1952 also verzichtete ein großer Teil der Bevölkerung der Bundesrepublik ohne Druck durch die ehemaligen Besatzungsmächte auf den Versuch, über einen Friedensvertrag zur „Wiedervereinigung", zur Wiederherstellung des Deutschen Reiches zu gelangen.

Der Unterzeichnung des EVG-Vertrages am 27. Mai 1954 durch die Außenminister der sechs Mitgliedstaaten folgten zwei Jahre heftiger Auseinandersetzungen um seine Ratifizierung, die schließlich am Widerstand Frankreichs scheiterte, nachdem die weltpolitische Situation sich sehr geändert hatte. Der Korea-Krieg war zum Waffenstillstand gekommen; nach einem Friedensvertrag der Westmächte mit Japan am 8. September 1951 und einem amerikanisch-japanischen Sicherheitsvertrag sowie einer Gruppe von Bündnisverträgen (ANZUS) der USA mit wichtigen pazifischen Mächten hatte sich die Lage im Pazifik stabilisiert; im Februar 1952 war der Atlantik-Pakt um Griechenland und die Türkei erweitert worden. Mit der Detonation der ersten Wasserstoffbombe am 1. November 1952 wurde der durch die Explosion der ersten sowjetischen Atombombe im Jahre 1949 verringerte Rüstungsvorsprung der USA wieder – wenn auch nur für einige Monate – beträchtlich vergrößert, zumal nun auch England über Atombomben verfügte. Eisenhower, seit Ende 1952 Präsident der USA, und sein Außenminister Dulles, waren zwar Vertreter einer Politik der Stärke, doch war am 5. März 1953 Stalin gestorben; damit – sowie mit den folgenden inneren Unsicherheiten in der Sowjetunion – schien die Möglichkeit einer Verständigungspolitik entstanden zu sein.

Das alles, insbesondere die „Dominanz der amerikanischen Atomstrategie ... ermöglichte wieder nationale Egoismen" (Dormann) und ließ in Frankreich einen deutschen Verteidigungsbeitrag weniger dringend erscheinen als ein Jahr zuvor. Dabei erwies sich der französische Ministerpräsident P. Mendès-France nicht so sehr als entscheidender Gegner des Vertrages, wie Adenauer, Dulles, Bidault und Spaak es hinstellten, sondern hauptsächlich als ein Katalysator innerfranzösischer Kräfte und als ein Politiker, der entschlossen den Strömungen im westlichen Staatensystem zum Durchbruch verhelfen wollte, welche eine kooperative, nicht eine primär supranationale Lösung für den deutschen Verteidigungsbeitrag anstrebten. Auch England war unter Edens Führung schon früh an der Suche nach Möglichkeiten beteiligt, welche das Scheitern der Bemühungen um einen Vertrag voraussetzten: Es handelte sich hier zum ersten Male um das Verpassen einer Gelegenheit im Rahmen der europäischen Einigungspolitik nicht zuletzt durch die raffinierte Politik Englands. Im deutschen Bundestag kam es bei den Lesungen am 9. und 10. Juli 1952 zu leidenschaftlichen Zusammenstößen hauptsächlich zwischen Adenauer und Schumacher (Adenauer: „Dr. Schumacher war sehr theoretisch"), außerdem aber auch zu heftigen Diskussionen bei der Evangelischen Kirche und überhaupt in der weiteren Öffentlichkeit über Zweck und Wert der EVG und Deutschlands Beteiligung an ihr. Deutschlandvertrag und EVG wurden schließlich am 19. März gegen die Stimmen der SPD, des Zentrums und der KPD gebilligt.

Als bei der Bundestagswahl im September 1953 die Regierungsparteien mehr als zwei Drittel der Parlamentssitze erhielten, konnte dieses Ergebnis auch als Zustimmung zu Deutschlandvertrag und EVG interpretiert werden. Am 26. März 1954 wurde das Grundgesetz dahin erweitert, daß „die Verteidigung einschließlich der Wehrpflicht für Männer vom vollendeten 18. Lebensjahr an und des Schutzes der Zivilbevölkerung" zur Aufgabe des Bundes erklärt wurde. Adenauer war sich dessen gewiß, daß die Aufnahme in die NATO bevorstand. Die Bundesregierung mußte jeden Anschein vermeiden, als erwäge sie schon eine Alternativlösung zur EVG, während noch eine Chance für die Ratifikation in Paris bestand. „Nur wenn der Bundeskanzler gleichsam im Licht strahlender europäischer Unschuld vor dem in Paris angerichteten Scherbenhaufen stand, war zu erhoffen, daß alle anderen Beteiligten letzten Endes Frankreich zu einer Lösung zwingen würden, die den deutschen Erwartungen entsprach, wie es denn auch geschah" (Schwarz). Darüber hinaus handelte es sich allerdings um eine „säkulare Entscheidung" (Noack) gegen den supranationalen Zusammenschluß Europas und damit gegen Adenauers große europäische Politik weit über Wirtschaftsfragen hinaus.

Da die immer stärkere Belastung durch den Indochina-Krieg und die Furcht vor einem zu großen Souveränitätsverlust Frankreichs in einer EVG zusätzlich zu den genannten Ereignissen ein Hinauszögern der Entscheidung richtig erscheinen ließ und diese am 30. August 1954 in der französischen Nationalversammlung schließlich negativ ausfiel, scheiterte das Projekt einer westeuropäischen militärischen Integration. Doch beschloß die Londoner Neunmächte-Konferenz im September/Oktober, die Souveränität der Bundesrepublik und – als Ersatz für das Scheitern der EVG – gegen den Widerstand der SPD deren Aufnahme in die NATO, was eine spätere Wiedervereinigung Deutschlands mindestens außerordentlich erschweren mußte. Selbst in der Bundesrepublik hatte die europäische Bewegung längst zu schrumpfen begonnen. Gesamtdeutsche Verbände, die nach Osten blickten, waren im öffentlichen Bewußtsein an ihre Stelle getreten. Im gleichen Jahre 1954, in dem die EVG scheiterte, wurde das ‚Kuratorium unteilbares Deutschland' gegründet, das seinerseits zwanzig Jahre später nicht mehr der intensiven neuen Ostpolitik entsprach.

„Adenauer wurde unsicher . . ., fühlte wohl auch, pragmatisch, wie er war, daß sich politische Kräfte, mit denen man rechnen mußte, eines von Jahr zu Jahr kräftigeren Nationalgefühls bedienten. Er begann daher seinerseits, national im traditionellen Sinne zu werden. Nicht einmal dieser nüchterne Kölner war gegen die Versuchung deutscher Selbstüberschätzung gefeit. Verhängnisvolle Traditionen wurden stärker als seine früheren, besseren Einsichten“ (Baring). Doch war das Problem der Verteidigungsbereitschaft der Bundesrepublik damit nicht gelöst. Es mußte in anderen Zusammenhängen sehr bald erneut diskutiert werden. Insofern waren die intensiven Auseinandersetzungen in der Bundesrepublik keineswegs vergeblich gewesen. Sie hatten unter heftigem Ringen bewiesen, daß eine große Mehrheit der Bevölkerung sich von der politischen Apathie und Vorsicht sowie dem Ohne-mich-Standpunkt unter dem Schutz der Besatzungsmächte während der ersten Nachkriegsjahre dem Bewußtsein der politischen Selbstverantwortlichkeit zugewandt und ein eigenes Staatsbewußtsein entwickelt hatte.

Zwei vorwiegend für das Ansehen der Bundesrepublik in der Welt, also indirekt politische und erst danach wirtschaftliche Komplexe dieser Jahre, bildeten Wiedergutmachung und Entschädigung. „Wenn die Bundesrepublik das Recht beanspruchte, das deutsche Volk zu repräsentieren, dann ergaben sich ihr daraus Verpflichtungen, für diejenigen Schäden einzustehen, die Einzelnen und ganzen Völkern unter dem Regime des Nationalsozialismus zugefügt worden waren“ (Moltmann). Den Ansprüchen dieser Geschädigten oder ihrer Angehörigen standen neben den pauschalen Reparationsleistungen und den Wiedergutmachungsleistungen innerhalb der einzelnen Besatzungszonen sowie der Bestrafung von Schuldigen individuelle Leistungen zu, die sowohl den materiellen wie den seelischen Schäden zu entsprechen versuchten.

Im Herbst 1949 bemerkte Adenauer in einem Interview der „Allgemeinen Wochenzeitung der Juden in Deutschland“, es sei in dieser Hinsicht bisher „viel zu wenig“ geschehen. Angesichts der psychologischen Kompliziertheit des Problems im Rahmen der Innenpolitik eines Volkes, das Not litt und dem ständig von allen Seiten die Schuld an zahlreichen Verbrechen vorgeworfen wurde, von denen die wenigsten überhaupt etwas gewußt hatten, zog sich die Inangriffnahme des Komplexes sehr lange hin. Schließlich meldete die Regierung Israels bei den vier Besatzungsregierungen einen Reparationsanspruch in Höhe von 1,5

Milliarden Dollar an, da das Dritte Reich sechs Millionen Juden umgebracht und jüdisches Eigentum im Werte von 6 Milliarden Dollar geraubt habe. Die Bundesrepublik erklärte sich im September 1951 zu Verhandlungen auf der Grundlage der deutschen Zahlungsfähigkeit bereit. Im Frühjahr 1952 begannen Verhandlungen zwischen der Bundesrepublik, dem Staat Israel und einer Delegation von 23 jüdischen Organisationen außerhalb Israels über die Rückerstattung jüdischen Eigentums und über Wiedergutmachungsleistungen. Nach Schwierigkeiten, um deren Beilegung sich auf der deutschen Seite Adenauers Vertrauensmann, der Bankier H. J. Abs, Verdienste erwarb, gelangte man am 10. September 1952 zu einem Abkommen. In ihm verpflichtete sich die Bundesrepublik, Israel 3 Milliarden DM innerhalb von 12 bis 14 Jahren zur Verfügung zu stellen „für den Ankauf von Waren und die Beschaffung von Dienstleistungen, die der Erweiterung der Ansiedlungs- und Wiedereingliederungsmöglichkeiten für jüdische Flüchtlinge in Israel dienen sollen". Weitere 450 Millionen Dollar im gleichen Zeitraum wurden für jüdische Organisationen unter dem Gesichtspunkt vorgesehen, „daß erhebliche Werte, die von den nationalsozialistischen Gewalthabern besonders in den besetzten Gebieten geraubt worden sind, nicht zurückgegeben werden können, da keine Erben mehr vorhanden sind, und daß aus dem gleichen Grunde Entschädigung für zahlreiche wirtschaftliche Verluste nicht gezahlt werden kann, andererseits aber viele jüdische Verfolgte des Nationalsozialismus sich noch in Not befinden".

Die vereinbarten Beträge wurden innerhalb von 12 Jahren gezahlt; sie bedeuteten im Durchschnitt dieser Jahre etwa 0,8 des deutschen Bruttosozialprodukts. Ein großer Teil dieser deutschen Geldleistungen kehrte in Form von Aufträgen an die deutsche Industrie zurück, in erster Linie an Werften. Die Deutsche Demokratische Republik weigerte sich, ähnliche Wiedergutmachungen zu leisten.

Unmittelbar nach dem Israel-Vertrag wandte man sich der Entschädigung der Opfer des Nationalsozialismus in

Deutschland selbst zu, was im Sommer 1953 zum Bundesentschädigungsgesetz führte: Hauptsächlich zu Lasten der Länder wurden 4 Milliarden DM für diejenigen bereitgestellt, die zwischen 1933 und 1945 „wegen ihrer politischen Überzeugung, um ihrer Rasse, ihres Glaubens oder ihrer Weltanschauung willen verfolgt“ worden waren und „Schäden an Leben, Körper, Gesundheit, Freiheit, Eigentum, Vermögen oder ... beruflichem Fortkommen erlitten“ hatten.

Der 17. Juni 1953 und seine Folgen

Mitten in diese Entwicklungen in Mittel- und Westdeutschland hinein platzte der „Volksaufstand vom 16. und 17. Juni 1953“, dessen Ereignisse und Folgen für beide Teile Deutschlands große Bedeutung hatten. Seine sehr komplexen Ursachen bestanden hauptsächlich in der Unzufriedenheit mit wachsender Sozialisierung, Zentralisierung der Verwaltung, Wehrpflicht, erst jüngst trotz schlechter Ernährungslage vorgenommener Erhöhung der Leistungs-„Normen“ und ungenügendem Wohnungsbau.

Seine Ziele waren zutiefst mehr die Verbesserung auf diesen Gebieten und der Rücktritt der aus vielen Gründen unbeliebten Regierung als die Beseitigung der kommunistischen Herrschaft und die Wiedervereinigung in der Form des Anschlusses an die Bundesrepublik. „Wir wollen leben wie Menschen, weiter nichts“, hieß es am 16. Juni 1953 im Hydrierwerk Zeitz. Die Erhebung begann am 15./16. in Berlin und griff am 17. Juni insbesondere auf die Industriestädte und -bezirke über. Die Regierung flüchtete mit Ausnahme des Industrieministers Selbmann. Am Vormittag des 17. Juni erschienen russische Fahrzeuge, motorisierte Granatwerfer, Infanterie mit aufgepflanztem Bajonett, mittags russische Panzer. Schließlich verhängte der sowjetische Stadtkommandant von Berlin ab 13 Uhr den Ausnahmezustand und das Kriegsrecht. „Die Rote Armee hat den Schutz der Pankower Regierung übernommen". Um 19 Uhr war die Erhebung beendet, ohne den Grad eines Aufstandes erreicht zu haben. Dagegen wurden in anderen Städten Regierungs- und Polizeigebäude besetzt, Volkspolizisten entwaffnet, Gefängnisse geöffnet, so daß in Magdeburg das Militär – in Leipzig auch das sowjetische – von der Waffe Gebrauch machte. Am weitesten gedieh die Erhebung im mitteldeutschen Braunkohlenrevier. Aber nigendwo ging man über die Forderung nach Abschaffung der Zonengrenze und nach freien Wahlen hinaus, und überall stellte man auf Grund der Erfahrungen mit der sowjetischen Besatzungsmacht die Demonstration ein, sobald sich sowjetisches Militär zeigte. Der Einsatz der Roten Armee gegen die angeblich verbündeten Deutschen wurde später damit „erklärt", daß die Sowjetunion einen Ost-West-Konflikt, einen Weltkrieg habe verhindern wollen.

Im Westen hielt man sich während der Ereignisse, die überraschend kamen, so sehr zurück, daß die Bundesregierung geradezu die Bevölkerung der DDR und Ost-Berlins zur Besonnenheit aufrief und die Beteiligung der Westberliner an den Demonstrationen durch Sperrung der Sektorengrenzen verhindert wurde. Das führte zu lange wirkender Enttäuschung unter den Demonstranten, die sich vom Westen im Stich gelassen und verraten fühlten, nachdem jahrelang Rundfunk, Presse, Bundesregierung und Besatzungsmächte des Westens das Regime in der Sowjetzone als illegal und die Spaltung als vorübergehend bezeichnet hatten.

Der Unterdrückung der Erhebung, bei der 250 bis 270 Demonstranten den Tod fanden, folgte die Bestrafung, bei der etwa 100 Demonstranten hingerichtet, mehr als 50 Partei- und Militärpersonen wegen Befehlsverweigerung erschossen und mehr als 1000 bzw. 630 mit Zuchthaus bestraft, von den letzteren 131 den Sowjets zur Bestrafung übergeben wurden.

Die psychologisch-politische Bewältigung der Erhebung in erster Linie von Arbeitern in einem Arbeiter- und Bauernstaat mit der Besetzung durch das „Vaterland des

Sozialismus" bereitete dem Regime weit größere Schwierigkeiten als die militärische Unterdrückung. Es folgten daher nicht nur Terrorjustiz, sondern auch die parteiinterne Diskussion und Säuberung, wobei es dem Hauptverantwortlichen W. Ulbricht gelang, die Schuld sowohl innerhalb der Partei als auch bei der Darstellung gegenüber der Besatzungsmacht anderen Mitgliedern des Politbüros und des ZK der SED zuzuschieben, die zunächst in den Hintergrund gedrängt und später ihrer Funktionen enthoben wurden.

Weiter ging es außer um die Festigung der erschütterten Macht um die Wiedergewinnung eines Mindestmaßes an Vertrauen für eine „Regierung", aus der nicht die unbeliebten, sondern die „schwachen" Elemente entfernt worden waren. Infolgedessen erklärte das ZK der SED am 21. Juni: „Wenn Massen von Arbeitern die Partei nicht verstehen, ist die Partei schuld, nicht der Arbeiter ... Das Zentralkomitee setzt den neuen Kurs planmäßig fort." Bei den „Lohnberechnungen", die Empörung verursacht hatten, zog man sich auf die Normen vom 1. April 1953 zurück. Auch andere soziale Verbesserungen und anschließend Steigerungen des Lebensstandards wurden eingeführt. Schließlich gab es 1954 eine sehr beschränkte Amnestie sowohl der DDR wie der Besatzungsregierung. Gleichzeitig intensivierte man die ideologische Propaganda insbesondere bei der „Aktivisten- und Wettbewerbsbewegung", welche man am 29. Oktober 1953 als den „Haupthebel zur Verwirklichung des neuen Kurses" bezeichnete. Der Justizminister, der den Demonstranten das Streikrecht zugebilligt hatte, wurde wegen „republikfeindlicher Tätigkeit" durch Hilde Benjamin ersetzt, die bisherige Vizepräsidentin des Obersten Gerichtshofes. Da weit mehr Menschen bestraft als amnestiert wurden, wuchs die Flucht nach dem Westen, die strafbare „Republikflucht".

Zu den Erfolgen des 17. Juni gehörten die Einstellung der Reparationslieferungen an die Sowjetunion, die Reduzierung der Besatzungskosten und der Rückkauf der nach dem Kriege als sowjetische Aktiengesellschaften übernommenen deutschen Betriebe, während die Sowjetunion sich andererseits die Importe von Rohstoffen aus der DDR zu niedrigen, die Lieferung von Fertigwaren dorthin zu hohen Preisen sicherte – wie gegenüber den anderen Satellitenstaaten auch. Am 24. März 1954 verlieh die Sowjetunion in einer Regierungserklärung, der „ersten Souveränitätserklärung", nicht durch einen Vertrag, der DDR, die sich am 17. Juni 1953 nur durch das Eingreifen russischer Truppen hatte behaupten können, eine gewisse Selbständigkeit, behielt aber „die Funktionen, die mit der Gewährleistung der Sicherheit im Zusammenhang stehen und sich aus den Verpflichtungen ergeben, die der UdSSR aus dem Viermächteabkommen erwachsen" – ähnlich der Regelung für die Bundesrepublik durch den Generalvertrag von 1952.

Als Westberlins sozialdemokratischer Bürgermeister Ernst Reuter wenige Wochen nach diesen Ereignissen am 20. Juli 1953 in der Berliner Bendlerstraße ein Mahnmal enthüllte, sagte er: „Der 20. Juli 1944 war das erste sichtbare, weithin wirkende Fanal, das der Welt zeigte, daß in Deutschland der Wille zur Freiheit und der Wille zum eigenen Leben nicht untergegangen war ... Der Bogen vom 20. Juli 1944 spannt sich heute, ob wir wollen oder nicht, zu dem großen Tag des 17. Juni 1953, zu jenem Tag, an dem sich ein gepeinigtes und gemartertes Volk gegen seine Unterdrücker und seine Bedränger erhob ..."

Die Besatzungsmächte beider Seiten erklärten zwar, wenn auch mit verschiedenen Begründungen, jeweils *ihren* Staat zum entscheidenden Verhandlungspartner bei Gesprächen über Wiedervereinigung, waren aber auch unmittelbar an solchen Gesprächen interessiert. Ein langer Notenwechsel in der zweiten Hälfte des Jahres 1952, bei dem die Sowjetunion die Bundesrepublik und die Staaten der NATO heftig angriff, führte zur Außenministerkonferenz vom Januar/Februar 1954 in Berlin – der ersten seit 1949. Nachdem das Abschlußkommuniqué vom 18. Februar 1954 zur Deutschlandfrage nur bemerkt hatte, man habe über sie „einen vollen Gedankenaustausch" gehabt, sei aber

„nicht in der Lage [gewesen], ... ein Übereinkommen zu erzielen“, bedauerte der Bundestag, „aufs tiefste, daß die Berliner Konferenz keine Lösung ... gebracht hat. Aus den Stellungnahmen des sowjetischen Außenministers geht eindeutig hervor, daß die Sowjetunion heute nicht willens ist, die Wiedervereinigung Deutschlands in Freiheit zuzulassen“.

Schon im folgenden Monat begann ein neuer westöstlicher Notenwechsel, der bis zum September dauerte – auch er ohne positive Ergebnisse.

Als am 6. September 1953 in der Bundesrepublik die Wahlen zum zweiten Bundestag stattfanden, hatte sich gegenüber der ersten Wahl manches geändert. Das Wahlgesetz war modifiziert worden; als neue Parteien erschienen der BHE und die Gesamtdeutsche Partei, in der sich unter der Führung des ehemaligen Bundesinnenministers Gustav Heinemann und der Zentrumsvorsitzenden Helene Wessel Gruppen zusammengefunden hatten, die gegen eine Wiederaufrüstung und für direkte Verhandlungen BRD-DDR eintraten. Mit Kurt Schumacher war die bei weitem bedeutendste politische Persönlichkeit der SPD gestorben. Das Wahlergebnis brachte der CDU/CSU 244, der SPD 151, der FDP 48, dem BHE 27, der DP 15, dem Zentrum zwei Sitze; KPD, GVP und alle anderen Parteien gingen leer aus. Adenauer, der praktisch die absolute Mehrheit besaß und die „Kanzlerdemokratie“ realisieren konnte, wurde mit großer Mehrheit zum Bundeskanzler einer Koalition gewählt, die aus CDU/CSU, FDP, DP und BHE bestand und damit über eine Zweidrittelmehrheit verfügte. Nach dem Vielparteiensystem des ersten Bundestages mit zwölf Parteien und einer heterogenen Koalition begann 1953 die erste Konzentrationsphase: Es gab nur noch sechs Parteien, und der Stimmenanteil der beiden größten Parteien CDU/CSU und SPD stieg von 66 % (1949) auf über 75 %, wobei die Gewinne fast ausschließlich der CDU/CSU zufielen.

Adenauer sprach in seiner Regierungserklärung am 20. Oktober 1953 von einer „starken Konzentration des politischen Willens des deutschen Volkes" und unterstrich die „Niederlage der links- und rechtsradikalen Parteien", die im neuen Bundestag nicht mehr vertreten waren. Im übrigen standen in der Regierungserklärung „die Probleme und die Aufgaben" der Sozialpolitik, Wirtschaft und Finanzen, Fragen der Innenpolitik also, ganz im Vordergrund. „Die Lösungen können nur gemeinsam gefunden werden. Sozialpolitik ist nur möglich, wenn die Wirtschaft gedeiht, Beschäftigung gibt und Steuern liefert. Es ist weder Sozialpolitik noch ein Gedeihen der Wirtschaft möglich, wenn wir keine gesunde und feste Währung haben, für die die Finanzpolitik sorgen muß". Zur Zeit erhalte „jeder dritte Einwohner der Bundesrepublik eine Rente von der Sozialversicherung, Arbeitslosenversicherung, Arbeitslosenfürsorge, vom Lastenausgleich, als verdrängter Beamter, Kriegsbeschädigter, Kriegshinterbliebener, ehemaliger Berufssoldat, Witwe oder Waise."

Zu den wichtigsten Aufgaben des zweiten Bundestages gehörte eine große Finanz- und Steuerreform, die Finanzierung eines Notstandsprogramms für Berlin, dessen wirtschaftliche Entwicklung wegen seiner Insellage und des ständigen Zustroms von Flüchtlingen aus der DDR unter starker Arbeitslosigkeit litt und weit hinter der des Westens zurückgeblieben war, sowie die Beschäftigung mit der Saar-Frage. Zwar wurde nach den Wahlen vom 30. November 1952 durch das „Saarjunktim" und 1953 durch eine französisch-saarländische Konvention die Autonomie der Saarregierung verbessert, doch blieb die Wirtschaftsunion mit Frankreich erhalten. Als die französische Regierung immer intransigenter wurde, „wuchs sich die Saarfrage zum europäischen Problem aus, und von ‚europäischer' Seite her kam auch ein bedeutender Lösungsvorschlag" (Moltmann), der Nater-Plan. Doch bedurfte es noch erheblicher Verhandlungen, bis man über eine Volksabstimmung am 23. Oktober 1955 die Rückkehr der Saar zu Deutschland im Herbst 1956 erreichte.

Jahre des „Wirtschaftswunders"

Die Jahre des zweiten Bundestages waren am deutlichsten die des „Wirtschaftswunders". Nun begannen die „Goldenen Fünfziger Jahre". Dieser wirtschaftliche Aufschwung, gefördert durch Ludwig Erhards Parolen vom „Mut zum Konsum" und „Wohlstand aus eigener Kraft", vollzog sich, nachdem schon 1953 ein „Jahr des Verbrauchers" geworden war, nicht gleichmäßig in allen Bereichen der Wirtschaft, sondern unter gewissen Schwerpunktbildungen, die teils zeitlich, teils politisch bedingt waren. Die erste Welle hatte die Verwendung eines ungewöhnlich großen Anteils des Einkommens für die lange Zeit ganz entbehrten oder rationierten Lebensmittel gebracht. Die zweite betraf den Bereich der Textil- und Bekleidungsindstrie, eine dritte Möbel- und Hausgeräte, so daß z. B. der Kühlschrank zu einem Statussymbol wurde. Eine gewisse Wellenfolge spielte sich auch vom Fahrrad über Moped und Motorrad zum Automobil verschiedener Größenklassen ab. Das Volkswagenwerk steigerte seine Produktion 1954/55 um 36 % und stellte Ende 1955 täglich 1520 Fahrzeuge her. Daimler-Benz begann 1951 angesichts des wirtschaftlichen Aufschwunges die Entwicklung neuer Sechszylinder-Typen: die Soziale Marktwirtschaft gab gerade dieser Industrie so starke Impulse, daß sie schnell zum Schlüsselbereich eines sehr großen Industriekomplexes werden und stärkste Bedeutung für Arbeitsbeschaffung und Export erhalten sollte. Eine Folge der Zonengrenzziehung bildete der Aufbau von Industrien, die früher vorwiegend in Berlin und in östlichen Teilen des Reiches konzentiert gewesen waren – so der Elektro- und der Bekleidungsindustrien. Einen überdurchschnittlich schnellen und starken Aufschwung nahmen neue Wirtschaftsbereiche wie Kunststoff-, Chemiefaser-, Erdöl-, Rundfunk- und Fernsehindustrie.

Die Masse der arbeits- und aufstiegswilligen Flüchtlinge und Vertriebenen – von 1944/45 bis zum Mauerbau 1961 gelangten etwa 10 Mio Deutsche über die Grenze zwischen Ost und West in die Bundesrepublik, während etwa 4 Mio Deutsche aus dem Gebiet östlich der Neisse in die DDR zogen — wandte sich daher unmittelbar oder nach kurzer, häufig enttäuschender Unterkunft auf dem Lande nicht der Landwirtschaft zu, die vielmehr Arbeitskräfte verlor, sondern dem aussichtsreicheren Wiederaufbau der Industrie in den Städten. Von diesen „Einwanderern" wurden viele jahrelang in Westdeutschland zu Binnenwanderern. Menschen, die bisher weit voneinander gewohnt, in bezug auf Bildung, Beruf, Neigung und Religion gleichsam in verschiedenen Welten gelebt hatten, die wohl die gleiche Sprache, aber einander fast unverständliche Dialekte benutzten, mußten plötzlich im gleichen Dorf, im gleichen Hause leben, zur gleichen Kirche und Schule gehen, die gleichen Gewohnheiten im täglichen Leben annehmen. Es dauerte eine Generation, bis diese „Einwanderer" nach Westdeutschland dort heimisch, d. h. bewußt und aktiv Mitbürger in der Bundesrepublik Deutschland wurden, bis die Flüchtlingsverbände an Mitgliederschwund eingingen. In großen Industriebetrieben ging die Integration schneller vor sich, und statt der Flüchtlingsgruppen begannen wenige Jahre später die der Gastarbeiter neue Probleme zu schaffen.

Die deutsche Landwirtschaft war teils trotz, teils infolge der nationalsozialistischen Landwirtschaftspolitik seit 1933, teils durch die Kriegs- und unmittelbaren Nachkriegsgeschehnisse nach internationalem Maßstab sehr zurückgeblieben und damit unfähig geworden, gegenüber ausländischer Konkurrenz zu bestehen. Zumeist war der Fortschrittswille während der ersten Jahre nach dem Kriege in den Städten, wo man vielfach ganz von vorn anfangen mußte, stärker als auf dem Lande, wo man hochwertige Mangelwaren erzeugte.

Auch konnte die Wirtschaftspolitik von Ministern, die dem intellektuellen Stadt-Liberalismus entstammten und zunächst die industrielle Produktion gegenüber der Landwirtschaft bevorzugten, welche nach dem Verbot der NS-Organisationen noch nicht wieder über starke Interessenten-Verbände verfügte und obendrein zunächst „im Schatten des Hungers“ (Schlange-Schöningen) arbeitete und dann bei der Rationalisierung nicht mit den anderen Wirtschaftszweigen Schritt hielt, mindestens anfangs über die Marktförderungsgesetze von 1950/51 hinaus den landwirtschaftlichen Bedürfnissen nicht wirklich gerecht werden. Aus allen diesen Gründen stiegen die Einkommen und die sozialen Leistungen in anderen Sektoren weit schneller als in der Landwirtschaft, deren Beitrag zum Sozialprodukt z. B. 1950/53 bei 25 bzw. 21 % aller Erwerbstätigen von 10,2 auf 13,4 Milliarden stieg, aber von 10,4 auf 9,2 % sank.

Die Steuereinnahmen der öffentlichen Haushalte stiegen 1951/1955 von 29 auf 44 Milliarden DM, obwohl die Steuerreform von 1954 erhebliche Steuersenkungen brachte. Das Brutto-Sozial-Produkt stieg 1953 bis 1955 von 146 auf 178 Milliarden DM. Der Außenhandelsüberschuß betrug 1952: 0,7, 1954: 2,7 Milliarden DM. Gegenüber 1,38 Millionen Arbeitslosen im Jahre 1952 konnte man Ende 1955 bei bereits fühlbarem Facharbeitermangel innerhalb kurzer Zeit die programmatisch versprochene Vollbeschäftigung in Aussicht stellen.

Das alles führte zum Erstarken der von SPD und Gewerkschaften vertretenen Forderung der Arbeitnehmer nach ständig zu erweiternder „Mitbestimmung“ außer bei Kohle, Eisen und Stahl, die 1951 gesetzlich geschaffen worden war und bald vorzüglich funktionierte, auch in anderen Wirtschaftsbereichen. „Wir verlangen entweder völligen Umbau der Industrie- und Handelskammern ... oder aber ... die Schaffung von paritätisch besetzten Wirtschaftskammern ...“ (Böckler). Daneben stand die Forderung nach besserer Beteiligung am volkswirtschaftlichen Gesamtertrag – insbesondere, nachdem die Steuerreformen von 1953/54 die Unternehmer erheblich entlastet, die Selbstfinanzierung sehr gefördert und einen Investitionsboom ausgelöst hatten, der weitaus am stärksten den Unternehmern selbst zugute kam. Überall, zum Teil nach Streiks, kam es bei Vollbeschäftigung zu Lohn- und Gehaltserhöhungen, anschließend auch zu Preisanstiegen und damit zu weiteren Lohn- und Gehaltsforderungen. Die ersten inflationistischen Tendenzen in Verbindung mit Konjunkturüberhitzung führten zu Diskussionen über Funktion und Gefährlichkeit der Inflation und seit dem 7. September 1955 zu Maßhalte-Parolen, die sich am 14. Oktober 1955 besonders dringlich an die Unternehmer wandten. Sie waren Worte eines Bundeswirtschaftsministers, der nach seiner ganzen Veranlagung und auf Grund seiner Erfolge seit dem Frankfurter Wirtschaftsrat mehr zur dynamischen Expansion neigte als zur Konjunkturdämpfung und daher auch mit seinen Ermahnungen so wenig Erfolg erzielte, daß schließlich am 19. Oktober 1955 ein vorsichtig bremsendes „Konjunkturprogramm" in Kraft treten mußte. Eine wichtige beratende Tätigkeit übte bei allen diesen Maßnahmen der Wissenschaftliche Beirat beim Bundesministerium für Wirtschaft aus, der, 1948 zunächst für das bizonale Wirtschaftsgebiet geschaffen, im Jahresdurchschnitt drei Gutachten vorlegte, darunter so bedeutsame wie 1948 das über „Maßnahmen der Verbrauchsregelung, der Bewirtschaftung und Preispolitik nach der Währungsreform" und 1953 das über „Fragen der wirtschaftlichen Integration Europas". Nicht zuletzt der Wert dieser Gutachten führte dazu, daß im ersten Vierteljahrhundert der Bundesrepublik nicht weniger als 3000 Beiräte bei Bundesbehörden geschaffen wurden.

Am Tage nach der französischen Ablehnung der Europäischen Verteidigungs-Gemeinschaft (EVG) begann am 1. September 1954 das britische Kabinett mit der Vorbereitung einer Konferenz der sechs EVG-Staaten mit England und den USA, um auf einem anderen Wege zu einem deutschen Wehrbeitrag zu gelangen. Das Ergebnis war die Neun-Mächte-Konferenz in London, die vom 28. September bis zum 3. Oktober tagte. Sie beschloß u. a. das Besatzungsregime in der Bundesrepublik aufzuheben, die Bundesrepublik in den Brüsseler Pakt vom 17. März 1948 über gegenseitige Beistandsverpflichtungen aufzunehmen, den Kontinent auch fortan durch die Belassung amerikanischer und englischer Streitkräfte zu sichern, die Bundesrepublik in die NATO aufzunehmen, allein die Bundesrepublik als rechtmäßige deutsche Regierung zu betrachten und schließlich Friedensvertrag, Wiedervereinigung und Schutz Berlins anzustreben. Das französische Parlament akzeptierte diese Regelung unter der Bedingung, daß die der Saarfrage mit einbezogen würde. Die SPD lehnte sie als „in der heutigen Situation inakzeptabel" ab und verlangte eine aktive Politik der Wiedervereinigung durch Verhandlungen mit der Sowjetunion.

Zur Verwirklichung der Londoner Vereinbarungen diente ein umfangreiches Pariser Vertragswerk vom 23. Oktober 1954 mit Gültigkeit vom 5. Mai 1955. Nachdem bereits der Deutschlandvertrag vom 26. Mai 1952 die innere und äußere Souveränität der Bundesrepublik vorgesehen hatte, so daß die ausländischen Truppen nicht mehr als Besatzung, sondern als Verteidigungshilfe stationiert waren, trat also die Bundesrepublik, deren Angriff auf den Westen man 1948 noch als denkbar bezeichnet hatte, nun der durch den Brüsseler Pakt umgebildeten Westeuropäischen Union (WEU) als Partner mit begrenzter Souveränität bei, um „die Einheit Europas fördern und seine fortschreitende Integrierung unterstützen" zu können. Noch immer „bewahren die drei Mächte die bisher von ihnen innegehabte Rolle und Verantwortlichkeit in bezug auf Berlin und Gesamtdeutschland einschließlich der Wiedervereinigung Deutschlands und der Regelung eines Friedensvertrages". Nach Artikel 5 waren diese Mächte berechtigt, in einer Krisensituation alle der Bundesrepublik überlassenen Rechte zurückzunehmen. Der Bundesrepublik wurde es untersagt, ABC-Waffen herzustellen; auch gab es andere beträchtliche Rüstungsbeschränkungen, so daß der defensive Charakter des bundesdeutschen Wehrbeitrages mit maximal 500 000 Mann deutlich blieb. Eine enge Zusammenarbeit von WEU und NATO, der die Bundesrepublik beitreten sollte, war vorgesehen.

Eine wichtige Ergänzung dieser Bestimmungen bildete das deutsch-französische Saarabkommen, „ein europäisches

Statut im Rahmen der WEU". Zwar blieb die französisch-saarländische Wirtschaftsunion bestehen, doch sollten die saarländisch-bundesdeutschen Beziehungen entsprechend der europäischen Wirtschaftsintegration angeglichen werden. Im Juli 1957 wurde das Saargebiet auch wirtschaftlich mit der Bundesrepublik vereinigt. Das war nicht zuletzt ein Ergebnis der Montan-Union, deren Bildung diesen Problemkomplex entschärft hatte.

Der Abschluß der Verträge war leichter als ihre Ratifizierung, für die man ein Jahr brauchte. Im Bundestag stimmte die SPD gegen alle Abkommen insgesamt, da nach ihrer Auffassung die Pariser Verträge die Wiedervereinigung erschwerten. FDP- und BHE-Mehrheiten waren gegen das Saarabkommen, weil es den Saarländern bei der vorgesehenen Abstimmung nicht möglich war, für den Anschluß an Deutschland zu stimmen, sondern nur für oder gegen eine Europäisierung. Während dieses Jahres der Ratifizierungsverhandlungen versuchten die Ostblockstaaten noch einmal, den deutschen Verteidigungsbeitrag bei WEU und NATO zu verhindern durch die Aufforderung der Moskauer Konferenz vom 29. November bis zum 2. Dezember 1954 an die Westmächte, auf die Pariser und Londoner Beschlüsse zu verzichten, da diese die „Wiedervereinigung Deutschlands auf friedlicher und demokratischer Grundlage erschwerten". Auch drohte die Sowjetunion mit einer Verstärkung ihrer Streitkräfte, während sie zugleich neue westöstliche Gespräche vorschlug. Der Bundesrepublik stellte die Sowjetunion am 15. Januar 1955 die Alternative: Remilitarisierung oder freie gesamtdeutsche Wahlen und Friedensvertrag; zehn Tage später folgte sie dem Vorgang der Westmächte von 1951 und erklärte den Kriegszustand mit Deutschland für beendet — was nicht identisch war mit einem Friedensvertrag und den entsprechenden Bedingungen.

Nach so vielen vergeblichen westöstlichen Verhandlungen und Lockungen der Sowjetunion, die insgesamt ohne positive Folgen geblieben waren, angesichts auch der Tatsache, daß es in der DDR beträchtliche „nationale Streitkräfte“ gab, denen nicht einmal die Anfänge einer Bundeswehr gegenüberstanden, sowie schließlich trotz der Protestaktion in der Frankfurter Paulskirche am 29. Januar 1955 gegen die Pariser Verträge, an der u. a. G. Heinemann und der SPD-Vorsitzende E. Ollenhauer teilnahmen und die mit dem „Deutschen Manifest“ endete, blieb es bei den Beschlüssen. Im Bundestag stimmten gewissermaßen ergänzend, aber nicht abschwächend, alle Fraktionen einer – politisch wirkungslosen – Entschließung zu, in der wieder einmal die Wiedervereinigung als vordringliche Aufgabe der deutschen Politik betont und der traditionelle Katalog der Wünsche, Hoffnungen und Forderungen im Westen dem Osten gegenüber aufgeführt wurde.

Die Pariser Verträge traten am 5. und 6. Mai 1955 in Kraft, womit der Deutschland-Vertrag von 1952 überholt war. Am 9. Mai, auf den Tag zehn Jahre nach der Kapitulation, trat die Bundesrepublik der NATO bei. Am 14. Mai wurde im lange vorbereiteten Gegenzug der Warschauer Pakt unterzeichnet.

Westdeutschland war mehr durch Zwang der Verhältnisse als aus dem grundsätzlichen Willen der Mehrheit der Bevölkerung ein souveräner Staat, bündnisfähig und ein akzeptierter Partner der westlichen Welt mitten in einem Integrationsvorgang geworden, den man für einfacher hielt, als er sich schließlich erwies. Übersehen wurde insbesondere, wie sehr das bei Schaffung und Entwicklung der Bundesrepublik betonte Prinzip der Souveränität, das noch immer auch in Frankreich und England eine entscheidende Rolle spielte, dem der Integration im Wege stand.

„Nicht nur für die Bundesrepublik, sondern auch für ganz Europa und die Welt war das Jahr 1955 ein Wendepunkt. Aus den Pariser Verträgen ergaben sich mancherlei Konsequenzen und Neuansätze. Nachdem der Westen eine gemeinsame Konzeption gefunden hatte, machte er sich daran, diese zu verwirklichen. Die folgenden Jahre waren dem Ausbau seiner Position gewidmet. Die Politik der Stärke war vorrangiges Prinzip, sie wurde beharrlich weiterverfolgt. Stetigkeit und Konsequenz waren dabei wichtiger als Experimente und neue Initiativen. Für den Osten war jetzt die Zeit des Reagierens gekommen" (Moltmann).

In der Bundesrepublik stand im Vordergrund der Erfüllung der neuen Verträge der Aufbau der Bundeswehr und das Anlaufen des „Abkommens über Verteidigungshilfe" mit den USA, während die NATO, ergänzt durch Bagdad-Pakt und SEATO, zur atomaren Strategie überging. Die Sowjetunion kündigte ihre Beistandsverträge mit England und Frankreich aus der Kriegszeit und schuf den durch Verträge mit China erweiterten Warschauer Militärpakt der Ostblockstaaten unter sowjetischem Oberkommando in Moskau, zu dem auch die DDR ein Kontingent stellte, nachdem im Januar 1956 die „Nationalen Streitkräfte" in „Nationale Volksarmee" umbenannt worden waren.

Nach dem Scheitern der EVG erklärte Adenauer, er werde sein Amt als Außenminister abgeben. Als seinen Nachfolger wünschte er sich den Vorstandsvorsitzenden der Deutschen Bank, H. J. Abs. Aber dieser, mit Adenauer befreundet, versagte sich ihm, weil er wußte, daß der Kanzler ihm nicht die Handlungsfreiheit lassen würde, die er gewohnt war und für nötig hielt. Der Fraktionschef der CDU, Heinrich v. Brentano, dagegen akzeptierte, weniger anspruchsvoll, nach der Ratifizierung des Pariser Vertragswerkes am 23. Oktober 1954, mit der, wie er schrieb, „eine neue Epoche" für Deutschland begann. Am 7. Juni 1955 übergab Adenauer das Außenressort an Brentano, nachdem er diesem erklärt hatte, daß er „bis auf weiteres ... die Führung der europäischen Angelegenheiten, die Angelegenheiten der USA und der SU sowie die Konferenzangelegenheiten noch immer ... in der Hand behalte".

Die Genfer Gipfelkonferenz im Juli 1955, an der Eisenhower, Eden, Faure und Bulganin teilnahmen, brachte nur die Festigung des status quo. Dagegen erreichte Adenauer bei einem Besuch in Moskau vom 9. bis 13. September 1955 nicht allein eine fragwürdige, weil inhaltlich nicht fixierte „Normalisierung" der Beziehungen zur Großmacht des Ostens, die schließlich außer einem Adenauer-Bulganin-Briefwechsel im Jahre 1957 keine praktischen Folgen hatte, sondern außerdem gegen die Aufnahme diplomatischer Beziehungen mit der Sowjetunion ohne Anerkennung der DDR die ehrenwörtlich, nicht vertraglich zugesagte Entlassung von annähernd 10000 noch immer zurückgehaltenen deutschen Kriegsgefangenen und Zivilinternierten – das größte greifbare Entgegenkommen der Sowjetunion gegenüber der Bundesrepublik bis auf den heutigen Tag. Adenauer hielt korrekte Beziehungen zur UdSSR für nötig, weil diese als vierte Besatzungsmacht für die Wiedervereinigung mitverantwortlich war und weil er der Bundesrepublik Chancen erhalten wollte, die aus der Spannung Sowjetunion-China erwachsen mochten. Im Anschluß an Adenauers Moskaureise entwickelte Wilhelm Grewe im Dezember 1955 die Hallstein-Doktrin, die politische Maxime des außenpolitischen Alleinvertretungsanspruchs – „eine Art von juristischer Selbstfesselung", mit der sich die Bundesregierung außenpolitisch weitgehend bewegungsunfähig machte.

Am 20. September 1955 bildete ein neuer Vertrag zwischen der UdSSR und der DDR in Anlehnung an den Warschauer Pakt ein Gegenstück zu den Pariser Verträgen – die „zweite Souveränitätserklärung" –, ohne den beherschenden Einfluß der Sowjetunion in der DDR zu verringern.

Seit 1955 gab es in der Koalition der Bundesregierung sowohl wie innerhalb einiger sie tragender Parteien wachsende Spannungen. Im Oktober ging im Bundestag der BHE in die Opposition, wodurch die CDU/CSU-Regierung ihre Zweidrittelmehrheit verlor. Außerdem wurde in Nordrhein-Westfalen am 20. Februar 1956 das Kabinett des CDU-Ministerpräsidenten Karl Arnold infolge wachsender Differenzen mit den „Nazi-Demokraten" (Heuss) in der FDP – die, immer um ihr „Image" bemüht, seitdem zum Faktor ständiger Unruhe, Ungewißheit und Beeinträchtigung des Wählerwillens der beiden großen Parteien wurde und bei Wahlrechtsveränderungen um ihre Existenz fürchten mußte – nach neunjähriger CDU-Herrschaft auf Grund eines konstruktiven Mißtrauensvotums, in Wirklichkeit aber wegen der Spannungen in der Bonner Koalition ersetzt durch ein Kabinett mit dem SPD-Ministerpräsidenten Steinhoff.

Für zwei Jahre folgte im größten, reichsten und politisch wichtigsten Land der Bundesrepublik eine SPD-FDP-Zentrum-Koalition mit der CDU als Opposition. Doch Arnold hatte recht behalten, als er in einer Abschiedserklärung betont hatte: „Ich zweifle nicht daran, daß ... die Wähler für eine Politik der ruhigen Überlegung und Besonnenheit eintreten ...“ In der Landtagswahl vom 6. Juli 1958 erhielt die CDU die absolute Mehrheit, während die FDP, über die Heuss, einer ihrer Gründer, in jenen Jahren bittere Urteile notierte, 4,4 % an Stimmen verlor. Immerhin, zum ersten Male war eine Regierung mit Hilfe des konstruktiven Mißtrauensvotums abgelöst worden, und man mußte trotz des anschließenden Erfolges der CDU mit der Möglichkeit rechnen, daß diese Partei in der nahen Zukunft nicht mehr so unbestritten wie in den ersten Jahren der Bundesrepublik die Politik werde bestimmen können. Es bezeichnete, allerdings übertreibend, die Situation, wenn der Sozialdemokratische Pressedienst zu dem ganzen Vorgang bemerkte: „Man sieht, daß eine Auflockerung des festgefahrenen, starr und steril gewordenen politischen Lebens noch möglich ist. Düsseldorf hat bewiesen: Die deutsche Demokratie ist nicht an den Monopolanspruch der Kanzlerpartei, zu regieren, gebunden. Gerade die junge deutsche Demokratie, die sich noch zu bewähren hat, muß versuchen, von dem Prinzip des Wechsels in der politischen Macht, wo immer es sich als zweckmäßig und notwendig erweist, klugen Gebrauch zu machen ...“

Über die unmittelbaren Ereignisse hinaus wurde bedeutsam, daß am 23. Februar 1956 16 Bundestagsabgeordnete aus der FDP austraten – der erste von vielen Verlusten –, mit der CDU eine Koalition bildeten und, nachdem sie im April 1956 die Freie Volkspartei gegründet hatten, im

Januar 1957 mit der DP zur „Deutschen Partei" sich zusammenschlossen.

Nachdem am 23. Oktober 1955 die saarländische Bevölkerung in einer Volksabstimmung mit 68 % das zwischen Adenauer und Frankreich vereinbarte Saarstatut, das das Saarland „europäisiert" hätte, abgelehnt hatte, bedurfte es einer deutsch-französischen Verständigung über die Zukunft.

Im Juni 1956, abschließend am 29. September, kam es zwischen Adenauer und dem französischen Ministerpräsidenten Mollet zur Einigung über ein Saarabkommen, das am 27. Oktober unterzeichnet wurde. Seit 1918 ein Streitobjekt, wurde die Saarfrage nun endgültig geregelt: Frankreich erklärte sich mit der politischen Rückgliederung des Saargebietes an Deutschland, an die Bundesrepublik, zum 1. Januar 1957 einverstanden. Wirtschaftspolitisch sollte es in einer Übergangszeit von 18 Monaten im Interesse des Saarlandes selbst und Frankreichs noch an dieses angeschlossen bleiben, danach auch in dieser Hinsicht zur Bundesrepublik übertreten. Das war das „Wunder an der Saar" (H. Schneider).

Am 17. August 1956 erklärte das Bundesverfassungsgericht die KPD für verfassungswidrig, ordnete die Auflösung dieser Partei an und verbot Ersatzorganisationen. In der Urteilsbegründung hieß es: „Das Endziel der KPD ist die Errichtung der sozialistisch-kommunistischen Gesellschaftsordnung auf dem Wege über die proletarische Revolution und die Diktatur des Proletariats. Sowohl die proletarische Revolution als auch der Staat der Diktatur des Proletariats sind mit der freiheitlichen Grundordnung unvereinbar. Beide Staatsordnungen schließen einander aus."

Das Verbot befriedigte weite Kreise der Bevölkerung, die den Kommunismus kennen und fürchten gelernt hatten. Andererseits wurde eingewendet, daß nach den Erfahrungen seit dem Sozialistengesetz von 1878 und den Parteiverboten in der Zeit der Weimarer Republik sowie im Ausland derartige Maßnahmen meist nur geringen Erfolg hätten, die verbotenen Parteien in den schlecht kontrollierbaren Untergrund drängten und ihnen ein ohne Verbot nicht erreichbares Märtyrertum und Ansehen verschafften; schließlich zeuge es von einer Schwäche der Demokratie, wenn sie eine winzige, politisch praktisch bedeutungslose Partei verbiete. Auf Grund derartiger Erwägungen und im Zusammenhang mit Verständigungsbestrebungen gegenüber DDR und Sowjetunion gibt es seit 1961 in der Bundesrepublik eine DKP, die politische Bedeutung nicht erreicht hat.

Weit mehr wurde die Öffentlichkeit durch das Problem der atomaren Ausrüstung der Bundeswehr wie aller europäischen Streitkräfte erregt, das seit Ende 1956 in der NATO diskutiert und am 2. April 1957 von der SPD vor den Bundestag gebracht wurde. Es bewog 18 führende deutsche Atomwissenschaftler, darunter Hahn, Born und Gerlach, am 12. April 1957 mit der „Göttinger Erklärung" an die Öffentlichkeit zu treten. Ihre umstrittenen Sätze lauteten: „Wir fühlen keine Kompetenz, konkrete Vorschläge für die Politik der Großmächte zu machen. Für ein kleines Land wie die Bundesrepublik glauben wir, daß es sich heute noch am besten schützt und den Weltfrieden am ehesten fördert, wenn es ausdrücklich und freiwillig auf den Besitz von Atomwaffen jeder Art verzichtet." Sie endete: „Gleichzeitig betonen wir, daß es äußerst wichtig ist, die friedliche Verwendung der Atomenergie mit allen Mitteln zu fördern, und wir wollen an dieser Aufgabe wie bisher mitwirken."

Adenauer konferierte am 17. April 1957 mit Unterzeichnern der „Erklärung" und beantwortete die SPD-Interpellation im gleichen Sinne am 10. Mai: „Eine isolierte Sicherheitspolitik der Bundesrepublik ist heute nicht mehr möglich. Maßnahmen, die ausschließlich der Erhaltung des Friedens und der Sicherung der Freiheit dienen, können und werden von der Sowjetunion nicht als Bedrohung aufgefaßt werden. Die Bundesregierung versichert erneut ihre Bereitschaft, ein allgemeines Abrüstungsabkommen herbeiführen zu helfen . . . Die Bundesregierung warnt angesichts der gewaltigen Militärmacht der Sowjetunion vor jedem Nachlassen der praktischen und psychologischen Verteidigungsbereitschaft."

Nach einer erregten Debatte an diesem 10. Mai 1957 wurde am 25. März 1958 mit den Stimmen von CDU/CSU und DP die Zustimmung des Bundestages zur atomaren Ausrüstung der Bundeswehr erteilt; Gegenanträge von SPD und FDP wurden abgelehnt. Aber auch nach dieser parlamentarischen Entscheidung gab es noch angestrengte Bemühungen um eine Wendung: eine SPD-Protestbewegung „Kampf dem Atomtod" und einen Versuch, in einzelnen Bundesländern eine Volksbefragung durchzuführen. Während „Kampf dem Atomtod" keine politische Bedeutung erlangte, scheiterte die Volksbefragung daran, daß das Bundesverfassungsgericht sie als eine schwerwiegende Störung der grundgesetzlichen Ordnung für „verfassungswidrig" erklärte. Eine das ganze deutsche Volk bewegende politische Auseinandersetzung ebbte bald ab und lebte auch nicht wieder auf. Andererseits gab es auch keine Kernwaffen in nationalem deutschen Besitz.

Trotz harter Auseinandersetzungen zwischen Regierung und Opposition gab es im Wahlkampf 1957 mehrfach bei CDU, FDP und SPD Stimmen, welche angesichts der außenpolitisch gefährdeten Situation der Bundesrepublik die Bildung einer Großen Koalition, eines „Kabinetts der nationalen Konzentration", empfahlen. Im Gegensatz zu Adenauer und der Wahlkampfstrategie seiner Partei bezeichnete in diesem Zusammenhang der schleswig-holsteinische CDU-Kultusminister Osterloh die SPD als eine „völlig demokratische, völlig zuverlässige und völlig antikommunistische Partei". Bei Adenauer und Ollenhauer fehlte jedoch jede persönliche Basis für eine Zusammenarbeit, obwohl sich die SPD „in allen Aussagen über eine künftige Wirtschaftspolitik eine geradezu peinliche Zurückhaltung auferlegte" (Schwarz).

Tatsächlich hat die SPD nach der Wahlniederlage von 1953 ihre „ideologische Fehlentwicklung und das Versagen der Partei im praktischen Alltag" sorgfältig untersucht. Eine Berliner Reformgruppe erarbeitete „15 Thesen zur

Erneuerung der SPD", und Ollenhauer und Carlo Schmid unternahmen seit 1953 mehrfach gewisse Verständigungsversuche gegenüber der Regierung. Schließlich gab es auf dem SPD-Parteitag 1956 in München „erste deutliche Anzeichen der Bereitschaft der SPD zur Abkehr von der ‚Politik des ewigen Verneinens' und zur Zusammenarbeit mit der CDU" (Knorr/Schulz). Ollenhauer erklärte sogar, daß es nach einem etwaigen Wahlsieg der SPD „nicht die Absicht und das Ziel der Sozialdemokraten" sei, „mit umgekehrten Vorzeichen die Adenauer-Politik der Blockbildung gegen eine andere große Partei etwa zu wiederholen".

Fortsetzung des „Wirtschaftswunders" und Sozialpolitik

Die Bundestagswahl vom 15. September 1957, bei der sich 13 Parteien um 494 Sitze bewarben — darunter nur fünf mit Aussicht auf Überwindung der Fünfprozentklausel — brachte nach einem im wesentlichen im Bereich von Außen- und Wirtschaftspolitik geführten und von den Argumenten: Sicherung im westlichen Bündnis gegen eine Tragödie wie 1956 in Ungarn und „Keine Experimente" einerseits, Wiedervereinigung im Rahmen eines europäischen Sicherheitssystems andererseits bestimmten Wahlkampf einen überlegenen Sieg der CDU/CSU. Sie erlangte 54,5 % aller Sitze (bei 50,2 % aller Stimmen), die SPD 34 %, die FPD 8,2 % und die DP 3,4 %, was bewies, daß die CDU/CSU sich innerhalb eines Jahrzehnts nicht „abgenutzt", sondern mit den Erfolgen ihrer Außen- und Wirtschaftspolitik eine immer noch wachsende Popularität gewonnen hatte.

Adenauer hatte die Wählerschaft richtiger beurteilt als die Befürworter einer Großen Koalition. Abgesehen davon, daß also der Bundestag mit Adenauer als Kanzler und Erhard als Vizekanzler mehr denn je von CDU/CSU beherrscht wurde und diese Partei damit auch noch stärker als zuvor in die Gefahr geriet, daß sich alle Kritik einer starken parlamentarischen und einer allmählich sich formierenden außerparlamentarischen Opposition an der Politik der folgenden Jahre ausschließlich auf sie konzentrierte, führte das Wahlergebnis auch zu erheblichen Verschiebungen in einigen Ländern.

Bei Adenauers Regierungserklärung am 29. Oktober 1957 stand erneut die Innenpolitik an der Spitze aller Probleme, die der Kanzler zu lösen in Aussicht stellte. „Mit an erster Stelle nenne ich die Schaffung von Kapital und die Streuung des Besitzes ... Wettbewerb und freie Preisbildung haben sich bisher stets als bester Schutz für den Verbraucher erwiesen ... Die Freiheit der Sozialpartner bei der Gestaltung der Lohn- und Arbeitszeitfragen hat ihre Grenze in dem für das Allgemeinwohl wirtschaftlich Tragbaren ... Die Sozialreform wird fortgeführt werden ... Neuordnung der Krankenversicherung und der Unfallversicherung ... Gedanken der Selbsthilfe und privaten Initiative in jeder Weise fördern ... Abgleiten in einen totalen Versorgungsstaat, der früher oder später den Wohlstand vernichten würde, verhindern ... Abschluß der großen Strafrechtsreform ... bundeseinheitliche Verwaltungsgerichtsordnung ... Reform des Aktienrechts ... die Landwirtschaft braucht Kapital ... Kernenergie wird sich im Laufe der Jahre als gleichberechtigter und gleichwertiger Energiefaktor neben Kohle, Wasserkraft und Öl stellen ... Überführung der Wohnungswirtschaft in die Marktwirtschaft ...“ – das waren die wichtigsten innenpolitischen Komplexe, welche die Regierungserklärung nannte.

Im Vordergrund der Tätigkeit auch dieses Bundestages standen jedoch sichtlich, unter dem von Erhard in Anlehnung an Karl Arnolds „Eigentum für jeden“ formulierten Motto „Wohlstand für alle“, Wirtschafts- und Sozialpolitik. Die nun schon seit Jahren steigende, durch Erhards wenig restriktive „Konjunkturprogramme“ und Diskonterhöhungen von 1955/56 infolge des Widerstandes aus Unternehmerkreisen – insbesondere auf einer Tagung am 23. Mai 1956 und beim Bergbau – kaum beeinflußte

Konjunktur hauptsächlich bei der Investitionsgüterindustrie und ganz besonders beim Fahrzeugbau und Maschinenbau. Diese beiden Bereiche wuchsen 1955 um 30 % bzw. 25 %. Mit entsprechenden Umsätzen, Löhnen und Gehältern hielt auch in der Zeit des dritten Bundestages die lebhafte Kaufkraftsteigerung an, die sich nun immer mehr auch den Verbrauchsgütern des gehobenen Bedarfs zuwandte. Erhard erklärte am 24. März 1955 vor dem Bundestag: „Es entspricht dem Zeitgeist, wenn heute die Durchsetzung von Gruppeninteressen und Sonderwünschen oder das Verlangen nach stärkerem Wettbewerb immer mit dem Hinweis auf die Notwendigkeit einer Ordnung vertreten wird ... Demgegenüber erklärte ich, daß es in einem geordneten Staat nur eine Ordnung geben kann, das ist die gesellschaftliche Ordnung der Ganzheit!" Aber das Unternehmertum folgte Erhards Beschwörungen nun endgültig nicht mehr. Die Kurve der Wirtschaftsexpansion wurde flacher, das Sozialprodukt stieg „nur" um 9,5 %: Vollbeschäftigung und Mangel an Arbeitskräften verlangsamten das Wachstumstempo, zumal die 48-Stunden-Woche prinzipiell aufgegeben und in fast allen Industriezweigen die 45-, in der Metallindustrie sogar die 44-Stunden-Woche erreicht wurde. Der reale Brutto-Wochenverdienst der Industriearbeiter stieg 1950 bis 1962 um 87 %, die geleistete Arbeitszeit sank gleichzeitig um annähernd 14 %.

Auch beim lange umkämpften Kartellgesetz vom 4. Juli 1957 unterlag Erhard der Industrie. Sein Ziel einer „einheitlichen, garantierten und kontrollierten Ordnung der Wirtschaftsverfassung als Ergänzung zum Grundgesetz" (Hüttenberger) scheiterte in den großen Zügen, weil Erhard selber dem Druck der Unternehmer nachgab, weil Arnold und der linke Flügel der CDU ihn nicht ausreichend unterstützten, weil Adenauer der Großindustrie Einfluß auf die Formulierung des Kartellgesetzes gestattete und weil die Langwierigkeit der Gesetzesberatung Zeit zu neuen großindustriellen Zusammenschlüssen ließ. Angesichts dieser Fehlleistung wandten sich die mittelständische Industrie und der Handel mehr und mehr verärgert von Erhard ab, zumal das endlich 1958 geschaffene Kartellamt im ersten Jahrzehnt seines Bestehens nur sehr milde Strafen verhängte.

Teils zur Dämpfung der Konjunktur, teils als Reserve für Rezessionszeiten waren zwar schon 1956 unter heftigen finanzpolitischen Auseinandersetzungen drei Mia DM im „Juliusturm“ für weniger günstige Zeiten festgelegt worden. Nun war mit erheblichen Kosten für die Ausrüstung der Bundeswehr auf Grund des Freiwilligen-Gesetzes vom 23. Juli 1955 zu rechnen. Unter solchen Umständen sah Erhard Ende 1957 mit Sorge, wie nicht allein Wohnungsbau, Verkehrswesen, Landesverteidigung und Entwicklungshilfe, sondern auch Gewinn-, Lohn-, Gehalts- und Freizeitforderungen mit ihren psychologischen Grundlagen sein Wirtschaftsprogramm gefährdeten. Aber hatte er die weltwirtschaftliche Situation richtig interpretiert?

War in der Bundesrepublik gegenüber 1937 bis 1957 das Produktionsvolumen (z. B. die Zahl der Kraftfahrzeuge von 1954 bis 1957) verdoppelt und die Bundesrepublik gegenüber anderen Ländern Gläubigerland geworden, so zeigten sich 1958, ein Jahrzehnt nach der Währungsreform, erste Schwierigkeiten. Angesichts der allgemeinen, insbesondere aber der wirtschaftlichen Abhängigkeit der Bundesrepublik von der Entwicklung in den USA betrachtete man die dort auf mehr als fünf Mio gestiegene Zahl der Arbeitslosen mit Sorge. Infolge der billigen amerikanischen Kohle und der wachsenden Bedeutung des Heizöls als Energieträger waren, nachdem man seit 1945 die Steigerung der Förderung mit allen wirtschafts-, lohn- und finanzpolitischen Mitteln betrieben und den Bergmann zum höchstgeachteten und bestbezahlten Arbeitnehmer gemacht hatte, sehr schnell die bundesdeutschen Kohlenhalden auf 9 Mio t Mitte, 13 Mio t Ende 1958, trotz des Kohle-Öl-Kartells vom 22. Dezember 1958 auf 18,6 Mio t Kohle und Koks im Oktober 1959 angewachsen. Da in Industrien und Haushalten der Hauptbedarf nach Krieg und Demontage gedeckt war, litten außer dem Bergbau auch andere Wirtschaftsbereiche, insbesondere Textil- und Stahlindustrie, unter Überproduktion, während allerdings neben Auto und Waschmaschine auch Fernsehgerät und Auslandsreise als Statussymbole wachsende Bedeutung erlangten. Am 28. Dezember 1958 wurde die DM – gleichzeitig mit den Währungen von 14 anderen europäischen Ländern – frei konventierbar: „ein Wendepunkt für die zwischenstaatlichen ökonomischen Beziehungen" (Erhard).

Als „das wichtigste soziale Reformwerk seit der Bismarck-Ära", das „einzige wahrhaft bedeutende Gesetzgebungswerk dieser Jahre" (Götz) wurde im Ausland die von Adenauer am 20. Oktober 1953 angekündigte, seit 1955 vorbereitete und nach einer viertägigen „Rentenschlacht" im Bundestag – der bis dahin längsten Debatte des Bonner Parlaments – am 23. Februar 1957 mit Wirkung vom 1. Januar 1957 abgeschlossene erste Etappe einer großangelegten Rentenreform bezeichnet: die Neuordnung der Rentenversicherung der Arbeiter, Angestellten und der im Bergbau Beschäftigten, dagegen, entsprechend der Konzeption der Sozialen Marktwirtschaft, nicht auch der selbständig Erwerbstätigen. Den Kern der Reform der Alters- und Invalidenversicherung bildete der Übergang von der „statischen" zur „dynamischen", zur an den Bruttolohnzuwächsen gebundenen, jeweils im Abstand von drei Jahren berichtigten „Produktivitätsrente". Ihre Leistungen sollten ausreichen, dem Empfänger über das Existenzminimum hinaus einen auf seine berechtigten Altersbedürfnisse zugeschnittenen Lebensstandard zu sichern – gegen den Widerstand der protestantischen Ordo-Liberalen in der Wirtschaft, welche dies als „dynamischen Leichtsinn" und „Inflationstreibsatz" bezeichneten. Der Begriff „Dynamische Rente" wurde, 1955 von J. H. Müller in der „Görres-Gesellschaft" geprägt, wie der Begriff „Soziale Marktwirtschaft", zu einem „Signum der Zeit" (F. K. Fromme).

Diese Steigerung der Sozialleistungen hatte u. a. zur Folge, daß der künftige Unterstützungsempfänger noch stärker als zuvor unmittelbar durch Abgaben und mittelbar durch Steuern gewissermaßen „vorfinanzieren" mußte, was er später erhielt, während auch der Unternehmer immer höhere Sozialleistungen und Zahlungen neben den starken Lohn- und Gehaltssteigerungen aufzubringen hatte. Das bildete schon in „normalen" Zeiten mit geringen Inflationsspannen ein nur schwer lösbares Problem für beide Seiten einer Gesellschaft, die in den Jahren der Produktivität einen hohen Lebensstandard genießen wollte und diesen in der Periode des Rentenbezugs nicht merklich senken mochte.

Die SPD, die 1953 mit einem groß angelegten „Sozialplan für Deutschland" in die Bundestagswahl gezogen war, dann 1954 ein „Berliner Aktionsprogramm" entwikkelt und 1956 einen eigenen Gesetzentwurf eingebracht hatte, schloß sich 1957 unter dem Einfluß von Preller und Schellenberg, dem „Rentenpapst" der Partei, sowie von W. Auerbach (DGB) der CDU-Lösung an. Bei ihr erwies Adenauer sich unter Einsatz seiner ganzen Autorität als geschickter Innen- und Gesellschaftspolitiker. Sein durch die katholische Soziallehre gewiesenes Ziel war es, die ständig wachsende Gruppe der Rentner in den von CDU/CSU geführten Staat einzubinden und den Erwerbstätigen die Vorstellung zu nehmen, sie würden nach dem Ausscheiden aus dem Berufsleben zu Almosenempfängern. Der Vergleich zur „zweiten Reichsgründung" durch Bismarcks Sozialgesetzgebung lag für die Zeitgenossen auf der Hand (Morsey).

Adenauers Freund, Wirtschafts- und Finanzberater Robert Pferdmenges riet dagegen dem Kanzler nachdrücklich von einer Renten-Regelung ab, die ohne die Möglichkeit, die künftige Konjunktur- und Inflationsentwicklung sowie das Zahlenverhältnis von Erwerbstätigen und Rentenbeziehern ausreichend genau zu übersehen, den letzteren zeitlich unbegrenzt gesetzliche Zusicherungen machte, welche die ersteren vielleicht nicht immer würden erfüllen können. Die Mahnung des Bankiers Pferdmenges erwies sich zwanzig Jahre später als berechtigt: 1978 mußte mit dem 21. Rentenanpassungsgesetz die dynamische Rentenformel, welche die steuerfreie Rente an die Steigerung der Bruttolöhne gebunden hatte, aufgegeben werden, weil jenes Zahlenverhältnis sich u. a. durch Arbeitslosigkeit, Frührentner und Veränderung der Alterspyramide radikal zu Ungunsten der Verdienenden verändert hatte.

Neben der Rentenreform verdient in diesem Zusammenhang die Einführung des Kindergeldes 1954 und der Altershilfe für Landwirte 1957 hervorgehoben zu werden. „Unzweifelhaft" (Hockerts) trug Adenauers Rentenreform wesentlich zur Erreichung der absoluten Mehrheit seiner Partei im Herbst 1957 bei: „Bisher ist kein Beispiel dafür bekannt, daß irgend ein Gesetz, eine Institution oder sogar Verfassung und Symbole des Staates eine auch nur annähernd so positive Resonanz gehabt haben wie die Rentenreform" (Demoskopie-Institut Allensbach, Bundesarbeitsblatt 1960).

Insgesamt sind am Ende des Zweiten Weltkrieges unter Billigung durch Amerikaner und Engländer entgegen der Atlantik-Charta und der Charta der Vereinten Nationen im Zuge einer riesigen Völkerwanderung, die schließlich von asiatischen Einwanderern nach Ostpreußen bis zu deutschen Auswanderern zur pazifischen Küste der USA reichte, 16 Mio Deutsche aus ihrer Heimat vertrieben, gewaltsam umgesiedelt, zum Verlassen ihrer Heimat „veranlaßt" worden (de Zayas).

Die größte und einzigartige soziale Aufgabe, die dem Bund und den Ländern bereits seit ihrer Bildung gestellt war, wurde daher die Eingliederung von – bis 1950 – acht Mio Flüchtlingen und vertriebenen Deutschen sowie weiteren 2,6 Mio, die 1950 bis 1962 aus Mitteldeutschland, zumeist über Berlin, geflüchtet waren. Hier lag zunächst außer der menschlichen Tragik eine starke wirtschaftliche und soziale Belastung vor, die in der Zeit der anfänglichen Finanzschwäche der Staaten sehr fühlbare hohe Ausgaben verursachte, später aber sich in ein sehr großes, wirtschaftlich höchst wertvolles Reservoir an Arbeitskraft verwandelte, welches zu einem beträchtlichen Teil die Grundlage von Erhards „Wirtschaftswunder" bildete.

Zu den Bemühungen um soziale Gerechtigkeit zählten nach dem Lastenausgleich von 1948, dem Soforthilfegesetz von 1949 und dem Lastenausgleichsgesetz vom 14. August 1952 die „wohl beträchtlichste Neuerung im Finanzwesen der Bundesrepublik gegenüber dem der Weimarer Republik“ (Borchardt), die aus Hypotheken- und Kreditgewinnabgaben, einer Vermögensabgabe und Zuschüssen von Bund und Ländern bis Ende 1974 sich ergebenden 94 Mia DM Lastenausgleich. Er diente zu einem Drittel der Entschädigung individueller Vermögensverluste, wurde aber vorwiegend in der Form von „Hausratsentschädigung“, Unterhalt von Geschädigten, Wohnungen für Flüchtlinge und Bombengeschädigte sowie zur Finanzierung von Flüchtlingsbetrieben herangezogen. Erst seit 1961 konnte das Problem des Rechtsanspruchs auf Lastenausgleich unabhängig vom Nachweis direkter Notlage, z. B. der Entschädigung für Enteignungen im Ausland, für Demontagen und Reparationen sowie bei juristischen Personen diskutiert, allerdings nicht auch schon geregelt werden. „Insgesamt stellt der Lastenausgleich mehr eine sozialpolitisch orientierte Ausgleichsaktion als eine gesellschaftspolitische Vermögensumverteilungsmaßnahme dar“ (Deutsche Bundesbank).

In den weiten Bereich der Sozialpolitik als Gesellschaftspolitik gehörte schließlich auch die Einführung der wirtschaftlichen Mitbestimmung der Arbeitnehmer 1951 in der Montanindustrie, die jedoch nicht als Modell für die gesamte Wirtschaft verwendet werden konnte. Vielmehr galt dort seit 1952 das Betriebsverfassungsgesetz. Seine Durchführung bewies, daß in wirtschaftlich guten Zeiten die Wohlstands-Zufriedenheit der Arbeitnehmer stärker ist als ihr zwar von Partei und Gewerkschaftsführung immer wieder angeregtes, andererseits aber mit Risiken verbundenes Verlangen nach Gesellschaftsreform oder gar -revolution.

Auch die Bemühungen der DKP und der mit wirtschaftlichen und gesellschaftspolitischen Intim-Problemen noch wenig vertrauten revoltierenden Außerparlamentarischen

Opposition haben daran in den 60er Jahren nichts ändern können.

Wurde hier soziale Gerechtigkeit angestrebt, so klagte andererseits besonders die Landwirtschaft angesichts der Entstehung einer städtischen Wohlstandsgesellschaft über ihren zu geringen Anteil am Volkseinkommen. Sie verlangte eine Garantie für die Beseitigung dieser Benachteiligung und forderte außerdem eine planmäßige Landwirtschaftspolitik.

Das dann unter diesem Druck nach dem Einsetzen der „Grünen Berichte“ im Jahre 1956 zwei Jahre später erlassene Landwirtschaftsgesetz zielte langfristig auf die internationale Wettbewerbsfähigkeit der westdeutschen Landwirtschaft. Unter ständiger beträchtlicher Erhöhung der Förderungsmittel – z. T. aus dem Gegenwertfonds des Marshall-Planes und aus erheblichem Steuerverzicht des Staates – schuf der „Grüne Plan“ durch die Subventionierung der Düngerverwendung, der Erzeugung von Milch und Eiern sowie der Flurbereinigung die Grundlage für die Modernisierung der Landwirtschaft. Diese hatte wiederum auch starke Bevölkerungsbewegungen (Abnahme der Betriebe 1949 bis 1962 um 364 000, der Erwerbstätigen um ein, der landwirtschaftlichen Arbeiter um zwei Drittel), also Freisetzung von Arbeitskräften für die Industrie, soziale Verbesserungen auf dem Lande durch Anpassung der Sozialgesetzgebung für die Arbeitnehmer in der Agrargesellschaft an die der Arbeitnehmer in der Industriegesellschaft, Steigerung der Arbeitsproduktivität von 1950 = 100 auf 1961 = 212 sowie der Traktorenzahl von 1948 75 000 auf 1961 1 Million zur Folge.

Der Beitrag der bundesdeutschen Land- und Forstwirtschaft zum Sozialprodukt sank 1950 bis 1962 von 10,4 auf 5,1 %, stieg dabei aber von 10,2 auf 18 Milliarden DM, während der Anteil an der Zahl der Erwerbstätigen von 24,7 auf 12,7 % zurückging. Ihr Produktionswert lag 1961 mit 24 Milliarden um 4,5 Milliarden DM höher als der der eisenschaffenden Industrie. Entsprechend stiegen die Verkaufserlöse der Landwirtschaft 1949/50–1961/62 von 8 auf 20,5 die Betriebsausgaben von 6,7 auf 14,7, die Maschineninvestitionen von 0,5 auf 2,5 Milliarden DM.

Auch andere Gesellschaftsschichten waren mit der Verteilung des „Wirtschaftswunders“ unzufrieden. Sie fanden, daß Staat und Unternehmer einen zu großen Anteil behielten und den Arbeitnehmern einen zu geringen überließen. „Die Vermögensbildung blieb einseitig und erfaßte nicht die Masse der Arbeitnehmer. Ein im Auftrage der Bundesregierung erstelltes Gutachten kam zu dem Ergebnis, daß 75 % aller privaten Vermögen im Besitz von 17 % der bundesdeutschen Bevölkerung waren“ (Lilge). 18,9 Millionen Arbeitnehmer hatten im Jahre 1959 6,1 Millarden DM an Vermögen gebildet, also 322 DM je Kopf. Dagegen hatten 3,2 Millionen Selbständige gleichzeitig 6,8 Milliarden DM Vermögen gebildet, also 2125 DM je Kopf und außerdem 5500 DM je Kopf aus 10,8 Milliarden unverteilten Gewinnen aus Personalgesellschaften und Einzelunternehmungen. Zwar wurden die „Armen“ nicht immer ärmer, aber die „Reichen“ wurden sehr viel schneller noch reicher, als die „Armen“ bemerkenswerte „Vermögen“ bilden konnten. Hinzuzufügen ist freilich, daß gleichzeitig *alle* einen höheren Lebensstandard erreichten.

Was den Anteil des Staates am Sozialprodukt anbetraf, so bleibt schließlich zu bemerken, daß er durch Eisenbahnen, Energieversorgung, Wasser- und Gaswerke, Leistungen für Forschung und Lehre, aber auch durch die Kontrolle von etwa einem Drittel der Eisenerz-, einem Viertel der Kohleförderung, zwei Dritteln der Aluminiumerzeugung, einem Fünftel des Schiffbaues und 1948 bis 1960 fast der Hälfte des Kraftwagenbaues der größte Unternehmer und Arbeitgeber war. Die Hälfte des volkswirtschaftlichen Vermögenszuwachses wurde direkt oder indirekt öffentlich erworben; die öffentliche Hand war am Bilanzvolumen des gesamten Kreditwesens außerhalb der Zentralbanken zu etwa 60 % beteiligt. Außerdem gehörten die Gewerkschaften, deren Einnahmen aus Beiträgen durch Wachsen der Mitgliederzahl und Steigerung von Löhnen und Gehältern schnell stark stieg, über die Bank für Gemeinwirtschaft, die Baugesellschaft Neue Heimat, viele Tochtergesellschaften und Beteiligungen bald zu den größten Unternehmern in der Bundesrepublik, ohne daß von ihnen, die programmatisch zurückhaltend für Gemeinwirtschaft eintraten, aber praktisch privatwirtschaftlich handelten, besonders starke gesellschaftspolitische Initiativen ausgingen.

Der Wohnungsmangel, der bereits bei Kriegsausbruch geherrscht hatte, war durch Kriegseinwirkungen, Beschlagnahmungen der Besatzungsmächte sowie Zustrom von Flüchtlingen und Vertriebenen außerordentlich groß geworden. Auf diesem Gebiet konnte die freie Wirtschaft zunächst nicht eingeführt werden. Vielmehr wurde entsprechend dem Prinzip des Schutzes und der Förderung der Schwachen in der Sozialen Marktwirtschaft, beginnend mit dem Wohnungsbaugesetz von 1950, fortgesetzt durch eine Novelle 1953 und ein zweites Gesetz von 1956, der „soziale Wohnungsbau" öffentlich gefördert, ein anderer Teil steuerlich begünstigt und nur ein Rest der freien Finanzierung überlassen. Durch dieses abgestufte Zusammenwirken öffentlicher und privater Aktivität wurden 1949 bis 1964 etwa 8,3 Mio Wohnungen gebaut – anfangs 250 000, ab 1953 500 000 bis 630 000 jährlich. Zwar hatte dieses System, das obendrein durch die Existenz der relativ billigen „Altbauwohnungen" kompliziert wurde, manche Mängel und Härten für Mieter und Vermieter, doch konnten hier erst seit 1960 in Etappen Mietstop und Bewirtschaftung erleichtert und aufgehoben werden.

Zehn Jahre nach der Währungsreform zeigte sich das „Wirtschaftswunder" u. a. in folgendem: Die Bevölkerung der Bundesrepublik war von 50 auf 54,3 Mio – 11,5 Mio mehr als vor dem Krieg auf dem gleichen Raum –, die Zahl der Erwerbstätigen noch stärker gestiegen, da 1950/58 jährlich 0,5 Mio Arbeitsplätze geschaffen wurden. Gleichzeitig verdoppelte sich das reproduzierbare Vermögen. Seit 1951 war die Leistungsbilanz aktiv; Ende 1958 beliefen sich die Auslandsaktiva der Deutschen Bundesbank auf 27 Mia DM. Der bundesdeutsche Export machte 1958

9,2 % des Weltexports aus. Das Jahr 1958 konnte als „Konsolidierungsphase" bezeichnet werden (Bundesbank), die Zeit von 1953 bis 1958 als die „Goldenen Jahre der Nachkriegszeit" (Stucken).

West-Berlin und die DDR

West-Berlin, de facto ein Bundesland, war an der Entwicklung der Bundesrepublik zwar sehr stark beteiligt, unterlag aber doch auch erschwerenden Sonderbedingungen. Es hatte durch den Ausgang des Krieges, der es mit 80 Mio m^3 Schutt belastet hatte, und Zonenteilung seine zentrale öffentliche und private Regierungs- und Verwaltungsposition, durch Demontagen von zwei Dritteln seiner Industrie, schließlich durch die Blockade 1948/49 viel von seiner für den Wiederaufbau nötigen Kraft verloren. Dadurch blieb es stets hinter Tempo und Ausmaß der Bundesrepublik zurück: die Arbeitslosigkeit hielt länger (bis 1959 5 %) an, und die vom Marshall-Plan gebotene Hilfe (1951 96 % des gesamten Kreditvolumens in Westberlin, 1960 43 %) sowie Steuerbegünstigungen z. B. durch das sogenannte Berlin-Hilfe-Gesetz, Investitionsprämien zwischen 10 und 30 % und Frachtermäßigungen des Bundes für Wiederaufbau der Industrie, Wohnungsbau und Verkehrswesen gewannen eine besonders große Bedeutung. Nach Reuters Auffassung galt es seit 1949, die zum Symbol der Freiheit gewordene Stadt, die aus eigener Kraft aber nicht lebensfähig war, möglichst weitgehend in das Rechts-, Kultur- und Wirtschaftssystem der Bundesrepublik einzugliedern. Allein in der Wiedervereinigung Deutschlands sah Reuter eine dauerhafte, auch Berlin entlastende Lösung, die er durch die weltpolitisch realistischere Politik Adenauers gefährdet sah. Aber es gab auch in Westberlin selbst Spannungen. Wirtschaftlicher Rückstand, Sozial-, Beamten- und Schulpolitik brachten schon 1950 den Verlust der absoluten SPD-Mehrheit, und Reuter war in der eigenen Partei heftigen Angriffen ausgesetzt. Doch der Untergang der Stadt konnte nicht zuletzt durch seinen persönlichen Einsatz verhindert werden.

Zehn Jahre nach Stalins Blockade mußte das noch immer „deutsche Hauptstadt“ genannte Berlin nach Chruschtschows Berlin-Ultimatum vom 27. November 1958 eine neue politische Krise überstehen. Sie wurde zwar wieder vom Westen gemeistert, erinnerte aber doch daran, daß diese Insel der Demokratie im Meer des Sowjetkommunismus ständig gefährdet ist und sich in einer einzigartig ungünstigen Lage befindet, während an ihrer Kraft die auch mit Hilfe vieler Förderungsmaßnahmen wie Steigerung der Reallöhne durch Einkommens- und Lohnsteuerermäßigungen bis zu 30 % sowie „Berlin-Zulagen“ und Ansiedlungshilfen kaum auszugleichende Abwanderung junger, aufstrebender Menschen zehrt. Da obendrein in den 60er Jahren die Bedeutung der DDR als wirtschaftlich und militärisch wertvollster und politisch zuverlässigster Vasallenstaat für die Sowjetunion wuchs und von ihr ständig betont wurde, daß West-Berlin auf ihrem Territorium gelegen sei und allerhöchstens den Status eines dritten deutschen Staates, einer „Freien Stadt“, erhoffen dürfe, blieb die Lage wirtschaftlich und sozial prekär. Andererseits war West-Berlin ein beachtlicher Handelspartner der Bundesrepublik: 65 % der Westberliner Industrieproduktion gingen in die Bundesrepublik, 15 % ins westliche Ausland, 2 % in den Osthandel. Seit Anfang der 60er Jahre zeigte sich schließlich immer deutlicher, daß West-Berlin mit seinen gesamtdeutsch-westeuropäischen kulturellen und kulturpolitischen Institutionen zunehmend zu einem Ansatzpunkt für zerstörerische Aktionen in vielen Schattierungen von Leninismus, Stalinismus und Maoismus wurde, gegen die eine sozialdemokratisch bestimmte Regierung stets einen besonders schweren Stand hat.

Die Bundesrepublik und die DDR wuchsen auf der Wende von den 50er zu den 60er Jahren immer deutlicher in die Blöcke hinein, zu denen sie heute ideologisch, politisch, wirtschaftlich, militärisch gehören. Nachdem die

Bundesrepublik sich 1952 mit Belgien, Frankreich, Italien, Luxemburg und den Niederlanden zur Europäischen Gemeinschaft für Kohle und Stahl (EGKS) zusammengeschlossen hatte, weitere Fortschritte in Richtung auf eine militärische und politische Integration zunächst aber ausgeblieben waren, beschlossen die Mitgliedsstaaten der Montan-Union am 1. und 2. Mai 1955 in Messina, derartige Bestrebungen zunächst auf Wirtschaft und Technik zu beschränken. Nach einer Außenminister-Konferenz in Venedig am 30. Mai 1956 und einer Regierungschefs-Konferenz am 26. Juni 1956 in Brüssel sowie drei Konferenzen Anfang 1957 wurden am 25. März 1957 in Rom die Verträge zur Europäischen Wirtschaftsgemeinschaft (EWG) und Atomgemeinschaft unterzeichnet. Sie traten am 1. Januar 1958 in Kraft, nachdem ihnen für die Bundesrepublik am 5. Juli 1957 der Bundestag mit großer Mehrheit zugestimmt hatte. Die Montan-Union, die auf Vorschläge von Robert Pferdmenges und Robert Schumann zurückging, erstreckt sich nur auf die Montangüter Kohle, Eisen und Stahl, wogegen die EWG alle Wirtschaftsbereiche umfaßt. Sie hat im Gegensatz zu EWG, EURATOM und anderen Institutionen die Einschränkung der nationalen Souveränität durch die Autorität supranationaler Organe zur Folge und bildet damit die „institutionelle Basis der Integrationspolitik“ (Cornides/Lipgens). „Aufgabe der EWG ist es, durch Errichtung eines gemeinsamen Marktes und die schrittweise Annäherung der Wirtschaftspolitik seiner Mitglieder eine harmonische Entwicklung der Wirtschaft, eine beständige und ausgeglichene Wirtschaftsausweitung, Stabilität und beschleunigte Hebung des Lebensstandards sowie engere Beziehungen zwischen den Staaten zu fördern, die in ihr vereinigt sind“ (Lilge). Bis zur vollen Wirksamkeit der EWG wurde eine in Abschnitte eingeteilte Übergangszeit von 12 bis 15 Jahren vorgesehen.

Die Beschlüsse von Messina führten also auch zur Errichtung einer europäischen Organisation zur friedlichen Nutzung der Kernenergie (EURATOM), die in Ergänzung der Forschung in den einzelnen Staaten eine gemeinsame

Kernforschungsstelle errichtet, Forschungsergebnisse koordiniert und eigene Forschungsprogramme ausarbeitet.

Prinzipiell ähnliche Vorgänge spielten sich östlich der Zonen-, bzw. Staatsgrenze ab. „Keine volkswirtschaftliche Bilanz und keine politische Analyse weist die Ergebnisse des ersten Fünfjahresplanes [der DDR von 1950 bis 1955] besser aus als die Entwicklung der Bevölkerungs- und Flüchtlingszahlen" (Pritzel). 1950 lebten in der Sowjetzone und im Sowjetsektor von Berlin 18,4, im Jahre 1955 17,8 Millionen Menschen – die Differenz war nach dem Westen geflohen. Damit wurde die Flüchtlingsfrage im „anderen Teil Deutschlands" zu einem politischen und ökonomischen Problem erster Ordnung. Die Ergebnisse des ersten Fünfjahresplanes blieben weit hinter den Forderungen zurück; aber trotz dieser Enttäuschung veränderte sich die wirtschaftliche Struktur der sowjetischen Besatzungszone sehr stark, da diese immer fester in den östlichen Wirtschaftsraum eingegliedert und den machtwirtschaftlichen Bedürfnissen der Sowjetunion unterworfen wurde.

Zwar brachte der XX. Parteitag der KPdSU im Februar 1956, beginnend mit Chruschtschows Rede, erstmals heftige Kritik an Stalin; aber Ulbricht mußte sich mit einer entsprechenden Wendung gegen seine eigene Vergangenheit zurückhalten. Die sowjetische Führung nahm diese Reserve im Juli 1956 demonstrativ hin, weil sie Ulbricht, dessen Führungsposition in der SED und damit in der DDR zeitweise gefährdet war, als besten Vertreter der Sowjetmacht in der DDR brauchte, die am 28. Januar 1956 Vollmitglied des Warschauer Paktes geworden war und deren Einfluß im sozialistischen Lager ständig wuchs. Im Vordergrund des SED-Parteitages stand daher ein Referat Ulbrichts über den Aufbau des Sozialismus und den zweiten Fünfjahresplan mit der Beibehaltung der Priorität der Grundstoff- und Produktionsgüterindustrien, mit einer Wendung zur Kernenergie-Forschung und -Ausnutzung, mit der Fortsetzung der Verstaatlichung der Wirtschaft, gefolgt von der Technisierung und Kollektivierung der Landwirtschaft – alles im Dienste der forcierten Aufrüstung der „Nationalen Volksarmee“, die am 17. Januar 1956 aus der kasernierten Volkspolizei hervorgegangen war. Die Integration der DDR in den RGW (COMECON) betonte dessen VII. Tagung in Berlin im Mai 1956, auf der ein neuer Anlauf zur Bildung einer sowjetischen Großraumwirtschaft gemacht wurde – fortgesetzt auf der Warschauer Tagung im Juni 1957.

Ein großer Teil der Parteimitglieder ließ sich jedoch nicht so einfach daran hindern, die in der Stalin-Kritik grundsätzlich enthaltene neue Linie auch in der DDR zu fordern. Unter dem Druck der Frage nach der Verantwortung einzelner Personen für Mißstände und Fehlleistungen und nach den Konsequenzen aus der Veränderung des Urteils über Stalin erklärte das Politbüro im Juli 1956: „Es ist erforderlich, daß wir unsere bisherige Arbeit auf allen Gebieten selbstkritisch beurteilen, entschlossen alle Hemmnisse und Fehler aufdecken und beseitigen und nach neuen Lösungen für verschiedene Fragen suchen ...“

Wenige Monate später verschärften die Ereignisse in Polen und Ungarn diese Schwierigkeiten. Sie führten zu heftigen Auseinandersetzungen in der Parteispitze, zumal von der Bundesrepublik wenige Tage vor dem Aufstand in Ungarn durch den Bundesfinanzminister F. Schäffer eine engere wirtschaftliche, verkehrstechnische und kulturelle Zusammenarbeit sowie die Konföderation beider Teile Deutschlands nach dem Modell der Benelux-Staaten auf Grund einer Volksabstimmung vorgeschlagen worden war. Da aber die Sowjetunion wie Ulbricht ausschließlich an der kompromißlosen Unterdrückung aller Reformregungen interessiert war, antwortete Ulbricht im Februar mit einem unannehmbaren Konföderationsvorschlag unter der Bedingung, daß die Bundesrepublik nach dem Muster der DDR umgestaltet werde. Er ließ weiter den grundsätzliche Reformen in der DDR empfehlenden Chefredakteur der „Deutschen Zeitschrift für Philosophie“, Lektor beim Aufbau-Verlag und Dozent für Philosophie an der Humboldt-Universität, Dr. Wolfgang Harich, mit seinen engsten Mitarbeitern am 29. November 1956 verhaften und — damit setzte sich die Re-Stalinisierung durch — am 2. März 1957 wegen Staatsverrat zu zehn Jahren Zuchthaus verurteilen. Ulbricht ließ weiter im Oktober 1957 auf dem 33. Plenum des ZK gegnerische Strömungen und fraktionelle Tätigkeiten verurteilen und schließlich nach Festigung seiner Position in Moskau auf dem 35. Plenum Anfang Februar 1958 die Gruppe Oelßner — Schirdewan — Wollweber — Selbmann, die nach Wiedervereinigung, Reduzierung der LPG-Wirtschaft und Lösung der Volkswirtschaft von sowjetischem Vorbild und Zwang strebte, aus der Partei ausschließen. Damit war Ulbrichts persönliche Diktatur in dem gleichen Umfange wiederhergestellt, in dem sie gegen Ende der Stalin-Ära bestanden hatte.

Da gleichzeitig der Verkehr mit dem westlichen Ausland durch das „Gesetz zur Änderung des Paßgesetzes der DDR" am 11. Dezember 1957 außerordentlich erschwert wurde, ging die Flucht in die Bundesrepublik, die 1956 und 1957 sehr hoch gewesen war, 1958 auf 204 000 Personen zurück.

Die Deutschlandfrage

In der Sowjetunion geriet man 1957 in Schwierigkeiten mit dem sechsten Fünfjahresplan, der am 26. September abgebrochen wurde. Es folgten ein einjähriges Interim und anschließend 1959 der Schritt zur Siebenjahresplan-Periode, dem sich im Herbst 1959 auch die DDR anschloß — mit der gleichen Rangordnung und Schwerpunktverteilung. Als im Juli dieses Zwischenjahres 1958 im Sowjetsektor von Berlin der V. Parteitag der SED stattfand, nahm der sowjetische Parteichef mit großer Begleitung daran teil, um dem Kampf gegen „Revisionismus" und „Opportunismus" das Gewicht der Macht zu verleihen. Wichtigster Punkt des Parteitages war die „ökonomische Hauptaufgabe". Die Etappe des „Aufbaus der Grundlagen des Sozialismus" galt als abgeschlossen; es begann die Epoche des „Sieges der sozialistischen Gesellschaftsordnung“.

Am 27. November 1958 forderte Chruschtschow in ultimativen Noten an die drei Westmächte, die Bundesrepublik und die DDR für Westberlin die Herstellung des Status einer „freien und entmilitarisierten Stadt“, „in einer ruhigen Atmosphäre ohne Eile und unnötige Reibungen unter möglichst weitgehender Berücksichtigung der Belange der interessierten Seiten“ innerhalb von sechs Monaten. „Wird die erwähnte Frist jedoch nicht dazu ausgenützt, zu einer entsprechenden Einigung zu gelangen, so wird die Sowjetunion durch Übereinkommen mit der DDR die geplanten Maßnahmen durchführen.“

Dies war die Geburtsstunde der „Dreistaatentheorie“, mit deren Hilfe die UdSSR die Westmächte zur Anerkennung der DDR zwingen und Westberlin als Symbol einer freiheitlichen Gesellschaftsordnung im Meer des Kommunismus beseitigen wollte. Natürlich wußte man auf allen Seiten, daß die Forderung der Sowjetunion für den Westen unannehmbar war. Der Regierende Bürgermeister von Berlin gab am 20. Februar 1958 eine entsprechende Erklärung ab. Zwei Monate später legte die Sowjetregierung am 11. Januar 1959 den Regierungen von 28 Staaten den Entwurf eines Friedensvertrages mit zwei deutschen Staaten vor, der die Neutralisierung Deutschlands, also den Austritt der Bundesrepublik aus der NATO, die Entmilitarisierung, die wirtschaftliche Isolierung, die Wiederzulassung der KPD sowie die völkerrechtliche Anerkennung der Oder-Neisse-Linie als deutscher Ostgrenze enthielt.

Es war ein bedeutsamer Akt, daß am 2. Dezember Adenauer Berlin besuchte. Der Kanzler, der oft mit Berlin in Konflikt geraten war, ist nie zuvor in der Stadt so populär gewesen und selbst in den Arbeitervierteln so demonstrativ begrüßt worden wie an diesem Tage. Fünf Tage später wählten 91 % der Wahlberechtigten in West-Berlin: von ihnen gaben 52 % der SPD, 37 % der CDU, 6 % der FDP ihre Stimme, während die SED unter 2 % blieb.

Am 17. Februar 1959 schließlich kündigte Chruschtschow

erstmals an, er werde möglicherweise einen Separatfrieden mit der DDR schließen. Das bedeutete die Einleitung einer neuen Phase der Deutschlandpolitik mit einem Programm, das der Westen nur ohne Einschränkung ablehnen konnte. Noch immer strebte die Bundesrepublik, deren Außenminister v. Brentano jede Art von Initiative für „lebensgefährlich" erklärte und das vorhersehbare Scheitern von Verhandlungen möglichst geschickt der Sowjetunion zuschieben wollte, nach „Wiedervereinigung in Frieden und Freiheit", die DDR dagegen nach „Wiedervereinigung auf friedlicher und demokratischer Grundlage". Adenauer hielt den Versuch, über eine gesamtdeutsche Föderation die Wiedervereinigung anzustreben, für unrealistisch und letztlich überholt. Er glaubte vielmehr, daß Rußland an einer umfassenden Abrüstungsvereinbarung interessiert und für eine solche wohl bereit sei, ein „Stillhalteabkommen" in Deutschland abzuschließen. Mit diesem Gedanken, der von 1959 an das Bundeskanzleramt beschäftigte, wenngleich er erst drei Jahre später von Adenauer gegenüber dem sowjetischen Botschafter erwähnt wurde, ging der Bundeskanzler über seine Anregung, der DDR einen „Österreich-Status" einzuräumen, noch beträchtlich hinaus: Nunmehr wurde ins Auge gefaßt, die Wiedervereinigung aus der deutsch-sowjetischen Diskussion herauszulösen und diese Frage bis auf eine viel spätere Zeit zu vertagen, in der die Bevölkerung der DDR größere Freiheiten haben mochte als 1959.

Westliche Geschlossenheit dokumentierte Eisenhowers Rede vom 16. März 1959, in der Festigkeit und Verhandlungsbereitschaft zum Ausdruck kamen. Alsbald bestritt Chruschtschow, daß seine Berlin-Note einen ultimativen Charakter gehabt habe, und betonte sowohl seine Verhandlungsbereitschaft wie die Präsenzrechte der Alliierten in West-Berlin. An der Genfer Außenministerkonferenz vom 11. Mai bis 21. Juni und vom 12. Juli bis 5. August nahmen außer den Großen Vier auch die Bundesrepublik Deutschland und die DDR teil – allerdings nicht gleichberechtigt, wie Chruschtschow zwecks Anerkennung der

DDR gewünscht hatte, sondern als Berater an getrennten Tischen, gar nicht an den Geheimsitzungen.

Auf dieser Konferenz legte USA-Außenminister Herter für die Westmächte und in Übereinstimmung mit der Bundesregierung einen Vier-Stufen-Plan, den „Herter-Plan" vor, der Chruschtschow weit entgegenkam. Er forderte nicht mehr freie Wahlen als Ausgangspunkt, überließ die Ausarbeitung eines Wahlgesetzes den Deutschen und schlug – erstmals seit 1955 – einen gemischten deutschen Ausschuß als ersten Schritt zur Annäherung vor. Außenminister Gromyko blieb bei der Forderung, eine paritätisch zusammengesetzte deutsche Kammer müsse den Friedensvertrag ausarbeiten, und Berlin müsse eine „freie, entmilitarisierte Stadt" werden. Beide Seiten blieben in den wesentlichen Punkten unnachgiebig, wodurch die Genfer Konferenz ergebnislos endete, während Chruschtschow bei dem Empfang einer Delegation aus der DDR am 19. Juni 1959 seine Berlin-Drohung zurücknahm, so daß der Berliner Bevölkerung einstweilen Ängste und Sorgen für die unmittelbare Zukunft erspart blieben. Daß Berlin weiter ein Hauptort westöstlicher Spannungen und insbesondere sowjetischer Drohungen bleiben würde, stand jedoch außer Frage. Um so unverständlicher erschien es der Bundesregierung, daß der Regierende Bürgermeister von Berlin, Willy Brandt, dem Bundestagspräsidenten Eugen Gerstenmaier am 13. Juni 1959 empfahl, die Wahl des Bundespräsidenten in Berlin durchzuführen, und am 18. Juni verlauten ließ, er habe sich in Genf davon überzeugt, daß die Westmächte nicht gegen Berlin als Wahlort seien. Nach heftigen Kontroversen Brentano-Brandt lud Gerstenmaier die Bundesversammlung zum 1. Juli 1959 nach Berlin ein.

Auch in der Bundesrepublik bildete die Deutschlandfrage einen Hauptgegenstand des Gegensatzes von Regierung und Opposition. Das trat 1959 ganz besonders pointiert in den Vordergrund durch den später auch Wehner-Plan genannten „Deutschland-Plan" der SPD vom 8. März 1959. Er ging in der Sorge vor einem durch die Berlin-

Frage ausgelösten Krieg von der Existenz zweier deutscher Staaten aus und versuchte, unter Berücksichtigung von Anregungen des amerikanischen Diplomaten Kennan, der britischen Labour-Partei und des polnischen Außenministers Rapacki über einen Sicherheitsvertrag für Mitteleuropa und paritätisch zusammengesetzte Ausschüsse zu einer gesamtdeutschen Verfassung und von dieser aus dann zur Wiedervereinigung zu gelangen. In diesem Zusammenhang stand in der SPD eine Wehner-Linie der Erler-Linie gegenüber: Die erstere ging von der Erwartung aus, daß es auch im SED-Apparat „deutsche Patrioten" gebe. Der Deutschland-Plan der SPD scheiterte u. a. an der Uneinigkeit der Großen Vier in Genf und wurde von der SPD unter dem entscheidenden Einfluß von Erler 1960 aufgegeben, während Wehner, dessen Deutschlandpolitik bis dahin auf eine „Konföderation" mit Ostorientierung gezielt hatte, mit seiner Rede in der Bundestagsdebatte am 30. Juni 1960 überraschend den Eindruck zu erwecken verstand, er selber und nicht Erler sei die treibende Kraft der Kursänderung.

Im September 1959 besuchte Chruschtschow den amerikanischen Präsidenten Eisenhower in Camp David und erhielt dessen Zustimmung zu einer Gipfelkonferenz, die in Paris stattfinden sollte. Nachdem Chruschtschow diese Konferenz mit großer Geste öffentlich an Entdeckung und Abschuß eines der amerikanischen Erkundungsflugzeuge über sowjetischem Gebiet, von deren Existenz er schon vor den Gesprächen in Camp David gewußt hatte, in Wirklichkeit aber aus innenpolitischen Gründen hatte scheitern lassen, erklärte er, mit entscheidenden Maßnahmen – Friedensvertrag mit der DDR und Lösung der West-Berlin-Frage – bis zur Gipfelkonferenz warten zu wollen.

In einem Memorandum vom 17. Februar 1961, das zunächst eine Antwort Chruschtschows auf ein Schreiben Adenauers vom 18. Oktober 1960 bezüglich Repatriierung deutscher Staatsbürger aus der Sowjetunion bildete, wurde der Wunsch nach einer „dauerhaften freundschaftlichen Zusammenarbeit" ausgedrückt und die Nützlichkeit der

Gespräche mit dem bundesdeutschen Botschafter Kroll unterstrichen, zugleich aber auch der Abschluß eines Friedensvertrages und die Umwandlung Westberlins in eine Freie Stadt gefordert. Dieses Schreiben blieb auf Grund der unveränderten Haltung der Regierung der Bundesrepublik lange Zeit unbeantwortet, während zuerst der Regierende Bürgermeister von Berlin, Willy Brandt, und dann Adenauer dem neuen, am 8. November 1960 gewählten Präsidenten der USA, John Fitzgerald Kennedy, ihren ersten Besuch machten. Dieser versicherte diplomatisch geschickt und unverbindlich beide seiner Unterstützung – ebenso der NATO-Ministerrat. Daraufhin ließ die Bundesregierung im gleichen Monat die Verhandlungen über ein deutsch-sowjetisches Kulturabkommen scheitern, als die Sowjetunion sich weigerte, Westberlin in diesen Vertrag einzubeziehen. Adenauer übersah im Gegensatz zu Brentano, daß Kennedy von vornherein diejenigen Themen vermied, die später das Verhältnis zwischen den beiden Staatsmännern belasten sollten: Kennedy, der vier Jahrzehnte jünger war als Adenauer, meinte nach dem ersten Gespräch, er habe das Gefühl gehabt, nicht nur zu einer anderen Generation, sondern zu einer anderen Epoche, einer anderen Welt gesprochen zu haben. Auch war dem amerikanischen Präsidenten bekannt, daß Adenauer auf Nixons Wahl gehofft hatte.

Am 3./4. Juni 1961 übergab Chruschtschow unnachgiebig und mit Überlegenheitsbezeugungen auftretend, dem neuen USA-Präsidenten John F. Kennedy, der sich um eine langfristige Berlin-Zwischenlösung bemühte, bei einer Wiener Begegnung ein Memorandum, aus dem deutlich im Gegensatz zum Ton seines Memorandums an Adenauer vom 17. Februar hervorging, daß er zu Konzessionen nur insofern bereit war, als der ursprünglich geforderte Dreimächtestatus von Westberlin durch die Stationierung sowjetischer Truppen in Westberlin in einen Viermächtestatus umgewandelt oder Westberlins Neutralität durch UNO-Truppen garantiert werden konnte. Auch brauche bei einem Friedensvertrag die Bundesrepublik nicht sofort die NATO zu verlassen; man könne – auf gleichen Grundsätzen basierend – zwei Friedensverträge abschließen. Ein halbes Jahr wurde als ausreichend und nicht als Ultimatum für diese Regelung bezeichnet; weiteres Hinauszögern sei allerdings „unmöglich und gefährlich" – die Konsequenz wäre die Aufhebung des Besatzungsregimes für Westberlin mit entsprechenden Schwierigkeiten für die Zugangswege dorthin.

Niemals war die Zusammenarbeit von sowjetischer Seite mit Ulbricht enger als in diesem Memorandum, das ihn, wie er selbst hervorhob, dicht an die Erfüllung aller seiner Wünsche brachte. In der Tat mußte ihm eine baldige „Lösung" der Berlin-Frage in seinem Sinne dringend erscheinen: Zwar war die Zahl der „Republikflüchtlinge" von 331 390 im Jahre 1953 bis 1959 auf 143 917 gefallen; seitdem aber stieg sie wieder steil an: 1960 auf 199 117, vom 1. Januar bis zum 31. Juli 1961 auf 133 700 – womit seit Kriegsende 3,6 Millionen Menschen aus der Sowjetzone und der DDR nach dem Westen gekommen waren, seit 1949 fast 2,7 Millionen. Vom 1. bis zum 13. August 1961 folgten 47 433. Von diesen Flüchtlingen waren stets mehr als 60 % Erwerbspersonen und 49 bis 54 % junge Menschen bis zu 25 Jahren. Die Zukunft flüchtete aus der DDR – „unser Kapital lief uns davon", bestätigte später der Ost-Berliner Rundfunkkommentator v. Schnitzler – und als man 1965 die Höhe dieses „Kapitals" zu schätzen versuchte, nannte man 100 Mia DM, welche die Bundesrepublik der DDR „schulde". Wenn Ulbricht diesen steten Abfluß auf eine organisierte ‚Abwerbung' von Seiten der Bundesrepublik zurückführte, so tat er sowohl der Wachsamkeit seines Staatssicherheitsdienstes Unrecht, der durchaus imstande war, mit den Mitteln eines totalitären Staatswesens derartige Eingriffe von außerhalb zu verhindern, als auch den Behörden und selbst der Wirtschaft der Bundesrepublik: Es gab zwar in den folgenden Wochen Augenblicke, in denen einzelne Politiker mit dem verzweifelten Gedanken spielten, die Bevölkerung der Zone zu einem Massenausbruch nach Westen aufzurufen, aber tatsächlich ist dergleichen niemals, weder öffentlich noch insgeheim, geschehen. Die westdeutsche Wirtschaft hat, so sehr sie in ihrem Mangel an Arbeitskräften nach Zustrom von außen suchte, „nie das Risiko auf sich genommen, Anwerber in die Sowjetzone zu schicken“ (Wagner).

Am 14. Juni stimmte der Bundestag einstimmig einer Entschließung zu, die später wie der Anfang einer neuen Ostpolitik erschien. Sie forderte die Bundesregierung und die Bundesgenossen zu einer Ostpolitik auf, „deren Ziel die Wiederherstellung eines freien Gesamtdeutschlands ist, das auch mit der Sowjetunion und allen osteuropäischen Staaten friedliche und gedeihliche Beziehungen unterhält“.

„Die Mauer“

Am 15. Juni deutete Ulbricht an, daß die DDR die Freizügigkeit der Menschen in Deutschland weiter einengen werde, wies aber ausdrücklich den Verdacht zurück, er plane, „eine Mauer quer durch Berlin“ zu errichten. Am 28. Juni forderte er Adenauer und den Bundestagspräsidenten Gerstenmaier auf, Verhandlungen über Friedensregelung und Wiedervereinigung zu beginnen. Am 30. Juni ergriff Gerstenmaier in der Schlußsitzung des dritten Bundestages als letzter Redner das Wort zu einem „Stück Regierungserklärung“. Er bezeichnete es als „das Gebot der Stunde“, zwischen den vier Siegermächten eine Einigung „über das Verfahren zu einem Friedensvertrag mit Deutschland“ herbeizuführen. Dabei sollte auch das Problem der „Reichsgrenze“ behandelt und das Selbstbestimmungsrecht des deutschen Volkes verbürgt werden. Am 6. Juli wurde in Ostberlin ein neuer „Friedensplan“ mit altem Inhalt veröffentlicht und der Evangelische Kirchentag in Ostberlin verboten sowie Druck auf die 53000 „Grenzgänger“ von Ost- nach Westberlin ausgeübt.

Am 12. Juli ließ das Bundeskabinett die Sowjetunion wissen, „daß nur eine auf dem Selbstbestimmungsrecht des deutschen Volkes beruhende Regierung legitimiert“ sein werde, „einen Friedensvertrag für Deutschland abzuschließen“. Um diese Zeit vermuteten die Schutzmächte der Bundesrepublik und Westberlins bereits, man befinde sich kurz vor der Zuspitzung zur Berlin-Krise. Am 17. Juli erklärten daher die drei Mächte der Sowjetunion, sie würden ihre Rechte in Berlin verteidigen; die USA ließen erkennen, daß sie es auf einen Atomkrieg ankommen lassen würden, wenn etwa ein alliiertes Flugzeug im Luftkorridor nach Berlin abgeschossen würde.

In mancher Hinsicht war in der DDR der Zustand in der Tat dem im Juni 1953 ähnlich: „Die Versorgung der Bevölkerung mit Lebensmitteln war auf einem neuen Tiefstand angelangt; für wichtige Grundlebensmittel wie Butter, Milch und Kartoffeln mußte ein Zuteilungssystem eingeführt werden; die Fleischversorgung, teilweise sogar die Brotversorgung begann unregelmäßig zu werden und erhebliche qualitative Mängel aufzuweisen. Im gleichen Maße verschlechterte sich die Versorgung mit industriellen Konsumgütern, und die wachsende Diskrepanz zwischen Warenangebot und Geldüberhang gab Gerüchten über bevorstehende Währungsmanipulationen neue Nahrung“ (Pritzel). Der Arbeitskräftemangel wuchs, während die Arbeiterschaft die Einführung der Fünftagewoche forderte.

Als man diesen wachsenden Schwierigkeiten mit Terror begegnete, sprangen die Flüchtlingszahlen auf 30 000 im Monat Juli. In einer Fernsehrede betonte Kennedy am 25. Juli: „Die Entscheidung über Krieg und Frieden liegt weitgehend bei den Sowjets, nicht bei uns. Sie sind es, die diese Krise geschürt haben.“ Anschließend formulierte der NATO-Rat Anfang August die berühmten bis heute geltenden drei „Essentials“, die drei wesentlichen Voraussetzungen für Sicherheit und Freiheit Westberlins: Präsenz der Westmächte, freier Verkehr mit der Bundesrepublik und wirtschaftliche Verflechtung mit dieser. Vor einer atomaren Konfrontation werde man in diesem Zusammenhang nicht zurückschrecken. Nur von Westberlin war also die Rede, Ostberlin überließ man der DDR, der Sowjetunion. Der amerikanische Außenminister Dean Rusk erwog nach einer Meldung der New York Times vom 7. August sogar, bei einer Verschärfung der Krisis den Sowjets die Oder-Neisse-Linie als bleibende Grenze, die de facto-Anerkennung der Regierung Ulbricht und die Zulassung der DDR zu weiteren Verhandlungen zuzugestehen. Am gleichen Tage antwortete Chruschtschow im Rundfunk vorsichtiger und vermittelnd, Westberlin dürfe nicht „eine Art Serajewo" werden. Anschließend wurde der bereits pensionierte Held des Zweiten Weltkrieges Marschall Konjew, früher Oberster Befehlshaber der Warschauer-Pakt-Staaten, zum Befehlshaber der sowjetischen Streitkräfte in der DDR ernannt. Nachdem er am 10. August die drei westlichen Stadtkommandanten in sein Potsdamer Hauptquartier eingeladen hatte, und nachdem am folgenden Tage die Volkskammer der Regierung der DDR außerordentliche Vollmachten erhalten hatte, welche der Regierende Bürgermeister von Westberlin, Willy Brandt, sofort mit dem „Ermächtigungsgesetz" von 1933 verglich, wurden – für die Bundesregierung, selbst für den häufig gut unterrichteten Gesamtdeutschen Minister Lemmer völlig überraschend – in der Nacht vom 12. zum 13. August unter Einsatz von Militär, Polizei und „Kampftruppen" die Zugänge nach Westberlin für die Bevölkerung Ostberlins und der Sowjetzone bis auf 13 mit Stacheldraht geschlossen. Ob die Initiative zum schnell folgenden definitiven „Mauerbau", der am 6. August in Moskau beschlossen wurde, bei Ulbricht oder – weniger wahrscheinlich – bei Chruschtschow gelegen hat, ob Konjew die westlichen Stadtkommandanten von dem Vorhaben unterrichtet hat, ist ungewiß. Sicher ist, daß er ihnen erklärt hat, die Rechte der Westmächte würden, was auch immer in Berlin geschehen werde, davon unberührt bleiben. Diese Schutzmächte Westberlins wurden mithin von den Ereignissen nicht wirklich überrascht. Von den ursprünglichen Zielen der sowjetischen Berlin-Politik her gesehen, bildete der Mauerbau weniger einen Angriff als einen Rückzug.

Brentano hatte am 27. Juli dem Bundeskanzler geschrieben, er „halte es für selbstverständlich, daß wir alles tun müssen, um auf die Einwohner in der Zone beruhigend zu wirken". Es dürfe dort nicht aus der Befürchtung, „daß man bereit sei, Berlin preiszugeben", zu „unabsehbaren Reaktionen" und schließlich zu einer „Panik" kommen. Am 12. August befürchtete er einen Vertrag Pankow-Moskau, der die Herauslösung Westberlins „aus seiner Verbindung mit dem Westen, aus seiner Verbindung mit der freien Bundesrepublik" zum Gegenstand haben werde. Angesichts so weitreichender Besorgnisse betrachtete der Außenminister – und wohl nicht er allein – die Ereignisse in den nächsten Stunden geradezu mit einer gewissen Erleichterung.

Bewohner der Ostzone und des Ostsektors von Berlin konnten also fortan nicht mehr offiziell nach dem Westen gelangen; der umgekehrte Weg dagegen blieb den Westberlinern noch bis zum 22. August offen. Die Westberliner selber schließlich forderten Maßnahmen der „Schutzmächte". W. Brandt – Zentralfigur des Abwehrkampfes in Berlin – schrieb einen sehr ungewöhnlichen, energischen Brief an Kennedy, von dem er u. a. die Anerkennung Westberlins als 12. Land der Bundesrepublik erhoffte. Darauf schickte dieser, der selbst in seiner schärfsten Rede am 25. Juli nicht mehr verlangt hatte, als daß die „gefährliche Grenze der Freiheit durch das geteilte Berlin ... eine Friedensgrenze bleibt", Ostberlin also als Teil der sowjetischen Machtsphäre anerkannte und wie die englischen Staatsmänner das Geschehen in Berlin als „örtliches Ereignis" behandelte, am 19. August Vizepräsident Johnson und als Sondergesandten General Clay (der einst die Überwindung der Blockade geleitet hatte und vielfach für die Berliner eingetreten war) in das aufgeregte und angsterfüllte Westberlin. Am 20. wurde die amerikanische Garnison symbolisch um 1500 Mann verstärkt – an der Existenz der Mauer änderte das nichts, sollte auch nichts geändert werden. Ihr Bau war nach der Meinung von Kennedys Außenminister Rusk ein Vorgang innerhalb des sowjetischen Machtbereichs gewesen. Clay blieb ein ganzes Jahr als „Berater“ des Präsidenten der USA in Berlin und nahm dort alle Rechte der amerikanischen Besatzungsmacht auch im Ostteil der Stadt so nachdrücklich wahr, daß es mehrfach beinahe zu militärischen Zusammenstößen mit den Sowjets gekommen wäre.

Adenauer und Brentano, die nicht bemerkten oder nicht wahrhaben wollten, daß ihre Deutschlandpolitik gescheitert war, bemühten sich, diese Katastrophe herunterzuspielen. Schon am 14. erklärten sie gemeinsam im Fernsehen, es bestehe kein Anlaß zur Panik, die östlichen Maßnahmen seien nur Teil eines vorübergehenden Nervenkrieges. Zwei Tage später versicherte Adenauer in Brentanos Gegenwart dem russischen Botschafter, die Bundesregierung werde keine Schritte unternehmen, welche die Beziehungen zwischen Bonn und Moskau verschlechtern könnten. Denn inzwischen bestand kein Zweifel darüber, daß die Amerikaner keine eindrucksvollen Gegenmaßnahmen planten. Es gab, wie auch Brandt schnell feststellen mußte, für den Westen keine realisierbare Möglichkeit, den Abbruch der Mauer zu erreichen. Am 18. August verlas Adenauer im Bundestag eine von Brentano bewußt zurückhaltend formulierte Regierungserklärung, in der es hieß: „Mit diesen Maßnahmen hat das Ulbricht-Regime bestätigt, daß die Ausübung des Selbstbestimmungsrechtes durch das deutsche Volk zur Erhaltung des Weltfriedens unaufschiebbar geworden ist“ – eine schwache Erklärung, der erst zwei Tage darauf der sehr kühl aufgenommene und allgemein als zu spät kritisierte Besuch Adenauers in Berlin folgte. Nur der britische Premierminister Macmillan meinte, Adenauers Zurückhaltung in jenen Tagen sei ein Beitrag dazu gewesen, Unbesonnenheiten der Berliner, vielleicht auch der mitteldeutschen Bevölkerung und möglicherweise ein Blutbad zu verhindern. Ein Urteil über den gesamten Vorgang und die daran Beteiligten ist schwierig. Adenauer verhielt sich gewiß psychologisch unklug, als er in seiner kühlen und distanzierten Art sachlich richtig, aber unter den gegebenen Umständen falsch den empörten, von Verwandten und Freunden und selbst von den Friedhöfen getrennten Westberlinern zurief: „Trotz des Ernstes der Situation besteht kein Anlaß zur Panik." Auch in der Bundesrepublik büßte er merklich an Ansehen ein.

Die westlichen Besatzungsmächte, wahrscheinlich in allgemeinen Zügen vom Vorhaben unterrichtet (ob sie die ihnen zugekommenen Informationen an Adenauer weitergegeben haben, ist einstweilen nicht bekannt), waren wohl Schutzmächte für die Westberliner, aber auch von Anfang an entschlossen, nichts gegen Errichtung und Bestand der Sperre, der „Klagemauer", zu tun, so daß sie einen Teil ihrer Viermächte-Verantwortung preisgaben.

Über Ulbricht heißt es in der westlichen Geschichtsschreibung zumeist, die Abriegelungsmaßnahmen vom 13. August seien eine „Bankerotterklärung" seines Regimes gewesen. In der Tat hat Ulbricht einen großen Teil der Bevölkerung, insbesondere die Jugend, bis 1961 nicht für die in der DDR herrschende Art des Kommunismus gewinnen können: sie rebellierten 1953 und liefen bis 1961 in wachsender Zahl davon, so daß „die Klage über die Gefahr eines Ausblutens der DDR tatsächlich einen unbestreitbar harten Kern besaß" (Herzfeld). Ulbricht sah sich in dieser Beurteilung bestätigt und in seinen Überlegungen bestärkt, ja, zum Handeln aufgefordert, als am 30. Juli der weltbekannte US-Senator Fulbright im amerikanischen Fernsehen erklärt hatte, Ulbricht wäre vollkommen gerechtfertigt, wenn er die Sektorengrenze hermetisch abriegele. Dieser hat die Sowjetunion mit dem Hinweis auf die ständigen hohen Menschenverluste zu einem bedeutenden Schritt bewogen, er hat den Abfluß wichtigster Arbeitskräfte aufgehalten, ohne auf merklichen Widerstand zu stoßen. Er hat sich unter Verzicht auf die bürgerliche und unter Berufung auf die proletarische-revolutionäre Moral bei vielen verhaßt gemacht, aber allen seine Stärke in der DDR, seinen Einfluß in der Sowjetunion und damit seine weltpolitische Bedeutung bewiesen. Er hat mit ihrer Hilfe im folgenden Jahrzehnt den Aufstieg der DDR zum wichtigsten Bundesgenossen der Sowjetunion, zu einer wirtschaftlichen Großmacht vollbracht.

Chruschtschow, der im September 1961 dem bundesdeutschen Botschafter Kroll gegenüber den Wunsch äußerte, Adenauer zu treffen, hat am 16. Januar 1963 auf dem VI. Parteitag der SED festgestellt, mit dem Mauerbau sei ein wesentliches Stück dessen erreicht, was die Sowjetunion früher mit einem Friedensvertrag habe erreichen wollen. Auch bei den westlichen Staatsführungen fragte man sich, „ob der Bau der Mauer neben den offensichtlichen Nachteilen nicht auch Vorteile mit sich bringe. Die Regierungen der Westmächte hatten vor dem 13. August das Gefühl gehabt, vor einer weltpolitischen Machtprobe ersten Ranges zu stehen ... Die politische Grundeinstellung in Washington und London war auf eine Interimslösung gerichtet, die für die nächsten Jahre eine stabile Lage in Mitteleuropa auf Grund der bestehenden Verhältnisse schaffen sollte. Zu dieser Tendenz stand der Bau der Mauer nicht im Widerspruch, sondern er konnte durch die Unterbindung der Massenflucht sogar zu einer solchen Stabilisierung beitragen. Auf diese Sicht der Dinge vertraute auch Chruschtschow ... Einen weiteren Vorteil fand man in diplomatischen Kreisen des Westens darin, daß Ulbricht, nachdem er die Sektorengrenze zur ‚Staatsgrenze der DDR' erhoben hatte, nicht mehr behaupten konnte, Westberlin gehöre rechtmäßig zur DDR" (Wagner). In Washington stellte man fest, daß eine neue Ostpolitik nicht mehr mit Adenauer gemacht werden könne, sondern mit einem jüngeren Kanzler angestrebt werden müsse – mit W. Brandt. Eine Woche vor den Bundestagswahlen notierte Adenauers enger Freund Heinrich Krone am 9. September: „In Washington gibt es Kräfte, die Brandt als Kanzler wollen. Diese wollen den Alten nicht, der ihnen zu hart ist. Man sucht nach der Verständigung mit Moskau. Da steht Deutschland im Wege."

Die DDR hinter der Mauer

Das unmittelbare politische Ergebnis war, daß Ostberlin fortan als Hauptstadt der DDR, als zu dieser gehörig bezeichnet und behandelt wurde. Gesamtberlin gab es nicht mehr, und daher auch nicht einen Viermächtestatus für die ganze Stadt; infolgedessen löste die Sowjetunion ihre Kommandantur in Ostberlin am 23. August 1962 auf. Westberlin aber bedurfte fortan zu seiner Existenz noch weit mehr als früher der Hilfe aus dem Westen – der militärischen Protektion durch die Schutzmächte, der bundesdeutschen Subventionen, der kulturellen Förderung. So allerdings erreichte das kulturelle wie das wirtschaftliche Leben Westberlins in den folgenden Jahren einen international anerkannten hohen Stand. Westberlin blieb die größte deutsche Industriestadt. Während Wissenschaft, Theater, Musik, Film und Museen ebenso wie Festivals und Ausstellungen Spitzenleistungen vollbrachten, wurde die Verbindung der Wirtschaft mit derjenigen der Bundesrepublik immer enger, wuchs auch der qualitativ hochwertige Export nach West und Ost, so daß neue Arbeitsplätze geschaffen wurden.

Ulbricht klagte im März 1962 über das Aufkommen einer „Konsumentenideologie“, mußte aber den Siebenjahresplan abbrechen und auf die Hebung des Lebensstandards und seine Angleichung an denjenigen in der Bundesrepublik verzichten. An seine Stelle trat das „Neue ökonomische System der Planung und Leitung der Volkswirtschaft“, also nicht die Formulierung neuer Planziele, sondern eine abgewandelte Methode der Wirtschaftsführung. Außerdem gab es 1961/62 im gesamten Sowjetblock wirtschaftliche Schwierigkeiten und Rückschläge, die wie immer von der Sowjetunion weitgehend auf ihre Satelliten abgewälzt wurden.

„War die von 1958 bis 1961 reichende Phase der sowjetischen Deutschland- und Außenpolitik durch erhöhte Aggressivität, besonders gegen die Positionen der Westmächte in Berlin, gekennzeichnet, so begannen die Sowjets, nachdem ihre Absichten vereitelt waren, ihre Taktik zu ändern. Die Erklärungen des amerikanischen Präsidenten Kennedy und seines Verteidigungsministers McNamara vom 27. und 28. September 1962, zur Abwehr einer Berlin-Aggression gegebenenfalls auch Kernwaffen einzusetzen, und die Erklärung von Bundeskanzler Adenauer über den Einsatz der Bundeswehr bei einer Berlin-Bedrohung vom 22. November 1962 setzten Spekulationen der Sowjets auf den mangelnden Willen der Westmächte, ihre Positionen in Westberlin zu verteidigen, ein vorläufiges Ende" (Pritzel). Diese Erkenntnis hatte Auswirkungen auch auf die Innenpolitik der DDR. So blieb zwar die „Mauer" seit 1961, immer wieder erhöht, verstärkt, mit neuen grausameren Fang- und Schießeinrichtungen ausgestattet, das ein- und ausdrucksvollste Symbol dieses Staates, der seine Bürger am Davonlaufen hindern muß. Aber 1963/64 wurde „Republikflüchtlingen", Menschen, denen es gelungen war, dem DDR-Kommunismus zu entrinnen, bei Rückkehr Straffreiheit zugesichert. Rentnern, Menschen also, die eine ökonomische Belastung der sozialistischen Gesellschaft bilden, wurden Besuchsreisen in die Bundesrepublik gestattet – mit der Gewißheit, daß viele „indoktriniert", aber gut ausgestattet zurückkehren würden.

Wirtschaftlich und damit auch gesellschaftlich den beherrschenden Komplex bildete seit 1959 der erste Siebenjahresplan. In seinem Rahmen sollte die DDR 1961 das Wirtschafts- und Lebensniveau der Bundesrepublik erreichen, doch schob Ulbricht diesen Termin bald auf 1965 hinaus. Ähnliche optimistische oder propagandistische Irrtümer gab es bei der Grundstofferzeugung, im Maschinenbau, bei der Konsumgüterproduktion und in der Arbeitsproduktivität. Für solche Mißerfolge konnten bis 1961 die Verluste durch „Republikflucht" verantwortlich gemacht werden. Aber obwohl man im April 1961 die seit 1957 eingeführte Fünftagewoche (bis 1967) wieder abschaffte, konnte das Scheitern des Planes nicht vermieden werden: 1963 wurde dieser vom VI. SED-Parteitag aufgehoben.

Im Vordergrund der wirtschaftlichen Entwicklung der DDR stand nach der infolge großer landwirtschaftlicher Schwierigkeiten einberufenen Agrarkonferenz der Ostblockstaaten am 2. Februar 1960 in Moskau unter Teilnahme Ulbrichts (im Gegensatz zu Polen und Ungarn) die radikale Kollektivierung der Landwirtschaft in drei Typen von landwirtschaftlichen Produktionsgenossenschaften innerhalb von drei Monaten bis auf 7,6 % private und kirchliche Betriebe. Die Folge war eine weitere Verschlechterung der Produktionslage im Jahre 1961.

Inzwischen war es auch zu einer Machtsteigerung Ulbrichts gekommen, die der Hitlers durch den Tod Hindenburgs ähnlich war. Am 10. Februar 1960 wurde Ulbricht Vorsitzender des neugeschaffenen „Nationalen Verteidigungsrates". Als am 7. September 1960 der Präsident der DDR, W. Pieck, starb, schaffte das „Gesetz über die Bildung des Staatsrates der DDR" vom 12. September 1960 das Amt des Staatspräsidenten ab und ersetzte es durch den „Staatsrat der Republik", den die Volkskammer auf vier Jahre wählte. Das allein bedeutende von 17 Mitgliedern war der Vorsitzende dieses Staatsrates: Ulbricht. Der Staatsratsvorsitzende, von niemandem kontrollierbar, wirkte gleichzeitig als Oberster Gesetzgeber, als Oberste Instanz der Exekutive, als praktisch einzige Instanz der Verfassungsgerichtsbarkeit und als Oberstes Organ der Rechtsprechung. Die Möglichkeit, nunmehr als Staatsoberhaupt zu fungieren, befriedigte Ulbrichts mit zunehmendem Alter immer stärker werdenden Wunsch, als Landesvater des „Ersten Arbeiter- und Bauernstaates" geehrt zu werden.

Auch andere Parallelen zum Dritten Reich und zur Hitler-Diktatur wurden im Laufe der Jahre immer deutlicher. Am 1. Juli 1961, wenige Tage vor der Errichtung der Mauer, die durchaus hitlerischen Zwangsmaßnahmen im Verkehr mit dem Auslande entsprach, trat das „Gesetzbuch der Arbeit der DDR" in Kraft. Unter Verfälschung ihres Inhalts benutzte es seit langem gültige Begriffe und Formulierungen, widersprach den gewachsenen Vorstellungen vom Arbeitsrecht, ordnete den arbeitenden Menschen ganz der Planwirtschaft unter und schuf eine Schlechterstellung sowohl gegenüber der Vergangenheit in der DDR selbst wie gegenüber den Verhältnissen in der Bundesrepublik. Wie der Arbeitspaß des Dritten Reiches, der dem Soldbuch der Soldaten entsprochen hatte, so verwandelte das „Gesetzbuch der Arbeit“ das „Recht auf Arbeit“ in Zwang zur Arbeit, schränkte die Freizügigkeit zugunsten der Arbeitsverpflichtung an gewissen Orten ein, hob das Kündigungsrecht auf, sprach nicht mehr von Streikrecht und identifizierte generell das Interesse des „Arbeiter- und Bauern s t a a t e s“ mit dem Interesse der Arbeiter und Bauern selber, die in „Volkseigenen Betrieben“ nicht gegen sich selbst streiken und protestieren konnten. In der Satzung des FDGB heißt es: „Die Gewerkschaften anerkennen die führende Rolle der SED“. Wenige Wochen später gab es die „Verordnung über Aufenthaltsbeschränkung“, die den Mauerbau ergänzte und den Gerichten nach ältestem und jüngstem russischen Vorbild das Recht gab, Menschen aus ihrer gewohnten Umgebung zu verbannen und zur Zwangsarbeit zu verurteilen.

Ohne Zweifel schuf die Mauer die Grundlage für einen geschwinderen Fortschritt in der DDR, für deren Bürger es kein Ausweichen mehr gab, sondern nur die Möglichkeit des materiellen Mitmachens, der steigenden Arbeitsleistung in einem durch „Vergesellschaftung“ der Produktionsmittel der Sowjetunion immer ähnlicheren Staats- und Gesellschaftswesen.

Die enge Bindung der DDR an die UdSSR hatte zur Folge, daß Wirtschaftskrisen wie die von 1961/62 und Reformdiskussionen im Anschluß an die Thesen von Prof. Libermann im Jahre 1962 auch auf die DDR übergriffen. Ihnen folgten im Zuge einer straff kontrollierten Entstalinisierung gewisse Modifizierungen der Pläne insbesondere der Landwirtschaftspolitik. Da schließlich auch der Lebensstandard allgemein gehoben werden konnte, trat eine fühlbare Beruhigung bei der Bevölkerung ein.

Daher stand der Parteitag der SED im Januar 1963 unter dem Eindruck der Konsolidierung des Systems sowie der Bestätigung und Festigung des Absolutismus von W. Ulbricht. Er hatte eine ihm ergebene, politisch zuverlässige, durch technische Fachkräfte ergänzte und verstärkte Mannschaft hinter sich und konnte alle Reformansätze nach Richtung und Intensität steuern.

Auf dieser sicheren Basis ging man an die in der Sowjetunion vorexerzierte Wirtschaftsreform. Ulbricht sagte am 15. Januar 1963 vor dem SED-Parteitag, mit den neuen Maßnahmen verschwinde „auch jegliche Grundlage für die bisher übliche kleinliche Bevormundung der Vereinigung Volkseigener Betriebe [der Dachorganisation der Volkseigenen Betriebe], ... alle konkreten Einzelfragen [würden künftig] an Ort und Stelle sachgemäß vorbereitet und einwandfrei gelöst werden ... Unsere Argumentation richtet sich gegen das dogmatische Verharren auf Positionen der Wirtschaftspolitik, die heute offensichtlich überholt sind. Heute gilt der Grundsatz des höchsten ökonomischen Nutzeffektes ... Es genügt nicht mehr, einfach von der ‚Steigerung der Produktion‘ oder der ‚Erfüllung der Pläne‘ zu sprechen, sondern es ist notwendig, die qualitativen Kennziffern zugrunde zu legen; neben der Eigenleistung des Betriebes und der Einhaltung des Sortiments vor allem die Rentabilität, die Qualität, die Steigerung der Arbeitsproduktivität und die Senkung der Selbstkosten sowie die Aufgaben des Planes ‚Neue Technik‘. In der Diskussion wurde vielfach gefordert, dem Gewinn im System der sozialistischen Wirtschaftsführung und bei der materiellen Interessiertheit eine größere Bedeutung beizumessen, als dies bisher der Fall war. Das ist richtig ... Wir haben deshalb allen Anlaß, den Gewinn in das Blickfeld aller Arbeiter und Ingenieure, aber auch der Partei- und Gewerkschaftsleitungen zu rücken ... Was der Gesellschaft nutzt, muß auch dem einzelnen sozialistischen Betrieb und den Werktätigen der Betriebe nutzen ...“

Fortan gab es eine relative Freiheit der Betriebe in Detailfragen, was die Leistung steigerte und mit Hilfe der geschickt gesteuerten Propaganda übersehen machte, daß Ulbricht jetzt nur aufgriff, was annähernd ein Jahrzehnt zuvor Männer empfohlen hatten, die dafür aus ihren Ämtern entfernt und ins Zuchthaus geschickt worden waren, nun aber nicht etwa rehabilitiert wurden. Dieses wirtschaftliche Reformwerk wurde unter dem Titel „Das neue ökonomische System der Planung und Leitung der Volkswirtschaft in der Praxis" am 11. Juli 1963 vom Ministerrat beschlossen. Es stellt trotz tiefgreifender Maßnahmen weder eine Abkehr von den Grundsätzen der DDR noch eine Identifizierung mit einer „kommunistischen Marktwirtschaft" nach jugoslawischem Muster dar.

Chruschtschows Sturz am 14. Oktober 1964 bedeutete für die DDR neue Unruhe und Unsicherheit – wie jeder Wechsel in der Sowjetunion für ihre Satelliten. Nach dem davon verursachten Interim des Abwartens kam es im Juni 1965 zum „Vertrag über Freundschaft, gegenseitigen Beistand und Zusammenarbeit zwischen der DDR und der UdSSR", einem Ersatzfriedensvertrag und einer Grundlage für eine neue Phase der Deutschlandpolitik gegenüber der Großen Koalition in Bonn, die allerdings nur die alten Forderungen mit neuen Worten brachte.

Noch im Jahre 1966 hatte das Neue Ökonomische System das Stadium des Experimentierens infolge systemimmanenter Schwierigkeiten und innerer Gegensätze in der Parteiführung zwischen Reformisten und Konservativen nicht überwunden.

Auf anderen Gebieten konnte man größere Erfolge im Sinne des Sozialismus verzeichnen. Das „Gesetz über das einheitliche sozialistische Bildungssystem" vom 25. Februar 1962 definierte das Hauptziel der Bildungs- und Ausbildungsarbeit in dem ganz zentralistischen kommunistischen Staat dahin, daß „alle Bürger zu allseitig und harmonisch entwickelten sozialistischen Persönlichkeiten" zu erziehen seien, „die bewußt das gesellschaftliche Leben gestalten, die Natur verändern und ein erfülltes, glückliches, menschenwürdiges Leben führen." Zum Kern des Bildungssystems der DDR machte man die „allgemeinbildende zehnklassige polytechnische Oberschule", eine „Schule neuen Typs: Sie vermittelt eine im Vergleich zur alten deutschen Volksschule im wesentlichen höhere, nämlich echte Oberschulbildung, sie wird vom Primat der allgemeinen Bildung bestimmt, die jedoch ihrerseits ihren neuen Charakter durch die Einbeziehung der polytechnischen Bildung erhält. Die überwiegende Zahl der Schüler besucht diese Schule zehn Jahre" („Volksbildung im sozialistischen Staat", 1976). Angestrebt wurde mehr als in den Anfangszeiten des Staates eine gewisse Ausgewogenheit von naturwissenschaftlich-mathematischen, sprachlichen und gesellschaftswissenschaftlichen Disziplinen. Zweifellos Instrument in der Hand der politischen Behörden der DDR – ähnlich wie die preußischen Volksschulen vor 1918 – mit der Absicht vieljähriger Indoktrination nicht zuletzt dadurch, daß Russisch, die einzige obligatorische Fremdsprache, sechs von insgesamt 31 Wochenstunden einnimmt, wurde dieses Schulwesen, das geistig wie eine „Mauer" wirken sollte, zweifellos erfolgreich im Sinne des Systems.

Ähnlich wie das Schulwesen wurden Hochschulen und Forschung zielbewußt in den Dienst von Wirtschaft und Ideologie gestellt. Seit 1962 wurde ständig die große Bedeutung des Produktionsfaktors Wissenschaft und Forschung für die weitere Entwicklung und das wirtschaftliche Wachstum der DDR hervorgehoben, nachdem man beobachtet hatte, wie die westlichen Industriestaaten durch wissenschaftliche, technologische und technische Fortschritte den Abstand zu den sozialistischen Gesellschaften in Teilbereichen immer mehr vergrößerten und wie diese Fortschritte den Mangel an Arbeitskräften verringern konnten. Einen Höhepunkt in dieser Entwicklung bildete die Umwandlung des Staatssekretariats für Forschung und Technik in ein „Ministerium für Wissenschaft und Technik", nachdem bereits der „Forschungsrat beim Ministerrat der DDR" im Rahmen des „Neuen Ökonomischen Systems der Planung und Leitung der Volkswirtschaft" reorganisiert worden war. In den Jahren 1951 – 1962 –

1966 stiegen die Ausgaben für industrielle Forschung und Entwicklung von 189 Mio über 1,2 auf 1,5 Mia Mark (Ost) was etwa einem Drittel des Aufwandes in westlichen Industriestaaten entsprach und auch unter dem Aufwand der UdSSR lag. Das Forschungs- und Entwicklungspersonal stieg 1962/65 in der gesamten Volkswirtschaft um etwa 23 % auf 87 000 Beschäftigten. Auch das entsprach etwa einem Drittel der Relation Industriebeschäftigte: Forschungsbeschäftigte in hochindustrialisierten Ländern. Hauptträger der industriellen Forschung und Förderung wurde die zentral geleitete volkseigene Industrie, bei der Elektrotechnik, Elektronik, Schwermaschinen-, Werkzeugmaschinen- und Automobilbau im Vordergrund, Energie-, Holz- und Papiergewinnung am Ende standen und insgesamt eine starke, fortschrittshemmende Zersplitterung für die Forschungsstellen charakteristisch war. Aber einen bedeutenden Erfolg verzeichnete man insofern, als seit dem „Mauer"-Bau die Abwanderung menschlicher Forschungskapazität aufhörte, deren Bedeutung Deutschland schon einmal durch die Emigration aus dem Dritten Reich erlebt hatte.

Die letzten Jahre der Bundesrepublik unter der Regierung Konrad Adenauers

Sowohl die Ereignisse in der Bundesrepublik mit dem Höhepunkt eines wahrscheinlich kaum zu überbietenden Wahlerfolges der CDU/CSU im Jahre 1957 wie die Entwicklung der Deutschlandfrage und der Weltpolitik führten dazu, daß die SPD mehr als ein Jahrzehnt nach ihrer Neugründung ohne eigentliches Programm Ende der 50er Jahre daran ging, unter der Initiative ihres stellvertretenden Vorsitzenden ein neues Grundsatzprogramm zu formulieren. Es wurde im November 1959 als „Godesberger Pragramm" der Öffentlichkeit vorgestellt und hatte eine lange Vorgeschichte. Am Anfang stand auf Grund eines dem Vorstand 1954 auf dem Parteitag von Berlin erteilten Auftrages ein Grundsatzausschuß, der vom Juni 1955 bis zum Mai 1956 Vorfragen grundlegender Art beriet. Die Große Programmkommission, bestehend aus 34 vom Parteivorstand ernannten Mitgliedern, legte nach der Bundestags-Wahlniederlage der SPD von 1957 im Sommer 1958 einen ersten Entwurf vor, der dann nach mehrfachen Änderungen am 3. September 1959 als Antrag des Parteivorstandes für den Parteitag im „Vorwärts" veröffentlicht wurde. Dem außerordentlichen Parteitag, der vom 13. bis zum 15. November 1959 in Bad Godesberg stattfand, blieben zahlreiche Linke fern. Zum ersten Male in der Geschichte der SPD wurde dieses Grundsatzprogramm, das das Heidelberger Programm von 1925 ablöste, nicht mit einer Zeitanalyse begonnen.

„Die Wähler haben die radikale Ablehnung aller wichtigen wehrpolitischen, militärpolitischen, außenpolitischen und wirtschaftspolitischen Beschlüsse durch die Opposition niemals honoriert. Die Wahlniederlage von 1957 ... hat die SPD zum Umdenken gezwungen – auf allen Gebieten ..." (Götz). Im Mittelpunkt des „Godesberger Programms" forderte die SPD die „Demokratie als allgemeine Staats-Lebensform", sprach „den Kommunisten das Recht ab, sich auf den Sozialismus zu berufen", bekannte sich zu den „Bürgerlichen Grundrechten" des Grundgesetzes, erstrebte die „Einheit Deutschlands in gesicherter Freiheit", bejahte die Landesverteidigung, ächtete die „Massenvernichtungswaffen", erstrebte „eine allgemeine Abrüstung, die Einbeziehung Deutschlands in eine europäische Entspannungszone", bezeichnete als Ziel der Wirtschaftspolitik „Vollbeschäftigung und Preisstabilität mit freier Wahl des Verbrauchs, des Arbeitsplatzes und freier Unternehmerinitiative; Privateigentum an Produktionsmitteln wird garantiert, soweit es nicht einer gerechten Sozialordnung entgegensteht. Überführung in Gemeineigentum ist ein Mittel der Wirtschaftspolitik, aber kein Grundsatz ... Wirtschaftliche Macht unterliegt öffentlicher Kontrolle. Die Gewerkschaften haben Mitbestimmungsrecht im Wirtschafts- und Sozialleben ... Der Bürger hat Anspruch auf eine Mindestrente, die der Entwicklung des Arbeitseinkommens anzupassen ist, jedoch nicht auf eine Vollpension." Gefordert wurde die zehnklassige Volksschule.

Schließlich hieß es: „Wissenschaft, Kunst und Forschung müssen frei sein."

Erich Ollenhauer erklärte in der Rede, mit der er den Delegierten des Parteitages in Bad Godesberg den Entwurf des Grundsatzprogramms erläuterte: „Für uns bedeutet Demokratie, daß in ihr alle Menschen die größtmöglichste Freiheit zur Entfaltung ihrer persönlichen Fähigkeiten und Begabungen, ihrer politischen Rechte, ihrer wirtschaftlichen Initiative, ihres geistigen, religiösen und kulturellen Lebens erhalten." Nachdrücklich bezog er sich auf Schumacher und verzichtete wie das Programm selbst auf jede Sozialismusdefinition. Man begnügte sich mit dem Aufzeigen der Wurzeln: „Christliche Ethik, Humanismus, klassische Philosophie" — der Marxismus wurde nicht genannt, der Kommunismus scharf verurteilt, die Arbeiterpartei in eine „Volkspartei" verwandelt, der materielle Wohlstand als Ziel hingestellt, eine grundsätzliche Veränderung der kapitalistischen Wirtschafts- und Gesellschaftsordnung nicht für nötig gehalten, der Terminus „Sozialisierung" nicht mehr benutzt. Mit alledem erstrebte und erreichte die SPD in der Tat eine Annäherung an die politische Vorstellungswelt derjenigen „bürgerlichen" Schichten, insbesondere der Intellektuellen und gehobenen Angestellten, die sich der CDU/CSU und der FDP nicht fest verbunden fühlten.

Ein solches Programm widersprach früheren Grundsätzen so sehr und war so „bürgerlich", daß es in der Öffentlichkeit, insbesondere bei der CDU/CSU, auf Mißtrauen stieß und — nicht ohne Recht — auch als Wahlparole für 1961 betrachtet wurde.

Mit der Verabschiedung des Godesberger Programms war die Integration der SPD in das kapitalistische System programmatisch vollzogen, waren alle sozialistischen Zielvorstellungen und die bewußte Entwicklung des Klassenbewußtseins der Arbeitnehmer gegen das herrschende Kapital aufgegeben. Die Annahme des Programms – gegen 16 Stimmen – bildete einen vorläufigen Abschluß des Transformationsprozesses der SPD. Es hatte derjenige Flügel gesiegt, der angesichts der Erfolge von Erhards und Adenauers Politik keine andere Möglichkeit als die Anpassung, die Entideologisierung der Partei für realistisch hielt – was mit zur Entstehung der „Außerparlamentarischen Opposition" in den folgenden Jahren beitrug. Eine der Konsequenzen dieser Auffassung war die Aufgabe des Deutschlandplanes und die Bereitschaft zu einer gemeinsamen Außen- und NATO-Politik mit der Regierung, eine andere das Streben nach einer Großen Koalition. Die SPD näherte sich also nach dem Scheitern der Pariser Gipfelkonferenz auch der außenpolitischen Auffassung der „bürgerlichen" Parteien. Wehner bekannte sich am 30. Juni 1960 im Bundestag zum „europäischen und atlantischen Vertragssystem", hielt freilich ein „europäisches Sicherheitssystem" für wünschenswert, bejahte die „Landesverteidigung", wenn auch nicht die Wehrpflicht, und schloß in bezug auf „Disengagement"-Pläne: „Vielleicht – die Sache ist ganz ernst – vielleicht gibt es hier bei genauerem Besehen und bei genauerer Erörterung einen Berührungspunkt". Nun wurde allgemein erkannt und anerkannt, daß die SPD im Begriff war, sich zu wandeln und – verklausuliert – sogar Atomwaffen hinzunehmen: „Die Bundeswehr muß wirksam ausgestattet und ausgerüstet werden."

Es war gewiß kein reiner Zufall, daß der Bundeskongreß des DGB, dessen Vorsitzender seit 1956 Willi Richter war, im Jahre 1959 beschloß, eine Kommission zur Überarbeitung seines Programms mit der Aufgabe einzusetzen, „die Forderungen des Grundsatzprogramms der wirtschaftlichen Entwicklung in der Bundesrepublik und auf übernationaler Ebene anzupassen". Ludwig Rosenberg begrüßte diesen Beschluß mit der Bemerkung, es werde notwendig, „die wesentlichen Aufgaben der Gewerkschaftspolitik im Sinne der unverändert gültigen Grundideen zu definieren und zu trennen zwischen dem, was Ziel und Aufgabe, und dem, was Grundlagen und Mittel sind". 1963 wurde dieses neue Grundsatzprogramm verabschiedet. Es entsprach prinzipiell dem Godesberger Programm der SPD.

Die Auseinandersetzungen um die Nachfolge für Theodor Heuss bot, wie dessen eigene Briefe besonders deutlich zeigen, ein unerfreuliches Bild. Adenauer hatte am 6. und 7. April sich selbst als Kandidat aufgestellt, „um die Kontinuität zu sichern", war zwei Monate später aber von der Kandidatur zurückgetreten, angeblich, weil seit jenem Tage die „außenpolitische Situation sich . . . verschlechtert" habe und er daher Kanzler bleiben müsse – in Wirklichkeit jedoch, weil er im Gegensatz zu führenden Mitgliedern der CDU/CSU richtig erkannte, daß Erhard für die Nachfolge im Bundeskanzleramt wenig geeignet war und er den von ihm favorisierten Etzel jenem gegenüber nicht durchsetzen konnte. So wurde schließlich am 15. Juni der Bundesernährungsminister Dr. h.c. Heinrich Lübke der Bundesversammlung als neuer Bundespräsident vorgeschlagen, am 1. Juli 1959 in Berlin gewählt und am 15. September vereidigt.

Damit war Adenauer wieder für den Bundestags-Wahlkampf frei, den er allerdings mit Erhard gemeinsam bestreiten mußte. Nachdem die DP über ihr Verhältnis zur FDP am 1. Juli 1960 zerbrochen war, wobei neun Abgeordnete zur CDU/CSU übergewechselt waren, verschmolz sich im April 1961 ihr Rest mit dem BHE zur Gesamtdeutschen Partei (GDP). Wichtiger war die Entwicklung der FDP, die unter starken inneren und westdeutsch-rheinisch-norddeutschen Auseinandersetzungen sowohl die absolute Mehrheit der CDU/CSU bekämpfte wie eine Koalition mit der SPD ablehnte. Schließlich bestand eine der Folgen des „Godesberger Programms" und der weiteren politischen Festlegungen der SPD darin, daß links von ihr die „Deutsche Friedensunion" entstand und der Sozialistische Deutsche Studentenbund (SDS) unter Führung von W. Abendroth sich heftig gegen seine Mutterpartei wandte, da diese seit dem „Godesberger Programm" „keine politische Partei mehr" sei, „die sich programmatisch zu sozialistischem Denken bekennt, wenn man das Wort Sozialismus so versteht, wie es in Deutschland und in der Welt vor 1933 und abermals von 1945 bis zum Sieg der Restauration in der Bundesrepublik verstanden wurde". Die SPD distanzierte sich vom SDS und gründete den Sozialdemokratischen Hochschulbund (SHB).

Nach diesen Vorgängen und dem neuen heftigen, zum Teil gegen den Kanzlerkandidaten der SPD, Willy Brandt, und gegen die deutschen Emigranten allgemein verleumderisch geführten Wahlkampf, der in seiner Schlußphase entscheidend durch die Ereignisse vom 13. August 1961 in Berlin, die geschickte Reaktion der SPD sowie die schwerfällige, unpopuläre, weiterhin rein parteipolitische Polemik Adenauers, aber auch durch Chruschtschows heftige Äußerungen gegen Adenauer beeinflußt wurde, erbrachte die Wahl am 17. September 1961 192 Mandate für die CDU, 190 für die SPD, 67 für die FDP, 50 für die CSU. Mit mehr als 11,4 Mio hatte die SPD die meisten Stimmen erhalten gegenüber annähernd 11,3 Mio der CDU/CSU. Diese verlor die absolute Mehrheit im Bundestag, während die SPD zum ersten Male in ihrer Geschichte mehr als 30, nämlich 36,2 % aller Stimmen erhalten hatte. Nur noch drei Parteien waren also im Bundestag vertreten. „Die eigentliche Siegerin ist die FDP; ihr Trend nach unten ist abgefangen, der mit meinem Rücktritt 1949 eingerissen war" (Heuss).

Immerhin blieb die CDU/CSU – hauptsächlich mit Hilfe von 46,9 % aller Wählerinnen – die stärkste Partei, wenn sie auch die einzigartig starke Position von 1957 nicht hatte behaupten können. Die FDP hatte sich im Wahlkampf eindeutig gegen Adenauer als Kanzler ausgesprochen, erklärte sich nun aber zur Koalition hauptsächlich unter der Bedingung bereit, daß Adenauer nur für eine befristete Zeit die Regierung führen werde. Daraufhin wurde Adenauer am 7. November 1961 mit 258 gegen 206 Stimmen bedingt zum Kanzler gewählt. Seine Macht wurde eingeschränkt und begrenzt. Die Blicke begannen sich auf seinen vermutlichen Nachfolger Ludwig Erhard zu richten, der gegenüber Adenauers Westeuropa-Politik eine die nationalen Interessen betonende, wirtschaftlich akzentuierte Weltpolitik in Aussicht zu stellen schien.

Erhard trug auch am 29. November die Regierungserklärung vor. Dabei betonte er die „weitere Konzentration des Wählerwillens" von zwölf Parteien im Ersten Bundestag auf drei Fraktionen, stellte die Notwendigkeit einer Koalition fest und lehnte eine All-Parteien-Regierung ab, da er eine Opposition jetzt wie 1949 für notwendig hielt. Inhaltlich standen an der Spitze der Erklärung die Bund-Länderbeziehungen, das Strafgesetzbuch, das Aktiengesetz und das Urheberrechtsgesetz — innenpolitische Aufgaben also. Es folgten Wirtschaftsfragen, Steuer- und Finanzfragen, über die es umfangreiche Ausführungen gab. Erst dann folgte die Außenpolitik. Hier betonte er gleich anfangs: „Den politischen Umwandlungsprozeß auf dem afrikanischen Kontinent verfolgt die Bundesregierung mit Sympathie und Interesse." Er sprach von der „engen deutsch-französischen Freundschaft", vom „gesunden, starken und freien Europa" und fuhr fort: „So positiv die eben erwähnten Punkte zu bewerten sind, so ernst ist die Lage im Hinblick auf den Sowjetblock". Die Sowjetunion habe „angekündigt, daß sie mit der sowjetischen Besatzungszone einen Separatfriedensvertrag abschließen will. Dieser Vertrag würde den Namen Friedensvertrag nicht verdienen". Lange Ausführungen betrafen die „europäische Sicherheit", die NATO und die Bundeswehr.

In der Erwiderung auf diese, die Verhandlungsbereitschaft betonende Regierungserklärung verhielt sich der unterlegene Kanzlerkandidat der SPD so versöhnlich, daß die Möglichkeit einer Verständigung nach Adenauers zu erwartendem Rücktritt offengehalten wurde. Bei den Landtags- und Bürgerschaftswahlen in den neun Bundesländern während der Jahre 1961 bis 1964 erwies sich der Trend zur SPD als eine allgemeine Dauererscheinung.

Außenpolitisch stand im Vordergrund der neuen Regierung einmal nicht die Deutschlandpolitik gegenüber dem Osten, obwohl die Sowjetunion über den deutschen Botschafter Kroll zu zweiseitigen Gesprächen im „Geiste von Rapallo" einlud, auch nicht das Verhältnis zu den USA, das sich vielmehr im April 1962 verschlechterte, sondern das zu Frankreich. Nachdem EWG und Europa-Parlament 1957/58 als Anfänge der europäischen Integration hatten betrachtet werden können, denen bald weitere Schritte folgen würden, erhielt die französische Politik durch de Gaulle ein immer stärker nationalistisches Gewicht, das Verzicht auf Souveränitätsteile sowie Europäisierung zunächst ausschloß. Mancherlei Ansätze wie der Fouchet-Plan, der sich hauptsächlich an Deutschland wandte, stießen entweder auf den Widerstand der anderen europäischen Staaten, die französische Hegemonie-Absichten fürchteten, oder wurden wie de Gaulles „Europa der Vaterländer" als Rückschritt abgelehnt. In dem Maße, in dem de Gaulle sich weltpolitisch isolierte und sowohl die NATO wie Englands Beitritt zur EWG ablehnte, wandte er sich seit 1962 der Bundesrepublik und Adenauer persönlich zu: zur Erfüllung der „großen und weltweiten Aufgabe", die er „Germanen und Galliern gemeinsam gestellt" glaubte (Tischrede 9. Juli 1962). Staatsbesuche beider Männer im Juli und September 1962, die von der Öffentlichkeit zustimmend begleitet wurden, verursachten freilich in der Bundesrepublik, insbesondere bei Mitgliedern des Bundeskabinetts, die Befürchtung, eine enge deutsch-französische Zusammenarbeit werde die europäische Integration behindern und verzögern, zumal am 28. Januar 1963 in Brüssel unter dem Druck de Gaulles, der stets die Kooperationsbereitschaft Englands anzweifelte und überzeugt blieb, daß England schon die Einigung Kontinentaleuropas eher hintertreiben als fördern wolle, der Beitritt Englands zur EWG abgelehnt wurde. Es stellte also nur die 1954 erweiterte Westeuropäische Union (WEU) eine Verbindung zwischen EWG und England dar. De Gaulles Veto schuf eine sehr schwierige Bewährungsprobe für die EWG und zugleich eine heilsame

Ernüchterung für ihre allzu optimistischen Mitglieder. Die unmittelbare, für die Bundesrepublik am schwersten wiegende Folge war Professor Müller-Armacks Rücktritt als Staatssekretär im Bundeswirtschaftsministerium aus Protest gegen de Gaulles Pression und Adenauers Nachgiebigkeit: er verzweifelte an der Einigung Westeuropas. Damit verlor Erhard seinen „Generalstabschef" und die zentrale Persönlichkeit in der letzten Phase als Minister und einen Minister-Kandidaten für seine Kanzlerjahre.

Gleichwohl war nach der ersten Begegnung Adenauer—de Gaulles am 14. September 1958 der „Vertrag über die deutsch-französische Zusammenarbeit" vom 22. Januar 1963, der ein enges Zusammenwirken beider Länder in der auswärtigen Politik, bei der Verteidigung sowie bei Erziehungs- und Jugendfragen festlegte, nach Jahrhunderten der Gegensätze und Kriege ein historisches Ereignis von großem Wert nicht nur für die beiden Völker, sondern auch für ganz Europa und die Welt. Eine „gemeinsame Erklärung" des Bundeskanzlers und des französischen Staatspräsidenten zu dem Vertrag benutzte viele große Worte wie Versöhnung, geschichtliches Ereignis, Verhältnis von Grund auf, neu gestalten, enge Solidarität, Sicherheit hinsichtlich ihrer wirtschaftlichen und kulturellen Entwicklung, schließlich deutsch-französische Freundschaft, Verstärkung auf dem Wege zu dem Vereinigten Europa, „welches das Ziel beider Völker ist", usw. Dieser Vertrag bildete kurz vor dem Ende von Adenauers politischem Leben dessen eigentlichen Höhepunkt. Mehr als 17 Jahre lang hatte Adenauer auf diesen Tag hingearbeitet und seine ganze politische Energie und Geschicklichkeit eingesetzt. Mit diesem großen Akt war freilich auch, wenngleich man das nicht sofort aussprach, der Weg frei für eine intensivere Ostpolitik, insbesondere zunächst gegenüber Polen.

Ratifiziert wurde der Vertrag vom Bundestag, der Adenauers Erfolg kleinlich kritisierte, jedoch erst am 16. Mai, nachdem eine Präambel die Notwendigkeit der Weiterentwicklung der europäischen Gemeinschaften unter Hinzuziehung Englands und der engen Partnerschaft mit den USA unterstrichen hatte. Die Befürchtung, daß der Vertrag sich ungünstig auf die Zusammenarbeit der EG auswirken und den Fortgang der europäischen Integration behindern, d. h. verzögern würde, bestätigte sich nicht: die, freilich nicht sehr vielen, Fortschritte der Integration beruhten durchweg auf französischer Initiative oder deutsch-französischem Einvernehmen. Der Vertrag wurde somit ein wesentlicher Stützpfeiler der Europäischen Gemeinschaft, während in England die „Europäer" in der Minderheit blieben.

Auch der Besuch des amerikanischen Präsidenten J. F. Kennedy im Juni 1963 in der Bundesrepublik und in Berlin betonte die Weltweite der politischen Bündnisse gegenüber der westeuropäischen Enge von de Gaulles Vorstellungen. „Welch eindrucksvoller Empfang wurde ihm von der deutschen Bevölkerung bereitet bei seiner Fahrt durch Bonn und durch andere Städte der Bundesrepublik, wo immer er hinkam! Welch eine Bejahung des festen Bündnisses mit dem Westen, mit seiner Führungsmacht USA! Welch eine Bestätigung der vierzehnjährigen Politik Adenauers!" (Poppinga).

Während die Bundesregierung 1962 einerseits das wirkungslose Röhrenembargo verhängte, d. h. die Lieferung von Röhren extremer Größe an die Sowjetunion und deren Satelliten verbot, welche die USA als strategische Güter betrachteten, der NATO-Partner England aber zu liefern bereit war, bemühte sich andererseits Außenminister Schröder seit dem Herbst 1962 um Kontakte mit einigen östlichen Regierungen, also um eine Korrektur der Bonner Ostpolitik, nachdem sich seit 1958/59 herausgestellt hatte, daß eine Politik radikaler Ignorierung nicht mehr der internationalen Entwicklung entsprach. Auch die amerikanischen Ermunterungen zu größerer Aufgeschlossenheit gegenüber dem Osten wirkten auf Schröders Bemühungen ein. Ergebnisse dieser Wendung waren Handelsabkommen und Handelsvertretungen im März 1963 mit Polen, im Herbst mit Rumänien und Ungarn.

Als im Jahre 1962 das Nachrichten-Magazin „Der Spiegel“ scharfe Angriffe gegen Bundesverteidigungsminister F. J. Strauß und einen kritischen Aufsatz über die Verteidigungsqualität der Bundeswehr veröffentlichte, worauf der Minister mit heftigen, nicht zu rechtfertigenden Maßnahmen gegen das Magazin antwortete, weitete sich diese „Spiegel-Affäre“ schnell zu einer die Öffentlichkeit erregenden Regierungskrisis aus, die der Regierungsbericht 1963 wieder aufleben ließ.

Spätestens seit dieser „Affäre“, der neuen Koalition und dem Röhrenembargo, wirtschafts- und sozialpolitisch schon seit längerer Zeit, befand die CDU/CSU sich auf dem Abstieg von der politisch Maßstäbe setzenden erfolgreichen Führungspartei. Während von einer großen Mehrheit der Bürger der anhaltende wirtschaftliche Aufstieg sowie das wachsende politische Ansehen der Bundesrepublik begrüßt wurde, fanden immer mehr Kritiker an ihr Schwächen wie in der nachbismarckischen Zeit, im wilhelminischen Reich: außenpolitische Selbstüberschätzung und Einseitigkeit, innenpolitische Erstarrung, Unterbewertung der politischen, religiösen, sozialen und landsmannschaftlichen Minderheiten, sozialpolitische Rückständigkeiten, privatkapitalistische Übersteigerungen, Überschätzung des wirtschaftlichen Wohlstandes, Vernachlässigung der Kultur- und Bildungsaufgaben und anderes mehr.

Am 19. November 1962 brach unter diesem Druck eine entscheidende Regierungskrise aus. Die FDP-Minister traten zurück, um die Möglichkeit für eine Regierungsumbildung unter Entlassung von Strauß zu schaffen. Am 27. November traten daraufhin auch die CSU-Minister zurück. Im Verlauf der Verhandlungen, die dem fünften Kabinett Adenauers vorangingen, gab es zum ersten Male positiv verlaufende Koalitionsgespräche zwischen der Union und der SPD, seitdem Adenauer sich 1949 demokratisch richtig, aber auch in Voreingenommenheit gegen Schumachers SPD für die Schaffung einer ernsthaften Opposition entschieden hatte. Doch diesmal hatte die Mehrheit der SPD-Fraktion Bedenken gegen eine Große Koalition unter Adenauers Kanzlerschaft, solange dieser nicht einen definitiven Rücktrittstermin zugesagt hatte. Trotz des Scheiterns der Gespräche „blieben diese ersten Dezembertage 1962 ein innenpolitisch wichtiges Datum. Zum ersten Male in der Geschichte der Bundesrepublik wurde das Tabu, das eine Zusammenarbeit der beiden großen demokratischen Parteien zu verhindern schien, durchbrochen“ (Lilge).

Der bereits seit 1959 bestehende Parteibeschluß, nach Adenauers auf den Herbst 1963 festgelegten Rücktritt Erhard, den Vater des seit mehr als einem Jahrzehnt anhaltenden und die Massen für ihn und die CDU/CSU gewinnenden „Wirtschaftswunders“, als Kanzlerkandidaten zu nominieren, wurde durch Adenauers hartnäckigen persönlichen Widerstand gegen den als Rivalen und unzureichenden „Thronfolger“ empfundenen, allein als Fachminister glänzend bewährten Bundeswirtschaftsminister vorübergehend in Frage gestellt – wie sich bald herausstellte, nicht ohne tiefere Berechtigung. Schließlich wurde am 23. April 1963 Erhard mit 159 gegen 47 Stimmen von der CDU/CSU-Fraktion zum Kanzlerkandidaten gewählt. Am 11. Oktober 1963 erklärte Konrad Adenauer seinen Rücktritt vom Amt des Bundeskanzlers mit Ablauf des 15. Oktober – nach mehr als 14jähriger Amtszeit ist er am 19. April 1967 gestorben.

Wenige Tage nach seinem Rücktritt äußerte Adenauer dem US-Botschafter gegenüber seine Zuversicht, daß in der nächsten Zeit die Beziehungen der Bundesrepublik zur Sowjetunion auf dem Wege über wirtschaftliche Zusammenarbeit verbessert werden würden, nachdem er selbst seit 1957 bei wachsendem Zweifel am Dauererfolg der reinen Westorientierung und der „Politik der Stärke“ beharrlich um den Dialog mit der UdSSR bemüht gewesen sei, um dadurch auch die beiden deutschen Staaten nicht immer weiter auseinandertreiben zu lassen. Seine Entsendung Krolls als Botschafter nach Moskau, sein Vorschlag für einen Österreich-Status der DDR gegenüber Smirnow und Mikojan, der von ihm entscheidend beeinflußte, als Geheimalternative gedachte Globke-Plan (beides 1958) und die Anregung eines Stillhalteabkommens bildeten Marksteine dieser Adenauerschen Ostpolitik. Sie hing eng zusammen mit der seit 1962 wachsenden Erkenntnis, daß de Gaulle sich immer stärker von der westeuropäischen Gemeinschaft, der NATO und den USA ab- und dem Ostblock zuwandte in der Annahme, Frankreich, Deutschland und Osteuropa müßten sich gemeinsam gegen China verteidigen.

Ob mit dem ungeschickten Verhalten Adenauers bei der Kandidatur zum Bundespräsidenten, ob mit dem vollzogenen Rücktritt als Kanzler, ob mit dem Ablauf der drei enttäuschenden Jahre seines Nachfolgers Erhard, ob schließlich mit seinem Tode am 19. April 1967 die Ära Adenauer als beendet bezeichnet wird, ist historisch unwichtig. Adenauer hat die Gründung der Bundesrepublik, deren Entwicklung, Leistungen und Fehler während der 50er und 60er Jahre nicht nur bis zur Großen Koalition von 1966, sondern bis zur SPD-FDP-Koalition von 1969 bestimmt, ja, sogar noch danach nicht wenige von deren Handlungen – z. B. auf dem Gebiete der Ostpolitik, der Sozial- und der Kulturpolitik – beeinflußt durch seine Unterlassungen und Einseitigkeiten. In den 14 Jahren seiner Kanzlerschaft wurde die Bundesrepublik aus einer Art Selbstverwaltungskörper unter Aufsicht der westlichen Besatzungsmächte zum souveränen Staat und – nach den USA – zum wichtigen und unentbehrlichen Mitglied der atlantischen Staatengemeinschaft. Die in seiner Zeit erreichte wirtschaftliche Verflechtung europäischer Staaten zu einem gemeinsamen Markt hatte er bereits im Herbst 1945 für notwendig erklärt – früher, politisch weitsichtiger als Erhard.

Adenauer war ein bedeutender Staatsmann, der der von ihm als Definitivum, nicht als Provisorium betrachteten und regierten Bundesrepublik Vertrauen bei den westlichen Siegermächten, insbesondere bei Frankreich, und widerwilligen Respekt bei der Sowjetunion erwarb, als er Sicherheit und Freiheit über die Einheit stellte, auch bei Israel, als er die aus dem Dritten Reich stammende moralische Verpflichtung für ganz Deutschland anerkannte. Die nach dem Zusammenbruch von 1945 und seinen unmittelbaren Folgen vordringlichen Aufgaben der Staatsbildung und -behauptung im Bündnis mit dem Westen und in Freiheit wurde unter Adenauers Leitung gemeistert. Gegen Ende dieser Zeit erwies sich deutlich, daß während der langen Jahre der Kanzlerschaft Adenauers in einer sich wandelnden Welt neue Aufgaben der Deutschlandpolitik, der Berlinpolitik, der Europapolitik, der Sicherheitspolitik entstanden waren, für deren Bewältigung die Methoden der 50er Jahre nicht ausreichten.

Ein großer Teil der lange Zeit anhänglichen Wähler, insbesondere der Intellektuellen, fiel schließlich von Adenauers unmodern geführten und von z. T. in langjähriger Arbeit aufgezehrten Ministern, Routiniers und Managern ohne Ausstrahlungskraft vertretenen Partei und Regierung ab. Ein immer größerer Teil der Jugend verlor im Genuß von Wohlstand und Fortschritt das Interesse am Parlamentarismus überkommener Art und suchte alte und neue Ersatzformen beim Rätegedanken, bei der leicht vorstellbaren und überschaubaren Kommune, beim Anarchismus und in anderen Sozialutopien. Das war und ist zwar eine weltweite Erscheinung; aber daß sie so schnell und tief auch die Bundesrepublik ergreifen und erschüttern konnte, zeigte, daß diese erst zwanzig Jahre alte Gesellschaft durch Adenauers und Erhards außen- und wirtschaftspolitische Erfolge bei weitem nicht so gefestigt worden war wie der Großbürger Adenauer selbst noch nach seinem Rücktritt in Überschätzung der Bedeutung des ihm selbstverständlichen Wohlstandes für eine Gesellschaft angenommen hat. Die „affluent society" (Galbraith 1958/59), die „Wohlstandsgesellschaft", bildet nur einen der vielen Aspekte bei der praktisch unberechenbaren Entwicklung einer Gesellschaft.

Seine größte und, wie es scheint, dauerhafteste Leistung vollbrachte Adenauer mit der unermüdlichen Arbeit, gegen viele Widerstände und trotz mancher Enttäuschungen, für die zunächst wirtschaftliche und dann auch politische

Einigung Europas. Er war nicht allein der wichtigste unter den Gründern der Bundesrepublik, sondern auch einer der bedeutendsten unter den westeuropäischen Staatsmännern. Der Präsident der Beratenden Versammlung des Europarates sagte wenige Tage nach Adenauers Tod am 25. April 1967: „Hier in unserer Versammlung wird der Name Konrad Adenauer stets mit denen Alcide de Gasperis und Robert Schumans verknüpft sein ... Alle drei waren erfüllt von dem brennenden Wunsch, alles Übel, das der Nationalismus über Deutschland gebracht hatte, für immer zu beseitigen. Keiner dieser drei Väter Europas hat allerdings die Erfüllung seiner Bestrebungen erleben dürfen."

Bundespräsident W. Scheel schloß seine Gedenkrede 100 Jahre nach Adenauers Geburt am 5. Januar 1976: „Er war ein von Grund auf ziviler Mensch. Gewiß, er besaß ein ausgesprochenes Gefühl für Würde und ein hohes Maß an Selbstbewußtsein. Aber er war auch erfüllt von einer tiefen Abneigung gegen alles Theatralische und gegen jede Art von Pathos. Er war ein Bürger und ein Demokrat und wollte nichts anderes als seine Pflicht tun."

Überlebt hat ihn, den christlichen, demokratischen, mit der Geschichte Westeuropas eng verbundenen Bürger, den raffinierten Parteiführer und Staatsmann, sein ihm am ehesten ebenbürtiger Gegner – nicht einer der sowjetischen Parteivorsitzenden und Ministerpräsidenten, die nicht besser und nicht weniger qualifiziert waren als die amerikanischen Präsidenten und englischen Premierminister –, auch nicht der staatsmännisch begabte uneingeschränkt antikommunistisch nationale Sozialdemokrat Schumacher, sondern Walter Ulbricht, der atheistische, antihistorische, osteuropäische proletarische Diktator, der unter sorgfältigster Anpassung seiner Politik an die der Sowjetunion und an die revolutionären, gesellschaftlichen und wirtschaftlichen Veränderungen in der DDR gelegentlich wohl, so 1961 und 1968, mehr Einfluß auf die Politik seiner sowjetischen Schutzmacht ausgeübt hat als Adenauer jemals auf die unserer amerikanischen. Beide haben die Frühgeschichte der deutschen Teilstaaten und die Entwicklung des deutschen Volkes seit 1945 – vorwiegend außenpolitisch, aber auch innen-, z. B. gesellschaftspolitisch – nicht weniger bestimmt als der Reichsgründer Bismarck die Geschichte des Zweiten Reiches, der eine westeuropäisch-atlantisch, der andere osteuropäisch-kontinental.

Bundeskanzler Ludwig Erhard

„Zwischen 1949 und 1957/58 verlief die Wählerbewegung in der Bundesrepublik fast ausschließlich zwischen der CDU/CSU auf der einen Seite und der FDP und den übrigen Splitterparteien auf der anderen Seite. Erst nach 1957 begann langsam eine Austauschbewegung, die die Sozialdemokratie mit einschloß. Vor 1957 waren Wechselwählerbewegungen, die die Sozialdemokratie betrafen, nur mit der KPD und in einem gewissen Umfange mit dem BHE zu beobachten gewesen. So war das Parteiensystem bis 1957 nicht nur durch die Asymmetrie, sondern auch durch eine Abkapselung der SPD von den Wählerbewegungen der anderen Parteien gekennzeichnet." Das änderte sich zur Bundestagswahl 1961, die daher vielleicht mit mehr Recht als die von 1953 als ein Wahlwunder bezeichnet werden könnte. Erstmalig war ein massenhafter Wähleraustausch auch zwischen CDU/CSU und SPD sowie zwischen beiden Parteien und der FDP zu beobachten. „Ein solcher regelmäßiger Wählerwechsel zwischen den großen Parteien ist aber die zentrale Voraussetzung für eine reale Chance des Machtwechsels und damit für die Realisierung von Demokratie als einem System wechselnder Parteiregierungen" (Kaltefleiter).

Dieser Prozeß stand in Verbindung mit der Entwicklung der SPD über Godesberger Programm und Deutschlandplan bis hin zur Diskussion über Atombewaffnung. Man hat ihn einen „Anpassungsprozeß" (Knorr) genannt, der von der „unbedingten" zur „bedingten Opposition" und schließlich zur „Koalitionsfähigkeit" (Altmann) führte. Die „Staatspolitik" dominierte über die „parteiegoistische" Parteipolitik (Wehner). Ollenhauer begann 1960 den Wahlkampf mit dem „Appell von Hannover": „Miteinander, nicht gegeneinander", und der designierte Kanzlerkandidat W. Brandt versprach gemeinsam mit Carlo Schmid für den Fall des Wahlsieges eine „Politik neuen Stils, eine Politik des sachlichen Ausgleichs und der ehrlichen Zusammenarbeit".

Als es allen Anstrengungen der SPD zum Trotz 1961 nicht zur Großen Koalition kam, gelangte man gleichwohl 1962 im Zusammenhang mit der „Spiegel"-Krise zu offiziellen Koalitionsverhandlungen, nach denen „nicht mehr alles so war wie vorher" (Roegele). Der SPD war von der CDU/CSU die Regierungsfähigkeit bestätigt worden: „Erstmals seit 1949 hatte der Bundeskanzler den Vorsitzenden der SPD zu einem Gespräch eingeladen – nicht zu einem Gespräch über den ‚Ernst der Lage', sondern zu einem Gespräch über die Regierungsbildung" (Wehner). Die SPD war „Koalitionspartner im Wartestand" (Mende) geworden.

Erhard, Bundeswirtschaftsminister seit 1949, wurde Adenauers Nachfolger als Kanzler am 17. Oktober 1963. Er sollte verabredungsgemäß und wollte aus eigenem Entschluß Adenauers Politik fortsetzen. Das programmierte allerdings, ohne daß er es merkte, ein frühes Ende seiner Kanzlerschaft und der CDU/CSU-Regierung. Erhard war ein großer volkswirtschaftlicher Praktiker, dagegen nicht ein Staatsmann. Seine Versuche, zwischen den Sozialpartnern und Parteien auszugleichen, „Volkskanzler" zu werden, stießen eher auf Ablehnung als auf Verständnis. 1964 wurde deutlich, daß seine Anhängerschaft in der eigenen Partei schrumpfte, während er selber nicht erkannte, wie tief der Wandel der Weltpolitik reichte, oder diesen Veränderungen nicht zu entsprechen vermochte, zumal auch die Ansätze zu einer flexibleren Außenpolitik, die sich bei Außenminister Schröder abzeichneten, von der Majorität seiner Partei keineswegs begrüßt und gestützt wurden. Als die weltpolitische Bühne sich in kurzer Zeit vollkommen veränderte, als Erhard mit Johnson, Macmillan und dem allmählich in den Hintergrund tretenden de Gaulle hinter Kennedys Sarg ging, als Kossygin und Wilson die Regierung ihrer Länder übernahmen, versuchte der Kanzler, die Bundesrepublik als ruhiges Zentrum Europas und der atlantischen Gemeinschaft wirken zu lassen. Aber im Westen, wo Vietnam eine immer größere Belastung wurde und de Gaulle wenig Sympathie für Erhard zeigte, nahm man keine Rücksicht auf seine Anregungen. Im Osten schloß die Sowjetunion demonstrativ und herausfordernd am 12. Juni 1964 einen Beistands- und Freundschaftspakt mit der DDR. Als de Gaulle 1965/66 die französischen Streitkräfte aus der NATO abzog, wurde die Situation um so schwieriger, da Erhard kurz zuvor betont hatte, die Bundesrepublik sei kein „Satellit Washingtons". Statt in das Zentrum der Großen Politik gelangte Erhard seit 1964 zunehmend an deren Rand.

Zwei Faktoren prägten den Wahlkampf 1965: Zum einen das – in diesem Ausmaß bisher nicht gekannte – engagierte Eintreten der Publizistik für die Bildung einer Allparteienregierung bzw. Großen Koalition und zum anderen die Konturenlosigkeit und Konformität sowohl der Wahlaussagen als auch der Wahlkampfstrategie der beiden großen Parteien.

Zwar führte das Wahlergebnis vom 19. September 1965, das mit 47,6 % für die Unionsparteien einen unerwartet starken Vertrauensbeweis für Erhard, den erklärten Gegner einer Großen Koalition, und mit 9,5 % (bisher 12,8 %) für die FDP einen heftigen Rückschlag bildete, nur zu einer Kleinen Koalition. Aber „die durch die fortdauernde Zerstrittenheit der Koalitionspartner und die innere Zerrissenheit der CDU/CSU verursachte weitgehende Lähmung der Regierungsarbeit führte schon nach kurzer Zeit zu einem Wiederaufleben der nach der Regierungsbildung etwas abgeflauten Diskussion um die Große Koalition" (Knorr). Ganz gegen seine Absicht trug schließlich Erhard selber zur Beschleunigung des Prozesses wesentlich bei. Da seine eigene Partei den Bundeskanzler nur noch als Hindernis empfand und im Herbst 1966 die wirtschafts- und finanzpolitische Situation der Bundesrepublik sich erheblich verschlechterte – das Bruttosozialprodukt wuchs 1966 nur um 6,6 % –, mußte die CDU/CSU nach einer Verbreiterung der Regierungsbasis streben. Nun wurde die SPD endgültig regierungsfähig, während die CDU/CSU es blieb – wenigstens noch für einige Zeit.

Hatte Erhard am 18. Oktober 1963 seine erste Regierungserklärung mit dem Satz beginnen können: „Ich werde aus christlicher Gesinnung und Verantwortung handeln" und Festigkeit versprochen, so mußte er nach der Wahl vom 19. September 1965, die der CDU/CSU 245, der FDP 49 und der SPD 202 Mandate gebracht hatte, bei seiner zweiten und letzten Regierungserklärung am 10. November 1965 bereits gestehen: „Der Wahlkampf hat manche Wunden hinterlassen". Wiederholt sprach er von der Verantwortung a l l e r Parteien und in diesem Zusammenhang indirekt davon, daß ihm die Basis der allgemeinen Zustimmung zu seiner Politik entglitt: „Für nahezu die Hälfte aller Menschen in unserem Lande sind die Jahre 1933 bis 1945 geschichtliche Vergangenheit ohne persönliche Erinnerung . . . Die Nachkriegszeit ist zu Ende . . ."

Erneut wurde die Ostpolitik zum Wahrzeichen der Schwäche und Unbeweglichkeit des Kanzlers. Seiner Friedensnote vom 25. März 1966 schlug aus Wissenschaft und Kirche heftiger Widerspruch entgegen, die eine Normalisierung der Beziehungen zu Polen unter Anerkennung der Oder-Neiße-Linie forderte und Anstoß daran nahm, daß jene Note die DDR überhaupt nicht erwähnte, diese also von dem allen Staaten angebotenen Gewaltverzicht anscheinend ausnähme. Ein im Frühjahr 1966 von der DDR angeregter Redneraustausch mit der SPD kam nicht zustande. Statt dessen legten sich am 21. April CDU/CSU, SPD und FDP ohne Not noch einmal ausdrücklich gemeinsam auf Nichtanerkennung der DDR, Ablehnung einer gar nicht zur Diskussion stehenden Konföderation und Alleinvertretungsanspruch fest, obwohl Schröder schon ein Jahr zuvor angeregt hatte, künftig die bundesdeutschen Interessen vor ganz vagen „gesamtdeutschen" Zielen rangieren zu lassen, auch wenn damit eine de facto-Anerkennung der DDR zum Ausdruck käme.

Die Große Koalition und die Bundestagswahl von 1969

Als zur gleichen Zeit sich auch noch die Notwendigkeit einer Aktualisierung der nun schon mehr als 15 Jahre alten Sozialen Marktwirtschafts-Politik sowie angesichts der wirtschaftlichen Rezession die einer Intensivierung der Sozialpolitik abzeichnete, stand Erhard, dessen Partei obendrein die Landtagswahl in Nordrhein-Westfalen verlor, allgemeiner Kritik und Ablehnung gegenüber. Ende Oktober 1966 verließen die vier FDP-Minister im Rahmen der Auseinandersetzungen um Steuererhöhungen unter dem Druck ihrer Partei das Kabinett Erhard, das damit zu einer Minderheitsregierung wurde. Solchen Tatsachen gegenüber entschieden sich CDU/CSU für den Ministerpräsidenten von Baden-Württemberg, Kurt Georg Kiesinger, als Nachfolger für Erhard, der mit seinem Restkabinett am 30. November zurücktrat, nachdem die Bildung einer Großen Koalition verabredet worden war.

Am 1. Dezember 1966 wurde Kiesinger zum Bundeskanzler gewählt, in dessen aus 10 + 9 Bundesministern zusammengesetzten Kabinett Brandt Vizekanzler und Außenminister, Schiller Wirtschaftsminister, Strauß Finanzminister, Heinemann Justizminister, Wehner Minister für gesamtdeutsche Fragen wurden. Als Kiesinger am 13. Dezember 1966 die Regierungserklärung vortrug, begann er:

„Der Bildung dieser Bundesregierung ... ist eine lange, schwelende Krise vorangegangen, deren Ursachen sich auf Jahre zurückverfolgen lassen. Ihr offener Ausbruch erfolgte kaum ein Jahr nach den Wahlen zum Fünften Deutschen Bundestag, die einen eindrucksvollen Vertrauensbeweis für meinen Vorgänger, Professor Ludwig Erhard, erbracht und den Parteien der bisherigen Regierungskoalition deren Fortsetzung ermöglicht hatte. In der Folge belasteten innenpolitische Schwierigkeiten, innerparteiliche Auseinandersetzungen und außenpolitische Sorgen die Arbeit der Regierung, bis schließlich die Uneinigkeit über den Ausgleich des Bundeshaushalts 1965 und über die auf lange Sicht notwendigen finanzpolitischen Maßnahmen zum Auseinanderbrechen der bisherigen Koalition und zu einem Minderheitskabinett führten. Aus den dadurch notwendig gewordenen Koalitionsverhandlungen ist die neue Regierung der Großen Koalition hervorgegangen." Er fuhr fort: „Die Verhandlungen der Parteien haben zu der wohl bisher gründlichsten Bestandsaufnahme der Möglichkeiten und Notwendigkeiten deutscher Politik vor einer Regierungsbildung geführt. Zum ersten Male haben sich die Christlich-Demokratische und die Christlich-Soziale Union und die Sozialdemokratische Partei auf der Ebene des Bundes zur Bildung einer gemeinsamen Regierung entschlossen. Das ist ohne Zweifel ein Markstein in der Geschichte der Bundesrepublik, ein Ereignis, an das sich viele Hoffnungen und Sorgen unseres Volkes knüpfen. Die Hoffnungen richten sich darauf, daß es der Großen Koalition, die über eine so große, zwei Drittel weit übersteigende Mehrheit im Bundestag verfügt, gelingen werde, die ihr gestellten schweren Aufgaben zu lösen, darunter vor allem die Ordnung der öffentlichen Haushalte, eine ökonomisch sparsame Verwaltung, die Sorge für das Wachstum unserer Wirtschaft und die Stabilität der Währung."

Der Regierung Kiesinger, dem „Kartell der Alternativlosigkeit" (Kaltefleiter), gelang es nicht, die Stagnation der deutschen Wirtschaft im Jahre 1966/67 zu überwinden. Das Fehlen der einst von Adenauer geschaffenen, von vielen begrüßten „Opposition im System", war sofort ein wesentlicher Grund dafür, daß die schon seit dem Anfang der 60er Jahre entstehende „Opposition zum System" schnell viele Zuläufer und Mitläufer fand: Der Ausbruch von 1968 führte zu einer grundlegenden und dauernden Existenzveränderung der Bundesrepublik. Niemand erkannte und durchschaute diese Entwicklung so scharfsinnig wie Fritz Erler, der brillanteste Politiker, den die SPD nach Schumachers Tod aufzuweisen hatte. Er, Befürworter einer pragmatischen Politik, hatte die SPD auf den Weg zum Godesberger Programm und zur Volkspartei gewiesen. Nun geriet sie als Partnerin der Großen Koalition in eine Krisis: 1967/68 verlor sie Stimmen bei den Landtagswahlen – mehr als 8 % in Baden-Württemberg. Nur in Schleswig-Holstein, wo Jürgen Steffen den Wahlkampf nicht im Rahmen der Großen Koalition, sondern gegen die CDU führte, gewann sie 0,2 %. Diese Koalition stellte also offenbar nicht die Patentlösung dar, als die Kiesinger sie gepriesen und die selbst Adenauer in den letzten Jahren seiner Kanzlerschaft für vielleicht nützlich gehalten hatte. Auch konnte man sich über die seit langem schwebende Frage der Änderung des Wahlrechts nicht einigen. Daß die FDP durch eine solche höchstwahrscheinlich vom „Zünglein an der Waage" zur Bedeutungslosigkeit absinken würde, galt als sicher. Über die Vor- und Nachteile für SPD und CDU/CSU dagegen gab es sehr verschiedene Meinungen.

Der Schwächeanfall der SPD rettete die CDU/CSU für ein paar weitere Jahre in der Regierung und schuf der SPD Probleme. Die Jahre bis zu den Bundestagswahlen im September 1969 und zur Bildung der kleinen SPD-FDP-Koalition waren in bezug auf die inneren Machtverhältnisse wie für die Außenpolitik der Bundesrepublik und insbesondere die innenpolitische Ausgangslage dieser Politik eine Zeit des Übergangs. Die seit Jahren angelegte Entfremdung der FDP vom großen Partner manifestierte sich deutlich, und die SPD wuchs immer klarer in die Rolle der „staatstragenden Alternative" hinein. Die Große Koalition war in erster Linie einen innenpolitisch, dagegen kaum außenpolitisch begründete Regierung. Außenpolitisch wurde der Wechsel unübersehbar von der durch Adenauer bestimmten Priorität der Weltpolitik mit ostpolitischen Ansätzen zu einer vom Vizekanzler und Außenminister W. Brandt und seinem energischen Berater Egon Bahr sowie von dem Bundesminister für Gesamtdeutsche Fragen Wehner geprägten Betonung der Ostpolitik unter Beibehaltung der einstweilen lebensnotwendigen Sicherheitspolitik mit NATO und USA-Bündnis. Kiesinger stimmte der Politik einer „Verbesserung des politischen Verhältnisses zu den osteuropäischen Staaten" ohne Einschränkung zu, bezeichnete das Münchener Abkommen als „nicht mehr gültig", betonte aber im Gegensatz zu den SPD-Ministern, daß nach wie vor die Bundesregierung allein berechtigt sei, für das ganze deutsche Volk zu sprechen.

Auf dieser vom Außenminister der vorangegangenen Regierung, Dr. Schröder, vorbereiteten Basis gelangte man zwar schnell zu diplomatischen Beziehungen mit Rumänien, scheiterte dann aber an einer Gegenoffensive der DDR, die auch nach einem Briefwechsel Kiesinger – Stoph zwischen Mai und September 1967 über die Aufnahme normaler Beziehungen zwischen beiden deutschen Staaten, unterstützt durch die Sowjetunion, die Bundesregierung weiterhin angriff. Einen Tiefpunkt erreichten die Beziehungen im Zusammenhang mit der Invasion der Sowjetunion und der DDR in die Tschechoslowakei. Bei der Diskussion der Ursachen dieser Mißerfolge gerieten CDU/CSU und SPD in einen immer heftigeren Gegensatz. Die Sozialdemokraten wollten nun deutlich Polen und der DDR sehr viel weiter entgegenkommen als die Christdemokraten. Dabei ging es insbesondere um die Anerkennung der DDR, die am 20. Februar 1967 eine eigene Staatsbürgerschaft eingeführt hatte, als souveränen Staat und darum, daß die SPD baldige Fortschritte auf dem Wege zu diesem Ziel verlangte.

Innenpolitisch erreichte man unter Führung des sozialdemokratischen Wirtschaftsministers Karl Schiller, mit dem „Erkenntnisse und Praktiken der modernen Wissenschaft" (Brawand) – das von Erhard verachtete „Rechenhafte" – Einzug in das Wirtschaftsministerium hielten, die Überwindung der wirtschaftlichen Rezession: Von 1 %

1967 und 9 % 1968 stieg das Wachstum des Brutto-Sozialprodukts 1969 auf 12,1 %. Diesem deutlichen Aufschwung folgte in guter Zusammenarbeit von Schiller und Strauß die Festlegung der „Konzertierten Aktion“: Die soziale Marktwirtschaft wurde in einer „neuen Kombination“ (Schiller) fortgeführt.

Das Jahr zwischen der Intervention in der Tschechoslowakei am 21. August 1968 und der Bundestagswahl am 28. September 1969 wurde durch drei große innenpolitische Kontroversen beherrscht: zunächst über den Vertrag über die Nichtverbreitung von Kernwaffen, dem die SPD zustimmte und der zwei Monate nach der Bundestagswahl 1969 unterzeichnet wurde, dann seit dem Herbst 1968 über eine Aufwertung der D-Mark, die Schiller aus Gründen der außenwirtschaftlichen Stabilität und als Mittel gegen die „importierte Inflation“ (Schiller) für nötig hielt, und drittens über den Abbruch der Beziehungen zu Kambodscha, das, wie nahöstliche Staaten und der Sudan, die DDR anerkannt hatte. Schließlich gelangte die Regierung zu dem Kompromiß-Entschluß, die Beziehungen zu Kambodscha „einzufrieren“, die zu Südjemen zu „suspendieren“.

Als im Sommer 1958 Erhard anläßlich einer Feier zur Erinnerung an die Schaffung der Deutschen Mark mit dem Kanzler Adenauer auf „weitere zehn glückliche Jahre“ trinken wollte, erwiderte dieser: „Na, das geht zu weit“, und tatsächlich sprach die Presse bereits von „schleichender Inflation“. Aber der optimistische Minister verstand auf seinem Spezialgebiet mehr als der skeptische Staatsmann Adenauer. Diese Jahre waren gekennzeichnet durch Hochkonjunktur und Vollbeschäftigung unter Heranziehung von Millionen ausländischer Gastarbeiter, durch den Anfang eines „Wohlstands für alle“ und hohe Steuereinnahmen, die den Bund ebenso wie die Länder und Gemeinden in die Lage versetzten, in schnell steigendem Ausmaß wirtschaftliche und soziale Aufgaben zu übernehmen, und den „Entwicklungsländern“ mit großen Beträgen zu helfen.

Das Nachlassen der Konjunktur im Jahre 1966, das eine überraschend schwere Finanzkrise des Bundes auslöste, auf die gesamte Politik wirkte und mit dazu beitrug, daß die Regierung Erhard durch die Große Koalition unter Kiesinger abgelöst wurde, sowie die Rezension von 1967, die zwei Konjunkturförderungsprogramme des Bundes verursachte, leiteten zwar das Ende der uneingeschränkten Sozialen Marktwirtschaft ein. Aber eine sehr starke Ausweitung des Exports führte dann schnell in eine neue Konjunkturwelle mit Beeinträchtigung der Preis- und Kostenstabilität. Eine von den Handelspartnern der Bundesrepublik geforderte Aufwertung der D-Mark wurde aufgrund von Erfahrungen mit einer solchen im Jahre 1961 zwecks Erhaltung der innenpolitischen Position der Regierung aufgeschoben, bis sie zum Gegenstand des Wahlkampfes im Jahre 1969 wurde. Sie hatte schließlich eine unerwartet geringe Wirkung.

Die fast kontinuierliche erhebliche Steigerung des Brutto-Sozialprodukts verdeckte in der Öffentlichkeit eine beträchtliche Verlagerung innerhalb der Wirtschaft vom Bergbau und den alten zu den jüngeren Industrien im Zusammenhang mit Erdöl, Automobil, Kunststoff und Elektronik sowie vom Ruhrgebiet, das nach 100 Jahren repräsentativer Spitzenstellung seinen Vorrang verlor, zu anderen Regionen, insbesondere zum Raum Stuttgart und zu dem neuen „Industrieland“ Bayern. Gleichzeitig ergab sich eine starke Umschichtung der Arbeitskräfte. Die Zahl der in Dienstleistungsberufen Tätigen ging infolge von Mechanisierung und Automatisierung stark zurück, während die der in der industriellen Produktion Tätigen ebenso stark stieg, obwohl auch dort die Automatisierung schnell zunahm. So entstand unter den in der Industrie Beschäftigten eine weitere Bewegung zum hochbezahlten Spezialistentum. Löhne und Preise blieben in der Bundesrepublik länger stabil als in den meisten anderen Industrieländern. Das erleichterte den Wiederaufbau und Investitionen zwecks Modernisierung und Schaffung von Arbeitsplätzen.

Für das Jahr 1966 hieß es im Geschäftsbericht der Deutschen Bank: „Erstmals seit der Währungsreform ist in der Bundesrepublik der wirtschaftliche Aufschwung ... unterbrochen worden ...". Aber schon Mitte 1967 war die „Talsohle" erreicht und 1968 erlangte man wieder die Vollbeschäftigung. Als in diesem Jahre die Deutsche Mark zwanzig Jahre alt wurde – ein Alter, in dem die „Reichsmark" von 1923 bereits wertlos geworden war –, wurde dieser Geburtstag als ein Festtag des „Wirtschaftswunders", der „Sozialen Marktwirtschaft" und damit auch Ludwig Erhards gefeiert. Doch dieser weltberühmte Wirtschaftspolitiker war inzwischen dem vielschichtigen Prozeß der Rezession, der Aufwertungsproblematik, auch seinem eigenen Optimismus, nicht zuletzt dem Mangel an Disziplin in Unternehmerkreisen zum Opfer gefallen, nachdem Erhard noch den Grundstein zum „Gesetz zur Förderung der Stabilität und des Wachstums" gelegt hatte, der „konjunkturpolitischen Magna Charta der Großen Koalition". Sichtlich gab es insgesamt seit der Bildung dieser Großen Koalition eine Umgruppierung der Wirtschafts- und der Sozialpolitik in der Bundesrepublik. Seit Anfang 1967 wurde das Konjunkturstabilisierungsgesetz des Bundeswirtschaftsministers Karl Schiller ein Instrument der „kontrollierten Expansion", nachdem Erhard 1966 noch in der Zeit der Hochkonjunktur dieses Gesetz als ein Instrument der Konjunkturdämpfung konzipiert hatte. Seit Anfang 1968 machte sich stärker als zuvor das Streben der SPD und der Gewerkschaften bemerkbar, grundsätzlich Einfluß auf die Wirtschafts- und Sozialpolitik zu gewinnen und sowohl eine „Planung der leichten Hand" einzuführen als auch das wirtschaftliche Mitbestimmungsrecht über das Betriebsverfassungsgesetz von 1952 und das Bundespersonalvertretungsgesetz von 1955 hinaus auszudehnen.

„Wenn dem Staat die Wohlfahrt für alle Sozialgruppen und für eine stets höher geschraubte Ebene der Wohlfahrt verantwortlich zugewiesen ist, dann muß er die ihm verfügbaren Mittel immer schärfer einsetzen – also die bürokratische Kontrolle von Wirtschaft und Leben, die Umverteilung durch Besteuerung, die Ausweitung des Kreditvolumens. Er macht aber die Erfahrung, daß die Erwartungen auf Lebensumsicherung und Lebenskomfort immer ein Stück Weges dem vorauslaufen, was der Staat jeweils bewältigen kann; denn alle Erfüllung erhöht die Reizschwelle und wird als Beleg dafür angesehen, daß noch mehr erwartet werden kann“ (Briefs).

Ende September 1968 waren sich der „Neuen Zürcher Zeitung“ zufolge „sozusagen alle deutschen Konjunkturbeobachter einig darüber, daß die Bundesrepublik zur Zeit eine wirtschaftliche Phase erlebt, die nahezu Idealvorstellungen gleichkommt“. Bei einem Sozialprodukt von 5,5 % über dem Vorjahr und einer industriellen Kapazitätsausnutzung von 90 %, bei stabilen Preisen, ausgeglichener Zahlungsbilanz und steigenden Löhnen schrieb die Zeitung: „Soviel Harmonie ist in der konjunkturellen Lage selten. Die Frage ist nur, was zu tun ist, um diese günstige Konstellation möglichst lange andauern zu lassen.“ Bereits im Sommer 1969 zeigte sich, daß Schillers Glaube an die „Machbarkeit“ eines „Wachstums nach Maß“ noch illusionistischer war als Erhards „Wohlstand für alle“.

Zu dieser Zeit gab es in Europa nördlich der Alpen an die acht Mio Gastarbeiter – „die zehnte Nation in der EG“ –, von denen rund drei Mio in der Bundesrepublik lebten (1975 2,3 Mio = etwa 7 % aller dortigen Arbeitskräfte) – die eine Hälfte aus der Türkei und Jugoslawien, die anderen zumeist aus Italien, Griechenland und Spanien –, insgesamt also 90 % aus Gebieten mit gegenüber der Bundesrepublik sehr verschiedener Geschichte und gegenwärtiger Gesellschaftsstruktur. Je 25 % der drei Mio kamen aus einem mohammedanischen und aus einem offiziell glaubenslosen, aus einem vorwiegend antikommunistischen und aus einem reformkommunistischen Land. Etwa 75 % aller dieser Zuwanderer waren Männer, etwa 60 % zwischen 18 und 35 Jahre alt. 70 % aller Gastarbeiter waren in der Industrie tätig, nur 5 % in der Landwirtschaft. Je 40 % von ihnen waren ungelernte oder angelernte Arbeiter, standen also auf der untersten Stufe der Industriearbeiterschaft und -gesellschaft. Sie alle trugen wesentlich zum hohen Lebensstandard der Deutschen bei. Umgekehrt wanderten 1946–1973 1,5 Mio Deutsche aus der Bundesrepublik nach Übersee aus.

Als die FDP bekanntgab, daß sie nach der Wahl im Jahre 1969 eine Koalition mit der SPD anstreben werde, und mit dieser im März 1969 bei der Wahl Gustav Heinemanns zum Bundespräsidenten zusammenging, zeichnete sich der Abschluß des seit 1966/67 im Gange befindlichen, durch die Aktivität des linksliberalen FDP-Abgeordneten Walter Scheel beschleunigten Machtwechsels ab. Auf dem Nürnberger Parteitag der FDP im Juni 1969 sprach man bereits von „zwei deutschen Staaten" und forderte die Aufgabe des Alleinvertretungsanspruchs sowie der Hallstein-Doktrin, während Kiesinger nur Vereinbarungen mit den „Machthabern im anderen Teil Deutschlands" anstrebte, „die verhinderten, daß die Spaltung vertieft wird ...", und die SPD ganz offen „die staatliche Existenz" der DDR anerkannte.

Die Bundestagswahl am 28. September 1969 brachte das Ende der Großen Koalition, der SPD mit dem Wahlslogan „Wir schaffen das moderne Deutschland" und Schillers wirtschaftspolitischen Erfolgen einen Stimmenzuwachs von 39,3 % auf 42,7 %. Die CDU/CSU blieb mit 46,1 % (1965 47,6 %) stärkste Partei. Die FDP fiel von 9,5 % auf 5,8 %, also bis dicht an die 5 %-Grenze zurück. Da die FDP sich aber im voraus zu einer Koalition mit der SPD verpflichtet hatte und – was wichtiger war als diese Tatsache – da die NPD die 5 %-Hürde um 0,4 % verfehlte, konnte die SPD auf die Fortsetzung der Großen Koalition verzichten. Zehntelprozente am Rande entschieden also über die Politik in den Jahren nach 1969 – auch über die Möglichkeit der seitdem betriebenen Ost- und Berlin-Politik, nicht das Verhältnis der Wähler zu den beiden großen Parteien und deren Absichten. „Zwar nahmen Politiker jeder Couleur für sich in Anspruch, an diesem Wahlergebnis Anteil gehabt zu haben, aber wer mag diese

Zehntel Prozent irgendwelchen Strategien zurechnen?" (Kaltefleiter). Heinrich Krone, Vertrauter Adenauers, Fraktionsvorsitzender der CDU/CSU, 1961–1966 Bundesminister, nannte in seinen Notizen am 28. September 1969 den Ausgang der Bundestagswahl „das Ende der Politik der letzten zwanzig Jahre".

In seiner Regierungserklärung am 28. Oktober 1969 konnte Bundeskanzler W. Brandt endlich zufrieden sagen: „Unsere parlamentarische Demokratie hat zwanzig Jahre nach ihrer Gründung ihre Fähigkeit zum Wandel bewiesen und damit ihre Probe bestanden. Dies ist auch außerhalb unserer Grenzen vermerkt worden und hat unserem Staat zu neuem Vertrauen in der Welt verholfen."

„Außerparlamentarische Opposition"

Die Fortsetzung des wirtschaftlichen Aufschwungs in der Bundesrepublik und Westberlin während der 60er Jahre verhinderte nicht, daß gleichzeitig eine starke geistige Unruhe entstand, welche die gesellschaftliche Entwicklung erheblich beeinflußte. Während die Parteien von der CSU bis zur SPD und die Gewerkschaften mit verhältnismäßig geringen Unterschieden prinzipiell an der zwischen Gründung der Bundesrepublik und Godesberger Programm entwickelten Staats- und Gesellschaftsvorstellung eines sozial-marktwirtschaftlichen privatkapitalistischen Reform-Volkes ohne gefährlichen Rechts- und Linksradikalismus festhielten, entstand seit 1960 langsam, seit etwa 1965 immer schneller aus „Überdruß an der Demokratie" (Sontheimer) eine zeitweise gefährlich aggressiv werdende „Außerparlamentarische Opposition" (ApO) gegen Autorität, Erziehung, Ehe, Familie, Eigentum, Leistung, gegen „Law and Order".

Erfolgreich insbesondere bei der Wirtschaftspolitik, aber auch in der Außenpolitik gegenüber dem Westen und bei der Sozialpolitik mit dem Höhepunkt der „Dynamischen Rente", versagten alle Regierungen der ersten zwanzig

Jahre der Bundesrepublik Deutschland bei der Kultur- und bei der Gesellschaftspolitik. Ja, sie trieben eine solche gar nicht, da sie, in engster bequemer Interpretation des Föderalismus befangen, die Kulturpolitik den Ländern „überließen", d. h. die allgemeine staats- und die spezielle sicherheitspolitische Bedeutung der gesellschaftlichen Entwicklung nicht nur unterschätzten, sondern geradezu unbeachtet ließen. Infolgedessen wurde die Bundesregierung von der Aktivität jener ApO überrascht, obwohl allein schon die Lektüre der oppositionellen Literatur hätte erkennen lassen, daß immer größere Kreise junger Menschen mit der Annäherung an den angeblichen „Wohlstand für alle", mit dynamischer Rente, Auto, Bausparvertrag und Auslandsreise allein nicht zufriedengestellt werden konnten, sondern aus sozialistischen und anarchistischen Utopie-Vorstellungen das „System verändern" wollten.

Als die SPD nach der Bundestagswahl am 6. November 1961 die Mitgliedschaft im damaligen, „kommunistischer Umtriebe" verdächtigten Sozialistischen Deutschen Studentenbund (SDS) und dessen Fördergesellschaft als nicht vereinbar mit einer gleichzeitigen Mitgliedschaft in der SPD erklärte, löste sie damit eine seit längerer Zeit vorbereitete Entwicklung aus. Sofort erschien die „Hochschuldenkschrift" des SDS, „die als eine der Grundlagen der Protestbewegung an den Hochschulen angesehen werden kann" (Langguth). Der SDS solidarisierte sich mit der englischen „New Left" und der französischen „Nouvelle Gauche", um Wege zu finden, „die veränderte gesellschaftliche Wirklichkeit in unsere politische Konzeption aufzunehmen, ohne der Illusion einer krisenfesten und harmonischen Entwicklung der bürgerlich-kapitalistischen Gesellschaft zu verfallen." (Schumann)

Nachdem im Mai 1964 das „Höchster Abkommen" den SDS, den SHB, die Humanistische Studentenunion, den Liberalen Studentenbund Deutschlands und den Bund deutsch-israelischer Studenten zusammengeschlossen hatte, setzte in Westberlin eine lebhafte Opposition ein, die im

Mai und Sommer 1965 mit Demonstrationen, Sit-Ins, Go-Ins und Teach-Ins im Anschluß an Störaktionen begannen, wie sie an amerikanischen Universitäten entwickelt worden waren.

Sie machten Berlin zum ersten Zentrum studentischen Protestes und „Vorreiter einer Entwicklung, die die gesamte Bundesrepublik für einige Jahre in eine gesellschaftliche Krise stürzen sollte“ (Langguth), aber selbst in der Zeit der Großen Koalition nicht von mehr als 2 % der westdeutschen Studenten in Gang gebracht und gesteuert wurde.

Die zweite Phase der Aktivitäten dieser ApO wurde ausgelöst durch den Tod des Studenten B. Ohnesorg am 2. Juni 1967 bei einem Tumult anläßlich eines Schah-Besuches. Im Anschluß an Ohnesorgs Beisetzung fand in Hannover ein Kongreß „Bedingungen und Organisation des Widerstands“ statt, der viel Beachtung fand. Was nun folgte, wurde als „Explosion protestbedingter Aktionen“ bezeichnet. Auf Vietnam-Demonstrationen im Februar und den Mordanschlag auf R. Dutschke am 11. April 1968 folgte die Kampagne gegen die Notstandsgesetze im Mai 1968, die mit der Studenten- und Arbeiterrevolte in Frankreich (Nanterre) zeitlich fast zusammenfiel. Weiter gab es im Rahmen eines „grundlegenden Mißverständnisses über das parlamentarische Repräsentativsystem des modernen Parteienstaates“ hitzige Proteste gegen den „Verfall der Opposition“ durch die Bildung der Großen Koalition und Aktionen gegen den Axel-Springer-Verlag, dessen Zeitungen angeblich Dutschke zum „Volksfeind Nr. 1“ gestempelt haben sollten, gegen Institutionen und Personen, die sich weit außerhalb des Hochschulbereichs, der Auseinandersetzung mit Professoren und universitären Einrichtungen befanden. Sie führten, wie Bundesinnenminister Benda am 30. April 1968 feststellte, immer häufiger über die Demonstration zur Gewaltanwendung – vor allem seitens maoistischer Gruppen, aus denen einige Jahre später der am chinesischen Kommunismus orientierte, elitäre Führungsansprüche erhebende Kommunistische Bund Westdeutschland (KBW) hervorging. Es war ein Versuch der „Transformation der Demokratie" (Agnoli/Brückner) und des „demokratischen Bewußtseins" (Brückner). In den fünf Tagen nach dem Anschlag auf Dutschke fanden mit dem Schwerpunkt Frankfurt in 27 Städten Demonstrationen von jeweils 5000 bis 18 000 Personen statt, wobei insgesamt etwa je 300 Demonstranten und Polizisten verletzt wurden. „Ostern 1968 brachte die erste große konkret antikapitalistische Aktion der außerparlamentarischen Opposition" (Grossmann/Negt). J. Habermas, der zunächst als eine Zentralfigur des studentischen Protestes in der Bundesrepublik galt, erklärte nach einer gewaltsamen Auseinandersetzung in Berlin am 4. November 1968, daß sich „die Gewaltrhetorik der Ostertage in eine Taktik des begrenzten Vandalismus umgesetzt" habe. D. Cohn-Bendit, einer der Stars der Bewegung, bezeichnete dagegen den „Linksradikalismus" als „Gewaltkur gegen die Alterskrankheit des Kommunismus".

Nachdem sich die konzentrierte Aktivität aller linken Kräfte gegen die Notstandsgesetze am 28. Juni 1968 als erfolglos erwiesen hatte, gab es im Winter 1968/69 Zeichen der Resignation und nicht den vorausgesagten „Heißen Sommer 1969", zumal es keinem Teil der ApO gelang, größere Arbeiterkreise für sich zu aktivieren und damit die angestrebte Revolution des Proletariats in Gang zu bringen. Doch hörten die Demonstrationen, Studenten-„Streiks", Institutsbesetzungen und Anschläge auf Gebäude mit schweren Sach- und Personenschäden nie wieder auf. Der SDS freilich zerfiel durch innere Anarchie und löste sich am 21. März 1970 auf, nachdem J. Litten schon 1969 einen „Nachruf" auf ihn geschrieben und gefragt hatte, ob es sich um „eine verpaßte Revolution" gehandelt habe. Anschließend begann eine neue Phase der ApO, die gleichfalls zu schnell wechselnden Zusammenschlüssen führte, bei denen der KBW durch Disziplin und geistige Konzentration besonders hervortrat.

Daß diese „Neue Linke" von vornherein aus mehreren

Gruppen bestand und im Laufe der 60er/70er Jahre sich nicht konsolidieren konnte, vielmehr in eine kaum noch überschaubare Menge von zuweilen kurzlebigen marxistisch-leninistischen, maoistischen, spartakistischen Studenten-, Oberschüler-, Schüler-, Lehrlings-, gewerkschaftsoppositionellen Gruppen, Bünden, Komitees, Verbänden usw. zerfiel oder auch zur Tarnung gegenüber der Polizei zerlegt wurde, und daß sie nur ein sehr schwaches Bewußtsein gewann von den „enormen Schwierigkeiten, die in der Lösung der Probleme liegen, welche in *jedem* sozialen und ökonomischen System entstehen" (Lindbeck), bewahrte die staatstragende Gesellschaft nicht nur vor noch schwereren materiellen Schäden und Störungen, sondern auch vor großen existentiellen Gefahren, deren Ausmaß von Repräsentanten des linken Flügels der SPD und der FDP heruntergespielt wurde. Das – freilich durchaus nicht angestrebte – Verdienst dieser „Neuen Linken" besteht darin, daß sie die staatserhaltende Gesellschaft an dauernde, in Erhards Zeit der Konjunkturblüte immer häufiger übersehene Probleme erinnerte: solche des Eigentums, der Verteilung von Eigentum und Macht, der öffentlichen Mitbestimmung, der gesellschaftlichen und individuellen Werte, der Herrschaft über die Informations-Apparatur, des Pazifismus bzw. der Verteidigung nach innen und außen usw.

Dabei wurde „im Effekt ... das geistige Klima in der Bundesrepublik seit 1968 nicht liberaler, sondern illiberaler und intoleranter ... Die Anhänger der verschiedenen Meinungen fühlen sich stärker voneinander bedroht als früher ... Wenn die Bundesrepublik illiberaler anmutet als früher, dann nicht wegen einer Unterdrückung der Meinungen und Gesinnungsfreiheit, sondern wegen der Polarisierung der Gesinnungen durch eine Ideologie, die nur Freund-Feind-Verhältnisse übrig lassen möchte" (Gillessen 1978). Tatsächlich bildeten die antiautoritären Protestbewegungen des Jahres 1967/68 eine der Wurzeln des Terrorismus in der Bundesrepublik. Zwei Tage nach dem Kaufhausbrand in Brüssel am 22. Mai 1967, bei dem 253

Menschen ums Leben kamen, riefen Kunzelmann, Teufel und Langhans zu Nachahmungstaten auf. Die „Bewegung 2. Juni" wählte ihre Bezeichnung nach dem Tag des Schah-Aufenthaltes in Berlin. Im April 1969 setzte unter den Antiautoritären die Diskussion über die „kontinuierliche Erweiterung und Intensivierung des Klassenkampfes" ein. Ihr folgten erste Kontakte zu Anarchisten in Italien und im Vorderen Orient.

Deutschland ohne Juden

Eine Schicht fehlt in der Geschichte der Bundesrepublik praktisch gänzlich, die in der Geschichte Deutschlands von der Wende des 18. zum 19. Jh. bis 1933 als geistig sehr bewegliche Bevölkerungsgruppe große positive Bedeutung in Kultur, Politik, Wirtschaft und Gesellschaft gehabt hat: die Schicht der deutschen Juden. Nach dem Zweiten Weltkrieg kehrten nur sehr wenige Juden nach Deutschland zurück – fast ausschließlich in die Bundesrepublik. Sie haben in keinem Berufszweig und in keiner Gesellschaftsgruppe auch nur annähernd das Gewicht zurückgewonnen, auch nicht wieder angestrebt, das sie vor den Vertreibungen und Vernichtungen zwischen 1933 und 1945 erworben hatten, so daß also höchstens gelegentlich von individuellen Leistungen und Positionen von Juden in der Bundesrepublik die Rede sein könnte – nicht z. B. von merklicher volkswirtschaftlicher Bedeutung, von Beeinflussung etwa der künstlerischen Entwicklung oder der Massenmedien. Eine Geschichte der Juden in der Bundesrepublik kann es daher nur im engsten Bereich der jüdischen Gemeinden geben – in der DDR selbst dort nicht.

Da auch andere Minoritäten wie Polen, Elsässer und Dänen, die im 19. Jahrhundert z. B. im Reichstag und im Preußischen Landtag sowie durch diese Parlamente in der deutschen Politik in der Verbindung mit größeren Parteien, vorwiegend mit der SPD als Partei der Unterdrückten und Benachteiligten, Einfluß ausübten – wenn auch häufig nur in der Form von politischer Opposition und Betonung landsmannschaftlicher Ansprüche (ganz abgesehen von der Minoritäten-Stellung der Katholiken in Preußen mit eigener Partei, Presse, Schule, Literatur, gesellschaftlicher und häufig auch beruflicher Entwicklung) —, ist es in der Bundesrepublik gegenüber der Zeit vor 1933 entschieden zu einer Verengung und Verarmung auf den genannten Gebieten gekommen. Sie wurden weder durch die Zuwanderung von Flüchtlingen und Vertriebenen, die alles in allem mehr an Assimilierung als an Behauptung kultureller Eigenständigkeit interessiert waren, noch gar durch die meist kurzfristige Anwesenheit vieler Gastarbeiterfamilien ausgeglichen, sondern eher unterstrichen.

Ulbrichts Deutsche Demokratische Republik

Auf dem V. Parteitag der SED im Jahre 1958 hatte W. Ulbricht in einem Stil, der den letzten Sätzen in Hitlers „Denkschrift“ für den Zweiten Vierjahresplan im Jahre 1936 ähnlich war, befohlen: „Die Volkswirtschaft der DDR ist innerhalb weniger Jahre so zu entwickeln, daß die Überlegenheit der sozialistischen Wirtschaftsordnung der DDR gegenüber der Herrschaft der imperialistischen Kräfte im Bonner Staat eindeutig bewiesen wird. . . .“ Anschließend erlitt die DDR bis zum „Mauerbau“ eine schwere Wachstumskrise, so daß noch zwei Jahre nach diesem und ein Jahr nach der Einleitung der Reformdiskussion in der UdSSR durch einen Aufsatz von Prof. Liberman 1963 der laufende Siebenjahresplan abgebrochen werden mußte und die „Richtlinie für das Neue Ökonomische System der Planung und Leitung der Volkswirtschaft“ (NÖSPL) eine Wirtschaftsreform einleitete. Tatsächlich war seit 1964 wieder ein kontinuerliches Wachstum des „produzierten Nationaleinkommens“ von jährlich 4,5 bis 5 % zu verzeichnen: die DDR wurde in der zweiten Hälfte der 60er Jahre ein mächtiger Industriestaat. Innerhalb des

Ostblocks stand sie unmittelbar hinter der Sowjetunion an zweiter Stelle. Mit Recht konnten Ulbricht und seine Minister nach dem Prestigeverlust von 1961/63 darauf verweisen, daß dieser Erfolg allein aus eigener Kraft, häufig im Kampf gegen widrige Umstände erreicht worden war. Neben dem ersten Eisenhüttenkombinat Ost auf der Grundlage polnischer Kohle und russischen Erzes, das viele Mängel aufwies und immer unter den langen Transportwegen litt, mit einer Siedlung, die erst „Stalinstadt" hieß und dann in „Eisenhüttenstadt" umgetauft wurde, trat seit 1963 mit der „Chemisierung der Volkswirtschaft" für Energieerzeugung und für die speziell entwickelten Hüttenwerke die Braunkohle, der einzige Rohstoff, der in der DDR in Riesenmengen zur Verfügung steht, im Lausitzer Braunkohlenkombinat „Schwarze Pumpe" immer stärker in den Vordergrund. Gleichzeitig wurde das Erdölverarbeitungswerk Schwedt/Oder errichtet, das 1963 mit der Verarbeitung von Öl aus dem Ural begann: „Petrochemie" wurde eines der wirtschaftlichen Schlagworte in der DDR. Mit ähnlicher Energie wurden Schiffbau und Schiffahrt hauptsächlich in den Räumen um den Überseehafen Rostock und um Wismar vorangetrieben.

Mit alledem war die unter großen Investitionen und Rationalisierungen im Wandel begriffene DDR einerseits der wichtigste Handelspartner der Sowjetunion mit ständig etwa 16 % von deren Ein- und Ausfuhrumsatz (Tschechoslowakei 11 %). Ulbricht warnte 1968 geradezu gegenüber der DDR-Plankommission vor einer Intensivierung der Wirtschaftsbeziehungen zu Westeuropa und USA, die zur Abhängigkeit von „kapitalistischen Monopolen" führen müsse. Andererseits bildete sie den „Goldenen Westen" der Staaten im „Rat für Gegenseitige Wirtschaftshilfe" (RGW) mit dem höchsten Lebensstandard und den größten Wachstumsraten, ganz besonders nachdem man durch den zweiten deutschen Einmarsch in die Tschechoslowakei innerhalb von 30 Jahren einen wirtschaftlichen Konkurrenten geschwächt und dessen ideologie- und wirtschaftsreformerische Ansätze vernichtet hatte. Anläßlich der wissenschaftlichen Konferenz zu Ehren des 100. Geburtstages von Lenin in der Hochschule für Ökonomie im November 1969 wurde von dem DDR-Autoren-Kollektiv selbst- und systembewußt erklärt, daß die Beziehungen UdSSR–DDR „wegen des umfassenden politischen, ideologischen, wissenschaftlich-technischen und ökonomischen Charakters, wegen ihrer Konzentration auf die wissenschaftlich-technischen und ökonomischen Hauptaufgaben, wegen der in Angriff genommenen Synchronisation der Leitungs- und Informationssysteme und wegen der entwickelten höheren Formen gemeinsamer zwischenstaatlicher Leitung Modellcharakter für die Gestaltung der sozialistischen Wirtschaftsintegration insgesamt haben könnte" („Sozialistische Außenwirtschaft" 1/1970).

Das alles war – im Rahmen sozialistischer Kollektive – nicht viel weniger Ulbrichts Leistung als in der Bundesrepublik die Versöhnung mit Frankreich, die Integration in EWG und NATO sowie die enge Verbundenheit mit den USA eine der Leistungen von Konrad Adenauer.

RÜCKBLICK

Anfänge und Abschlüsse, Phasen, Abschnitte und Epochen zu erkennen und seinen Zeitgenossen überzeugend darzustellen, ist eine der schwierigsten Aufgaben des Historikers – ganz besonders, wenn es sich um die jüngste Vergangenheit, um die Zeitgeschichte handelt, zumal deren Grenzen selber ständig in Bewegung sind. Im vorliegenden Fall läßt sich aber wohl kaum bestreiten, daß in der zweiten Hälfte der 60er Jahre die Bundesrepublik Deutschland – und auch die DDR – viele bedeutungsvolle Einschnitte erlebte. Der äußerlich wichtigste war gewiß das unmittelbare Ergebnis der Bundestagswahl im Jahre 1969. Die Gewichtung der einzelnen Faktoren dieses Ergebnisses schwankt und wird auch künftig Diskussionen unterliegen: wie groß die Abnutzungserscheinungen in der CDU/CSU seit der Auseinandersetzung Adenauer/Erhard geworden waren, die nicht nur Ansehen und Wähler kostete, sondern darüber hinaus erhebliche parteiinterne Schwächen offenbarte; welche Bedeutung der „Umfall" der FDP dafür hat, daß die SPD zwanzig Jahre nach einer unklugen Entscheidung bei der Schaffung des Parlamentarischen Rates endlich ihr aus der gesellschaftlichen Entwicklung wie aus ihrem Schicksal nach 1933 hergeleitetes „Recht auf Regierung" ausüben konnte; welche Verdienste die Führungsmannschaft der SPD selber um diese Entwicklung in ihrer eigenen Partei und im linken Flügel der FDP hat; wie sehr schließlich Ereignisse im Ausland – in Frankreich, den USA, der Sowjetunion und der DDR – die Entwicklung in der Bundesrepublik beeinflußt haben. Die Geschichte des späten 19. und des 20. Jhs. kennt in Westeuropa nicht wenige ähnliche Fälle historisch einflußreich gewordener Wahlbündnisse und Koalitionen.

Will man die Bedeutung des Jahres 1969 nach zwanzig Jahren Bundesrepublik ausgewogen beurteilen, dann wird man schließlich auch nicht übersehen dürfen, daß bei deren Gründung b e i d e großen Parteien – CDU/CSU u n d SPD – erheblich weiter „links“ gestanden haben, als zwanzig Jahre danach zur Zeit der „Explosion“ der ApO. Diese Tatsache wirkte sich naturgemäß auch auf die Entstehung und das Wachsen sowie auf die Protestformen einer „Neuen Linken“ aus, die sich nun obendrein noch zusätzlich durch die Bildung einer Großen Koalition dieser Bürger- und Volksparteien, d. h. durch das Fehlen einer dauernden radikalen parlamentarischen Opposition herausgefordert fühlte. Zwei Jahrzehnte zuvor hatte Adenauer aus prinzipiell ähnlichen Überlegungen für den Anfang der parlamentarisch-demokratischen Bundesrepublik gleichfalls eine Große Koalition für unglücklich gehalten, abgelehnt und verhindert.

Mit dem Wechsel von einer durch CDU/CSU bestimmten Politik zu einer von der SPD geleiteten war außenpolitisch in erster Linie der seit Jahren diskutierte Wandel der Ost- und Deutschlandpolitik verbunden. Daraus ergab sich erneut die Frage des Verhältnisses der Räume westlich und östlich der Elbe zueinander. Praktisch nicht ganz souveräne Staaten innerhalb von Bündnissen, die sie gar nicht oder nur unter größten Gefahren und schwersten Konsequenzen für sich selbst und andere verlassen konnten und könnten – im Artikel 6 der Verfassung der DDR vom 4. Oktober 1974 heißt es geradezu: „Die Deutsche Demokratische Republik ist für immer und unwiderruflich mit der Union der Sozialistischen Sowjetrepubliken verbündet . . . Die Deutsche Demokratische Republik ist untrennbarer Bestandteil der sozialistischen Staatengemeinschaft . . .“ –, hatten und haben die Bundesrepublik und die DDR ein schwer oder gar nicht genau bestimmbares Verhältnis zueinander. Es hat in der älteren und jüngsten Vergangenheit viele Teilungen von Staaten gegeben – bis hin zu ihrer Vernichtung durch Aufteilung – und auch manche Wiedervereinigung. Aber am Ende des hier beschriebenen Zeitabschnittes hatte keiner der beiden deutschen Teil- oder Nachfolgestaaten ernstlich den Wunsch nach einer oder die Möglichkeit für eine Wiedervereinigung, gab es angesichts der in zwanzig Jahren zielbewußt geschaffenen Verschiedenartigkeit der Staats- und Gesellschaftssysteme gar keine Möglichkeit einer gewaltlosen Wiedervereinigung, hätten die beiden blockführenden Supermächte und auch manche Block-Mitglieder niemals die Wiederherstellung eines Deutschen Reiches gestattet, dessen Vernichtung bzw. Aufteilung seit 1939/41 ihr Ziel geworden und geblieben war. Von einem „unteilbaren Deutschland" zu sprechen, war also angesichts von dessen Teilbarkeit und Teilung unlogisch und sinnlos. Auch „besondere Beziehungen" gab und gibt es zwischen den beiden deutschen Staaten nur insofern, als die gemeinsame Vergangenheit, die teils geleugnet, teils betont, auf jeden Fall aber verschieden interpretiert wurde und wird, immer eine Belastung, nie eine Erleichterung im Vergleich zu den „normalen" Beziehungen zu anderen Staaten bedeutet.

So zogen sich bundesdeutsche Zeitgeschichtler im Laufe von 30 Jahren Schritt für Schritt von der angeblichen Unteilbarkeit über die „Konföderation", „besondere Beziehungen" zwischen einer sozialistischen und einer kapitalistischen Nation und andere Stufen vom „Staatsnationalen" auf das weniger Greifbare und Angreifbare des „Kulturnationalen" zurück: „Die Wartburg und Weimar, Dresden und die Thomaskirche zu Leipzig und das, wofür sie stehen, sind ein allen Deutschen, die aus der Geschichte leben, gemeinsamer Besitz" (Erdmann). Aber das gilt auch für den Stephansdom in Wien, für Danzig und Königsberg – falls es überhaupt gilt. Und außerdem: es gibt nicht mehr „die" deutsche Geschichte, sondern eine in der DDR und eine in der Bundesrepublik erforschte und dargestellte mit großen Unterschieden gerade in bezug auf die genannten Orte und „das, wofür sie stehen".

Der Einschnitt von 1969 in der Geschichte der Bundesrepublik schuf u. a. auch die Möglichkeit, solche Tatsachen deutlicher als zuvor zu erkennen, offen einzugestehen und damit Konsequenzen eines Krieges anzuerkennen, der vor vierzig Jahren mit der Teilung der Tschechoslowakei und Polens begann und schließlich mit der Teilung Deutschlands endete. Mit gewissen Einschränkungen sind jene beiden Staaten inzwischen „wiedervereinigt" worden. Zweifellos beeinflussen auch diese Tatsache und ihre Folgen die Vorstellung diesseits und jenseits der Elbe von den Folgen eines solchen Aktes, der eher eine Vereinigung des unvereinbar Gewordenen als eine W i e d e r vereinigung zum Ergebnis hätte.

ANHANG

Stammtafeln
Kanzler-Liste
Bibliographie
Register

1. KAROLINGER

Die Zahlen bezeichnen, soweit nicht anderes angegeben, die Regierungsjahre. K. = Kaiser, Kg. = König, Hg. = Herzog.
Vollständigere Stammtafeln finden sich bei W. K. Prinz von Isenburg, Stammtafeln zur Geschichte der Europäischen Staaten. Marburg, Ber. u. erg. Abdruck der 2. Auflage von 1953. 1956

Arnulf, Bischof v. Metz, † 641
- Ansegisil

Pippin der Ältere, Hausmeier in Austrien, † 640
- Begga

Ansegisil ∞ Begga
- Pippin der Mittlere, † 714
  - Karl Martell, † 741
    - Karlmann
    - **Pippin der Kleine** 741—768 (Kg. 751)
      - **Karl der Große** 768—814
        - **Ludwig der Fromme**, 814—840 ∞ 1. Irmingard, 2. Judith
          - Lothar I. (1), † 855
            - Karolinger in Italien und Lothringen
          - Pippin I. (1), † 838
          - **Ludwig II., der Deutsche** (1), † 876
            - Karlmann 876—880
              - **Arnulf v. Kärnten** 887—899
                - **Ludwig IV., das Kind** 900—911
            - Ludwig III., der Jüngere 876—882
            - **Karl III., der Dicke** 876—887 († 888
          - Karl II., der Kahle (2) † 877
            - Karolinger in Westfranken
      - Karlmann 768—771

2. OTTONEN UND SALIER

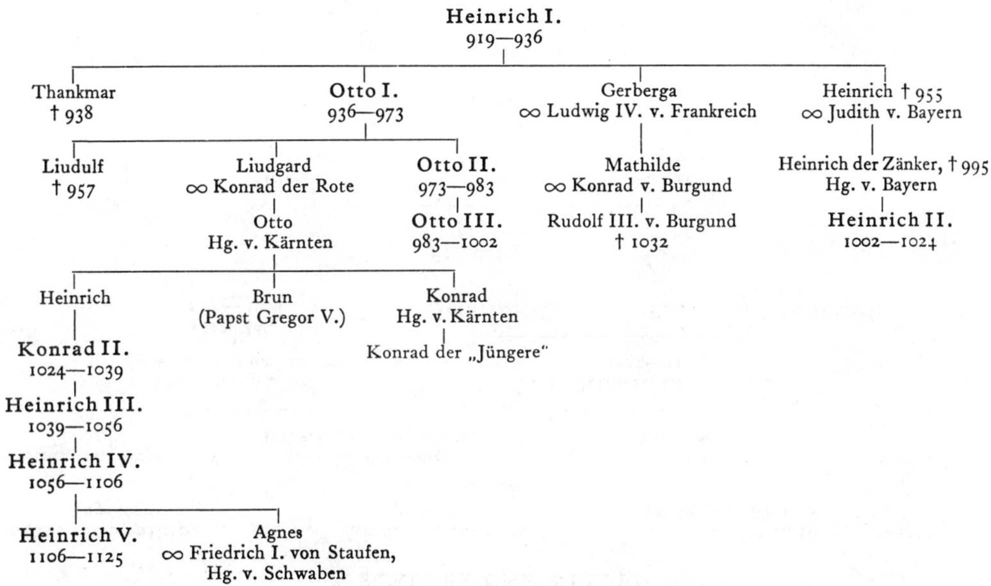

3. STAUFER UND WELFEN

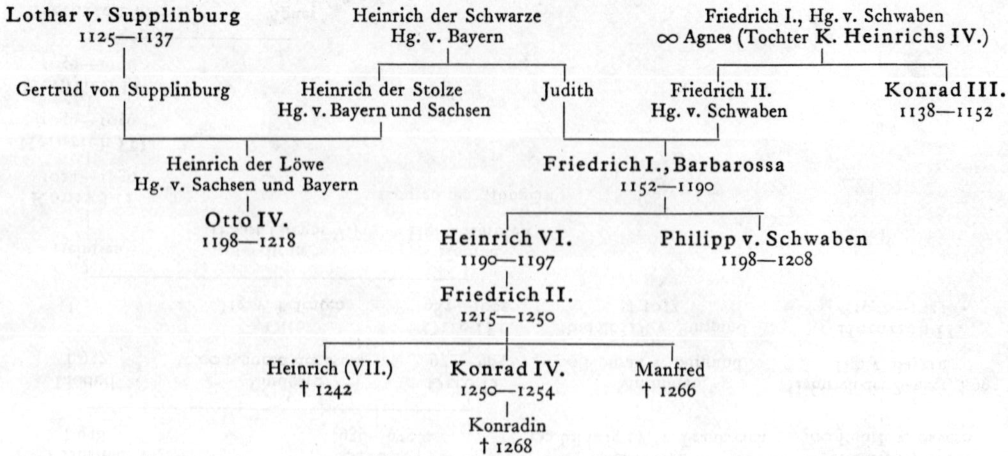

4. HABSBURGER (BIS ZU MAXIMILIAN I.) UND LUXEMBURGER

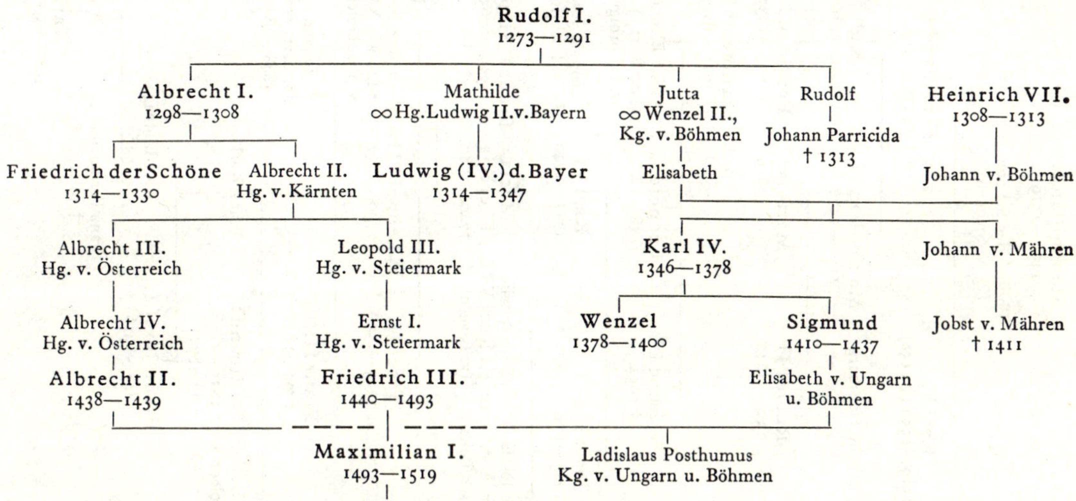

Fortsetzung siehe nächste Tafel

5. HABSBURGER SEIT MAXIMILIAN I.

- **Maximilian I.** 1493—1519
  - Philipp der Schöne, Kg. v. Spanien
    - **Karl V.** 1519—1556 († 1558)
      - spanische Habsburger
    - **Ferdinand I.** 1556—1564
      - **Maximilian II.** 1564—1576
        - **Rudolf II.** 1576—1612
        - **Matthias** 1612—1619
      - Karl ∞ Maria v. Bayern
        - **Ferdinand II.** 1619—1637
          - **Ferdinand III.** 1637—1657
            - Ferdinand IV. † 1654
            - **Leopold I.** 1658—1705
              - **Josef I.** 1705—1711
                - Marie Josefa ∞ Fr. Aug. v. Sachsen/Polen
                - Marie Amalie ∞ **K. Karl VII.** (v. Bayern)
              - **Karl VI.** 1711—1740
                - **Maria Theresia** 1740—1780 ∞ **Franz I. Stephan** 1745—1765
                  - **Josef II.** 1765—1790
                  - **Leopold II.** 1790—1792
                    - **Franz II. (I.)** 1792—1835
                      - Marie Louise ∞ Napoleon I.
                      - **Ferdinand I.** 1835—1848 († 1875)
                      - Franz Karl
                        - **Franz Josef I.** 1848—1916
                        - Karl Ludwig
                          - Franz Ferdinand † 1914
                          - Otto
                            - **Karl I.** 1916–1918 († 1922)
                    - Johann, Reichsverweser 1848—1849
                  - Marie Antoinette ∞ Ludwig XVI. v. Frankreich
            - Marie Eleonore ∞ Karl IV. v. Lothringen
              - Leopold Josef, Hg. v. Lothringen
                - **Franz I. Stephan** 1745—1765

6. HOHENZOLLERN

- Friedrich Wilhelm (der Große Kurfürst) 1640—1688
  - **Friedrich III. (I.)** 1688—1713
    - **Friedrich Wilhelm I.** 1713—1740
      - **Friedrich II., der Große** 1740—1786
      - August Wilhelm † 1758
        - **Friedrich Wilhelm II.** 1786—1797
          - **Friedrich Wilhelm III.** 1797—1840
            - **Friedrich Wilhelm IV.** 1840—1861
            - **Wilhelm I.** 1861—1888
              - **Friedrich III.** 1888
                - **Wilhelm II.** 1888—1918 († 1941)

KANZLER-LISTE

17. 4. 1867 bis 21. 3. 1871	Otto von Bismarck (Bundeskanzler des Nordd. Bundes)
21. 3. 1871 bis 18. 3. 1890	Otto von Bismarck, Reichskanzler
20. 3. 1890 bis 26. 10. 1894	Leo von Caprivi
29. 10. 1894 bis 17. 10. 1900	Fürst Chlodwig zu Hohenlohe-Schillingsfürst
17. 10. 1900 bis 14. 7. 1909	Graf (seit 1905) Fürst Bernhard von Bülow
14. 7. 1909 bis 14. 7. 1917	Theobald von Bethmann-Hollweg
14. 7. 1917 bis 1. 11. 1917	Georg Michaelis
1. 11. 1917 bis 3. 10. 1918	Graf Georg von Hertling
3. 10. 1918 bis 9. 11. 1918	Prinz Max von Baden
10. 11. 1918 bis 10. 2. 1919	Rat der Volksbeauftragten, Vorsitz: F. Ebert und G. Haase
13. 2. 1919 bis 20. 6. 1919	Philipp Scheidemann
21. 6. 1919 bis 26. 3. 1920	Gustav Bauer (Ministerpräsident, ab 14. 8. 1919 Reichskanzler)
27. 3. 1920 bis 8. 6. 1920	Hermann Müller
25. 6. 1920 bis 4. 5. 1921	Konstantin Fehrenbach
10. 5. 1921 bis 14. 11. 1922	Joseph Wirth
22. 11. 1922 bis 12. 8. 1923	Wilhelm Cuno
13. 8. 1923 bis 23. 11. 1923	Gustav Stresemann
30. 11. 1923 bis 26. 5. 1924	Wilhelm Marx I
3. 6. 1924 bis 15. 12. 1924	Wilhelm Marx II
15. 1. 1925 bis 5. 12. 1925	Hans Luther I
20. 1. 1926 bis 12. 5. 1926	Hans Luther II
16. 5. 1926 bis 17. 12. 1926	Wilhelm Marx III
29. 1. 1927 bis 12. 6. 1928	Wilhelm Marx IV
28. 6. 1928 bis 27. 3. 1930	Hermann Müller II
30. 3. 1930 bis 30. 5. 1932	Heinrich Brüning
1. 6. 1932 bis 17. 11. 1932	Franz von Papen
3. 12. 1932 bis 28. 1. 1933	Kurt von Schleicher
30. 1. 1933 bis 30. 4. 1945	Adolf Hitler
3. 5. 1945 bis 23. 5. 1945	Johann Ludwig Lutz Graf Schwerin von Krosigk
15. 9. 1949 bis 15. 10. 1963	Konrad Adenauer
16. 10. 1963 bis 30. 11. 1966	Ludwig Erhard
1. 12. 1966 bis 21. 10. 1969	Kurt Georg Kiesinger
22. 10. 1969 bis 15. 5. 1974	Willy Brandt
seit 16. 5. 1974	Helmut Schmidt

BIBLIOGRAPHIE

Bibliographien, Wörterbücher, Atlanten, Allgemeine Darstellungen, Zeitschriften

Dahlmann-Waitz: Quellenkunde d. dt. Gesch. [9]1932, [10]1965 ff. – Franz, G.: Bücherkunde z. dt. Gesch. 1951 – Franz, G.: Bücherkunde z. Weltgesch. 1956 – Brackmann, A. u. Hartung, F.: Jahresberr. f. dt. Gesch. (für 1925–1939: 1927/42; ab 1949: 1952 ff.) – Bayer, E.: Wörterb. z. Gesch. [3]1974 – Beck, R.: Wörterb. d. Zeitgesch. seit 1945. 1967 – Taddey, G.: Lexikon d. dt. Gesch. 1977 – Rößler, H. u. Franz, G.: Sachwörterb. d. dt. Gesch. [2]1970 – Allg. Dt. Biographie. 1875 ff. – Neue Dt. Biographie. 1953 ff. – Gebhardt, B. (u. Grundmann, H.): Handb. d. dt. Gesch. [9]1970 (auch dtv) – Jankhuhn, H., Boockmannn, H., Treue, W.: Athenaion – Bilderatlas z. dt. Gesch. 1968 – Kern, F. u. Valjavec, F.: Historia Mundi. 1952/61 – Goetz, W.: Propyläen – Weltgesch. 1930/33 – Mann, G. u. a.: Propyläen-Weltgesch. 1961/65 – dtv-Atlas zur Weltgesch. [5]1969 – Historische Zeitschrift. 1859 ff. – Historische Vierteljahresschrift. 1898–1938 – Hist. Jb. d. Görresges. 1880 ff. – Neues Archiv d. Ges. f. ältere dt. Gesch.-Kunde (1876–1935), fortges. als Dt. Archiv f. Gesch. d. MA (1937 ff.) – Vierteljahreshefte f. Zeitgesch. 1953 ff. – Die Welt als Gesch. 1935 ff. – Vierteljahrsschrift f. Soz.- u. Wirtschaftsgesch. 1903 ff. – TechnikGesch. 1965 ff. – Tradition, Zsch. f. Firmengesch. u. Unternehmerbiogr. 1956 ff. (fortges. seit 1977 als Zsch. f. Unternehmensgesch.) – Gesch. in Wissenschaft u. Unterricht. 1955 ff. – Mitteilungen d. Instituts f. österr. Geschichtsforsch. 1880 ff. – Das hist.-polit. Buch. 1952 ff. – Zsch. f. histor. Forschung. 1974 ff. – H. Schulthess: Europ. Gesch.kalender. 1860–1940 – Keesings Archiv d. Gegenwart. 1931 ff.

Umfassende Spezialdarstellungen

Abel, W.: Gesch. d. dt. Landwirtschaft v. frühen MA b. z. 19. Jh. [2]1967 – Bechtel, H.: Wirtschaftsgesch. Deutschlands. [2]1967 – Franz, G.: Gesch. d. Bauernstandes v. frühen MA b. z. 19. Jh. 1970 – Gause, F.: Dt.-slav. Schicksalsgemeinschaft. [3]1967 – Kellenbenz, H.: Dt. Wirtschaftsgesch. 1977 – Kellermann, R., u. Treue, W.: Kulturgesch. d. Schraube. [2]1965 – Klemm, F.: Technik, e. Gesch. ihrer Probleme. 1961 – Lütge, F.: Dt. Soz.-

u. Wirtschaftsgesch. ^{3}1966 – Timm, A.: Kl. Gesch. d. Technologie. 1964 – Treue, W.: Wirtschaftsgesch. d. NZ, 1700–1972. ^{3}1972 – Zorn, W. (Hg.): Handb. d. dt. Wirtschafts- u. Soz.gesch. 1971/76.

Vorgeschichte und Mittelalter

Aubin, H.: V. Altertum z. MA. 1949 – Bosl, K.: Franken um 800 ^{2}1969 – Dhondt, J.: D. frühe MA. ^{6}1976 – Diesner, H.-J.: D. Vandalenreich. 1966 – Franz, L.: Kultur d. Urzeit. 1969 – Grönbech, W.: Kultur u. Religion d. Germanen ^{7}1976 – Hübinger, P. E. (Hg.): Kulturbruch oder Kulturkontinuität im Übergang v. d. Antike z. MA. 1968 – Hugelmann, K. G.: Stämme, Nation u. Nationalstaat im dt. MA. 1955 – Jankuhn, H.: Dt. Agrargesch. in d. Vor- u. Frühgesch. 1968 – Kellner, H.-J.: D. Römer in Bayern. ^{2}1976 – Koepp, F.: D. Römer in Deutschland. ^{3}1926 – Maurer, F.: Nordgermanen u. Allemannen. ^{3}1952 – D. Germania d. Tacitus, erläutert v. R. Much u. a. ^{3}1967 – Planitz, H.: D. dt. Stadt im MA. ^{2}1965 – Schäferdieck, K.: D. Kirche in d. Reichen d. Westgoten u. Sueven bis z. Errichtung d. westgot. kathol. Staatskirche. 1967 – Schleiermacher, W.: D. röm. Limes in Deutschland. 1959 – Stauffenberg, A. Graf Schenk von: D. Imperium u. d. Völkerwanderung. 1968 – Steinbach, F.: D. Frankenreich. ^{2}1957 – Timpe, D.: Arminius-Studien. 1970 – Vogt, J.: Konstantin d. Gr. u. s. Jh. ^{2}1960 – Borst, A.: Lebensformen im MA. 1973 – Braunfels, W.: D. Welt d. Karolinger u. ihre Kunst. 1968 – Braunfels, W. (Hg.): Karl d. Gr. 1965/68 – Capelle, T.: D. Wikinger. 1971 – Diesner, H.-J.: D. Völkerwanderung. 1976 – Fleckenstein, J.: Grundlagen u. Beginn d. dt. Gesch. 1974 – Irsigler, F.: Unters. z. Gesch. d. frühfränk. Adels. 1969 – Jankuhn, H. (Hg.): Vor- u. Frühformen d. europ. Stadt im MA. 1973 – Mildenberger, G.: Soz.- u. Kulturgesch. d. Germanen. ^{2}1977 – Pirenne, H.: Mahomet u. Karl d. Gr. 1963 – Schramm, P. E.: Kaiser, Könige u. Päpste. 1968/71 – Tellenbach, G.: D. Entstehung d. dt. Reiches. ^{3}1946 – Waas, W.: Herrschaft u. Staat in dt. Früh-MA. 1938 – Waas, A.: D. Mensch im dt. MA. 1964 – Wenskus, R. (Hg.): Wort u. Begriff «Bauer». 1975 – White, L.: D. mittelalt. Technik u. d. Wandel d. Gesellschaft. 1968 – Zimmermann, H.: D. MA. 1976.

Borst, A. (Hg.): D. Rittertum im MA. 1976 – Ennen, E.: D. europ. Stadt d. MA. ^{2}1975 – Erdmann, C.: D. Entstehung d. Kreuzzuggedankens. 1955 – Haase, C. (Hg.): D. Stadt d. MA. ^{2}1969/76 – Hampe, K.: Dt. Kaisergesch. in d. Zeit d. Salier u. Staufer. 1964 – Holtzmann, R.: Gesch. d. Sächs. Kaiserzeit 900–1024. ^{5}1967 – Jedin, H.: D. mittelalterl. Kirche. 1966 –

Kallfelz, H.: D. Standesethos d. Adels im 10. u. 11. Jh. 1960 – Meyer, W.: D. dt. Burg. 1963 – Schlesinger, W.: D. Entstehung d. Landesherrschaft. 1964 – Schlesinger, W. (Hg.): D. dt. Ostsiedlung im MA. ⁵1976 – Schramm, P. E.: Herrschaftszeichen u. Staatssymbolik. 1954/56 – Seidlmayer, M.: Weltbild und Kultur Deutschlands im MA. 1957 – Ullmann, W.: Individ. u. Gesellschaft im MA. 1974 – Winter, J. M. v.: Rittertum, Ideal u. Wirklichkeit. 1969. – Dollinger, P.: D. Hanse. ²1976 – Fleckenstein, J.: Probleme um Friedrich II. 1974 – Haller, J.: Von d. Staufern zu d. Habsburgern 1250–1519. ²1960 – Haussherr, R.: D. Zeit d. Staufer, Ausstellungskatalog, 4 Bde. 1977 – Heimpel, H.: Deutschland im spät. MA. 1957 – Jordan, K.: Friedrich Barbarossa. ²1967 – Kantorowicz, E.: K. Friedrich d. Zweite. 1963 – Kuhn, W.: Vergl. Unterss. z. ma.lichen Ostsiedlung. 1973 – Maschke, E. (Hg.): Gesellschaftl. Unterschichten in d. südwestdt. Städten. 1967 – Mayer, T.: D. Welt z. Zt. d. Konstanzer Konzils. 1965 – Schmeidler, B.: D. spätere MA. von d. Mitte d. 13. Jh. b. z. Reformation. 1962 – Schramm, P. E.: Kaiser, Rom u. Renovatio. 1957 – Spuler, B.: D. Mongolenzeit. ²1953 – Steinen, W. v. d.: Canossa, Heinrich IV. u. d. Kirche. 1957 – Stengel, E.: Abh. u. Unterss. z. Gesch. d. Kaisergedankens im MA. 1965 – Töpfer, B. (Hg.): Stadt u. Stadtbürgertum in d. dt. Gesch. d. 13. Jh. 1976 – Zimmermann, H. (Hg.): Otto d. Gr. 1976 – Boockmann, H.: J. Falkenberg, d. Dt. Orden u. d. poln. Pol. 1975 – Leuschner, J.: Deutschland im späten MA. 1975 – Patze, H. (Hg.): D. dt. Territorialstaat im 14. Jh. 1970/71 – Stromer, W. v.: Oberdt. Hochfinanz 1350–1450. 1970 – Treue, W. (Hg.): D. Hausbuch d. Mendelschen Zwölfbrüderstiftung. 1967 – Uhlirz, K. u. M.: Hdb. d. Gesch. Österr.-Ungarns bis 1526. ²1963 – Wenzlaff-Eggeberg, F.-W.: Dt. Mystik zw. MA. u. NZ. ³1969.

Neuzeit

Umfassende Spezialdarstellungen

Abel, W.: Agrarkrisen u. Agrarkonjunkturen. ²1966 – Bog, J.: Reichsmerkantilismus. 1959 – Albrecht Dürers Umwelt (Festschrift). 1971 – Hantsch, H.: D. Gesch. Österreichs 1648–1918. ⁴1959 – Hartung, F.: Dt. Verfassungsgesch. v. 15. Jh. b. z. Ggw. ⁹1969 – Herzfeld, H.: D. mod. Welt 1789–1945. ⁶1976 – Hintze, O.: D. Hohenzollern u. ihr Werk. 1915 – Huber, E. R.: Dt. Verfassungsgesch. seit 1789. ²1969/75 – Kellenbenz, H.: D. Merkantilismus in Europa. 1965 – Müller-Armack, A.: Genealogie d. Wirtschaftsstile. ²1949 – Schnabel, F.: D. Aufstieg d. mod. Technik aus d. Geist d. abendländ. Völker. 1951 – Treue, W.: Wirtschaftsgesch. d. Neuzeit. ³1973.

Von der Reformation bis zum Ende des Dreißigjährigen Krieges

Below, G. v.: D. Ursachen d. Rezeption d. röm. Rechts in Deutschland. 1905 – Bensing, M.: Th. Müntzer u. d. Thüringer Aufstand 1525. 1966 – Blaich, F.: D. Reichsmonopolgesetzgebung im ZA Karls V. 1967 – Blickle, P.: Landschaften im Alten Reich. 1973 – Blickle, P. (Hg.): Revolte u. Revol. in Europa (Beiheft 4 NF d. HZ) 1975 – Blickle, P.: D. Revol. v. 1525. ²1977 – Bog, J.: D. Bäuerl. Wirtschaft im ZA d. 30j. Krieges. 1952 – Bornkamm, H.: Thesen u. Thesenanschlag Luthers. 1967 – Bornkamm, H.: Luther im Spiegel d. dt. Geistesgesch. ²1970 – Buchner, R.: Maximilian I., Kaiser an der Zeitenwende. ²1971 – Dickens, A. G.: The German Nation and M. Luther. 1974 – Dickmann, F.: D. Westfälische Frieden. ³1972 – Durant, W. J.: D. ZA d. Ref. ²1962 – Ebeling, G.: Luther. ²1974 – Elliger, W.: Th. Müntzer. ³1976 – Franz, G.: D. dt. Bauernkrieg. ¹⁰1975, Quellenband. 1963 – Franz, G.: D. 30j. Krieg u. d. dt. Volk. ³1961 – Henschke, E.: Landesherrschaft u. Bergbauwirtschaft ... im 16. u. 17. Jh. 1974 – Hinrichs, C.: Luther u. Müntzer. 1952 – Holborn, H.: U. v. Hutten. 1968 – Klein, E.: Gesch. d. öff. Finanzen in D. 1500–1870. 1974 – Kraft, H.: Luther u. d. Reichsgedanke. 1961 – Lau, F.: D. gegenwärt. Diskussion um Luthers Thesenanschlag, Luther-Jb. 34. 1967 – Lortz, J.: D. Reformation in D. ⁵1965 – Moeller, B.: Deutschland im ZA d. Reformation. 1977 – Oestreich, G.: Gesch. u. Gestalt d. frühmod. Staates. 1970 – Oestreich, G.: Friedrich Wilhelm d. Gr. Kf. 1972 – Olechnowitz, K. F.: Handel u. Seeschiffahrt d. späten Hanse. 1965 – Opgenenorth, E.: Friedrich Wilhelm d. Gr. Kf. v. Brandenburg. 1972 – Pölnitz, G. v.: J. Fugger. 1962/66 – Pölnitz, G. v.: Fugger u. Feldherr d. Reichs. 1968 – Polysenski, J.: D. Beginn d. 30j. Krieges 1618/21. 1972 – Schiffner, C.: Georg Agricola. ³1961 – Schöffler, H.: Wirkungen d. Reformation. 1960 – Ulmann, H.: Kaiser Maximilian I. 1967 – Vierhaus, R. (Hg.): D. Adel v. d. Revol. 1971 – Waas, A.: D. Große Wendung im dt. Bauernkrieg. 1939 – Wedgwood, C. V.: 30j. Krieg. 1976 – Wiesflecker, H.: Kaiser Maximilian I. 1971/77 – Zeeden, E. W.: D. Entstehung d. Konfessionen. 1965 – Zeeden, E. W.: D. ZA d. Gegenreformation. 1967 – Zeeden, E. W.: Hegemonialkriege u. Glaubenskämpfe 1556–1648. 1977.

Vom Ende des Dreißigjährigen Krieges bis zur Niederlage von 1806

Aretin, K. O. v.: Heil. Röm. Reich 1776–1806. 1967 – Aretin, K. O. v.: Bayerns Weg z. souv. Staat 1714–1818. 1976 – Arneth, A. v.: Gesch. Maria Theresias. 1863/1879 – Bissing, W. M. v.: Friedrich Wilhelm II. Kg. v. Preußen. 1967 – Braubach, M.: Prinz Eugen v. Savoyen. 1963/1965 – Bruford, W. H.: Dt. Kultur d. Goethezeit. 1965 – Büsch, O.: Militärsystem u. Sozialleben im alten Preußen. 1962 – Conrad, H.: Rechtsstaatl. Bestrebungen im Absolutismus Preußens und Österreichs am Ende d. 18. Jh. 1961 – Crankshaw, E.: Maria Theresia. 1970 – Davis, W.: Joseph II. 1974 – Erbe, H.: D. Hugenotten in Deutschland. 1937 – Erdmannsdörffer, B.: Dt. Gesch. v. Westfäl. Frieden b. z. Regierungsantritt Friedrichs d. Gr. 1962 – Ermatinger, E.: Dt. Kultur in ZA d. Aufklärung. 1969 – Fehrenbach, E.: Trad. Gesellschaft u. revol. Recht. D. Einführung d. Code Napoleon in d. Rheinbundstaaten. 1974 – Gaxotte, P.: Friedrich d. Gr. 1973 – Griewank, K.: Königin Luise. 1943 – Haake, P.: August d. Starke. 1927 – Hattenhauer, H.: D. Alg. Landrecht f. d. preuß. Staaten v. 1794. 1973 – Hennings, F.: Und sitzet z. linken Hand, Franz Stephan v. Lothringen. 1961 – Hinrichs, C.: D. allgegenwärtige Kg. 1940 – Hinrichs, C.: Preußen als histor. Problem. 1964 – Hinrichs, C.: Preußentum u. Pietismus. 1971 – Hintze, O.: Geist und Epochen d. preuß. Gesch. 1967 – Koser, R.: Gesch. Friedrichs d. Gr. 1912/14 – Kretschmayr, H.: Maria Theresia. 1925 – Kruedener, J. v.: D. Rolle d. Hofes im Absolutismus. 1973 – Mikoletzky, H. L.: D. große 18. Jh. v. Leopold I. b. Leopold II. 1967 – Möller, H.: D. kleinbürgerl. Familie im 18. Jh. 1969 – Oestreich, G.: Friedrich Wilhelm I. 1977 – Otruba, G.: D. Wirtschaftspol. Maria Theresia. 1963 – Raumer, K. v.: Deutschland um 1800. 1959/65 – Reissmann, M.: D. hamburg. Kaufmannschaft d. 17. Jh. 1975 – Ritter, G.: Staatskunst u. Kriegshandwerk. D. Problem d. «Militarismus» in Deutschland. [4]1973 – Ruppel-Kuhfuss, E.: D. Generaldirektorium unter d. Reg. Friedrich Wilhelm I. 1937 – Schimank, H.: Stand und Entwicklung d. Naturwissenschaft im ZA d. Aufklärung. 1967 – Schnee, H.: D. Hoffinanz u. d. mod. Staat, Gesch. u. System d. Hoffaktoren an dt. Fürstenhöfen im ZA d. Absolutismus. 1963/67 – Schramm, P. E.: Neun Generationen. 300 Jahre dt. «Kulturgeschichte» im Lichte d. Schicksale e. hamburg. Bürgerfamilie. 1963/64 – Sturminger, W.: D. Türken vor Wien. 1968 – Temperley, H.: Frederick the Great and K. Joseph. [2]1968 – Thiel, H.: Wilhelmine v. Bayreuth. 1967 – Wandruszka, A.: Leopold II. Erzhg. v. Österreich, Kg. v. Ungarn, Röm. Kaiser. 1965 – Weis, E.: Montgelas 1759–1799. 1971.

Von 1807 bis zum Ende der Monarchie 1918

Adolph, H.: Otto Wels u. d. Pol. d. dt. Sozialdemokratie 1894–1933. 1971 – Beyer, G.: Schwarze Kunst u. Klassenkampf. Gesch. d. Industriegewerkschaft Druck und Papier. 1966 – Berghahn, V.: D. Tirpitz-Plan. 1971 – Birke, A.: Bischof Ketteler u. d. dt. Liberalismus. 1971 – Böhme, H.: D. Reichsgründung. 1967 – Burchardt, L.: Friedenswirtschaft u. Kriegsvorsorge. 1968

– Deist, W.: Militär u. Innenpolitik 1914/18. 1970 – Deuerlein, E. (Hg.): D. Gründung d. Dt. Reiches 1870/71 in Augenzeugenberichten. 1970. – Eckert, G.: 100 Jahre dt. Sozialdemokratie. 1963 – Erdmann, M.: D. verf. polit. Funktion d. Wirtschaftsverbände in Deutschland 1815–1871. 1968 – Eyck, E.: D. Frankfurter Nat. Versammlung 1848/49. 1973 – Feldman, G. D.: Army, Industry and Labour in Germany 1914/18. 1966 – Ferenbach, E.: Wandlungen d. dt. Kaisergedankens 1871–1918. 1969 – Finck v. Finckenstein, H. W. Graf: D. Entwicklung d. Landwirtschaft in Preußen u. Deutschland 1800–1930. 1960 – Fischer, F.: Griff nach d. Weltmacht. [5]1977 – Fischer, F.: Krieg d. Illusionen. [2]1971 – Franz, E.: D. Entscheidungskampf um d. wirtschaftspol. Führung Deutschlands 1856–1867. 1933 – Fricke, H.: D. dt. Arbeiterbewegung 1869/1914. 1976 – Gerth, H.: Bürgerl. Intelligenz um 1800. 1976 – Gradenwitz, O.: Bismarcks letzter Kampf 1888/98. 1924 – Grebing, H.: Gesch. d. dt. Arbeiterbewegung. [5]1974 – Grebing, H.: Gesch. d. soz. Ideen in Deutschland. 1969 – Griewank, K.: Ursachen u. Folgen d. Scheiterns d. dt. Revol. v. 1848, HZ 170. 1950 – Groote, W. v. u. Gerstorff, U. v.: Entscheidung 1866. 1966 – Gropp, V.: Einfluß d. Agrarreformen d. beginn. 19. Jh. in Ostpreußen auf Höhe u. Zusammensetzung d. preuß. Staatseinkünfte. 1967 – Hausen, K.: Dt. Kolonialherrschaft in Afrika. 1970 – Haushofer, H.: D. dt. Landwirtschaft im techn. ZA. 1963 – Henderson, W. O.: The Industrial Revol. on the Continent 1800–1914. 1961 – Henderson, W. O.: The Zollverein. [3]1968 – Henning, H.: D. westdt. Bürgertum in d. Epoche d. Hochindustrialisierung 1860–1914. 1972 – Herre, F.: Anno 70/71. 1970 – Hiller v. Gaertringen, F.: Ft. Bülows Denkwürdigkeiten. 1956 – Hillgruber, A.: Bismarcks Außenpol. 1972 – Hillgruber, A.: Dt. Großmachtspolitik im 19. u. 20. Jh. 1977 – Höfele, K.: Geist u. Gesellsch. d. Bismarckzeit. 1967 – Hölzle, E.: D. Selbstentmachtung Europas. 1975 – Höniger, R.: D. Kontinentalsperre u. ihre Einwirkung auf Deutschland. 1905 – Hoffmann, W.: D. Wachstum d. dt. Wirtschaft seit d. Mitte d. 19. Jh. 1965 – Hofmann, W.: Ideengeschichte d. soz. Bewegung d. 19. u. 20. Jh. [5]1974 – Horn, H.: D. Kampf um d. Bau d. Mittellandkanals. 1964 – Hubatsch, W.: D. Ära Tirpitz. 1955 – Hubatsch, W.: D. Stein-Hardenbergschen Reformen. 1977 – Huber, E.: Dt. Verf.gesch. seit 1789. 1969/75 – Jaeger, H.: Unternehmer in d. dt. Politik 1890–1918. 1967 – Janßen, K.-H.: Macht u. Verblendung, Kriegszielpol. d. dt. Bundesstaaten 1914/18. 1965 – Janßen, K.-H.: D. Kanzler u. d. General (Bethmann Hollweg u. Falkenhayn). 1967 – Jantke, C.: D. Vierte Stand. 1955 – Jantke, C. u. a.: D. Eigentumslosen. 1965 – Kaelble, H.: Industrielle Interessenpol. in d. wilhelmin. Gesellschaft 1895–1914. 1967 – Kielmansegg, P. Graf: Deutschland u. d. Erste Weltkrieg. 1968 – Kirchhoff, H.: D. staatl.

Soz.pol. im Ruhrbergbau 1871–1914. 1958 – Kolb, G.: D. Kriegsausbruch 1870. 1970 – Koselleck, R.: Preußen zw. Reform u. Revol. ²1975 – Kruck, A.: Gesch. d. Alldeutschen Verbandes. 1954 – Landes, D.: Industrialization and Economic Development in 19th Cent. Germany. 1960 – Leckebusch, G.: D. Beziehungen d. dt. Seeschiffswerften z. Eisenind. an d. Ruhr 1850–1930. 1963 – Lütge, F.: Über d. Auswirk. d. Bauernbefreiung in Deutschland. 1963 – Manegold, K.-H.: Universität, Techn. Hochschule u. Industrie. 1969 – Mann, G.: Dt. Gesch. im 19. u. 20. Jh. ²1974 – Mayer, T.: Bernsteins konstruktiver Sozialismus. 1977 – Messerschmidt, M.: Militär u. Pol. in d. Bismarckzeit u. im wilhelmin. Deutschland. 1975 – Meyer, H.: Mitteleuropa 1815–1945. 1955 – Miller, S.: Burgfrieden u. Klassenkampf. 1974 – Mommsen, H. (Hg.): Industr.Syst. u. polit. Entwicklung in d. Weimarer Republik. 1977 – Mosse, W. (Hg.): Juden im wilhemin. Deutschland. 1976 – Müller, J. G.: D. dt. Volkseinkommen 1851–1957. 1959. Plessen, M.: D. Wirksamkeit d. Verein f. Soc.pol. 1872/90. 1975 – Poidevin, R. (Hg.): Les relations franco-allemandes 1815/75. 1977 – Poidevin, R.: Les relations econom. et financ. entre la France et l'All. 1898–1914. 1969 – Pöls, W.: Sozialistenfrage u. Revol.furcht in ihrem Zusammenhang mit d. angebl. Staatsstreichsplänen Bismarcks. 1960 – Pogge v. Strandmann, H.: The Practice of German Imperialism. 1970 – Puhle, H.-J.: Agrar. Interessenpolitik u. preuß. Konservativismus 1893–1914. ²1975 – Rall, H.: Kg. Ludwig II. u. Bismarcks Ringen um Bayern 1870/71 1973 – Ritter, G.: Staatskunst u. Kriegshandwerk. 1964/73 – Ritter, G. A. (Hg.): D. dt. Parteien vor 1918. ²1975 – Röhl, J.: Deutschland ohne Bismarck, d. Reg.krise 1890–1900. 1968 – Rosenberg, H.: D. Weltwirtschaftskrisis von 1857/59. ²1974 – Rürup, R.: Probleme d. Revol. in Deutschland 1918/19. 1968 – Schieder, Th. (Hg.): Entscheidungsjahr 1866. 1966 – Schieder, Th. (Hg.): Reichsgründung 1870/71. 1970 – Schmidt-Volkmar, E.: D. Kulturkampf in Deutschland 1871/90. 1962 – Schnabel, F.: Dt. Gesch. im 19. Jh. 1947/54 – Schraepler, E.: August Bebel. 1966 – Shanahan, W.: German Protestants Face the Social Question. 1954 – Stadler, P.: Karl Marx. 1966 – Stegmann, D.: D. Erben Bismarcks 1887–1918. 1970 – Stübig, H.: Armee u. Nation 1807/14. 1971 – Syrup, F. u. a.: Hundert Jahre staatl. Soz.pol. 1957 – Tezlaff, R.: Kol. Entwicklung u. Ausbeutung Dt.-Ostafrikas 1885–1914. 1970 – Toury, J.: D. polit. Orientierung d. Juden in Deutschland v. Jena b. Weimar. 1966 – Treue, W.: D. Gesch. d. Ilseder Hütte. 1960 – Treue, W.: D. Feuer verlöschen nie, Aug.-Thyssen-Hütte 1890–1966. 1966 – Treue, W.: Konzentration u. Expansion als Kennzeichen d. pol. u. wirtschaftl. Gesch. Deutschlands im 19. u. 20. Jh. 1965 – Vietsch, E. v.: Bethmann Hollweg. 1969 – Wachenheim, H.: D. dt. Arbeiterbewegung 1844–

1914. 1967 – Washausen, H.: Hamburg u. d. Kolonialpol. des Dt. Reiches 1880/90. 1968 – Wandruszka, A.: Schicksalsjahr 1866. 1966 – Wehler, H.-U.: Bismarck u. d. Imperialismus. [4]1976 – Wende, P.: Radikalismus im Vormärz. 1975 – Winckler, M.: Bismarcks Bündnispol. u. d. europ. Gleichgewicht. 1964 – Winkel, H.: D. Ablösungskapitalien aus d. Bauernbefreiung in W.- u. S.-Deutschland. 1968 – Zechlin, E.: D. Reichsgründung. 1967 – Zechlin, E.: Staatsstreichpläne Bismarcks u. Wilhelms II. 1969 – Zmarzlik, H.: Bethmann Hollweg als Reichskanzler 1909/14. 1957 – Botzenhart, W.: Dt. Parlamentarismus 1848/50. 1978.

Weimarer Republik

Adolph, H.: Otto Wels u. d. Politik d. dt. Sozialdemokratie 1894–1933. 1971 – Bahn, S.: D. KPD u. d. Ende von Weimar. 1976 – Berglar, P.: W. Rathenau. 1970 – Brüning, H.: Erinnerungen 1970 – Conze, W. u. a.: D. Staats- u. Wirtschaftskrise d. Dt. Reiches 1929/33. 1967 – Dederke, K.: Reich u. Republik. Deutschland 1917/33. [2]1973 – Deuerlein, E.: D. Aufstieg d. NSDAP in Augenzeugenberichten. [2]1968 – Eimers, E.: D. Verhältnis von Preußen u. Reich in d. ersten Jahren d. Weimarer Republik. 1966 – Ekstein, M.: Th. Heuss u. d. Weimarer Republik. 1969 – Güth, R.: D. Marine d. DR. 1919/39. 1972. – Heiber, H.: D. Republik von Weimar. 1966 – Herlemann, B.: D. Kommunalpol. d. KPD im Ruhrgebiet 1924/33. 1977 – Herzfeld, H.: D. Weimarer Republik. 1966 – Institut f. ZG: Dt. Gesch. 1918/45. 1976 – Krüger, P.: Deutschland u. d. Reparationen 1918/19. 1972 – Krummacher, F. u. a.: Krieg u. Frieden, Gesch. d. dt.-sowjet. Beziehungen v. Brest-Litowsk z. Unternehmen Barbarossa 1970 – Marcorn, H.: Arbeitsbeschaffungspol. d. Regg. Papen u. Schleicher. 1974 – Maser, W.: D. Frühgesch. d. NSDAP. 1965 – Matthias, E.: Zw. Räten u. Geheimräten 1918/19. 1970 – Menges, F.: Reichsreform u. Finanzpol. 1971 – Mohler, A.: D. konservat. Revol. in Deutschland 1918/32. [2]1972 – Morsey, R.: D. Untergang d. polit. Katholizismus 1932/33. 1977 – Mosse, W.: Entscheidungsjahr 1932, z. Judenfrage in d. Endphase d. Weimarer Republik. 1965 – Pünder, H.: Pol. in d. Reichskanzlei 1922/32. 1961 – Ritter, G. A. u. a.: D. dt. Revol. 1918/19. [2]1975 – Schulz, G.: Deutschland 1918/45. 1976 – Schulze, H.: Otto Braun oder Preußens demokr. Sendung. 1977 – Schumacher, M.: Mittelstandsfront u. Republ. 1919/33. 1972 – Stürmer, M.: Koalition u. Opposition in d. Weimarer Republik 1924/28. 1967 – Treue, W.: Deutschland in d. Weltwirtschaftskrise in Augenzeugenberichten. [2]1962 – Turner, H.: Stresemann. 1968 – Vogelsang, T.: Reichswehr, Staat u. NSDAP 1930/32. 1962 – Vogelsang, T.: Kurt v. Schleicher. 1965 – Vogt,

M.: D. Entstehung d. Young-Planes. 1970 – Weber, H.: D. Wandlung d. dt. Kommunismus in d. Weimarer Republik. 1969 – Williamson, J.: Karl Helfferich. 1971 – Wolffsohn, M.: Industrie u. Handwerk im Konflikt mit staatl. Wirtschaftspol. 1930/34. 1977 – Hirsch, F.: Stresemann. 1978.

Drittes Reich

Ackermann, J.: Heinrich Himmler als Ideologe. 1970 – Barlai, A.: D. Wirtschaftssystem d. Nationalsozialismus 1933/36. 1977 – Böhme, H.: D. dt.-französ. Waffenstillstand im 2. Weltkrieg. 1966 – Bracher, K.: D. dt. Diktatur. [5]1976 – Broszat, M.: D. Staat Hitlers. 1969 – Bullock, A.: Hitler. [8]1977 – Dahms, H.: Gesch. d. 2. Weltkrieges. 1965 – Fest, J.: Hitler. 1973 – Foertsch, H.: Schuld u. Verhängnis, d. Fritsch-Krise im Frühjahr 1938. 1951 – Forstmeier, F. (Hg.): Kriegswirtschaft u. Rüstung 1939/40. 1977 – Genschel, H.: D. Verdrängung d. Juden aus d. Wirtschaft. 1966 – Graml, H. u. a.: D. dt. Widerstand gegen Hitler. 1966 – Gretton, P.: Atlantik 1943. 1975 – Grossmann, K.: Emigration, Gesch. d. Hitler-Flüchtlinge 1933/45. 1969 – Herhaus, E.: Kapitulation. 1977 – Hildebrand, K.: V. Reich z. Weltreich 1919/45. 1969 – Hillgruber, H.: Probleme d. 2. Weltkrieges. 1976 – Höhne, H.: Gesch. d. Roten Kapelle. 1970 – Hüttenberger, P.: D. Gauleiter. 1970 – Jacobsen, H.-A.: D. 2. Weltkrieg. 1965 – Janssen, G.: D. Ministerium Speer. 1968 – Jedlicka, L. u. a.: D. Juli-Abkommen von 1936. 1977 – Kehrig, M.: Stalingrad. 1975 – Kettenacker, L. u. a.: D. andere Deutschland im 2. Weltkrieg. 1977 – Ludwig, K.-H.: Technik u. Ingenieur im 3. Reich. 1974 – Maser, W.: Hitlers Mein Kampf. 1976 – Milward, A.: D. dt. Kriegswirtschaft 1933/45. 1966 – Morsey, R.: D. Untergang d. polit. Katholizismus 1932/33. 1977 – Paul, W.: Erfrorener Sieg. 1977 – Peillard, L.: D. Schlacht im Atlantik. 1974 – Petzina, D.: Autarkiepolitik im 3. Reich und der Vierjahresplan. 1968 – Radkau, J.: D. dt. Emigration in d. USA 1933/45. 1971 – Riedel, M.: Eisen u. Kohle f. d. 3. Reich. P. Pleigers Stellung in d. ns. Wirtschaft. 1973 – Roon, G. v.: Neuordnung im Widerstand. D. Kreisauer Kreis. 1967 – Rückerl, A. (Hg.): NS-Vernichtungslager im Spiegel dt. Strafprozesse. 1977 – Salewski, M.: D. dt. Seekriegsleitung 1933/45. 1970/77 – Scholder, K.: D. Kirchen u. d. 3. Reich. 1977 – Schramm, P.: Kriegstagebuch d. OKW 1940/45. 1963/65 – Schramm, W. Ritter v.: Beck u. Goerdeler. 1965 – Speer, A.: Erinnerungen. [7]1969 – Steinert, M.: D. 23 Tage d. Regierung Dönitz. 1967 – Steinert, M. Hitlers Krieg u. d. Deutschen. 1970 – Teichova, A.: An Econ. Background to Munich. 1974 – Vogelsang, T.: D. natsoz. Zeit 1933/39. 1968 – Zayas, A.

de: D. Anglo-Amerikaner u. d. Vertreibung d. Deutschen, 1977 – Haffner, S.: Anmerkungen z. Hitler. 1978.

1945 bis 1969

Abelshauser, W.: Wirtschaft in Westdeutschland 1945/48. 1975 – Adenauer, K.: Erinnerungen. 1968/70 – Alt, F.: D. Prozeß d. 1. Regierungsbildung unter K. Adenauer. 1970 – Badstübner, R. u. a.: D. Spaltung Deutschlands 1945/49. 1969 – Badstübner, R.: Restauration in Westdeutschland 1945/49. 1965 – Bandolet, B.: Adenauer zw. West u. Ost. 1970 – Baring, A.: Außenpol. in Adenauers Kanzlerdemokratie. 1969 – Berglar, P.: Konrad Adenauer. 1975 – Bartol, G.: Ideologie u. student. Protest, Unterss. z. Entstehung dt. Studentenbewegungen im 19. u. 20. Jh. 1977 – Bednarík, H.: Gewerkschaftl. Neubeginn. 1975 – Besson, W.: D. Außenpolitik d. BRD. 1970 – Binder, G.: D. 2. dt. Staat, d. DDR. 1977 – Bodelle, J.: D. antimonopol. Demokratie, Alternative z. spätkapitalist. Gesellschaft d. BRD. [2]1973 – Borsdorf, F. (Hg.): Zwischen Befreiung u. Besatzung. 1977 – Bott, H.: Th. Heuss in s. Zeit. 1966 – Bracher, K. (Hg.): Nach 25 Jahren. 1970 – Brandt, W.: Begegnungen mit Kennedy. 1964 – Brugmans, H.: 20 Jahre Marshall-Plan. 1967 – Buczylowski, U.: Kurt Schumacher u. d. dt. Frage 1950/51. 1973 – Christier, H.: Sozialdemokratie und Kommunismus in d. Pol. d. SPD u. KPD in Hamburg 1945/49. 1975. – Cohn-Bendit, D.: Linksliberalismus – Gewaltkur gegen d. Alterskrankheit d. Kommunismus. 1968 – Dahrendorf, R.: Gesellschaft u. Demokratie in Deutschland. 1965 – Deuerlein, E.: Potsdam 1945. 1963 – Deuerlein, E.: Deklamation oder Ersatzfriede. D. Konf. v. Potsdam 1945. 1970 – Deutsche Bundesbank (Hg.): Währung u. Wirtschaft in Deutschland 1876/1975. 1975 – Dohse, R.: D. Dritte Weg – Neutralisierungsbestrebungen in Westdeutschland. 1974 – Edinger, L.: Kurt Schumacher. 1967 – Ellwein, T.: D. Regierungssystem. d. BRD. [4]1977 – Erdmenger, K.: D. folgenschwere Mißverständnis. Bonn u. d. sowjet. Deutschlandpol. 1949/55. 1967 – Erhard, L.: Dt. Wirtschaftspol. [2]1962 – Erhard, L.: Kriegsfinanzierung u. Schuldenkonsolidierung (Dkschr. 1943/44). 1977 – Erler, F.: Demokratie in Deutschland. 1965 – Eschenburg, T.: Institutionelle Sorgen in d. BRD 1957/61. 1961 – Foelz-Schroeter, M. E.: Föderalist. Pol. u. nat. Repräsentation 1945/47. 1977 – Först, W.: Gesch. Nordrhein-Westfalens 1945/49. 1970 – Fromme, F. K.: Von d. Weimarer Verfassung z. Bonner Grundgesetz. 1964 – Gablentz, O. v. d.: D. Berlinfrage 1944/63. 1963 – Gimbel, J.: Amerik. Besatzungspol. in Deutschland 1945/49. 1971 – Gimbel, J.: The Origins of the Marshall-Plan. 1976 – Glastetter, W.: D. wirtschaftl. Entwicklung d. BRD. 1950/75. 1977 – Grosser, A.: D. BRD. 1967 – Grosser, A.: Deutschlandbilanz, Gesch. Deutschlands seit 1945. [5]1975 – Grebing, H.: D. Revisionismus v. Bernstein b. z. «Prager Frühling». 1977 – Halle, L.: D. Kalte Krieg. 1969 – Hanrieder, W.: D. stabile Krise. BRD-Außenpol. 1949/69. 1971 – Herbst, L.: Krisenüberwindung u. Wirtschaftsneuordnung, Vjh. f. Zg. 1977 – Herzfeld, H.: Berlin in d. Weltpol. 1945/70. 1973 – Hrbek, R.: SPD, Deutschland u. Europa. 1972 – Jolles, H.: Z. Soziologie d. Heimatvertriebenen u. Flüchtlinge 1965 – Kaltefleiter, W.: Wirtschaft u. Pol. in Deutschland. 1966 – Koenig, H.: Wandlungen d. Wirtschaftsstruktur in d. BRD. 1962 – Kleßmann, Chr. u. a.: Streiks u. Hungermärsche im Ruhrgebiet 1946/48. 1977 – Kolb, J.: Metallgewerkschaften in d. Nachkriegszeit. 1970 – Kosthorst, E.: Deutschlandpol. d. Nachkriegszeit. 1977 – Kroll, H.: Lebenserinnerungen e. Botschafters. 1967 – Lamm, F. u. a.: D. Gr. Koalition u. d. nächsten Aufgaben d. Linken. 1967 – Lange, J.: Entnazifizierung in Nordrhein-Westfalen. 1976 – Langguth, G.: D. Protestbewegung in der BRD 1968/76. 1977 – Latour, C. u. a.: Okkupation u. Wiederaufbau in d. Amerik. Besatzungszone 1944/47. 1973 – Leptin, G. (Hg.): D. Rolle d. DDR in Osteuropa. 1974 – Lilge, H.: Deutschland 1945/63. 1967 – Limmer, H.: D. dt. Gewerkschaftsbewegung. [7]1976 – Litten, J.: E. verpaßte Revol.? Nachruf auf d. SDS. 1969 – Ludz, P.: D. DDR zw. Ost u. West 1961/76. 1977 – Maier, R.: Ein Grundstein wird gelegt 1945/47. 1964 – Merkl, P.: D. Entstehung d. BRD. 1968 – Merrit, A. u. a.: Public Opinion in Occupied Germany. 1970 – Meissner, B.: Moskau–Bonn 1955/73. 1975 – Miller, S.: Kleine Gesch. d. SPD. 1974 – Miller, S.: D. SPD vor u. nach Godesberg. 1974 – Morsey, R. u. a.: Adenauer-Studien, seit 1968 – Morsey, R.: D. Rolle Konrad Adenauers im Parlamentar. Rat. Vjh. f. Zg. 1970 – Muchler, G.: CDU/CSU. 1976 – Müller-Armack, A.: Wirtschaftsordnung u. Wirtschaftspol. 1966 – Müller-Armack, A.: Auf d. Wege n. Europa. 1971 – Neumann, F.: Daten z. Wirtschaft, Gesellschaft, Politik, Kultur d. BRD 1950/75. 1976 – Niethammer, L. u. a.: Arbeiterinitiative 1945, antifaschist. Ausschüsse u. Reorganisation d. Arbeiterbewegung in Deutschland. 1977 – Noack, P.: Dt. Außenpol. s. 1945. 1977 – Noack, P.: D. Scheitern d. europ. Verteidigungsgemeinschaft. 1977 – Osten, W.: D. Außenpol. d. DDR im Spannungsfeld zw. Moskau u. Bonn. 1969 – Pirker, T.: D. blinde Macht, d. Gewerkschaftsbewegung in Westdeutschland 1945/52. 1960 – Pirker, T.: D. SPD nach Hitler. 1965 – Pritzel, K.: D. Wirtschaftsintegration Mitteldeutschlands. 1969 – Pünder, H.: von Preußen n. Europa, Lebenserinnerungen. 1968 – Pünder, T.: D. bizonale Interregnum 1946/49. 1966 – Reicherdt, H.: Ernst Reuter. 1965 –

Reulecke, J. (Hg.): Arbeiterbewegung an Rhein u. Ruhr. 1974 – Richert, E.: D. Radikale Linke v. 1945 b. z. Gegenwart. 1969 – Ritter, W.: Kurt Schumacher. 1964 – Rothstein, S.: D. Voraussetzungen d. Gründung d. BRD. 1969 – Scharf, C. u. a.: Polit. u. ökonom. Stabilisierung W. Dtlds 1945/49. 1978 – Schenk, F.: D. rote Wirtschaftswunder. 1969 – Schmidt, U. u. a.: D. erzwungene Kapitalismus. 1971 – Schneider, A.: D. Wunder an d. Saar. 1974 – Schönberg, H.: Germans from the East ... since 1945. 1970 – Schröder, G. (Hg.): Ludwig Erhard – Festschr. 1971 – Schumacher, K.: Reden u. Schriften. 1962 – Schumann, H.-G.: D. Rolle d. Oppos. in d. BRD. 1977 – Schwarze, H.: D. DDR ist keine Zone mehr. 1969 – Seeliger, R.: D. außerparl. Oppos. 1968 – Senghaas, D. u. a.: Multinationale Konzerne u. Dritte Welt. 1976 – Sethe, P.: Öffnung nach Osten. 1966 – Sharp, T.: Wartime Alliance and Zonal Division of Germany. 1975 – Shinnar, F.: Bericht e. Beauftragten. D. dt.-israel. Beziehungen 1951/66. 1967 – Siegler, H. v.: Wiedervereinigung u. Sicherheit Deutschlands. ⁵1967 – Smith, B.: D. Jahrhundertprozeß. 1977 – Soell, H.: Fritz Erler. 1976 – Sontheimer, K. u. a.: D. Überdruß an d. Demokratie, Neue Linke und alte Rechte. 1970 – Sontheimer, K. u. a.: D. DDR. 1972 – Stehkämper, H. (Hg.): Konrad Adenauer Oberbürgermeister v. Köln. 1976 – Steininger, H.: England u. d. dt. Gewerkschaftsbewegung 1945. Archiv f. Sozialgeschichte. 1978 – Steininger, R.: Z. Gesch. d. Münchener Ministerpräsidenten-Konf. 1947, Vjh. f. Zg. 1975 – Thalheim, K.: D. Wirtschaft d. SBZ in Krise u. Umbau. 1964 – Treue, W., u. Schrader, K.: D. Demontagepol. d. Westmächte. 1967 – Trittel, G.: D. Bodenreform in d. Brit. Zone 1945/49. 1975 – Ulbricht, W.: Z. Gesch. d. neuesten Zeit. 1955 – Vogel, W.: Westdeutschland 1945/50. 1956/64 – Vetter, H. (Hg.): Vom Sozialistenges. z. Mitbestimmung, H. Böckler-Gedenkschr. 1975 – Vogelsang, T.: D. geteilte Deutschland. 1973 – Wagner, W.: D. Entstehung d. Oder-Neisse-Linie. ³1968 – Waldmann, E.: D. SED Westberlins u. d. sowjet. Berlinpol. 1972 – Weber, H.: Von d. SBZ z. DDR. 1966/67 – Weber, H.: D. SED 1946/71. 1971 – Weber, H.: DDR. Grundriß d. Gesch. 1945/76. 1976 – Weber, W. u. a.: Synopse z. Deutschlandpol. 1941/73. 1973 – Weymar, P.: Konrad Adenauer: 1955 – Wieck, H.: D. Entstehung d. CDU u. d. Wiedergründung d. Zentrums 1945. 1965 – Wilker, L.: D. Sicherheitspol. d. SPD 1956/66. 1977.

REGISTER